서한 입문 사전

DICCIONARIO
ESPAÑOL-COREANO
PARA LOS PRINCIPIANTES

김 충 식 편저

머 리 말

「서한 입문 사전」은 편자의 열네 번째 스페인어 관계 사전이다. 서한 사전, 한서 사전, 서한·한서 합본 사전 및 한·서·영 성구 사전까지 크고 작은 여러 종류의 사전을 집필했고, 지금도 계속 서한 큰 사전과 한서 큰 사전을 쓰고 있지만, 스페인어를 처음 배우는 초보자가 스페인어를 익히는데 적합한 사전이 없어 아쉬워 하던 차에 도서출판 문예림의 요청으로 표제어 17,149 단어의 이 입문 사전을 세상에 내놓게 되었다.

입문 사전이라고는 하지만 어휘 수가 2만에 가깝기 때문에 웬만한 단어는 거의 망라되었다.
특히 대학 입학 시험 준비생을 위해서는 고등 학교의 교재를 참조하여 필수 어휘는 표제어를 붉은 색으로 표시해 한 눈에 보아 알 수 있게 했기 때문에 참고하기에 훨씬 쉬우리라 믿는다.

입문 사전이라고 업신여겨서는 큰 코 다친다. 국내에 처음 소개되는 단어도 있지만, 세계 어느 사전에도 아직 소개되지 않은 el sobre verde (녹색 봉투: 이 봉투를 사용하면 스페인의 녹화 사업에 1 peseta (euro로 되기 전의 화폐)의 기금을 기부하게 됨; 편자가 마드리드 중앙 우체국의 안내판에서 직접 확인한 새 단어임) 같은 단어도 소개되었기 때문이다. 초보자는 말할 것도 없지만 상당한 수준에 달한 스페인어 학도들에게도 필요하리라 믿는다. 초보자를 위한 사전임에 틀림없지만 전문 사전에서나 볼 수 있는 단어도 수록되어 있기 때문이다.

중요하다고 생각되는 불규칙 동사는 표제어 설명 바로 아래에 표기해서 이해하기에 편리하게 했으며 접속법 과거는 취급하지 않았다. 또 혀를 굴리는 발음인 r, rr는 무조건 앞에 「르」발음을 삽입 표기했다. 예를 들면 표제어 rata는 「르라따」

로, carro는 「까르로」로 표기했다.

　이 사전의 마지막 교정을 보아준 한국외국어대학교 박사 과정에 재학 중인 조경호 동문, 흔쾌히 이 사전의 출판을 해 주신 도서출판 문예림의 서덕일 사장님, 그리고 편집과 교정을 하느라 고생을 많이 하신 문예림 직원 여러분께 감사드린다.

　이 입문 사전이 스페인어를 배우고 익히는 학도들과 스페인과 라틴 아메리카에 관계하고 계시거나 관심을 가지고 계신 모든 분들에게 도움이 되길 진심으로 바란다.

2004년 8월
김 충 식

참고 서적

1. DICCIONARIO DE LA LENGUA ESPAÑOLA, Real Academia Española, Vigésima Segunda Edición, Editorial Espasa Calpe, S.A., Madrid 2001
2. 엣센스 스페인어사전, 김충식, 민중서림, 서울 2003
3. 서한사전, 김충식, 도서출판 월출, 서울 1988
4. 서한·한서 사전 (스페인어-한국어 합본 사전), 김충식, 문예림, 서울 2003
5. DICCIONARIO DEL ESPAÑOL MODERNO, Noboru Niyagi y Yoshiro Yamada, Editora Hakusuisha, Tokyo 2003
6. 민중 엣센스 국어사전, 민중서림 편집국, 민중서림, 서울 2003
7. 고등학교 EL ESPAÑO I, 고혜선 외 2명, 금성출판사, 서울 2002
8. 고등학교 EL ESPAÑO I, 박철 외 1인, 진명출판사, 서울 2002

약 자

감	감탄사
관	관사
남	남성 명사
남단복	남성 단수·복수 동형
남복	남성 복수 명사
남여	남성·여성 명사
남(여)	남성 명사지만 여성 명사로도 쓰임
남여단복	남성·여성 단수·복수 동형
단	단수 명사
대	대명사
복	복수 명사

부	부사
여	여성 명사
여(남)	여성 명사지만 남성 명사로도 쓰임
여 단 복	여성 단수 · 복수 동형
여 복	여성 복수 명사
자	자동사
자 타	자동사도 되고 타동사도 됨
전	전치사
접	접속사
조	조동사
타	타동사
형	형용사
형 남 단 복	형용사로 남성 단수 · 복수 동형으로도 쓰임
형 남 여	형용사로 남성 여성 동형으로도 쓰임

((남미))   남 아메리카에서 쓰이는 뜻
((스페인)) 스페인에서만 쓰이는 뜻
((재귀))   재귀 동사
((중남미)) 중앙 아메리카와 남 아메리카에서 쓰이는 뜻
((중미))   중앙 아메리카에서 쓰이는 뜻

A

a¹
아
- 여 아 (스페인어 자모의 첫째 문자)

a²
아
- 전 ...에, ...로, ...쪽으로, ...에게, ...를, ...을 위해, ...하러
- Yo voy *a* casa. 나는 집에 간다.
- *a* +「동사 원형」...하자, ...하시오
- *al* +「동사 원형」...하자마자, ...할 때

ábaco
아바꼬
- 남 주판; [당구] 점수판

abajo
아바호
- 부 아래에; 아래층에
- Mi padre está *abajo*.
- 내 아버지는 아래층에 계신다.

abandonar
아반도나르
- 타 그만두다; 포기하다, 단념하다

abandono
아반도노
- 남 포기; 자포자기

abanico
아바니꼬
- 남 부채; 선풍기

abierto, ta
아비에르또, 따
- 형 열린; 개방적인; 뚜껑이 없는; 솔직한
- La puerta está *abierta*.
- 문이 열려 있다.

abogado, da
아보가도, 다
- 남 여 변호사

abortar
아보르따르
- 타 유산시키다, (임신) 중절하다
- 자 /*abortarse* 유산되다

abortista
아보르띠스따
- 남 여 중절 의사
- 여 임신 중절을 시킨 여자

abortivo, va
아보르띠보, 바
- 형 유산을 시키는
- 남 낙태약

aborto
아보르또
남 유산, 낙태, 인공 임신 중절

abotonar
아보또나르
타 단추를 잠그다
abotonar la camisa
와이셔츠의 단추를 잠그다
abotonarse 단추를 잠그다

abrazar
아브라사르
타 껴안다; 포함하다

abrigo
아브리고
남 외투, 오버

abril
아브릴
남 4월; 청춘

abrir
아브리르
타 열다; 개시하다; 개설하다
abrir la puerta 문을 열다
abrir los ojos 눈을 뜨다
en un abrir y cerrar de ojos
눈 깜박할 사이에, 순식간에
abrirse 열리다

absoluto, ta
압솔루또, 따
형 절대적인; 안전한; 독재적인

absurdo, da
압수르도, 다
형 불합리한, 부조리한

abuelo, la
아부엘로, 라
남 여 할아버지, 할머니

abundancia
아분단시아
여 다량, 다수, 풍부함; 부유함

abundante
아분단떼
형 풍부한; 다수의
cosecha *abundante* 풍작(豊作)

abundar
아분다르
자 …이 많이 있다, …이 풍족하다

acá
아까
부 이리, 이쪽으로
Ven *acá*. 이리 오너라.
Venga *acá*. 이리 오십시오.

acabar
아까바르
타 끝내다; 소모하다
자 끝나다; 다하다

acabar de +「동사 원형」 방금 ...했다
Yo *acabo de* llegar.
나는 방금 도착했다.
Obra empezada, medio acabada.
(속담) 시작이 반.

academia
아까데미아
여 아카데미, 학회, 한림원; 학교

académico, ca
아까데미꼬, 까
형 아카데미의; (정규의) 학교 교육의; 학구적인; 아카데믹한
남여 아카데미 회원

acaso
아까소
부 아마; 혹시

accidente
악시덴떼
남 사고, 재해
accidente aéreo [de avión]
항공기 사고
accidente automovilístico [de coche]
자동차 사고

acción
악시온
여 행위, 행동; 활동

aceite
아세이떼
남 (식용·약용의) 기름; 올리브유

aceituna
아세이뚜나
여 올리브

acelerador
아셀레라도르
남 가속 장치, 액셀러레이터

acento
아센또
남 악센트; 강세; 강조

aceptar
아셉따르
타 수락하다, 받아들이다; 시인하다, 승낙하다

acerca de
아세르까 데
...에 관해서, ...에 대해서

acercar
아세르까르
타 접근시키다, 가까이 하다
acercarse 접근하다, 가까이 가다

acero
아세로
남 강철
de acero 강철같은

acertar
아세르따르
타 ...에 명중[적중]시키다

ácido, da
아시도, 다
형 (맛이) 신; 산성의; 신랄한
남 산(酸)

acoger
아꼬헤르
타 맞아들이다, 받아들이다

acompañar
아꼼빠냐르
타 동반하다, 동행하다, 같이 가다

aconsejar
아꼰세하르
타 충고하다, 조언하다
aconsejarse mejor 심사숙고하다

acontecimiento
아꼰떼시미엔또
남 사건, 사고

acordar
아꼬르다르
타 결정하다; 결심하다
자 일치하다; 조화하다
acordarse de
...을 생각해 내다, 상기하다, 기억하다

acorde
아꼬르데
형 (의견·내용 등이) 일치된, 조화(調和)된
남 [음악] 화음(和音)
acorde consonante 협화음
acorde disonante 불협화음

acordeón
아꼬르데온
남 [악기] 아코디언

acordeonista
아꼬르데오니스따
남 여 아코디언 연주자

acortar
아꼬르따르
타 짧게 하다, 단축시키다; 줄이다
acortar el artículo 기사를 줄이다
acortarse 짧아지다, 단축되다, 줄다
acortarse en media hora
30분 단축되다

acosar
아꼬사르
타 급히 쫓다
acosar a la liebre 토끼를 급히 쫓다

acostar
아꼬스따르
타 누이다, 눕히다; 가로 누이다
Ya es hora de *acostar* al niño.
이제 아이를 눕힐 시간이다.
acostarse 잠자리에 들다, 눕다, 취침하다;

가로 놓이다, 가로 눕다; 동거하다; 성교하다; (태양이) 지다
Acostémonos ya. 이제 잡시다.
Acuéstate. 잠자리에 들어라.
No *te acuestes* todavía.
아직 잠자리에 들지 마라.

acostumbrado,da 형 습관이 된, 길든, 길들여진, 버릇된
아꼬스뚬브라도, 다
Estoy *acostumbrado* a levantarme temprano.
나는 일찍 일어나는 것이 습관이 되어 있다.

acostumbrar 타 길들이다, 버릇들게 하다
아꼬스뚬브라르
acostumbrar a + 동사 원형
늘[언제나] …하다
Acostumbro a ir a la iglesia los domingos. 나는 늘 일요일에는 교회에 간다.
자 [+ a + 동사 원형] …하는 습관이 있다, 늘 [언제나] …을 하다
acostumbrarse
길들다, 익다, 익숙해지다; 유행하다

acre 형 신, 쓴; 자극이 있는; 신랄한
아끄레
남 [면적의 단위] 에이커

acrecencia 여 증가, 증대
아끄레센시아

acrecentamiento 남 =acrecencia
아끄레센따미엔또

acrecentar 타 증가[증대]시키다; 승진시키다
아끄레센따르
자 /*acrecentarse* 증가[증대]되다

acreditación 여 증명, 신용; 신분 증명서
아끄레디따시온

acreditar 타 증명하다; [외교] 신임장을 주다; [상업] 대변에 기입하다
아끄레디따르
acreditar un embajador en un país
어떤 나라에 대사를 파견하다
acreditarse

신용[명성]을 얻다; 신임장을 제출하다

acreedor, ra
아끄레에도르, 라

형 어울리는; [상업] 대변의
país *acreedor* 대부국
남 여 채권자

acreencia
아끄레엔시아

여 (중남미) 신용, 대월(貸越)

acrobacia
아끄로바시아

여 곡예(曲藝)
hacer *acrobacias* 곡예를 하다

acróbata
아끄로바따

남 여 곡예사

acrobático, ca
아끄로바띠꼬, 까

형 곡예의

acrobatismo
아끄로바띠스모

남 곡예(曲藝)

acromático, ca
아끄로마띠꼬, 까

형 무색(無色)의; 색수차가 없는

acta
악따

여 (교섭·회의의) 기록, 의사록; 증서, 증명서; (학회 등의) 논집; [종교] 순교록(殉敎錄)
el *acta* de la junta 위원회 의사록
el *acta* de nacimiento 출생 증명서
el *acta* notarial 공정 증서
redactar el *acta* 기록을 작성하다
※주의: el acta → las actas

actitud
악띠뚣

여 태도, 자세

actividad
악띠비달

여 활동; 활기; 직업

activo
악띠보

남 ((상업)) 자산(資産)

activo, va
악띠보, 바

형 활동적인, 활발한; 적극적인, 능동적인

acto
악또

남 행위; 행사, 의식; [연극] 막
acto bueno 선행
acto malo 악행

actor
악또르
남 남자 배우; ((법률)) 원고

actora
악또라
여 여자 피고

actriz
악뜨리스
여 여자 배우

actuación
악뚜아시온
여 행동; 연기; 상연, 연주

actual
악뚜알
형 현재의, 지금의

actualidad
악뚜알리닫
여 현재; 현실

actuar
악뚜아르
자 역할[직무]를 완수하다; 행동하다; 작용하다; (약이) 효험을 내다

acueducto
아꾸에둑또
남 수로, 송수로; 수도교(水道橋)

acuerdo
아꾸에르도
남 협정; 일치, 결의; 결심; 화합
acuerdo comercial 무역 협정
acuerdo de libre comercio
자유 무역 협정
estar de acuerdo
의견이 일치하다; 동의하다

acupuntor, tora
아꾸뿐또르, 또라
남 여 남자 침술사

acupuntura
아꾸뿐뚜라
여 침술, 침술 치료
hacer la *acupuntura* 침을 놓다

acupunturar
아꾸뿐뚜라르
자 침을 놓다

acupunturista
아꾸뿐뚜리스따
남 여 침술사

adelantar
아델란따르
타 앞으로 내다; 전진시키다; 서두르다
자 전진하다; 진보하다

adelante
아델란떼
부 앞에, 앞으로; 전방에
감 들어오세요, 전진
de aquí en adelante 금후, 이후, 지금부터

adelgazar
아델가사르
- 타 가늘게 하다, 뾰족하게 하다
- 자 가늘어지다; 여위다

ademán
아데만
- 남 몸짓; 태도; 표정
- 복 *ademanes*

además
아데마스
- 부 더욱이, 게다가
- *además de* ...이외에

adentro
아덴뜨로
- 부 안으로, 속으로, 안쪽에
- 남복 마음속, 본심
- 감 들어오세요(Adelante)

adhesión
아드에시온
- 여 부착; 가맹; 유착

adhesivo, va
아드에시보, 바
- 형 부착[점착]의; 점착력이 있는
- cinta *adhesiva* 부착 테이프

¡adiós!
아디오스
- 감 안녕!
- 남 이별, 작별

administración
아드미니스뜨라시온
- 여 관리, 운영, 경영; 통치, 행정; 정부

administrar
아드미니스뜨라르
- 타 관리[운영]하다, 통치하다
- *adminitrar* la fortuna
  재산을 관리하다

administrativo, va
아드미니스뜨라띠보, 바
- 형 관리[경영]의; 행정의
- derecho *administrativo* 행정법

admirable
아드미라블레
- 형 감탄[칭찬]할 만한; 완전한, 훌륭한

admiración
아드미라시온
- 여 감탄, 칭찬, 탄복

admirador, ra
아드미라도르, 라
- 형 칭찬하는
- 남여 칭찬자, 숭배자, 팬
- El tiene muchas *admiradoras*.
  그는 여성 팬이 많다.

admirar
아드미라르
- 타 감탄하게 하다, 탄복하게 하다
- *admirarse* 감탄[탄복·감격]하다

admisión
아드미시온
- 여 입장[입회·입학] 허가; 합격; 채용; 허용, 용인

examen de *admisión*
입학 [채용] 시험

admitir
아드미띠르
타 들어가는 것을 ...에게 허용하다, 가입하다; 승낙[수락·용인]하다

adónde
아돈데
부 어디로, 어디에
¿*Adónde* va usted? 어디 가십니까?

adopción
아돕시온
여 채용, 채택; 양자 관계

adoptar
아돕따르
타 채용하다, 양자로 들이다

adornar
아도르나르
타 장식하다

adorno
아도르노
남 장식, 장식품

adquirir
아드끼리르
타 입수하다, 취득[획득]하다

adquisición
아드끼시시온
여 취득(물), 구입

aduana
아두아나
여 세관; 관세
pasar por la *aduana*
세관을 통과하다
sin *aduana*
무관세로

aduanero, ra
아두아네로, 라
남여 세관원

adulto, ta
아둘또, 따
남여 어른, 성인

adverbio
아드베르비오
남 부사(副詞)

adversidad
아드베르시닫
여 불리; 불운, 역경

advertir
아드베르띠르
타 알리다, 주의하다, 경고하다

aéreo, a
아에레오, 아
형 공기의, 항공의, 공중의
fuerza *aérea* 공군(空軍)

aeropuerto
아에로뿌에르또
남 공항
aeropuerto internacional 국제 공항
Aeropuerto Internacional de Incheon
인천국제공항

afable
아파블레
형 상냥스런, 사근사근한

afán
아판
남 열심, 정력, 열의, 욕구
con *afán* 열심히

afecto
아펙또
남 애정; 감정

afeitadora
아페이따도라
여 전기 면도기

afeitar
아페이따르
타 면도해 주다, 수염을 깎다

afeitarse
아페이따르세
((재귀)) (자기의) 수염을 깎다, 면도하다

afgano, na
아프가노, 나
형 아프가니스탄(Afganistán)의
남 여 아프가니스탄 사람

afición
아피시온
여 취미, 애착; 팬
tener *afición* a la lectura
독서에 취미가 있다

aficionado, da
아피시오나도, 다
형 좋아하는; 아마추어의
남 여 애호가, 팬; 아마추어
pintor *aficionado* 아마추어 화가
Estoy *aficionado* a la música.
나는 음악을 좋아한다.

afirmar
아피르마르
타 긍정하다; 확신하다, 단언하다

afortunado, da
아포르뚜나도, 다
형 행복한; 행운의

africano, na
아프리까노, 나
형 아프리카(el Africa)의
남 여 아프리카 사람

afuera
아푸에라
부 밖에, 밖으로
남 복 교외(郊外)
감 비켜!, 밖으로 나가!, 꺼져라!

agradecido, da

agarrar
아가르라르
타 꽉 붙잡다, 움켜쥐다

agencia
아헨시아
여 대리점; 지점, 출장소; 기구, 기관
agencia general 총대리점
agencia exclusiva 독점 대리점
agencia de viajes 여행사
Agencia Internacional de Enérgica Atómica 국제 원자력 기구

agenda
아헨다
여 수첩, 메모장
agenda electrónica 전자 수첩

agente
아헨떼
남여 대리인, 중개 업자, 거간꾼
agente de aduanas 통관 업자
agente inmobiliario 부동산 업자

ágil
아힐
형 민첩한, 날쌘; 이해가 빠른

agitación
아히따시온
여 동요, 불안; 흔들림; 선동

agitar
아히따르
타 흔들다, 휘젓다; 선동하다

agosto
아고스또
남 8월; 수확(기)
el quince de *agosto* 8월 15일

agotamiento
아고따미엔또
남 고갈; 품절; 피로, 쇠약
agotamiento físico 과로

agotar
아고따르
타 바닥을 내다; 탕진하다

agotarse
아고따르세
((재귀)) 고갈되다; 품절되다

agradable
아그라다블레
형 즐거운, 기분좋은, 유쾌한

agradar
아그라다르
자 즐겁다, 기쁘다, 좋아하다

agradecer
아그라데세르
타 감사하다, 호의에 감사하다

agradecido, da
아그라데시도, 다
형 감사하게 여기는, 감사하고 있는
¡(Muy) *Agradecido!*

(대단히) 감사합니다.
Le estoy muy agradecido.
대단히 감사합니다.
Estoy agradecido por su favor.
호의에 감사합니다.

agradecimiento 남 감사
아그라데시미엔또
carta de *agradecimiento* 감사장

agregar 타 첨가하다, 넣다, 치다
아그레가르
agregar el azúcar 설탕을 치다

agresión 여 공격; 침략
아그레시온
pacto de no *agresión* 불가침 조약

agresivo, va 형 공격적인, 침략적인
아그레시보, 바

agrícola 형 농업의 ((남녀 동형))
아그리꼴라
máquina *agrícola* 농기계

agricultor, tora 남 여 농민, 농부
아그리꿀또르, 또라

agricultura 여 농업, 농경; 농학
아그리꿀뚜라

agrio, gria 형 (맛이) 신(ácido)
아그리오, 그리아
남 신맛

agua 여 물; 비; 해역
아구아
el *agua* caliente 뜨거운 물
el *agua* fría 냉수
el *agua* hirviendo 끓는 물
el *agua* mineral 광수
el *agua* potable 음료수
el *agua* salada 염수, 짠물
el *agua* tibia 미지근한 물
※주의: el agua, un agua, una agua; las aguas

aguardiente 남 아구아르디엔떼 (소주의 일종)
아구아르디엔떼

agudo, da 형 예리한, 날카로운; 급성의
아구도, 다
filo *agudo* 예리한 (칼)날

síndrome respiratorio *agudo* grave
중증 급성 호흡기 증후군, 사스

águila
아길라

여 독수리
※주의: el águila, un [una] águila; las águilas, unas águilas

aguja
아구하

여 바늘
aguja de coser 재봉용 바늘
aguja de inyectar 주사 바늘

agujero
아구헤로

남 구멍

ahí
아이

부 거기, 그쪽에

ahogamiento
아오가미엔또

남 질식(사), 익사

ahogar
아오가르

타 질식시키다

ahogarse
아오가르세

((재귀)) 숨이 막히다

ahora
아오라

부 지금, 현재
Ahora me voy. 지금 갑니다.
Ahora son las diez. 지금 10시다.

ahorrar
아오르라르

타 저축[저금]하다; 절약하다

ahorro
아오르로

남 저축, 저금; 절약
ahorro postal 우편 저금
caja de *ahorros* 상호 저축 은행

aire
아이레

남 공기; 바람; 항공; 모양, 외견
contagio por el *aire* 공기 감염

ajedrez
아헤드레스

남 장기, 체스

ajeno, na
아헤노, 나

형 남의, 다른 사람의, 타인의

ají
아히

남 고추(chile)

ajo
아호

남 마늘

ajonjolí
아홍홀리
남 (참)깨

ajustar
아후스따르
타 꽉 맞추다

ajustarse
아후스따르세
((재귀)) 꽉 맞다[조이다]

al
알
[전치사 a 와 정관사 el 의 합성어]
al +「동사 원형」…할 때
al salir de casa 집에서 나갈 때

ala
알라
여 날개
※주의: el ala, las alas

alabanza
알라반사
여 칭찬, 찬사

alabar
알라바르
타 칭찬하다

alargar
알라르가르
타 길게 하다, 연장하다

alarma
알라르마
여 경보; 경보 태세; 경보 장치
alarma aérea 공습 경보
alarma antirrobo 도난 방지 경보기

alba
알바
여 새벽, 동틀녘

albanés, nesa
알바네스, 네사
형 알바니아(Albania)의
남 여 알바니아 사람
남 알바니아어

albañil
알바니일
남 미장이, 석공(石工)

álbum
알붐
남 앨범, 사진첩

alcalde, desa
알깔데, 데사
남 여 시장(市長), 읍장, 면장

álcali
알깔리
남 [화학] 알칼리

alcance
알깐세
남 팔이 닿는 거리; 사정 거리

aleta

alcanzar 알깐사르
타 ...에 (손이) 닿다; 손에 넣다

alcázar 알까사르
남 성(城); (아라비아 풍의) 왕궁

alcohol 알꼬올
남 알코올

alcohólico, ca 알꼬올리꼬, 까
형 알코올의, 알코올을 함유한; 알코올 중독의
남 여 알코올 중독 환자

alcorán 알꼬란
남 (이슬람교의) 코란

aldea 알데아
여 마을, 동네

aldeano, na 알데아노, 나
형 마을의
남 여 마을 사람

alegrar 알레그라르
타 기쁘게 하다, 즐겁게 하다
alegrarse 기쁘다, 즐겁다
Me *alegro* de verle a usted.
당신을 만나 뵙게 되어 기쁩니다.

alegre 알레그레
형 기쁜, 즐거운
noticia *alegre* 기쁜 소식

alegría 알레그리아
여 기쁨, 즐거움, 환희

alejar 알레하르
타 멀리하다
alejarse de ...에서 멀다

aleluya 알렐루야
감 할렐루야

alemán, mana 알레만, 마나
형 독일(Alemania)의
남 여 독일 사람
남 독일어

alergia 알레르히아
여 알레르기

alerta 알레르따
여 경보, 경계 태세
alerta roja 비상 사태

aleta 알레따
여 지느러미

alfabéticamente
알파베띠까멘떼
 뷔 알파벳순으로

alfabético, ca
알파베띠꼬, 까
 형 알파벳(순)의, 자모의

alfabeto
알파베또
 남 알파벳; 자모(표)

alfiler
알필레르
 남 핀, 브로치

alfombra
알폼브라
 여 융단, 양탄자, 카펫

alga
알가
 여 김, 해태; 해조, 바닷말

álgebra
알헤브라
 여 대수, 대수학

algo
알고
 대 어떤 것, 무엇인가
 ¿*Algo* más?
 필요한 것 더 있습니까?
 뷔 약간, 다소

algodón
알고돈
 남 목화; 솜, 무영, 면

alguien
알기엔
 대 누구인가

alguno, na
알구노, 나
 형 어떤, 얼마간의
 대 누군가, 어떤 것

alimento
알리멘또
 남 음식, 식품; 영양

allá
아야
 뷔 저 곳에, 저쪽으로

allí
아이
 뷔 저기, 저 곳에

alma
알마
 여 혼, 영혼; 마음, 정신
 ※주의: el alma

almacén
알마센
 남 창고; (총의) 탄창
 almacenes 백화점

almendra
알멘드라
 여 [과실] 편도

almendro
알멘드로
남 [식물] 편도나무

almidón
알미돈
여 전분; (전분으로 만든) 풀
dar *almidón* a una camisa
와이셔츠에 풀을 먹이다

almidonar
알미도나르
타 …에 풀을 먹이다

almohada
알모아다
여 베개; 베갯잇; 쿠션
consultar con la *almohada*
심사 숙고하다, 깊이 생각하다

almorzar
알모르사르
자 점심을 먹다
타 점심에 …을 먹다
almorzar pescado
점심에 생선을 먹다

almuerzo
알무에르소
남 점심
tomar el *almuerzo*
점심을 먹다

aló
알로
감 여보세요 (중남미, 전화에서)

alquilar
알낄라르
타 임대하다, 빌리다
alquilar una casa
집을 임대하다
Se alquila piso.
아파트 세놓습니다.

alquiler
알낄레르
남 임대(차), 리스; 임대료
casa de *alquiler* 셋집
coche de *alquiler* 렌터카
el *alquiler* de este mes
이달의 임대료
dar [tomar] en alquiler
임대하다, 빌리다

alrededor
알레데도르
부 주위에, 주변에
남 주위
남 복 교외, 근교
alrededores de la ciudad
도시의 교외[근교]

altar
알따르
남 제단(祭壇)

altavoz
알따보스
남 스피커, 앰프, 확성기

alteración
알떼라시온
여 변화, 변경

alterar
알떼라르
타 바꾸다, 변경하다

alternar
알떼르나르
타 교대하다, 교체하다
alternar el trabajo
일을 교대하다

altitud
알띠뚣
여 높이; 표고; 고도

alto, ta
알또, 따
형 높은; 키가 큰
남 높이; 고원; 정지

altura
알뚜라
여 높이, 고도
cien metros de *altura*
높이 100 미터

alubia
알루비아
여 강낭콩(judía)

aluminio
알루미니오
남 알루미늄

alumno, na
알룸노, 나
남 여 학생, 생도

alza
알사
여 (물가 등의) 상승
el *alza* del precio 물가 상승

alzar
알사르
타 올리다, 높이다
alzar la mano derecha
오른손을 올리다

ama
아마
여 여자 주인; 가정부; 유모
el *ama* de casa 주부
el *ama* de llaves 가정부

amabilidad
아마빌리닫
여 친절
Gracias por su *amabilidad*.
친절에 감사합니다.

amable 아마블레	형 친절한; 다정한, 상냥한 Muchas gracias. Es usted muy *amable*. 감사합니다. ((Gracias 다음에 쓰이는 이 말은 번역하지 않는 것이 좋다))
amanecer 아마네세르	자 동이 트다, 날이 밝아오다 남 동틀녘 al *amanecer* 동틀녘에
amante 아만떼	남 여 애인, 연인; 정부; 애호가 *amante* de las bellas artes 미술 애호가
amapola 아마뽈라	여 [식물] 양귀비
amar 아마르	타 사랑하다, 좋아하다(querer) *amar* a la patria 조국을 사랑하다 Yo te *amo*. 나는 당신을 사랑한다. *Amo* la música. 나는 음악을 좋아한다. *Ama* [*Amarás*] a tu prójimo como tí mismo. 네 이웃을 네 몸처럼 사랑하라.
amargar 아마르가르	자 맛이 씁쓰레하다
amargo 아마르고	형 맛이 쓴, 쓴맛의 남 쓴맛, 쓴 것
amarillo, lla 아마리요, 야	형 노란, 황색의 남 노랑, 황색; 황색 인종
amateur 아마떼우르	형 아마추어의 jugador *amateur* 아마추어 선수 pintor *amateur* 아마추어 화가 남 여 아마추어, 팬 El es un *amateur*. 그는 아마추어다.
amazona 아마소나	여 여장부, 여걸
Amazonas 아마소나스	남 아마존강
ámbar 암바르	남 [광물] 호박(琥珀) Museo de *Ambares* 호박 박물관

	형 호박색의
ambición 암비시온	여 야망, 야심; 의욕
ambicionar 암비시오나르	타 ...에 야망[야심]을 품다
ambicioso, sa 암비시오소, 사	형 야망[야심]이 있는 Jóvenes, sed *ambiciosos*. 젊은이들이여, 야망을 가져라.
ambiental 암비엔딸	형 환경의
ambiente 암비엔떼	남 환경; 자연 환경; 분위기 *ambiente* familiar 가정 환경 medio *ambiente* 자연 환경 vivir en buen *ambiente* 좋은 환경에서 살다 contaminar el *ambiente* 공기[환경]를 오염시키다
ambos, bas 암보스, 바스	형 양쪽의, 쌍방의 ※ 항상 복수형이며 무관사임. *ambas* manos 양손 *ambos* lados 양편, 양쪽 a *ambos* lados del camino 길 양쪽에
ambulancia 암불란시아	여 앰블런스, 구급차 *ambulancia* de correos [철도] 우편차
ambulanciero, ra 암불란시에로, 라	남 여 구급 대원
ambulante 암불란떼	형 돌아 다니는, 팔러 다니는 vendedor *ambulante* 행상인
ameba 아메바	여 [동물] 아메바
amén 아멘	감 아멘 ((기도의 말))
amenaza 아메나사	여 위협, 협박 *amenaza* para la paz

평화에 대한 위협

amenazador, ra 형 위협적인, 협박의
아메나사도르, 라
carta *amenazadora* 협박 편지
llamada *amenazadora* 협박 전화

amenazar 타 협박하다, 위협하다
아메나사르

América 여 아메리카 (대륙); 미국
아메리까
América Central 중앙 아메리카
América del Norte 북아메리카
América del Sur 남아메리카
las *Américas* 남북 아메리카

americana 여 웃옷, 상의
아메리까나

americano, na 형 아메리카의; 중남미의; 미국의
아메리까노, 나
Continente *Americano*
아메리카 대륙
남 여 아메리카 사람; 중남미 사람; 미국 사람

amigable 형 우호적인, 우정의, 친한
아미가블레

amígdala 여 편도선
아미그달라

amigdalitis 여 편도선염
아미그달리띠스

amigo, ga 남 여 동무, 친구
아미고, 가
El es mi mejor *amigo*.
그는 내 제일 친한 친구다.
형 친밀한, 친한; 우호적인
país *amigo* 우호국(友好國)
tropa *amiga* 우군(友軍)
viento *amigo* 순풍(順風)

amistad 여 우정, 우애
아미스딸

amistoso, sa 형 우호적인, 사이좋은
아미스또소, 사
partido *amistoso* 친선 시합
relaciones *amistosas* 우호 관계

reunión *amistosa* 친목회

amnistía
암니스띠아

여 은사(恩赦), 특사(特赦)
Amnistía Internacional
국제 사면 위원회

amo, ma
아모, 마

남여 주인, 고용주
amo de una fábrica 공장주
amo de una finca 농장주

amor
아모르

남 사랑, 애정; 연애
amor a los hijos 자식에 대한 사랑
amor de los padres 부모의 사랑
amor de madre 어머니의 사랑
El amor lo vence todo.
(속담) 사랑은 만난(萬難)을 극복한다.
=사랑에는 하늘도 감동한다.

amparar
암빠라르

타 보호하다, 옹호하다
amparar al débil 약자를 보호하다

amparo
암빠로

남 보호, 옹호

ampliación
암쁠리아시온

여 확대, 확장

ampliar
암쁠리아르

타 확대[확장]하다, 넓히다
ampliar la tienda [el negocio]
점포[사업]를 확장하다
ampliar la fotografía
사진을 확대하다

amplio, plia
암쁠리오, 쁠리아

형 넓은
calle *amplia* 넓은 거리
vivienda *amplia* 넓은 주거

amueblado, da
아무에블라도, 다

형 가구가 비치된
piso *amueblado*
가구가 비치된 아파트

amueblar
아무에블라르

타 ...에 가구를 비치하다
amueblar la sala una alfombra
방에 카펫을 깔다

análisis
아날리시스

男 분석; [의학] 검사; [수학] 해석
análisis clínico 임상 검사
análisis de sangre 혈액 검사

analista
아날리스따

男女 분석가; (신문·방송의) 해설자

analizar
아날리사르

他 분석하다; 검사하다
*analiza*r la sangre 혈액을 검사하다

ananá
아나나

男 [식물·과실] 파인애플(piña)

anatomía
아나또미아

女 해부, 해부학

anatomista
아나또미스따

男女 해부 학자

anatomizar
아나또미사르

他 해부하다

ancestral
앙세스뜨랄

形 선조의, 선조 전래의

ancestro
앙세스뜨로

男 선조(先祖)

ancho, cha
안초, 차

形 넓은
piso *ancho* 넓은 아파트
男 폭; [철도] 궤간(軌間)
tener cien metros de *ancho*
폭이 100미터다

anchoa
안초아

女 (주로 간한) 멸치

anchova
안초바

女 [어류] 멸치

anchoveta
안초베따

女 (뻬루 해역 산의) 멸치

anchura
안추라

女 너비, 폭, 횡폭
anchura del río 강폭, 강의 너비
anchura del coche 자동차의 폭
anchura de la pared 벽의 두께
anchura de espaldas 어깨 폭
anchura de pecho 가슴둘레

anciano, na
안시아노, 나
- 형 연로한, 늙은, 나이 많은
- 남 여 노인

ancla
앙끌라
- 여 닻
- ※주의: el ancla, las anclas

andaluz, za
안달루스, 사
- 형 안달루시아(Andalucía)의
- 남 여 안달루시아 사람

andamio
안다미오
- 남 (건설 공사장의) 발판

andante
안단떼
- 형 걷는, 도보의
  caballero *andante* 편력 기사
- 부 [음악] 느리게
- 남 [음악] 안단테

andar
안다르
- 자 걷다(caminar)
  ir *andando* 걸어 가다
  andar en bicicleta
  자전거를 타고 가다
  Quien mal *anda* mal acaba.
  인과 응보, 자업 자득
- 타 (어떤 거리·장소를) 걷다
  andar dos kilómetros
  2킬로미터를 걷다
- 남 걷는 법, 보행, 걷기, 걸음걸이
- 감 좋아!, 됐어!

andén
안덴
- 남 (역의) 플랫폼, 승강장

anécdota
아넥도따
- 여 일화; (역사상의) 비화(秘話)

anemia
아네미아
- 여 빈혈(증)

anémico, ca
아네미꼬, 까
- 형 빈혈증의
- 남 여 빈혈증이 있는 사람

anestesia
아네스떼시아
- 여 [의학] 마취(법)

anestésico, ca
아네스떼시꼬, 까
- 형 마취의
- 남 마취약

anestesiología 여 마취학
아네스떼시올로히아

anestesista 남여 마취 의사
아네스떼시스따

anestesiólogo, ga 남여 마취 의사
아네스떼시올로고, 가

anexión 여 병합(倂合)
아넥시온

anexionar 타 (영토를) 병합하다
아넥시오나르

anfiteatro 남 원형 경기장
안피떼아뜨로

ángel 남 천사; 천사 같은 사람
앙헬

anguila 여 뱀장어
앙길라

ángulo 남 각(角), 각도; 코너, 구석
앙굴로

angustia 여 불안; 고뇌, 고민
앙구스띠아

animación 여 생기, 활기, 활력
아니마시온

animal 남 동물
아니말
animal doméstico 가축
El hombre es un *animal* racional.
인간은 이성적인 동물이다.
형 동물(성)의
proteína *animal* 동물성 단백질

animar 타 ...에 활기를 주다, ...에 생명을 불어넣다
아니마르

animarse ((재귀)) 힘을 내다, 활기를 띠다
아니마르세 *¡Anímate!* 힘을 내라!

ánimo 남 혼, 마음; 용기, 기력, 힘
아니모 감 힘내라!, 잘해라!

anoche 부 어젯밤(에)
아노체

anochecer
아노체세르
자 날이 어두워지다, 해가 지다
남 일몰, 석양, 해질녘
al *anochecer* 석양에, 해질녘에

ansia
안시아
여 (강한) 욕구, 희구; 고뇌

ante
안떼
전 ...의 앞에(delante de)

antemano
안떼마노
de *antemano* 미리

ante meridiem
안떼 메리디엠
((라틴어)) 오전(de la mañana)
Son las nueve *ante meridiem*.
오전 아홉 시다.

antena
안떼나
여 안테나

anteojera
안떼오헤라
여 안경집

anteojo
안떼오호
남 망원경(telescopio)

anteojos
안떼오호스
남 복 안경(gafas); 쌍안경

anteponer
안떼뽀네르
타 앞에 놓다

anterior
안떼리오르
형 [+a] (...보다) 앞의, 전의
el suceso muy *anterior a* 2000
2000년보다 훨씬 앞의 사건
la fila *anterior a* la mía
나보다 앞 줄
parte *anterior* del coche
자동차의 앞 부분

antes
안떼스
부 ① ㉮ [시간] ...전에, ... 이전에; 전에는; 조금 전에
meses *antes* 수개월 전에
tres días *antes* 3일 전에
Antes él decía lo contrario.
전에는 그는 반대로 말했다.
Un hombre te ha llamado *antes*.

조금 전에 한 남자가 너에게 전화했다.
((참고)) 현재의 시점에서 「…전에」의 경우는 hace …, … atrás
㉯ [형용사적] 전의
la noche *antes* del asunto
사건 전날 밤.
② [순서] 앞에, 먼저
¿Quién llegó *antes* a la meta?
누가 먼저 골인했느냐?
antes de … ㉮ [시간] …전에
media hora *antes de* abrir la tienda
가게 열기 30분 전에
*antes de*l amanecer 날이 새기 전에
*antes de*l domingo 일요일 이전에
Venga usted *antes de* las doce.
12시 전에 오십시오.
*Antes de*l diez volveré.
10일보다 전에 돌아오겠다.
((참고)) *Para* el diez volveré.
늦어도 10일까지는 돌아오겠다.
㉯ [공간] …의 앞에
antes de la puerta 문 앞에
Hay muchas personas en la cola *antes de* mí.
내 앞에 많은 사람이 열에 있었다.
③ ***antes (de) que*** + 「접속법」 …하기 전에
He partido *antes (de) que* amaneciera.
나는 날이 새기 전에 출발했다.
antes que ㉮ …보다 먼저[앞에]
El había llegado *antes que* yo.
그는 나보다 먼저 도착했다.
㉯ …보다 차라리
Prefiero ir en tren *antes que* en avión.
나는 비행기보다 차라리 열차로 가겠다.
Quiero morir *antes que* retroceder.
후퇴하느니 차라리 죽겠다.

antiaéreo, a 안띠아에레오, 아
형 방공(防空)의; 대공(對空)의
cañón *antiaéreo* 고사포

antiarrugas 안띠아르루가스
형 (피부의) 노화 방지의

antibalas 안띠발라스
형 방탄의
chaleco *antibalas* 방탄 조끼

anticipación 안띠시빠시온
여 미리하는 일; 선불
con *anticipación* 미리

anticipar 안띠시빠르
타 미리 하다, 앞당겨 하다

anticipo 안띠시뽀
남 선불금
anticipo de los derechos de autor
인세(印稅)의 선불금

anticuado, da 안띠꾸아도, 다
형 케케 묵은, 시대에 뒤떨어진; 유행에 뒤진

anticuarse 안띠꾸아르세
((재귀)) 쓰이지 않게 되다, 폐물이 되다; 유행에 뒤지다

antiguamente 안띠구아멘떼
부 옛날에는, 오래 전에는

antigubernamental 안띠구베르나멘딸
형 반정부의, 야당의

antigüedad 안띠구에닫
여 오래됨; 고대, 옛날; 근속 연수
여 복 골동(품), 고미술품; 유물, 유적
tienda de *antigüedades* 골동품점
antigüedades de Roma
고대 로마의 유적

antiguo, gua 안띠구오, 구아
형 오래된, 옛날의, 고대의
amigo *antiguo* 옛 친구
mueble *antiguo* 오래된 가구
civilización *antigua* 고대 문명

antipatía 안띠빠띠아
여 반감, 혐오

antipático, ca 안띠빠띠꼬, 까
형 감정이 나쁜, 반감을 품은

antónimo 안또니모
남 반대말

anunciante

antorcha 안또르차
여 횃불, 봉화
antorcha olímpica 올림픽 성화[성화대]

antropología 안뜨로뽈로히아
여 인류학
antropología cultural 문화 인류학

antropológico, ca 안뜨로뽈로히꼬, 까
형 인류학의

antropólogo, ga 안뜨로뽈로고, 가
남 여 인류학자

anual 아누알
형 매년의, 일년(간)의
ceremonias *anuales* 연중 행사
junta general ordinaria *anual* 정례 연차 총회
plazo *anual* 1년 기한
presupuesto *anual* 연간 예산

anualmente 아누알멘떼
부 매년, 해마다

anualidad 아누알리닫
여 매년 일어난 일; 연회비, 연금
anualidad vitalicia 종신 연금

anuario 아누아리오
남 연감, 연보(年報)

anulable 아눌라블레
형 취소[무효로] 할 수 있는

anulación 아눌라시온
여 취소; 파기

anular 아눌라르
타 취소하다; 무효로 하다; 파기하다
anular el viaje 여행을 중지하다
anular el pedido 주문을 취소하다
형 고리 모양의, 환상(環狀)의
eclipse *anular* [천문] 금환식
남 약지, 네째손가락

anunciación 아눈시아시온
여 알림, 발표, 고시(告示)

anunciante 아눈시안떼
형 광고(廣告)의
entidad *anunciante* 광고 회사
남 여 광고주, 스폰서

anunciar
아눈시아르
㉺ 알리다, 통지하다; 광고하다

anuncio
아눈시오
㉻ 알림, 통지; 광고; 전단(傳單)
anuncio oficial 공고(公告)
anuncio por palabras 삼행 광고
anuncios clasificados
(구인 등의) 항목별 (작은) 광고
hombre *anuncio* 샌드위치맨
tablero [tablón] de *anuncio* 게시판
Prohibido fijar *anuncios*
[게시] 전단 첨부 금지

anzuelo
안수엘로
㉻ 낚싯바늘

añadir
아냐디르
㉺ 보태다, 첨가하다; 증보하다

añejo, ja
아녜호, 하
㉽ 오래된; (술 등이) 묵은, 숙성된
vino *añejo* 묵은[1년 이상된] 포도주

año
아뇨
㉻ 연(年), 1년간; 연도; [기원] …년; 나이, …살; 학년
este *año* 금년
el *año* pasado 작년
el *año* que viene 내년
hace dos *años* 재작년, 2년전
todo el *año* 1년 내내
todos los *años* 매년, 해마다
cada *año* 매년, 해마다
año bisiesto 윤년
año común 평년
¿En qué *año* estamos?
— Estamos en 2004 (dos mil cuatro).
금년은 몇 년입니까?
-금년은 2004년입니다.
¿Cuántos *años* tiene usted?
— Tengo veinte *años* (de edad).
나이가 어떻게 되십니까?
-스무 살입니다.

apagar
아빠가르

타 (불 등을) 끄다; (장치를) 정지시키다
Apaga la luz. 불을 꺼라.
apagarse (불 등이) 꺼지다
Se *apagó* la luz. 불이 꺼졌다.

aparato
아빠라또

남 기구, 장치; (신체의) 기관(器官)
aparato de uso doméstico 가정 용품

aparcamiento
아빠르까미엔또

남 주차, 주차장

aparcar
아빠르까르

타 주차하다
aparcar su coche en la calle
(...의) 차를 거리에 주차하다

aparecer
아빠레세르

자 나타나다, 출현하다, 보이다

aparición
아빠리시온

여 출현(出現)

apariencia
아빠리엔시아

여 외견, 외관, 풍채
en *apariencia* 외견상으로는

apartado, da
아빠르따도, 다

형 떨어진, 외진; 별개의, 다른
pueblo *apartado* 벽촌
남 (우편) 사서함; (문장의) 단락
apartado de correos 우편 사서함
apartado postal 우편 사서함

apartamento
아빠르따멘또

남 맨션, 아파트 ((piso보다 협소한 개개인의 주거))

apartamiento
아빠르따미엔또

남 분리; 선별; [법률] 취하; (중남미에서) 아파트

apartar
아빠르따르

타 나누다, 가르다, 분리하다; 떼어놓다 (separar)

aparte
아빠르떼

부 따로, 나누어; 떨어져서; 별도로
enviar *aparte* 따로 보내다
남 별책(別冊)

apatía
아빠띠아

여 무관심, 무기력

apear
아뻬아르

타 내리다, 내려놓다
apear al niño *del* autobús

아이를 버스에서 내리다
apear el cuadro 그림을 내리다
apearse de ...에서 내리다
*apearse de*l tren 기차에서 내리다

apelación
아뻴라시온
여 상소, 상고, 공소

apelante
아뻴란떼
남 여 상소인

apelar
아뻴라르
자 상소[상고]하다

apellido
아뻬이도
남 성(姓), 성씨
apellidos 아버지의 성과 어머니의 성
nombre y *apellido* 성명
¿Cómo se llama usted de *apellido*?
성은 어떻게 되십니까?

apenas
아뻬나스
부 ① 거의 ... 아니다
El *apenas* sabe leer.
El no sabe leer *apenas*.
그는 거의 읽을 줄 모른다.
(동사 뒤에 오면 no가 필요함)
② 간신히, 겨우
Yo *apenas* aprobé el examan.
나는 간신히 시험에 합격했다.
③ ...하자마자
Apenas yo salí, empezó a llover.
내가 외출하자마자 비가 오기 시작했다.

apéndice
아뻰디세
남 부록(附錄)

apertura
아뻬르뚜라
여 개시, 개설, 개통, 개업, 개회
apertura de los cursos 개강(식)
apertura de un crédito 신용장 개설
hora de *apertura* 개점[개관] 시간

apetito
아뻬띠또
남 식욕(食慾); 욕망
tener mucho *apetito*
식욕이 왕성하다

apícola 아삐꼴라 — 형 양봉의

apicultor, ra 아삐꿀또르, 라 — 남 여 양봉가

apicultura 아삐꿀뚜라 — 여 양봉

aplaudir 아쁠라우디르 — 타 ...에게 박수 (갈채)를 보내다

aplauso 아쁠라우소 — 남 (박수) 갈채; 칭찬

aplicación 아쁠리까시온 — 여 적용, 응용; 용도; 첨부

aplicado, da 아쁠리까도, 다 — 형 부지런한, 근명한; 응용의

aplicar 아쁠리까르 — 타 적용하다, 응용하다; 바르다

apostar 아뽀스따르 — 타 도박하다, 내기를 하다

apóstol 아뽀스똘 — 남 여 [종교] 사도; 포교자, 전도자

apóstrofo 아뽀스뜨로포 — 남 여 생략 부호, 아포스트로피

apoyar 아뽀야르 — 타 기대다, 기대어 놓다; 지원하다, 지지하다

apoyo 아뽀요 — 남 지지, 지원; 후원, 원호; 의지
tener el *apoyo* del pueblo
국민의 지지를 받다

apreciación 아쁘레시아시온 — 여 평가; 감정

apreciar 아쁘레시아르 — 타 (높이) 평가하다; 감정하다; 존중하다; 소중히 여기다
apreciar mucho 높이 평가하다
apreciar bienes inmuebles
부동산을 평가하다

aprecio 아쁘레시오 — 남 평가; 존중, 존경

aprender 아쁘렌데르
- 타 배우다, 학습하다
- *aprender* español 스페인어를 배우다
- ***aprender de memoria***
  암기하다, 외우다
- ***aprender a*** + 「동사 원형」
  ...하는 것을 배우다
- *aprender a* nadar 수영을 배우다

aprendiz, za 아쁘렌디스, 사
- 남 여 견습생, 실습생; 도제(徒弟); 초심자, 초보자

aprendizaje 아쁘렌디사헤
- 남 견습 (기간)

apresurado, da 아쁘레수라도, 다
- 형 서두르는, 성급한

apresurar 아쁘레수라르
- 타 재촉하다, 서둘게 하다; (예정보다) 이르게 하다
- No me *apresures* 재촉하지 마라
- ***apresurarse*** 급하다
- ***apresurarse a*** + 「동사 원형」
  급히 ...하다, 서둘러 ...하다

apretar 아쁘레따르
- 타 조이다, 조여 매다
- *apretar la mano a* uno
  ...와 악수하다

aprobación 아쁘로바시온
- 여 승인, 찬성; 합격

aprobado, da 아쁘로바도, 다
- 타 승인된; 합격된
- 남 합격(점)
- 남 여 합격자

aprobar 아쁘로바르
- 타 승인[인가]하다; 동의[찬성]하다; (시험에) 합격하다; 합격시키다
- 자 합격하다

aprovechamiento 아쁘로베차미엔또
- 남 이용; (복수) 자원 개발
- *aprovechamiento* de la energía
  에너지 이용
- *aprovechamientos* forestales
  산림 개발

aprovecha
아쁘로베차르

타 이용하다
¡Que *aproveche*!
(식사하는 사람에게) 많이 드십시오
aprovecharse de ...을 이용하다

aptitud
압띠뚣

여 적성; 능력, 소질
prueba [examen] *de aptitud*
적성 검사

apto, ta
압또, 따

형 ...에 소질이 있는, 유능한

apuesta
아뿌에스따

여 내기, 거는 돈

apuntar
아뿐따르

타 써두다, 적다, 메모하다, 기입하다
apuntarse 자신의 이름을 적다

apunte
아뿐떼

남 메모, 기입
libro de *apunte(s)* 메모장
tomar [sacar] *apuntes* 메모하다

aquel, lla
아껠, 야

형 저
aquel libro 저 책
aquella casa 저 집
aquellos niños 저 아이들
aquellas sillas 저 의자들

aquél, lla
아껠, 야

대 저것; 저 사람; 전자(前者)
Aquél es el ordenador.
저것은 컴퓨터다.
Aquélla es la mesa.
저것은 탁자다.
Aquéllos son los profesores.
저분들은 선생님들이다.
Aquéllas son españolas.
저분들은 스페인 여자들이다.

aquello
아께요

대 [중성 지시 대명사] 저것
¿Qué es *aquello*? 저것은 무엇입니까?

aquí
아끼

부 여기(에), 이곳에
Ven *aquí*. 이리 오너라.
Aquí está mi pasaporte.
제 여권 여기 있습니다.

árabe
아라베
- 형 아랍[아라비아](Arabia)의
- 남 여 아랍[아라비아] 사람
- 남 아랍어, 아라비아어

arábigo, ga
아라비고, 가
- 형 남 여 =**árabe**

arado
아라도
- 남 쟁기; 쟁기질

aragonés, nesa
아라고네스, 네사
- 형 아라곤(Aragón)의
- 남 여 아라곤 사람

araña
아라냐
- 여 [곤충] 거미

arar
아라르
- 타 밭을 갈다

arbitraje
아르비뜨라헤
- 남 중재, 조정; (심판의) 판정; 방책

arbitral
아르비뜨랄
- 형 중재[조정]에 의한; 심판의
- decisión *arbitral* 판정

arbitrar
아르비뜨라르
- 자 …의 중재[조정]을 하다
- *arbitrar en* un conflicto laboral
  노동 쟁의의 중재를 하다
- 타 …의 심판을 하다
- *arbitrar* un partido de tenis
  테니스 시합의 심판을 보다

arbitrio
아르비뜨리오
- 남 의지, 자유 의지; 조정, 제정

árbitro, tra
아르비뜨로, 뜨라
- 남 여 (운동의) 심판(원), 레프리
- *árbitro* auxiliar 부심(副審)

árbol
아르볼
- 남 나무, 수목

arca
아르까
- 여 큰 상자; 금고
- el *arca* de Noé 노아의 방주

arcada
아르까다
- 여 아케이드; (다리의) 아치

arcaico, ca
아르까이꼬, 까
- 형 고풍의; 고대의

archipiélago
아르치삐엘라고

남 군도, 열도
el *Archipiélago* 다도해

archivador, ra
아르치바도르, 라

형 문서 보관용의
남 문서 보관함, 파일

archivar
아르치바르

타 (문서 등을) 보관[정리]하다
archivar los recibos
영수증을 파일하다

archivero, ra
아르치베로, 라

남여 고문서 보관자

archivo
아르치보

남 ① 고문서 보관소; 사료관
el *Archivo* Histórico Nacional
(마드리드의) 국립 역사 자료관
② 고문서, (옛) 기록; 사료집
③ 파일 (케비닛)
④ [컴퓨터] 파일
archivo maestro 마스터 파일
nombre de *archivo* 파일 이름

arcilla
아르시야

여 점토(粘土)
arcilla figulina 제도용 점토
arcilla refractaria 내화 점토

arco
아르꼬

남 아치; 아치 모양의 것; 활
arco triunfal [de triunfo] 개선문
arco iris [del cielo] 무지개

arder
아르데르

자 (불)타다

ardid
아르딛

남 책략, 계략

ardiente
아르디엔떼

형 타는 듯한; 열렬한; 격렬한
amor ardiente 열렬한 사랑

ardientemente
아르디엔떼멘떼

부 열렬히; 격렬히

ardilla
아르디야

여 [동물] 다람쥐

área
아레아

여 구역, 지역; 면적, 건평; 아르
el *área* de aparcamiento 주차 구역

	el *área* de servicio 서비스 구역
	el *área* militar 군사 지역
	el *área* de castigo 페널티 에리어
	el *área* de gol 골 에리어
	el *área* defensiva 디펜스 존
arena 아레나	여 모래; 모래사장; (투우장의) 모래밭 *arena* fina 가는 모래 *arena* gruesa 굵은 모래 edificar sobre *arena* 사상 누각을 짓다
arenal 아레날	남 모래밭, 모래사장
arenoso, sa 아레노소, 사	형 모래의; 모래가 많은, 모래 섞인 playa *arenosa* 모래사장 terreno *arenoso* 모래땅
arenque 아렝께	남 [어류] 청어
arete 아레떼	남 귀걸이, 귀고리, 이어링
argelino, na 아르헬리노, 나	형 알제리아의 남 여 알제리아 사람
argentino, na 아르헨띠노, 나	형 ① 아르헨띠나(Argentina)의 la República *Argentina* 아르헨띠나 공화국 ② 은(색)의 남 여 아르헨띠나 사람
argot 아르곳	남 은어; (특정한 집단에서만 통하는) 말 *argot* estudiantil 학생 은어 diccionario de *argot* 은어 사전
argüir 아르구이르	타 추론하다, 입증하다
argumento 아르구멘또	남 논증; 논법; 주장; 구상
aria 아리아	여 [음악] 아리아
aridez 아리데스	여 건조; 불모(不毛) el índice de *aridez* 건조 지수

árido, da
아리도, 다

혱 (토지 등이) 건조한; 불모의

aristocracia
아리스또끄라시아

여 귀족 (계급); 특권 계급

aristócrata
아리스또끄라따

남 여 귀족

aristocrático, ca
아리스또끄라띠꼬, 까

혱 귀족의

sociedad *aristocrática* 귀족 사회

aritmética
아리뜨메띠까

여 산수(算數), 셈본

aritmético, ca
아리뜨메띠꼬, 까

혱 산수의, 셈본의

남 여 산수가, 수학자

arma
아르마

여 무기; 부대

el *arma* asesina 흉기

el *arma* ligera 경화기

el *arma* pesada 중화기

las *armas* cortas 소화기

여 복 군대; 군무

las *armas* de Corea 한국군

las *armas* aliadas 연합군

las *armas* enemigas 적군

armada
아르마다

여 해군; 함대

la *Armada* Báltica 발틱 함대

armadillo
아르마디요

남 [동물] 아르마디요 ((갑옷쥐))

armado, da
아르마도, 다

혱 무장한; (철골 등으로) 보강한

sublevación *armada* 무장 봉기

armadura
아르마두라

여 갑옷; 병기; 철골; (안경의) 테

armamento
아르마멘또

남 무장, 군비; 병기

aumento de *armamentos* 군비 확장

reducción de *armamentos* 군비 축소

industria de *armamento* 군수 산업

armario
아르마리오

남 옷장; 선반; 찬장

	armario botiquín 약장; 세면 선반
	armario de cocina 식기 찬장
	armario de libros (문이 달린) 책장
	armario ropero 양복장, 옷장
armazón 아르마손	남 (건물의) 골조, 뼈대; (문학 작품의) 골격; (안경의) 테
armisticio 아르미스띠시오	남 휴전, 정전 firmar un *armisticio* 휴전 협정을 맺다
armonía 아르모니아	여 조화; 하모니; 협조; [음악] 화성(학) *armonía* entre cuerpo y alma 심신(心身)의 조화
armónica 아르모니까	여 [악기] 하모니카
armónico, ca 아르모니꼬, 까	형 조화를 이룬, 균형 잡힌; 화성의 música *armónica* 성악(聲樂)
armonización 아르모니사시온	여 조화, 화합, 일치
armonizar 아르모니사르	자 조화시키다, 화합시키다
aro 아로	남 바퀴; (통 등의) 테; [기계] 링 *aros* olímpicos 올림픽의 오륜 마크
aroma 아로마	남 향기, 방향(芳香); 향료
aromático, ca 아로마띠꼬, 까	자 향기로운; 그윽한 향내가 나는 café muy *aromático* 향내가 그윽한 커피
arpa 아르빠	여 [악기] 하프, 수금(豎琴)
arpón 아르뽄	남 작살
arqueología 아르께올로히아	여 고고학(考古學)
arqueológico, ca 아르께올로히꼬, 까	형 고고학의 excavación *arqueológica* 고고학 발굴 museo *arqueológico* 고고학 박물관

arqueólogo, ga 아르께올로고, 가 　📖 여 고고학자 (考古學者)

arquitecto, ta 아르끼떽또, 따 　📖 여 건축가(建築家)
arquitecto *técnico* 건축 기사

arquitect nico, ca 아르끼떽또니꼬, 까 　형 건축술의, 건축학의; 건축상의
estilo *arquitectónico* 건축 양식

arquitectura 아르끼떽뚜라 　여 건축, 건축술, 건축학; 건축 양식
arquitectura gótica 고딕 건축
estudio de *arquitectura*
건축 설계 사무소

arrancar 아르랑까르 　타 뽑다, 뿌리째 뽑다; 빼앗다

arranque 아르랑께 　남 시동; 발진; 출발

arrastrar 아르라스뜨라르 　타 끌다; 질질 끌고 가다

arreglado, da 아르레글라도, 다 　형 정돈된, 청결한; 유능한
habitación muy *arreglada*
잘 정돈된 방

arreglar 아르레글라르 　타 정리[정돈]하다; 수리하다; 편곡하다, 각색하다; 해결하다
arreglar la habitación
방을 정돈[청소]하다

arreglo 아르레글로 　남 정리; 조정, 수리; 합의, 화해

arrendador, ra 아르렌다도로, 라 　📖 여 임대인(賃貸人)

arrendamiento 아르렌다미엔또 　남 임대, 임차, 리스

arrendar 아르렌다르 　타 임대[임차]하다
arrendar tierras 토지를 임대하다

arrepentido, da 아르레쁜띠도, 다 　형 후회하는

arrepentimiento 아르레쁜띠미엔또 　남 후회
sentir [tener] *arrepentimiento*
후회하다

arrepentirse
아르레뻰띠르세

((재귀)) 후회하다
Me arrepiento de mis culpas.
나는 내 잘못을 후회한다.

arrestar
아르레스따르

타 체포하다, 검거하다

arresto
아르레스또

남 체포, 검거; 구류

arriba
아르리바

부 위로, 위에; (문서 등에서) 위에, 앞 페이지에
Mis padres viven *arriba*.
내 부모님은 이층에 살고 계신다.
de arriba abajo 위에서 아래로

arribada
아르리바다

여 입항; 도착

arribar
아르리바르

자 입항하다; 도착하다

arriesgado, da
아르리에스가도, 다

형 위험한

arriesgar
아르리에스가르

타 위험을 무릅쓰다
arriesgarse 모험하다; 위험을 무릅쓰다
El que no se arriesga no pasa la mar.
(속담) 호랑이 굴에 들어 가야 호랑이 새끼를 잡는다.

arrogancia
아르로간시아

여 오만, 거만, 교만

arrogante
아르로간떼

형 오만한, 거만한, 교만한

arrogantemente
아르로간떼멘떼

부 오만하게, 거만하게

arrojar
아르로하르

타 던지다; 버리다
arrojar piedras 돌을 던지다
arrojarse 몸을 날리다; 투신하다

arrollar
아르로야르

타 말다, 둘둘 말다

arroyo
아르로요

남 개울, 실개천

arroz
아르로스

남 [식물] 벼; 쌀

arroz blanco 쌀밥
arroz cocido 쌀밥
arroz con camarones 새우 덮밥
Se come *arroz* en Corea.
한국에서는 쌀(밥)을 먹는다.

arrozal
아르로살
남 논

arruga
아르루가
여 주름, 구김살

arrugar
아르루가르
타 주름을 만들다

arte
아르떼
남 여 예술; 미술; 기술, 기능
arte cinematográfico 영화 예술
arte dramático 무대 예술
academia de *arte* 미술 학교
bellas *arte*s 예술
Quien tiene arte va por [a] toda parte.
(속담) 기술이 있는 사람은 어디에 가도 잘 산다.

artefacto
아르떼팍또
남 장치, 기계

arteria
아르떼리아
여 [해부] 동맥; 간선, 간선 도로

arterial
아르떼리알
형 동맥(arteria)의

arteritis
아르떼리띠스
여 [의학] 동맥염

artesanía
아르떼사니아
여 손일, 수공업, 수공예(품)

artesano, na
아르떼사노, 나
남 여 장인(匠人), 수공업자; 공예가

articulación
아르띠꿀라시온
여 [해부] 관절; 연결

articular
아르띠꿀라르
타 이어 맞추다, 연계하다
형 관절의

articulista
아르띠꿀리스따
남 여 논설 위원; 칼럼니스트

artículo
아르띠꿀로
남 기사, 논설; 논문; 항목, 사항; 조항; 물건, 상품; 관사; 관절
artículos de consumo 소비재
artículo determinado 정관사
articulo indeterminado 부정관사

artífice
아르띠피세
남여 예술가, 공예가

artificial
아르띠피시알
형 인공의, 인위적인; 모조의
diente *artificial* 의치, 틀니
flor *artificial* 조화(造花)
mano *artificial* 의수

artificialmente
아르띠피시알멘떼
부 인공적으로; 인위적으로

artificio
아르띠피시오
남 장치; 기교

artillería
아르띠예리아
여 포, 대포; 미사일 발사대; 포병대

artillero, ra
아르띠예로, 라
형 대포의
남여 포병; 포수; 스트라이커

artista
아르띠스따
남여 예술가, 화가; 연예인, 가수, 연주가; 배우; 명인, 달인
artista de cine 영화 배우
artista de teatro 무대 배우

artístico, ca
아르띠스띠꼬, 까
형 예술의, 예술적인

artralgia
아르뜨랄히아
여 [의학] 관절통

artritis
아르뜨리띠스
여 [의학] 관절염
artritis reumatoide 만성 관절 류머티스

arzobispo
아르소비스뽀
남 대주교

as
아스
남 에이스; 제일인자
El es un *as* del equipo.
그는 팀의 에이스다.

asa
아사
여 손잡이

ascensión

asado, da 아사도, 다
- 형 구운
- carne *asada* 구운 고기, 불고기
- carne poco *asada* 덜 구워진 고기
- 남 아사도, 불고기

asador, ra 아사도르, 라
- 남여 굽는 사람
- 남 적쇠, 쇠꼬챙이; 불고기 전문 식당

asalariado, da 아살라리아도, 다
- 남여 월급쟁이, 임금 노동자

asaltante 아살딴떼
- 남여 강도; 습격자, 폭한

asaltar 아살따르
- 타 강도질을 하다; 습격하다

asalto 아살또
- 남 강도(질); 습격, 급습; (권투의) 회, 라운드
- el primer *asalto* 첫 라운드

asamblea 아삼블레아
- 여 집회, 회의; 의회, 국회
- *Asamblea* Nacional 국회

asambleísta 아삼블레이스따
- 남여 집회 참가자; 의원

asar 아사르
- 타 굽다
- *asar* a la brasa 숯불에 굽다
- *asar* a la lumbre
  직접 재료에 불을 쬐어 굽다
- *asar* a [en] la parrilla
  석쇠[쇠꼬치]에 굽다
- *asar* a la plancha 철판에 굽다

ascendencia 아센덴시아
- 여 선조; 혈통

ascendente 아센덴떼
- 형 오르는, 상승하는

ascender 아센데르
- 자 오르다, 상승하다; 승진하다
- *ascender* a coronel 대령으로 승진하다
- 타 승진시키다

ascendiente 아센디엔떼
- 남여 선조, 존속

ascensión 아센시온
- 여 오르는 일, 상승; 승진, 승격
- *ascensión* a la cumbre 등정(登頂)

ascenso
아센소
남 승진, 출세; 상승
ascenso a capitán 대위로 승진
conseguir *ascenso* 승진하다

ascensor
아센소르
남 엘리베이터, 승강기
bajar del *ascensor* 승강기에서 내리다
subir en *ascensor* 승강기에 오르다
tomar el *ascensor* 승강기에 타다

ascensorista
아센소리스따
남 여 엘리베이터 보이 [걸]

asco
아스꼬
남 구역질, 메스꺼움, 혐오
Me da *asco*. 나는 구역질이 난다.

aseado, da
아세아도, 다
형 깨끗한, 청결한

asear
아세아르
타 깨끗하게 하다
asearse 몸치장하다; 세면하다

asediar
아세디아르
타 포위하다

asedio
아세디오
남 포위

asegurado, da
아세구라도, 다
형 확실한; 확고한; 보험에 들어 있는

asegurador, ra
아세구라도르, 라
형 보험(seguro)의; 보증하는
남 여 보험 가입자
남 보험 업자
여 보험 회사

asegurar
아세구라르
타 확보하다; 고정시키다; 확언하다; …에 보험을 들다
asegurarse
확인하다; 확보하다; 안정하다; 보험에 들다
asegurarse contrarobos [incendios]
도난 [화재] 보험에 들다

asentir
아센띠르
자 동의하다, 찬성하다, 승인하다

aseo
아세오
남 몸치장, 몸단장; 세면; 화장실; 세면소
productos de *aseo* 세면 도구

aserradero
아세르라데로
남 제재소

aserrar
아세르라르
타 톱(sierra)으로 썰다

asesinar
아세시나르
타 살해하다, 암살하다

asesinato
아세시나또
남 살인, 살해; 암살

asesino, na
아세시노, 나
남 여 암살자, 살인자

asesor, ra
아세소르, 라
형 조언하는, 고문의
abogado *asesor* 고문 변호사
남 여 고문, 상담역, 컨설턴트
asesor jurídico 법률 고문
asesor técnico 기술 고문

asesorar
아세소라르
타 …에게 조언을 주다; (논문·연구의) 지도를 하다
asesorarse 상담하다

asesoría
아세소리아
여 고문직, 고문 사무소, 고문 보수

asfaltado
아스팔따도
남 아스팔트 포장

asfaltar
아스팔따르
타 아스팔트로 포장하다

asfalto
아스팔또
남 아스팔트; (아스팔트) 포장 도로

asfixia
아스픽시아
여 질식, 호흡 곤란; 가사(假死)
muerte por *asfixia* 질식사

asfixiar
아스픽시아르
타 질식시키다
asfixiarse 질식하다

así
아시
부 이렇게, 그렇게
Así está bien. 그렇게 좋다.
(형용사적으로) 그런, 그와 같은
Así es la vida. 인생이란 그런 것이다.
así, *así*. 그저 그렇다.
¿Cómo estás? — Estoy *así así*.

어떻게 지내느냐? – 그저 그래.

Asia
아시아
여 [지명] 아시아

asiático, ca
아시아띠꼬, 까
형 아시아의
Continente *Asiático* 아시아 대륙
남 여 아시아 사람

asiento
아시엔또
남 자리, 좌석; (의자의) 앉는 부분; (열차·극장 등의) 지정석
asiento del conductor 운전석
asiento del acompañante 조수석
asiento reservado
지정석, 예약석; 노약자·장애인석

asignación
아시그나시온
여 할당, 배분; 수당, 급료

asignar
아시그나르
타 할당하다, 지정하다

asignatura
아시그나뚜라
여 학과목, 과목
asignatura libre 선택 과목
asignatura obligatoria 필수 과목

asilado, da
아실라도, 다
남 여 피수용자, 피난민; 정치 망명자

asilar
아시라르
타 (보호 시설에) 수용하다; 비호하다

asilo
아실로
남 보호 시설, 수용소; 피난 장소

asimilación
아시밀라시온
여 동화, 흡수

asimilar
아시밀라르
타 동일시하다; 동화하다
asimilarse 닮다; 동화하다

asir
아시르
타 (강하게) 붙잡다, 쥐다, 잡다

asistencia
아시스뗀시아
여 출석, 참가; 원조, 구제; 어시스트

asistenta
아시스뗀따
여 (통근하는) 도우미, 식모

astilla

asistente
아시스뗀떼
남 여 출석자, 참가자; 관중, 청중; 조수

asistir
아시스띠르
자 출석하다, 참가하다
asistir a clase 수업에 출석하다
asistir a la boda 결혼식에 참가하다
타 수행하다; 원조하다; 간병하다

asma
아스마
자 [의학] 천식
el *asma* bronquial 기관지 천식
ataque de *asma* 천식의 발작

asno
아스노
남 [동물] 당나귀; 바보

asociación
아소시아시온
여 협회, 회; 연합; 협력, 참가
asociación cultural 문화 협회
asociación de padres de alumnos 사친회

asomar
아소마르
자 얼굴을 내밀다, 엿보다, 들여다 보다

aspecto
아스뻭또
남 외관, 외모; (문제의) 측면, 관점

aspiración
아스삐라시온
여 흡입, 빨아들임; 열망

aspirador, ra
아스삐라도르, 라
형 빨아들이는
남 [의학] 흡입기; [기계] 흡입 장치
남 여 전기 소제기

aspirante
아스삐란떼
형 빨아들이는
남 여 지원자, 지망자

aspirar
아스삐라르
타 들이마시다, 빨아들이다
aspirar el aire fresco
신선한 공기를 들이마시다
자 열망하다

aspirina
아스삐리나
여 아스피린

asta
아스따
여 깃대; (창의) 손잡이; 뿔

astilla
아스띠야
여 (나무나 돌의) 부스러기
De tal palo tal astilla.

부전자전(父傳子傳).

astro
아스뜨로
남 천체, 별; 스타
astro del cine 영화 스타

astronauta
아스뜨로나우따
남 여 우주 비행사

astronave
아스뜨로나베
여 우주선

astronomía
아스뜨로노미아
여 천문학

astronómico, ca
아스뜨로노미꼬, 까
형 천문학의

astrónomo, ma
아스뜨로노모, 마
남 여 천문 학자

astucia
아스뚜시아
여 교활함, 간사함, 영특함

asturiano, na
아스뚜리아노, 나
형 아스뚜리아스(Asturias)의
남 여 아스뚜리아스 사람

astuto, ta
아스뚜또, 따
형 간사한, 교활한, 영특한

asumir
아수미르
타 (책임·의무 등을) 떠맡다
asumir la responsabilidad
책임을 맡다
asumir la presidencia
대통령이 되다

asunción
아순시온
여 취임; 상정

asunto
아순또
남 것, 일; 사건, 분쟁; 볼일, 용건
No se meta usted en mis *asuntos*.
내 일에 간섭하지 마세요.
Este *asunto* es difícil de resolver.
이 사건은 해결이 어렵다.

asustar
아수스따르
타 놀라게 하다
asustarse 놀라다

atacante
아따깐떼
형 공격하는
남 여 공격자, 습격자

atención

atacar
아따까르
타 공격하다, 습격하다

atado
아따도
남 다발, 묶음

atajar
아따하르
자 지름길로 가다
타 (...를) 앞질러 가다

atajo
아따호
남 지름길
ir por el *atajo* 지름길로 가다
No hay atajo sin trabajo.
(속담) 고생 없는 성공은 없다.
성공에는 첩경이 없다.
부뚜막의 소금도 집어 넣어야 짜다.

ataque
아따께
남 공격, 습격; 발작
ataque general 총공격
ataque aéreo 공습(空襲)
ataque cardíaco 심장 발작
ataque de nervios 히스테리
El ataque es la mejor defensa.
(속담) 공격은 최대의 방어.

atar
아따르
타 묶다, 동여매다, 잡아매다
atar un paquete 소포를 묶다

atardecer
아따르데세르
자 해가 지다

ataúd
아따웉
남 관(棺), 널

atención
아뗀시온
여 주의, 주목; 응대
dedicar *su atención a algo*
...에 주의를 집중하다
escuchar con *atención* 주의해서 듣다
llamar la *atención* 주의[관심]을 끌다
merecer la *atención*
주목할 가치가 있다
prestar *atención* a algo
...에 주의를 기울이다
Gracias por su atención.
경청해 주셔서 감사합니다.

atender
아뗀데르
[타] ...를 보살펴 주다; 응대하다
atender a un enfermo 환자를 돌보다
[자] 주의를 기울이다, 유의하다

aterrizaje
아떼리사헤
[남] 착륙(着陸)
aterrizaje forzado 불시착
aterrizaje violento 사고[파손] 착륙
tren de *aterrizaje* 착륙 장치

aterrizar
아떼리사르
[자] 착륙하다
aterrizar en el aeropuerto
공항에 착륙하다

Atlántico
아뜰란띠꼬
[남] 대서양(Océano Atlántico)

atlántico, ca
아뜰란띠꼬, 까
[형] 대서양의

atlas
아뜰라스
[남] 지도책; 도감; [해부] 제일 경추

atleta
아뜰레따
[남][여] (주로 육상 경기의) 운동 선수, 경기자; 체육인

atlético, ca
아뜰레띠꼬, 까
[형] 운동[육상] 경기의
deportes *atléticos* 육상 경기
ejercicios *atléticos* 운동, 체육

atletismo
아뜰레띠스모
[남] 운동 경기, 체육; 육상 경기

atmósfera
앗모스페라
[여] 대기, 공기; 분위기; 기압
contaminación de la *atmósfera*
대기 오염

atómico, ca
아또미꼬, 까
[형] 원자(原子)의
armas *atómicas* 핵병기, 핵무기
física *atómica* 원자 물리학
físico *atómico* 원자 물리학자

átomo
아또모
[남] [물리·화학] 원자; 미량

atonía
아또니아
[여] 무기력; [의학] 무기력(증)

atracción 아뜨락시온	여 인력(引力); 매력; 연예, 여흥 *atracción* universal 만유 인력 *atracción* sexual 성적 매력
atractivo 아뜨락띠보	남 매력 tener mucho *atractivo* para mí 나에게 무척 매력적이다
atractivo, va 아뜨락띠보, 바	형 매력적인 hombre *atractivo* 매력적인 남자 mujer *atractiva* 매력적인 여자
atraer 아뜨라에르	타 끌어당기다; 매혹시키다
atrás 아뜨라스	부 뒤로, 뒤에; [시간] 전에 asientos de *atrás* 뒷좌석 volver la cara *atrás* 얼굴을 뒤로 돌리다 una hora *atrás* 한 시간 전에 Siéntate *atrás*. 뒤에 앉아라.
atrasado, da 아뜨라사도, 다	형 늦은; 연체된, 미불의 número *atrasado* 백 넘버 El reloj va *atrasado*. 그 시계는 늦다[늦게 간다].
atrasar 아뜨라사르	타 늦추다, 늦게 하다, 연기하다 *atrasar* la boda un mes 결혼식을 한 달 연기하다 *atrasar* la salida 출발을 늦추다
atraso 아뜨라소	남 지체, 연기
atravesar 아뜨라베사르	타 건너다, 횡단하다; 관통하다 *atravesar* la calle 길을 건너다 *atravesar* el bosque 숲을 횡단하다
atreverse 아뜨레베르세	((재귀)) 감히 …하다, 굳이 …하다; 단념하고 …하다 *Atrévete* a hablar a tu padre. 단념하고 아버지께 말씀 드려라.

atrevido, da
아뜨레비도, 다
형 대담한; 불손한; 위험한

atrevimiento
아뜨레비미엔또
남 대담함; 불손; 무모

atribución
아뜨리부시온
여 부여, 귀속; [주로 복] 권한
Esto excede mis *atribuciones*.
이것은 내 권한 밖이다.

atribuir
아뜨리부이르
타 부여하다, 할당하다; 위탁하다

atributivo, va
아뜨리부띠보, 바
형 귀속의; 한정적인
adjetivo *atributivo* 한정 형용사

atributo
아뜨리부또
남 속성, 특질; 상징

atrocidad
아뜨로시닫
여 잔학함, 잔학 행위

atropellamiento
아뜨로뻬야미엔또
남 =**atropello**

atropellar
아뜨로뻬야르
타 (차가) 치다; 짓밟다, 유린하다
atropellar a un perro 개를 치다

atropello
아뜨로뻬요
남 치는 일, 익사 (사고); 유린

atroz
아뜨로스
형 포학한, 잔인한, 지독한, 엄청난
comida *atroz* 엄청난 식사
dolor *atroz* 격통(激痛)

atrozmente
아뜨로스멘떼
부 지독하게, 엄청나게; 포학하게
doler *atrozmente* 지독하게 아프다

atún
아뚠
남 다랑어, 참치

audacia
아우다시아
여 대담(함)

audaz
아우다스
형 대담한; 참신한

audible
아우디블레
형 들을 수 있는

audición
아우디시온
여 듣기, 청취; 청각, 청력; 콘서트, 리사이틀; (가수·배우 등의) 오디션

audiencia
아우디엔시아
여 알현, 회견; 심문; 법정, 재판소

audífono
아우디포노
남 보청기; 이어폰(auricular)

audio
아우디오
형 음의 송수신의, 음성 재생의

audiovisual
아우디오비수알
형 시청각의
enseñanza *audiovisual* 시청각 교육

auditivo, va
아우디띠보, 바
형 청력의, 청각의, 귀의
nervio *auditivo* 시신경

auditorio
아우디또리오
남 청중; 팬; 공회당, 홀, 강당

auge
아우헤
남 절정, 피크; 번영; 붐
en el *auge* de la fama 인기 절정기에
alcanzar su *auge* 절정에 달하다

augurar
아우구라르
타 예언하다

augurio
아우구리오
남 전조(前兆)

aula
아울라
여 교실, 강의실
el *aula* magna 강당

aumentar
아우멘따르
자 불어나다, 증가[증대]되다
Los precios *han aumentado* en un tres por ciento.
물가가 3% 올랐다.
He *aumentado* de [en] peso.
나는 체중이 불었다.
타 늘리다, 증가[증대]시키다
aumentar la producción 증산하다
aumentar el número de trabajadores
노동자 수를 늘리다

aumento
아우멘또
남 증대, 증가; 확대
aumento de población 인구 증가
aumento de precios 가격 인상
Tengo *aumento* de sueldo.

나는 임금이 올랐다.

aun
아운
튀 ...조차, 까지도; 또한, 더욱이
El va sin sombrero *aun* en pleno verano.
그는 한여름에조차 모자를 쓰지 않는다.

aún
아운
튀 아직 (...아니다)(todavía)
El no ha llegado *aún*.
그는 아직 도착하지 않았다.

aunque
아운께
접 ① ...이지만 (직설법 동사)
Aunque él es joven, lo sabe todo.
그는 젊지만 모든 것을 안다.
② 설령 ...일지라도 (접속법 동사)
Me casaré con ella *aunque* mis padres se opongan. 내 부모님들이 반대하더라도 나는 그녀와 결혼하겠다.

aurícula
아우리꿀라
여 귓불, 귓바퀴

aurora
아우로라
여 여명, 서광

auscultación
아우스꿀따시온
여 [의학] 청진(聽診)

auscultar
아우스꿀따르
타 [의학] 청진하다

ausencia
아우센시아
여 부재, 없음; 결석, 결근; 결여
Ella vino en mi *ausencia*.
그는 내가 부재중에 왔다.

ausentarse
아우센따르세
((재귀)) 자리를 비우다, 부재하다
ausentarse de la clase 결석하다
ausentarse de la oficina 결근하다

ausente
아우센떼
형 부재의; 결석의, 결근의
El está *ausente* de Seúl.
그는 서울에 없다.
남 여 부재[결석·결근]자; 실종자
Hay muchos *ausentes* a la clase.
수업에 결석자가 많다.

auspiciar 아우스삐시아르
타 후원하다; 예언하다

auspicio 아우스삐시오
남 전조(前兆); 후원, 원조; 예언

austral 아우스뜨랄
형 남쪽의
남 아우스뜨랄 ((아르헨띠나의 전 화폐))

australiano, na 아우스뜨랄리아노, 나
형 호주(Australia)의, 오스트레일리아의
남여 호주 사람, 오스트레일리아 사람

austriaco, ca 아우스뜨리아꼬, 까
형남여 =**austríaco**

austríaco, ca 아우스뜨리아꼬, 까
형 오스트리아(Austria)의
남여 오스트리아 사람

auténtico, ca 아우뗀띠꼬, 까
형 진짜의; 진정한; 정식의

autentificar 아우뗀띠피까르
타 인증하다

auto 아우또
남 자동차(coche); 결정, 판결

autobús 아우또부스
남 버스
autobús de línea (장거리) 노선 버스
ir en *autobús* 버스로 가다
tomar un *autobús* 버스를 타다

autocar 아우또까르
남 관광 버스; 장거리 버스
viaje en *autocar* 버스 여행

autogol 아우또골
남 자살골

autógrafo 아우또그라포
남 (유명인의) 사인; 자필 원고

autógrafo, fa 아우또그라포, 파
형 자필(自筆)의
carta *autógrafa* 자필 편지

autómata 아우또마따
남 로봇, 자동 기계[장치]

automático, ca 아우또마띠고, 까
형 자동(自動)의
puerta *automática* 자동문
arma *automática* 자동 화기

automóvil
아우또모빌
- 형 자동 (추진)의
- 남 자동차(coche, auto)

autonomía
아우또노미아
- 여 자치(권); 자치체; 자립
- *autonomía* regional 지방 자치
- *autonomía* económico 경제적 자립

autonómico, ca
아우또노미꼬, 까
- 형 자치(自治)의
- gobierno *autonómico* 자치 정부
- poderes *autonómicos* 자치권

autónomo, ma
아우또노모, 마
- 형 자치권이 있는; 자립된
- entidad *autónoma* 자치 단체
- 남 여 자영업자

autopista
아우또삐스따
- 여 고속 도로

autor, ra
아우또르, 라
- 남 여 저자, 작가; 범인
- derechos de *autor* 저작권
- *autor* del robo 절도범

autoridad
아우또리닫
- 여 권한; 권력; 당국; 권위(자)
- *autoridad* en literatura española 스페인 문학의 권위자
- *autoridad* gubernativa 정부 당국
- *autoridad* judicial 사법 당국
- *autoridad* militar 군당국
- *autoridad* paterna 부권(父權)
- plena *autoridad* 전권(全權)

autorización
아우또리사시온
- 여 (주로 공기관의) 허가(서), 인가(서)
- Prohibida la entrada sin *autorización* 허가 없는 출입 금지

autorizado, da
아우또리사도, 다
- 형 허가를 받은; 권위 있는
- precio *autorizado* 공정 가격
- permiso *autorizado* 당국의 허가

autorizar
아우또리사르
- 타 허가[인가]하다; 공증하다

auxiliar
아우실리아르
- 타 부조하다; 보좌하다, 돕다
- 형 보조의, 보좌의

profesor *auxiliar* 조교수
silla *auxiliar* 보조 의자
男 조동사(verbo auxiliar)

auxilio
아우실리오

男 부조, 간호; 보좌
auxilio en carretera
(고속 도로 등의) 수리 서비스 (센터)
primeros *auxilios* 응급 치료
hospital de primeros *auxilios*
구급 병원
感 도와 주세요!(socorro)

avance
아반세

男 전진; 진보; [스포츠] 공격

avanzado, da
아반사도, 다

形 앞에 나아가는, 전진한; 진보적인
avanzada edad=edad *avanzada*
curso *avanzado* 고급 강좌
edad *avanzada* 고령(高齡)
país *avanzado* 선진국
hora muy *avanzada* de la noche
심야(深夜)

avanzar
아반사르

自 전진하다, 나아가다; 진보하다
他 전진시키다, 앞으로 내다; 예정보다 이르게 하다, 앞당기다
avanzar la hora de salir
출발 시간을 앞당기다
avanzar un pie 한 발을 내디디다
avanzar una silla 의자를 앞으로 내다

avaricia
아바리시아

女 탐욕, 욕심
La avaricia rompe el saco.
(속담) 다 잡으려다 다 놓친다.
(직역) 욕심은 자루를 부순다.
La avaricia es la raíz de todos los males.
(속담) 탐욕은 모든 악의 근원이다.

ave
아베

女 새; 조류(鳥類)
※ 주의: un [una] *ave* 새 한 마리
el ave → los aves (새들)

aventura 아벤뚜라	여 모험, 진기한 체험; 위험; 정사(情事) novela de *aventuras* 모험 소설
aventurar 아벤뚜라르	타 (생명·재산 등을) 위험에 내맡기다, 위험을 무릅쓰고 …하다 *aventurar* la vida 생명을 걸다 ***aventurarse*** 모험을 하다, 위험을 무릅쓰다 *aventurarse* por la selva 정글에 몸을 던지다 *Quien no se aventura, no pasa la mar. = Quien no se aventuró, ni perdió ni ganó.* (속담) 호랑이 굴에 들어가야 호랑이 새끼를 잡는다
aventurero, ra 아벤뚜레로, 라	형 모험을 좋아하는 남 여 모험가; 투기꾼; 바람둥이
avergonzar 아베르곤사르	타 창피를 당하게 하다 ***avergonzarse*** 수치스러워하다, 부끄럽게 생각하다
avería 아베리아	여 (기계 등의) 고장, 파손; (상품의) 손상, 손해; [상업] 해손(海損) tener una *avería* en el motor 모터에 고장이 나 있다
averiar 아베리아르	타 고장나게 하다; 손상[손해]를 주다 ***averiarse*** 고장나다 *Averiado* [게시] 고장중 El coche está *averiado*. 자동차가 고장났다.
averiguación 아베리구아시온	여 확인; 조사, 수사 *averiguación* policial 경찰 수사
averiguar 아베리구아르	타 확인하다; 조사하다 *averiguar* la verdad de un asunto 사건의 진상을 확인하다 *averiguar* la causa 원인을 조사하다

avestruz
아베스뜨루스
남 [조류] 타조

aviación
아비아시온
여 항공, 비행; 공군
aviación civil 민간 항공; 민간 항공기
aviación militar 공군; 군용기(軍用機)
accidente de aviación 비행기 사고

aviador, ra
아비아도르, 라
남여 비행사(piloto)

avícola
아비꼴라
형 양계의, 조류 사육의
granja *avícola* 양계장

avicultor, ra
아비꿀또르, 라
남여 양계가, 조류 사육가

avicultura
아비꿀뚜라
여 양계, 조류 사육

avión
아비온
남 비행기
en *avión* 비행기로
en el *avión* 비행기 안에서, 기내에서
enviar por *avión* 항공편으로 보내다
ir en *avión* 비행기로 가다
subir al [descender del] *avión*
비행기에 오르다 [에서 내리다]
tomar el *avión* para Madrid
마드리드행 비행기를 타다
Por *avión* [표시] 항공편

avioncito
아비온시또
남 종이 비행기

avioneta
아비오네따
여 경비행기, 소형 비행기

avisar
아비사르
타 알리다, 통지하다; 부르다
avisar por carta 편지로 알리다
avisar al médico 의사를 부르다

aviso
아비소
남 알림, 통지; 광고
aviso del traslado 이전 통지
aviso para embarcar 승선[탑승] 안내
aviso de tempestad 폭풍우 경보

conferencia con *aviso*
[전화] 지명 통화, 퍼스널 콜
sin previo *aviso* 예고 없이
recibir un *aviso* 경고를 받다
dar aviso 통지[통보]하다

axis
악시스
남 축; [해부] 제이 경추(第二頸椎)

¡ay!
아이
감 아아!

ayer
아예르
부 어제
ayer por la mañana 어제 아침(에)
ayer por la tarde 어제 오후(에)
ayer por la noche 어젯밤(에) (anoche)

ayuda
아유다
여 도움, 원조, 조력; 수당; [컴퓨터] 서포트
Gracias por su *ayuda*.
도와주셔서 고맙습니다.

ayudante
아유단떼
남 여 도우미, 조수
ayudante de dirección 조감독
ayudante de peluquería 견습 미용사
ayudante técnico sanitario (의사의 지시에 따라 주사 등의 치료를 하는) 간호사
profesor *ayudante* (대학의) 조교(助敎)

ayudar
아유다르
타 돕다, 거들다; 원조하다
ayudar a su padre en su trabajo
아버지의 일을 거들다
¡Ayédeme! (나를) 도와주세요!
Ayúdame a llevar la mesa.
테이블 옮기는 것을 도와 다오.
Ayúdate y el cielo te ayudará.
(속담) 하늘은 스스로 돕는자를 돕는다.

ayunar
아유나르
자 단식하다; 절식하다

ayuno
아유노
남 단식, 절식(絶食)
hacer *ayuno*, guardar el *ayuno*
단식을 하다

ayuntamiento
아윤따미엔또
남 시청; 시청사; 시의회

azada
아사다
여 괭이, 곡괭이

azafata
아사파따
여 (비행기의) 여승무원, 스튜어디스

azafato
아사파또
남 (비행기의) 남자 승무원, 스튜어드

azalea
아살레아
여 [식물] 진달래

azar
아사르
여 운, 우연(성)
al azar 닥치는 대로, 적당히
leer los libros *al azar*
책을 닥치는 대로 읽다

azogue
아소게
남 수은(mercurio)

azotar
아소따르
타 매질하다; 심하게 때리다

azote
아소떼
남 채찍, 회초리

azotea
아소떼아
여 옥상; 평평한 지붕

azteca
아스떼까
남여 아스테카족 ((멕시코의 원주민))

azúcar
아수까르
남 설탕; [화학·생리] 당, 당분; 혈당
azúcar blanco 백설탕
azúcar moreno 흑설탕
azúcar sanguíneo 혈당(血糖)
azúcar en cubos [en terrones] 각설탕
azúcar en polvo 가루 설탕
nivel *de azúcar* (de sangre) 혈당치
tomar *azúcar* 당분을 섭취하다
¿Tomas *azúcar* en el café?
¿Le pones *azúcar* al café?
커피에 설탕을 넣습니까?

azucarado, da 아수까라도, 다
혱 설탕처럼 단
café muy *azucarado* 무척 단 커피

azucarar 아수까라르
타 …에 설탕을 넣다; 단맛을 내다; 당의(糖衣)를 입히다

azucarero, ra 아수까레로, 라
혱 설탕의
industria *azucarera* 제당업
여 제당 공장; 설탕 그릇
남 설탕 그릇

azufaifa 아수파이파
여 [과실] 대추

azufaifo 아수파이포
남 [식물] 대추나무

azufre 아수프레
남 [화학] 유황

azul 아술
혱 푸른, 청색(青色)의
cielo *azul* 푸른 하늘
color *azul* celeste 하늘색
días *azules* (스페인 국철의) 할인날
pelo rubio y ojos *azules* 금발 벽안
zona *azul* 주차 미터기가 있는 주차 구역
남 푸른 색, 청색, 푸름
azul celeste 하늘색

azulejo 아술레호
남 [건축] 광택나는 요업 타일

B

b
베
- 여 베 ((스페인어 자모의 두 번째 문자))

babel
바벨
- 남 혼란, 시끄러운 장소
- torre de *Babel* [성경] 바벨탑

babilónico, ca
바빌로니꼬, 까
- 형 바빌로니아(Babilonia)의

babilonio, nia
바빌로니오, 니아
- 형 바빌로니아의
- 남 여 바빌로니아 사람

babosa
바보사
- 여 [동물] 민달팽이, 괄태충

bacalao
바깔라오
- 남 [어류] 대구; (특히) 건대구

bache
바체
- 남 (포장 도로·길에 난) 구덩이

baciller, ra
바치예르, 라
- 남 여 ① 중등 교육을 수료한 사람 ((우리 나라의 고등 학교 졸업자에 해당함))
- ② [고어] 학사
- ③ 수다쟁이

bachillerato
바치예라또
- 남 ① 중등 교육 ((우리나라의 중고등학교에 해당))
- ② 중등 교육 수료 자격 [졸업 시험]
- *bachillerato* unificado polivalente 종합 중등 교육

bacín
바신
- 남 요강, 실내용 변기

Baco
바꼬
- 남 바커스, 주신(酒神)

bacteria
박떼리아
- 여 박테리아, 세균

bacteriano, na
박떼리아노, 나
- 형 박테리아의, 세균성의

bactericida
박떼리시다
- 형 살균성의
- 남 살균성 물질

bacteriología
박떼리올로히아
- 여 세균학

bacteriológico, ca 형 세균학의; 세균을 사용하는
박떼리올로히꼬, 까

bacteriólogo, ga 남 여 세균 학자
박떼리올로고, 가

bádminton
바드민똔
- 남 [운동] 배드민턴

bahamés, mesa
바아메스, 메사
- 형 바하마(Bahams)의
- 남 여 바하마 사람

bahía
바이아
- 여 만(灣)
- *Bahía* de Yongil 영일만

bahreiní
바레이니
- 형 바레인(Bahrein)의
- 남 여 바레인 사람

bailable
바일라블레
- 남 댄스 음악
- música *bailable* 댄스 음악

bailador, ra
바일라도르, 라
- 형 무용을 좋아하는
- 남 여 춤을 좋아하는 사람; 무용가

bailar
바일라르
- 자 춤추다
- Ella *baila* muy bien.
- 그녀는 춤에 달인이다.

bailarín, rina
바일라린, 리나
- 남 여 무용가, 댄서, 발레리나; 춤추는 사람
- *bailarín* de claqué 탭댄서
- *bailarina* de ballet 발레리나
- *bailarina* de vientre 배꼽춤 댄서
- primer *bailarín* 제일 무용수

baile
바일레
- 남 무용, 댄스; 무도회, 댄스 파티
- *baile* clásica 고전 무용, 발레
- *baile* de salón 사교 댄스
- *baile* moderno 현대 무용
- *baile* regional 민속 무용

baja
바하
- 여 (물가·온도의) 하락, 하강

balance

bajar 바하르
자 ① (사람이) 내리다
bajar del autobús [del tren]
버스[기차]에서 내리다
② [물건이] 내리다
Ha bajado el nivel del agua.
수위(水位)가 내렸다.
타 ① 내리다, 낮게 하다
bajar un cuadro 그림을 내리다
bajar una maleta 가방을 내리다
bajar el precio 값을 내리다
② 내려가다
bajar el río [la cuesta]
강[언덕]을 내려가다

bajarse 바하르세
((재귀)) 내리다
*bajarse de*l autobús 버스에서 내리다

bajeza 바헤사
여 천함, 비열함

bajo 바호
전 ...아래(debajo de)
andar *bajo* la lluvia 우중(雨中)을 걷다

bajo, ja 바호, 하
형 키가 작은; 아래의; 낮은
hombre *bajo* 키가 작은 남자
mujer *baja* 키가 작은 여자
mesa *baja* 낮은 테이블
Kim es *bajo*. 김은 키가 작다.
Su cuarto es más *bajo* que el mío.
그의 방은 내것보다 아래층에 있다.
La niebla está *baja*.
안개가 낮게 깔려 있다.

bala 발라
여 총알, 탄환

balada 발라다
여 발라드

balance 발란세
남 [경제] 결산, 수지(收支), 잔고; 대차 대조표
balance comercial 무역 수지
balance de pagos 국제 수지

balanza
발란사
여 저울; 수지
balanza comercial 무역 수지
balanza de pagos 국제 수지

balboa
발보아
남 발보아 ((파나마의 화폐 단위))

balcánico, ca
발까니꼬, 까
형 발칸 반도[제국](Balcanes)의
남여 발칸 제국의 사람

balcón
발꼰
남 발코니, 노대(露臺)
복 *los balcones*

balde
발데
남 물통
de balde 무료로, 공짜로, 거저
entrar *de balde* al teatro
극장에 무료로 입장하다

balístico, ca
발리스띠꼬, 까
형 탄도(彈道)의
misil *balístico* 탄도 미사일
여 탄도학(彈道學)

baliza
발리사
여 항로 표지(標識), (철도·도로의) 위험 표지

ballena
바예나
여 [동물] 고래
aceite de *ballena* 고래 기름
caza [pesca] de la *ballena*
고래잡이, 포경(捕鯨)

ballenato
바예나또
남 고래 새끼

ballenero, ra
바예네로, 라
형 포경의, 고래잡이의
barco *ballenero* 포경선, 고래잡이배
남여 고래잡이 선원, 포경 선원
남 포경선, 고래잡이배

ballet
바옐
남 발레, 무도극(舞蹈劇); 발레단
복 *ballets*

balompédico, ca
발롬뻬디꼬, 까
형 축구의

balompié
발롬삐에
남 축구(fútbol)

balón
발론

남 ① 공, 볼 ((balón은 축구·농구 등 큰 공; pelota는 테니스·야구 등 작은 공; 골프나 하키 등에서는 bola도 사용함))
balón de rugby 럭비 공
② 풍선; 기구(氣球)
복 *balones*

baloncestista
발론세스띠스따

남 여 농구 선수

baloncestístico, ca
발론세스띠스띠꼬, 까

형 농구의

baloncesto
발론세스또

남 [운동] 농구

balonmano
발론마노

남 [운동] 핸드볼

balonvolea
발론볼레아

여 [운동] 배구, 발리볼

balsa
발사

여 뗏목, 고무 보트

bálsamo
발사모

남 방향제(芳香劑); 진통제

báltico, ca
발띠꼬, 까

형 발틱 해(Mar Báltico) 연안의
남 여 발틱 해 연안의 사람

baluarte
발루아르떼

남 대포를 주요 방어 무기로 전제하고 설계된 성(城)

bambú
밤부

남 [식물] 대, 대나무
cortina de *bambú* 죽의 장막
복 *bambús, bambúes*

banana
바나나

여 ① (아르헨띠나·꼴롬비아·에꾸아도르·뻬루·우루구아이) 바나나나무
② (아르헨띠나·볼리비아·에꾸아도르·뻬루·우루구아이) [과실] 바나나
(스페인에서는 일반적으로 plátano)

bananal
바나날

남 바나나밭

banano
바나노

남 [식물] 바나나나무

banca
방까

여 [집합 명사] 은행, 은행가(銀行家), 은행업

bancario, ria
방까리오, 리아

형 은행의
cheque *bancario* 은행 수표

banco
방꼬

남 은행; 벤치; 어군(魚群)
banco central 중앙 은행
banco de crédito 신용 은행
banco de inversiones
투자 은행, 증권회사
Banco de Corea 한국 은행
Banco del Estado 국립 은행
Banco Mundial 세계 은행
banco nacional 국립 은행
banco por acciones 투자 은행
banco de esperma [de semen]
정자 은행(精子銀行)
banco de ojos 안구[각막] 은행
banco de sangre 혈액 은행
banco de datos [컴퓨터] 데이터 뱅크
banco de memoria 기억 장치

banda
반다

여 어깨띠; 악단, 밴드; 떼, 무리
banda de música 악단
banda militar 군악대(軍樂隊)

bandeja
반데하

여 쟁반

bandera
반데라

여 기(旗)
bandera nacional 국기(國旗)
bandera coreana 태극기
bandera blanca 백기, 항복기
bandera marrón 반기(半旗), 조기(弔旗)
bandera de regimiento 연대기(聯隊旗)

banderilla
반데리야

여 [투우] 반데리야 ((작은 깃발이 달린 작살))

banderillear
반데리예아르

타 반데리야로 찌르다

banderillero, ra
반데리예로, 라
남여 반데리예로
((투우에게 반데리야를 꽂는 투우사))

banderín
반데린
남 작은 기; [군사] 기수, 향도병

banderita
반데리따
여 작은 기(旗)

bandido, da
반디도, 다
남여 산적, 도적

bando
반도
남 당파, 도당; (새 · 물고기의) 떼

banquete
방께떼
남 연회, 향연, 향응
banquete de boda 결혼 피로연
dar [ofrecer] un *banquete* para uno
…를 위해 축하연을 베풀다

bañador, ra
바냐도르, 라
타 목욕하는
남여 목욕하는 사람
남 해수욕복

bañar
바냐르
타 목욕시키다; 바르다, 덧칠하다
bañar a su niño 아이를 목욕시키다

bañarse
바냐르세
((재귀)) 목욕하다, 목욕탕에 들어가다
bañarse en el mar 해수욕하다
bañarse al sol 일광욕하다
Vamos a *bañarnos*. 목욕하러 갑시다.

bañera
바녜라
여 욕조(浴槽)
El metro es una *bañera*.
지하철 안은 증기탕 같다.

bañista
바니이스따
남여 해수욕객

baño
바뇨
남 목욕, 해수욕; 욕실, 욕조; 목욕탕; 화장실; 세면소; 도금
복 온천; 온천장
baño de ducha 샤워
baño de espuma 거품 목욕
baño de oro [plata] 금[은]도금
baño de vapor 증기 목욕[탕]

baño ruso [turco] 사우나 목욕[탕]
baños de mar 해수욕
baños medicinales 온천
baños públicos 대중 목욕탕
baños termales 온천
baños ultravioletas 자외선욕
habitación con *baño* 욕실 딸린 방
pantalones de *baños* 수영 팬츠
traje de *baño* 수영복, 해수욕복
tomar [darse] un *baño* 목욕하다
tomar *baños* de sol 일광욕하다
tomar los *baños* en un balneario
온천장에서 온천을 하다

baptismo
밥띠스모

男 세례주의

baptista
밥띠스따

形 세례주의의
男女 세례주의자, 세례파

bar
바르

男 바, 주점, 술집
ir de *bares* 마시러 가다
recorrer los *bares*
술집 순례를 하다, 2·3차를 하다

baraja
바라하

女 (한 벌의) 트럼프(*baraja* francesa)
jugar a la *baraja* 트럼프를 하다
La *baraja* española tiene 48 cartas.
스페인식 트럼프는 48장이다.

baratija
바라띠하

女 싸구려 물건; 자질구레한 물건

baratillo
바라띠요

男 싸구려 물건; 싸구려 물건 가게

barato, ta
바라또, 따

形 (값이) 싼 (반 caro); 싸구려 같은
perfume *barato* 싼 향수
novela *barata* 저급한 소설
Este coche me ha salido *barato*.
이 차는 나한테는 싸게 먹혔다.
La vida es [está] *barata* aquí.

이곳은 생활비가 싸다.
Lo barato sale [es] caro.
(속담) 싼 것이 비지떡이다.
부 싸게
comprar *barato* 싸게 사다
vender *barato* 싸게 팔다
a la *barata* 무질서하게
de *barato* 무상으로, 무이자로

baratura
바라뚜라
여 싼 값, 헐값, 염가

barba
바르바
여 (턱과 뺨의) 수염 ((콧수염은 bigote)); (염소 등의) 턱수염; 턱
llevar [gastar] la *barba*
수염을 기르고 있다
dejarse la *barba* 수염을 기르다

barbárico, ca
바르바리꼬, 까
형 야만인(los bárbaros)의

barbaridad
바르바리닫
여 야만, 잔학; 무모; 많은 양
comer una *barbaridad* 실컷 먹다
¡Qué *barbaridad!* 지독하군요!

barbarie
바르바리에
여 야만, 미개

bárbaro, ra
바르바로, 라
형 야만족의, 야만의, 미개한
남 여 야만인; 난폭자

barbería
바르베리아
여 이발소(peluquería)

barbero, ra
바르베로, 라
남 여 이발사(peluquero)

barbilla
바르비야
여 턱(의 끝); (잉어 등의) 수염

barca
바르까
여 작은 배, 보트
barca pescadora [de pesca]
낚싯배, 어선
en la misma barca
운명을 같이 하고 있는, 같은 경우의

barcelonés, nesa
바르셀로네스, 네사
- 형 바르셀로나(Barcelona)의
- 남 여 바르셀로나 사람

barco
바르꼬
- 남 배, 선박((barco는 일반적인 배; buque는 갑판이 있는 큰 배))
- *barco* bomba 소방정(消防艇)
- *barco* de guerra 군함(軍艦)
- *barco* de recreo 유람선
- *barco* de vapor 증기선
- *barco* de vela 범선(帆船)
- *barco* escuela 연습선
- *barco* mercante 상선(商船)
- ir en *barco* 배로 가다
- transportar en *barco* 배로 운반하다

barítono
바리또노
- 남 [음악] 바리톤 (가수)

barman
바르만
- 남 바텐더
- 복 *barmans, bármanes*

barniz
바르니스
- 남 니스

barnizar
바르니사르
- 타 …에 니스를 칠하다

barógrafo
바로그라포
- 남 자기 기압계, 자기 고도계

barómetro
바로메뜨로
- 남 기압계, 바로미터

barón
바론
- 남 남작; (정계·재계의) 실력자
- 복 *barones*

baronesa
바로네사
- 여 남작 부인; 여자 백작

barquero, ra
바르께로, 라
- 남 여 뱃사공

barra
바르라
- 여 (금속 등의) 봉(棒), 몽둥이, 막대기
- *barra* de chocolate 초코바
- *barra* de discos 바벨
- *barra* de equilibrio 평균대
- *barra* de labios 립스틱, 입술연지

barra espaciadora [de espaciado]
[컴퓨터] 스페이스 바
barra fija
철봉(鐵棒)
barra protectora antivuelco
롤바 ((전복시 승객 보호를 위해 장치한 자동차의 보강용 철봉))
barras asimétricas 단이 틀린 평행봉
barras paralelas 평행봉

barraca
바르라까
여 바라크, 움집; 병사(兵舍)

barredera
바르레데라
여 도로 청소차

barredero, ra
바르레데로, 라
형 바닥을 쓸어가는
red *barredera* 저인망
barco *barredero* 트롤선

barredor, ra
바르레도르, 라
형 쓰는, 청소하는
남 여 청소부

barredura
바르레두라
여 청소

barrena
바르레나
여 송곳

barreno
바르레노
남 착암기(鑿巖機)

barrer
바르레르
타 쓸다, 소제하다, 청소하다
barrer la habitación 방을 쓸다

barrera
바르레라
여 목책, 울짱; (건널목의) 차단기

barriga
바르리가
여 배, 복부
dolor de *barriga* 복통
Me duele la *barriga*. 나는 배가 아프다

barrigón, gona
바르리곤, 고나
형 남 여 =**barrigudo**

barrigudo, da
바르리구도, 다
형 배가 나온[불룩한], 배가 큰

barril
바르릴
男 (액체용) 나무통, 쇠통; 물항아리; [석유 용량의 단위] 바렐

barrio
바르리오
男 (도시의) 구, 구획; 주변 지역, 근교
barrio bajo 빈민가, 슬램
barrio chino 차이나 타운; 환락가
barrio comercial 상업 지역
barrio obrero 노동자 지구
barrio periférico 근교(近郊)
barrio residencial 주택 지구
barrio recién construido 신개발지구

barro
바르로
男 진흙, 흙탕물; 도토(陶土), 점토

barroco, ca
바르로꼬, 까
形 바로크 양식의; 장식 과다의
música *barroca* 바로크 음악
男 바로크 양식

basa
바사
女 [건축] 주춧돌, 초석; 상(像)의 대좌

basalto
바살또
男 [지질] 현무암(玄武巖)

basamento
바사멘또
男 기초; [기둥의] 대좌

basar
바사르
他 [+en] (…에) …의 기초를 두다

báscula
바스꿀라
女 앉은뱅이 저울; 체중계

base
바세
女 기초, 토대, 기반; 기본; 기지; 밑변, 밑면; 근거, 이유; [운동] 게임 메이커; [야구] 베이스; [화장] 파운데이션
base aérea 공군 기지
base auxiliar 중계 기지
base avanzada 전진 기지
base de avance 전진 기지
base de datos [컴퓨터] 데이터 베이스
base de maquillaje [화장] 파운데이션
base de un estado 국가의 기반
base de sueldos 임금 베이스

base de imponiente 과세 소득
base del éxito 성공의 토대
base meta [야구] 본루(本壘)
base naval 해군 기지
bases de licitación 입찰 조건
alimento *base* 주식(主食)
campamento (de) *base* 베이스 캠프
precio *base* 기준 가격
primera [segunda · tercera] *base*
[야구] 1 · 2 · 3루
sueldo *base* 기본급
de base 기본의, 기초적인
deporte *de base* 기초적인 스포츠
en base a algo ...에 의하면(según)
en base a la investigación policíaca
경찰의 조사에 의하면
남 여 [농구] 가드(escolta)

básico, ca
바시꼬, 까

형 기초의, 기본의; [화학] 염기성의
alimento *básico* 주식(主食)
industria *básica* 기간 산업(基幹産業)
precio *básico* 기준 가격
vocabulario *básico* 기초 어휘
여 초등 교육

basílica
바실리까

여 (옛 로마의) 공회당; 초기 기독교 교회당;
[천주교] 대성당

bastante
바스딴떼

형 상당한, 꽤 많은; 충분한; 과다의
bastante fuerza 충분한 힘
dinero *bastante para* pagar
지불하기에 충분한 돈
Hoy hace *bastante* calor.
오늘은 꽤 덥다.
부 제법, 어지간히, 상당히, 꽤; 충분히
Ella es *bastante* alta.
그녀는 꽤 키가 크다.
He estudiado *bastante* para tener
éxito en el examen.

나는 시험에 합격하기 위해 충분히 공부했다.
대 꽤 많은[충분한] 사람[사물]

bastar
바스따르

자 충분하다, …으로 족하다; 만족하다
Me *basta* con cien mil wones.
나는 10만 원으로 충분하다.

bastardilla
바스따르디야

여 이태릭체(letra bastardilla)
en *bastardilla* 이태릭체로

bastardo, da
바스따르도, 다

형 사생(私生)의, 서출의
남 여 사생아, 서자(庶子)

bastidor
바스띠도르

남 테, 틀; (방문·창문의) 틀; [자동차] 차대 (車臺), 섀시
bastidor de bordar 자수(刺繡) 틀
número de *bastidor* 차대 번호

basto, ta
바스또, 따

형 조잡한, 거친, 투박한; 조잡한, 허술한

bastón
바스똔

남 지팡이; 지휘봉; [골프] 클럽
bastón de madera [골프] 우드
bastón de mando 지휘봉
bastón metálico [골프] 아이언
apoyarse en un *bastón*
지팡이에 의지하다
ir con el *bastón* en la mano
지팡이를 짚고 걷다
복 ***bastones***

basura
바수라

여 쓰레기, 티끌, 먼지; 쓰레기통; 쓰레기 버리는 곳
basura radioactiva 방사성 폐기물
tirar *basura* 쓰레기를 버리다

basural
바수랄

남 쓰레기 버리는 곳

basurero, ra
바수레로, 라

남 여 쓰레기 청소원; 환경 미화원
coche [camión] *basurero*
쓰레기 수거차
남 쓰레기 버리는 곳; 쓰레기 처리장

bata
바따
여 실내복; (병원 · 미장원 등의) 흰옷

batalla
바따야
여 *싸움*, *전쟁*, 전투
batalla de Lepanto 레빤또 해전
batalla naval 해전(海戰)
dar la *batalla* 싸우다

batallar
바따야르
자 싸우다, 논쟁하다
batallar por *algo* …을 얻으려고 노력하다
batallar con la enfermedad
병마와 싸우다

batallón
바따욘
남 [군사] 대대
batallón de infantería 보병 대대
복 *batallones*

batata
바따따
여 [식물] 고구마

batatal
바따딸
남 고구마 밭

batatar
바따따르
남 고구마 밭

bate
바떼
남 [야구] 배트

bateador, ra
바떼아도르, 라
남 여 [야구] 타자
bateador designado 지명 타자

batear
바떼아르
타 자 (배트로) 때리다[치다]

bateo
바떼오
남 배팅

batería
바떼리아
여 (축)전지, 배터리
batería eléctrica 배터리
batería recargable 충전식 전지
batería solar 태양 전지

batir
바띠르
타 치다, 때리다, 두들기다; 휘저어 뒤섞다
batir huevos 달걀을 휘저어 뒤섞다

batuta
바뚜따
여 지휘봉
llevar la *batuta* 지휘하다

baúl
바울
남 (여행용) 트렁크
baúl mundo 대형 트렁크

bautismal
바우띠스말
형 세례(洗禮)의

bautismo
바우띠스모
남 [종교] 세례

bautista
바우띠스따
남 세례를 베푸는 사람
남여 침례 교인
형 침례교의
iglesia *bautista* 침례 교회

bautizar
바우띠사르
타 …에게 세례를 주다; …에게 이름을 붙이다, (…으로) 이름을 짓다

bautizo
바우띠소
남 세례식

bauxita
바우시따
남 [광물] 보크사이트

bayoneta
바요네따
여 총검(銃劍)
calar [armar] la *bayoneta*
착검(着劍)하다

bazo
바소
남 [해부] 비장(脾臟)

bazooka
바소오까
남 바주카포

beato, ta
베아또, 따
형 성인 같은, 신앙심이 두터운; [천주교] 복자의

bebe, ba
베베, 바
남여 갓난아이; 어린이

bebé
베베
남 (주로 한 살 미만의) 갓난아이

bebedero, ra
베베데로, 라
형 음료의, 마실 수 있는

bebedor, ra
베베도르, 라
남여 술꾼, 술보
El es buen [mal] *bebedor*.
그는 술이 세다[약하다].

beber
베베르
타 마시다
Yo no *bebo* alcohol.

나는 술을 마시지 않는다.
자 마시다, 술을 마시다
No me gusta *beber*.
나는 술을 좋아하지 않는다.
Le gusta mucho *beber*.
그는 술을 무척 좋아한다.
남 음료, 마실 것, 술; 음주
el buen *beber* y el buen comer
맛좋은 술과 요리

beberse
베베르세
((재귀)) 다 마셔 버리다

bebible
베비블레
형 마실만한, 마실 수 있는

bebida
베비다
여 마실 것; 알코올 음료, 주류
dejar la *bebida* 술을 끊다

beca
베까
여 장학금
disfrutar de *beca* 장학금을 받다

becar
베까르
타 장학금을 주다

becario, ria
베까리오, 리아
남 여 장학생

becerro, rra
베세르로, 르라
남 여 (두 살 미만의) 송아지
남 송아지 가죽

begonia
베고니아
여 [식물] 베고니아

beicon
베이꼰
남 베이컨

beige
베이헤
형 베이지색의
남 베이지색

beis
베이스
형 남 베이지색(의)

béisbol
베이스볼
남 [운동] 야구

beisbolero, ra
베이스볼레로, 라
남 여 야구 선수

beisbolista 　　　男 女 야구 선수
베이스볼리스따

beldad 　　　女 아름다움, 미; 미녀, 미인
벨닫

belén 　　　男 성탄 인형; 혼란, 혼잡
벨렌

belga 　　　形 벨기에의
벨가 　　　男 女 벨기에 사람

Bélgica 　　　女 [국명] 벨기에
벨히까

Belice 　　　男 [국명] 벨리스
벨리세

beliceño, ña 　　　形 벨리스의
벨리세뇨, 냐 　　　男 女 벨리스 사람

bélico, ca 　　　形 전쟁의
벨리꼬, 까 　　　acto *bélico* 전쟁 행위
　　　industria *bélica* 군수 산업

belicoso, sa 　　　形 호전적인, 공격적인
벨리꼬소, 사 　　　tribu *belicosa* 호전적인 부족

beligerancia 　　　女 호전 상태; 종군
벨리헤란시아

beligerante 　　　形 호전적인, 공격적인; 교전중의
벨리헤란떼 　　　男 교전국(交戰國)
　　　país *beligerante* 교전국

belleza 　　　女 아름다움, 미; 미녀, 미인
베예사 　　　concurso de *belleza* 미인 대회
　　　salón de *belleza* 미장원
　　　productos de *belleza* 화장품
　　　tener *belleza* 아름답다
　　　Ella es una *belleza*. 그녀는 미인이다.

bello, lla 　　　形 아름다운(hermoso)
베요, 야 　　　la *bella* y la bestia 미녀와 야수

bellota 　　　女 도토리
베요따

benceno 　　　男 [화학] 벤젠
벤세노

bencina
벤시나
여 (석유) 벤진

bendecir
벤데시르
타 축복하다; 칭찬[칭송]하다
※ 주의: 직설법 현재: bendigo, bendices, bendice, bendecimos, bendecís, bendicen
접속법 현재: bendiga, ...
과거 분사: bendecido, bendito

bendición
벤디시온
여 축복; 축복식

bendito, ta
벤디또, 따
형 축복 받은, 시복 받은
남여 우직한 사람
※ bendecir의 불규칙 과거 분사
dormir como un bendito 푹 자다

benefactor, ra
베네팍또르, 라
형 자선을 베푸는
남여 자선가

beneficencia
베네피쎈시아
여 자선; 자선 사업[단체]
concierto de *beneficencia*
자선 콘서트

beneficiar
베네피시아르
타 ...에게 은혜[이익]를 주다
beneficiar a la humanidad
인류에 공헌하다

beneficiarse
베네피시아르세
((재귀)) 은혜를 입다, 이득을 보다

beneficiario, ria
베네피시아리오, 리아
형 은혜[이익]를 받은
남여 수익자, 수령인

beneficio
베네피시오
남 이익, 소득; 은혜, 선행
beneficios sociales 사회 복지

benéfico, ca
베네피꼬, 까
형 자선의, 은혜를 베푸는

benevolencia
베네볼렌시아
여 호의, 친절

benévolo, la
베네볼로, 라
형 마음씨 고운, 정이 많은

benigno, na
베니그노, 나
형 인자한, 다정한

berenjena
베렝헤나
여 [식물] 가지

berenjenal
베렝헤날
남 가지 밭

beriberi
베리베리
남 [의학] 각기병

berza
베르사
여 양배추

berzal
베르살
남 양배추 밭

besar
베사르
타 입맞추다, 키스하다
besar a *uno* la mano
...의 손에 입맞추다

besito
베시또
남 (볼에) 가벼운 입마춤

beso
베소
남 입맞춤, 키스
dar un *beso* 입맞추다

bestia
베스띠아
여 (주로 짐나르는) 가축

bestial
베스띠알
형 짐승 같은, 짐승의

bestialidad
베스띠알리닫
여 수성(獸性), 잔혹함

bestseller
베스트 셀러
남 베스트 셀러
복 *best sellers*

besugo
베수고
남 [어류] 도미

betún
베뚠
남 구두약; 역청, 타르

biberón
비베론
남 젖병

Biblia
비블리아
여 성서(la Santa Biblia)

bíblico, ca
비블리꼬, 까
형 성서의

bibliografía
비블리오그라피아
여 서지학; 도서 목록

bibliógrafo, fa
비블리오그라포, 파
남 여 서지 학자

bibliogía
비블리오히아
여 서지학

bibliólogo, ga
비블리올로고, 가
남 여 서지 학자

bibliomanía
비블리오마니아
여 장서광, 애서광

bibliómano, na
비블리오마노, 나
형 애서광의
남 여 애서광, 장서광

biblioteca
비블리오떼까
여 도서관
Biblioteca Nacional 국립 도서관

bibliotecario, ria
비블리오떼까리오, 리아
남 여 사서, 도서관원

bicameral
비까메랄
형 [정치] 이원제의

bicameralismo
비까메랄리스모
남 이원제(二院制)

bicentenario, ria
비센떼나리오, 리아
형 200년 기념의
남 200년제

biceps
비쎕스
남 단 복 이두근(二頭筋)

bicho
비초
남 벌레, 뱀

bicicleta
비시끌레따
여 자전거

bicolor
비꼴로르
형 이색(二色)의

bidé
비데
남 비데 ((여성용 국부 세척기))

bidet
비뎃
남 =**bidé**

bien
비엔
부 잘; 정확히; 유창히; 행복하게
hablar *bien* el español

hablar español *bien*
스페인어를 잘 하다
jugar *bien* 경기를 잘 하다
반 mal (나쁘게)
남 선(善) **반** el mal (악)
남 복 재산, 부(富)
No hay bien ni mal que cien años dure.
(속담) 쥐구멍에도 볕들 날이 있다.
bienes comunes 공유 재산
bienes raíces 부동산

bienal
비에날
형 2년마다의, 2년간의
여 [미술] 비엔나레
exposición *bienal* 비엔나레

bienaventurado, da
비엔아벤뚜라도, 다
형 행복한, 행운의; 지복의

bienaventuranza
비엔아벤뚜란사
여 행복, 번영; 천국의 지복

bienestar
비에네스**따**르
남 복지(福祉)
bienestar público 공공 복지
bienestar social 사회 복지

bienvenida
비엔베니다
여 환영(歡迎)
saludo de *bienvenida*
환영 인사
dar la *bienvenida* a *uno*
...를 환영하다

bienvenido, da
비엔베니도, 다
여 [감탄사적으로] 환영!, 잘 오셨습니다.
¡Bienvenida!
(상대가 여자 한 사람일 경우)
¡Bienvenidos!
(상대가 남성 복수일 경우)
¡Bienvenidas!
(상대가 여성 복수일 경우)
¡Bienvenido a Corea!
방한 환영, 한국에 잘 오셨습니다.

bigote
비고떼
남 콧수염

bikini
비끼니
남 비키니(형의 수영복·팬티)

bilateral
빌라떼랄
형 양자의, 쌍방의
acuerdo *bilateral* 쌍방 합의
contrato *bilateral* 쌍무 계약

bilingüe
빌링구에
형 남 여 두 언어 (병용)의 (사람)
diccionario *bilingüe* 양국어 사전
edición *bilingüe* 대역판(對譯版)
país *bilingüe* 양국어 사용 국가

bilis
빌리스
여 담즙

billar
비야르
남 당구, 당구대
jugar al *billar* 당구를 치다

billete
비예떼
남 ① 표; 승차권, 탑승권; 입장권
billete de andén (역의) 입장권
billete de avión 항공권
billete de favor 우대권, 초대권
billete de ida 편도 승차권
billete de ida y vuelta 왕복 승차권
billete sencillo 편도 승차권
sacar un *billete* 표를 사다
② 지폐, 은행권
billete de banco 은행권

billetera
비예떼라
여 (지폐용) 지갑

billetero
비예떼로
남 (지폐용) 지갑

billón
비욘
남 1조
un *billón* de wones 1조 원

bimensual
비멘수알
형 2개월마다의, 두 달에 한 번

biogenética
비오헤네띠까
여 유전자 공학

biografía
비오그라피아
여 전기(傳記)

biografiar
비오그라피아르
타 …의 전기를 쓰다

biográfico, ca
비오그라피꼬, 까
형 전기의, 전기풍의

biógrafo, fa
비오그라포, 파
남 여 전기 작가

biología
비올로히아
여 생물학

biológico, ca
비올로히꼬, 까
형 생물학의

biólogo, ga
비올로고, 가
남 여 생물 학자

biombo
비옴보
남 병풍, 간막이

bioquímica
비오끼미까
여 생화학

bioquímico, ca
비오끼미꼬, 까
형 생화학의
남 여 생화학자

biotecnología
비오떼끄놀로히아
여 생물 공학, 바이오테크놀러지

biquini
비끼니
남 비키니(bikini)

bisabuelo, la
비스아부엘로, 라
남 여 증조할아버지, 증조할머니

bisecar
비세까르
타 [수학] 이등분하다

bisección
비섹시온
여 이등분

bisexual
비섹수알
형 양성(兩性)의

bisiesto
비시에스또
형 윤년의
año *bisiesto* 윤년

bisilábico, ca
비실라비꼬, 까
형 [언어] 2음절의

bisílabo, ba
비실라보, 바
형 [언어] 2음절의
palabra *bisílaba* 2음절어

bisnieto, ta
비스니에또, 따
남 여 증손자, 증손녀

bisonte
비손떼
남 [동물] 들소

bisté
비스떼
남 =bistec

bistec
비스떽
남 비프스테이크

bit
빝
남 [컴퓨터] 비트

bizantino, na
비산띠노, 나
형 비잔틴의
estilo *bizantino* 비잔틴 양식

bizco, ca
비스꼬, 까
형 사팔눈의, 사시(斜視)의
남 여 사팔뜨기

bizcocho
비스꼬초
남 카스텔라

blanco, ca
블랑꼬, 까
형 흰, 하얀; 공백의; 백인의
vino *blanco* 백포도주
La nieve es *blanca*. 눈은 하얗다.
남 여 백인(白人)
남 하양, 흰색, 백색; 표적, 과녁
televisión en *blanco* y negro
흑백 텔레비전

blando, da
블란도, 다
형 부드러운, 연한 반 duro
carne *blanda* 연한 고기
pan *blando* 부드러운 빵

blindaje
블린다헤
남 장갑(裝甲)

blindar
블린다르
타 (배·차량 등을) 장갑하다, 철판으로 덮다
coche *blindado* 장갑차

blondo, da
블론도, 다
형 금발의(rubio)

bloque
블로께
남 덩어리; (콘크리트) 블록; (아파트의) 동(棟); [컴퓨터] 블록

bloquear 블로께아르   타 (교통 등을) 막다, 방해하다, 봉쇄하다
bloquear la entrada
입구를 봉쇄하다

bloqueo 블로께오   남 봉쇄

blusa 블루사   여 블라우스, 작업복

bobina 보비나   여 실패; 코일

bobo, ba 보보, 바   형 우둔한, 멍청한, 바보스런
남 여 바보, 멍청이

boca 보까   여 입; 입가; 출입구
abrir la boca 입을 열다
de boca en boca 입에서 입으로
Del plato a la boca se enfría la sopa.
(속담) 입에 든 떡도 넘어가야 제 것이다.
En boca cerrada no entran moscas.
(속담) 말은 적을수록 좋다.

bocacalle 보까까예   여 대로의 입구; 샛길, 골목(길)

bocadillo 보까디요   남 샌드위치

bocado 보까도   남 한 입(의 분량); 한 모금(의 분량)
un *bocado* de pan 한 입 분량의 빵
comerse una torta en un *bocado*
파이를 한 입에 먹어 버리다
probar un *bocado*
한 입 먹어 보다, 시식하다

boceto 보세또   남 [미술] 데생, 스케치; 초안, 초고

bocina 보시나   여 경적, 클랙슨

boda 보다   여 (복) 결혼식, 결혼 피로연
bodas de oro [plata] 금[은]혼식
anillo de *boda* 결혼 반지
pastel de *boda* 결혼 케이크

bolero, ra

bodega
보데가
여 (지하의) 술창고

bofetada
보페따다
여 따귀[뺨] 때리기
dar una *bofetada* a uno
...의 따귀를 때리다

boga
보가
여 노젓기; 유행, 인기
estar en *boga*
유행 중이다; 인기가 있다

bogar
보가르
자 노를 젓다

Bogotá
보고따
남 보고타 ((Colombia의 수도))

bogotano, na
보고따노, 나
형 보고타의
남 여 보고타 사람

bohemio, mia
보에미오, 미아
형 보헤미아의; 자유 분망한
남 여 보헤미아 사람; 집시

boicot
보이꼿
남 보이콧

boicotear
보이꼬떼아르
타 보이콧하다

boicoteo
보이꼬떼오
남 보이콧

boina
보이나
여 베레모

bola
볼라
여 구슬, 공, 볼
bola de billar 당구공

bolchevique
볼체비께
형 공산주의의
남 여 볼셰비키, 공산주의자

bolchevismo
볼체비스모
남 볼셰비키 정책[사상], 공산주의

bolera
볼레라
여 볼링장; 볼레라 ((춤·노래))

bolero
볼레로
남 [음악·무용] 볼레로

bolero, ra
볼레로, 라
남 여 볼레로를 추는 사람

boleta
볼레따
여 ((중남미)) 표, 입장권

boletería
볼레떼리아
여 표 파는 곳, 매표소

boletero, ra
볼레떼로, 라
남 여 ((중남미)) 검표원

boletín
볼레띤
남 정기 간행물; (공적인) 보고(서)
Boletín Oficial del Estado 관보

boleto
볼레또
남 ((중남미)) (탈 것·극장 등의) 표

bolígrafo
볼리그라포
남 볼펜

bolívar
볼리바르
남 볼리바르 ((베네수엘라의 화폐 단위))

bolivariano, na
볼리바리아노, 나
형 볼리바르(Simón Bolívar)의

Bolivia
볼리비아
여 [국명] 볼리비아

boliviano
볼리비아노
남 볼리비아노 ((볼리비아의 화폐 단위))

boliviano, na
볼리비아노, 나
형 볼리비아의
남 여 볼리비아 사람

bollería
보예리아
여 bollo 제조소[판매소]

bollero, ra
보예로, 라
남 여 bollo 제조자[판매자]

bollo
보요
남 롤빵, 식빵, 케이크

bolo
볼로
남 (볼링의) 핀
남 복 볼링
jugar a los *bolos* 볼링을 하다

bolsa
볼사
여 주머니, 지갑, 봉지, 가방, 핸드백;
(때때로 복) (증권) 거래소
bolsa de basura 쓰레기 봉지
bolsa de deportes 운동 가방, 스포츠 백

bolsa de valores 증권 거래소, 주식 시장[상장]
casa de *Bolsa* 증권 회사

bolsillo 볼시요
남 호주머니, 포켓
reloj de *bolsillo* 회중시계
de bolsillo 소형의, 작은
calculadora *de bolsillo* 소형 계산기
libro *de bolsillo* 문고본, 포켓북

bolsista 볼시스따
남 여 주식 중개인

bolso 볼소
남 핸드백; 가방

bomba 봄바
여 펌프; 폭탄
bomba de gasolina 급유 펌프
bomba de incendios 소방 펌프

bombardear 봄바르데아르
타 포격하다, 폭격하다

bombardeo 봄바르데오
남 포격, 폭격
avión de *bombardeo* 폭격기

bombardero 봄바르데로
남 폭격기

bombero, ra 봄베로, 라
남 여 소방사
남 복 소방대
coche [camión] de *bomberos* 소방차
cuerpo de *bombero* 소방대

bombilla 봄비야
여 전구(電球)

bombón 봄봉
남 초콜릿 봉봉

bonaerense 보나에렌세
형 부에노스 아이레스의
남 여 부에노스 아이레스 사람

bonanza 보난사
여 번영, 갑작 경기

bondad 본달	여 선량함, 선(善); (주로 복) 친절(함), 호의 Te agradezco tus *bondades*. 자네의 친절에 감사드리네.
bondadosamente 본다도사멘떼	부 선량하게, 친절하게
bondadoso, sa 본다도소, 사	형 선량한, 친절한 El es muy *bondadoso* conmigo. 그는 나한테 매우 친절하다.
boniato 보니아또	남 고구마(batata)
bonificación 보니피까시온	여 보너스; 개선, 개량
bonísimo 보니시모	형 (bueno의 절대 최상급) 매우 좋은
bonito, ta 보니또, 따	형 귀여운, 예쁜, 고운, 아름다운 chica *bonita* 예쁜 소녀
bono 보노	남 회수권, 인환권; 채권, 공채
bonobús 보노부스	남 버스 회수권
bonometro 보노메뜨로	남 지하철 회수권
bonzo 본소	남 승려
boquiabierto, ta 보끼아비에르또, 따	형 (멍청하게) 입을 벌린; 아연 실색한 quedarse *boquiabierto* 아연 실색하다
borbónico, ca 보르보니꼬, 까	형 보르봉 왕가의
borceguí 보르세기	남 편상화(編上靴)
bordado, da 보르다도, 다	형 자수를 놓은
bordador, ra 보르다도르, 라	남 여 자수가(刺繡家)

bordadura
보르다두라
여 자수(刺繡)

bordar
보르다르
타 수를 놓다, 자수하다

borde
보르데
남 가장자리, 가, 언저리, 테두리
el *borde* del río 강가
el *borde* de la carretera 도로 가

bordo
보르도
남 뱃전
a bordo 배[비행기]로[의]
estar *a bordo* 승선[탑승]해 있다
ir *a bordo* 배로 가다
subir *a bordo* 탑승[승선]하다

borrachera
보르라체라
여 술취함, 취기; 대취(大醉)

borrachín, china
보르라친, 치나
형 몹시 취한, 곤드레만드레가 된
남여 모주꾼, 술부대, 주정뱅이

borracho, cha
보르라초, 차
형 술취한
El está *borracho* de cerveza.
그는 맥주에 취해 있다.

borrador
보르라도르
남 초고, 원고; 흑판 지우개
hacer un *bordador* 초고를 쓰다

borrar
보르라르
타 지우다, 말소하다

borrasca
보르라스까
여 저기압; (바다의) 폭풍우

borrico, ca
보르리꼬, 까
남여 당나귀; 얼간이, 멍텅구리

borrón
보르론
남 (잉크의) 얼룩; 결점, 오점

bosque
보스께
남 숲, 수풀; 삼림

bosquejar
보스께하르
타 소묘하다, 데생하다, 스케치하다

bosquejo
보스께호
남 소묘, 데생, 스케치

bostezar 보스떼사르
자 하품하다

bostezo 보스떼소
남 하품

bota 보따
여 (가죽 제품의) 술부대; (주로 복) 장화, 부츠; 축구화

botánica 보따니까
여 식물학(植物學)

botánico, ca 보따니꼬, 까
형 식물학의
jardín *botánico* 식물원
남여 식물 학자

botar 보따르
타 던지다, 내던지다

bote 보떼
남 보트; 깡통; 도약
bote salvavidas 구명 보트
bote de pesca 낚싯배
de bote en bote 초만원의
La playa está *de bote en bote*.
해변이 초만원이다.

botella 보떼야
여 병(瓶)
una *botella* de vino 포도주 한 병
cerveza de [en] *botella* 병맥주

botica 보띠까
여 약국, 약방

boticario, ria 보띠까리오, 리아
남여 약제사

botín 보띤
남 반장화. 복 botines
botines de fútbol 축구화

botiquín 보띠낀
남 (구급) 약상자
복 botiquines

botón 보똔
남 단추; (식물의) 싹, 순; 꽃봉오리; (기구의) 보턴, 스위치
복 botones

botones 보또네스
남복 (호텔의) 벨보이

boutique 보우띠께 — 여 고급 양장점, 부티크

boxeador, ra 복세아도르, 라 — 남 여 권투 선수, 복서

boxear 복세아르 — 자 권투를 하다, 복싱을 하다

boxeo 복세오 — 남 권투, 복싱

boya 보야 — 여 부표(浮漂); (낚시의) 찌

braga 브라가 — 여 (주로 복) 팬티; (어린이용) 팬츠

bragazas 브라가사스 — 남 단 복 공처가

brahmán 브라만 — 남 (인도의) 브라만

brahmanismo 브라마니스모 — 남 브라만교(敎)

braille 브라이예 — 남 점자(법)

branquia 브랑끼아 — 여 아가미

brasa 브라사 — 여 잉걸불, 빨갛게 핀 숯불
a la brasa 숯불구이로

brasear 브라세아르 — 타 숯불로 굽다, 숯불구이를 하다

brasero 브라세로 — 남 화로

Brasil 브라실 — 남 [국명] 브라질

brasileño, ña 브라실레뇨, 냐 — 형 브라질의
남 브라질 사람

braveza 브라베사 — 여 용감함, 사나움; 영명함, 영악함

bravamente 브라바멘떼 — 부 용감히, 용맹하게; 사납게; 대단히

bravo, va
브라보, 바
형 용감한, 용맹한; (바다가) 거친
soldado *bravo* 용맹스런 군인

brazal
브라살
남 완장
brazal de luto 상장(喪章)
llevar un *brazal* 완장을 차다

brazalete
브라살레떼
남 팔찌; 완장

brazo
브라소
남 (신체의) 팔; (동물의) 앞다리

Bretaña
브레따냐
여 [국명] Gran *Bretaña* 영국

breve
브레베
형 짧은, 단시간의; 간결한, 간단한
en breve 곧, 즉시, 바로; 요약하면
El arte es largo, la vida breve.
(속담) 예술은 길고 인생은 짧다.

brevedad
브레베닫
여 (시간의) 짧음; 간결함, 간단함

brevemente
브레베멘떼
부 간단히; 요약하면

brida
브리다
여 고삐

brigada
브리가다
여 [군사] 여단(旅團)

brillante
브리얀떼
형 빛나는, 번쩍이는; 훌륭한, 멋진

brillantez
브리얀떼스
여 빛남, 번쩍임

brillar
브리야르
자 (눈부시게) 빛나다, 번쩍이다

brillo
브리요
남 빛남, 광채, 광택

brindar
브린다르
자 건배하다, 축배를 들다

brindis
브린디스
남 단 복 축배(의 말)

brío
브리오
남 (때때로 복) 활력, 활기, 원기

brioso, sa 브리오소, 사 — 형 활력이 있는, 원기 왕성한

briqueta 브리께따 — 여 연탄

brisa 브리사 — 여 산들바람

británico, ca 브리따니꼬, 까 — 형 영국의; 남여 영국 사람

brocha 브로차 — 여 솔, 브러시

broche 브로체 — 남 브로치; (종이용의) 클립, 종이끼우개

broma 브로마 — 여 농담, 신소리; 못된 장난
ser amigo de *bromas* 농담을 잘하다

bromista 브로미스따 — 남여 농담꾼, 익살꾼

bronce 브론세 — 남 청동, 브론즈
medalla de *bronce* 동메달

bronceado, da 브론세아도, 다 — 형 구릿빛의; 햇볕에 그을린

broncear 브론세아르 — 타 청동색으로 만들다; 피부를 햇볕에 태우다

broncearse 브론세아르세 — ((재귀)) 피부가 햇볕에 타다

bronco, ca 브롱꼬, 까 — 형 (소리가) 잠긴, 불쾌한
voz *bronco* 잠긴 목소리

bronquial 브롱끼알 — 형 기관지(bronquio)의

bronquio 브롱끼오 — 남 [해부] 기관지

bronquitis 브롱끼띠스 — 여 단복 [의학] 기관지염

bronquítico, ca 브롱끼띠꼬, 까 — 형 기관지염의; 남여 기관지염 환자

brotar 브로따르 — 자 움트다, 발아하다, 새순이 나오다

brote
브로떼
남 싹, 꽃봉오리; 발아(發芽)
brotes de soja 콩나물

bruja
브루하
여 마녀(魔女)

brujería
브루헤리아
여 마법, 마술

brujo, ja
브루호, 하
남 여 마법사, 마술사

brújula
브루훌라
여 컴퍼스, 자석; 나침반

bruma
브루마
여 안개
복 혼란, 곤혹

bruñir
브루닐
타 광내다, 문지르다, 닦다

bruscamente
브루스까멘떼
부 돌연, 불의에; 무뚝뚝하게, 난폭하게

brusco, ca
브루스꼬, 까
형 불의의, 돌연의; 난폭한, 무뚝뚝한

brusquedad
브루스께달
여 무뚝뚝함, 당돌함

brutal
브루딸
형 짐승 같은, 잔혹한, 난폭한

brutalidad
브루딸리달
여 잔인성, 난폭(함)

bruto, ta
브루또, 따
형 가공[정제]하지 않은; 포장을 포함한; 난폭한
peso (en) *bruto* 총중량(總重量)
petróleo *bruto* 원유(原油)
piedra *bruta* 원석(原石)

bucal
부깔
형 입(boca)의, 구강(口腔)의

buceador, ra
부세아도르, 라
남 여 잠수사, 다이버

bucear
부세아르
자 잠수하다

buceo
부세오
남 잠수(潛水)

Buda
부다
남 부처, 석가여래

budín
부딘
남 (과실·생선 등의) 푸딩

budismo
부디스모
남 불교(佛敎)

budista
부디스따
형 불교의, 불교도의
남여 불교도, 불교 신자

buen
부엔
형 좋은 [남성 단수 명사 앞에서 bueno의 o탈락형]
buen libro 좋은 책

bueno, na
부에노, 나
형 좋은, 양호한; 선량한; 적당한
Esta medicina es *buena* para la tos.
이 약은 감기에 좋다.
Buenos días.
(오전 인사) 안녕하세요.
Buenas tardes.
(오후 인사) 안녕하세요.
Buenas noches.
(해가 진 뒤) 안녕하세요.
남여 선한 사람, 착한 사람
감 좋다!, 됐습니다!

buey
부에이
남 (거세된) 수소, 황소

búfalo
부팔로
남 [동물] 물소

bufanda
부판다
여 머플러, 목도리

bufé
부페
남 뷔페(식 식당)

bujía
부히아
여 (엔진의) 점화 프러그

bulbo
불보
남 [식물] 알뿌리, 구근(球根)

bulevar
불레바르
남 넓은 가로수길; 대로

bullicio
부이시오
남 웅성거림, 술렁거림, 야단법석

bullicioso, sa
부이시오소, 사
형 시끄러운, 소란스런, 떠들썩한

bullir
부이르
자 끓어오르다, 비등하다

bulto
불또
남 혹, 종기; (주로 복) 짐, 꾸러미

buñuelo
부뉴엘로
남 튀김 요리, 고로케

buque
부께
남 배, 선박(barco)
buque carguero 화물선
buque de guerra 전함, 군함
buque de pasajeros 여객선
buque de escuela 연습선
buque hospital 병원선
buque nuclear 원자력선
buque tanque 탱거

burbuja
부르부하
여 거품

burbujear
부르부헤아르
자 거품이 일다

burgués, guesa
부르게스, 게사
형 중산[유산] 계급의; 부르주아 근성의; 자본주의의
남 여 부르주아, 자본가

burguesía
부르게시아
여 부르주아 계급

buril
부릴
여 조각도(彫刻刀)

burla
부를라
여 우롱, 조소, 야유, 조롱
hacer burla de
...를 놀리다, 조롱하다
복 농담
decir de *burlas* 농담으로 말하다

burlar
부를라르
타 우롱하다, 조롱하다, 놀리다
burlarse de ...를 비웃다, 조소하다

buró 부로	남 사무용 책상; (정당의) 사무국
burocracia 부로끄라시아	여 관료 제도[정치·주의]
burócrata 부로끄라따	남여 관료, 관리
burocrático, ca 부로끄라띠꼬, 까	형 관료적인
burocratismo 부로끄라띠스모	남 관료주의
burocratización 부로끄라띠사시온	여 관료화
burocratizar 부로끄라띠사르	타 관료화하다
burro, rra 부르로, 르라	남여 [동물] 당나귀 *Burro grande, ande o no ande.* (속담) 질보다 양.
bus 부스	남 버스 (autobús의 생략어); [컴퓨터] 버스, 모선(母線) *bus* de datos 데이터 버스 *bus* de direcciones 어드레스 버스
busca 부스까	여 수색, 수사; 추구; 탐구 *busca* de empleo 구직(求職) 남 삐삐 (buscapersonas의 생략형)
buscador, ra 부스까도르, 라	형 찾는 perro *buscador* de drogas 마약 수색견(痲藥搜索犬) 남여 찾는 사람 *buscador* de oro 금광을 찾는 사람
buscapersonas 부스까뻬르소나스	남단복 삐삐, 휴대용 초소형 무선 호출기
buscar 부스까르	타 찾다, 구하다, 수색하다;맞으러 가다[오다] *buscar* una llave 열쇠를 찾다 *Quien busca, halla.* (속담) 하늘은 스스로 돕는 자를 돕는다, 찾는 자가 구한다.

직설법 부정 과거: *busqué*, buscaste, buscó, buscamos, buscasteis, buscaron.
접속법 현재: busque, busques, busque, busquemos, busquéis, busquen

búsqueda
부스께다
여 수색, 탐구, 추구

busto
부스또
남 상반신; (특히 여성의) 가슴

butaca
부따까
여 안락의자; (비행기의) 좌석

butano
부따노
남 부탄 (가스)

buzo
부소
남 다이버, 잠수원, 잠수사

buzón
부손
남 우체통; 우편함. 복 buzones
echar una carta al [en el] *buzón*
편지를 우체통에 넣다

C

c 세
여 세((스페인어 자모의 세 번째 문자))

cabal 까발
형 완벽한, 결점이 없는; 정확한, 완전한

cabalgar 까발가르
자 (말 등에) 타다, 말에 오르다

caballa 까바야
여 [어류] 고등어

caballería 까바예리아
여 기병대
caballería ligera 경기병대

caballeriza 까바예리사
여 마구간

caballerizo, za 까바예리소, 사
남여 마부

caballero 까바예로
남 (중세의) 기사; 신사
caballero andante 편력 기사
caballero andante y aventurero
편력과 모험의 기사

caballo 까바요
남 [동물] 말, 수말 ((암말: yegua))
A caballo regalado no le mires el diente.
(속담) 배고픈 호랑이 중이나 개를 가리지 않는다

cabaña 까바냐
여 오두막(집), 날림집

cabaré 까바레
남 카바레, 나이트 클럽

cabaret 까바렛
남 =cabaré

cabecear 까베세아르
자 머리를 흔들다; (졸면서) 꾸벅꾸벅하다

cabecera
까베세라
자 베개; (침대의) 머리맡; (식탁 등의) 윗자리, 상석

cabello
까베요
남 머리털, 두발(頭髮)
cabellos postizos 가발(假髮)

caber
까베르
자 들어갈 수 있다, 수용하다
Esta caja no *cabe* en el maletero.
이 상자는 트렁크에 들어가지 않는다.
직설법 현재: *quepo*, cabes, cabe, cabemos, cabéis, caben
접속법 현재: quepa, quepas, quepa, quepamos, quepáis, quepan
직설법 부정 과거: cupe, cupiste, cupo, cupimos, cupisteis, cupieron
직설법 미래: cabré, cabrás, cabrá, cabremos, cabréis, cabrán

cabeza
까베사
여 머리; 두뇌; 선두
Más vale ser cabeza de ratón que cola de león.
(속담) 계구우후(鷄口牛後), 용의 꼬리보다 뱀의 머리가 (되는 것이) 낫다.

cabezazo
까베사소
남 머리받기, 헤딩

cabezón, zona
까베손, 소나
형 머리가 큰
남 여 머리가 큰 사람

cabezudo, da
까베수도, 다
형 남 여 =**cabezón**

cabida
까비다
여 용량, 수용 능력

cabina
까비나
여 작은 방; (트럭 등의) 운전석; (비행기의) 조종실
cabina electroral 기표소(記票所)
cabina telefónica [de teléfonos] 공중 전화 박스

cable
까블레
남 굵은 밧줄, 로프; 케이블; 해저 전신, 외신
cable eléctrico 전선(電線)

cablevisión
까블레비시온
여 유선 텔레비전

cabo
까보
남 끝, 가장자리; 갑(岬), 곶; (배의) 밧줄, 강선(鋼線)
cabos de cuerda 줄의 양끝
de cabo a rabo, de cabo a cabo
처음부터 끝까지

cabra
까브라
여 [동물] 염소, 산양, 암양

cabrío, a
까브리오, 아
형 산양의, 염소의
macho *cabrío* 수산양, 씨 산양

cabrito
까브리또
남 새끼 염소

cacao
까까오
남 [식물·과실] 코코아; (분말) 코코아

cacarear
까까레아르
자 닭이 크게 울다

cacería
까세리아
여 사냥, 수렵(대)

cacerola
까세롤라
여 손잡이 달린 냄비

cachear
까체아르
타 소지품[신체] 검사를 하다

cacheo
까체오
남 소지품 검사, 신체 검사

cada
까다
형 각각의; [+수사] ...마다
cada dos días 하루 걸러, 이틀마다
Cada cosa a su tiempo.
매사는 때가 있다.
Cada familia tiene sus problemas.
가정마다 문제가 있다.
Los metros parten *cada* diez minutos.
지하철은 10분마다 출발한다.

cadáver
까다베르
남 시체, 주검, 송장

cadena
까데나
여 쇠사슬, 사슬, 줄; [방송] 채널; 산맥
en cadena 연쇄적인

choque *en cadena* 연쇄 충돌
difusión *en cadena* 다원 방송
reacción *en cadena* 연쇄 반응

cadencia
까덴시아

여 박자, 리듬

cadera
까데라

여 (사람의) 허리
여 복 히프, 둔부, 엉덩이

cadete
까데떼

남 여 사관 생도; 사관 후보생

cadmio
까드미오

남 [화학] 카드뮴

caduco, ca
까두꼬, 까

형 노쇠한, 늙은; 허무한, 덧없는; 유효 기간이 끝난

caer
까에르

자 떨어지다, 낙하하다, 추락하다; 쓰러지다, 넘어지다, 자빠지다

직설법 현재: caigo, caes, cae, ...
직설법 부정 과거: caí, caíste, cayó, caímos, caísteis, cayeron
접속법 현재: caiga, caigas, caiga, caigamos, caigáis, caigan

caerse
까에르세

((재귀)) 넘어지다, 자빠지다; 떨어지다

café
까페

남 커피; 카페

café con leche 밀크 커피
café solo [negro] 블랙 커피
una taza de *café* 커피 한 잔
preparar *café* 커피를 끓이다
tomar un *café* 커피를 마시다

cafeína
까페이나

여 카페인

cafetal
까페딸

남 커피 농장

cafetera
까페떼라

여 커피 포트, 커피 끓이는 기구

cafetería
까페떼리아

여 카페테리아, 카페, 커피숍

calar

caí
까이
나는 넘어졌다 (caer 동사의 직설법 부정 과거 1인칭 단수) ☞ *caer*

caída
까이다
여 낙하; 탈락; 붕괴, 몰락
caída del gobierno 정부의 붕괴
caída del Imperio Romano 로마 제국의 몰락[멸망]

caja
까하
여 상자; 금고
caja de cambios 변속 장치
caja de crédito 신용 금고

cajero, ra
까헤로, 라
남여 현금 출납 담당자; 창구 담당자
cajero automático 자동 현금 지급기

cajón
까혼
남 서랍; 큰 상자
복 cajones

cal
깔
여 석탄

calabacear
깔라바세아르
타 (이성을) 퇴짜 놓다; 낙제시키다

calabacín
깔라바신
남 [식물] 호박의 일종

calabaza
깔라바사
여 [식물] 호박

calabazada
깔라바사다
여 박치기

calabazar
깔라바사르
남 호박 밭

calabozo
깔라보소
남 독방, 유치장

calamar
깔라마르
남 [어류] 오징어
sandwich de *calamar* 오징어 샌드위치

calambre
깔람브레
남 경련, 쥐
calambre de estómago 위경련

calamidad
깔라미달
여 재해, 재난, 참화, 천재지변

calar
깔라르
타 스며들다, 깊이 배어 들다
La lluvia *ha calado* la chaqueta.

비로 옷옷이 흠뻑 젖었다.

calavera
깔라베라
여 두개골, 해골바가지

calcañar
깔까냐르
남 발뒤꿈치

calcar
깔까르
타 투사하다; 베끼다, 모방하다

calcetín
깔세띤
타 (남자용) 짧은 양말
un par de *calcetines* 양말 한 켤레
ponerse [calzarse] los *calcetines*
양말을 신다
quitarse los *calcetines* 양말을 벗다
복 calcetines

calcio
깔시오
남 칼슘

calculadora
깔꿀라도라
여 계산기
calculadora electrónica 전자 계산기
máquina *calculadora* 계산기

calcular
깔꿀라르
타 계산하다
máquina de *calcular* 계산기
calcular mentalmente 암산하다

cálculo
깔꿀로
남 계산; 예측, 견적; [의학] 결석(結石)
cálculo de costes 원가 계산
cálculos biliares 담석(膽石)

caldear
깔데아르
타 따뜻하게[덥게] 하다
caldear la habitación
방을 따뜻하게 하다

caldera
깔데라
여 보일러, 기관; 가마솥, 큰 솥
caldera de calefacción 난방용 보일러

caldo
깔도
남 수프, 육즙
caldo de carne 콘소메 (묽은 수프의 일종)

calefacción
깔레팍시온
여 난방; 난방 기구[설비]
habitación con *calefacción*
난방 설비가 된 방

calendario
깔렌다리오

남 달력, 캘린더
calendario lunar 태음력, 음력
calendario solar 태양력, 양력

calentador
깔렌따도르

남 난방기, 히터

calentamiento
깔렌따미엔또

남 가열(加熱)
calentamiento global 지구 온난화

calentar
깔렌**따**르

타 데우다, 뜨겁게 하다, 따뜻하게 하다
calentar el agua 물을 데우다
calentar la sopa 국을 덥히다
calentar la habitación
방을 따뜻하게 하다

calidad
깔리닫

여 질, 품질; 성능; 신분; 자격
calidad de vida 생활의 질

cálido, da
깔리도, 다

형 뜨거운, 더운; 열렬한, 마음이 따뜻한
clima *cálido* 더운 기후
país *cálido* 더운 나라
viento *cálido* 더운 바람

caliente
깔리엔떼

형 뜨거운, 더운, 따뜻한
mano *caliente* 따뜻한 손
sopa *caliente* 뜨거운 수프[국]

calificación
깔리피까시온

여 평가, 성적; 능력, 숙련도
obtener la *calificación* de aprobado
합격점을 받다, 합격하다

calificar
깔리피까르

타 (시험에서) 평점[평가]을 주다; [문법] 수식하다

caligrafía
깔리그라**피**아

여 서도(書道), 습자; 필적

caligrafiar
깔리그라피아르

타 달필로 쓰다

caligráfico, ca
깔리그라피꼬, 까

형 caligrafía의; 달필의

calígrafo, fa
깔리그라포, 파

남 여 서예가; 달필가(達筆家)

caliza
깔리사
여 석회암(石灰巖)

callada
까야다
여 침묵, 무언(無言)

calladamente
까야다멘떼
부 조용히, 말없이, 살며시

callado, da
까야도, 다
형 조용한, 침묵의, 말없는
quedarse *callado* 침묵을 지키다

callar
까야르
자 조용히 하다, 입을 다물다, 잠자코 있다, 말을 하지 않다

callarse
까야르세
((재귀)) 침묵을 지키다, 말을 하지 않다, 잠자코 있다, 가만히 있다
¡*Cállate*! 조용히 해라, 잠자코 있거라.

calle
까예
여 거리, 가로; 가(街)
calle peatonal 보도(步道)
calle de Goya 고야가(街)
andar por las *calles* 거리를 걷다
doblar [torcer · girar · tomar] la *calle* 거리를 꺾어지다[굽어지다 · 돌다]

callejero, ra
까예헤로, 라
형 거리의, 가두(街頭)의
combate *callejero* 시가전
manifestación *callejera* 가두 데모
venta *callejera* 가두 판매, 거리 판매

callejón
까예혼
남 좁은 통로[뒷골목], 소로(小路)
callejón sin salida 막다른 길; 난국(難局)
복 callejones

callejuela
까예후엘라
여 좁은 뒷골목, 소로(小路)

callo
까요
남 (손에 생기는) 못, 티눈
남 복 까요스
((소 · 송아지 · 양의 곱창 전골의 일종))

calma
깔마
여 평온(함); 냉정

calmante
깔만떼
형 진통(鎭痛)의
남 진통제

calmar
깔마르
타 가라앉히다, 진정[완화]시키다
calmar el dolor 통증을 가라앉히다
calmar su hambre 공복을 참다

calmarse
깔마르세
((재귀)) 가라앉다, 진정[완화]되다

calor
깔로르
여 열(熱); 더위
calor animal [생리] 체온(體溫)
Hace *calor* en verano.
여름은 덥다.
En esta habitación hace mucho *calor*.
이 방은 무척 덥다.

caloría
깔로리아
여 칼로리
alimento de pocas *calorías*
저 칼로리 식품

calórico, ca
깔로리꼬, 까
형 열의, 칼로리의

calorífico, ca
깔로리피꼬, 까
형 열을 내는[발산하는], 열의
energía *calorífica* 열에너지

calorimetría
깔로리메뜨리아
여 열량 측정(법)

calorímetro
깔로리메뜨로
남 열량계(熱量計)

calumnia
깔룸니아
여 중상, 모략, 비방

calumniador, ra
깔룸니아도르, 라
형 중상하는, 모략하는
남여 중상자, 모략자

calumniar
깔룸니아르
타 중상하다, 모략하다, 비방하다

caluroso, sa
깔루로소, 사
형 뜨거운, 무더운, 따뜻한
día *caluroso* 무더운 날

calvicie
깔비시에
여 [집합] 대머리, 탈모(증)

calvinismo
깔비니스모
남 칼빈(Calvino)주의

calvinista
깔비니스따
형 칼빈파의
남여 칼빈파, 칼빈주의자

calvo, va
형 대머리의
남|여 대머리 ((사람))

calzada
깔사다
여 차도(車道)

calzado
깔사도
남 [총칭] 신발, 구두

calzador
깔사도르
남 구두 주걱

calzar
깔사르
타 (구두 등을) 신다; (장갑 등을) 끼다
자 구두를 신다

calzarse
깔사르세
((재귀)) 구두를 신다

calzonazos
깔소나소스
남|단|복 공처가

calzoncillos
깔손시요스
남|복 (남성의) 권투[수영]용 팬티

cama
까마
여 침대; (가축의) 잠자리
cama de primera (철도의) 일등 침대
cama turista (철도의) 이등 침대
hacer la cama
잠자리를 만들다, 이부자리를 펴다

camaleón
까말레온
남 [동물] 카멜레온

cámara
까마라
여 카메라; 회의소; 의회; 선실; 방
cámara submarina 수중 카메라
cámara de comercio 상업 회의소
cámara alta 상원(上院)
cámara baja 하원(下院)
남|여 [영화·TV의] 촬영 기사; 사진 기자

camarada
까마라다
여 친구, 동료; 동지; 전우(戰友)

camarero, ra
까마레로, 라
남|여 종업원; 웨이터, 웨이트리스

camarógrafo, fa
까마로그라포, 파
남|여 [영화·TV의] 촬영 기사(cámara)

cambio

camarón 까마론
- 남 작은 새우. 복 *camarones*
- arroz de [con] *camarones* 새우덮밥

camaronera 까마로네라
- 여 새우잡이 그물

camaronero, ra 까마로네로, 라
- 남 여 새우잡이 어부; 새우 장수

camarote 까마로떼
- 남 선실, 캐빈
- *camarote* de primera clase 일등 선실
- *camarote* de segunda clase 이등 선실
- *camarote* de tercera clase 삼등 선실

cambiable 깜비아블레
- 형 변하기 쉬운, 교환할 수 있는

cambiante 깜비안떼
- 형 변하는
- 남 여 환전상(換錢商)

cambiar 깜비아르
- 타 바꾸다, 갈다; 환전하다; 교환하다; 변하다, 변경하다

cambiarse 깜비아르세
- ((재귀)) ① [+en] (...으로) 변하다, 바뀌다
- El placer *se cambió en* dolor.
- 기쁨은 고통으로 바뀌었다.
- ② [+de] (...을) 갈다, 바꾸다
- *cambiarse de* calcetines [medias]
- 양말[스타킹]을 갈아 신다
- ③ 이사하다, 집을 옮기다
- *cambiarse* a las afueras
- 교외로 이사하다

cambiario, ria 깜비아리오, 리아
- 형 돈을 환전하는
- mercado *cambiario* 환전 시장
- política *cambiaria* 환전 정책
- sistema *cambiario* 환전 제도

cambio 깜비오
- 남 변화, 변경, 변동; 교환; 교체, 교대; 거스름돈, 잔돈; 환전; 환시세, 외환; 변속 장치
- *cambio* climático 기후 변화
- *cambio* de sexo 성전환
- *cambio* de aceite 오일 교환
- casa de *cambio* 환전소

mercado de *cambios* 외환 시장
tipo de *cambio* 환율

cambista
깜비스따
男女 환전상(換錢商)

camello
까메요
男 [동물] 낙타

camilla
까미야
女 들것, 담가

caminar
까미나르
自 걷다(andar)

caminata
까미나따
女 걷는 일; 소풍, 원족

camino
까미노
男 길; 도정, 행정; 수단; 여행
perderse en el camino 길을 잃다
a medio camino 도중에서
en el camino 도중에(서)
en el camino de casa a la escuela
집에서 학교에 가는 도중에
dejar *en el camino* 도중에서 그만두다

camión
까미온
男 트럭; ((멕시코)) 버스

camionero, ra
까미오네로, 라
男女 트럭 운전수

camioneta
까미오네따
女 소형 트럭; ((구아떼말라)) 시내 버스

camisa
까미사
女 와이셔츠, 셔츠

camisería
까미세리아
女 와이셔츠 제조소[가게]

camisero, ra
까미세로, 라
男女 와이셔츠 제조[판매] 업자

campamento
깜빠멘또
男 캠프(지), 야영(지)

campana
깜빠나
女 종(鐘)

campanada
깜빠나다
여 종소리

campanilla
깜빠니야
여 방울, 초인종, 벨

campaña
깜빠냐
여 운동, 캠페인; 원정, 군사 행동
campaña electoral 선거 운동, 선거전

campeador, ra
깜뻬아도르, 라
형 뛰어난, 발군의 전공을 세운
남 뛰어난 전공자(戰功者)
Cid *Campeador* 영웅 시드

campeón, ona
깜뻬온, 오나
남 여 챔피언, 선수권 보유자
campeón del mundo 세계 챔피언

campeonato
깜뻬오나또
남 선수권 (시합), 우승
campeonato de liga 리그 우승
campeonato de natación 수영 선수권

campero, ra
깜뻬로, 라
형 시골의
fiesta *campera* 시골 축제
남 [자동차] 지프

campesino, na
깜뻬시노, 나
형 시골의, 밭의
vida *campesina* 시골[전원] 생활
남 여 시골 사람, 농부

campestre
깜뻬스뜨레
형 들(판)의, 전원(田園)의
flores *campestres* 들꽃

camping
깜삥
남 캠핑, 야영(野營)
hacer *camping* 캠핑하다
ir de *camping* 캠핑 가다

campista
깜삐스따
남 여 캠핑 참가자, 캠핑하는 사람

campo
깜뽀
남 시골, 전원; 들판; 밭; 진지, 진영; 운동장, 그라운드; [축구] 필드; [골프] 코스; [테니스] 코트; [야구] 내야; [컴퓨터] 필드
campo de cebada 보리밭

camposanto
깜뽀산또
남 묘지(墓地)

campus
깜뿌스
남 캠퍼스

camuflaje
까무플라헤

남 카무플라주, 위장(僞裝)

camuflar
까무플라르

타 카무플라주하다, 위장하다

can
깐

남 [시어] 개(perro)
Quien bien quiere a Beltrán, bien quiere a su can.
(속담) 아내가 귀여우면 처갓집 말뚝 보고도 절한다.

cana
까나

여 백발, 흰머리
salir *canas* 흰머리가 나(오)다
tener *canas* 흰머리가 있다

Canadá (el)
까나다 (엘)

남 [국명] 캐나다

canadiense
까나디엔세

형 캐나다의
남여 캐나다 사람

canal[1]
까날

남 운하, 수로; (TV의) 채널; 해협
Canal de Panamá 파나마 운하
cambiar *de canal* 채널을 바꾸다

canal[2]
까날

여 (남) [건축] (빗물의) 물받이, 홈통

canapé
까나뻬

남 긴의자, 소파. 복 canapés

canario
까나리오

남 [조류] 카나리아

canasta
까나스따

여 바구니; [농구] 득점, 골

canastilla
까나스띠야

여 작은 바구니

canasto
까나스또

남 (운두가 협소하고 높은) 바구니

cancelación
깐셀라시온

여 취소, 해약, 캔슬

cancelar
깐셀라르

타 취소하다, 해약하다, 캔슬하다
cancelar el contrato
계약을 취소하다

cáncer
깐세르
- 남 [의학] 암(癌); 암종; 사회악
- *cáncer* de mama 유방암(乳房癌)
- *cáncer* de(l) estómago 위암(胃癌)
- *cáncer* de pulmón 폐암(肺癌)
- *cáncer* uterino 자궁암(子宮癌)

cancerígeno, na
깐세리헤노, 나
- 형 발암성의, 암을 유발하는
- 남 발암(성)

canceroso, sa
깐세로소, 사
- 형 암을 앓는; 암 모양의, 암(성)의, 암을 유발하는
- tumor *canceroso* 암성 종양
- 남여 암환자

cancha
깐차
- 여 (테니스·농구 등의) 코트, 경기장

canciller
깐시예르
- 남여 (몇몇 나라의) 국무 총리, 수상 (Presidente del Gobierno); (많은 나라의) 외무 장관 (ministro de Asuntos Exteriores); (공관의) 하급 직원; (몇몇 나라의) 정부 고관, 대학 총장 (rector de la Universidad)

cancillería
깐시예리아
- 여 canciller의 사무소; (대사관 등에 있는) 특별 사무소

canción
깐시온
- 여 노래, 가요; 가곡(canto)
- *canción* de amor 연가(戀歌)
- *canción* infantil 동요(童謠)
- *canción* italiana 이탈리아 가곡
- cantar una *canción* 노래를 부르다

cancionero
깐시오네로
- 남 가요집(歌謠集); 시가집(詩歌集)

candado
깐다도
- 남 자물통, 자물쇠

candela
깐델라
- 여 초, 양초(vela); 촛대

candelabro
깐델라브로
- 남 (가지 장식이 있는) 촛대

candelero
깐델레로
圄 촛대

candente
깐덴떼
혱 백열의, 한창 달아오른; 불타는, 열렬한, 뜨거운
amor *candente* 불타는 사랑
noticias *candentes* 핫 뉴스, 최근 뉴스

candidato, ta
깐디다또, 따
圄 여 후보자, 지원자
candidato a la presidencia
대통령 후보자

candidatura
깐디다뚜라
여 입후보; [집합] 후보자

candidez
깐디데스
여 순진함, 천진 난만함

cándido, da
깐디도, 다
혱 순진한, 천진 난만한

canela
까넬라
여 [식물·향료] 계피

canelo
까넬로
圄 [식물] 계수나무

canelo, la
까넬로, 라
혱 계피색의, 적갈색의

canelón
까넬론
圄 물받이, 홈통

cangrejo
깡그레호
圄 [동물] 바닷게
cangrejo de río 강의 게

canguro
깡구로
圄 [동물] 캥거루

caníbal
까니발
혱 식인종의; 잔혹한
圄 여 식인종; 잔혹한 사람

canibalismo
까니발리스모
圄 식인(食人); 잔인함

canica
까니까
여 유리 구슬; 유리 구슬 놀이

canícula
까니꿀라
여 대서(大暑); 삼복(三伏)
en plena canícula 한 여름에

canicular 까니꿀라르	형 대서의; 삼복의 calores *caniculares* 삼복 더위 남복 대서; 삼복(의 기간)
canino, na 까니노, 나	형 개의; 개과(科)의 diente *canino* 송곳니 hambre *canina* 심한 허기 남 송곳니 남복 [동물] 개과(科)
canje 깡헤	남 교환 *canje* de notas diplomáticas 외교 문서 교환 *canje* de prisioneros 포로 교환
canjear 깡헤아르	타 교환하다
cano, na 까노, 나	형 백발의, 흰머리의 anciano de pelo *cano* 백발 노인 ponerse *cano* 백발이 되다
canoa 까노아	여 카누; 보트; 작은 배
canon 까논	남여 법규; 표준; 목록
canoso, sa 까노소, 사	형 백발의, 백발이 많은
cansado, da 깐사도, 다	형 피곤한, 지친; 싫증난, 물린 cara *cansada* 피로한[지친] 얼굴 Estoy muy *cansado*. 나는 무척 피곤하다.
cansancio 깐산시오	남 피로, 피곤; 염증, 물림
cansar 깐사르	타 피곤[피로]하게 하다; 싫증나게 하다; 물리게 하다
cantante 깐딴떼	형 노래하는 남여 가수 *cantante* de ópera 오페라 가수
cantar[1] 깐따르	자 노래를 부르다; (새가) 지저귀다 타 노래하다; 칭송[칭찬]하다

Cada gallo canta en su muladar.
(속담) 누구나 제 집에서는 활개친다.
No cantes victoria antes de hora.
(속담) 김치국부터 마시지 마라.
Quien canta, la pena espanta.
(속담) 소문만복래(笑門萬福來).

cantar²
깐따르
남 노래, 민요

cántaro
깐따로
여 항아리, 단지, 물항아리
a cántaros 대량으로, 좍좍, 매우 강하게
llover *a cántaros* 비가 억수처럼 퍼붓다

cantata
깐따따
여 [음악] 칸타타

cantera
깐떼라
여 채석장

cantidad
깐띠닫
여 양, 수량; 금액; 다수; 숫자; 음량
cantidad de calor 열량
cantidad de comida 식사량
¿Qué *cantidad* necesita usted?
얼마가 필요하십니까?
en gran cantidad 대량으로

canto
깐또
남 노래; 가창법; 노랫소리; 끝, 가장자리

cantor, ra
깐또르, 라
형 노래하는; 새가 지저귀는
남여 가수

cánula
까눌라
여 카눌레, 주사 바늘

caña
까냐
여 (식물의) 줄기; [식물] 갈대; [식물]사탕수수; 낚싯대; (가늘고 긴) 잔
caña de azúcar 사탕수수
caña de pescar 낚싯대
una *caña* de cerveza 맥주 한 잔

cáñamo
까나모
남 [식물] 삼; [식물] 대마

cañería
까녜리아
여 (수도·가스 등의) 도관, 배관
cañería de agua 수도관

cañería maestra 본관(本管)

cañón 까논
남 대포; 포신, 총신; 협곡, 복 **cañones**
disparar el *cañón* 대포를 쏘다

cañonazo 까뇨나소
남 포격; 포성

cañonear 까뇨네아르
타 포격하다

cañoneo 까뇨네오
남 포격(砲擊)

cañonero, ra 까뇨네로, 라
형 (배가) 포를 장비한
남 여 [운동] 스트라이커
여 포함(砲艦)(lancha *cañonera*)

caoba 까오바
여 [식물] 마호가니; 마호가니 목재

caolín 까올린
남 [광물] 고령토, 카올린

caos 까오스
남 단 복 대혼란, 무질서; 혼돈

caótico, ca 까오띠꼬, 까
형 혼란한, 혼돈의

capa 까빠
여 소매 없는 망토; 층(層); 지층(地層)

capacidad 까빠시닫
여 능력, 재능; 자격; 수용 능력, 용량
capacidad auditiva 청력(聽力)
capacidad de fuego [군사] 화력
capacidad de pago 지불 능력
capacidad de trabajo 노동 능력
capacidad productiva 생산 능력
capacidad visual 시력(視力)
capacidad vital 폐활량(肺活量)
una *capacidad* de 46 plazas
46인승(四十六人乘)

capacitación 까빠시따시온
여 양성, 연수(研修); 기능, 자격
capacitación profesional 직업 훈련

capacitar 까빠시따르
타 (...의) 자격을 ...에게 부여하다

capataz
까빠따스
남 여 십장, 현장 감독
capataz de campo 농장 감독

capaz
까빠스
형 능력 있는; 재능[자격] 있는; 유능한
médico *capaz* 유능한 의사

capilla
까삐야
여 (학교 등에 부속된) 예배당; (교회 안의) 작은 성당; (교회의) 성가대

capital
까삐딸
형 주요한; 중대한, 중요한; 머리글자의
ciudad *capital* 수도
error *capital* 중대한 오류
letra *capital* 대문자(大文字)
punto *capital* 요점(要點)
secreto *capital* 극비(極秘)
형 수도(首都), 서울; (생산의) 중심지
Madrid es la *capital* de *España*.
마드리드는 스페인의 수도이다.
남 자본, 자본금
capital extranjero 외국 자본
capital fijo 고정 자본
capital propio 자기 자본

capitalino, na
까삐딸리노, 나
형 수도의, 서울의
남 여 수도 사람, 서울 사람

capitalismo
까삐딸리스모
남 자본(資本)

capitalista
까삐딸리스따
형 자본의, 자본주의의, 자본가의
país *capitalista* 자본주의 국가
sociedad *capitalista* 자본주의 사회
남 여 자본가; 부호, 재벌

capitalización
까삐딸리사시온
여 자본화(資本化)

capitalizar
까삐딸리사르
타 자본화하다

capitalizarse
까삐딸리사르세
((재귀)) 자본화되다

capitán
까삐딴
남 여 대장, 지휘관, 두목; 주장; 대위; [해군] 함장; (큰 배의) 선장

capitán de artillería 포병 대위
capitán general 육군 대장, 군사령관
capitán de corbata 해군 소령
capitán fragata 해군 중령
capitán navío 해군 대령

capitana
까삐**따**나
:여: (함대의) 기함; capitán의 아내

capitel
까삐**뗄**
:남: [건축] 기둥머리

capítulo
까**삐**뚤로
:남: (책 등의) 장(章); 테마, 주제

capote
까**뽀**떼
:남: 소매 있는 외투; 군용 외투; [투우] 짧은 망토, 가빠

capricho
까쁘리초
:남: 변덕, 줏대 없음; [음악] 공상곡

caprichoso, sa
까쁘리**초**소, 사
:형: 변덕스런; 엉뚱한, 기상천외의, 기발한
niña *caprichosa* 변덕스런 여자 아이
idea *caprichosa* 기발한 아이디어

cápsula
깝술라
:여: (약의) 캡슐; (로켓의) 캡슐; (병의) 마개; (총의) 뇌관

captar
깝따르
:타: 얻다, 획득하다; 이해하다, 포착하다

captura
깝**뚜**라
:여: 획득, 체포, 포획

capturar
깝뚜라르
:타: 잡다, 획득하다, 나포하다

capucha
까**뿌**차
:여: 두건, 후드; 뚜껑, 덮개

capullo
까**뿌**요
:남: 누에고치

caqui
까끼
:남: [식물] 감나무; [과실] 감; 감색, 카키색
:형: 감색의, 카키색의
uniforme *caqui* 카키복

cara
까라
:여: 얼굴(rostro); 표정, 안색; 체면; 면, 측면; (동전의) 앞면, 겉면 (반 cruz)

carabela
까라**벨**라

여 카라벨라 선(船) ((중형 범선))

carabina
까라**비**나

여 카빈총, 기병총

caracol
까라**꼴**

남 [동물] 달팽이, 우렁이; 나선식 계단

carácter
까락**떼**르

남 성격; 개성, 특징; (물건의) 성질; (주로 복) 문자(文字). 복 **caracteres**
carácter abierto 외향적 성격
carácter cerrado 내향적 성격
caracteres chinos 한자(漢字)
caracteres cursivos 이태릭체
cantante de *carácter* 개성 있는 가수

caraterística
까락떼**리**스띠까

여 특징, 개성(個性)

característico, ca
까락떼**리**스띠꼬, 까

형 특징적인
personalidad *característica*
독특한 개성

caracterización
까락떼리사시**온**

여 특징, 특색

caracterizado, da
까락떼리**사**도, 다

형 걸출한, 평판이 높은

caracterizar
까락떼리**사**르

타 ...의 특성[특징]을 나타내다; 특색[특징]을 주다; ...이 특징이다

caracterizarse
까락떼리**사**르세

((재귀)) (...이) 특징이다

caramelo
까라**멜**로

남 캐러멜; 엿, 조청, 드롭프스

caravana
까라**바**나

여 대상(隊商), 캐러밴

carbohidrato
까르보이드**라**또

남 [화학] 탄수화물

carbón
까르**본**

남 석탄; 목탄

carbonato
까르보**나**또

남 [화학] 탄산염

carcajada

carboncillo 까르본시요
남 [미술] (데생용의) 목탄
dibujo al *carboncillo* 목탄화

carbonería 까르보네리아
여 연탄집, 숯가게

carbonero, ra 까르보네로, 라
형 석탄의
industria *carbonera* 석탄 산업
남여 숯장수, 숯 굽는 사람
남 석탄 운반선
여 석탄 하치장

carbónico, ca 까르보니꼬, 까
형 탄소의
ácido *carbónico* 탄산
agua *carbónica* 탄산수
bebida *carbónica* 탄산음료
gas *carbónico* 탄산 가스

carbonilla 까르보니야
여 분탄, 목탄 가루

carbonización 까르보니사시온
여 탄화(炭化)

carbonizar 까르보니사르
타 타버리다; 탄화시키다

carbono 까르보노
남 [화학] 탄소
acero de *carbono* 탄소강

carboquímica 까르보끼미까
여 석탄 화학

carboquímico, ca 까르보끼미꼬, 까
형 석탄 화학의
productos *carboquímicos* 석탄 화학 제품

carbunco 까르붕꼬
남 [의학] 탄저병

carburador 까르부라도르
남 카뷰레터, 기화기

carburo 까르부로
남 [화학] 탄화물; (특히) 카바이트

carcajada 까르까하다
여 너털웃음, 폭소
reír(se) a *carcajadas* 깔깔 웃다

carcajear 자 깔깔 거리며 웃다
까르까헤아르

cárcel 남 교도소, 감옥
까르셀

carcelero, ra 남 여 (교도소의) 교도(矯導)
까르셀레로, 라

carcinógeno, na 형 발암성(發癌性)
까르시노헤노, 나 substancias *carcinógenas*
발암성 물질

carcicoma 여 [의학] 암종(癌腫)
까르시꼬마

cardenal 남 [천주교] 추기경
까르데날

cardiaco, ca 형 남 여 =**cardíaco**
까르디아꼬, 까

cardíaco, ca 형 심장(병)의
까르디아꼬, 까 남 여 심장병 환자
남 강심제

cárdigan 남 카디건
까르디간

cardinal 형 기본의
까르디날 número *cardinal* 기수(基數)

cardiografía 남 심전도(心電圖); 심박동 기록(법)
까르디오그라피아

cardiógrafo 남 심박동 기록기
까르디오그라포

cardiología 여 심장(병)학
까르디올로히아

cardiológico, ca 형 심장(병)학의
까르디올로히꼬, 까

cardiólogo, ga 남 여 심장병 전문의(專門醫)
까르디올로고, 가

cardítico, ca 형 심장염의
까르디띠꼬, 까

carditis 여 [의학] 심장염
까르디띠스

cargador, ra

cardo 까르도
- 남 [식물] 엉겅퀴

cardumen 까르두멘
- 남 어군(魚群), 고기 떼

carear 까레아르
- 타 대질하다; 대조하다, 조합하다

carecer 까레세르
- 자 ...이 부족하다, ...이 없다
- *carecer de* recursos naturales 천연 자원이 없다

carencia 까렌시아
- 여 부족, 결핍, 결여; [비타민 등의] 결핍증(缺乏症)
- *carencia* cálcica 칼슘 부족

carencial 까렌시알
- 형 결핍증의

carente 까렌떼
- 형 ...이 없는, 결핍된, 빠진

careo 까레오
- 남 대질, 대조, 조합

carestía 까레스띠아
- 여 (생활 필수품의) 등귀, 앙등; 부족, 결핍

careta 까레따
- 여 가면, 탈; (방독용 등의) 마스크

carey 까레이
- 남 [동물] 대모(玳瑁); 대모갑(玳瑁甲)

carga 까르가
- 여 적하; 적화; 적재(량); 하중(荷重); 부담; 장전, 충전, 화약(량); [전기] 전하; 전기량; [군사] 돌격

cargadero 까르가데로
- 남 적하장(積荷場)

cargado, da 까르가도, 다
- 형 짐을 싣는; 장전된; 가득한, 만원의; 무더운, 후덥지근한; (커피 등이) 진한; 임신한, 잉태한

cargador, ra 까르가도르, 라
- 남여 하역 인부; 하주(荷主)
- 남 (총의) 탄창(彈倉)
- 여 적화기(積貨機)

cargar
까르가르

타 짐을 싣다, 적재하다; 장전하다, 넣다; (부담·책임을) 지우다, 부과하다; 가득채우다; 추가하다; 용량이 ...이다

Grande o pequeño, cada uno carga con su leño.
(속담) 누구나 크건 작건 시련은 있다.

cargarse
까르가르세

((재귀)) 대량으로 가지고 있다, 가득 차다; (하늘이) 구름으로 덮여 있다; 담당하다, 인수하다; 지치다; (분위기가) 불쾌해지다; (시험에서) 낙제점을 주다, 떨어뜨리다

cargo
까르고

남 직무, 임무 ; 지위; 역할; 담당; [상업] 차변(借邊); 하중

carguero, ra
까르게로, 라

형 화물을 운반하는
남 여 화물 운반 인부
남 화물선; 화물 열차

cariado, da
까리아도, 다

형 카리에스에 걸린, 충치의
Tengo una muela cariada.
나는 충치가 하나 있다.

cariar
까리아르

타 충치[카리에스]를 만들다

cariarse
까리아르세

((재귀)) 충치[카리에스]가 되다

caribeño, ña
까리베뇨, 냐

형 카리브해(el Mar Caribe)의
남 여 카리브해의 사람

caricato
까리까또

남 성대모사 연예인

caricatura
까리까뚜라

여 만화, 희화(戱畵)

caricaturista
까리까뚜리스따

남 여 풍자 화가

caricia
까리시아

여 애무(愛撫)

caridad
까리닫

여 자비; 자선
hacer *caridad* 자선을 베풀다

caries
까리에스

여 단 복 [의학] 카리에스; 충치
caries espinal 척추 카리에스

cariño
까리뇨
　명 애정, 애착
　con *cariño* 애정으로, 사랑으로
　demostrar un gran *cariño*
　대단한 애정을 보이다
　sentir *cariño* por las flores
　꽃에 애착을 느끼다
　tener mucho *cariño* a España
　스페인에 대단한 애착을 가지다

carñosamente
까리뇨사멘떼
　부 사랑스레, 다정하게, 정답게

cariñoso, sa
까리뇨소, 사
　형 사랑스러운, 자애로운, 다정한, 상냥한, 마음씨가 고운, 정다운
　cariñosas palabras 상냥한 말

carisma
까리스마
　명 카리스마, 특별한 능력; (카리스마적) 영향력, 통솔력

carismático, ca
까리스마띠꼬, 까
　형 카리스마의

caritativo, va
까리따띠보, 바
　형 자선의; 자비심이 많은
　obra *caritativa* 자선 (사업)

carlismo
까를리스모
　명 까를로스당

carlista
까를리스따
　형 까를로스 지지파의
　명 여 까를로스 지지파

carmesí
까르메시
　형 심홍색(深紅色)의
　명 심홍색

carmín
까르민
　형 양홍색의
　명 양홍색; (입술연지의) 연지

carnal
까르날
　형 육체의; 물질적인; 혈연의
　deseos [apetitos] *carnales* 성욕(性慾)
　amor *carnal* 성애(性愛)
　sobrino *carnal* 친조카

carnaval
까르나발
　명 카니발, 사육제

carne
까르네
　여 살; [식품] 고기, 살; [과실의] 과육, 살; (정신 espíritu에 대한) 육체

carne de cangrejo 게살
carne de cerdo 돼지고기
carne de chivo 염소고기
carne de cordero 양고기
carne de res ((중남미)) 쇠고기
carne de vaca 쇠고기
carne magra 비계 없는 살코기
carne viciosa 군살, 궂은살
plato de *carne* 고기 요리
en carne(s) viva(s) 알몸의, 알몸으로
ser carne y uña, ser uña y carne
끊을래야 끊을 수 없는 사이다, 친하다

carné
까르네

남 신분 증명서, 신분증
carné de conducir 운전 면허증
carné de estudiante 학생증
carné de identidad 신분 증명서, 신분증
carné de prensa 기자증
carné de socio 회원증

carnero
까르네로

남 [동물] 수양 ((암양 oveja)); 양고기; 양피, 양가죽; 납골당

carnet
까르넷

남 =**carné**

carnicería
까르니세리아

여 정육점

carnicero, ra
까르니세로, 라

형 (동물이) 육식의; 잔인한, 잔혹한
animal *carnicero* 육식 동물
ave *carnicera* 맹조(猛鳥)
남여 정육점 주인, 푸주한

carnívoro, ra
까르니보로, 라

형 육식의
animal *carnívoro* 육식 동물
planta *carnívora* 식충 식물

carnosidad
까르노시닫

여 군살, 궂은살; 비만

carnoso, sa
까르노소, 사

형 살이 많은, 육질의

caro, ra
까로, 라

형 비싼, 고가(高價)의. 반 barato
joya *cara* 고가의 보석

precio *caro* 고가, 비싼 값
restaurante *caro* 비싼 식당
salir *caro* 비싸게 치이다
Este diccionario no es *caro*.
이 사전은 비싸지 않다.
¡Qué caro! 무척 비싸군요!

carpa
까르빠
여 [어류] 잉어; (서커스 등의) 큰 천막

carpeta
까르뻬따
여 문서철, 서류철, 파일, 파인더

carpincho
까르삔초
남 [동물] 까르삔초 ((남미산, 쥐모양의 동물))

carpintería
까르삔떼리아
여 목공, 목수의 일[직], 목수 작업장

carpintero, ra
까르삔떼로, 라
남 여 목수
Mal carpintero, buen virutero.
(속담) 훌륭한 목수는 대팻밥이 적다,
숙련공은 낭비하지 않는다.

carrera
까르레라
여 경주, 레이스; (대학의) 전문 과정; (전문직의) 경력; 직업
carrera automovilística 자동차 경주
carrera de caballos 경마
carrera de ingeniero 기술자 양성 과정
carrera diplomática 외교관 경력
militar de *carrera* 직업 군인

carreta
까르레따
여 짐마차, 짐차, 달구지
carreta de mano 손수레

carrete
까르레떼
남 (실·필름 등의) 두루마리, 릴, 얼레; 코일; (영화·사진의) 필름, 롤, 두루마리
carrete de hilo 실패, 실감개
carrete de pesca 낚시 릴
carrete de 36 fotos 36장 짜리 필름 롤

carretera
까르레떼라
여 하이웨이, 간선 도로, 고속 도로, 차도
carretera nacional [general] 국도(國道)
carretera comarcal 지방 도로

carretero
까르레떼로
남 마차[달구지] 제작자; 마부

carretilla
까르레띠야
여 (바퀴 하나의) 손수레, 작은 운반차
carretilla elevadora 지게차

carril
까르릴
남 (도로의) 차선; 도로; 레일, 선로; 철도; 바퀴 자국
carril bus 버스 전용 차선
carril de adelantamiento 추월 차선
carril de bicicletas 자전거 전용 길
carretera de diez *carriles* 10차선 도로

carrilada
까르릴라다
여 바퀴 자국

carrillo
까르리요
남 도르래

carrito
까르리또
남 (공항·슈퍼마켓 등의) 손수레

carrocería
까르로세리아
여 차체(車體); 자동차 (수리) 공장

carrocero, ra
까르로세로, 라
남여 차체 제조[수리]공; 카 디자이너

carruaje
까르루아헤
남 (승용의) 차, 탈것

carta
까르따
여 편지; (공식의) 서장, 서류; 헌장; 메뉴, 차림표; [트럼프] 카드
carta aérea 항공편; 항공 봉함 엽서
carta blanca 백지 위임장
carta del día 오늘의 메뉴
Carta Magna 대헌장(大憲章)
cartas credenciales [외교] 신임장
papel de *cartas* 편지지

carta-tarjeta
까르따-따르헤따
여 봉함 엽서

cartel
까르뗄
남 벽보, 포스터
No fije los *carteles*. [게시] 벽보 부착 금지.

cartelera
까르뗄레라
여 게시판; (영화 등의) 간판

cartera
까르떼라

여 지갑, 지폐용 지갑; 서류 가방; 학생용 등에 지는 가방; 장관(의 직)

carterista
까르떼리스따

남여 소매치기(ratero)

cartero, ra
까르떼로, 라

남여 우체부, 우편 집배원

cartilla
까르띠야

여 수첩(libreta)
cartilla de ahorros 예금 통장
cartilla militar 군인 수첩

cartón
까르똔

남 두꺼운 종이, 판지, 마분지; (우유 등의) 팩; (담배의) 한 상자 ((10갑))

cartucho
까르뚜초

남 탄약통

casa
까사

여 집; 가족, 가정; 회사, 상점, 지사; [운동] 홈그라운드, 본거지; [야구] 본루; [바둑·장기] (판의) 눈
casa de campo 별장
casa de la cultura 문화 회관
casa editorial 출판사
casa matriz 본사
amigo de la *casa* 가족의 친구
de *casa* en *casa* 집집마다
En su casa cada uno es rey.
(속담) 집만한 곳은 없다.
El mejor caminar es no salir de casa.
(속담) 집이 제일 안전하다.

casadero, ra
까사데로, 라

형 결혼 적령기의
hija *casadera* 결혼 적령기의 딸

casado, da
까사도, 다

형 결혼한, 기혼의
Ella está *casada* con un español.
그녀는 스페인 남자와 결혼해 살고 있다.
남여 기혼자, 결혼한 사람
recién *casados* 신혼 부부
Soy *casado*. 나는 기혼자다.
Estoy *casado*. 나는 결혼해 (살고) 있다.

Casado y arrepentido.
(속담) 결혼하면 후회한다.
Hombre casado, hombre enjaulado.
(속담) 결혼한 남자는 새장에 갇힌 신세.

casamiento
까사미엔또
남 결혼(식)
casamiento por amor 연애 결혼

casar
까사르
타 결혼시키다; 균형을 맞추다, 조합하다
자 결혼하다(contraer matrimonio); 어울리다

casarse
까사르세
((재귀)) 결혼하다
casarse en segundas nupcias
재혼하다

cascabel
까스까벨
남 방울

cascada
까스까다
여 폭포(salto de agua)

cascajal
까스까할
남 자갈밭

cascajar
까스까하르
남 자갈밭

cascajo
까스까호
남 자갈, 돌멩이; 견과(堅果)

cascanueces
까스까누에세스
남 단 복 호두까개

cascar
까스까르
타 빻다, 찧다, 깨다, 쪼개다, 까다

cáscara
까스까라
여 (알·과실 등의) 껍질; (바나나 등의) 껍질
quitar la *cáscara* de un huevo
달걀의 껍질을 까다

cascarilla
까스까리야
여 (곡물 등의) 껍질, 꼬투리

casco
까스꼬
남 헬멧, 투구
casco militar 철모

caserío
까세리오
남 별장; 마을, 부락

casero, ra
까세로, 라
형 집의, 가정의; 집에서 만든
cocina *casera* 가정 요리
jamón *casero* 집에서 만든 햄

caseta
까세따
여 움막, (임시의) 전시장; (해수욕장 등의) 탈의소, 탈의실
caseta de peaje 요금 징수소
caseta de policía 파출소

casete[1]
까세떼
여(남) 카세트 테이프
vídeo *casete*, *casete* vídeo
비디오 카세트

casete[2]
까세떼
남 라디오 카세트(radiocasete)

casetera
까세떼라
여 카세트 끼워 넣는 장치

casetero
까세떼로
남 카세트 보관용 작은 상자[가구·장소]

casi
까시
부 거의; 대략; 하마터면 …할 뻔하다
botella *casi* llena 거의 가득찬 병
cosa *casi* increíble 거의 믿을 수 없는 일
diez años o *casi*
10년 아니면 대략 그 정도
Es *casi* imposible.
그것은 거의 불가능하다.
Casi me caí. 하마터면 넘어질 뻔했다.

casilla
까시야
여 파수막; 매점; (극장의) 매표소
casilla postal [de correos]
((남미)) 사서함(apartado)

casillero
까시예로
남 정리 선반[상자], 칸막이; 득점 게시판

casino
까시노
남 카지노, 도박장; (사교의) 클럽
casino de oficiales 장교 클럽

caso
까소
남 사건, 사태, 경우; 기회; 문제; 사례(事例); 환자; [문법] 격(格)
caso curioso 기묘한 사건
caso difícil de resolver

해결하기 어려운 문제
caso urgente 위급 환자
en mi *caso* 내 경우에는
***en caso de que* + 접속법**
...할 경우에는
en caso de que no asistas
네가 참석하지 않을 경우에는
hacer caso de
...을 고려하다, 중시하다
Ella no *hizo caso de* mis consejos.
그녀는 내 충고를 무시했다.

caspa
까스빠
여 비듬

casposo, sa
까스뽀소, 사
형 비듬이 많은, 비듬투성이의

casquillo
까스끼요
남 (지팡이 등의 끝에 붙은) 쇠붙이, 쇠고리, 링; 화살촉

casquete
까스께떼
남 헬멧

cassette
까세떼
남 (여) 카세트

casta
까스따
여 [생물] 종(種); 혈통, 가계; (인도의) 계급, 사성(四姓), 캐스트

castaña
까스따냐
여 [과실] 밤

castañal
까스따냘
남 밤나무 숲

castañar
까스따냐르
남 밤나무 숲

castañero, ra
까스따녜로, 라
남 여 밤 장수

castañeta
까스따녜따
여 [악기] 캐스터내츠

castañetear
까스따녜떼아르
자 캐스터내츠를 치다

castaño, ña
까스따뇨, 냐
형 밤색의, 다색(茶色)의
남 밤색, 다색

castañuela 까스따뉴엘라
여 [악기] (주로 복) 캐스터내츠

castellano, na 까스떼야노, 나
형 까스띠야(Castilla)의
남 스페인어; 성주(城主)
남 여 까스띠야 사람

casticismo 까스띠시스모
남 순수주의

casticista 까스띠시스따
남 여 순수주의자

castidad 까스띠닫
여 순결, 정절
castidad conyugal 정조(貞操)

castigar 까스띠가르
타 벌하다, 혼내주다; 괴롭히다, 들볶다; 뇌살하다

castigo 까스띠고
남 벌, 징벌
castigo corporal 체벌
castigo divino 천벌
castigo máximo 패널티
tiro de *castigo* 패널티 슛

castillo 까스띠요
남 성(城)
levantar [hacer] castillos de naipes
사상누각을 짓다

casting 까스띵
남 배역(配役)

castizamente 까스띠사멘떼
부 순수하게

castizo, za 까스띠소, 사
형 혈통이 순수한, 순종의; 가문이 좋은

casto, ta 까스또, 따
형 순결한, 정절(貞節)의
mantenerse *casto* 순결[동정]을 지키다

castor 까스또르
남 [동물] 비버, 바다삵

castración 까스뜨라시온
여 거세(去勢)

castrar 까스뜨라르
타 거세하다
caballo *castrado* 거세마(去勢馬)

casual 까수알	형 우연의 encuentro *casual* 우연한 만남 por un *casual* 우연히
casualidad 까수알리닫	여 우연(의 사건) por *casualidad* 우연히
casualmente 까수알멘떼	부 우연히
casuca 까수까	여 누옥(陋屋), 초라한 집
cata 까따	여 시식(試食), 시음(試飮)
catador, ra 까따도르, 라	남 여 (포도주의) 감정가; 시음자, 시식자
catalán, lana 까딸란, 라나	형 까딸루냐(Cataluña)의 남 여 까딸루냐 사람 남 까딸란어, 까딸루냐어
catalejo 까딸레호	남 망원경(telescopio)
catálisis 까딸리시스	여 단 복 [화학] 촉매 작용
catalítico, ca 까딸리띠꼬, 까	형 촉매 작용의
catalizador, ra 까딸리사도르, 라	형 촉매의 남 촉매제
catalogación 까딸로가시온	여 목록 작성
catalogar 까딸로가르	타 ...의 목록 작성을 하다, 카탈로그를 만들다, 카탈로그에 기재하다
catálogo 까딸로고	남 목록, 카탈로그
catar 까따르	타 시음하다, 시식하다 *catar* el vino 포도주를 시음하다 *catar* la sopa 수프의 맛을 보다
catarata 까따라따	여 폭포; 호우(豪雨); [의학] 백내장 la *catarata* del Iguazú 이구아수 폭포

catarral
까따르랄
형 카타르성(性)의

catarro
까따르로
남 카타르, 점막염증; [의학] 감기
coger [agarrar] un *catarro*
감기에 걸리다
tener un *catarro* 감기에 걸려 있다

catarroso, sa
까따르로소, 사
형 카타르에 걸리기 쉬운[잘 걸리는]

catarsis
까따르시스
여 단 복 [철학] 카타르시스

catastro
까따스뜨로
남 토지 대장, 지적 대장

catástrofe
까따스뜨로페
여 대참사, 대재해, 파국; 큰 불행

catastrófico, ca
까따스뜨로피꼬, 까
형 대참사의, 큰 재해의, 파국적인

catchup
까춥
남 캐첩

cátedra
까떼드라
여 정교수직; 강좌; 강단; 강의실
ocupar la *cátedra* 정교수가 되다

catedral
까떼드랄
여 대성당, 주교좌 성당
iglesia *catedral* 대성당
catedral de Segovia 세고비아 대성당

catedrático, ca
까떼드라띠꼬, 까
남 여 정교수
여 정교수의 부인

categoría
까떼고리아
여 범주, 카테고리; 부류; 계층, 등급; [운동] 급, 종목
categoría profesional 직계(職階)
categoría de los pesos ligeros 경량급
categoría femenina 여자 종목
categoría masculina 남자 종목
artículos de *categoría* 고급품, 일급품

catinga
까띵가
여 땀내

catión
까띠온
여 [물리] 양이온. 반 anión

catódico, ca
까또디꼬, 까
형 음극(陰極)의
rayos *catódicos* 음극선(陰極線)

cátodo
까또도
남 [물리] 음극(陰極). 반 ánodo

catolicismo
까똘리시스모
남 천주교

católico, ca
까똘리꼬, 까
형 천주교의, 카톨릭의
rey *católico* 스페인 국왕
Su Majestad *Católica* 스페인 국왕 폐하
남여 천주교도

catolicón
까똘리꼰
남 [의학] 만병 통치약

catolizar
까똘리사르
타 천주교도로 만들다

catorce
까또르세
형 14의; 열네 번째의
남 14; 14일
el catorce de agosto de 2003
2003년 8월 14일

catre
까뜨레
남 (1인용의) 간이 침대

catrecillo
까뜨레시요
남 소형의 접는 침대

catchup
까춥
남 캐첩

cauce
까우세
남 하상(河床)

cauchal
까우찰
남 고무 농장[재배원]

cauchero, ra
까우체로, 라
형 고무의
industria *cauchera* 고무 산업
남 고무 채취자
여 고무나무

caucho
까우초
남 고무
caucho crudo 생고무
caucho regenerado 재생 고무
caucho sintético 합성 고무

llanta de *caucho* 고무 타이어
sello de *caucho* 고무 도장

caución
까우시온
여 보증(금), 담보, 보석(금) (fianza)

caudal
까우달
형 수량(水量)이 많은
남 수량(水量), 유량(流量); 자산, 재산

caudaloso, sa
까우달로소, 사
형 수량(水量)이 풍부한

caudillo
까우디요
남 [군대] 지휘자, 대장; [단체의] 장, 두목, 지도자, 우두머리; 총통

causa
까우사
여 이유, 원인; 주의 주장; 소송 (사건)

causal
까우살
형 원인(原因)의

causalidad
까우살리닫
여 [철학] 인과 관계; 원인

causante
까우산떼
형 원인이 되는, 야기시키는
남 여 본인(本人)

causar
까우사르
타 ...의 원인이 되다, ...을 야기시키다; 가져오게 하다

causarse
까우사르세
((재귀)) 일어나다
De la codicia *se causan* muchos males.
많은 악행은 탐욕에서 비롯된다.

cautela
까우뗄라
여 주의, 조심; 신중함

cautelosamente
까우뗄로사멘떼
부 주의깊게, 조심스럽게; 빈틈없이, 신중히

cauteloso, sa
까우뗄로소, 사
형 주의깊은, 조심스런; 빈틈없는, 신중한

cauterio
까우떼리오
남 [의학] 뜸, 뜸 요법; 뜸 기구

cauterización
까우떼리사시온
여 뜸 요법, 뜸뜨기

cauterizador, ra
까우떼리사도르, 라
형 뜸을 뜨는
남 여 뜸을 뜨는 사람, 뜸 요법사

cauterizante
까우떼리산떼
형 =**cauterizador**

cauterizar
까우떼리사르
타 뜸을 뜨다, 지지다, 태우다
cauterizar la herida
상처에 뜸을 뜨다, 상처를 불로 지지다

cautivador, ra
까우띠바도르, 라
형 매력적인, 감동적인
palabra *cautivadora* 감동적인 말

cautivar
까우띠바르
타 사로잡다, 포로로 하다; (마음을) 끌다, 매료시키다, 매혹시키다
cautivar a un enemigo 적을 사로잡다
cautivar a un auditorio
청중을 매료시키다

cautiverio
까우띠베리오
남 포로 상태[생활]
vivir en *cautiverio* 포로로 살다

cautivo, va
까우띠보, 바
형 붙잡힌, 포로의
남 여 포로

cauto, ta
까우또, 따
형 신중한, 주의깊은, 빈틈없는

cavar
까바르
타 파다, 파엎다

caverna
까베르나
여 동굴, 동혈; [의학] (폐의) 공동(空洞)
vivir en una *caverna* 동굴에서 살다

cavernícola
까베르니꼴라
형 동굴에 사는 ((남녀 동형))
hombre *cavernícola* 혈거인(穴居人)
남 여 혈거인

caviar
까비아르
남 캐비어 ((철갑상어의 알[젓]))

cavidad
까비닫
여 구덩이, 굴, 동공, 움푹 패인 곳

caza
까사
여 사냥, 수렵; 사냥감
남 전투기
avión de *caza* 전투기

cazabe
까사베
남 ((중남미)) 까사베
((만디오까 가루로 만든 전병))

cazabombardeo
까사봄바르데오
남 전투 폭격기, 전천후 폭격기

cazadero 까사데로	남 수렵장
cazador, ra 까사도르, 라	남 여 사냥꾼 여 점퍼 *cazadora* de pieles 가죽 점퍼
cazar 까사르	타 사냥하다; 붙들다, 붙잡다
cazo 까소	남 요리 그릇; 금속 그릇
cazuela 까수엘라	여 (토제) 냄비; 냄비 요리
CE 세에	((약자)) Comunidad Europea 유럽 공동체, EC
cebada 세바다	여 [식물] 보리, 대맥
cebadal 세바달	남 보리밭
cebar 세바르	타 먹이를 주다; (동물을) 살찌우다
cebiche 세비체	남 ((중남미)) 세비체 ((날 생선이나 날 조개류 요리))
cebo 세보	남 사료(飼料); (낚시의) 미끼, 먹이
cebolla 세보야	여 [식물] 양파; 양파의 알뿌리
cebollar 세보야르	남 양파밭
cebollero, ra 세보예로, 라	남 여 양파 장수
cebra 세브라	여 [동물] 얼룩말
cecear 세세아르	자 s를 c로 발음하다
ceceo 세세오	남 s를 c로 하는 발음
cecografía 세꼬그라피아	여 (맹인용의) 점자; 점자학

cecográfico, ca
세꼬그라피꼬, 까
형 점자(학)의

ceder
세데르
타 양보하다; 물려주다, 양도하다
ceder su paso 길을 양보하다
ceder su asiento a un anciano
자리를 노인에게 양보하다

cedro
세드로
남 [식물] 삼나무; 삼나무 목재

cédula
세둘라
여 주민 등록증; 표, 권, 문서, 증서
cédula de identidad
((중남미)) 신분 증명서
cédula personal 신분 증명서

CEE
세에에
((약자)) Comunidad *E*conómica
*E*uropea 유럽 경제 공동체, EEC

cefalalgia
세팔랄히아
여 [의학] 두통(dolor de cabeza)

cefalitis
세팔리띠스
여 [의학] 뇌염

céfalo
세팔로
남 [어류] 농어

cegar
세가르
타 실명시키다, 눈을 멀게 하다; 눈부시게 하다
자 장님이 되다, 시력을 잃다

ceguera
세게라
여 실명(失明)

ceiba
세이바
여 [식물] 판야나무

ceja
세하
여 눈썹
lápiz de *cejas* 눈썹 연필

celda
셀다
여 감방; (기숙사 등의) 독방

celebración
셀레브라시온
여 (행사 등의) 거행, 개최

celebrar
셀레브라르
타 축하하다, 기리다, 기념하다; (식 등을) 거행하다, 올리다; (회의 등을) 개최하다, 열다
celebrar el cumpleaños
생일을 축하하다

celebrar la victoria 승리를 기념하다
Te *celebro* mucho. 축하한다.

celebrarse
셀레브라르세
((재귀)) (식이) 개최되다, 열리다

célebre
셀레브레
형 유명한, 이름난(famoso)
hacerse *célebre* 유명하게 되다

celebridad
셀레브리닫
여 명성, 유명함; 명사, 저명 인사

celeste
셀레스떼
형 하늘의
남 하늘색(azul celeste)

celestial
셀레스띠알
형 하늘의, 천국의

celibato
셀리바또
남 독신, 미혼; 독신남

célibe
셀리베
형 독신의, 미혼의
hombre *célibe* 독신남(獨身男)
남여 독신자, 독신주의자

celo
셀로
남 열심, 열의, 헌신; (동물의) 발정(기)
trabajar con *celo* 열심히 일하다
estar en *celo* 발정기에 있다
남 복 질투, 질투심
tener [sentir] *celos* de uno
...에게 질투하다

celofán
셀로판
남 셀로판, 유리 종이

celosamente
셀로사멘떼
부 열심히, 기를 쓰고

celoso, sa
셀로소, 사
형 질투하는, 질투심이 강한

celta
셀따
형 켈트의, 켈트족의
남 켈트어
남 복 켈트족

célula
셀룰라
여 세포(細胞); 작은 (감)방; [의학] 강(腔); 관(管), 전지(電池)
célula nerviosa 신경 세포
célula solar 태양 전지

celulado, da
셀룰라도, 다
형 세포 조직의, 세포 같은

celular
셀룰라르
형 세포의; 독방의
teléfono *celular*
((중남미)) 핸드폰, 휴대 전화
((참고)) 스페인 (teléfono) móvil
남 핸드폰, 휴대 전화

celuloide
셀룰로이데
여 셀룰로이드; 영화(cine)

celulosa
셀룰로사
여 셀룰로오스, 식물 섬유소

cementerio
세멘떼리오
남 묘지, 공동 묘지

cementero, ra
세멘떼로, 라
형 시멘트의

cemento
세멘또
남 시멘트; [해부] (이의) 시멘트질

cena
세나
여 저녁밥
la Ultima *Cena* (예수의) 최후의 만찬
tomar la *cena* 저녁밥을 먹다
Más mató la cena que sanó Avicena.
(속담) 아비세나가 치료한 것보다 저녁밥이 (사람을) 더 많이 죽였다 / 저녁밥을 많이 먹는 것은 몸에 무척 해롭다.
((참고))
Avicena: 아랍의 철학자·의사 (980-1037); 이슬람 문명에서 가장 뛰어난 과학자 중 한 사람; 아리스토텔레스 철학과 신 플라톤 철학에 정통한 학자; Libro de la curación (치료서)와 중세 의학의 기본 필독서(必讀書)인 Canon de la medicina(의학 규범)의 저자; 필자는 Avicena를 서양의 화타(華陀)(중국 후한말(後漢末)의 뛰어난 외과 수술 의원)라 칭함.

Cena (la)
세나 (라)
여 (예수의) 최후의 만찬

cenagal 세나갈 남 진창(길), 수렁(길); 난관, 어려움

cenagoso, sa 세나고소, 사 형 질퍽질퍽한
camino *cenagoso* 진창길

cenar 세나르 자 저녁밥을 먹다(tomar la cena)
타 저녁밥으로 …을 먹다
cenar el pollo 저녁으로 통닭을 먹다

cenicero 세니세로 남 재떨이

Cenicienta 세니시엔따 여 신데렐라 ((동화의 주인공 및 제목))

ceniciento, ta 세니시엔또, 따 형 회색의
cielo *ceniciento* 회색 하늘

cenit 세닡 남 (주로 복) 천정; 정점, 절정

cénit 세닡 남 =**cenit**

cenital 세니딸 형 천정의; 정점의, 절정의

ceniza 세니사 여 재; (주로 복) 유해(遺骸), 유골; 회색
ceniza de cigarrillo 담뱃재
ceniza volcánica 화산재

cenizo, za 세니소, 사 형 회색(灰色)의

cenizoso, sa 세니소소, 사 형 재가 있는; 재를 뒤집어 쓴; 잿빛의

censal 센살 형 국세 조사의

censar 센사르 자 타 (인구를) 조사하다

censo 센소 남 국세 조사; 유권자 명부
censo de población 인구 조사
hacer [levantar] un *censo*
국세 조사를 하다

censor, ra 센소르, 라 남 여 검열관; (문학·예술의) 평론가

censura

censura 센수라
여 검열(계·부·기관); 비난, 혹평; 견책
moción de *censura* 불신임안

censurable 센수라블레
형 비난할 만한

censurador, ra 센수라도르, 라
형 검열하는; 비난하는
남 여 검열자; 비평자, 비난자, 혹평자

censurar 센수라르
타 검열하다; (검열에 의해) 금지하다, 삭제하다; 비난하다, 견책하다

centavo, va 센따보, 바
형 100분의 1의
남 100분의 1; [화폐 단위] 센따보 ((peso의 100분의 1))
estar sin un *centavo* 일전 한푼도 없다

centella 센떼야
여 번갯불; 불꽃, 불똥, 스파크

centena 센떼나
여 100 단위(로 묶은 것), 약 100
una *centena* de libros 약 100권의 책
unas *centenas* de libros 수백 권의 책

centenal 센떼날
남 라이 보리밭

centenar 센떼나르
남 100 단위(로 묶은 것); (주로 복) 다수

centenario, ria 센떼나리오, 리아
형 100의, 100씩의; 100살 쯤의
남 100년간; 100주년제
el quinto *centenario* del descubrimiento de América
아메리카 발견 500년제
남 여 100세 노인

centeno 센떼노
남 [식물] 라이 보리

centeno, na 센떼노, 나
형 백 번째의

centesimal 센떼시말
형 100분의 1의
escala *centesimal* 100분의 1의 축도

centésimo, ma 센떼시모, 마
형 100번째의; 100분의 1의
la *centésima* parte de la población

인구의 100분의 1
남 100분의 1
dos centésimos 100분의 2

centígrado, da
센띠그라도, 다
형 섭씨의
termómetro *centígrado* 섭씨 한란계

centímetro
센띠메뜨로
남 센티미터

céntimo
센띠모
남 센띠모 ((스페인의 전 화폐 단위))

céntimo, ma
센띠모, 마
형 100분의 1의

centinela
센띠넬라
남 보초, 보초병, 위병, 파수병
estar de *centinela* 보초 서다
남 여 파수꾼

central
센뜨랄
형 중심의, 중앙의; 중추의; 주, 주요한
parte *central* 중심부, 중앙부
gobierno *central* 중앙 정부
personaje *central* 중심 인물
estación *central* 주요 역
여 본부, 본사; 발전소; 전화국, 교환대
central de correos 중앙 우체국
남 [축구] 센터포워드

céntrico, ca
센뜨리꼬, 까
형 중심의, 중심에 있는
barrio *céntrico* 중심가

centrifugadora
센뜨리푸가도라
여 원심 분리기; (세탁기의) 탈수기

centrífugo, ga
센뜨리푸고, 가
형 원심의, 원심력에 의한
fuerza *centrífuga* 원심력
여 원심 분리기

centrípeto, ta
센뜨리뻬또, 따
형 구심의, 구심력에 의한
fuerza *centrípeta* 구심력

centrismo
센뜨리스모
남 중도주의, 중도 정치

centrista
센뜨리스따
형 여 중도파의
partido *centrista* 중도 정당

	남 중도파 (사람)
centro 센뜨로	남 중심, 중앙; 중심지; (도시의) 중심지, 도심지; (중심적인) 기관, 본부, 센터 남여 [운동] 센터
centroafricano, na 센뜨로아프리까노, 나	형 중앙아프리카의 남여 중앙아프리카 사람
Centroamérica 센뜨로아메리까	여 [지명] 중앙 아메리카
centroamericano, na 센뜨로아메리까노, 나	형 중앙 아메리카의 남여 중앙 아메리카 사람
centuplicar 센뚜쁠리까르	타 100배로 하다
céntuplo, pla 센뚜쁠로, 쁠라	형 100배의 남 100배
ceñidor 세니이도르	남 허리띠, 벨트, 끈, 줄
ceñir 세니이르	타 동여매다; 죄다, 졸라매다, 조르다
ceño 세뇨	남 찌푸린[찡그린] 얼굴, 우거지상
ceñudo, da 세뉴도, 다	형 얼굴을 찌푸린[찡그린], 인상을 쓴
cepilladura 세삐야두라	여 솔질
cepillar 세삐야르	남 솔질하다; 대패로 밀다
cepillarse 세삐야르세	((재귀)) (자신의 ...에) 솔질하다 *cepillarse* el cabello 머리를 솔로 빗다
cepillo 세삐요	남 솔, 브러시; 대패; 헌금함, 모금함 *cepillo* dental [de dientes] 칫솔 *cepillo* del calzado 구둣솔
cepo 세뽀	남 올가미, 덫
cera 세라	여 납, 왁스; 초, 양초; 귓밥

cerámica
세라미까
여 도기(陶器), 세라믹스; 도예(陶藝)
decoración de *cerámica* 도예(陶藝)

cerámico, ca
세라미꼬, 까
형 도기(陶器)의, 도제(陶製)의
industria *cerámica* 요업(窯業)

ceramista
세라미스따
남 여 도공(陶工), 도예가(陶藝家)

cerca¹
세르까
여 울타리, 담장, 담

cerca²
세르까
부 가까이; 대강, 대략, 대개
estar *cerca* 가깝다
cerca de ...에서 가까이
estar *cerca de* mi casa
내 집에서 가깝다

cercanía
세르까니아
여 근접; 부근, 교외, 근교
tren de *cercanías*
교외선 열차
vivir en las *cercanías* de la ciudad
도시 근교에 살다

cercano, na
세르까노, 나
형 가까운, 가까이 있는, 근처의, 부근의
hospital *cercano* 근처의[가까운] 병원

cercar
세르까르
타 담장[울타리]을 둘러치다; 포위하다

cerco
세르꼬
남 (통·바퀴 등의) 테, 틀; 포위

cerdo
세르도
남 [동물] 돼지; 돼지고기; 지저분한 남자
carne de *cerdo* 돼지고기
형 더러운; 촌스런; 천박한

cereal
세레알
형 곡물의, 곡류의, 곡식의
남 (주로 복) 곡물, 곡류
mercado de *cereales* 곡물 시장

cerebral
세레브랄
형 뇌의, 대뇌의; 지적인

cerebro
세레브로
남 뇌(腦); [해부] 대뇌; 두뇌, 판단력

ceremonia
세레모니아
여 식, 의식, 식전(式典); 예의, 의례
ceremonia del matrimonio 결혼식

celebrar una *ceremonia*
식을 거행하다

ceremonial
세레모니알
형 의식(용)의, 식전(용)의

cereza
세레사
여 버찌; 암홍색; 선홍색

cerezal
세레살
남 앵두나무 밭

cerezo
세레소
남 [식물] 앵두나무; 벗나무

cerilla
세리야
여 성냥(fósforo)
una caja de *cerillas*
성냥 한 갑

cerillero, ra
세리예로, 라
남여 성냥팔이
남 성냥통
여 성냥통

cerillo
세리요
남 납초

cerner
세르네르
타 (가루 등을) 체로 치다

cero
세로
남 영, 제로; 영점

cerrado, da
세르라도, 다
형 닫혀진, 폐쇄된; 폐쇄적인, 배타적인, 완고한; (날씨가) 흐린; 빽빽한, 짙은
carretera *cerrada* 폐쇄된 도로
sociedad *cerrada* 폐쇄적인 사회
La puerta está *cerrada*. 문이 닫혀 있다.
Cerrado [게시] 휴업, 폐업

cerradura
세르라두라
여 자물쇠 ((열쇠 llave))
cerradura antirrobo 도난 방지 장치

cerramiento
세르라미엔또
남 폐쇄; 출입 금지

cerrar
세르라르
타 닫다 (반 abrir), 잠그다; 폐점하다, 휴업하다; 폐쇄하다; 폐회하다
cerrar la puerta 문을 닫다
cerrar el libro 책을 덮다

cerrar la tienda
가게를 닫다, 점포를 폐업하다
cerrar la escuela 휴교하다
cerrar el tráfico 교통을 차단하다
cerrar la asamblea 회의를 끝마치다

cerro
세르로
남 언덕

cerrojo
세르로호
남 (문·창문의) 빗장, 걸쇠

certamen
세르따멘
남 (문학 등의) 콩쿠르; 토론회

certeza
세르떼사
여 확실함, 확실성; 확신
con *certeza* 확실히

certificación
세르띠피까시온
여 증명(서), 보증(서)

certificado, da
세르띠피까도, 다
형 증명된, 보증된; 등기의
carta *certificada* 등기 (편지)
paquete *certificado* 등기 소포
남 증명서, 인가증, 인증서; 등기 우편물
certificado de estudios 학업 증명서
certificado de garantía (품질) 보증서
certificado de maestros 교사 자격증
certificado de matrícula 재학 증명서
certificado de nacionalidad
국적 증명서
certificado de origen 원산지 증명서
certificado de residencia 거주 증명서
certificado de salud 건강 증명서
certificado médico 건강 진단서

certificar
세르띠피까르
타 증명하다, 보증하다; 등기로 하다

certitud
세르띠뚣
여 확실함, 확실성; 확신

cervantesco, ca
세르반떼스꼬, 까
형 =**cervantino**

cervántico, ca
세르반띠꼬, 까
형 =**cervantino**

cervantino, na
세르반띠노, 나
형 세르반떼스(Cervantes)의
estudios *cervantinos* 세르반떼스 연구

cervantismo
세르반띠스모
남 세르반떼스 연구

cervantista
세르반띠스따
형 세르반떼스 연구의
남여 세르반떼스 연구자

cervecería
세르베세리아
여 맥주홀, 비어홀; 맥주 공장

cervecero, ra
세르베세로, 라
형 맥주의, 맥주를 제조하는
남여 맥주 양조자; 맥주홀 주인

cerveza
세르베사
여 맥주
cerveza de barril 생맥주
cerveza negra 흑맥주

cerviz
세르비스
여 목덜미

cervuno, na
세르부노, 나
형 사슴(ciervo)의

cesación
세사시온
여 중지, 중단

cesar
세사르
자 그치다, 멎다; 그만두다, 퇴직하다
cesar de + 동사 원형
…하는 것을 그만두다[중지하다]
cesar de trabajar 일을 중지하다

césar
세사르
남 (로마 제국의) 황제

cesárea
세사레아
여 제왕 절개(operación cesárea)

cese
세세
남 중지, 중단; 해고; 퇴직; 휴직; 퇴직 증명서

cesión
세시온
여 양도(讓渡)

cesionario, ria
세시오나리오, 리아
남여 양수인(讓受人)

cesionista
세시오니스따
남여 양도인(讓渡人)

césped 세스뻗	男 잔디; 잔디 운동장 *césped* artificial 인공 잔디
cesta 세스따	女 바구니, 광주리, 소쿠리
cesto 세스또	男 (크고 깊은) 바구니, 광주리
cetro 세뜨로	男 홀(笏); 왕권(王權)
chabola 차볼라	女 오두막, 움집, 움막
chacal 차깔	男 [동물] 재규어
chalé 찰레	男 산장식 주택; 별장
chaleco 찰레꼬	男 조끼
chalet 찰렛	男 =**chalé**
chamán 차만	男 샤만; 무당, 마법사
chamanismo 차마니스모	男 샤머니즘
champán[1] 참빤	男 바닥이 편편한 큰 배
champán[2] 참빤	男 샴페인
champiñón 참삐뇬	男 버섯
champú 참뿌	男 샴푸
chance 찬세	男 (女) 기회, 찬스(oportunidad)
chancha 찬차	女 암퇘지(cerda)
chancho 찬초	男 돼지(cerdo)

chancleta 찬끌레따	여 실내화, 슬리퍼
chanclo 찬끌로	남 나막신; (옛날의) 샌들
¡Chao! 차오	감 안녕! (¡Adiós!)
chapa 차빠	여 (금속·나무 등의) 얇은 판자
chapar 차빠르	타 금속판으로 장식하다, 도금하다
chaparrón 차빠르론	남 소나기, 폭우, 스콜
chapista 차삐스따	남 여 판금공(板金工)
chapitel 차삐뗄	남 첨탑
chaqueta 차께따	여 웃옷, 상의
chaquetón 차께똔	남 긴 웃옷
charco 차르꼬	남 웅덩이 물
charla 차를라	여 수다(스러움), 잡담
charlar 차를라르	자 담소하다, 이야기하다; 잡담하다
charlatán, tana 차를라딴, 따나	형 수다스런, 말이 많은 남 여 수다쟁이, 말이 많은 사람
charol 차롤	남 에나멜, 바니시, 니스
chárter 차르떼르	형 남 전세 (계약)(의); 용선 계약(의)
chasis 차시스	남 (자동차 등의) 샤시, 섀시, 차대(車臺)
chato, ta 차또, 따	형 코가 납작한[낮은] 남 여 코가 납작한 사람

chelín
첼린
남 실링 ((영국의 화폐 단위))

chelista
첼리스따
남 여 =**violonchelista**

chelo
첼로
남 =**violonchelo**
남 여 =**violonchelista**

cheque
체께
남 수표
cheque bancario 은행 수표
cheque de viajero 여행자 수표
cheque en blanco 백지 수표

chequear
체께아르
타 조사[검사]하다; 대조하다; 감시하다

chequearse
체께아르세
((재귀)) 조사[검사]받다; 건강 진단을 받다

chequeo
체께오
남 조사, 검사, 체크; 점검; 일반 건강 진단

chequera
체께라
여 수표장; 수표장 지갑

chicle
치끌레
남 추잉껌, 씹는 껌; 치클

chico, ca
치꼬, 까
형 작은; 어린
남 여 소년, 소녀

chifla
치플라
여 호루라기

chiflar
치플라르
타 비웃다, 조소하다
자 호루라기(chifla)를 불다

chifle
치플레
남 호루라기

chile
칠레
남 ((중미, 멕시코)) 고추

Chile
칠레
남 [국명] 칠레

chileno, na
칠레노, 나
형 칠레의
남 여 칠레 사람

chillar
치야르
자 끽끽거리다; 외치다, 고함치다

chillido
치이도
남 고함 소리, 비명

chimenea
치메네아
여 굴뚝; 난로
fumar como una *chimenea*
골초다, 줄담배를 피우다

chimpancé
침빤세
남 [동물] 침팬지

china
치나
여 (둥근) 자갈, 돌맹이; (도)자기, 도기

China
치나
여 [국명] 중국

chinche
친체
여 (남) [곤충] 빈대; 압정, 압핀

chincheta
친체따
여 압정, 압핀

chinchilla
친치야
여 [동물] 친칠라

chinela
치넬라
여 슬리퍼, 실내화

chino, na
치노, 나
형 중국의
남 여 중국사람
남 중국어

chip
칩
남 [컴퓨터] 칩; (얇게 썬) 감자튀김
chip de memoria 메모리 칩

chiquillo, lla
치끼요, 야
남 여 어린이; 소년, 소녀

chiquito, ta
치끼또, 따
남 여 귀여운 꼬마

chirriar
치르리아르
자 삐걱거리다; (새나 벌레가) 날카롭게 울다; (추위나 공포로) 떨다

chirrido
치르리도
남 삐걱거리는 소리; 날카롭게 우는 소리

¡chis!
치스
감 쉿!, 조용히!; (누구를 부를 때) 이봐요!

chisme
치스메
남 험담, 악담

chismoso, sa
치스모소, 사
- 형 남의 말하기 좋아하는
- 남 여 험담가

chispa
치스빠
- 여 불꽃, 불똥, 스파크; 취기, 술주정

¡chispas!
치스빠스
- 감 불이야!

chispazo
치스빠소
- 남 섬광, 불똥

chispeante
치스뻬안떼
- 형 번쩍거리는, 불꽃이 튀기는

chispear
치스뻬아르
- 자 불꽃[불똥]을 튀기다, 반짝반짝 빛나다

¡chist!
치스(트)
- 감 쉿!, 조용히!

chiste
치스떼
- 남 우스개, 우스운 이야기, 재담, 경구

chiva
치바
- 여 새끼 암산양; 염소 수염

chivo
치보
- 남 새끼 수산양

chocar
초까르
- 자 충돌하다, 부딪치다
- 타 충돌시키다; (잔을) 부딪치다

chochear
초체아르
- 자 정신이 흐려지다, 멍청해지다

chochera
초체라
- 여 노망(老妄), 치매

chochez
초체스
- 여 =chochera

chocho, cha
초초, 차
- 형 노망한, 치매에 걸린

chocolate
초꼴라떼
- 남 초콜릿
- 형 초콜릿 색의

chocolatería
초꼴라떼리아
- 여 초콜릿 가게[공장]

chocolatero, ra
초꼴라떼로, 라
- 남 여 초콜릿 장수[제조자]

chocolatín
초꼴라띤
남 초콜릿 과자

chocolatina
초꼴라띠나
여 초콜릿 과자

chofer
초페르
남여 (주로 중남미) 자동차 운전수

chófer
초페르
남여 자동차 운전수

choque
초께
남 충돌, 부딪침; [의학] 충격, 쇼크(증)

chorizo
초리소
남 돼지 순대[소시지]

chorro
초르로
남 분출, 내뿜음

chubasco
추바스꼬
남 소나기, 스콜, 집중 호우

chuleta
출레따
여 (소·돼지 등의) 살이 붙은 갈비; 커닝 페이퍼

chupar
추빠르
타 빨다, 핥다

chupete
추뻬떼
남 (젖병의) 젖꼭지

churrasco
추르라스꼬
남 철판이나 석쇠에 구운 불고기

churro
추르로
남 추로 ((기름으로 튀긴 가느다란 빵))

cibernética
시베르네띠까
여 인공 두뇌학

cicatriz
시까뜨리스
여 흉터, 상처 자국

cíclico, ca
시끌리꼬, 까
형 주기적인, 순환적인

ciclismo
시끌리스모
남 자전거 경기, 사이클링

ciclista
시끌리스따
형 자전거의
carrera *ciclista* 자전거 경기
vuelta *ciclista* 자전거 일주 경기

남 여 자전거 선수

ciclo
시끌로

남 주기, 순환; [교육] 과정, 코스
ciclo económico 경기 순환
tercer *ciclo* 박사 과정

ciclón
시끌론

남 [기상] (인도양 등의) 열대성 저기압; (일반적으로) 온대성 저기압

ciego, ga
시에고, 가

형 눈이 먼, 장님의; 맹장의
남 여 맹인, 장님
남 [해부] 맹장
a ciegas 맹목적으로, 무턱대고
En el país de los ciegos el tuerto es rey.
(속담) 장님 나라에서는 애꾸눈이 왕이다,
범 없는 골에 이리가 범 노릇한다.

cielito
시엘리또

남 (작은) 하늘; [호격] 사랑하는 사람이여; 시엘리또 ((아르헨띠나 등의) 왈츠 리듬의 민속 무용 [음악))

cielo
시엘로

남 하늘; 공기, 대기; 하느님, 신(神)
El *cielo* es azul.
하늘은 푸르다 ((원래부터))
El *cielo* está azul.
하늘이 푸르다 ((일시적으로))

ciempies
시엠삐에스

남 단 복 [동물] 지네

cien
시엔

형 [ciento가 명사 · mil · millón 앞에서 to 탈락형] 100의. ☞ ciento
cien años 100년
cien casas 집 백 채
cien mil 10만
cien millones 1억

ciénaga
시에나가

여 습지(濕地)

ciencia
시엔시아

여 과학, 학문; 지식, 기술
ciencias naturales 자연 과학
ciencias sociales 사회 과학
ciencias humanas 인문 과학

cieno
시에노
남 진흙

científicamente
시엔띠피까멘떼
부 과학적으로

científico, ca
시엔띠피꼬, 까
형 과학의, 과학적인; 학문의, 학술적인
estudios *científicos* 학문[학술] 연구
libertad *científica* 학문의 자유
nombre *científico* 학명(學名)
revista *científica* 학술 잡지
남 여 과학자

ciento
시엔또
형 [명사나 mil · millón 앞에서 cien]
100의; 100번째의. ☞ cien
cien dólares 100 달러
cien euros 100 유로
número *ciento* 100번째 수
la página *ciento* 100(번째) 쪽
남 100, 백(百)
cientos de ...수백의

cierre
시에르레
남 폐쇄, 닫음; 폐점, 폐업, 휴업; 종결

ciertamente
시에르따멘떼
부 확실하게, 안전하게

cierto, ta
시에르또, 따
형 확실한, 틀림없는; [+명사] 어떤
noticia *cierta* 확실한 소식
cierto día 어떤 날
cierta idea 어떤 생각
부 맞습니다; 분명히, 그렇습니다
Los jóvenes no quieren trabajar.
– *Cierto*.
젊은이들은 일하길 싫어한다.
– 맞습니다.

cierva
시에르바
여 [동물] 암사슴

ciervo
시에르보
남 [동물] 사슴, 수사슴

cifra
시프라
여 숫자; 암호
una *cifra* árabe 아라비아 숫자

mensaje en *cifra* 암호문

cifrar
시프라르
타 (통신문을) 암호로 쓰다

cigarra
시가르라
여 [곤충] 매미

cigarrería
시가르레리아
여 담배 가게

cigarrero, ra
시가르레로, 라
남여 cigarro 장수; cigarro 만드는 사람
여 cigarro 케이스[갑]

cigarrill
시가르리요
남 궐련, (종이로 만) 담배

cigarro
시가르로
남 여송연, 시가, 엽궐련

cigüeña
시구에냐
여 [조류] 황새; [기계] 크랭크

cilindro
실린드로
남 실린더; 원주, 원통; 롤러

cima
시마
여 꼭대기, 정상

címbalo
심발로
남 [악기] 심벌즈

cimentación
시멘따시온
여 기초 공사

cimentar
시멘따르
타 ...의 기초를 만들다, 토대를 굳히다

cimiento
시미엔또
남 기초, 토대(土臺)

cincel
신셀
남 [연장] 끌

cincelado
신셀라도
남 조각(彫刻)

cincelador, ra
신셀라도르, 라
남여 조각가(彫刻家)

cincelar
신셀라르
타 조각하다

cincha
신차
여 (말의) 복대(腹帶)

cinchar
신차르
타 (말에게) 복대를 감다

cinco
싱꼬
형 5의, 다섯의; 다섯 번째의
cinco personas 다섯 사람
cinco hermanos 다섯 형제
año *cinco* 다섯 번째 해
lección *cinco* 제5과
남 5, 다섯; 5일(日)
el *cinco* de septiembre 9월 5일

cincuenta
싱꾸엔따
형 50의; 50번째의
música de los *cincuenta*
1950년대의 음악
남 50, 쉰

cincuentavo, va
싱꾸엔따보, 바
형 남 50분의 1(의)

cincuentenario
싱꾸엔떼나리오
남 50주년 기념일

cincuentón, tona
싱꾸엔똔, 또나
형 남 여 50대(의)

cine
시네
남 [*cine*matógrafo의 생략어] 영화관, 극장; 영화; 영화 예술[기술]
cine de estreno 개봉관
cine mudo 무성 영화
aficionado al *cine* 영화팬
hacer *cine* 영화를 만들다; 영화에 출연하다

cineasta
시네아스따
남 여 영화인; 영화 배우, 영화 스타

cinema
시네마
남 =**cine**

cinematografía
시네마또그라피아
여 영화 예술[기술]

cinematografiar
시네마또그라피아르
타 영화로 촬영하다, 영화를 찍다

cinematográfico, ca
시네마또그라피꼬, 까
형 영화의
industria *cinematográfica* 산업

circunstancia

cinematógrafo
시네마또그라포
남 [고어] 영사기; 영화관

cinético, ca
시네띠꼬, 까
형 [물리] 운동의
energía *cinética* 운동 에너지

cinta
신따
여 리본; 테이프; 영화 필름; 녹음 테이프
cinta de vídeo 비디오 테이프

cintura
신뚜라
여 (신체의) 허리; (옷의) 허리

cinturón
신뚜론
남 허리띠, 혁대, 벨트, 밴드
cinturón de seguridad 안전 벨트
cinturón blanco 흰 띠
cinturón negro 검은 띠

circense
시르쎈세
형 서커스의

circo
시르꼬
남 서커스; 서커스단; (고대의) 원형 경기장

circuito
시르꾸이또
남 주행로, 서킷 (코스); [전기] 회로, 회선

circulación
시르꿀라시온
여 통행, 교통; 순환; 유통, 통화

circulante
시르꿀란떼
형 순회의; 순환의
biblioteca *circulante* 순회 도서관

circular
시르꿀라르
형 원형의, 환상의
여 회람장, 인사장
자 돌다, 순회하다; [혈액 등이] 흐르다; 통행하다; 유통되다
타 돌리다, 유포시키다, 회람하다

circulatorio, ria
시르꿀라또리오, 리아
형 [의학] 순환의
aparato *circulatorio* 순환기

círculo
시르꿀로
남 원; 원형, 바퀴, 고리, 테; 모임, 서클; (주로 복) ...계(界)
círculos financieros 재계(財界)

circunferencia
시르꾼페렌시아
여 [수학] 원주; 주위, 주변

circunstancia
시르꾼스딴시아
여 (주변의) 상황, 사정; 정상(情狀)

ciruela
시루엘라
여 [과실] 서양 오얏, 자두; 매실

ciruelo
시루엘로
남 [식물] 서양 오얏나무, 매화나무

cirugía
시루히아
여 외과(外科)
cirugía cardiaca 심장 외과

cirujano, na
시루하노, 나
남 여 외과의(外科醫)

cisne
시스네
남 [조류] 백조

cisterna
시스떼르나
여 (주로 지하의) 물탱크, 물통

cistitis
시스띠띠스
여 [의학] 방광염

cita
시따
여 (친구·연인 등과) 만날 약속
casa [hotel] de *citas* 러브 호텔
diccionario de *citas* 인용구 사전

citación
시따시온
여 소환, 소환장

citado, da
시따도, 다
형 전술의, 앞에서 언급한[기재한]

citar
시따르
타 인용하다; …와 만날 약속을 하다; 소환하다

ciudad
시우닫
여 도시, 시; 도회지; 도시 국가
Ciudad del Vaticano 바티칸 시국
ciudad dormitorio 베드타운
ciudad estado 도시 국가
ciudad hermana 자매 도시
ciudad industrial 공업 도시
ciudad satélite 위성 도시
ciudad universitaria 대학촌, 대학 도시

ciudadanía
시우다다니아
여 시민권, 공민권, 국적

ciudadano, na
시우다다노, 나
형 도시의, 도회지의
남 여 시민, 공민, 국민; 도회지 사람

cívico, ca
시비꼬, 까
형 시민의, 공민의

civil 시빌	형 시민의; 민사의, 민법상의; 민간의 guerra *civil* 내란, 내전 *sociedad* civil 시민 사회
civilización 시빌리사시온	여 문명; 문명화, 개화 *civilización* occidental 서구 문명
civilizado, da 시빌리사도, 다	형 문명화된 sociedad *civilizada* 문명 사회
clamar 끌라마르	타 애원하다 자 외치다, 애원하다; 간절히 바라다
clamor 끌라모르	남 외침, 애절한 부르짖음
clan 끌란	남 일족(一族), 일문, 한 집안; 일당, 파
clandestinidad 끌란데스띠니닫	여 비밀, 불법 활동
clandestino, na 끌란데스띠노, 나	형 비밀의, 불법의, 불법적인
claramente 끌라라멘떼	부 분명히, 뚜렷하게
clarear 끌라레아르	타 밝게 하다 자 동이 트다; (하늘이) 밝아 오다
clarearse 끌라레아르세	((재귀)) 맑아지다; 속이 들여다 보이다
claridad 끌라리닫	여 분명함, 명백함; 환함, 밝음, 맑음
clarín 끌라린	남 [악기] 클라리온
clarinete 끌라리네떼	남 [악기] 클라리넷 남여 클라리넷 연주자
clarinetista 끌라리네띠스따	남여 클라리넷 연주자
clarividencia 끌라리비덴시아	여 혜안(慧眼), 선견지명
clarividente 끌라리비덴떼	형 통찰력이 있는 남여 통찰력[선견지명]이 있는 사람

claro, ra
끌라로, 라

형 밝은; (색이) 연한; 하늘이 갠; (농도나 밀도 등이) 묽은, 연한, 엷은; 투명한; 명확한, 분명한, 명백한; 예리한
actitud *clara* 분명한 태도
cielo *claro* (맑게) 갠 하늘
cristal *claro* 투명한 유리
fotografía *clara* 선명한 사진
habitación *clara* 밝은 방
rosa *clara* 연한 핑크색
남 공지(空地), 빈자리; (글이나 말의) 사이
부 명확히, 분명히
hablar *claro* 분명히 말하다
감 물론(이다)!, 아무렴!

claroscuro
끌라로스꾸로

남 [미술] 명암법

clase
끌라세

여 학급, 반, 클래스; 교실; 수업; 계급, 계층; 등급; 종류
clase alta [baja] 상류[하류] 계급
clase atrasada 보충 수업
clase media 중산층
clase superior 상급반
clase trabajadora 노동자 계급
primera *clase* 일등급, 일류
segunda *clase* 이등급, 이류
dar *clase* 수업을 하다
estar en *clase* 수업 중이다
faltar a *clase*
결석하다, 수업에 빠지다
ir a *clase*
학교에 가다, 수업을 들으러 가다

clasicismo
끌라시시스모

남 고전주의

clasicista
끌라시시스따

형 고전주의의
남 여 고전주의자

clásico, ca
끌라시꼬, 까

형 고전(古典)의, 고전주의의, 고전적인
música *clásica* 고전 음악

teatro *clásico* 고전극
남 여 고전 작가
남 고전(적인 작품), 명작(名作)
여 복 고전, 고전 문학, 고전어

clasificación
끌라시피까시온
여 분류, 구분; 순위, 랭킹; 예선 통과

clasificador, ra
끌라시피까도르, 라
형 분류하는
남 여 분류자
남 정리 서랍, 정리함, 분류함[상자]

clasificar
끌라시피까르
타 분류하다, 등급으로 나누다

claustral
끌라우스뜨랄
형 수도원의, 수도원 같은
vida *claustral* 은둔 생활

claustro
끌라우스뜨로
남 수도원, 수도원 생활; 회랑

cláusula
끌라우술라
여 (계약·조약의) 조항, 약관; [문법] 문장, 문(文)

clausura
끌라우수라
여 종료, 폐쇄
ceremonia [acto] de *clausura* 폐회식

clausurar
끌라우수라르
타 종료하다, 폐회하다, 폐쇄하다

clausurarse
끌라우수라르세
((재귀)) 종료되다, 폐회되다, 폐쇄되다

clavar
끌라바르
타 …에 못(clavo)을 박다, 못으로 고정시키다; 단단히 고정시키다

clave
끌라베
여 (암호의) 풀이, 코드; (문제 해결의) 열쇠; 암호; [음악] 음부 기호; [컴퓨터] 키; [형용사적] 중요한(esencial, capital)
clave de búsqueda [컴퓨터] 검색 키
clave del buen éxito 성공의 비결
escritura en *clave* 암호문
industria *clave* 기간 산업
palabra *clave* [컴퓨터] 키 워드
punto *clave* 키 포인트

clavel 끌라벨   남 [식물] 카네이션

clavícula 끌라비꿀라   여 [해부] 쇄골(鎖骨)

clavicular 끌라비꿀라르   형 쇄골의

clavija 끌라비하   여 마개, 전(栓); 쐐기; 빨래 집게

clavo 끌라보   남 못, 징, 압정

claxon 끌락손   남 경적, 클랙슨

clerecía 끌레레시아   여 성직자; 성직

clerical 끌레리깔   형 성직자의

clic 끌릭   남 [컴퓨터] 클릭
hacer *clic* 클릭하다
hacer dos veces *clic* 더블 클릭하다

clienta 끌리엔따   여 여자 고객[손님]

cliente 끌리엔떼   남여 고객, 손님; 단골 손님

clientela 끌리엔뗄라   여 [집합] 고객(층), 단골 손님

clima 끌리마   남 기후; 풍토; 분위기
clima continental 대륙성 기후
clima desértico 사막 기후
clima marítimo 해양성 기후
clima mediterráneo 지중해성 기후
clima templado 온대 기후
clima tropical 열대 기후

climatérico, ca 끌리마떼리꼬, 까   형 갱년기의

climaterio 끌리마떼리오   남 [의학] 갱년기, 폐경

climático, ca
끌리마띠꼬, 까

형 기후의
cambios *climáticos* 기후 변화
condición *climática* 기후 조건

climatización
끌리마띠사시온

여 온도 조절

climatizar
끌리마띠사르

타 공기 조절 (설비)를 하다

clímax
끌리막스

남 단복 절정, 클라이막스

clínica
끌리니까

여 병원, 진료소; 임상 의학

clínico, ca
끌리니꼬, 까

형 임상(臨床)의
hoja *clínica* 진료 기록 카드
남여 임상의(臨床醫), 일반의(一般醫)

clip
끌립

남 (서류 등을 끼우는) 클립, 종이 집게

clitoris
끌리또리스

남 단복 음핵(陰核), 클리토리스

clon
끌론

남 [생물] 복제, 클론

clonación
끌로나시온

여 [생물] 복제, 복제 기술

clonaje
끌로나헤

남 =**clonación**
clonaje humano 인간 복제

clonar
끌로나르

타 복제하다
animal *clonado* 복제 동물

clónico, ca
끌로니꼬, 까

형 복제의, 클론의
bebé *clónico* 복제아
hombre *clónico* 복제 인간

cloro
끌로로

남 [화학] 염소(鹽素)

clorofila
끌로로필라

여 [식물] 엽록소

clorofílico, ca
끌로로필리꼬, 까

형 [식물] 엽록소의

cloruro 끌로루로	남 [화학] 염화물
club 끌룹	남 클럽, 모임, 부(部); 동호회 복 clubs
coacción 꼬악시온	여 강제, 강요
coaccionar 꼬악시오나르	타 억지로 시키다, 강제[강요]하다
coactivo, va 꼬악띠보, 바	형 강제적인
coagulación 꼬아굴라시온	여 응고 (작용), 응결
coagulante 꼬아굴란떼	형 응고[응결]하는 남 응고제
coagular 꼬아굴라르	형 엉기게 하다, 응고[응결]시키다
coágulo 꼬아굴로	타 응고물; 혈괴(血塊)
coala 꼬알라	여 [동물] 코알라
coalición 꼬알리시온	여 동맹, 제휴
coaligarse 꼬알리가르세	((재귀)) 동맹하다, 합하다, 연합하다
coartada 꼬아르따다	여 [법률] 알리바이, 현장 부재 증명
coartación 꼬아르따시온	여 제한
coartar 꼬아르따르	타 (자유 등을) 제한하다
coaseguro 꼬아세구로	남 공동 보험
coautor, ra 꼬아우또르, 라	남 여 공저자(共著者); [법률] 공동 정범자
cobalto 꼬발또	남 [화학] 코발트

cobarde
꼬바르데
- 형 겁이 많은, 무서워하는, 비겁한
- 남 여 겁쟁이, 비겁한 사람

Hombre cobarde no conquista mujer bonita
(속담) 겁쟁이는 미인을 얻을 수 없다, 소심한 자는 큰 일을 못 이룬다.

cobardía
꼬바르디아
- 여 겁이 많음; 비겁함

cobertizo
꼬베르띠소
- 남 (비를 막기 위해 벽 바깥으로 나온) 지붕

cobertor
꼬베르또르
- 남 이불, 침대용 모포

cobertura
꼬베르뚜라
- 여 덮개; 침대 시트

cobijar
꼬비하르
- 타 보호하다; 감싸다, 두둔하다

Piedra movediza nunca moho cobija.
(속담) 구르는 돌에는 이끼가 끼지 않는다, 직업을 자주 옮기면 돈이 모이지 않는다, 활동가는 녹슬지 않는다.

cobijo
꼬비호
- 남 피난처, 도피처

cobra
꼬브라
- 여 [동물] 코브라

cobrador, ra
꼬브라도르, 라
- 남 여 회수자; (버스의) 차장

cobranza
꼬브란사
- 여 수금, 회수

cobrar
꼬브라르
- 타 (요금 등을) 받다; 징수하다; 회수하다

Cóbreme.
(점원에게) 받으세요, 계산하겠소.

cobre
꼬브레
- 남 [광물] 구리, 동; 구리 제품

medalla de *cobre* 동메달

cobro
꼬브로
- 남 수금, 징수, 회수

coca
꼬까
- 여 [식물] 코카; 코카 잎

cocaína
꼬까이나
여 [화학] 코카인

cocainismo
꼬까이니스모
남 코카인 중독

cocainómano, na
꼬까이노마노, 나
형 코카인 중독의
남 여 코카인 중독자

cocción
꼭시온
여 삶기, 찌기, 조리, 요리

cocer
꼬세르
타 삶다, 찌다; 굽다
cocer a fuego lento
약한 불에 삶다[찌다]
자 끓다
esperar a que *cueza* el agua
물이 끓을 때까지 기다리다
직·현재: *cuezo, cueces, cuece, cocemos, cocéis, cuecen.*
접·현재: *cueza, cuezas, cueza, cozamos, cozáis, cuezan*

coche
꼬체
자 자동차; 마차; [철도] 차량, 객차
coche deportivo 스포츠 카
conducir un *coche* 자동차를 운전하다
ir en *coche* 자동차로 가다
ir con *coche* (자신이 운전해서) 차로 가다
subir a un *coche* 자동차에 오르다
Vamos en mi *coche*. 내 차로 갑시다.

cochecito
꼬체시또
남 장난감 자동차; (상자형의) 유모차

cochero, ra
꼬체로, 라
남 여 마부

cochina
꼬치나
여 암퇘지

cochinillo
꼬치니요
남 (젖을 떼기 전의) 새끼 돼지

cochino
꼬치노
남 돼지, 수퇘지

cocido, da
꼬시도, 다
형 삶은, 찐
arroz *cocido* (쌀)밥

codicia

cociente
꼬시엔떼
남 지수(指數)(coeficiente)
cociente intelectual [de inteligencia]
지능 지수

cocina
꼬시나
여 부엌, 주방, 조리장; 조리대; 요리(법)
cocina-comedor 주방겸 식당
cocina eléctrica 전기 조리기
cocina coreana 한국 요리
libro de *cocina* 요리책

cocinar
꼬시나르
타 (요리를) 만들다, 조리하다; 삶다
cocinar una cena
저녁밥을 짓다
cocinar comida coreana
한국 음식을 만들다
cocinar un plato
요리를 하나 만들다

cocinero, ra
꼬시네로, 라
남 여 요리사

coco
꼬꼬
남 [식물] 야자나무; 야자 열매, 코코넛

cocodrilo
꼬꼬드릴로
남 [동물] 악어
bolso de *cocodrilo* 악어 핸드백
lágrimas de cocodrilo 거짓 눈물

coctel
꼭뗄
남 =**cóctel**

cóctel
꼭뗄
남 칵테일; 칵테일 파티
preparar [hacer] un *cóctel*
칵테일을 만들다

coctelera
꼭뗄레라
여 칵테일 조제 그릇, 칵테일 혼합기

coctelería
꼭뗄레리아
여 칵테일 바

codear
꼬데아르
자 팔꿈치(codo)로 쿡쿡 찌르다

codicia
꼬디시아
여 탐욕, 욕심; 갈망
codicia de saber 지식욕(知識慾)

La codicia rompe el saco.
(속담) 욕심은 금물
La codicia es raíz de todos los males.
(속담) 탐욕은 모든 악의 근원이다.

codiciar
꼬디시아르
타 탐내다, 욕심을 내다

codicioso, sa
꼬디시오소, 사
형 욕심이 많은; (…)욕이 강한
남 여 욕심쟁이

codificación
꼬디피까시온
여 부호화, 체계화; 법전 편찬

codificar
꼬디피까르
타 부호화하다; 법전으로 편찬하다

código
꼬디고
남 법전; 법규(집); 신호(표), 코드
código civil 민법전(民法典)
código de comercio 상법전(商法典)
código penal 형법전(刑法典)
código postal 우편 번호 ((약자: C.P.))

codo
꼬도
남 팔꿈치

coedición
꼬에디시온
여 공저(共著)

coeducación
꼬에두까시온
여 (남녀) 공학(共學)

coeficiente
꼬에피시엔떼
남 [수학·물리] 계수, 지수, 율(率)
coeficiente intelectual 지능 지수

coercer
꼬에르세르
타 억제하다, 금지하다

coerción
꼬에르시온
여 [법률] 강제

coexistencia
꼬엑시스뗀시아
여 공존(共存)
coexistencia pacífica 평화 공존

coexistir
꼬엑시스띠르
자 공존하다

cofre
꼬프레
남 (단단한) 상자, 궤; 귀중품 상자

cogedor, ra 꼬헤도르, 라
- 형 남 여 잡는 (사람)
- 남 쓰레기통, 쓰레받기

coger 꼬헤르
- 타 잡다, 붙들다, 쥐다, 포착하다
- *coger* los palillos 젓가락을 잡다
- *coger* el hielo con la mano 손으로 얼음을 잡다
- 직·현재: *cojo*, coges, coge, cogemos, cogéis, cogen
- 접·현재: coja, cojas, coja, cojamos, cojáis, cojan

cognación 꼬그나시온
- 여 인식 (행위)

cogollo 꼬고요
- 남 (배추 등의) 속; (사물·문제의) 핵심, 중심부; 엘리트

cogote 꼬고떼
- 남 목덜미; 쟁반의 들어간 부분

cohabitación 꼬아비따시온
- 여 동거(同居); 보혁(保革) 공존

cohabitar 꼬아비따르
- 자 동거하다; 보혁 공존하다; 성교하다

coherencia 꼬에렌시아
- 여 일관성; 응집성; [물리] 간섭성

coherente 꼬에렌떼
- 형 일관된
- política *coherente* 일관된 정책

cohesión 꼬에시온
- 여 점착, 부착; 응집력

cohesivo, va 꼬에시보, 바
- 형 결합력이 있는
- poder *cohesivo* 응집력

cohete 꼬에떼
- 남 로켓; 폭죽, 불꽃 (놀이)
- *cohete* espacial 우주 로켓

cohetería 꼬에떼리아
- 여 로켓[폭죽] 제작 공장; 로켓

cohetero, ra 꼬에떼로, 라
- 남 여 로켓 기술자

cohético, ca
꼬에띠꼬, 까
형 로켓의
propulsión *cohética* 로켓 추진

cohibición
꼬이비시온
여 억제, 근신

cohibir
꼬이비르
타 억제하다, 삼가다

cohombral
꼬옴브랄
남 오이밭

cohombro
꼬옴브로
남 [식물·열매] 오이

COI
세오이
[약자] Comité Olímpico Internacional
국제 올림픽 위원회, IOC

coincidencia
꼬인시덴시아
여 (의견 등의) 일치; (우연한) 만남; [수학] 합동

coincidente
꼬인시덴떼
형 일치하는, 같은; 합동의

coincidir
꼬인시디르
자 일치하다; 동시에 일어나다

coitar
꼬이따르
자 성교하다

coito
꼬이또
남 성교, 교미

cojear
꼬헤아르
자 절름거리다, 다리를 절다

cojera
꼬헤라
여 절름거림

cojín
꼬힌
남 방석, 쿠션
복 cojines

cojinete
꼬히네떼
남 바늘겨레; [기계] 베어링

cojo, ja
꼬호, 하
형 절룩거리는; (가구가) 기우뚱거리는; 편파적인, 결함이 있는
남여 절름발이

col
꼴
여 [식물] 양배추(repollo)
El que quiere a la col, quiere a las hojas de alrededor.

coleccionador, ra

(속담) 제 눈에 안경, (사랑하면) 마맛 자국도 보조개로 보인다.

cola
꼴라
여 꼬리; 말미, 말단; (노래의) 끝절; 열, 줄; (강력한) 풀, 아교

colaboración
꼴라보라시온
여 협력, 협동; 공동 집필; 기고
en *colaboración* 협력하여, 공동으로

colaborador, ra
꼴라보라도르, 라
남여 협력자; 공동 집필자; 기고가

colaborar
꼴라보라르
타 협력하다; 기부하다; 기고하다

colada
꼴라다
여 세탁(lavado); 세탁물
hacer la *colada* 세탁을 하다

coladero
꼴라데로
남 여과기, 거르는 천

colado, da
꼴라도, 다
형 거르는, 여과하는; 바랜, 표백된

colador
꼴라도르
남 여과기; 홍차 거르는 기구

coladura
꼴라두라
여 (액체의) 여과

colapso
꼴랍소
남 [의학] 허탈, 기력 상실; 붕괴, 쇠퇴

colar
꼴라르
타 (액체를) 거르다, 여과하다; 붓다
colarse 번지다, 스며들다

colcha
꼴차
여 침대 커버

colchón
꼴촌
남 방석, 침대요, 메트리스
복 **colchones**

colección
꼴렉시온
여 수집(품); 총서(叢書); 다수
colección de sellos 우표 수집

coleccionable
꼴렉시오나블레
형 수집할 수 있는
남 (책 등의) 영구 보존판

coleccionador, ra
꼴렉시오나도르, 라
남여 수집가

coleccionar
꼴렉시오나르
타 수집하다
coleccionar los sellos y las monedas del todo el mundo
전세계의 우표와 동전을 수집하다

coleccionismo
꼴렉시오니스모
남 수집벽, 수집 취미

coleccionista
꼴렉시오니스따
남 여 수집가

colecistitis
꼴레시스띠띠스
여 단 복 [의학] 담낭염

colecta
꼴렉따
여 (자선을 위한) 모금

colectación
꼴렉따시온
여 모금, 징수

colectar
꼴렉따르
타 모금하다, 징수하다

colectivamente
꼴렉띠바멘떼
부 집단으로
suicidarse *colectivamente*
집단 자살하다

colectividad
꼴렉띠비닫
여 집단, 단체, 모임
colectividad local 지방 자치 단체

colectivismo
꼴렉띠비스모
남 집산주의(集産主義)

colectivista
꼴렉띠비스따
형 집산주의의
남 여 집산주의자

colectivización
꼴렉띠비사시온
여 공유화, 국영화

colectivizar
꼴렉띠비샤르
타 공유화[국유화]하다
colectivizar las tierras
토지를 공유화하다

colectivo, va
꼴렉띠보, 바
형 집단의, 단체의
billete *colectivo* 단체 할인표
contrato *colectivo* 단체 계약
granja *colectiva* 집단 농장
seguridad *colectiva* 집단 안전 보장

trabajo *colectivo* 공동 작업
viaje *colectivo* 단체 여행
남 집단; [문법] 집합 명사; ((남미)) 버스, 소형 버스; (4·5인용의) 승합 택시

colector, ra
꼴렉또르, 라
형 모으는, 수집하는
남 여 수집가

colega
꼴레가
남 여 동료, 동직자; 동업자; 친구

colegial
꼴레히알
형 사립 학교의; 학생의
남 (사립 학교의) 남학생

colegiala
꼴레히알라
여 (사립 학교의) 여학생

colegio
꼴레히오
남 초등 학교; 초중학교 ((8년제)); (사립의) 고등 학교; (변호사·의사의) 동업 조합; 수업
colegio de abogados 변호사회

cólera
꼴레라
여 격노, 화남, 성남, 노함; 담즙
남 [의학] 콜레라
cólera asiático 진성 콜레라
montar en cólera
격노하다, 몹시 화내다

colérico, ca
꼴레리꼬, 까
형 분노의, 화난; 콜레라의
남 여 화를 잘 내는 사람; 콜레라 환자

colesterol
꼴레스떼롤
남 콜레스테롤

coleta
꼴레따
여 머릿단; (투우사의) 변발

colgado, da
꼴가도, 다
형 매달린, 늘어진

colgador
꼴가도르
남 양복걸이, 옷걸이; 횃대

colgante
꼴간떼
형 매다는, 걸린, 늘어진
puente *colgante* 조교(弔橋), 현수교

colgar
꼴가르
타 매달다, 걸치다, 걸다; (수화기를) 놓다
colgar un cuadro en [de] la pared
그림을 벽에 걸다

colgar una chaqueta en una percha
옷걸이에 웃옷을 걸다
colgar el teléfono [el auricular]
수화기를 놓다, 전화를 끊다
자 매달리다, 늘어져 있다
colgar del techo 천정에 매달려 있다
직설법 현재: *cue*lgo, *cue*lgas, *cue*lga, colgamos, colgáis, *cue*lgan
직설법 부정 과거: colgué, colgaste, colgó, colgamos, colgasteis, colgaron
접속법 현재: *cue*lgue, *cue*lgues, *cue*lgue, colguemos, colguéis, *cue*lguen

colibacilo
꼴리바실로
남 [생물] 대장균

colibacilosis
꼴리바실로시스
여 단 복 [의학] 대장균염

cólico, ca
꼴리꼬, 까
형 결장(結腸)의
남 [의학] 산통(疝痛)

coliflor
꼴리플로르
여 [식물] 꽃양배추

coligación
꼴리가시온
여 동맹, 결속; 제휴

coligadura
꼴리가두라
여 =**coligación**

coligamiento
꼴리가미엔또
남 =**coligación**

coligarse
꼴리가르세
((재귀)) 결속하다; 동맹을 맺다, 연합하다

colina
꼴리나
여 언덕, 야산, 구릉

colindante
꼴린단떼
형 인접한, 이웃의

colindar
꼴린다르
자 인접하다

colirio 남 눈약, 안약(眼藥), 세정제
꼴리리오
echarse *colirio* 안약을 넣다

Coliseo 남 (고대 로마의) 콜로세움
꼴리세오

colisión 여 충돌, (의견 등의) 대립
꼴리시온
colisión de barcos 선박의 충돌
colisión de frente 정면 충돌

colisionar 자 [+contra·con] (…과) 충돌하다
꼴리시오나르

colitis 여 단복 [의학] 대장염, 결장염; 설사
꼴리띠스

collage 남 [미술] 콜라주
꼬야헤

collar 남 목걸이; (목에 거는) 훈장
꼬야르
collar de perlas 진주 목걸이

colmado, da 형 가득찬, 철철 넘치는, 엄청난
꼴마도, 다 남 ((도미니카 공화국)) 구멍가게

colmar 타 가득 채우다; 듬뿍 주다
꼴마르

colmena 여 벌집; 벌떼; 벌통
꼴메나

colmenar 남 양봉장(養蜂場)
꼴메나르

colmenero, ra 남여 양봉가, 양봉 업자
꼴메네로, 라

colmillar 형 송곳니의, 엄니의
꼴미야르

colmillo 남 송곳니; 엄니
꼴미요

colmo 남 수북히 올림[부음·담음]
꼴모

colocación 여 배치, 배열; 일자리, 직책, 지위
꼴로까시온
colocación de la primera piedra
정초(定礎)
agencia de *colocación* 직업 소개소
buscar *colocación* 일자리를 찾다

colocar
꼴로까르
타 두다, 놓다, 배치하다, 늘어놓다
colocar libros en una estantería
책을 책장에 놓다
colocar el coche en el garaje
차를 차고에 넣다
colocarse 몸을 놓다; 착석하다; 취직하다, 고용되다; 술로 기분이 좋다

colofón
꼴로폰
남 판권장(板權帳)

coloidal
꼴로이달
형 콜로이드의, 교질의
solución *coloidal* 콜로이드 용액

coloide
꼴로이데
남 [화학] 콜로이드, 교질(膠質)

Colombia
꼴롬비아
여 [국명] 콜롬비아 (수도 Bogotá)

colombianismo
꼴롬비아니스모
남 콜롬비아 사투리

colombiano, na
꼴롬비아노, 나
형 콜롬비아의
남 여 콜롬비아 사람

colombino, na
꼴롬비노, 나
형 콜럼버스(Cristóbal Colón)의
fiestas *colombinas* 콜럼버스제(祭)
((아메리카 대륙 발견일; 10월 12일))

colon
꼴론
남 [해부] 결장; [문법] 콜론(:); 세미콜론(;)

colón
꼴론
남 꼴론
((Costa Rica와 El Salvador의 화폐 단위))

Colón (Cristóbal)
꼴론 (끄리스또발)
남 끄리스또발 꼴론, 콜럼버스
(1492년 아메리카 대륙 발견자)

colonia
꼴로니아
여 식민지; [집합] 식민자; [집합] 거류민; (예술가 등의) 집단; 주택 단지; [생물] 군락(群落)
colonia de artistas 예술가 집단

colonial
꼴로니알
형 식민지(풍)의
arquitectura *colonial* 식민지 건축
período *colonial* 식민지 시대

colonialismo
꼴로니알리스모
남 식민지주의

colonialista
꼴로니알리스따
형 식민지주의의
남 여 식민지주의자

colonización
꼴로니사시온
여 식민지화

colonizador, ra
꼴로니사도르, 라
형 식민지화하는
남 여 식민지 건설자[개척자]

colonizar
꼴로니사르
타 식민지화하다; 식민하다, 개척하다

coloquial
꼴로끼알
형 구어(체)의, 일상 회화의

coloquio
꼴로끼오
남 회화, 대화; 토론(회)

color
꼴로르
남 색, 빛깔; 색채, 색조; 안색; 음색
color caliente 따뜻한 색
color frío 찬 색
coche (de) *color* rojo 핑크색 자동차
¿De qué *color* es la corbata?
넥타이는 무슨 색입니까?

coloración
꼴로라시온
여 착색; 색조; 특색
coloración artificial 인공 착색
coloración defensiva [생물] 보호색

colorado, da
꼴로라도, 다
형 (특히 얼굴이) 붉은; 외설의, 음란한
flor *colorada* 붉은 꽃
ponerse *colorado* 얼굴이 붉어지다
남 붉은색, 적색(赤色)

colorante
꼴로란떼
형 채색[착색]하는
남 착색(제), 염료(染料)
colorante sintético 합성 염료

colorar
꼴로라르
타 착색하다, 염색하다, 물들이다
colorar de amarillo 노랑으로 물들이다

colorear
꼴로레아르
타 착색하다, 염색하다
colorear un mapa 지도에 색을 칠하다
자 (과실 등이) 빨갛게 물들다, 익다

colorearse (과실 등이) 빨갛게 물들다

colorete 꼴로레떼
남 [화장] 루즈, 입술 연지

colorido 꼴로리도
남 색조, 배색; 활기

colorista 꼴로리스따
형 색체파의, 다채로운
남 색체파 화가[문인]

colosal 꼴로살
형 거대한
estatua *colosal* 거대한 조각상

coloso 꼴로소
남 거대한 조각상; 거물, 거인, 거장

columna 꼴룸나
여 원주(圓柱), 기둥; 지주, 받침; 난, 단, 기사, 칼럼; [군사] 종대
columna dórica 도리아식 원주

columnista 꼴룸니스따
남 여 칼럼 집필자, 칼럼니스트

columpiar 꼴룸삐아르
타 그네에 태워 밀어[흔들어] 주다
columpiarse 그네를 타다

columpio 꼴룸삐오
남 그네
jugar al *columpio* 그네를 타다

coma¹ 꼬마
여 구둣점, 콤마; 소수점

coma² 꼬마
남 혼수 (상태)
estado de *coma* 혼수 상태
caer [entrar] en *coma*
혼수 상태에 빠지다

comadreja 꼬마드레하
여 [동물] 족제비

comandancia 꼬만단시아
여 comandante의 지위[관할 구역]

comandante 꼬만단떼
남 군사령관, 지휘관; 소령

comandar 꼬만다르
타 지휘하다

comando 꼬만도
남 특별 공격대(원)

comarca 꼬마르까
여 지방, 지역(región)

comarcal 꼬마르깔
형 지방의, 지역의

comba 꼼바
여 줄넘기 (놀이); 줄넘기 줄; 휘어짐

combar 꼼바르
타 휘다, 구부리다
combarse 휘어지다, 구부러지다

combate 꼼바떼
남 싸움, 전투, 교전
avión de *combate* 전투기

combatiente 꼼바띠엔떼
형 전투의
남여 전투원

combatir 꼼바띠르
타 공격하다, 덮치다, 습격하다
자 싸우다
combatir contra un enemigo
적과 싸우다
combatir por la libertad
자유를 위해 싸우다

combativo, va 꼼바띠보, 바
형 호전적인, 전투의; 투지가 있는

combinación 꼼비나시온
여 결합, 배합; 단결, 연합; 화합(물)

combinar 꼼비나르
타 짜맞추다, 조합[조화]시키다, 결합하다; 연합하다; 배합하다
자 어울리다, 조화되다

combustible 꼼부스띠블레
형 타기 쉬운, 연소성의; 발화성의
남 연료(燃料)
combustible nuclear 핵연료

combustieón 꼼부스띠온
여 연소(燃燒)

comedia 꼬메디아
여 희극; 연극

comediante, ta 꼬메디안떼, 따
남여 희극 배우, 코미디언; 광대

comedor 꼬메도르
남 식당; 식당방
comedor de estudiantes 학생 식당

comentar
꼬멘따르
: 타 해설[논평]하다

comentario
꼬멘따리오
: 남 해설, 논평; 주석, 주해
comentario de noticias 뉴스 해설

comentarista
꼬멘따리스따
: 남 여 (뉴스 등의) 해설자, 평론가

comenzar
꼬멘사르
: 타 시작하다, 착수하다, 개시하다
comenzar un trabajo 일을 착수하다
comenzar un libro 책을 읽기 시작하다
자 시작되다, 착수되다
comenzar a + 동사 원형
…하기 시작하다
comenzar a llover
비가 내리기 시작하다
comenzar por + 동사 원형
…(하는 것) 부터 시작하다, 최초에 …하다
comenzar por quitarse los zapatos
구두부터 벗기 시작하다
직 · 현재: com*ie*nzo, com*ie*nzas, com*ie*nza, comenzamos, comenzáis, com*ie*nzan
직 · 부정 과거: comen*cé*, …
접 · 현재: com*ie*nce, com*ie*nces, com*ie*nce, comen*ce*mos, comen*céis*, com*ie*ncen

comer¹
꼬메르
: 타 먹다
comer un tomate 토마토를 먹다
자 먹다, 식사를 하다
comer de prisa 급히 먹다
comer despacio 천천히 먹다
comer muy poco 거의 먹지 않다

comer²
꼬메르
: 남 음식, 먹거리(alimento)

comercial
꼬메르시알
: 형 상업의, 무역의
arte *comercial* 상업 미술
banco *comercial* 상업 은행

tratado *comercial* 통상 조약

comercialización
꼬메르시알리사시온
여 상품화; 마케팅

comercializar
꼬메르시알리사르
타 상품화하다

comerciante
꼬메르시안떼
남 여 상인
comerciante al por mayor 도매상
comerciante al por menor 소매상

comerciar
꼬메르시아르
자 장사하다, 무역하다, 거래하다

comercio
꼬메르시오
남 상업, 장사, 거래; 무역
comercio al por mayor 도매
comercio al por menor 소매
comercio exterior 외국 무역
comercio interior 국내 거래
código de *comercio* 상법(전)
dedicarse al *comercio* 장사를 하다

comestible
꼬메스띠블레
형 먹을 수 있는, 식용의
frutos *comestibles* 식용 과실
남 (주로 복) 식료품
tienda de *comestibles* 식료품점

cometa
꼬메따
남 [천문] 혜성, 살별
cometa Halley 핼리 혜성
여 연(鳶)
(hacer) volar una *cometa*
연을 날리다

cometer
꼬메떼르
타 (죄·과실 등을) 범하다, 저지르다
cometer un delito 죄를 범하다
cometer un error 잘못을 범하다

comezón
꼬메손
남 (근질근질) 가려움(picazón)
tener *comezón* en la espalda
등이 가렵다

comicios
꼬미시오스
남 복 선거(elecciones)

cómico, ca
꼬미꼬, 까
형 희극의, 희극적인; 익살스런
actor *cómico* 희극 남배우

actriz *cómica* 희극 여배우
autor *cómico* 희극 작가
남|여 희극 배우, 코미디언; 광대

comida
꼬미다

여 음식(물), 먹거리, 요리; 식사; 점심; (주로 중남미) 저녁밥
comida coreana 한국 음식
comida rápida 간이 음식, 즉석 음식

comienzo
꼬미엔소

남 시작, 개시; 처음, 시초
a comienzos de ...의 초순에
a comienzos de agosto 팔월 초순에

comilón, lona
꼬밀론, 로나

형 많이 먹는, 난잡하게 먹는
남|여 대식가, 먹보, 식충이

comisaría
꼬미사리아

여 경찰서(comisaría de policía)

comisario, ria
꼬미사리오, 리아

남|여 위원, 임원; 커미셔너; 경찰 서장
alto comisario (유엔 등의) 고등 판무관

comisión
꼬미시온

여 위원회; 위임, 임무; 수수료, 커미션
comisión de presupuesto 예산 위원회
comisión permanente 상임 위원회
convocar una *comisión*
위원회를 소집하다

comisionado, da
꼬미시오나도, 다

형 위임받은
남|여 위원

comisionar
꼬미시오나르

타 ...에게 권한을 위임하다

comisionista
꼬미시오니스따

남|여 중개인, 브로커

comité
꼬미떼

남 위원회
comité electoral 선거 위원회

comitiva
꼬미띠바

여 [집합] 수행원; 행렬

como
꼬모

부 ...처럼, ...과 같이; ...대로, ...한 것처럼; ... 때문에; 대략, 대강; ...하자마자
blanco *como* la nieve 눈처럼 하얀
접 ... 때문에; ...라면

como recibí tarde el aviso
나는 연락을 늦게 받았기 때문에
전 ...의 자격으로
asistir a la boda *como* testigo
증인 (자격)으로 결혼식에 참가하다

cómo
꼬모

부 어떻게; 무엇이라고, 왜; [수량] 얼마
¿*Cómo* está usted? 어떻게 지내십니까?
¿*Cómo* te llamas? 이름이 뭐니?
¿*Cómo* no vas a la escuela?
왜 학교에 안 가니?
¿A *cómo* es? (값이) 얼마입니까?
남 이유, 방법, 까닭
el *cómo* de la vida 삶의 이유

cómoda
꼬모다

여 (서랍 서너 개 달린) 옷장

cómodamente
꼬모다멘떼

부 편하게, 쾌적하게, 안성맞춤으로

comodidad
꼬모디닫

여 편리함, 쾌적함; (편리한) 시설
sentarse con *comodidad* 편히 앉다

cómodo, da
꼬모도, 다

형 편리한; 쾌적한, 안락한; 딱 좋은, 적합한;
마음이 편한, 편안히 지내는
casa *cómoda* 살기에 쾌적한 집
habitacón *cómoda* 거처하기 편한 방
ocasión *cómoda* 적당한 기회

comoquiera
꼬모끼에라

부 어떻든, 어떤 방법으로도

compacto, ta
꼼빡또, 따

형 밀집한, 빽빽한; 단단한, 견고한
남 콤팩트 디스크, CD; CD 플레이어

compadecer
꼼빠데세르

타 불쌍히 여기다, 동정하다
compadecerse de [con] ...에 동정하다

compadre
꼼빠드레

남 생부와 대부가 서로 부르는 호칭

compañerismo
꼼빠녜리스모

남 동료애, 전우애, 동료 의식

compañero, ra
꼼빠녜로, 라

남여 동료, 친구, 짝; 동지
compañero de armas 전우(戰友)

compañero de viaje 여행 동료

compañía
꼼빠니이아
여 회사; 동반(자); 단체; [군사] 중대
compañía aérea 항공 회사
compañía de seguros 보험 회사

comparable
꼼빠라블레
형 비교할 수 있는; 필적하는

comparación
꼼빠라시온
여 비교, 대비; 비유
en *comparación* con …과 비교하여

comparar
꼼빠라르
타 비교하다, 대비하다
compararse 비교되다

comparativo, va
꼼빠라띠보, 바
형 비교의
남 [문법] 비교급

comparecencia
꼼빠레센시아
여 출두, 출정

comparecer
꼼빠레세르
자 출두하다; 모습을 드러내다

comparsa
꼼빠르사
여 [집합] [연극] 배우단(원), 단역
남여 단역 (배우)

compartimento
꼼빠르띠멘또
남 [철도] 찻간; 구획
compartimento de primera clase
일등칸

compartimiento
꼼빠르띠미엔또
남 =**compartimento**

compartir
꼼빠르띠르
타 나누다, 분배하다; 공용[공유]하다

compás
꼼빠스
남 컴퍼스; 나침반; 박자, 장단, 리듬

compasión
꼼빠시온
여 동정, 불쌍히 여김
sentir *compasión* por …에 동정하다
tener *compasión* de …을 동정하다

compatriota
꼼빠뜨리오따
남여 동포, 동향인

compeler
꼼뻴레르
타 강제하다, 강요하다

compilar

compendiar
꼼뻰디아르
타 요약하다

compendio
꼼뻰디오
남 요약, 개요(概要)
en *compendio*
요약해서 (말하면), 간추려 말하면

compensación
꼼뻰시온
여 보상(금), 배상(금), 변상(금)

compensar
꼼뻰사르
타 보상[배상]하다, 갚다; 벌충[보충]하다

competencia
꼼뻬뗀시아
여 다툼, 겨룸; 경쟁; 경쟁 상대

competente
꼼뻬뗀떼
형 유능한; 자격이 있는; 권한이 있는
남여 유자격자

competer
꼼뻬떼르
자 해당하다, …의 관할이다

competición
꼼뻬띠시온
여 경쟁, 겨루기; 경기, 시합; 경쟁 시험

competidor, ra
꼼뻬띠도르, 라
형 경쟁하는
espíritu *competidor* 경쟁심
남여 경쟁자, 경쟁 상대, 시합 참가자

competir
꼼뻬띠르
자 경쟁하다, 경합하다, (우열을) 다투다

competividad
꼼뻬띠비닫
여 경쟁력; 경쟁 관계[상대]

competitivo, va
꼼뻬띠띠보, 바
형 경쟁의; 경쟁력이 있는
mercado *competitivo*
경쟁력이 있는 시장
precios *competitivos*
경쟁(할 수 있는) 가격

compilación
꼼삘라시온
여 엮음, 편집(물), 편찬(물)

compilador, ra
꼼삘라도르, 라
형 편집[편찬]하는, 엮는
남여 엮은이, 편찬자, 편집자

compilar
꼼삘라르
타 (문헌 등을) 엮다, 편집[편찬]하다

complacencia
꼼쁠라쎈시아
여 (자기) 만족; (과도한) 관용

complacer
꼼쁠라세르
타 기쁨을 주다
complacerse de [en · con]
...을 기뻐하다, 즐거워하다, 만족하다

complejo, ja
꼼쁠레호, 하
형 복합의, 복잡한
asunto *complejo* 복잡하게 얽힌 사건
남 복합체; 공업 단지, 종합 시설; [심리] 콤플렉스, 고정 관념
complejo vitamínico 복합 비타민제
complejo de viviendas 주택 단지
complejo deportivo 종합 스포츠 시설
complejo petrolero 석유 공업 단지

complementar
꼼쁠레멘따르
타 메우다, 채우다, 보충하다

complemento
꼼쁠레멘또
남 보완; 수당, 보너스; [문법] 보어

completamente
꼼쁠레따멘떼
부 완전히, 철저하게

completar
꼼쁠레따르
타 완전하게 하다, 완성시키다, 끝내다

completo, ta
꼼쁠레또, 따
형 완전한, 완벽한, 철저한; (구성 요소가) 전부 있는
fracaso *completo* 완전한 실패
obras *completas* 전집(全集)
남 전원(全員); [게시] 만원 사례
por completo 완전히, 철저히

complexión
꼼쁠렉시온
여 체격, 체질

complicación
꼼쁠리까시온
여 복잡(함), 분규; [의학] 합병증

complicado, da
꼼쁠리까도, 다
형 복잡한, 뒤얽힌
asunto *complicado* 얼키고 설킨 사건
máquina *complicada* 복잡한 기계

complicar
꼼쁠리까르
타 복잡하게 하다, 뒤얽히게 하다

cómplice
꼼쁠리세
남여 공범자, 가담자

complicidad
꼼쁠리시닫
여 공범, 공모; 가담

complot
꼼쁠롯
남 음모, 밀의(密議), 흉계
복 complots

componedor, ra
꼼뽀네도르, 라
남여 조립자, 수선인

componente
꼼뽀넨떼
형 구성하는
남여 구성원
남 구성 요소; 부품
componentes físicos 하드웨어
componentes lógicos 소프트웨어

componer
꼼뽀네르
타 구성하다, 조립하다; 작곡하다, 창작하다; 정리하다, 수리[수선]하다
자 시를 쓰다; 작곡을 하다
componerse de .....로 구성되어 있다
직·현재: compongo, compones, ...
직·부정 과거: compuse, compusiste, compuso, compusimos, compusisteis, compusieron
접·현재: componga, compongas, ...

comportamiento
꼼뽀르따미엔또
남 행동, 거동; (기계 등의) 움직임

comportarse
꼼뽀르따르세
((재귀)) 행동하다, 처신하다(portarse)

comporte
꼼뽀르떼
남 행실, 행장, 소행

composición
꼼뽀시시온
여 구성, 합성; 성분, 함유량; 작곡, 작시; 작문; [미술] 구도; [인쇄] 식자, 조판

compositor, ra
꼼뽀시또르, 라
형 구성하는, 조립하는; 작곡하는
남여 조립자; 작곡가

compostura
꼼뽀스뚜라
여 절도, 온건; 조정, 합의; 수리; 몸단장

compra
꼼쁘라
여 매입, 구입; 장보기, 쇼핑
hacer una *compra* 장을 보다, 쇼핑하다

ir de *compras* 쇼핑 가다, 장보러 가다

comprador, ra 꼼쁘라도르, 라 — 남 여 구매자, 바이어, 구매 담당자

comprar 꼼쁘라르 — 타 사다, 구입하다, 매입하다; …에게 사주다
comprar euros 유로화를 사다
comprar el terreno 토지를 사다
comprar a su hija unas muñecas 딸에게 인형을 몇 개 사주다

compraventa 꼼쁘라벤따 — 여 매매(賣買)

comprender 꼼쁘렌데르 — 타 이해하다(entender); 포함하다
comprender el arte 예술을 이해하다

comprensión 꼼쁘렌시온 — 여 이해, 이해력

comprensivo, va 꼼쁘렌시보, 바 — 형 이해력이 있는; 내포하는, 포함하는
precio *comprensivo* de IVA
부가가치세 포함 가격

compresa 꼼쁘레사 — 여 [의학] (지혈용의) 거즈, 가제, 탈지면

compresión 꼼쁘레시온 — 여 압축

compresor, ra 꼼쁘레소르, 라 — 형 압축용의
남 (여) 압축기, 콤프레서

comprimir 꼼쁘리미르 — 타 압축하다
aire *comprimido* 압축[압착] 공기

comprobación 꼼쁘로바시온 — 여 확인(確認)

comprobador, ra 꼼쁘로바도르, 라 — 형 확인하는
남 확인 장치, 테스터

comprobante 꼼쁘로반떼 — 남 증명서; 영수증

comprobar 꼼쁘로바르 — 타 확인하다, 증명하다, 검사하다
comprobar el disco 디스켓을 검사하다

comprobatorio, ria 꼼쁘로바또리오, 리아 — 형 확인하는, 증명하는
documento *comprobatorio*

증명 서류

comprometerse ((재귀)) 약혼하다; 책임을 인정하다
꼼쁘로메떼르세
comprometerse **a** + 동사 원형
(...할 것을) 굳게 약속하다

comprometido, da 형 약혼한; 위험에 직면한, 위험한
꼼쁘로메띠도, 다
남 여 약혼자

compromiso 남 약속; 약혼; 타협; 중재
꼼쁘로미소

compuerta 여 (댐 등의) 수문
꼼뿌에르따

compuesto, ta 형 구성된, 합성된, 복합의
꼼뿌에스또, 따
남 합성물; 화합물

compulsión 여 강제; [심리] 강박
꼼뿔시온

computable 형 셀 수 있는, 가산(可算)의
꼼뿌따블레

computación 여 계산; ((중남미)) 컴퓨터 조작
꼼뿌따시온

computacional 형 컴퓨터의
꼼뿌따시오날

computador, ra 형 계산하는
꼼뿌따도르, 라
남 여 계산하는 사람
남 계산기; ((중남미)) 컴퓨터
여 계산기; ((중남미)) 컴퓨터
computadora de mesa
탁상용 컴퓨터
computadora portátil
휴대용 컴퓨터
computadora personal
퍼스널 컴퓨터

computadorizar 타 =**computalizar**
꼼뿌따도리사르

computalizar 타 컴퓨터에 입력하다, 컴퓨터로 처리하다;
꼼뿌딸리사르 전산화하다

computar 타 계산하다, 산정[산출]하다
꼼뿌따르

computerizar 꼼뿌따리사르 — 타 =**computalizar**

cómputo 꼼뿌또 — 남 계산, 산정, 산출

común 꼬문 — 형 공통의, 공동의; 보통의, 일반의
mercado *común* 공동 시장
puntos *comunes* 공통점
남 공통성, 공동성; 공동체
en común 공통으로, 공동으로
por lo común 보통은, 일반적으로

comunicación 꼬무니까시온 — 여 전달, 통지; 연락, 통신, 교통
여 복 통신 기관; 교통 기관
comunicación de masa 메스컴
comunicación secreta 비밀 연락

comunicado 꼬무니까도 — 남 공식 성명; 코뮈니케
publicar un *comunicado* conjunto
공동 성명을 발표하다

comunicar 꼬무니까르 — 타 전달하다, 전하다, 알리다, 통보하다
자 연락을 취하다, 통신하다, 연락하다
comunicarse 통신[교신]을 하다
직·부정 과거: comuni*qué*, comunicaste, comunicó, comunicamos, comunicasteis, comunicaron
접·현재: comuni*que*, comuni*ques*, comuni*que*, comuni*quemos*, comuni*quéis*, comuni*quen*

comunidad 꼬무니닫 — 여 공동체; 공동성, 공동; 공유
Comunidad Económica Europea
유럽 경제 공동체
Comunidad Europea 유럽 공동체
en comunidad 공동으로
poseer *en comunidad* 공동 소유하다
vivir *en comunidad* 공동 생활을 하다

comunión 꼬무니온 — 여 성체 배령; 성찬식

comunismo 꼬무니스모 — 남 공산주의

comunista 꼬무니스따 — 형 공산주의의
partido comunista 공산당
남 여 공산주의자

comunitario, ria 꼬무니따리오, 리아 — 형 공동의, 공동체의; 유럽 공동체의

comúnmente 꼬문멘떼 — 부 일반적으로, 보통, 대개, 통상적으로

con 꼰 — 전 [+mí,ti,sí와 함께 쓰일 때, conmigo, contigo, consigo가 됨] ...과[와], ...과 함께; ...으로; ...을 가진, ...이 있는, ...을 탄; ... 밑에서; ...에 비해
con mi amigo 내 친구와
con palillos 젓가락으로
con el profesor Kim 김 교수 지도 아래
café *con* leche 밀크 (탄) 커피
arroz *con* camarones 새우 덮밥

cóncavo, va 꼰까보, 바 — 형 오목한
espejo *cóncavo* 오목 거울
lente *cóncava* 오목 렌즈

concebir 꼰세비르 — 타 (감정 등을) 품다; 이해하다; 임신하다
자 임신하다, 수태하다

conceder 꼰세데르 — 타 (권리 등을) 주다, 인가하다; 인정하다

consejal, la 꼰세할, 라 — 남 여 시[읍·면]의원

concejo 꼰세호 — 남 시[면·읍]의회

concentración 꼰센뜨라시온 — 여 집중, 정신 통일; 집회

concentrado, da 꼰센뜨라도, 다 — 형 전심하고 있는; 진한, 짙은; 농축한

concentrar 꼰센뜨라르 — 타 집중시키다; 농축하다
concentrarse 집중되다, 정신 통일하다

concepción
꼰셉시온
여 임신, 수태; 파악, 이해력
concepción artificial 인공 수태
impedir la *concepción* 피임하다

concepto
꼰셉또
남 개념; 의견, 판단

conceptuar
꼰셉뚜아르
타 생각하다, 판단하다

concernir
꼰세르니르
자 관계하다, 속하다

concertar
꼰세르따르
타 (협정 등을) 맺다, 약속하다

concertista
꼰세르띠스따
남 여 (합주의) 연주자, 독주자

concesión
꼰세시온
여 양도, 양여, 불하; 이권; 양보

concha
꼰차
여 조개, 조가비, 패각; 등껍질
concha de perla 진주 모패(母貝)

conciencia
꼰시엔시아
여 의식, 자각; 양심, 도의심
conciencia de clase 계급 의식

concierto
꼰시에르또
남 음악회, 콘서트
concierto al aire libre 야외 연주회

conciliar
꼰실리아르
타 화해시키다; 조정하다; 양립시키다
conciliarse 서로 화해하다

concisión
꼰시시온
여 간결함, 간략함

conciso, sa
꼰시소, 사
형 간단한

conciudadano, na 남 여 동국인, 동향인
꼰시우다다노, 나

concluir
꽁끌루이르
타 완결[종료]시키다; 결론짓다
자 끝나다
concluir por + 동사원형・현재분사
결국 …하다
Tú *concluirás por* ceder.
너는 결국 굴복할 것이다.
concluirse 끝나다, 결론을 내리다

conclusión
꽁끌루시온
예 결론; 완결, 종료; (협정 등의) 체결

concordancia
꽁꼬르단시아
예 일치; 북 용어 색인
concordancia de sus opiniones
의견의 일치
concordancia de los tiempos
[문법] 시제의 일치

concordar
꽁꼬르다르
자 일치하다
타 일치시키다

concordia
꽁꼬르디아
예 융화, 화합; 협정, 화해

concreción
꽁끄레시온
예 구체화, 구체성; 응고(물)

concretamente
꽁끄레따멘떼
부 구체적으로 (말하면)

concretar
꽁끄레따르
타 구체화시키다
concretarse 구체화하다

concreto, ta
꽁끄레또, 따
형 구체적인; 구상적인
hechos *concretos* 구체적인 사실
en concreto 구체적으로

concubina
꽁꾸비나
예 첩, 애인

concurrencia
꽁꾸르렌시아
예 집중; 붐빔, 북적임; [집합] 참가자

concurrente
꽁꾸르렌떼
형 집중하는; 참가하는
남 예 참가자

concurrir
꽁꾸르리르
자 집중하다; 참가하다, 응모하다

concursante
꽁꾸르산떼
남 예 응모자; (퀴즈 프로그램의) 해설자

concursar
꽁꾸르사르
자 (콩쿠르 등에) 응모하다

concurso
꽁꾸르소
남 콩쿠르, 선발[채용·자격] 시험

conde
꼰데
남 백작(伯爵)

condecoración 여 서훈(敍勳), 훈장
꼰데꼬라시온

condecorar 타 (훈장을) …에게 수여하다, 서훈하다
꼰데꼬라르

condena 여 유죄 판결, 형(의 선고)
꼰데나
condena perpetua 종신형

condenación 여 =**condena**
꼰데나시온

condenar 타 (형을) …에게 선고하다
꼰데나르
condenar a muerte 사형을 선고하다

condensación 여 응축(凝縮)
꼰덴사시온

condensador 남 응축기; [전기] 콘덴서, 축전기
꼰덴사도르

condensar 타 응축[응결]시키다
꼰덴사르

condesa 여 여자 백작; 백작 부인
꼰데사

condición 여 조건; 상태, 상황; 환경
꼰디시온
condiciones laborales 노동 조건
condiciones de pago 지불 조건

condicionado, da 형 조건부의
꼰디시오나도, 다
aceptación *condicionada* 조건부 수락

condicional 형 조건부의; [문법] 조건을 나타내는
꼰디시오날
남 [문법] 조건법

condicionalmente 부 조건부로
꼰디시오날멘떼

condicionar 타 조건을 붙이다; 제약하다
꼰디시오나르

condimentación 여 조미, 양념
꼰디멘따시온

condimentar 타 …에 양념하다, 조미하다
꼰디멘따르

condimento 남 조미료, 양념
꼰디멘또

condiscípulo, la 남 여 동급생, 동창생
꼰디시뿔로, 라

condolerse ((재귀)) =**condolerse**
꼰돌레세르세

condolencia 여 동정; 조의(弔意)
꼰돌렌시아
Le expreso mi sincera *condolencia*.
심심한 조의를 표합니다.

condolerse ((재귀)) ...에 동정하다; ...을 가엾게 불쌍하게
꼰돌레르세 여기다

condominio¹ 남 공동 통치[소유](령)
꼰도미니오

condominio² 남 ((중남미)) 맨션
꼰도미니오

condón 남 콘돔
꼰돈

condonación 여 (형의) 사면, (부채의) 면제
꼰도나시온

condonar 타 (형을) 사면하다; (부채를) 면제하다
꼰도나르

cóndor 남 [조류] 콘도르
꼰도르

conducción 여 운전; 지휘, 지도
꼰둑시온
conducción por (la) izquierda
좌측 통행
conducción imprudente 운전 부주의
permiso de *conducción* 운전 면허증

conducir 타 안내하다, 인도하다; 운전하다; 지휘하다,
꼰두시르 지도하다, 통솔하다; [물리] 전도하다
conducir al señor Kim a la oficina
del director 김 선생을 사장실로 안내하다
conducir un camión 트럭을 운전하다
자 자동차를 운전하다
¿Sabe usted *conducir*?
운전할 줄 아느냐?
직·현재: **conduzco**, conduces,
conduce, conducimos, conducís,

conducen
직·부정과거: conduje, condujiste, condujo, condujimos, condujisteis, condujeron
접·현재: conduzca, conduzcas, conduzca, conduzcamos, conduzcáis, conduzcan

conducta
꼰둑따
여 행동, 거동; 통치, 경영

conducto
꼰둑또
남 도관, 파이프; (사무 처리) 경로
conducto de desagüe 배수관

conductor, ra
꼰둑또르, 라
남여 운전수; 지도자; 지휘자
남 도체(導體)
buen *conductor* 양도체
mal *conductor* 불량 도체

conectador
꼬넥따도르
남 [전기] 커넥터

conectar
꼬넥따르
타 연결시키다, 묶어 놓다; 접속시키다

coneja
꼬네하
여 암토끼

conejal
꼬네할
남 토끼장

conejar
꼬네하르
남 토끼장

conejero, ra
꼬네헤로, 라
남여 양토가(養兔家)

conejo
꼬네호
남 [동물] 토끼, 집토끼 ((산토끼 liebre))
El conejo ido, el consejo venido.
(속담) 행차 뒤에 나팔

conexión
꼬넥시온
여 연결, 관계; [전기] 접속

conexo, xa
꼬넥소, 사
형 관련된, 연결된
asuntos *conexos* 관련 사건

confabulación
꼰파불라시온
여 공모, 밀의(密議)

confesión

confabulador, ra 남 여 공모자, 음모가
꼰파불라도르, 라

confabular 자 (비밀리에) 협의하다
꼰파불라르 *confabularse* (서로) 공모하다, 모의하다

confección 여 (요리·기성복 등의) 제조, 제품
꼰펙시온

confeccionador, ra 남 여 제조자
꼰펙시오나도르, 라

confeccionar 타 제조하다, 만들다; 작성하다
꼰펙시오나르

confederación 여 연방; 동맹, 연합, 연맹
꼰페데라시온

confederar 타 동맹하다, 연합하다
꼰페데라르 *confederarse* 연합하다, 동맹을 맺다

conferencia 여 회의; 협의; 강연(회); 장거리 전화, 시외
꼰페렌시아 통화
conferencia de paz 강화[평화] 회의
conferencia de prensa 기자 회견
conferencia persona a persona
지명 전화
poner una *conferencia* a Seúl
서울에 장거리 전화를 하다

conferenciante 남 여 강연자, 연사; (회의) 참가자
꼰페렌시안떼

conferenciar 자 협의하다, 회담하다
꼰페렌시아르

conferencista 남 여 ((중남미)) =**conferenciante**
꼰페렌시스따

conferir 타 (칭호·특권 등을) 주다, 수여하다
꼰페리르 *conferir* el diploma 졸업 증서를 주다

confesar 타 (죄 등을) 고백하다; (신앙을) 고백하다
꼰페사르 자 자백하다
confesarse 고해하다; 자백하다, 인정하다

confesión 여 고백, 실토; 고해
꼰페시온

confiable 꼰피아블레	형 믿을 수 있는, 신뢰할 수 있는
confianza 꼰피안사	여 신뢰, 신용; 자신; 친밀함, 솔직함 tener *confianza* en …를 신뢰하다 lleno de *confianza* 자신 만만한
 **confiar** 꼰피아르	자 신뢰하다, 믿다, 신용하다; 털어놓고 이야기하다, 고백하다 *confiar* en Dios 하나님을 믿다 직·현재: confío, confías, confía, confiamos, confiáis, confían 접·현재: confíe, confíes, confíe, confiemos, confiéis, confíen
confidencia 꼰피덴시아	여 내밀한 말; 내부 정보
confidencial 꼰피덴시알	형 내밀(內密)의
confidente 꼰피덴떼	형 믿을 수 있는, 신용이 있는
configurar 꼰피구라르	타 형성하다, 구성하다
confín 꼰핀	남 (주로 복) 경계
confinar 꼰피나르	타 감금하다, 가두다 자 인접하다
confirmación 꼰피르마시온	여 확인, 확증; 시인, 추인
confirma 꼰피르마르	타 확인하다, 확증하다; 확고히 하다 *confirmarse* 확인되다
confiscación 꼰피스까시온	여 몰수, 압수
confiscar 꼰피스까르	타 몰수하다, 압수하다
confite 꼰피떼	남 캔디, 사탕 과자
confitería 꼰피떼리아	여 과자점, 제과점

confitero, ra 꼰피떼로, 라	남 여 과자 제조자[판매자] 여 과자 그릇
conflicto 꼰플릭또	남 분쟁, 투쟁; 갈등; 곤란, 궁지 *conflicto* de clases 계급 투쟁 *conflicto* colectivo 노동 쟁의 *conflicto* fronterizo 국경 분쟁 *conflicto* generacional 세대간 다툼
confluencia 꼰플루엔시아	여 합류, 합류점
confluir 꼰플루이르	자 합류하다, 집결하다
conformar 꼰포르마르	타 적합하게 하다, 합치시키다; 만족시키다; 형성하다 자 적합하다, 합치하다 *conformarse* con ...에 따르다, 순응하다
conforme 꼰포르메	형 ...에 적합한, 합치된; 같은 의견의, 찬성의; 만족한 남 승인(의 사인) 부 [+a] (...에) 따라, 의거해 접 ...한 대로, 그대로 감 됐다!, 오케이!
conformidad 꼰포르미닫	여 적합, 합치; 동의, 승인
confort 꼰포르	남 쾌적한 설비
confortable 꼰포르따블레	형 쾌적한, 편안한
confortablemente 꼰포르따블레멘떼	부 쾌적하게, 편안하게
confraternidad 꼰프라떼르니닫	여 우애, 우호
confraternizar 꼰프라떼르니사르	자 우호 관계를 맺다
confrontación 꼰프론따시온	여 대조, 조합; 대결, 대질; 시합

confrontar 꼰프론따르	타 대조하다, 조합하다; 대질시키다 자 인접해 있다 *confrontarse* 서로 대결하다; 직면하다
confucianismo 꼰푸시아니스모	남 유교, 유학(儒學)
confuciano, na 꼰푸시아노, 나	형 유교의, 공자(Confucio)의 남 여 유교도, 유학자
confucionismo 꼰푸시오니스모	남 유교, 유학
confucionista 꼰푸시오니스따	남 여 유교도, 유학자
confundible 꼰푼디블레	형 혼동할 수 있는
confundir 꼰푼디르	타 혼동하다, 잘못 알다; 섞다, 혼합하다; 혼란하게 하다, 당혹케 하다 *confundirse* 섞여 들어가다; 혼동되다
confusión 꼰푸시온	여 혼동; 혼란
confuso, sa 꼰푸소, 사	형 어수선한, 혼란한; 막연한; 당황한
congelable 꽁헬라블레	형 얼 수 있는
congelación 꽁헬라시온	여 동결; 냉동; [의학] 동상
congelado, da 꽁헬라도, 다	형 동결된; 얼린, 냉동의; 동상에 걸린 남 복 냉동 식품
congelador, ra 꽁헬라도르, 라	형 어는, 동결하는, 냉동의 남 냉동고
congelar 꽁헬라르	타 동결시키다; 냉동시키다, 얼리다; 동상에 걸리게 하다 *congelar* la carne 고기를 냉동시키다 *congelar* los precios 물가를 동결시키다 *congelar* los fondos 자산을 동결시키다

congelarse 얼다, 동결되다; 차가워 지다, 냉담해지다; [의학] 동상에 걸리다

congestión 꽁헤스띠온
여 울혈, 충혈; 교통 혼잡[체증]
horas de *congestión* 러시 아워

congestionado, da 꽁헤스띠오나도, 나
형 교통이 혼잡한[폭주한]

congestionar 꽁헤스띠오나르
타 충혈시키다; (길을) 막다, 혼잡하게 하다
congestionarse 충혈되다

conglomeración 꽁글로메라시온
여 응집(凝集)

conglomerar 꽁글로메라르
타 집적(集積)하다
conglomerarse 응집하다

congoja 꽁고하
여 고뇌, 비탄

congojoso, sa 꽁고호소, 사
형 시름[슬픔]에 젖은

congratulación 꽁그라뚤라시온
여 [주로 복] 축하, 경하

congratular 꽁그라뚤라르
타 축하하다, 축하의 말을 하다
congratularse 축하하다

congregar 꽁그레가르
타 (사람을) 모으다
congregarse 모이다

congresista 꽁그레시스따
남 여 국회 의원; 회의(會議)의 회원

congreso 꽁그레소
남 회의, 대회; 국회; 국회 의사당
Congreso de los Diputados 국회

conjetura 꽁헤뚜라
여 억측, 추측

conjeturar 꽁헤뚜라르
타 억측하다, 추측하다, 예측하다

conjugación 꼰후가시온
여 (동사의) 활용, 변화(표); 결합

conjugar 꼰후가르
타 (동사를) 활용시키다; 조정하다

conjunción 꼰훈시온
여 [문법] 접속사; 결합

conjuntar 꼰훈따르 — 타 단결시키다

conjuntiva 꼰훈띠바 — 여 [해부] (눈의) 결막

conjuntivitis 꼰훈띠비띠스 — 여 [의학] 결막염

conjuntivo, va 꼰훈띠보, 바
- 형 결합[연결]하는; [문법] 접속사의
- 남 접속어

conjunto, ta 꼰훈또, 따
- 형 결합된, 연대의
- comisión *conjunta* 합동 위원회
- 남 집합, 집단; 전체; 세트, 앙상블
- *conjunto* urbanístico [residencial] 주택 단지
- *conjunto* coreano 한국 선수단

conjuración 꼰후라시온 — 여 음모, 공모

conjurar 꼰후라르 — 타 (재액을) 피하다; (악령을) 내쫓다

conmemorable 꼼메모라블레 — 형 기념할 만한

conmemoración 꼼메모라시온 — 여 기념(제)

conmemorar 꼼메모라르 — 타 기념하다, 축하하다

conmemorativo, va 꼼메모라띠보, 바
- 형 기념의
- monumento *conmemorativo* 기념비
- sello *conmemorativo* 기념 우표

conmigo 꼼미고
- [con과 mí의 합성어] 나와 함께
- Ella quiere ir a Puebla *conmigo*. 그녀는 나와 함께 뿌에블라에 가기를 원한다.

conmoción 꼼모시온 — 여 충격; 감동; 격변, 격동; (강한) 지진

conmover 꼼모베르 — 타 (…의) 마음을 동요시키다, 감동시키다; (강하게) 진동하다

Conquista (la)

conmoverse
마음이 흔들리다[동요하다]; 감동하다

conmutador
꼼무따도르
명 [전기] 스위치

connatural
꼰나뚜랄
형 천부적인, 타고난 천성의, 선천적인

cono
꼬노
명 원추(형)

conocedor, ra
꼬노세도르, 라
형 정통한
남여 정통한 사람, 감정가, 감식가

conocer
꼬노세르
타 알고 있다, (학문 등에) 정통하다; (사람을) 서로 알고 있다, (만나서 인사를 나누어) 알고 있다
conocer España 스페인에 간 적이 있다
conocer esta calle 이 거리를 잘 알고 있다
conocer los vinos 포도주에 정통하다
conocer a su hermano 형을 알고 있다
conocerse 자신을 알다
Conócete a ti mismo. 너 자신을 알라.
직·현재: conozco, conoces, conoce, conocemos, conocéis, conocen
접·현재: conozca, conozcas, conozca, conozcamos, conozcáis, conozcan

conocido, da
꼬노시도, 다
형 알고 있는, 정통한, 유명한
médico muy *conocido*
아주 유명한 의사

conocimiento
꼬노시미엔또
남 알고 있는 것; (주로 복) 지식; 의식, 지각; [무역] 선하 증권
conocimiento técnico [tecnológico]
노하우

conquista
꽁끼스따
여 정복; 획득(물)

Conquista (la)
꽁끼스따 (라)
여 스페인의 아메리카 대륙 정복

conquistador, ra 남여 (아메리카 대륙의) 정복자
꽁끼스따도르, 라

conquistar 타 정복하다; 손에 넣다, 획득하다
꽁끼스따르

consanguíneo, a 형 혈연의, 혈족의
꼰상기네오, 아

consanguinidad 여 혈족 관계
꼰상기니닫

consciencia 여 =conciencia
꼰시엔시아

consciente 형 자각한, 의식한; 의식이 분명한
꼰시엔떼

conscientemente 부 의식적으로
꼰시엔떼멘떼

consecución 여 획득, 달성
꼰세꾸시온

consecuencia 여 결과; (결과의) 중대함; 결론, 귀결
꼰세꾸엔시아

consecuente 형 유래하는; 수미 일관한; 필연적인
꼰세꾸엔떼 남 귀결

consecutivamente 부 잇따라, 차례차례로, 그 결과
꼰세꾸띠바멘떼

consecutivo, va 형 연속된, 계속된, 뒤를 잇는
꼰세꾸띠보, 바 cinco victorias *consecutivas* 5연승

conseguir 타 얻다, 획득하다, 달성하다
꼰세기르 *conseguir* la mayoría 과반수를 얻다

consejero, ra 남여 조언[충고]자; 고문; (대사관의) 참사관
꼰세헤로, 라 *consejero* técnico 기술 고문

consejo 남 충고, 조언; (대표자의) 회의, 심의[협의]회
꼰세호 *consejo* de ministros
각의(閣議); (유럽 연합의) 각료 회의
Consejo de Seguridad
(유엔의) 안전 보장 이사회

consenso 남 동의, 합의, 일치
꼰센소

consentimiento 남 동의, 허가
꼰센띠미엔또

consentir 타 용인하다, 허용하다
꼰센띠르 자 동의하다, 승낙하다

conserje 남 수위(守衛)
꼰세르헤

conserva 여 보존 식품, 통조림
꼰세르바

conservación 여 보존, 보관
꼰세르바시온 *conservación* de un edificio
건물의 보존
conservación de las especies
종(種)의 보존

conservar 타 보존하다, 보관하다; 보유하다
꼰세르바르 *conservar* la salud 건강을 유지하다
conservarse
보존되다, (건강 등을) 유지하다
conservarse joven 젊음을 유지하다

conservatismo 남 보수주의
꼰세르바띠스모

conservativo, va 형 보존의; 보수의
꼰세르바띠보, 바 campo *conservativo* 보수 진영

conservatorio 남 (공립의) 음악원, 음악 학교
꼰세르바또리오

considerable 형 상당한
꼰시데라블레 cantidad *considerable* 상당한 양

considerablemente 부 상당히
꼰시데라블레멘떼

consideración 여 고려, 숙고; 배려, 주의; 경의, 동정
꼰시데라시온

considerar 타 (잘) 생각하다, 검토하다; 고려에 넣다;
꼰시데라르 …라 간주하다, 생각하다; 존중[존경]하다

consigna 여 수하물 예치소
꼰시그나 *consigna* automática
자동 수하물 예치소, 코인 로커

consignación 여 위탁, 탁송
꼰시그나시온

consignador, ra 남 여 위탁자, 하주(荷主)
꼰시그나도르, 라

consignar 타 충당하다; (보관소에) 맡기다; 위탁하다
꼰시그나르

consignatorio, ria 남 여 위탁 판매인
꼰시그나또리오, 리아

consigo [con과 sí의 합성어] 자기 자신과 함께
꼰시고

consiguiente 형 (...의) 결과로 생기는, ...에 따라 일어나는
꼰시기엔떼 *por consiguiente* 그러므로, 따라서

consiguientemente 부 그러므로, 따라서
꼰시기엔떼멘떼

consistencia 여 끈기, 견고함
꼰시스뗀시아

consistente 형 끈기 있는, 견고한; 내실 있는
꼰시스뗀떼

consistir 자 [+en] (...에) 있다, 기초[기반]을 두다
꼰시스띠르

consocio, cia 남 여 공동 사업자
꼰소시오, 시아

consolación 여 위로; [운동] 패자 부활전
꼰솔라시온

consolar 타 위로[위안]하다
꼰솔라르

consolidación 여 강화, 보강
꼰솔리다시온

consolidar 타 강화하다, 보강하다
꼰솔리다르

consomé 남 콘소메 (수프)
꼰소메

consonancia 여 조화, 일치; [음악] 협화(음)
꼰소난시아

consonante 형 조화된, 일치된; 자음의
꼰소난떼 여 [문법] 자음; 자음자

consonantes compuestas 이중 자음

consorcio
꼰소르시오
남 업자 단체, 조합, 콘소시엄

consorte
꼰소르떼
남여 배우자

conspiración
꼰스삐라시온
여 음모, 공모

conspirador, ra
꼰스삐라도르, 라
남여 공모자, 음모자

conspirar
꼰스삐라르
자 음모를 꾸미다, 공모하다

constancia
꼰스딴시아
여 끈기, 인내; 확실함, 명백함

constante
꼰스딴떼
형 항구적인, 일정한, 끊임없는; 확고 부동한, 끈질긴
amor *constante* 변함없는 사랑
여 [수학·물리] 정수

constantemente
꼰스딴떼멘떼
부 확실히, 분명히, 의심없이; 끊임없이

constar
꼰스따르
자 분명하다, 확실하다; 구성되어 있다

constatación
꼰스따따시온
여 확인, 증명

constatar
꼰스따따르
타 확인하다

constelacin
꼰스뗄라시온
여 [천문] 별자리

constipado, da
꼰스띠빠도, 다
형 감기 걸린
남 코감기, 콧물, 카타르; 감기

constitución
꼰스띠뚜시온
여 구성; 설립; 체격, 체력, 체질; 헌법
constitución de un comité
위원회 구성
Constitución de la República de Corea 대한 민국 헌법

constitucional
꼰스띠뚜시오날
형 헌법의, 입헌적인; 합헌의

constituir 꼰스띠뚜이르	타 구성하다; 지정[임명]하다
constricción 꼰스뜨릭시온	여 강제, 억압, 제한; 압박
constrictor, ra 꼰스뜨릭또르, 라	형 수축하는 músculo *constrictor* [해부] 괄약근 남 괄약근(括約筋)
construcción 꼰스뜨룩시온	여 건축, 건설, 제조; 조립; 건축물, 건조물; [문법] 구조, 구문; [미술] 구성; 건축 공사[작업] *construcción* naval 조선(업) industria de *construcción* 건설업
constructivo, va 꼰스뜨룩띠보, 바	형 건설적인; 적극적인
constructor, ra 꼰스뜨룩또르, 라	형 건축하는, 건조하는 empresa *constructora* 건설 회사 남 여 건설 업자 여 건설 회사
construir 꼰스뜨루이르	타 건축하다, 짓다, 건설하다, 건조하다; 제조하다; 조립하다; (작품을) 구성하다 *construir* una casa 집을 짓다 *construir* una carretera 도로를 만들다 *construir* armas atómicas 핵무기를 제조하다
consuegrar 꼰수에그라르	자 사돈을 맺다
consuegro, ra 꼰수에그로, 라	남 여 사돈 사이
consuelo 꼰수엘로	남 평온(함); 위로, 위안; 기쁨, 즐거움
cónsul 꼰술	남 여 영사(領事) ((대사 embajador)) *cónsul* general 총영사 *cónsul* honorario 명예 영사
consulado 꼰술라도	남 영사관(領事館) ((대사관 embajada)) *consulado* general 총영사관

personal del *consulado* 영사관 직원

consular
꼰술라르
형 영사의, 영사관의
derechos *consulares* 영사 사증료

consulta
꼰술따
여 상담; 진찰; 의원(醫院); 진찰실; 감정, 의견; 참조, 열람

consultación
꼰술따시온
여 협의, 의논

consultar
꼰술따르
타 상담하다; 참조하다, 조사하다
consultar a un médico
의사에게 진찰을 받다
consultar el diccionario
사전을 찾다
자 [+con] (…에게) 상담하다
consultar con un abogado
변호사에게 상담하다
consultar con un médico
의사의 진찰을 받다

consultivo, va
꼰술띠보, 바
형 자문의
comisión *consultiva* 자문 위원회
남여 조언자, 고문, 컨설턴트

consultorio
꼰술또리오
남 상담소; 의원(議院), 진료소

consumación
꼰수마시온
여 종료, 종말; 완수, 성취

consumar
꼰수마르
타 (범죄·계약 행위를) 완수하다

consumición
꼰수미시온
여 소비; 음식 (대금), 밥값

consumido, da
꼰수미도, 다
형 여윈, 쇠약한

consumidor, ra
꼰수미도르, 라
형 소비하는
sociedad *consumidora* 소비 회사
país *consumidor* de petróleo
석유 소비국
남여 소비자

consumir
꼰수미르
  타 소비하다, 먹다

consumo
꼰수모
  남 소비, 소모
  impuesto de *consumo* 소비세

contabilidad
꼰따빌리닫
  여 부기(학), 경리, 회계

contable
꼰따블레
  형 계산할 수 있는; 부기의; 가산의
  남여 회계 담당자

contactar
꼰딱따르
  자 접촉하다

contacto
꼰딱또
  남 접촉; 연락; 교제; 연고
  contacto sexual 성교

contado, da
꼰따도, 다
  형 일정한, 정해진; 드문
  al contado 현금으로
  dinero *al contado* 현금
  compra *al contado* 현금 구입
  venta *al contado* 현금 판매

contador, ra
꼰따도르, 라
  형 계산하는; 계측하는
  남여 회계 담당자
  남 미터기, 자동 계기; 금전 출납기; 자동 기록기; 계량기; 계수기

contaduría
꼰따두리아
  여 경리부, 회계과

contagiar
꼰따히아르
  타 전염[감염]시키다
  자 전염[감염]되다

contagio
꼰따히오
  남 전염, 감염; (가벼운) 전염병

contaminación
꼰따미나시온
  여 오염
  contaminación ambiental 공해

contaminador, ra
꼰따미나도르, 라
  형 오염시키는
  agente *contaminador* 오염원(汚染源)

contaminante
꼰따미난떼
  형 오염시키는
  남 오염 물질
  남여 오염시키는 사람

contaminar 꼰따미나르	🅣 오염시키다 *contaminar* el aire 공기를 오염시키다
contante 꼰딴떼	🅗 현금의(efectivo) dinero *contante* 현금
contar 꼰따르	🅣 계산하다, 세다; 계산에 넣다; 포함시다; 이야기하다, 말하다 *contar* los huevos 달걀을 세다 *contar* su experiencia 경험담을 말하다 직·현재: c*ue*nto, c*ue*ntas, c*ue*nta, contamos, contáis, c*ue*ntan 접·현재: c*ue*nte, c*ue*ntes, c*ue*nte, contemos, contéis, c*ue*nten
contemplación 꼰뗌쁠라시온	🅔 묵상, 명상, 숙고; 응시; 예상
contemplar 꼰뗌쁠라르	🅣 눈여겨 보다; 심사숙고하다, 묵상하다; 응시하다; 예상하다, 고려에 넣다 🅩 (종교적으로) 명상하다 *contemplarse* 자신을 보다
contemporáneo, a 꼰뗌뽀라네오, 아	🅗 동시대의, 같은 시대의; 현대의 🅝🅔 동시대 사람; 현대인
contemporización 꼰뗌뽀리사시온	🅔 타협, 영합
contemporizar 꼰뗌뽀리사르	🅩 타협하다, 영합하다, 시류에 편승하다
contención 꼰뗀시온	🅔 억제, 제지 *contención* de precios 물가 억제
contender 꼰뗀데르	🅩 싸우다, 다투다, 투쟁하다
contenedor 꼰떼네도르	🅝 컨테이너; 쓰레기 수집 용기; 컨테이너선
contener 꼰떼네르	🅣 포함하다, 함유하다; (용기 등에) 넣어져 있다; 제지하다, 억제하다, 참다, 억누르다
contenido, da 꼰떼니도, 다	🅗 함유된; 억제된 🅝 알맹이, 내용(물); 함유량

contentar 꼰뗀따르
타 만족시키다, 기쁘게 하다
contentarse 만족하다, 기뻐하다

contento, ta 꼰뗀또, 따
형 만족한, 기쁜
estar *contento* con ...에 만족하다

contestación 꼰떼스따시온
여 답, 대답, 답장

contestador, ra 꼰떼스따도르, 라
형 대답하는
남여 대답하는 사람
남 자동 응답기
contestador automático 자동 응답기

contestar 꼰떼스따르
타 답하다, 대답하다, 회답[답장]하다
자 답장을 보내다; 말대답하다

contexto 꼰떽스또
남 문맥, 문장의 전후 관계

contienda 꼰띠엔다
여 다툼, 싸움, 말다툼

contigo 꼰띠고
[con과 ti의 합성어] 너와 함께

contiguo, gua 꼰띠구오, 구아
형 인접한

continencia 꼰띠넨시아
여 자제(自制); (특히 성적인) 금욕

continental 꼰띠넨딸
형 대륙(大陸)의

continentalismo 꼰띠넨딸리스모
남 대륙풍(大陸風)

continente 꼰띠넨떼
남 대륙
antiguo *continente* 구대륙 ((아시아·아프리카·유럽 등))
nuevo *continente* 신대륙
viejo *continente* 구대륙 ((유럽))

continuación 꼰띠누아시온
여 계속, 연속
a continuación 계속해서, 이어서

continuamente 꼰띠누아멘떼
부 계속적으로, 연속적으로

continuar 꼰띠누아르	자 계속되다 타 계속하다 *Continúe* su camino. 가시는 길을 계속 가십시오. ***continuar*** + 현재 분사(ando · iendo) 계속해서 …하다 *Continúa* lloviendo. 비가 계속 내린다. 직 · 현재: continúo, continúas, continúa, continuamos, continuáis, continúan 접 · 현재: continúe, continúes, continúe, continuemos, continuéis, continúen
continuo, nua 꼰띠누오, 누아	형 계속적인, 연속적인, 끝이 지 않은
contorno 꼰또르노	남 윤곽, 주위; (자주 복) 주변, 교외
contra 꼰뜨라	전 …에 대하여; 반대하여, 어기고, 반하여 *contra* mi voluntad 내 뜻과는 달리 남 반대; 불찬성 여 곤란, 난점
contraalmirante 꼰뜨라알미란떼	남 해군 소장
contraatacar 꼰뜨라아따까르	타 역습하다, 반격하다
contraataque 꼰뜨라아따께	남 반격; (운동) 역습, 반격
contrabajo 꼰뜨라바호	남 [악기] 콘트라베이스; 최저음 (가수)
contrabando 꼰뜨라반도	남 밀수(품), 밀매(품)
contracción 꼰뜨락시온	여 수축; [문법] 축약
contracepción 꼰뜨라쎕시온	여 피임(anticoncepción)

contraceptivo, va 꼰뜨라셉띠보, 바
- 형 피임(용)의
- 남 피임용 약품[기구]

contradanza 꼰뜨라단사
- 여 [무용] 대무(對舞)

contradecir 꼰뜨라데시르
- 타 반론하다
- *contradecirse* 모순되다, 모순된 것을 말하다

contradicción 꼰뜨라딕시온
- 여 모순; 반론, 이론

contraer 꼰뜨라에르
- 타 수축시키다; 제한[한정]하다; [문법] 축약하다

contralto 꼰뜨랄또
- 남 [음악] 알토
- 남 여 알토 가수

contrariamente 꼰뜨라리아멘떼
- 부 반대로

contrariar 꼰뜨라리아르
- 타 반대하다, 거스르다, 방해하다

contrario, ria 꼰뜨라리오, 리아
- 형 반대의, 역(逆)의; 상대의, 적(敵)의
  - suerte *contraria* 불운, 역경
  - viento *contrario* 역풍
- 남 여 적, 반대자
- *al contrario (de)* (...과) 반대로
- *muy al contrario* 완전히 반대로
- *todo lo contrario* 정반대

contrarrevolución 꼰뜨라르레볼루시온
- 여 반혁명(反革命)

contraseña 꼰뜨라세냐
- 여 암호(暗號)

contraseñar 꼰뜨라세냐르
- 타 암호하다

contrastar 꼰뜨라스따르
- 타 대항하다; 검정하다; 진짜임을 증명하다
- 자 대조를 하다; 대항하다, 반대하다

contraste 꼰뜨라스떼
- 남 대조, 대비

contrata 꼰뜨라따
- 여 도급(都給)

contratación 여 (도급) 계약
꼰뜨라따시온

contratante 남여 계약 당사자
꼰뜨라딴떼

contratar 타 계약하다
꼰뜨라따르 *contratarse* 계약되다

contratista 남여 도급인, 도급 업자
꼰뜨라띠스따

contrato 남 계약; 계약서
꼰뜨라또 *contrato* de alquiler 임대 계약
concluir un *contrato* 계약을 맺다
hacer *contratos* 계약서를 작성하다

contribución 여 공헌, 기여; 분담금; 세금
꼰뜨리부시온

contribuidor, ra 형 공헌하는
꼰뜨리부이도르, 라 남여 공헌자

contribuir 자 공헌하다, 기여하다; 분담금을 지불하다,
꼰뜨리부이르 출자하다; 기부하다; 세금을 내다

contribuyente 형 납세자의
꼰뜨리부엔떼 남여 납세자

control 남 통제, 관리; 제어; 검문, 검사, 체크; (국경)
꼰뜨롤 검문소; 건강 진단
control automático 자동 제어 (장치)
control de calidad 품질 관리
control de pasaportes 여권 검사(소)
control de seguridad
(공항 등의) 신체[소지품] 검사
control mental 마인드 컨트롤

controlar 타 통제하다, 제어하다
꼰뜨롤라르 *controlar* los precios 물가를 통제하다

controversia 여 논쟁
꼰뜨로베르시아

controvertir 타 자 논쟁하다
꼰뜨로베르띠르

contusión 여 타박상, 좌상(挫傷)
꼰뚜시온

contusionar
꼰뚜시오나르
타 …에게 타박상을 입히다

convalecencia
꼰발레센시아
여 (병의) 회복(기)

convalecer
꼰발레세르
자 회복하다

convencer
꼰벤세르
타 설득하다, 납득시키다; 만족시키다
convencerse 납득하다, 깨닫다; 확신하다

convencimiento
꼰벤시미엔또
남 확신(確信)

convención
꼰벤시온
여 협정; (전국적인) 대회; 관습; 형편
Convención de Ginebra 제네바 협정

convencional
꼰벤시오날
형 전통적인; 틀에 박힌; 약정의
boda *convencional* 틀에 박힌 결혼식

convencionalmente
꼰벤시오날멘떼
부 전통적으로, 인습적으로

convenido, da
꼰베니도, 다
형 협정에 의한
precio *convenido* 협정 가격

conveniencia
꼰베니엔시아
여 형편, 사정, 편의; 적절함; 예의, 예법

conveniente
꼰베니엔떼
형 형편이 좋은, 어울리는, 적절한

convenientemente
꼰베니엔떼멘떼
부 안성맞춤으로, 알맞게; 편리하게

convenio
꼰베니오
남 협정, 협약
convenio colectivo 단체 협약
convenio laboral 노동 협약
Convenio General sobre las Tarifas y *Comercio*
관세 및 무역에 관한 일반 협정, GATT

convenir
꼰베니르
자 형편이 좋다, 어울리다, 적당하다
타 …에 대해 합의하다
convenirse 서로 합의하다
conviene a saber 요컨대, 다시 말하면

convento
꼰벤또
남 수도원

conversación
꼰베르사시온
여 회화; 복 교섭, 회담
conversaciones secretas 비밀 회담

conversar
꼰베르사르
자 회화를 하다, 말하다

conversión
꼰베르시온
여 변환, 전환; 개종(改宗)

converso, sa
꼰베르소, 사
형 변한, 전향한; 개종한
남여 개종자

conversor
꼰베르소르
남 [컴퓨터] 변환기

convertible
꼰베르띠블레
형 바꿀 수 있는, 태환할 수 있는
billete *convertible* 태환 지폐

convertidor
꼰베르띠도르
남 [전기] 변압기; [원자 물리] 변환로

convertir
꼰베르띠르
타 변환하다, 전환하다, 바꾸다; 개종시키다
convertirse 변하다, 바뀌다; 개종하다

convexo, xa
꼼벡소, 사
형 복판이 볼록한
espejo *convexo* 볼록거울
lente *convexa* 볼록렌즈

convicción
꼼빅시온
여 확신; 복 신념, 신조

convidado, da
꼼비다도, 다
형 초대받은
남여 초대받은 사람, 초대객
여 (주로 음식물의) 한턱 내는 일

convidar
꼼비다르
타 초대하다

convincente
꼼빈센떼
형 설득력이 있는

convincentemente
꼼빈센떼멘떼
부 설득력 있게, 납득이 가게

convite
꼼비떼
남 초대; 연회

convivencia
꼼비벤시아
여 동거, 공동 생활

conviviente
꼼비비엔떼
- 형 함께 사는, 동거의, 합숙의
- 남 여 동거자, 합숙자

convivir
꼼비비르
- 자 동거하다, 함께 생활하다

convocar
꼼보까르
- 타 소집하다, 모집[소환]하다; (채용 시험 등을) 공고[공시]하다

convocatoria
꼼보까또리아
- 여 소집 (공고); 모집 요강; 전형(銓衡)

convoy
꼼보이
- 남 호위대, 수송대

convoyar
꼼보야르
- 타 (수송대로) 호송[호위]하다

convulsión
꼼불시온
- 여 경련; (어린이의) 경기

convulsionar
꼼불시오나르
- 타 경련을 일으키게 하다
- *convulsionarse* 경련하다, 경기를 하다

conyugal
꼰유갈
- 형 부부의

cónyuge
꼰유헤
- 남 여 배우자
- 남 복 부부(夫婦)

coñac
꼬냑
- 남 코냑, 브랜디. 복 coñacs

coño
꼬뇨
- 남 여자의 성기, 음부

¡coño!
꼬뇨
- 감 제기랄!, 빌어먹을!, 염병할!

cooperación
꼬오뻬라시온
- 여 협력
- *cooperación* económica 경제 협력

cooperador, ra
꼬오뻬라도르, 라
- 형 협력하는
- 남 여 협력자

cooperar
꼬오뻬라르
- 자 협력하다

cooperativa
꼬오뻬라띠바
- 여 협동 조합
- *cooperativa* agrícola 농업 협동 조합
- *cooperativa* de consumo 소비자 조합

cooperativa de producción 생산자 조합

cooperativo, va
꼬오뻬라띠보, 바
형 협력의, 협동의; 협조적인

coordinación
꼬오르디나시온
타 정돈, 정리; 배열

coordinar
꼬오르디나르
타 제휴시키다, 조정하다; (옷·색을) 조화시키다

copa
꼬빠
여 (다리가 달린) 술잔, 글라스, 컵; 한 잔의 술; 우승컵, 우승배; 우승배 쟁탈전
copa de jerez 헤레스 잔
una *copa* de vino 포도주 한 잔
copa mundial 월드컵 전

copia
꼬삐아
여 복사, 카피; [사진] 프린트, 인화; 복사기; 꼭 닮은 사람
copia de seguridad [컴퓨터] 백업
papel de *copia* 복사 용지

copiador, ra
꼬삐아도르, 라
형 남 여 복사[모사]하는 (사람)
남 복사기(copiadora)
여 복사기(fotocopiadora)

copiar
꼬삐아르
타 복사하다; 모사하다
자 컨닝하다

copilato
꼬삘라또
남 여 부조종사 (piloto auxiliar)

copioso, sa
꼬삐오소, 사
형 풍부한, 다량의

copista
꼬삐스따
남 여 필경사

copita
꼬삐따
여 작은 잔

copla
꼬쁠라
여 (노래 등의) 절; (아르헨띠나의) 4행 민요;
복 시(詩), 속요

copo
꼬뽀
남 눈송이
Poco a poco hila la vieja el copo.
(속담) 티끌 모아 태산

coproducción
꼬쁘로둑시온
여 공동 생산; 공동 제작, 합작

coproducir
꼬쁘로두시르
🅣 공동 제작하다, 합작하다

coproductor, ra
꼬쁘로둑또르, 라
🅝🅕 공동 제작자

copropiedad
꼬쁘로삐에닫
🅕 공동 소유, 공유물

cópula
꼬뿔라
🅕 교접, 교미, 성교; [문법] 계사

copularse
꼬뿔라르세
((재귀)) 교접[교미]하다; 성교를 하다

copyright
꼬삐라이트
🅝 판권, 저작권; 판권[저작권]의 인

coquetear
꼬께떼아르
🅩 아양떨다, 교태를 부리다

coqueteo
꼬께떼오
🅝 요염, 교태, 아양

coquetería
꼬께떼리아
🅕 아양, 교태, 요염

coraje
꼬라헤
🅝 용기, 기력; 화, 성냄, 노함

coral[1]
꼬랄
🅝 [동물] 산호

coral[2]
꼬랄
🅗 합창(合唱)의
canto *coral* 합창곡
🅝 [음악] 코럴
🅕 합창단

Corán
꼬란
🅝 (이슬람교의) 코란(alcorón)

corazón
꼬라손
🅝 심장; 마음, 심정; 사랑; 용기

corbata
꼬르바따
🅕 넥타이
corbata de lazo 나비 넥타이

corchete
꼬르체떼
🅝 (옷의) 훅단추

corcho
꼬르초
🅝 코르크; 코르크 마개

cordal
꼬르달
여 사랑니(muela de juicio)

cordel
꼬르델
남 가는 줄(cuerda delgada)

cordera
꼬르데라
여 (한 살이 안된) 새끼 암양

cordero
꼬르데로
남 (한 살이 안된) 새끼 수양

cordial
꼬르디알
형 마음에서 우러난, 성심 성의의, 정중한, 진실한
Saludos *cordiales*
[편지] 경구, 불비(不備)

cordialmente
꼬르디알멘떼
부 정중히, 진심으로; [편지] 경구

cordillera
꼬르디예라
여 산맥

córdoba
꼬르도바
남 꼬르도바 ((Nicaragua의 화폐 단위))

Córdoba
꼬르도바
여 꼬르도바 ((스페인 남부의 주·주도; Argentina의 주·주도; Colombia의 주))

cordón
꼬르돈
남 가는 끈, 줄; (전기 기구의) 코드, 줄
cordones de los zapatos 구두 끈
복 cordones

cordura
꼬르두라
여 신중함, 분별

corea
꼬레아
여 [의학] 무도병(舞蹈病)

Corea
꼬레아
여 [국명] 대한 민국; [북한] 조선
Corea del Norte 북한
Corea del Sur 남한
República de *Corea* 대한 민국
República Popular Democrática de *Corea* 조선민주주의인민공화국

coreanista
꼬레아니스따
남 여 한국(의 언어와 문화의) 연구자

coreanización 꼬레아니사시온   여 한국화(韓國化)

coreanizar 꼬레아니사르   타 한국화하다
coreanizarse 한국화되다

coreano, na 꼬레아노, 나   형 한국의, 조선의
남 여 한국 사람; [북한] 조선 사람
남 한글; [북한] 조선말

coreanófilo, la 꼬레아노필로, 라   형 남 여 한국을 좋아하는 (사람)

coreanófobo, ba 꼬레아노포보, 바   형 남 여 한국을 싫어하는 (사람)

coreanología 꼬레아노롤로히아   여 한국학(韓國學)

coreanólogo, ga 꼬레아놀로고, 가   남 여 한국학 학자

corear 꼬레아르   타 (합창곡을) 작곡하다; 합창하다

coreografía 꼬레오그라피아   여 [무용] 안무(按舞)
hacer la *coerografía* 안무하다

coreografiar 꼬레오그라피아르   타 안무하다

coreógrafo, fa 꼬레오그라포, 파   남 여 안무가

córnea 꼬르네아   여 [해부] 각막(角膜)

corneta 꼬르네따   여 군대 나팔; 뿔피리
남 [군사] 나팔수

coro 꼬로   남 합창, 코러스; 합창단; 합창곡; 성가대
cantar en [a] *coro* 합창하다

corona 꼬로나   여 관; 왕관; 왕위, 왕권; 왕국

coronar 꼬로나르   타 관을 씌우다; 왕위에 앉히다

coronel 꼬로넬   남 여 [육군·공군] 대령
teniente *coronel* 중령

corregir

coronela 꼬로넬라
- 여 대령의 부인

corporación 꼬르뽀라시온
- 여 공단(公團), 공사(公社); 동업자 단체

corporal 꼬르뽀랄
- 형 육체의, 육체적인

corporalmente 꼬르뽀랄멘떼
- 부 육체적으로

corps 꼬르스
- 남 단, 단체
- de *corps* 친위대의
- guardia de *corps* 친위대

corpulencia 꼬르뿔렌시아
- 여 비만, 비대

corpulento, ta 꼬르뿔렌또, 따
- 형 비만한, 몸집이 큰, 거대한

corpúsculo 꼬르뿌스꿀로
- 남 [물리] 입자, 미립자

corral 꼬르랄
- 남 (가축의) 우리, 사육장; 양식장

correa 꼬르레아
- 여 (가죽 제품 등의) 혁대, 벨트; 가죽 끈

corrección 꼬르렉시온
- 여 개정, 수정; 교정; 첨삭, 가필; 징계
- *corrección* de pruebas 교정(校正)

correcto, ta 꼬르렉또, 따
- 형 정확한, 틀림이 없는; (행동이) 결점 없는
- oración *correcta* 정확한 문장

corrector, ra 꼬르렉또르, 라
- 형 교정하는, 수정하는
- 남여 교정자; (시험의) 채점자

corredor, ra 꼬르레도르, 라
- 형 잘 달리는, 발 빠른
- 남여 주자(走者), 달리는 사람; 브로커
- *corredor* de bolsa 주식 브로커
- 남 낭하, 복도, 통로; 회랑

corregir 꼬르레히르
- 타 (오류를) 바로잡다, 교정하다, 고치다; (답안을) 채점하다; 힐책하다
- *corregirse* (자신의 결점 등을) 고치다
- 직·현재: *corrijo*, corriges, corrige, corregimos, corregís, corrigen
- 직·부정 과거: corregí, corregiste,

corrigió, corregimos, corregisteis, corrigieron
접·현재: corrija, corrijas, corrija, corrijamos, corrijáis, corrijan

correlación
꼬르렐라시온
여 상관 관계

correlacionar
꼬르렐라시오나르
타 서로 연관시키다

correo
꼬르레오
남 우편, 우편물; 우편함
correo electrónico 전자 우편, E메일
correo rápido 빠른 우편
venta por *correo* 우편 판매
남 복 우체국
ir a *correos* 우체국에 가다

correr
꼬르레르
자 달리다; (경주에) 참가하다; 흐르다, 유동하다; (시간이) 지나다, 흐르다; (화폐가) 통용되다, 유통되다
No *corra*. Es peligroso.
달리지 마세요. 위험합니다.

correspondencia
꼬르레스뽄덴시아
여 통신, 서신 교환; 환승, 바꿔 탐; 대응
correspondencia comercial
상업 통신문
amigo por *correspondencia* 펜팔
educación por *correspondencia*
통신 교육

corresponder
꼬르레스뽄데르
자 대응[상응]하다; 보답하다; 배분하다
corresponderse 서로 대응하다, 어울리다; 서신 교환을 하다, 편지를 주고 받다

correspondiente
꼬르레스뽄디엔떼
형 해당하는, 적응하는; 적합한; 통신의

corresponsal
꼬르레스뽄살
남 여 펜팔; 통신원, 특파원

corriente
꼬르리엔떼
형 흐르는; (상업 통신문에서) 이, 금(今); 현재의; 유창한; 당좌 (예금)의
el mes *corriente* 이달, 금월
cuenta *corriente* 당좌 계정

corriente 여 이동, 흐름; 기류, 해류; 전류; 경향
corriente eléctrica 전류(電流)

corrientemente 꼬르리엔떼멘떼 부 보통, 습관대로; 유창하게; 쉽게

corrobación 꼬르로바시온 여 확증

corrobar 꼬르로바르 타 확인하다, 입증하다

corroer 꼬르로에르 타 부식시키다
corroerse 부식되다

corromper 꼬르롬뻬르 타 부패시키다, 손상[타락]시키다; 매수하다
자 썩다, 부패되다, 냄새나다, 악취를 내다
corromperse 썩다, 부패되다; 매수되다

corrupción 꼬르룹시온 여 부패, 타락, 퇴폐; 매수, 오직(汚職)

corrupto, ta 꼬르룹또, 따 형 부패한, 타락한

corruptor, ra 꼬르룹또르, 라 형 남 여 타락한 (사람)

corsario, ria 꼬르사리오, 리아 형 해적의
nave *corsaria* 해적선
남 여 해적

corsé 꼬르세 남 코르셋

cortacorriente 꼬르따꼬르리엔떼 남 [전기] 차단기(interruptor)

cortador, ra 꼬르따도르, 라 형 자르는, 재단하는
남 푸주한; 재단사
여 재단기, 절단 기구

cortafrío 꼬르따프리오 남 정, 끌

cortalápices 꼬르딸라삐세스 남 단 복 연필깎이

cortante 꼬르딴떼 형 자르는, 베는; 잘 드는, 예리한
남 푸주한

cortaplumas
꼬르따쁠루마스
남 단 복 주머니칼

cortar
꼬르따르
타 자르다, 베다; 막다, 차단하다; 횡단하다; (문장·영화 등을) 삭제하다
cortarse (자기 몸의 일부를) 자르다; 끊기다
cortarse el dedo 손가락을 자르다
cortarse las uñas 손톱을 깎다
cortarse el pelo 이발하다, 머리를 깎다

cortauñas
꼬르따우냐스
남 단 복 손톱깎이

corte
꼬르떼
남 절단, 재단; 벤 자리; 단면도; 조각, 천; 중단, 차단; [운동] 예선
pasar el *corte* 예선을 통과하다
여 궁정(宮廷); ((중남미)) 사법 재판소
Corte Penal Internacional
국제 형사 재판소
여 복 국회
Coretes constituyentes 입법 의회

cortejar
꼬르떼하르
타 (여성에게) 사랑을 구하다; 알랑거리다

cortejo
꼬르떼호
남 구애; [집합] 수행원

cortés
꼬르떼스
형 예의 바른, 정중한

cortésmente
꼬르떼스멘떼
부 예의 바르게, 정중히

cortesía
꼬르떼시아
여 예의, 예절
con *cortesía* 예의 바르게
carta de *cortesía* 인사장
visa de *cortesía* 우대 비자

corteza
꼬르떼사
여 나무 껍질; 겉껍질; [해부] 피질(皮質)

cortina
꼬르띠나
여 커튼, 휘장
cortina de hierro 철의 장막

corto, ta
꼬르또, 따
형 짧은; 많지 않는, 모자라는
corto viaje 짧은 여행

discurso *corto* 짧은 연설
falda *corta* 짧은 스커트
novela *corta* 단편 소설
película *corta* 단편 영화

cortometraje
꼬르또메드라헤
[남] 단편 영화

corvo, va
꼬르보, 바
[형] 구부러진, 휜
[여] 오금

corza
꼬르사
[여] [동물] 암노루

corzo
꼬르소
[남] [동물] 노루

cosa
꼬사
[여] 것, 물건, 물체; 일, 사정
cosa de valor 값나가는 물건
Necestio muchas *cosas*.
나는 많은 것이 필요하다.

cosecha
꼬세차
[여] 수확, 가을, 거둠; 수확기; 수확물
hacer la *cosecha* 수확하다

cosechar
꼬세차르
[타] 수확하다, 가을하다, 거두다
[자] 수확을 하다, 가을을 하다

coser
꼬세르
[타] 바느질하다, 꿰매다
máquina de *coser* 재봉틀
coser a mano 손으로 꿰매다
coser a máquina 재봉틀로 꿰매다
[자] 바느질을 하다
coser y cantar
식은 죽 먹기다, 누워 떡 먹기다

cosmético, ca
꼬스메띠꼬, 까
[형] 화장용의
[남] 화장품

cósmico, ca
꼬스미꼬, 까
[형] 우주의

cosmonauta
꼬스모나우따
[남][여] 우주 비행사

cosmonave
꼬스모나베
[여] 우주선(astronave)

cosmos
꼬스모스
남 단 복 우주(宇宙)

cosquillas
꼬스끼야스
여 복 간지럼
tener *cosquillas* 간지럽다

cosquillear
꼬스끼예아르
타 간지럽히다

cosquilleo
꼬스끼예오
남 간지럼

costa
꼬스따
여 해안, 연안; (주로 복) 비용
a costa de …의 희생으로[비용으로]
a toda costa 어떤 희생을 치르고라도, 어떤 일이 있어도, 무슨 수를 써서라도

costado
꼬스따도
남 옆구리; 측면(lado)
Me duele el *costado* derecho.
나는 오른쪽 옆구리가 아프다

costar
꼬스따르
자 비용이 들다, 값[비용]이 …이다; (노력·희생 등을) 요하다, 힘이 들다; 시간이 걸리다
¿Cuánto *cuesta* este ordenador?
이 컴퓨터는 얼마입니까?
El trabajo me *costó* una hora.
그 일에 나는 한 시간 걸렸다.
직·현재: c*ue*sto, c*ue*stas, c*ue*sta, costamos, costáis, c*ue*stan
접·현재: c*ue*ste, c*ue*stes, c*ue*ste, costemos, costéis, c*ue*sten

Costa Rica
꼬스따 리까
여 [국명] 코스타리카

costarricense
꼬스따르리센세
형 코스타리카의
남 여 코스타리카 사람

costarriqueño, ña
꼬스따르리께뇨, 냐
형 남 여 =**costarricense**

coste
꼬스떼
남 비용
coste de (la) vida 생계비, 생활비

costilla
꼬스띠야
여 [해부] 갈비뼈, 늑골

costo
꼬스또
남 비용, 경비, 코스트
costo de producción 생산비

costumbre
꼬스뚬브레
여 습관, 버릇, 벽; (여자의) 월경
여 복 풍습, 관습, 습성
de costumbre 항상, 늘, 언제나

costura
꼬스뚜라
여 바느질, 재봉; 솔기, 땀

cotejar
꼬떼하르
타 대조하다, 대조 확인하다

cotejo
꼬떼호
남 대조, 대조 확인

cotidiario, ria
꼬띠디아리오, 리아
형 매일의, 일상의

cotización
꼬띠사시온
여 시세

cotizar
꼬띠사르
타 ...의 회비[분담금]를 내다; 값[시세]을 매기다

coyuntura
꼬윤뚜라
여 관절; 좋은 기회; 정세, 국면

coz
꼬스
여 (동물의) 뒷발 차기; (총포의) 반동

C.P.
세뻬
((약자)) código postal 우편 번호

cráneo
끄라네오
남 [해부] 두개골

cráter
끄라떼르
남 분화구(噴火口)

creación
끄레아시온
여 (하나님의) 천지 창조; 창조물, 세계; 창작; 창설; 신제품

creador, ra
끄레아도르, 라
형 창조하는
남 여 창설자, 창시자
Creador 하나님, 창조주, 조물주, 신

crear
끄레아르
타 창조하다; 창작하다; 창설[설립]하다

crecer
끄레세르
자 성장하다, 발육하다, 자라다; 증대하다, 불어나다, 증가하다; (시세가) 오르다; (조수·

달이) 차다
Tu hija *ha crecido* mucho.
자네 딸이 많이 컸군.
Ha *crecido* el río. 강물이 불어났다.
직·현재: crezco, creces, crece, crecemos, crecéis, crecen
접·현재: crezca, crezcas, crezca, crezcamos, crezcáis, crezcan

creciente
끄레시엔떼

형 증대하는
luna *creciente* 초승달

crecimiento
끄레시미엔또

남 성장; 증대
crecimiento cero 제로 성장
crecimiento económico 경제 성장
etapa de *crecimiento* 성장기

credencia
끄레덴시알

여 소개장, 신용 보증서
여 복 [외교] 신임장
cartas *credenciales* 신임장

crédito
끄레디또

남 신용; 신용 대출, 외상 판매; 신용장
carta de *crédito* 신용장
tarjeta de *crédito* 신용 카드
a crédito 외상으로, 신용으로
comprar *a crédito* 외상으로 사다
vender *a crédito* 외상으로 팔다

creencia
끄레엔시아

여 확신; [주로 복] 신념, 신조, 믿음, 신앙(信仰)

creer
끄레에르

타 믿다; 생각하다; 신용하다
Te *creo*. 당신(의 말)을 믿는다.
자 [+en] (…의 존재·가치를) 믿다
Creo en Dios.
나는 하나님의 존재를 믿는다.
직·부정 과거: creí, creíste, creyó, creímos, creísteis, creyeron

creíble
끄레이블레

형 믿을 수 있는. 반 increíble

crema
끄레마

여 [요리] 크림; (화장용의) 크림
crema dental 튜브 치약

cremación
끄레마시온
여 화장(火葬)

cremallera
끄레마예라
여 지퍼

crematorio, ria
끄레마또리오
형 화장(cremación)의
남 화장터, 화장장; 쓰레기 소각장

crepuscular
끄레뿌스꿀라르
형 황혼의, 해질녘의

crepúsculo
끄레뿌스꿀로
남 황혼, 여명; 쇠퇴기
crepúsculo del Imperio Romana
로마 제국의 쇠퇴기

cresta
끄레스따
여 (새의) 볏; 관모, 도가머리

creyente
끄레옌떼
형 신앙심이 있는
남 여 신자, 신도(信徒)

cría
끄리아
여 사육; (젖을 떼지 않은) 동물의 새끼, 치어 (稚魚); 한 배 새끼
cría de cerdo 양돈(養豚)

criadero
끄리아데로
남 사육장, 양어장; 묘상, 묘목밭

criado, da
끄리아도, 다
남 여 머슴, 하인; 하녀

criador, ra
끄리아도르, 라
형 양육[사육]하는
el *Criador* 창조주, 하나님, 신

crianza
끄리안사
여 육아, 양육; 사육, 재배; 수유기

criar
끄리아르
타 기르다, 키우다, 양육하다; 사육하다
criar un perro 개를 기르다
자 (동물이 새끼를) 낳다
criarse 자라다
직 · 현재: crío, crías, cría, criamos, criáis, crían
접 · 현재: críe, críes, críe, criemos, criéis, críen

criatura
끄리아뚜라
여 유아, 갓난아기; 태아; 인간

criba
끄리바
여 키, 체, 선별기
pasar por la *criba* 키[체]로 치다

cribar
끄리바르
타 키[체]로 치다; 선별하다

cric
끄릭
남 (무거운 것을 드는) 잭, 작은 기중기

cricket
끄리껫
남 [운동] 크리켓

crimen
끄리멘
남 범죄, 죄; 중죄; 범행
cometer un *crimen* 죄를 범하다

crimina
끄리미날
형 범죄의, 죄를 범한; [법률] 형사의
남여 범인, 범죄자
criminal político 정치범

crin
끄린
남 (말 등의) 갈기

criollo, lla
끄리오요, 야
형 남 여 스페인계 중남미인(의)

crisantemo
끄리산떼모
남 [식물] 국화(나무); 국화꽃

crisis
끄리시스
여 위기; 난국; 공황; 부족; (병세의) 급변, 절정기, 고비; [의학] 발작
crisis de divisas extranjeras 외환위기
crisis económica 경제 위기
crisis monetaria 금융 위기

crisol
끄리솔
남 도가니

cristal
끄리스딸
남 유리; 창유리; 수정
cristal delantero [자동차] 앞유리
cristal trasero [자동차] 뒷유리
botella de *cristal* 유리병

cristalería
끄리스딸레리아
여 유리 제조소[판매점]; 유리 제품

cristalero, ra
끄리스딸레로, 라
남여 유리 제조자[상인]; 유리 기술자

cristianismo
끄리스띠아니스모
　남 기독교

cristiano, na
끄리스띠아노, 나
　형 기독교(도)의
　civilización *cristiana* 기독교 문명
　남 여 기독교도

cristo
끄리스또
　남 십자가(상의 예수 수난)상(像)

Cristo
끄리스또
　남 예수 그리스도, 구세주, 하나님의 아들
　antes de *Cristo* 기원전
　después de *Cristo* 기원후

criterio
끄리떼리오
　남 기준, 척도; 판단력, 견식; 의견, 판단

crítica
끄리띠까
　여 비평; 평론; 비판, 비난
　crítica literaria 문예 비평

criticar
끄리띠까르
　타 비평하다; 비난[비판]하다

crítico, ca
끄리띠꼬, 까
　형 비평의; 비판적인; 위기의, 결정적인
　남 여 비평가, 평론가

croar
끄로아르
　자 (개구리가) 울다

crol
끄롤
　남 [수영] 크롤, 자유형

cromático, ca
끄로마띠고, 까
　형 색의, 색채의; [음악] 반음계의

cromosoma
끄로모소마
　남 [생물] 염색체

cróinica
끄로니까
　여 연대기, 편년사

crónico, ca
끄로니꼬, 까
　형 만성적인
　déficit *crónico* 만성적인 적자

croqueta
끄로께따
　여 크로켓 ((튀김))

cruce
끄루세
　남 횡단, 교차; 교차점, 십자로, 사거리; 횡단보도; [전화] 혼선

crucero
끄루세로
　남 순항; [선박] 크루저, 순양함

crucificar 끄루시피까르	타 십자가에 못박다; 박해하다
crucifijo 끄루시피호	남 십자가
crucigrama 끄루시그라마	남 크로스워드 퍼즐
crudamente 끄루다멘떼	부 생으로; 혹독하게, 심하게
crudeza 끄루데사	여 천연 그대로임, 날 것; 생경; 조잡함
crudo, da 끄루도, 다	형 날 것의, 산 채로의; 익지 않은, 풋 carne *cruda* 날고기, 생고기 fruta *cruda* 풋 과실
cruel 끄루엘	형 잔혹한, 무자비한, 비인간적인; 처참한 batalla *cruel* 피비린내나는 전투
crueldad 끄루엘닫	여 잔혹함; 혹독함
cruelmente 꾸루엘멘떼	부 잔혹하게
cruz 끄루스	여 십자가; 십자가상
cruzar 끄루사르	타 (십자형으로) 교차시키다; 횡단하다
cuadernillo 꾸아데르니요	남 작은 공책, 소책자, 메모장
cuaderno 꾸아데르노	남 공책
cuadra 꾸아드라	여 두 모퉁이 사이의 거리; 마굿간
cuadrado, da 꾸아드라도, 다	형 정사각형의, 네모진; 평방의 madera *cuadrada* 각재(角材) metro *cuadrado* 평방 미터 남 정사각형
cuadrángulo, la 꾸아드랑굴로, 라	형 사각형의, 네모진 남 사각형, 네모
cuadrilla 꾸아드리야	여 집단, 그룹, 일당; 투우사의 일단

cuadro
꾸아드로
남 그림; (창·문의) 틀; [야구] 내야

cuádruple
꾸아드루쁠레
형 네 배(의)

cuadruplicar
꾸아드루쁠리까르
형 남 네 배하다

cuajar
꾸아하르
타 응고시키다, 굳게 하다
cuajarse 응고되다, 굳어지다

cual
꾸알
대 선행사의 성과 수에 일치하는 정관사와 함께 쓰임
Me preguntaron por mi madre, la *cual* murió hace cinco años.
나는 모친에 대해 질문을 받았는데 모친께서는 5년 전에 돌아가셨다.
접 …처럼, 같이
형 …과 같은; 앞서 말한; 위의

cuál
꾸알
대 어떤 것, 어느 것
¿*Cuál* quieres tú?
너는 어떤 것을 원하느냐?
형 어느, 어떤
¿*Cuál* camino? 어떤 길
부 어떻게
¡*Cuál* se verán los pobres!
가난한 사람들은 어떻게 하고 있을까!

cualesquier
꾸알레스끼에르
형 cualquier의 복수

cualesquiera
꾸알레스끼에라
대 cualquiera의 복수

cualidad
꾸알리닫
여 특징, 특성; 질, 품질; 장점

cualificado, da
꾸알리피까도, 다
형 자격이 있는, 숙련된

cualitativo, va
꾸알리따띠보, 바
형 질적인

cualquiera
꾸알끼에라
형 [명사 앞에서 cualquier]
어느 것이라도 좋은, 누구라도 괜찮은

cualquier día 언제인가, 어느 날인가
대 어떤 것이라도, 누구라도

cuan
꾸안

형 그 만큼; ...과 같은 정도[분량]으로

cuán
꾸안

부 얼마나, 어떻게
¡Cuán feliz! 얼마나 행복한지!

cuando
꾸안도

접 ...할 때; ...면
Venga usted *cuando* quiera.
편하실 때 오십시오.
Cuando vengas, te lo diré.
네가 오면, 너에게 그것을 말하겠다.

cuándo
꾸안도

부 언제
¿Desde *cuándo*? 언제부터?
¿Hasta *cuándo*? 언제까지?
¿*Cuándo vendrás*? 언제 올거니?

cuantía
꾸안띠아

여 양; 총량; 중요성

cuántico, ca
꾸안띠고, 까

형 [물리] 양자(量子)의

cuanto
꾸안또

남 [물리] 양자(量子)

cuanto, ta
꾸안또, 따

형 ...하는 모든
Le di *cuanto* dinero tenía.
나는 가진 돈을 모두 그에게 주었다.
cuanto a, en cuanto a
...에 대해서, ...에 관해서
cuanto (más) antes 되도록 빨리
cuanto más ... (tanto) más ...
...하면 할수록 더욱더 ...
en cuanto ...하자마자
Cuanto más, mejor. 다다익선(多多益善)

cuánto, ta
꾸안또, 따

형 몇 개의, 얼마 만큼의, 얼마나
¿*Cuánto* dinero necesitas?
너는 돈이 얼마나 필요하니?
대 몇 사람, 몇 개

¿*Cuántos* vienen? 몇 사람 옵니까?
튀 얼마나, 얼마 만큼, 얼마
¿*Cuánto* es [vale·cuesta]?
값이 얼마입니까?

cuarenta
꾸아렌따
- 형 40의, 40번째의
- 남 40; 마흔 살, 40대

cuaresma
꾸아레스마
- 여 [기독교] 사순절

cuartel
꾸아르뗄
- 남 병사(兵舍), 병영(兵營)

cuarteto
꾸아르떼또
- 남 [음악] 사중주, 사중단, 사중곡

cuarto, ta
꾸아르또, 따
- 형 4분의 1의; 네 번째의
- 남 방; 4분의 1; (시간의) 15분
cuarto de baño 욕실
cuarto de estar 거실
- 여 4분의 1

cuarzo
꾸아르소
- 남 [광물] 석영, 수정

cuatro
꾸아뜨로
- 형 4의; 네 번째의
- 남 4; 4일

cuatrocientos, tas
꾸아뜨로시엔또스, 따스
- 형 400의
- 남 400

cuba
꾸바
- 여 (술·간장의) (나무) 통

Cuba
꾸바
- 여 [국명] 꾸바

cubano, na
꾸바노, 나
- 형 꾸바의
- 남 여 꾸바 사람

cubertura
꾸베르뚜라
- 여 덮개

cúbico, ca
꾸비꼬, 까
- 형 [수학] 입방체의, 세제곱의

cubierta
꾸비에르따
- 여 덮개, 커버, 씌우개, 보; 타이어; (책의) 표지; (선박의) 갑판

cubierto 꾸비에르또	남 수저 · 포크 · 나이프의 한 벌
cubierto, ta 꾸비에르또, 따	형 덮인; 지붕이 있는; [기상] 흐린
cubismo 꾸비스모	남 큐비즘, 입체파
cubista 꾸비스따	형 입체파의 남여 입체파 예술가
cubo 꾸보	남 물통; [수학] 입방체, 정육면체
cubrir 꾸브리르	타 덮다, 씌우다, 가리다; (결원을) 메우다, 보충하다; [운동] 마크하다 *cubrirse* 덮이다
cucaracha 꾸까라차	여 [곤충] 바퀴벌레
cuchara 꾸차라	여 숟가락 *cuchara* sopera [de sopa] 수프용 숟가락
cucharada 꾸차라다	여 한 숟가락의 양, 숟가락 하나 가득
cucharilla 꾸차리야	여 찻숟가락 *cucharilla* de café 커피용 스푼 *cucharilla* de té 찻숟가락
cucharón 꾸차론	남 국자, 큰 주걱; 식탁용 숟가락
cuchichear 꾸치체아르	자 속삭이다, 귀엣말을 하다
cuchicheo 꾸치체오	남 속삭임, 귀엣말
cuchilla 꾸치야	여 소 잡는 칼, 고기 자르는 칼
cuchillada 꾸치야다	여 (칼로) 벤 데; 칼로 생긴 상처
cuchillería 꾸치예리아	여 칼붙이 상점[공장]

cuchillero, ra
꾸치예로, 라
남 여 칼붙이 장수

cuchillo
꾸치요
남 (자루 달린) 칼, 식칼, 나이프
cuchillo de postre 디저트용 칼
cuchillo para frutas 과도(果刀)

cuclillas
꾸끌리야스
en cuclillas
책상다리를 하고, 웅크리고 앉아
ponerse *en cuclillas*
웅크리다, 쭈그리다

cuello
꾸에요
남 목; 깃, 동정, 칼라; (병 등의) 목

cuenca
꾸엥까
여 [지리] 유역; 분지; [지질] 광상

cuenco
꾸엥꼬
남 주발, 사발, 밥그릇

cuenta
꾸엔따
여 계산; 회계; 계산서, 청구서; 계좌
¡La *cuenta*, por favor!
계산서 부탁합니다.

cuentecito
꾸엔떼시또
남 단편 소설

cuentista
꾸엔띠스따
남 여 단편 (소설) 작가

cuento
꾸엔또
남 이야기, 콩트, 단편 소설; 옛이야기
cuento antiguo 옛날 이야기
cuento infantil 동화

cuerda
꾸에르다
여 새끼줄, 줄, 로프, 자일; 끈; (시계의) 태엽, 용수철; (악기의) 줄; 현악기

cuerna
꾸에르나
여 뿔잔; 뿔; 뿔나팔

cuerno
꾸에르노
남 (동물의) 뿔; 뿔피리; [곤충] 촉각

cuero
꾸에로
남 (동물의) 가죽; 무두질한 가죽, 피혁
en cueros (vivos)
나체로, 알몸으로, 발가벗고

cuerpo
꾸에르뽀
남 몸, 신체, 육체; 몸통; 본체, 주요 부분; (책의) 본문; 단체, 집단

cuervo
꾸에르보
남 [조류] 까마귀

cuesta
꾸에스따
여 비탈길, 고개, 경사면; 급경사, 절벽

cuestión
꾸에스띠온
여 문제, 화제; 논평, 다툼
en cuestión 문제의
persona *en cuestión*
문제의 인물, 당사자, 본인

cuestionario
꾸에스띠오나리오
남 질문표, 앙케트 표

cueva
꾸에바
여 동굴; 지하실

cuidado
꾸이다도
남 배려, 주의; 보살펴 줌; 걱정, 근심
복 간호, 치료
감 조심하세요!, 위험해!

cuidar
꾸이다르
타 …에 신경을 쓰다; …를 보살피다; …에 조심하다; 간병하다
cuidarse 자기 몸[건강]에 신경을 쓰다

culebra
꿀레브라
여 [동물] 뱀

culebrón
꿀레브론
남 (텔레비전의) 연속극

culi
꿀리
남 (중국·인도 등의) 노동자

culinario, ria
꿀리나리오, 리아
형 요리의
arte *culinario* 요리법

culmen
꿀멘
남 극치, 절정

culminación
꿀미나시온
여 최고조

culminante
꿀미난떼
형 최고의, 절정에 있는

culminar 꿀미나르	자 정점[최고조·절정]에 달하다
culo 꿀로	남 궁둥이
culón, na 꿀론, 나	형 궁둥이가 큰
culpa 꿀빠	여 실수, 잘못, 탓; (종교나 도덕상의) 죄; [법률] 과실
culpable 꿀빠블레	형 죄가 있는; 유죄의 남 여 책임이 있는 사람; 죄인
culpar 꿀빠르	타 ...에게 덮어 씌우다, 전가시키다 자 ...의 탓으로 돌리다
cultismo 꿀띠스모	남 교양어
cultivable 꿀띠바블레	형 경작[재배]할 수 있는
cultivado, da 꿀띠바도, 다	형 경작된, 재배된
cultivador, ra 꿀띠바도르, 라	형 경작[재배]하는, 연구[예술] 활동에 힘쓰는 남 여 경작자, 재배자; 연구가, 예술가
cultivar 꿀띠바르	타 경작하다; 재배하다; 양성[육성]하다 *cultivar* el campo 밭을 경작하다
cultivo 꿀띠보	남 경작, 재배; 양식, 배양; 양성, 개발
culto, ta 꿀또, 따	형 교양이 있는; 세련된; 경작된 lengua *culta* 교양어 persona *culta* 교양인 남 신앙; 예배 (의식); 숭배, 예찬
cultura 꿀뚜라	여 문화; 교양; 단련, 수양 *cultura* física 체육
cultural 꿀뚜랄	형 문화의; 교양의 bienes *culturales* 문화재 programa *cultural* 교양 프로그램
culturismo 꿀뚜리스모	남 보디빌딩 hacer *culturismo* 보디빌딩을 하다

culturista 꿀뚜리스따	남 여 보디빌딩을 하는 사람
cumbre 꿈브레	여 산꼭대기, 산정, 정상; 정점; 수뇌 회담, 정상 회담 conferencia (en la) *cumbre* 정상 회담
cúmel 꾸멜	남 [술] 퀴멜주
cumpleaños 꿈쁠레아뇨스	남 단복 생일, 탄생일 ¡Feliz *cumpleaños*! 생일을 축하합니다.
cumplido, da 꿈쁠리도, 다	형 완수한; 기한이 끝난; 완전한 victoria *cumplida* 완승
cumplimiento 꿈쁠리미엔또	남 (의무·명령 등의) 수행; 만기, 만료
cumplir 꿈쁠리르	타 다하다, 완수하다, 달성하다 자 책임[의무]를 다하다, 완수하다
cúmulo 꾸물로	남 더미; [기상] 적운(積雲)
cuna 꾸나	여 요람, 유아용 침대; 가문; 출생지 canción de *cuna* 자장가
cuneiforme 꾸네이포르메	형 쐐기 모양의 escritura *cuneiforme* 설형 문자
cunicultor, ra 꾸니꿀또르, 라	형 토끼 사육의 남 여 토끼 사육자
cunicultura 꾸니꿀뚜라	여 토끼 사육
cuña 꾸냐	여 쐐기
cuñada 꾸냐다	여 시누이, 올케, 처형, 처제, 제수, 계수
cuñado 꾸냐도	남 처남, 매부, 매제, 아주버니, 시동생
cuota 꾸오따	여 몫, 할당분, 분담금, 할당액; 회비

cupón
꾸뽄
남 할인권, 반액표, 쿠폰권

cúpula
꾸뿔라
여 돔, 원형 극장

cura
꾸라
여 치료; 치유; 치료법
남 사제(司祭); (소교구의) 주임 사제

curable
꾸라블레
형 치료할 수 있는, 치유될 수 있는

curación
꾸라시온
여 치료, 치유

curalotodo
꾸랄로또도
남 만병 통치약

curandero, ra
꾸란데로, 라
남 여 민간 요법 의사; 돌팔이 의사

curar
꾸라르
타 치료하다, 고치다
자 낫다, 치유되다, 완쾌되다

curiosamente
꾸리오사멘떼
부 호기심에서; 열심히, 의욕적으로

curiosear
꾸리오세아르
자 호기심을 일으키다
타 샅샅이 뒤지다[캐다]

curiosidad
꾸리오시닫
여 호기심, 지식욕; 신기한 것[물건]
여 복 골동(품)

curioso, sa
꾸리오소, 사
형 호기심이 강한; 호기심을 가진
남 여 호기심이 강한 사람, 구경꾼

curricular
꾸르리꿀라르
형 커리큘럼의

currículo
꾸르리꿀로
남 커리큘럼, 교육 과정; 이력서

curriculum
꾸르리꿀룸
남 이력서

curriculum vitae
꾸르리꿀룸 비따에
남 ((라틴어)) 이력서

curry
꾸리
남 카레 (가루); 카레 요리
arroz al [con] *curry* 카레 라이스

cursado, da
꾸르사도, 다
형 능숙한, 숙달된

cursar
꾸르사르
타 이수하다; (편지 등을) 보내다

cursillista
꾸르시이스따
남여 수강생, 수강자, 연수자, 연수생
profesor *cursillista* 교육 실습생

cursivo, va
꾸르시보, 바
형 이태릭체의
여 이태릭체
en *cursiva* 이태릭체로

curso
꾸르소
남 강의, 강좌, 강습회; 과정, 학년
curso de invierno 동계 강의
curso de verano 하계 강의
en curso 현재의, 진행 중인
el año *en curso* 금년
el mes *en curso* 이달, 금월

cursor
꾸르소르
남 [기계·컴퓨터] 커서

curtido
꾸르띠도
남 무두질; 햇볕에 태움

curtidor, ra
꾸르띠도르, 라
남여 무두질하는 사람

curtidura
꾸르띠두라
여 무두질

curtiduría
꾸르띠두리아
여 피혁 공장

curtimiento
꾸르띠미엔또
남 무두질; 햇볕에 탐

curtir
꾸르띠르
타 (가죽을) 다루다, 무두질하다; (피부를) 햇볕에 태우다
curtirse (햇볕·갯바람에) 타다

curvar
꾸르바르
타 구부리다, 휘다
curvarse 굽다, 몸을 구부리다

curvo, va
꾸르보, 바
형 굽은
línea *curva* 곡선
superficie *curva* 곡면(曲面)
여 선(線); 커브; [기하] 곡선

custodia
꾸스또디아
여 감시; 보관, 관리; 보호, 감독

custodiar
꾸스또디아르
여 감시하다; 보관하다; 보호[감독]하다

cutáneo, a
꾸따네오, 아
형 피부(cutis)의
enfermedad *cutánea* 피부병

d, D
데
데 ((스페인어 자모의 다섯 번째 문자))

D.
돈
don 돈 ((남자 이름 앞에 붙이는 경칭))

Da.
도냐
doña 도냐 ((여자 이름 앞 경칭))

dación
다시온
여 양여, 주는 일

dactilar
닥띨라르
형 손의
huella [impresión] *dactilar* 지문

dadaísmo
다다이스모
남 다다이즘

dadaísta
다다이스따
형 다다이즘의
남 여 다다이스트

dádiva
다디바
여 선물

dado
다도
남 주사위

dado, da
다도, 다
형 [dar의 과거 분사] 주어진; 가능한; 특정의; ...의 기질[경향]이 있는
형 주는 (사람)

dador, ra
다도르, 라
남 여 양도자; 어음[수표] 발행인

daga
다가
여 (양날의) 단검(短劍)

dalia
달리아
여 [식물] 달리아

dalle
다예
남 [연장] 낫

daltoniano, na
달또니아노, 나
형 색맹의
남 여 색맹

daltonismo
달또니스모
남 색맹

dama
다마
여 부인; 귀부인; 시녀, 궁녀

damnificado, da
담니피까도, 다
형 이재(罹災)를 당한
남 여 이재민; 희생자

damnificar
담니피까르
타 ...에게 손해를 끼치다

dandi
단디
남 멋쟁이

danés, nesa
다네스, 네사
형 덴마크의
남 여 덴마크 사람
남 덴마크어

danza
단사
여 춤, 댄스, 무용
danza clásica 고전 무용, 발레
danza de figuras 피겨 댄스
danza del vientre 배꼽춤
danza popular 민속춤

danzador, ra
단사도르, 라
형 춤추는
남 여 댄서, 무희

danzante
단산떼
형 춤추는
남 여 댄서, 무용수

danzar
단사르
자 춤추다
타 왈츠를 추다

dañar
다냐르
타 ...에게 손해를 주다, 해치다, 상처를 입히다; 손상하다, 흠내다; 망가뜨리다

dañino, na
다니이노, 나
형 유해한, 해로운
insecto *dañino* 해충
sustancia *dañina* 유해 물질

daño
다뇨
남 손해, 피해; 병, 상처

dañoso, sa
다뇨소, 사
형 해로운, 유해한

dar
다르
타 주다; (전기 등을) 공급하다; 건네다, 인도하다; 낳다, 산출하다; 알리다; 상영하다, 상연하다

자 ...에 면해[통해] 있다
직·현재: d*oy*, d*a*s, d*a*, d*a*mos, d*a*is, d*a*n
직·부정 과거: d*i*, d*i*ste, d*i*o, d*i*mos, d*i*steis, d*i*eron
접·현재: d*é*, d*e*s, d*é*, d*e*mos, d*e*is, d*e*n

dardo
다르도
남 투창

data
다따
여 (편지 등의) 날짜와 발신지
여 복 데이터

datar
다따르
타 ...에 날짜를 기입하다; 연대를 추정하다
자 ...로 거슬러 올라가다

dátil
다띨
남 [열매] 대추야자

datilera
다띨레라
여 [식물] 대추야자

dativo
다띠보
남 [문법] 여격

dato
다또
남 [주로 **복**] 자료, 데이터; (주소·전화 등의) 연락처; [컴퓨터] 정보, 데이터
datos personales 개인 정보
archivo de *datos* 데이터 파일

de
데
전 ...의; ...에서, ...부터

dé
데
dar(주다) 동사의 접속법 현재 1·3·단수: 주십시오.

debajo
데바호
부 아래
debajo de ...의 아래

debate
데바떼
남 토론, 의론

debatir
데바띠르
타 토론하다, 토의하다

debe
데베
남 [부기] 차변, 부채

deber
데베르
타 [+동사 원형] ...해야 한다, 하지 않으면 안 된다; [no+] ...해서는 안된다; 빚을 지다

deber obedecer 복종해야 한다
no deber fumar 담배를 피워서는 안된다
🅼 의무, 책무; 빚, 채무(deuda)
🅼🅿 숙제
hacer los *deberes* 숙제를 하다

débil
데빌
🅵 약한, 쇠약한. 🅡 fuerte
🅼🅕 약자(弱者)
ayudar a los *débiles* 약자를 돕다

debilidad
데빌리닫
🅕 약함; 약점, 결점

debilitar
데빌리따르
🅣 약하게 하다, 허약하게 만들다

débilmente
데빌멘떼
🅑 약하게, 허약하게, 기운 없이

débito
데비또
🅼 [부기] 차변; 부채

debut
데붙
🅼 데뷔, 초연, 첫 공연

debutante
데부딴떼
🅼🅕 데뷔자, 신인

debutar
데부따르
🅩 데뷔하다

década
데까다
🅕 10년간

decadencia
데까덴시아
🅕 쇠퇴(기), 감퇴; 퇴폐

decadente
데까덴떼
🅵 쇠퇴기에 있는, 몰락한; 퇴폐주의의

decágono
데까고노
🅼 [수학] 10각형

decálogo
데깔로고
🅼 십계
el *Decálogo* de Moisés 모세의 십계

decano, na
데까노, 나
🅼🅕 (종합 대학교의) 단과 대학장

decatlón
데까뜰론
🅼 [운동] 십종 경기

decena
데세나
㈀ 10단위
decenas de personas 수십 명

decencia
데센시아
㈀ 예의 바름, 품위, 우아함

decente
데센떼
㈂ 예의 바른, 품위 있는, 고상한

decentemente
데센떼멘떼
㈄ 예의 바르게, 신중히

decepción
데셉시온
㈀ 실망, 환멸, 낙담

decepcionar
데셉시오나르
㈅ 실망시키다, 환멸을 느끼게 하다

decidido, da
데시디도, 다
㈂ 결정된, 확정한; 단호한

decidir
데시디르
㈅ 결정하다, 정하다; 결심하다

decilitro
데실리뜨로
㈁ 데시리터

decimal
데시말
㈂ 10분의 1의; 10진법의
㈁ 10진법; [수학] 소수

decímetro
데시메뜨로
㈁ 데시미터

décimo, ma
데시모, 마
㈂ 10번째의; 10분의 1의
㈁ 10분의 1; [복권] 10분의 1권
㈀ 1할세

decimoctavo, va
데시목따보, 바
㈂ 18번째의

decimocuarto, ta
데시모꾸아르또, 따
㈂ 14번째의

decimonono, na
데시모노노, 나
㈂ 19번째의

decimonoveno, na
데시모노베노, 나
㈂ 19번째의

decimoquinto, ta
데시모낀또, 따
㈂ 15번째의

decimoséptimo, ma 형 17번째의
데시모셉띠모, 마

decimosexto, ta 형 16번째의
데시모세스또, 따

decimotercero, ra 형 13번째의
데시모떼르세로, 라

decir¹ 타 말하다; 나타내다, 알리다; 적혀 있다
데시르
decir la verdad 진실을 말하다
decir mentiras 거짓말을 하다
decir adiós 작별 인사를 하다
직·현재: d*i*go, d*i*ces, d*i*ce, decimos, decís, d*i*cen
직·부정 과거: d*i*je, d*i*jiste, d*i*jo, d*i*jimos, d*i*jisteis, d*i*jeron
직·미래: d*i*ré, d*i*rás, d*i*rá, d*i*remos, d*i*réis, d*i*rán
접·현재: d*i*ga, d*i*gas, d*i*ga, d*i*gamos, d*i*gáis, d*i*gan

decir² 남 말; [주로 복] 속담, 경구
데시르

decisión 여 결정; 결심, 결의
데시시온
poder de *decisión* 결정권

decisivamente 부 결정적으로; 단호히
데시시바멘떼

decisivo, va 형 결정적인; 단호한
데시시보, 바
momento *decisivo* 결정적인 순간

declaración 여 공표; 성명, 선언; 신고, 선고
데끌라라시온
declaración de derechos del hombre
인권 선언
declaración de guerra 선전 포고

declarar 타 선언하다; 표명하다; 신고하다
데끌라라르
declarar la independencia
독립을 선언하다
¿Tiene usted algo que *declarar*?
[세관에서] 신고하실 것 있습니까?

declinación 데끌리나시온	여 쇠퇴, 쇠미; 어미 변화, 격변화
declinar 데끌리나르	자 기울다, 내려가다; 쇠퇴하다
declive 데끌리베	남 경사, 비탈; 쇠퇴, 내리막
decoloración 데꼴로라시온	여 퇴색, 변색; 표백
decolorante 데꼴로란떼	남 표백제, 탈색제
decolorar 데꼴로라르	타 퇴색시키다, 변색시키다; 표백시키다 *decolorarse* 퇴색되다; 표백되다
decomisar 데꼬미사르	타 몰수하다, 압수하다
decomiso 데꼬미소	남 몰수, 압수
decoración 데꼬라시온	여 장식(법); 장식품; 무대 장치
decorado 데꼬라도	남 장식(품); 무대 장치
decorador, ra 데꼬라도르, 라	형 장식의 pintor *decorador* 장식 화가 남 여 장식가, 장식 미술가 *decorador* de interiores 실내 장식가, 인테리어 디자이너
decorar 데꼬라르	타 꾸미다, 장식하다
decorativo, va 데꼬라띠보, 바	형 장식(용)의 arte *decorativo* 장식 미술
decoro 데꼬로	남 품격, 단정함
decoroso, sa 데꼬로소, 사	형 품격이 있는, 단정한
decrecer 데끄레세르	자 줄다, 감소하다

decreciente
데끄레시엔떼
형 감소하는, 쇠퇴하는

decrecimiento
데끄레시미엔또
남 감소, 저하

decrépito, ta
데끄레삐또, 따
형 노쇠한; 쇠퇴한

decrepitud
데끄레삐뚣
여 뇌쇠; 쇠퇴

decretar
데끄레따르
타 발령하다, 명령하다, 포고하다

decreto
데끄레또
남 각령(閣令); (교화의) 교령

dedal
데달
남 골무

dedicación
데디까시온
여 헌신; 전념, 열중; 헌납

dedicar
데디까르
타 바치다, 드리다, 올리다; 헌정하다
dedicar este diccionario al profesor
이 사전을 교수에게 헌정하다
dedicarse 헌신[전념]하다, 종사하다
¿A qué *se dedica* usted?
직업이 무엇입니까?

dedicatoria
데디까또리아
여 헌사(獻辭)

dedicatorio, ria
데디까또리오, 리아
형 헌정(獻呈)의

dedil
데딜
남 골무

dedo
데도
남 손가락
dedo anular 넷째손가락, 무명지
dedo auricular 새끼손가락
dedo cordial 가운뎃손가락
dedo de en medio 가운뎃손가락
dedo del corazón 가운뎃손가락
dedo gordo 엄지손가락
dedo índice 집게손가락, 검지

dedo médico 넷째손가락
dedo meñique 새끼손가락
dedo mostrador 집게손가락
dedo pulgar 엄지손가락
dedo saludador 집게손가락

deducción 데둑시온
여 추론; [논리] 연역(법)

deducir 데두시르
타 추론하다; [논리] 연역하다; 공제하다

deductivo, va 데둑띠보, 바
형 연역적인

defectivo, va 데펙띠보, 바
형 =**defectuoso**

defecto 데펙또
남 결함; 결점, 단점; 부족, 결핍
defecto físico 육체적 결함
defecto de vitaminas 비타민 결핍

defectuoso, sa 데펙뚜오소, 사
형 결점[결함]이 있는

defender 데펜데르
타 지키다, 보호하다; 방위하다; 옹호하다
defenderse (자신의) 몸을 지키다

defensa 데펜사
여 방위, 방어; [군사] 방위 시설; 변호
defensa nacional 국방

defensivo, va 데펜시보, 바
형 방어의, 방위의
여 수세, 방어 자세; 방어물
남 =**defensa**

defensor, ra 데펜소르, 라
형 변호하는, 옹호하는
남 여 수호자, 옹호자; [운동] 후위

deficiencia 데피시엔시아
여 결함, 결점; 부족

deficiente 데피시엔떼
형 결함이 있는; 불충분한, 부족한

déficit 데피싵
남 단 복 적자, 결손; 부족
déficit comercial 무역 적자

definición 데피니시온
여 정의; (사전 등의) 말뜻; 선명도

definido, da 형 명확한, 명료한
데피니도, 다

definir 타 정의하다; 정확히[명확히] 하다
데피니르

definitivamente 부 결정적으로, 최종적으로
데피니띠바멘떼

definitivo, va 형 결정적인, 최종적인
데피니띠보, 바
edición *definitiva* 결정판
여 최종 판결
en definitiva 결국(은), 요컨대

deflación 여 디플레이션
데플라시온

deflacionario, ria 형 디플레이션의
데플라시오나리오, 리아
política *deflacionaria* 디플레이션 정책

deflacionista 형 디플레이션의, 디플레이션 정책의
데플라시오니스따
남 여 디플레이션 정책론자

deformación 여 변형; 뒤틀림, 비뚤어짐; 왜곡
데포르마시온

deformar 타 변형시키다; 비뚤어지게 하다
데포르마르

deforme 형 기형의, 불구의; 왜곡된
데포르메

deformidad 여 기형, 불구; 왜곡; 타락
데포르미닫

defraudación 여 횡령, 사취
데프라우다시온

defraudador, ra 형 횡령하는, 사취하는
데프라우다도르, 라
남 여 횡령자, 사취자

defraudar 타 …의 기대를 어긋나게 하다; 횡령하다,
데프라우다르
사취하다; (세금 등의) 지불을 속이다

defunción 여 사망(muerte)
데푼시온

degeneración 여 퇴화; 퇴폐, 타락
데헤네라시온

degenerar 타 퇴화하다; 퇴폐하다, 타락하다
데헤네라르

degollar
데고야르
타 목을 자르다, 참수하다

degradación
데그라다시온
여 (관 등의) 박탈, 강등, 좌천; 타락

degradar
데그라다르
타 (지위·칭호를) 박탈하다, 강등시키다; …의 품위[체면]를 손상시키다
degradarse 타락하다; 악화되다

degustación
데구스따시온
여 시식, 시음; 시식품

degustar
데구스따르
타 …의 맛을 보다, 시식[시음]하다

dehesa
데에사
여 목초지

dejación
데하시온
여 포기; (재산·주식 등의) 양도

dejado, da
데하도, 다
형 게으른, 태만한; 기력이 없는

dejamiento
데하미엔또
남 방치, 방임, 포기; 의기 소침

dejar
데하르
타 놓다, 놓아 두다, 남기다, 남겨 두다; 맡기다, 위임하다; 버리다; …하게 하다
dejar las manzanas en el plato 접시 위에 사과를 놓다
dejar los estudios 학업을 그만두다
dejar salir el agua 물을 흐르게 두다

dejo
데호
남 (음식·음료의) 뒷맛

del
델
[전치사 de와 정관사 el의 축약]
del hombre ← de el hombre

delantal
델란딸
남 앞치마

delante
델란떼
부 앞에, 전에; 정면에, 전면에
delante de …의 앞에
estar *delante de* la puerta 문앞에 있다

delantero, ra
델란떼로, 라
형 앞에 있는[가는]
asiento *delantero* 앞 좌석

fila *delantera* 앞줄
rueda *delantera* 앞바퀴
남 (옷의) 앞섶
여 앞부분; (투우장 등의) 맨 앞줄

delatar
델라따르
타 밀고하다, 폭로하다

delator, ra
델라또르, 라
형 밀고하는
남 여 밀고자

DELE
델레
((약자)) *Diploma de Español como Lengua Extranjera*
외국어로서 스페인어 자격증

delegación
델레가시온
여 위임, 위탁; 대표단; 위원회; 지점
delegación cultural 문화 사절단

delegado, da
델레가도, 다
형 위임받은, 대표의
남 여 대표(자); 대리인, 에이전트
delegado sindical 조합 대표

delegar
델레가르
타 (권한을) 위임하다, 넘기다

deleitar
델레이따르
타 무척 즐겁게 하다
deleitarse 무척 즐겁다, 즐기다

deleite
델레이떼
남 즐거움, 기쁨; (육체적) 쾌락

deleitoso, sa
델레이또소, 사
형 즐거운, 기쁜

delfín
델핀
남 [동물] 돌고래

delfinario
델피나리오
남 돌고래 쇼

delgadez
델가데스
여 가늘음, 엷음, 홀쭉함

delgado, da
델가도, 다
형 여윈, 수척한; 가는, 엷은, 얇은
hombre *delgado* 여윈 남자
mujer *delgada* 여윈 여자
hilo *delgado* 가는 실
tabla *delgada* 엷은 판
ponerse [quedarse] *delgado*

여위다, 수척해지다

deliberación 델리베라시온
여 토의, 심의; 숙고

deliberar 델리베라르
자 토의하다, 심의하다; 숙고하다

delicadez 델리까데스
여 허약, 나약함; 약함; 무기력함

delicadeza 델리까데사
여 섬세함, 미묘함; 배려; 우아함

delicado, da 델리까도, 다
형 미묘한, 어려운; 날씬한; 상하기 쉬운; 성미가 까다로운; 섬세한; 아픈

delicia 델리시아
여 즐거움; 관능적 쾌락; 기쁨거리

delicioso, sa 델리시오소, 사
형 기분이 좋은, 흐뭇한, 즐거운; 맛있는
comida *deliciosa* 맛있는 요리

delincuencia 델린꾸엔시아
여 범죄

delincuente 델린꾸엔떼
형 경범죄를 지은, 비행을 저지른
남 여 경범죄자

delineante 델리네안떼
남 여 제도가(製圖家)

delinear 델리네아르
타 …의 윤곽을 그리다, 도면을 그리다

delito 델리또
남 범죄
delito político 정치 범죄

delta 델따
여 [지리] 삼각주

demacrado, da 데마끄라도, 다
형 여윈, 수척해진

demacrarse 데마끄라르세
((재귀)) 여위다, 살이 빠지다

demagogia 데마고히아
여 선동 정치

demagógico, ca 데마고히꼬, 까
형 민중 선동의

demagogo, ga 데마고고, 가
남 여 민중 선동가

| **demanda**
데만다 | 여 청구, 신청(서); 수요; 요구; 주문 |

demandado, da 남여 (민사의) 피고
데만다도, 다

demandante 남여 [법률] 원고
데만단떼

demandar 타 청구하다, 소송하다, 고소하다
데만다르

demás 형 그 밖의, 나머지의
데마스
la *demás* gente 그 밖의 사람들
los *demás* panes 나머지의 빵
대 다른 사람들, 다른 것들
부 =**además**

demasía 여 과도, 과다, 과분, 지나친 일
데마시아

demasiado, da 형 너무 많은, 지나친, 과도한, 과분한
데마시아도, 다
el *demasiado* cariño 지나친 애정
부 너무나(도), 지나치게, 과도히
beber *demasiado* 과음하다
comer *demasiado* 과식하다

demencia 여 광기, 광란; 정신 착란; 치매, 노망
데멘시아

demente 형 미친, 실성한; 치매에 걸린
데멘떼
남여 미치광이, 광인; 치매증 환자

demérito 남 결점, 흠, 잘못, 과실
데메리또

democracia 여 민주주의; 민주 정치; 민주 국가
데모끄라시아
democracia directa 직접 민주주의

demócrata 형 민주주의의
데모끄라따
partido *demócrata* 민주당

democrático, ca 형 민주주의의, 민주적인
데모끄라띠꼬, 까
país *democrático* 민주주의 국가
partido *democrático* 민주당

democratización 여 민주화
데모끄라띠사시온

democratizador, ra
데모끄라띠사도르, 라

형 민주화하는, 민주화를 추구하는
proceso *democratizador* 민주화 과정

democratizar
데모끄라띠사르

타 민주화하다

demolición
데몰리시온

여 해체, 파괴

demoler
데몰레르

타 (건물 등을) 헐다, 해체하다, 부수다

demoniaco, ca
데모니아꼬, 까

형 =**demoníaco**

demoníaco, ca
데모니아꼬, 까

형 악마의, 악마 같은; 악마가 낀

demonio
데모니오

남 악마(diablo); (악마 같이) 나쁜 사람, 심술쟁이, 몽니쟁이

남 [주로 복] (의문사와 함께) 도대체
¿Quién *demonios* eres tú?
도대체 너는 누구냐?

demora
데모라

여 지연, 지체

demorar
데모라르

타 지연[지체]시키다, 연기하다, 미루다
demorar la salida 출발을 연기하다
demorar el pago 지불을 미루다
자 늦다, 미적거리다, 꾸물거리다
demorarse 지연[지체]되다

demostración
데모스뜨라시온

여 증명, 입증; 표명; 시위 운동, 데모

demostrar
데모스뜨라르

타 증명[입증]하다; 명시하다; 데모하다

demostrativo, va
데모스뜨라띠보, 바

형 명시하는; [문법] 지시의
adverbio *demostrativo* 지시 부사
남 [문법] 지시사(指示詞)

denegación
데네가시온

여 거절

denegar
데네가르

타 거절하다

dengue
뎅게
남 [의학] 뎅그열
fiebre *dengue* 뎅그열

denigración
데니그라시온
여 중상, 비방

denigrante
데니그란떼
형 폄하하는, 헐뜯는, 비방하는

denigrar
데니그라르
타 폄하하다, 헐뜯다, 비방하다

denominación
데노미나시온
여 명명(命名); 명칭, 호칭
denominación de origen 원산지 증명

denominador, ra
데노미나도르, 라
형 명명하는
남여 명명자(命名者)
남 [수학] 분모

denominar
데노미나르
타 명명(命名)하다

denotar
데노따르
타 나타내다, 나타내 보이다

densidad
덴시닫
여 밀도, 농도, 진함; 비중(比重)

densificar
덴시피까르
타 (밀도를) 짙게 하다

densímetro
덴시메뜨로
남 비중계, 밀도계

denso, sa
덴소, 사
형 짙은, 조밀한, 밀도가 높은
bosque *denso* 밀림
niebla *densa* 짙은 안개, 농무
población *densa* 조밀한 인구

dentadura
덴따두라
여 이, 치아(齒牙), 치열, 잇바디
dentadura postiza 틀니, 의치

dental
덴딸
형 이(diente)의; 잇소리의
여 잇소리, 치음(齒音)

dentar
덴따르
타 (낫·톱 등에) 날을 세우다
자 이가 나기 시작하다

dentina
덴띠나
여 상아질

dentista
덴띠스따
閉 여 치과 의사

dentistería
덴띠스떼리아
여 치과 진료소; 치과 병원

dentro
덴뜨로
부 안에, 속에; 안으로, 속으로
dentro de ...의 안에; [미래의 기간] ... 있으면, ... 지나서, ... 후에, ...이내에
*dentro de*l cajón 서랍 안에
dentro de tres años 3년 있으면[지나서]

denudación
데누다시온
여 노출(露出)

denudar
데누다르
타 벌거벗기다, ...의 껍질을 벗기다

denuncia
데눈시아
여 알림, 신고; 소송; 밀고, 고발(장)

denunciación
데눈시아시온
여 알림, 통보, 신고; 고발

denunciador, ra
데눈시아도르, 라
형 알리는, 신고하는; 고발하는
남 여 고발자, 밀고자

denunciante
데눈시안떼
형 남 여 =**denunciador**

denunciar
데눈시아르
타 알리다, 신고하다; 예측하다; 발표하다, 공표하다; 고발하다, 밀고하다

departamental
데빠르따멘딸
형 부문(별)의; 부(部)의; 학과의, 주(州)의

departamento
데빠르따멘또
남 (회사 등의) 부(部), 부문; (정부의) 부(部); (대학의) 과; 아파트; 칸막이; 찻간; (남미 여러 나라의) 주(州)(provincia)
departamento de ventas 영업부
departamento de español 스페인어과

departir
데빠르띠르
자 말하다, 이야기하다, 환담하다

dependencia
데뻰덴시아
여 의존, 종속; 지국, 출장소; 대리업[점]

depender
데뻰데르
자 ...에 달려 있다, 좌우되다; ...에 의존하다, 종속[소속]하다

depender de su esfuerzo
노력에 달려 있다[좌우되다]
depender de sus padres
부모에게 얹혀 살다[의존하다]

dependienta
데뻰디엔따
여 여점원

dependiente
데뻰디엔떼
형 의존하는, 종속하는
남 여 점원; 아랫사람, 부하

deplorar
데쁠로라르
타 한탄하다, 탄식하다; 유감으로 생각하다

deportación
데뽀르따시온
여 국외 추방; 강제 수용

deportar
데뽀르따르
타 (국외) 추방하다; 강제 수용소에 넣다

deporte
데뽀르떼
남 운동, 스포츠
trajes de *deporte* 운동복
hacer [practicar] *deporte* 운동을 하다

deportismo
데뽀르띠스모
남 운동[스포츠] 정신

deportista
데뽀르띠스따
남 여 운동 선수, 스포츠맨

deportivida
데뽀르띠비닫
남 스포츠맨십, 운동가 정신

deportivismo
데뽀르띠비스모
남 =**deportividad**

deportivo, va
데뽀르띠보, 바
형 운동의, 스포츠의
automóvil *deportivo* 스포츠카
club *deportivo* 운동부
periódico *deportivo* 스포츠 신문

depositador, ra
데뽀시따도르, 라
형 예금하는
남 여 예금자

depositante
데뽀시딴떼
형 남 여 =**depositador**

depositar
데뽀시따르
타 맡기다, 위임하다, 부탁하다; 두다, 놓다
depositar sus ahorros 예금하다

depositaría
데뽀시따리아
여 보관소

depositario, ria
데뽀시따리오, 리아
형 수탁하는, 보관하는
남 여 수탁자, 보관자, 위탁 판매자

depósito
데뽀시또
남 위탁, 위임, 보관; 기탁, 공탁; 보관물, 예치물; 예금; 창고, 보관소; 탱크

depravación
데쁘라바시온
여 타락, 퇴폐

depravar
데쁘라바르
타 타락시키다
depravarse 타락하다

depreciación
데쁘레시아시온
여 가치의 하락; 감가 상각

depreciar
데쁘레시아르
타 (화폐 등의) 값을 떨어뜨리다, 절하하다

depredación
데쁘레다시온
여 약탈; 횡령

depredar
데쁘레다르
타 약탈하다

depresión
데쁘레시온
여 낙심, 낙담; 경기 후퇴, 불황; 저기압

depresivo, va
데쁘레시보, 바
형 기가 죽은, 풀이 죽은; 억압성의, 함몰성의 (지진)

deprimente
데쁘리멘떼
형 의기 소침한; 기가[풀이] 죽은

deprimir
데쁘리미르
타 압축하다; 의기 소침하게 하다; 낙담시키다; (값을) 떨어뜨리다; 함몰시키다

deprisa
데쁘리사
부 서둘러, 급히, 신속히
ir *deprisa* 서둘러 가다

depuesto, ta
데뿌에스또, 따
형 해임된
primer ministro *depuesto* 해임된 총리

depuración
데뿌라시온
여 정화, 순화; 세련; 숙청
depuración del agua 정수(淨水)

depurador, ra
데뿌라도르, 라
형 정화하는
estación *depuradora* de aguas 정수장
estación *depuradora* de basuras

쓰레기 처리장
남(여) 정화 장치

depurar
데뿌라르
타 정화하다; 정제하다; 제련하다; 순화시키다; 추방하다, 숙청하다

derecha
데레차
여 오른쪽, 우측; 우익; [감탄사적] 우향우!
(a la derecha)
torcer a la *derecha* 오른쪽으로 돌다
Conserve su *derecha*. [게시] 우측 통행.

derechamente
데레차멘떼
부 곧장, 똑바로 곧게, 일직선으로; 서거나 멈추지 않고, 바로

derechismo
데레치스모
남 우익 (정책)

derechista
데레치스따
형 우익의
남여 우익 보수주의자, 우익 분자

derechito
데레치또
부 곧장, 똑바로 곧게, 일직선으로
Siga *derechito*. 곧장 가십시오.

derechización
데레치사시온
여 우경화(右傾化)

derechizar
데레치사르
타 우경화[보수화]되다

derecho[1]
데레초
남 법률, 법학; 권리; 정의
doctor en *derecho* 법학 박사
facultad de *derecho* 법과 대학
derecho a la vida 생존권
derecho de reproducción 복제권
남복 (법정) 요금, 수수료; 세금
derechos de examen 수험료
derechos de matrícula 수업료, 등록금

derecho[2]
데레초
부 곧장, 똑바로 곧게
ir *derecho* a su casa 곧장 집으로 가다
Siga (todo) *derecho*. 곧장 가십시오.

derecho, cha
데레초, 차
형 곧은, 직선의, 똑바른; 오른쪽의
(반 izquierdo); 올바른, 정당한, 공정한
camino *derecho* 곧은 길, 가까운 길
línea *derecha* 직선

deriva

mano *derecha* 오른손

deriva
데리바
여 편류; 표류

derivación
데리바시온
여 유래; [언어] 파생어; 분기; 분류

derivado, da
데리바도, 다
형 파생의, 파생된
남 파생어; 부산물

derivar
데리바르
자 (…에서) 유래하다; 파생하다
derivarse 유래되다, 파생되다

dermatitis
데르마띠띠스
여 [의학] 피부염

dermatología
데르마똘로히아
여 피부과

dermatólogo, ga
데르마똘로고, 가
남 여 피부과 의사

dermatosis
데르마또시스
여 [의학] 피부병

derogación
데로가시온
여 (법률 등의) 폐지, 철폐

derogar
데로가르
타 (법률·규칙 등을) 폐지하다

derramamiento
데르라마미엔또
남 유출; (가족 등의) 이산
derramamiento de sangre 유혈

derramar
데르라마르
타 흘리다, 엎지르다, 흩뿌리다
derramar el agua 물을 엎지르다

derrame
데르라메
남 유출(물), 누출(액)

derredor
데르레도르
남 주위
al [*en*] *derredor* 주위에

derretimiento
데르레띠미엔또
남 용해(溶解)

derretir
데르레띠르
타 (열로) 녹이다, 용해하다

derribamiento
데르리바미엔또
남 =**derribo**

desacertar

derribar 데르리바르
타 (건물 등을) 헐다, 철거하다; 쓰러뜨리다, 넘어뜨리다

derribo 데르리보
남 철거 (작업); 철거 작업의 폐자재

derrocamiento 데르로까미엔또
남 타도, 밀어 넘어뜨림

derrocar 데르로까르
타 전복하다, 밀어뜨리다
derrocar el gobierno 정부를 전복하다

derrochar 데르로차르
타 낭비[허비]하다

derroche 데르로체
남 낭비, 허비

derrota 데르로따
여 패배(敗北)

derrotar 데르로따르
타 패주시키다; 파괴하다, 부수다; 낭비하다

derruir 데르루이르
타 (건물을) 해체하다, 헐다

derrumbamiento 데르룸바미엔또
남 붕괴; 낙반

derrumbar 데르룸바르
타 (건축물을) 해체하다, 부수다, 헐다; (채석장 등에서) 밀쳐서 떨어뜨리다

derrumbe 데르룸베
남 도괴, 토사 사태; [경제] 붕괴

desabotonar 데사보또나르
타 …의 단추를 끄다
desabotonarse
(자기 옷의) 단추를 끄다

desabrochar 데사브로차르
타 (옷의) 단추[훅]을 끄다
desabrocharse
(자기 옷의) 단추[훅]을 끄다

desaceleración 데사셀레라시온
여 감속(減速)

desacelerar 데사셀레라르
타 …의 속도를 줄이다, 감속하다

desacertar 데사세르따르
자 [+en] (…을) 실패하다, 빗나가다

desacierto
데사시에르또
남 예상에서 벗어남; 실패, 실수

desacuerdo
데사꾸에르도
남 불일치, 부조화; 불화

desafiador, ra
데사피아도르, 라
형 도전하는
남 여 도전자(挑戰者)

desafiante
데사피안떼
형 도전적인

desafiar
데사피아르
타 도전하다, 결투를 신청하다; 맞서다
desafiarse (서로) 결투하다

desafío
데사피오
남 도전; 결투의 신청

desafortunadamente
데사포르뚜나다멘떼
부 불행히도, 불운하게도

desafortunado, da
데사포르뚜나도, 다
형 불행한, 불운한

desagradable
데사그라다블레
형 불쾌한, 불유쾌한, 싫은

desagradablemente
데사그라다블레멘떼
부 불쾌하게, 마지못한 듯이

desagradar
데사그라다르
자 언짢아 하다, 불쾌하다, 언짢다
desagradar al oído 귀에 거슬리다

desagradecer
데사그라데세르
타 …에 대해 배은망덕하다, 은혜를 잊다

deagradecido, da
데사그라데시도, 다
형 배은망덕한, 은혜를 저버린
남 여 배은망덕한 사람

desagrado
데사그라도
남 불쾌, 불만

desagraviar
데사그라비아르
타 …에게 사죄하다; 손해를 배상하다

desagravio
데사그라비오
남 보상; 사죄

desaguadero
데사구아데로
남 배수구, 배수로

desarmamiento

desaguador
데사구아도르
남 =desaguadero

desaguar
데사구아르
타 배수하다, 물을 빼다
desaguar un pantano 늪의 물을 빼다
자 (저수지 등의) 물을 빼다; (강물이 바다 등으로) 흘러 들어가다
desaguarse
(그릇의 물이) 흐르다; 토하다; 싸다

desagüe
데사구에
남 배수, 방수; 배수구, 방수구

desairar
데사이라르
타 업신여기다, 경시하다

desaire
데사이레
남 경시, 경멸

desalar
데살라르
타 염분[소금기]를 빼다

desalentar
데살렌따르
타 실망[낙담]시키다, 맥풀리게 하다
desalentarse 낙담[실망]하다

desaliento
데살리엔또
남 맥이 빠짐; 실망, 낙담, 의기 소침

desanimar
데사니마르
타 실망시키다, 낙담시키다
desanimarse 실망하다, 낙담하다

desánimo
데사니모
남 낙담, 실망

desaparecer
데사빠레세르
타 숨기다, 감추다, 없어지게 하다
자 없어지다, 사라지다
desaparecerse 없어지다, 사라지다

desaparecido, da
데사빠레시도, 다
형 자취를 감춘, 없어진, 사라진, 분실된; 행방 불명된; 죽은
animales *desaparecidos* 멸종된 동물
남여 행방 불명자; 사망자

desaparición
데사빠리시온
여 실종; 소멸, 멸종, 멸망; 사망

desarmamiento
데사르마미엔또
남 =desarme

desarmar
데사르마르
타 (기계 등을) 해체[분해]하다; 무장 해제하다; 군비를 축소[철폐]하다

desarme
데사르메
남 분해, 해체; 무장 해제, 군비 축소

desarrollado, da
데사르로야도, 다
형 발전된, 성장된
país *desarrollado* 발전국
país menos *desarrollado* 최빈국

desarrollar
데사르로야르
타 발달[발전]시키다; 발육[성장]시키다; 개발하다
desarrollarse
발전하다, 발달하다; 성장하다

desarrollo
데사르로요
남 발달, 발전; 개발; 발육; [사진] 현상
desarrollo económico 경제 발전[개발]
país en (vías de) *desarrollo*
발전 도상국

desarticulación
데사르띠꿀라시온
여 관절의 뺌, 탈구; 분해, 해체

desarticular
데사르띠꿀라르
타 (관절을) 빼다; (기계 등을) 분해[해체]하다
desarticularse 관절을 빼다; 분해되다

desastre
데사스뜨레
남 재해, 재앙, 재난, 참화

desatar
데사따르
타 (묶은 것을) 풀다, 뜯다

desatención
데사뗀시온
여 방심; 실례, 무례

desatender
데사뗀데르
타 ...에 주의를 기울이지 않다, 등한히 하다, 무시하다

desayunar
데사유나르
자 아침밥을 먹다

desayuno
데사유노
남 아침밥
tomar el *desayuno* 아침밥을 먹다

descafeinado, da
데스까페이나도, 다
형 카페인을 제거한
café *descafeinado* 카페인 없는 커피
남 카페인이 없는 커피

descafeinar 데스까페이나르 — 타 커피에서 카페인 함량을 없애다

descalificación 데스깔리피까시온 — 여 무자격; 자격 박탈

descalificado, da 데스깔리피까도, 다 — 형 자격이 없는, 자격을 잃은

descalificar 데스깔리피까르 — 타 신용을 떨어뜨리다; 자격을 박탈하다

descalzar 데스깔사르 — 타 신발을 벗기다
descalzarse 신발을 벗다

descansar 데스깐사르 — 타 (일을) 쉬게 하다
자 쉬다, 휴식을 취하다, 휴게하다
descansar a la sombra de un árbol
나무 그늘에서 쉬다

descanso 데스깐소 — 남 쉼, 휴식; 휴게
día de *descanso* 휴일; [종교] 안식일
hora de *descanso* 휴식 시간
sala de *descanso* 휴게실

descarga 데스까르가 — 여 하역, 짐을 내림; 사격, 일제 사격

descargadero 데스까르가데로 — 남 하역장, 부두

descargador, ra 데스까르가도르, 라 — 남여 하역 인부

descargar 데스까르가르 — 타 짐을 내리다, 하역하다; (총을) 쏘다

descargo 데스까르고 — 남 하역; 부담의 경감

descaro 데스까로 — 남 후안무치, 뻔뻔스러움

descarriar 데스까르리아르 — 타 길을 잃게 하다
descarriarse 길을 잃다, 미아가 되다

descendencia 데센덴시아 — 여 [집합] 자손, 후손, 후예; 가계, 혈통

descendente 데센덴떼 — 형 아래로 내려가는, 하강하는

descender 데센데르	타 내리다, 내려놓다 자 내리다, 내려가다, 저하하다
descendiente 데센디엔떼	남 여 자손, 후손, 후예
descenso 데센소	남 하강; 저하, 하락; 내리막길
descentralización 데센뜨랄리사시온	여 지방 분권[분산]
descentralizar 데센뜨랄리사르	타 지방 분권으로 하다, 지방에 분산시키다
descifrar 데시프라르	타 해독[판독]하다, 간파하다
descodificación 데스꼬디피까시온	여 해독(解讀)
descodificador 데스꼬디피까도르	남 해독기(解讀器)
descodificar 데스꼬디피까르	타 해독하다
descolgar 데스꼴가르	타 (걸린 것을) 내리다, 떼다 *descolgar* el auricular 수화기를 들다
descomponer 데스꼼뽀네르	타 분해하다, 분산시키다; 부수다 *descomponerse* 분해되다; 부서지다, 고장나다
desconocer 데스꼬노세르	타 모르다, 기억이 나지 않다
desconocido, da 데스꼬노시도, 다	형 낯선, 미지의; 배은망덕한 남 여 낯선 사람, 모르는 사람; 무명 인사
desconocimiento 데스꼬노시미엔또	남 무지; 배은망덕
descontar 데스꼰따르	타 할인하다, 에누리하다
descortés 데스꼬르떼스	형 예의 없는, 무례한, 버릇이 없는
descortesía 데스꼬르떼시아	여 무례, 예의 없음; 실례

describir
데스끄리비르
타 묘사하다, 서술하다; 그리다

descripción
데스끄립시온
여 묘사; 서술, 기술

descubierto, ta
데스꾸비에르또, 따
형 발견된; 모자를 쓰지 않은; 무개의

descubridor, ra
데스꾸브리도르, 라
남여 발견자, 탐험가

descubrimiento
데스꾸브리미엔또
남 발견(된 것)
descubrimiento de América
아메리카 발견

descubrir
데스꾸브리르
타 [과거 분사: descubierto] 발견하다; 찾(아내)다; 폭로하다
descubrir el Nuevo Mundo
신대륙을 발견하다

descuento
데스꾸엔또
남 할인(액)

descuidar
데스꾸이다르
타 소홀히[등한히]하다, 방심하다

descuido
데스꾸이도
남 태만, 부주의

desde
데스데
전 ...에서, ...(로)부터
desde Busan hasta Seúl
부산에서 서울까지
desde niñez 어린 시절부터
desde las nueve hasta las diez
9시부터 10시까지

desdicha
데스디차
여 불운, 재난; 극빈, 빈궁

desdichado, da
데스디차도, 다
형 불행한, 불운한

desear
데세아르
타 원하다, 바라다, 소망하다
¿Qué *desea* usted?
무엇을 원하십니까? 무엇으로 드릴까요?
(Te *deseo* un) Buen fin de semana.
주말을 잘 보내세요.

desear que + 접속법 동사
Deseo que me escribas.
나에게 편지하기를 바랍니다.

desechar 타 (사용하지 않는 물건을) 버리다; 거부하다,
데세차르 배제하다

desecho 남 폐기물, 찌꺼기, 남은 것
데세초 *desechos* industriales 산업 폐기물
desechos nucleares 핵폐기물

desembarcadero 남 선착장, 부두, 선창
데셈바르까데로

desembarcar 타 (배에서 짐을) 내리다, 하역하다
데셈바르까르 자/*desembarcarse* 내리다, 상륙하다

desembarco 남 하역, 양륙; 하선, 상륙
데셈바르꼬

desembocadura 여 (강·운하 등의) 하구, 강어귀
데셈보까두라

desembocar 타 (강물이) 흘러들다
데셈보까르

desempleado, da 형 실업 상태에 있는
데셈쁠레아도, 다 남 여 실업자

desempleo 남 실업(失業)
데셈쁠레오 *desempleo* abierto 완전 실업
tasa de *desempleo* 실업률
estar en el *desempleo* 실업 중이다

desengañar 타 (환상·잘못을) 인식시키다, 깨닫게 하다;
데셍가냐르 희망[꿈]을 빼앗다, 실망시키다

desengaño 남 환멸; 실망
데셍가뇨

desenlace 남 (사건 등의) 결말, 해결; 대단원
데센라세

desenlazar 타 매듭을 풀다; (사건 들을) 해결하다
데센라사르 *desenlazarse*
매듭이 풀리다; (극작품 등이) 결말이 나다

desenvolver 타 (포장한 것을) 열다, 펴다; (논리를) 전개하
데센볼베르 다, 발전시키다; 해명하다

desfavorable

deseo
데세오
男 **욕망**, **원망**, 소망; 육욕, 색정
deseo de comer 식욕
deseos de poder 권력욕
satisfacer un *deseo* 욕망을 만족시키다

desequilibrar
데세낄리브라르
他 …의 균형을 잃게 하다
desequilibrarse 균형을 잃다

desequilibrio
데세낄리브리오
男 불균형, 불안정

deserción
데세르시온
女 탈주

desertar
데세르따르
自 [군사] 탈주하다

desesperación
데세스뻬라시온
女 절망

desesperadamente
데세스뻬라다멘떼
副 절망적으로

desesperado, da
데세스뻬라도, 다
形 절망한, 절망적인

desesperanza
데세스뻬란사
女 절망(desesperación)

desesperanzar
데세스뻬란사르
他 절망시키다
desesperanzarse 절망하다

desesperar
데세스뻬라르
自 절망하다
他 절망시키다
desesperarse de
…에 절망하다, 실망하다

desestimar
데세스띠마르
他 과소 평가하다; (의뢰를) 거절하다

desfallecer
데스파예세르
自 기운이 빠지다

desfallecimiento
데스파예시미엔또
男 기절, 졸도; 쇠약

desfavorable
데스파보라블레
形 불리한, 호의적이 아닌
condiciones *desfavorables*
불리한 조건

desfavorecer 데스파보레세르 — 타 불리하게 하다

desfilar 데스필라르 — 자 행진하다, 열을 지어 가다

desfile 데스필레 — 남 (분열) 행진
desfile de la manifestación 데모 행진
desfile de la victoria 개선 퍼레이드
desfile de modas [de modelos] 패션 쇼

desgana 데스가나 — 여 식욕 부진
sufrir una *desgana* 식욕이 없다

desganarse 데스가나르세 — ((재귀)) 식욕이 없어지다; 싫증이 나다

desgastar 데스가스따르 — 타 닳아지게 하다, 소모시키다
desgastarse 닳아 없어지다, 소모되다

desgaste 데스가스떼 — 남 마멸(磨滅); 소모
batalla [guerra] de *desgaste* 소모전

desgobierno 데스고비에르노 — 남 실정(失政), 악정(惡政); 무질서

desgracia 데스그라시아 — 여 불운, 재난; 불행

desgraciado, da 데스그라시아도, 다 — 형 불운한; 매력이 없는; 시기를 놓친

desgraciadamente 데스그라시아다멘떼 — 부 유감스럽게도, 불행하게도

desharrapado, da 데스아르라빠도, 다 — 형 남루한, 누더기를 걸친

deshielo 데스이엘로 — 남 해빙; 해동(解凍)

deshonesto, ta 데스오네스또, 따 — 형 정직하지 못한, 품행이 좋지 못한, 부도덕한; 방탕한
vida *deshonesta* 부도덕한 생활

deshonra 데스온라 — 여 불명예, 수치

deshonrar 데스온라르 — 여 모욕을 주다, 체면을 깎다

deshumanización 여 비인간화
데스우마니사시온

deshumanizar 타 인간성을 잃게 하다
데스우마니사르

desierto 남 사막, 불모지
데시에르또
desierto de Sahara 사하라 사막

desierto, ta 형 사람이 없는; 후보자[해당자]가 없는
데시에르또, 따
isla *desierta* 무인도(無人島)
negocio *desierto*
장사가 안되어 쓸쓸한 상태

designación 여 지명, 임명; 지정; 명칭, 명명(命名)
데시그나시온

designar 타 지명[임명]하다; 지정하다
데시그나르

designio 남 계획; 의도
데시그니오

desigual 형 같지 않은; 불공평한; 불규칙한
데시구알

desigualar 타 불규칙[불균등]하게 하다
데시구알라르
desigualarse 불규칙하다

desigualdad 여 불균등; 불공평; 불규칙; 기복
데시구알닫
desigualdad social 사회적 불평등

desilusión 여 환멸, 실망
데실루시온
tener [sufrir] una *desilusión*
환멸을 느끼다

desilusionar 타 실망시키다, 환멸을 느끼게 하다
데실루시오나르
desilucionarse 실망하다, 환멸을 느끼다

desinterés 남 무관심; 흥미가 없음; 공평
데신떼레스

desinteresado, da 형 무관심한, 욕심이 없는; 공평한
데신떼레사도, 다

desinteresarse ((재귀)) 관심[흥미]이 없다
데신떼레사르세

desintoxicación 여 중독의 치료; 해독(解毒)
데신똑시까시온

desintoxicar 데신똑시까르	타 중독을 고치다; 해독시키다
deslavazado, da 데슬라바사도, 다	형 혼란한, 지리멸렬한; (옷이) 구겨진
desleal 데슬레알	형 불성실한; 불충한; 불공정한
deslealtad 데슬레알딸	여 부실, 불성실; 배신 (행위); 불충; 불공정
deslizamiento 데슬리사미엔또	남 미끄러지는 일, 활주
deslizar 데슬리사르	타 미끄러지게 하다 자 미끄러지다 *deslizarse* 미끄러지다
desmagnetización 데스마그나띠사시온	여 소자(消磁)
desmaquillar 데스마끼야르	타 …의 화장을 지우다 *desmaquillarse* (자신의) 화장을 지우다
desmayo 데스마요	남 기절, 실신; 졸도
desmentir 데스멘띠르	타 부인하다, 부정하다; 어긋나다
desmesurado, da 데스메수라도, 다	형 과도한, 거대한; 무례한
desmilitarizar 데스밀리따리사르	타 비무장화[비군사화]하다 zona *desmilitarizada* 비무장 지대
desmontar 데스몬따르	타 분해하다, 해체하다; 벌채하다
desmonte 데스몬떼	남 분해, 해체; 벌채
desnaturalización 데스나뚜랄리사시온	여 국적 박탈[상실]
desnaturalizar 데스나뚜랄리사르	타 국적을 박탈하다 *desnaturalizarse* 국적을 잃다
desnivel 데스니벨	남 (토지의) 고저차(高低差); 기복

desnuclearización 여 비핵화(非核化)
데스누끌레아리사시온

desnuclearizar 타 비핵화하다, 핵무기를 철거하다
데스누끌레아리사르

desnudar 타 …의 옷을 벗기다, 나체로 만들다
데스누다르 *desnudarse* 옷을 벗다, 나체가 되다

desnudez 여 나체(의 상태)
데스누데스

desnudismo 남 나체주의, 누디즘
데스누디스모

desnudista 형 나체주의의
데스누디스따 남 여 나체주의자, 누디스트

desnudo, da 형 나체의
데스누도, 다 quedarse totalmente *desnudo*
나체가 되다, 벌거벗다
남 [미술] 나체, 나체화, 나체상
foto de *desnudo* 누드 사진
pintar un *desnudo* 나체화를 그리다

desnutrición 여 영양 실조[불량]
데스누뜨리시온

desnutrirse ((재귀)) 영양 실조가 되다
데스누뜨리르세

desobedecer 타 …의 말을 듣지 않다
데소베데세르

desobediencia 여 불복종, 반항
데소베디엔시아

desobediente 형 불복종의, 반항적인
데소베디엔떼

desorden 남 무질서, 혼란; 난잡;
데소르덴 복 소란, 폭동; 방탕

desordenar 타 혼잡하게[난잡하게] 하다
데소르데나르 *desordenarse* 혼잡하다, 난잡하다

desorientar 타 방향을 잃게 하다
데소리엔따르 *desorientarse* 방향을 잃다, 길을 잃다

despachar 타 발송하다, 보내다; 해고하다; 처리하다
데스빠차르

despacho
데스빠초
남 (신속한) 처리; 집무실, 사무실; 연구실; 발송; 통지, 연락

despacio
데스빠시오
부 천천히; 작은 소리로
Hable más *despacio*.
더 천천히 말씀해 주세요.
Vísteme despacio que tengo prisa.
(속담) 느릿느릿 걸어도 황소 걸음, 느리더라도 착실히 하는 편이 결국 이긴다.

despedida
데스뻬디다
여 작별, 이별; 송별회

despedir
데스뻬디르
타 배웅[송별]하다, 작별의 인사를 하다; 해고하다; 발사하다
despedirse 헤어지다, 작별을 고하다

despegar
데스뻬가르
자 이륙하다
despegar del aeropuerto
공항을 이륙하다

despegue
데스뻬게
남 이륙
distancia de despegue 이륙 거리

despensa
데스뻰사
여 식료품 저장실

desperfecto
데스뻬르펙또
남 (작은) 결함, 결점; 파손, 손해

despertador
데스뻬르따도르
남 자명종(reloj despertador)

despertar
데스뻬르따르
타 깨우다, 눈을 뜨게 하다
Despiértenme a las seis.
(호텔 등에서) 6시에 깨워 주세요.
despertarse 눈을 뜨다, 깨어나다
Siempre *me despierto* temprano.
나는 늘 일찍 잠을 깬다.
직·현재: despierto, despiertas, despierta, despertamos, despertáis, despiertan
접·현재: despierte, despiertes, despierte, despertemos,

despertéis, despierten

despido
데스삐도
㊚ 해고; 해고 수당

despiece
데스삐에세
㊚ 분해, 해체

despiezar
데스삐에사르
㊕ 분해하다, 해체하다

despierto, ta
데스삐에르또, 따
㊫ 잠에서 깨어난, 눈을 뜨고 있는
pasar la noche *despierto* 철야하다

despistar
데스삐스따르
㊕ (추적 등을) 떼어 버리다
despistarse 길[방향]을 잃다

desplantar
데스쁠란따르
㊕ (식물을) 뽑다

desplegar
데스쁠레가르
㊕ (접었던 것을) 펴다
desplegarse 펴지다

desposorio
데스뽀소리오
㊚ 약혼; ㊵ 결혼식

despreciar
데스쁘레시아르
㊕ 경멸하다, 업신여기다

desprecio
데스쁘레시오
㊚ 경멸, 경시

después
데스뿌에스
㊛ 뒤에, 나중에; 다음에
después de ... 뒤에, ... 다음에
después de la cena 저녁 식사 후에

destacado, da
데스따까도, 다
㊫ 걸출한

destacamiento
데스따가미엔또
㊚ 분견대(分遣隊)

destacar
데스따까르
㊕ (부대를) 파견하다; 강조하다

destetar
데스떼따르
㊕ 이유(離乳)시키다
destetarse 이유하다

destete
데스떼떼
㊚ 이유(離乳), 젖을 뗌

destierro
데스띠에르로
남 국외 추방

destilación
데스띨라시온
여 증류(蒸溜)

destiladera
데스띨라데라
여 증류기

destilador, ra
데스띨라도르, 라
형 증류하는
남 증류기

destilar
데스띨라르
타 증류하다
agua *destilada* 증류수
destilar el petróleo 석유를 증류하다

destilería
데스띨레리아
여 증류 공장, 증류주 제조소
destilería de petróleo 정유소(精油所)

destinar
데스띠나르
타 할당하다, 충당하다

destinatario, ria
데스띠나따리오, 리아
남여 수취인
destinatario no encontrado
수취인 불명

destino
데스띠노
남 운명, 숙명; 전도(前途); 목적지

destitución
데스띠뚜시온
여 면직, 파면, 해임

destituir
데스띠뚜이르
타 면직[파면]하다, 해임하다

destornillador
데스또르니야도르
남 드라이버, 나사 돌리개

destreza
데스뜨레사
여 훌륭한 솜씨, 재주, 재간

destronamiento
데스뜨로나미엔또
남 왕위의 박탈, 폐위

destronar
데스뜨로나르
타 …의 왕위를 박탈하다, 폐위하다

destrozar
데스뜨로사르
타 조각내다, 토막내다, 부수다

destrozo
데스뜨로소
남 파괴, 타격

destrucción 데스뜨룩시온	여 파괴, 파멸
destructivo, va 데스뜨룩띠보, 바	형 파괴력의, 파괴력이 있는
destructor, ra 데스뜨룩또르, 라	형 파괴하는 남 구축함(驅逐艦)
destruir 데스뜨루이르	타 파괴하다, 부수다. 반 construir *destruirse* 파괴되다, 부서지다
desválido, da 데스발리도, 다	형 의지할 데 없는 huérfano *desválido* 의지할 데 없는 고아
desvalorización 데스발로리사시온	여 (가치의) 하락, 저하
desvalorizar 데스발로리사르	타 (화폐 등의) 가치를 내리다 *desvalorizarse* 가치가 떨어지다
desván 데스반	남 더그매, 다락방
desventaja 데스벤따하	여 불리(한 점), 핸디캡; 단점, 결점
desventajoso, sa 데스벤따호소, 사	형 불리한, 불편한
desventura 데스벤뚜라	여 불운, 불행(desgracia)
desventurado, da 데스벤뚜라도, 다	형 남 여 불운한 (사람), 불행한 (사람)
desvergonzado, da 데스베르곤사도, 다	형 남 여 철면피한 (사람), 낯가죽이 두꺼운 (사람)
desvergonzarse 데스베르곤사르세	((재귀)) 파렴치하게[뻔뻔스럽게] 굴다
desvergüenza 데스베르구엔사	여 후안무치, 철면피, 파렴치 con *desvergüenza* 파렴치하게(도)
desvestir 데스베스띠르	타 (...의 옷을) 벗기다 *desvestirse* 옷을 벗다
desviación 데스비아시온	자 한쪽으로 치우침; 편향; 일탈; 우회로

desviar
데스비아르
타 우회시키다; 전향시키다
desviarse 우회하다; 벗어나다, 빗나가다

detalladamente
데따야다멘떼
부 상세히

detallar
데따야르
타 상세히 술회하다[묘사하다]; 소매하다

detallado, da
데따야도, 다
형 상세한

detalle
데따예
남 세부, 세목; 세부 명세서; 소매
al detalle 상세히; 소매로

detección
데떽시온
여 검출, 탐지

detectar
데떽따르
타 검출하다, 탐지하다; 감지하다

detective
데떽띠베
남 여 (사립) 탐정; 형사

detector, ra
데떽또르, 라
형 검출하는
남 검출기, 검파기, 탐지기, 센서
detector de mentiras 거짓말 탐지기
detector de metales 금속 탐지기

detención
데뗀시온
여 체포; 유치, 구류; (정치범 등의) 감금

detener
데떼네르
타 멈추다, 정지시키다; 체포하다; 감금하다
detener el paso 통행을 차단하다

detergente
데떼르헨떼
남 가루비누, 세제(洗劑)

deteriorar
데떼리오라르
타 손상하다, 해치다; 악화시키다
deteriorar su salud 건강을 해치다
deteriorarse 손상되다

deterioro
데떼리오로
남 파손; 악화

determinación
데떼르미나시온
여 결정; 결심, 결의; 결단력, 용기

determinado, da
데떼르미나도, 다
형 결정된, 정해진; 일정한, 특정의; [문법] 한정된

determinante 형 결정하는
데떼르미난떼 남 [문법] 한정사

determinar 타 결정하다, 구체화하다; 추정하다; 규정하다
데떼르미나르 *determinarse* 결심하다

detonación 여 폭음; 폭발(음)
데또나시온

detonador 남 기폭 장치, 뇌관
데또나도르

detonante 형 폭음을 내는, 폭발성의; 충격적인
데또난떼 남 폭약

detonar 타 폭발하다, 폭음을 내다
데또나르

detrás 부 뒤에; 배후에
데뜨라스 Se escribe el nombre y *detrás* el apellido. 이름을 쓰고 그 뒤에 성을 쓴다.
Hay un estanque *detrás*.
뒤에 연못이 있다.
detrás de ... 뒤에; ...이 없는 곳에서
esconderse *detrás* de la puerta
문 뒤에 숨다
Detrás de ti te critican.
그들은 너 없는 데서 너를 비난한다.

deuda 여 빚, 채무; 부채 (반 haber, activo);
데우다 [경제] 공채; 의리, 은의(恩義)

deudor, ra 형 차변의; 채무가 있는
데우도르, 라 남여 채무자

devaluación 여 평가 절하
데발루아시온

devaluar 타 (통화의) 평가를 절하하다
데발루아르 *devaluarse* 평가가 절하되다

devoción 여 신심, 신앙심; [주로 복] 기도; 헌신
데보시온

devolución 여 반환(금), 반제(금)
데볼루시온

devolver
데볼베르
타 되돌려 주다, 반품하다, 환불하다
devolver el disco 레코드를 되돌려 주다
devolver un artículo defectuoso
불량품을 반품하다

devoto, ta
데보또, 따
형 남 여 신앙심이 깊은 (사람); 헌신적인 (사람)

día
디아
남 날, 일(日); 하루; 낮, 주간; 인생, 생애
Hay siete *días* en una semana.
일주일에는 7일이 있다.
Hoy es el (*día*) dos de septiembre.
오늘은 9월 2일이다.
복 시기(時期)
al *día* siguiente 다음 날에
algún *día* (미래의) 어느 날, 언젠가
cada *día* 날마다, 매일
de *día* 낮에, 주간에
de *día* en *día* 하루하루
de *día* y de noche 밤낮으로
día por *día* 하루하루
día y noche 밤낮으로
todos los *días* 매일

diablo
디아블로
남 악마, 마왕

diaconisa
디아꼬니사
여 여자 집사

diácono
디아꼬노
남 집사(執事)

diagnosis
디아그노시스
여 진단(법)

diagnosticar
디아그노스띠까르
타 진단하다

diagnóstico, ca
디아그노스띠꼬, 까
형 진단의
남 진단
diagnóstico erróneo 오진(誤診)

diagonal
디아고날
형 대각선의
línea *diagonal* 대각선

	여 대각선
diagrama 디아그라마	남 도표
dial 디알	남 (전화·라디오의) 다이얼
dialectal 디알렉딸	형 방언의, 지방어의
dialéctica 디알렉띠까	여 변증법
dialéctico, ca 디알렉띠꼬, 까	형 변증법적인 남여 변증가
dialecto 디알렉또	남 방언, 지방 사투리
dialectología 디알렉똘로히아	여 방언학
diálisis 디알리시스	여 [의학·화학] 투석(透析)
dialogar 디알로가르	자 대담하다; 교섭하다 타 대담 형식으로 표현하다
diálogo 디알로고	남 대담, 회화; 회담
diamante 디아만떼	남 다이아몬드
diametral 디아메뜨랄	형 직경의
diámetro 디아메뜨로	남 직경(直徑)
diana 디아나	여 [군사] 기상 나팔
Diana 디아나	여 [로마 신화] 다이아나, 달의 여신
diapositiva 디아뽀시띠바	여 [사진] 슬라이드
diarero, ra 디아레로, 라	남여 신문팔이

diariamente 디아리아멘떼	부 매일, 날마다(cada día)
diariero, ra 디아리에로, 라	남 여 신문팔이
diario 디아리오	남 일기, 일지; 신문, 일간지
diario, ria 디아리오, 리아	형 매일의, 날마다의 salario *diario* 일급 vida *diario* 일상 생활
diarismo 디아리스모	남 저널리즘(periodismo)
diarista 디아리스따	남 여 저널리스트(periodista)
diarrea 디아르레아	여 설사
dibujante 디부한떼	남 여 디자이너, 제도가
dibujar 디부하르	타 디자인하다, 제도하다, 스케치하다
dibujo 디부호	남 디자인, 제도, 소묘
dicción 딕시온	여 어법; 발성법, 낭독법
diccionario 딕시오나리오	남 사전, 사서(辭書) *diccionario* español-coreano 서한사전 *diccionario* enciclopédico 백과 사전
dicha 디차	여 행운, 행복
dicho 디초	남 말, 표현; 격언; 경구
dicho, cha 디초, 차	형 [decir의 과거 분사] 앞에 말한, 전술한; 전기(前記)의
dichosamente 디초사멘떼	부 행복하게, 운 좋게
dichoso, sa 디초소, 사	형 행복한; 운이 좋은

diciembre
디씨엠브레
남 12월, 섣달

diciendo
디시엔도
decir의 현재 분사

dictado
딕따도
남 구술(口述), 받아쓰기
examen de *dictado* 받아쓰기 시험
hacer un *dictado* 받아쓰기를 하다

dictador, ra
딕따도르, 라
형 남 여 독재자(의)

dictadura
딕따두라
여 독재, 독재 정치

dictamen
딕따멘
남 견해, 판단

dictar
딕따르
타 구술하다, 받아쓰기를 시키다; [법률]발하다

didáctico, ca
디닥띠꼬, 까
형 교육의, 교육적인
여 교육법, 교수법

diecinueve
디에시누에베
형 남 19(의); 19번째의

dieciocho
디에시오초
형 남 18(의); 18번째의

dieciséis
디에시세이스
형 남 16(의); 16번째의

diecisiete
디에시시에떼
형 남 17(의); 17번째의

diente
디엔떼
남 [해부] 이; (톱 등의) 이; (마늘의) 쪽
diente de leche 젖니

diéresis
디에레시스
여 분음부(..); [의학] 절단 (수술)

diesel
디에셀
남 디젤 엔진; 디젤 차

diestramente
디에스뜨라멘떼
부 능숙하게

diestro, tra
디에스뜨로, 뜨라
형 오른쪽의, 우측의(derecho); 능숙한; 오른손잡이의
남 투우사(matador)

남 여 오른손잡이

dieta
디에따
여 식이 요법; 규정식; 다이어트, 절식

dietario
디에따리오
남 가계부; 수첩, 메모장

dietético, ca
디에떼띠꼬, 까
형 식이 요법의
여 식이 요법학, 영양학

dietista
디에띠스따
남 여 식이 요법 전문의

diez
디에스
형 10의; 10번째의
남 10

diezmo
디에스모
남 (교회의) 십일조

difamación
디파마시온
여 중상, 비방, 모략

difamador, ra
디파마도르, 라
형 중상[비방]하는
남 여 중상자, 비방자

difamar
디파마르
타 중상하다, 비방하다, 모략하다

diferencia
디페렌시아
여 틀림, 차이, 상위, 차; 의견의 불일치, 대립
diferencia de carácter
성격의 차
Hay gran *diferencia* de precio.
가격의 차이가 크다.

diferenciación
디페렌시아시온
여 [생물] 분화(分化); 구별, 식별

diferencial
디페렌시알
형 틀린, 차별의; 미분의
derechos *diferenciales* 차별 관세

diferenciar
디페렌시아르
타 구별하다, 식별하다; 미분하다

diferente
디페렌떼
형 다른; [+명사] 여러 가지의, 다수의
부 달리, 서로 다르게, 따로따로

diferir
디페리르
타 연기하다, 미루다

difícil
디피실

형 어려운, 곤란한 (반 *fácil*); 까다로운
obra *difícil* 난공사
problema de *difícil* solución 난문제

difícilmente
디피실멘떼

부 어렵게, 애써서, 힘들여, 겨우

dificultad
디피꿀딷

여 어려움, 난관, 곤란, 장애; 이의, 반대
con *dificultad* 어렵게, 간신히
vencer [superar] una *dificultad*
어려움을 극복하다
verse en *dificultades* 곤란에 처하다

dificultar
디피꿀따르

타 곤란하게 하다

difteria
딮떼리아

여 [의학] 디프테리아

diftérico, ca
딮떼리꼬, 까

형 디프테리아의
남 여 디프테리아 환자

difundir
디푼디르

타 보급[유포]시키다; 퍼뜨리다; 방송하다
difundirse 퍼지다, 보급되다

difunto, ta
디푼또, 따

형 죽은, 사망한
남 여 고인, 죽은 사람

difusión
디푸시온

여 확산; 유포, 보급

difusor, ra
디푸소르, 라

형 확산[보급]시키는

digerir
디헤리르

타 소화하다, 흡수하다
자 소화되다

digestible
디헤스띠블레

형 소화가 잘 되는

digestión
디헤스띠온

여 소화 (반 *indigestión*)
tener una mala *digestión*
소화 불량을 일으키다

digestivo, va
디헤스띠보, 바

형 소화의; 소화를 촉진하는
aparato *digestivo* 소화기
남 소화제

digitación
디히따시온
여 [음악] 운지법(運指法)

digital
디히딸
형 디지털 (방식)의; 손가락의
cámara *digital* 디지털 카메라

digitalizar
디히딸리사르
타 [컴퓨터] 디지털화하다

digitopuntura
디히또뿐뚜라
여 지압(指壓)

dignamente
딕나멘떼
부 당당히, 위엄있게, 훌륭히

dignarse
딕나르세
((재귀)) …하여 주시다

dignatario, ria
딕나따리오, 리아
남 여 고관(高官)

dignidad
딕니닫
여 위엄, 존엄; 품위; 고관
tener *dignidad* 위엄이 있다
hablar con *dignidad* 위엄 있게 말하다

digno, na
딕노, 나
형 가치가 있는; 위엄이 있는, 당당한; 부끄럽지 않은, 훌륭한

dilación
딜라시온
여 지연, 연기

dilatar
딜라따르
타 팽창시키다; 지연시키다, 연기하다
dilatarse 팽창되다; 연기되다

dilema
딜레마
남 딜레마, 진퇴 양난

diligencia
딜리헨시아
여 수속, 처치; 소송 수속; 신속함; (큰) 승합마차, 역마차

diligente
딜리헨떼
형 근면한; 신속한

diligentemente
딜리헨떼멘떼
부 부지런히, 근면하게; 신속히

diluvial
딜루비알
남 [지질] 홍적층, 홍적세

diluviar
딜루비아르
자 호우가 내리다

diluvio 딜루비오 — 남 대홍수; 호우, 큰비; 대량; 대혼란

dimensión 디멘시온 — 여 크기, 치수; 규모; [물리] 차원

diminutivo, va 디미니띠보, 바 — 형 축소하는 / 남 축소사, 축소어

diminuto, ta 디미누또, 따 — 형 아주 작은

dimisión 디미시온 — 여 사직, 사임

dimitir 디미띠르 — 타 사직[사임]하다
dimitir de presidente
의장을 사임하다

Dinamarca 디나마르까 — 여 [국명] 덴마크

dinamarqués, quesa 디나마르께스, 께사 — 형 덴마크의(danés) / 남여 덴마크 사람 / 남 덴마크어

dinámico, ca 디나미꼬, 까 — 형 활동적인, 활발한; 역학의 / 여 [물리] 역학

dinamismo 디나미스모 — 남 활력; [철학] 동력론(動力論)

dinamita 디나미따 — 여 다이나마이트

dinamo 디나모 — 여 발전기

dínamo 디나모 — 여 =**dinamo**

dinastía 디나스띠아 — 여 왕조(王朝)

dinástico, ca 디나스띠꼬, 까 — 형 왕조(dinastía)의

dinerario, ria 디네라리오, 리아 — 형 돈에 관한

dinero 디네로	남 돈; 재산; 통화; 자금 *dinero* extranjero 외화 hombre de *dinero* 재산가 ganar *dinero* 돈을 벌다 gastar *dinero* 돈을 쓰다 tener mucho *dinero* 돈이 많다 *Poderoso caballero es don dinero.* (속담) 돈이 양반이다. *El dinero es la causa de todos los males.* (속담) 돈이 원수다, 돈은 악의 근원.
dintel 딘뗄	남 [건축] 문미(門楣), 상인방
Dios 디오스	남 하나님, (유일) 신(神) *Dios* Espíritu Santo 성신(聖神) *Dios* Hijo 성자(聖子) *Dios* Hombre 주 예수 그리스도 *Dios* Padre 성부(聖父) *Dios* te bendiga / *Dios* te lo pague. 감사합니다 (주로 거지가 사용함).
dios 디오스	남 (신화 등의) 신(神); 잡신
diosa 디오사	여 (신화 등의) 여신 *diosa* del amor 사랑의 여신
diploma 디쁠로마	남 면장, 면허; (대학 등의) 수료[졸업] 증서
diplomacia 디쁠로마시아	여 외교; 외교관의 직; 외교단 *diplomacia* secreta 비밀 외교
diplomado, da 디쁠로마도, 다	형 남 여 자격증을 소지한 (사람)
diplomar 디쁠로마르	타 …에게 자격증을 주다 *diplomarse* en …를 졸업하다
diplomático, ca 디쁠로마띠꼬, 까	형 외교의, 외교적인 남 여 외교관 여 외교술
diptongo 딥똥고	남 이중 모음

discernimiento

diputación
디뿌따시온
- 여 의원단; 지방 의회
- *diputación provincial* 도의회

diputado, da
디뿌따도, 다
- 남여 국회 의원, 하원 의원; 대표자, 대의원

dique
디께
- 남 제방, 방파제; [선박] 독, 선거(船渠)

dirección
디렉시온
- 여 지도, 지휘; 방향; 간부; 집행부; 주소; [연극] 연출, 감독; [음악] 지휘; [컴퓨터] 어드레스, 주소

directamente
디렉따멘떼
- 부 직접(으로)

directiva
디렉띠바
- 여 중역회, 임원회; (당의) 집행부; 지침

directivo, va
디렉띠보, 바
- 형 지도적인
- 남여 간부, 임원

directo, ta
디렉또, 따
- 형 직접의; 일직선의, 똑바른, 곧은; 직행의, 직통의; 솔직한, 노골적인
- *negociaciones directas* 직접 교섭
- *venta directa* 직판, 직매(直賣)
- 남 직행 열차(tren directo)

director, ra
디렉또르, 라
- 남여 장(長); 교장, 국장, 부장, 이사, 중역: [영화·연극] 감독; [음악] 지휘자

directorio
디렉또리오
- 남 지시, 지침; 명부, 주소록; 임원회, 이사회

dirigente
디리헨떼
- 남여 지도자, 간부

dirigible
디리히블레
- 남 비행선(globo dirigente)

dirigir
디리히르
- 타 지도하다, 지휘하다; 향하다; [연극] 연출하다, 감독하다; [음악] 지휘하다
- *dirigirse* 편지를 내다; 향하다

disc-jockey
디스크호께이
- 남 디스크자키

discernimiento
디세르니미엔또
- 남 식별, 판별

discernir
디세르니르
타 식별하다, 가려내다, 판별하다

disciplina
디시쁠리나
여 규율; 풍기; 훈련; 학과; [운동] 종목

disciplinar
디시쁠리나르
타 훈련시키다

discípulo, la
디시뿔로, 라
남 여 제자; 신봉자

disco
디스꼬
남 원반; 레코드; 다이얼; 신호등
disco compacto 콤팩트 디스크, CD
disco de vídeo digital
디지털 비디오 디스크, DVD
여 디스코텍 (discoteca의 생략어)

discóbolo, la
디스꼬볼로, 라
남 여 원반던지기 선수

discografía
디스꼬그라피아
여 레코드 목록

discográfico, ca
디스꼬그라피꼬, 까
형 레코드 (목록)의
여 레코드 회사

discontinuidad
디스꼰띠누이닫
여 불연속성, 중단

discontinuo, nua
디스꼰띠누오, 누아
형 불연속의, 중단의

discordancia
디스꼬르단시아
여 부조화, 불일치

discordante
디스꼬르단떼
형 부조화의, 일치하지 않은

discordar
디스꼬르다르
자 일치하지 않다, 조화를 이루지 못하다

discorde
디스꼬르데
형 조화되지 않은, 일치되지 않은

discordia
디스꼬르디아
여 불화, 언쟁, 말다툼, 싸움

discoteca
디스꼬떼까
여 디스코텍; 레코드 보관소[콜렉션]

discreción
디스끄레시온
여 신중함, 분별; 기지, 재기(才氣)

discrepancia
디스끄레빤시아
여 불일치, 상위(相違)

discrepar
디스끄레빠르
자 [+de] (...과) 다르다, 상위하다

discreto, ta
디스끄레또, 따
형 신중한, 용의주도한; 과도한

discriminación
디스끄리미나시온
여 구별, 식별; 차별
discriminación sexual 성차별

discriminar
디스끄리미나르
타 구별하다, 식별하다; 차별하다

discriminatorio, ria
디스끄리미나또리오, 리아
형 구별하는, 차별적인
trato *discriminatorio* 차별 대우

disculpa
디스꿀빠
여 변명, 핑계; 사죄

disculpar
디스꿀빠르
타 용서하다; 변명해 주다
Discúlpame por mi tardanza.
늦어서 미안합니다.
disculparse 변명하다, 사죄하다

discurso
디스꾸르소
여 연설, 강연; 인사
pronunciar un *discurso* 연설을 하다

discusión
디스꾸시온
남 토론, 심의; 말다툼, 언쟁

discutir
디스꾸띠르
타 토론하다, 토의하다

disecador, ra
디세까도르, 라
남 여 박제사(剝製師)

disecar
디세까르
타 해부하다; 박제로 만들다

disección
디섹시온
여 해부; 상세한 분석

diseccionar
디섹시오나르
타 해부하다

disensión
디센시온
여 (의견 등의) 대립; 불화, 분쟁

disenso
디센소
남 =disentimiento

disentería
디센떼리아
여 [의학] 이질

disentérico, ca
디센떼리꼬, 까
형 이질의
bacilo *disentérico* 이질균

disentimiento
디센띠미엔또
남 (의견 등의) 상위, 틀림, 불화

disentir
디센띠르
자 의견[생각]이 틀리다

diseñador, ra
디세냐도르, 라
남여 디자이너, 설계가, 제도가
diseñador de moda(s) 패션 디자이너

diseñar
디세냐르
타 디자인하다, 설계하다, 제도하다
diseñar un mueble 가구를 설계하다

diseño
디세뇨
남 디자인, 제도, 설계
diseño gráfico 그래픽 디자인

disertación
디세르따시온
여 논술, 발표; 강연

disertar
디세르따르
자 논하다, 논술하다

disfasia
디스파시아
여 [의학] 부전 실어증(不全失語症)

disfavor
디스파보르
남 실총(失寵), 꾸중; 무례, 경시

disforme
디스포르메
남 =deforme

disfraz
디스프라스
여 변장, 가장; 변장[가장]의 옷
baile de *disfraces* 가장 무도회

disfrutar
디스프루따르
자 [+de · con] ...을 즐기다, 향수하다
타 향수(享受)하다

disfrute
디스프루떼
남 향수, 향유, 향락

disfunción
디스풍시온
여 [의학] 기능 부전

disminución

disgregación 디스그레가시온
여 분리, 분산화; 풍해(風解)

disgregar 디스그레가르
타 분리[분산]시키다; 해산시키다
disgregarse 분리[분산]되다

disgustar 디스구스따르
타 언짢게[불쾌하게] 하다
disgustarse 언짢하다, 불쾌하다

disgusto 디스구스또
남 불쾌; 고뇌, 불안; 대립
trabajar con *disgusto* 마지못해 일하다

disidencia 디시덴시아
여 이반(離反), 탈퇴; 이론(異論)

disidente 디시덴떼
형 이반[탈퇴]하는; 반역하는
남 여 탈퇴자; 반체제파

disidir 디시디르
자 이반하다, 탈퇴하다

disimulación 디시물라시온
여 은폐, 숨기기, 시치미떼기

disimular 디시물라르
타 숨기다, 감추다, 위장하다

disimulo 디시물로
남 은폐, 위장, 시치미떼기

disipación 디시빠시온
여 소산(消散); 방탕

disipado, da 디시빠도, 다
형 남 여 방탕한 (사람)
vida *disipada* 방탕 생활

disipador, ra 디시빠도르, 라
남 여 낭비가

disipar 디시빠르
타 (연기·구름 등을) 흩뜨리다; 낭비하다, 탕진하다

dislocación 디슬로까시온
여 삠, 탈구(脫臼); 분해; 붕괴

dislocar 디슬로까르
타 …의 관절을 삐다, 탈구시키다; (내용 등을) 변경하다
dislocarse 뼈를 삐다

disminución 디스미누시온
여 감소, 경감, 감퇴, 저하

disminuir
디스미누이르
타 축소시키다, 감소시키다, 인하하다
자 줄어들다, 축소[감소]되다

disolución
디솔루시온
여 용해; 용액; 해체, 도산, 붕괴

disoluto, ta
디솔루또, 따
형 남 여 방탕한 (사람)

disolvente
디솔벤떼
형 용해시키는
남 용제(溶劑)

disolver
디솔베르
타 녹이다, 용해시키다; 해산시키다
disolverse 녹다, 용해되다; 해산되다

disonancia
디소난시아
여 [음악] 불협화음; 부조화, 불일치

disonante
디소난떼
형 귀에 거슬리는; 불일치한

disonar
디소나르
자 귀에 거슬리는 음을 내다; 조화를 이루지 못하다

dispar
디스빠르
형 다른, 틀린
gustos *dispares* 다른 취미

disparador
디스빠라도르
남 발사 장치; [사진] 셔터 (보턴)
disparador automático 자동 타이머
apretar el *disparador* 셔터를 누르다

disparar
디스빠라르
타 발사하다; 강하게 던지다[차다]
disparar una escopeta 엽총을 쏘다
자 [+contra · sobre] (...를 향해) 발사하다
dispararse 폭발하다; 격노하다; 너무 오르다

disparate
디스빠라떼
남 엉터리, 이치에 맞지 않는 언동

disparidad
디스빠리닫
여 부동(不同), 불일치, 불균형

disparo
디스빠로
남 발사, 사격; [축구] 강한 슛

dispendio
디스뻰디오
남 낭비

dispensa
디스뻰사
여 면제; 특별 허가
dispensa de examen 시험 면제

dispensar
디스뻰사르

타 용서하다; 사면하다; 베풀다; [+de] (...을) ...에게 면제하다
dispensar a *uno* de pagar la multa
...에게 벌금 내는 것을 면제하다
자 용서하다
Dispense, por favor.
죄송합니다, 미안합니다.

dispensario
디스뻰사리오

남 무료 진료소

dispepsia
디스뻽시아

여 (만성적인) 소화 불량

dispéptico, ca
디스뻽띠꼬, 까

형 소화 불량의
남 여 소화 불량 환자

dispersar
디스뻬르사르

타 흩뜨리다, 분산시키다; 도주시키다
dispersarse 흩어지다

dispersión
디스뻬르시온

여 분산; 궤주(潰走)

disponer
디스뽀네르

타 배치하다, 늘어 놓다; 준비하다, 정리하다; 규정하다
자 [+de] (...을) 자유로이 사용하다; 소유하고 있다; 처분하다, 양도하다

disponible
디스뽀니블레

형 자유로이 사용[처분]할 수 있는; 대기중인
artículos *disponibles* 재고품
capital *disponible* 유동 자본
habitación *disponible* 빈방
tiempo *disponible* 자유 시간

disposición
디스뽀시시온

여 배치, 배열; 정신 상태; 의향; 재량; 소질, 재능; (법률 등의) 규정, 조항; [주로 복] 처치, 방책
tomar las *disposiciones* para ...
...을 위해 준비[대비]하다

dispositivo
디스뽀시띠보

남 장치; [주로 복] (파견) 부대
dispositivo de seguridad 안전 장치
dispositivo electrónico 전자 장치

dispuesto, ta
디스뿌에스또, 따
형 준비가 된, 용의가 있는; 소질[재능]이 있는
estar *dispuesto* a negociar
교섭할 용의가 있다[준비가 되어 있다]

disputa
디스뿌따
여 말다툼, 언쟁; 논쟁; 경쟁

disputar
디스뿌따르
타 언쟁하다, 논쟁하다; 토론하다

disquería
디스께리아
여 레코드 가게

disquete
디스께떼
남 [컴퓨터] 프로피 디스크

disquetera
디스께떼라
여 디스크 드라이브

distancia
디스딴시아
여 거리, 간격, 격차, 차이; 소원(疏遠)
distancia de unos cien metros
약 100미터 거리
enseñanza a *distancia* 통신 교육
mantener una *distancia* 거리를 두다

distanciamiento
디스딴시아미엔또
남 소원, 사이가 틀어짐, 티격남

distanciar
디스딴시아르
타 거리를 두다, 멀리 떼어놓다
distanciarse
거리를 두다, 떨어지다
distanciarse de su amigo
친구와 소원해지다

distante
디스딴떼
형 먼, 멀리 떨어진
estar muy *distante de* aquí
이곳에서 무척 멀다

distar
디스따르
자 멀다, 거리가 떨어져 있다
distar de Seúl 서울에서 멀다

distinción
디스띤시온
여 구별, 식별; 영예, 특전; 기품, 품위
hacer *distinciones* 차별을 하다

distinguido, da
디스띵기도, 다
형 저명한, 탁월한; 기품이 있는
asiento *distinguido* 귀빈석

distinguir
디스띵기르

타 구별하다; 식별하다; 특별 취급하다
자 분간되다, 권위를 높이다
distinguirse 빼어나다, 뛰어나다
직 · 현재: distingo, distingues, ...
접 · 현재: distinga, distingas, distinga, distingamos, distingáis, distingan

distintamente
디스띤따멘떼

부 분명히, 뚜렷이, 명확히

distintivo, va
디스띤띠보, 바

형 구별하는, 특유의

distinto, ta
디스띤또, 따

형 다른, 판이한, 상이한; 명료한;
복 [+명사] 여러 가지의, 가지각색의
ser *distinto de* mi bolígrafo
내 볼펜과 다르다
Hay *distintos* tipos de personas.
여러 가지 타입의 인간이 있다.

distocia
디스또시아

여 [의학] 난산(難産)

distracción
디스뜨락시온

여 기분 전환, 오락; 방심, 부주의

distraer
디스뜨라에르

타 기분을 풀어주다, 즐겁게 해 주다; 주의를 딴 데로 돌리다; 횡령하다
distraerse
기분 전환을 하다, 즐기다; 방심하다

distraído, da
디스뜨라이도, 다

형 즐거운, 재미있는; 방심한, 주의력이 산만한

distribución
디스뜨리부시온

여 분배, 배급, 배포, 배분, 할당; 유통

distribuidor, ra
디스뜨리부이도르, 라

형 분배의, 배급의
red *distribuidora*
공급망, 판매망
남 여 배포자, 배달인; 딜러
남 (자동) 판매기

distribuir
디스뜨리부이르

타 분배하다, 배급하다, 배달하다

distributivo, va 형 분배하는
디스뜨리부띠보, 바

distrito 남 지구(地區)
디스뜨리또
Distrito Federal
(멕시코의) 연방 특별구

disturbio 남 소란, 소동; 복 폭동
디스뚜르비오
disturbios estudiantiles 학생 폭동

disuadir 타 단념하게 하다, 설득하다
디수아디르
disuadirse 단념하다

disuasión 여 설득; [군사] 억지력
디수아시온

disuasivo, va 형 설득시키는, 단념하게 하는
디수아시보, 바
poder *disuasivo* 설득력

diuresis 여 단 복 [의학] 이뇨(利尿)
디우레시스

diurético, ca 형 [의학] 이뇨(利尿)의
디우레띠꼬, 까 남 [의학] 이뇨제

diurno, na 형 낮의, 주간의 (반 nocturno); [동물]
디우르노, 나 주행성(晝行性)의
curso *diurno* 주간 강좌

diván 남 (등·팔걸이가 없는) 소파
디반

diversidad 여 다양성; 불일치, 차이
디베르시닫

diversificación 여 다양화, 잡다(함)
디베르시피까시온

diversificar 타 다양화하다
디베르시피까르
diversificarse 다양화되다

diversión 여 오락, 기분 전환; 양동 작전, 견제
디베르시온

diverso, sa 형 다양한, 변화가 풍부한; 복 여러가지의, 각
디베르소, 사 종의
diversos colores 여러 가지 색
남 복 잡비

divertido, da 디베르띠도, 다
형 즐거운, 재미있는, 유쾌한
película *divertida* 재미있는 영화

divertir 디베르띠르
타 즐겁게 하다, 기분을 좋게 하다
divertirse 즐기다

dividendo 디비덴도
남 [수학] 피제수; [상업] 배당금

dividir 디비디르
타 나누다, 분할하다; 분리하다; 분류하다, 구분하다; 사이를 틀어지게 하다
dividir una manzana en dos partes
사과를 두 조각으로 나누다
dividirse 나누어지다, 분열되다

divinidad 디비니닫
여 신성(神性); (기독교에서 본 다른 종교의) 신(神)

divinización 디비니사시온
여 신성시, 신격화; 숭배

divinizar 디비니사르
타 신격화하다

divino, na 디비노, 나
형 신(神)의; 숭고한; 절세(絶世)의
mujer *divina* 절세 미인

divisa 디비사
여 기장(記章), 배지; [주로 복] 외환, 외국통화
mercado de *divisas* 외환 시장

división 디비시온
여 분할, 구분; 분열; 구획; 부문, 분야; 국(局), 부(部), 과(課); [수학] 나누기
división de venta 판매과, 판매부

divisor 디비소르
남 [수학] 제수(除數), 약수(約數)
(máximo) común *divisor*
(최대) 공약수

divorciado, da 디보르시아도, 다
형 이혼한
남여 이혼자

divorciar 디보르시아르
타 이혼시키다, 인연을 끊어 놓다
divorciarse 이혼하다

divorcio 디보르시오
남 이혼; 이혼 판결

divulgación
디불가시온
여 공표, 유포

divulgar
디불가르
타 공표하다; (비밀을) 폭로하다
divulgarse 공표되다, 폭로되다

do
도
남 [음악] 도 ((장음계의 으뜸음))

doblar
도블라르
타 두 배로 하다; 접다; (모퉁이를) 꺾다[돌다]; [영화] 더빙하다
doblar un papel en cuatro
종이를 넷으로 접다
doblar la esquina 모퉁이를 돌다
자 (모퉁이에서) 꺾어지다, 돌다; 조종을 울리다; 2인역을 하다
doblar a la derecha en el cruce
사거리에서 오른쪽으로 돌다
doblarse
꺾이다; 굽어지다; 몸을 꼬다[비틀다]

doble
도블레
형 두 배의, 이중의
ser *doble* de ancho 폭이 두 배다
espía *doble* 이중 간첩
남 두 배; (호텔 등의) 2인용 방; 조종(弔鐘); 복제(複製); [테니스] 더블즈; [야구] 이루타

doblegar
도블레가르
타 굴복시키다; 구부리다, 꺾다
doblegarse 복종하다, 따르다; 굽어지다

doblemente
도블레멘떼
부 이중으로; 두 배로

doce
도세
형 12의; 12번째의
남 12; 12일
여 복 12시
Son las *doce* de la noche en punto.
정각 밤 12시다.

docena
도세나
여 다스, 타(打), 12개
media *docena* 반타, 6개

docencia
도센시아
여 교육(敎育)

docente 도센떼	형 교육의, 교육을 담당하는 cuerpo *docente* 교수진 남 여 교사, 교육자
dócil 도실	형 고분고분한, 유순한 niña *dócil* 말을 잘 듣는 소녀
docilidad 도실리닫	여 순종(順從)
docto, ta 독또, 따	형 박식한, 박학한; 조예가 깊은 남 여 박식한 사람
doctor, ra 독또르, 라	남 여 박사; 의사 *doctor* en letras 문학 박사 *doctor* honoris causa 명예 박사
doctorado 독또라도	남 박사 학위, 박사 과정 curso de *doctorado* 박사 과정 conferir el *doctorado* 박사 학위를 수여하다
doctoral 독또랄	형 박사의 tesis *doctoral* 박사 논문
doctorando, da 독또란도, 다	남 여 박사 후보자; 박사 과정 학생
doctorar 독또라르	타 …에게 박사 학위를 수여하다 ***doctorarse*** 박사 학위를 취득하다 *doctorarse* en ciencias [medicina] 이학[의학] 박사가 되다
doctrina 독뜨리나	여 (특정 종파의) 교리; (천주교의) 교리 문답서; 학설, 주의, 주장; 학식, 지식
docudrama 도꾸드라마	남 다큐멘터리 드라마
documentación 도꾸멘따시온	여 정보, 참고 자료; 증명서, 신분증
documentado, da 도꾸멘따도, 다	형 관계 서류가 첨부된, 증거[자료]를 가진
documental 도꾸멘딸	형 기록[자료]에 기초한; 문서의 남 기록 영화, 다큐멘터리

documentalista
도꾸멘딸리스따
남 여 기록 영화 감독

documentalmente
도꾸멘딸멘떼
부 (증거) 자료에 기초하여

documentar
도꾸멘따르
타 고증하다, 자료를 첨부하다

documento
도꾸멘또
남 서류, 문서, 자료, 기록; 증명서; [상업] 증권, 어음
documento de identidad 신분 증명서
documento privado 사문서(私文書)
documento público 공문서(公文書)
documentos del embarque 선적 서류

dodecaedro
도데까에드로
남 [수학] 12면체

dodecágono, na
도데까고노, 나
형 남 [수학] 12각형(의)

dodecasílabo, ba
도데까실라보, 바
형 남 12음절의 (시구)

dogal
도갈
남 (말 등의) 목고리; 교수형용 오랏줄

dogma
도그마
남 교리(敎理), 교의(敎義); 교조, 학설

dogmático, ca
도그마띠꼬, 까
형 교의(敎義)의; 독단적인, 단정적인
남 여 독단론가, 독단가
여 교의학(敎義學)

dogmatismo
도그마띠스모
남 독단(적인 태도); 교조주의; 독단론

dogmatizar
도그마띠사르
타 거짓 교리를 가르치다

dólar
돌라르
남 달러 ((미국 등의 화폐 단위))
dólar estadounidense 미국 달러
zona del *dólar* 달러 지역
pagar en *dólar* 달러로 지불하다

dolencia
돌렌시아
여 몸의 부조, 병고(病苦); 고통

| **doler**
돌레르 | 재 ① [아픈 곳이 주어] 아프다
¿Qué le *duele*?
어디가 아프십니까?
Me *duele* el estómago.
나는 배가 아프다.
Me *dolía* la cabeza.
나는 머리가 아팠다.
La inyección no te *dolerá*.
주사는 아프지 않을 것이다.
② [일이 줄어] 가슴 아프다
Le *dolió* la incomprensión de la gente.
사람들의 이해력 부족이 그는 가슴 아팠다.
dolerse de
고통을 호소하다; …에게 동정하다; …을 후회하다; …을 불쾌하게 생각하다
dolerse de la desgracia ajena
남의 불행을 가슴 아파하다
직·현재: *duelo*, *dueles*, *duele*, dolemos, doléis, *duelen*
접·현재: *duela*, *duelas*, *duela*, dolamos, doláis, *duelan* |

doliente
돌리엔떼
형 슬픈; 아픈; 속이 상한
남 여 유족(遺族); 환자

dolmen
돌멘
남 고인돌, 돌멘

dolménico, ca
돌메니꼬, 까
형 고인돌의, 돌멘의; 돌멘 같은
cultura *dolménica* 거석 문화

dolor
돌로르
남 고통, 아픔; 고뇌, 고민
dolor de muelas 치통
dolores del parto 진통(陣痛)
tener *dolor* de …가 아프다
dar a *uno dolores* de
(누가) …가 아프다

dolorido, da
돌로리도, 다
형 (약간) 아픈, 괴로운, 침통한

doloroso, sa
돌로로소, 사
형 고통스런, 아픈; 비참한

domador, ra
도마도르, 라
남 여 (동물의) 조련사

domar
도마르
타 (맹수 등을) 길들이다; (감정 등을) 억제하다

doméstico, ca
도메스띠꼬, 까
형 집의, 가정의; 국내의
mercado *doméstico* 국내 시장
vídeo *doméstico* 홈 비디오
para uso *doméstico* 자가용의

domiciliario, ria
도미실리아리오, 리아
형 거주의

domicilio
도미실리오
남 주소, 주거
no tener *domicilio* fijo 주소 불명이다

dominación
도미나시온
여 지배, 통치

dominante
도미난떼
형 지배적인; 주요한; 우세한; 오만한

dominar
도미나르
타 지배하다; 점거하다; 억제하다; 정통하다, 마스터하다, 통달하다
dominar Europa 유럽을 제패하다
dominar la cólera 노여움을 억제하다
dominar cinco idiomas
5개 국어를 통달하다
자 [+en] (…을) 지배하다; 우월하다; 보통이다
dominarse 자신을 억제하다, 참다

domingo
도밍고
형 일요일; [기독교] 안식일, 주일

Dominica
도미니까
여 [국명] 도미니카

dominical
도미니깔
형 일요일의; [기독교] 주일의
escuela *dominical* 일요 학교
hoja *dominical* (신문의) 일요판
남 (신문의) 일요판

dominicano, na
도미니까노, 나
형 도미니까 공화국(República Dominicana)의

	남 여 도미니까 공화국 사람
dominio 도미니오	남 지배, 통치; [주로 복] 영토; 분야, 영역; [컴퓨터] 도메인
dominó 도미노	남 도미노; 도미노 패
domo 도모	남 돔, 둥근 지붕
don¹ 돈	남 돈 ((남성 이름 앞에 놓이는 경칭; 여성은 doña; 약자 D.]) *Don* Quijote 돈 끼호떼
don² 돈	남 (하늘의) 선물, 은총; 천부의 재능, 천성(天性) *don* de lenguas 어학의 재능
donación 도나시온	여 기증, 증여; 기증물, 기부금
donaire 도나이레	남 기지; 우아함, 품격
donante 도난떼	남 여 기증자; 장기 제공자 *donante* de sangre 헌혈자
donar 도나르	타 기증하다, 증여하다
donatario, ria 도나따리오, 리아	남 여 기증[기부]의 수령자
donativo 도나띠보	남 기증, 기부
doncel 돈셀	남 동정(童貞)의 청년; 청년
doncella 돈세야	여 처녀; 소녀
doncellez 돈세예스	여 처녀성, 동정(童貞) perder su *doncellez* 동정[처녀성]을 잃다
donde 돈데	부 [장소의 관계 부사] …하는 곳(에) Vamos *donde* quiera usted. 당신이 원하는 곳에 갑시다.

dónde	튄 [장소의 의문 부사] 어디(에)
돈데	¿*Dónde* estamos? 여기가 어딥니까?
	¿*Dónde* está la entrada [la salida]?
	입구[출구]는 어디 있습니까?
	¿A *dónde* vas ahora?
	지금 어디에 가느냐?
	¿De *dónde* es usted?
	어디서 오셨습니까?
	어느 나라 태생이십니까?
	¿Por *dónde* se va a correos?
	우체국은 어디로 가면 됩니까?

dondequiera
돈데끼에라
튄 어디든지, 아무 데나
Ponlo *dondequiera*.
그것을 아무 데나 놓아라.
Dondequiera que vayas, hallarás amigo.
네가 가는 곳은 어디든지 친구가 있을 것이다.

donjuán
돈후안
남 바람둥이, 색마, 돈후안

donoso, sa
도노소, 사
형 기지가 풍부한; 우아한

doña
도냐
여 도냐 ((기혼 여성의 이름 앞에 놓는 경칭; 남성은 don; 약자 Dª.))
Doña Juana 후아나 여사

dorado, da
도라도, 다
형 금색의, 금도금의
남 금도금, 금박(金箔)
여 [어류] 도미

dorar
도라르
타 …에 금박을 입히다, 금도금하다; 금색으로 칠하다

dórico, ca
도리꼬, 까
형 [건축] 도리스식의

dormida
도르미다
여 선잠, 얕은 잠; (누에의) 잠

dormilón, lona
도르밀론, 로나
형 잠을 잘 자는, 잠이 많은
남 여 잠꾸러기

dormir 도르미르
자 [현재 분사: *durmiendo*] 자다
Dormí bien anoche.
간밤에 잘 잤다.
Ella está *durmiendo*.
그녀는 자고 있다.
타 재우다
dormir a un niño
아이를 재우다
dormirse 잠들다, 졸다
직·현재: d*u*ermo, d*u*ermes, d*u*erme, dormimos, dormís, duermen
접·현재: d*u*erma, d*u*ermas, d*u*erma, dormamos, dormáis, d*u*erman
직·부정 과거: dormí, dormiste, d*u*rmió, dormimos, dormisteis, d*u*rmieron

dormitar 도르미따르
자 꾸벅꾸벅 졸다

dormitivo, va 도르미띠보, 바
형 최면성의
남 수면제, 최면약

dormitorio 도르미또리오
남 침실; [집합 명사] 침실용 가구

dorsal 도르살
형 등의; 뒤쪽의
남 [운동] 등번호, 백넘버

dorso 도르소
남 등; 뒤쪽

dos 도스
형 2의, 두 개의; 두 번째의
남 2; 2일
여 복 2시
Son las *dos* de la tarde. 오후 2시다.

doscientos, tas 도스시엔또스, 따스
형 200의; 200번째의
남 200

dosificación 도시피까시온
여 조제, 투약; 가감

dosificar 도시피까르
타 (약을) 조합하다; (양을) 가감하다

dosis 도시스	여 단 복 (약 1회분의) 복용량; (일정의) 분량, 정도 *dosis* mortal 치사량
dotación 도따시온	여 기금, 수입; 지급, 장치; 지참금
dotado, da 도따도, 다	형 재능이 있는
dotar 도따르	타 지참금[재산]을 지참시키다; (재능 등을) 부여하다; 설치하다
dote 도떼	남 지참금; 수도원 입회금 남 복 재능, 천분(天分)
doy 도이	나는 준다 ((dar (주다)의 직설법 현재 1인칭 단수))
draga 드라가	여 준설기, 준설선
dragado 드라가도	남 준설(浚渫)
dragaminas 드라가미나스	남 단 복 소해정(掃海艇)
dragar 드라가르	타 준설하다
dragón 드라곤	남 [동물] 용(龍)
drama 드라마	남 연극; 희곡, 각본
dramático, ca 드라마띠꼬, 까	형 연극의; 극적인, 감동적인, 비극적인 남 여 극작가(escritor *dramático*) 여 극작법; [집합 명사] 희곡
dramaturgia 드라마뚜르히아	여 극작법; [집합 명사] 희곡
dramaturgo, ga 드라마뚜르고, 가	남 여 극작가; 각본가
droga 드로가	여 마약; 약품
drogadicción 드로가딕시온	여 마약 중독

drogadicto, ta
드로가딕또, 따
형 마약 중독의
남 여 마약 중독자

droguería
드로게리아
여 (청소 용구 등의) 잡화점; ((중남미)) 약국

droguero, ra
드로게로, 라
남 여 잡화상

dual
두알
형 두 개의, 이중의

dualidad
두알리닫
여 이원성, 이중성

ducado
두까도
남 공작의 지위; 공작령, 공국(公國)

ducal
두깔
형 공작(duque)의

ducha
두차
여 샤워; 샤워실, 샤워 설비
tomar [darse] una *ducha*
샤워를 하다

duchar
두차르
타 샤워를 시키다
ducharse 샤워하다

duda
두다
여 의심, 의혹, 회의; 의문점

dudar
두다르
자 의심하다, 믿지 않다; 확신이 없다

dudosamente
두도사멘떼
부 의심스레, 수상쩍게

dudoso, sa
두도소, 사
형 수상쩍은, 의문의 여지가 있는

duelo
두엘로
남 결투; 애도, 상(喪)
casa de *duelo* 상가(喪家)

duende
두엔데
남 도깨비, 귀신, 요정

dueño, ña
두에뇨, 냐
남 여 주인, 소유주; 중심 인물

dulce
둘세
형 (맛이) 단 (반amargo); (포도주가) 단맛
이 있는 (반seco); 부드러운, 온화한,
감미로운; 염분[소금기]이 없는

	남 과자, 단 것
	부 감미로운 목소리로; 친절히
dulcería 둘세리아	여 과자점
dulcero, ra 둘세로, 라	형 단 것을 좋아하는
	남 여 과자 제조자, 과자점 점원
dulcinea 둘시네아	여 의중의 여인
dulzura 둘수라	여 단맛, 감미로움; 온화함
dumping 둠삥	남 덤핑
dúo 두오	남 [음악] 이중주곡, 이중창곡
duodécimo, ma 두오데시모, 마	형 12번째의
duodenal 두오데날	형 [해부] 십이지장의
duodenitis 두오데니띠스	여 단 복 [의학] 십이지장염
duodeno 두오데노	남 [해부] 십이지장
duplicación 두쁠리까시온	여 복사(複寫); 이중; 배증(倍增)
duplicado, da 두쁠리까도, 다	형 복사의; 정부(正副) 두 통의
	남 부본(副本); 복제
duplicar 두쁠리까르	타 두 배로 하다, 이중으로 하다; 복사[복제]를 만들다
duplicidad 두쁠리시닫	여 이중성, 두 배; 흉심
duplo, pla 두쁠로, 쁠라	형 남 두 배(의)
duque 두께	남 공작(公爵); (공국의) 군주, 공(公)
duquesa 두께사	여 공작 부인; 여자 공작; 공비(公妃)

durabilidad
두라빌리닫
여 지속력, 내구성(耐久性)

durable
두라블레
형 지속성[내구성]이 있는

duración
두라시온
여 계속, 지속(성); 기간; 수명(壽命)

duradero, ra
두라데로, 라
형 지속성[내구성]이 있는

durante
두란떼
전 ... 동안, 쭉, 계속
durante las vacaciones de verano
여름 방학 동안
durante el día 낮동안 (계속)
durante la noche 밤동안 (계속)
durante la guerra 전쟁중, 전시중

durar
두라르
자 계속[지속]하다, 잇따르다, 내구성이 있다

duraznero
두라스네로
남 [식물] 복숭아나무

durazno
두라스노
남 [식물·과실] 복숭아

dureza
두레사
여 단단함, 견고함; 엄함

durmiente
두르미엔떼
형 남 여 잠자고 있는 (사람)
남 (철도의) 침목(枕木)

duro, ra
두로, 라
형 단단한, 딱딱한, 굳은; 엄한, 혹심한; 어려운; 엄격한; 냉혹한
almohada *dura* 딱딱한 베개
carne *dura* 질긴 고기
clima *duro* 혹심한 날씨
ejercicio *duro* 격렬한 운동
prueba *dura* 어려운 시험
부 난폭하게; 강하게; 열심히, 힘껏
estudiar *duro* 열심히 공부하다
pegar *duro* 세게 때리다
남 두로 ((스페인의 전 화폐 단위; 5뻬세따))

E

e¹
에
:접: 와, 과, 그리고 ((접속사 y가 i- · hi-로 시작되는 단어 앞에 올 때))
María *e* Isabel 마리아와 이사벨
madre *e* hija 어머니와 딸

e²
에
:여: 에 ((스페인어 자모의 여섯 번째 문자))

ebanista
에바니스따
:남: :여: 흑단 세공사; 가구 목수

ebanistería
에바니스떼리아
:여: 흑단 세공 기술[공장]; 가구류

ébano
에바노
:남: [식물] 흑단(黑檀)

ebriedad
에브리에닫
:여: 대취(大醉), 몹시 술에 취함

ebrio, bria
에브리오, 브리아
:형: 술에 취한; 도취한, 마음이 홀린
conductor *ebrio* 음주 운전사

ebullición
에부이시온
:여: 비등, 들끓음
punto de *ebullición* 비등점

eccema
엑세마
:남: [의학] 습진(濕疹)

echar
에차르
:타: 던지다; 버리다; 쫓아내다; 넣다; (싹 등이) 돋아나다; (수염이) 나다; (자물쇠 등을) 잠그다; (세금 등을) 과하다; 탓으로 돌리다; 쓰러 뜨리다
echar la pelota 공을 던지다
echar la basura a la calle
길에 쓰레기를 버리다
:자: 나오다, 생기다, 돋아나다
echar a + 동사 원형 ...하기 시작하다
echar a reír 웃기 시작하다
echarse
몸을 던지다; 들어눕다; 뛰어들다; 쓰러지다

echarse a + 동사 원형
별안간 ...하기 시작하다
echarse a corner 별안간 달리기 시작하다

eclesial
에끌레시알
형 교회의
comunidad *eclesial*
기독교 공동체, 교단(敎團)

Eclesiastés
에끌레시아스떼스
남 [성경] 전도서(傳道書)

eclipse
에끌립세
남 [천문] (해·달의) 식(蝕); 쇠퇴
eclipse lunar [de luna] 월식(月蝕)
eclipse parcial 부분식(部分蝕)
eclipse solar [de sol] 일식(日蝕)
eclipse total 개기식(皆旣蝕)

eco
에꼬
남 메아리, 산울림; 사회적 반향; 세평

ecografía
에꼬그라피아
여 초음파 임상 진단[검사]

ecología
에꼴로히아
여 생태학, 자연 환경, 환경학

ecológico, ca
에꼴로히꼬, 까
형 생태학의, 환경 친화적
desastre *ecológico* 환경 파괴

ecologismo
에꼴로히스모
남 환경[자연] 보호주의

ecologista
에꼴로히스따
형 ecología의
남여 생태학자, 사회 생태학자

economía
에꼬노미아
여 경제; 경제학; 절약; 복 저금
economía abierta 개방 경제
economía capitalista 자본주의 경제
economía de mercado 시장 경제
economía dirigida 통제 경제
economía doméstica [familiar] 가계
economía latinoamericana
라틴 아메리카 경제
economía mixta 혼합 경제
economía política (정치) 경제학
economía sumergida 지하 경제

nueva *economía* 신경제
estudiar *economía* 경제학을 공부하다

económicamente 튀 경제적으로; 검소하게, 알뜰하게
에꼬노미까멘떼

económico, ca 형 경제의; 절약이 되는, 싼; 검소한
에꼬노미꼬, 까
ayuda *económica* 경제 원조
relaciones *económicas* 경제 관계
tarifa *económica* 이코노미 요금
velocidad *económica* 경제 속도

economista 남 여 경제학자
에꼬노미스따

economizar 타 절약하다; 저금하다
에꼬노미사르

ecosistema 남 생태계(生態界)
에꼬시스떼마

ecuación 여 [수학] 등식, 방정식; [천문·심리] (관측·
에꾸아시온 관찰에 의한) 차(差)
ecuación química 화학 방정식
ecuación de tiempo 시차(時差)
ecuación personal 개인차

ecuador 남 적도(赤道); (기간의) 중간점
에꾸아도르

Ecuador (el) 남 [국명] 에꾸아도르
에꾸아도르 (엘)

ecuatorial 형 적도 (지대)의
에꾸아또리알

ecuatoriano, na 형 에꾸아도르의
에꾸아또리아노, 나 남 여 에꾸아도르 사람

edad 여 나이, 연령; 시대(時代)
에닫
¿Qué *edad* tiene usted?
– Tengo sesenta años (de *edad*).
연세가 어떻게 되십니까?
–예순(살)입니다.
Ella parece joven para su *edad*.
그녀는 나이에 비해 젊어 보인다.

edén
에덴
남 [성경] 에덴 (동산); 낙원

edición
에디시온
여 ...판; 출판, 간행; (책의) 제작, 편집; (레코드 등의) 제작, 발매; [컴퓨터] 편집
edición de las obras completas
전집 간행
edición revisada 개정판
primera *edición* 초판

edificabilidad
에디피까빌리닫
여 건축 허가

edificable
에디피까블레
형 건설 가능한

edificación
에디피까시온
여 건조(물), 건설

edificar
에디피까르
타 (대규모로) 건조[건설]하다

edificio
에디피시오
남 건물, 빌딩
edificio público 공공 건축물

edil, la
에딜, 라
남여 시청 간부; 시의회 의원

editar
에디따르
타 출판하다, 발행하다; 제작하다, 편집하다; [컴퓨터] 편집하다
editar una revista 잡지를 발행하다

editor, ra
에디또르, 라
남 발행자; 교정 간행자
여 출판사(casa editora)

editorial
에디또리알
형 출판(업)의
남 (신문·잡지의) 사설, 논설
여 출판사(casa editorial)

editorialista
에디또리알리스따
남여 논설 위원[기자]

educación
에두까시온
여 교육; 예의 범절
educación primaria 초등 교육
educación secundaria 중등 교육
educación sexual 성교육

educacional
에두까시오날
형 교육의

educado, da
에두까도, 다
형 가정 교육이 있는, 예의가 바른
bien *educado* 가정 교육이 잘된
mal *educado* 가정 교육이 잘못된

educador, ra
에두까도르, 라
형 교육하는
남 여 (주로 초등 학교의) 교육자

educando, da
에두깐도, 다
남 여 (주로 초등 학교의) 학생

educar
에두까르
타 교육하다; 훈련하다, 단련하다
educarse (학교 등에서) 교육을 받다

efectivamente
에펙띠바멘떼
부 실제로, 사실; 효과적으로

efectividad
에펙띠비닫
여 효과, 효력

efectivo, va
에펙띠보, 바
형 효과가 있는; 실제의, 현실의; 현직(現職)의
남 현금(dinero (en) efectivo)
남 복 [군사] 병력(兵力)

efecto
에펙또
남 효과; 결과; 인상, 감명; 목적; [상업] 환어음
복 상품(商品); 재산; 일상 생활에 필요한 물건; 유가 증권
efectos públicos 국채(國債)

efectuar
에펙뚜아르
타 실행하다, 행하다

eficacia
에피까시아
여 효과, 효력; 능률, 효율

eficaz
에피까스
형 효과적인, 효력이 있는; 유능한
복 eficaces

eficiencia
에피시엔시아
여 유효성; 능률

eficiente
에피시엔떼
형 능률이 좋은, 유능한; 효과적인

efusión
에푸시온
여 유출; (감정 등의) 토로; 감동
efusión de sangre 출혈, 유혈(流血)

efusivo, va
에푸시보, 바
형 유출하는; 뜨거운, 열정[정열]적인

egipcio, cia
에힙시오, 시아
형 이집트(Egipto)의
남 여 이집트 사람

Egipto
에힙또
남 [국명] 이집트

égloga
에글로가
여 (대화 형식의) 목가(牧歌), 전원시

ego
에고
남 자아(自我)

egoísmo
에고이스모
남 이기주의, 에고이즘

egoísta
에고이스따
형 이기주의의
남 여 이기주의자, 에고이스트

eje
에헤
남 [수학] 축; (기계의) 축; 기본 방침[노선]; 중심 인물

ejecución
에헤꾸시온
여 실행, 수행, 실시; 연주; 사형 집행, 처형; 차압을 행함, 집행

ejecutante
에헤꾸딴떼
남 여 집행자; 연주자

ejecutar
에헤꾸따르
타 실행하다, 수행하다; 연주하다; 처형하다; (법을) 집행하다, 시행하다; 차압하다

ejecutivo, va
에헤꾸띠보, 바
형 집행하는; 집행상의, 행정상의
comité *ejecutivo*, comisión ejecutiva 집행 위원회
남 여 중역, 간부 직원; 행정관
여 이사회, 집행부

ejecutor, ra
에헤꾸또르, 라
형 실행[집행]하는
남 여 실행자, 수행자

ejemplar
에헴쁠라르
형 모범적인; 본보기의
conducta *ejemplar* 모범적인 행위
남 (신문·책 등의) ...부; 전형, 표본
sin ejemplar 전대 미문의

ejemplo
에헴쁠로
남 모범, 본보기; 예, 실례(實例), 전례
ejemplo de frase 예문
por ejemplo 예를 들면
sin ejemplo 전대 미문의

ejercer
에헤르세르
타 ...에 종사하다, (일)하다; 주다, 미치다; 행사하다
자 [+de] (직업에) 종사하다

ejercicio 에헤르시시오	남 연습, 훈련; (신체의) 운동; 연습 문제; 채용 시험의) 질문, 심사; (직업의) 종사; (권리 등의) 행사; [군사] 복 연습, 교련 *ejercicio* de piano 피아노 연습
ejercitar 에헤르시따르	타 (권력·능력을) 행사하다, 발휘하다; 종사하다; 연습시키다, 훈련하다 *ejercitarse* 연습하다
ejército 에헤르시또	남 군대; (특히) 육군 *ejército* enemigo 적군 *ejército* popular 인민군
el 엘	관 [정관사 남성 단수형] 그 *el* libro 그 책 ※주의: 악센트가 있는 a-·ha-로 시작되는 여성 단수 명사의 직전에서는 발음 관계로 la를 사용하지 않고 el을 사용함: el ama 여주인, el agua 물, el hacha 도끼, el águila 독수리
él 엘	대 [인칭 대명사 3인칭 단수 남성형] 그, 그 남자, 그 사람 ir con *él* 그와 함께 가다 Para *él* eso es difícil. 그에게는 그것은 어렵다.
elaboración 엘라보라시온	여 가공, 정제(精製)
elaborado, da 엘라보라도, 다	형 가공된, 정제된
elaborar 엘라보라르	타 (원료를) 가공하다, 정제하다
elasticidad 엘라스띠시닫	여 탄성, 탄력성; 유연성; 융통성
eástico, ca 엘라스띠꼬, 까	형 탄력성 있는; 유연한; 융통성 있는 남 고무줄, 고무 밴드 남 복 바지의 멜빵
ele 엘레	여 문자 l의 명칭

electrocardiograma

elección 엘렉시온
여 선택; 선거, 선출
elección de carrera 직업의 선택
elecciones generales 총선거
No hay *elección*. 선택의 여지가 없다.

electo, ta 엘렉또, 따
형 당선된
el presidente *electo*
이번 선거에서 당선된 대통령

elector, ra 엘렉또르, 라
남 여 선거인, 유권자

electorado 엘렉또라도
남 [집합] 선거인, 유권자

electoral 엘렉또랄
형 선거의; 유권자의
distrito *electoral* 선거구
ley *electoral* 선거법
sistema *electoral* 선거 제도

electorero, ra 엘렉또레로, 라
남 여 선거 참모

electricidad 엘렉뜨리시닫
여 전기, 전력; 전류; 전기학

electricista 엘렉뜨리시스따
남 여 전기공, 전기 기사

eléctrico, ca 엘렉뜨리꼬, 까
형 전기의
plancha *eléctrica* 전기 다리미

electrificación 엘렉뜨리피까시온
여 전화(電化)

electrificar 엘렉뜨리피까르
타 전화(電化)하다

electrocardiografía 엘렉뜨로까르디오그라피아
여 [의학] 심전도 검사법

electrocardiógrafo 엘렉뜨로까르디오그라포
남 [의학] 심전계(心電計)

electrocardiograma 엘렉뜨로까르디오그라마
남 [의학] 심전도(心電圖)

electrochoque 엘렉뜨로초께
남 전기 충격 (요법)

electrocución 엘렉뜨로꾸시온
여 전기 사형; 감전사

electrocutar 엘렉뜨로꾸따르
타 전기 사형시키다, 전기 의자에 앉히다; 감전사시키다
electrocutarse 감전사하다

electrodoméstico, ca 엘렉뜨로도메스띠꼬, 까
형 가정 전기 제품의
industria *electrodoméstica* 가전 산업
tienda de *electrodomésticos* 전기상

electroencefalografía 엘렉뜨로엔세팔로그라피아
여 [의학] 뇌파 기록[검사](법)

electroencefalograma 엘렉뜨로엔세팔로그라마
남 [의학] 뇌전도(腦電圖), 뇌파도

electromotor, triz 엘렉뜨로모또르, 뜨리스
형 전기를 일으키는, 기전(起電)의
fuerza *electromotriz* 기전력
남 전동기, 전기 모터

electrón 엘렉뜨론
남 전자(電子)

electrónico, ca 엘렉뜨로니꼬, 까
형 전자의, 전자 공학의
industria *electrónica* 전자 산업
música *electrónica* 전자 음악
여 전자 공학

electrotecnia 엘렉뜨로떼끄니아
여 전기 공학

electrotécnico, ca 엘렉뜨로떼끄니꼬, 까
형 전기 공학의
남여 전기 공학자, 전기 기술자

electroterapia 엘렉뜨로떼라삐아
여 [의학] 전기 요법

elefante, ta 엘레판떼, 따
남여 [동물] 코끼리

elefantiasis 엘레판띠아시스
여 단 복 [의학] 상피병(象皮病)

elegancia
엘레간시아
여 우아, 우미, 고상함, 단정함

elegante
엘레간떼
형 우아한, 우미한, 고상한, 기품이 있는
estilo *elegante*
세련된 문체

elegía
엘레히아
여 엘레지, 애가(哀歌)

elegiaco, ca
엘레히아꼬, 까
형 =**elegíaco**

elegíaco, ca
엘레히아꼬, 까
형 애가(elegía)의, 애조 띤

elegibilidad
엘레히빌리닫
여 피선거권

elegible
엘레히블레
형 피선거권이 있는

elegido, da
엘레히도, 다
형 뽑힌, 선출된, 선발된
candidato *elegido* 당선자
남 여 (하나님의) 선민(選民); 엘리트

elegir
엘레히르
타 고르다, 뽑다, 선택하다, 선출하다, 선거하다
elegir una corbata por el color
색으로 넥타이를 고르다
elegir la tercera entre los aspirantes
지원자 중에서 세 번째 여성을 뽑다
Le *eligieron* presidente.
그는 대통령으로 뽑혔다.

elemental
엘레멘딸
형 기본의, 기초의; 초보적인, 간단한
conocimientos *elementales*
기초 지식
curso *elemental* de español
스페인어 입문 (과정)
principio *elemental*
기본 원리

elemento
엘레멘또
남 요소, 성분; 부품; [화학] 원소; 구성원, 멤버; 대자연의 힘
elemento constitutivo 구성 요소

elevación
엘레바시온
여 올리는 일, 상승; 높은 곳; 고양
elevación de precios 물가 상승

elevado, da
엘레바도, 다
형 높은; 고상한; 고만한
lugar *alto* 높은 곳
sueldo *alto* 높은 봉급

elevador, ra
엘레바도르, 라
형 들어올리는
bomba *elevadora* de agua 양수 펌프
남 양수기; (주로 중남미) 엘리베이터

elevar
엘레바르
타 올리다, 높이다; 승진시키다
elevar el precio 가격을 올리다
elevar el nivel del la vida
생활 수준을 높이다
elevarse 오르다; 달하다
Los precios *se han elevado* mucho.
물가가 많이 올랐다.

eliminación
엘리미나시온
여 제거, 배제

eliminar
엘리미나르
타 제거하다, 배제하다
Le *han eliminado* del partido.
그는 당에서 제명되었다.

eliminatorio, ria
엘리미나또리오, 리아
형 예선의, 예비 전형의
criterio *eliminitorio* 예비 통과 규준
prueba *eliminitoria* 예선, 예비 시험

elipse
엘립세
여 [수학] 타원(형)

elite
엘리떼
여 [집합] 엘리트
elite intelectual 지적 엘리트
elite social 엘리트 계층, 명사
deportista de *elite* 일류 선수

élite
엘리떼
여 [집합] =**elite**

elixir
엘리시르
남 영약, 묘약; 입안 세정제
elixir de la eterna juventud
불로 장생약

elíxir 엘리시르   남 =**elixir**

ella 에야   대 [인칭 대명사 3인칭 단수 여성형] 그녀
Ella es cantante. 그녀는 가수다.

ellas 에야스   대 [인칭 대명사 3인칭 복수 여성형] 그녀들
Ellas salen para Busan.
그녀들은 부산으로 출발한다.

elle 에예   여 에예 ((문자 ll의 명칭))

ello 에요   대 [인칭 대명사 중성형] 그것
Ello no me gusta. 나는 그것을 싫어한다.

ellos 에요스   대 [인칭 대명사 3인칭 복수 남성형] 그들
Ellos no llegaron a tiempo.
그들은 제시간에 도착하지 않았다.

elocución 엘로꾸시온   여 말하는 법, 연설법

elocuencia 엘로꾸엔시아   여 웅변; 표현력, 설득력

elocuente 엘로꾸엔떼   형 능변의, 표현력이 풍부한

elogiable 엘로히아블레   형 칭찬할 만한

elogiar 엘로히아르   타 칭찬[찬양]하다

elogio 엘로히오   남 칭찬, 찬사

elogioso, sa 엘로히오소, 사   형 칭찬의
palabras *elogiosas* 찬사(讚辞)

emanación 에마나시온   여 발산, 방사

emanar 에마나르   자 [+de] (...에서) 발산하다, 방사하다; 유래하다
타 (감정 등을) 발산하다

emancipación 에만시빠시온   여 해방
emancipación de esclavos 노예 해방

emancipación de la mujer 여성 해방

emancipar 에만시빠르
타 해방시키다, 자유롭게 하다
emanciparse
해방되다, 자유의 몸이 되다

embajada 엠바하다
여 대사관
Embajada de España en Seúl
서울 주재 스페인 대사관

embajador, ra 엠바하도르, 라
남 여 대사, 사절, 특사
embajador de Corea en España
스페인 주재 한국 대사
여 대사 부인

embalse 엠발세
남 저수; 댐; 저수지

embarazada 엠바라사다
형 임신한
dejar *embarazada* a uno ...를 임신시키다
여 임산부(姙産婦)

embarazar 엠바라사르
타 임신시키다; 훼방놓다, 방해하다; 당혹하게 하다
embarazarse 난처하다

embarazo 엠바라소
남 임신; 곤혹, 당혹; 궁지
embarazo extrauterino 자궁외 임신
embarazo falso 상상 임신
embarazo gastronómico 위장 장애

embarazoso, sa 엠바라소소, 사
형 난처한, 어려운, 괴로운; 방해되는

embarcación 엠바르까시온
여 [총칭] 배, 선박; 승선; 항해 일수
tarjeta de *embarcación* 탑승권

embarcadero 엠바르까데로
남 부두, 선창; (역의) 플랫폼

embarcar 엠바르까르
타 (배·비행기·열차에) 오르다; 화물을 싣다; 출하하다
embarcar los pasajeros
승객을 승선[탑승]시키다
자 /*embarcarse* [+en] (...에) 타다, 탄 채로 들어가다

embarco
엠바르꼬
남 승선, 탑승, 승차; 화물을 실음

embargar
엠바르가르
타 차압하다
embargar la casa 집을 차압하다

embargo
엠바르고
남 차압; (무기 등의) 수출[운반] 금지, 봉쇄; [의학] 소화 불량
embargo económico 경제 봉쇄

embarque
엠바르께
남 선적, 출하; 승선, 탑승
embarque parcial 부분 선적
puerta de *embarque* 탑승 게이트
tarjeta de *embarque* 탑승권

embellecedor, ra
엠베예세도르, 라
형 화장용의
남 (차 등의) 장식품; 화장품

embellecer
엠베예세르
타 아름답게 꾸미다; 장식하다
embellecerse
(자신의) 몸을 꾸미다, 화장을 하다

embellecimiento
엠베예시미엔또
남 아름답게 하는 일, 화장

embestida
엠베스띠다
여 공격, 돌진

embestir
엠베스띠르
자 타 (투우 등이) 덮치다, 공격하다

emblandecer
엠블란데세르
타 부드럽게 하다
emblandecerse 감동하다

emblanquecer
엠블랑께세르
타 하얗게 하다
emblanquecerse 하얗게 되다

emblema
엠블레마
남 문장(紋章); 기장, 표장; 상징, 표상

emblemático, ca
엠블레마띠꼬, 까
형 상징의, 상징적인

embocadura
엠보까두라
여 (운하·항구 등의) 입구; (포도주의) 방향, 맛; 재능, 기량

embocar
엠보까르
타 [농구] (공을) 넣다; [골프] 홀에 넣다; (입구·좁은 곳으로) 들어가다; 입에 넣다

emborrachamiento 엠보르라차미엔또 ㉾ 만취, 대취, 술에 취함

emborrachar 엠보르라차르 ㉾ (술이 거나하게) 취하게 하다
emborracharse 취하다
emborracharse con [de] cerveza 맥주에 취하다

emboscada 엠보스까다 ㉾ 복병(伏兵), 잠복, 매복

emboscar 엠보스까르 ㉾ 잠복[매복]시키다
emboscarse 잠복하다, 매복하다

embotellado, da 엠보떼야도, 다 ㉾ 병목 현상의, 교통이 혼잡한
㉾ 병에 담음, 병에 담는 작업

embotellador, ra 엠보떼야도르, 라 ㉾ 병에 담는
㉾ 병에 담는 기계

embotellamiento 엠보떼야미엔또 ㉾ 병에 담는 일; (교통) 정체, 밀림, 교통 혼잡, 병목 현상, 혼잡

embotellar 엠보떼야르 ㉾ (포도주 등을) 병에 담다; 교통을 혼잡하게 하다; 봉쇄하다; 방해하다
agua *embotellada* 병에 담긴 물
embotellarse (교통이) 정체되다

embrague 엠브라게 ㉾ 크러치(의 접속)

embriagar 엠브리아가르 ㉾ (술에) 취하게 하다; 도취하게 하다
embriagarse 술에 취하다; [+de] (…에) 도취하다
embriagarse de felicidad 행복에 취하다

embriagador, ra 엠브리아가도르, 라 ㉾ 도취시키는

embriaguez 엠브리아게스 ㉾ 취함, 대취, 만취; 도취

embrión 엠브리온 ㉾ [생물] 배(胚); 태아; 시작, 초기 단계(初期段階)

eme 에메 ㉾ 에메 ((문자 m의 명칭))

emergencia
에메르헨시아
  여 돌발사, 긴급 사태; 부상(浮上), 출현
  aterrizaje de *emergencia* 긴급 착륙
  estado de *emergencia* 비상 사태
  en caso de *emergencia* 긴급한 경우에

emergente
에메르헨떼
  형 신생의, 두각을 나타내는
  fuerza *emergente* 신흥 세력

emerger
에메르헤르
  자 (수면에) 나타나다, 부상(浮上)하다
  emerger un submarino
  잠수함이 부상하다

emigración
에미그라시온
  여 (타국·타지로) 이주, 출가; [집합] 이민, 출가자

emigrado, da
에미그라도, 다
  남 여 이민 이주자; (특히) 망명자

emigrante
에미그란떼
  형 이주하는
  남 여 이주자, 이민; 출가자

emigrar
에미그라르
  자 이주하다; [동물] 계절적으로 이동하다

emigratorio, ria
에미그라또리오, 리아
  형 이주의, 출가의

eminencia
에미넨시아
  여 걸출, 탁월; 걸물; 고지, 구릉, 언덕; [천주교] (추기경의 경칭) 예하(猊下)

eminente
에미넨떼
  형 (장소가) 높은; 걸출한, 탁월한

eminentemente
에미넨떼멘떼
  부 걸출하게, 탁월하게, 뛰어나게

emir
에미르
  남 에미르 ((마호멧의 자손의 경칭; 이슬람 교단의 수장))

emirato
에미라또
  남 emir의 지위[영토]
  Emiratos Arabes Unidos
  아랍 에미리트 연합국

emisario, ria
에미사리오, 리아
  남 여 특사, 밀사; 방수로, 배수로

emisión
에미시온
  여 방출, 방사; 배출; 발행; 방송 (프로그램)
  emisión deportiva 포츠 방송 (프로그램)

emisor, ra
에미소르, 라

banco de *emisión* 발권 은행

형 발하는; 방송하는; 발행하는
estación *emisora* 방송국
남 여 방송인; 발행인
남 송신기(aparato *emisor*)
여 (라디오) 방송국

emitir
에미띠르

타 (빛·소리 등을) 발하다; 방출[방사]하다; 배출하다; 표명하다; 발행하다; 방송하다
emitir calor 열을 발하다
emitir billetes 지폐를 발행하다
emitir el concierto 콘서트를 방송하다
자 방송되다

emoción
에모시온

여 감동, 감격; (희노애락의) 감정, 정서
sentir *emoción*
감동을 느끼다, 감격하다

eomocional
에모시오날

형 감정의, 감정적인

emocionante
에모시오난떼

형 감동적인

emocionar
에모시오나르

타 (희노애락으로) …의 마음을 동요시키다, 감동[감격]시키다
emocionarse con [por]
…에 감동하다
emocionarse con la música
음악에 감동하다

emotividad
에모띠비닫

여 감동; 감수성

emotivo, va
에모띠보, 바

형 감정의, 정서의; 감동적인; 다감한, 감수성이 강한

empacar
엠빠까르

타 포장하다
자 짐을 가방에 넣다

empadronamiento
엠빠드로나미엔또

남 인구[국세] 조사; 주민 등록

empadronar
엠빠드로나르
타 (누구를) 주민 등록하다, 인구 조사하다
empadronarse en ...에 주민 등록을 하다

empanada
엠빠나다
여 엠빠나다 ((아르헨띠나의 만두))

empapado, da
엠빠빠도, 다
형 흠뻑 젖은
Estoy *empapado* de [en] sudor.
나는 땀으로 흠뻑 젖었다.

empapar
엠빠빠르
타 적시다, 잠기게 하다; 흠뻑 적시다; 닦아 없애다
empaparse
깊이 스며들다, 배어들다; 흠뻑 젖다

empapelado
엠빠뻴라도
남 벽지; 도배

empapelar
엠빠뻴라르
타 (방·벽에) 벽지를 붙이다; 종이에 싸다[포장하다]

empaquetador, ra
엠빠께따도르, 라
형 포장용의
남 여 포장 담당자

empaquetar
엠빠께따르
타 포장하다, 싸다

empate
엠빠떼
남 동점(同點), 무승부
gol de *empate* 동점골
terminar con *empate* a dos
2대2 동점으로 끝나다

empeine
엠뻬이네
남 명치 끝; 발등; 무좀

empeñar
엠뻬냐르
타 담보[저당] 잡히다

empeño
엠뻬뇨
남 저당, 담보; 노력; 근기; 집념
casa de *empeño* 전당포
papeleta de *empeño* 전당표

empeoramiento
엠뻬오라미엔또
남 악화(惡化)

empeorar
엠뻬오라르
타 악화시키다
empeorar la situación financiera
경영 상태를 악화시키다

자 /***empeorarse*** 악화되다
Mi salud *ha empeorado.*
내 건강 상태가 악화되었다.

empequeñecer
엠뻬께녜세르

타 작게 하다; (중요성·가치 등을) 줄이다
empequeñecerse 작아지다

emperador
엠뻬라도르

남 황제(皇帝)

emperatriz
엠뻬라뜨리스

여 여황제; 황후

empero
엠뻬로

접 그러나(pero, sin embargo)

empezar
엠뻬사르

자 시작되다, 개시되다
La escuela *empieza* en marzo.
학교는 3월에 시작된다.
타 시작하다 (반 terminar, acabar)
empezar un negocio
영업을 시작하다
empezar a + 동사 원형
...하기 시작하다
Empieza a llover.
비가 내리기 시작한다
empezar por + 동사 원형
우선 ...하는 것부터 시작하다
Empieza por callarte.
우선 조용히 해라.
직·현재: emp*ie*zo, emp*ie*zas, emp*ie*za, empezamos, empez*á*is, emp*ie*zan
직·부정과거: empe*c*é, empezaste, empezó, empezamos, empezasteis, empezaron
접·현재: emp*iec*e, emp*iec*es, emp*iec*e, empe*c*emos, empe*cé*is, emp*iec*en

empiece
엠삐에세

남 시작(comienzo); 최초

empiezo
엠삐에소
남 ((온두라스)) 시작(comienzo)

emplasto
엠쁠라스또
남 고약(膏藥)
aplicar un *emplasto* 고약을 바르다

empleado, da
엠쁠레아도, 다
형 사용된; 고용된
palabra bien *empleada* 적절한 말
tiempo mal *empleado* 헛된 시간
남여 종업원, 직원; 피고용인
empleado bancario 은행원
empleado de aduanas 세관 직원

emplear
엠쁠레아르
타 쓰다, 사용하다; 고용하다
emplear un ordenador
컴퓨터를 사용하다
emplear a *su* hija como secretaria
비서로 딸을 고용하다
emplearse 사용되다; 고용되다
emplearse gas natural
천연 가스가 사용되다

empleo
엠쁠레오
남 사용; 고용; 일자리; [군사] 계급
empleo de las armas 무기의 사용
empleo de las palabras 단어의 용법
contrato de *empleo* 고용 계약
buscar un *empleo* 일자리를 찾다
perder *su empleo* 실직하다

empobrecer
엠뽀브레세르
타 가난하게 하다
자 /*empobrecerse* 가난해지다

empobrecimiento
엠뽀브레시미엔또
남 가난, 빈곤

empollar
엠뽀야르
타 (주로 시험 직전) 벼락공부를 하다; (어미가) 알을 품다
자 벼락공부를 하다

empollón, llona
엠뽀욘, 요나
남여 공부벌레, 책벌레

emprender
엠쁘렌데르
타 (주로 어려운 일 등에) 착수하다, 시작하다; 개시하다

emprender la traducción
번역에 착수하다

empresa
엠쁘레사
여 기업, 회사; 사업; (방패 등의) 문양
empresa privada 민간 기업
empresa pública 공기업

empresarial
엠쁘레사리알
형 기업의; 경영의
남 복 경영학(ciencias empresariales)

empresario, ria
엠쁘레사리오, 리아
남 여 기업가, 기업주, 경영자

empréstito
엠쁘레스띠또
남 공채; 대부, 차관

empujar
엠뿌하르
타 밀다, 밀어 젖히다
empujar la puerta 문을 밀다

emulsión
에물시온
여 유제(乳劑)

emulsionar
에물시오나르
타 유제로 만들다; 유화(乳化)하다

en
엔
전 ...에, ...에서, ...안에[으로]; 위에; ...으로; ...로; ...의 점에서; ...에 대한
en Corea 한국에(서)
doctor *en* medicina 의학 박사
estar *en* casa 집에 있다
explicar *en* español
스페인어로 설명하다
Ella nació *en* 1975.
그녀는 1975년에 태어났다.

enagua
에나구아
여 페티코트 ((스커트 밑에 받쳐 입는 속치마)); 언더스커트, 슬립

enajenable
에나헤나블레
형 양도 가능한

enajenación
에나헤나시온
여 양도; 정신 이상, 발광; 황홀, 도취

enajenamiento
에나헤나미엔또
남 =**enajenación**

enajenar
에나헤나르
타 양도하다; 이성을 잃게 하다
enajenar una finca 부동산을 양도하다
bienes *enajenados* 양도 재산

enamoradizo, za
에나모라디소, 사
형 금방[쉽게] 반하는, 금방 혹하는

enamorado, da
에나모라도, 다
형 [+de] (…에게) 사랑을 하고 있는; 연정을 품고 있는
estar *enamorado* de …에게 반하다
남 여 연인; 애호가

enamoramiento
에나모라미엔또
남 연모(戀慕)

enamorar
에나모라르
타 …에게 연정을 느끼게 하다, …의 마음을 사로잡다; (여성에게) 사랑을 구하다, 구애하다; 마음에 들다
enamorarse de
…에게 반하다, 무척 마음에 들다
enamorarse de un coche deportivo
스포츠카가 무척 마음에 들다
Ella *se ha enamorado de* Juan.
그녀는 후안에게 반했다.

enano, na
에나노, 나
형 왜소한, 왜소증의, 왜성(矮性)의; 아주작은, 극소(極小)의
남 여 왜소증 환자

encabezar
엥까베사르
타 (이름이 명부 등의) 처음에 있다; 앞에 놓다; 통솔하다, 지휘하다

encadenar
엥까데나르
타 쇠사슬로 묶다; 속박하다; 관련시키다

encadenamiento
엥까데나미엔또
남 연계; 속박

encajar
엥까하르
타 끼우다, 박다, 넣다

encantado, da
엥깐따도, 다
형 넋을 잃은, 황홀한; 만족한; (건물이) 사람이 없는
Encantado (de conocerle).
(남자가) 처음 뵙겠습니다.

Encantada (de conocerle).
(여자가) 처음 뵙겠습니다.

encantador, ra
엥깐따도르, 라
- 형 매혹적인; 친절한
- 남 여 마법사, 마술사

encantamiento
엥깐따미엔또
- 남 환술; 매혹; 환희

encantar
엥깐따르
- 타 ...에게 마법을 걸다; 매혹[매료]시키다; 기쁘게 하다, 즐겁게 하다
Me *encanta* este paisaje.
나는 이 경치에 넋을 잃고 있다.
La *encanta* salir de compras.
그녀는 쇼핑 가는 것이 즐겁다.

encanto
엥깐또
- 남 매력; 환희; 부주의
encanto de cara risueña
미소짓는 얼굴의 매력

encargado, da
엥까르가도, 다
- 형 담당한, 부탁받은, 의뢰받은
sección *encargada de* adquisición
구입 담당과
- 남 여 담당자, 책임자, 계원(係員)
encargado de la comida 식사 담당
encargado de negocios 대리 공사

encargar
엥까르가르
- 타 맡기다, 위임하다, 일임하다; 주문하다
encargar la limpieza de la casa
집안 청소를 맡기다
encargar que + 접속법 동사
...하라고 명령[지시]하다; 권하다
encargarse de
...을 떠맡다, 인수하다
encargarse de una sucursal
지점을 떠맡다, 지점장이 되다

encargo
엥까르고
- 남 의뢰; 사명; 주문; 직, 직무

encebollado, da
엔세보야도, 다
- 형 양파를 많이 사용한 (스튜)

encefalitis 여 [의학] 뇌염
엔세팔리띠스

encéfalo 남 [해부] 뇌(腦)
엔세팔로

encendedor, ra 형 불을 켜는, 점화용의
엔센데도르, 라 남 라이터; (풍로 등의) 점화기

encender 타 ...에 **불을 켜다**, 점화하다; 점등하다; (엔진
엔센데르 등을) 스타트시키다; 정열을 끓어오르게 하다
encender un cigarrillo
담배에 불을 붙이다
encenderse 불이 켜지다, 점화되다; 흥분하
다, 얼굴을 붉히다

encendido, da 형 격심한; 새빨간
엔센디도, 다 lucha *encendida* 격투
남 점화, 발화; (엔진의) 점화 장치

encerrar 타 가두다, 감금하다; 깊이 간직하다, 잘 보관
엔세르라르 하다; 내포하다
encerrarse 감금되다; 들어박히다

enchufar 타 (전기 기구 등을) 접속하다
엔추파르

enchufe 남 [전기] 콘센트; 플러그
엔추페

encía 여 잇몸
엔시아

enciclopedia 여 백과 사전, 백과 전서
엔시끌로**뻬**디아 Ella es una *enciclopedia* (viviente).
그녀는 만물 박사다.

enciclopédico, ca 형 백과 사전의; 박식한
엔시끌로**뻬**디꼬, 까

enciclopedista 남여 백과 사전 집필자
엔시끌로**뻬**디스따

encierro 남 (집안에) 틀어박힘; 농성; 은둔, 은거; 감금;
엔시에르로 [투우] 외양간

encima 부 (그) 위에
엔시마 Ponte el jersey *encima*.

위에 스웨터를 입어라.
encima de ...의 위에
Deja el libro *encima de* la mesa.
책상 위에 책을 놓아 두어라.

encinta
엔신따
형 임신되어 있는
mujer *encinta* 임산부(姙産婦)
dejar *encinta* 임신시키다

encoger
엥꼬헤르
타 오므리다, 위축시키다
encoger las piernas
다리를 오므리다
자 오므라들다, 위축되다; 줄어들다
encogerse 줄어들다; (몸을) 움츠리다
encogerse de frío 추워서 몸을 움츠리다

encolerizar
엥꼴레리사르
타 성나게 하다
encoloerizarse 성내다, 격노하다

encomendar
엥꼬멘다르
타 위탁하다, 위임하다

encomienda
엥꼬미엔다
여 위탁, 위임; ((중남미)) 우편 소포

encontrar
엥꼰뜨라르
타 찾(아내)다, 발견하다; (우연히) 만나다
Encontré la bicicleta que perdí.
나는 잃어버린 자전거를 찾았다.
Encontré a su hermana en el metro.
나는 지하철에서 그의 누이를 만났다.
encontrarse
있다; (약속한 곳에서) 만나다, 합류하다
Ella se *encuentra* ahora en Madrid.
그녀는 지금 마드리드에 있다.

encrucijada
엥끄루시하다
여 교차점, 십자로, 네거리; 기로, 딜레마

encuadernación
엥꾸아데르나시온
여 제본, 장정(裝幀); 제본소

encuadernador, ra
엥꾸아데르나도르, 라
남 여 제본업자

encuadernar
엥꾸아데르나르
타 제본하다, 장정하다

encuentro
엥꾸엔뜨로
남 만남, 상봉, 조우(遭遇); 회견, 회담; 집회; 시합, 대전; 발견; 접촉, 충돌

encuesta
엥꾸에스따
여 조사, 앙케트; 앙케트 용지
encuesta de opinión
여론 조사
hacer una *encuesta*
조사를 하다, 앙케트를 하다

encuestador, ra
엥꾸에스따도르, 라
남여 조사원; 수사관

encuestarse
엥꾸에스따르세
((재귀)) 앙케트 조사를 하다

endemia
엔데미아
여 풍토병, 지방병

enderezar
엔데레사르
타 똑바로 하다; 수정하다, 교정하다

endocardio
엔도까르디오
남 [해부] 심내막

endocarditis
엔도까르디띠스
여 [의학] 심내막염

endosar
엔도사르
타 배서하다

endosatario, ria
엔도사따리오, 리아
남여 피배서인

endoscopia
엔도스꼬삐아
여 내시경 검사

endoscopio
엔도스꼬삐오
남 [의학] 내시경

enemigo, ga
에네미고, 가
남여 적(敵); 반대자
남 적군(敵軍)
형 적(敵)의
tropas *enemigas* 적군

enemistad
에네미스딸
여 적의, 반감; 증오

enemistar
에네미스따르
타 적대시키다
enemistarse (서료) 적대하다

energético, ca
에네르헤띠꼬, 까
형 에너지의
recursos *energéticos* 에너지 자원

energía
에네르히아
여 에너지; 활력; 기력
energía atómica 원자력 에너지
energía eléctrica 전기 에너지
energía solar 태양 에너지

enérgico, ca
에네르히꼬, 까
형 정력적인, 강력한, 힘이 좋은
hombre *enérgico* 정력적인 남자

enero
에네로
남 1월, 정월

enfadar
엠파다르
타 노하게[성나게] 하다
enfadarse 노하다, 성내다, 화내다

enfado
엠파도
남 노함, 성냄, 화냄; 불쾌감

énfasis
엠파시스
남 단 복 강조; 역점, 중점

enfático, ca
엠파띠꼬, 까
형 강조의; 과장된

enfatizar
엠파띠사르
타 강조하다, 역설하다; 과장하다

enfermar
엠페르마르
자 병에 걸리다
타 병에 걸리게 하다

enfermedad
엠페르메닫
여 병, 질환
enfermedad de riñón 신장병
enfermedad del amor 상사병

enfermería
엠페르메리아
여 (학교 등의) 의무실; 간호; [집합] 환자

enfermero, ra
엠페르메로, 라
남 여 간호사

enfermizo, za
엠페르미소, 사
형 병약한, 허약한

enfermo, ma
엠페르모, 마
형 아픈, 병에 걸린
estar *enfermo* 아프다
estar muy *enfermo* 중병이다
남 여 환자

enfermo del corazón 심장병 환자

enfisema
엠피세마
- 남 [의학] 기종(氣腫)
- *enfisema* pulmonar 폐기종

enflaquecer
엠플라께세르
- 타 여위게 하다, 수척하게 만들다
- 자 /*enflaquecerse* 여위다, 수척해지다

enfocar
엠포까르
- 타 초점을 맞추다; 검토하다, 고찰하다

enfoque
엠포께
- 남 초점 맞추기; 관점

enfrentamiento
엠프렌따미엔또
- 남 대결, 도전; 대립

enfrentar
엠프렌따르
- 타 …에 직면하다; 도전하다
- *enfrentar* la realidad 현실에 직면하다
- ***enfrentarse a [con]***
  …에 직면하다; 대결하다
- *enfrentarse a [con]* la dificultad
  어려움[난관]에 직면하다

enfrente
엠프렌떼
- 부 정면에, 앞에; 맞은편에
- casa de *enfrente* 맞은편 집
- página de *enfrente* 반대쪽 페이지
- vivir justo *enfrente*
  바로 맞은편에서 살다
- ***enfrente de*** …의 정면에
- Ella está sentada *enfrente de* mí.
  그녀는 내 정면에 앉아 있다.

enfriamiento
엠프리아미엔또
- 남 냉각; 감기(resfriado)

enfriar
엠프리아르
- 타 차게 하다, 식히다, 냉각시키다
- *enfriar* la sopa ligeramente
  국을 약간 식히다
- 자 /*enfriarse* 차거워지다, 식다

enfurecer
엠푸레세르
- 타 화나게 하다
- *enfurecerse* 화내다

enfurecimiento
엠푸레시미엔또
- 남 격노함, 분격

engañar
엥가냐르
国 속이다, 사기치다, 눈속임하다
engañarse 자신을 속이다

engaño
엥가뇨
남 기만, 사기, 거짓말, 속임수

engendrar
엔헨드라르
国 (아이를) 낳다

engendro
엔헨드로
남 태아(胎兒)(feto)

engordar
엥고르다르
国 살찌게 하다
자 살찌다

engorde
엥고르데
남 비육(肥育)

engranaje
엥그라나헤
남 톱니바퀴 (장치)
caja de *engranaje* 기어 박스

engrandecer
엥그란데세르
国 크게 하다, 키우다, 확장하다

engrandecimiento
엥그란데시미엔또
남 확장, 증대; 승진

engrasador
엥그라사도르
남 주유기, 급유기

engrasar
엥그라사르
国 ...에 기름을 칠하다, 주유하다

engrase
엥그라세
남 기름칠; 주유; 윤활유

enhorabuena
엔오라부에나
여 (노력의 성과에 대해) 축하(의 말)
감 축하합니다.

enigma
에니그마
남 수수께끼, 불가사의; 수수께끼의 인물

enigmático, ca
에니그마띠꼬, 까
형 수수께끼의, 불가사의한

enjardinar
엔하르디나르
国 조원(造園)하다; (정원의 나무 등을) 깎아서 손질하다

enjaular
엔하울라르
国 새장(jaula)에 넣다

enjoyar
엔호야르
国 보석으로 장식하다
enjoyarse 보석을 몸에 붙이다

enlace
엔라세
🔲 연결, 유대, 결합; 결혼(식)

enloquecer
엔로께세르
🔲 발광하게 하다, 정신 병자로 만들다

enlutar
엔루따르
🔲 ...에게 상복을 입히다
enlutarse 상복을 입다

enmascarar
엠마스까라르
🔲 (얼굴을) 가면으로 씌우다; 덮어 가리다
enmascararse 가면을 쓰다

enmendar
엠멘다르
🔲 (오류·결점을) 고치다, 개정하다; (법안·판결을) 수정하다
enmendar el escrito
문서를 개정하다
enmendar su conducta
행동을 바르게 하다
enmendarse de
(자신의 결점을) 고치다, 행동을 바로 하다

enmienda
엠미엔다
🔲 개정, 정정; 수정(안)

enojar
에노하르
🔲 성나게[노하게·화나게] 하다
enojarse 화내다, 성내다, 노하다

enojo
에노호
🔲 성냄, 노함, 화냄(enfado); 불쾌감

enorgullecer
에노르구예세르
🔲 자랑하게 하다
Me *enorgullece* ver tu éxito.
네 성공을 보니 자랑스럽다.
enorgullecerse 교만[오만]하다
enorgullecerse de [por] ...
...을 자랑하다
enorgullecerse de sus obras
자신의 작품을 자랑하다

enorme
에노르메
🔲 거대한, 막대한, 지독한, 심한, 엄청난
enormes gastos 막대한 비용
edificio *enorme* 거대한 건물
insulto *enorme* 심한 모욕

enormemente
에노르메멘떼
🔲 거대하게, 지독히, 심하게, 엄청나게

enriquecer
엔리께세르
타 넉넉하게[풍요롭게] 하다; 장식하다
자 [+de·en] (...이) 풍부하다

ensalada
엔살라다
여 샐러드
hacer *ensalada* de tomate
토마토 샐러드를 만들다

ensanchar
엔산차르
타 넓히다, 확장하다
ensanchar una casa 증축하다

ensanchamiento
엔산차미엔또
남 확장

ensanche
엔산체
남 확장, 확대

ensayar
엔사야르
타 연습시키다; 리허설하다; 시험하다
자 연습하다, 리허설하다

ensayista
엔사이스따
남 여 수필가

ensayismo
엔사이스모
남 (장르로서의) 수필

ensayo
엔사요
남 연습; 리허설; 시험, 테스트; 수필

enseguida
엔세기다
부 즉시, 곧, 당장(en seguida)
Volveré *enseguida*. 즉시 돌아가겠다.

enseñante
엔세냔떼
남 여 교사(教師)

enseñanza
엔세냔사
여 교육; (주로 복) 교훈, 가르침
enseñanza infantil 유아 교육
enseñanza primaria 초등 교육
enseñanza secundaria 중등 교육
enseñanza superior 고등 교육
enseñanza técnica 기술 교육
nivel de *enseñanza* 교육 수준
recibir una buena *enseñanza*
충분한 교육을 받다

enseñar
엔세냐르
타 가르치다; 교육하다; 보이다, 나타내다; 제시하다, 가리키다
Enséñame tu álbum.

네 앨범을 나에게 보여 다오.

enseres
엔세레스
남 복 가재 도구, 가구 집기; 도구

ensillar
엔시야르
타 (말에) 안장을 얹다

ensoñación
엔소냐시온
여 몽상(夢想)

ensoñador, ra
엔소냐도르, 라
남 여 몽상가

ensoñar
엔소냐르
타 꿈꾸다, 몽상하다

ensuciar
엔수시아르
타 더럽히다
ensuciarse 더러워지다

ensueño
엔수에뇨
남 꿈; 몽상

ente
엔떼
남 [철학] 존재; (주로 공적인) 단체, 기관

Ente (el)
엔떼 (엘)
남 ((스페인)) 국영 방송

entender
엔뗀데르
타 이해하다; …가 들리다
¿Me *entiende* usted?
제 말을 이해하시겠습니까?
No te *entiendo*.
나는 네 말을 이해할 수 없다.
남 판단, 의견
según su *entender* 그의 의견에 의하면
직 · 현재: ent*i*endo, ent*i*endes, ent*i*ende, entendemos, entendéis, ent*i*enden
접 · 현재: ent*i*enda, ent*i*endas, ent*i*enda, entendamos, entendáis, ent*i*endan

entendimiento
엔뗀디미엔또
남 이해, 판단; 판단력, 이해력

enterado, da
엔떼라도, 다
형 남 여 정보에 밝은 (사람), 알고 있는 (사람); 학식이 있는 (사람)

🔳 (문서 끝의 사인으로) 승인필

enteramente
엔떼라멘떼

🔳 완전히, 아주, 모두, 몽땅
producto *enteramente* nacional
순국산품

enterar
엔떼라르

🔳 ...에게 알리다, 통지하다; 지불하다
enterarse de + 명사
enterarse de que + 직설법 ...을 알다
*Me enteré de*l accidente por televisión.
나는 텔레비전으로 사고를 알았다.

entereza
엔떼레사

🔳 완전함; 청렴 결백함; 의지가 굳음

entérico, ca
엔떼리꼬, 까

🔳 [해부] 장(腸)의

enteritis
엔떼리띠스

🔳 🔳 🔳 [의학] 장염(腸炎)

entero, ra
엔떼로, 라

🔳 전부의, 전체의; 고스란히 그대로의; 청렴 결백한; 의지가 굳은; 건장한
leer un libro *entero*
책을 한 권 전부 읽다
viajar por el mundo *entero*
전세계를 여행하다
por entero 완전히, 전부, 모두
Ella ha cambiado *por entero*.
그녀는 완전히 변했다.

enterramiento
엔떼라미엔또

🔳 매장, 장의(葬儀); 묘

enterrar
엔떼라르

🔳 묻다, 매장하다
enterrar un tesoro 보물을 묻다
enterrarse 은거하다

entidad
엔띠닫

🔳 기관, 단체; 가치, 중요성; [철학] 본질; (추상적인) 실체
entidad financiera 금융 기관
entidad local 지방 자치 단체
entidad privada 민간 단체
problema de gran *entidad*

중대한 문제

entierro
엔띠에르로
남 매장; 장례식; 장례 행렬

entomología
엔또몰로히아
여 곤충학

entomólogo, ga
엔또몰로고, 가
남여 곤충 학자

entonación
엔또나시온
여 억양, 어조; [음악] 발성, 조음(調音)

entonar
엔또나르
타 억양을 붙이다; 장단에 맞추어 노래부르다; 힘을 돋구다; 조율하다

entonces
엔똔세스
부 ① 그 때, 그 당시
desde *entonces* 그 때부터
hasta *entonces* 그 때까지
② [접속사적] 그러면, 그렇다면
¿No está en casa?
Entonces le llamaré más tarde.
집에 안 계십니까?
그러면 나중에 전화 걸겠습니다.
③ [형용사적] 당시의

entrada
엔뜨라다
여 입장; 입장권; 입회, 가맹; 입학, 입사; 입구; 입금, 수입; [연극] 등장; [야구] 회, 이닝; (사전의) 표제어; [컴퓨터] 입력
entrada en la Academia
아카데미 입회
derechos de *entrada* 입장료
Prohibida la *entrada*
[표시] 입장 금지
Este edificio tiene dos *entradas*.
이 건물은 입구가 둘이다.

entrante
엔뜨란떼
형 들어가는, 들어오는; 다음의
el mes *entrante* 다음 달
el alcalde *entrante* 차기 시장
(참고: el alcalde *saliente* 전 시장)

entraña
엔뜨라냐
여 [주로 복] 내장(內臟); 속 깊은 곳, 깊은 속; 중심, 본질

vivir en las *entrañas* de una selva
밀림 깊은 곳에서 살다

entrañar
엔뜨라냐르

타 내포하다, 포함하다
entrañar el peligro
위험성을 내포하다
entrañarse 친교를 맺다

entrar
엔뜨라르

자 들어가다, 들어오다; 참가[가담]하다; 입학[입회·입사·입장]하다; 시작되다; (시기 등에) 달하다; (어떤 상태가) 되다
entrar en el cuarto por la ventana
창문으로 방에 들어가다
entrar en la escuela 입학하다
entrar en el ejército 입대하다
¿Se puede *entrar*? 들어가도 됩니까?
Yo *he entrado en* los sesenta años.
나는 예순 살이 되었다.
La primavera *entra en* marzo.
봄은 3월에 시작한다.

entrar a + 동사 원형
…하기 시작하다
entrar a pronunciar unas palabras
말하기 시작하다

타 안에 넣다; …에 침입하다; [컴퓨터] 인풋하다, 억세스하다
entrar el coche en el garaje
자동차를 차고에 넣다
entrarse 잠입하다, 끼어들어가다

entre
엔뜨레

전 …의 사이에(서); …의 안에; …의 마음속에서; (둘이) 공동으로
entre tú y yo 그대와 나 사이에
León está *entre* Oviedo y Zamora.
레온은 오비에도와 사모라 사이에 있다.
Entre frío y caliente me gusta más.
나는 춥지도 덥지도 않는 것을 더 좋아한다.

entreabrir
엔뜨레아브리르

타 (문·창문 등을) 약간 열다, 반쯤 열다
entreabrir los ojos 실눈을 뜨다

entreacto
엔뜨레악또
남 [연극] 막간(幕間)

entrebarrera
엔뜨레바르레라
여 [투우] 울타리와 관람석 사이의 통로

entrecano, na
엔뜨레까노, 나
형 반백의 (머리카락)

entrecejo
엔뜨레세호
남 미간(眉間); 눈쌀을 찌푸림, 우거지상
fruncir [arrugar] el *entrecejo*
미간을 찡그리다; 눈쌀을 찌푸리다

entrecubierta
엔뜨레꾸비에르따
여 [선박] 갑판 사이의 공간, 중갑판

entrecruzar
엔뜨레끄루사르
타 교차시키다; [생물] 교배하다
entrecruzarse 교차하다

entrefilete
엔뜨레필레떼
남 (신문의) 박스 기사, 작은 기사

entrega
엔뜨레가
여 인도; 수여; 헌신; (연재 등의) 1회분
entrega a domicilio 배달, 택배
entrega de llaves inmediata
[표시] 즉시 입주가
entrega de premios 상품 수여
novela por *entregas* 연재 소설
hacer la *entrega* de un paquete
소포를 인도하다[건네다]

entregado, da
엔뜨레가도, 다
형 몰두한
남여 담당자

entregar
엔뜨레가르
타 건네(주)다, 인도하다; 명도하다; 수여하다; 내보내다
entregar una carta al portero
편지를 관리인에게 건네다
entregar un criminal a la policía
범인을 경찰에 인도하다
entregar una casa a *uno*
...에게 집을 명도하다
entregar el diploma a *uno*
...에게 졸업 증서를 수여하다
entregarse

...에게 몸을 맡기다; (여자가) 몸을 허락하다; ...에 몰두[전념]하다; 투항하다; 자수하다
entregarse al estudio
학문에 몰두하다

entrelínea
엔뜨레리네아
여 행간(行間)에 써 넣음; 행간

entrelinear
엔뜨레리네아르
타 행간에 써 넣다

entremés
엔뜨레메스
남 [요리] (주로 복) 오르되브르 ((서양식 식사에서 수프가 나오기 전에 간단하게 먹는 음식)); [연극] 막간의 촌극

entremeter
엔뜨레메떼르
타 (뒤)섞다; 끼우다, 사이에 두다; 접어넣다; 밀고[비집고] 들어가다
entremeterse 개입하다, 끼어들다

entremetido, da
엔뜨레메띠도, 다
형 말참견하는(entremetido)
남 여 말참견하는 사람

entremetimiento
엔뜨레메띠미엔또
남 말참견

entremezclar
엔뜨레메스끌라르
타 (뒤)섞다(mezclar)
entremezclarse (뒤)섞이다

entrenador, ra
엔뜨레나도르, 라
남 여 트레이너, 코치; 감독; (오토바이를 탄 자전거 레이스의) 선도자

entrenamiento
엔뜨레나미엔또
남 연습, 훈련
partido de *entrenamiento* 연습 시합
terreno de *entrenamiento* 연습장
vuelo de *entrenamiento* 연습 비행
estar falto de *entrenamiento*
연습 부족이다

entrenar
엔뜨레나르
타 훈련하다, 연마하다, 단련하다
entrenar a una atleta
육상 선수를 트레이닝하다
자 트레이닝하다
entrenarse 자신을 훈련하다
entrenarse en el fútbol
축구 연습을 하다

entreoír 엔뜨레오이르
타 얼핏[살짝] 듣다

entretanto 엔뜨레딴또
부 그 사이에
Yo esperaba el tren y *entretanto* leí una revista
나는 열차를 기다리는 사이 잡지를 읽었다

entretener 엔뜨레떼네르
타 즐겁게 하다; 위로하다, 위안하다, 기분 전환시키다; 지연시키다, 시간을 끌다; 마음을 딴 데로 돌리다; 일을 미루다; 보유하다
entretener a su visita
손님을 즐겁게 하다
entretenerse
즐기다, 낙으로 삼다, 시간을 보내다
entretenerse viendo el vídeo
비디오를 보며 즐기다
entretenerse en la calle
거리에서 시간을 보내다

entretenido, da 엔뜨레떼니도, 다
형 즐거운, 재미있는; 바쁜

entretenimiento 엔뜨레떼니미엔또
남 오락, 기분 전환; 기분 전환 도구

entrevía 엔뜨레비아
여 [철도] 궤간(軌間)

entrevista 엔뜨레비스따
여 회담; 인터뷰; (채용 시험의) 면접
entrevista sobre la paz
평화 회담
hacer una *entrevista* al presidente
대통령에게 인터뷰하다
hacer las *entrevistas*
면접 시험을 실시하다

entrevistar 엔뜨레비스따르
타 …에게 인터뷰하다; 면접 시험을 실시하다
ser *entrevistado* en [por] …
…의 면접 시험을 받다
entrevistarse 회담하다
entrevistarse con …에게 인터뷰하다

entrevistador, ra 엔뜨레비스따도르, 라 · 남 여 인터뷰하는 사람; 면접관

entrometer 엔뜨로메떼르 · 타 =**entremeter**
entrometerse =**entremeterse**

entumecer 엔뚜메세르 · 타 마비시키다; 저리게 만들다
entumecerse
마비되다, 손발이 곱다[저리다]

entusiasmar 엔뚜시아스마르 · 타 열광시키다; 감격시키다
entusiasmarse con [por]
…에 열광하다, 열중하다

entusiasmo 엔뚜시아스모 · 남 열광, 환희; 열정
con *entusiasmo* 열광적으로, 열심히
perder el *entusiasmo* 열이 식다
despertar *entusiasmo* entre uno
…를 열광시키다

entusiasta 엔뚜시아스따 · 형 남 여 열광적인 (사람)
seguidor *entusiasta*
열광적인 지지자

entusiástico, ca 엔뚜시아스띠꼬, 까 · 형 (행위가) 열광적인, 열렬한
recibimiento *entusiástico*
열렬한 환영

enumeración 에누메라시온 · 여 열거; [논리] 매거(枚擧)

enumerar 에누메라르 · 타 하나하나 세다; 열거하다

enuresis 에누레시스 · 여 단 복 [의학] 야뇨증(夜尿症)

envasado, da 엠바사도, 다 · 형 그릇[용기]에 넣어진
남 용기에 넣어진 것
envasado al vacío 진공 팩[포장]

envasador 엠바사도르 · 남 큰 깔때기

envasar 엠바사르 · 타 (운반·보존용으로) 그릇에 넣다; 실컷 마시다
envasar el aceite en latas

기름을 양철통에 넣다

envase
엠바세
남 용기에 넣는 일; (운반·보존용의) 용기
envase burbuja [blíster]
투명재(透明材)에 의한 포장
leche en *envase* de cartón
종이 팩(에 든) 우유
operación de *envase*
상자에 채우는 작업

envejecer
엠베헤세르
타 노화시키다; 늙게 보이게 하다; (포도주·치즈를) 숙성시키다; 헐게 만들다
자 늙다, 노쇠하다; 늙게 보이다; 오래되다, 숙성되다
envejecerse
자신을 실제보다 늙게 보이게 하다

envejecimiento
엠베헤시미엔또
타 노화, 노령화; 숙성

envenenamiento
엠베네나미엔또
남 독살(毒殺)

envenenar
엠베네나르
타 ...에 독을 타다, 독살하다; 독을 바르다; 해치다
envenenar una sopa 수프에 독을 넣다
envenenar la amistad 우정을 해치다
envenenarse 독살되다

enviado, da
엠비아도, 다
남여 외교 사절; [신문·방송] 통신원, 기자
enviado especial 특사; 특파원

enviar
엠비아르
타 보내다, 발송하다(mandar); 파견하다; 던지다
enviar un libro 책을 보내다
enviar dinero 송금하다
직·현재: envío, envías, envía, enviamos, enviáis, envían
접·현재: envíe, envíes, envíe, enviemos, enviéis, envíen

envidia
엠비디아
여 선망(羨望); 시샘, 질투, 시기(심)

envidiar 엠비디아르	타 선망하다, 부러워하다, 시샘하다; 질투하다
envío 엠비오	남 발송, 송부; 발송품; 파견 *envío* de una delegación 대표단 파견 *envío* de personal 인재(人材) 파견 *envío* de tropas 파병(派兵) *envío* por correo 우송(郵送)
enviudar 엠비우다르	자 과부(viuda)가 되다
envoltorio 엠볼또리오	남 포장; 포장물, 포장지
envoltura 엠볼뚜라	여 포장 poner una *envoltura* a un regalo 선물을 포장하다
envolver 엠볼베르	타 싸다, 포장하다; 포위하다; 끌어들이다[넣다]; (실 등을) 감다, 말다 ***envolverse*** 몸을 싸다[감다]; 휘말리다, 말려들다
enzima 엔시마	남 (여) [생물] 효소(酵素)
enzimático, ca 엔시마띠꼬, 까	형 효소의
enzootia 엔소오띠아	여 (동물의) 풍토병, 지방병
eñe 에녜	여 에녜 ((문자 ñ의 명칭))
épica 에삐까	여 서사시
epicardio 에삐까르디오	남 [해부] 심외막(心外膜)
epicarpio 에삐까르삐오	남 [식물] 외과피(外果皮)
epicentro 에삐센뜨로	남 [지질] 진앙(震央)
épico, ca 에삐꼬, 까	형 서사시(체)의, 서사시적인; 영웅적인, 장대한

남 여 서사(시) 시인

epidemia
에삐데미아
여 (전염병의) 유행; 유행병

epidémico, ca
에삐데미꼬, 까
형 유행성의
enfermedad *epidémica* 유행병

epidérmico, ca
에삐데르미꼬, 까
형 표피(表皮)의

epidermis
에삐데르미스
여 [해부·식물] 표피; 피부

epigrama
에삐그라마
남 풍자시; 경구(警句)

epilepsia
에삘렙시아
여 [의학] 간질병
crisis de *epilepsia* 간질병의 발작

epiléptico, ca
에삘렙띠꼬, 까
형 간질병의
남 여 간질병 환자

epílogo
에삘로고
남 (소설 등의) 종장(終章), 에필로그; 결론; (사건의) 종말

episódico, ca
에삐소디꼬, 까
형 삽화적인; 일시적인

episodio
에삐소디오
남 삽화, 에피소드; [방송] (연속극의) 1회분; 사건

epístola
에삐스똘라
여 서간(書簡), 편지; 서간체시; [성경] 사도 서한 [편지]

epistolar
에삐스똘라르
형 편지의, 서간의
novela *epistolar* 서간체 소설

epistolario
에삐스똘라리오
남 서간집; 사도 서간집

época
에뽀까
여 시대; 시기; [지질] 세(世)
época del ordenador 컴퓨터 시대
época lluviosa 우기(雨期)
nuestra *época* 현세(現世)

epopeya
에뽀뻬야
여 서사시; 일련의 영웅적 행위; 위업

épsilon
엡실론
여 [그리스 문자] 입실론 (E, ε)

equidad
에끼닫

여 공평, 공정
distribuir con *equidad*
공평히 분배하다
juzgar con *equidad*
공평한 판결을 내리다

equidistancia
에끼디스딴시아

여 등거리(等距離)

equidistante
에끼디스딴떼

형 등거리의

equidistar
에끼디스따르

자 등거리에 있다

equilibrar
에낄리브라르

타 균형을 이루게 하다; 균형을 맞추다; 평형을 유지시키다
equilibrarse
균형이 잡히다, 평형이 유지되다

equilibrio
에낄리브리오

남 평형(平衡); 균형; 조화
남 복 술책, 타협책

equilibrismo
에낄리브리스모

남 곡예

equilibrista
에낄리브리스따

남 여 곡예사

equinoccio
에끼녹시오

남 주야 평분시
día de *equinoccio* 춘분[추분]일

equinoccial
에끼녹시알

형 주야 평분의
línea *equinoccial*
주야 평분선 ((적도))
punto *equinoccial*
주야 평분점 ((춘분점과 추분점))

equipaje
에끼빠헤

남 (여행용의) 짐, 하물
equipaje de mano 수하물, 휴대품

equipamiento
에끼빠미엔또

남 장비의 설비; 장비; 설비
equipamiento militar 군수품
equipamiento sanitaria 위생 설비

equipar
에끼빠르

타 [+con · de] (장비를) 에 설비하다
equiparse 갖추다, 준비하다

equiparse de [con] lo indispensable
필요한 것을 갖추다
equiparse para la escalada
등반 장비를 준비하다

equipo
에끼뽀
남 팀; [종목] 단체; 장비, 비품; 설비
equipo de béisbol 야구팀
equipo de salvamento 구조대
equipo eléctrico 전기 설비
equipo médico 의료반; 의료 설비
equipo nacional 국가 대표팀
costo de equipo 시설비

equis
에끼스
여 에끼스 ((문자 x의 명칭)); [형용사적] 미지(未知)의, 부정(不定)의

equitación
에끼따시온
여 마술(馬術), 승마

equitativo, va
에끼따띠보, 바
형 공평한, 공정한
juicio equitativo 공정한 판결
persona equitativa 공평한 사람

equivalencia
에끼발렌시아
여 동등, 등가(等價)

equivalente
에끼발렌떼
형 동등한, 등가의; [수학] 같은 값의

equivaler
에끼발레르
자 동등하다; 같은 값이다

equivocación
에끼보까시온
여 오류, 과실, 잘못, 실수; 틀림
libro lleno de equivocaciones
오류투성이의 책

equivocar
에끼보까르
타 틀리다, 잘못하다; (사람을) 잘못 알다
equivocar la fecha 날짜를 틀리다
equivocar su profesión
직업 선택을 잘못하다
equivocarse
잘못하다, 틀리다, 실수하다; 많이 닮아 똑같은 것 같다
equivocarse de la calle
길을 잘못 들다

equivocarse en el cálculo
계산을 틀리다

equívoco, ca
에끼보꼬, 까
형 모호한, 애매한; 수상한, 미심쩍은
frase *equívoca* 의미가 애매한 문장
mujer *equívoca* 수상쩍은 여자
남 오해; 두 가지 뜻이 있는 단어

era¹
에라
여 기원(紀元); 시대, 시기; [지질] …대(代); 탈곡장; (작은) 밭, 채원(菜園)

era²
에라
ser의 불완료 과거 1·3인칭 단수: …였다

ere
에레
여 에레 ((문자 r의 명칭))

erección
에렉시온
여 건립; 설립, 제정; 승격; [생리] 발기(勃起)

eréctil
에렉띨
형 발기성(勃起性)의

erector, ra
에렉또르, 라
형 발기시키는

eremita
에레미따
남 여 은자(隱者); 숨은 수도사

eremítico, ca
에레미띠꼬, 까
형 은자(eremita)의

eremitorio
에레미또리오
남 은자의 암자가 있는 곳

eres
에레스
ser의 직설법 현재 2인칭 단수: 너는 …이다

ergio
에르히오
남 에르그 ((에너지의 단위))

erguimiento
에르기미엔또
남 직립(直立)

erguir
에르기르
타 세우다, 일으키다, 올리다
erguir las orejas 귀를 세우다
erguirse 꼿꼿이 서다, 우뚝 솟다; 뽐내다, 으스대다, 거만하게 굴다

erial
에리알
형 미개간의, 황량한
남 황무지

erigir 에리히르	타 건립하다; 설립[제정]하다; 승격시키다; 임명하다 *erigir* un monumento 기념비를 건립하다 *erigir* una sociedad 협회를 설립하다 *erigir* la legación en embajada 공사관을 대사관으로 승격시키다
ermita 에르미따	여 (마을에서 멀리 떨어진) 암자, 수도원, 작은 교회, 예배당
ermitaño, a 에르미따뇨, 냐	남 여 도사, 수행자, 은자(隱者)
erógeno, na 에로헤노, 나	형 성욕을 자극하는; 성적 자극에 민감한 zona *erógena* 성감대, 성감 발생대
eros 에로스	남 단 복 성애(性愛); [심리] 생의 본능
Eros 에로스	남 [희랍 신화] 에로스 ((연애의 신))
erosión 에로시온	여 [지질] 침식 (작용)
erosionar 에로시오나르	타 [지질] 침식하다
erosivo, va 에로시보, 바	형 [지질] 침식성의
erético, ca 에로띠꼬, 까	형 에로틱한, 관능적인, 선정적인; 연애의 fotos *eróticas* 에로 사진 literatura *erótica* 연애 문학 teléfono *erótico* 전화 섹스 여 연애시; 유혹 *erótica* del poder 권력의 유혹
erotismo 에로띠스모	남 에로티즘, 호색(好色)
erotizar 에로띠사르	타 성적으로 자극하다
erotomanía 에로또마니아	여 색정광(色情狂)

erotómano, na
에로또마노, 나
- 형 색정광의
- 남 여 색마, 치한

erradicación
에르라디까시온
- 여 (주로 전염병의) 근절

erradicar
에르라디까르
- 타 뿌리뽑다, 근절시키다

errar
에르라르
- 타 그르치다, 잘못하다
- 자 [+en] (...를) 잘못하다; [+por] (...를) 방랑하다, 떠돌다, 헤매다

errar en la elección de *su profesión* 직업 선택을 잘못하다
errar por las calles 거리를 방황하다

errata
에르라따
- 여 [인쇄] 오식(誤植), 오자

erre
에르레
- 여 에르레 ((문자 rr의 명칭))

errúneo, a
에르로네오, 아
- 형 틀린

decisión *errónea* 틀린 결정

error
에르로르
- 남 잘못, 틀림, 실수; 착오, 과실, 실책; [물리] 오차; [컴퓨터] 에러

error de cálculo 계산 착오
error de imprenta 오식(誤植)
error judicial 오심(誤審)
error material 오기(誤記)
libro lleno de *errores* 오식투성이의 책
cometer un *error* 잘못[실수]를 범하다

erudición
에루디시온
- 여 학식(學識)

erudito, ta
에루디또, 따
- 형 학식이 풍부한, 석학의; 조예가 깊은
- 남 여 박식한 사람, 학자, 석학

erupción
에룹시온
- 여 분출; [의학] 발진; (노여움의) 폭발

eruptivo, va
에룹띠보, 바
- 형 분화(噴火)의; [의학] 발진성의

es 에스	ser의 직설법 현재 3인칭 단수: …이다
esbeltez 에스벨떼스	여 날씬함, 날씬한 몸매
esbelto, ta 에스벨또, 따	형 날씬한
esbozar 에스보사르	타 스케치하다, 밑그림을 그리다
esbozo 에스보소	남 밑그림, 초벌 그림, 스케치
escala 에스깔라	여 사다리; (비행기·배의) 트랩; 단계; 규모; 척도; 기항(지); [음악] 음계; [군사] 간부의 명부 subir [bajar] una *escala* 사다리를 오르다[내리다]; 트랩을 오르다[내리다] hacer *escala* en … …에 기항[착륙]하다
escalada 에스깔라다	여 등반(登攀) *escalada* en roca 암벽 등반 *escalada* artificial 인공 등반
escalar 에스깔라르	타 등반하다, 기어오르다 *escalar* el pico 암벽을 등반하다 *escalar* una muralla 성벽을 기어오르다
escaldar 에스깔다르	타 미지근한 물에 데치다 자 (뜨거운 물·증기 등에) 데다
escalera 에스깔레라	여 계단; 사다리(escala); 서툰 이발 솜씨; [트럼프] 스트레이트 *escalera* de emergencia 비상 계단 subir [bajar] la *escalera* 계단을 오르다[내리다]
escalerilla 에스깔레리야	여 작은 계단; (비행기·배의) 트랩
escalofriar 에스깔로프리아르	타 (몸을) 오싹하게 하다 *escalofriarse* (몸이) 오싹해지다
escalofrío 에스깔로프리오	남 오한(惡寒), 전율

escalón 에스깔론	남 (계단의) 단(段); (지위의) 등급
escama 에스까마	여 (물고기 등의) 비늘
escamar 에스까마르	타 …의 비늘을 떼다
escándalo 에스깐달로	남 큰 소동; 스캔들, 추문; 악평; 오직 armar un *escándalo* 큰소리를 치며 떠들다, 큰 소동을 벌이다 dar [causar] un *escándalo* 스캔들을 일으키다
escandaloso, sa 에스깐달로소, 사	형 파렴치한; 큰 소동을 일으키는
Escandinavia 에스깐디나비아	여 [지명] 스칸디나비아
esandinavo, va 에스깐디나보, 바	형 남 여 스칸디나비아의 (사람)
escáner 에스까네르	남 [의학] CT 스캐너; [컴퓨터] 스캐너
escaño 에스까뇨	남 의석(議席)
escapada 에스까빠다	여 도망, 탈주
escapar 에스까빠르	자 도주하다, 피하다, 벗어나다, 면하다 *escaparse* 도주하다, 탈주하다 *escaparse de* casa 가출하다
escaparate 에스까빠라떼	남 쇼윈도, 진열창
escaparatista 에스까빠라띠스따	남 여 쇼윈도 장식가
escape 에스까뻬	남 탈출, 도망; 누출; 배기 (장치) gases de *escape* 배기 가스
escarabajo 에스까라바호	남 [곤충] 투구 벌레, 풍뎅이
escarbadientes 에스까르바디엔떼스	남 단 복 이쑤시개(mondadientes)

escarbar
에스까르바르
자 타 긁다, 후비다, 파내다

escarcha
에스까르차
여 서리

escarchar
에스까르차르
자 서리가 내리다

escarda
에스까르다
여 제초(의 시기); 제초용 괭이

escardar
에스까르다르
타 제초하다

escarlata
에스까를라따
형 남 진홍색(의), 주황색(의)

escarlatina
에스까를라띠나
여 [의학] 성홍열

escasamente
에스까사멘떼
부 부족하게, 모자라게

escasear
에스까세아르
자 부족하다, 모자라다

escasez
에스까세스
여 부족, 결핍; 빈곤
escasez de agua 물부족

escaso, sa
에스까소, 사
형 얼마 안되는, 근소한, 모자라는, 부족한
región de *escasas* lluvias
거의 비가 내리지 않는 지역
estar *escaso* de víveres
식량이 부족하다

escatimar
에스까띠마르
타 인색하게[다랍게・째째하게] 굴다; 인색해서 내기를 아까워하다
escatimar gastos
돈 내기를 아까워하다

escena
에세나
여 무대, 연극; [집합 명사] 희곡; …장; (특정한) 장면; (일반적인) 장면, 광경; (사건의) 현장
entrar [aparecer] en *escena*, salir a *escena* 등장하다
salir de *escena* 퇴장하다

escenario
에세나리오
남 무대; [영화] 촬영 현장; (사건의) 현장; 분위기, 상황; 시나리오, 각본

escénico, ca 에세니꼬, 까
형 무대의, 연극의
arte *escénico* 연기, 무대 예술

escenificación 에세니피까시온
여 각색, 무대화; 상연

escenificar 에세니피까르
타 각색하다, 극화하다; 상연하다

escenografía 에세노그라피아
여 무대 미술; [미술] 원근화법

escenográfico, ca 에세노그라피꼬, 까
형 무대 미술의

escenógrafo, fa 에세노그라포, 파
남 여 무대 미술가

esclavo, va 에스끌라보, 바
남 여 노예

esclerosis 에스끌레로시스
여 단 복 [의학] 경화증
esclerosis arterial 동맥 경화증

escoba 에스꼬바
여 비, 빗자루

escobilla 에스꼬비야
여 작은 빗자루, 브러시

escocés, cesa 에스꼬세스, 세사
형 남 여 스코틀랜드의 (사람)

Escocia 에스꼬시아
여 [지명] 스코틀랜드

escoger 에스꼬헤르
타 뽑다, 선택하다, 고르다, 선출하다
escoger una fruta *de* la cesta
바구니에서 과실을 고르다
자 고르다, 뽑다
Ella no sabe *escoger*.
그녀에게는 선택하는 안목이 없다.

escogidamente 에스꼬히다멘떼
부 고르고 골라, 골라 뽑아

escogido, da 에스꼬히도, 다
형 골라 내는, 골라 뽑는
obras *escogidas* 선집(選集)
tropas *escogidos* 정예 부대

escolar
에스꼴라르
형 학교(escuela)의, 교육의
edad *escolar* 취학 연령
libro *escolar* 성적표
nuevo curso *escolar* 신학년

escoliosis
에스꼴리오시스
여 단 복 [의학] (척추의) 측만(증)

escollo
에스꼬요
남 암초; 장애

escolta
에스꼴따
여 호위, 호송; [집합 명사] 수행원; 호위대, 호송대
dar *escolta* a uno …를 호송하다
남 여 경호원, 호송원

escoltar
에스꼴따르
타 호위하다, 호송하다

escombrar
에스꼼브라르
타 (잔해 등을) 치우다

escombrera
에스꼼브레라
여 폐기물 처리장

escombro
에스꼼브로
남 (건물 등의) 잔해

esconder
에스꼰데르
타 숨기다, 감추다
esconder el dinero en una caja
돈을 상자에 숨기다
esconderse 몸을 숨기다, 숨다

escondidamente
에스꼰디다멘떼
부 살그머니, 숨어서

escondido, da
에스꼰디도, 다
형 숨은; (장소가) 외진(apartado)
남 에스꼰디도 ((Argentina의 민속 무용))
여 복/남 복 ((중남미)) 숨바꼭질
a escondidas 숨어서, 몰래
fumar *a escondidas* de sus padres
부모 몰래 담배를 피우다

escondite
에스꼰디떼
남 숨는 장소; 숨바꼭질
jugar al *escondite* 숨바꼭질을 하다

escondrijo
에스꼰드리호
남 은닉처

escopeta
에스꼬뻬따
여 엽총, 산탄총; 소총
escopeta de aire (comprimido), *escopeta* de viento 공기총
escopeta negra 엽사(獵師)

escopetazo
에스꼬뻬따소
남 총격; 총성; 탄흔(彈痕)

escoplo
에스꼬쁠로
남 [연장] 끌, 정

escorbuto
에스꼬르부또
남 [의학] 괴혈병(壞血病)

escoria
에스꼬리아
여 쇠 찌꺼기; [지질] 화산암재

escorpión
에스꼬르삐온
남 [동물] 전갈(傳喝)

escotado
에스꼬따도
남 =escote

escotar
에스꼬따르
타 …의 네크라인[드레스의 목을 판 선]을 크게 하다

escote
에스꼬떼
남 네크라인; 앞가슴

escotilla
에스꼬띠야
여 해치, 승강구

escribanía
에스끄리바니아
여 공증인 사무소; 공증인 직

escribano, na
에스끄리바노, 나
남 여 공증인(notario)

escribiente
에스끄리비엔떼
남 여 서기, 필경사

escribir
에스끄리비르
타 (문자·글을) 쓰다, 필기하다
escribir a máquina 타자를 치다
escribir un poema 시를 쓰다
escribir en el ordenador personal
퍼스널 컴퓨터에 글을 쳐 넣다
no saber *escribir* esta palabra
이 단어를 쓸 줄 모르다
자 편지를 쓰다; 저작(著作)하다; (펜 등이) 써

지다
escribir a *su* amigo cada semana
친구에게 매주 편지를 쓰다
escribir en algunos periódicos
몇몇 신문에 기고하다
ganarse la vida *escribiendo*
글을 써서 생활하다
Este bolígrafo no *escribe*.
이 볼펜은 써지지 않는다.
escribirse
써지다, 쓸 수 있다, 철자가 …이다; (서로) 편지를 주고받다
¿Cómo *se escribe* su nombre?
성함은 철자가 어떻게 됩니까?
Nos escribimos en español.
우리들은 스페인어로 편지를 쓴다.

escrito, ta
에스끄리또, 따

형 쓰인, 서면화된
examen *escrito* 필기 시험
dejar *escrito* un testamento
유언을 써서 남기다
남 손으로 쓴 것; 문서, 서류
남복 저작(著作), 작품
escritos de Cervantes
세르반떼스의 저작
por escrito 문서로, 서면으로

escritor, ra
에스끄리또르, 라

남 여 작가, 저술가(autor)

escritorio
에스끄리또리오

남 (사무·학습용) 책상

escritura
에스끄리뚜라

여 (글씨) 쓰기, 필적; 문서, 서류; 증서; 자체(字體); [컴퓨터] 기록
escritura antiquísima 고문서
escritura fonética 표음 문자
escritura pública 공정 증서
Tengo mala *escritura*.
나는 필체가 나쁘다. 악필이다.

escriturar
에스끄리뚜라르
타 [법률] 문서로 정식화하다, ...의 공정 증서를 작성하다
escriturar la casa a *su* nombre
자신의 이름으로 집을 등기하다

escriturario, ria
에스끄리뚜라리오, 리아
형 공정 문서로 확인된
남 여 성서 연구가

Escrituras (las)
에스끄리뚜라스 (라스)
여 복 성서(Sagradas *Escrituras*)

escrúpulo
에스끄루뿔로
남 근심, 걱정(거리); 세심한 주의; [주로 복] 불결한 느낌

escrupulosamente
에스끄루뿔로사멘떼
부 면밀히, 양심적으로

escrupuloso, sa
에스끄루뿔로소, 사
형 면밀한; 양심적인

escrutador, ra
에스끄루따도르, 라
형 자세히 조사하는
남 여 개표하는 사람

escrutar
에스끄루따르
타 자세히 조사[검사]하다, 주의깊게 관찰하다; (표를) 집계하다, 개표하다

escrutinio
에스끄루띠니오
남 표의 집계, 개표; 면밀한 조사, 정사(精査)

escuadra
에스꾸아드라
여 (직각 이등변의) 삼각자; [해군] 함대; [집합명사] (한 나라의) 함대; [육군] 분대

escuadrilla
에스꾸아드리야
여 비행대; 소함대, 선대(船隊)

escuadrón
에스꾸아드론
남 비행 중대, 기병 중대

escucha
에스꾸차
여 청취
escucha telefónica (전화의) 도청

escuchar
에스꾸차르
타 듣다, 청취하다; 귀담아 듣다, 경청하다, ...에 귀를 기울이다; 잠자코 듣다
escuchar la música 음악을 듣다
No quiero *escucharte*.
나는 네 말을 듣고 싶지 않다.

escudero
에스꾸데로
남 종자(從者); 방패 제조자

escudete 에스꾸데떼	남 작은 방패
escudilla 에스꾸디야	여 수프용 접시
escudo 에스꾸도	남 방패; 방패 모양의 문장; 비호, 방어선; 에스꾸도 ((포르투갈의 전 화폐 단위)); (옛날의) 금화, 은화
escuela 에스꾸엘라	여 학교; (특히) 초등 학교; 교사(校舍); 학파, 유파(流派); [집합 명사] 문하생 *escuela* de bellas artes 미술 학교 *escuela* de verano 여름 학교 *escuela* impresionista 인상파
esculpir 에스꿀삐르	타 조각하다, 새기다
escultismo 에스꿀띠스모	남 보이[걸] 스카우트 (운동)
escultor, ra 에스꿀또르, 라	남 여 조각가
escultórico, ca 에스꿀또리꼬, 까	형 조각의
escultura 에스꿀뚜라	여 조각 (작품)
escultural 에스꿀뚜랄	형 조각의, 조각 같은
escupir 에스꾸삐르	자 침을 뱉다, 담을 뱉다; 경멸[우롱]하다 타 토하다, 뱉다; 자백하다
escurrido 에스꾸르리도	남 (세탁물의) 탈수
escurrir 에스꾸르리르	타 건조시키다, 말리다, 물기를 빼다 자 물방울이 뚝뚝 떨어지다 *escurrirse* 미끄러지다; 뚝뚝 떨어지다
escúter 에스꾸떼르	남 스쿠터
ese[1] 에세	여 에세 ((문자 s의 명칭)) en forma de ese S자 형으로 andar [ir] haciendo eses

(취해) 갈지자걸음을 걷다

ese², sa
에세, 사

형 [지시 형용사] 그 (복 esos, esas)
ese libro 그 책
esa casa 그 집
esos libros 그 책들
esas casas 그 집들

ése, sa
에세, 사

형 [지시 대명사] 그것 (복 ésos, ésas)
El libro que busco es *ése*.
내가 찾고 있는 책이 그것이다.

esencia
에센시아

여 본질, 진수; (식물의) 엑스트랙트
esencia de la democracia
민주주의의 본질
esencia de limón
레몬의 엑스트랙트
en esencia 본질적으로; 요약해서
por esencia 본질적으로; 원래

esencial
에센시알

형 본질적인; 긴요한; 불가결의, 없어서는 안 될; 엑스트렉트의
La razón es *esencial en* el hombre.
이성은 인간의 본성이다.
La salud es *esencial para* la felicidad.
건강은 행복에 없어서는 안 된다.

esencialismo
에센시알리스모

남 [철학] 본질주의

esencialmente
에센시알멘떼

부 본질적으로, 원래

esfera
에스페라

여 구체(球體), 구면(球面); 지구; 범위, 영역; 계층; [시계 등의) 문자반
esfera profesional 전문 분야

esférico, ca
에스페리꼬, 까

형 구형의
espejo *esférico* 구면경

esfinge
에스핑헤

여 스핑크스; 수수께끼의 인물

esfínter
에스핀떼르

남 [해부] 괄약근
esfínter anal 항문 괄약근

esforzar 에스포르사르	타 ...에 힘을 들이다 *esforzarse en [por]* ... ...에 애쓰다, 힘쓰다, 노력하다 *esforzarse en* el trabajo 일에 힘쓰다, 열심히 일하다
esfuerzo 에스푸에르소	남 노력; [기계] 응력; (기관·기능의) 활성화 hacer un *esfuerzo* 노력을 하다 hacer *esfuerzos* 많은 노력을 하다
esgrima 에스그리마	여 펜싱, 검술
esgrimir 에스그리미르	타 (칼 등을) 다루다, 사용하다
esguince 에스긴세	남 염좌(捻挫), 발목을 뻠
eslalon 에스랄론	남 [스키] 회전
eslavo, va 에슬라보, 바	형 슬라브(인·어)의 남 슬라브어 남 복 슬라브 민족
eslogan 에슬로간	남 슬로건, 표어
eslovaco, ca 에슬로바꼬, 까	형 남 여 슬로바키아의 (사람) 남 슬로바키아어
Eslovaquia 에슬로바끼아	여 [국명] 슬로바키아
Eslovenia 에슬로베니아	여 [국명] 슬로베니아
esloveno, na 에슬로베노, 나	형 남 여 슬로베니아의 (사람) 남 슬로베니아어
esmaltado 에스말따도	남 칠보 가공; 법랑질
esmaltar 에스말따르	타 칠보를 박아 넣다; 법랑을 칠하다
esmalte 에스말떼	남 법랑(질), 에나멜; 칠보 (공예품)

esmeralda 에스메랄다	여 [광물] 에메랄드
esnórquel 에스노르껠	남 (잠수함·다이빙의) 스노클
eso 에소	대 [중성 지시 대명사] 그것 ¿Qué es *eso*? – Es un perro. 그것은 무엇입니까? – 개입니다. ***a eso de ...*** ...경에, 쯤에 A *eso de* las diez él vino a verme. 10시 경에 그는 나를 만나러 왔다. ***por eso*** 그래서, 그러므로 Ella es rica, *por eso*, la envidian. 그녀는 부자다. 그래서 사람들은 그녀를 부러워한다[시샘한다].
esofágico, ca 에소파히꼬, 까	형 식도(esófago)의
esofagitis 에소파히띠스	여 [의학] 식도염(食道炎)
esófago 에소파고	남 [해부] 식도(食道)
espaciador 에스빠시아도르	남 (키보드의) 스페이스 바
espacial 에스빠시알	형 우주의; 공간의 viaje *espacial* 우주 여행
espaciar 에스빠시아르	타 ...의 간격을 띄우다 자 [인쇄] 행간을 넓히다
espacio 에스빠시오	남 공간; 우주 (공간); 여백; 간격; [인쇄] 행간, 어간; [음악] 오선의 선간(線間) *espacio* vital 생활 공간 viaje por el *espacio* 우주 여행
espacioso, sa 에스빠시오소, 사	형 널찍한 habitación *espaciosa* 널찍한 방
espada 에스빠다	여 검, 칼; [펜싱] 에페 남여 자객(刺客)(espadachín) 남 [투우] =**matador**

entre la espada y la pared
진퇴양난에 빠져

espadachín
에스빠다친
- 남 자객; 검의 명수

espadero, ra
에스빠데로, 라
- 남 여 도검(刀劍) 제조자[판매자]

espagueti
에스빠게띠
- 남 스파게티

espalda
에스빨다
- 여 (몸의) 등; 어깨의 등쪽; 배후; [수영] 배영(背泳)

Me duele la *espalda*.
나는 허리[등]가 아프다.

espaldar
에스빨다르
- 남 (네 발 짐승의) 등; [요리] 등고기

espaldilla
에스빨디야
- 여 (주로 동물의) 견갑골

espantar
에스빤따르
- 타 놀라게 하다; 쫓아 버리다

espanto
에스빤또
- 남 공포; 미혹, 불쾌; 혼령

espantoso, sa
에스빤또소, 사
- 형 공포의, 무시무시한

España
에스빠냐
- 여 [국명] 에스빠냐, 서반아, 스페인

Nueva España 누에바 에스빠냐
((스페인 통치 시대의 멕시코))

español, la
에스빠뇰, 라
- 형 스페인(어·사람)의
- 남 여 스페인 사람
- 남 스페인어, 서반아어, 에스빠냐어

esparadrapo
에스빠라드라뽀
- 남 반창고

esparavel
에스빠라벨
- 남 투망

esparcidamente
에스빠르시다멘떼
- 부 따로따로, 뿔뿔이 흩어져

esparcimiento
에스빠르시미엔또
남 산재; 살포; 기분 전환, 오락

esparcir
에스빠르시르
타 뿌리다, 살포하다; 엎지르다; 기분전환하다
esparcir las semillas 씨앗을 뿌리다

espárrago
에스빠르라고
남 [식물] 아스파라가스

espasmo
에스빠스모
남 [의학] 경련, 경기

especia
에스뻬시아
여 향신료, 향료

especial
에스뻬시알
형 특별한, 특수한; 독특한
caso *especial* 특례(特例)
clase *especial* 특수 학급
남 특별 열차(tren especial); (잡지의) 특별호; 특별 프로그램
en especial 특히, 특별히(en particular)

especialidad
에스뻬시알리닫
여 전문, 전공; 특기, 특산품

especialista
에스뻬시알리스따
형 전문의
남 여 전문가; 전문의(專門醫)

especialización
에스뻬시알리사시온
여 전문(화); (대학의) 전문 과정

especializado, da
에스뻬시알리사도, 다
형 전문의
trabajador *especializado* 숙련 노동자

especializar
에스뻬시알리사르
타 전문화하다, …에게 기술 교육을 하다
especializarse en …
…을 전공하다, 전문하다
especializarse en literatura española
스페인 문학을 전공하다

especialmente
에스뻬시알멘떼
부 특히, 특별히

especiar
에스뻬시아르
타 [요리] …에 향신료를 넣다

especie
에스뻬시에
여 종류; [생물] 종(種); 정보
origen de las *especies* 종의 기원

ordenar por *especies*
종류별로 배열하다
mejorar la *especie*
품종을 개량하다

especiería
에스뻬시에리아
여 향신료 가게

especiero, ra
에스뻬시에로, 라
남 여 향신료 상인
남 향신료(를 담는 각종) 그릇

especificación
에스뻬시피까시온
여 명시, 명기; 명세서

específicamente
에스뻬시피까멘떼
부 특히, 유난히; 명확히

especificar
에스뻬시피까르
타 명기[명시]하다; 명세서에 쓰다

especificidad
에스뻬시피시닫
여 특이성; 특효성

específico, ca
에스뻬시피꼬, 까
형 특유의; 특정의; [의학] 특효성이 있는
남 특효약

espécimen
에스뻬시멘
남 표본 (복 especímenes)

espectacular
에스뻭따꿀라르
형 구경거리의, 장관의; 흥행의; 웅장한

espectáculo
에스뻭따꿀로
남 구경거리, 쇼, 흥행; 광경
espectáculo lamentable 비참한 광경

espectador, ra
에스뻭따도르, 라
남 여 관객, 구경꾼; 시청자; 방관자

espectral
에스뻭뜨랄
형 분광의, 스펙트럼의

espectro
에스뻭뜨로
남 [물리] 스펙트럼; 혼령, 망령; 범위

espectrógrafo
에스뻭뜨로그라포
남 분광 사진기

espectrograma
에스뻭뜨로그라마
남 분광 사진

espectroscopia
에스뻭뜨로스꼬뻬아
여 분광학(分光學)

espectroscópico, ca 형 분광기의
에스뻭뜨로스꼬삐꼬, 까

espectroscopio 남 분광기(分光器)
에스뻭뜨로스꼬삐오

especulación 여 사색(思索); 투기(投機)
에스뻬꿀라시온

especulador, ra 형 투기적인
에스뻬꿀라도르, 라   남 여 투기사

especular 타 투기하다; 사색하다
에스뻬꿀라르

especulativo, va 형 사색적인; 명상적인; 투기적인
에스뻬꿀라띠보, 바

espejismo 남 신기루(蜃氣樓); 환영(幻影)
에스뻬히스모

espejo 남 거울; 반영(反映); 모범
에스뻬호
mirarse en el *espejo* 거울을 보다

espera 여 기다림, 대기; [법률] 집행 유예
에스뻬라
lista de *espera* 대기자 명단
En *espera* de su respuesta ...
[편지] 귀하의 답장을 기다리면서 ...

esperantista 형 에스페란토어의
에스뻬란띠스따   남 여 에스페란어 사용자[지지자]

esperanto 남 에스페란토어
에스뻬란또

esperanza 여 희망, 기대
에스뻬란사
No hay *esperanza*. 절망적이다.

esperanzar 타 희망[기대]을 품게 하다
에스뻬란사르
esperanzarse 희망을 품다

esperar 타 기다리다; 희망하다, 기대하다; [주어가
에스뻬라르 여성이나 부부] 임신해 있다, 출산 예정이다
esperar la llegada del autobús
버스의 도착을 기다리다
esperar el éxito 성공을 기대하다
Espere un momento.
잠깐만 기다리십시오.

Espero que me pagues.
나에게 지불해 주길 바란다.
Esperan el primer hijo para enero.
그들은 첫 아이를 1월에 출산할 예정이다.
esperarse 예상하다, 상상하다
Quien espera desespera.
(속담) 기다리는 시간은 긴 법이다, 서두르지 마라.

esperma
에스뻬르마
남(여) 정액(精液)

espermático, ca
에스뻬르마띠꼬, 까
형 정자(精子)의, 정액의
conducto *espermático* [해부] 수정관

espermatozoide
에스뻬르마또소이데
남 [생물] 정자(精子), 정충(精蟲)

espermatozoo
에스뻬르마또소오
남 =**espermatozoide**

espesar
에스뻬사르
타 (액체를) 짙게 하다; [요리] 약간 걸쭉[되직]하게 하다
espesarse 짙게 되다; 밀생(密生)하다

espeso, sa
에스뻬소, 사
형 (주로 액체가) 짙은; (나무·풀이) 밀생한; (벽 등이) 두꺼운
café *espeso* 좀 짙은 커피
bosque *espeso* 밀림

espesor
에스뻬소르
남 두께; 농도

espesura
에스뻬수라
여 짙음, 농도; 무성함; 복잡, 난해

espía
에스삐아
여 스파이, 첩자, 간첩
espía industrial 산업 스파이

espiar
에스삐아르
타 탐정하다, 스파이 노릇을 하다
자 스파이 노릇을 하다

espiga
에스삐가
여 이삭

espigador, ra
에스삐가도르, 라
남 여 이삭 줍는 사람

espigar
에스삐가르
타 …에서 떨어진 이삭을 줍다; (자료등을) 수집하다
자 이삭이 나오다; 자료를 수집하다

espigón
에스삐곤
남 (뾰족한) 끝, 칼의 끝; 까칠까칠한 이삭; 방파제

espina
에스삐나
여 (식물의) 가시; (물고기의) 가시, 뼈; [해부] 척추(espina dorsal)

espinal
에스삐날
형 척추의

espinazo
에스삐나소
남 [해부] 척추(columna vertebral); [요리] 등고기

espino
에스삐노
남 철조망(alambre de espino)

espinoso, sa
에스삐노소, 사
형 가시가 있는[많은]; (생선이) 가시가 많은

espionaje
에스삐오나헤
남 스파이 활동[행위]

espira
에스삐라
여 나선(螺旋)

espiral
에스삐랄
형 나선 모양의
여 나선 (모양의 것); (시계의) 유사(遊絲); 피임 링

espiritoso, sa
에스삐리또소, 사
형 알코올 도수가 높은

espíritu
에스삐리뚜
남 정신, 마음; 영혼, 혼령; 의욕, 용기
espíritu humano 인간 정신
Espíritu Santo 성령(聖靈)

espiritual
에스삐리뚜알
형 정신의, 마음의; 영적(靈的)인; 신앙의, 교회의
patria *espiritual* 마음의 고향
vida *espiritual* 신앙 생활
남 [음악] 흑인 영가(espiritual negro)

espiritualidad
에스삐리뚜알리닫
여 정신성; 영성(靈性)

espiritualmente 에스삐리뚜알멘떼 ― 튀 정신적으로, 마음으로

espiritualismo 에스삐리뚜알리스모 ― 남 유심론; 정신주의

espiritualista 에스삐리뚜알리스따 ― 형 유심론의; 정신주의의
남 여 유심론자; 정신주의자

espirituoso, sa 에스삐리뚜오소, 사 ― 형 알코올 도수가 높은

espiroidal 에스뻐로이달 ― 형 나선(螺旋) 모양의

espirómetro 에스삐로메뜨로 ― 남 폐활량계

espirometría 에스삐로메뜨리아 ― 여 폐활량 측정

espléndidamente 에스쁠렌디다멘떼 ― 튀 훌륭하게, 근사하게, 멋지게, 화려하게, 눈부시게

esplendidez 에스쁠렌디데스 ― 여 화려함, 훌륭함, 근사함

espléndido, da 에스쁠렌디도, 다 ― 형 화려한, 훌륭한, 근사한, 멋진; 화사한; 선심을 쓰는, 활수한, 희떠운
casa *espléndida* 호화 저택
paisaje *espléndido* 절경(絕景)

esplendor 에스쁠렌도르 ― 남 화려함, 화사함; 최성기, 절정

espolada 에스뽈라다 ― 여 박차를 가하는 일

espolear 에스뽈레아르 ― 타 (말에) 박차를 가하다; 자극하다

espolazo 에스뽈라소 ― 남 박차를 가하는 일

espoleta 에스뽈레따 ― 여 [군사] 신관

espolín[1] 에스뽈린 ― 남 박차(拍車)

espolín²
에스뽈린
남 (닭의) 며느리발톱; 방파제

espolvorear
에스뽈보레아르
타 (가루 등을) 뿌리다, 묻히다

espolvorizar
에스뽈보리사르
타 =espolvorear

esponja
에스뽕하
여 스폰지, 해면; 술꾼, 주정뱅이
여 복 해면 동물

esponjoso, sa
에스뽕호소, 사
형 스폰지 모양의, 해면(질)의

esponsales
에스뽄살레스
남 복 약혼(식)

esponsalicio, cia
에스뽄살리시오, 시아
형 약혼(식)의

espontáneamente
에스뽄따네아멘떼
부 자연 발생적으로; 자발적으로

espontaneidad
에스뽄따네이닫
여 자연 발생; 자발성; 솔직함

espontáneo, a
에스뽄따네오, 아
형 자연 발생의; 자발적인, 임의의

espora
에스뽀라
여 [생물] 포자(胞子)

esporádicamente
에스뽀라디까멘떼
부 산발적으로

esporádico, ca
에스뽀라디꼬, 까
형 산발적인; [의학] 산발성의

esposa
에스뽀사
여 아내; ((라틴 아메리카)) 주교의 반지;
복 수갑

esposar
에스뽀사르
타 …에게 수갑을 채우다

esposo
에스뽀소
남 남편; 복 부부

espuela
에스뿌엘라
여 박차; 자극, 충동

espuma
에스뿌마
여 (표면에 뜬) 거품

espumaje
에스뿌마헤
남 많은 거품

espumajear
에스뿌마헤아르
자 입에서 거품을 튀기다

espumante
에스뿌만떼
형 거품이 이는
vino *espumante* 발포 포도주
남 발포제(發泡劑)

espumar
에스뿌마르
타 …의 거품을 떠내다
자 거품을 내다, 거품이 일다

espumear
에스뿌메아르
자 ((멕시코)) 거품을 내다, 거품이 일다 (espumar)

espumoso, sa
에스뿌모소, 사
형 거품이 일어나는, 발포성의
남 발포 포도주(vino espumoso)

esquela
에스껠라
여 사망 통지; (간단한) 편지

esquelético, ca
에스껠레띠꼬, 까
형 뼈와 가죽만 남은, 해골의[같은]

esqueleto
에스껠레또
남 해골, 골격; 뼈만 앙상한 사람; (건물 등의) 골조; 개요(槪要)

esquema
에스께마
여 (계략적인) 도표, 도식(圖式); 개요, 아웃라인; 초고

esquí
에스끼
남 스키
campo de *esquí* 스키장

esquiador, ra
에스끼아도르, 라
남여 스키 타는 사람, 스키어

esquiar
에스끼아르
자 스키를 타다
ir a *esquiar* 스키 타러 가다

esquimal
에스끼말
형 에스키모의
남여 에스키모
남 에스키모어

esquina
에스끼나
여 모퉁이, 길모퉁이; [축구·권투] 코너
doblar la *esquina* 모퉁이를 돌다

esquinar
에스끼나르
타 …의 모퉁이에 있다, 모퉁이에 놓다
자 [+con] (…의) 모퉁이에 있다; 길이 교차하다

esrilanqués, quesa 형 남 여 스리랑카(Sri Lanka)의 (사람)
에스릴랑께스, 께사

esta 형 이 ((este의 여성형)). ☞ este²
에스따

ésta 대 이것 ((éste의 여성형)). ☞ éste
에스따

está estar의 직설법 현재 3인칭 단수
에스따
Ella *está* en casa. 그녀는 집에 있다.
Juan *está* ocupado. 후안은 바쁘다.

estabilidad 여 안정(성); 평정(平靜)함
에스따빌리닫
estabilidad política 정치적 안정

estabilización 여 안정화(安定化)
에스따빌리사시온

estabilizador, ra 형 안정시키는
에스따빌리사도르, 라 남 (차 등의) 안정 장치

estabilizante 남 [화학] 안정제
에스따빌리산떼

estabilizar 타 안정시키다
에스따빌리사르
estabilizarse 안정되다

estable 형 견고한, 튼튼한, 견실한, 안정된
에스**따**블레
gobierno *estable* 안정된 정부

establecedor, ra 형 설립의
에스따블레세도르, 라 남 여 설립자

establecer 타 설립하다, 창설[개설]하다; 확립하다; 작성
에스따블레세르 하다; 확증하다; 수립하다
establecer una escuela
학교를 설립하다
establecer el récord mundial
세계 기록을 수립하다
establecerse 정주하다; 자립하다
establecerse de abogado
변호사를 개업하다

establecimiento 남 설립, 확립; (계획 등의) 작성; (신기록의)
에스따블레시미엔또 수립

estado

establo 에스따블로
남 마구간, 외양간, 축사(畜舍)

estaca 에스따까
여 말뚝

estación 에스따시온
여 계절; 역, 기차 정거장
las cuatro *estaciones* del año 사계(四季) ((봄 primavera, 여름 verano, 가을 otoño, 겨울 invierno))
Estación de Seúl 서울역
empleado de *estación* 역원(驛員)

estacional 에스따시오날
형 계절의

estacionamiento 에스따시오나미엔또
남 주차; 주차장; 정체; 주둔
Prohibido el *estacionamiento* 주차 금지

estacionar 에스따시오나르
타 주차시키다; 배치하다
estacionarse 주차하다; 정체하다

estacionario, ria 에스따시오나리오, 리아
형 정체된

estada 에스따다
여 체재[체류] (기간)

estadía 에스따디아
여 체류; 초과 정박, 체선료

estadio 에스따디오
남 경기장
estadio de fútbol 축구장
estadio olímpico 올림픽 경기장

estadista 에스따디스따
남여 정치가; 통계 학자

estadística 에스따디스띠까
여 통계, 통계표, 통계학

estadístico, ca 에스따디스띠꼬, 까
형 통계(학)의

estado 에스따도
남 상태; 신분, 지위; 국가; 정부; (미국·멕시코의) 주(provincia)
estado de salud 건강 상태
estado mental 정신 상태

Estados Unidos de América
아메리카 합중국, 미국
Estados Unidos Mexicanos
멕시코 합중국, 멕시코

estadounidense
에스따도우니덴세
형 미국의, 아메리카 합중국의
남 여 미국 사람

estadunidense
에스따두니덴세
형 남 여 =**estadounidense**

estafa
에스따파
여 사기, 사취

estafador, ra
에스따파도르, 라
남 여 사기꾼

estafar
에스따파르
타 사취하다, 사기하다

estalinismo
에스딸리니스모
남 스탈린(Stalin)주의

estalinista
에스딸리니스따
형 스탈린주의의
남 여 스탈린주의자

estallar
에스따야르
자 폭발하다, 파열하다; (전쟁 등이) 돌발하다, 일어나다
estallar la guerra 전쟁이 일어나다

estallido
에스따이도
남 파열(음)

estambre
에스땀브레
남 [식물] 수술

estampa
에스땀빠
여 (책의) 삽화; 외모, 풍채; 인쇄

estampar
에스땀빠르
타 인쇄하다, 날염하다; 서명하다

estampilla
에스땀삐야
여 스탬프, 검인; 인감; ((중남미)) 우표(sello de correos), 수입 인지

estancar
에스땅까르
타 정체시키다, 고이게 하다; 독점하다, 전매하다

estancia
에스딴시아
여 체재 (기간); (큰) 방, 거실

estanciero, ra 남 여 농장주, 목장주
에스딴시에로, 라

estanco 남 에스땅꼬 ((담배나 우표를 파는 가게))
에스땅꼬

estándar 형 (상품이) 표준의, 규격에 맞는
에스딴다르 남 표준, 기준, 규격

estandarización 여 규격화, 표준화, 획일화
에스딴다리사시온

estandarizar 타 표준화하다, 규격을 통일화하다
에스딴다리사르

estandarte 남 군기(軍旗); 단기(團旗)
에스딴다르떼

estanque 남 (인공의) 연못
에스땅께

estanquero, ra 남 여 estanco의 주인
에스땅께로, 라

estante 남 선반; 책장
에스딴떼

estantería 여 (몇 단이 있는) 선반; 책장
에스딴떼리아

estaño 남 [광물] 주석(朱錫)
에스따뇨

estar 자 ① [상태] 이다, (되어) 있다
에스따르 *Estoy* contento. 나는 만족한다.
Ellos *están* vivos. 그들은 살아 있다.
La niña *está* muy alta.
그 여아는 키가 매우 컸다.
② [소재] 있다
Ella *está* a la puerta.
그녀는 문 있는 곳에 있다.
¿Dónde *estamos*?
여기가 어디입니까?
Seúl *está* casi en el centro de la Península Coreana.
서울은 거의 한반도의 중앙에 (위치해) 있다.
③ [+과거 분사] ...해 있다

Tú *estabas* sentado a mi lado.
너는 내 옆에 앉아 있었다.
④ [+현재 분사 =진행형] ...하고 있(는 중이)다
Estamos comiendo en casa.
우리는 집에서 식사 중이다.
직·현재: est*oy*, est*á*s, est*á*, est*a*mos, est*á*is, est*á*n
직·부정 과거: est*uve*, est*uviste*, est*uvo*, est*uvimos*, est*uvisteis*, est*uvieron*
접·현재: est*é*, est*é*s, est*é*, est*e*mos, est*é*is, est*é*n

estatal
에스따딸
형 국가의, 국영의, 국유의
empresa *estatal* 국영 기업

estatalizar
에스따딸리사르
타 국영화[국유화]하다

estático, ca
에스따띠꼬, 까
형 정적인; 정지된; 정력학의
여 정력학(靜力學)

estatua
에스따뚜아
여 조각상, 입상(立像)
estatua de bronce 동상
estatua de la Libertad 자유의 여신상

estatuario, ria
에스따뚜아리오, 리아
형 조각상의[같은]
남 여 조각가
여 조상술(彫像術)

estatuilla
에스따뚜이야
여 작은 조각상

estatura
에스따뚜라
여 신장, 키
por orden de *estatura* 키순으로

estatuto
에스따뚜또
남 법규, 성문법; 규약, 정관

estatutario, ria
에스따뚜따리오, 리아
형 법규의; 정관에 의한

estay
에스따이
남 버팀줄

este[1]
에스떼
남 동(東), 동쪽, 동부; 동풍

esterilización

este², ta 에스떼, 따
- 형 [지시 형용사] 이; 현, 지금의
- 복 *estos, estas*
- *este* sombrero 이 모자
- *esta* pluma 이 펜
- *estos* sombreros 이 모자들
- *estas* plumas 이 펜들
- *esta* mañana 오늘 아침
- *esta* tarde 오늘 오후
- *esta* noche 오늘 밤
- *esta* semana 금주
- *este* mes 금월, 이달
- *este* año 금년

éste, ta 에스떼, 따
- 대 [지시 대명사] 이것; 후자; (소개할 때) 이 사람. 복 *éstos, éstas*

esté 에스떼
- estar의 접속법 현재 1·3인칭 단수

estela 에스뗄라
- 여 항적; 비행기운

estelar 에스뗄라르
- 형 별의, 천체의

estenocardia 에스떼노까르디아
- 여 [의학] 협심증

estenosis 에스떼노시스
- 여 [의학] 협착(증)

estéreo 에스떼레오
- 남 스테레오 ((estereofonía의 생략어))

estereofonía 에스떼레오포니아
- 여 입체 음향(술)

estereofónico, ca 에스떼레오포니꼬, 까
- 형 스테레오의

estéril 에스떼릴
- 형 불모의 (반 *fértil*); 불임(증)의
- tierra *estéril* 불모의 땅

esterilidad 에스떼릴리닫
- 여 불모(성); 불임(증); 살균 (상태)

esterilización 에스떼릴리사시온
- 여 불임 수술; 살균, 소독

esterilizador, ra
에스떼릴리사도르, 라
형 불임 수술을 한; 소독한

esterilizar
에스떼릴리사르
타 불모지로 만들다; …에게 불임 수술을 하다; 살균[소독]하다

esternón
에스떼르논
남 [해부] 흉골(胸骨)

esteta
에스떼따
남 여 탐미주의자; 미학자

esteticismo
에스떼띠시스모
남 [미술·문학] 탐미주의(耽美主義)

esteticista
에스떼띠시스따
남 여 전신 미용사
형 탐미주의의

estético, ca
에스떼띠고, 까
형 미학의; 미에 관한; 심미[탐미]적인; 아름다운; 미용의
cirugía *estética* 미용 외과[정형]
gimnasia *estética* 미용 체조
placer *estético* 미적 쾌감
sentido *estético* 미적 감각, 심미안
남 여 미학자; 심미가(審美家)
여 미학; 미의식(美意識)

estetoscopia
에스떼또스꼬삐아
여 청진(법)

estetoscopio
에스떼또스꼬삐오
남 [의학] 청진기

estiércol
에스띠에르꼴
남 (동물의) 똥; 퇴비

estilismo
에스띨리스모
남 estilista의 직

estilista
에스띨리스따
남 여 명문가(名文家), 문장가(文章家); 디자이너, 무대 미술가

estilístico, ca
에스띨리스띠꼬, 까
형 문체론의
여 문체론(文體論)

estilo
에스띨로
남 양식(樣式), 스타일; 풍; 문체, 화풍; 화법; 영법(泳法); 모드; 습관
estilo de vida 생활 양식
estilo gódico 고딕 양식

estilo libre [수영] 자유형
estilo mariposa [수영] 버터플라이
estilo pecho [수영] 평영
el último estilo 최신 유행(형)

estilográfica
에스띨로그라피까
여 만년필(pluma estilográfica)

estilográfico
에스띨로그라피꼬
남 샤프펜슬(lápiz estilográfico)

estima
에스띠마
여 평가

estimable
에스띠마블레
형 평가할 만한, 상당한

estimación
에스띠마시온
여 평가; 견적; 평가액
estimación presupuestaria
예산의 견적

estimado, da
에스띠마도, 다
형 평가가 높은, 평판이 좋은; [편지] 친애하는, 존경하는
Estimado señor: 근계(謹啓)
Mi *estimado* amigo A:
친애하는 친구 A에게

estimar
에스띠마르
타 (가치·중요성이 있는 것을) 평가하다; 사랑하다; …라고 생각하다
estimarse 자신을 높게 평가하다; …라고 생각하다

estimativo
에스띠마띠보
남 판단력; 동물적 본능

estimulación
에스띠물라시온
여 자극

estimulador, ra
에스띠물라도르, 라
형 자극하는, 고무하는; 흥분시키는
남 자극제; 흥분제

estimulante
에스띠물란떼
형 자극하는, 고무하는; 흥분시키는
남 자극제; 흥분제

estimular
에스띠물라르
타 자극하다, 흥분시키다; (기능을) 증진시키다
estimular el apetito 식욕을 자극하다
estimularse 흥분제[마약]를 섭취하다

estímulo
에스띠물로
남 자극; 자극 효과; 인센티브

estío
에스띠오
남 여름(verano)

estipendiario, ria
에스띠뻰디아리오, 리아
형 보수를 받는
남여 보수를 받는 사람, 유급자

estipendio
에스띠뻰디오
남 보수, 급여; [천주교] 제식(祭式)의 사례금

estipulación
에스띠뿔라시온
여 약관, 계약 조항; 계약

estipular
에스띠뿔라르
타 정하다, 규정하다; (구두로) 계약하다

estirar
에스띠라르
타 늘이다, 펴다, 잡아당기다[늘이다]; 돈을 절약해서 쓰다; (주름을 펴기 위해) 다리미질하다
estirar las piernas 다리를 펴다
자 끌어[잡아] 당기다; (급히) 신장이 늘어나다
estirarse
늘어나다, 다리를 뻗다; 기지개를 켜다

estirpe
에스띠르뻬
여 혈통, 가계

estival
에스띠발
형 여름(estío)의

esto
에스또
대 [지시 대명사 중성형] 이것
¿Qué es *esto*? – Es un lápiz.
이것은 무엇입니까? – 연필입니다.
¿Cuánto es *esto*? 이것은 얼마냐?

estofado¹
에스또파도
남 [요리] 스튜

estofado², da
에스또파도, 다
형 약한[뭉근한] 불로 삶은

estofar
에스또파르
타 약한[뭉근한] 불로 삶다

estoicidad
에스또이시닫
여 극기심(克己心)

estoicismo
에스또이시스모
남 스토아 철학, 금욕주의, 극기심

estoico, ca
에스또이꼬, 까
- 형 스토아 철학[학파]의; 금욕적인
- 남 여 스토아 철학자; 금욕 주의자

estoma
에스또마
- 남 [식물] 기공(氣孔)

estomacal
에스또마깔
- 형 위(estómago)의; 위에 좋은
- 남 건위제(健胃劑)

estómago
에스또마고
- 남 위(胃)

boca del *estómago* 명치
enfermedad del *estómago* 위장병
Tengo dolor de *estómago*.
나는 배가 아프다.

estomático, ca
에스또마띠꼬, 까
- 형 (사람의) 입의

estomatitis
에스또마띠띠스
- 여 단 복 [의학] 구내염(口內炎)

estomatología
에스또마똘로히아
- 여 구강 외과

estomatólogo, ga
에스또마똘로고, 가
- 남 여 구강 외과 의사

Estonia
에스또니아
- 여 [국명] 에스토니아

estoniano, na
에스또니아노, 나
- 형 남 여 에스토니아의 (사람)

estonio, nia
에스또니오, 니아
- 형 남 여 에스토니아의 (사람)

estorbar
에스또르바르
- 타 방해하다; 괴롭히다

estorbo
에스또르보
- 남 방해, 장애

estornudar
에스또르누다르
- 자 재채기를 하다

estornudo
에스또르누도
- 남 재채기

estos
에스또스
- 대 este[2] (이)의 복수. ☞**este[2]**

estoy
에스또이

estar의 직설법 현재 1인칭 단수: 나는 있다[이다]

Estoy en el aeropuerto.
나는 공항에 있다.
Estoy ocupado. 나는 바쁘다.
Estoy libre. 나는 한가하다.

estrábico, ca
에스뜨라비꼬, 까
형 사팔뜨기의, 사시(斜視)의
남 여 사팔뜨기

estrabismo
에스뜨라비스모
남 사팔눈, 사시(斜視)

estrangulación
에스뜨랑굴라시온
여 교살; [의학] 협착

estrangulador, ra
에스뜨랑굴라도르, 라
남 여 교살자

estrangular
에스뜨랑굴라르
타 교살하다, 목졸라 죽이다; (혈관 등을) 단단히 죄다, 좁히다
estrangularse 목졸려 죽다

estraperlear
에스뜨라뻬를레아르
자 암거래하다

estraperlista
에스뜨라뻬를리스따
남 여 암거래상, 암상인

estraperlo
에스뜨라뻬를로
남 암거래, 암시장

estratagema
에스뜨라따헤마
여 전략(戰略); 책략

estratega
에스뜨라떼가
남 여 전략가

estrategia
에스뜨라떼히아
여 전략(戰略); 작전, 전술

estratégico, ca
에스뜨라떼히꼬, 까
형 전략적인, 전략상의
materias *estratégicas* 전략 물자

estrato
에스뜨라또
남 [지질] 지층; [사회] 계층; [기상] 층운(層雲)

estratosfera
에스뜨라또스페라
여 [기상] 성층권

estrechamente
에스뜨레차멘떼
부 검소하게; 긴밀히; 엄격히

estrechar
에스뜨레차르
타 좁히다; 꽉 껴안다, 부둥켜안다; 강요하다
estrecharse (길이) 좁아지다; 긴밀해 지다; 서로 껴안다, 악수하다; (자리를) 좁히다

estrechez
에스뜨레체스
여 협소함, 좁고 답답함; 곤란, 궁지, 빈궁; [의학] 협착(증)

estrecho, cha
에스뜨레초, 차
형 (폭이) 좁은 (반 ancho); (옷 등이) 꼭 낀, 꼭 맞는; 긴밀한; 엄격한; 편협한, 협량한
camino *estrecho* 좁은 도로
habitación muy *estrecha* 비좁은 방
pantalones *estrechos* 꼭 낀 바지
남 해협(海峽)

estrella
에스뜨레야
여 별; 항성(恒星); (영화의) 스타
cielo lleno de *estrellas*
별로 가득찬 하늘
hotel de cinco *estrellas*
별 5개 호텔

estrellado, da
에스뜨레야도, 다
형 별 모양의; 별이 나온; 찌부러진
coche *estrellado* 찌부러진 자동차

estrellamar
에스뜨레야마르
여 [동물] 불가사리; [식물] 질경이

estrellar¹
에스뜨레야르
타 내던지다, 내동댕이치다; 가루로 때려 부수다[쳐부수다]
estrellarse 격돌하다; 찌부러지다, 찌그러지다; (비행기가) 추락하다; 실패하다, 좌절되다

estrellar²
에스뜨레야르
형 별의, 별 모양의

estremecer
에스뜨레메세르
타 동요시키다, 흔들어 움직이다; 떨게 하다
estremecerse 동요되다; 몸을 떨다
estremecerse de frío [ira]
추위[분노]로 몸을 떨다

estremecimiento
에스뜨레메시미엔또
남 동요; 전율, 부들부들 떠는 일

estrenar
에스뜨레나르
타 처음으로 사용하다[입다·쓰다]; 초연하다; 개봉하다
estrenarse

(사회에) 첫 발을 내디디다, 데뷔하다
estrenarse como funcionario público
공무원으로 출발하다

estreno
에스뜨레노
남 개시, 처음 사용함; 초연; 개봉; 데뷔

estreñimiento
에스뜨레니이미엔또
남 [의학] 변비(증)

estreñir
에스뜨레니이르
타 변비를 일으키다; 변비에 걸리게 하다
estreñirse 변비에 걸리다

estrépito
에스뜨레삐또
남 큰 소리; 호들갑스러움

estrepitosamente
에스뜨레삐또사멘떼
부 시끄럽게, 스란스레

estrepitoso, sa
에스뜨레삐또소, 사
형 시끄러운, 소란스런; 반향을 일으키는

estreptomicina
에스뜨렙또미시나
여 [의학] 스트렙토마이신

estrés
에스뜨레스
남 스트레스, 긴장, (정신적) 압박감

estresado, da
에스뜨레사도, 다
형 스트레스를 받는

estresante
에스뜨레산떼
형 스트레스가 많은

estresar
에스뜨레사르
타 …에게 스트레스를 받게 하다

estribo
에스뜨리보
남 등자; (자동차의) 발디딤판

estribor
에스뜨리보르
남 (배의) 우현(右舷)

estricto, ta
에스뜨릭또, 따
형 엄한, 엄격한; 엄밀한, 엄정한

estridente
에스뜨리덴떼
형 (소리가) 날카로운, 귀에 거슬리는

estropear
에스뜨로뻬아르
타 부수다; 엉망으로 만들다; 상하다
estropearse 부서지다

estructura
에스뜨룩뚜라
여 구조, 골조; 조직, 기구
estructura administrativa 행정 기구
estructura atómica 원자 구조
estructura de un edificio 건물의 골조
estructura de un poema 시의 구성
estructura industrial 산업 구조

estructural
에스뜨룩뚜랄
형 구조적인, 구조상의

estructuralismo
에스뜨룩뚜랄리스모
남 구조주의

estructuralista
에스뜨룩뚜랄리스따
형 구조주의의
남여 구조주의자

estructurar
에스뜨룩뚜라르
타 구조화하다, 조직화하다
estructurarse 구성되다

estruendo
에스뜨루엔도
남 큰 소리, 소음

estruendoso, sa
에스뜨루엔도소, 사
형 시끄러운, 소란스러운

estuario
에스뚜아리오
남 강어귀

estuche
에스뚜체
남 작은 상자, 케이스
estuche de gafas 안경집
estuche de lápices 필통

estudiante
에스뚜디안떼
남여 (주로 고교·대학교의) 학생
estudiante universitario 대학생
carné de *estudiante* 학생증

estudiantil
에스뚜디안띨
형 학생의

estudiar
에스뚜디아르
타 공부하다; 연습하다; 연구하다; 검토[조사·토의]하다
estudiar física
물리학을 공부하다
estudiar la literatura española
스페인 문학을 공부하다
estudiar la causa de un accidente
사고의 원인을 조사하다

|자| 공부하다; 교육을 받다
estudiar en la universidad
대학교에서 공부하다

estudio
에스뚜디오

|남| 공부, 학습; 연습; 연구(서), 논문; 연구실, 공부방; 아트리에; [방송·영화] 스튜디오; [음악] 연습곡; [미술] 습작; |복| 학교 교육, 학업
estudio del español 스페인어 공부
estudio de las mariposas 나비 연구
completar los *estudios* 학업을 마치다

estudioso, sa
에스뚜디오소, 사

|형| 학구적인, 공부하길 좋아하는; 연구를 열심히 하는
|남||여| 전문가; 연구자

estufa
에스뚜파

|여| 난로
estufa eléctrica 전기 난로

estupendamente
에스뚜뻰다멘떼

|부| 아주 멋지게, 굉장히; 놀랍게도

estupendo, da
에스뚜뻰도, 다

|형| 훌륭한, 근사한, 굉장한, 멋진
tarta *estupenda* 맛있는 케이크
viaje *estupendo* 즐거운 여행

estupidez
에스뚜삐데스

|여| 우둔함, 어리석음, 바보짓

estúpido, da
에스뚜삐도, 다

|형| 우둔한, 어리석은, 바보 같은

esturión
에스뚜리온

|남| [어류] 철갑상어

ETA
에따

|여| *Euzkadi ta Azkatasuna*의 약자
[바스크의 혁명적 민족 조직]
바스크 조국과 평화

etano
에따노

|남| [화학] 에탄

etapa
에따빠

|여| 단계; 기간, 시기; 여정

etc.
엣세떼라

((약어)) etcétera 등등

etcétera 엣세떼라 — 여 등등, 기타, ...따위

éter 에떼르 — 남 [화학·물리] 에테르; [시어] 하늘

eternamente 에떼르나멘떼 — 부 영원히, 영구히

eternidad 에떼르니닫 — 여 영원, 불후; [종교] 내세

eterno, na 에떼르노, 나 — 형 영원한, 영구한
amor *eterno* 영원히 변치 않는 사랑
obra *eterna* 불후의 명작

ética 에띠까 — 여 윤리학, 윤리

ético, ca 에띠꼬, 까 — 형 윤리(학)의

etimología 에띠몰로히아 — 여 어원학, 어원

etimológico, ca 에띠몰로히꼬, 까 — 형 어원(학)의
diccionario *etimológico* 어원 사전

etiope 에띠오뻬 — 형 에티오피아의
남 여 에티오피아 사람

etíope 에띠오뻬 — 형 남 여 =**etiope**

Etiopía 에띠오삐아 — 여 [국명] 에티오피아

etiqueta 에띠께따 — 여 예의, 에티켓; 라벨, 명찰; 가격표

etnia 엣니아 — 여 (언어·문화 등에서 보는) 민족

étnico, ca 엣니꼬, 까 — 형 민족의
característica *étnica* 민족성

etnología 엣놀로히아 — 여 민족학

etnológico, ca 엣놀로히꼬, 까 — 형 민족학의

etnólogo, ga 엣놀로고, 가	남 여 민족학자
euforia 에우포리아	여 행복감, 도취; [의학] 다행증
eugenesia 에우헤네시아	여 우생학
eugenésico, ca 에우헤네시꼬, 까	형 우생학의
eunuco 에우누꼬	남 환관; 고자
euro 에우로	남 유로 ((유럽 연합의 통일 통화)); 동풍(東風)
euroasiático, ca 에우로아시아띠꼬, 까	형 유럽과 아시아의
eurodólar 에우로돌라르	남 유러 달러
Europa 에우로빠	여 [지명] 유럽
europeo, a 에우로뻬오, 아	형 유럽의 남 여 유럽인
Eva 에바	여 [성경] 이브
evacuación 에바꾸아시온	여 소개(疏開), 피난; 철퇴; 배변
evacuar 에바꾸아르	타 피난시키다; 구출하다; 철수하다 자 배변(排便)하다
evadir 에바디르	타 피하다, 회피하다; 탈세하다 *evadirse* 달아나다, 도망[도주]하다
evaluación 에발루아시온	여 견적, 평가
evaluar 에발루아르	타 감정하다, 견적하다, 평가하다
evangélico, ca 에방헬리꼬, 까	형 복음의; 복음주의의 남 여 복음주의자; 신교도, 프로테스탄트
evangelio 에방헬리오	남 복음; 복음서

evangelista 에방헬리스따 — 남 복음 사가(福音史家)

evangelización 에방헬리사시온 — 여 복음 전도

evangelizar 에방헬리사르 — 타 복음을 전하다, 기독교로 개종시키다

evaporación 에바뽀라시온 — 여 증발(蒸發)

evaporador 에바뽀라도르 — 남 증발 장치

evaporar 에바뽀라르 — 타 증발시키다
evaporarse 증발되다; 소멸되다

evasión 에바시온 — 여 도주, 도피; 기분 전환
evasión de capital 자본의 도피
evasión de impuestos 탈세

evasivo, va 에바시보, 바 — 형 도망하는; 핑계대는, 회피하는

evasor, ra 에바소르, 라 — 형 도망[도피]하는
남여 도망자

evento 에벤또 — 남 사건; 이벤트
evento deportivo 스포츠 이벤트

eventual 에벤뚜알 — 형 우발적인; 임시의
profesor *eventual* 임시 강사

evidencia 에비덴시아 — 여 명백함; 명백한 일; 증거

evidenciar 에비덴시아르 — 타 명백하게 하다

evidente 에비덴떼 — 형 **명백한, 분명한**, 뚜렷한
hecho *evidente* 분명한 사실
prueba *evidente* 명백한 증거

evidentemente 에비덴떼멘떼 — 부 명백히, 분명히

evitable 에비따블레 — 형 피할 수 있는, 회피할 수 있는

evitación
에비따시온
여 회피

evitar
에비따르
타 피하다, 회피하다
evitar el peligro 위험을 피하다
evitar el accidente 사고를 막다
evitar la guerra 전쟁을 회피하다

evolución
에볼루시온
여 진전, 발달; 변천; 동향; 진화
evolución científica 과학의 발달
evolución económica 경제 발전
teoría de la *evolución* 진화론

evolucionar
에볼루시오나르
자 진화하다, 진보하다

evolucionismo
에볼루시오니스모
남 진화론

evolucionista
에볼루시오니스따
형 진화론의
남 여 진화론자

evolutivo, va
에볼루띠보, 바
형 진화의; 변화[진행]하는
proceso *evolutivo* 진화 과정

ex
엑스
형 전(前), 구(舊)
ex esposa 전 부인
ex presidente 전 대통령, 전 사장

exactamente
엑삭따멘떼
부 정확히, 엄밀히; 정확히 말해;
[감탄사적] 맞습니다, 옳습니다.

exactitud
엑삭띠뚣
여 정확함, 엄밀함
con *exactitud* 정확히; 엄밀히

exacto, ta
엑삭또, 따
형 정확한, 옳은; 엄밀한, 정밀한
hora *exacta* 정확한 시간
respuesta *exacta* 정답
감 그렇고 말고!, 맞습니다!

exageración
엑사헤라시온
여 과장; 과장된 표현; 과도

exagerado, da
엑사헤라도, 다
형 과장된, 허풍을 떠는; 과도한
expresión *exagerada* 과장된 표현
cariño *exagerado* 과도한 애정
gasto *exagerado* 지나친 지출

exagerar
엑사헤라르
타 과장하다; …의 도를 넘다
자 허풍을 떨다; 도를 넘다

exaltación
엑살따시온
여 고양(高揚); 흥분; 찬미

exaltado, da
엑살따도, 다
형 흥분한, 열광적인
hablar *exaltado* 흥분해서 말하다

exaltar
엑살따르
타 고양시키다; 흥분시키다
exaltar la moral 사기를 높이다
exaltarse 흥분하다, 열광하다

examen
엑사멘
남 시험, 고사(考査); 검사, 검진; 검토, 조사; [법률] 심문, 심리
examen de ingreso 입학 시험
examen de sangre 혈액 검사
examen final 기말 시험

examinador, ra
엑사미나도르, 라
남여 시험관; 심사관

examinando, da
엑사미난도, 다
남여 수험자, 수험생

examinar
엑사미나르
타 시험을 보이다; 검토하다, 조사하다; 검사하다
examinar a sus alumnos de español
학생들에게 스페인어 시험을 보이다
examinar a un enfermo
환자를 검진하다
examinar un documento
서류를 조사하다
examinarse 시험을 치르다[보다]
examinarse de latín
라틴어 시험을 보다

excavación
엑스까바시온
여 땅파기, 굴착; 발굴; 굴, 동굴

excavar
엑스까바르
타 파다; (유적을) 발굴하다

excedente
엑세덴떼
형 초과된, 과잉의; 휴직 중의
남 초과, 과잉; 흑자

excedente de peso 초과 중량

exceder 엑세데르
- 타 초과하다, 한도를 넘다,
- 자 (한도 등을) 넘다
- ***excederse*** (한도·규준 등을) 넘다, 초과하다
- *excederse de*l presupuesto 예산을 초과하다

excelencia 엑셀렌시아
- 여 탁월(함), 우수(함)
- Su *Excelencia*
- [장관·대사·주교 등의 경칭] 각하, 예하(猊下)

excelente 엑셀렌떼
- 형 우수한, 뛰어난; 선량한
- carne *excelente* 질 좋은 고기
- obra *excelente* 뛰어난 작품

excentricidad 엑센뜨리시닫
- 여 기발함; 기행, 기벽(奇癖)

excéntrico, ca 엑센뜨리꼬, 까
- 형 기발한
- 남 여 기인(奇人)

excepción 엑셉시온
- 여 예외, 제외; 이례적인 것
- No hay regla sin *excepción*.
- 예외 없는 규칙은 없다.
- ***a [con] excepción de***
- ...을 제외하고, 예외로 하고
- ***de excepción***
- 매우 좋은, 훌륭한, 멋진, 근사한; 특례의
- medida *de excepción* 특례 조치

excepcional 엑셉시오날
- 형 예외적인, 이례적인; 유별난, 뛰어난
- caso *excepcional* 예외적인 경우

excepcionalmente 엑셉시오날멘떼
- 부 예외적으로

exceptivo, va 엑셉띠보, 바
- 형 예외적인

excepto 엑셉또
- 전 ...을 제외하고
- *Excepto* tú, estamos todos.
- 너를 제외하고 모두 있다.

exceptuar 엑셉뚜아르
- 타 제하다, 제외하다

excesivamente 엑세시바멘떼
♦ 과도히

excesivo, va 엑세시보, 바
♦ 과도한; 과잉의

exceso 엑세소
♦ 과다, 과잉; 초과분
por [en] exceso 과도히, 도를 넘어

excitación 엑시따시온
♦ 흥분 (상태)

excitante 엑시딴떼
♦ 흥분시키는
♦ 흥분제, 자극물

excitar 엑시따르
♦ 흥분시키다, 자극하다; 욕정을 돋우다; 선동하다
excitar el apetito
식욕을 돋우다
excitarse
흥분하다; 성적으로 흥분하다

exclamación 엑스끌라마시온
♦ 감탄, 절규; 감탄 부호

exclamar 엑스끌라마르
♦ 소리를 높이다, 절규하다; 부르짖다

exclamativo, va 엑스끌라마띠보, 바
♦ 감탄의
oración *exclamativa* 감탄문

exclaustración 엑스끌라우스뜨라시온
♦ 환속(還俗)

exclaustrar 엑스끌라우스뜨라르
♦ 환속시키다
exclaustrarse 환속하다

excluir 엑스끌루이르
♦ 추방하다, 배척하다; 배제하다

exclusión 엑스끌루시온
♦ 추방; 제명, 제적; 제외, 배제
sin *exclusión* 예외없이
zona de *exclusión* 출입 금지 구역

exclusive 엑스끌루시베
♦ …을 포함하지 않고, …을 제외하고

exclusividad 엑스끌루시비닫
♦ 배타성, 편협성; 독점권

exclusivismo
엑스끌루시비스모
남 배타주의

exclusivista
엑스끌루시비스따
형 배타주의의
남 여 배타주의자

exclusivamente
엑스끌루시바멘떼
부 오로지, 한결같이
estudiar *exclusivamente* la historia
오로지 역사 공부만 하다

exclusivo, va
엑스끌루시보, 바
형 배제하는, 배타적인; 독점적인
deseo de posesión *exclusiva*
독점욕(獨占慾)

excombatiente
엑스꼼바띠엔떼
남 여 퇴역 군인

excomulgar
엑스꼬물가르
타 파문하다; 추방하다

excomunión
엑스꼬무니온
여 파문; 파문장

excreción
엑스끄레시온
여 배설

excremento
엑스끄레멘또
남 똥, 대변; 배설물

excretar
엑스끄레따르
자 타 배설하다, 분비하다

excursión
엑스꾸르시온
여 소풍, 원족, 관광 여행; 하이킹
ir de *excursión* 소풍 가다
hacer una *excursión* a una fábrica
공장 견학을 하다

excursionista
엑스꾸르시오니스따
남 여 소풍객; 견학자

excusa
엑스꾸사
여 변명, 핑계; 구실
여 복 사죄(의 말), 유감의 말
carta de *excusa* 사죄장

excusar
엑스꾸사르
타 용서하다; 변명하다; 면제하다; 회피하다
excusarse de [por]
...을 핑계대다[변명하다]

exención
엑센시온
여 면제(免除)

exento, ta
엑센또, 따
혱 [+de] ...을 면제받은; ...이 없는
estar *exento de*l servicio militar
병역이 면제되어 있다.
vivir *exento de* preocupaciones
아무 걱정 없이 살다

exequátur
엑세꾸아뚜르
남 단복 (정부가 외국 영사에게 주는) 인가장 (認可狀)

exequias
엑세끼아스
여 복 장례(葬禮)

exhausto, ta
엑스아우스또, 따
혱 고갈된, 바닥난

exhibición
엑스이비시온
여 공개, 전시(물); [운동] 모범 시합
exhibición de trajes de baño
수영복 전시회[패션쇼]

exhibicionismo
엑스이비시오니스모
남 노출증

exhibicionista
엑스이비시오니스따
남여 노출증 환자

exhibir
엑스이비르
타 공개하다, 전시하다
exhibirse 공개되다, 사람 앞에 나타나다, 자신의 몸을 보이다

exhumación
엑스우마시온
여 발굴(發掘)

exhumar
엑스우마르
타 (사체를) 파내다, 발굴하다

exigencia
엑시헨시아
여 (강한) 요구; 욕구

exigente
엑시헨떼
혱 남 여 많은 것을 요구하는 (사람); 성미가 까다로운 (사람)

exigible
엑시히블레
혱 요구[청구]할 수 있는

exigir
엑시히르
타 (강하게) 요구하다, 바라다
exigir que + 접속법 ...하기를 바란다
Exijo que él *venga*.
나는 그가 오기를 바란다.

직 · 현재: *exijo*, exiges, exige, exigimos, exigís, exigen
접 · 현재: *exija*, *exijas*, *exija*, *exijamos*, *exijáis*, *exijan*

exiliado, da
엑실리아도, 다
형 추방된; 정치 망명한
남여 유형자(流刑者); 정치 망명자

exiliar
엑실리아르
타 국외 추방시키다
exiliarse 망명하다

exilio
엑실리오
남 국외 추방; 망명(지)
gobierno en el *exilio* 망명 정권

existencia
엑시스뗀시아
여 존재, 실재; 실존; 생애, 생활
여 복 [상업] 재고품
No quedan *existencias*.
재고가 없다.

existencial
엑시스뗀시알
형 [철학] 실존의
filosofía *existencial* 실존 철학

existencialismo
엑시스뗀시알리스모
남 실존주의

existencialista
엑시스뗀시알리스따
형 실존주의의
남여 실존주의자

existente
엑시스뗀떼
형 실재의, 현존하는

existir
엑시스띠르
자 존재하다, 실재하다; 살다, 생존하다
Yo pienso, luego *existo*.
나는 생각한다, 고로 존재한다.

exitazo
엑시따소
남 대성공; (가요 · 영화 등의) 대히트

éxito
엑시또
남 성공, 좋은 결과; 성공 작품
mal *éxito* 실패
con gran *éxito* 대성공으로
tener éxito 성공하다
tener éxito en *sus* negocios
사업에 성공하다
La obra no *tuvo éxito*.
그 작품은 실패했다.

éxodo 엑소도 — 남 집단 탈출[이동], 이주

exorcismo 엑소르시스모 — 남 액막이 (굿)

exorcista 엑소르시스따 — 남여 무당

exorcizar 엑소르시사르 — 타 (악마를) 쫓아내다

exótico, ca 엑소띠꼬, 까 — 형 외국(산)의; 이국풍의
plantas *exóticas* 외래 식물

exotismo 엑소띠스모 — 남 이국 정서, 이국 취미

expandir 엑스빤디르 — 타 널리 퍼지게 하다, 보급시키다
expandirse 널리 퍼지다

expansibilidad 엑스빤시빌리닫 — 여 [물리] 팽창성

expansible 엑스빤시블레 — 형 [물리] 팽창성이 있는

expansión 엑스빤시온 — 여 확대; 보급, 전파; 팽창

expansionarse 엑스빤시오나르세 — ((재귀)) 퍼지다, 팽창되다

expansionismo 엑스빤시오니스모 — 남 (영토) 팽창주의

expansionista 엑스빤시오니스따 — 형 팽창주의의
남여 팽창주의자

expansivo, va 엑스빤시보, 바 — 형 팽창성의; 개방적인

expectación 엑스뻭따시온 — 여 기대, 예상

expectativa 엑스뻭따띠바 — 여 기대, 바라는 것

expedición 엑스뻬디시온 — 여 원정(대), 탐험(대); 발송(품); 발행

expedicionario, ria 엑스뻬디시오나리오, 리아 — 형 원정의, 탐험의
cuerpo *expedicionario*

원정대, 파견군
남 여 원정[탐험] 대원

expedidor, ra
엑스뻬디도르, 라
남 여 발송인

expediente
엑스뻬디엔떼
남 일건 서류, 관계 문서; 성적; 행정 심판; 신속함

expedir
엑스뻬디르
타 (증명서 등을) 발행하다; 발송하다
expedir un pasaporte
여권을 교부하다[발행하다]

expendedor, ra
엑스뻰데도르, 라
형 판매하는
máquina *expendedora* 자동 판매기
남 여 판매자
남 자동 판매기
expendedor automático 자동 판매기

expender
엑스뻰데르
타 소매하다, 발매하다; 낭비하다

expensas
엑스뻰사스
여 복 비용, 경비; 소송 비용
a expensas de
...의 비용[부담]으로

experiencia
엑스뻬리엔시아
여 경험, 체험; 실험
tener mucha [una gran] *experiencia*
경험이 풍부하다

experimentación
엑스뻬리멘따시온
여 실험(법)

experimentado, da
엑스뻬리멘따도, 다
형 숙달된, 경험을 쌓은

experimental
엑스뻬리멘딸
형 실험에 기초를 둔, 실험적인

experimentar
엑스뻬리멘따르
타 실험하다, 시도하다; 체험하다
자 [+con] (...으로) 실험하다

experimento
엑스뻬리멘또
남 실험; 시험, 시도

expertamente
엑스뻬르따멘떼
부 능란하게, 솜씨 좋게

experto, ta 엑스뻬르또, 따
- 형 정통한, 숙달된
- 남 여 전문가; 숙련자
- consultar a un *experto* 전문가의 의견을 듣다

expiración 엑스삐라시온
- 여 기한 만료, 만기

expirar 엑스삐라르
- 자 숨을 거두다, 죽다; (기한이) 끝나다

explanación 엑스쁠라나시온
- 여 땅 고르기; 설명

explanada 엑스쁠라나다
- 여 평지(平地)

explanar 엑스쁠라나르
- 타 반반하게 하다, 땅을 고르다; 설명하다

explicable 엑스쁠리까블레
- 형 설명할 수 있는

explicación 엑스쁠리까시온
- 여 설명, 해설; 강의, 수업

explicar 엑스쁠리까르
- 타 설명하다, 해설하다; 가르치다
- *explicarse* 상대에게 잘 설명하다; 이해되다, 납득이 가다; 설명되다

explicativo, va 엑스쁠리까띠보, 바
- 형 설명하는, 설명적인

explicatorio, ria 엑스쁠리까또리오, 리아
- 형 설명하는, 설명적인

explicitar 엑스쁠리시따르
- 타 명시하다

explícito, ta 엑스쁠리시또, 따
- 형 명시된, 뚜렷한

exploración 엑스쁠로라시온
- 여 탐험, 답사; 탐사; 탐구; 정찰

explorador, ra 엑스쁠로라도르, 라
- 형 탐험의; 탐사의; 정찰의
- avión *explorador* 정찰기
- 남 여 탐험가; 보이스카우트; 정찰병

explorar 엑스쁠로라르
- 타 탐험하다; 답사하다; 조사하다;[의학] (정밀) 검사하다; 정찰하다

explosión
엑스쁠로시온
여 폭발; 폭발음
explosión atómica [nuclear] 핵폭발

explosionar
엑스쁠로시오나르
타 폭발시키다
자 폭발되다

explosivo, va
엑스쁠로시보, 바
형 폭발(성)의; 폭발적인; 파열음의
materiales *explosivos* 폭발물
남 폭약, 폭발물
여 [언어] 파열음

explotable
엑스쁠로따블레
형 개발할 수 있는

explotación
엑스쁠로따시온
여 개발, 개척; 채굴; 영업, 경영; 착취

explotador, ra
엑스쁠로따도르, 라
형 경영하는; 착취하는
남 여 경영자; 착취자

explotar
엑스쁠로따르
자 폭발하다
타 개척[개발]하다; 채굴하다; 영업하다; 착취하다; 악용하다
explotar la tierra 토지를 개척하다
explotar los bosques 산림을 개발하다

expoliar
엑스뽈리아르
타 약탈하다, 강탈하다

expolio
엑스뽈리오
남 약탈, 강탈; 약탈품

exponente
엑스뽀넨떼
남 (판단의) 근거; [수학] 지수

exponer
엑스뽀네르
타 전시하다, 진열하다; 표명하다; 진술하다; (신자에게 성체를) 현시하다
자 (예술가가) 출품하다
exponerse 몸을 드러내놓다

exportable
엑스뽀르따블레
형 수출할 수 있는

exportación
엑스뽀르따시온
여 수출 (반 importación); 수출품
exportación de tecnología 기술 수출

exportador, ra 엑스뽀르따도르, 라
- 형 수출의
compañía *exportadora* 수출 회사
- 남 여 수출 업자

exportar 엑스뽀르따르
- 타 수출하다 (반 importar)

exposición 엑스뽀시시온
- 여 전람회, 전시회; 전시, 진열; [사진]노출; 논술, 설명
exposición de pintura
회화전
sala [salón] de *exposición*
전시실, 전시회장

exposímetro 엑스뽀시메뜨로
- 남 [사진] 노출계

expositivo, va 엑스뽀시띠보, 바
- 형 설명적인

expositor, ra 엑스뽀시또르, 라
- 남 여 출품자; 설명자, 해설자; 강연자

exprés 엑스쁘레스
- 형 특급의
tren *exprés* 특급 열차
- 남 에스프레스 커피; [표시] 속달

expresar 엑스쁘레사르
- 타 표현하다, 표하다, 술회하다
expresar su opinión 의견을 말하다
expresarse 자기의 생각을 말하다

expresión 엑스쁘레시온
- 여 표현; 어구; 표정; [수학] 식(式)
medio de *expresión*
표현 수단

expresionismo 엑스쁘레시오니스모
- 남 표현주의

expresionista 엑스쁘레시오니스따
- 형 표현주의의
- 남 여 표현주의자

expresivo, va 엑스쁘레시보, 바
- 형 표현력이 풍부한, 의미 심장한

exprimidor 엑스쁘리미도르
- 남 (과일·세탁물을) 짜는 기계

exprimir 엑스쁘리미르
- 타 (과일 등을) 짜다; 착취하다

expuesto, ta 엑스뿌에스또, 따	형 설명된, 모두 들어난; 위험한
expulsar 엑스뿔사르	타 추방하다, 몰아내다; 배출하다
expulsión 엑스뿔시온	여 추방, 강제 퇴거; 배출; 퇴장
exquisito, ta 엑스끼시또, 따	형 훌륭한, 세련된; 맛이 좋은; 감미로운 plato *exquisito* 맛있는 요리 ¡Qué *exquisito*! 맛이 기가 막히군요!
éxtasis 엑스따시스	남 황홀(경), 무아경
extasiarse 엑스따시아르세	((재귀)) 황홀경에 빠지다
extático, ca 엑스따띠꼬, 까	형 황홀 상태의
extender 엑스뗀데르	타 넓히다, 확장하다, 펼치다; 발행하다 *extender* un pañuelo 손수건을 펴다 ***extenderse*** 퍼지다, 번지다, 유포되다
extensión 엑스뗀시온	여 확장; 면적; 확대; 연장; [전화] 내선
extensivo, va 엑스뗀시보, 바	형 넓은, 광대한; 대규모의
extenso, sa 엑스뗀소, 사	형 넓은, 광대한
exterior 엑스떼리오르	형 외부의, 바깥의; 대외적인; 외면적인 aspecto *exterior* 외견, 외관 deporte *exterior* 옥외 스포츠 남 외부, 바깥; 외견; 외국 noticias del *exterior* 해외 뉴스
exteriormente 엑스떼리오르멘떼	부 외부는; 외견은
exterioridad 엑스떼리오리닫	여 외견, 외관; (감정의) 표출
exterminación 엑스떼르미나시온	여 근절, 소탕

exterminar 엑스떼르미나르	타 근절하다, 소탕하다
exterminio 엑스떼르미니오	남 근절, 절멸(絶滅)
externado 엑스떼르나도	남 (기숙생에 대한) 통학생
externamente 엑스떼르나멘떼	부 내면적으로
externo, na 엑스떼르노, 나	형 바깥의, 외부의(exterior) (반 interior); 외국의; 통학생의 남여 통학생
extinción 엑스띤시온	여 근절; 소화(消火); [법률] 소멸, 실효
extinguidor 엑스띵기도르	남 ((중남미)) 소화기(消火器)(extintor)
extinguir 엑스띵기르	타 (종을) 절멸시키다; 근절시키다; (불을) 끄다; [법률] 실효하다 *extinguirse* 절멸되다, 근절되다; 꺼지다; 실효되다
extinto, ta 엑스띤또, 따	형 절멸된; (불 등이) 꺼진
extintor, ra 엑스띤또르, 라	형 소화(消火)의 manguera *extintora* 소화 호스 남 소화기(*extintor* de incendios)
extirpación 엑스띠르빠시온	여 근절; 적출(摘出)
extirpador, ra 엑스띠르빠도르, 라	형 뿌리를 뽑는 남 제초기
extirpar 엑스띠르빠르	타 뿌리째 뽑다, 근절시키다
extra 엑스뜨라	형 극상(極上)의, 특별한; 임시의 de tamaño *extra* 특대 크기의 tren *extra* 임시 열차 Este vino está *extra*. 이 포도주는 극상이다. 남여 [영화] 엑스트라

extracción

남 임시 증간, 호외
여 특별 수당, 보너스(paga *extra*)

extracción 엑스뜨락시온
여 뽑아내기, 추출; 발췌; 채굴

extractar 엑스뜨락따르
타 (문장 일부를) 발췌하다; 요약하다

extracto 엑스뜨락또
남 발췌, 요약; 추출물

extractor, ra 엑스뜨락또르, 라
형 추출하는
dispositivo *extractor* 추출기

extracurricular 엑스뜨라꾸리꿀라르
형 교과 과정외의, 과외의

extradición 엑스뜨라디시온
여 (범인의) 인도, 송환

extraditar 엑스뜨라디따르
타 (범인을) 인도하다

extraer 엑스뜨라에르
타 뽑다, 빼내다; 채취하다, 채굴하다
extraer una muela 어금니를 뽑다

extraescolar 엑스뜨라에스꼴라르
형 교외의
actividad *extraescolar* 교외 활동

extramarital 엑스뜨라마리딸
형 혼외 성교의

extramatrimonial 엑스뜨라마뜨리모니알
형 혼외(婚外)의

extranjería 엑스뜨랑헤리아
여 외국인으로 있는 일; 외국인 법적 지위
ley de *extranjería* 외국인 등록법

extranjerismo 엑스뜨랑헤리스모
남 외래어; 외국 숭배

extranjero, ra 엑스뜨랑헤로, 라
형 외국의
coche *extranjero* 외제 자동차
trabajador *extranjero* 외국인 노동자
남 여 외국인(外國人)
casarse con una *extranjera*
외국 여자와 결혼하다
남 외국(país *extranjero*)
ir a estudiar al *extranjero*

외국에 유학하다
viajar por el *extranjero*
외국을 여행하다

extrañar
엑스뜨라냐르
타 이상하게 생각하다; 놀라게 하다; …에 익숙하지 않다; 국외로 추방하다; (…이 없는 것을) 서운하게 생각하다
extrañarse
기이하게 생각하다; 놀라다

extrañeza
엑스뜨라녜사
여 기묘함; 기묘한 것

extraño, ña
엑스뜨라뇨, 냐
형 기묘한, 보통이 아닌; 관계가 없는; 미지(未知)의

extraordinariamente
엑스뜨라오르디나리아멘떼
부 유별나게, 뛰어나게; 보통 이상으로

extraordinario, ria
엑스뜨라오르디나리오, 아
형 유별난, 뛰어난, 보통 이상인, 비범한; 임시의, 특별한
talento *extraordinario* 비범한 재능
tren *extraordinario* 임시 열차
남 특별 요리; (신문의) 특별판, 호외

extraterrestre
엑스뜨라떼르레스뜨레
형 지구외의
남 여 외계인

extraterritorialidad
엑스뜨라떼르리또리알리닫
여 치외법권(治外法權)

extravagancia
엑스뜨라바간시아
여 무법, 불법 행위; 상식에서 벗어난 언동

extravagante
엑스뜨라바간떼
형 남 여 상식에서 벗어난 (사람), 엉뚱한 (사람); 괴짜

extraversión
엑스뜨라베르시온
여 외향성(外向性)

extravertido, da
엑스뜨라베르띠도, 다
형 남 여 외향성의 (사람)

extraviar
엑스뜨라비아르
타 길을 잘못 들게 하다; 길을 잃게 하다; 물건을 잃어 버리다[놓고 오다]
extraviarse 탈선하다; 길을 잃다

extravío
엑스뜨라비오
남 분실; 빗나감; 탈선

extremidad
엑스뜨레미닫
여 끝, 앞쪽의 끝
여 복 손발, 사지(四肢), 수족

extremismo
엑스뜨레미스모
남 과격주의

extremista
엑스뜨레미스따
형 과격주의의, 과격파의
남 여 과격론자, 과격파

extremo, ma
엑스뜨레모, 마
형 (맨)끝의; 극도의; 극단의, 과격한
asiento *extremo* 맨끝 자리
extrema pobreza 극도의 빈곤
남 끝; 극단; 정점; 복 극단적인 수단 [표현법]; 논점; [수학] 외항

exultación
엑술따시온
여 환희(歡喜)

exultar
엑술따르
자 몹시 기뻐하다, 기뻐 날뛰다

eyaculación
에야꿀라시온
여 [생리] 사정(射精)
eyaculación precoz 조루(早漏)

eyacular
에야꿀라르
타 [생리] 사정하다

eyección
에옉시온
여 배출, 분출; [항공] 파일럿의 사출

eyectable
에옉따블레
형 배출[사출]할 수 있는
asiento *eyectable*
[항공] 사출 좌석, 긴급 탈출 장치

eyectar
에옉따르
타 배출하다, 사출하다
eyectarse 사출 좌석에서 탈출하다

eyector
에옉또르
남 배출[사출] 장치
eyector de aire 배기 장치

F

f
에페
여 에페 ((스페인 자모의 일곱 번째 문자))

fa
파
남 단복 [음악] 파 ((음계의 넷째 음)); 바(F)음의 이탈리아 이름
clave de *fa* 파음 기호

FAB
프랑꼬 아 보르도
((약어)) franco a bordo
본선 갑판도 가격

fábrica
파브리까
여 공장; 돌[기와] 건조물
fábrica de aceite 기름 공장
fábrica de siderúrgica 제강소(製鋼所)
trabajar en una *fábrica* 공장에서 일하다

fabricación
파브리까시온
여 제조, 생산
fabricación de automóviles 자동차 제조
fabricación defectuosa 결함 제품
fabricación nacional 국산

fabricante
파브리깐떼
형 제조하는
남여 제조 업자

fabricar
파브리까르
타 제조하다; 건조하다
fabricar neumáticos 타이어를 생산하다

fabril
파브릴
형 제조(업)의
industria *fabril* 제조업

fábula
파불라
여 우화(寓話); 우화시(寓話詩)
fábula de Esopo 이솝 우화
colección de *fábulas* 우화집

fabular
파불라르
자 타 꾸며낸 이야기를 하다

fabulista
파불리스따
남여 우화 작가

fabuloso, sa
파불로소, 사
형 공상상의, 공상적인; 터무니없는

memoria *fabulosa* 경이적인 기억력

facción
팍시온
여 용모, 얼굴 모습[생김새]; 파벌
facciones nobles 고귀한 용모
lucha entre *facciones* 파벌 싸움

faccioso, sa
팍시오소, 사
형 당파의, 당파적인

faceta
파세따
여 (일의) 면(面); (다면체의) 면; (보석의) 잘린 면

facha
파차
여 용자(容姿), 용모와 자태

fachada
파차다
여 (건물의) 바깥 면; (특히) 정면

fachado, da
파차도, 다
형 bien [mal] *fachado*
용모[외견]가 좋은 [나쁜]

facial
파시알
형 안면(顔面)의
남 (통화 등의) 표시[액면] 가격

facies
파시에스
여 단 복 면모; (지층의) 상(相)

fácil
파실
형 쉬운, 용이한 (반 difícil); 안락한; 솔직한
trabajo *fácil* 쉬운 일, 간단한 일
Criticar es *fácil*. 비평하기란 쉽다.

***fácil de* + 동사 원형**
...하기 쉬운, 손쉽게 ...하는
problema *fácil de* resolver
쉽게 해결할 수 있는 문제
Su nombre no es *fácil de* recordar.
그의 이름은 기억하기가 쉽지 않다.
Ella es *fácil de* creer.
그녀는 쉽게 믿어 버린다.

***ser fácil que* + 접속법**
...하는 것은 간단하다[쉽다]
Era fácil que consiguiera él el permiso.
그가 허가서를 입수하는 일은 간단했다.

부 쉽게, 용이하게(fácilmente)

fado

facilidad
파실리닫
여 용이함; 능력, 재능; 편의
con *facilidad* 쉽게, 용이하게

facilitación
파실리따시온
여 쉽게 하는 것; (편의) 제공

facilitar
파실리따르
여 용이하게 하다; 제공하다; …의 편의를주다

fácilmente
파실멘떼
부 쉽게, 용이하게 (반 difícilmente)
enojarse *fácilmente* 쉽게 화내다

facsímil(e)
팍시밀(레)
남 복사, 복제; 사진 전송, 팩스

factor
팍또르
남 요인; [수학] 인수; [물리] 계수, 율
factor decisivo 결정적 요인
factor común [수학] 공통 인수

factorial
팍또리알
형 인수의
여(남) [수학] 계승(階乘)

factorización
팍또리사시온
여 인수 분해

factorizar
팍또리사르
타 인수 분해하다

factura
팍뚜라
여 청구서, 계산서; [상업] 송장, 인보이스
factura consular 영사 송장

facturación
팍뚜라시온
여 송장 작성; 매상고

facturar
팍뚜라르
타 (요금 등을) 청구하다; 송장을 작성하다, 송장에 기입하다

facultad
파꿀딷
여 능력, 기능; 재능, 천분; 권한; 자격; (대학의) 단과 대학 ((기관, 건물)); 학부
facultad de pensar 사고 능력
Facultad de Medicina 의과 대학

facultar
파꿀따르
타 허가를 …에게 주다

facultativo, va
파꿀따띠보, 바
형 임의의; 대학의; 전문직의; 의사의

fado
파도
남 파두 ((포르투갈의 민요))

faena 파에나	여 (육체적) 노동, 작업; [투우] 주투우사 (matador)의 묘기 *faenas* del campo 밭일
fagot 파곳	남 [악기] 파곳, 바순 남여 파곳 연주자
faisán 파이산	남 [조류] 수꿩, 장끼
faisana 파이사나	여 [조류] 암꿩, 까투리
faja 파하	여 끈, 띠; 코르셋; 지대(地帶)
fajo 파호	남 다발, 묶음, 속(束)
falda 팔다	여 스커트, 치마; 옷자락; 무릎; 산기슭 여복 (남성들에 대해) 여성(들)
fallecer 파예세르	자 사망하다, 서거하다
fallecido, da 파예시도, 다	형 사망한 남여 고인(故人)
fallecimiento 파예시미엔또	남 사망, 서거
fallido, da 파이도, 다	형 실패한, 기대에 반한; [상업] 회수할 수 없는; 신용이 없는 남여 파산자, 도산자 남 파산
fallo 파요	남 재결, 판결; 결함; 실패
falseador, ra 팔세아도르, 라	형 거짓말 잘 하는; 위조하는 남여 거짓말쟁이; 위조자
falseamiento 팔세아미엔또	남 왜곡; 속임수, 거짓
falsear 팔세아르	타 거짓말하다, 속이다; 위조하다
falsedad 팔세닫	여 허위; 위조

falsificación
팔시피까시온
여 위조; 위조품

falsificador, ra
팔시피까도르, 라
남 여 위조자

falsificar
팔시피까르
타 위조하다; 변조하다
falsificar moneda 화폐를 위조하다
falsificar documentos oficiales
공문서를 위조하다

falso, sa
팔소, 사
형 거짓의, 허위의; 위조의, 모조의;
billete *falso* 위폐(僞幣)
diente *falso* 의치(義齒)
perla *falsa* 모조 진주

falta
팔따
여 부족, 결여; 부재; 결석, 결근; 결점, 결함; 잘못, 틀림, 실수, 과실; 반칙, 파울; 무월경(無月經)
falta de tiempo 시간 부족
falta grave 중대한 실수
persona sin *faltas* 결점 없는 사람
hacer falta 필요하다
Hacen *falta* diez obreros aquí.
여기서는 노동자가 10명 필요하다.
Tú me *haces* mucha *falta*.
당신은 나에게 무척 필요하다.

faltar
팔따르
자 ...가 없다, 부족하다; 거리가 아직 남아 있다; 결석하다, 결근하다; 어기다, 태만히 하다; 결함이 있다
Falta dinero de la caja.
금고의 돈이 부족하다.
Me *falta* dinero.
나에게는 돈이 없다.
Faltan ochos días para Navidad.
크리스마스까지는 일주일 남았다.

falto, ta
팔또, 따
형 [+de] (...이) 없는, ...을 필요로 하는
Estoy *falto* de recursos.
나는 자금이 부족하다.

fama
파마

여 명성; 평판
adquirir [ganar] buena *fama*
명성을 얻다[떨치다]
echarse mala *fama* 악평을 받다
tener buena [mala] *fama*
평판이 좋다[나쁘다]

familia
파밀리아

여 가족, 가정; 처자(妻子), 아이; 친족, 일족; 집단; [언어] 어족; [생물] 과(科)
familia nuclear 핵가족
familia numerosa 대가족
cabeza de *familia* 가장(家長)
abandonar a *su familia* 가족을 버리다
formar una *familia* 가정을 이루다
tener mucha *familia* 아이가 많다
¿Cuántos son ustedes en *familia*?
–Somos cuatro (en familia).
가족은 몇 명입니까? – 넷입니다.
Recuerdos a su *familia*.
–Igualmente.
가족 여러분께 안부 전하십시오.
–당신도.

familiar
파밀리아르

형 가족의, 가정의
circunstancias *familiares* 가족 상황
vida *familiar* 가정 생활
남 여 친척(pariente)

famoso, sa
파모소, 사

형 유명한, 저명한; 화제의
escritor *famoso* 저명한 작가
marca *famosa* 유명한 상표
ser *famoso* por ...로 유명하다
남 여 저명 인사, 유명 인사

fan
판

남 여 (가수 등의) 팬
fan de la ópera 오페라 팬

fanático, ca
파나띠꼬, 까

형 열광적인, 광신적인
남 여 광신자; 팬

fanatismo 파나띠스모	남 열광; 광신(적 행위)
fango 팡고	남 진흙, 진창
fangoso, sa 팡고소, 사	형 진흙투성이의, 질척거리는
fantasía 판따시아	여 공상, 환상, 상상; 공상력; [음악] 환상곡
fantasioso, sa 판따시오소, 사	형 공상적인
fantasma 판따스마	남 혼령; 환영(幻影), 환각
fantástico, ca 판따스띠꼬, 까	형 공상의, 환상적인; 훌륭한, 멋진
faraón 파라온	남 파라오 ((고대 이집트의 왕))
fardel 파르델	남 포대
fardo 파르도	남 (주로 의류의) 보따리
faringe 파링헤	여 [해부] 인두(咽頭)
faríngeo, a 파링헤오, 아	형 [해부] 인두의
faringitis 파링히띠스	여 [의학] 인두염
farmaceuta 파르마세우따	남 여 ((중남미)) 약제사
farmacéutico, ca 파르마세우띠꼬, 까	형 제약의, 조제의; 약학의 남 여 약제사
farmacia 파르마시아	여 약국, 조제실; 약학 estudiar *farmacia* 약학을 공부하다
fármaco 파르마꼬	남 의약품, 약제(藥劑)
faro 파로	남 등대; (자동차 등의) 헤드라이트; 조명등

farol
파롤
남 가로등; (집의) 외등

farola
파롤라
여 가로등; 가스등; 등대(faro)

farsa
파르사
여 소극(笑劇) ((중세 희극의 한 장르)); 익살극

fascinación
파시나시온
여 매혹, 매료

fasciador, ra
파시나도르, 라
형 매혹적인

fascinante
파시난떼
형 매혹적인

fascinar
파시나르
타 매혹시키다
fascinarse 매료되다

fascismo
파시스모
남 파시즘

fascista
파시스따
형 파시즘의, 파시스트의
남 여 파시스트

fase
파세
여 단계, 국면; [천문] 양상, 위상; [전기] 상(相), 위상; [화학] 상(相)

fastidiado, da
파스띠디아도, 다
형 아픈, 병약한

fastidiar
파스띠디아르
타 불쾌하게 하다; 귀찮게 하다; 괴롭히다
fastidiarse
불쾌하다, 따분해지다, 진저리가 나다

fastidio
파스띠디오
남 불쾌, 귀찮음; 지루함, 무료함

fastidioso, sa
파스띠디오소, 사
형 불쾌한, 싫증이 난, 물린, 신물이 난

fatal
파딸
형 숙명적인, 불가피한; 치명적인; 불운한, 불행한

fatalidad
파딸리닫
여 숙명, 인과, 불가피성; 불운, 불행

fatalmente
파딸멘떼
부 불가피하게, 운 나쁘게

fatalismo
파딸리스모
남 숙명론, 운명론

fatiga
파띠가
여 피로(疲勞)
síndrome de *fatiga* crónica
만성 피로 증후군

fatigar
파띠가르
타 피로하게 만들다
fatigarse 피로하다(cansarse)

fauna
파우나
여 (한 지방·시대의) 동물군(群)[상(相)]

fauvismo
파우비스모
남 [미술] 포비즘, 야수파, 야수주의

fauvista
파우비스따
형 야수파의
남 여 야수파 화가

favor
파보르
남 은혜, 친절(한 행위); 호의; 애호
a favor de
...의 덕분으로; ...에 유리한; ...(앞으로)의[에],
...을 수취인[수익자]로 한
librar un cheque *a favor de* A
A 앞으로 수표를 발행하다
testimoniar *a favor de* uno
...에게 유리한 증언을 하다
votar *a favor de* uno
...에게 찬성표를 던지다
de favor 우대(優待)의
pase *de favor* 우대 패스
billete *de favor* 무료 입장권
en favor de ...의 이익을 위해, ...에게 유리
하게; ...에 찬성하여
obrar *en favor del* público
민중의 이익을 위해 행동하다
por favor 부디, 아무쪼록, 제발
Espere un momento, *por favor*.
Por favor, espere un momento.
부디 잠깐만 기다려 주십시오.
Al aeropuerto, *por favor*.
(택시에서) 공항까지 가십시다.

El señor Kim, *por favor*.
(전화 등에서) 김 선생 부탁합니다.

favorable
파보라블레
형 형편이 좋은, 안성맞춤의; 유리한; 호의적인, 찬성의

favorablemente
파보라블레멘떼
부 안성맞춤으로, 호의적으로

favorecedor, ra
파보레세도르, 라
형 유리한, 호의적인
남 여 고객

favorecer
파보레세르
타 유리하게 하다; …에 안성맞춤이다
favorecerse de …을 이용하다

favorito, ta
파보리또, 따
형 총애를 받은, 마음에 든
남 여 (경기의) 우승 후보; (경륜·경마의) 우승 후보 선수[말]

fax
팍스
남 단 복 팩스 ((telefax의 생략어))

faxear
팍세아르
타 팩스로 보내다

faz
파스
여 얼굴; (화폐·천 등의) 겉쪽, 정면 쪽
복 faces

fe
페
여 신용, 신뢰(성); 신앙; 신봉; 증명(서)
tener *fe* en …를 믿다[신임하다]

fealdad
페알닫
여 추함; 비열함

feamente
페아멘떼
부 비겁하게, 비열하게

febrero
페브레로
남 2월

febrífugo, ga
페브리푸고, 가
형 해열(解熱)의
남 해열제

febril
페브릴
형 열(fiebre)의, 발열에 의한; 격렬한

fecha
페차
여 날짜; …일간(日間); 복 시기(時期)
fecha de vencimiento 만기일
carta de [con] *fecha* 15 de enero
1월 15일자 편지

fechador
페차도르
남 일부인(日附印), 날짜 스탬프

fechar
페차르
타 ...에 날짜를 적어 넣다

fécula
페꿀라
여 전분(澱粉)

fecundación
페꾼다시온
여 수태, 수정
fecundación artificial 인공 수정

fecundar
페꾼다르
타 수태[수정]시키다; 다산하게 하다, 번식시키다

fecundidad
페꾼디닫
여 수태 능력, 생식력; 비옥함

fecundizar
페꾼디사르
타 (토지 등을) 비옥하게 하다

fecundo, da
페꾼도, 다
형 생식력이 있는, 다산의; 다작(多作)의

federación
페데라시온
타 연방; 연합, 연맹
federación de fútbol 축구 연맹

federal
페데랄
형 연방(제)의; 연맹의
남 여 연방주의자

federalismo
페데랄리스모
남 연방주의, 연방 제도

federalista
페데랄리스따
형 연방주의; 연방제의
남 여 연방주의자

federar
페데라르
타 연방(제)로 하다; 연합시키다
federarse 연합[연맹]에 가입하다

federativo, va
페데라띠보, 바
형 연방(제)의
gobierno *federativo* 연방 정부

felicidad
펠리시닫
여 행복, 행운
¡*Felicidades*! 축하합니다 ((생일·크리스마스·성공 등에 대해; enhorabuena는 성공에 대해))

felicitación
펠리시따시온
여 축하; 축하장; 복 축의, 축사

felicitar
펠리시따르

타 (생일 등을) 축하하다; 축사를 하다
felicitar el Año Nuevo [las Navidades]
신년[크리스마스]을 축하하다
¡Te *felicito!* 축하한다!
Le *felicito por* su cumpleaños.
귀하의 생일을 축하합니다.

feliz
펠리스

형 행복한, 행운의
vida *feliz* 행복한 생활
¡*Feliz* Año Nuevo!
새해 복 많이 받으세요.
¡*Feliz* cumpleaños!
생일을 축하합니다.
¡*Feliz* Navidad!
즐거운 크리스마스가 되십시오.
¡*Feliz* viaje!
즐거운 여행이 되길 빕니다.

felizmente
펠리스멘떼

부 행복하게; 무사히

femenil
페메닐

형 여자다운; [운동] 여성의

femenino, na
페메니노, 나

형 여성의, 여성적인; [생물] 암컷의; [문법] 여성(형)의
belleza *femenina* 여성미
nombre *femenino* 여성 명사
남 [문법] 여성형

feminidad
페미니닫

여 여성다움; (남성의) 여성화

feminismo
페미니스모

남 여성 해방 운동

feminista
페미니스따

형 여성 해방의
남여 여성 해방주의자

femoral
페모랄

형 [해부] 대퇴의

fémur
페무르

남 [해부] 대퇴골

fenecer
페네세르
- 타 끝마치다, 끝내다
- 자 죽다; (기간이) 끝나다

fenecimiento
페네시미엔또
- 남 종결; 사망

fenicio, cia
페니시오, 시아
- 형 남 여 페니키아(Fenicia)의 (사람)

fénix
페닉스
- 남 [신화] 불사조

fenomental
페노멘딸
- 형 (자연) 현상의; 놀라운, 경이적인

fenomentalismo
페노멘딸리스모
- 남 [철학] 현상론

fenómeno
페노메노
- 남 현상; 경이적인 것[사람]; 괴물

feo, a
페오, 아
- 형 못생긴, 추한 (반 hermoso); 비열한
  cara *fea* 못생긴 얼굴
- 남 여 못생긴 사람

feria
페리아
- 여 (1년에 한 번의) 시장, 정기 시장; 품평회; [종교] (토요일과 일요일을 제외한) 평일
  feria de ganado 가축 품평회
  feria de libros 서적 (견본) 시장
  feria internacional 국제 견본시(장)

feriado
페리아도
- 남 휴일; ((남미)) 축제일(día feriado)

fermentable
페르멘따블레
- 형 발효성의

fermentación
페르멘따시온
- 여 발효(醱酵)

fermentar
페르멘따르
- 타 발효시키다
- 자 발효되다; 양조되다

fermento
페르멘또
- 남 효소(酵素); 유인

ferocidad
페로시닫
- 여 잔인함, 흉포함, 사나움; 맹렬함

feroz
페로스
- 형 잔인한, 흉포한, 사나운; 맹렬한

ferozmente
페로스멘떼
부 잔인하게, 흉포하게, 사납게

férreo, a
페르레오, 아
형 철(鐵)의; (의지 등이) 굳은; 엄격한
vía [línea] *férrea* 철도

ferrería
페르레리아
여 대장간; 복 제철소

ferretería
페르레떼리아
여 철물점

ferretero, ra
페르레떼로, 라
남 여 철물점 주인[점원]

ferrocarril
페르로까르릴
남 철도
accidente de *ferrocarril* 철도 사고
oficial [empleo] de *ferrecarril* 철도원
viajar por *ferrocarril* 기차로 여행하다

ferroviario, ria
페르로비아리오, 리아
형 철도의

fértil
페르띨
형 비옥한 (반 ); 풍부한
tierra *fértil* 비옥한 토지

fertilidad
페르띨리닫
여 비옥함; 풍부함, 풍요로운

fertilización
페르띨리사시온
여 비옥하게 함; 풍요롭게 함

fertilizante
페르띨리산떼
남 비료(abono)
fertilizante químico 화학 비료

fertilizar
페르띨리사르
타 …에 비료를 주다; 비옥하게 하다

ferviente
페르비엔떼
형 열렬한, 열심의

fervor
페르보르
남 열의, 정열; 열광

fervoroso, sa
페르보로소, 사
형 열렬한, 열광적인

festejar
페스떼하르
타 극진히 대접하다, 환대하다; 축하하다
festejarse 향연을 열다

festejo
페스떼호
남 환대, 접대; 구애; 복 (공식의) 축하 행사

fichaje

festivo, va 페스띠보, 바
혱 축제의, 잔치의, 제전의; 유쾌한
día *festivo* 국경일, 휴일

fetal 페딸
혱 태아(feto)의

feto 페또
남 태아(胎兒)

feudal 페우달
혱 봉건제의, 봉건적인

feudo 페우도
남 봉토(封土), 영지(領地)

fiabilidad 피아빌리닫
여 신용도, 신뢰성

fiable 피아블레
혱 신뢰할 수 있는

fiado, da 피아도, 다
혱 외상 판매의
vender al *fiado* 외상 판매하다

fiador, ra 피아도르, 라
남여 보증인

fiambre 피암브레
남 [요리] 냉육 ((햄, 소시지 등))

fianza 피안사
여 보증금; 보석금

fiar 피아르
타 외상 판매하다; 보증하다

fibra 피브라
여 섬유(纖維)
fibra animal 동물 섬유
fibra vegetal 식물 섬유
fibra óptica 광(光)섬유

ficción 픽시온
여 공상; 허구; [문학] 소설

ficha 피차
여 (분류·자료용의) 카드; (화폐 대신의) 코인; 패, 찰(札); [운동] 선수 계약; (선수의) 연봉

fichaje 피차헤
남 [운동] 계약(금)

fichar 피차르	타 카드에 기재하다, (카드를) 분류[정리]하다; (선수와) 계약을 맺다
fichero 피체로	남 카드 상자; 색인[자료] 카드; 파일
ficticio, cia 픽띠시오, 시아	형 허구의, 가공의; 명목상의 *personaje* ficticia 가공 인물
fideicomiso 피데이꼬미소	남 신탁 (처분); 신탁 통치
fideicomitente 피데이꼬미뗀떼	남 여 신탁자
fidelidad 피델리닫	여 충실, 성실; 충실도, 성능
fideo 피데오	남 피데오((밀가루와 달걀로 만든 수프용 국수))
fiebre 피에브레	여 (병에 의한) 열; 열병; 열광, 흥분
fiel 피엘	형 충실한, 성실한; 정확한 남 여 신자, 신도
fiera 피에라	여 맹수; 잔인한 사람 남 여 걸출한 사람
fiero, ra 피에로, 라	형 사나운, 흉포한; 잔인한, 냉혹한
fiesta 피에스따	여 파티, 연회; 국경일
FIFA 피파	여 ((약어)) 국제 축구 연맹
fígaro 피가로	남 이발사(barbero)
figura 피구라	여 모습, 자태, 생김새; 형(形); 인물, 거물; 도형, 모양; [무용·운동] 피겨
figurar 피구라르	타 (모양으로) 나타내다, 묘사하다, 표현하다 자 (리스트 등에) 기재되어 있다; 참가하다; 중요한 역할을 하다 *figurarse* 상상하다, …라 생각하다

figurativismo 피구라띠비스모
남 [미술] 구상주의

figurativo, va 피구라띠보, 바
형 [미술] 구상(파)의

fijación 피하시온
여 고정; 정착; 결정; 편집, 강박 관념

fijado, da 피하도, 다
형 고정된
남 [사진·회화] 정착(定着)

fijador, ra 피하도르, 라
형 고정시키는
남 [사진·회화] 정착제

fijar 피하르
타 고정시키다, 장치하다, 설치하다; [주거·날짜 등을] 정하다, 결정하다; (시선등을) 집중시키다; [사진·회화] 정착하다
fijar un armario a la pared
벽에 옷장을 고정시키다
fijarse 고정되다, 정착하다; 주목하다

fijo, ja 피호, 하
형 고정된, 일정한
cliente *fijo* 고정 손님
colocación *fija* 일정한 직업
sueldo *fijo* 고정급(固定給)

fila 필라
여 열, 대열; 반감, 증오
ponerse en *fila* 열을 짓다, 늘어서다

filamento 필라멘또
남 가는 실; (동식물의) 섬유; (전구의) 필라멘트

filamentoso, sa 필라멘또소, 사
형 섬유질의

filantropía 필란뜨로뻬아
여 박애, 자선

filantrópico, ca 필란뜨로뻬꼬, 까
형 박애(주의)의, 자선의

filarmonía 필라르모니아
여 음악 애호

filarmónico, ca 필라르모니꼬, 까
형 음악을 좋아하는
남 여 음악 애호가
여 교향악단

filatelia
필라뗄리아
여 우표 수집[연구]

filatélico, ca
필라뗄리꼬, 까
형 우표 수집[연구]의
남 여 우표 수집가[연구가]

filatelista
필라뗄리스따
형 남 여 =**filatélico**

filete
필레떼
남 [요리] 소·돼지의 등심살; (고기·생선의) 토막; (엷은) 비프스테이크

filial
필리알
형 자식의, 자식으로서의
afección *filial* 자식의 애정
escuela *filial* 분교(分校)
obligación *filial* 자식으로서의 의무

filipino, na
필리삐노, 나
형 필리핀(인)의
남 여 필리핀 사람

film
필름
남 =**filme**

filmación
필마시온
여 영화 촬영[제작]

filmador, ra
필마도르, 라
형 촬영의
máquina *filmadora* 촬영기
남 여 카메라맨
여 ((남미)) 소형 촬영기

filmar
필마르
타 촬영하다

filme
필메
형 영화(película)
filme coreano 한국 영화
filme musical 뮤지컬 영화

fílmico, ca
필미꼬, 까
형 영화의

filo
필로
남 칼날

filosofía
필로소피아
여 철학; 인생관, 세계관

filosófico, ca
필로소피꼬, 까
형 철학의, 철학적인

filósofo, fa
필로소포, 파
남 여 철학자; 철인(哲人)

filtración
필뜨라시온
여 여과, 침투

filtrador, ra
필뜨라도르, 라
형 여과하는
남 여과기, 여과 장치

filtrar
필뜨라르
타 여과하다, 거르다
자 스미다, 번지다
filtrarse 번지다, 스며들다

filtro
필뜨로
남 필터, 여과기, 여과 장치

fin
핀
남 끝; 목적
fin de mes 월말
fin de semana 주말
conseguir el *fin* 목적을 달성하다
por fin 드디어, 마침내, 결국, 끝내
Por fin llegué a la cima.
마침내 나는 정상에 도착했다.
sin fin 무수한; 끝없는, 한없는
espacio *sin fin* 무한한 공간
Aquí hay tiendas *sin fin*.
이곳에는 수많은 가게가 있다.

finado, da
피나도, 다
남 여 고인(故人)

final
피날
형 최후의, 최종의; 최종적인
남 끝(fin)
여 [운동] 결승전
al final 드디어, 결국, 마침내, 최후에(는)

finalidad
피날리닫
여 목적, 의도

finalista
피날리스따
형 남 여 결승전에 진출한 (사람)
equipo *finalista* 결승 진출팀

finalización
피날리사시온
여 끝, 종료

finalizar
피날리사르
타 끝내다, 끝마치다
자 끝나다

finalmente
피날멘떼
부 드디어, 마침내, 결국

financiación
피난시아시온
여 융자, 자금 조달

financiador, ra
피난시아도르, 라
남 여 출자자

financiamiento
피난시아미엔또
남 =financiación

financiar
피난시아르
타 …에 융자[출자]하다

financiero, ra
피난시에로, 라
형 재정의, 금융의
남 여 재계인; 금융업자
여 금융[투자] 회사

financista
피난시스따
남 여 ((중남미))=financiero

finanzas
피난사스
여 복 재정, 재무; 금융; 금융계, 재계

finar
피나르
자 (사람이) 죽다

finés, nesa
피네스, 네사
형 핀란드(인·어)의
남 여 핀란드인
남 핀란드어

fineza
피네사
여 정교함, 치밀함; 섬세함; 고상함

fingido, da
핑히도, 다
형 꾸민, 거짓의

fingimiento
핑히미엔또
남 거짓(말), 속이기, 허위

fingir
핑히르
타 …체하다; 만들어 내다
fingir una enfermedad 꾀병을 부리다
fingirse 체하다, 척하다
fingirse enfermo 꾀병을 부리다

finlandés, des a
필란데스, 데사
- 형 핀란드(Finlandia)(어·인)의
- 남 여 핀란드인
- 남 핀란드어

fino, na
피노, 나
- 형 가는, 얇은 (반) grueso; 연한 (반) espeso); 질이 수한, 세련된; 섬세한; 예민한; 순수한; 순수한; 숙달된; 예의 바른; 친절한
cintura *fina* 나긋나긋한 허리
hilo *fino* 가는 실
lluvia *fina* 가랑비
papel *fino* 얇은 종이

finura
피누라
- 여 섬세함; 예의 바름; 우아함

firma
피르마
- 여 서명; 조인; 상호, 회사, 상사; 저자

firmamento
피르마멘또
- 남 천공(天空)

firmante
피르만떼
- 형 서명하는
países *firmantes* 서명국(署名國)
- 남 여 서명자

firmar
피르마르
- 타 ...에 서명[조인]하다
firmar un contrato 계약서에 서명하다
- 자 서명하다
firmar con el dedo 지장을 찍다
- **firmarse** ...라 서명하다
Me *firmé* Sic. 나는 식이라 서명했다.

firme
피르메
- 형 굳은, 견고한, 단단한; 확고한, 단호한

firmemente
피르메멘떼
- 부 단단하게, 견고하게; 확고히, 단호히

firmeza
피르메사
- 여 단단함, 굳건함, 견고함
con *firmeza* 단호히

fiscal
피스깔
- 형 국고의, 재정의; 검사(檢事)의
- 남 여 검사, 검찰관

fiscalía
피스깔리아
- 여 검찰청

física 피시까	여 물리학 *física* nuclear 핵[원자] 물리학
físicamente 피시까멘떼	부 물리학적으로; 몸으로; 신체적으로; 물질적으로
físico, ca 피시꼬, 까	형 물리학의; 물질의; 신체의; 천연의 ciencias *físicas* 자연 과학 formación *física* 체육 trabajo *físico* 육체 노동 남 여 물리학자
fisicoquímico, ca 피시꼬끼미꼬, 까	형 물리 화학의 여 물리 화학
fisión 피시온	여 분열 *fisión* nuclear 핵분열
fisonomía 피소노미아	여 인상, 용모; 양상; 골상학
fisonómico, ca 피소노미꼬, 까	형 인상(人相)의
fisonomista 피소노미스따	남 여 관상가, 골상학자
fisura 피수라	여 갈라진 곳, 터진 곳; [의학] 골절
flaco, ca 플라꼬, 까	형 여윈, 살이 빠진 (반 gordo) 남 결점, 약점
flamenco 플라멩꼬	남 플라멩코 ((스페인의 집시춤 · 노래))
flan 플란	남 [요리] 플란 ((달걀 노른자위 · 설탕으로 만든 요리))
flanco 플랑꼬	남 옆, 측면; 옆구리
flaquear 플라께아르	자 (체력 등이) 약해지다
flaqueza 플라께사	여 쇠약, 여윔
flash 플라시	남 [사진] 플래시

floración

flauta 플라우따
여 [악기] 플루트, 피리

flautista 플라우띠스따
남여 플루트 연주자

flecha 플레차
여 화살
como una flecha 쏜살같이, 재빨리
El tiempo pasa *como una flecha*.
세월은 유수와 같다.

flema 플레마
여 담, 가래

flemático, ca 플레마띠꼬, 까
형 담의, 가래의

fletar 플레따르
타 (배·비행기 등을) 전세내다

flete 플레떼
남 전세 요금, 용선료; 운임, 송료

flexibilidad 플렉시빌리닫
여 유연성

flexibilizar 플렉시빌리사르
타 유연하게 하다

flexible 플렉시블레
형 유연한, 탄력성 있는
남 (전기의) 코드

flojedad 플로헤닫
여 무기력, 태만

flojera 플로헤라
여 무기력; 쇠약

flojo, ja 플로호, 하
형 느슨한; 약한; 게을러 빠진

flor 플로르
여 꽃; 전성기

flora 플로라
여 (한 지역의) 식물군; 식물지

floración 플로라시온
여 개화, 개화기
estar en plena *floración*
만개(滿開)하다

floral
플로랄
형 꽃의
ofrenda *floral* 헌화

florecer
플로레세르
자 꽃이 피다, 개화하다; 번창하다

floreciente
플로레시엔떼
형 꽃이 피는; 번창한, 융성한

florecimiento
플로레시미엔또
남 개화; 번영

florería
플로레리아
여 꽃집, 꽃가게

florero, ra
플로레로, 라
형 꽃의
남 여 꽃장수, 꽃 파는 사람; 꽃집 주인
남 꽃병, 화병

floricultor, ra
플로리꿀또르, 라
남 여 꽃재배자, 화훼 원예가

floricultura
플로리꿀뚜라
여 꽃재배, 화훼 원예

florista
플로리스따
남 여 꽃장수, 꽃 파는 사람; 꽃집 주인

flota
플로따
여 선단(船團); 함대

flotación
플로따시온
여 뜨는 일; 부력(浮力)

flotador
플로따도르
남 낚시찌; 부표(浮漂)

flotante
플로딴떼
형 뜨는, 표류하는; 유동적인

flotar
플로따르
자 뜨다, 표류하다; 변동하다
flotar en el agua 물에 뜨다

fluctuación
플룩뚜아시온
여 변동; 가격 변동

fluctuar
플룩뚜아르
자 변동되다; (정신적으로) 동요되다

fluidez
플루이데스
여 유동성; 유창함
hablar con gran *fluidez*
아주 유창히 말하다

fluido, da
플루이도, 다
- 형 유동하는; (문체가) 유려한; 유창한
- 남 [물리] 유체(流體); 전류(電流)

fluir
플루이르
- 자 (액체가) 흐르다, 흘러 나오다

flujo
플루호
- 남 유동, 유출; 밀물

flúor
플루오르
- 남 불소(弗素)

fluorar
플루오라르
- 타 …에 불소를 첨가하다

fluorescencia
플루오레센시아
- 여 [물리] 형광(螢光)

fluorescente
플루오레센떼
- 남 형광등

fluvial
플루비알
- 형 하천의

fobia
포비아
- 여 공포증; 병적인 공포[혐오]

foca
포까
- 여 [동물] 해표(海豹), 바다표범

focal
포깔
- 형 초점(foco)의

foco
포꼬
- 남 [물리] 초점; 초점거리

fogata
포가따
- 여 모닥불, 화톳불(hoguera)

fogón
포곤
- 남 풍로

folclore
폴끌로레
- 남 민간 전승 ((전설, 민요 등)); 민속학

folclórico, ca
폴끌로리꼬, 까
- 형 민간 전승의; 민속학적인
  danza *folclórica* 민속 무용
  canción *folclórica* 민요

folclorista
폴끌로리스따
- 남 여 민속학자

folk
폴(끄)
[남] 민속 음악, 민요, 포크송

follaje
포야헤
[남] 잎; 잎이 무성함

folletín
포예띤
[남] (신문 하단의) 연재란; 연재 소설, 신문 소설

folleto
포예또
[남] 작은 책자, 팸플릿

fomentar
포멘따르
[타] (활력 등을) 조장하다, 촉진하다

fomento
포멘또
[남] 조장, 진흥, 창출
fomento del comercio 무역 진흥

fon
폰
[남] 폰 ((소리의 강도의 단위))

fonda
폰다
[여] 여인숙

fondo
폰도
[남] 바닥; 깊숙한 곳; 배경; 근본, 핵심; 내용; [주로 복] 자금, 돈, 기금
Fondo Monetario Internacional
국제 통화 기금, IMF

fonema
포네마
[남] [언어] 음소(音素)

fonemática
포네마띠까
[여] [언어] 음소론(音素論)

fonendoscopio
포넨도스꼬삐오
[남] [의학] 청진기

fonético, ca
포네띠꼬, 까
[형] [언어] 음성(학)의
[여] [언어] 음성학(音聲學)

fonógrafo
포노그라포
[남] (구식의) 축음기

fonograma
포노그라마
[남] 표음 문자

fonología
포놀로히아
[여] [언어] 음운론

fontana
폰따나
여 샘, 우물(fuente)

foráneo, a
포라네오, 아
형 타국의, 타관의

forastero, ra
포라스떼로, 라
형 타국의, 타관의
남 여 외국인; 외지 사람

fórceps
포르셉스
남 단 복 [의학] 겸자(鉗子)

forestación
포레스따시온
여 조림(造林), 식림(植林)

forestal
포레스딸
형 삼림(森林)의

forestar
포레스따르
타 조림(造林)[식림(植林)]하다

forma
포르마
여 형(形), 형상, 모양; 틀, 형(型); 방식, 형식; 방법
forma de pago 지불 방법

formación
포르마시온
여 형성, 성립; 대형; 육성, 양성; 지식, 교양
formación profesional 직업 훈련
formación universitaria 대학 교육

formal
포르말
형 형식의, 형식적인; 책임감이 있는

formalidad
포르말리닫
여 [주로 복] 형식; 수속
formalidades aduaneras 세관 수속

formalismo
포르말리스모
남 형식주의

formalista
포르말리스따
형 형식을 중시하는, 형식주의의
남 여 형식주의자

formalizar
포르말리사르
타 (...의) 형식을 갖추다; 정식으로 ...하다; 서식을 작성하다; 수속을 밟다

formar
포르마르
타 형성하다; 설립[결성]하다; 구성하다; 육성[양성]하다
formar ingenieros 기술자를 양성하다
자 열[진형]을 만들다
formarse 교육을 받다, 수양하다

formateador
포르마떼아도르
남 [컴퓨터] 포맷터

formatear
포르마떼아르
타 [컴퓨터] 포맷하다

formateo
포르마떼오
남 [컴퓨터] 포매팅

formativo, va
포르마띠보, 바
형 형성하는, 양성하는

formato
포르마또
남 (책의) 판형(判型); 크기, 사이즈; [컴퓨터] 포맷, 서식

formidable
포르미다블레
형 두려운, 무서운, 겁나는; 거대한

formol
포르몰
남 [화학] 포르말린

fórmula
포르물라
여 서식; 방식; (수학 등의) 식(式), 공식; (약제의) 처방
fórmula química 화학식
por fórmula 형식적으로; 의례적으로

formular
포르물라르
타 식으로 나타내다; 공식화하다; (감정 등을) 표현하다; (서식·처방에 의해) 처방하다
formular una prescripción médica
처방을 작성하다
형 서식의, 식(式)의

formulario, ria
포르물라리오, 리아
형 공식적인, 형식적인, 의례적인
남 용지, 신청서
formulario de suscripción
구독 신청 용지

formulismo
포르물리스모
남 형식주의, 공식주의

fornicación
포르니까시온
여 간음(姦淫)

fornicador, ra
포르니까도르, 라
형 간음하는
남 여 간음자

fornicar
포르니까르
자 [종교] 간음하다
No fornicarás 간음하지 말라

foro
포로
男 포럼, 공개 토론

forraje
포르라헤
男 (마소에게 주는) 꼴, 여물, 사료

forrajear
포르라헤아르
自 꼴을 베다

forrajero, ra
포르라헤로, 라
形 사료용의
planta *forrajera* 사료 작물

forrar
포르라르
他 (...에) 대다, 안감을 대다; 때리다
forrar un libro
책에 표지를 씌우다
forrar un sofá
소파에 커버를 씌우다
forrarse 배가 터지도록 먹다, 포식하다

forro
포르로
男 (의복의) 안감; 커버, 덮개
poner *forro* a un libro
책에 표지[커버]를 씌우다

fortalecer
포르딸레세르
他 강하게 하다, 강화하다
fortalecerse 강해지다, 건강해지다

fortalecimiento
포르딸레시미엔또
男 강화, 증강

fortaleza
포르딸레사
女 강함, 건강함; 요새, 성채(城砦)

forte
포르떼
男 副 [음악] 포르테

fortificación
포르띠피까시온
女 강화; 요새화, 진지 구축; 성채(城砦)

fortificar
포르띠피까르
他 강하게 하다, 강화하다

fortísimo
포르띠시모
形 [fuerte의 절대 최상급] 매우 강한
男 副 [음악] 포르티시모

fortuito, ta
포르뚜이또, 따
形 우연의, 우발적인
coincidencia *fortuita* 우연의 일치
suceso *fortuito* 우발 사건
caso fortuito 불가항력

fortuna
포르뚜나

여 행운, 운명; 재산, 부; 성공, 호평
La *fortuna* sólo pasa una vez por cada casa.
(속담) 행운은 집집마다 단 한 번 밖에 지나가지 않는다.
Cuando la *fortuna* a tus puertas está, ábreselas de par en par.
(속담) 행운이 미소를 지을 때 붙잡아라.

forzadamente
포르사다멘떼

부 강제로, 폭력으로, 무리하게

forzado, da
포르사도, 다

형 강제된; 부자연한, 억지로 시킨
risa *forzada* 억지 웃음
trabajo *forzado* 강제 노동

forzar
포르사르

타 (비틀어) 억지로 열다; 억지로 들어가다; (부녀를) 폭행하다
forzar la puerta de uno
...의 집에 억지로 들어가다
forzar a + 동사 원형
...하는 것을 ...에게 강요하다
Le *han forzado a* dimitir.
그는 사임을 강요당했다.
직·현재: f*ue*rzo, f*ue*rzas, f*ue*rza, forzamos, forzáis, f*ue*rzan
직·부정 과거: forc*é*, forzaste, forz*ó*, forzamos, forzasteis, forzaron
접·현재: f*ue*rce, f*ue*rces, f*ue*rce, forcemos, forcéis, f*ue*rcen

forzosamente
포르소사멘떼

부 불가피하게, 필히, 억지로

forzoso, sa
포르소소, 사

형 불가피한, 어쩔 수 없는, 할 수 없는, 부득이한; 필연적인, 강제적인
aterrizaje *forzoso* 강제[불시] 착륙

fósforo
포스포로

남 인(燐); 성냥(cerilla)

fosforera
포스포레라
여 성냥갑; 성냥 공장

fósil
포실
남 화석(化石)
형 화석의; 화석화된

fosilización
포실리사시온
여 화석화(化石化)

fosilizarse
포실리사르세
((재귀)) 화석이 되다

foto
포또
여 사진 ((fotografía의 약어))
foto de mi familia 내 가족 사진
foto de carné 증명 사진
sacar [hacer] una foto de
...의 사진을 찍다

fotocopia
포또꼬삐아
여 사진 복사, 카피

fotocopiadora
포또꼬삐아도라
여 사진 복사기, 카피기

fotocopiar
포또꼬삐아르
타 ...의 복사[카피]를 하다

fotografiar
포또그라피아르
타 ...의 사진을 찍다; 사실적으로 묘사하다

fotografía
포또그라**피**아
여 사진; 사진 촬영
fotografía en color 컬러 사진
fotografía en blanco y negro
흑백 사진
tienda de *fotografía* 카메라점

fotográfico, ca
포또그라피꼬, 까
형 사진의, 사진 같은
aparato *fotográfico* 사진기, 카메라
arte *fotográfico* 사진술
papel *fotográfico* 인화지

fotógrafo, fa
포**또**그라포, 파
남 여 사진가, 카메라맨

fotomontaje
포또몬**따**헤
남 합성 사진

frac
프락
남 연미복 (복 *fraques*, fracs)

fracasado, da
프라까사도, 다
- 형 실패한
- 남 여 실패자

fracasar
프라까사르
- 자 실패하다
- *fracasar* en *sus* negocios 사업에 실패하다
- *fracasar* en el examen 시험에 떨어지다

fracaso
프라까소
- 남 실패; 패배
- tener un *fracaso* 실패하다

fracción
프락시온
- 여 분할; [수학] 분수; 분파, 소수파

fraccionar
프락시오나르
- 타 분할하다; 세분하다

fraccionamiento
프락시오나미엔또
- 남 분할; ((중미)) 주택 단지

fraccionario, ria
프락시오나리오, 리아
- 형 분수(分數)의; 단편적인

fractura
프락뚜라
- 여 [의학] 골절; [지질] 단층

fracturar
프락뚜라르
- 타 (뼈를) 삐다
- *fracturarse* (뼈가) 삐다, 골절되다

fragancia
프라간시아
- 여 방향(芳香), 향기

fragante
프라간떼
- 형 방향성의, 향기로운, 향긋한

frágil
프라힐
- 형 부서지기 쉬운; 약한, 허약한

fragmentación
프라그멘따시온
- 여 분열

fragmentar
프라그멘따르
- 타 갈갈이 찢다[쪼개다]
- *fragmentarse* 갈갈이 찢기다

fragmentario, ria
프라그멘따리오, 리아
- 형 파편의; 단편적인; 표면적인

fragmento
프라그멘또
- 남 파편; (문장·작품 등의) 단편

fraile
프라일레
남 수도사(修道士)

francamente
프랑까멘떼
부 솔직히 말해서; 명백히

francés, cesa
프란세스, 세사
형 프랑스(Francia)(인·어)의
남 여 프랑스 사람
남 프랑스어

Francia
프란시아
여 [국명] 프랑스

franco, ca
프랑꼬, 까
형 솔직한; 자유로운; 무세(無稅)의
franca amistad 마음으로부터의 우정
entrada *franca* 입장 무료
zona *franca* 면세 지역

franela
프라넬라
여 플란넬

franja
프랑하
여 (옷·커튼 등의) 테두리 장식

franquear
프랑께아르
타 (통행 등을) 자유롭게 하다; (세금 등을) 면제하다; (방해물을) 없애다

franqueo
프랑께오
남 우편 요금 (지불); 우표[인지] 첨부

franqueza
프랑께사
여 솔직함; 친밀함

frasco
프라스꼬
남 (화장품 등의) 작은 병

frase
프라세
여 구(句), 어군(語群); 문(oración); 문장; 어구(語句)
frase corta 단문

fraternal
프라떼르날
형 형제의, 자매의
amor *fraternal* 형제애

fraternidad
프라떼르니닫
여 형제애; 우애, 동포애

fraude
프라우데
남 부정 행위, 사기 행위

fraudulencia
프라우둘렌시아
여 부정(不正)

fraudulentamente
프라우둘렌따멘떼
부 부정하게

fraudulento, ta
프라우둘렌또, 따
형 부정한, 사기의, 거짓의

frecuencia
프레꾸엔시아
여 빈번, 빈발; [물리] 진동수; 주파수

frecuentar
프레꾸엔따르
타 (…에) 자주 가다

frecuente
프레꾸엔떼
형 빈번한, 잦은, 자주 일어나는

frecuentemente
프레꾸엔떼멘떼
부 빈번히, 자주, 여러 번, 누차

fregadero
프레가데로
남 설거지대, 싱크대

fregar
프레가르
타 (문질러) 닦다; (식기 등을) 씻다
fregar las cacerolas
냄비를 씻다[닦다]

freír
프레이르
타 기름에 튀기다
freír el pescado con aceite
생선을 기름에 튀기다

fréjol
프레홀
남 강낭콩(judía)

frenado
프레나도
남 제동; 억제, 억지

frenar
프레나르
타 …에 브레이크를 걸다; 억제하다
자 브레이크를 걸다
frenar bruscamente [en seco]
급브레이크를 걸다

frenazo
프레나소
남 급브레이크
dar [pegar] un *frenazo*
급브레이크를 걸다

frenesí
프레네시
남 열광, 열중; 광란

frenético, ca 프레네띠꼬	형 열광적인, 열렬한; 광란의
freno 프레노	남 제동기(制動機)
frente 프렌떼	여 (사람·동물의) 이마 남 (건물 등의) 정면; 전선(前線) *frente* popular 인민 전선 ***en frente de*** ...의 정면에(enfrente de)
fresa 프레사	여 [식물·과실] 딸기
fresal 프레살	남 딸기밭
fresco 프레스꼬	남 [미술] 프레스코화; 시원함; ((중미)) 청량음료수
fresco, ca 프레스꼬, 까	형 서늘한; (식료품이) 신선한, 싱싱한; 최근의, 최신의 brisa *fresca* 서늘한 바람, 산들바람 carne *fresca* 신선한 고기 huevo *fresco* 신선한 달걀
frescor 프레스꼬르	남 시원함
frescura 프레스꾸라	여 시원함; 신선함
freza 프레사	여 (물고기의) 산란(기); 수정란; 치어(穉魚); (동물의) 똥
frialdad 프리알닫	여 냉기; 냉담함; 불감증
fríamente 프리아멘떼	부 차게, 냉담하게
fricción 프릭시온	여 마찰; 마사지; 불화
friccionar 프릭시오나르	타 마찰하다, 마사지하다
friega 프리에가	여 마사지 dar [hacer] *friegas* 마사지하다

frigorífico, ca
프리고리피꼬, 까
- 형 냉동[냉장]하는
barco *frigorífico* 냉동선
- 남 냉장고

frigorista
프리고리스따
- 남 여 냉동 기술자

frijol
프리홀
- 남 =**fríjol**

fríjol
프리홀
- 남 강낭콩(judía)

frío, a
프리오, 아
- 남 찬, 추운; 냉담한; 냉정한; (여성) 불감증의
cuarto *frío* 추운 방, 찬 방
tiempo *frío* 추운 날씨
- 남 추위; 한기, 냉기; 감기

fritada
프리따다
- 여 기름 튀김

frito, ta
프리또, 따
- 형 기름에 튀긴
pescado *frito* 기름에 튀긴 생선

frivolidad
프리볼리닫
- 여 경박함, 천박함

frívolo, la
프리볼로, 라
- 형 경박한, 천박한

frondoso, sa
프론도소, 사
- 형 가지[잎]가 무성한

frontal
프론딸
- 형 정면의, 정면에서의
choque *frontal* 정면 충돌

frontera
프론떼라
- 여 국경; 경계; 한계

fronterizo, za
프론떼리소, 사
- 형 국경의; 국경을 접한
conflictos *fronterizos* 국경 분쟁

frotar
프로따르
- 타 문지르다, 마찰하다, 비비다
frotar una cerilla 성냥을 긋다

frugal
프루갈
- 형 소식의; (식사가) 검소한

frugalidad
프루갈리닫
- 여 소식; 검소(함)

fuerte

fruncir
프룬시르
타 (천에) 주름을 잡다; 상을 찡그리다

frustración
프루스뜨라시온
여 좌절; 실망; 욕구 불만

frustrado, da
프루스뜨라도, 다
형 좌절된, 실패된, 실망한

frustrar
프루스뜨라르
타 좌절시키다; 실망시키다
frustrarse 좌절되다

fruta
프루따
여 과실; 열매

frutal
프루딸
형 과실의
남 과수(果樹)

frutería
프루떼리아
여 과일 가게

frutero, ra
프루떼로, 라
남 여 과일 장수
남 과일 접시

frutícola
프루띠꼴라
형 과일의; 과수 재배의

fruticultura
프루띠꿀뚜라
여 과수 재배(법)

fruto
프루또
남 과실; 성과; 산물, 수확물

fue
푸에
ser 동사와 ir동사의 직설법 부정 과거 3인칭 단수

fuego
푸에고
남 불; 화재; 포화, 사격

fuelle
푸에예
남 풀무

fuente
푸엔떼
여 샘; 분수; 원천; 큰 접시

fuera
푸에라
부 바깥에; 옥외에
fuera de …외에; … 이외에

fuerte
푸에르떼
형 강한 (반 débil); 견고한; 건강한
hombre *fuerte* 유력자, 실력자
país *fuerte* 강국

fuertemente
푸에르떼멘떼
튀 강하게; 비상히

fuerza
푸에르사
여 힘, 체력; 강함, 강인함; 효력, 효과; 세력; 병력, 전력; 군, 부대; 전기, 전류
fuerza(s) aérea(s) 공군
fuerzas armadas 군대

fuga
푸가
여 도주, 도망; 도피; 유출

fugitivo, va
푸히띠보, 바
형 도망하는, 도주하는
남여 도망자, 탈주자

fulano, na
풀라노, 나
남여 모(某), 어떤 사람; 애인, 연인

fulminación
풀미나시온
여 낙뇌(落雷); 폭발; 비난

fulminante
풀미난떼
형 폭발성의; 돌발적인

fulminar
풀미나르
타 (번갯불을) 발하다; 폭발시키다; 급사하게 하다; 격렬히 비난하다

fumadero
푸마데로
남 흡연 장소

fumador, ra
푸마도르, 라
형 (담배를) 피우는
남여 흡연자, 애연가
vagón de no *fumadores* 금연차

fumar
푸마르
자 담배를 피우다
타 (담배 등을) 피우다
Prohibido *fumar* 금연
Fumar perjudica seriamente la salud.
흡연은 건강을 심하게 해친다.

función
풍시온
여 기능; 직무, 임무; [연극] 공연; [영화] 상연; [수학] 함수; [종교] 의식(儀式); [언어] 기능
función generativa 생식 기능

funcional
풍시오날
형 기능적인; 기능의

funcionamiento
풍시오나미엔또
남 작동; 영업, 조업

funcionar
풍시오나르
타 기능하다, 작동[작용]하다

funcionario, ria
풍시오나리오, 리아
남 여 공무원, 관리
funcionario del Estado 국가 공무원
funcionario municipal 지방 공무원

funda
푼다
여 (가구 등의) 커버, 씌우개; 봉지; 덮개

fundación
푼다시온
여 창설, 설립; 기금; 재단

fundacional
푼다시오날
형 창설의; 재단의; 기금의

fundado, da
푼다도, 다
형 설립된; 근거가 있는, 정당한
fundado en 1954 1954년 설립

fundador, ra
푼다도르, 라
형 창설의
남 여 창설자, 설립자

fundamental
푼다멘딸
형 기본적인; 근본적인; 중요한
leyes *fundamentales* del Estado
국가의 기본법, 헌법

fundamentalmente
푼다멘딸멘떼
부 기본적으로; 근본적으로

fundamentar
푼다멘따르
타 근거[기초]를 두다; 토대를 만들다

fundamento
푼다멘또
남 (건물의) 토대; 기본, 기초; 근거; 기초 지식

fundar
푼다르
타 창설하다, 설립하다
fundar una empresa
회사를 설립하다

fundición
푼디시온
여 용해; 주조(소), 주물 공장

fundidor
푼디도르
남 주조공

fundir
푼디르
타 용해하다; 주조하다; 합병시키다
fundirse 용해되다; 주조되다

fúnebre
푸네브레
형 장례식의
coche *fúnebre* 영구차

funeral 푸네랄	남 [주로 복] 장례식, 장의 *funeral(es)* del Estado 국장(國葬) 형 장례식의(funeraio)
funerario, ria 푸네라리오, 리아	형 장례식의; 매장의 여 장의사(葬儀社)
funesto, ta 푸네스또, 따	형 불길한, 운수가 나쁜
funicular 푸니꿀라르	남 케이블카
furgón 푸르곤	남 유개 화물 트럭, 밴; [철도] 유개화차
furgoneta 푸르고네따	여 소형 밴; 왜건차
furia 푸리아	여 격노, 분노; 격렬, 맹위; 격정, 열정
furioso, sa 푸리오소, 사	형 격노한; 광란의, 광포한
fuselaje 푸셀라헤	남 (비행기의) 동체, 기체
fusible 푸시블레	남 [전기] 퓨즈
fusil 푸실	남 총, 소총 *fusil* automático 자동 소총
fusilamiento 푸실라미엔또	남 총살; 표절
fusilar 푸실라르	타 총살하다; 표절하다(plagiar)
fusilero, ra 푸실레로, 라	남 여 소총병, 저격병
fusión 푸시온	여 융해, 용해; 융합, 융화
fusionar 푸시오나르	타 융합[합병]시키다 *fusionarse* 융합되다, 합병되다
fútbol 풋볼	남 축구, 사커

futbolista
풋볼리스따
남 여 축구 선수

futbolístico, ca
풋볼리스띠꼬, 까
형 축구의
equipo *futbolístico* 축구팀

futurismo
푸뚜리스모
남 미래주의, 미래파

futurista
푸뚜리스따
형 미래파의, 미래주의의; 미래의
남 여 미래주의자

futuro, ra
푸뚜로, 라
형 미래의, 장래의
남 여 장래의 남편[아내]; 약혼자
남 미래, 장래; 장래성; [문법] 미래형, 미래시제; 복 [상업] 선물
en un *futuro* cercano
가까운 장래에

futurología
푸뚜롤로히아
여 미래학(未來學)

futurólogo, ga
푸뚜롤로고, 가
남 여 미래학자

G

g	여 헤 ((스페인어 자모의 여덟 번째 문자))
gabán 가반	남 외투
gabardina 가바르디나	여 레인 코트, 코트
gabinete 가비네떼	남 응접실, 진찰실; (변호사 등의) 사무실, 사무소; 서재, 연구실; 전시소, 진열실; (큰 방에 딸린) 작은 방; 내각(內閣)
gabonés, nesa 가보네스, 네사	형 가봉(Gabón)의 남 여 가봉 사람
gaceta 가세따	여 (경제·예술 등 전문의) 신문, 정기 간행물
gacetilla 가세띠야	여 (신문의) 단신란, 가십 기사
gacetillero, ra 가세띠예로, 라	남 여 가십 기자
gacha 가차	여 죽; 죽처럼 묽은 것
gafa 가파	여 (물건을 거는) 갈고랑이; 복 안경 *gafas* de oro 금테 안경 ponerse las *gafas* 안경을 쓰다 quitarse las *gafas* 안경을 벗다
gala 갈라	여 예복, 나들이옷, 성장
galáctico, ca 갈락띠꼬, 까	형 은하(계)의
galán 갈란	남 미남자; 여성에게 사랑을 구하는 남자
galano, na 갈라노, 나	형 (겉모양이) 말쑥한; (문체 등이) 세련된

galápago 갈라빠고 — 남 [동물] (큰) 바다거북

galapagar 갈라빠가르 — 남 거북이 많이 있는 곳

galaxia 갈락시아 — 여 [천문] 은하, 은하계 우주

galeón 갈레온 — 남 갈레온선(船) ((15-17세기, 주로 스페인과 신대륙간 항로에서 사용된 대형 선박))

galería 갈레리아 — 여 회랑, 길고 가느다란 방; (미술품 등의) 진열실; 화랑(畵廊)

galgo, ga 갈고, 가 — 남 여 [개] 그레이하운드

Galicia 갈리시아 — 여 [지명] 갈리시아 ((스페인 서북부 자치주))

galicismo 갈리시스모 — 남 프랑스 어풍의 표현; 프랑스로부터 차용해 온 말

gallardo, da 가야르도, 다 — 형 늠름한, 씩씩한, 당당한

gallegada 가예가다 — 여 갈리시아 지방 특유의 표현[습관·춤]

gallego, ga 가예고, 가 — 형 갈리시아(Galicia)의, 갈리시아어의
남 여 갈리시아 사람
남 갈리시아어

gallera 가예라 — 여 투계장, 닭싸움하는 곳

galleta 가예따 — 여 비스킷; (보존용의) 딱딱한 빵

galletero 가예떼로 — 남 비스킷 상자

gallina 가이나 — 여 암탉 ((수탉 gallo)); 닭고기

gallinero, ra 가이네로, 라 — 남 여 양계가; 닭장수

gallo 가요 — 남 수탉 ((암탉 gallina))
gallo de pelea [de riña] 싸움닭

galón
갈론
男 [용량의 단위] 갤런

gamba
감바
女 감바 ((왕새우의 일종))

gamma
감마
女 [그리스 문자] 감마 ((γ, ν))
rayos *gamma* [물리] 감마선

gamo
가모
男 [동물] 황록(黃鹿), 누런 사슴

gana
가나
女 의욕, 욕망; 원망(願望); 식욕
no sentir *ganas* de hacer nada
아무 것도 하고 싶은 의욕을 느끼지 못하다
tener *ganas* 식욕이 있다, 공복이다
perder las *ganas* 식욕을 잃다
tener gana(s) de + 동사 원형
...하고 싶다
Tengo ganas de viajar.
나는 여행하고 싶다.
tener gana(s) de que + 접속법
...하기를 바라다[원하다]
Tengo ganas de que tú *vengas*.
나는 네가 오기를 바란다.

ganadería
가나데리아
女 [집합 명사] 가축; 목축, 축산

ganado
가나도
男 [집합 명사] 가축
criar *ganado* 가축을 기르다

ganador, ra
가나도르, 라
形 이긴, 승리한
男 女 승자; 당첨자

ganancia
가난시아
女 [주로 複] 이익 (反 pérdidas)

ganar
가나르
他 얻다; 벌다; 이득을 보다, 돈벌이 하다; 획득하다; 이기다
ganar dos mil euros a la semana
1주일에 2천 유로를 벌다
ganar el tercer premio 3등상을 받다
ganar un partido 시합에서 이기다

ganar un pleito 소송을 이기다

gancho
간초
남 갈고리; 매력

ganga
강가
여 대매출, 바겐세일, 특가품

ganso, sa
간소, 사
남 여 [조류] 거위

garabatear
가라바떼아르
타 낙서하다, 갈겨쓰다

garabato
가라바또
남 낙서

garage
가라헤
남 ((주로 중남미)) 차고(garaje)

garaje
가라헤
남 차고; (자동차의) 수리 공장

garante
가란떼
형 보증하는
남 여 보증인

garantía
가란띠아
여 보증; 보증서; 담보; 보석금
garantía de calidad 품질 보증
garantía de pago 지불 보증

garantir
가란띠르
타 =**garantizar**

garantizar
가란띠사르
타 보증하다; …의 보증인이 되다
Garantizan el ordenador por un año.
그 컴퓨터는 1년간 보증함.

garbanzal
가르반살
남 이집트콩 밭

garbanzo
가르반소
남 [식물] 이집트콩

garfio
가르피오
남 갈고리

garganta
가르간따
여 목구멍; 협곡
doler la *garganta* 목이 아프다
Me duele la *garganta*.
Tengo dolor de *garganta*.

나는 목구멍이 아프다.

gargantilla
가르간띠야
여 (짧은) 목걸이

garita
가리따
여 망루, 파수막; [군사] 초소; 관리인실; 수위실

garito
가리또
남 도박장; 싼 술집, 선술집

garra
가르라
여 (새나 짐승의 날카로운) 발톱

garrapatear
가르라빠떼아르
타 낙서하다

garrapato
가르라빠또
남 낙서

garrocha
가르로차
여 끝에 갈고리를 단 장대; [투우] (찌르는 투우사 picador의) 긴 창

garrote
가르로떼
남 곤봉; [의학] 지혈대(止血帶)

gas
가스
남 기체, 가스; 독가스; 장(腸)가스, 체내(體內)가스; 석유, 가솔린
gas ciudad 도시 가스
gas natural 천연 가스
calefacción de [a] *gas* 가스 난방
cocina de [a] *gas* 가스레인지
tubo de *gas* 가스관
cerrar el *gas* 가스를 닫다
encender el *gas* 가스를 틀다

gasa
가사
여 가제; 엷은 천, 사(紗)

gaseosa
가세오사
여 탄산 음료, 소다수

gaseoso, sa
가세오소, 사
형 기체의, 가스(상)의

gasoducto
가소둑또
남 (천연) 가스 파이프라인

gasógeno
가소헤노
남 가스 발생로[발생기]

gasóleo
가솔레오

남 가스유(油), 경유; 디젤 오일

gasolina
가솔리나

여 가솔린
estación de *gasolina* 주유소
echar *gasolina* a un coche
차에 가솔린을 넣다

gasolinera
가솔리네라

여 주유소

gastado, da
가스따도, 다

형 닳아 빠진, 오래 사용한, 더 사용할 수 없는; 힘이 다한, 쇠약해진
ropa muy *gastada* 다 닳아 빠진 옷

gastador, ra
가스따도르, 라

형 낭비하는
남 여 낭비가

gastar
가스따르

타 (돈을) 사용하다, 쓰다; 낭비하다, 허비하다, 써 없애다; 닳(아 없애)다, 흠내다, 손상하다; (연료 등을) 소비하다; (일상적으로) 사용하다, 쓰다, 몸에 달다[붙이다]
gastar mucho dinero en libros
책에 많은 돈을 쓰다
gastar su energía 정력을 소모하다
gastar unas joyas valiosas
고가의 보석을 몸에 달다
gastar unos zapatos cada año
매년 구두 한 켤레를 닳아 버리다
자 돈을 쓰다; 연료를 소비하다
Este coche *gasta* mucho.
이 차는 기름을 많이 먹는다.
gastarse
소비되다, 닳다; (체력 등이) 쇠해지다

gasto
가스또

남 소비(량); 지출; 비용
gasto de consumo 소비 지출
gasto público 공공 지출
gastos bancarios 은행 수수료
gastos de comunidad
(아파트 등의) 관리비

gastos de mantenimiento 유지비
gastos fijos 고정 비용
gastos militares 군사 비용

gastralgia
가스뜨랄히아
여 [의학] 위통(胃痛)

gástrico, ca
가스뜨리꼬, 까
형 위(estómago)의

gastritis
가스뜨리띠스
여 단 복 [의학] 위염(胃炎)

gastroenteritis
가스뜨로엔떼리띠스
여 단 복 [의학] 위장염

gastronomía
가스뜨로노미아
여 미식(학); 요리법, 요리학

gastrónomo, ma
가스뜨로노모, 마
남 여 미식가(美食家)

gata
가따
여 암고양이

gatillo
가띠요
남 (총의) 방아쇠

gatito, ta
가띠또, 따
남 여 새끼 고양이

gato, ta
가또, 따
남 여 [동물] 고양이

gauchesco, ca
가우체스꼬, 까
형 가우초(gaucho)의
literatura *gauchesca* 가우초 문학

gaucho, cha
가우초, 차
형 가우초[목동]의
남 여 가우초 ((주로 아르헨띠나의 목동))
남 가우초((가우초들이 쓰는 차양이 넓은 모자))

gavilán
가빌란
남 [조류] 새매

gavilla
가비야
여 (베어 낸 밀이나 보리 등의) 다발, 단; (나쁜 사람들의) 무리, 망나니패

gaviota
가비오따
여 [조류] 갈매기

gazpacho
가스빠초
남 가스빠초 ((안달루시아의 냉 야채 수프))

gelatina
헬라띠나
여 젤라틴, 젤리

gema
헤마
여 (주로 다이아몬드 이외의) 보석

gemelar
헤멜라르
형 쌍둥이의

gemelo, la
헤멜로, 라
형 쌍둥이의
남 여 쌍둥이, 쌍생아(雙生兒)
gemelo idéntico 일란성 쌍생아
gemelo falso 이란성 쌍생아
남 복 (프리즘 식의) 쌍안경; 커프스 단추

gemido
헤미도
단 신음 (소리); 탄식, 한탄

gemir
헤미르
자 신음하다; 탄식하다, 한탄하다
gemir de dolor 고통으로 신음하다
gemir por [de] *su* desgracia
불행을 한탄하다
직 · 현재: g*i*mo, g*i*mes, g*i*me,
gemimos, gemís, g*i*men
접 · 현재: g*i*ma, g*i*mas, g*i*ma,
g*i*mamos, g*i*máis, g*i*man
현재 분사: g*i*miendo

gen
헨
남 =**gene**

gendarme
헨다르메
남 (프랑스 등의 치안 및 경찰 활동을 하는) 헌병

gendarmería
헨다르메리아
여 헌병대, 헌병대 본부

gene
헤네
남 유전자, 유전 인자

genealogía
헤네알로히아
여 가계(도); (개 등의) 혈통서

genealógico, ca
헤네알로히꼬, 까
형 가계(도)의

genealogista
헤네알로히스따
남 여 가계(도) 학자, 족보 연구가

generación
헤네라시온

여 (혈통의) 대(代); 세대; [생물] 발생, 생식; (전기·열·가스 등의) 발생; 발전(發電); [수학] 생성(生成)
generación de la posguerra
전후 세대
cuarta *generación* 4세(世), 증손
de *generación* en *generación*
대대로 (계속해서)

generacional
헤네라시오날

형 세대(간)의

generador, ra
헤네라도르, 라

형 발생시키는
planta *generadora* 발전소
남 발전기; (가스 등의) 발생기

general
헤네랄

형 전반적인, 전체의; 일반적인; 개괄적인, 총괄적인; 전체를 통괄하는; [의학] 전신(全身)의
asamblea [junta] *general* 총회
reglas *generales* 총칙
administración *general*
총무부, 총본부
gerente *general* 총지배인
parálisis *general* progresiva
진행성 전신 마비
남 여 [육군·공군] 장군
general de brigada 준장, 여단장
general de división 소장, 사단장
general en jefe 원수, 최고 사령관
capitán *general* 대장
teniente *general* 중장

en general
형 일반의
lectores *en general* 일반 독자
부 전반적으로; 일반적으로; 대체로, 보통은, 대개
estudiar la historia *en general*
역사 전반을 공부하다
En general tomo té por la mañana.

나는 아침에 대개 차를 마신다.
por lo general
일반적으로, 대체로, 보통은, 대개
hablando *por lo general*
일반적으로 말하면
Por lo general, mi esposa se levanta más tarde que yo.
대개 내 아내는 나보다 늦게 일어난다.

generala
헤네랄라
여 [드믊] 장군의 부인

generalidad
헤네랄리닫
여 일반성, 보편성; 복 개요, 개론

generalísimo
헤네랄리시모
남 (삼군의) 총사령관; 대원수; 총통

generalista
헤네랄리스따
남 여 (전문의에 대해) 일반의(一般醫)

Generalitat
헤네랄리딷
여 까딸루냐 자치주 정부

generalizacieón
헤네랄리사시온
여 일반화, 보급; 확대

generalizar
헤네랄리사르
타 일반화시키다, 보급시키다; 개괄하다
generalizarse 일반화되다, 보급되다

generalmente
헤네**랄**멘떼
부 일반적으로; 대체로, 보통은, 대개

generar
헤네라르
타 (전기·열·가스 등을) 발생시키다; (새끼를) 낳다

generatriz
헤네라뜨**리**스
여 발전기; 발생기

genérico, ca
헤네**리**꼬, 까
형 [생물] 속(屬)의; [문법] 총칭의; 성(性)의
nombre *genérico* 보통 명사

género
헤네로
남 종류; 분야; 하는 방식[태도], 처사,짓; 물건, 물품, 상품; [예술의] 장르, 분야; [생물] 속(屬); [문법] 성(性)
género femenino [문법] 여성
género masculino [문법] 남성
género neutro [문법] 중성

géneros del país 국산품
géneros extranjeros 수입품

gemerosamente 헤네로사멘떼
[부] 관대하게, 후하게, 인심 좋게

generosidad 헤네로시닫
[여] 관대함, 관용, 아량

generoso, sa 헤네로소, 사
[형] 관대한, 너그러운, 선심 잘 쓰는 (반 ta-caño); 고결한, 희생 정신이 풍부한; 명문의; 풍부한; 풍만한; (포도주가) 숙성된, 훈감한, 향기가 높고 맛이 좋은; (토지가) 비옥한
carécter *generoso*
관대한 성격
ser *generoso* (para) *con* los pobres
가난한 사람들에게 따뜻하다

genésico, ca 헤네시꼬, 까
[형] 생식(生殖)의
instinto *genésico* 생식 본능

génesis 헤네시스
[여][단][복] 기원(起源), 생성 과정; [생물] 발생

Génesis 헤네시스
[여] [성경] 창세기

genético, ca 헤네띠꼬, 까
[형] 생성 과정의; 유전(학)의
ingeniería *genética* 유전자 공학
[여] 유전학

geneticista 헤네띠시스따
[남][여] 유전학자

genetista 헤네띠스따
[남][여] 유전학자

genial 헤니알
[형] 천재적인; 기지가 풍부한
obra *genial* 걸작

genio 헤니오
[남] 기질, 성격; 급한 성미; 기분; 근성; 천분, 천부의 재능; 천재; (언어 등의) 특질; 요정, 정령; 수호신
tener buen *genio* 성격이 좋다
tener mal *genio* 성을 잘 내는 성격이다
tener *genio* de pintor

그림에 천부의 재능이 있다

genital
헤니딸
- 형 생식(生殖)의
- órganos *genitales* [해부] 생식기
- 남 복 외부 생식기

genitivo, va
헤니띠보, 바
- 형 [문법] 속격의
- 남 [문법] 속격(屬格)

genitor, ra
헤니또르, 라
- 남 여 친부모

genocidio
헤노시디오
- 남 (민족) 대학살

genitourinario, ria
헤니또우리나리오, 리아
- 형 [해부] 비뇨 생식기의

genoma
헤노마
- 남 [생물] 게놈
- *genoma* humano 인간 게놈

genotípico, ca
헤노띠삐꼬, 까
- 형 유전자형의

genotipo
헤노띠뽀
- 남 [생물] 유전자형(型)

genovés, vesa
헤노베스, 베사
- 형 제네바(Génova)의
- 남 여 제네바 사람

gente
헨떼
- 여 사람들; 국민, 가족, 친척, 일가; 동향인; 동료, 부하
- *gente* armada 군인, 병사
- *gente* de pluma 작가, 문필가
- Hay mucha *gente* en la plaza.
  광장에 사람이 많다.

gentil
헨띨
- 형 고상한, 품위가 있는; 친절한; 이교도의
- 여 이교도

gentileza
헨띨레사
- 여 고상함, 우미(優美)함

gentilhombre
헨띨옴브레
- 남 [역사] 시종(侍從); 신사
- 복 **gentileshombres**

gentío
헨띠오
- 남 군중; 붐빔, 혼잡(한 곳)

genuino, na
헤누이노, 나
형 순수한; 진짜의, 진정한

geobiología
헤오비올로히아
여 지구 생물학

geobotánica
헤오보따니까
여 지구 식물학

geocentrismo
헤오센뜨리스모
남 천동설(天動說)

geodinámica
헤오디나미까
여 지구 역학

geología
헤올로히아
여 지질학

geológico, ca
헤올로히꼬, 까
형 지질학의

geólogo, ga
헤올로고, 가
남 여 지질학자

geometría
헤오메뜨리아
여 기하학
geometría del espacio 입체 기하학
geometría plana 평면 기하학

geómetra
헤오메뜨라
남 여 기하학자

geométrico, ca
헤오메뜨리꼬, 까
형 기하학의, 기하학적인

geomorfía
헤오모르피아
여 =**geomorfología**

geomorfología
헤오모르폴로히아
여 지형학(地形學)

geopolítico, ca
헤오뽈리띠꼬, 까
형 지정학의
여 지정학

geoquímico, ca
헤오끼미꼬, 까
형 지구 화학의
여 지구 화학

geranio
헤라니오
남 [식물] 제라늄

gerencia
헤렌시아
여 지배인의 직무, 관리직; 관리, 경영 지배인의 사무실[사무소]

gerente, ta 헤렌떼, 따
남 여 지배인, 지점장, 관리 책임자; 경영자; (유한·합명 회사의) 중역

germánico, ca 헤르마니꼬, 까
형 남 여 =**germano**

germanio 헤르마니오
남 [원소] 게르마늄

germano, na 헤르마노, 나
형 게르마니아의, 게르만인의; 독일의
남 여 게르만인; 독일인

germen 헤르멘
남 [생물] 병원균; 생식 세포; [식물] 싹; 배(胚), 배아(胚芽)

gerontología 헤론똘로히아
여 노인학

gerontólogo, ga 헤론똘로고, 가
남 여 노인학 학자

gerundio 헤룬디오
남 [문법] 현재 분사

gestación 헤스따시온
여 임신(姙娠)
período de *gestación* 임신 기간

gestacional 헤스따시오날
형 임신 (기간)의

gestión 헤스띠온
여 수속, 처리; 관리, 경영

gestionar 헤스띠오나르
타 수속을 하다; (업무 등을) 수행하다, 관리하다

gesto 헤스또
남 몸짓, 손짓; 표정; (친절 등의) 표현
gesto de alegría 즐거운 표정[얼굴]
gesto triste 슬픈 표정[얼굴]
fruncir [torcer] el *gesto*
poner mal *gesto* 상을 찡그리다

giba 히바
여 혹

giganta 히간따
여 몸집이 큰 여자; [식물] 해바라기

gigante 히간떼
형 거대한, 대형의
남 거인; 거대한 인형; 걸출한 인물; [의학] 거인증 환자

gigantesco, ca 형 거대한
히간떼스꼬, 까

gigantismo 남 [의학] 거인증
히간띠스모

gijonés, nesa 형 히혼(Gijón, 스페인 아스뚜리아스 지방의
히호네스, 네사 항만 도시)의
남 여 히혼 사람

gimnasia 여 체조
힘나시아 hacer *gimnasia* 체조를 하다

gimnasio 남 체육관; (독일 등의) 고등 학교
힘나시오

gimnasta 남 여 체조 선수
힘나스따

gimnástico, ca 형 체조의
힘나스띠꼬, 까 hacer ejercicios *gimnásticos*
체조를 하다
여 체조(gimnasia)

gimotear 자 훌쩍훌쩍 울다
히모떼아르

gimoteo 남 훌쩍훌쩍 우는 일
히모떼오

gin 남 =**ginebra**
힌

ginebra 여 [술] 진
히네브라

ginecología 여 [의학] 부인과(학)
히네꼴로히아

ginecológico, ca 형 부인과(학)의
히네꼴로히꼬, 까

ginecólogo, ga 남 여 부인과 의사
히네꼴로고, 가

gira 여 일주 여행, 주유; 지방 공연; 원족, 소풍;
히라 (정치가의) 유세

girador, ra 남 여 어음 발행인
히라도르, 라

giralda
히랄다

여 (사람이나 동물 모양의) 풍향계

girar
히라르

자 돌다, 회전하다, 선회하다;(길·자동차가) 구부러지다, 굽다, 돌다; (화제나 관심이) 돌다, 돌아다니다; (수가) 전후(前後)하다; (어음을) 발행하다
hacer *girar* la llave [el trompo]
열쇠[팽이]를 돌리다
El coche *gira* a la derecha.
자동차가 오른쪽으로 돈다.
타 (우편환·전신환으로) 송금하다; (어음을) 발행하다; 회전시키다

girasol
히라솔

남 [식물] 해바라기

giratorio, ria
히라또리오, 리아

형 회전하는, 선회하는
puerta *giratoria* 회전문
silla *giratoria* 회전 의자

giro
히로

남 회전, 선회; 국면; [상업] (어음·수표의) 발행, 송금; 환
giro postal 우편환
giro telegráfico 전신환

gitano, na
히따노, 나

형 집시의; 매혹적인
남여 집시

glacial
글라시알

형 빙하의; 얼음의, 얼음 같은; 냉담한

glaciar
글라시아르

형남 빙하(의)

glamour
글라무르

남 요염한 매력, 매혹

glande
글란데

남 [해부] 귀두(龜頭)

glándula
글란둘라

여 [해부] 샘, 선(腺)
glándula endocrina 내분비선
glándula exocrina 외분비선

glandular
글란둘라르

형 샘의, 선(腺)의, 선질[상]의

global
글로발
형 전체의, 포괄적인

globo
글로보
남 구(球), 구체(球體); 지구(의); 천체; 풍선, 기구; 콘돔
globo ocular 안구(眼球)
globo dirigible 비행선

glóbulo
글로불로
남 [해부] 혈구(血球)
glóbulos blancos 백혈구
glóbulos rojos 적혈구

gloria
글로리아
여 영광, 명성; [기독교] 천상의 영광, 지복(至福), 천국; [미술] 광배(光背), 후광(後光)
amor de la *gloria* 명예욕

glorieta
글로리에따
여 [교통] (나무·분수·동상 등이 있는) 로터리; 정자; (정원 안의) 소광장

glorificación
글로리피까시온
여 찬미, 칭찬

glorificar
글로리피까르
타 찬미하다, 극구 칭찬하다

glorioso, sa
글로리오소, 사
형 영광의, 명예스러운; 영예의

glosario
글로사리오
남 (책 뒤의) 용어 해설, 어휘집

glotón, tona
글로똔, 또나
형 (음식을) 걸신들린 듯이 먹는
남 여 걸신들린 듯이 먹는 사람; 대식가(大食家)

glotonear
글로또네아르
자 걸신들린 듯이 먹다

glucemia
글루세미아
여 [생리] 혈당
valor de la *glucemia* 혈당치

glucógeno
글루꼬헤노
남 [생화학] 글리코겐

glucosa
글루꼬사
여 포도당

glucosuria
글루꼬수리아
여 [의학] 당뇨

gobernable
고베르나블레
형 통치[지배]할 수 있는

gobernación
고베르나시온
여 통치, 관리, 경영; 조종; 통치 구역, 영토

gobernador, ra
고베르나도르, 라
남 여 총독; (요새 등의) 사령관; 도지사

gobernanta
고베르난따
여 (호텔의) 여자 객실 담당자; 여자 가정 교사

gobernante
고베르난떼
형 통치하는
partido *gobernante* 여당
남 여 (한 나라의) 통치자, 지배자

gobernar
고베르나르
타 통치하다, 지배하다; 조종하다
gobernarse 지배되다, 자신을 억제하다

gobierno
고비에르노
남 정부; 내각; 정체(政體); 통치; 관리; 운영; 조종
gobierno coreano 한국 정부
Casa de *Gobierno* 대통령[수상] 관저
llegar al *Gobierno* 정권을 잡다

goce
고세
남 기쁨, 즐거움

gol
골
남 득점, 득점 획득
meter [marcar] un *gol* 득점하다

goleada
골레아다
여 대량 득점

goleador, ra
골레아도르, 라
남 여 득점한 선수

golear
골레아르
자 타 득점하다; 대량 득점하다

golf
골프
남 [운동] 골프
jugador de *golf* 골프 선수
terreno de *golf* 골프장
jugar al *golf* 골프를 하다

golfista
골피스따
남 여 골퍼, 골프 선수

golfo
골포
남 [지리] 만(灣)

golondrina
골론드리나
여 [조류] 제비

golosina
골로시나
여 (주로 단) 과자 ((캔디 등)); 욕구

golpe
골뻬
남 타격, 구타; 습격; 총격
golpe de Estado 쿠데타
dar un *golpe* 때리다

golpetear
골뻬떼아르
타 자 가볍게 계속 때리다

goma
고마
여 [식물] 고무; [제품] 고무; 고무 지우개; 고무풀; 고무 호스; 콘돔

góndola
곤돌라
여 곤돌라선(船)

gong
공
남 동라(銅羅), 징

gongo
공고
남 동라(銅羅), 징

gonococo
고노꼬꼬
남 [의학] 임균(淋菌)

gonorrea
고노르레아
여 [의학] 임질

gordo, da
고르도, 다
형 뚱뚱한, 살찐, 비만한 (반 delgado); 지방질이 많은; 커다란
ponerse *gordo* 살찌다
Ella es *gorda*. 그녀는 뚱뚱하다.
Ella está *gorda*. 그녀는 (지금) 살쪄 있다.

gordura
고르두라
여 비만; 지방

gorila
고릴라
여 [동물] 고릴라

gorra
고르라
여 (차양이 있는) 모자; 두르는 헝겊이 없는 모자(gorro)

gorrión
고르리온
남 [조류] 참새

grabar

gorro 고르로
- 남 두르는 형겊이 없는 모자
- gorro de baño 수영모

gota 고따
- 여 방울, 물방울; 적은 양
- *gota* de agua 물방울
- *gotas* de rocio 이슬 방울
- *gota* a *gota* 한 방울씩 한 방울씩; 조금씩 조금씩

gotear 고떼아르
- 자 방울져 떨어지다, 똑똑 떨어지다

gotera 고떼라
- 여 비가 샘, 비가 새는 곳

gótico, ca 고띠꼬, 까
- 형 고딕식의; [문학] 고딕풍의; 고트족(族)의
- arquitectura *gótica* 고딕식 건축
- 남 고딕 양식; 고트어(語)
- 여 [인쇄] 고딕 활자; 고딕 서체

gozar 고사르
- 자 즐기다, 기뻐하다, 좋아하다
- g*azar* de ...을 향수(享受)하다
- 타 향수하다; (여성과) 육체 관계를 가지다
- *gozarse* en ...을 즐거워하다
- 직·부정 과거: go*c*é, gozaste, gozó, gozamos, gozasteis, gozaron
- 접·현재: go*c*e, go*c*es, go*c*e, go*c*emos, go*c*éis, go*c*en

gozo 고소
- 남 기쁨, 즐거움, 향락

grabación 그라바시온
- 여 수록, 녹음, 취입; 녹화

grabado 그라바도
- 남 제판; 판화; 삽화; (레코드 등의) 취입

grabador, ra 그라바도르, 라
- 형 새기는, 조각하는
- 남 여 판화가; [컴퓨터] 데이터 입력자
- 여 테이프 리코더; [방송] 여자 리포터

grabar 그라바르
- 타 조각하다, 새기다; 수록하다, 녹음하다; 녹화하다; [컴퓨터] 데이터를 입력하다
- 자 [+en] (...에) 새기다

grabar en madera 나무에 새기다

gracia
그라시아

여 (하나님의) 은총, 은혜; 호의, 총애; 은사(恩赦); 기품, 우미(優美), 우아함; 매력, 재능
여복 감사, 감사합니다
dar (las) *gracias* a *uno*
...에게 감사하다
Gracias por su amabilidad.
친절에 감사드립니다.
Muchas *gracias*.
대단히 고맙습니다.

gracioso, sa
그라시오소, 사

형 사랑스러운, 우아한; 매력적인; 재치있는, 익살스러운; 무료의

grada
그라다

여 (계단의) 단; 복 (입구 등의) 계단; 계단석, 관람석

gradación
그라다시온

여 단계

grado
그라도

남 정도, 단계; ...도(度); 학위; 학년
alumno de segundo *grado* 2학년생

graduación
그라두아시온

여 (대학의) 졸업, 학위 수여[취득]; 조절, 측정; 도수(度數); 알코올 도; (군대의) 계급
ceremonia de *graduación* 졸업식

graduado, da
그라두아도, 다

형 졸업한
남여 졸업생
graduado escolar 중졸자

gradual
그라두알

형 단계적인, 점진적인

gradualmente
그라두알멘떼

부 단계적으로, 점진적으로, 점차

graduando, da
그라두안도, 다

남여 (대학의) 새 졸업자, 졸업 후보생

graduar
그라두아르

타 조절하다; 측정하다; 승진시키다; 점증[점감]시키다
graduar la temperatura
온도를 조절하다
graduar la vista

시력을 측정하다
graduarse de
...를 졸업하다; 학위를 얻다
graduarse de la Universidad
대학교를 졸업하다
graduarse de licenciado en letras
문학사 학위를 받다

gráfica
그라피까
여 그래프, 도표; 도형

gráficamente
그라피까멘떼
부 그래프[도표]로

gráfico
그라피꼬
남 =**gráfica**

gráfico, ca
그라피꼬, 까
형 그래프[도형·사진·기호]로 표시된

gramática
그라마띠까
여 문법(文法)
gramática española 스페인어 문법

gramatical
그라마띠깔
형 문법의

gramático, ca
그라마띠꼬, 까
형 문법의
남 여 문법 학자

gramo
그라모
남 [무게의 단위] 그램

gramófono
그라모포노
남 여 축음기

gran
그란
형 grande의 de 탈락형. ☞**grande**

granada
그라나다
여 [과실] 석류
granada de mano 수류탄

Granada
그라나다
여 [국명] 그라나다; [지명] 그라나다
((안달루시아 지방의 주 및 주도))

granadino, na
그라나디노, 나
형 그라나다의
남 여 그라나다 사람
여 그라나다 ((그라나다의 민요))

granado, da 그라나도, 다
- 형 우수한, 빼어난; 성숙한; 노련한

granar 그라나르
- 자 [식물] 여물다; (사람이) 성숙하다

grande 그란데
- 형 [단수 명사 앞에서는 gran이 된다] 큰 (반 pequeño; 비교급 mayor); 넓은; 높은; 어른의; 위대한
  - edificio *grande* 큰 건물
  - habitacón *grande* 큰 방, 넓은 방
  - árbol *grande* 큰 나무
  - *gran* ciudad 대도시
  - *gran* hombre 위인, 위대한 사람
  - *gran* mujer 위인, 위대한 여자
- 남 여 신분이 높은 사람, 고관

grandemente 그란데멘떼
- 부 크게, 몹시, 극도로

grandeza 그란데사
- 여 큰 것; 위대함; 권세; 고결함

grandiosidad 그란디오시닫
- 여 장대함, 웅대함, 당당함

grandioso, sa 그란디오소, 사
- 형 장대한, 웅대한, 당당한

graneado, da 그라네아도, 다
- 형 낟알 모양의; 반점이 있는

granel (a) 그라넬 (아)
- 부 포장하지 않은 채로; 낱개로
  - vender el jabón a *granel* 비누를 낱게로 팔다

granero 그라네로
- 남 곡물 창고; 곡창 지대

granizar 그라니사르
- 자 우박이 내리다

granizo 그라니소
- 남 [기상] 우박

granja 그랑하
- 여 농장, 농원; (가축의) 사육장

gratuito, ta

granjero, ra
그랑헤로, 라
남 여 농장 노동자

grano
그라노
남 (곡물의) 낟알; 곡물; 여드름, 발진

granoso, sa
그라노소, 사
형 좁쌀알 같은 것이 돋아난

granular
그라눌라르
형 낟알 모양의
타 알갱이로 만들다

grapadora
그라빠도라
여 호치키스

grapar
그라빠르
타 호치키스로 박다

grasa
그라사
여 기름(기), 지방(脂肪); 기름때

grasiento, ta
그라시엔또, 따
형 기름기[지방분]이 많은

graso, sa
그라소, 사
형 지방질의; 지방분이 많은

gratificación
그라띠피까시온
여 보답; 사례금, 팁

gratificar
그라띠피까르
타 보답하다; 상여금[수당]을 주다

gratis
그라띠스
부 무료로, 무보수로; 공짜로
viajar *gratis* 공짜로 여행하다
형 무료의
pase *gratis* 무료 입장권

gratitud
그라띠뚣
여 감사, 사의(謝意)

grato, ta
그라또, 따
형 즐거운, 기쁜, 유쾌한; 무료의

gratuitamente
그라뚜이따멘떼
부 무료로, 거저, 공짜로

gratuito, ta
그라뚜이또, 따
형 무료의, 무상의; 근거가 없는
billete *gratuito* 무료 입장권
servicio *gratuito* 무료 봉사

gravamen
그라바멘
남 부담; 세금, 과징표

gravar
그라바르
타 (...에) 부담을 주다; 과세하다

grave
그라베
형 중대한, 심각한; 중태의; 엄숙한; 저음(低音)의
error *grave* 중대한 잘못

gravedad
그라베닫
여 중대함, 심각함; 중태; [물리] 중력

gravemente
그라베멘떼
부 대단히, 몹시, 심히, 매우

gravímetro
그라비메뜨로
남 중력계

gravitación
그라비따시온
여 [물리] 중력, 인력
gravitación universal 만유 인력

gravitacional
그라비따시오날
남 중력의

gravitar
그라비따르
자 인력에 끌리다; 부담을 주다

Grecia
그레시아
여 [국명] 그리스, 희랍

greco, ca
그레꼬, 까
형 남 여 =**griego**

grecorromano, na
그레꼬르로마노, 나
형 그리스-로마의

greda
그레다
여 점토(粘土)

gredal
그레달
남 점토 채취장

gredoso, sa
그레도소, 사
형 점토질의

green
그린
남 [골프] 그린

gremial
그레미알
형 동업 조합의; 길드의

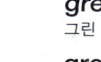

grúa

gremio
그레미오
📘 동업 조합, 동업자 단체; [역사] 길드

griego, ga
그리에고, 가
📗 그리스(Grecia)(인·어)의; 그리스 정교(正敎)의
📘 📙 그리스인
📘 그리스어

grieta
그리에따
📙 균열, 틈, 갈라진 금; 손발이 틈

grifería
그리페리아
📙 급수 조절 장치

grifo
그리포
📘 수도꼭지

grillo
그리요
📘 [곤충] 귀뚜라미

gripe
그리뻬
📙 유행성 감기, 인플루엔자
coger la *gripe* 감기에 걸리다

gris
그리스
📗 잿빛의, 회색의
📘 잿빛, 회색

grita
그리따
📙 항의의 절규, 노호(怒號)

gritar
그리따르
📘 외치다, 소리치다, 절규하다
📗 큰 소리로 말하다

grito
그리또
📘 외침, 절규, 큰 소리
dar un *grito* 소리치다, 외치다
lanzar un *grito* 비명을 지르다

grosería
그로세리아
📙 촌스럽고 천함, 버릇없음, 무례

grosero, ra
그로세로, 라
📗 촌스럽고 천한, 버릇없는, 무례한; 조잡한
📘 📙 촌스러운 사람, 버릇없는 사람

grosor
그로소르
📘 두께, 굵기

grotesco, ca
그로떼스꼬, 까
📗 괴상한, 괴이한; 우스꽝스러운; [미술] 그로테스크풍의

grúa
그루아
📙 기중기; 레커 차

grueso, sa
그루에소, 사
- 형 두꺼운, 굵은, 살찐; 큰
- 부 두껍게, 크게
- 남 두께; [군사] 본대, 주력

grulla
그루야
- 여 [조류] 학(鶴)

gruñido
그루니이도
- 남 돼지의 꿀꿀거리는 소리; 불평

gruñir
그루니이르
- 자 타 돼지가 꿀꿀거리다; 툴툴거리다

grupa
그루빠
- 여 (말 등의) 궁둥이

grupo
그루뽀
- 남 집단, 단체, 그룹; (혈액의) 형
- grupo de presión 압력 단체
- *en grupo* 단체로, 집단으로
- viaje *en grupo* 단체 여행

gruta
그루따
- 여 동굴

guadaña
구아다냐
- 여 (자루가 긴) 낫

guagua
구아구아
- 여 ((주로 카나리아 섬들과 꾸바)) 버스 (autobús); ((남미)) 갓난아이

guanabana
구아나바나
- 여 [과실] 구아나바나 ((단맛이 나는 열매))

guanaco, ca
구아나꼬, 까
- 남 여 [동물] 구아나꼬 ((남미의 야마의 일종))

guano
구아노
- 남 구아노 ((바닷새의 똥이 퇴적된 것, 비료))

guante
구안떼
- 남 장갑; (야구·권투 등의) 글러브
- ponerse (los) *guantes* 장갑을 끼다
- quitarse (los) *guantes* 장갑을 벗다

guapo, pa
구아뽀, 빠
- 형 잘생긴, 예쁜, 고운
- 남 여 미남, 미녀

guaraní
구아라니
- 형 구아라니족의
- 남 여 구아라니족 (사람)
- 남 구아라니어 ((빠라구아이의 공용어의 하

나)); 구아라니 ((빠라구아이의 화폐 단위))

guarda
구아르다
- 남 여 파수꾼, 관리인, 경비원; 감시원
- 여 보관, 보존; 보호, 후견

guardacoches
구아르다꼬체스
- 남 단 복 주차장 경비원

guardar
구아르다르
- 타 지키다, 준수하다; 망보다, 경비하다; 보관하다, 보존하다; [컴퓨터] 보존하다
- *guardar* la casa 집을 지키다
- *guardar* la ley 법을 지키다
- **guardarse** 자신을 지키다

guardarropa
구아르다르로빠
- 남 휴대품 보관소; 옷장, 양복장

guardería
구아르데리아
- 여 탁아소, 보육원

guardia
구아르디아
- 여 감시, 경비; 당직; [집합 명사] 위병; 경비대
- médico de *guardia* 당직 의사
- montar (la) *guardia*
- entrar de *guardia* 경비를 서다
- 남 여 경비대원; 경찰관; 경비원
- *guardia* de tráfico 교통 경찰관

guardián, diana
구아르디안, 디아나
- 남 여 파수꾼, 관리인, 감시원, 경비원

guarecer
구아레세르
- 타 보호하다
- **guarecerse de** …에서 피(난)하다

guarnecer
구아르네세르
- 타 장식하다, 꾸미다, 대다; 갓을 두르다

guarnición
구아르니시온
- 여 꾸밈, 장식; [요리] 곁들임, 술안주
- 여 복 마구 (한 벌)

Guatemala
구아떼말라
- 여 [국명·지명] 구아떼말라, 과테말라

guatemalteco, ca
구아떼말떼꼬, 까
- 형 구아떼말라(인)의
- 남 여 구아떼말라 사람

gubernamental
구베르나멘딸
⬛형 정부의, 통치의, 행정의, 정부 지지의
autoridades *gubernamentales*
정부 당국
partido *gubernamental* 여당

gubernativo, va
고베르나띠보, 바
⬛형 정부의

guerra
게르라
⬛여 전쟁, 싸움
guerra comercial 무역 전쟁
guerra santa 성전(聖戰)
huérfano de *guerra* 전쟁 고아
Primera *Guerra* Munidal
제1차 세계 대전
Segunda *Guerra* Mundial
제2차 세계 대전

guerrero, ra
게르레로, 라
⬛남 ⬛여 전사(戰士)

guerrilla
게르리야
⬛여 게릴라 (부대); 게릴라전

guerrillero, ra
게르리예로, 라
⬛남 ⬛여 게릴라병

gueto
게또
⬛남 (유대인 등의) 거주 지구

guía
기아
⬛여 안내, 안내서, 가이드북
guía turística 관광 안내
guía telefónica 전화 번호부
⬛남 ⬛여 안내원, 가이드; 지도자; 향도
guía turístico 관광 안내원

guiar
기아르
⬛타 안내하다; 운전하다; 지도하다
guiar al asiento 자리로 안내하다
guiar el coche 차를 운전하다
직·현재: guío, guías, guía, guiamos, guiáis, guían
접·현재: guíe, guíes, guíe, guiemos, guiéis, guíen

guija
기하
⬛여 돌멩이, 조약돌

guitarrero, ra

guijarro
기하르로
남 (하천 등의) 둥근 돌맹이, 자갈

guillotina
기요띠나
여 단두대, 기요틴; (종이 등의) 재단기

guindilla
긴디야
여 [식물] 긴디야 ((고추의 일종))

guineo
기네오
남 [식물] 기네오
((카리브 여러 나라 산의 바나나의 일종))

guiñar
기냐르
타 눈짓하다, 윙크하다
guiñarse 서로 눈짓하다

guiño
기뇨
남 눈짓, 윙크
dar un *guiño* 눈짓하다, 윙크하다

guión
기온
남 (영화나 텔레비전의) 시나리오, 대본; [문법] 하이픈 (-)

guionista
기오니스따
남 여 시나리오 작가

guisado
기사도
남 스튜, 삶은 것, 요리

guisante
기산떼
남 [식물] 완두; 완두콩

guisar
기사르
타 자 요리하다, 푹 끓이다[삶다]

guiso
기소
남 [요리] 스튜, 푹 삶은 요리

güisqui
구이스끼
남 위스키

guitarra
기따라
여 기타
guitarra eléctrica 전기 기타
tocar la *guitarra* 기타를 치다
남 여 기타 연주가(guitarrista)

guitarreo
기따르레오
남 기타의 단조로운 연주

guitarrería
기따르레리아
여 기타점(店)[제조 공장]

guitarrero, ra
기따르레로, 라
남 여 기타 제조자[판매자]

guitarrillo
기따르리요
남 네 줄 소형 기타

guitarrista
기따르리스따
남 여 기타 연주가, 기타리스트

gula
굴라
여 많이 먹음, 폭식
comer con *gula* 걸신들린 듯이 먹다

gusano
구사노
남 벌레, 구더기, 송충이, 모충
gusano de seda 누에
gusano de tierra 지렁이

gustar
구스따르
자 좋아하다, 마음에 들다 ((주어가 동사 뒤에 온다))
Me *gusta* la música latina.
나는 라틴 뮤직을 좋아한다.
No le *gustan* los toros.
그는 투우를 좋아하지 않는다.
¿Le *gusta* la comida coreana?
–Sí, me *gusta* mucho.
한국 음식 좋아하십니까?
–예, 무척 좋아합니다.
타 (음식 등의) 맛을 보다, 맛보다; 경험하다, 맛보다
gustar la sopa 국을 맛보다
gustar el peligro 위험을 맛보다

gustillo
구스띠요
남 뒷맛; 쾌감
tener un *gustillo* amargo
뒷맛이 쓰다

gusto
구스또
남 맛, 풍미(風味); 미각; 기쁨, 즐거움, 만족; 기호, 취미, 미적 감각
persona con mucho *gusto*
취미가 많은 사람
con *gusto* a queso
치즈 맛의
tener buen *gusto*
맛이 있다[좋다]; 취미가 좋다
tener mal *gusto*
맛이 없다[나쁘다], 취미가 나쁘다

tener un gusto agrio
신맛이 있다, (맛이) 시다
con mucho gusto
기꺼이
Te ayudaré *con mucho gusto*.
당신을 기꺼이 도와 드리겠습니다.
tener mucho gusto en + 동사 원형
...하게 되어 무척 기쁘다
Tengo mucho gusto en conocerle.
당신을 알게 되어 무척 기쁩니다.
처음 뵙겠습니다.
Mucho gusto.
(초면에) 처음 뵙겠습니다.
(헤어지면서) 반가웠습니다.

gustosamente
구스또사멘떼
⟨부⟩ 기꺼이, 즐겁게, 진심으로

gustoso, sa
구스또소, 사
⟨형⟩ 맛있는(sabroso, rico, delicioso); 즐거운, 기쁜

gutural
구뚜랄
⟨형⟩ 목구멍의, 목구멍에서 나오는; 후음(喉音)의
consonante *gutural*
후음 자음
⟨여⟩ 후음 자음(喉音子音)

H

h
아체

여 아체 ((스페인어 자모의 아홉 번째 문자))

ha
아

haber의 직설법 현재 3인칭 단수

haba
아바

여 [식물] 잠두, 잠두콩, 누에콩

habanero, ra
아바네로, 라

형 남 여 =**habano**
여 [음악·무용] 하바네라

habano, na
아바노, 나

형 아바나(La Habana, 꾸바의 수도)의; 꾸바(Cuba)의
남 여 아바나 사람
남 (꾸바산의) 여송연, 엽궐련

haber
아베르

타 [직설법 현재형 hay] …이 있다
Delante de la casa *hay* un coche.
집앞에 차가 한 대 있다.
Había unos niños en el patio.
뜰에 아이들이 몇 명 있었다.
Anoche *hubo* un incendio.
간밤에 화재가 있었다.
조 [+과거 분사 = 완료형]
Esta mañana me *he* levantado tarde.
나는 오늘 아침 늦게 일어났다.
Había llovido hasta ayer.
어제까지 비가 내렸었다.
Habré vuelto a casa para mañana.
나는 내일까지는 귀가하겠다.
남 [주로 복] 재산; 급료(給料); [상업] 대변; 자산(資産); 장점(長點)
cobrar [percibir] sus *haberes*
급료를 받다

hay que + 동사 원형

...해야 한다, ...하지 않으면 안된다
Hay que trabajar mucho.
(사람들은) 일을 많이 해야 한다.
※ hay que는 일반적인 것을, tener que는 주위의 상황에 의한 의무·필요성을 요함. 특히 tener que는 인칭 주어를 쓸 경우에 쓰임. ☞tener

habichuela
아비추엘라
여 강낭콩(judía)

habiente
아비엔떼
형 [법률] 소유하고 있는

hábil
아빌
형 솜씨가 좋은, 능숙한; 유능한; 생활력이 있는; (장소가) 적당한; 자격이 있는; 유효한

habilidad
아빌리닫
여 교묘함, 숙달; 능력; 솜씨
bailar con mucha *habilidad*
아주 능숙하게 춤추다

hábilmente
아빌멘떼
부 솜씨 좋게, 능숙하게, 교묘히

habitación
아비따시온
여 방, 침실; 거주, 주거; (동식물의) 서식지(棲息地)
habitación sencilla 싱글, 1인용 방
habitación doble 트윈, 2인용 방
habitación de matrimonio 부부용 방
¿Tienen ustedes *habitaciones* libres?
(호텔에서) 빈 방 있습니까?
En mi casa hay tres *habitaciones*.
내 집에는 방이 셋 있다.

habitante
아비딴떼
남 주민, 거주자; 서식 동물

habitar
아비따르
자 타 살다, 거주하다; 서식하다

hábitat
아비딷
남 (동식물의) 서식 환경, 서식지; (인간의) 거주 양식; 거주 조건, 주거

hábito
아비또
남 관습, 습관, 벽(costumbre); 수도복

habitual
아비뚜알
형 습관적인, 상습적인

habitualmente
아비뚜알멘떼
부 습관적으로, 상습적으로

habituar
아비뚜아르
타 (…에) 익도록 하다, 순응시키다
habituarse 익다, 길들다, 익숙해지다

habla
아블라
여 언어 능력; 말, 언어; 말하는 법
※ 주의: *el* habla → *las* hablas

hablador, ra
아블라도르, 라
형 수다스러운, 말하기 좋아하는
남 여 수다쟁이

hablante
아블란떼
남 여 말하는 사람; 화자(話者)

hablar
아블라르
자 말하다; 이야기하다
Hablamos en español.
우리는 스페인어로 말한다.
Vamos a *hablar de*l viaje.
여행에 대해 이야기합시다.
hablando con franqueza
솔직히 말해서

타 말하다
saber *hablar* inglés
영어를 할 줄 알다
Ella *habla* español muy bien.
=Ella *habla* muy bien el español.
그녀는 스페인어를 아주 잘 한다
hablarse 서로 이야기하다

hacedor, ra
아세도르, 라
남 여 작자(作者), 만드는 사람

hacendado, da
아센다도, 다
형 남 여 지주(의), 농장주(의)

hacer
아세르
타 만들다; 하다, 행하다
hacer muebles 가구를 만들다
hacer un programa de TV
TV의 프로그램을 만들다
hacer una regla 규칙을 만들다

no *hacer* nada 아무 것도 안 하다
¿Qué *haces* aquí? 여기서 뭐 하니?
② [사역 동사, +동사 원형] ...하게 하다
hacer venir a *su* amigo
친구를 오게 하다
hacer callar 조용하게 하다
③ [단인칭 동사]
㉮ [날씨] *Hace* calor [frío].
날씨가 덥다[춥다].
㉯ [시간] [+que+직설법]
...한 지 ...되었다.
...전부터 ...하고 있다
Hace mucho tiempo *que* no le veo.
당신을 뵙지 못한 지가 오래 됐습니다.
㉰ [전치사적으로] ...전에
desde *hace* ...전부터
Hace una hora vine aquí.
한 시간 전에 나는 이곳에 왔다.
자 하다, 행하다
Haz como quieras.
하고 싶은 대로 해라.
hacerse 만들어지다; 성장하다; ...이 되다
hacerse médico 의사가 되다
hacerse famoso 유명해지다
El pan *se hace* de trigo.
빵은 밀로 만든다
직 · 현재 : hago, haces, hace, hacemos, hacéis, hacen
직 · 부정 과거 : hice, hiciste, hizo, hicimos, hicisteis, hicieron
직 · 미래 : haré, harás, hará, haremos, haréis, harán
접 · 현재 : haga, hagas, haga, hagamos, hagáis, hagan

hacha
아차

여 [연장] 도끼
※ 주의: *el* hacha → *las* hachas

hache
아체
여 아체 ((문자 h의 명칭))

hacia
아시아
전 ...쪽으로; ...쪽에; ...경에, 쯤에
hacia mí 내 쪽으로
hacia mi tierra 고향 쪽으로
hacia las cinco 다섯 시 경에
morir *hacia* 1950 1950년 경에 죽다

hacienda
아시엔다
여 농장, 농원; 재산; 재무부
Ministerio de *Hacienda* 재무부
ministro de *Hacienda* 재무부 장관

hada
아다
여 선녀, 요정(妖精)
※ 주의: *el* hada → las hadas

haitiano, na
아이띠아노, 나
형 아이티(Haití)(인)의
남 여 아이티 사람

halcón
알꼰
남 [조류] 매; [정치] 매파(派)

hallado, da
아야도, 다
형 발견된
cosa *hallada* 습득물

hallar
아야르
타 발견하다, 찾아내다; 발명하다
hallar un libro antiguo
오래된 책을 찾아내다
hallar un país desconocido
미지의 나라를 발견하다
hallar un nuevo mecanismo
새로운 장치를 발명하다
hallarse 있다
Ella no se *halla* en casa.
그녀는 집에 없다.

hallazgo
아야스고
남 습득, 습득물

halo
알로
남 (태양·달의) 무리

haltera
알떼라
여 아령(啞鈴)

harén

hamaca
아마까
여 해먹, 그물그네

hambre
암브레
여 공복, 공복감; 기아; 갈망
tener *hambre* 배가 고프다
satisfacer *hambre* 공복을 채우다
quejarse de *hambre* 공복을 호소하다
Tengo mucha *hambre*.
나는 무척 배가 고프다.
¿Tienes *hambre*?
– Sí, tengo *hambre*.
– No, no tengo *hambre*.
배고프니?
– 응, 배고파?
– 아니, 배고프지 않아.
※ 주의: *el* hambre

hambriento, ta
암브리엔또, 따
형 남 여 배고픈 (사람), 굶주린 (사람)

hamburguesa
암부르게사
여 햄버거

hamburguesería
암부르게세리아
여 햄버거 가게, 햄버거집

handicap
한디깝
남 핸디캡

haragán, gana
하라간, 가나
형 나태한, 게으른
남 여 게으름뱅이

harapiento, ta
아라삐엔또, 따
형 누더기를 걸친

harapo
아라뽀
남 넝마, 누더기

hardware
하드웨어
남 하드웨어

harem
아렘
남 =**harén**

harén
아렌
남 하렘 ((이슬람교도의 집의 아내들의 방))

harina
아리나

형 밀가루; (곡물의) 가루

harinero, ra
아리네로, 라

여 밀가루의
남 여 제분 업자

harmonía
아르모니아

여 =**armonía**

harpa
아르빠

여 =**arpa**

hartada
아르따다

여 만복, 포식

hartar
아르따르

타 [+de] (...로) 포식시키다
hartar de asados 불고기로 포식하다
hartarse 포식하다, 실컷 먹다

harto, ta
아르또, 따

형 배부른, 포식한; 물린, 싫증이 난
estar *harto de* comer sopa
국을 배불리 먹다
Estoy *harto*.
[권유할 때] 많이 먹었습니다.

hasta
아스따

전 ...까지
hasta la terminal de autobuses
버스 터미널까지
hasta mañana 내일까지
hasta el fin de semana 주말까지
hasta las once de la mañana
오전 11시까지
Hasta luego. 나중에 봅시다.
Hasta mañana. 내일 만납시다.
(많은 나라에서) 나중에 만납시다.
Hasta el viernes. 금요일에 만나자.
Hasta el día 10. 10일에 만납시다.
Hasta la semana que viene.
다음 주에 만납시다.

haz¹
아스

남 (땔감 등의) 다발

haz²
아스

hacer의 2인칭 단수 명령형: 해라
Hazlo para mañana.

늦어도 내일까지는 그 일을 해라.

hazaña
아사냐
여 위업, 수훈, 공로, 공적

he
에
haber의 직설법 현재 1인칭 단수

hebra
에브라
여 섬유; 실

hebreo, a
에브레오, 아
형 히브리의
남여 히브리 사람
남 히브리어

hechicería
에치세리아
여 주술, 마술

hechicero, ra
에치세로, 라
형 마력을 가진, 매혹적인
남여 마술사, 주술사

hecho
에초
남 사실; 일; 행위; 복 훈공, 위업
hecho consumado 기성 사실

hecho, cha
에초, 차
형 만들어진, 행해진; 성숙한
película muy bien *hecha*
아주 잘 만들어진 영화

hechura
에추라
여 제작, 가공; 만드는 법; 작품

hectárea
엑따레아
여 [면적의 단위] 헥타르

hediondez
에디온데스
여 악취, 썩은 냄새

hediondo, da
에디온도, 다
형 역겨운, 고약한 냄새가 나는

hedor
에도르
남 악취, 썩은 냄새

hegemonía
에헤모니아
여 주도권, 헤게모니; 패권, 맹주권

hegemónico, ca
에헤모니꼬, 까
형 패권주의적인

hégira
에히라
여 =**héjira**

héjira
에히라
여 헤지라, 회교 기원

helada
엘라다
여 빙점하의 기온, 결빙; 서리

heladera
엘라데라
여 아이스크림 제조기; ((남미)) 냉장고

heladería
엘라데리아
여 아이스크림 가게; 얼음과자 제조업

heladero, ra
엘라데로, 라
남 여 아이스크림 장수

helado
엘라도
남 아이스크림, 얼음과자
tomar un *helado* 아이스크림을 먹다

helar
엘라르
타 얼리다, 얼게 하다, 동결시키다
자 기온이 빙점 아래로 내려가다
helarse 얼다, 동결되다
Se ha helado el río. 강물이 얼었다.

helenismo
엘레니스모
남 [역사] 헬레니즘

hélice
엘리세
여 프로펠러, 추진기
avión de *hélice* 프로펠러기

helvético, ca
엘베띠꼬, 까
형 스위스(인)의
남 여 스위스 사람(suizo)

hematíe
에마띠에
남 적혈구

hematites
에마띠떼스
여 단 복 [광물] 적철광

hembra
엠브라
여 암컷; 여성
형 암컷의

hemiciclo
에미시끌로
남 반원(형)

hemisferio
에미스페리오
남 반구(半球)
hemisferio norte [boreal] 북반구
hemisferio sur [austral] 남반구

hemofilia
에모필리아
여 [의학] 혈우병

heredad

hemofílico, ca 에모필리꼬, 까
- 형 혈우병의
- 남 여 혈우병 환자

hemoglobina 에모글로비나
- 여 헤모글로빈

hemorragia 에모르라히아
- 여 [의학] 출혈
- *hemorragia* cerebral 뇌일혈

hemorrágico, ca 에모르라히꼬, 까
- 형 출혈하는, 출혈성의

hender 엔데르
- 타 나누다, 쪼개다, 가르다

hendidura 엔디두라
- 여 갈라진 금, 균열

henequén 에네껜
- 남 [식물] 용설란

henil 에닐
- 남 건초(heno) 저장소

heno 에노
- 남 건초(乾草)

hepático, ca 에빠띠꼬, 까
- 형 간장(肝臟)의
- 남 여 간장병 환자

hepatitis 에빠띠띠스
- 여 [의학] 간염
- *hepatitis* B 비형 간염

heptaedro 엡따에드로
- 남 [수학] 칠면체

heptagonal 엡따고날
- 형 [수학] 칠각형의

heptágono, na 엡따고노, 나
- 형 남 칠각형(의)

hércules 에르꿀레스
- 남 괴력의 남자

Hércules 에르꿀레스
- 남 [신화] 헤라클레스

heredable 에레다블레
- 형 상속[계승] 가능한

heredad 에레닫
- 여 (가산을 포함한) 소유지

heredar
에레다르
타 (재산을) 상속하다; 계승하다
자 재산을 상속하다

heredero, ra
에레데로, 라
형 상속하는
남 여 상속인; 계승자, 후계자

hereditario, ria
에레디따리오, 리아
형 세습(제)의, 상속의; 유전성의

hereje
에레헤
남 여 이단자

herejía
에레히아
여 이단(異端); 이설(異說); 모욕

herencia
에렌시아
여 유산, 상속 재산
disputa sobre la *herencia* 상속 싸움

herida
에리다
여 부상(負傷)
herida contusa 타박상

herido, da
에리도, 다
형 다친, 부상당한
남 여 부상자

herir
에리르
타 상처를 입히다; (눈·귀에) 고통을 주다
herirse 다치다, 부상당하다
Me *herí* (en) la pierna al caerme.
나는 넘어질 때 다리를 다쳤다.

hermanar
에르마나르
타 (적절히) 배합[배열]하다; 짝을 이루다
hermanarse 우호 관계를 맺다

hermanastro, tra
에르마나스뜨로, 뜨라
남 여 이복 형제[자매]

hermandad
에르만닫
여 형제애, 우애

hermanito, ta
에르마니또, 따
남 여 형제, 자매 ((hermano의 애칭))

hermano, na
에르마노, 나
남 여 형제, 자매; 형님, 오빠; 동생; 동지; 수도사, 수도녀; 믿음의 형제
hermano mayor (큰)형, 오빠
hermana mayor (큰)누이, 언니
hermana menor 여동생

hermosamente
에르모사멘떼
부 아름답게, 예쁘게

hervido, da

hermoseamiento 에르모세아미엔또
남 미화(美化)

hermosear 에르모세아르
타 아름답게 꾸미다[장식하다]

hermoso, sa 에르모소, 사
형 아름다운, 예쁜, 고운 (반 feo)
mujer *hermosa* 미녀
paisaje *hermoso* 아름다운 경치

hermosura 에르모수라
여 아름다움, 미(美); 미인, 미녀
concurso de *hermosura* 미인 대회

hernia 에르니아
여 [의학] 헤르니아

herniado, da 에르니아도, 다
형 헤르니아에 걸린
남여 헤르니아 환자

héroe 에로에
남 영웅, 용사 (여 heroína); 주인공, 주역

heroico, ca 에로이꼬, 까
형 영웅적인, 영웅의; 대담한

heroína 에로이나
여 여자 영웅, 여걸; 여주인공; [화학] 헤로인

heroinómano, na 에로이노마노, 나
형 헤로인 중독의
남여 헤로인 중독자

heroísmo 에로이스모
남 영웅적 행위, 영웅 정신

herradura 에르라두라
여 편자, 말편자

herramienta 에르라미엔따
여 공구(工具); 도구(道具)

herrería 에르레리아
여 대장간, 철공소

herrero, ra 에르레로, 라
남여 대장장이

hertzio 에르치오
남 [진동수·주파수의 단위] 헤르츠

hervido, da 에르비도, 다
형 펄펄 끓인
huevo *hervido* 삶은 달걀

hervir
에르비르
⟨자⟩ 끓다, 펄펄 끓어 오르다; 비등하다
El agua *hierve*. 물이 끓는다.
⟨타⟩ 끓게 하다, 끓이다

hervor
에르보르
⟨남⟩ 비등; 흥분, 발광

heterodoxo, xa
에떼로독소, 사
⟨형⟩ 이단의
⟨남⟩⟨여⟩ 이단자

hibernación
이베르나시온
⟨여⟩ 동면(冬眠)

hibernal
이베르날
⟨형⟩ 겨울의(invernal)

hibernar
이베르나르
⟨자⟩ 동면하다
⟨타⟩ 인공 동면시키다; 냉동 보존하다

hice
이세
hacer의 직설법 부정 과거 1인칭 단수: 나는 …을 했다[만들었다]

hidalgo
이달고
⟨남⟩ 향사(鄕士), 시골 양반
⟨복⟩ *hijosdalgo*

hidráulico, ca
이드라울리꼬, 까
⟨형⟩ 수력(水力)의; 수리(水利)에 관한
energía *hidráulica* 수력(水力)

hidroavión
이드로아비온
⟨남⟩ 수상 비행기

hidroelectricidad
이드로엘렉뜨리시닫
⟨여⟩ 수력 전기

hidroeléctrico, ca
이드로엘렉뜨리꼬, 까
⟨형⟩ 수력 전기의

hidrógeno
이드로헤노
⟨남⟩ 수소(水素)

hiel
이엘
⟨여⟩ (동물의) 담즙, 쓸개즙

hielo
이엘로
⟨남⟩ 얼음

hiena
이에나
⟨여⟩ [동물] 하이에나

hierba
이에르바
⟨여⟩ (풀: 초본(草本); ((남미)) 마떼차
hierba artificial 인공 잔디

hierbas medicinales 약초

hierbabuena
이에르바부에나
여 [식물] 박하(menta)

hierro
이에르로
남 철(鐵)
barra de *hierro* 철봉

hígado
이가도
남 [해부] 간장(肝臟)
mal de *hígado* 간장병

higiene
이히에네
여 위생; 위생학; 보건학
higiene pública 공중 위생

higiénico, ca
이히에니꼬, 까
형 위생의, 위생적인

higienista
이히에니스따
형 위생학의
남여 위생사

higo
이고
남 [과실] 무화과

higuera
이게라
여 [식물] 무화과나무

higueral
이게랄
남 무화과 밭

hijastro, tra
이하스뜨로, 뜨라
남여 의붓아들, 의붓딸; 의붓자식

hijo, ja
이호, 하
남여 아들, 딸
el *hijo* mayor 장남
el *hijo* menor 막내아들
el *hijo* único 독자, 외아들
el segundo *hijo* 둘째아들

hilada
일라다
여 열, 줄

hilado
일라도
남 방적(紡績); 실, 원사(原絲)

hilador, ra
일라도르, 라
형 실을 잣는
máquina *hiladora* 방적기
남여 방적공

hilandería
일란데리아
여 방적, 제사(製絲); 방적[제사] 공장

hilandero, ra
일란데로, 라
남 여 방적공

hilar
일라르
타 잣다, (실을) 잣다
자 실을 잣다
máquina de *hilar* 방적기

hilera
일레라
여 연속, 열, 줄

hilo
일로
남 실; 아마포, 리넨

hilván
일반
남 시침질

hilvanado
일바나도
남 시침질

hilvanar
일바나르
타 시침질하다

himalayo, ya
이말라요, 야
형 히말라야 산맥(Himalaya)의

himen
이멘
남 [해부] 처녀막

himeneal
이메네알
형 처녀막의

himno
임노
남 축가, 찬가; 송시(頌詩); [종교] 찬미가
himno nacional 국가
himno de la escuela 교가

himnario
임나리오
남 찬미가집

hincha
인차
남 여 (팀·선수 등의 열광적인) 팬, 서포터

hinchado, da
인차도, 다
형 부픈; 부은; 우쭐하는, 잘난 체하는; 과장된
cara *hinchada* 부은 얼굴
여 [집합 명사] 팬, 응원단

hinchamiento
인차미엔또
남 =**hinchazón**

hinchar
인차르
타 부풀리다, 부풀게 하다; 과장하다; (내용을) 부풀리다
hinchar un balón 공을 부풀리다

hincharse 부풀다; 붓다

hinchazón 인차손
남 부어오름, 부기; 부풀음, 불어남; 과장; 우쭐거림

hindi 인디
남 힌두어

hindú 인두
형 힌두교의
남여 힌두교도

hinduismo 인두이스모
남 힌두교

hinduista 인두이스따
형 힌두교의
남여 힌두교도

hipar 이빠르
자 딸꾹질을 하다

hipérbola 이뻬르볼라
여 [수학] 쌍곡선

hipermercado 이뻬르메르까도
남 (교외에 있는) 대형 슈퍼마켓

hiperpotencia 이뻬르뽀뗀시아
여 초강대국

hipertensión 이뻬르뗀시온
형 [의학] 고혈압

hipertenso, sa 이뻬르뗀소, 사
형 [의학] 고혈압의
남여 [의학] 혈압이 높은 사람

hipertrofia 이뻬르뜨로피아
여 [의학] 비대
hipertrofia cardiaca 심장 비대

hipertrofiarse 이뻬르뜨로피아르세
((재귀)) 비대해지다

hípico, ca 이삐꼬, 까
형 말의; 마술(馬術)의
여 마술 경기; 경마장

hipismo 이삐스모
남 마술(馬術); 마술 경기

hipnosis 입노시스
여 단복 최면 상태

hipnótico, ca 입노띠꼬, 까
형 최면의, 최면술의
남 최면약, 최면제

hipnotismo 입노띠스모	남 최면술
hipnotizable 입노띠사블레	형 최면술에 걸리기 쉬운
hipnotizador, ra 입노띠사도르, 라	형 최면술의 남 여 최면술사
hipnotizar 입노띠사르	타 최면술을 걸다; 도취시키다
hipo 이뽀	남 딸꾹질 tener *hipo* 딸꾹질을 하다
hipocalórico, ca 이뽀깔로리꼬, 까	형 저칼로리의
hipocampo 이뽀깜뽀	남 [동물] 해마
hipocresía 이뽀끄레시아	여 위선(僞善)
hipócrita 이뽀끄리따	형 위선적인 남 여 위선자
hipódromo 이뽀드로모	남 경마장
hipoteca 이뽀떼까	여 (부동산의) 저당(권), 담보
hipotecar 이뽀떼까르	타 (부동산을) 저당잡히다
hipotecario, ria 이뽀떼까리오, 리아	형 저당(권)에 관한
hipotensión 이뽀뗀시온	여 [의학] 저혈압(증)
hipotenso, sa 이뽀뗀소, 사	형 [의학] 저혈압의 남 여 혈압이 낮은 사람
hipótesis 이뽀떼시스	여 가설, 가정; 추측, 억측
hipotético, ca 이뽀떼띠꼬, 까	형 가정의
hippie 이삐	형 남 여 히피(의)

hispanohablante

hippy 이삐
형남여 =**hippie**

hirviente 이르비엔떼
형 부글부글 끓고 있는

Hispania 이스빠니아
여 [역사·지명] 이스빠니아((로마 사람들에 의한 이베리아 반도의 옛이름))

hispánico, ca 이스빠니꼬, 까
형 이스빠니아(Hispania)의; 스페인어권의; 스페인계의
남여 스페인어권의 사람; 스페인계의 사람

hispanidad 이스빠니닫
여 스페인어권 국가들; 스페인계 문화
Día de la *Hispanidad* 민족의 날
((신대륙 발견의 날; 현재의 명칭은 Fiesta Nacional de España))

hispanismo 이스빠니스모
남 스페인어 연구; 스페인계 문화[문학] 연구; 스페인어 특유의 표현

hispanista 이스빠니스따
남여 스페인어[문학] 연구자

hispanización 이스빠니사시온
여 스페인화

hispanizar 이스빠니사르
타 스페인풍으로 하다

hispano, na 이스빠노, 나
형 이스빠니아(Hispania)의; 스페인의; 스페인계의
남여 스페인 사람

Hispanoamérica 이스빠노아메리까
여 [지명] 스페인어권 중남미

hispanoamericanismo 이스빠노아메리까니스모
남 스페인계 아메리카와 스페인 간의 연대; 중남미 특유의 표현

hispanoamericano, na 이스빠노아메리까노, 나
형 스페인계 아메리카의
남여 스페인계 아메리카 사람

hispanohablante 이스빠노아블란떼
형 스페인어권의; 스페인어를 말하는
남여 스페인어권의 사람; 스페인어를 말하는 사람

histamina 이스따미나	여 [생화학] 히스타민
histamínico, ca 이스따미니꼬, 까	형 히스타민의
histeria 이스떼리아	여 [의학] 히스테리
histérico, ca 이스떼리꼬, 까	형 히스테리의; 자궁의 남 여 히스테리 환자
historia 이스또리아	여 역사; 역사학; 역사서; 이야기; 전통, 경력, 내력 *historia* de Corea 한국사
historiador, ra 이스또리아도르, 라	남 여 역사가, 역사 학자
historial 이스또리알	남 경력, 이력; 역사적 기술
historicidad 이스또리시닫	여 역사성; 사실성
historicismo 이스또리시스모	남 역사주의
histórico, ca 이스또리꼬, 까	형 역사적인, 역사학의; 역사상의, 실제의
historieta 이스또리에따	여 만화; (재미있는) 일화
historiografía 이스또리오그라피아	여 정사(正史); 사료 편찬
historiográfico, ca 이스또리오그라피꼬, 까	형 사료 편찬의
historiógrafo, fa 이스또리오그라포, 파	남 여 사료 편찬자
hizo 이소	**hacer**의 직설법 부정 과거 3인칭 복수: 그[그녀·당신]는 했다[만들었다]
hobby 호비	남 취미 por [como] *hobby* 취미로 ¿Cuál es tu *hobby*? 네 취미는 무엇이냐?
hocico 오시꼬	남 (포유 동물의) 콧등, 주둥아리

hockey 호께이	남 [운동] (필드)하키 *hockey* sobre hielo 아이스하키 *hockey* sobre hierba 필드하키
hogar 오가르	남 가정, 집; 가족; 난로; 가정학
hogareño, ña 오가레뇨, 냐	형 가정의, 가정적인
hoguera 오게라	여 화톳불, 모닥불
hoja 오하	여 잎, 나뭇잎; 꽃잎; 엷은 조각; (책·종이의) 한 장; (칼의) 날
hojalata 오할라따	여 양철
hojalatería 오할라떼리아	여 양철 공장[판매점]
hojalatero, ra 오할라떼로, 라	남 여 양철 제조[판매] 업자
hojear 오헤아르	타 (책의) 페이지를 넘기다
hojoso, sa 오호소, 사	형 잎이 많은, 잎이 무성한
hola 올라	감 [부를 때] 여어, 여보세요; ((남미)) [전화] 여보세요
Holanda 올란다	여 [국명] 네덜란드
holandés, desa 올란데스, 데사	형 네덜란드(인·어)의 남 여 네덜란드 사람 남 네덜란드어
holgadamente 올가다멘떼	부 헐겁게, 낙낙하게, 조금 크게
holgado, da 올가도, 다	형 (옷 등이) 헐거운, 낙낙한, 조금 큰; 충분한; (경제적으로) 여유가 있는
holgazán, zana 올가산, 사나	형 게으른, 나태한, 태만한 남 여 게으름뱅이

holgazanear 올가사네아르
자 게으름피우다

holgazanería 올가사네리아
여 게으름, 태만, 나태

hollín 오인
남 그을음, 매연

hombre 옴브레
남 인간, 사람; 인류; 남자 (반 mujer); 성인 남자 ((18세 이상)); 남자다운 남자; 남편; 애인, 정부(情夫); 부하
El *hombre* es mortal.
인간은 죽기 마련이다.
Hombre prevenido vale por dos.
(속담) 유비무환(有備無患)

hombre-mono 옴브레-모노
남 [인류학] 원인(猿人)

hombrera 옴브레라
여 어깨받이; 견장(肩章)

hombrillo 옴브리요
남 [복식] 어깻바대 ((웃옷 등의))

hombro 옴브로
남 어깨
a *hombros* 어깨에 메고

hombruno, na 옴브루노, 나
형 (여자가) 남자 같은

homenaje 오메나헤
남 경의, 칭찬; 경의를 표함

homenajear 오메나헤아르
타 …에게 경의를 표하다

homicida 오미시다
형 살인의
arma *homicida* 흉기
남 여 살인자, 살인범

homicidio 오미시디오
남 살인, 살인죄

homoerótico, ca 오모에로띠꼬, 까
형 동성애(同性愛)의

homosexual 오모섹수알
형 동성애(同性愛)의
남 여 동성애자

homosexualidad 여 동성애
오모섹수알리닫

hondo, da 형 깊은(profundo)
온도, 다 valle *hondo* 깊은 계곡

Honduras 남 [국명] 온두라스
온두라스

hondureño, ña 형 온두라스(인)의
온두레뇨, 냐 남 여 온두라스 사람

honestamente 부 정직하게, 성실하게
오네스따멘떼

honestidad 여 정직, 성실
오네스띠닫

honesto, ta 형 예의가 바른; 정직한, 성실한
오네스또, 따

hongo 남 [식물] 버섯; [의학] 진균(眞菌)
옹고 남 복 균류(菌類)

honor 남 명예, 체면; 영예, 명성; 신의
오노르 ciudadano de *honor* 명예 시민
 miembro de *honor* 명예 회원

honorable 형 존경할 만한, 훌륭한
오노라블레

honorario, ria 형 명예직의
오노라리오, 리아 cónsul *honorario* 명예 영사
 miembro *honorario* 명예 회원
 남 복 (의사·변호사 등에게 주는) 사례금, 사례비

honorífico, ca 형 명예직의
오노리피꼬, 까 cargo *honorífico* 명예직
 catedrático *honorífico* 명예 교수

honra 여 체면, 면목; 명성; 영예
온라 ganar *honra* 명성을 얻다

honradamente 부 성의를 다해; 솔직히 말해; 정직하게
온라다멘떼

honradez 여 정직, 성실, 고결함
온라데스

honrado, da
온르라도, 다

형 정직한; 성실한, 고결한; 정숙한

honrar
온르라르

타 ...에게 명예를 주다; 존경하다
honrarse ...을 영광으로 생각하다

hora
오라

여 시간; 시각; (의사 등의) 예약; 임종(臨終)
media *hora* 반시간, 30분
un cuarto de *hora* 15분
después de dos *horas* 두 시간 후
desde hace una *hora* 한 시간 전부터
trabajar ocho *horas* al día
하루에 여덟 시간 일하다
¿Qué *hora* es ahora?
지금 몇 시입니까?
Es la *hora* de comer.
식사 시간이다.
No se ganó Zamora en una hora.
(속담) 로마는 하루에 이루어지지 않았다,
큰 일은 단시일에 되는 것이 아니다.
※ [시간의 표현]
Es la una. 1시입니다.
Son las dos. 2시입니다.
Son las tres y cuarto.
3시 15분입니다.
Son las cuatro y veinte.
4시 20분입니다.
Son las cinco y media.
5시 30분입니다.
Son las seis menos diez.
6시 10분전입니다, 5시 50분입니다.
Son las siete de la mañana.
오전 7시입니다.
Son las tres y cinco de la tarde.
오후 3시 5분입니다.
Son las diez de la noche.
밤 10시입니다.
Son las doce en punto.
정각 12시입니다.

horario
오라리오
- 남 근무[영업] 시간; 공부 시간; 시간 할당표; 시각표; (시계의) 시침(時針)
- *horario* de ferrocarriles 철도 시간표 (책자)
- *horario* de visitas (병원의) 면회 시간, 진료 시간

horca
오르까
- 여 교수대

horcajadas (a)
오르까하다스 (아)
- 걸터앉아
- montar a caballo *a horcajadas* 걸터앉아 말을 타다

horizontal
오리손딸
- 형 수평의, 가로의
- 여 [수학] 수평선

horizontalmente
오리손딸멘떼
- 형 수평으로, 가로로

horizonte
오리손떼
- 남 지평선, 수평선

horma
오르마
- 여 (구두·모자 등의) 골, 형(型)

hormiga
오르미가
- 여 [곤충] 개미

hormigón
오르미곤
- 남 콘크리트
- *hormigón* armado 철근 콘크리트

hormigonera
오르미고네라
- 여 콘크리트 믹서

hormiguear
오르미게아르
- 자 저리다, 마비되다; 꾸역꾸역 모여들다

hormigueo
오르미게오
- 남 저림, 마비됨

hormiguero, ra
오르미게로, 라
- 형 개미의
- 남 개미집, 의총(蟻塚); [동물] 개미핥기

hormona
오르모나
- 여 [생화학] 호르몬
- *hormona* masculina 남성 호르몬
- *hormona* femenina 여성 호르몬

hormonal
오르모날
- 형 호르몬의, 호르몬에 의한
- tratamiento *hormonal* 호르몬 요법

hornilla 오르니야 — 여 휴대용 풍로

hornillo 오르니요 — 남 풍로

horno 오르노 — 남 화덕, 가마, 오븐, 로(爐)
alto(s) *horno*(s) 고로(高爐), 용광로

horóscopo 오로스꼬뽀 — 남 점성, 점성술

horquilla 오르끼야 — 여 (농업용의) 가래; 머리핀

hórreo 오르레오 — 남 (아스뚜리아스와 갈리시아 지방의) 고가식 창고, 곡물 창고

horrible 오리블레 — 형 무서운; 지독한, 호된
escena *horrible* 무서운 광경

horriblemente 오리블레멘떼 — 부 무섭게, 지독히, 몹시, 심하게

horror 오르로르 — 남 공포; 혐오, 증오; 대량, 다수

horrorizar 오르로리사르 — 타 무섭게 만들다, 벌벌 떨게 만들다
*horrorizar*se de …을 무서워하다

horrorosamente 오르로로사멘떼 — 부 무섭게, 몹시, 지독히, 심하게

horroroso, sa 오르로로소, 사 — 형 무서운; 아주 나쁜

hortaliza 오르딸리사 — 여 [주로 복] 야채

hortelano, na 오르뗄라노, 나 — 형 야채밭의
남 여 야채 재배자[농가]

hortense 오르뗀세 — 형 =hortelano

hortícola 오르띠꼴라 — 형 =hortelano

horticultura 오르띠꿀뚜라 — 여 야채[과수] 재배; 원예

hosanna 오산나 — 남 [천주교] 호산나
((하나님을 찬송 하는 외침[말]))

hospedaje 오스뻬다헤	남 숙박; 숙박 요금; 숙박 장소
hospedar 오스뻬다르	타 숙박시키다; 체류시키다 ***hospedarse*** 숙박하다; 체류하다
hospedería 오스뻬데리아	여 (싼) 호텔, 여관
hospedero, ra 오스뻬데로, 라	남여 hospedería의 주인
hospicio 오스삐시오	남 (아동의) 양호 시설, 고아원
hospital 오스삐딸	남 병원 ingresar en un *hospital* 입원하다 salir del *hospital* 퇴원하다
hospitalario, ria 오스삐딸라리오, 리아	형 환대하는; 보호하는; 병원의
hospitalidad 오스삐딸리닫	여 환대; 입원
hospitalización 오스삐딸리사시온	여 입원
hospitalizar 오스삐딸리사르	타 입원시키다 ***hospitalizarse*** ((중남미)) 입원하다
hostal 오스딸	남 오스딸, 작은 호텔, 여관
hostelería 오스뗄레리아	여 호텔·음식점업
hostelero, ra 오스뗄레로, 라	형 호텔·음식점업의 남여 hostal의 주인
hostería 오스떼리아	여 작은 호텔, 여관
hostil 오스띨	형 적의(敵意)가 있는, 적대적인
hostilidad 오스띨리닫	여 적의(가 있는 태도) 복 전쟁 행위
hostilizar 오스띨리사르	타 공격하다, ...에 적대하다

hotel
오뗄
형 호텔
alojarse en el *hotel* 호텔에 묵다

hotelero, ra
오뗄레로, 라
형 호텔의
남 여 호텔 경영자

hoy
오이
부 오늘; 현재
¿A cuántos estamos *hoy*?
오늘은 며칠입니까?
Hoy estamos a 25 de septiembre.
오늘은 9월 25일입니다.
hoy (en) día 요즈음, 근래, 작금은

hoya
오야
여 (지면의) 큰 구덩이; 무덤 구멍

hoyo
오요
남 (지면의) 구멍, 구덩이; 무덤 구멍; [골프] 홀
el *hoyo* 18, de par 4 18번 홀, 파 4

hoyuelo
오유엘로
남 보조개

hoz
오스
여 (반원형의) 낫

hucha
우차
여 저금통; 저금

hueco
우에꼬
남 구덩이, 공동(空洞)

hueco, ca
우에꼬, 까
형 텅 빈; 오목한; 푹신푹신한; 공허한, 내용이 없는, 허식적인

huelga
우엘가
여 스트라이크, 동맹 파업

huelguista
우엘기스따
남 여 동맹 파업자

huelguístico, ca
우엘기스띠꼬, 까
형 동맹 파업의

huella
우에야
여 발자국, 족적; (자동차 등의) 자국

huérfano, na
우에르파노, 나
형 부모가 없는
남 여 고아

huerta
우에르따
여 야채밭, 과수원; 관개(灌漑) 농지

huertano, na
우에르따노, 나
형 남 여 관개 농지의 주민(의)

huerto
우에르또
남 야채밭, 과수원 ((huerta보다 작음))

huesero, ra
우에세로, 라
남 여 ((남미)) 접골의(接骨醫)

hueso
우에소
남 (인간·척추 동물의) 뼈 ((물고기의 뼈는 espina))
carne con *huesos*
갈비, 뼈가 붙은 고기
mojarse hasta los huesos
뼈까지 젖다, 흠뻑 젖다

huesoso, sa
우에소소, 사
형 뼈의, 뼈가 붙은

huésped, da
우에스뻳, 다
남 여 (집·호텔의) 숙박객, 하숙인
casa de *huéspedes* 하숙집

hueva
우에바
여 물고기의 알
복 ((남미)) 고환

huevería
우에베리아
여 달걀 가게

huevero, ra
우에베로, 라
남 여 달걀 장수

huevo
우에보
남 (동물의) 알; (특히) 달걀, 계란; 고환
huevo pasado por agua 반숙 계란
poner un *huevo* 알을 낳다

huida
우이다
여 도망, 탈주; 회피

huido, da
우이도, 다
형 도망한, 탈옥한
preso *huido* 탈옥수

huir
우이르
자 도망하다, 도주하다; 피하다
타 …에게서 도망하다
huirse 달아나 버리다, 도망치다
직·현재: huyo, huyes, huye, huimos, huís, huyen
직·부정 과거: huí, huiste, huyó,

huimos, huisteis, huyeron
접·현재: huya, huyas, huya, huyamos, huyáis, huyan

hule
울레
男 방수포(防水布); 고무

hulla
우야
女 석탄

hullero, ra
우예로, 라
形 석탄의
industria *hullera* 석탄 산업

humanamente
우마나멘떼
副 인간적으로, 인간으로서

humanidad
우마니닫
女 인류; 인간성; 인간미

humanismo
우마니스모
男 휴머니즘, 인간 (중심)주의, 인문주의

humanista
우마니스따
男女 휴머니스트, 인간 중심주의자; 인문주의자

humanístico, ca
우마니스띠꼬, 까
形 인문주의의, 인문학의

humanitario, ria
우마니따리오, 리아
形 인도주의적인, 박애의

humanitarismo
우마니따리스모
男 인도주의, 박애(주의)

humano, na
우마노, 나
形 인간의; 인간적인
cuerpo *humano* 인체(人體)
男 인간; 複 인류(人類)

humectador
우멕따도르
男 가습기

humedad
우메닫
女 습기; 습도

humedal
우메달
男 습지(濕地)

humedecer
우메데세르
他 적시게 하다
humedecerse 적시다

húmedo, da
우메도, 다
形 습한, 물이 젖은; 습도가 높은

Hungría

humildad
우밀닫
여 겸허, 비하; 신분이 낮음, 비천함

humilde
우밀데
형 겸허한; 비천한, 신분이 낮은

humillación
우미야시온
여 비굴(함); 모욕

humillante
우미얀떼
형 모욕적인; 굴욕적인

humillar
우미야르
타 …에게 창피[굴욕]를 주다
humillarse 굴복하다

humo
우모
남 연기; 증기

humor
우모르
남 기분; 기질; 유머; [의학] 체액
sentido del *humor* 유머 감각

humoral
우모랄
형 [의학] 체액의

humorismo
우모리스모
남 유머 (감각); 만담(漫談)

humorista
우모리스따
남 여 코미디언; 유머 작가; 유머 감각이 있는 사람

humorístico, ca
우모리스띠꼬, 까
형 유머러스한, 익살스러운, 유머 감각이 풍부한

hundido, da
운디도, 다
형 침몰된; 오목한
ojos *hundidos* 오목한 눈

hundimiento
운디미엔또
남 침몰; 함몰; 도괴(倒壞), 붕괴, 도산
hundimiento de una empresa
기업의 도산

hundir
운디르
타 침몰시키다, 가라앉히다; 붕괴시키다; 파멸시키다
hundirse 가라앉다; 붕괴되다; 물들다

húngaro, ra
웅가로, 라
형 헝가리(Hungría)(인 · 어)의
남 여 헝가리 사람
남 헝가리어

Hungría
웅그리아
여 [국명] 헝가리

huracán 우라깐	남 (특히 카리브해·멕시코만의) 허리 케인; 큰 폭풍
hurtadillas (a) 우르따디야스 (아)	살그머니 hacer algo *a hurtadillas* 살그머니 무엇을 하다
hurtar 우르따르	타 훔치다, 사취하다 ***hurtarse*** 피하다, 숨다
hurto 우르또	남 도둑질, 사취; 장물(臟物)
husmeador, ra 우스메아도르, 라	형 남의 뒤를 캐고 다니는 남 여 남의 뒤를 캐고 다니는 사람
husmear 우스메아르	자 냄새를 맡다; (남의 뒤를) 캐고 다니다
husmeo 우스메오	남 냄새를 맡고 다니기; 남의 뒤를 캐고 다니기
huso 우소	남 물레의 가락, 북, 방추(紡錘)

I

i
이
여 이 ((스페인어 자모의 열 번째 문자))

Iberia
이베리아
여 [지명] 이베리아 ((그리스 사람들에 의한 이베리아 반도의 옛 이름))

ibérico, ca
이베리꼬, 까
형 이베리아의; 스페인과 포르투갈의

Iberoamérica
이베로아메리까
여 [지명] 중남미 ((스페인어권 국가들과 브라질)); 중남미 제국 및 스페인과 포르투갈

ibídem
이비뎀
동서(同書)[동장(同章)·동절(同節)]에

iceberg
이세베르
남 빙산(氷山)

ida
이다
여 가는 일, 가기; 편도표; 출발
ida y venida 왕래
ida y vuelta 왕복
idas y venidas 우왕좌왕, 분주
billete de *ida* y vuelta 왕복표

idea
이데아
여 생각, 의도; 아이디어; 착상; 개념; 의견, 견해; 관념, 이념; 복 사상(思想)
idea generalmente admitida
사회 통념
idea fija 고정 관념

ideal
이데알
형 이상적인, 완벽한; 관념적인
lugar *ideal* 이상적인 장소
남 이상; 가치 체계, 주의주장

idealismo
이데알리스모
남 이상주의; [철학] 관념론

idealista
이데알리스따
형 관념적인; 이상주의적인
남 여 관념론자; 이상주의자

ídem
이뎀
대 부 동상(同上), 동전(同前); (학술서등에서) 동저자(同著者)

idéntico, ca
이뎬띠꼬, 까
형 꼭 같은; 매우 닮은[유사한]

identidad
이덴띠닫
여 동일(성), 일치; 본인인 것, 신원
carné [tarjeta] de *identidad*
신분 증명서
probar su *identidad*
신원을 증명하다

identificación
이덴띠피까시온
여 식별; (경찰의) 감식

identificar
이덴띠피까르
타 식별하다; (신원을) 확인하다; 동일시하다
identificarse 찬성하다, 같은 의견이다; 자신의 신분을 증명하다

ideograma
이데오그라마
남 표의 문자(表意文字)

ideología
이데올로히아
여 이데올로기

ideológico, ca
이데올로히꼬, 까
형 이데올로기의

ideólogo, ga
이데올로고, 가
남 여 이론가, 사상가

idioma
이디오마
남 (한 나라의) 언어, 국어
idioma coreano 한글
idioma de Miguel de Cervantes
스페인어
idioma moderno 현대어

idiomático, ca
이디오마띠꼬, 까
형 관용어법의
expresión *idiomática*
관용 표현, 숙어

idiota
이디오따
형 우둔한, 어리석은, 멍청한; [의학] 저능한, 정신 박약의
남 여 바보, 멍청이, 백치; 저능아

idiotismo
이디오띠스모
남 관용적인 표현, 숙어; 무지

ídolo
이돌로

남 우상; 숭배의 대상

iglesia
이글레시아

여 교회; [집합 명사] 성직자
ir a la *iglesia* 교회에 가다

iglú
이글루

남 (에스키모의) 얼음집, 이글루

ignorancia
익노란시아

여 무지, 무학(無學)

ignorante
익노란떼

형 무지한, 무학의
personas *ignorantes* 무지한 사람들
남 여 무지한 사람; 무학자

ignorar
익노라르

타 모르다, 알지 못하다

igual
이구알

형 같은, 동일한, 동등한; 대등한, 평등한; 한결같은
Todos son *iguales* ante la ley.
모두가 법 앞에서 평등하다.
남 여 대등한 사람, 평등한 사람
남 [수학] 등호(等號) (=)
남 복 [운동] 동점

igualación
이구알라시온

여 평등화, 균등화

igualado, da
이구알라도, 다

형 평등한, 대등한, 같은
여 (시합의) 동점

igualar
이구알라르

타 같게 하다, 동등하게 하다; …에 필적하다
자 같다; [운동] 동점이다
igualarse
서로 동등하게 되다; 평등하게 취급하다

igualdad
이구알닫

여 평등, 동등

igualitario, ria
이구알리따리오, 리아

형 평등주의의

igualitarismo
이구알리따리스모

남 평등주의

igualmente
이구알멘떼

부 균등히, 평등히, 같게; (인사에서) 당신도
Tenga buena suerte.

– *Igualmente*.
행운을 빕니다. – 당신도(요).
Recuerdos a su familia.
– *Igualmente*.
가족한테 안부 전해 주십시오.
– 당신도(요).

iguana
이구아나
여 [동물] 이구아나

ilegal
일레갈
형 불법의, 위법의; 부당한
entrada *ilegal* 불법 입국, 밀입국

ilegalidad
일레갈리닫
여 불법 (행위), 위법(성); 비합법 (활동)

ilegible
일레히블레
형 판독할 수 없는, 읽기 어려운

ilegítimo, ma
일레히띠모, 마
형 불법의, 비합법적인; 부당한; 사생의, 서출의
hijo *ilegítimo* 사생아

ilícito, ta
일리시또, 따
형 불법의, 위법의; 비도덕적인

ilimitado, da
일리미따도, 다
형 무한의, 무제한의

ilógico, ca
일로히꼬, 까
형 비논리적인, 논리에 반하는

iluminación
일루미나시온
여 조명(照明)

iluminado, da
일루미나도, 다
형 조명된, 전기 장식된

iluminador, ra
일루미나도르, 라
형 비추는, 조명하는
남 조명 담당자

iluminar
일루미나르
타 비추다, 조명하다
La luna *ilumina* la habitación.
달이 방을 비추고 있다.

ilusión
일루시온
여 착각; 환상, 몽상; 희망, 꿈

ilusionar
일루시오나르
타 환상에 젖게 하다
ilusionarse 환상[꿈]을 품다

ilustración 여 삽화; 설명; 학식, 교양
일루스뜨라시온

ilustrado, da 형 삽화가 들어 있는; 학식이 있는, 교양이 풍
일루스뜨라도, 다 부한
diccionario ilustrado 도해 사전
남 여 계몽파, 계몽주의자

ilustrador, ra 남 여 삽화가
일루스뜨라도르, 라

ilustrar 타 (책 등에) 삽화[사진]를 넣다; 계몽하다
일루스뜨라르

ilustrativo, va 형 예증(例證)하는
일루스뜨라띠보, 바

ilustre 형 저명한, 고명한, 이름난
일루스뜨레 *escritor ilustre* 저명한 작가

imagen 여 (거울 등에 비치는) 상(像), 영상; (텔레비전
이마헨 등의) 화상(畫像), 화면; 성상(聖像), 성화(聖
畫); 이미지, 심상(心像)

imaginable 형 상상할 수 있는
이마히나블레

imaginación 여 상상, 상상력, 공상력; (근거가 없는) 공상,
이마히나시온 몽상(夢想)

imaginar 타 상상하다; 생각하다; 고안하다
이마히나르 *imaginarse* 상상하다

imaginario, ria 형 상상의, 가공의
이마히나리오, 리아

imaginativo, va 형 상상의, 상상력이 풍부한
이마히나띠보, 바 여 상상력; 상식

imam 남 [이슬람교] 이맘, 도사(導師)
이맘

imán 남 자석(磁石)
이만 *imán permanente* 영구 자석
imán temporario 일시 자석

imbécil 형 우둔한, 저능한
임베실 남 여 우둔한 사람; 저능아, 바보

imbecilidad
임베실리닫
여 우둔함, 저능, 바보

imitable
이미따블레
형 모방할 수 있는

imitación
이미따시온
여 모방; 모조품, 모방 작품

imitador, ra
이미따도르, 라
형 모방하는, 흉내 잘 내는
남여 모방자; 흉내 잘 내는 사람

imitar
이미따르
타 모방하다, 흉내내다; 모조하다

imitativo, va
이미따띠보, 바
형 모방의, 모방적인

impaciencia
임빠시엔시아
여 초조, 안달, 조바심
con *impaciencia* 초조하게

impacientar
임빠시엔따르
타 초조하게 만들다
impacientarse 초조해 하다

impaciente
임빠시엔떼
형 참을성이 없는, 초조한, 성급한

impacientemente
임빠시엔떼멘떼
부 초조하게, 안절부절 못하여

impacto
임빡또
남 착탄; 탄흔; 충격; (강한) 영향력

impagable
임빠가블레
형 지불 불능의

impagado, da
임빠가도, 다
형 미불의, 미결제의

impar
임빠르
형 기수의
día *impar* 기수일
남 기수(基數)(número impar)

imparcial
임빠르시알
형 공평한, 불편부당의

imparcialidad
임빠르시알리닫
여 공평, 불편부당

impecable
임뻬까블레
형 완전 무결한, 완벽한

impecablemente 임뻬까블레멘떼 — 튄 완벽하게, 완전 무결하게

impedimiento 임뻬디미엔또 — 남 방해, 장애, 지장

impedir 임뻬디르 — 타 방해하다, 막다, 저지하다

impenetrable 임뻬네뜨라블레 — 형 들어갈 수 없는, 통과할 수 없는

impensado, da 임뻰사도, 다 — 형 뜻밖의, 의외의, 예기치 못한

imperativo, va 임뻬라띠보, 바 — 형 명령적인, 강제력을 가진
남 [문법] 명령법

imperdible 임뻬르디블레 — 남 안전핀

imperdonable 임뻬르도나블레 — 형 용서할 수 없는

imperecedero, ra 임뻬레세데로, 라 — 형 불멸의, 영원의

imperfección 임뻬르펙시온 — 여 미완성; (가벼운) 결함, 결점

imperfecto, ta 임뻬르펙또, 따 — 형 미완성의, 불완전한
남 [문법] 미완료형

imperial 임뻬리알 — 형 황제의; 제국의
familia *imperial* 황실

imperialismo 임뻬리알리스모 — 남 제국주의

imperialista 임뻬리알리스따 — 형 제국주의의
남 여 제국주의자

imperio 임뻬리오 — 남 제국(帝國)

impermeable 임뻬르메아블레 — 형 방수 (가공)의; 불침투성의
남 비옷, 레인코트; 콘돔

impersonal 임뻬르소날 — 형 비인격적인, 개성이 없는; [문법] 무인칭의
남 [문법] 단인칭[비인칭·무인칭] 동사 (verbo impersonal)

implantación
임쁠란따시온
여 도입, 설치; [의학] 이식

implantar
임쁠란따르
타 도입하다, 설치하다; [의학] 이식하다
implantarse 정착되다

imploración
임쁠로라시온
여 간원, 애원

implorar
임쁠로라르
타 애원하다, 눈물로 간청하다

imponente
임뽀넨떼
형 당당한, 위압적인; 압도적인

imponer
임뽀네르
타 과하다; 과세하다; 억지로 시키다, 강요하다; 예금하다
imponer altas contribuciones
중세(重稅)를 과하다
imponer un millón de wones
100만원을 예금하다

imponible
임뽀니블레
형 과세할 수 있는, 과세 대상이 되는, 세금이 붙는

impopular
임뽀뿔라르
형 인기가 없는, 평판이 나쁜

impopularidad
임뽀뿔라리닫
형 인기가 없음, 평판이 나쁨

importación
임뽀르따시온
여 수입; 복 수입품

importador, ra
임뽀르따도르, 라
형 수입하는
compañía *importadora* 수입 회사
남 여 수입업자

importancia
임뽀르딴시아
여 중요성; 중대함; 세력, 권위

importante
임뽀르딴떼
형 중요한, 중대한; 지위가 높은

importar
임뽀르따르
자 중요하다; 관계[상관]가 있다
No me *importa*. 나는 상관 없다.
타 수입하다
importar materias primas
원료를 수입하다

importe
임뽀르떼
남 대금, 금액; 요금

importuno, na
임뽀르뚜노, 나
형 제때[제철]이 아닌

imposibilidad
임뽀시빌리닫
여 불가능(성)

imposibilitar
임뽀시빌리따르
타 불가능하게 하다
imposibilitarse (수족이) 부자유스럽다

imposibilitado, da
임뽀시빌리따도, 다
형 (지체가) 부자유스러운
남여 신체 장애자

imposible
임뽀시블레
형 불가능한; 참을[감당할] 수 없는
남 불가능한 것
pedir un *imposible*
불가능한 것을 요구하다

imposición
임뽀시시온
여 과세; 예금

impositivo, va
임뽀시띠보, 바
형 과세의; 조세의
política *impositiva* 조세 정책

impositor, ra
임뽀시또르, 라
남여 예금자

impotencia
임뽀뗀시아
여 무력, 무능; [의학] 성교 불능

impotente
임뽀뗀떼
형 무력한, 무능한; [의학] 성교 불능의
남여 성교 불능자

imprecisión
임쁘레시시온
여 불명확함; 부정확함

impreciso, sa
임쁘레시소, 사
형 명확하지 못한, 막연한; [운동] 플레이가 정확하지 못한

imprenta
임쁘렌따
여 인쇄, 프린트; 인쇄술; 인쇄소

imprescindible
임쁘레신디블레
형 필요 불가결한

impresión
임쁘레시온
여 인상; 감상, 감명; 인쇄; 발자취, 흔적

impresionabilidad 여 느끼기 쉬운 일; 감광도
임쁘레시오나빌리닫

impresionable 형 느끼기 쉬운, 감수성이 강한; [사진] 감광성
임쁘레시오나블레 의

impresionante 형 깊이 감동된, 강한 인상을 주는; 대단히 큰,
임쁘레시오난떼 당당한

impresionar 타 깊이 감동시키다, 강한 인상을 주다; 촬영
임쁘레시오나르 하다, 녹음하다
impresionarse 감동되다

impresionismo 남 [미술] 인상주의, 인상파
임쁘레시오니스모

impresionista 형 인상주의의, 인상파의
임쁘레시오니스따 남 여 인상파 예술가

impreso, sa 형 인쇄된
임쁘레소, 사 libro mal *impreso* 인쇄가 나쁜 책
남 인쇄물

impresor, ra 남 여 인쇄업자; 인쇄공
임쁘레소르, 라

impresora 여 인쇄기, 프린터
임쁘레소라

imprimir 타 인쇄하다, 출판하다; 프린트하다, 날염(捺染)
임쁘리미르 하다; 새기다, 각인을 누르다

improductivo, va 형 불모의, 비생산적인
임쁘로둑띠보, 바

impropio, pia 형 부적절한
임쁘로삐오, 삐아

improvisación 여 즉흥, 즉석; 즉흥극, 즉흥 연주
임쁘로비사시온

improvisar 타 즉흥적으로 짓다, 즉석에서 행하다
임쁘로비사르

improviso, sa 형 불의의, 돌연의; 즉흥의
임쁘로비소, 사

imprudencia 여 경솔(한 언동); 과실
임쁘루덴시아

inadmisible

imprudente 임쁘루덴떼
혱 경솔한, 신중하지 못한

imprudentemente 임쁘루덴떼멘떼
튀 경솔히, 신중하지 못해

impuesto 임뿌에스또
남 세금 ((주로 지방세))

impulsar 임뿔사르
타 밀다, 떼밀다; 추진하다
impulsar un coche hacia adelante
자동차를 (앞으로) 밀다

impulsión 임뿔시온
여 추진

impulsivo, va 임뿔시보, 바
혱 충동적인

impulso 임뿔소
남 밀치는 일; 추진(력); 충동

impulsor, ra 임뿔소르, 라
혱 추진하는
남 여 추진자

impureza 임뿌레사
여 불순(물)

impuro, ra 임뿌로, 라
혱 불순한; 부정(不淨)의

inacabable 이나까바블레
혱 끝이 없는

inacabado, da 이나까바도, 다
혱 미완성의

inaceptable 이나셉따블레
혱 받아들일 수 없는

inactivo, va 이낙띠보, 바
혱 활발하지 못한, 비활동적인
mercado *inactivo* 활기가 없는 시장

inadaptable 이나답따블레
혱 적응할 수 없는

inadecuado, da 이나데꾸아도, 다
혱 부적절한

inadmisible 이나드미시블레
혱 받아들일 수 없는

inadvertencia 이나드베르뗀시아	여 부주의
inadvertidamente 이나드베르띠다멘떼	부 부주의로
inadvertido, da 이나드베르띠도, 다	형 부주의한, 태만한
inagotable 이나고따블레	형 무진장한 recursos *inagotables* 무진장한 자원
inaguantable 이나구안따블레	형 참을 수 없는, 견딜 수 없는
inalámbrico, ca 이날람브리꼬, 까	형 무선의 telégrafo *inalámbrico* 무선 전신
inanimado, da 이나니마도, 다	형 생명이 없는
inánime 이나니메	형 의식[생명]이 없는
inapetencia 이나뻬뗀시아	여 식욕 감퇴
inaudito, ta 이나우디또, 따	형 전대미문(前代未聞)의
inauguración 이나우구라시온	여 개회식, 낙성식, 제막식; 개시
inaugural 이나우구랄	형 개회식의; 개시의 discurso *inaugural* 개회사
inaugurar 이나우구라르	타 …의 개회식[낙성식]을 행하다; 개시하다, 창시하다
inca 잉까	형 잉카(인)의 남 여 잉카인
incaico, ca 잉까이꼬, 까	형 잉카의
incalculable 잉깔꿀라블레	형 헤아릴 수 없는; 막대한 pérdidas *incalculables* 막대한 손실
incalificable 잉깔리피까블레	형 언어 도단의; 평가할 수 없는

incansable
잉깐사블레
형 피로를 모르는, 지구력이 있는

incapacidad
잉까빠시닫
여 무능; 불능; [법률] 무능력

incapacitado, da
잉까빠시따도, 다
형 남 여 (법적) 자격이 없는 (사람)

incapacitar
잉까빠시따르
타 부적격으로 만들다

incapaz
잉까**빠**스
형 부적격한; 무능한; [법률] 무능력한; 수용능력이 없는
남 여 쓸모없는 사람; 무능력자

incendiar
인센디아르
타 방화하다, 불을 지르다
incendiarse 불이 나다

incendio
인**센**디오
남 화재, 큰 불; 격정

incensario
인센사리오
남 향로

incentivo
인센띠보
남 자극, 격려; [경제] 인센티브

incertidumbre
인세르띠둠브레
여 불확실성; 반신반의

incesante
인세산떼
형 끊임없는, 부단의

incesantemente
인세산떼멘떼
부 끊임없이, 계속적으로

incesto
인세스또
남 근친 상간

incestuoso, sa
인세스뚜오소, 사
형 근친 상간의

incidencia
인시덴시아
여 우발적인 사건

incidental
인시덴딸
형 우발적인; 부수적인, 부대적인
gastos *incidentales* 제경비(諸經費)

incidentalmente
인시덴딸멘떼
부 우발적으로; 부수적으로

incidente
인시덴떼
- 남 작은 사건, 지장, 혼란; 트러블
- 형 우발적인; [물리] 입사의
rayo *incidente* 입사 광선

incidir
인시디르
- 자 (오류 등에) 빠지다; 강조하다; 영향이 미치다
- 타 (종기를) 절개하다

incienso
인시엔소
- 남 (종교 의식을 행하는) 향
quemar *incienso* 향을 피우다

inciertamente
인시에르따멘떼
- 부 불확실하게

incierto, ta
인시에르또, 따
- 형 불확실한

incineración
인시네라시온
- 여 소각; 화장(火葬)

incinerador
인시네라도르
- 남 (주로 유골의) 소각로

incineradora
인시네라도라
- 여 =**incinerador**

incinerar
인시네라르
- 타 소각하다; 화장하다

incitación
인시따시온
- 여 격려, 고무; 선동, 교사(教唆)
incitación al asesinato 살인 교사

incitador, ra
인시따도르, 라
- 형 부추기는, 사주하는, 교사하는
- 남여 선동자, 교사자

incitar
인시따르
- 타 자극하다, 선동하다, 부추기다

incivil
인시빌
- 형 교양없는, 버릇없는

incivilizado, da
인시빌리사도, 다
- 형 버릇없는; 미개한

inclinación
잉끌리나시온
- 여 기울기, 경사; 애정; 기질, 성벽
inclinaciones conservadores
보수적 경향

inclinado, da
잉끌리나도, 다
- 형 경사진, 기운

incondicional

inclinar 잉끌리나르
타 기울이다; 구부리다
inclinarse
기울다, 경사지다; 경향이 있다; ...하기 쉽다

incluido, da 잉끌루이도, 다
형 포함된, 내포된
IVA *incluido*, *incluido* IVA
소비세 포함(해서)

incluir 잉끌루이르
타 포함하다, 넣다, 동봉하다
incluir la comida 식사를 포함하다

incógnito, ta 잉꼬그니또, 따
형 미지(未知)의

incombustible 잉꼼부스띠블레
형 불연성의, 내화성의

incomodidad 잉꼬모디닫
여 불편(함)

incómodo, da 잉꼬모도, 다
형 불편한
El asiento es *incómodo*.
좌석이 불편하다.

incomparable 잉꼼빠라블레
형 비할 데 없는, 견줄 데 없는

incompetente 잉꼼뻬뗀떼
형 무능한, 부적격한; 권한 밖의
incompetente para el maestro
교사로는 부적격한 사람

incompleto, ta 잉꼼쁠레또, 따
형 불완전한

incomunicabilidad 잉꼬무니까빌리닫
여 전달[연락] 불가능, 커뮤니케이션 단절

incomunicable 잉꼬무니까블레
형 전달[연락]할 수 없는

incomunicar 잉꼬무니까르
타 전달[연락] 불능하게 하다, 고립시키다; 출입 금지시키다

incondicionado, da 잉꼰디시오나도, 다
형 무제한의, 무조건의

incondicional 잉꼰디시오날
형 무조건의; 열광적인

inconquistable 잉꽁끼스따블레 — 형 정복할 수 없는, 난공 불락의

inconsciencia 잉꼰시엔시아 — 여 무의식, 의식 상실; 무분별

inconsciente 잉꼰시엔떼
- 형 무의식의; 무분별한, 경솔한
- 남 여 의식[자각]이 없는 사람
- 남 [심리] 무의식

inconsecuente 잉꼰세꾸엔떼 — 형 일관성이 없는, 언행이 일치하지 않은

inconsiderado, da 잉꼰시데라도, 다 — 형 무분별한, 사려가 없는

inconstancia 잉꼰스딴시아 — 여 변하기 쉬움, 무정견, 무절조

inconstante 잉꼰스딴떼 — 형 변하기 쉬운, 무정견한, 무절조한

inconstitucional 잉꼰스띠뚜시오날 — 형 헌법 위반의, 위헌의

inconstitucionalidad 잉꼰스띠뚜시오날리닫 — 여 헌법 위반

incontaminado, da 잉꼰따미나도, 다 — 형 오염[전염]되지 않은

incontenible 잉꼰떼니블레 — 형 (감정 등을) 억제할 수 없는

incontrolable 잉꼰뜨롤라블레 — 형 억제할 수 없는

incontrolado, da 잉꼰뜨롤라도, 다 — 형 억제하지 못하는

inconveniencia 잉꼰베니엔시아 — 여 부적절, 부적합; 형편이 좋지 못함

inconveniente 잉꼰베니엔떼
- 형 부적절한, 형편이 좋지 못한; 무례 (無禮)한
- 남 형편이 좋지 못함; 지장

incorporación 잉꼬르뽀라시온 — 여 가입, 편입; 합병

incorporar 잉꼬르뽀라르 — 타 합체시키다, 가입시키다, 넣다; 합병하다; 몸을 일으키다
incorporarse 합해지다, 가입하다, 넣어지

다, 참가하다; 윗몸을 일으키다

incorrección 잉꼬르렉시온
여 부정확(한 것), 틀림; 결례, 무례

incorrecto, ta 잉꼬르렉또, 따
형 부정확한, 틀린; 무례한

incorregibilidad 잉꼬르레히빌리닫
여 교정 불능(矯正不能)

incorregible 잉꼬르레히블레
형 교정할 수 없는, 고칠 수 없는

incorruptible 잉꼬르룹띠블레
형 부패하지 않은; 청렴한

incrédulo, la 잉끄레둘로, 라
형 의심이 많은, 쉽게 믿지 않은

increíble 잉끄레이블레
형 믿을 수 없는, 믿기지 않은

incriminación 잉끄리미나시온
여 기소, 고발

incriminar 잉끄리미나르
타 기소하다, 고발하다

incruento, ta 잉끄루엔또, 따
형 무혈의, 희생자 없는
golpe de estado *incruento*
무혈 쿠데타

incubación 잉꾸바시온
여 부화, 포란(抱卵), 배양; [의학] (병의) 잠복
período de *incubación* 잠복 기간

incubar 잉꾸바르
타 (새가 알을) 품다; 부화시키다

incubadora 잉꾸바도라
여 포란기, 배양기; 미숙아 보육기

incultivable 잉꿀띠바블레
형 경작할 수 없는

inculto, ta 잉꿀또, 따
형 교양이 없는, 촌스러운; (토지가) 경작되지 않은

incumplimiento 잉꿈쁠리미엔또
남 불이행; 위반
incumplimiento del contrato
계약 불이행[위반]

incumplir

incumplir 잉꿈쁠리르
타 (명령 등에) 거역하다, 따르지 않다; (약속 등을) 이행하지 않다

incurable 잉꾸라블레
형 불치의, 고칠 수 없는
enfermedad *incurable* 불치병
남 여 불치병 환자

indagación 인다가시온
여 탐구, 질문

indagar 인다가르
타 탐구하다, 조사하다; 수사하다

indebidamente 인데비다멘떼
부 부당하게

indebido, da 인데비도, 다
형 부당한; 부적당한

indecible 인데시블레
형 말로 표현할 수 없는

indecisión 인데시시온
여 우유부단

indeciso, sa 인데시소, 사
형 우유부단한

indefinido, da 인데피니도, 다
형 제한이 없는; [문법] 부정의
pronombre *indefinido* 부정 대명사

indemnización 인뎀니사시온
여 배상(금), 보상(금)

indemnizar 인뎀니사르
타 ...에 배상[보상·변상]하다

independencia 인데뻰덴시아
여 독립, 자립
declaración de *independencia*
독립 선언

independentismo 인데뻰덴띠스모
남 독립 운동

independentista 인데뻰덴띠스따
형 남 여 독립파(의)

independiente 인데뻰디엔떼
형 독립한, 자립한; 독립심이 강한
mujer *independiente* 자립한 여인
nación *independiente* 독립국
남 여 무소속 후보자

indígena

independientemente
인데뻰디엔떼멘떼
📘 독립적으로, 자주적으로

independizar
인데뻰디사르
📗 독립시키다
independizarse 독립하다

indeterminable
인데떼르미나블레
📕 확정[결단]할 수 없는

indeterminación
인데떼르미나시온
📕 불확정, 불명확; 우유부단

indeterminado, da
인데떼르미나도, 다
📕 불확정된, 명확하지 못한

India
인디아
📕 [국명] 인도
📕📘 (카리브해의) 서인도 제도

indicación
인디까시온
📕 표시, 인(印); 지시; 명령

indicador, ra
인디까도르, 라
📕 지시[표시]하는
📘 표시; 지시기, 지침

indicar
인디까르
📗 지시하다; 표시하다; 알리다, 가르쳐 주다; 정하다, 지정하다

indicativo, va
인디까띠보, 바
📕 지시하는; [문법] 직설법의
modo *indicativo* [문법] 직설법
📘 [문법] 직설법; [전신] 호출 부호

índice
인디세
📘 색인, 인덱스; 지표; 지수, 율(率)

indicio
인디시오
📘 징후; 미량; 증거

índico, ca
인디꼬, 까
📕 인도의
Océano *Indico* 인도양

indiferencia
인디페렌시아
📕 무관심, 무감동; 냉담

indiferente
인디페렌떼
📕 무관심한; 냉담한; 중요하지 않는
📘📕 무관심한 사람

indígena
인디헤나
📕 토착의, 선주민의
📘📕 토착민, 원주민, 선주민; 현지인; 인디오 (indio)

indigestarse 인디헤스따르세	((재귀)) 소화 불량이 되다
indigestión 인디헤스띠온	여 소화 불량
indigesto, ta 인디헤스또, 따	형 소화되지 않은
indignación 인디그나시온	여 분개, 분노, 의분
indignar 인디그나르	타 분개시키다 *indignarse* 분개하다
indignidad 인디그니닫	여 모욕(적인 행위)
indigno, na 인디그노, 나	형 가치가 없는; 천한, 야비한
índigo 인디고	남 쪽빛, 남색
indio, dia 인디오, 디아	형 인도(India)의; 인디오의; 인디언의 남여 인도 사람; 인디오; 인디언
indirectamente 인디렉따멘떼	부 간접적으로
indirecto, ta 인디렉또, 따	형 간접의 iluminación *indirecta* 간접 조명
indiscriminadamente 인디스끄리미나다멘떼	부 무차별적으로
indiscriminado, da 인디스끄리미나도, 나	형 무차별의
indiscutible 인디스꾸띠블레	형 의론의 여지가 없는, 확실한
indiscutiblemente 인디스꾸띠블레멘떼	부 확실히, 명백히
indispensable 인디스뻰사블레	형 없어서는 안될, 필요 불가결한
indisponer 인디스뽀네르	타 기분을 상하게 하다; 컨디션을 나쁘게 하다; 악감정을 품게 하다 *indisponerse* 악감정을 품다; 기분 잡치다

indisposición 인디스뽀시시온
여 (일시적인) 몸의 부조, 가벼운 병; 장애; 불쾌감, 악감정
indisposiciones por la menopausia 갱년기 장애

indispuesto, ta 인디스뿌에스또, 따
형 사이가 나쁜; 몸의 상태가 나쁜; 기분이 나쁜, 불쾌한

indistintamente 인디스띤따멘떼
부 구별없이; 불분명하게

indistinto, ta 인디스띤또, 따
형 불분명한; 분간할 수 없는

individual 인디비두알
형 개인의, 개인적인; (침대 등이) 싱글의, 1인용의
libertad *individual* 개인의 자유
cama *individual* 1인용 침대
남 [운동] 개인, 싱글즈

individualidad 인디비두알리닫
여 개성; 개성이 풍부한 사람

individualismo 인디비두알리스모
남 개인주의

individualista 인디비두알리스따
형 개인주의의
남 여 개인주의자

individualización 인디비두알리사시온
여 개별화; 개성화

individualizar 인디비두알리사르
타 개성을 주다; 특성을 눈에 띄게 하다; 개성을 발휘하게 하다

individuo, dua 인디비두오, 두아
형 개인의; 불가분의
남 여 사람; 그 인간, 그 놈
남 개인; 개체

indivisibilidad 인디비시빌리닫
여 불가분성

indivisible 인디비시블레
형 분할할 수 없는; 불가분의

indócil 인도실
형 고분고분하지 않는, 순종하지 않는

indocto, ta
인독또, 따
혱 무학의; 무지한

indocumentado, da
인도꾸멘따도, 다
혱 신분 증명서를 휴대하지 않은; 자격이 없는; 전문 지식이 없는

indoeuropeo, a
인도에우로뻬오, 아
혱 인도 유럽어(족)의
남 여 인도 유럽어족 사람

indomable
인도마블레
혱 (동물이) 길들여지지 않은; (사람이) 거친

Indonesia
인도네시아
여 [국명] 인도네시아

indonesio, sia
인도네시오, 시아
혱 인도네시아(인·어)의
남 여 인도네시아 사람
남 인도네시아어

inducción
인둑시온
여 [논리] 귀납(법); 추론, 추정; 교사(敎唆); [전기] 유도, 감응

inducir
인두시르
타 도입하다; 귀납하다; [의학] 진통을 일으키게 하다, 분만시키다; [전기] 유도하다, 감응 작용을 일으키게 하다

inductancia
인둑딴시아
여 [전기] 유도 계수

inductivo, va
인둑띠보, 바
혱 [논리] 귀납적인; [전기] 유도성의

inductor, ra
인둑또르, 라
혱 [전기] 유도하는
남 [전기] 유도자

indudable
인두다블레
혱 의심의 여지가 없는, 확실한

indudablemente
인두다블레멘떼
부 의심없이, 확실히

indulgencia
인둘헨시아
여 관용, 관대(한 조치); [역사] 면죄부

indulgente
인둘헨떼
혱 관대한

industria
인두스뜨리아
여 산업, 공업
industria artesanal 수공업

industria casera 가내 공업
industria de la alimentación 식품 산업
industria ligera 경공업
industria pequeña y mediana 중소 공업
industria pesada 중공업

industrial
인두스뜨리알
형 산업의, 공업의
país *industrial* 공업국
남 여 (제조업의) 업자, 실업가

industrialismo
인두스뜨리알리스모
남 산업주의, 공업화 우선

industrialización
인두스뜨리알리사시온
여 산업화, 공업화

industrializar
인두스뜨리알리사르
타 산업화[공업화]시키다
industrializarse 산업화[공업화]되다

inédito, ta
이네디또, 따
형 미간(未刊)의, 미발표의

ineducación
이네두까시온
여 무교육, 무학; 무례

ineducado, da
이네두까도, 다
형 무례한; 무학의
남 여 무례한 사람; 무학자

inefable
이네파블레
형 말로 표현할 수 없는

inefectivo, va
이네펙띠보, 바
형 효과가 없는

ineficaz
이네피까스
형 효과가 없는; 효험이 없는

ineficiente
이네피시엔떼
형 능률이 오르지 않는; 무능한

inepcia
이넵시아
여 무능, 부적격

inepto, ta
이넵또, 따
형 무능한, 부적격한
남 여 무능한 사람, 부적격자

inequívoco, ca
이네끼보꼬, 까
형 틀림이 없는, 명백한

inercia 여 관성(慣性), 타성; 무기력
이네르시아

inesperadamente 부 뜻밖에, 예상외로
이네스뻬라다멘떼

inesperado, da 형 생각지도 않은, 예기치 않은; 예상외의
이네스뻬라도, 다 visita *inesperada* 불의의 방문

inestabilidad 여 불안정(성)
이네스따빌리닫

inestable 형 불안정한, 변하기 쉬운
이네스**따**블레

inestimable 형 평가할 수 없는; 귀중한
이네스띠**마**블레

inevitable 형 불가피한, 피할 수 없는
이네비**따**블레

inevitablemente 부 불가피하게
이네비**따**블레멘떼

inexactitud 여 부정확
이넥삭띠**뚣**

inexacto, ta 형 부정확한
이넥**삭**또, 따

inexistente 형 존재[실재]하지 않는
이넥시스**뗀**떼

inexperiencia 여 무경험
이넥스뻬리엔시아

inexperto, ta 형 경험이 없는, 미숙한, 서툰
이넥스**뻬**르또, 따 conductor *inexperto* 서툰 운전수

inexplicable 형 설명할 수 없는; 불가해한
이넥스쁠리**까**블레

inexplorado, da 형 미탐험의, 전인 미답의, 미지의
이넥스쁠로**라**도, 다 tierra *inexplorada* 전인 미답의 땅

infamia 여 불명예, 치욕; 비열한 행위
임파미아

infancia 여 유년기, 소년기, 소녀기; 요람기
임판시아 amigo de su *infancia* 죽마고우

infante, ta 남여 어린아이, 유아, 아동; 왕자, 공주
임판떼, 따 남 [군사] 보병

infermal

infantería
임판떼리아

예 보병대

infantil
임판띨

형 유아의, 어린아이의, 아동의

enfermedad *infantil* 소아병

literatura *infantil* 아동 문학

infarto
임파르또

남 [의학] 경색(증); 심근 경색

infarto cerebral 뇌경색

infatigable
임파띠가블레

형 지칠 줄 모르는, 피로를 모르는

infausto, ta
임파우스또, 따

형 불행한, 불운한

infección
임펙시온

여 감염(증), 전염; 화농

infeccioso, sa
임펙시오소, 사

형 (병이) 전염성의

infectar
임펙따르

타 감염[전염]시키다; 오염시키다

infectarse 감염[전염]되다; 오염되다

infecto, ta
임펙또, 따

형 감염[전염]된, 썩은, 부패한

infecundidad
임페꾼디닫

여 불임(증); 불모; 빈약(함)

infecundo, da
임페꾼도, 다

형 불임(증)의; 불모의

infelicidad
임펠리시닫

여 불행

infeliz
임펠리스

형 불행한 (복 infelices)

남 여 불행한 사람

inferior
임페리오르

형 아래의, 낮은; (질이) 낮은, 하급의; (수량이) 적은

familia *inferior* a la clase media

중류 이하의 가족

남 여 손아랫 사람; 하급자; 부하

inferioridad
임페리오리닫

여 열등(함); 하위, 하급

infermal
임페르말

형 지옥(infierno)의; 지옥 같은

infértil
임**페**르띨
형 비옥하지 않은

infidelidad
임피델리닫
여 불충실, 불성실; 부정, 바람기

infiel
임피엘
형 충실[성실]하지 못한; 바람기가 있는

infierno
임피에르노
남 지옥; 수라장, 생지옥

infiltración
임필뜨라시온
여 스며드는 일, 침투, 침윤

infiltrar
임필뜨라르
타 스며들게 하다, 침투시키다
infiltrarse 스며들다, 침투되다

ínfimo, ma
임피모, 마
형 최저의, 최하급의
ínfima calidad 열악한 품질
precio *ínfimo* 초저가(超低價)

infinidad
임피니닫
여 무수, 무한

infinitamente
임피니따멘떼
부 무한히, 한없이

infinitivo, va
임피니띠보, 바
형 [문법] 부정사의
modo *infinitivo* 부정법(不定法)
남 [문법] 부정사

infinito, ta
임피니또, 따
형 무한의, 한없는
espacio *infinito* 무한의 우주 공간
남 무한; [수학·사진] 무한대
부 무한히; 비상히

inflación
임플라시온
여 [경제] 인플레이션

inflacionario, ria
임플라시오나리오, 리아
형 인플레이션 (경향)의

inflacionismo
임플라시오니스모
남 인플레이션 경향

inflacionista
임플라시오니스따
형 인플레이션 (경향)의
política *inflacionista*
인플레이션 정책

informador, ra

inflamable 임플라마블레	형 인화성의, 불붙기 쉬운, 가연성의
inflamación 임플라마시온	여 인화, 발화; [의학] 염증 punto de *inflamación* 발화점
inflamar 임플라마르	타 불태우다; (감정을) 격하게 만들다 *inflamarse* 불타다; 흥분하다
inflamatorio, ria 임플라마또리오, 리아	형 염증성의
inflar 임플라르	타 부풀리다; 과장하다 *inflarse* 부풀다; 과장되다
inflexibilidad 임플렉시빌리닫	여 불굴; 굽히지 않음
inflexible 임플렉시블레	형 불굴의; (물건이) 굽히지 않는
inflexión 임플렉시온	여 굴절, 구부러짐; (소리의) 억양
influencia 임플루엔시아	여 영향, 감화; 세력, 권세; 연고
influenciar 임플루엔시아르	타 감화시키다 *influenciarse* 감화되다
influenza 임플루엔사	여 유행성 감기, 인플루엔자
influir 임플루이르	자 영향을 미치다 타 감화시키다 *influirse* 감화되다, 영향을 미치다
influjo 임플루호	남 영향; 만조(滿潮)(flujo)
influyente 임플루엔떼	형 영향력을 가진, 권위 있는
información 임포르마시온	여 정보, 지식; 정보 수집; 통지; 뉴스, 보도; 안내, 안내소; [법률] 예심, 증인 심문; [컴퓨터] 데이터
informado, da 임포르마도, 다	형 정보에 밝은; 신원이 확실한
informador, ra 임포르마도르, 라	형 정보를 제공하는 남여 정보 제공자; 보도 기자

informal 임포르말	형 비공식의, 약식의
informalidad 임포르말리닫	여 비공식; 약식 행위
informante 임포르만떼	형 남 여 =**informador**
informar 임포르마르	타 알리다, 통지하다 자 정보를 주다; 진술하다 *informarse* 알다, 정보를 얻다
informática 임포르마띠까	여 정보 과학, 정보 처리
informático, ca 임포르마띠꼬, 까	형 정보 과학[처리]의 남 여 정보 과학[처리] 전문가
informativo, va 임포르마띠보, 바	형 정보[지식]를 주는 남 뉴스 프로그램, 보도 프로그램
informatización 임포르마띠사시온	여 정보화, 컴퓨터화
informatizar 임포르마띠사르	타 정보화하다, 컴퓨터화하다 *informatizarse* 정보화되다
informe 임포르메	남 보고(서), 정보; 리포트 남 복 신용 보증 형 형태가 갖추어지지 않은
infortunado, da 임포르뚜나도, 다	형 불운한, 불행한 남 여 불운한 사람, 불행한 사람
infortunio 임포르뚜니오	남 역경; 불행, 불운
infracción 임프락시온	여 위반, 위배 *infracción* del contrato 계약 위반
infractor, ra 임프락또르, 라	형 위반하는 남 여 위반자
infraestructura 임프라에스뜨룩뚜라	여 [경제] 기초적 경제 기반, 하부 구조; [건축] 기초 공사[부분]
infrarrojo, ja 임프라르로호, 하	형 적외(선)의 rayos *infrarrojos* 적외선

fotografía *infrarroja* 적외선 사진

infundado, da
임푼다도, 다
혱 근거[이유] 없는

infundir
임푼디르
타 (어떤 감정을) 품게 하다

infusión
임푸시온
여 탕약, 탕제

ingeniar
잉헤니아르
타 고안하다, 생각해 내다

ingeniería
잉헤니에리아
여 공학(工學), 엔지니어링
ingeniería civil 토목 공학
ingeniería genética 유전자 공학
ingeniería mecánica 기계 공학

ingeniero, ra
잉헤니에로, 라
남여 기사, 기술자, 엔지니어
ingeniero civil 토목 기사
ingeniero mecánico 기계 기사

ingenio
잉헤니오
남 독창력, 재능; 기지, 위트; 병기(兵器)

ingenioso, sa
잉헤니오소, 사
혱 창의력이 풍부한; 재능이 있는; 영리한; 교묘한

ingenuo, nua
잉헤누오, 누아
혱 천진난만한, 순진한

ingerencia
잉헤렌시아
여 간섭

ingerir
잉헤리르
타 (음식물 등을) 섭취하다

ingestión
잉헤스띠온
여 (음식물의) 섭취

Inglaterra
잉글라떼르라
여 [국명] 영국
((공식 명칭은 Gran Bretaña))

ingle
잉글레
여 [해부] 샅, 서혜부(鼠蹊部)

inglés, sa
잉글레스, 사
혱 영국(Inglaterra)(인)의
남여 영국 사람
남 영어

ingrato, ta
잉그라또, 따
형 은혜를 모르는; 불효 자식의
hijo *ingrato* 불효 자식

ingrediente
잉그레디엔떼
남 (음식물 등의) 성분, 재료, 원재료; (작품을 구성하는) 요소

ingresar
잉그레사르
타 입금하다; 입원시키다; 수취하다
자 [+en] (학교·조직 등에) 들어가다; 입원하다
ingresar en la universidad
대학에 입학하다
ingresar en un partido 입당하다

ingreso
잉그레소
남 입학; 입회; 입원; 수입, 소득; 유입(流入); 예금(預金)
ingreso en la universidad 대학 입학

inhábil
인아빌
형 서툰, 미숙한, 솜씨가 없는; 무능한, 자격이 없는

inhabilidad
인아빌리닫
여 서투름, 손재주가 없음

inhabilitar
인아빌리따르
타 무자격[무능력]한 사람으로 만들다

inhabitado, da
인아비따도, 다
형 사람이 살지 않는
isla *inhabitada* 무인도

inhalación
인알라시온
여 (산소 등의) 흡입
inhalación de pegamento 시너 흡입

inhalador
인알라도르
남 흡입기
inhalador de oxígeno 산소 흡입기

inhalar
인알라르
타 (산소 등을) 흡입하다

inherencia
인에렌시아
여 [철학] 내속(內屬)

inherente
인에렌떼
형 고유의; 내재(內在)의; 내속(內屬)의

inhospitalario, ria
인오스삐딸라리오, 리아
형 대접이 나쁜; 불친절한

inhumación
인우마시온
여 매장(entierro)

inmediato, ta

inhumano, na
인우마노, 나
형 무정한, 박정한, 냉정한, 비인간적인
mujer *inhumana* 무정한 여인
tratamiento *inhumano* 비인간적인 대우

inhumar
인우마르
타 매장하다(enterrar)

iniciación
이니시아시온
여 개시; 입문 지도; 입회식; 성인식

iniciador, ra
이니시아도르, 라
형 개시하는, 선도적인
남여 개시자, 선도자

inicial
이니시알
형 최초의, 처음의, 서두의
여 머리글자(letra inicial)

iniciar
이니시아르
타 시작하다, 개시하다; 초보를 가르치다; 입회를 허가하다
iniciarse 시작되다

iniciativa
이니시아띠바
여 솔선, 자발성; 주도권
tomar la *iniciativa*
주도권을 장악하다

iniquidad
이니끼닫
여 불공평; 부정(한 행위)

injerirse
잉헤리르세
((재귀)) 간섭하다, 말참견하다

injertar
잉헤르따르
타 접목하다; [의학] (피부・뼈 등을) 이식하다

injerto
잉헤르또
남 접목; [의학] 이식; 이식 조직

injusticia
인후스띠시아
여 부정 (행위), 부당, 불공평
con *injusticia* 부정하게, 부당하게

injustamente
인후스따멘떼
부 부당하게, 부정하게

injusto, ta
인후스또, 따
형 부정한, 부당한, 불공평한
acto laboral *injusto* 부당 노동 행위

inmediatamente
임메디아따멘떼
부 즉시; 직접

inmediato, ta
임메디아또, 따
형 직접의, 중개 없이; 인접한; 즉시의
jefe *inmediato* superior 직속 상관

paga *inmediata* 즉시불

inmejorable 형 최상의, 나무랄 데 없는
임메호라블레

inmemorial 형 먼 옛날의, 태고의
임메모리알

inmensamente 부 대단히, 심하게; 무한히
임멘사멘떼

inmenso, sa 형 광대한, 무한의, 끝없는
임멘소, 사

inmigración 여 이주; (여행자의) 입국; 이민
임미그라시온 oficina (nacional) de *inmigración* 입국 관리 사무소

inmigrado, da 남 여 이주자, 이민
임미그라도, 다

inmigrante 형 이주하는, 이민의
임미그란떼 남 여 이주자, 이민

inmigrar 자 이주하다
임미그라르

inminencia 여 절박, 급박, 위급
임미넨시아

inminente 형 절박한, 급박한, 위급한
임미넨떼

inmobiliario, ria 형 부동산의
임모빌리아리오, 리아 여 건설 회사, 부동산 회사

inmoderado, da 형 절도가 없는, 과도한
임모데라도, 다

inmodesto, ta 형 파렴치한, 뻔뻔스러운
임모데스또, 따

inmoral 형 부도덕한
임모랄

inmoralidad 여 부도덕
임모랄리닫

inmortal 형 불사의, 불멸의, 불후의
임모르딸 amor *inmortal* 변치 않는 사랑

inmortalidad 여 불사, 불멸
임모르딸리닫

inmóvil
임모빌
- 형 부동의, 움직이지 않는

inmovilizar
임모빌리사르
- 타 고정시키다, 움직이지 않게 하다
- *inmovilizarse* 움직이지 않다, 고정되다

inmueble
임무에블레
- 형 부동산의
- 남 빌딩, 맨션; 복 부동산

inmune
임무네
- 형 면역의

inmunidad
임무니닫
- 여 면역(성)

inmunitario, ria
임무니따리오, 리아
- 형 면역성의

inmunizar
임무니사르
- 타 면역성을 주다
- *inmunizarse* 면역이 되다

innato, ta
인나또, 따
- 형 타고난, 천부의, 선천적인

innecesario, ria
인네세사리오, 리아
- 형 불필요한

innovación
인노바시온
- 여 혁신, 쇄신

innovar
인노바르
- 타 쇄신하다, 개혁하다, 일신하다

innumerable
인누메라블레
- 형 무수한, 수를 헤아릴 수 없는

inocencia
이노센시아
- 여 무죄, 결백; 천진 난만, 순진함

inocente
이노센떼
- 형 무죄의, 결백한; 천진 난만한, 악의 없는

inolvidable
이놀비다블레
- 형 잊을 수 없는
- maestro *inolvidable*
- 잊을 수 없는 선생님

inoportuno, na
이노뽀르뚜노, 나
- 형 시기를 놓친, 시기가 나쁜
- decisión *inoportuna*
- 시기를 놓친 결정

inquietar 잉끼에따르	타 불안하게 하다, 걱정시키다 ***inquietarse*** 걱정하다, 우려하다
inquieto, ta 잉끼에또, 따	형 불안한, 걱정스러운
inquietud 잉끼에뚣	여 불안, 걱정, 근심; 탐구심, 야심
inquiridor, ra 잉끼리도르, 라	형 조사하는 남 여 조사하는 사람
inquirir 잉끼리르	타 조사하다, 구명하다 자 조사하다
inquisición 잉끼시시온	여 조사, 취조, 심문
Inquisición 잉끼시시온	여 [역사] 종교 재판소
insano, na 인사노, 나	형 건강이 좋지 않은
insatisfacción 인사띠스팍시온	여 불만; 혐오
insatisfactorio, ria 인사띠스팍또리오, 리아	형 만족하지 않은, 성에 차지 않은
insatisfecho, cha 인사띠스페초, 차	형 불만스러운, 만족하지 않은
inscribir 인스끄리비르	타 새기다, 조각하다; 기입하다 ***inscribirse*** (자기의 이름을) 기입하다; 등록하다, 신청하다; 포함되다
inscripción 인스끄립시온	여 등록, 신청
inscrito, ta 인스끄리또, 따	형 등록된
insecticida 인섹띠시다	남 형 살충제(의)
insecto 인섹또	남 곤충
inseguridad 인세구리닫	여 불안정; 불확실

inseguro, ra 형 확실하지 않은, 확신이 없는; 불안정한
인세구로, 라

inseminación 여 수정(受精)
인세미나시온
inseminación artificial 인공 수정

inseminar 타 수정시키다, 정액을 주입하다
인세미나르

insensatez 여 무분별한 언동, 어리석은 짓
인센사떼스

insensibilidad 여 무감각, 마비; 무관심, 냉담
인센시빌리닫

insensible 형 무감각한, 마비된; 무관심한, 냉담한
인센시블레

inserción 여 삽입; 게재(揭載); [해부] 부착; [생물] 착생
인세르시온

insertar 타 삽입하다; 게재하다
인세르따르

inserto, ta 형 삽입된; 게재된
인세르또, 따

insigne 형 저명(著名)한
인시그네

insignia 여 기장(記章), 배지
인시그니아

insignificancia 여 무의미; 하찮은[사소한] 일
인시그니피깐시아

insignificante 형 무의미한, 하찮은, 사소한
인시그니피깐떼

insipidez 여 무미(無味), 맛이 없음, 무미 건조
인시뻬데스

insípido, da 형 맛없는; 무미 건조한; 평범한
인시뻬도, 다
sopa *insípida* 맛없는 국

insistencia 여 고집, 끈질김; 강조, 역설
인시스뗀시아

insistente 형 고집 센, 끈질긴
인시스뗀떼

insistentemente 부 끈질기게, 끈덕지게
인시스뗀떼멘떼

insistir
인시스띠르
자 고집하다, 집착하다; 역설하다, 강조하다
insistir en ese punto
그 점을 강조하다
insistir en *su* inocencia
억울함을 강하게 주장하다

insolación
인솔라시온
여 일사병; 일조 시간

insolvencia
인솔벤시아
여 [법률] 변제[지불] 불능, 파산

insolvente
인솔벤떼
형 변제[지불] 불능의, 파산의
남 여 변제 불능자, 파산자

insomne
인솜네
형 불면(증)의

insomnio
인솜니오
남 불면(증)

insoportable
인소뽀르따블레
형 참을 수 없는

inspección
인스뻭시온
여 검사, 점검; 검열; 시찰; 검사소

inspeccionar
인스뻭시오나르
타 검사[검열]하다; 시찰하다

inspector, ra
인스뻭또르, 라
남 여 검사관; 시찰관

inspiración
인스삐라시온
여 영감; 시사, 권유, 권장; 숨을 들이마심

inspirador, ra
인스삐라도르, 라
형 남 여 영감을 주는 (사람)

inspirar
인스삐라르
타 …에게 영감을 주다; (공기 등을) 흡입하다, 들이마시다
inspirar profundamente
숨을 깊이 들이마시다
inspirarse 영감을 얻다

inspiratorio, ria
인스삐라또리오, 리아
형 숨을 들이마시는

instalación
인스딸라시온
여 입주; 설치; 설비; 복 시설
instalación de una fábrica

공장 설비
instalaciones deportivas
운동 시설

instalar 타 설치하다, 장착하다; 입주시키다
인스딸라르
instalar el teléfono 전화를 가설하다
instalarse
살다, 앉다; (변호사 등이) 개업하다

instancia 여 간청; 청원서; 권력 기관
인스딴시아

instantáneamente 부 순간적으로
인스딴따네아멘떼

instantáneo, a 형 순간적인; 즉시의, 즉석의
인스딴따네오, 아
muerte *instantánea* 즉사(卽死)
여 스냅 사진

instante 남 순간
인스딴떼
Espera un *instante*.
잠깐 기다려라.

instar 타 간청하다
인스따르

instauración 여 설립, 수립, 창설
인스따우라시온

instaurador, ra 남 여 설립자, 창설자
인스따우라도르, 라

instaurar 타 설립하다, 창설하다, 창립하다
인스따우라르
instaurar una escuela
학교를 설립하다

instigación 여 선동, 교사(敎唆)
인스띠가시온

instigador, ra 형 선동하는, 부추기는
인스띠가도르, 라
남 여 선동자

instigar 타 선동하다, 부추기다, 꼬드기다
인스띠가르

instintivo, va 형 본능적인; 충동적인
인스띤띠보, 바

instinto
인스띤또

남 본능; (천부의) 재능, 소질
instinto sexual 성본능
por *instinto* 본능적으로

institución
인스띠뚜시온

여 제도, 조직, 기구; 제정, 설립; 복 (한 나라의) 정치 제도, 체제
institución familiar 가족 제도

institucional
인스띠뚜시오날

형 제도상의, 제도적인

instituir
인스띠뚜이르

타 제정하다, 설립[창설]하다

instituto
인스띠뚜또

남 연구소; (국공립의) 고등 학교; 전문 학교; 학원; 단체, 협회

instrucción
인스뜨룩시온

여 교육; 교양, 지식; 지시, 지령;
복 (상품의) 사용법; 설명서

instructivo, va
인스뜨룩띠보, 바

형 교육적인; 교훈적인, 유익한

instructor, ra
인스뜨룩또르, 라

형 가르치는
남 여 교육 담당자; 교관

instruir
인스뜨루이르

타 교육시키다, 가르치다; 알리다
instruirse 배우다, 공부하다

instrumentación
인스뜨루멘따시온

여 편곡, 악기 편성; 실행

instrumental
인스뚜르멘딸

형 악기의; 문서의
música *instrumental* 기악(器樂)
남 기구(器具); 악기

instrumentar
인스뜨루멘따르

타 (기악용으로) 편곡하다; 편성하다; 실행하다

instrumentista
인스뜨루멘띠스따

남 여 악기 연주자; 악기 제작자

instrumento
인스뜨루멘또

남 도구, 기구; 기계(器械); 악기
instrumento musical 악기

insuficiencia
인수피시엔시아

여 부족, 불충분; [의학] (기능) 부전, 박약;
복 약점, 결함
insuficiencia cardíaca 심부전
insuficiencia de la alimentación

영양 부족

insuficiente 인수피시엔떼
형 부족한, 불충분한; (성적) 불가의
남 (성적 평가의) 불가, 불합격

ínsula 인술라
여 섬

insular 인술라르
형 섬의
남여 섬사람

insulina 인술리나
여 [생화학] 인슐린

insultante 인술딴떼
형 모욕적인

insultar 인술따르
타 모욕하다

insulto 인술또
남 모욕(적인 말)

insurgente 인수르헨떼
형 반란을 일으킨, 봉기한
tropas *insurgentes* 반란군
남여 반도(叛徒)

insurrección 인수르렉시온
여 반란, 봉기
insurrección del pueblo
민중 봉기

insustancial 인수스딴시알
형 내용이 없는; 천박한; 맛이 없는

intacto, ta 인딱또, 따
형 아직 손대지 않은, 본래 그대로의

integración 인떼그라시온
여 통합; 동화; [수학] 적분법

integral 인떼그랄
형 완전한, 전면적인; 적분의
desnudo *integral* 완전 나체
educación *integral* 전인 교육
여 [수학] 적분

integrante 인떼그란떼
남여 구성원, 일원

integrar 인떼그라르
타 완전하게 하다, ...의 전체를 구성하다; 통합하다, 동화시키다; 적분하다

integrarse 동화되다

integridad 인떼그리닫
여 완전함; 청렴 결백함, 공명 정대

íntegro, gra 인떼그로, 그라
형 전부의, 완전한; 청렴한

intelecto 인뗄렉또
남 지성; 이해력

intelectual 인뗄렉뚜알
형 지능의, 지적인
clase *intelectual* 지식 계급
nivel *intelectual* 지적 수준; 지능 정도
남여 지식인

inteligencia 인뗄리헨시아
여 지능, 지성; 이해력; [집합 명사] 지식인
nivel de *inteligencia* 지능 정도
tener mucha *inteligencia*
머리가 좋다
ser un hombre de poca *inteligencia*
머리가 나쁘다

inteligente 인뗄리헨떼
형 머리가 좋은, 영리한; (기계 등이) 컴퓨터화된

intención 인뗀시온
여 의도, 의향
intención oculta 진의(眞意)
buena *intención* 선의(善意)
mala *intención* 악의(惡意)

intencionadamente 인뗀시오나다멘떼
부 고의적으로

intencionado, da 인뗀시오나도, 다
형 고의의, 의도적인

intencional 인뗀시오날
형 의지의; 고의의

intensidad 인뗀시닫
여 강도(强度)

intensificación 인뗀시피까시온
여 강화, 격화

intensificar 인뗀시피까르
타 강화시키다
intensificarse 강화되다, 격화되다

intercomunicarse

intensivo, va
인뗀시보, 바
형 강렬한, 집중적인; [문법] 강조의
curso *intensivo* 집중 강의
entrenamiento *intensivo* 하드 트레이닝

intenso, sa
인뗀소, 사
형 강한, 격한, 심한
dolor *intenso* 격통(激痛)

intentar
인뗀따르
타 꾀하다, 시도하다

intento
인뗀또
남 시도, 기도; [운동] 시기(試技); ((중미)) 목적, 의도

intercalación
인떼르깔라시온
여 삽입

intercalar
인떼르깔라르
타 삽입하다, 사이에 넣다
형 윤(閏)의
año *intercalar* 윤년(閏年)

intercambiar
인떼르깜비아르
타 교환하다
intercambiarse 서로 교환하다

intercambio
인떼르깜비오
남 교환, 교류; 교역, 무역
intercambio cultural 문화 교류
profesor de *intercambio* 교환 교수

interceder
인떼르세데르
자 중재하다, 중개하다, 조정하다

intercelular
인떼르셀룰라르
형 세포 간의

interceptar
인떼르셉따르
타 가로채다, 횡령하다; (통신 등을) 방수(傍受)하다; (진로·교통 등을) 차단하다, 저지하다

intercesión
인떼르세시온
여 중재, 조정, 주선
gracias a la *intercesión* de ...의 중재로

intercomunicación 여 상호 통신
인떼르꼬무니까시온

intercomunicador, ra 남 인터폰
인떼르꼬무니까도르, 라

intercomunicarse ((재귀)) 서로 교신하다
인떼르꼬무니까르세

intercontinental
인떼르꼬무니깔

형 대륙 간의
proyectil balístico *intercontinental*
대륙간 탄도탄

interés
인떼레스

남 이익, 이점; 이자; 중요성, 가치; 관심, 흥미; 복 (투자의) 수익; 재산; 불안; 희망
interés nacional 국익(國益)
interés público 공공의 이익
alto *interés* 높은 이자, 고리(高利)
bajo *interés* 낮은 이자, 저리(低利)
tener *interés* por [en]
...에 관심이 있다

interesado, da
인떼레사도, 다

형 남 여 관심이[흥미가] 있는 (사람); 이해 관계가 있는 (사람), 당사자; 본인(本人)

interesante
인떼레산떼

형 재미있는, 흥미있는
libro *interesante* 재미있는 책

interesar
인떼레사르

타 흥미[관심]를 가지게 하다; (거래 등에) 참가시키다; [의학] 상처를 입히다
interesarse por [en]
...에 관심을 보이다[나타내다]

interferencia
인떼르페렌시아

여 간섭; [통신] 전파 방해, 혼신

interferir
인떼르페리르

자 간섭하다; 전파 방해를 일으키다
타 방해하다
interferirse en
...에 간섭하다, 끼어들다

interferón
인떼르페론

남 [생화학] 인터페론

interfono
인떼르포노

남 인터폰

interino, na
인떼리노, 나

형 대리의, 대행의
médico *interino* 인턴
rector *interino* 학장 대행
남 여 대행, 대리
여 (출퇴근하는) 가정부

interior
인떼리오르

형 내부의, 안의; 국내의; 사적인
región *interior* 내륙 지방
política *interior* 내정(內政)
남 내부; 오지; 속마음
decoración de *interiores*
실내 장식
pintura de *interiores*
실내화(室內畵)

interioridad
인떼리오리닫

여 내면성, 내재성

interiorismo
인떼리오리스모

남 실내 장식, 인테리어 디자인

interiorista
인떼리오리스따

남여 실내 장식가, 인테리어 디자이너

interjección
인떼르헥시온

여 [문법] 감탄사, 간투사

interlocución
인떼르로꾸시온

여 대화(對話)

interlocutor, ra
인떼르로꾸또르, 라

남여 대화자, 대담자

intermediación
인떼르메디아시온

여 중재, 중개

intermediar
인떼르메디아르

자 중개[중재]를 하다

intermediario, ria
인떼르메디아리오, 리아

형 중개[중재]하는
comercio *intermediario* 중계 무역
남여 중개자, 중재자, 중매장이; 중간상인
intermediario financiero 금융 중개인

intermedio, dia
인떼르메디오, 디아

형 중간의
color *intermedio* 중간색
curso *intermedio* 중급(의 코스)

interminable
인떼르미나블레

형 끝없는, 한없는

intermisión
인떼르미시온

여 중단, 휴지(休止)

intermitencia
인떼르미뗀시아
여 단속(성), 간헐(성)

intermitente
인떼르미뗀떼
형 단속적인, 간헐적인
fiebre *intermitente* 간헐열
fuente *intermitente* 간헐천
남 [자동차] 점멸기, 깜박등

internación
인떼르나시온
여 수용, 입원

internacional
인떼르나시오날
형 국제적인; [항공] 국제편의
comercio *internacional* 무역
conflicto *internacional* 국제 분쟁
derecho *internacional* 국제법
relaciones *internacionales* 국제 관계
vuelo *internacional* 국제편
남 여 [운동] (국가의) 대표 선수; 국제 시합 출전 선수

internacionalización
인떼르나시오날리사시온
여 국제화

internacionalmente
인떼르나시오날멘떼
부 국제적으로

internado, da
인떼르나도, 다
형 남 여 수용된 (사람)
남 기숙사; [집합 명사] 기숙생; 기숙 제도; 수용, 격리; [의학] 임상 연수 기간

internamiento
인떼르나미엔또
남 수용(收容); 입원

internar
인떼르나르
타 (병원 등에) 수용하다, 입원시키다; (내부에) 넣다, 데리고 들어가다
internarse 깊이 들어가다

internet
인떼르넷
남 (여) 인터넷
página de *internet* 홈페이지
conectar a *internet* 인터넷에 접속하다

internista
인떼르니스따
형 내과(內科)의
남 여 내과의(內科醫)

Interpol
인떼르뽈
여 인터폴, 국제 형사 경찰 기구

interrumpir

interponer
인떼르뽀네르
타 사이에 넣다[끼우다]

interpretación
인떼르쁘레따시온
여 해석; 연주; 연기; 통역
interpretación de un texto
텍스트 해석
interpretación de una sinfonía
교향곡 연주
interpretación simultánea
동시 통역

interpretar
인떼르쁘레따르
타 해석하다; 연주하다, 노래하다; 연기하다; 통역하다; 번역하다
interpretar el himno nacional
국가를 연주하다

intérprete
인떼르쁘레떼
남여 통역; 해석자; 대변자; 연주가, 연기자, 출연자
intérprete del pueblo
민중의 대변자

interrogación
인떼르로가시온
여 질문, 신문(訊問); [문법] 의문(문); 의문 부호

interrogador, ra
인떼르로가도르, 라
남여 질문자

interrogante
인떼르로간떼
남 의문점, 문제점

interrogar
인떼르로가르
타 질문하다, 신문(訊問)하다; 심문(審問)하다, 취조하다

interrogativo, va
인떼르로가띠보, 바
형 [문법] 의문의
adjetivo *interrogativo* 의문 형용사
pronombre *interrogativo* 의문 대명사

interrogatorio
인떼르로가또리오
남 심문, 취조; (심문) 조서

interrumpir
인떼르룸삐르
타 중단하다; …의 말을 차단하다
interrumpir los estudios
공부[면학]를 중단하다
interrumpirse 중단되다

interrupción 인떼르룹시온	여 중단, 차단; (말의) 방해
interruptor 인떼르룹또르	남 [전기] 스위치, 차단기
intersecarse 인떼르세까르세	((재귀)) 교차하다, 교차되다
intersección 인떼르섹시온	여 [수학] 교차; 교차점
intersexual 인떼르섹수알	형 이성간의 amor *intersexual* 이성간의 사랑
interurbano, na 인떼루르바노, 나	형 도시간의 conferencia *interurbana* 시외 통화
intervalo 인떼르발로	남 간격; 기간; (연극이나 콘서트 등의) 휴게시간; [음악] 음정
intervención 인떼르벤시온	여 개입, 간섭; 중재; 참가; 출연; 도청; 압수
intervenir 인떼르베니르	자 참가하다; 출연하다; 개입[간섭]하다; 중재하다 타 수술을 하다; (회계를) 감사하다; (국가가) 통제[관리]하다; (경찰이) 도청하다; 검열하다; 압수하다
interviú 인떼르비우	남 인터뷰(entrevista)
intestinal 인떼스띠날	형 장(intestino)의
intestino 인떼스띠노	남 [해부] 장(腸) *intestino* ciego 맹장(盲腸) *intestino* delgado 소장(小腸) *intestino* grueso 대장(大腸)
íntimamente 인띠마멘떼	부 친밀하게; 긴밀히
intimar 인띠마르	자 친해지다 타 통고[통지]하다, 알리다
intimidación 인띠미다시온	여 협박, 위협

intimidad 인띠미닫
여 친밀함, 친밀한 관계; 사생활

intimidar 인띠미다르
타 협박하다, 위협하다
intimidarse 겁나다, 무서운 생각이 들다

íntimo, ma 인띠모, 마
형 친(밀)한; 긴밀한; (장소가) 작지만 아담한, 아담하게 꾸민; 마음에서 우러나오는, 충심의
amigo *íntimo* 친구

intolerable 인똘레라블레
형 참을 수 없는, 견딜 수 없는

intolerancia 인똘레란시아
여 배타적 생각; 편협

intolerante 인똘레란떼
형 남 여 속이 좁은, 옹졸한, 편협한 (사람)

intoxicación 인똑시까시온
여 중독; (정보의) 교란, 조작

intoxicar 인똑시까르
타 중독시키다; (정보를) 교란하다
intoxicarse 중독되다

intransferible 인뜨란스페리블레
형 양도할 수 없는

intransitivo, va 인뜨란시띠보, 바
형 남 [문법] 자동사(의)

intrauterino, na 인뜨라우떼리노, 나
형 자궁내의
dispositivo *intrauterino* 임신 링

intravenoso, sa 인뜨라베노소, 사
형 [의학] 정맥내의
inyección *intravenosa* 정맥 주사

intrépido, da 인뜨레삐도, 다
형 대담한, 용감한

intriga 인뜨리가
여 음모, 책략; 관심, 호기심

intrigante 인뜨리간떼
형 음모를 꾸미는
남 여 음모가, 책사(策士)

intrigar 인뜨리가르
자 음모를 꾸미다
타 ...의 호기심을 불러 일으키다

introducción 인뜨로둑시온	여 삽입; 소개; 도입; 입문(서); 서문, 서설; [음악] 서주(序奏), 도입부 carta de *introducción* 소개장 *Introducción* de la lingüística 언어학 입문
introducir 인뜨로두시르	타 삽입하다; 안내하다; 소개하다; 도입하다 *introducir* las técnicas nuevas 신기술을 도입하다
intuición 인뚜이시온	여 직관(력), 직감력
intuicionismo 인뚜이시오니스모	남 [철학] 직관주의
intuir 인뚜이르	타 직관(直觀)하다
intuitivo, va 인뚜이띠보, 바	형 직관적인; 직감력이 예리한
inundación 이눈다시온	여 홍수, 범람; 침수
inundar 이눈다르	타 홍수를 일으키다, 범람시키다 ***inundarse*** 홍수가 나다, 범람하다
inútil 이누띨	형 쓸모 없는, 무익한, 헛된, 소용없는; 신체가 부자연스러운 esfuerzo *inútil* 헛된 노력
inutilidad 이누띨리닫	여 무익함, 헛됨, 쓸데없음
inutilizar 이누띨리사르	타 헛되게[무익하게] 만들다
inútilmente 이누띨멘떼	부 헛되이, 쓸모없이, 무익하게
invadir 임바디르	타 침입하다, 침략하다
invalidar 임발리다르	타 무효로 하다
invalidez 임발리데스	여 무효; 장애, 폐질(廢疾)

inversión

inválido, da 임발리도, 다
형 (몸이) 움직이지 않는, 부자유스러운; 무효의; 약한

invaluable 임발루아블레
형 (평가할 수 없이) 귀중한

invariable 임바리아블레
형 불변의; [문법] 변화하지 않는

invasión 임바시온
여 침략, 침입
invasión estadounidense de Iraq
미국의 이라크 침입

invasor, ra 임바소르, 라
형 침략하는
남 여 침략자; 침략군

invencible 임벤시블레
형 불패의, 무적의
Armada *Invencible* 무적 함대

invención 임벤시온
여 발명; 발명품

invendible 임벤디블레
형 팔리지 않는; 살 사람이 없는

inventar 임벤따르
타 발명하다; 고안하다; 창작하다
inventarse 날조되다

inventario 임벤따리오
남 (재산·재고의) 목록, 일람표; 재고 조사; 재고

invento 임벤또
남 발명품

inventor, ra 임벤또르, 라
남 여 발명자, 발명가

invernáculo 임베르나꿀로
남 온실(溫室)

invernal 임베르날
여 겨울(invierno)의
frío *invernal* 엄동 설한

invernar 임베르나르
자 겨울을 보내다, 피한[월동]하다

inverósimil 임베로시밀
형 거짓말 같은, 믿기지 않는

inversión 임베르시온
여 투자; 역전, 반전; [문법] 도치(법); 성도착, 동성애

inversionista
임베르시오니스따
남여 투자가

inverso, sa
임베르소, 사
형 역(逆)의, 거꾸로의, 반대의

inversor, ra
임베르소르, 라
형 투자의
compañía *inversora* 투자 회사
남여 출자자, 투자가

invertido, da
임베르띠도, 다
형 역(逆)의
남여 성도착자, 동성애자

invertir
임베르띠르
타 역전[반전]시키다; 투자하다; (시간을) 낭비하다

investigación
임베스띠가시온
여 연구; 조사

investigador, ra
임베스띠가도르, 라
형 연구의, 조사의
comisión *investigadora* 조사단
남 연구자, 연구소 직원; 조사원

investigar
임베스띠가르
타 연구하다, 조사하다

invierno
임비에르노
남 겨울; (중남미 열대 지방에서) 우기
deportes de *invierno* 겨울 스포츠

invisible
임비시블레
형 눈에 보이지 않는; [경제] 무역외 수지(貿易外收支)의

invitación
임비따시온
여 초대; 초대장; 한턱 냄
aceptar la *invitación* 초대에 응하다
rehusar la *invitación* 초대를 거절하다

invitado, da
임비따도, 다
남여 초대객, 초대 손님

invitar
임비따르
타 초대하다, 부르다, 초청하다
invitar a uno a la boda
...를 결혼식에 초대하다
invitar a tomar una copa
한잔하게 초대하다

invocación
임보까시온
여 축원(의 말); 인용

invocar
임보까르
타 (신의 가호를) 축원하다; (원조 등을) 요구하다; (영을) 부르다; 인용하다

involuntario, ria
임볼룬따리오, 리아
형 무의지의, 무의식의

involutivo, va
임볼루띠보, 바
형 [생물·의학] 퇴행성의, 퇴행기의

inyección
인옉시온
여 주사, 주입; 주사액, 주사약
poner una *inyección* a uno
…에게 주사를 놓다

inyectable
인옉따블레
형 (약이) 주사용의
남 주사액

inyectar
인옉따르
타 주사를 놓다; 주입하다

iodo
요도
남 =**yodo**

ion
이온
남 [화학] 이온

ípsilon
입실론
여 [그리스 문자] 입실론 ((Υ, υ))

ir
이르
자 가다; 통하다; 뻗다; 꼭 맞다; 조화를 이루다; (건강·경영 상태 등이) …이다
ir a España 스페인에 가다
ir en coche [avión · tren]
차[비행기·기차]로 가다
¿Cómo le *va* a usted?
–(Me *va*) Muy bien.
어떻게 지내십니까?
–잘 지내고 있습니다.
¿Cómo le *van* sus negocios?
–*Van* bien.
사업은 어떠세요?
–잘 되고 있습니다.
irse 가버리다, 떠나다; 죽다; 사라지다
ir a + 동사 원형
…하려고 하다, …할 것이다; …하러 가다
Va a llover. 비가 오려고 한다.

Voy a telefonearle ahora mismo.
지금 당장 그에게 전화하겠다.
Voy a ver al Sr. Kim.
나는 김씨를 만나려고 한다.
나는 김씨를 만나러 간다.

***Vamos a* + 동사 원형**
...합시다; 우리는 ...하려고 한다; 우리는 ...하러 간다
Vamos a cantar juntos.
함께 노래합시다.
Vamos a ver a ella.
그녀를 만납시다.
우리는 그녀를 만나려고 한다.
우리는 그녀를 만나러 간다.

직·현재: *voy, vas, va, vamos, vais, van*
직·부정 과거: *fui, fuiste, fue, fuimos, fuisteis, fueron*
직·불완료 과거: *iba, ibas, iba, íbamos, ibais, iban*
접·현재: *vaya, vayas, vaya, vayamos, vayáis, vayan*

iraní
이라니
형 이란(Irán)(인)의
남 여 이란 사람

iraquí
이라끼
형 이라크(Irak, Iraq)(인)의
남 여 이라크 사람

iris
이리스
남 단 복 무지개(arco *iris*); [해부] (눈의) 홍채(虹彩)

irlandés, desa
이를란데스, 데사
형 아일랜드(Irlanda)(인)의
남 여 아일랜드 사람

ironía
이로니아
여 빈정거림, 비꼼; 반어(법)

irónico, ca
이로니꼬, 까
형 비꼬는, 빈정거리는

irraciona
이르라시오날
형 도리에 어긋난, 불합리한, 비이성적인, 이성에 반(反)한

irradiación 이르라디아시온 — 여 발광, 방사(放射)

irradiar 이르라디아르 — 타 (빛 · 열 등을) 발하다, 방사하다

irrazonable 이르라소나블레 — 형 무분별한, 비이성적인, 부당한

irrealizable 이르레알리사블레 — 형 실현 불가능한

irregular 이르레굴라르 — 형 불규칙한

irregularidad 이르레굴라리닫 — 여 불규칙(성)

irresponsabilidad 이르레스뽄사빌리닫 — 여 면책(免責); 무책임

irresponsable 이르레스뽄사블레 — 형 남 여 책임감이 없는 (사람), 무책임한 (사람)

irrevocable 이르레보까블레 — 형 취소[철회]할 수 없는
carta de crédito *irrevocable* 취소 불능 신용장

irrigación 이르리가시온 — 여 관개(灌漑); [의학] (혈액 등의) 순환

irrigar 이르리가르 — 타 관개시키다; (혈액 등을) 순환시키다, 제공하다

irritable 이르리따블레 — 형 화를 잘 내는, 성미가 급한; 과민한, 흥분성의

irritación 이르리따시온 — 여 안달, 초조; (가벼운) 염증

irritar 이르리따르 — 타 화나게[성나게 · 노하게] 만들다

-simo 이시모 — ((접미사)) [형용사+] 매우
facilísimo 매우 쉬운

isla 이슬라 — 여 섬; 구역(區域); ((남미)) 중앙 분리대(中央分離帶)
isla de seguridad 안전 지대
isla peatonal [de peatones]

보행자 전용 안전 지대
ir a una isla en barco
배로 섬에 가다

islam
이슬람
圄 [주로 el Islam] 이슬람교, 이슬람세계

islámico, ca
이슬라미꼬, 까
혱 이슬람교의

islamismo
이슬라미스모
圄 이슬람교

islamita
이슬라미따
혱 이슬람교의
圄 여 이슬람 교도

islandés, desa
이슬란데스, 데사
혱 아이슬란드(Islandia)(인)의
圄 여 아이슬란드 사람

isleño, ña
이슬레뇨, 냐
혱 섬의
圄 여 섬사람

isleta
이슬레따
여 (도로의) 안전 지대

isótopo
이소또뽀
圄 [물리] 동위 원소

Israel
이스라엘
圄 [국명] 이스라엘

islaelí
이스라엘리
혱 이스라엘(인)의
圄 여 이스라엘 사람

istmo
이스모
圄 [지리] 지협

Italia
이딸리아
여 [국명] 이탈리아

italiano, na
이딸리아노, 나
혱 이탈리아(인·어)의
圄 여 이탈리아 사람
圄 이탈리아어

itálico, ca
이딸리꼬, 까
혱 이태릭체의, 사자체(斜字體)의

ítem
이뗌
부 또 마찬가지로, 또한
圄 항목, 조항; 품목, 아이템

itinerante
이띠네란떼
혱 순회하는, 이동하는
exposición itinerante 순회 전시회

itinerario
이띠네라리오

🔲 여행 스케줄, 여정, 도정

izar
이사르

🔲 (기 등을) 게양하다; (무거운 물건을) 높이 올리다
izar la bandera nacional
국기를 게양하다
izar la vela
돛을 올리다

izquierda
이스끼에르다

🔲 왼쪽, 좌측; 왼손; 좌익
doblar a la *izquierda*
왼쪽으로 돌다, 좌회전하다
escribir con la *izquierda*
왼손으로 쓰다
mantenerse a la *izquierda*
좌측 통행을 하다

izquierdista
이스끼에르디스따

🔲 좌익의
🔲 좌익주의자, 좌익 분자

izquierdo, da
이스끼에르도, 다

🔲 왼쪽의, 좌측의
mano *izquierda*
왼쪽 손, 왼손
pie *izquierdo*
왼쪽 발, 왼발

J

j 호따
여 호따 ((스페인어 자모의 열한 번째 문자))

ja 하
감 하, 하 ((웃음 소리의 의성어))

jabalí 하발리
남 [동물] 멧돼지

jabalina 하발리나
여 [운동] (투창용의) 창; 암멧돼지

jabón 하본
남 비누
lavar con *jabón* 비누로 씻다

jabonar 하보나르
타 비누로 씻다; 비누질을 하다
jabonarse
자신의 몸을 비누로 씻다

jaboncillo 하본시요
남 약용[화장] 비누

jabonero, ra 하보네로, 라
형 비누의
남 여 비누 제조[판매] 업자
여 비누곽

jabonería 하보네리아
여 비누 공장; 비누 가게

jaca 하까
여 조랑말

jacinto 하신또
남 [식물] 히아신스; [광물] 시르콘

jactancia 학딴시아
여 자만, 으시대기, 허장성세

jactanciosamente 학딴시오사멘떼
부 자만해서, 으시대어

jactancioso, sa 학딴시오소, 사
형 자만하는, 으시대는, 뽐내는

jactarse 학따르세	(재귀)) 자만하다, 으시대다, 뽐내다
jade 하데	남 [광물] 비취(翡翠)
jadeante 하데안떼	형 숨을 헐떡이는, 숨차하는
jadear 하데아르	자 숨을 헐떡이다, 숨차하다
jadeo 하데오	남 헐떡거림, 숨차함
jaez 하에스	남 마구(馬具)
jaguar 하구아르	남 [동물] 재규어
jalea 할레아	여 젤리, 잼; [약학] 젤리제(劑); 젤리 모양의 물건
jaleador, ra 할레아도르, 라	형 남 여 갈채를 보내는 (사람)
jalear 할레아르	타 갈채를 보내다; 격려하다; (개를) 부르다
jaleo 할레오	남 갈채, 환호성; 큰 소동; 언쟁
jalifa 할리파	여 (모로코 보호령의) 부총독
jamás 하마스	부 결코 ...이 아니다, 한 번도 ...하지 않다 nunca ((동사 앞에서는 no가 필요없으나 동사 뒤에 놓이면 반드시 동사 앞에 no가 필요함)) *No lo he oído jamás.* =*Jamás lo he oído.* 나는 한 번도 그런 말을 들어보지못했다 [들어본 적이 없다]
jamón 하몽	남 (소금에 절인) 생(生)햄; (훈제된) 햄; (돼지의) 넓적다리 고기
Japón 하뽕	남 [국명] 일본

japonés, nesa 하뽀네스, 네사
- 형 일본(인·어)의
- 남여 일본 사람
- 남 일본어

jaque 하께
- 남 [장기] 궁

jaqueca 하께까
- 여 편두통; 성가심, 귀찮음

jarabe 하라베
- 남 시럽, 당밀; 멕시코 민속 무용

jardín 하르딘
- 남 정원; [야구] 외야
- *jardín* botánico 식물원
- *jardín* zoológico 동물원

jardinería 하르디네리아
- 여 원예(園藝)

jardinero, ra 하르디네로, 라
- 남여 정원사; 원예가; [야구] 외야수

jarra 하르라
- 여 (손잡이 달린) 물병; (손잡이가 달린) 큰 맥주 잔, 조끼
- una *jarra* de cerveza 맥주 한 조끼

jarro 하르로
- 남 (손잡이가 한 개로 주로 도자기제의) 물병, 맥주 잔

jarrón 하르론
- 남 (장식용의) 항아리; 꽃병

jaspe 하스뻬
- 남 [광물] 벽옥(碧玉)

jaula 하울라
- 여 (동물의) 우리; 새장

jaz 자스
- 남 [음악] =**jazz**

jazmín 하스민
- 남 [식물] 자스민

jazz 자스
- 남 [음악] 재즈
- banda [conjunto] de *jazz* 재즈 밴드

jazzista 자시스따
- 남여 재즈 연주가

jeans
진스
남 복 진바지

jeep
지프
남 지프차(todo terreno)

jefatura
헤파뚜라
여 장(長)(jefe)이 되는 일; jefe의 직무; 본부

jefa
헤파
여 (단체·직의) 여자 jefe; [드믐] jefe의 아내

jefe
헤페
남 여 장(長), 우두머리, 상사, 보스; [군사] 영관(領官)
Jefe de Estado 국가 원수
jefe de familia 가장(家長)
Jefe Supremo 최고 사령관

jengibre
헹히브레
남 [식물] 생강

jerez
헤레스
남 단 복 헤레스 ((스페인 헤레스 산 백포도주))

jerga
헤르가
여 은어(隱語)

jeringa
헤링가
여 주사기

jeringuilla
헤링기야
여 (작은) 주사기

jeroglífico, ca
헤로글리피꼬, 까
형 상형 문자의
남 상형 문자, 그림 문자

jersey
헤르세이
남 스웨터

Jesucristo
헤수끄리스또
남 예수 그리스도
antes de *Jesucristo* 기원전
después de *Jesucristo* 기원후

Jesús
헤수스
남 예수

¡Jesús!
헤수스
감 맙소사!, 저런!, 아!

jet
젯
남 제트기

jibia
히비아
여 오징어

jilguero
힐게로
남 [조류] 분홍방울새

jilote
힐로떼
남 ((중미)) 영글지 않은 옥수수

jinete
히네떼
남 기수(騎手); 승마의 명수; 기병

jipi
히삐
남 여 히피

jira
히라
여 피크닉, 소풍, 야외 식사[연회]

jirafa
히라파
여 [동물] 기린

jit
힛
남 [야구] 히트

jitomate
히또마떼
남 ((중미)) 토마토(tomate)

jockey
조키
남 경마의 기수

joggin(g)
조깅
남 조깅

jornada
호르나다
여 (활동 주기로서의) 1일; (1일분의) 노동, 노동 시간; 일정; 여정; 일생
jornada (laboral) de ocho horas
1일 8시간 노동
segunda *jornada* de la conferencia
회의 이틀째
trabajo de media *jornada*
하프 타임 일
trabajar *jornada* completa
풀 타임으로 일하다
trabajar media *jornada*
하프 타임으로 일하다

jornal
호르날
남 일급(日給); 날품, 일용 노동; 1일분의 노동량

jornalero, ra
호르날레로, 라

남 여 (주로 농장의) 날품팔이, 일용 노동자

joroba
호로바

여 곱사등, 새우등, 곱사

jorobado, da
호로바도, 다

형 등이 굽은, 곱사등의, 새우등의
남 여 곱사등이

jota
호따

여 호따 ((문자 j의 명칭)); [무용·음악] 호따 (스페인의 아라곤·나바라·발렌시아의 민속 무용·음악)

joven
호벤

형 젊은; 어린; 미숙한 (복 *jóvenes*)
árbol *joven* 어린 나무
país *joven* 신생 국가
desde muy *joven* 아주 어릴 때부터
Ella es más *joven* que yo.
그녀는 나보다 더 젊다.
Tú eres tres años más *joven* que él.
너는 그보다 세 살 연하다.
Para ser tan *joven* él sabe mucho.
그는 어린데 많이 알고 있다.
남 여 젊은이, 청년((주로 13-18세, 경우에 따라서는 25세 전후까지))

jovencito, ta
호벤시또, 따

남 여 젊은이

jovial
호비알

형 명랑한, 쾌활한, 활발한

jovialmente
호비알멘떼

부 명랑하게, 쾌활하게, 활발하게

joya
호야

여 (장신구로서의) 보석; 보물

joyería
호예리아

여 보석상, 보석 가게; 보석 세공[판매]

joyero, ra
호예로, 라

남 여 보석상, 보석 세공사
남 보석함, 보석 상자

jubilación
후빌라시온

여 퇴직; 퇴직금, 퇴직 연금, 은급(恩給)

jubilado, da 후빌라도, 다
- 형 퇴직한
- 남 여 퇴직자; 연금 생활자

jubilar 후빌라르
- 타 퇴직시키다; (물건을) 폐기하다
- ***jubilarse*** 퇴직하다
- El mes que viene me *jubilo*.
- 다음달 나는 퇴직한다.

júbilo 후빌로
- 남 환희, 기쁨

judaísmo 후다이스모
- 남 유대교

judería 후데리아
- 여 (중세의) 유대인 거리; 유대인 사회

judía 후디아
- 여 [식물·콩] 강낭콩

judicial 후디시알
- 형 사법의; 재판의
- derecho *judicial* 사법권, 재판권

judío, a 후디오, 아
- 형 유대의; 유대교의
- 남 여 유대인; 유대 교도
- 남 복 유대 민족(pueblo *judío*)

judo 주도
- 남 유도(yudo)

judoca 주도까
- 남 여 유도 선수; 유도하는 사람

judoísta 주도이스따
- 남 여 =**judoca**

juego 후에고
- 남 놀이, 유희; (운동의) 경기, 시합; 도박, 노름; (기구 등의) 한 벌; (기계 등의) 작용, 기능; (부품 사이의) 여유; (테니스 등) 오른손잡이
- *juego* de balón 구기(球技)
- *juego* limpio 페어 플레이
- *juego* sucio 더티 플레이
- campo de *juego*(s) 경기장
- 복 경기 대회(Juegos)
- *Juegos* de Seúl
- 서울 (하계 올림픽) 대회

juerga
후에르가
여 큰 주연, 큰 술잔치; 소동

jueves
후에베스
남 단 복 목요일
(todos) los *jueves* 매주 금요일

juez
후에스
남 여 재판관, 판사; (경기의) 심판; (콩쿠르 등의) 심사원
복 **jueces**

jugada
후가다
여 (시합 등을 구성하는) 국면, 회(回); 상담, 거래; 간계
juego de tres *jugadas*
3회 승부

jugador, ra
후가도르, 라
남 여 (구기·게임 등의) 선수, 경기자; 도박사, 노름꾼

jugar
후가르
자 놀다; 게임을 하다; (구기 등의) 운동을 하다; 도박을 하다, 투기하다; 조화를 이루다; (물건이) 작동하다, 자유롭게 움직이다
jugar en el parque 공원에서 놀다
jugar al fútbol 축구를 하다
Jugamos hoy. 우리는 오늘 시합이 있다.
타 (게임·시합을) 하다; (금액을) 걸다; (노름판에서 건 돈을) 잃다
※어근 모음 u가 변하는 동사는 이 **jugar** 동사 하나뿐임
직·현재: ju*e*go, ju*e*gas, ju*e*ga, jugamos, jugáis, ju*e*gan
직·부정 과거: **jugué**, jugaste, jugó, jugamos, jugasteis, jugaron
접·현재: ju*e*gue, ju*e*gues, ju*e*gue, jug*u*emos, juguéis, ju*e*guen

juglar
후글라르
남 (중세의) 떠돌이 연예인; 음유 시인

jugo
후고
남 (과실·야채 등의) 짜낸 즙; (주로 중남미)) 주스 (스페인에서는 zumo라 함)

jugoso, sa
후고소, 사
형 즙이 많은, 물기가 많은

juguera
후게라
여 ((남미)) 과즙기, 주서(licuadora)

juguete
후게떼
남 장난감, 완구

juguetería
후게떼리아
여 장난감 가게, 완구점

juguetón, tona
후게똔, 또나
형 장난을 좋아하는
남여 장난꾸러기

juicio
후이시오
남 판단, 의견; 판단력; 재판; [운동] 판정; [논리] 판단

juicioso, sa
후이시오소, 사
형 분별력 있는; 현명한; 적절한
남여 분별력이 있는 사람, 현명한 사람

julio
훌리오
남 7월; [물리] 줄 ((에너지의 단위))

jumbo
줌보
남 점보 (제트)기

junco
훙꼬
남 [식물] 골풀; (가는) 지팡이; [선박] 정크

jungla
훙글라
여 정글

junio
후니오
남 6월

junior
주니오르
형 손아래의, 연소한, 2세의

júnio
후니오르
남 견습 수도사; 사미승

junta
훈따
여 회의; 위원회
junta de educación 교육 위원회
junta directiva 이사회, 중역회
junta general (주주) 총회

juntamente
훈따멘떼
부 일제히, 함께

juntar
훈따르
타 합치다, 붙이다; 모으다
juntar la mesa *a* la pared
책상을 벽에 붙이다
juntar datos 자료를 모으다

juntarse 함께 되다; 모이다
juntarse delante de la escuela
학교 앞에 모이다

junto
훈또

튀 바로 가까이, 이웃에; …과 함께
junto con los demás libros
다른 책들과 함께
Mi casa está *junto a* la escuela.
내 집은 학교 바로 옆에 있다.

junto, ta
훈또, 따

형 함께한, 밀접한; 동봉한
Salimos (todos) *juntos*.
우리들은 모두 함께 나갔다.

juntura
훈뚜라

여 이음매, 접합점; [해부] 관절

Júpiter
후삐떼르

남 [신화] 주피터; [천문] 목성

jura
후라

여 선서(식)

jurado
후라도

남 [법률] 배심원; 배심단; 심사원; 심사회

juramentar
후라멘따르

타 선서시키다
juramentarse 선서하다, 맹세하다

juramento
후라멘또

남 선서(문)

jurar
후라르

타 선서하다

jurídico, ca
후리디꼬, 까

형 법적인, 법률상의
problema *jurídico* 법률 문제

jurisdicción
후리스딕시온

여 재판권, 사법권; 관할권, 권한; 관할 구역

jurista
후리스따

남여 법학자, 법률가

justamente
후스따멘떼

튀 틀림없이, 정확히; 공정하게

justicia
후스띠시아

여 정의; 공정함, 공평함; 재판, 사법; 사직, 경찰

con *justicia* 공정히, 공평히
justicia social 사회 정의
Ministerio de *Justicia* 법무부
ministro de *Justicia* 법무부 장관

justificación
후스띠피까시온
여 정당화; 변명, 해명

justificado, da
후스띠피까도, 다
형 정당한 (이유가 있는)

justificante
후스띠피깐떼
남 증명서

justificar
후스띠피까르
타 정당화시키다; 증명하다
justificarse 변명하다, 해명하다

justillo
후스띠요
남 (소매 없는 짧은) 조끼

justo
후스또
부 (시간이) 정확히, 꼭

justo, ta
후스또, 따
형 공정한, 공평한; 올바른, 정당한; (분량이나 시간 등이) 정확한, 틀림없는
sentencia *justa* 정당한 판결

juvenil
후베닐
형 젊은, 청춘의, 젊은이 특유의
delincuencia *juvenil* 청소년 범죄

juventud
후벤뚣
여 청춘 (시대), 청년기; [집합 명사] 청년
en mi *juventud* 내 젊은 시절에

juzgado
후스가도
남 재판소, 법정

juzgar
후스가르
타 재판하다, 심판하다, 판단하다;판정하다
직 · 부정 과거: juzgué, juzgaste, juzgó, juzgamos, juzgasteis, juzgaron
접 · 현재: juzgue, juzgues, juzgue, juzguemos, juzguéis, juzguen

K

k
까
여 까 ((스페인어 자모의 열두 번째 문자))

ka
까
여 까 ((문자 k의 명칭))

kaki
까끼
남 =caqui

karate
까라떼
남 당수(唐手)

kárate
까라떼
남 =karate

karateca
까라떼까
남 여 당수 선수[지도자]

karma
까르마
남 [힌두교] 업(業); [불교] 인과응보

kazaco, ca
까자꼬, 까
형 남 여 =kazajistano

kazajistano, na
까자히스따노, 나
형 카자흐스탄(Kazajstán)(인·어)의
남 여 카자흐스탄 사람
남 카자흐스탄어

keniano, na
께니아노, 나
형 케냐(Kenia)(인)의
남 여 케냐 사람

ketchup
께춥
남 케첩

kilo
낄로
남 [kilogramo의 약어] 킬로

kilogramo
낄로그라모
남 [중량의 단위] 킬로그램

kilometraje
낄로메뜨라헤
남 주행 거리

kilométrico, ca
낄로메뜨리꼬, 까
형 킬로미터의

kilómetro 낄로메뜨로	남 킬로미터 *kilómetro* cuadrado 평방 킬로미터
kilovatio 낄로바띠오	남 킬로왓트 *kilovatio* hora 킬로왓트시(時)
kindergarten 낀데르가르뗀	남 유치원(jardín de infancia)
kiosco 끼오스꼬	남 =quiosco
kiwi 끼위	남 [식물·과실] 키위; [조류] 키위
koljoz 꼴호스	남 집단 농장
kremlin 끄렘린	남 (러시아의) 크레믈린 궁전
kung-fu 꿍 푸	남 쿵푸
kurdo, da 꾸르도, 다	형 남 감 쿠르드족(의)
kuwaití 꾸와이띠	형 쿠웨이트(Kuwait)의 남 감 쿠웨이트 사람

L

l
엘레
- 여 엘레 ((스페인어 자모의 열세 번째문자))

la¹
라
- 관 [정관사 단수 여성형] *la* revista (그) 잡지. *la* escuela (그) 학교
- 대 [인칭 대명사 3인칭 단수 여성형]
[직접 목적어] 그녀를, 당신을;
[여성 명사를 받아] 그것을
No *la* he visto.
나는 그녀를[당신을·그것을] 보지 못했다.

la²
라
- 남 단 톡 [음악] 라
((solfa식 계명 창법의 여섯째 음)).

laberinto
라베린또
- 남 미궁, 미로; 착잡, 분규; [해부] 내이(內耳), 미로(迷路)

labial
라비알
- 형 입술의; [언어] 입술음의
- 여 입술 자음, 순자음(脣子音)

labio
라비오
- 남 입술
labio inferior 아랫입술
labio superior 윗입술

labor
라보르
- 남 노동(trabajo); [집합 명사] 업적;[주로
- 복] 편물; 경작; 담배 제품
- 복 가사(家事)(labores domésticas)
labor artística 예술 활동
labor de manos 수작업, 손일
labor monótona 단조로운 노동
labores de arrozal 논일
labores de campo 밭일
tierra de *labor* 경지(耕地)

laborable
라보라블레
- 형 경작할 수 있는, 경작 가능한
tierra [terreno] *laborable*

경작 가능 토지

laboral
리보랄
형 노동의
contrato *laboral* 노동 계약
derecho *laboral* 노동법

laborar
라보라르
자 일하다
laborar por el bien de *su* país
국가 이익을 위해 일하다

laboratorio
라보라또리오
남 실험실; 시험소, 연구소; [사진] 현상소 (*laboratorio* fotográfico)
laboratorio de idiomas 언어 실습실
laboratorio espacial 우주 실험소

laborioso, sa
라보리오소, 사
형 근면한, 부지런한

labrado, da
라브라도, 다
형 세공된, 새겨진; 자수(刺繡)를 한
남 세공(細工); 경지(耕地)

labrador, ra
라브라도르, 라
형 남 여 농민(의)

labranza
라브란사
여 경작(耕作)

labrar
라브라르
타 갈다; 세공하다; 새기다, 조각하다; …에 자수(刺繡)를 놓다

labriego, ga
라브리에고, 가
남 여 농민

laca
라까
여 칠(漆); 칠기(漆器); 래커

lacrimal
라끄리말
형 눈물의
canal *lacrimal* [해부] 누관(淚管)
glándula *lacrimal* [해부] 눈물샘

lacrimógeno, na
라끄리모헤노, 나
형 최루(성)의
gas *lacrimógeno* 최루 가스
bomba *lacrimógena* 최루탄

lactancia
락딴시아
여 수유기(授乳期); 수유(授乳)

lactante
락딴떼
형 남 여 유아(의); 수유하는 (여성)

lactar
락따르
타 수유하다

lácteo, a
락떼오, 아
형 젖의; 젖 모양의
productos *lácteos* 유제품(乳製品)
Vía *Láctea* 은하(銀河)

láctico, ca
락띠꼬, 까
형 유산(乳酸)의
ácido *láctico* 유산
fermento *láctico* 유산 발효

ladear
라데아르
타 기울이다; 갸웃하다
ladear la cabeza 고개를 갸웃하다
ladearse 기울다

lado
라도
남 옆, 측면; 측(側); 면(面); 옆구리
ambos *lados* 양쪽
a mi *lado* derecho 내 오른쪽 옆에
a su lado …의 옆에
Siéntate *a mi lado*.
내 옆에 앉아라.
a todos lados 어디에나, 모든 곳에
Voy contigo *a todos lados*.
나는 어디건 너와 함께 가겠다.
al lado 옆에, 곁에
ventanilla de *al lado* 옆 창구
al lado de …의 옆에

ladrador, ra
라드라도르, 라
형 (개가) (잘) 짖는
Perro ladrador, poco mordedor.
(속담) 짖는 개는 잘 물지 않는다.
말수가 적은 사람을 경계해라.

ladrar
라드라르
자 (개가) 짖다

ladrido
라드리도
남 (개의) 짖는 소리

ladrillo
라드리요
남 벽돌
casa de *ladrillo* 벽돌집

ladrón, drona
라드론, 드로나
남여 도둑
¡*Ladrones*! 도둑이야!

¡Cuidado con los *ladrones!*
도둑 조심(하세요)!
La ocasión hace al ladrón.
(속담) 견물생심(見物生心).

ladronzuelo, la
라드론수엘로, 라
남 여 (주로 아이들의) 좀도둑; 소매치기

lagarto, ta
라가르또, 따
남 여 도마뱀

lago
라고
남 호수(湖水)
Lago Titicaca 띠띠까까호(湖)

lágrima
라그리마
여 눈물
derramar [verter] *lágrimas*
눈물을 흘리다

lagrimal
라그리말
형 눈물의(lacrimal)

lagrimear
라그리메아르
자 눈물이 나다; 울다

laguna
라구나
여 늪, 작은 연못

lamentable
라멘따블레
형 한탄스러운, 서글픈; 슬픈, 가련한; 애처로운, 가엾은
noticia *lamentable* 애처로운 소식
suerte *lamentable* 슬픈 운명

lamentación
라멘따시온
여 탄식[한탄](의 소리·말); 비탄

lamentar
라멘따르
타 유감스럽게[아쉽게·딱하게·가엾게] 생각하다
Lamento tu desgracia.
네 불행을 딱하게 생각한다.
Lamento no poder asistir.
참가할 수 없어 유감스럽다.
Lamento que hayas tenido que esperar. 기다리게 해서 미안하다.

lamento
라멘또
남 탄식[한탄]의 소리

lanza

lamer 라메르
- 타 핥다
- *lamerse* (자신의 몸을) 빨다, 핥다
- No te *lamas* los dedos.
  손가락을 빨지 마라.

lámina 라미나
- 여 (금속의) 얇은 판; (책의) 도판(圖版); [미술] 동판(화), 판화

laminación 라미나시온
- 여 [금속] 압연(壓延)
- tren de *laminación* 압연기(壓延機)

laminar 라미나르
- 타 얇은 판으로 만들다; 압연하다

lámpara 람빠라
- 여 램프; 전등; 전구; 진공관
- *lámpara* de bolsillo 회중 전등
- *lámpara* de gas 가스등
- *lámpara* de petróleo 석유 램프

lana 라나
- 여 양모; 털실(hilo de lana); 모직물
- de pura *lana* 순모의
- traje de *lana* 울 제품 양복

lancha 란차
- 여 거룻배; (엔진 달린) 보트
- *lancha* de pesca 낚싯배
- *lancha* rápida 쾌속정

lanchero 란체로
- 남 거룻배 선장

lanero, ra 라네로, 라
- 형 양모(lana)의

langosta 랑고스따
- 여 [동물] 대하(大蝦), 왕새우

langostín 랑고스띤
- 남 =langostino

langostino 랑고스띠노
- 남 [동물] 참새우; 가재

languidecer 랑기데세르
- 자 쇠약하다, 기운[생기]이 없어지다

lánguido, da 랑기도, 다
- 형 쇠약한, 기운[생기]이 없는

lanza 란사
- 여 창(槍)

lanzador, ra
란사도르, 라
남 여 던지는 사람; [야구] 투수

lanzamiento
란사미엔또
남 던지는 일; 발사; [운동] 던지기; (배의) 진수; 매출
base [campo] de *lanzamiento*
(로켓의) 발사장

lanzar
란사르
타 던지다; 발사하다; (배를) 진수시키다
lanzar una pelota 공을 던지다
lanzar un cohete 로켓을 발사하다
lanzar un satélite artificial
인공 위성을 쏘아올리다
자 [야구] 투구하다; 토하다(vomitar)
lanzarse
몸을 던지다, 덮치다; 뛰어나가다, 뛰어 들다, 돌진하다
lanzarse al agua 물로 뛰어들다

lapicera
라삐세라
여 ((남미)) 펜, 볼펜; 만년필; 펜대

lapicero
라삐세로
남 샤프펜슬, 샤프펜슬의 심; 연필; 필통; ((남미)) 펜, 볼펜; 펜대

lápida
라삐다
여 비석, 묘석(墓石)

lápiz
라삐스
남 연필; 연필화(畫)   복 lápices
lápiz de color 색연필
escribir a [con] *lápiz* 연필로 쓰다

lapso
랍소
남 경과, 기간

largamente
라르가멘떼
부 오래, 장기간, 시간을 가지고

largavistas
라르가비스따스
남단복 쌍안경

largo, ga
라르고, 가
형 긴; 많은; 듬뿍; 너그러운
novela *larga* 장편 소설
pelo *largo* 장발(長髮)
joven *largo* de promesas
장래성이 많은 청년

latencia

부 오래, 많이, 넉넉하게
남 길이(longitud); [음악] 라르고
tener cinco metros de *largo*
길이가 5미터다

largura
라르구라
여 (폭에 대한) 길이(longitud)

laringe
라링헤
여 [해부] 후두(喉頭)

laríngeo, a
라링헤오, 아
형 후두의
cáncer *laríngeo* 후두암

laringitis
라링히띠스
여 단 복 [의학] 후두염

larva
라르바
여 [동물] 유충(幼蟲), 구더기

las
라스
관 [정관사 여성 복수형]
las chicas 소녀들
대 [인칭 대명사 3인칭 복수 여성형] 그녀들을, 당신들을; [여성 복수 명사를 받아] 그것들을
Las invité a la fiesta.
나는 파티에 그녀들을 초대했다.

lascivia
라시비아
여 호색, 음탕

lascivo, va
라시보, 바
형 호색의, 음탕한

lástima
라스띠마
여 불쌍히 여김, 동정; 유감스러움
Sentí *lástima* de [por] ella.
나는 그녀를 가엾게 생각했다.
¡Qué *lástima*!
참 안됐습니다!

lastimar
라스띠마르
타 (가볍게) 상처를 입히다
lastimarse 다치다, 상처를 입다

lata
라따
여 깡통; 통조림(lata de conserva)

latencia
라뗀시아
여 잠복(기)

latente 라뗀떼	형 잠재하는, 잠복성의
lateral 라떼랄	형 측면의; 가로의, 횡의; 측면적인; (가족 등의) 방계의
látex 라떽스	남 단 복 (식물의) 유액(乳液)
latido 라띠도	남 (심장의) 고동, 맥박
látigo 라띠고	남 (말 용의) 채찍
latín 라띤	남 라틴어; 라틴어 단어[표현]
latino, na 라띠노, 나	형 라틴계의; 라틴어의 남 여 라틴계 사람 América *Latina* 라틴 아메리카
Latinoamérica 라띠노아메리까	여 [지명] 라틴 아메리카
latinoamericano, na 라띠노아메리까노, 나	형 라틴 아메리카의 남 여 라틴 아메리카 사람
latir 라띠르	자 (심장이) 뛰다, 고동치다
latitud 라띠뚣	여 위도(緯度) *latitud* sur 남위(南緯)
laureado, da 라우레아도, 다	형 월계관을 쓴; 상을 받은, 수상한 남 여 수상자(受賞者)
laurear 라우레아르	타 상을 받다, 수상하다; 월계관을 씌우다
laurel 라우렐	남 [식물] 월계수; 영관(榮冠), 명예 corona de *laurel* 월계관
lava 라바	여 용암, 화산암
lavabo 라바보	남 세면대; 세면소, 화장실
lavadero 라바데로	남 세탁장, 세탁실; 세광장

lazarillo

lavado 라바도
- 남 세탁; 세정
- *lavado* de platos 식기 세척

lavador, ra 라바도르, 라
- 형 남 여 씻는 (사람); 세탁하는 (사람)

lavadora 라바도라
- 여 세탁기
- *lavadora* superautomática 전자동 세탁기

lavandería 라반데리아
- 여 세탁소

lavandero, ra 라반데로, 라
- 남 여 세탁소 주인
- 여 세탁하는 여자

lavaplatos 라바쁠라또스
- 남 ((중남미)) 개수통(fregadero)
- 남 여 (직업으로) 접시를 닦는 사람
- 남 단복 그릇 세척기

lavar 라바르
- 타 씻다, 세탁하다
- *lavar* la ropa 옷을 세탁하다
- *lavar* platos 식기를 씻다
- *lavar* un coche 세차하다
- echar a *lavar* 세탁기에 넣다
- 자 세탁을 하다, 빨래를 하다
- ***lavarse***
- 자기의 몸을 씻다; (자신의 손발을) 씻다
- *Me lavo* la cara. 나는 세수한다.
- Ella *se lava* con jabón.
- 그녀는 비누로 몸을 씻는다.
- *Lávate* las manos antes de comer.
- 식전에 손을 씻어라.

lavasecadora 라바세까도라
- 여 전자동 건조 세탁기

lavativa 라바띠바
- 여 [의학] 관장, 관장기, 관장제

lavatorio 라바또리오
- 남 ((남미)) 세면대, 화장대; 세면기

lazarillo 라사리요
- 남 맹인을 안내하는 소년
- perro *lazarillo* 맹도견(盲導犬)

lazo
라소

남 (옷이나 머리카락 등의) 리본 매듭; 나비 매듭; 나비 넥타이

le
레

대 [인칭 대명사 3인칭 단수]
[간접 목적어] 그에게, 그녀에게, 당신에게; 그것에게
Le escribí.
나는 그[그녀·당신]에게 편지를 썼다.
[주로 스페인에서, 남성을 나타내는 직접 목적어] 그를, 당신을(lo)
Le espero en la oficina.
나는 그[당신]를 사무실에서 기다린다.

leal
레알

형 충실한, 성실한
corazón *leal* 충성심
perro *leal* 충견(忠犬)

lealmente
레알멘떼

부 충실하게, 성실하게

lealtad
레알딸

여 충실, 성실

lección
렉시온

여 학과(學課); 수업, 강의(clase); 교훈
lección dos [segunda] 제2과
recibir *lecciones* de guitarra
기타 레슨을 받다
Hoy tenemos *lección* de latín.
우리는 오늘 라틴어 수업이 있다.

leche
레체

여 젖; 우유, 밀크; 구타; ((남미)) 행운
leche de la madre 모유(母乳)
leche en polvo 가루 우유
arroz con [de] *leche* 우유(로 지은) 밥

lechera
레체라

여 우유병

lechería
레체리아

여 우유 가게, 우유 제품 판매점

lechero, ra
레체로, 라

형 젖의, 우유의; 낙농의
industria lechera 낙농업
남여 우유 장수, 우유 배달인; 낙농가

legal

lecho 레초
남 침대; 하상(河床); 해저; 지층

lechuga 레추가
여 [식물] 상추

lechuguino 레추기노
남 상추밭

lechuza 레추사
여 [조류] 부엉이

lectivo, va 렉띠보, 바
형 수업 (기간)의
día *lectivo* 수업이 있는 날
período *lectivo* 수업 기간

lector, ra 렉또르, 라
형 독서의
남 여 독자; 열람자; (어학의) 외국인 강사

lectura 렉뚜라
여 독서; 낭독; 독해, 해석; 읽을거리
lectura rápida 속독(速讀)
afición a la *lectura* 독서 취미
libro de *lectura* 독본
sala de *lectura* 열람실

leedor, ra 레에도르, 라
형 책을 읽는
남 여 독자

leer 레에르
타 [현재 분사: leyendo. 과거 분사: leído]
읽다; 소리를 내서 읽다, 낭독하다; 해독하다
leer un periódico 신문을 읽다
자 읽다, 독서하다
leer mucho 다독하다
no saber *leer* 글자를 읽을 줄 모르다
직 · 부정 과거: leí, leíste, leyó, leímos, leísteis, leyeron

legación 레가시온
여 사절의 임무; 사절단; 공사관; 공사의 직무

legado 레가도
남 유산(herencia); 사절,특사(enviado)

legal 레갈
형 법률의, 법적인; 합법적인; 법정의
término *legal* 법률 용어

legalidad 여 합법성, 적법성
레갈리닫

legalmente 부 법률상(으로); 합법적으로
레갈멘떼

legalización 여 합법화; (문서의) 증명; 사증(查證)
레갈리사시온

legalizar 타 합법화하다; 증명하다; 사증하다
레갈리사르

legaña 여 눈곱
레가냐

legañoso, sa 형 눈곱투성이의
레가뇨소, 사

legar 타 유증(遺贈)하다; (후세·외국 등에) 전하다; (사절 등을) 파견하다
레가르

legendario, ria 형 전설(상)의; 전설적인, 유명한
레헨다리오, 리아

legible 형 읽을 수 있는, 읽기 쉬운
레히블레

legión 여 (고대 로마의) 군단; (선별된) 부대; 다수, 대세
레히온

legislación 여 [집합 명사] (한 나라·한 분야의) 법률, 법; 입법, 법률 제정; 법학
레히슬라시온

legislar 자 입법하다, 법률을 제정하다
레히슬라르

legislador, ra 형 남 여 입법자(의)
레히슬라도르, 라

legislativo, va 형 입법의, 입법부의
레히슬라띠보, 바   asamblea *legislativa* 입법 의회

legislatura 여 입법 기간; ((남미)) 입법부
레히슬라뚜라

legista 남 여 법률가, 법률 학자
레히스따

legitimar 타 합법화하다; 정당하게 인정하다; (자격·책임을) 주다
레히띠마르

legitimidad 여 합법성, 정당성; 정통성
레히띠미닫

lengua

legítimo, ma
레히띠모, 마
:형: 합법적인, 정당한; 진짜의
defensa *legítima* 정당 방위
gobierno *legítimo* 합법(적인) 정부
oro *legítimo* 순금(oro puro)

legua
레구아
:역: 레구아
((옛날 거리의 단위; 약 5,572 미터))

legumbre
레굼브레
:여: [식물] 콩류; 야채(hortaliza)

leído, da
레이도, 다
:형: 잘 읽히고 있는; 교양이 있는, 박식한

lejanía
레하니아
:여: 멂, 먼 곳
en la *lejanía* 멀리에

lejano, na
레하노, 나
:형: 먼 (반 cercano)
país *lejano* 먼 나라
pariente *lejano* 먼 친척

lejía
레히아
:여: 표백제; 잿물

lejos
레호스
:부: 멀리 (반 cerca)
Vivo *lejos de* aquí.
나는 여기서 멀리에서 산다.
a lo lejos 멀리(에)
Se ve una casa *a lo lejos*.
멀리 집이 한 채 보인다.
de [desde] lejos 멀리에서
De *lejos* no veo bien.
나는 멀리서 잘 보이지 않는다.

lema
레마
:남: 표어, 모토, 슬로건; (사전의) 표제어

lencería
렌세리아
:여: (여성용의) 속옷류, 란제리; 린넨 제품; 속옷 매장

lengua
렝구아
:여: 혀; 언어, 국어
lengua coreana 한글
lengua de Cervantes 스페인어
lengua española 스페인어
lengua extranjera 외국어

lengua estándar 표준어
lengua madre [언어학] 조어(祖語)
lengua materna 모국어
lengua muerta 사어(死語)
lengua patria 모국어
segunda *lengua* (모국어 다음의) 제이 언어
sacar la *lengua* 혀를 꺼내다
dominar una *lengua*
언어를 마스터하다

lenguaje
렝구아헤

남 언어, 용어; 언어 능력; [컴퓨터] 언어
lenguaje coloquial 구어(口語)
lenguaje cotidiano 일상어
lenguaje técnico 기술 용어
lenguaje vulgar 속어(俗語)

leninismo
레니니스모

남 레닌(Lenin)주의

leninista
레니니스따

형 레닌주의의
남 여 레닌주의자

lentamente
렌따멘떼

부 천천히, 느리게

lente
렌떼

여 (남) 렌즈; 확대경; 외알박이 안경
lente de contacto 콘택트 렌즈
남 복 (주로 중남미) 안경(gafas)

lenteja
렌떼하

여 렌즈콩, 편두콩

lentilla
렌띠야

여 [주로 복] 콘택트 렌즈
llevar *lentillas*
콘택트 렌즈를 끼고 있다
ponerse *lentillas*
콘택트 렌즈를 끼다

lentitud
렌띠뚣

여 느림, 더딤, 완만함

lento, ta
렌또, 따

형 느린, 더딘 (반 rápido)
a paso *lento* 느린 걸음으로
ser *lento* en el trabajo 일이 느리다

|부| 천천히, 느리게

leña
레냐
|여| 장작, 땔나무; 구타

leñador, ra
레냐도르, 라
|남||여| 땔나무꾼; 땔나무 장수

león, ona
레온, 오나
|남||여| [동물] 사자; 대담한[용감한] 사람
|여| 여걸; 천성이 격한 여성

leonado, da
레오나도, 다
|형| 황갈색의

leonera
레오네라
|여| 사자 우리

leonés, nesa
레오네스, 네샤
|형| 레온(León)의
|남||여| 네온 사람

leopardo
레오빠르도
|남| [동물] 표범

lepra
레쁘라
|여| 한센병, 나병, 문둥병

leprosería
레쁘로세리아
|여| 한센병원, 나병원

leproso, sa
레쁘로소, 사
|형| 한센병의
|남||여| 한센병 환자, 나환자

les
레스
|대| [간접 목적어] 그들[그녀들·당신]에게; 그것들에게
Voy a escribirles. 나는 그들에게[그녀들에게·당신들에게] 편지를 쓰겠다. (주로 스페인에서) 그들을, 당신들을
Les visitaré mañana.
나는 내일 그들을[당신들을] 방문하겠다.

lesbiano, na
레스비아노, 나
|형| 동성애의
|여| 동성애 여성

lesión
레시온
|여| [의학] 손상, 장애; 손해; [법률] 상해(傷害)

lesionado, da
레시오나도, 다
|형| 부상당한, 손상된
|남||여| 부상자

lesionar
레시오나르
타 상처를 입히다, 부상을 입히다; 손상을 주다

letárgico, ca
레따르히꼬, 까
형 혼수의
estado *letárgico* 혼수 상태

letargo
레따르고
남 [의학] 혼수 (상태); (활동의) 마비 상태, 무기력; [동물] 동면; [식물] 휴면

letra
레뜨라
여 문자; 자체, 필적; 활자; 자구; 가사; (주로 *Letras*) 문학, 문예; 복 학문, 학식; [상업] 어음; 차입금
letra mayúscula 대문자
letra minúscula 소문자
facultad de *Letras* 문학부
licenciado en *Letras* 문학사(文學士)

letrado, da
레뜨라도, 다
형 학문이 있는, 박식한

letrero
레뜨레로
남 간판; 게시

leucemia
레우세미아
여 [의학] 백혈병

leucémico, ca
레우세미꼬, 까
형 백혈병의
남여 백혈병 환자

leucocito
레우꼬시또
남 [의학] 백혈구

leucocitosis
레우꼬시또시스
여 백혈구 증가(증)

leucoma
레우꼬마
남 [의학] (각막의) 백반(白斑)

leva
레바
여 징병, 동원; 출항, 출범

levadura
레바두라
여 효모, 이스트

levantamiento
레반따미엔또
남 올리기, 상승; 기상; 봉기; 제거

levantar
레반따르
타 올리다; 높이다; 세우다; 일으키다; 풀다; 해제하다; 세우다, 건조하다; 창설하다; 봉기시키다; (부대를) 소집하다; 작성하다; 훔치다

levantar una caja 상자를 올리다
levantar un pilar 기둥을 세우다
levantar una estatua 상을 세우다
levantarse 일어서다; (침대에서) 일어나다; 세워지다; 발생하다; 봉기하다
¿A qué hora *se levanta* usted?
–*Me levanto* a eso de las cinco.
몇 시에 일어나십니까?
–다섯 시 경에 일어납니다.

levante
레반떼
남 동쪽, 동방(este); 동풍

leve
레베
형 가벼운; 중요[중대]하지 않은
herida *leve* 경상(輕傷)

léxico, ca
렉시꼬, 까
형 어휘(語彙)의
남 [집합 명사] 어휘; 어휘집; 사전

lexicógrafo, fa
렉시꼬그라포, 파
남여 사전 편찬자

lexicología
렉시꼴로히아
여 어휘론, 어휘학, 사전학

ley
레이
여 법, 법률; 법안; 법칙; 규칙; 계율
ley escrita 성문법
ley natural 자연법
ley social 사회 보장법
respetar la *ley* 법을 존중하다
violar la *ley* 법을 어기다

leyenda
레옌다
여 전설(傳說)

liar
리아르
타 묶다, 매다; 말다, 싸다

libélula
리벨룰라
여 [곤충] 잠자리

liberación
리베라시온
여 해방; 석방; 면제

liberal
리베랄
형 자유주의의; 자유스러운; 자유업의
ideas *liberales* 자유주의 사상
partido *liberal* 자유당

|남| |여| 자유주의자; 자유당원

liberalismo
리베랄리스모
|남| 자유주의

liberalista
리베랄리스따
|남| |여| 자유주의자

liberalmente
리베랄멘떼
|부| 자유롭게; 관대하게

liberar
리베라르
|타| 해방시키다; 석방하다
liberarse de …에서 자신을 해방하다

libertad
리베르딷
|여| 자유; 석방; 여가; 방종
libertad de cultos 신앙의 자유
libertad de expresión 표현의 자유

libertador, ra
리베르따도르, 라
|형| 해방시키는
|남| |여| 해방자

libertar
리베르따르
|타| 해방시키다; …에게 면제하다
libertarse 자신을 해방하다

libertinaje
리베르띠나헤
|남| 방탕, 방종
vivir en el *libertinaje*
방탕 생활을 하다

libertino, na
리베르띠노, 나
|형| 방탕한
|남| |여| 방탕한 사람

libra
리브라
|여| [영국의 화폐 단위] 파운드; [중량의 단위] 파운드

librado, da
리브라도, 다
|남| |여| (어음 등의) 수취인

librador, ra
리브라도르, 라
|남| |여| (어음 등의) 발행인

librar
리브라르
|타| (곤란 등에서) 해방시키다, 구출하다; (어음 등을) 발행하다
|자| 분만[출산]하다
librarse 자신을 해방하다

libre
리브레
|형| 자유의, 자유로운; 면제된; (장소가) 빈; 한가한; 독신의; 방종한
libre comercio 자유 무역
entrada *libre* 입장 무료

hombre *libre* 자유인
mundo *libre* 자유 세계
asiento *libre* 빈 좌석
taxi *libre* 빈 택시
estar libre 한가하다, 시간이 있다
¿*Estás libre* esta noche?
−Sí, *estoy libre*.
−No, no *estoy libre*.
Estoy ocupado.
너 오늘 밤 한가하니?
−예, 한가합니다.
−아닙니다, 시간이 없습니다.
무척 바쁩니다.

librería
리브레리아
여 책방, 서점

librero, ra
리브레로, 라
남 여 점 주인; 서점 점원

libreta
리브레따
여 수첩, 메모장

libro
리브로
남 책; 장부; 기록, 자료집
libro de cocina 요리책
libro de cuentos 이야기책, 동화책
libro usado 고서

licencia
리쎈시아
여 (주로 중남미) 허가장, 인가증; 허가; 휴가
licencia de conducción [de conducir]
운전 면허증
licencia de exportación 수출 허가
licencia de importación 수입 허가

licenciado, da
리쎈시아도, 다
남 여 학사, 대학 졸업자; 약제사

licenciador, ra
리쎈시아도르, 라
남 여 허가권 소유자

licenciar
리쎈시아르
타 제대시키다, 휴가를 주다; 학사호를 주다
licenciarse 제대하다; 졸업하다

licenciatura
리쎈시아뚜라
여 학사 학위; 전문 과정

liceo
리세오
남 중학교, 고등 학교; (문학 등의) 동호회, 협회

licitación
리시따시온
여 경매, 입찰

licitador, ra
리시따도르, 라
남 여 입찰자

licitante
리시딴떼
남 여 입찰자

licitar
리시따르
타 입찰하다, 경매에 붙이다

lícito, ta
리시또, 따
형 적법한, 정당한

licor
리꼬르
남 증류주; 알코올 음료, 술

licorería
리꼬레리아
여 주점, 술집; 주조소(酒造所)

licuadora
리꾸아도라
여 과즙기(果汁器)

líder
리데르
남 여 지도자, 리더
líder de la oposición 야당 지도자

liebre
리에브레
여 [동물] 산토끼; 겁쟁이

lienzo
리엔소
남 삼베, 아마포; (삼베) 손수건; [미술] 캔버스; 유화(油畵)

liga
리가
여 연맹, 동맹; [운동] 리그(전); 양말 대님

ligadura
리가두라
여 연결; (묶는) 끈

ligamento
리가멘또
남 [해부] 인대

ligar
리가르
타 묶다, 결박하다; (관계 등을) 맺다; 결속시키다; 구속하다; 합금하다
ligarse 결합하다, 연합하다

ligeramente
리헤라멘떼
부 가볍게; 경쾌하게; 경솔히

ligereza
리헤레사
여 가벼움; 경쾌함; 경솔함

ligero, ra
리헤로, 라

형 가벼운 (반 pesado); 얇은, 엷은, 연한; 경쾌한, 민첩한; 경솔한, 경박한; 경량급의
comida *ligera* 가벼운[간단한] 식사
equipaje *ligero* 가벼운 짐
música *ligera* 경음악
tren *ligero* 급행 열차

lima
리마

여 (쇠붙이 자르는) 줄

Lima
리마

여 [지명] 리마 ((뻬루의 수도))

limar
리마르

타 줄(lima)로 갈다, 줄질하다

limeño, ña
리메뇨, 냐

형 리마(Lima)의
남 여 리마 사람

limitación
리미따시온

여 제한; (능력 등의) 한계; 결점

limitado, da
리미따도, 다

형 제한이 있는; 지능이 낮은, 머리가 둔한
edición *limitada* 한정판(限定版)

limitar
리미따르

타 제한하다; …의 경계를 정하다
자 경계를 접하다
limitarse a + 동사 원형
…만으로 하다[한정하다]
Yo *me limito a* escuchar sin opinar.
나는 의견없이 듣기만 하겠습니다.

límite
리미떼

남 경계; 국경; 한계, 제한; 범위

limón
리몬

남 [식물·과실] 레몬; 레몬색

limosna
리모스나

여 보시(布施)

limpiabotas
림삐아보따스

남 여 단 복 구두닦이

limpiador, ra
림삐아도르, 라

형 청소하는, 청결하게 하는
남 여 청소부
남 청소 도구

limpiaparabrisas
림삐아빠라브리사스
남 단 복 (자동차의) 와이퍼

limpiar
림삐아르
타 청소하다, 소제하다, 깨끗하게 하다, 청결하게 하다
limpiar la casa 집안을 청소하다
limpiarse 몸을 깨끗이 하다

limpieza
림삐에사
여 청소, 소제; 청결; 공정함, 페어플레이

limpio, pia
림삐오, 삐아
형 깨끗한, 청결한; 청초한; 공정한; 선명한; 정미(正味)의
aire *limpio* 맑은 공기
cielo *limpio* 맑은 하늘
La casa está *limpia*.
집안이 (청소로) 깨끗하다

linaje
리나헤
남 가계(家系), 혈통; 종류

lince
린세
남 [동물] 살쾡이

linchamiento
린차미엔또
남 린치, 사형(私刑)

linchar
린차르
타 ...에게 린치[사형]를 가하다

lindamente
린다멘떼
부 교묘히, 완전히

lindar
린다르
자 인접하다

lindo, da
린도, 다
형 예쁜, 고운, 아름다운; 사랑스러운
vestido *lindo* 예쁜 드레스

línea
리네아
여 선; (교통·통신의) 선; 전선; 전화선; 경계선; 윤곽; 열; (문장의) 행; 가계(家系)
línea aérea 항공로
líneas aéreas 항공 회사
línea de alta tensión 고압선

linfa
림파
여 림프(액)

lírico, ca

lingual
링구알
- 형 혀의
- 남 [언어] 설음(舌音)

lingüística
링구이스띠까
- 여 언어학
- *lingüística* aplicada 응용 언어학
- *lingüística* comparada 비교 언어학

lingüístico, ca
링구이스띠꼬, 까
- 형 언어(학)의

lingüista
링구이스따
- 남여 언어학자

lino
리노
- 남 [식물] 아마; 아마포, 린넬

linterna
린떼르나
- 여 회중 전등; 칸델라; 영사기

lío
리오
- 남 혼란; (의류 등의) 포장

liquidación
리끼다시온
- 여 청산; 결제; 바겐세일; 매각
- *liquidación* de una sociedad
  회사의 청산[해산]

liquidador, ra
리끼다도르, 라
- 남여 청산인

liquidar
리끼다르
- 타 청산하다, 결제하다; 매각하다; 바겐세일하다; 해고하다; 액화시키다
- *liquidar* una sociedad
  회사를 청산[해산]하다
- *liquidar* las relaciones con *uno*
  ...와 관계를 청산하다

liquidez
리끼데스
- 여 [상업] 유동성; (물질의) 유동성
- *liquidez* monetaria 유동 자금

líquido, da
리끼도, 다
- 형 액체의, 유동체의; [상업] 유동성이 있는, 쉽게 현금화할 수 있는
- 남 액체; 음료, 마실 것; 유동식

lira
리라
- 여 [음악] 리라, 수금(竪琴)

lírico, ca
리리꼬
- 형 서정적인, 서정시의
- 남여 서정 시인(poeta *lírico*)

여 서정시(poesía *lírica*)

lisiado, da
리시아도, 다
형 장애가 있는
남 여 신체 장애자

lisiar
리시아르
타 불구로 만들다
lisiarse 불구가 되다

liso, sa
리소, 사
형 평평한, 반반한; 매끄러운
terreno *liso* 반반한 토지
pecho *liso* 반반한 가슴
cutis *liso* 매끄러운 피부

lisonja
리송하
여 아부, 아첨

lisonjear
리송헤아르
타 아부하다, 아첨하다

lisonjero, ra
리송헤로, 라
형 아부하는, 아첨하는
남 여 아첨꾼

lista
리스따
여 표, 명부, 리스트; 줄무늬
lista de precios 가격표
lista electoral 선거인 명부
hacer una *lista* 리스트를 작성하다
pasar lista 출석을 부르다, 점호하다
pasar lista a los alumnos
학생들을 출석 부르다

listo, ta
리스또, 따
형 영리한, 똑똑한, 머리 회전이 빠른; 요령이 좋은, 약은; 준비가 된
niño muy *listo* 매우 영리한 아이
estar listo 준비가 되어 있다
Todo *está listo para* la fiesta.
파티 준비는 모두 끝났다.
Todos estamos listos.
(남자·남녀가) 우리 모두는 준비가 끝났다.
Todas *estamos listas*.
(여자들이) 우리 모두는 준비가 끝났다.

literario, ria
리떼라리오, 리아
형 문학의; 문과계의; 문어(文語)의
círculo *literario* 문단(文壇)
estilo *literario* 문어체

historia *literaria* 문학사
mundo *literario* 문단(文壇)
obra *literaria* 문학 작품

literatura
리떼라뚜라
여 문학; 문학 연구; [집합 명사] 문헌
literatura clásica 고전 문학
literatura española 스페인 문학

litiasis
리띠아시스
여 단복 [의학] 결석(증)

litigante
리띠간떼
형 소송을 일으키는
남 여 소송인

litigar
리띠가르
자 소송을 하다; 논쟁[언쟁]하다
타 소송하다

litigio
리띠히오
남 [법률] 소송

litro
리뜨로
남 [용량의 단위] 리터
botella de un *litro* 1리터 병
medio *litro* de aceite 기름 반 리터

liviano, na
리비아노, 나
형 가벼운(ligero) (반 pesado)
tejido *liviano* 가벼운 직물

llaga
야가
여 종양, 궤양

llama
야마
여 화염, 불꽃; 정열; [동물] 야마
llama olímpica 올림픽 성화

llamada
야마다
여 부르기, 호출; 부르는 소리; 통화; 점호, 출석 부르기; [군사] 소집, 집회
llamada a cobro revertido
요금 수신인 지불 통화, 컬렉트 콜
llamada internacional 국제 전화
llamada interurbana 장거리 통화
llamada personal 지명 통화
llamada urbana 시내 통화
hacer una *llamada* a *uno* [*un sitio*]
...에(게) 전화를 걸다
Hay una *llamada* para ti.
너[당신]한테 전화 왔다.

llamado, da
야마도, 다

형 …이라는 (이름의), …라 불리우는; 소위, 이른바

el *llamado* Tercer Mundo
이른바 제삼 세계

남 부르기, 호출

llamador
야마도르

남 (문의) 노커; 초인종(timbre)

llamamiento
야마미엔또

남 호소; 호출; [군사] 소집

llamar
야마르

타 부르다, 호출하다; …에게 전화를 걸다; 전화기 앞에 호출하다; 이름을 붙이다; (이름으로) 부르다; [군사] 소집하다

llamar a la camarera
여종업원을 부르다

llamar a casa
집에 전화하다

llamar por teléfono
전화 걸다

Te han *llamado*.
너에게 전화 왔었다.

자 (문앞에서) 노크하다, 초인종을 울리다

Están *llamando* a la puerta.
누가 문을 두들긴다.

llamarse 이름이 …이다, …라 부르다

¿Cómo *se llama* usted?
—*Me llamo* Hong Kil Dong.
성함이 어떻게 되십니까? –홍길동입니다.

llano, na
야노, 나

형 반반한, 평탄한; 꾸밈없는, 소탈한, 평범한; (표현이) 쉬운

camino *llano* 평탄한 길
tierra *llana* 평지(平地)

llanta
얀따

여 (주로 중남미) 타이어(neumático)

llanto
얀또

남 탄식, 한탄, 비탄; 우는 일; 눈물

llanura
야누라

여 평원, 평야

llave
야베

여 열쇠; (전등의) 스위치; (가스·수도의) 계량기 옆의 개폐 장치; 스패너; ((아르헨띠나)) (가게 등의) 권리금

llave falsa (표절한) 여벌쇠, 곁쇠
llave del éxito 성공의 열쇠[비결]
llave(s) de oro 황금의 열쇠
abrir la puerta con *llave*
열쇠로 문을 열다
cerrar la puerta con *llave*
문에 자물쇠를 채우다
doblar [torcer] la *llave*
열쇠를 돌리다
La puerta está cerrada con *llave*.
문에 자물쇠가 채워져 있다.
LLave en mano.
(광고) 즉시 입주가.

llavero
야베로

남 열쇠고리

llegada
예가다

여 도착; 도래(到來); [운동] 골라인
esperar la *llegada* del avión
비행기의 도착을 기다리다

llegar
예가르

자 닿다, 도착하다; 도래하다; 도달하다
llegar a casa 집에 도착하다
llegar a la cima 정상에 도달하다
Llego a Puebla el 5 de mayo.
5월 5일 뿌에블라에 도착합니다.
Ya *llega* la primavera.
벌써 봄이다[봄이 왔다].

llegar a + 동사 원형
...하기에 이르다; 드디어 ...하다
Con el tiempo *llegarás* a saberlo.
곧 너는 그 일을 알게 될 것이다.
직·부정 과거: lle*gu*é, llegaste, llegó, llegamos, llegasteis, llegaron

접 · 현재: lle*gue*, lle*gues*, lle*gue*, lle*guemos*, lle*guéis*, lle*guen*

llenar
예나르

타 가득 채우다; 충족[만족]시키다; (구멍 등을) 메우다; (빈칸에) 써넣다, (빈칸을) 채우다
llenar la calle 길을 가득 채우다
llenar el depósito de gasolina
기름을 가득 채우다
llenar un hoyo 구멍을 메우다
llenar un formulario
용지에 기입하다
llenarse 가득차다
llenarse de gente 사람으로 가득차다

lleno, na
예노, 나

형 가득찬, 넘치는, 충만한
Estoy *lleno*. 나는 배가 부르다.
El avión está *lleno*. 비행기가 만원이다.
El vaso está *lleno de* vino.
잔은 포도주로 넘친다.

남 만석(滿席), 만원(滿員); 만월 (滿月), 보름달

llevar
예바르

타 (물건 등을) 들다, 운반하다, 들고[가지고] 가다; (사람을) 데리고 가다; (옷 등을) 몸에 걸치고[입고] 가다; (탈것을) 운전하다; 담당하다
llevar la maleta 가방을 들다
llevar los libros al despacho
사무실에 책을 가지고 가다
llevar a los niños al cine
극장에 아이들을 데리고 가다
llevar un vestido negro
검은 드레스를 입고 있다.

자 [+a] ...로 통하다
llevar al puerto 항구로 통하다
llevarse
...를 함께 데리고 가다; ...를 가지고 가다, 휴대하다; ...을 획득하다; 유행하다; (나이 · 외견 등이) 차이가 있다
llevarse al niño al parque
아이를 공원에 데리고 가다

llevarse el paraguas
우산을 가지고 가다
llevarse el premio 상을 받다
llevar los pantalones
남편을 깔고 뭉개다

llorar
요라르
자 울다, 눈물을 흘리다; 한탄하다, 탄식하다; 불평을 말하다
llorar mucho 대성통곡하다
llorar de alegría 기뻐서 울다
llorar por cualquier cosa
잘 울다, 아무 일에도 울다
타 한탄하다, 탄식하다; 애도하다; (눈물을) 흘리다
El que no llora no mama.
(속담) 우는 아이 젖 준다.

llorón, rona
요론, 로나
형 잘 우는
남 여 울보, 우지

llovedizo, za
요베디소, 사
형 (지붕이) 비가 새는

llover
요베르
자 비가 내리다
*Lluev*e mucho [un poco].
비가 많이[조금] 내린다.
Está *lloviendo*.
비가 내리고 있다.
Estaba *lloviendo*.
비가 내리고 있었다.
Lloverá mañana.
내일 비가 내릴 것이다.
Empieza a *llover*.
비가 내리기 시작한다.
Deja [Cesa] de *llover*.
비가 그친다.

llovizna
요비스나
여 이슬비, 가랑비, 보슬비

lloviznar
요비스나르
자 이슬비가 내리다

lluvia
유비아

여 비; 대량; ((중남미)) 샤워
lluvia fina 이슬비
lluvia nuclear 방사능비
lluvias de torrenciales 호우(豪雨)
agua de *lluvia* 빗물
gota de *lluvia* 빗방울

llovioso, sa
요비오소, 사

형 비가 많이 내리는; 우기의

lo
로

관 [정관사 중성형] [+형용사]...하는것; [+소유 대명사] ...의 것
lo bueno 좋은 것
lo malo 나쁜 것
lo mío 내 것
lo tuyo 네 것
Lo barato sale caro. 싼 것이 비지떡.
대 [인칭 대명사 3인칭 단수] 그를, 당신을 ((스페인에서는 lo, los 대신에 le, les를 쓰는 경우가 많다)); [남성 명사를 받아서] 그것을; [중성 대명사] 그것을
Lo busqué por todas partes.
나는 그[당신]를 사방으로 찾았다.
No *lo* sé. 나는 그것을 모른다.

lobo, ba
로보, 바

남 여 [동물] 이리

lóbulo
로불로

남 귓불; [해부] 엽(葉)
lóbulo del hígado 간엽, 간잎

local
로깔

형 지방의; 그 토지의; 국지적인, 국부(局部)의
equipo *local* 홈팀
periódico *local* 지방지
남 (주로 건물 안의) 장소, 방; 시설, 점포(店鋪)

localidad
로깔리닫

여 거주 지역; 관객석, 좌석; 입장권

locamente
로까멘떼

부 미쳐서, 실성해서

locha
로차

여 [어류] 미꾸라지

logro

loción
로시온
여 로션, 화장수, 세정액

loco, ca
로꼬, 까
형 미친, 실성한; 맹목적인, 무분별한
estar *loco* 정신이 나가다, 미치다
ser *loco* 광인이다, 실성하다
volverse *loco* 정신 이상이 되다

locomotora
로꼬모또라
여 기관차

locuacidad
로꾸아시닫
여 다변(多辯), 수다, 말이 많음

locuaz
로꾸아스
형 다변의, 수다스러운, 말이 많은

locura
로꾸라
여 광기, 정신 착란; 열애, 열광

locutor, ra
로꾸또르, 라
남 여 아나운서; (뉴스) 캐스터

lodo
로도
남 진창, 수렁

logaritmo
로가리뜨모
남 [수학] 대수
tabla de *logaritmos* 대수표

logarítmico, ca
로가리뜨미꼬, 까
남 [수학] 대수의

lógica
로히까
여 논리학; 논리, 논법; 논리성

lógicamente
로히까멘떼
부 논리적으로

lógico, ca
로히꼬, 까
형 논리학의; 논리적인; (논리상) 당연한
남 여 논리학자

logos
로고스
남 [철학] 이성(理性), 로고스; [신학] 하나님의 말씀

lograr
로그라르
타 달성하다, 성취하다
lograrse 완전히 성공하다

logro
로그로
남 달성, 성취, 성과; 이득

loma
로마

여 언덕, 구릉

lombriz
롬브리스

여 [동물] 지렁이; 회충

lomo
로모

남 (동물의) 등; (책·칼류의) 등; [요리] 등심살

longaniza
롱가니사

여 [요리] 롱가니사
((길고 가느다란 소시지의 일종))

longevidad
롱헤비닫

여 장수(長壽), 고령(高齡)

longevo, va
롱헤보, 바

형 장수(長壽)의, 고령의

longitud
롱히뚣

여 길이; 씨줄, 세로; [지리] 경도(經度), 경선(經線)

tener cien metros de *longitud*
길이가 100미터다

lord
로르

남 [영국 귀족의 경칭] 경; 귀족, 상원의원.
(복 lores)

loro
로로

남 [조류] 앵무새, 잉꼬; 추녀(醜女)

los
로스

대 [인칭 대명사 3인칭 복수 남성형]
[직접 목적어] 그들을, 당신들을;
[남성 복수 명사를 받아서] 그것들을
Hoy *los* veo.
나는 오늘 그들[당신들]을 만난다.
Los busco en la caja.
나는 그것들을 상자에서 찾고 있다.

lotería
로떼리아

여 복권; 복권 판매소; 빙고(bingo)

lotero, ra
로떼로, 라

남 여 복권 판매자

lubricación
루브리까시온

여 주유(注油)

lubricante
루브리깐떼

남 윤활제(潤滑劑)

lubricar
루브리까르
타 (기계 등에) 기름을 치다; 주유하다; 매끄럽게 하다

lucero
루세로
남 금성(金星), 샛별

lucha
루차
여 투쟁, 싸움; 언쟁, 말다툼; 입씨름; 레슬링; (격투기의) 시합
lucha de clases 계급 투쟁
lucha por el poder 권력 투쟁
lucha por la existencia 생존 경쟁

luchador, ra
루차도르, 라
남 여 투사; 레슬링 선수

luchar
루차르
자 싸우다, 투쟁하다; 레슬링을 하다
luchar por la libertad
자유를 위해 싸우다

luciérnaga
루시에르나가
여 [곤충] 개똥벌레, 반디

lucir
루시르
자 빛나다, 반짝이다; 뛰어나다, 두드러지다
Lucían las estrellas. 별들이 빛났다.
타 비추다; 자랑해 보이다
lucirse 훌륭하게 성공하다

luego
루에고
부 후에, 뒤에, 나중에; 그 뒤에
Pasaré *luego*. 나중에 들르겠다.
Hasta *luego*. 나중에 만납시다.
접 그러므로, 고로
Pienso, *luego* existo.
나는 생각한다, 고로 존재한다.
desde luego 물론; 곧, 즉시, 바로
¿Tú vas al cine? —*Desde luego*.
너 극장에 갈거니? =물론이지.

lueguito
루에기또
부 ((중남미)) 곧, 즉시, 금방, 바로
Hasta *lueguito*.
바로 만납시다, 금방 오겠습니다.

lugar
루가르
남 장소, 곳; 지방; 위치; 순위; 지위, 직; 변소; (좋은) 기회
lugar santo 성소(聖所)

los Santos *Lungars* (그리스도의) 성지(聖地), 성적(聖跡)
quedar en primer *lugar* 1등이 되다
ocupar un buen *lugar* en ...에서 상당한 지위에 있다

lugarteniente
루가르떼니엔떼
남 부책임자, 차석(次席)

lujo
루호
남 사치, 호화
impuesto de *lujo* 사치세

lujoso, sa
루호소, 사
형 사치스러운, 호화스러운

lujuria
루후리아
여 음란, 음탕, 색욕

lujurioso, sa
루후리오소, 사
형 음란한, 호색의

lumbre
룸브레
여 (아궁이·난로 등의) 불
encender la *lumbre* 불을 지피다

lumen
루멘
남 단 복 [물리] 루멘

luminosidad
루미노시닫
여 광도(光度)

luminoso, sa
루미노소, 사
형 빛나는, 빛의; 발광의; 명석한
bomba *luminosa* 조명탄
cuerpo *luminoso* 광체(光體)

luna
루나
여 (천체의) 달; 위성; 달빛, 월광; (큰) 거울
luna llena 만월(滿月)
luna nueva 초생달
media *luna* 반달

lunar
루나르
형 달의; 태음(太陰)의
superficie *lunar* 월면(月面), 달표면
남 사마귀, 혹

lunes
루네스
남 단 복 월요일
(todos) los *lunes* 월요일마다

lupa
루빠
여 확대경

luso, sa 형 포르투갈의(portugués)
루소, 사 남 여 포르투갈 사람

lustrabotas 남 단 복 구두닦이(limpiabotas)
루스뜨라보따스

lustrador 남 구두닦이(limpiabotas)
루스뜨라도르

lustrar 타 (주로 중남미) (구두를) 닦다; (닦아서) 윤을
루스뜨라르 내다
lustrarse (자신의 구두를) 닦다

lustre 남 광택, 윤기; 광휘, 명성
루스뜨레

lustroso, sa 형 광택[윤기]이 있는
루스뜨로소, 사 zapatos *lustrosos*
반짝반짝 광이 나는 구두

luto 남 상(喪), 상중(喪中); 상복(喪服)
루또 복 상장(喪章); 슬픔, 비애, 비통
estar de *luto* 상중이다

lux 남 단 복 [조도의 단위] 룩스
룩스

luxemburgués, sa 형 룩셈부르크(Luxemburgo)의
룩셈부르게스, 사 남 여 룩셈부르크 사람

luz 여 빛; 등불, 불; 전등; 전기
루스 복 luces
luz solar [del sol] 일광(日光)
luces de tráfico 교통 신호
apagar la *luz* 불을 끄다
cortar la *luz* 전등의 스위치를 끄다
encender la *luz* 불을 켜다
pagar la *luz* 전기 요금을 내다
poner la *luz* 전등의 스위치를 넣다

M

m
에메
여 에메 ((스페인어 자모의 열다섯 번째 문자))

macarrón
마까르론
남 [요리] [주로 복] 마카로니

machete
마체떼
남 마체떼 ((풀을 베는 낫 모양의 큰 칼)); 커닝 종이

machismo
마치스모
남 남존 여비; 남자다움의 과시

machista
마치스따
형 남존 여비의, 남자다움을 과시하는
남 여 남존 여비 사상을 가진 사람

macho
마초
형 수컷의; [식물] 웅성(雄性)의; 남자다운, 남자 같은; 강한
una pantera *macho* 수표범
flor *macho* 수꽃
남 수컷; 웅성 식물; 남자; 남자다운 남자; 수나사

macrocosmos
마끄로꼬스모스
남 단 복 [철학] 대우주

madera
마데라
여 목재, 재목; 소질, 재능; [골프] 우드; [속어] 경찰
caja de *madera* 나무 상자

maderero, ra
마데레로, 라
형 목재의, 제재(製材)의
남 여 목재상

madona
마도나
여 마돈나 ((성모 마리아의 상 · 그림))

madrastra
마드라스뜨라
여 계모, 의붓어머니

madre
마드레
여 어머니, 모친; (여자 수도원의) 원장; 원천 (源泉)
madre de leche 유모
madre futura 임산부

madre patria 본국, 모국
madre suplente [의학] 대리모
día de la *madre* 어머니날

madreperla
마드레뻬를라
여 진주패(眞珠貝)

Madrid
마드릳
남 마드리드 ((스페인의 수도))

madrileño, ña
마드릴레뇨, 냐
형 마드리드의
남 여 마드리드 사람

madrina
마드리나
여 [천주교] 대모(代母); 후견인

madrugada
마드루가다
여 새벽; 새벽녘, 동틀녘
de *madrugada* 새벽에

madrugador, ra
마드루가도르, 라
형 (습관적으로) 일찍 일어나는
남 여 일찍 일어나는 사람

madrugar
마드루가르
자 일찍 일어나다; 선수를 치다, 기선을 제압하다
A quien madruga Dios le ayuda.
(속담) 부지런해야 수가 난다.
새도 일찍 일어나야 벌레를 잡는다.

madrugón, gona
마드루곤, 고나
형 일찍 일어나는
남 무척 일찍 일어나는 일

madurar
마두라르
타 익게 하다; 성숙하게 하다; (계획 등을) 잘 마무리하다
자 익다

madurez
마두레스
여 성숙, 익음; 원숙(기); 장년기

maduro, ra
마두로, 라
형 (과실 등이) 익은; (사람이) 성숙한, 원숙한; (계획 등이) 공들인, 정성을 들인, 신중한
uvas *maduras* 익은 포도

maestría
마에스뜨리아
여 교묘함, 숙련됨, 솜씨가 좋음; 석사 과정 (curso de *maestría*)

maestro, tra
마에스뜨로, 라
남 여 (초등 학교·중학교의) 선생, 교사; 거장, 명인, 대예술가; 작곡가, 연주자; (장인의) 지도

적인 위치에 있는 사람; (공사 등의) 도급인; [투우] 주투우사(matador); 석사
maestro de piano 피아노 선생
grado de *maestro* 석사 학위
형 완전한, 뛰어난, 두드러진; 주요한; (동물이) 훈련된; 솜씨 좋은, 숙련된
obra *maestra* 걸작, 명작

mafia
마피아
여 마피아; 폭력단, 범죄 조직

mafioso, sa
마피오소, 사
형 마피아의
남 여 마피아 단원

magia
마히아
여 마법, 마력; (불가사의한) 매력

mágico, ca
마히꼬, 까
형 마법의, 마술의; 매혹적인
alfombra *mágica* 마법의 융단
poder *mágico* 마력(魔力)
남 여 마술사(mago)
여 마법(魔法)(magia)

magisterio
마히스떼리오
남 교직(敎職)

magistral
마히스뜨랄
형 선생의, 선생 같은

magnánimo, ma
막나니모, 마
형 관용의, 마음이 넓은

magnesio
막네시오
남 [화학] 마그네슘

magnético, ca
막네띠꼬, 까
형 자기(磁氣)의
atracción *magnética* 자력(磁力)

magnetismo
막네띠스모
남 자기(磁氣), 자력(磁力); 자기학; 매력, 영향력

magnífico, ca
막니피꼬, 까
형 장대한, 웅대한, 호화스러운; (대단히) 훌륭한, 근사한
panorama *magnífico*
절경(絶景), 웅대한 경관

magnitud
막니뚣
여 크기; 중요성; (지진의) 진도

magnolia
막놀리아
여 [식물] 목련; 목련꽃

mago, ga
마고, 가
남 여 마술사

magro, gra
마그로, 그라
형 (고기가) 비계가 없는[적은]; (사람·토지가) 마른, 여윈
carne *magra* 살코기
남 (비계 없는) 살코기

mahometano, na
마오메따노, 나
형 마호메트(Mahoma)의, 이슬람교의
남 여 이슬람교도

maíz
마이스
남 [식물] 옥수수; 옥수수 알
rosetas de *maíz* 팝콘(palomita)

maizal
마이살
남 옥수수 밭

majestad
마헤스땃
여 위엄; 폐하
Su [Vuestra] *Majestad* 폐하

majestuosidad
마헤스뚜오시닫
여 위엄(威嚴)

majestuoso, sa
마헤스뚜오소, 사
형 위엄 있는, 당당한, 장대한

majo, ja
마호, 하
형 느낌이 좋은, 매력적인; 아름다운
남 여 미남, 미녀

mal
말
형 [malo가 남성 단수 명사 앞에서 o 탈락형] 나쁜. ☞ malo
mal amigo 나쁜 친구
부 나쁘게 (반 bien); 불충분히; 불쾌하게
dinero *mal* adquirido 부정한 돈
Ella habla *mal* el coreano.
그녀는 한국어가 서툴다.
Estoy *mal*. 나는 몸이 좋지 않다.
Me siento *mal*. 나는 기분이 좋지 않다.
Te oigo *mal*. 네 말이 잘 안 들린다.
Menos mal.
아, 살았다; (불행중) 다행이다.
¡Menos mal que no llueve hoy!*
오늘 비가 오지 않아 다행이다!

남 악(惡); 악행; 불행, 해악; 병
el bien y el *mal* 선악(善惡)
No hay mal que por bien no venga.
(속담) 흉이 복이 되기도 한다.
No hay bien ni mal que cien años dure.
(속담) 쥐구멍에도 볕들 날이 있다.

mala
말라
여 역경; 우편 행낭

malagueño, ña
말라게뇨, 냐
형 말라가(Málaga, 안달루시아 지방의 주·주도)의
남 여 말라가 사람
여 말라게냐 ((말라가의 민요·무용))

malaria
말라리아
여 [의학] 말라리아

malasio, sia
말라시오, 시아
형 말레이시아(Malasia)의
남 여 말레이시아 사람

malaventurado, da
말라벤뚜라도, 다
형 불운한, 불행한

maldad
말닫
여 나쁜 짓, 악행, 나쁜 일

maldecir
말데시르
타 저주하다
maldecir la guerra
전쟁을 저주하다
자 [+de] (...을) 나쁘게 말하다, 헐뜯다

maldición
말디시온
여 저주; 악담, 험담; 중상

maldito, ta
말디또, 따
형 불쾌한; 저주받은; 사악한
tierra *maldita* de Dios
하나님으로부터 저주받은 땅
남 여 돼먹지 못한 인간; 악당; 저주받은[천벌을 받은] 사람
남 [연극] 엑스트라
¡Maldito sea! 빌어먹을!

maleducado, da
말레두까도, 다
형 남 여 가정 교육이 나쁜 (사람); 행실이 나쁜 (사람)

malentender 말렌뗀데르
타 오해하다

malentendido 말렌뗀디도
남 오해

malestar 말레스따르
남 불쾌(감)

maleta 말레따
여 여행 가방; ((남미)) (차의) 트렁크
hacer la(s) *maleta(s)*
가방을 꾸리다, 여행 준비를 하다

maletera 말레떼라
여 ((남미)) (차의) 트렁크

maletero 말레떼로
남 (역 등의) 짐꾼; (차의) 트렁크

maletín 말레띤
남 소형 여행 가방

malgastar 말가스따르
타 낭비하다
malgastar su tiempo
시간을 낭비하다

malhechor, ra 말에초르, 라
남 여 악인; 범죄자

malicia 말리시아
여 악의, 악한 음모; 곡해

malicioso, sa 말리시오소, 사
형 악의가 있는

maligno, na 말릭노, 나
형 (병이) 악성(惡性)의; 악의 있는
tumor *maligno* 악성 종양

malla 마야
여 (그물 등의) 코

malnutrición 말누뜨리시온
여 영양 실조

malnutrido, da 말누뜨리도, 다
형 영양 실조의

malo, la 말로, 라
형 [남성 단수 명사 앞에서 *mal*; 비교급 *peor*] 나쁜 (반) bueno); 부적절한; 근성이 나쁜, 부도덕한
mal libro 나쁜 책

mal olor 악취
mal sabor 싫은 맛
mala noticia 나쁜 소식
vino *malo* 품질이 나쁜 포도주
Fumar es *malo* para la salud.
흡연은 건강에 나쁘다.
estar malo 아프다; (물건이) 흠이 있다, 상처가 나다; (여성이) 생리중이다
Su mujer *está mala*.
그의 아내는 몸이 불편하다.
Esta leche *está mala*.
이 우유는 상했다.
Estos pantalones no *están* tan *malos*.
이 바지는 그렇게 낡지는 않았다.
Ella *está mala*. 그녀는 생리중이다.

malogar
말로가르
타 (기회 등을) 놓치다, 잃다
자 (계획 등이) 좌절되다; 실패하다

malta
말따
여 맥아(麥芽); 맥아 음료

maltosa
말또사
여 맥아당

maltratar
말뜨라따르
타 학대하다; 거칠게 다루다; 상처를 입히다; 손해[피해]를 주다

maltrato
말뜨라또
남 학대
maltrato infantil 아동 학대

malvado, da
말바도, 다
형 극히 나쁜, 흉악한
남 여 악한 사람, 악인

malversación
말베르사시온
여 공금 횡령(죄)

malversador, ra
말베르사도르, 라
남 여 공금 횡령자

malversar
말베르사르
타 (공무원이) 횡령하다, 착복하다
malversar fondos públicos
공금을 횡령하다

mama
마마
여 유방; 엄마(mamá)
cáncer de *mama* 유방암

mamá
마마
여 엄마; ((중남미)) 모친(母親)

mamar
마마르
타 젖을 빨다; 몸에 익어 있다
mamar a su madre 모유를 먹다
자 젖을 먹다
dar de *mamar* a un niño
아이에게 젖을 먹이다

mamario, ria
마마리오, 리아
형 유방의; 유두(乳頭)의
cáncer *mamario* 유방암

mamífero, ra
마미페로, 라
형 포유류의
animal *mamífero* 포유 동물

mamut
마뭇
남 [고생물] 맘모스

maná
마나
남 [성경] 만나

manada
마나다
여 무리, 떼
una *manada* de búfalos 물소 떼

manantial
마난띠알
남 샘(fuente); 기원, 원천
형 솟아나는

manar
마나르
자 솟아나다, 뿜어나오다; 풍부하다
El agua *mana* de las rocas.
물이 바위에서 솟아난다.

mancebo, ba
만세보, 바
남 젊은이, 독신자; (약국의) 점원
여 정부(情婦)

mancha
만차
여 얼룩; 반점; 오점, 결점
mancha solar (태양의) 흑점
Tengo una *mancha* roja en el brazo.
나는 팔에 붉은 반점이 하나 있다.

manchado, da
만차도, 다
형 얼룩진; 반점이 있는

manchar
만차르
타 더럽히다
mancharse 더러워지다

manco, ca
망꼬, 까
형 불구의; 불완전한
el *manco* de Lepanto
세르반떼스, 레빤또 해전의 외팔이

ser *manco* de la mano izquierda
왼손이 없다, 왼손이 부자유스럽다
남 여 불구자

mancomunidad
망꼬무니닫
여 협력, 협동; 연맹, 연방; 연대 책임

mandadero, ra
만다데로, 라
남 여 심부름꾼

mandamiento
만다미엔또
남 (당국의) 명령; 계율
los diez *mandamientos* [성경] 십계

mandante
만단떼
남 여 위탁자, 위임자

mandar
만다르
타 명령하다; 보내다, 발송하다; 파견하다; (약을) 처방하다; 기증하다
mandar a *uno* abrir fuego
...에게 발포를 명령하다
mandar un paquete por correo
우편 소포를 보내다
mandar que + 접속법
Le *mando que venga* pronto.
나는 그에게 빨리 오라고 명령한다.
Le *mandé que viniera* pronto.
나는 그에게 빨리 오라고 명령했다.
자 지휘하다

mandarín, rina
만다린, 리나
형 표준 중국어의
남 표준 중국어, 북경어
여 [과실] 만다리나 ((밀감의 일종))

mandarinero
만다리네로
남 [식물] =**mandarino**

mandarino
만다리노
남 [식물] 만다리노 ((밀감나무의 일종))

mandatario, ria
만다따리오, 리아
남 여 [법률] 수임자, 수탁자
estado [país] *mandatario* 위임 통치국
primer *mandatario* 국가 원수

mandato
만다또
남 명령; 명령서; (의원 등의) 임기; 위임, 위탁

mandíbula 만디불라
여 턱; 하악골(下顎骨)

mandioca 만디오까
여 [식물] 만디오까 ((고구마 비슷함))

mando 만도
남 지휘(권); 지배; (의원 등의) 임기; 조종[제어] 장치; 간부, 지배자

mandolina 만돌리나
여 [악기] 만돌린

manecilla 마네시야
여 (시계·계기의) 바늘
manecilla grande 장침
manecilla pequeña 단침

manejable 마네하블레
형 다루기 쉬운, 취급하기 쉬운

manejar 마네하르
타 (손으로) 다루다, 취급하다; 조작하다, 조종하다; 관리하다; ((중남미)) (차를) 운전하다 (conducir)
manejar el volante
핸들을 조작하다
자 ((중남미)) 차를 운전하다
manejarse
처리되다; 몸의 기능을 회복하다

manejo 마네호
남 취급; 조작, 조종; 술책; ((중남미)) (차의) 운전

manera 마네라
여 방법, 방식; 수법, 버릇; 태도
manera de actuar 행동거지, 행장
manera de ver las cosas
물건 보는 방법
con buenas *maneras*
예의바르게; 친절하게
con malas *maneras*
버릇없이, 난폭하게
de ninguna manera
결코 (...이 아니다); 천만에, 설마
¿Quieres a María?
–*De ninguna manera.*
마리아 좋아하니? –천만에요.

manerismo
마네리스모
남 매너리즘

manerista
마네리스따
남 여 매너리즘에 빠진 사람

manga
망가
여 (옷의) 소매; 호스; 통풍관
manga corta 짧은 소매
manga larga 긴 소매
manga de incendio 소방 호스
en *mangas* de camisa
셔츠 바람으로, 웃옷을 벗고
Súbase las *mangas*.
소매를 올리세요.

manganeso
망가네소
남 [광물] 망간

mango
망고
남 (칼·우산 등의) 자루, 손잡이; [항공] 조종간; [식물·과실] 망고
mango de cuchillo 칼의 손잡이
mango de escoba 빗자루 손잡이
mango de paraguas 우산 손잡이

mangosta
망고스따
여 [동물] 망구스

manguera
망게라
여 호스 ((고무관))

manguero
망게로
남 호스로 물 뿌리는 사람

maní
마니
남 ((주로 남미)) 땅콩, 낙화생
mantequilla de *maní* 땅콩 버터
복 maníes

manía
마니아
여 망상; [의학] 조병(躁病); 기벽; 편애(偏愛), 열중

maniaco, ca
마니아꼬, 까
형 =**maníaco**

maníaco, ca
마니아꼬, 까
형 조병(躁病)의; 편집적인
남 여 조병 환자; 편집광
maníaco sexual 색정광

manipulación

maniático, ca 마니아띠꼬, 까
- 형 편집적인
- 남 여 편집광
- *maniático* de la velocidad 스피드 광

manicura 마니꾸라
- 여 매니큐어, 미조술(美爪術)
- hacerse la *manicura* 매니큐어를 바르다

manicurista 마니꾸리스따
- 남 여 미조사(美爪師)

manicuro, ra 마니꾸로, 라
- 남 여 =**manicurista**

manierismo 마니에리스모
- 남 =**manerismo**

manierista 마니에리스따
- 남 여 =**manerista**

manifestación 마니페스따시온
- 여 표명, 표시; 데모, 시위 행진[집회]; 복 성명

manifestante 마니페스딴떼
- 남 여 데모 참가자; 복 데모대

manifestar 마니페스따르
- 타 표명하다, 명시하다
- *manifestarse* 나타나다, 밝혀지다; 자신의 입장을 표명하다; 데모하다

manifiesto, ta 마니피에스또, 따
- 형 명백한; 공표된
- verdad *manifiesta* 명백한 사실
- 남 성명서, 성명문, 선언서
- *Manifiesto* del Partido Comunista 공산당 선언

manilla 마니야
- 여 수갑; 팔찌; (시계의) 바늘

maniobra 마니오브라
- 여 조작; 운전; 술책; 복 군사 훈련

maniobrar 마니오브라르
- 타 조작하다; 운전[조종]하다; 군사 훈련을 하다

manipulación 마니뿔라시온
- 여 취급, 조작; (불법적인) 공작
- *manipulación* biogenética

유전자 조작

manipular
마니뿔라르

타 (약 등을) 취급하다, 관리하다; (사람 등을) 조종하다, 공작하다

maniquí
마니끼

남 마네킹 인형
남여 패션 모델

manjar
망하르

남 (주로 맛있는·호화로운) 요리, 음식물, 양식(糧食)
manjar exquisito
맛있는[훌륭한] 요리, 진수성찬
manjar espiritual 마음의 양식

mano
마노

여 손; 수완; 일손; [동물] 앞다리; (여성이나 그 부모의) 결혼 승낙; 한쪽 편; 칠(하는 일); 힐책, 벌
mano derecha 오른손
mano izquierda 왼손
mano de obra 일손, 노동력
alzar [levantar] la *mano* 손을 들다
a mano (기계가 아닌) 손으로
반 **a máquina** (기계로)
jersey hecho *a mano*
손으로 짠 스웨터
escribir *a mano* 손으로 쓰다
darse la mano 서로 악수하다
Los dos *se dieron la mano*.
두 사람은 (서로) 악수했다.
vivir de [por] sus manos
자활(自活)하다

manojo
마노호

남 한줌, 한 묶음, 한 다발
manojo de llaves 열쇠 다발

manosear
마노세아르

타 자주 만지다; 반복해서 이용하다; 애무하다
manosear el diccionario
사전을 자주 이용하다

manoseo
마노세오

남 애무(愛撫)

manotazo
마노따소
남 손바닥으로 때리기

mansedumbre
만세둠브레
여 온순함, 온화함; 부드러움

mansión
만시온
여 저택, 호화 저택, 관(館); 체재
mansión señorial 대저택

manso, sa
만소, 사
형 (동물이) 온순한; (사람이) 온화한, 얌전한, 온순한; (소가) 겁이 많은
perro *manso* 온순한 개
persona *mansa* 온화한 사람

manta
만따
여 모포
manta de viaje
무릎 덮는 모포, 여행용 휴대 모포

manteca
만떼까
여 (동물의) 지방(脂肪); 유지(乳脂); 버터

mantel
만뗄
남 식탁보, 테이블보

mantención
만뗀시온
여 유지(維持)

mantener
만떼네르
타 유지하다, 보전하다; (경제적으로)유지하다, 지탱하다; (행위를) 계속하다; 고집하다; 고정하다; (선수권 등을)계속 유지하다; 영양을 주다
mantener una casa de campo
별장을 유지하다

mantenimiento
만떼니미엔또
남 유지; (건강 등의) 체조 교실; 정비; 유지비 (gastos de mantenimiento); 양육, 부양

mantequera
만떼께라
여 (식탁용의) 버터 그릇

mantequería
만떼께리아
여 유제품 판매점[공장]; 식료품점

mantequilla
만떼끼야
여 (식탁용으로 작게 자른) 버터; 버터 크림
pan con *mantequilla* 버터 바른 빵
untar pan con *mantequilla*

빵에 버터를 바르다

mantilla 만띠야
여 만띠야 ((스페인 부인들이 머리나 어깨에 걸치는 검고 얇은 명주(천)))

manto 망또
남 망토; 보호; 지층

mantón 만똔
남 어깨걸이, 숄

manual 마누알
형 손의, 손으로 하는
trabajo *manual* 손일

manufactura 마누팍뚜라
여 (수공업) 제품; 제조 공업품; 공장

manufacturado 마누팍뚜라도
남 공업 제품

manufacturar 마누팍뚜라르
타 제조하다, 가공하다

manufacturero, ra 마누팍뚜레로, 라
형 제조(업)의
남 여 제조업자; 공장주

manuscrito, ta 마누스끄리또, 따
형 손으로 쓴, 육필의
carta *manuscrita* 육필 편지

manutención 마누뗀시온
여 부양; 생활비; 유지(비)

manzana 만사나
여 [과실] 사과; 가구(街區), 블록

manzanal 만사날
남 사과 밭; 사과나무

manzanar 만사나르
남 사과 밭

manzanilla 만사니야
여 [식물] 캐머마일 ((국화과의 식물; 차로 마시거나 기름을 채취하기도 함)); [음료] 캐머마일 차, 만사니야

manzano 만사노
남 [식물] 사과나무

maña 마냐
여 솜씨, 기묘함, 수완; 술책

mañana
마냐나

여 아침; 오전
por la *mañana* 아침에, 오전에
desde la *mañana* hasta la noche
아침부터 밤까지
ayer por la *mañana*
어제 아침에[오전에]
el lunes por la *mañana*
월요일 오전중에[아침에]
Esta *mañana* me levanté tarde.
나는 오늘 아침에 늦게 일어났다.
Yo la visito por la *mañana*.
나는 그녀를 오전중에 방문한다.
남 미래, 장래(futuro)
부 내일; (가까운) 장래
mañana por la mañana
내일 오전(중)에
mañana por la tarde
내일 오후에
mañana por la noche
내일 밤에
pasado *mañana* 모레
Tengo clase *mañana*.
나는 내일 수업이 있다.
de la mañana (시간이) 오전
llegar a las dos *de la mañana*
오전 두 시에 도착하다
No dejes para mañana lo que puedas hacer hoy.
(속담) 오늘 할 수 있는 일을 내일로 미루지 마라.

mañoso, sa
마뇨소, 사

형 솜씨 있는; 교묘한, 교활한

maoísmo
마오이스모

남 모택동(Mao Ze Dong)주의

maoísta
마오이스따

형 모택동주의의
남 여 모택동주의자

mapa
마빠

남 지도
mapa blanco 백지도

maquiavélico, ca
마끼아**벨**리꼬, 까
형 마키아벨리(Maquiavelo)(주의)의; 권모술수에 능한

maquiavelismo
마끼아벨리스모
남 마키아벨리즘

maquiavelista
마끼아벨리스따
남 여 권모 술수가

maquillador, ra
마끼야도르, 라
남 여 메이크업 담당자

maquillaje
마끼야헤
남 화장, 메이크업; 화장품

maquillar
마끼야르
타 …에게 메이크업하다
maquillarse (자기의) 화장을 하다

máquina
마끼나
여 기계; 타자기; 제봉틀; 자동 판매기; 카메라
máquina de afeitar 전기 면도기
máquina de calcular 계산기
máquina de billetes 자동 매표기

maquinaria
마끼나리아
여 [집합 명사] 기계류; 기계 장치
maquinaria agrícola 농기계

maquinilla
마끼니야
여 전기 면도기; 안전 면도기; 이발 기계; 소형 기계

maquinista
마끼니스따
남 여 (기계의) 조작 담당자; [철도] 운전사; [선박] 기관사

mar
마르
남 바다 ((추상적인 의미로 쓰일 경우 여)); 호수; 대양(大洋); 큰 파도
agua del *mar* 해수(海水), 바닷물
El que no se aventura no pasa la mar. (속담) 범굴에 들어가야 범을 잡는다.

maratón
마라똔
남 마라톤

maratoniano, na
마라또니아노, 나
형 마라톤의
남 여 마라톤 선수

maravilla
마라비야
여 놀라운 일, 경이, 경탄, 불가사의
maravillas de la naturaleza
대자연의 경이(로움)
las siete *maravillas* del mundo

세계 칠대 불가사의

maravillar 마라비야르
타 경탄하게 하다
maravillarse 경탄하다

maravilloso, sa 마라비요소, 사
형 경이적인, 불가사의한, 믿기 어려운
paisaje *maravilloso* 절경(絶景)

marca 마르까
여 (식별용의) 인(印), 부호, 마크; 상표; [운동] (최고) 기록; 흔적
marca de fábrica 상표
marca de prestigio 유명 브랜드
marca registrada 등록 상표
artículo de *marca* 명품, 브랜드 상품

marcador 마르까도르
남 [운동] 득점 게시판; 스코어판; 전광판; (책의) 서표(書標), 책갈피

marcar 마르까르
타 …에 표(標)를 하다; 자국을 남기다; 스탬프를 찍다; 표시하다; (상품에) 정가를 표시하다; (전화 번호를) 돌리다; [운동] 득점하다; (상대방을) 마크하다
marcar el número equivocado
틀린 번호를 돌리다[누르다]

marcha 마르차
여 행진, 행군; 보행; 출발; (탈것·사태의) 진행; 경과; [음악] 행진곡
¿A qué hora es tu *marcha*?
네 출발은 몇 시냐?

marchar 마르차르
타 나아가다, 가다; 걷다; 행진하다, 행군하다; (기계 등이) 움직이다; (탈것이) 달리다; (일이) 진전되다, 진행되다; 떠나다
marcharse de
(…)를 떠나다; 나가다, 외출하다
Me *marcho* de Seúl esta tarde.
나는 오늘 오후 서울을 떠난다.

marchitar 마르치따르
타 시들게 하다
marchitarse 시들다

marcial 마르시알
형 전쟁의, 군대의
artes *marciales* (동양의) 무도, 무술

marciano, na
마르시아노, 나
형 화성(Marte)의
남 여 화성인(火星人)

ley *marcial* 계엄령

marco
마르꼬
남 틀, 테, 테두리; 액자, 사진틀; 환경; 마르크((독일의 전 화폐 단위)); [운동] 골포스트
marco de la ventana 창틀
poner un cuadro en un *marco* 그림을 액자에 넣다

marea
마레아
여 조수(潮水); 바닷바람

marear
마레아르
타 (탈것의) 멀미하게 하다; 기분을 나쁘게 하다
marearse
멀미하다; 기분이 나쁘다; (술에) 가볍게 취하다

mareo
마레오
남 멀미

marfil
마르필
남 상아(象牙); 상아색; (이의) 상아질
torre de *marfil* 상아탑

margarita
마르가리따
여 [식물] 들국화; 진주

margen
마르헨
남 [상업] 마진, (매매) 차익금; 여유; 허용 범위; 기회; 가장자리, 변두리; 여백; 방주(傍注)
복 **márgenes**

marginal
마르히날
형 변두리의, 가장자리의, 끝의; 난외의, 여백의

mariachi
마리아치
남 마리아치 ((멕시코의 민속 음악·무용; 민속 음악[무용] 단원))

marido
마리도
남 남편 (여 **mujer**)
marido y mujer 부부

mariguana
마리구아나
여 =**marijuana**

marihuana
마리우아나
여 =**marijuana**

marijuana
마리후아나
여 마리후아나

marijuanero, ra 마리후아네로, 라	남 여 마리후아나 흡연자
marina 마리나	여 해군; 선박; 항해술
marinero, ra 마리네로, 라	형 선박[해운·항해]의 남 여 선원, 뱃사람; 수병(水兵) 여 선원복
marino, na 마리노, 나	형 바다의 남 선원, 뱃사람
marioneta 마리오네따	여 꼭두각시 인형
mariposa 마리뽀사	여 [곤충] 나비; 나비 넥타이
mariscal 마리스깔	남 [육군] 원수
marisco 마리스꼬	남 해산물
marital 마리딸	형 결혼의; 남편의 relaciones *maritales* 부부 관계 vida *marital* 부부 생활
marítimo, ma 마리띠모, 마	형 해상의; 바다에 면한 seguro *marítimo* 해상 보험
marmita 마르미따	여 (금속제의) 솥
mármol 마르몰	남 대리석; 대리석 제품[작품] estatua de *mármol* 대리석 조각
marqués 마르께스	남 후작(侯爵)
marquesa 마르께사	여 여자 후작; 후작 부인
marrón 마르론	형 다색(茶色)의, 밤색의 남 다색, 밤색
marroquí 마르로끼	형 모로코(Marruecos)의 남 여 모로코 사람

Marruecos
마르루에꼬스
남 [국명] 모로코

Marte
마르떼
남 [천문] 화성(火星); [신화] 군신(軍神)

martes
마르떼스
남 단 복 화요일
(todos) los *martes* 매주 화요일
martes y trece 13일 화요일
(이중으로 불길한 날))

martillo
마르띠요
남 쇠망치, 해머; (피아노의) 조율추

mártir
마르띠르
남 여 순교자; (병 등의) 희생자

martirio
마르띠리오
남 순교, 순사(殉死); 수난; 고난

martirizar
마르띠리사르
타 박해하다, 순교시키다

marxismo
마르시스모
남 마르크스(Marx)주의

marxista
마르시스따
형 마르크스주의의
남 여 마르크스주의자

marzo
마르소
남 3월

mas
마스
접 [고어·문어] 그러나(pero)

más
마스
부 더; 보다 많이 (반 menos)
Hable usted *más* despacio.
더 천천히 말씀해 주세요.
Come *más*. 더 (많이) 먹어라.
más de …이상
más que [비교급] …보다 더 (많이)
José tiene *más que* ella.
호세가 그녀보다 더 가지고 있다.
Yo soy *más* alto *que* él.
나는 그보다 더 크다.
정관사 + ***más*** + 형용사 (de [en · entre])
[최상급] … 중에서 가장 …

Ella es la *más amable entre* sus hermanas.
그녀는 자매들 중에서 가장 친절하다.
más o menos 대략, 약
lo más antes 되도록 빨리
lo más posible (***que poder***)
될 수 있는 한, 가능한 한
형 더 많은
con *más* frecuencia 더 자주
Ella lee *más* libros que yo.
그녀는 나보다 더 많은 책을 읽는다.
대 대다수, 대부분
남 [수학] 플러스 (기호)

masa
마사

여 (빵의) 반죽덩이; (물건의) 덩이; 총체, 총량; 다수, 다량; [주로 복] 대중(大衆), 민중, 서민; [물리] 질량; [전기] 어스(tierra); 성격 (carácter)
masa salarial 임금 총액
buena *masa* 좋은 성격
política para la(s) *masa(s)*
민중[서민]을 위한 정치
psicología de *masas* 군중 심리

masacrar
마사끄라르

타 (대량) 학살하다

masacre
마사끄레

여 대량 학살, 살륙(殺戮)

masaje
마사헤

남 마사지, 안마
dar a *uno masajes* [*un masaje*] a [en] la pierna …의 다리를 마사지 하다

masajear
마사헤아르

타 마사지하다, 안마하다

masajista
마사히스따

남 여 마사지사, 안마사; 트레이너

mascar
마스까르

타 깨물다, 씹다; 투덜거리다

máscara
마스까라

여 가면, 마스크; 가장(假裝)
여 복 가장 행렬, 가장 파티

máscara antigás 방독 마스크
máscara de oxígeno 산소 마스크
baile de *máscaras* 가면 무도회
ponerse una *máscara* 가면을 쓰다
quitarse una *máscara* 가면을 벗다
quitar a uno la *máscara*
…의 가면을 벗기다
남 여 (카니발 등에서) 가면을 쓴 사람

mascarada
마스까라다
여 가장 행렬, 가장 파티

mascarilla
마스까리야
여 (코나 입을 가리는, 마취용 등의) 마스크; (얼굴에 바르는) 팩; 데드마스크

mascota
마스꼬따
여 마스코트

masculinidad
마스꿀리니닫
여 남자다움; 남성(男性)

masculinizar
마스꿀리니사르
타 남성으로 만들다

masculino, na
마스꿀리노, 나
형 남자의, 남자다운 (반) femenino); [생물] 수컷의; [문법] 남성의
actitud *masculina* 남성다운 태도
nombre *masculino* 남성 명사
ropa *masculina* 남성복
남 [문법] 남성(형)(género *masculino*)

máser
마세르
남 메이저, 분자 증폭기
máser de infrarrojos 적외선 메이저

masivo, va
마시보, 바
형 대량의, 대세의
producción *masiva* 대량 생산
a escala *masiva* 대규모로

máster
마스떼르
남 석사 학위; 석사 과정

masticar
마스띠까르
타 씹다, 깨물다
Come *masticando* bien.
잘 씹어 먹어라.

mástil
마스띨
남 돛대; 지주(支柱); (기타 등의) 목

matemàtica

mastitis
마스띠띠스
여 단 복 [의학] 유선염(乳腺炎)

masturbación
마스뚜르바시온
남 자위(自慰), 수음(手淫)

masturbar
마스뚜르바르
타 (다른 사람에게) 수음하다
masturbarse 자위하다, 수음하다

mata
마따
여 작은 관목; 풀; 덤불, 풀섶

matadero
마따데로
남 도살장

matador
마따도르
남 마따도르, 주 투우사 ((소에게 마지막 숨통을 끊는 투우사))

matamoscas
마따모스까스
남 복 단 파리채, 파리 잡는 끈끈이

matanza
마딴사
여 (대량) 학살, 살륙(殺戮)

matar
마따르
타 죽이다, 살해하다; (갈증이나 공복등을) 풀다, 해소시키다; 괴롭히다, 피곤하게 하다; (불을) 끄다, 없애다; 광택을 죽이다
matar un gallo para la cena
저녁 식사용으로 닭을 죽이다
matar el hambre con un bocadillo
샌드위치 하나로 허기를 풀다
자 사람을 죽이다
No *matarás*. / No *mates*.
[성경] (너는) 살인하지 마라
matarse 자살하다; (사고로) 죽다
matarse con el coche
차에 치어 죽다, 차 사고로 죽다

matasellos
마따세요스
남 단 복 소인(消印); 스탬프

mate
마떼
남 마떼차(茶) ((잎, 음료)); 마떼 찻그릇 ((표주박 형임))

matemática
마떼마띠까
여 [주로 복] 수학

matemático, ca
마떼마띠꼬, 까
- 형 수학의; 정확한, 엄밀한
- 남 여 수학자

materia
마떼리아
- 여 물자, 물체; 재료, 소재; (작품 등의) 제목; 교과, 과목

la *materia* y el espíritu 물질과 정신
materia obligatoria 필수 과목
materia prima, primera *materia* 원료

material
마떼리알
- 형 물질의; 물질적인; 육체의; 물질주의적인; 구체적인, 실제적인

ayuda *material* 물질적[경제적] 원조
civilización *material* 물질 문명
goce *material* 육체적 쾌락

- 남 [때로 복] 재료, 소재(素材); [집합 명사] 기재(機材)[용구] 일습

material de guerra 군수품
material de oficina 사무용품
material didáctico 교재(教材)
material informativo 정보 (자료)
materiales de construcción 건축 자재

materialmente
마떼리알멘떼
- 부 물질적으로; 육체적으로; 구체적으로; 실질적으로

materialidad
마떼리알리닫
- 여 물질성; 구체성; (사실의) 중요성

materialismo
마떼리알리스모
- 남 물질주의, 실리주의; 유물론

materialismo histórico 사적 유물론

materialista
마떼리알리스따
- 형 물질주의의; 유물론의
- 남 여 물질주의자; 유물론자

materializar
마떼리알리사르
- 타 물질화하다; 실현시키다; 구상화(具象化)하다

materializarse
실현되다; 물질주의적으로 되다

maternal
마떼르날
- 형 어머니의, 어머니 같은(materno)

amor [cariño] *maternal* 모성애
instinto *maternal* 모성 본능

maternidad
마떼르니닫
여 모성(母性); 산원(産院)

materno, na
마떼르노, 나
형 어머니의, 어머니 같은(maternal); 모계(母系)의
abuela *materna* 외할머니
abuelo *materno* 외할아버지
amor *materno* 모정(母情), 모성애
leche *materna* 모유(母乳)

matinal
마띠날
형 아침의

matiz
마띠스
남 색조, 색의 배합; 농담(濃淡); 뉘앙스; (표현 등의) 미묘한 느낌

matrícula
마뜨리꿀라
여 등록부, 명부; 등록; 입학 수속; 등록자 수; (차의) 번호(판)
matrícula de estudiantes 학적부
matrícula de honor
수업료 면제 우등상; [평점] 수(秀)
matrícula gratuita 수업료 면제

matriculación
마뜨리꿀라시온
여 등록; 입학 수속

matricular
마끄리꿀라르
타 등록하다, 명부에 게재하다
matricular el coche 차를 등록하다
matricularse 등록하다; 입학 수속을 하다

matrimonial
마뜨리모니알
형 결혼의
vida *matrimonial* 결혼 생활

matrimonio
마뜨리모니오
남 결혼, 혼인; 결혼식(bodas); 부부
partida de *matrimonio* 결혼 증명서
petición de *matrimonio* 구혼(求婚)
dar palabra de *matrimonio*
결혼 약속을 하다
llevar vida de *matrimonio*
결혼 생활을 보내다[하다]
pedir a *uno* en *matrimonio*
...에게 프로포즈를 하다

matriz
마뜨리스
여 [해부] 자궁; 모태(母胎); 본사
복 matrices

matute
마뚜떼
남 밀수입(품)

matutear
마뚜떼아르
타 입수입하다

matutino, na
마뚜띠노, 나
형 아침의
남 조간(朝刊)(periódico *matutino*)

maullar
마우야르
자 (고양이가) 야옹하고 울다

maullido
마우이도
남 (고양이의) 우는 소리

maxilar
막실라르
형 [해부] 턱의
남 턱뼈(hueso maxilar)

máxima
막시마
여 격언, 금언(金言)

máximo, ma
막시모, 마
형 (양이나 정도가) 최대의, 최고의
temperatura *máxima* 최고 기온
남 최대(한), 최고(점), 극한

máximum
막시뭄
남 =**máximo**

maya
마야
형 [역사] 마야(인·어)의
남 여 마야인(人)
남 마야어(語); 마야족(族)

mayo
마요
남 5월
el 5 de *mayo* de 2004
2004년 5월 5일

mayonesa
마요네사
여 [요리] 마요네즈 (소스)
salsa *mayonesa* 마요네즈 소스

mayor
마요르
형 [grande의 비교급; 반 **menor**]
① [+que] (…보다) 더 큰 ((형상의 크기를 비교할 때는 주로 más grande))
Esta isla es *mayor* [más grande] *que* la de allá. 이 섬이 저쪽 섬보다 크다
② [정관사+mayor = 최상급] [+de] …에서 가장 …
Es el *mayor* dinamo del Oriente.

그것은 동양에서 가장 큰 발전기다.
③ 연상(年上)의
Mi madre es *mayor* que mi padre.
내 어머니는 아버지보다 연상이시다.
④ 성인(成人)의, 어른의; 연로한
Ella ya es *mayor* de edad.
그녀는 이제 성인이다.
남 여 연장자, 선배; 어른, 성인
남 (조직의) 장(長), 주임; (영국 등의 육군) 소령
여 [논리] (삼단 논법의) 대명사(大名辭); 대전제(大前提)
al por mayor
[상업] 도매의[로]; 대량의[으로]
venta al por *mayor* 도매(都賣)
la mayor parte de ... 대부분의 ...
La *mayor parte de* gente sale de vacaciones en agosto.
대부분의 사람들 8월에 바캉스로 떠난다.

mayoral
마요랄
남 우두머리 목동; (농장의) 감독; [투우] 사육장의 감시인; 현장 주임

mayoría
마요리아
여 대부분, 태반; (투표에 의한) 과반수; 다수파
la *mayoría* del pueblo 마을의 대부분
la *mayoría* de los habitantes
주민의 대부분
obtener la *mayoría* 과반수를 얻다

mayorista
마요리스따
형 도매의
남 여 도매업자

mayoritario, ria
마요리따리오, 리아
형 다수파의
partido *mayoritario* 다수당
남 여 다수파의 사람

mayormente
마요르멘떼
부 특히
Conozco bien Cuba, *mayormente* La Habana.
나는 꾸바를 잘 안다. 특히 (라) 아바나는.

mayúscula
마유스꿀라
여 대문자 (반) minúscula)

maza
마사
여 (무기로) 곤봉; [주로 복] (신체조용의) 곤봉; 큰 메; (큰북의) 채, 북채

mazo
마소
남 큰 메; (큰북의) 채, 북채

mazorca
마소르까
여 옥수수의 이삭; 카카오 콩

me
메
대 [인칭 대명사 1인칭 단수] [직접 목적어] 나를; [간접 목적어] 나에게; [재귀 대명사] 나 자신
Espérame. 나를 기다려라.
Ella me dio un libro.
그녀는 나에게 책 한 권을 주었다.
Me levanto a las cinco y media.
나는 다섯 시 반에 일어난다.

Meca (la)
메까 (라)
여 [지명] 메카 ((이슬람교도의 성지))

mecánicamente
메까니까멘떼
부 기계적으로

mecánico, ca
메까니꼬, 까
형 기계의; 기계에 의한; 역학의, 역학적인; 기계적인, 무의식적인
남 여 (기계의) 수리공; (자동차의) 정비사, 정비공
여 역학(力學)

mecanismo
메까니스모
남 장치; 구조, 기구; [음악] 기교, 테크닉
mecanismo de disparo 발사 장치

mecanización
메까니사시온
여 기계화

mecanizar
메까니사르
타 기계화하다; [군사] 기갑화하다

mecanografía
메까노그라피아
여 타자 기술

mecanografiar
메까노그라피아르
타 타자기로 치다

mecanográfico, ca
메까노그라피꼬, 까
형 타자기의

mecanógrafo, fa
메까노그라포, 파
남 여 타자수, 타이피스트

mediano, na

mecedor, ra
메세도르, 라
- 형 흔드는; 휘저어 섞는
- 남 (포도주 통의) 교반봉
- 여 (攪拌棒) 흔들의자

mecer
메세르
- 타 흔들다; 휘저어 섞다
- *mecerse* 흔들리다; (바람에) 흔들거리다

mecha
메차
- 여 (초·램프의) 심지; 도화선, 신관

mechero
메체로
- 남 (휴대용) 라이터; 버너
- *mechero de gas* 가스 라이터

medalla
메다야
- 여 메달, 상패; 훈장
- *medalla de oro [plata · bronce]* 금[은·동]메달
- 남 여 메달 수상자

medallero
메다예로
- 남 메달 획득수(의 표)

medallista
메다이스따
- 남 여 메달 제작자; 메달 수상자; 메달리스트

media
메디아
- 여 [주로 복] 스타킹, 긴양말; 메리야스 편물; (...시) 30분; [수학] 평균(promedio); [운동] 하프백
- *Son las diez y media.* 10시 30분이다.

mediación
메디아시온
- 여 중재, 조정, 주선

mediador, ra
메디아도르, 라
- 남 여 중재자; 조정자

mediana
메디아나
- 여 (도로의) 중앙 분리대

medianero, ra
메디아네로, 라
- 남 여 중재자

medianil
메디아닐
- 남 (도로의) 중앙 분리대

mediano, na
메디아노, 나
- 형 중간쯤의; 중간의; 좋지도 나쁘지도 않은; 범용(凡庸)한
- *coche de medida mediana* 중형차

medianoche
메디아노체
여 한밤중, 심야(深夜); 오전 영시
(반) mediodía)

mediante
메디안떼
전 ...을 통해서, ...에 의해
여 [음악] 중음(中音)

mediar
메디아르
자 절반이 되다; 개입하다; 일어나다, 발생하다; 시간이 경과하다

medicable
메디까블레
형 (병이) 치료 가능한

medicación
메디까시온
여 의료 행위; 투약; 의약품

medicamento
메디까멘또
남 약제(藥劑), 의약(medicina)

medicar
메디까르
타 ...에게 약을 먹이다, 투약하다

medicastro
메디까스뜨로
남 돌팔이 의사

medicina
메디시나
여 의학; 의료; 약, 약품
medicina deportiva 스포츠 의학
medicina legal 법의학
medicina contra la gripe 감기약
medicina para el estómago 위장약
doctor en *medicina* 의학 박사
estudiante de *medicina* 의과 학생
estudiar *medicina* 의학을 공부하다
tomar *medicina* 약을 먹다[마시다]

medicinal
메디시날
형 약용의; 의료용의
planta *medicinal* 약용 식물

medición
메디시온
여 측정

médico, ca
메디꼬, 까
형 의학의; 의료의
cuidados *médicos* 치료
reconocimiento [examen] *médico* 건강 진단
남 여 의사
médico consultor 입회 의사

médico general 일반의, 내과의
médico militar 군의(軍醫)
ir al *médico* 의사에게 가다, 병원에 가다
llamar al *médico* 의사를 부르다

medida
메디다

여 크기, 치수, 척도, 길이; 측정, 계량; [주로 복] 조치, 대책; 절도
medida de un traje 옷의 치수
medida de seguridad 안전 조치
tomar las *medidas* necesarias
필요한 조치를 취하다

medidor, ra
메디도르, 라

형 계량용의
남 측량기; 계량기; ((중남미)) (수도·전기 등의) 미터기(contador)

medieval
메디에발

형 중세(풍)의
historia *medieval* 중세사(中世史)

medievo
메디에보

남 중세(中世)(Edad Media)

medio¹
메디오

남 한가운데, 중간; [주로 복] 수단, 방책; 환경; 반, 이분의 일; 반 킬로그램; 복 자산; 가운뎃손가락; [권투] 미들급(peso medio)
medio ambiente
(자연) 환경
medios de comunicación
미디어, 정보 전달 매체[수단]
Déme *medio* de queso.
치즈 500그램 주세요.
((참고)) Déme *medio* queso.
치즈 반 주세요.

medio²
메디오

부 반은, 절반은
estar *medio* borracho
조금 취해 있다

medio³, dia
메디오, 디아

형 반의; 중간의; 평균의
media docena 반타, 6개
medio litro de leche 우유 반 리터
medio tiempo [운동] 하프 타임

estatura *media* 평균 신장
línea *media* 중간선; [운동] 하프라인
tamaño *medio* 중간 크기[사이즈]
Media botella de vino, por favor.
포도주 반 병 부탁합니다.
Quiero kilo y *medio* de uvas.
포도 1킬로 반 주세요.
남 여 [운동] 하프(백)

medioambiental
메디오암비엔딸
형 환경의
deterioro *medioambiental* 환경 파괴

medioambiente
메디오암비엔떼
남 자연 환경, 환경(medio ambiente)

mediocampista
메디오깜삐스따
남 여 [운동] 미드필드 선수

mediocampo
메디오깜뽀
남 [운동] 미드필드

mediocre
메디오끄레
형 범용(凡庸)한; 주변머리 없는; 중간 정도의, 중간의(mediano)

mediocridad
메디오끄리닫
여 범용(凡庸)

mediodía
메디오디아
남 정오 (반 medianoche)
a(l) *mediodía* 정오에, 점심 때에
antes del *mediodía* 정오 전에
Es el *mediodía*. 정오다.

medioeval
메디오에발
형 =**medieval**

medioevo
메디오에보
남 =**medievo**

medir
메디르
타 재다, 측정하다
medir la temperatura 온도를 재다
medir la inteligencia 지능을 재다
medir un terreno 토지를 측량하다
medir una habitación 방을 재다
medirse 절도를 지키다
medirse con uno

...와 힘을 겨루다; 자웅을 겨루다
직·현재: m*i*do, m*i*des, m*i*de, medimos, medís, m*i*den
직·부정 과거: medí, mediste, m*i*dió, medimos, medisteis, m*i*den
접·현재: m*i*da, m*i*das, m*i*da, m*i*damos, m*i*dáis, m*i*dan
현재 분사: m*i*diendo

meditación
메디따시온
여 명상, 묵상

meditar
메디따르
자 사색에 잠기다, 명상하다
타 ...에 대해 숙고하다

meditativo, va
메디따띠보, 바
형 사색[명상]에 잠기는

meditarráneo, a
메디따르라네오, 아
형 지중해(Mar Meditarráneo)(연안)의

médium
메디움
남 단 복 영매(靈媒)

medrar
메드라르
자 성장하다, 번영하다, 출세하다

medula
메둘라
여 =**médula**

médula
메둘라
여 [해부] 골수, 척수, 등골; 진수, 본질
médula ósea 골수(骨髓)

megabyte
메가바이트
남 [컴퓨터] 메가바이트

megaciclo
메가시끌로
남 [물리] 메가사이클

megafonía
메가포니아
여 음향 기술; 음향 장치

megáfono
메가포노
남 확성기, 메가폰

megatón
메가똔
남 메가톤

megavatio
메가바띠오
남 [전기] 메가와트

megavoltio
메가볼띠오
남 [전기] 메가볼트

mejicano, na
메히까노, 나
형 남 여 =mexicano

Méjico
메히꼬
남 [국명] =México

mejilla
메히야
여 볼, 뺨
besar en la *mejilla*
볼에 입맞추다

mejor
메호르
형 [bueno의 비교급; 반 peor] 더 좋은
mejor que A A보다 더 좋은
Hoy hace *mejor* tiempo *que* ayer.
오늘은 어제보다 날씨가 더 좋다.
정관사 + *mejor* + 명사 + *de*
...에서 가장 좋은 ...
Ella es *la mejor* alumna *de* la clase.
그녀는 반에서 가장 훌륭한 학생이다.
부 [bien의 비교급; 반 peor] 더 잘
Ella trabaja *mejor que* nadie.
그녀는 어느 누구보다 더 잘 일한다.

mejora
메호라
여 개량, 개선; 개수(改修), 수선

mejorable
메호라블레
형 개량[개선]할 수 있는

mejoramiento
메호라미엔또
남 개량, 개선; 회복

mejorar
메호라르
타 더 좋게 하다, 개량[개선]하다
mejorar el campo 농지를 개량하다
mejorar el camino 도로를 좋게 하다
mejorar la salud 건강을 증진하다
자 /*mejorarse* (병세·날씨 등이) 좋아지다
Se ha mejorado el día.
날씨가 좋아졌다.
Que *se mejore* pronto.
빨리 회복되시길 빕니다.

mejoría 메호리아	여 (건강·날씨의) 회복; (조건 등의) 개선(改善)
melancolía 멜랑꼴리아	여 우울, 우수(憂愁); [의학] 울증
melancólico, ca 멜란꼴리꼬, 까	형 우울한, 울적한; [의학] 울증의 남여 울증 환자
melcocha 멜꼬차	여 엿과자; ((구아떼말라)) 엿
mellizo, za 메이소, 사	형남여 쌍둥이(의)(gemelo) Nacieron *mellizos*. 쌍둥이가 태어났다.
melocotón 멜로꼬똔	남 [과실] 복숭아
melocotonar 멜로꼬또나르	남 복숭아 밭
melocotonero 멜로꼬또네로	남 [식물] 복숭아나무
melodía 멜로디아	여 [음악] 멜로디, 선율; (쾌활한) 가락 dulce *melodía* del canto 감미로운 노랫가락
melódico, ca 멜로디꼬, 까	형 선율의, 선율적인
melodioso, sa 멜로디오소, 사	형 아름다운 가락의; 음악적인 voz *melodiosa* 아름다운 목소리
melodrama 멜로드라마	남 멜로드라마
melón 멜론	남 [식물·과실] 멜론, 참외 *melón* de agua 수박(sandía)
melonar 멜로나르	남 참외 밭, 멜론 밭
melonero, ra 멜로네로, 라	남여 참외 장수; 참외 재배가
meloso, sa 멜로소, 사	형 달콤한; 꿀맛이 나는; 부드러운

membrana
멤브라나
여 [생물] 막(膜); (얇은) 막, 판(板)
membrana celular 세포막
membrana mucosa 점막(粘膜)

memorable
메모라블레
형 기억할 수 있는, 잊기 어려운

memorándum
메모란둠
남 [외교] 각서; [상업] 주문서; 메모, 메모장

memoria
메모리아
여 기억, 추억; 기억력; 기념 재단; 보고서; 연구 보고, 논문(tesis); 회상록, 수기(手記); [컴퓨터] 기억 장치, 메모리
memoria interna [externa]
[컴퓨터] 내부[외부] 기억 장치
tener buena *memoria*
기억력이 좋다
tener mala *memoria*
기억력이 나쁘다
No tengo *memoria* del accidente.
나는 사고에 대한 기억이 안 난다.
aprender de memoria
암기하다, 외우다

memorial
메모리알
남 청원서; 메모장, 비망록; 기념 행사

mención
멘시온
여 언급; 기재
hacer *mención* de
...에 대해 언급하다

mencionar
멘시오나르
타 언급하다; 기재하다

mendigar
멘디가르
타 구걸하다, 동냥하다

mendigo, ga
멘디고, 가
남 여 거지

menester
메네스떼르
남 필요성; [주로 복] 일, 직; 활동; 복 도구, 용구; 생리적 욕구
haber (de) menester de
...을 필요로 하다
ser menester + 동사 원형 · *que* + 접속법

...하는 것이 필요하다
No *es menester que* nos reunamos mañana.
우리가 내일 모이는 것은 필요없다.

menguar
멩구아르

자 감소되다, 줄어들다; (달이) 이지러지다
타 감소하다, 줄이다, 축소하다

menopausia
메노빠우시아

여 [의학] 폐경(閉經), 갱년기

menopáusico, ca
메노빠우시꼬, 까

형 갱년기의

menor
메노르

형 [pequeño의 비교급; 반 mayor] [+que] (...보다) 더 작은; 연하의, 나이가 더 어린; 미성년의; 중요하지 않은; [음악] 단조(短調)의
Mi habitación es *menor* en espacio *que* la tuya.
내 방은 네 방보다 좁다.
Ella es *menor que* yo.
그녀는 나보다 나이가 적다.
남 여 연하; 미성년자
al por menor 소매로[의]
precio *al por menor* 소매가
vender *al por menor* 소매로 팔다
por menor 상세히
informar *por menor* de
...에 대해서 상세히 보고하다

menos
메노스

부 [poco의 비교급; 반 más]
① 보다 적게
Este año llueve *menos*.
금년에는 비가 적게 내린다.
② [전치사적] ...이외, ...을 제외하고
Han llegado todos *menos* José.
호세를 제외하고 모두 왔다.
③ [시각] ...분 전(分前)
Son las nueve *menos* diez.
아홉 시 십 분 전이다.
④ [열등 최상급] 가장 적게

Ella es la que trabaja *menos*.
그녀가 제일 적게 일한다.
형 보다[더] 적은
menos comida 더 적은 식사
대 소수(少數)
남 [수학] 마이너스 (기호)
menos de ...이하
a *menos de* cien euros
백 유로 이하로
menos que ...보다 적게
Yo sé *menos que* tú.
내가 너보다 더 모른다.
Esta flor es *menos* hermosa *que* aquélla.
이 꽃이 저 꽃보다 덜 아름답다.
echar de menos
...가 없는 것을 서운하게 생각하다, 아쉬워하다.
Echo de menos a mi familia.
나는 가족을 만나고 싶다.

menospreciar
메노스쁘레시아르
타 경시하다, 업신여기다; 경멸하다

menosprecio
메노스쁘레시오
남 경시, 과소 평가; 경멸

mensaje
멘사헤
남 메시지; 전언, 전갈; [컴퓨터] 메시지

mensajero, ra
멘사헤로, 라
남 여 심부름꾼; 사신(使臣)

menstruación
멘스뜨루아시온
여 [의학] 월경 (주기); 월경 출혈, 월경 분비물

menstrual
멘스뜨루알
형 월경의
dolores *menstruales* 월경통

menstruo
멘스뜨루오
남 =**menstruación**

mensual
멘수알
형 월 1회의, 매월의, 달마다의; 1개월의
mil dólares *mensuales* 월 천 달러
gastos *mensuales* 한 달 경비

mensualidad 여 월급; 매월 지불금, 월부금
멘수알리닫 *mensualidad* del alquiler 집세

mensualmente 부 달마다, 매월
멘수알멘떼

menta 여 [식물] 박하
멘따

mental 형 정신의; 지적 능력의; 암산의
멘딸 edad *mental* 정신 연령
enfermedad *mental* 마음의 병
fuerza *mental* 정신력

mentalidad 여 사고 방식, 정신 상태, 기질
멘딸리닫 *mentalidad* exportadora
[경제] 수출 마인드

mentalmente 부 정신적으로; 마음속으로
멘딸멘떼

mente 여 두뇌, 지성, 정신; 생각; 의도; 사고 방식
멘떼

-mente ((접미사)) [형용사에 붙여 부사화]
멘떼 heromsa*mente* ← hermoso

mentir 자 거짓말을 하다, 속이다
멘띠르 Ella siempre me *miente*.
그녀는 늘 나한테 거짓말을 한다.
타 (약속을) 어기다
Ella *mintió* su promesa.
그녀는 약속을 어겼다.
직·현재: m*ie*nto, m*ie*ntes, m*ie*nte, mentimos, mentís, m*ie*nten
직·부정 과거: mentí, mentiste, m*i*ntió, mentimos, mentisteis, m*i*ntieron
접·현재: m*ie*nta, m*ie*ntas, m*ie*nta, m*i*ntamos, m*i*ntáis, m*ie*ntan
현재 분사: m*i*ntiendo

mentira 여 거짓말
멘띠라 decir *mentiras* 거짓말을 하다

mentiroso, sa
멘띠로소, 사
- 형 거짓말을 잘하는
- 남 여 거짓말쟁이

mentol
멘똘
- 남 [화학] 박하뇌

menú
메누
- 남 (식당의) 메뉴; 식단; [컴퓨터] 메뉴
- *menú* del día
  (날마다 바뀌는 메뉴의) 정식, 오늘의 메뉴
- El *menú*, por favor.
  메뉴를 보여 주십시오.

menudamente
메누다멘떼
- 부 자세하게, 상세하게

menudo, da
메누도, 다
- 형 극히 작은, 미소(微小)한; 대수롭지 않은; (세부까지) 정확하지 않은
- lluvia *menuda* 이슬비
- 남 잔돈(suelto)
- *a menudo* 자주, 여러 번, 누차, 종종
- Voy muy *a menudo* al cine.
  나는 늘 영화를 보러 간다.

meñique
메니이께
- 남 새끼손가락(dedo meñique)

meramente
메라멘떼
- 부 단순히

mercadeo
메르까데오
- 남 마케팅

mercader, ra
메르까데르, 라
- 남 여 [고어] 상인(comerciante)

mercadería
메르까데리아
- 여 상품(商品)(mercancía)

mercadillo
메르까디요
- 남 벼룩 시장, 고물 시장, 노천 시장

mercado
메르까도
- 남 시장, 장; 매매(賣買), 시황(市況), 시장 경기
- *mercado* de capital(es) 자본 시장
- *mercado* de trabajo 노동 시장
- *mercado* de valores 증권 시장
- *mercado* laboral 노동 시장

mercado libre 자유 시장
mercado monetario 금융 시장
mercado secundario
(증권의) 유통[제2] 시장
investigación de *mercados*
시장 조사
salir al *mercado* 시장에 나돌다

mercadotecnia
메르까도뗴끄니아
여 시장 조사, 마케팅

mercadotécnico, ca
메르까도떼끄니꼬, 까
형 시장 조사의, 마케팅의

mercancía
메르깐시아
여 [때때로 복] 상품
남 복 화물 열차(tren de *mercancías*)

mercante
메르깐떼
형 해운(海運)의
남 상선(商船), 화물선

mercantil
메르깐띨
형 상업의
derecho *mercantil* 상법(商法)

merced
메르셑
여 후의(厚意), 은혜; [고어] 감사합니다 (gracias)
merced a ...의 덕분에(gracias a)
vuestra [su · vuesa] merced
[고어] 귀하, 당신(usted)

mercería
메르세리아
여 수예[봉제] 재료점; 방물점

mercero, ra
메르세로, 라
남여 수예 재료상, 방물상

mercurio
메르꾸리오
남 [화학] 수은(水銀)

Mercurio
메르꾸리오
남 [신화] 머큐리; [천문] 수성

merecedor, ra
메레세도르, 라
형 공적이 있는; 칭찬[표창]할 만한; [+de] (...할) 가치가 있는

merecer
메레세르
타 **...할 가치가 있다**, 당연히 ...을 받을 만하다; 획득하다; 자신의 진가를 발휘하다
merecer respeto de nuestra parte

(우리의) 존경을 받을 만하다
merecer ser considerado mejor
더 잘 평가받을 만하다

merendar
메렌다르
㉂ 도시락(merienda)을 먹다
㉱ 도시락으로 …을 먹다
Los chicos *meriendan* pan.
아이들은 도시락으로 빵을 먹는다.

merendero
메렌데로
㊚ (관광지 등에 있는) 휴게소, 찻집

merengue
메렝게
㊚ 메렝게 ((카리브해·베네수엘라 등의 민속 무용))

meridiano, na
메리디아노, 나
㊛ 정오의
a la hora *meridiana*
정오에, 한낮에, 대낮에, 백주에
㊚ [천문] 자오선, 경선(經線)

meridional
메리디오날
㊛ 남(南)(쪽)의 (㊥ septentrional)
㊚㊛ 남부 사람

merienda
메리엔다
㊛ (오후의) 도시락, 간식; (소풍 등의) 도시락

mérito
메리또
㊚ 칭찬할 가치가 있는 점, 가치; 공적, 공훈; 공로장, 훈장; 공덕(功德)

meritocracia
메리또끄라시아
㊛ 능력주의 (사회)

meritorio, ria
메리또리오, 리아
㊛ 칭찬할 만한 (가치가 있는)
servicio *meritorio* 공로(功勞)

merluza
메를루사
㊛ [어류] 메를루사 ((대구의 일종))

mermelada
메르멜라다
㊛ 마멀레이드 ((오렌지·레몬의 껍질로 만든 잼))

mero, ra
메로, 라
㊛ 단순한; 바로 그(mismo)
mera casualidad 단순한 우연
mera verdad 진실 바로 그것

mes
메스
㊚ 달, 1개월; 월급; 월경(月經)
en el *mes* de mayo 5월(달)에
este *mes* 이달, 금월

el *mes* pasado
지난달

el *mes* que viene, el *mes* próximo
다음 달

¿En qué *mes* empieza el otoño?
가을은 몇 월에 시작합니까?

Un año tiene doce *meses*.
1년은 열두 달이다.

(참고) enero 1월, febrero 2월, marzo 3월, abril 4월, mayo 5월, junio 6월, julio 7월, agosto 8월, septiembre 9월, octubre 10월, noviembre 11월, diciembre 12월

mesa
메사

여 테이블, 식탁, 책상, 사무용 책상; 대(臺); 식사, 요리; 집행부, 사무국; (현악기의) 공명판
de mesa 탁상용의; 식탁용의
calendario *de mesa* 탁상용 달력
vino *de mesa* 식탁용 포도주
alzar la mesa =quitar la mesa
levantar la mesa =quitar la mesa
levantarse de la mesa 식탁에서 일어나다
poner la mesa =preparar mesa
preparar mesa
상을 차리다, 식탁 준비를 하다; 식기를 놓다
quitar la mesa 식탁을 치우다
sentarse a la mesa 식탁에 앉다
servir (a) la mesa 식사 시중을 들다

meseta
메세따

여 고원(高原), 대지(臺地); (계단의) 층계참, 계단참(descansillo)

mesetario, ria
메세따리오, 리아

형 고원(meseta)의
ciudad *mesetaria* 고원 도시

mesías
메시아스

남 [유대교] 구세주, 메시아

Mesías (El)
메시아스 (엘)

남 예수 그리스도

mesilla 메시야	여 (침대 옆에 놓는) 침실용 작은 탁자, 나이트 테이블; 층계참
mesón 메손	남 (고풍스러운) 선술집, 목로 주점, 대폿집; 요리집; [물리] 중간자
mesonero, ra 메소네로, 라	남여 mesón의 주인; ((남미)) 종업원
mestizo, za 메스띠소	형 (백인과 인디오 간의) 혼혈의; [생물] 교배의, 잡종의 남여 메스띠소 ((백인 남자와 인디오 여인, 인디오 여인과 백인 남자 사이에 태어난 사람))
meta 메따	여 (경주·구기에서) 골, 결승점; [야구] 본루; 목적, 목표 área de *meta* 골 에어리어 línea de *meta* 골 라인 남 ((스페인)) 골키퍼
metabolismo 메따볼리스모	남 [생리] (물질) 대사, 신진 대사
metafísico, ca 메따피시꼬, 까	형 형이상학적인; 추상적인 남여 형이상학자 여 형이상학
metal 메딸	남 금속; 금속음; [음악] 금관 악기; 놋쇠
metálico, ca 메딸리꼬, 까	형 금속(성)의; 금속질의
metalurgia 메딸루르히아	여 야금(冶金); 금속 공업; 야금학
metalúrgico, ca 메딸루르히꼬, 까	형 야금의 남여 야금공(冶金工)
metano 메따노	남 [화학] 메탄 (가스)
meteorito 메떼오리또	남 [천문] 운석(隕石)
meteorología 메떼오롤로히아	여 기상학; 일기 예보

meteorológico, ca 형 기상(학)의, 대기 현상의
메떼오롤로히꼬, 까
informe [boletín] *meteorológico*
기상 통보
mapa *meteorológico* 기상도
observación *meteorológica* 기상 관측

meteorólogo, ga 남 여 기상 학자; (일기) 예보관
메떼오롤로고, 가

meter 타 넣다 (반 sacar); 삽입하다; 끌어 넣다,
메떼르 끌어들이다; 밀수입하다; 야기시키다; (소문 등
을) 내다, 일으키다
meter las medias en el cajón
서랍에 스타킹을 넣다
meter el coche en el garaje
차고에 차를 넣다
meter un millón de wones en el
banco 은행에 백만 원을 예금하다
meterse
(자신의 …을) 넣다; 들어가다; 개입하다; (직
업·신분이) …이 되다; (마약을) 복용하다
meterse la mano en el bolsillo
호주머니에 손을 넣다
meterse dentro del coche
자동차에 올라타다
Se me *ha metido* una china en el
zapato. 신발 속에 돌이 들어갔다.

metódico, ca 형 체계적인; 질서 있는; 일정한 방법에 따른
메또디꼬, 까
trabajo *metódico* 체계적인 일

método 남 (체계적인) 방법, 방식; 수순(手順)
메또도
método de enseñanza anticuado
시대에 뒤떨어진 교수법
método de lectura 독서법
método de trabajo 작업 수순

metraje 남 (영화의) 길이
메뜨라헤
corto *metraje* 단편 영화
largo *metraje* 장편 영화

metralleta
메뜨라예따
여 경기관총, 자동 소총

métrica
메뜨리까
여 운율론(韻律論); 시법(詩法)

métrico, ca
메뜨리꼬, 까
형 미터(법)의; 운율(韻律)의
sistema *métrico* 미터법

metritis
메뜨리띠스
여 [의학] 자궁근층염(子宮筋層炎)

metro
메뜨로
남 (길이의 단위) 미터; 미터자; [시법] 운율, 격조; 지하철, 지하 철도, 고가 철도 ((metropolitano의 생략형))
por *metros* 미터 단위로
metro cuadrado 평방 미터
metro cúbico 세제곱미터
1,70 [un *metro* setenta] de altura
키 1미터 70센티미터
boca [entrada] de *metro* 지하철 입구
estación de *metro* 지하철역
ir en *metro* 지하철로 가다
tomar el *metro* 지하철을 타다
La parada está a cien *metros* de aquí. 정류소는 여기서 백 미터 거리에 있다.

metrópoli
메뜨로뽈리
여 대도시, 주요 도시; 수도(capital); (식민지에 대해) 본국, 내지(內地)

metropolitano, na
메뜨로뽈리따노, 나
형 대도시의, 수도의; 본국의
área *metropolitana*
수도권, 대도시권

metrópolis
메뜨로뽈리스
여 단 복 =**metrópoli**

metrorragia
메뜨로르라히아
여 [의학] 자궁 출혈

mexicanismo
메히까니스모
남 멕시코 특유의 표현[말]

mexicano, na
메히까노, 나
형 멕시코(México, Méjico)(인)의
남 여 멕시코 사람

México
메히꼬
남 [국명] 멕시코 ((정식 명칭은 Estados Unidos de *México* ((멕시코 합중국))

mezcla
메스끌라
여 혼합(물); [주로 복] (녹음 재생에 있어서 음성과 음악 등의) 혼성; [섬유] 교직(交織)

mezclador, ra
메스끌라도르, 라
형 [방송] (음성과 음악 등을) 혼성하는
남여 [방송] 녹음 기사

mezclar
메스끌라르
타 섞다, 혼합하다
mezclar dos licores
두 가지 술을 섞다
mezclar vino con agua
포도주를 물로 타다
mezclarse 섞이다, 뒤섞이다
No *se mezclan* el agua y el aceite.
물과 기름은 섞이지 않는다.

mezquino, na
메스끼노, 나
형 인색한, 다라운, 쩨쩨한; 도량이 좁은, 협량한; 비속한; 불충분한
남여 구두쇠, 노랑이, 인색한 사람
남 사마귀(verruga)

mezquita
메스끼따
여 이슬람교 사원, 모스크

mezzo-soprano
메소소쁘라노
여 [음악] 메조소프라노

mi¹
미
형 [소유 형용사 1인칭 단수 단축형] 나의
mi diccionario 내 사전
mi mujer 내 아내
mis padres 내 부모님
mis compañeros de clase 내 급우들

mi²
미
남 [음악] (음계의) 미, 마 음(音)

mí
미
대 [전치사격 인칭 대명사 1인칭 단수; con+mí는 conmigo가 된다]
No hables mal de *mí*.
나를 욕하지 마라.
Lo he hecho para *mí*.
나는 내 자신을 위해 그 일을 했다.
A *mí* me gusta la múica latina.

나는 라틴 음악을 좋아한다.

mialgia
미알히아
여 [의학] 근육통(筋肉痛)

miau
미아우
감 야옹! ((고양이 우는 소리))

mica
미까
여 [광물] 운모(雲母)

micción
믹시온
여 [의학] 배뇨(排尿)

mico, ca
미꼬, 까
남 여 [동물] 긴꼬리원숭이

micología
미꼴로히아
여 균학(菌學)

micólogo, ga
미꼴로고, 가
남 여 균학자(菌學者)

micosis
미꼬시스
여 단 복 [의학] 균증(菌症)

micro
미끄로
남 마이크로폰 ((micrófono의 생략어)); 마이크로버스 ((microbús의 생략어)); 마이크로 컴퓨터 ((microordenador의 생략어)); ((아르헨티나)) 장거리 버스(autocar); ((칠레)) 버스(autobús)

micro-
미끄로
((접두사)) [작은 · 소] *microscopio* 현미경 *micro*ordenador 마이크로 컴퓨터

microbiano, na
미끄로비아노, 나
형 미생물의, 세균의

microbio
미끄로비오
남 미생물, 병원균; 세균

microbiología
미끄로비올로히아
여 미생물학

microbiológico, ca
미끄로비올로히꼬, 까
형 미생물학의

microbiólogo, ga
미끄로비올로고, 가
남 여 세균 학자, 미생물 학자

microbús
미끄로부스
남 마이크로 버스

microbusero, ra 　남｜여 ((칠레)) 버스 기사
미끄로부세로, 라

microchip 　남 마이크로칩
미끄로칩

microcopia 　여 축소 사진, 마이크로 카피
미끄로꼬삐아

microcosmos 　남 소우주
미끄로꼬스모스

microeconomía 　여 미시 경제
미끄로에꼬노미아

microeconómico, ca
미끄로에꼬노미꼬, 까 　형 미시 경제의, 미시 경제학의

microficha 　여 마이크로 필름 카드
미끄로피차

microfilmación 　여 마이크로 필름 촬영
미끄로필마시온

microfilmar 　타 마이크로 필름에 찍다
미끄로필마르

microfilme 　남 마이크로 필름
미끄로필메

micrófono 　남 마이크로폰
미끄로포노

microfotografía 　여 마이크로 사진, 현미경 사진
미끄로포또그라피아

microordenador 　남 마이크로 컴퓨터
미끄로오르데나도르

microorganismo 　남 미생물(microbio)
미끄로오르가니스모

microprocesador 　남 [컴퓨터] 마이크로 프로세서
미끄로쁘로세사도르

microprograma 　남 [컴퓨터] 마이크로 프로그램
미끄로쁘로그라마

microprogramación
미끄로쁘로그라마시온 　여 [컴퓨터] 마이크로 프로그래밍

microscopía 　여 현미경 사용(법); 현미경 검사
미끄로스꼬삐아

microscópico, ca
미끄로스꼬삐꼬, 까
형 현미경의, 현미경에 의한; 극히 작은
observación *microscópica*
현미경 관찰

microscopio
미끄로스꼬삐오
남 현미경
microscopio electrónico 전자 현미경
examinar a *microscopio*
현미경으로 관찰하다

microsurco
미끄로수르꼬
남 엘피(LP) 레코드

miedo
미에도
남 공포, 무서움, 두려움; 걱정, 근심
película de *miedo* 공포 영화
tener *miedo* a la oscuridad
어두움을 두려워하다
no tener *miedo* de morirse
죽음이 두렵지 않다

miedoso, sa
미에도소, 사
형 무서워하는, 두려워하는

miel
미엘
여 벌꿀, 꿀
miel de caña 당밀(糖蜜)
miel virgen 자연(으로 흘러나온) 꿀
dulce como la *miel* 꿀처럼 단
No hay miel sin hiel.
(속담) 고생 없는 낙(樂)은 없다.

mielitis
미엘리띠스
여 단 복 [의학] 척수염(脊髓炎)

mieloma
미엘로마
여 [의학] 골수종(骨髓腫)

miembro
미엠브로
남 (전체의) 일원, 회원; 팔다리, 수족; 음경
(*miembro* viril); (전체의) 일부
país *miembro* 회원국, 가맹국
cuatro *miembros* 사지(四肢)
todos los *miembros* de la familia
가족 전원[전체]

miente
미엔떼
여 [주로 복] 사고(思考)(pensamiento)

mientras
미엔뜨라스

접 …하는 동안
Mientras estudio, no veo la televisión.
나는 공부하는 동안 TV를 보지 않는다.
부 [때때로 + tanto] 그 사이, 그 동안
Voy a traer el agua, *mientras tanto*, tú enciendes el fuego.
나는 물을 길르러 가겠으니 그 동안 너는 불을 지펴라.

miércoles
미에르꼴레스

남 단 복 수요일
(todos) los *miércoles* 매주 수요일

mierda
미에르다

여 똥; (옷 등의) 때; 대마(大麻)

migaja
미가하

여 (빵·과자 등의) 부스러기; 하찮은 물건; 여분, 나머지; 소량(少量)

migración
미그라시온

여 (민족 등의) 이동, 이주; (새·어류 등의) 이동, 회유(回遊)
migración de la población 인구 이동

migratorio, ria
미그라또리오, 리아

형 이동의, 이주의
ave *migratoria* 철새, 후조(候鳥)
movimiento *migratorio* de aves
조류의 이동

mijo
미호

남 [식물] 수수; 수수 종자

mil
밀

형 1,000의; 천 번째의; 다수의
mil euros 천 유로
mil veces 몇 번이고 몇 번이고, 자주
명 1,000, 천(千)
mil uno 1001
dos *mil* cuatro 2004
diez *mil* 10,000
cien *mil* 100,000

milagro
밀라그로

남 기적; 경이(驚異)
milagros de la Virgen
성모 마리아의 기적
hacer un *milagro* 기적을 일으키다

de milagro 기적적으로
Me salvé *de milagro* del accidente.
나는 사고에서 기적적으로 살아났다.

milagroso, sa
밀라그로소, 사
형 기적의, 기적적인; 놀랄만한; 기적을 일으키는
curación *milagrosa* 기적적인 치료

milenario, ria
밀레나리오, 리아
형 천(千)의; 천년의, 천년 이상의
남 천년; 천년제(祭)

milenio
밀레니오
남 천년간

miléimo, ma
밀레시모, 마
형 천 번째의; 천분의 일의
남 천분의 일

milibar
밀리바르
남 [기압의 단위] 밀리바

milibaro
밀리바로
남 =milibar

milicia
밀리시아
여 병역(兵役); [주로 복] 민병 (부대), 의용군; 병법(兵法), 병학(兵學)

miliciano, na
밀리시아노, 나
남여 민병(民兵); (스페인 내전 때의) 의용병

miligramo
밀리그라모
남 [무게의 단위] 밀리그램

mililitro
밀리리뜨로
남 [용적의 단위] 밀리리터

milimétrico, ca
밀리메뜨리꼬, 까
형 밀리미터 (단위)의; 매우 정밀한

milímetro
밀리메뜨로
남 [길이의 단위] 밀리미터

militante
밀리딴떼
형 전투적인, 행동적인
남여 투사, 행동가, 당원
militante de base 평당원

militar
밀리따르
형 군대의, 군인의
arte *militar* 전술
avión *militar* 군용기
código *militar* 군법
gobierno *militar* 군사 정권

industria *militar* 군수 산업
남 (직업적인) 군인
자 군에 입대하다; (당원 등이 되어) 활동하다; 작용하다

militarismo
밀리따리스모
남 군국주의

militarista
밀리따리스따
형 군국주의의
남 여 군국주의자

milla
미야
여 [길이의 단위] 마일 ((1,609 미터)); 해리 (海里) ((1,852 미터))

millar
미야르
남 [집합 명사] 천 개
un *millar* de coches 약 천 대의 차
복 수 천, 수많음
millares de personas 수 천 명

millón
미욘
남 백만; 무수, 다수; 복 큰 돈
un *millón* de euros 백만 유로
diez *millones* 천만
cien *millones* 일억
medio *millón* 50만
Un *millón* de gracias. 정말 고맙습니다.

millonario, ria
미요나리오, 리아
남 여 억만장자

mimado, da
미마도, 다
형 너무 귀여워하는; 응석받이의
Niño mimado, niño ingrato.
(속담) 매를 아끼면 아이를 망친다.

mimar
미마르
타 응석을 받아 주다; 귀여워하다

mimbre
밈브레
남 (짜는 재료로서의) 버들가지, 등(藤)
silla de *mimbre* 등의자

mímica
미미까
여 몸짓(으로 하는) 표현, 제스처

mímico, ca
미미꼬, 까
형 몸짓에 의한, 판토마임의

mina
미나
여 광산; 갱도; 보고(寶庫); [군사] 지뢰, 기뢰; (연필의) 심

minador
미나도르
남 기뢰 부설함(機雷敷設艦)

minar
미나르
타 …지뢰[기뢰]를 부설하다; 서서히 파괴하다; 갱도를 파다

mineral
미네랄
형 광물의; 무기물의
남 광물, 광석, 무기물
mineral de hierro 철광석

mineralero
미네랄레로
남 광석 운반선

mineralogía
미네랄로히아
여 광물학

mineralógico, ca
미네랄로히꼬, 까
형 광물학의

mineralogista
미네랄로히스따
남 여 광물학자

minería
미네리아
여 광업; 채굴; [집합 명사] 광산

minero, ra
미네로, 라
형 광업의; 채굴의
compañia *minera* 광산 회사
explotación *minera* 광산 개발
남 여 광산 노동자; 광부; 갱부

minerva
미네르바
여 소형 인쇄기

Minerva
미네르바
여 [로마 신화] 미네르바 ((지혜·무용(武勇)의 여신; 그리스 신화의 Atenea))

mini
미니
여 미니스커트; 소형 컴퓨터

miniatura
미니아뚜라
여 모형; 세밀화(법); [문학·음악] 소품

miniaturista
미니아뚜리스따
남 여 세밀화가

miniaturización
미니아뚜리사시온
여 소형화(小型化)

miniaturizar
미니아뚜리사르
타 소형화하다

minibús
미니부스
남 =microbús

minicámara 미니까마라 — 여 소형 카메라

minicomputadora 미니꼼뿌따도라 — 여 미니컴퓨터

minifalda 미니팔다 — 여 미니스커트

minigolf 미니골프 — 남 미니골프

minimizar 미니미사르 — 타 과소 평가하다; 깔보다

mínimo, ma 미니모, 마 — 형 (양·정도가) 최소의, 최저의; 아주 작은
salario [sueldo] *mínimo* 최저 임금
con el *mínimo* esfuerzo
최소의 노력으로
남 최소, 최저, 최소한
여 최저 기온(temperatura *mínima*)
como mínimo 최소한, 적어도
Costará mil dólares *como mínimo*.
적어도 천 달러는 들 것이다.

mínimum 미니뭄 — 남 =**mínimo**

miniordenador 미니오르데나도르 — 남 미니컴퓨터

minirrobot 미니르로봇 — 남 미니로봇

ministerial 미니스떼리알 — 형 장관의; 각료의; 부(部)의; 정부(측)의, 여당의
남여 정부[여당] 지지자; 여당 의원

ministerio 미니스떼리오 — 남 부(部); 청사; 장관직; 장관의 임기; [총칭] 각료
Ministerio del Interior 내무부
Ministerio de Asuntos Exteriores
외무부

ministro, tra 미니스뜨로, 뜨라 — 남여 장관; 공사(公使)
primer *ministro* 국무 총리, 수상
ministro de Defensa (Nacional)

국방 장관

minoración
미노라시온
여 감소(減少)

minorar
미노라르
타 감소시키다

minoría
미노리아
여 소수 (반 mayoría); 소수파, 비주류파; (한 나라 안의) 소수 민족
minoría parlamentaria
의회내 소수파, 야당
minoría selecta 소수 정예

minorista
미노리스따
형 소매의
남 여 소매상(인)

minoritario, ria
미노리따리오, 리아
형 소수파의
opinión *minoritaria* 소수 의견
partido *minoritario* 소수당, 야당

minucia
미누시아
여 사소한 일, 하찮은 일, 작은 일; 상세함
con *minucia* 상세히

minuciosamente
미누시오사멘떼
부 면밀히, 상세히

minuciosidad
미누시오시닫
여 면밀함, 세심함

minucioso, sa
미누시오소, 사
형 면밀한, 세심한, 상세한

minué
미누에
남 [음악·무용] 미뉴에트

minuendo
미누엔도
남 [수학] 피감수(被減數)

minueto
미누에또
남 =**minué**

minúsculo, la
미누스꿀로, 라
형 극히 작은, 미소한
casa *minúscula* 오두막집
letra *minúscula* 소문자
여 소문자(小文字) (반 mayúscula)

minusvalía
미누스발리아
여 가격 감소[하락]; (심신의) 장애

minusvalidez
미누스발리데스
여 (신체의) 장애

minusválido, da
미누스발리도, 다
형 심신의 장애가 있는
남 여 장애인
coche para *minusválidos*
장애인용 차

minusvalorar
미누스발로라르
타 과소 평가하다

minuta
미누따
여 (변호사 등의) 요금 청구서; (계약서 등의) 초안, 초고

minutar
미누따르
타 [방송] (프로그램을) 분 단위로 편성하다

minutero
미누떼로
남 (시계의) 분침(分針)

minuto
미누또
남 ① [시간의 단위] 분(分)
Se tarda diez *minutos* a la estación.
역까지 10분 걸린다.
Espéreme un *minuto*.
잠깐만 기다려 주십시오.
② [각도·경위도(經緯度)의] 분(分)
8 grados 16 *minutos* 8도 16분

mío, a
미오, 아
형 ① [소유 형용사 1인칭 단수 완전형; 명사 뒤에 놓인다] 나의
ordenador *mío* 내 컴퓨터
habitación *mía* 내 방
amigos *míos* 내 남자 친구들
amigas *mías* 내 여자 친구들
② [주격 보어] 내 것
Este bolso es *mío*.
이 핸드백은 내 것이다.
Esta cámara es *mías*.
이 카메라는 내 것이다.
Estos libros son *míos*.
이 책들은 내 것이다.
Estas herramientas son *mías*.
이 연장들은 내 것이다.

(참고) ser 동사 다음에 쓰이는 소유 형용사는 소유 대명사가 관사 없이 쓰였다고 보아도 무방하다.
대 [정관사와 함께] 내 것
Tu pluma no es igual a *la mía*.
네 펜은 내 것과 다르다.

miope
미오뻬
형 근시의, 근시안의; 근시안적인
남 여 근시(안)의 사람

miopía
미오삐아
여 [의학] 근시, 근시안

mira
미라
여 (총의) 조준기; 목표

mirada
미라다
여 시선; 주시, 주목
dirigir la *mirada* hacia …
… 쪽으로 시선을 향하다
fijar la *mirada* a [en] …
… 꼼짝 않고 바라보다, 응시하다

mirador
미라도르
남 (빌딩의 맨 위층·산꼭대기 등의) 전망대

miramiento
미라미엔또
남 고려, 배려
sin miramientos
무자비하게, 용서 없이; 부주의로

mirar
미라르
타 (주의해서) 보다, 시선을 향하다; (차분히) 바라보다; 생각하다
mirar fijamente 꼼짝 않고 응시하다
mirar el cuadro 그림을 바라보다
mirar la televisión 텔레비전을 보다
자 [+a · hacia] (… 쪽을) 보다, 시선을 향하다; [+en] (… 을) 찾다; [+a] … 면해 있다
mirar hacia la torre 탑 쪽을 바라보다
mirar en todas partes 사방을 찾다
La ventana *mira* al mar.
창문은 바다로 면해 있다.
La casa *mira* al sur. 집은 남향이다.
mirarse 자신의 모습[얼굴]을 보다; 숙고하다; [+en] (…를) 칭찬하다; (자신이 가지고 있

는 물건 등을) 찾다; 서로 바라보다
mirarse en el espejo
거울을 보다
mirarse bien antes de decidir
결정하기 전에 잘 생각하다
Mírate en los bolsillos.
호주머니를 잘 찾아 보아라.

mirasol
미라솔
남 [식물] 해바라기(girasol)

mirlo
미를로
남 [조류] 구관조(九官鳥)

mirón, rona
미론, 로나
형 무척 호기심 강한; 호기심 많은
남 여 호기심이 강한[많은] 사람

misa
미사
여 [천주교] 미사; [음악] 미사곡
misa campal 옥외 미사
celebrar [decir] *misa* 미사를 행하다
oír *misa* 미사를 듣다

miscelánea
미셀라네아
여 (여러 가지 잡다한 것의) 오합지졸; (문학·과학 관계의) 논총, 잡록(雜錄)

misceláneo, a
미셀라네오, 아
형 여러 가지 잡다한, 오합지졸의

miserable
미세라블레
형 극빈의; 가련한, 불쌍한, 비참한; 인색한, 다라운, 째째한

miseria
미세리아
여 빈궁, 극빈; 비참(함), 불행한 사건; 인색함

misericordia
미세리꼬르디아
여 자비, 연민(憐憫)

misericordioso, sa
미세리꼬르디오소, 사
형 인정이 많은

misil
미실
남 미사일
misil antibalístico 대탄도탄 미사일

mísil
미실
남 =misil

misión
미시온
여 사명, 임무; 역할, 천직; 포교, 전도; 전도관; 사절단, 대표단; 파견대; (연구·개발을 위한) 과학 조사단

misión diplomática
외교 사절단; 재외 공관
misión económica 경제 사절단
misión especial 특별 임무
misión médica 의료반
cumplir con su *misión* de estudiante
학생으로서의 본분을 다하다
estar en las *misiones* de la República Dominicana
도미니까 공화국에서 포교에 참가하고 있다

misional
미시오날
형 포교의, 전도의

misionario, ria
미시오나리오, 리아
남 여 =**misionero**

misionero, ra
미시오네로, 라
형 포교의, 전도의
남 여 (해외로의) 전도사, 선교사

mismo, ma
미스모, 마
형 같은, 동일한; 동종(同種)의, 같은 종류의; 바로 그, 그 같은; [인칭 대명사와 함께] …자신
mismo color 같은 색
misma edad 동갑(同甲)
misma opinión 같은 의견
Hazlo tú *mismo*. 네 자신이 그 일을 해라.
부 바로, 곧, 당장
hoy *mismo* 오늘 당장
대 [+정관사] 같은 것, 같은 사람
Esta película es la *misma que* vi ayer.
이 영화는 어제 내가 본 것과 같다.
Yo no soy el *mismo que* antes.
나는 이전의 내가 아니다.

misterio
미스떼리오
남 신비, 불가사의(한 것), 수수께끼; 비밀, 비결, 비법
misterio del universo 우주의 신비

misteriosamente
미스떼리오사멘떼
부 불가사의하게, 신비스럽게

misterioso, sa
미스떼리오소, 사
형 불가사의한, 신비스러운
mundo *misterioso* 신비의 세계

mítico, ca
미스띠꼬, 까
- 형 신비주의의
- 남 여 신비주의자, 신비주의 작가
- 여 신비 문학; 신비 신학

misticismo
미스띠시스모
- 남 신비주의, 신비 사상

mitad
미딸
- 여 반(半), 절반, 2분의 1; 중간(점); 중앙
- la *mitad* del whiski 위스키의 반
- la *mitad* de los estudiantes 학생들의 반수(半數)
- en la *mitad* del camino 길의 한가운데에(서)

mítico, ca
미띠꼬, 까
- 형 신화(神話)의, 신화적인

mitigación
미띠가시온
- 여 완화, 경감

mitigador, ra
미띠가도르, 라
- 형 경감하는, 완화시키는

mitigar
미띠가르
- 타 경감하다, 완화시키다, 진정시키다, 누그러뜨리다
- *mitigar* el dolor 고통을 완화시키다
- ***mitigarse*** 경감되다, 완화되다

mitin
미띵
- 남 집회; (체조 등의) 경기 대회
- 복 mítines

mito
미또
- 남 신화, 전설; 전설적인 인물[사건]

mitología
미똘로히아
- 여 [집합 명사] 신화, 전설; 신화학
- *mitología* romana [griega] 로마 [희랍] 신화

mitológico, ca
미또로히꼬, 까
- 형 신화의

mitologista
미똘로히스따
- 남 여 신화학자, 신화 작가

mixto, ta
미스또, 따
- 형 혼성의, 혼합의; 잡종의
- *comisión* mixta 합동 위원회
- *colegio* mixto 남녀 공학 학교

mixtura
미스뚜라
여 혼합물; 혼합약

mnemotecnia
네모떽니아
여 기억술(nemotecnia)

mnemónico, ca
네모니꼬, 까
형 =**mnemotécnico**

mnemotécnico, ca 형 기억술의
네모떽니꼬, 까

mobiliario
모빌리아리오
남 [집합 명사] 가구, 세간

mobiliario, ria
모빌리아리오, 리아
형 동산(動産)의; (유가 증권의) 양도 가능한; 가구의

mocedad
모세닫
여 청년기, 청춘 시대; 젊음

mochila
모칠라
여 배낭

mochilero, ra
모칠레로, 라
남 여 배낭족, 배낭 여행가

moción
모시온
여 동의(動議), 발의(發議); [언어] (명사의 남성형에서 여성형으로의) 어미 변화

moco
모꼬
남 코, 콧물; 점액

mocoso, sa
모꼬소, 사
형 코[콧물]를 흘리는; 시건방진
estar *mocoso* 코[콧물]를 흘리다
남 여 시건방진 아이, 풋내기

moda
모다
여 유행, 모드, 패션; 패션 업계
moda de este año 금년의 유행
revista de *modas* 패션 잡지
a la moda 유행의, 유행되고 있는
a la última moda 최신 유행의
de moda 유행의
color *de moda* 유행 색
pasado de moda 유행이 지난[뒤진]
estar de moda 유행중이다
pasarse de moda
유행에 뒤지다, 유행이 지나다

modal
모달
- 혱 양식(樣式)의
- 남복 예의 범절, 예절, 행동거지, 매너

modalidad
모달리닫
- 여 양식, 방식
- nueva *modalidad* de coche 자동차 신형

modelismo
모델리스모
- 남 모형 제작

modelista
모델리스따
- 남여 복식(服飾) 디자이너; 모형 제작자

modelo
모델로
- 남 모범, 본보기; 전형(典型); (제품 등의) 형, 형식(型式); 기종(機種); 모형; 모델; 원형(原型); 주형(鑄型)
- *modelo* de corrección 모범 해답
- 남여 (작품 등의) 모델; (미술·패션의) 모델
- *modelo* de desnudo 누드 모델
- trabajar de *modelo* 모델로 일하다

moderación
모데라시온
- 여 절도, 온건; 경감, 완화

moderadamente
모데라다멘떼
- 부 절도 있게; 적당히

moderado, da
모데라도, 다
- 혱 절도 있는, 중용의; 온건파의; 적당한, 알맞은
- 남여 온건파
- 부 [음악] 모데라도

moderador, ra
모데라도르, 라
- 혱 조절[조정]하는, 완화하는
- 남여 (뉴스 프로그램의) 종합 사회자; (토론회 등의) 사회자
- 남 [물리] 감속재(減速材)

moderantismo
모데란띠스모
- 남 온건 사상, 중도주의

moderar
모데라르
- 타 절제[조절]하다, 완화하다
- *moderarse*
  자제하다; 완화되다; 누그러지다, 풀리다

moderato
모데라또
- 부 [음악] 모데라토

modernamente
모데르나멘떼
부 최근에는, 현대적으로

modernidad
모데르니닫
여 현대성, 근대성; 현대

modernismo
모데르니스모
남 모더니즘, 근대주의

modernista
모데르니스따
형 모더니즘의, 근대주의의
남 여 근대주의자

modernización
모데르니사시온
여 근대화, 현대화

modernizar
모데르니사르
타 근대화[현대화]시키다
modernizarse 근대화되다

moderno, na
모데르노, 나
형 현대의, 현대적인; 최신의; 근대(近代)의 (반 antiguo); 신참의, 신입의; 최신 유행의
ciencia *moderna* 현대 과학
historia *moderna* 근대사
literatura *moderna* 근대 문학
maquinaria *moderna* 최신 기계
남 여 유행의 첨단을 걷는 사람
남 복 현대인(現代人)

modestamente
모데스따멘떼
부 겸허하게; 검소하게

modestia
모데스띠아
여 겸손, 겸허; 검소; 결핍, 부족
vivir con *modestia* 검소하게 살다

modesto, ta
모데스또, 따
형 겸손한, 겸허한; 검소한; (경제적 사회적 지위가) 낮은
남 여 겸손한 사람

modificable
모디피까블레
형 수정[변경] 가능한

modificación
모디피까시온
여 수정, 변경; [문법] 수식

modificador
모디피까도르
형 [문법] 수식어

modificar
모디피까르
타 수정하다, 변경하다; [문법] 수식하다, 한정하다
modificar un plan 계획을 바꾸다

modismo
모디스모
남 숙어, 관용구

modista
모디스따
남 여 양재사, 여성복 디자이너

modisto
모디스또
남 (남성) 양재사, 여성복 디자이너

modo
모도
남 방식, 방법; 양식(manera); [문법] 법(法); [음악] 음계; 복 예의 범절; 절도, 자제; [논리] 양식(樣式)
modo de empleo [de uso] 사용법
modo de vivir 생활 양식
modo indicativo [문법] 직설법
modo mayor [음악] 장음계
modo menor [음악] 단음계
modo subjuntivo [문법] 접속법
de ningún modo 결코 (…아니다)
de modo que + 접속법 …하도록
Ponte las gafas *de modo de que* veas bien. 잘 보이도록 안경을 써라

modulación
모둘라시온
여 변화, 억양; [음악·미술] 전조(轉調); [라디오] 변조(變調)

modular
모둘라르
타 조절하다, 조정하다, 가락을 맞추다; (소리 등에) 억양을 붙이다; [라디오] 변조하다

módulo
모둘로
남 (건축 재료·가구 제작 등의) 기준 치수, 기본 단위; [컴퓨터] 모듈; [우주] 모듈

mofa
모파
여 우롱, 조롱, 야유

mofarse
모파르세
((재귀)) 놀리다, 우롱하다, 조롱하다

mofeta
모페따
여 [동물] 스컹크; 유독 가스

moflete
모플레떼
남 토실토실한 볼

mofletudo, da
모플레뚜도, 다
형 볼이 토실토실한

moho
모오
남 곰팡이; 녹

mohoso, sa
모오소, 사
형 곰팡이가 낀; 녹이 슨

Moisés
모이세스
남 [성경] [인명] 모세

mojado, da
모하도, 다
형 젖은, 습한 (반) seco)

mojar
모하르
타 적시다, 축축하게 하다; (빵 등을 수프 등에) 적시다; (즐거운 일을) 술로 축하하다
mojar un pañuelo con agua
물로 손수건을 적시다
자 개입하다, 참가하다
mojarse 젖다, 축축해지다; 자신의 몸을 적시다; 자면서 오줌을 싸다
mojarse el abrigo con la lluvia
외투가 비에 젖다

mojón
모혼
남 도표(道標); 경계표, 이정표

molar
몰라르
형 맷돌의; 어금니의
diente *molar* 어금니
piedras *molares* 맷돌
남 어금니

molde
몰데
남 (성형용의) 틀, 형(型), 금형, 주형(鑄型); 발자국; 규범, 규준

moldear
몰데아르
타 주조하다, 형에 넣어 만들다; (인격을) 도야하다

moldura
몰두라
여 (건물·가구의) 도려낸 형; (장식을 한) 액자, 사진틀

molécula
몰레꿀라
여 [화학] 분자(分子)

molecular
몰레꿀라르
형 분자(分子)의
fóermula *molecular* 분자식

moler
몰레르
타 맷돌에 갈다, 타다, 빻다; 가늘게 부수다; 가루로 만들다
moler (el) trigo 밀을 빻다

molestar
몰레스따르
타 귀찮게 하다, 괴롭히다; 불쾌하게 하다; 성나게 하다; 가벼운 통증[위화감]을 주다

El niño siempre me *molesta* en la siesta
내가 낮잠을 잘 때 아이가 늘 귀찮게 한다.

molestarse por
… 마음[신경]을 쓰다, 걱정하다
Ella no *se molesta por* nadie.
그녀는 아무에게도 신경을 쓰지 않는다.

molestia
몰레스띠아
여 귀찮음, 괴로움, 폐; 장애; 가벼운 통증; 위화감

molesto, ta
몰레스또, 따
형 귀찮은, 번거로운, 폐가 되는

molinería
몰리네리아
여 제분업

molinero, ra
몰리네로, 라
형 제분(製粉)의
industria *molinera*
제분업
남 여 제분 업자

molinete
몰리네떼
남 환기 장치; [장난감] 풍차

molinillo
몰리니요
남 (소형의) 빻는 기구; 풍차

molino
몰리노
남 풍차, 풍차간; 물레방아, 물레방앗간; 제분기; 제분소

molusco
몰루스꼬
남 연체 동물

momentáneamente
모멘따네아멘떼
부 일시적으로, 잠깐 사이에

momentáneo, a
모멘따네오, 아
형 일시적인, 순간적인, 잠깐 동안의; 즉시의

momento
모멘또
남 순간, 잠깐(동안), 단시간, 일순; 시간; 현재(의 상황); 시기, 기회; 호기; 요인
Espera un *momento*. 잠깐 기다려 다오.
¡Un *momento*! 잠깐만!

momia
모미아
여 미라; 미라처럼 깡마른 사람

mona
모나
여 원숭이 암컷; 술에 취함

monarca
모나르까
여 군주, 제왕(帝王)

monarquía
모나르끼아
여 군주제, 왕정(王政); 군주 정치; 군주국

monárquico, ca
모나르끼꼬, 까
형 군주제의, 왕정의; 군주제 옹호의
남여 군주제 옹호제

monarquismo
모나르끼스모
남 군주제주의, 왕정주의

monasterio
모나스떼리오
남 수도원

monasterial
모나스떼리알
형 수도원의

monástico, ca
모나스띠꼬, 까
형 수도사[수도녀]의; 수도원의
orden *monástica* 수도회
vida *monástica* 수도 생활

mondadientes
몬다디엔떼스
남 단 복 이쑤시개(palillo)

mondar
몬다르
타 (과실 등의) 껍질을 벗기다; 전정(剪定)하다; (우물 등을) 치다

mondongo
몬동고
남 복 (특히 돼지의) 창자; (사람의) 내장; 햄, 소시지; ((남미)) 내장탕

moneda
모네다
여 돈, 화폐, 경화(硬貨); 통화
moneda de oro [plata · cobre] 금[은 · 동]화
moneda de papel 지폐
moneda suelta 잔돈
Casa de la *Moneda* 조폐국
acuñar *moneda* 화폐를 주조하다

monedero
모네데로
남 돈지갑

monetario, ria
모네따리오, 리아
형 화폐의, 통화의
crisis *monetaria* 통화[금융] 위기
política *monetaria* 통화 정책
sistema *monetario* 화폐 제도

valor *monetario* 화폐 가치

mongol, la
몽골, 라
- 형 몽골(Mongolia)(인·어)의
- 남여 몽골 사람
- 남 몽골어

monismo
모니스모
- 남 [철학] 일원론

monista
모니스따
- 형 일원론의
- 남여 일원론자

monitor, ra
모니또르, 라
- 남여 (수영 등의) 코치, 지도자, 선생
- 남 모니터 장치; 모니터 텔레비전

monitorear
모니또레아르
- 타 모니터하다

monitorizar
모니또리사르
- 타 =**monitorear**

monja
몽하
- 여 여승, 수도녀

monje
몽헤
- 남 승려, 수도사; (불교 등의) 승, 중

mono, na
모노, 나
- 남여 [동물] 원숭이; 다른 사람의 흉내를 내는 사람; 못생긴 사람
- 형 예쁜; 귀여운, 깨끗한

monocultivo
모노꿀띠보
- 남 단일 재배

monogamia
모노가미아
- 여 일부일부제(一夫一婦制)

monólogo
모놀로고
- 남 [문학] 독백, 모놀로그

monopolio
모노뽈리오
- 남 독점, 전매(專賣); 점유

monopolista
모노뽈리스따
- 형 독점의
- capital *monopolista* 독점 자본

monopolización
모노뽈리사시온
- 여 독점화; 점유화

monopolizar
모노뽈리사르
- 타 독점하다, 전매하다
- precio *monopolizado* 독점 가격

monorraíl
모노르라일
형 남 모노레일(의)

monosílabo, ba
모노실라보, 바
형 단음절의
남 단음절어

monotonía
모노또니아
여 단조로움

monótono, na
모노또노, 나
형 단조로운, 억양이 없는

monstruo
몬스뜨루오
남 괴물; 괴수(怪獸)

monstruoso, sa
몬스뜨루오소, 사
형 괴물 같은, 기형의; 거대한; 극악 무도한

monta
몬따
여 합계; 가치, 중요성; 승마

montacargas
몬따까르가스
남 단 복 화물용 승강기

montado, da
몬따도, 다
형 말에 탄, 승마의; 준비가 된; (기구 등이) 세트화된, 조립된, 내장된
casa *montada* 가구가 딸린 집
tienda *montada* 내장된 가게

montador, ra
몬따도르, 라
남 여 (기계 등의) 조립공; [영화] 필름 편집 담당자

montaje
몬따헤
남 조립, 설치; [영화] 필름 편집; [사진] 몽타주(사진); (작품의) 무대화, 상연
montaje de un reloj 시계 조립

montanero, ra
몬따네로, 라
남 여 산지기; 목초지 파수꾼

montano, na
몬따노, 나
형 산의, 산에 사는

montaña
몬따냐
여 산; 복 산맥, 산지(山地); 퇴적; 다량; 곤란
mal de *montañas* 산악병, 고산병
ir(se) a la *montaña* 산에 가다
ir de *montaña* 등산을 하다

montañero, ra
몬따녜로, 라
남 여 등산가
escuela de *montañeros* 등산 학교

형 산의; 등산용의

montañes, ñesa
몬따녜스, 녜사
형 남 여 산지에 사는 (사람)

montañismo
몬따니이스모
남 등산

montañoso, sa
몬따뇨소, 사
형 산이 많은
terreno *montañoso* 산악 지역

montar
몬따르
자 (탈것에) 오르다; 말에 오르다, 승마를 하다; 포개지다, 겹치다; (금액 등이) (…에) 달하다; 중요하다
montar en la bicicleta
자전거에 오르다
타 (말에) 오르다; 타고 가다; 태우다; 조립하다; (점포 등을) 설치하다; (보석 등을) 끼우다; (금액 등에) 달하다
montar una empresa 회사를 설립하다
montar una película 영화를 편집하다
montar una tienda 가게를 오픈하다
montarse en … 에 오르다
montarse en las atracciones del parque
유원지의 탈것에 오르다

monte
몬떼
남 [주로 고유 명사와 함께] 산(山); 산림(山林), 들, 벌판; 복 산맥
Monte Blanco 몽블랑
Monte Baekdu 백두산
montes altos 높은 산들
los *Montes* Pirineos 피리네오 산맥
monte de piedad 공익 전당포
monte de Venus 음부(陰阜), 불두덩

montés
몬떼스
형 야생의
cabra *montés* 야생 산양
gato *montés* 살쾡이

montículo
몬띠꿀로
남 동산, 구릉; [야구] 마운드

monto 몬또	남 총액(monta)
montón 몬똔	남 산적(山積); 대량(大量) *montón* de libros 책더미 ***a montones*** 다량으로
monumental 모누멘딸	형 기념 건조물의; 기념비적인, 불후의; 거대한
monumento 모누멘또	남 기념비, 기념 건조물; 불후의 업적 *monumento* a la mitad del mundo 적도 기념비 *monumento* a los Caídos 전몰자 위령비
monzón 몬손	남 [기상] 몬슨, 계절풍
monzónico, ca 몬소니꼬, 까	형 계절풍의, 몬슨의
moña 모냐	여 (머리카락·옷에 다는) 리본 장식; [투우] (목장을 표시하는) 소 머리의 색 리본; (투우사의 변발을 꽂는) 검은 리본; 술취함 (borrachera)
moño 모 모뇨	남 상투, 올린 머리; 리본 장식; 도가 머리, 관
moquear 모께아르	자 콧물이 나오다
morada 모라다	여 주거; 체재
morado, da 모라도, 다	형 남 자색(紫色)(의), 보랏빛(의)
morador, ra 모라도르, 라	남 여 거주자
moral 모랄	형 도덕의, 윤리의; 도덕적인; 마음의, 정신의; 인격적인 certidumbre *moral* 심증(心證) facultades *morales* 정신적 능력 libro *moral* [성경] 지혜의 서(書) valores *morales* 가치관

	여 도덕, 윤리; 윤리학, 도덕론; 기력, 사기, 근로 의욕
	남 [식물] 뽕나무
moraleda 모랄레다	여 뽕나무 밭
moralidad 모랄리닫	여 도덕성, 덕성; 품행
moralismo 모랄리스모	남 윤리주의
moralista 모랄리스따	남 여 인간 탐구가; 도덕가, 도학자
moralmente 모랄멘떼	부 도덕적으로; 정신적으로
morar 모라르	자 살다, 거주하다(habitar)
moratoria 모라또리아	여 모라토리엄, 지급[지불] 유예
mordaz 모르다스	형 신랄한, 통렬한, 혹독한 crítica *mordaz* 혹독한 비평
mordazmente 모르다스멘떼	부 신랄하게, 통렬하게
mordaza 모르다사	여 재갈
modedor, ra 모르데도르, 라	형 (개가) 무는 버릇이 있는, 무는 *Perro ladrador, poco mordedor.* (속담) 짖는 개는 거의 물지 않는다. 말수가 적은 사람을 경계해라.
mordedura 모르데두라	여 물어뜯기; 물린 상처
morder 모르데르	타 물다, 물어뜯다; (도구 등이) 끼우다; 닳게 만들다; 비난 공격하다 *morderse* 자신의 … 을 물(어뜯)다 *morderse* las uñas (자신의) 손톱을 물어뜯다
mordida 모르디다	여 물린 상처

mordiscar
모르디스까르

타 질겅질겅 씹다

moreno, na
모레노, 나

형 가무잡잡한, 갈색의; 검은
남 여 갈색 인종; ((주로 중미)) 흑인

morera
모레라

여 [식물] 뽕나무; 뽕 ((양잠용))

morfina
모르피나

여 모르핀

morfinismo
모르피니스모

남 모르핀 상용(常用)

moribundo, da
모리분도, 다

형 남 여 위독한 (사람); 빈사 상태의

morir
모리르

자 죽다; 시들다; 끝나다, 소멸하다
morir en un accidente 사고로 죽다
morir en la guerra 전사하다
morir de pulmonía 폐렴으로 죽다
morirse 죽다, 죽어버리다
morirse a los ochenta años
여든 살에 죽다
직·현재: m*ue*ro, m*ue*res, m*ue*re, morimos, morís, m*ue*ren
직·부정 과거: morí, moriste, m*u*rió, morimos, moristeis, m*u*rieron
접·현재: m*ue*ra, m*ue*ras, m*ue*ra, m*u*ramos, m*u*ráis, m*ue*ran
과거 분사: m*ue*rto
현재 분사: m*u*riendo

mormonismo
모르모니스모

남 모르몬교

mormón, mona
모르몬, 모나

형 모르몬교의
남 여 모르몬 교도

mormónico, ca
모르모니꼬, 까

형 모르몬교의, 모르몬 교도의

moro, ra
모로, 라

형 남 여 모로인(의), 무어인(의); 이슬람교도(의); 모로족(의)

morral
모르랄

남 자루, 주머니, 배낭

mortaja 모르따하	여 수의(壽衣)
mortal 모르딸	형 죽어야 할 운명의, 필멸의; 치명적인; 혹독한, 가혹한, 불구대천의 heridas *mortales* 치명상 남 [주로 복] 인간, 사람
mortalidad 모르딸리닫	여 죽을 운명; 사망율; 사망자수
mortalmente 모르딸멘떼	부 치명적으로; 무척 herir *mortalmente* 치명상을 당하다
mortandad 모르딴닫	여 (질병 등에 의한) 많은 사망자
mortero 모르떼로	남 맷돌, 절구통; 박격포
mortuorio, ria 모르뚜오리오, 리아	형 죽은 사람의, 장례식의 cámara *mortuoria* 시체 안치실 casa *mortuoria* 상가(喪家) paño *mortuorio* 관을 덮는 검은 천
mosaico 모사이꼬	남 모자이크 (모양)
mosaico, ca 모사이꼬, 까	형 [종교] 모세(Moisés)의; 모자이크풍의
mosca 모스까	여 [곤충] 파리; [권투] 플라이급
mosquitera 모스끼떼라	여 =**mosquitero**
mosquitero 모스끼떼로	남 모기장
mosquito 모스끼또	남 모기
mostacera 모스따세라	여 (식탁에 놓는) 겨자 그릇
mostacero 모스따세로	남 (식탁에 놓는) 겨자 그릇
mostacho 모스따초	남 콧수염(bigote)

mostaza
모스따사
여 [식물·요리] 겨자

mosto
모스또
남 (발효 전의) 포도 착즙(搾汁); (주조용의) 과즙(果汁)

mostrador
모스뜨라도르
남 (바·접수처의) 카운터; (상품의) 진열대; (시계 등의) 문자반

mostrar
모스뜨라르
타 보이다, 제시하다; (감정 등을) 나타내다
mostrar su obra
작품을 보여 주다
mostrar su carné al policía
경찰관에게 신분증을 제시하다
mostrarse 모습[태도]을 보이다
mostrarse a la muchedumbre
군중 앞에 나타나다
직·현재: m*u*estro, m*u*estras, m*u*estra, mostramos, mostráis, m*u*estran
접·현재: m*u*estre, m*u*estres, m*u*estre, mostremos, mostréis, m*u*estren

mote
모떼
남 별명(apodo); 표어; 표장(標章)

motín
모띤
남 폭동, 소동

motivación
모띠바시온
여 동기(動機)

motivar
모띠바르
타 …의 동기[이유]가 되다; 구실을 주다

motivo
모띠보
남 동기, 이유, 목적; 구실; [음악·미술] 주제, 모티브
¿Cuál es el *motivo* del viaje?
여행 목적이 무엇이냐?

moto
모또
여 오토바이 ((motocicleta의 생략어))

motocicleta
모또시끌레따
여 오토바이

motociclismo 모또시끌리스모
- 남 오토바이 경기

motociclista 모또시끌리스따
- 남여 오토바이 운전자

motonave 모또나베
- 여 (디젤 엔진이 부착된) 모터보트

motoniveladora 모또니벨라도라
- 여 불도저

motor 모또르
- 남 모터, 엔진; 원동력
- *motor* a chorro 제트 엔진
- barco a *motor* 모터보트

motor, ra 모또르, 라
- 형 움직이는; 발동(發動)의
- fuerza *motora* 원동력, 추진력
- nervios *motores* 운동 신경
- 여 모터보트(lancha *motora*)

motriz 모뜨리스
- 형 [motor의 여성형] 움직이는, 발동의
- fuerza *motriz* 원동력, 추진력

movedizo, za 모베디소, 사
- 형 가동(可動)의; 불안정한

mover 모베르
- 자 움직이다, 옮기다, 작동시키다; 야기시키다, 유발하다; 진전시키다
- *mover* la cabeza 머리를 움직이다
- *mover* de sitio el jarrón 꽃병의 위치를 옮기다
- *mover* una guerra 전쟁을 일으키다
- 자 움직이다; (식물이) 싹트다
- **moverse** 움직이다; 애쓰다, 노력하다
- 직·현재: m*ue*vo, m*ue*ves, m*ue*ve, movemos, movéis, m*ue*ven
- 접·현재: m*ue*va, m*ue*vas, m*ue*va, movamos, mováis, m*ue*van

movible 모비블레
- 형 움직일 수 있는; 불안정한

móvil 모빌
- 형 움직이는, 이동성의; 기동성이 있는; 불안정한
- biblioteca *móvil* 이동 도서관

precio *móvil* 불안정한 가격
teléfono *móvil* 휴대 전화, 핸드폰
((중남미)) (teléfono) celular
남 (범죄 등의) 동기, 이유; 원동력; 인지(印紙), 증지(證紙); 휴대 전화

movilidad
모빌리닫

여 운동성, 가동성

movilización
모빌리사시온

여 동원(動員)
movilización general 총동원

movilizar
모빌리사르

타 (군대 등을) 동원하다; 소집하다
movilizar a los reservistas
예비역을 소집하다

movimiento
모비미엔또

남 움직임; (물체의) 운동; (몸의) 동작; 동요, 충동; 이동, 왕래; (사회적·예술적) 운동
movimiento de capital 자본의 이동
movimiento militar 군부의 반란
movimiento revolucionario 혁명 운동

moxa
목사

여 뜸, 뜸질

moxibustión
목시부스띠온

여 뜸요법

mozo, za
모소, 사

형 젊은; 독신의
남·여 청년, 젊은이, 소녀; 하급 고용인; ((주로 남미)) 종업원, 웨이터; ((스페인)) 신병(新兵)

muchacho, cha
무차초, 차

남·여 소년, 소녀 ((주로 18세까지)); 청년, 젊은이 ((때로는 30세 정도까지 사용함))

muchedumbre
무체둠브레

여 군중; 붐빔, 혼잡함; 다수

mucho, cha
무초, 차

형 많은; 숱한, 흔한, 다량의
mucha cerveza 많은 맥주
mucho trabajo 많은 일
muchos amigos 많은 남자 친구들
muchas amigas 많은 여자 친구들
부 ① 많이; 퍽, 극히, 몹시; 오래

comer *mucho* 많이 먹다
trabajar *mucho* 열심히 일하다
quedarse *mucho* 오래 머물다
② [비교급과 함께 쓰여] 훨씬
Hoy hace *mucho* más frío que ayer. 오늘이 어제보다 훨씬 더 춥다.
대 [부정 대명사] 많은 사람[물건]
Muchos quieren ir a España.
많은 사람들이 스페인에 가고 싶어 한다.

mucosidad
무꼬시닫
여 (점막에서 분비하는) 점액

mucoso, sa
무꼬소, 사
형 점액(성)의; 점액을 분비하는
여 점막(粘膜)

muda
무다
여 변경; 교환, 바꿔 입기; 변성(變聲)(할 또래); (새의) 털갈이

mudable
무다블레
형 변하기 쉬운
carácter *mudable* 변하기 쉬운 성격
tiempo *mudable* 변하기 쉬운 날씨

mudanza
무단사
여 이사, 이전; 탈피(脫皮); 변심; (댄스의) 일련의 동작
camión de *mudanzas* 이삿짐 차
hacer la *mudanza* 이사하다

mudar
무다르
타 바꾸다, 변경하다; 이동시키다
자 바뀌다, 변하다
mudarse 바뀌다, 변하다; 이동하다

mudez
무데스
여 말을 못함; [의학] 무언증; 무언, 침묵

mudo, da
무도, 다
형 말못하는, 벙어리의; 무언의
escena *muda* 무언극
ser *mudo* de nacimiento
태어날 때부터 말을 못하다
남 여 벙어리

mueble
무에블레
남 가구, 세간, 비품
habitación con *muebles*
가구 딸린 방

형 [법률] 가동(可動)의
bienes *muebles* 동산(動産)

mueblería
무에블레리아
여 가구점, 가구 공장

mueblista
무에블리스따
남 여 가구상, 가구 제조자

mueca
무에까
여 찡그린 얼굴, 우거지상
hacer una *mueca* de dolor
고통으로 얼굴을 찡그리다

muela
무엘라
여 어금니; 맷돌
tener dolor de *muelas*
이가 아프다

muelle
무에예
형 포근한; 쾌적한, 안락한
asiento *muelle* 포근한 좌석
남 용수철, 스프링; 태엽; 부두, 선창

muerte
무에르떼
여 죽음, 사망; 파멸, 종언(終焉)
muerte cerebral 뇌사(腦死)
muerte por exceso de trabajo
과로사(過勞死)
muerte súbita 급사, 돌연사

muerto, ta
무에르또, 따
형 죽은; (식물이) 시든; 생기가 없는, 죽은 듯한; 광택이 없는; 죽을 정도의; (사람이) 살해된
árbol *muerto* 고목(枯木)
cuerpo *muerto* 사체(死體)
hombre *muerto* 죽은 남자
nacido *muerto* 사산(死産)의
estar *muerto* de risa 웃으워 죽다
남 여 죽은 사람, 고인(故人)
caer muerto 죽다
doblar a muerto 조종을 울리다

muestra
무에스뜨라
여 (상품 등의) 견본, 샘플; (습자의) 글씨본; (수예의) 그림본; 증거; (가게 입구의) 간판; 표본; 전시회; 소량
muestra gratuita
무료 견본

muestrario
무에스뜨라리오
- 남 견본
- *muestrario* de telas 천의 견본

muestreo
무에스뜨레오
- 남 표본 추출, 샘플링

mugido
무히도
- 남 소의 울음소리; 노호(怒號)

mugir
무히르
- 자 (소가) 울다; 노호(怒號)하다

mugre
무그레
- 남 때, 기름 때

mugriento, ta
무그리엔또, 따
- 형 때가 낀, 때로 범벅이 된

mujer
무헤르
- 여 (주로 18세 이상의) 여자, 여성 (반 hombre); 처, 아내 (반 marido)
- *mujer* policía 여자 경찰관
- *mujer* taxista 여자 택시 기사
- *mujer* trabajadora 여자 노동자
- vestido de *mujeres* 부인복
- *Mujer enferma, mujer eterna.*
- (속담) 늘 아픈 여자가 오래 산다.

mujeriego, ga
무헤리에고, 가
- 형 여자를 좋아하는
- 남 엽색꾼

mujeril
무헤릴
- 형 여성 (특유)의

mujerona
무헤로나
- 여 (중년의) 억센[살찐] 여성

mújol
무홀
- 남 [어류] 숭어

mula
물라
- 여 [동물] 암노새

muladar
물라다르
- 남 똥더미, 거름더미; 쓰레기통

mulato, ta
물라또, 따
- 형남여 흑인과 백인의 혼혈(의); (피부가) 가무잡잡한 (사람)

muleta
물레따
- 여 목발; 버팀목; [투우] 물레따((막대기에 감은 붉은 천))

mulo
물로
남 [동물] 노새

multa
물따
여 벌금(형); 교통 위반 탁지
pagar una *multa* 벌금을 물다

multar
물따르
타 …에게 벌금을 과하다

multicelular
물띠셀룰라르
형 [생물] 다세포의

multicolor
물띠꼴로르
형 다색의; 다채로운 배색의

multicopista
물띠꼬삐스따
여 복사기

multicopiar
물띠꼬삐아르
타 복사하다, 카피하다

multimillonario, ria
물띠미요나리오, 리아
형 남 여 억만장자(의)

múltiple
물띠쁠레
형 다수의, 여러 가지의, 가지 각색의; [단수명사와 함께] 복식의, 다중(多重)의, 다극(多極)의
múltiples actividades 다양한 활동

multiplicación
물띠쁠리까시온
여 증가; 번식; [수학] 곱셈

multiplicando
물띠쁠리깐도
남 [수학] 피승수

multiplicar
물띠쁠리까르
타 (수·양을) 늘리다; 번식시키다; [수학] 곱하다
multiplicarse 증가되다; 번식되다

múltiplo, pla
물띠쁠로, 쁠라
형 남 [수학] 배수(倍數)(의)
mínimo común *múltiplo*
최소 공배수

multitud
물띠뚣
여 [집합 명사] 군중, (일반) 대중

multiuso
물띠우소
형 다목적의

mundanal
문다날
형 세속(世俗)의

mundano, na
문다노, 나
형 세속의, 속세의, 속세적인
placeres *mundanos*
속세의 희열

mundial
문디알
형 세계의, 세계적인
남 세계 선수권 (대회)

mundialmente
문디알멘떼
부 세계적으로
músico *mundialmente* famoso
세계적으로 유명한 음악가

mundo
문도
남 세계; … 세간; 사회; 현세; 속계(俗界); 대형 트렁크; 큰 것
mundo animal 동물계
mundo antiguo 구세계, 구대륙
mundo externo 외계(外界)
mundo físico [espiritual] 물질[정신]계
mundo moderno 근대 사회
mapa del *mundo* 세계 지도
Nuevo *Mundo* 신대륙, 신세계
tercer *mundo* 제삼세계
viejo *mundo* 구대륙, 구세계
dar la vuelta al *mundo*
세계 일주를 하다
todo el mundo 전세계; 모든 사람, 누구나

mundología
문돌로히아
여 처세술

munición
무니시온
여 [주로 복] 군수품: 탄약
botas de *munición* 군화
pan de *munición* 군대의 빵, 건빵
ropa de *munición* 군복, 군용 의류

municionamiento
무니시오나미엔또
남 군수품의 보급[조달]

municipal
무니시빨
형 시[읍·면]의
hospital *municipal* 시립 병원
남여 ((스페인)) (시경찰의) 경찰관

municipalidad
무니시빨리달
여 지방 자치 단체; 시당국; ((남미)) 시청

municipio
무니시삐오

남 시, 읍, 면; 시민, 읍민, 면민; 시당국; 시청

muñeca
무녜까

여 손목; (여자) 인형; 예쁜 소녀
comprar una *muñeca*
여자 인형을 하나 사다

muñeco
무녜꼬

남 (남자) 인형; 마네킹 인형
muñeco de papel 종이 인형

mural
무랄

형 벽의, 벽면의
decoración *mural* 벽면 장식
pintura *mural* 벽화
남 벽화

muralista
무랄리스따

남 여 벽화가

muralla
무라야

여 성벽, 방벽(防壁)
Gran *Muralla* 만리 장성

murciélago
무르시엘라고

남 [동물] 박쥐

murmullo
무르무요

남 속삭임; (시냇물의) 졸졸거리는 소리

murmuración
무르무라시온

여 뒷구멍에서 하는 험담, 중상

murmurador, ra
무르무라도르, 라

형 중상하는, 험담하는
남 여 험담가, 중상자

murmurar
무르무라르

타 투덜거리다, 불평을 말하다
자 투덜거리다, 불평을 말하다; 험담을 하다, 중상하다; (바람·물 등이) 살랑거리다, 졸졸거리다

muro
무로

남 담, 널판장; 벽; [주로 복] 성벽
muro de Berlín 베를린 장벽
muro de las Lamentaciones
(예루살렘의) 통곡의 벽

musculación
무스꿀라시온

여 근육 강화

muscular
무스꿀라르

형 근육의
dolor *muscular* 근육통

músculo
무스꿀로

남 근육, 근력(筋力)
tener *músculos*
근육이 있다, 힘이 세다.

musculoso, sa
무스꿀로소, 사

형 근조직(筋組織)의, 근육이 있는

museo
무세오

남 박물관, 미술관
museo nacional 국립 박물관
Museo del Ejército 군사 박물관
Museo del Oro 황금 박물관
Museo del Prado 쁘라도 미술관
Museo Nacional de Antropología
국립 인류학 박물관

museografía
무세오그라피아

여 박물관지(誌)

museología
무세올로히아

여 박물관학

musgo
무스고

남 [식물] 이끼; 복 이끼류

musgoso, sa
무스고소, 사

형 이끼가 낀, 이끼로 덮인

música
무시까

여 음악; 악곡, 음악 작품; 작곡; 곡; 악보; 악단; 소음
música contemporánea 현대 음악
música coreana 한국 음악
música sacra 종교 음악
música y letra 곡과 가사
papel de *música* 오선지
escuchar *música* 음악을 듣다
estudiar *música* 음악을 공부하다
hacer *música* 연주하다, 노래하다

musical
무시깔

형 음악의; 음악적인; 뮤지컬의
instrumento *musical* 악기
programa *musical* 음악 프로그램
남 뮤지컬(comedia *musical*)

músico, ca
무시꼬, 까

형 음악의
instrumento *músico* 악기

	남 여 음악가
	gran *músico* 대음악가
musicógrafo, fa 무시꼬그라포, 파	남 여 음악 해설가[평론가]
musicología 무시꼴로히아	여 음악학
musicólogo, ga 무시꼴로고, 가	남 여 음악학 연구가
musicómano, na 무시꼬마노, 나	남 여 음악 애호가
musitar 무시따르	타 중얼거리다, 속삭이다
muslime 무슬리메	형 남 여 =**musulmán**
muslo 무슬로	남 넓적다리, 대퇴부(大腿部); [요리] 넓적다리고기
mustiar 무스띠아르	타 의기소침하게 하다 *mustiarse* 의기소침하다, 풀이 죽다
mustio, tia 무스띠오, 띠아	형 (풀 등이) 시든; 의기소침한
musulmán, mana 무술만, 마나	형 이슬람교의 남 여 이슬람교도
mutable 무따블레	형 변하기 쉬운
mutación 무따시온	여 [생물] 돌연 변이; [연극] 전환; 변화
mutilación 무띨라시온	여 (사지 등의) 절단; 파손, 파괴; 삭제
mutilado, da 무띨라도, 다	남 여 (전쟁 등으로) 수족을 잃은 사람
mutilar 무띨라르	타 (수족 등을) 절단하다; 파손하다; 삭제하다 *mutilarse* 수족을 잃다
mutis 무띠스	남 단 복 [연극] 퇴장
mutismo 무띠스모	남 (자발적인) 침묵, 무언(無言)

mutual
무뚜알
형 =**mutuo, recíproco**

mutualidad
무뚜알리닫
여 상호 관계; 상호 부조; 공제 조합
mutualidad de funcionarios
공무원 공제 조합

mutualista
무뚜알리스따
형 상호 부조의, 상호주의의
sociedad *mutualista*
공제 조합
남 여 공제 조합원

mutuamente
무뚜아멘떼
부 상호간에, 서로, 함께

mutuo, tua
무뚜오, 뚜아
형 상호의, 서로의, 상호 관계의
amor *mutuo* 서로간의 사랑
odio *mutuo* 반목(反目)
seguro *mutuo* 상호 보험
여 공제 조합; 상호 보험 회사
hacerse socio de una *mutua* médica
의료 보험에 가입하다

muy
무이
부 매우, 무척, 대단히, 퍽
muy conocido
잘[널리] 알려진
mujer *muy* alta
매우 큰 여자
llegar *muy* tarde
매우 늦게 도착하다
Muy buenos días.
[정중한 인사] 오전 인사

N

n
에네
여 에네 ((스페인어 자모의 열여섯 번째 문자))

naba
나바
여 [식물] 무; [식용] 무(뿌리)

nabo
나보
남 [식물] 무; 무뿌리; (나선 계단 등의) 지주(支柱); [속어] 페니스

nácar
나까르
남 진주층(眞珠層)

nacer
나세르
자 태어나다; (초목이) 돋아나다, 나오다, 생기다; 나타나다; 발생하다; …소질이 있다
nacer de padres coreanos
한국인 부모한테서 태어나다
nacer en buena familia
상류 가정에서 태어나다
El vicio *nace* de la ociosidad.
악덕은 태만에서 나온다.
nacerse 싹이 트다, 줄기가 자라다; (꿰맨 자리가) 터지다
직·현재: nazco, naces, nace, nacemos, nacés, nacen
접·현재: nazca, nazcas, nazca, nazcamos, nazcáis, nazcan

naciente
나시엔떼
형 태어나는, 탄생하는; 나오기 시작하는; [화학] 발생기의
남 동쪽(oriente) (반 poniente)

nacimiento
나시미엔또
남 탄생, 출생; 기원, 시초, 출현; 수원(水原)
fecha de *nacimiento* 생년월일
lugar de *nacimiento* 출생지
de nacimiento
타고난; 태어날 때부터, 선천적인 것의

Esta mancha es de *nacimiento*.
이 반점은 선천적인 것이다.

nación
나시온

여 **국가, 나라**; [집합 명사] 국민; 민족
nación coreana 한국 국민
nación minera 광업국
crisis de la *nación* 국가의 위기
voz de la *nación* 국민의 소리
(Organización de las) *Naciones* Unidas 국제 연합
Sociedad de *Naciones* 국제 연맹

nacional
나시오날

형 **국가의, 나라의**; **국민의**; **국내의**, 자국(自國)의; 민족의; (스페인 내전 때의) 국민 전선파의
carácter *nacional* 국민성
hospital *nacional* 국립 병원
industria *nacional* 국내 산업
mercado *nacional* 국내 시장
productos *nacionales* 국산품
sentimiento *nacional* 국민 감정
territorio *nacional* 국토
vuelo *nacional* 국내 항공
남 ((중남미)) 국민
남 [주로 복] 국민 전선파[전선군]

nacionalidad
나시오날리닫

여 국적; 선적(船籍); 국민성
de *nacionalidad* desconocida
국적 불명의
doble *nacionalidad* 이중 국적
adquirir [obtener] la *nacionalidad* española
스페인 국적을 취득하다
tener *nacionalidad* mexicana
멕시코 국적을 가지고 있다

nacionalismo
나시오날리스모

남 민족주의; 국가주의

nacionalista
나시오날리스따

형 민족주의의; 국가주의의
남 여 민족주의자; 국가주의자

nacionalización
나시오날리사시온
㈀ 국영화, 국유화; 귀화

nacionalizar
나시오날리사르
㈀ 국영화[국유화]하다; 귀화시키다
nacionalizarse 국영이 되다; 귀화하다

nacionalsocialismo
나시오날소시알리스모
㈁ 국가 사회주의

nacionalsocialista ㈂ 국가 사회주의의
나시오날소시알리스따
㈁ ㈀ 국가 사회주의자

nada
나다
㈃ 아무 것도 (…아니다) ((동사 앞에 놓이면 no가 필요없음))
¿Quieres algo?
–No quiero *nada*.
=*Nada* quiero.
무엇을 원하느냐?
–아무 것도 원하지 않습니다.
No quise *nada* de comer.
나는 아무 것도 먹고 싶지 않았다.
No hay *nada* de nuevo.
아무 것도 변한 것이 없다.
㈄ 전혀[아무 것도] (…않다)
No ha nevado *nada* en todo el invierno.
겨우내 눈이 전혀 내리지 않았다.
¿Te has divertido? –¡*Nada*!
재미있었니? –전혀 (아니었다).
㈃ 없음, 무(無); 허무(虛無)
crear de la *nada* 무에서 창조하다
de nada
① 가치가 없는, 중요하지 않은
un hombre *de nada* 하찮은 사람
② [감사·사죄에 대해] 천만에
Muchas gracias. –*De nada*.
대단히 고맙습니다. –천만에.
Perdóneme. –*De nada*.
죄송합니다. –천만에.
③ 아무 것도 (…아니다)

No he comido *de nada*.
나는 전혀 먹지 않았다.

nadador, ra
나다도르, 라
남 여 수영하는 사람; 수영 선수

nadar
나다르
자 헤엄치다, 수영하다; 뜨다
Ella *nada* muy bien.
그녀는 수영을 아주 잘 한다.
El corcho *nada* sobre el agua.
코르크는 물에 뜬다.

nadie
나디에
대 아무도 (…아니다) ((동사 앞에 놓이면 no가 필요없음))
¿Esperas a alguien?
–No espero a *nadie*.
=A *nadie* espero.
누굴 기다리십니까?
–아무도 기다리지 않습니다.
No lo sabía *nadie*.
=*Nadie* lo sabía.
아무도 그것을 몰랐다.

nafta
나프따
여 [화학] 나프타; ((중남미)) 가솔린

naftalina
나프딸리나
여 [화학] 나프탈린

naipe
나이뻬
남 카드; 복 트럼프
una baraja de *naipes* 트럼프 한 벌

nalga
날가
여 궁둥이, 엉덩이, 볼기; 복 둔부

nanómetro
나노메뜨로
남 [길이의 단위] 나노미터 ((백만분의 일 밀리미터))

naranja
나랑하
여 [과실] 귤, 오렌지
형 남 귤색(의), 오렌지색(의)

naranjada
나랑하다
여 [음료] 오렌지 주스

naranjado, da
나랑하도, 다
형 오렌지색의; 귤빛의

naranjal
나랑할
남 귤 밭, 오렌지 밭

naranjero, ra
나랑헤로, 라
형 오렌지의
남여 귤[오렌지] 장수[재배자]
남 [식물] 귤나무(naranjo)

naranjo
나랑호
남 [식물] 귤나무, 오렌지나무

narcisismo
나르시시스모
남 자기 도취증

narcisista
나르시시스따
형 자기 도취의
남여 자기 도취자

narcosis
나르꼬시스
여 단 복 [의학] 마취 상태

narcótico, ca
나르꼬띠꼬, 까
형 (약품이) 마취성의; 마취 상태의
남 마취제, 마취약, 마약

narcotismo
나르꼬띠스모
남 마취 상태; 마취약 중독

narcotraficante
나르꼬뜨라피깐떼
남여 마약 밀매자

narcotráfico
나르꼬뜨라피꼬
남 마약 거래

narigón, gona
나리곤, 고나
형 남 여 코가 큰 (사람)

narigudo, da
나리구도, 다
형 남 여 =**narigón**

nariguera
나리계라
여 코걸이

narina
나리나
여 콧구멍

nariz
나리스
여 (복) 코; 취각; 코끝, 코앞; 선수(船首), 기수 (機首); (도구 등의) 돌출부, 끝; 기력, 용기
복 narices
nariz chata 납작코
nariz grande 큰 코, 높은 코

narración
나르라시온
여 이야기; 서술
narraciones largas 긴 이야기

narrador, ra
나르라도르, 라
남 여 말하는 사람; 화자(話者)

narrar
나르라르
타 이야기하다, 말하다

narrativo, va
나르라띠보, 바
형 이야기체의, 서술적인
여 [집합 명사] 이야기, 소설; 화술

nasal
나살
형 코의; [언어] 콧소리의, 비음의
sonido *nasal* 콧소리, 비음
여 콧소리, 비음(鼻音)

nata
나따
여 유지(乳脂), 생크림(crema); (액체의 표면에 뜨는) 상피(上皮), 겉가죽; 정수(精髓), 최상의 것

natación
나따시온
여 수영; 경영(競泳)
practicar la *natación*
수영 (연습)을 하다

natal
나딸
형 탄생의, 출생의
país *natal* 고국, 태어난 나라
suelo [tierra] *natal* 탄생지

natalicio, cia
나딸리시오, 시아
형 탄생일의
fiesta *natalicia* 탄생 파티
남 탄생일

natalidad
나딸리닫
여 출생율
control de *natalidad* 산아 제한

natatorio, ria
나따또리오, 리아
형 수영의
artículos *natatorios* 수영 용품

natillas
나띠야스
여 복 커스터드 크림

nativo, va
나띠보, 바
형 태어난 (곳의), 탄생의; 천연의
lengua *nativa* 모어(母語), 모국어
suelo *nativo* 태어난 고향
남 여 현지인(現地人)

natural
나뚜랄
형 자연의, 천연의; 당연한; …태생의; 본능적인; 서출(庶出)의
belleza *natural* 자연미

luz *natural* 자연광(光)
Es *natural que* quieras volver *a* tu país. 네가 귀국하고 싶은 것은 당연하다.
남|여 현지 주민
남 본디 성격[기질]

naturaleza
나뚜랄레사

여 자연; 자연의 풍물; 본성: 성질, 기질(氣質)
estado de *naturaleza* 자연 상태
naturaleza del hombre 인간의 본성

naturalismo
나뚜랄리스모

남 자연주의

naturalista
나뚜랄리스따

형 자연주의의
남|여 자연주의자, 박물학자

naturalización
나뚜랄리사시온

여 귀화; 이입(移入), 정착

naturalizar
나뚜랄리사르

타 귀화시키다; (풍속 등을) 들여오다, 정착시키다
naturalizarse 귀화하다; 정착하다

naturalmente
나뚜랄멘떼

부 당연히; 자연히, 저절로; 꾸밈없이
hablar *naturalmente* 솔직히 말하다

naufragar
나우프라가르

자 난파되다, 조난되다; 실패하다, 파산하다

naufragio
나우프라히오

남 난파; 해난 (사고); 실패; 파산

náufrago, ga
나우프라고, 가

형 난파된; 조난당한
buque *náufrago* 난파선
남|여 조난당한 사람

náusea
나우세아

여 [주로 복] 구토, 구역질, 외욕질, 메슥거림; 혐오감, 불쾌감

nauseabundo, da 형 토할 듯한, 메스꺼운; 불쾌감을 느끼는
나우세아분도, 다

náutico, ca
나우띠꼬, 까

형 항해의; 수상(水上)의
club *náutico* 요트 클럽
deporte *náutico* 수상 스포츠

navaja
나바하

여 (접는 식의) 칼, 작은 칼, 주머니칼; 면도칼

naval 나발	형 배의, 항해의; 해군의 combate *naval* 해전(海戰) ingeniería *naval* 조선학(造船學)
nave 나베	여 배, 선박; 우주선; (공장의) 건물
navegable 나베가블레	형 (강 등이) 항행 가능한
navegación 나베가시온	여 항행, 항해; 항공; 항해술
navegante 나베간떼	형 선상(船上) 근무의 남 여 [항공] 항공사, 항해자
navegar 나베가르	자 항행하다, 항해하다; 조종하다
navidad 나비닫	여 (그리스도의) 탄생; 나이, 연령
Navidad 나비닫	여 크리스마스, 성탄절 ¡Feliz *Navidad*! 메리 크리스마스!
navideño, ña 나비데뇨, 냐	형 크리스마스의
naviero, ra 나비에로, 라	형 배의, 항해의 compañía *naviera* 해운 회사 남 여 선주(船主) 여 해운 회사
navío 나비오	남 (큰) 배; 군함
nazi 나시	형 남 여 나치(의)
nazismo 나시스모	남 나치즘, 국가 사회주의
nazista 나시스따	형 나치주의의 남 여 나치주의자
neblina 네블리나	여 안개, 연무(煙霧); 스모그
neblinoso, sa 네블리노소, 사	형 안개가 잔뜩 낀

neblumo
네블루모
남 [기상] 스모그

nebuloso, sa
네불로소, 사
형 흐린; 안개 낀; 불명확한; 애매한 모호한

necedad
네세닫
여 어리석음, 어리석은 짓[말]

necesariamente
네세사리아멘떼
형 무슨 일이 있어도, 꼭, 반드시; 필히; 필요에 의해
no ser *necesariamente* bueno
반드시 좋은 것은 아니다

necesario, ria
네세사리오, 리아
형 필요한; 필연적인, 피하기 어려운; 유익한, 안성맞춤의
necesario a la salud 건강에 필요한
gastos *necesarios* 필요 경비
si es *necesario* 만약 필요하면
Es *necesario* tomar el descanso.
휴식을 취하는 것이 필요하다.
Es *necesario* que yo llegue a las siete.
나는 일곱 시까지 도착해야 한다

necesidad
네세시닫
여 필요성; 필연성, 불가피성; 필수품; 궁핍, 빈곤, 기아
A necesidad no hay ley.
(속담) 사흘 굶어 도둑질 안할 놈 없다
La necesidad es la madre de la habilidad.
(속담) 필요는 발명의 어머니

necesitado, da
네세시따도, 다
형 필요한; 빈궁한
familia *necesitada* 빈곤 가정
estar *necesitado* de cariño
애정이 필요하다
남 여 가난한 사람

necesitar
네세시따르
타 필요로 하다
Necesito un poco de dinero.
나는 돈이 약간 필요하다.
자 [+de] (…을) 필요로 하다

necio, cia 네시오	형 어리석은, 둔한, 미욱한
néctar 넥따르	남 미주(美酒); 불로 불사주; [식물] 화밀(花蜜)
neerlandés, desa 네에를란데스, 데사	형 네덜란드(인·어)의 남 여 네덜란드 사람 남 네덜란드어
negación 네가시온	여 부정, 부인, 거부; [문법] 부정(어)
negado, da 네가도, 다	형 남 여 무능한 (사람)
negar 네가르	타 부인[부정]하다; 거부[거절]하다 *negar* su intervención en el asunto 그 건에 관여된 것을 부인하다 *negar* el aumento de sueldo 급료의 증액을 거절하다 ***negarse a*** …을 거부하다 *negarse a* pagar 지불을 거부하다 직·현재: n*ie*go, n*ie*gas, n*ie*ga, negamos, negáis, n*ie*gan 직·부정 과거: negué, negaste, … 접·현재: n*ie*gue, n*ie*gues, n*ie*gue, neguemos, neguéis, n*ie*guen
negativa 네가띠바	여 부정, 부인, 거부
negativamente 네가띠바멘떼	부 부정적으로; 소극적으로
negativo, va 네가띠보, 바	형 부정의, 거부의; 부정적인, 소극적인; [의학] 음성의; [수학·물리] 부(負)의, 마이너스의; [사진] 음화의 actitud *negativa* 소극적인 행동 oración *negativa* 부정문 respuesta *negativa* 부정적인 답 Rh *negativa* Rh 마이너스 남 [사진] 음화, 네거티브

negligencia
네글리헨시아
여 태만, 부주의; [법률] 과실

negligente
네글리헨떼
형 남 여 태만한 (사람); 부주의한 (사람)

negociabilidad
네고시아빌리닫
여 시장성; 유통성

negociable
네고시아블레
형 양도 가능한
título *negociable* 유통 증권

negociación
네고시아시온
여 교섭, 절충; 상담; (어음·증권의) 양도, 유통; 거래
en *negociación* 교섭중의[에]
negociación diplomática 외교 교섭
entablar las *negociaciones*
교섭을 시작하다

negociador, ra
네고시아도르, 라
남 여 교섭 위원; 중개자

negociante
네고시안떼
남 여 상인; 비지니스맨
negociante al por mayor 도매상
negociante en coche 자동차 딜러

negociar
네고시아르
자 거래[장사]를 하다
negociar con México
멕시코와 무역을 하다
타 교섭을 하다; (어음·증권을) 양도하다
negociar una letra 어음을 양도하다

negocio
네고시오
남 사업, 거래; 복 장사; 영업소, 지사
hombre de *negocios* 사업가; 실업가
viaje de *negocios* 출장, 상용 여행
tener su *negocio* en Barcelona
바르셀로나에 지점[지사]가 있다

negrilla
네그리야
여 =**negrita**

negrita
네그리따
여 고딕체(negrita mayor)

negrito, ta
네그리또, 따
형 고딕체의

negro, gra 네그로, 그라

형 검은; 암흑의, 어두운; 흑인의; 부정한, 사악한; 악마의, 마력의; 불길한; 비참한
cabello *negro* 검은 머리카락
cerveza *negra* 흑맥주
futuro *negro* 어두운 장래
mercado *negro* 암시장
música *negra* 흑인 음악
남 검정, 흑색, 검은빛
남 여 흑인; 대필자

nemotecnia 네모떽니아

여 기억술

nemotécnico, ca 네모떽니꼬, 까

형 기억술의

nene, na 네네, 나

남 여 갓난아이

neocapitalismo 네오까삐딸리스모

남 신자본주의

neocelandés, sa 네오셀란데스, 사

형 뉴질랜드(Nueva Zelanda)(인)의
남 여 뉴질랜드 사람

neoliberalismo 네오리베랄리스모

남 [경제] 신자유주의

neoliberal 네오리베랄

형 신자유주의의
남 여 신자유주의자

neomicina 네오미시나

여 [의학] 네오마이신

neozelandés, desa 네오셀란데스, 데사

형 남 여 =neocelandés

nepalés, lesa 네빨레스, 레사

형 네팔(Nepal)(인·어)의
남 여 네팔 사람
남 네팔어

Neptuno 넵뚜노

남 [천문] 해왕성; [신화] 넵튠

nervio 네르비오

남 [해부] 신경; 신경 과민; 건(腱); 활력, 원기
nervio vago 미주 신경
matar los *nervios* 신경을 죽이다
perder los nervios 흥분하다

nerviosidad
네르비오시닫
여 신경의 흥분, 신경 과민

nerviosismo
네르비오시스모
남 [의학] 신경증, 신경질; 스트레스; 흥분

nervioso, sa
네르비오소, 사
형 신경의, 신경성의; 신경질적인, 흥분하기 쉬운; 초조한, 당황하는, 불안한; 원기가 있는, 힘센
depresión *nerviosa* 신경 쇠약
gas *nervioso* 신경 가스

netamente
네따멘떼
부 명확히, 분명히, 명료히

neto, ta
네또, 따
형 [정가·중량 등이] 정미(正味)의; 명확한, 분명한, 명료한
beneficio *neto* 순익(純益)
peso *neto* 정미 중량
precio *neto* 정가
sueldo *neto* 기본급
verdad *neta* 명백한 사실

neumático, ca
네우마띠꼬, 까
형 공기의, 기체의; 압착 공기에 의한
bomba *neumática* 진공 펌프
lancha *neumática* 고무 보트
남 타이어

neumonía
네우모니아
여 [의학] 폐렴(pulmonía)

neuralgia
네우랄히아
여 [의학] 신경통
neuralgia facial 안면 신경통

neurálgico, ca
네우랄히꼬, 까
형 신경통의; (문제가) 중요한; 미묘한

neuritis
네우리띠스
여 단 복 [의학] 신경염

neurocirugía
네우로시루히아
여 [의학] 신경 외과

neuroeje
네우로에헤
남 신경 중추

neurología
네우롤로히아
여 신경학, 신경 내과

nevar

neurológico, ca 네우롤로히꼬, 까 · 형 신경학의, 신경과의

neurólogo, ga 네우롤로고, 가 · 남 여 신경과 의사, 신경학자

neurosis 네우로시스 · 여 단복 [의학] 신경증, 로이로제

neurótico, ca 네우로띠꼬, 까 · 형 로이로제의; 신경 과민의
남 여 로이로제 환자

neutral 네우뜨랄 · 형 중립의, 중립적인
país *neutral* 중립국
남 여 중립적인 사람

neutralidad 네우뜨랄리닫 · 여 중립(적 태도 · 입장), 불편 부당
neutralidad permanente 영세 중립

neutralismo 네우뜨랄리스모 · 남 중립주의

neutralista 네우뜨랄리스따 · 형 중립주의의
남 여 중립주의자

neutralización 네우뜨랄리사시온 · 여 중립화; 무력화, 상쇄

neutralizar 네우뜨랄리사르 · 타 중립화시키다; 무력화시키다; [화학] 중화시키다

neutro, tra 네우뜨로, 뜨라 · 형 중간적인, 비개성적인; 중성의
color *neutro* 중간색
detergente *neutro* 중성 세제

neutrón 네우뜨론 · 남 [물리] 중성자
bomba de *neutrones* 중성자 폭탄

nevada 네바다 · 여 강설, 적설

nevado, da 네바도, 다 · 형 눈에 덮인; (눈처럼) 하얀
montañas *nevadas* 설산(雪山)

nevar 네바르 · 자 눈이 내리다
Está *nevando*.
지금 눈이 내리고 있다.
Ha *nevado* mucho este año.
금년에는 눈이 많이 내렸다.

nevera
네베라
여 (전기) 냉장고(frigorífico); 아이스박스; 빙실(氷室)

nevoso, sa
네보소, 사
형 눈이 많은, 눈이 많이 내리는

newton
뉴똔
남 [힘의 단위] 뉴톤

ni
니
접 [동사 앞에 오면 no가 필요없음] … 도 … 아니다
No tengo (*ni*) padre *ni* madre.
=*Ni* padre ni madre tengo.
나는 아버지도 어머니도 없다.
부 [강조] … 도 아니다
No tengo tiempo *ni* para comer.
나는 식사 시간조차 없다.
Ella se marchó sin decir *ni* una palabra.
그녀는 한마디도 없이 떠나 버렸다.

Nicaragua
니까라구아
남 [국명] 니까라구아

nicaragüense
니까라구엔세
형 니까라구아(인)의
남 여 니까라구아 사람

nicotina
니꼬띠나
여 니코틴

nicotinismo
니꼬띠니스모
남 니코틴 중독

nicotismo
니꼬띠스모
남 =**nicotinismo**

nicromo
니끄로모
남 [금속] 니크롬

nido
니도
남 둥지; 사는 집, 주거; 소굴; (병원의) 신생아실
hacer su *nido* 둥지를 만들다
volver al *nido* 귀댁(貴宅)하다

niebla
니에블라
여 안개; 몽롱(함), 혼돈

nieto, ta
니에또, 따

남여 손자, 손녀

nieve
니에베

여 눈; [주로 복] 강설; (눈처럼) 흰 것; 코카인
nieve fuerte 대설(大雪)
nieves eternas [perpetuas] 만년설
primeras *nieves* 초설(初雪)
restos de *nieve* 잔설(殘雪)
tiempo de *nieves* 강설기(降雪期)
Hay mucha *nieve*. 눈이 많이 쌓여 있다.
Año de nieves, año de bienes.
(속담) 눈이 많은 해는 풍년이다.

nihilismo
니힐리스모

남 허무주의

nihilista
니힐리스따

형 허무주의의
남여 허무주의자

ninfa
님파

여 [신화] 님프, 요정; [해부] 소음순

ningún
닝군

형 [ninguno의 남성 단수 명사 앞에서 o 탈락형] ☞ninguno

ninguno, na
닝구노

형 [남성 단수 명사 앞에서 ningún] 하나[한 사람]의 …도 (…아니다); 어떤 …도 (…아니다)
No tengo *ningún* libro.
=No tengo libro *ninguno*. (강조)
나는 책이 한 권도 없다.
대 누구[무엇]도 (…아니다)
No ha venido *ninguno*.
=*Ninguno* ha venido.
아무도 오지 않았다.

niña
니냐

여 눈동자(pupila, niña del ojo)

niñez
니녜스

여 유년 시대, 유년기, 어린 시절
en su *niñez* 어린 시절에

niño, ña
니뇨, 냐

남여 어린이, 아동 ((주로 12세까지)); 갓난아이; (부모에 대해) 아이
literatura para *niños* 아동 문학

ropa de *niño* 아동복
Los niños y los locos dicen la(s) verdad(es). (속담) 아이들은 정직하다.
형 (나이) 어린
Niño Jesús 아기 예수
rey *niño* 어린 왕

nipón, pona
니뽕, 뽀나
형 남 여 =japonés

níquel
니껠
남 니켈; 니켈화

nirvana
니르바나
여 [불교] 열반; 해탈

nitidez
니띠데스
여 청결함; 투명함

nítido, da
니띠도, 다
형 깨끗한, 청결한; 투명한; 명확한

nitrógeno
니뜨로헤노
남 [화학] 질소

nivel
니벨
남 (어떤 기준점에서의) 높이; 수위(水位); 수준, 수준, 정도; 계층, 층(層)
nivel de la cultura 문화 수준
nivel de vida 생활 수준
alto *nivel* 높은 수준
sobre el *nivel* del mar 해발

nivelación
니벨라시온
여 평준화; 균등화, 균형화

nivelador, ra
니벨라도르, 라
형 수평화[균등화]하는
여 땅 고르는 기계

nivelar
니벨라르
타 평평하게 하다; 균등[평등]하게 하다; 수준기로 재다
nivelar un terreno 땅을 고르다
nivelarse 평평하게 되다; 균등히 되다

níveo, a
니베오, 아
형 눈의; 눈처럼 하얀
piel *nívea* 눈처럼 하얀 피부

no
노
부 ① 아니오
¿Estás cansado?

–*No*(, no lo estoy).
피곤하니? –아니.
② [부정 의문·부정 명령에서] 예
¿*No* irás mañana?
–*No*, no quiero ir.
내일 안 갈거니?
–예, 가고 싶지 않습니다.
③ [부정문을 만든다] …아니다
Ella *no* es española.
그녀는 스페인 여자가 아니다.
남 부정[거절]의 답, 반대
복 noes
contestar con un *no*
부정[거절]의 답을 하다
Hubo 5 síes y 12 *noes*.
찬성 5표, 반대 12표였다.

Nobel
노벨
남단복 노벨상(Premio *Nobel*)
남여 노벨상 수상자

nobiliario, ria
노빌리아리오, 리아
형 귀족의
título *nobiliario* 작위(爵位)

noble
노블레
형 귀족의; 고귀한; 위엄이 있는; 귀중한; 고급의
espíritu *noble* 고귀한 정신
madera *noble* 고급 목재
남여 귀족

nobleza
노블레사
여 귀족 신분; [집합 명사] 귀족; 고귀(함); 위엄

noche
노체
여 밤; 야음, 어둠속; 암흑
Noche Buena=Nochebuena
noche de estreno 첫날(의 무대)
noche nupcial, *noche* de bodas
(신혼의) 첫날밤, 초야
Noche Vieja=Nochevieja
esta *noche* 오늘밤
toda la *noche* 밤새도록

todas las *noches* 밤마다, 매일 밤
por la *noche* 밤에
de la *noche* 밤의 (...시)
Son las diez de la *noche*. 밤 열 시다.

Nochebuena
노체부에나
여 크리스마스 이브

Nochevieja
노체비에하
여 섣달 그믐날 밤

noción
노시온
여 관념, 개념; [주로 복] 기초 지식
no tener *noción* del tiempo
시간 관념이 없다

nocional
노시오날
형 관념상의

nocividad
노시비닫
여 유독성, 유해성

nocivo, va
노시보, 바
형 유독한, 유해한
gas *nocivo* 유독 가스
insecto *nocivo* 해충(害蟲)

nocturno, na
녹뚜르노, 나
형 밤의, 야간의; [동물] 야행성의; [식물] (꽃이) 밤에 피는
cielo *nocturno* 밤하늘
curso *nocturno* 야간 강좌, 야학
tren *nocturno* 야간 열차
남 [음악] 야상곡

nodriza
노드리사
여 유모(乳母)

nogal
노갈
남 [식물] 호두나무; 호두나무 재목

nómada
노마다
형 유목의; 방랑의, 유랑의
pueblo *nómada* 유목민; 방랑자

nombrado, da
놈브라도, 다
남여 유명한, 이름난(famoso, célebre)

nombramiento
놈브라미엔또
남 임명, 지명; 사령(辭令)

nombrar
놈브라르
타 임명하다, 지명하다; ...이름을 말하다
Le han *nombrado* rector de la

Universidad.
그는 학장에 임명 되었다.

nombre
놈브레
남 이름; 명칭; 세례명; 명성; [문법] 명사 (nombre sustantivo)
nombre artístico 예명
nombre de familia 성(姓)
nombre de lugar 지명(地名)
nombre de persona 인명
nombre y apellido 성명

nomeolvides
노메올비데스
남(여)단복 [식물] 물망초

nómina
노미나
여 급료, 월급; 종업원 명부, 임금 대장; 급여 명세서; 명부, 일람표

nominación
노미나시온
여 지명(指名)

nominal
노미날
형 명목상의, 이름 뿐인; 이름의; [문법] 명사적인
valor *nominal* 액면 가격, 명목 가격

nominalmente
노미날멘떼
부 명목상, 이름으로

nominalización
노미날리사시온
여 명사화

nominalizar
노미날리사르
타 명사화하다

nominar
노미나르
타 지명하다; (상에) 지명되다; 명명(命名)하다
nominar a uno candidato para la elección
...를 선거에 후보자로 지명하다

nominativo, va
노미나띠보, 바
형 주격의; [상업] 기명식의
남 [문법] 주격

non
논
형 기수(基數)의 (반 par)
남 기수(número *non*)

nonagenario, ria
노나헤나리오, 리아
형 90대의
남여 90대 노인

nonagésimo, ma 노나헤시모, 마
- 형 90번째의; 90분의 1의
- 남 90분의 1

nono, na 노노, 나
- 형 아홉 번째의

noquear 노께아르
- 타 녹아웃시키다

norcoreano, na 노르꼬레아노, 나
- 형 북한(Corea del Norte)의
- 남 여 북한 사람

nordeste 노르데스떼
- 남 북동(北東); 북동부; 북동풍

nórdico, ca 노르디꼬, 까
- 형 북의, 북부의; 북유럽의
  pruebas *nórdicas* [스키] 노르딕 종목
- 남 여 북쪽 사람; 북유럽 사람

norma 노르마
- 여 규범, 규준; 규칙, 규정; [기술] 규격, 표준; [언어] 규범
  norma industrial 공업 규격

normal 노르말
- 형 정상의, 보통의; 통상(通常)의
  temperatura *normal* 평열(平熱)
- 여 사범 학교

normalidad 노르말리닫
- 여 정상, 정상적인 상태

normalización 노르말리사시온
- 여 정상화; 규격화, 표준화

normalizar 노르말리사르
- 타 정상화하다; 규격화하다, 표준화하다
  normalizarse 정상으로 되다

normalmente 노르말멘떼
- 부 보통은, 정상으로

noroeste 노로에스떼
- 남 북서(北西); 북서부; 북서풍

norte 노르떼
- 남 북(쪽), 북부; 북풍

norteafricano, na 노르떼아프리까노, 나
- 형 북아프리카의
- 남 여 북아프리카 사람

Norteamérica 노르떼아메리까
- 여 [지명] 북아메리카

norteamericano, na 형 북아메리카의; 미국의
노르떼아메리까노, 나 남 여 북아메리카 사람; 미국인

norteño, ña 형 (주로 스페인의) 북(쪽)의, 북부의
노르떼뇨, 냐 남 여 북쪽 사람, 북부 사람

noruego, ga 형 노르웨이(Noruega)의
노루에고, 가 남 여 노르웨이 사람
남 노르웨이어

nos 대 [인칭 대명사 1인칭 복수]
노스 [직접 목적어] 우리들을; [간접 목적어] 우리들에게; [재귀 대명사] 우리 자신을
Ella *nos* invitó a su casa.
그녀는 우리를 집에 초대했다.
No *nos* lo digas.
우리에게 그것을 말하지 마라.
Nos veremos mañana.
우리 내일 만납시다.

nosotros, tras 대 [인칭 대명사 1인칭 복수] 우리들; 폐사(弊
노소뜨로스, 뜨라스 社) ((주어는 보통 생략함))
Nosotros vamos al restaurante.
우리들은 식당에 간다.
Nosotros agradecemos mucho su amable pedido.
폐사는 귀사의 주문에 감사드립니다.

nostalgia 여 향수(鄕愁), 회향병
노스딸히아

nostálgico, ca 형 향수에 젖은, 옛날이 그리운
노스딸히꼬, 까

nota 여 메모, 필기; 주(注), 주해; 문서, 각서; (학업
노따 등의) 성적, 평점; 성적표; 전표(傳票); [음악] 음부
nota diplomática 외교 문서

notable 형 주목할 만한; 현저한; 유명한
노따블레 progreso *notable* 현저한 진보
남 복 유력자, 명사(名士)

notablemente
노따블레멘떼
튀 현저하게, 두드러지게

notar
노따르
타 …을 깨닫다, 눈치 채다, 알아차리다; 평가하다
no *notar* su presencia
그의 출현을 모르다
El maestro *notó* que ella estaba copiando.
선생님은 그녀가 커닝을 하는 것을 눈치 챘다.

notaría
노따리아
여 공증인 사무소

notarial
노따리알
형 공증인의

notario, ria
노따리오, 리아
남 공증인; 목격 증인

noticia
노띠시아
여 소식, 뉴스; 알림, 통지; 복 뉴스 프로그램

noticiario
노띠시아리오
남 [방송] 뉴스 (프로그램); 뉴스 영화
noticiario deportivo 스포츠 뉴스

noticiero, ra
노띠시에로, 라
형 보도하는
(신문의) 뉴스란

notificación
노띠피까시온
남 통지(서), 통고(서)

notificar
노띠피까르
타 통지하다, 통고하다

notoriedad
노또리에닫
여 저명(함); 명백함; 주지(의 사실)

notoriamente
노또리아멘떼
튀 명백히, 분명히

notorio, ria
노또리오, 리아
형 유명한; 분명한, 명백한; 주지의

novato, ta
노바또, 따
형 경험이 없는, 새로 들어온, 신참의
남여 신참, 풋내기, 신출내기

novecientos, tas
노베시엔또스, 따스
형 900의, 900번째의
남 900

novedad
노베닫
- 여 새로움; 새로운 것, 변화; 새로운 사건; 뉴스;
- 복 신작(新作), 신제품

novedades de la semana
금주의 사건
últimas *novedades* editoriales
신간서(新刊書)
No hay *novedad*. 새로운 것이 없다.
sin novedad 새로운[변한] 것이 없는
Sin novedad en el frente.
서부 전선에 이상 없다.

novedoso, sa
노베도소, 사
- 형 새로운, 참신한

novel
노벨
- 형 초심자의, 미숙한

pintor *novel* 신출내기 화가

novela
노벨라
- 여 소설; (특히) 장편 소설; 만들어낸[꾸며낸] 이야기, 거짓말; [방송] 연속 멜로드라마

novela contemporánea 현대 소설

novelar
노벨라르
- 타 소설화하다
- 자 소설을 쓰다

novelesco, ca
노벨레스꼬, 까
- 형 소설의; 소설 같은

aventura *novelesca* 파란 만장한 모험
género *novelesco* 소설 장르

novelista
노벨리스따
- 남 여 소설가

novelístico, ca
노벨리스띠꼬, 까
- 형 소설의

obra *novelística* 소설 작품
- 여 (문학 장르로서의) 소설; 소설론, 소설 연구

novena
노베나
- 여 야구팀, 나인; [천주교] 9일간의 기도

novenario
노베나리오
- 남 9일장(葬); 사후(死後) 9일째의 미사

noveno, na
노베노, 나
- 형 아홉 번째의; 90분의 1의
- 남 90분의 1

noventa
노벤따
- 형 90의; 90번째의
- 남 90

los *noventa* 1990년대; 90대

noventón, tona
노벤똔, 또나
형 90대의
남여 90대 노인

noviazgo
노비아스고
남 약혼 기간; 연인[약혼자] 관계

noviciado
노비시아도
남 수련기; 수련소, 수련원; 수련 (제도); [집합명사] 수련자; 견습 기간

novicio, cia
노비시오, 시아
형 [천주교] 수련자의; 초심의, 입문의
남여 [천주교] 수련자; 초심자, 풋내기

noviembre
노비엠브레
남 11월

novillero, ra
노비예로, 라
남여 견습 투우사

novillo, lla
노비요, 야
남여 (두세 살의) 어린 소

novio, via
노비오, 비아
남여 (장래 결혼 상대자로서의) 연인; 약혼자; 신랑, 신부; 복 신혼 부부
traje [vestido] de *novia* 웨딩드레스
viaje de *novios* 신혼 여행

nubarrón
누바르론
남 검은 뭉게구름; 암운(暗雲)

nube
누베
여 구름; 구름 모양의 것; 암운(暗雲)
cielo sin *nubes* 구름 한 점 없는 하늘

núbil
누빌
형 (주로 여성이) 결혼 적령기의

nubilidad
누빌리닫
여 결혼 적령기

nublado, da
누블라도, 다
형 흐린, 구름[안개]이 낀
남 흐림, 흐린 상태; 암운(暗雲)
Nublado, después claro. 흐린후 맑음.

nublar
누블라르
타 흐리게 하다
nublarse 흐리다, 흐려지다

nubosidad
누보시닫
여 약간 흐림

nuboso, sa
누보소, 사
형 약간 흐린
cielo *nuboso* 약간 흐린 하늘

nuca
누까
여 후두부(後頭部), 목덜미

nuclear
누끌레아르
형 [물리] 핵의, 원자핵의; [생물] 핵의
armas *nucleares* 핵병기, 핵무기
energía *nuclear* 핵에너지, 원자력
guerra *nuclear* 핵전쟁
membrana *nuclear* 핵막(核膜)
reacción *nuclear* 핵반응
zona no *nuclear* 비핵지대

núcleo
누끌레오
남 (과실의) 핵, 씨; [물리] 핵, 원자핵; [생물] 핵, 세포핵; [천문] (천체의) 핵, 중심 부분; (집단 등의) 중심; (일의) 핵심; (인구의) 중심지; [언어] 핵(核)

nudillo
누디요
남 [주로 복] 손가락 관절

nudismo
누디스모
형 나체주의, 누디즘

nudista
누디스따
형 나체주의의
남여 나체주의자, 누디스트

nudo
누도
남 매듭; 인연; (나무·대 등의) 마디; 합류점, 요소(要所); (문제의) 요점, 핵심; (연극 등의) 절정; [의학] 결절(結節); [속도의 단위] 노트

nudoso, sa
누도소, 사
형 마디가 많은

nuera
누에라
여 며느리 (반 yerno)

nuestro, tra
누에스뜨로, 뜨라
형 [소유 형용사 1인칭 복수] 우리의
nuestro pedido 우리의[폐사의] 주문
nuestra casa 우리의 집
nuestros amigos 우리의 친구들
nuestras hijas 우리의 딸들
Estos libros son *nuestros*.
이 책들은 우리의 것이다.

대 [정관사와 함께] 우리의 것
Su hija es mayor que la *nuestra*.
그의 딸은 우리의 딸보다 연상이다.
lo nuestro
우리의 일[것]; 우리의 본분; 우리의 주장하고 싶은 말

nueva
누에바
여 뉴스, 소식, 정보

nuevamente
누에바멘떼
부 또 한 번; 다시, 재차

nueve
누에베
형 9의; 아홉 번째의
남 9; 9일
여 **복** 아홉 시
Son las *nueve* de la mañana.
오전 아홉 시다.

nuevo, va
누에보, 바
형 새로운, 최신의, 처음의; 신규의; 신참의, 풋내기의, 미숙한; 신품 같은, 새것 같은
nueva edición 신판(新版)
nuevo aeropuerto 신공항, 새로 지은 공항
nuevo coche 새(로 산) 차
nuevo país industrial 신흥 공업국
nuevo profesor 신임 교수
coche *nuevo* 신차(新車), 새로 출고된 차
miembro *nuevo* 신입 회원
남 **여** 신참, 신입생
de nuevo 재차, 다시, 한 번 더
Ella cometió *de nuevo* el mismo error.
그녀는 다시 똑같은 잘못을 범했다.
¿Qué hay de nuevo?
무슨 변한 것이라도 있습니까?/
요즈음 어떠세요?

nuez
누에스
여 [과실] 호두; 호두 크기의 양
Mucho ruido y pocas nueces.
(속담) 태산 명동(泰山鳴動)에 서일필(鼠一匹)
((크게 떠벌리기만 하고 실제의 결과는 작음))

nulidad 눌리닫	여 [법률] 무효; 무능한 사람
nulo, la 눌로, 라	형 [법률] 무효의; 무능한; 없는; 가치 없는; [야구] 아웃의, 파울의 voto *nulo* 무효 투표 남 [야구] 아웃
numeración 누메라시온	여 세는 일, 세는 법; 기수법 *numeración* arábiga [romana] 아라비아 [로마] 숫자
numerador 누메라도르	남 넘버링 ((기계)); [수학] (분수의) 분자(分子)
numeral 누메랄	형 수를 표시하는 adjetivo *numeral* 수형용사 letra *numeral* 숫자 남 [문법] 수사(數詞)
numerario, ria 누메라리오, 리아	형 정규 고용의; 정회원의 남여 정규 고용자; 정회원 profesor *numerario* 정교수 profesor no *numerario* 강사
numérico, ca 누메리꼬, 까	형 수(數)의, 수치의
número 누메로	남 수, 숫자; 번호; 번지; (잡지 등의) 호(號); (구두 등의) 크기, 사이즈; (흥행의) 상연물, 상연 작품; (복권의) (한) 장; (일류의) 부류; 장기, 특기; (예약 등의) 순번 *número* de personas 사람 수 *número* de páginas 쪽 수, 페이지 수 *número* especial 특별호 habitación *número* diez 10호실 último *número* 최신호 ¿Qué *número* calza usted? (신발의) 사이즈가 몇입니까? ¿Qué *número* tiene su coche? 당신의 차 번호는 (몇 번입니까)? ¿En qué *número* vive usted?

몇 번지에 사십니까?
de número 정규 (고용)의
catedrático *de número* 정교수
miembro *de número* 정회원
número uno 톱, 넘버원
números negros 흑자
números rojos 적자

Números (los)
누메로스 (로스)
남 복 [성경] 민수기(民數記)

numeroso, sa
누메로소, 사
형 다수의, 숱한, 수많은

numismático, ca
누미스마띠꼬, 까
형 고전(古錢)의, 메달의
남 여 고전[메달] 연구가
여 고전학(古錢學); 고전[화폐] 수집

nunca
눙까
부 [동사 앞에서는 no가 필요없음] 결코 (…아니다); 한 번도 (…아니다)
No he estado *nunca* en España.
=*Nunca* he estado en España.
나는 스페인에 한 번도 간 적이 없다

nuncio
눈시오
남 교황 대사; 사자(使者); 전조(前兆)

nupcial
눕시알
형 혼례의, 결혼의
banquete *nupcial* 결혼 피로연
galas *nupciales* 혼례 의상

nupcias
눕시아스
여 복 결혼(boda)
casarse en segundas *nupcias*
재혼하다

nutria
누뜨리아
여 [동물] 수달

nutrición
누뜨리시온
여 영양 (섭취)
mala *nutrición* 영양 불량

nutrido, da
누뜨리도, 다
형 영양을 취한; 풍부한, 많은
niño bien [mal] *nutrido*
영양이 좋은[나쁜] 아이

nutriente
누뜨리엔떼
여 영양소, 양분

nutriólogo, ga
누뜨리올로고, 가
남 여 영양학자

nutrir
누뜨리르
타 ...영양을 주다; 기르다, 키우다; 조장하다
nutrir al hijo con *su* leche
아이에게 수유(授乳)하다
nutrirse de [con]
...을 섭취하다
nutrirse con arroz
쌀을 먹다[주식으로 하다]

nutritivo, va
누뜨리띠보, 바
형 영양이 되는; 영양에 관한
valor *nutritivo*
영양가
Esta sopa es muy *nutritiva*.
이 국은 무척 영양이 있다.

nylon
나일론
남 나일론
medias de *nylon*
나일론 스타킹

ñ
에네
여 에녜 ((스페인어 자모의 열일곱 번째 문자))

ñame
냐메
남 [식물] 참마

ñandú
냔두
남 [조류] 난두 ((아메리카 타조))

ñoñería
뇨녜리아
여 무정함, 인정머리 없음; 쌀쌀맞음; 촌스러움

ñoñez
뇨녜스
여 =ñoñería

ñoño, ña
뇨뇨, 냐
형 남 여 어리석은 (사람), 내성적인 (사람); 딱딱한[거북한] (사람)

ñu
뉴
남 [동물] 누 ((남아프리카산의 암소 비슷한 영양))

ñudo
뉴도
남 =nudo

ñudoso, sa
뉴도소, 사
형 =nudoso

O

o¹
오

여 오 ((스페인어 자모의 열여덟 번째 문자))

o²
오

접 [o-·ho-로 시작되는 단어 앞에서는 u:
siete *u* ocho días 7일이나 8일. 아라비아
숫자 사이에서는 ó : 30 *ó* 40 páginas 30
쪽이나 40쪽] 혹은, 또는, 아니면; 말하자면,
바꾸어 말하면; 혹은 ...혹은
Llegaré mañana *o* pasado mañana.
나는 오늘이나 내일 도착하겠다.
Abreme la puerta *o* me meto por la
ventana.
문을 열어라. 그렇지 않으면 창문으로 들어가겠
다.

o sea 즉, 다시 말하면, 바꾸어 말하면
las perras chicas, *o sea* las monedas
de cinco céntimos
작은 동전, 다시 말하면 5센띠모 동전

ó
오

접 ☞ o

oasis
오아시스

남 단복 오아시스; 휴식처

obedecer
오베데세르

타 ...에 따르다, 복종하다
obedecer la ley 법에 따르다
obedecer (las) órdenes 명령에 따르다
El niño no *obedece* a su madre.
아이가 어머니 말을 듣지 않는다.
자 (동물·기계 등이) 잘 반응하다; ...에 기인
하다
직·현재: obedezco, obedeces, ...
접·현재: obedezca, obedezcas,
obedezca, obedezcamos, obedezcáis,

obedezcan

obediencia 오베디엔시아
여 복종, 순종, 종속
obediencia ciega 맹목적 복종

obediente 오베디엔떼
형 고분고분하는, 말을 잘 듣는, 순종하는, 복종하는, 착한
niño *obediente* 말을 잘 듣는 아이

obelisco 오벨리스꼬
남 오벨리스크, 방첨주(方尖柱); [인쇄] 칼표(†)

obertura 오베르뚜라
여 [음악] 서곡(序曲)

obesidad 오베시닫
여 비만(증)

obeso, sa 오베소, 사
형 비만한, 비곗살이 낀, 비만증의
남여 비만증 환자

obispado 오비스빠도
남 주교직; [감리교] 감독직; 주교구; 주교관

obispal 오비스빨
형 주교의; [감리교] 감독의

obispo 오비스뽀
남 (천주교 등의) 주교(主敎); [감리교] 감독

óbito 오비또
남 [법률·종교] 사망

obituario 오비뚜아리오
남 (교회의) 사자(死者) 명부; (신문의) 사망란, 사망 기사

objeción 옵헤시온
여 반대, 이론(異論); 비난

objetante 옵헤딴떼
남여 반대하는 사람

objetar 옵헤따르
타 반대의 …을 표명하다; 이의를 주창하다, 반대하다
자 양심적 병역 기피를 하다

objetivación 옵헤띠바시온
여 객관화

objetivar 옵헤띠바르
타 객관화[객체화]하다

obligar

objetividad
옵헤띠비닫
여 객관성

objetivismo
옵헤띠비스모
남 객관주의

objetivamente
옵헤띠바멘떼
부 객관적으로; 공평히

objetivo¹
옵헤띠보
남 목적, 목표; [광학] 대물 렌즈; (카메라의) 렌즈

objetivo², va
옵헤띠보, 바
형 객관적인; 공평한, 편견 없는; 목적의; 대상(對象)의

objeto
옵헤또
남 (그다지 크지 않는) 물체, 사물; 복 물품, 도구; (행위·감정의) 대상; 목적, 목표; [문법] 목적어; [철학] 객관, 객체, 대상(對象)
objeto de arte 미술 공예품
objetos perdidos 유실물 취급소
objetos robados 도난품
conseguir [lograr] su *objeto*
목적을 달성하다

oblicuo, cua
오블리꾸오, 꾸아
형 기운, 경사진
línea *oblicua* 사선(斜線)

obligación
오블리가시온
여 의무, 책무; 은의(恩義); [상업] 채권, 사채(社債); 복 부채(負債)
obligación profesional 직무(職務)
obligaciones del estado 국채(國債)
obligaciones municipales 시채(市債)
faltar a *su obligación*
의무를 태만히 하다

obligado, da
오블리가도, 다
형 은의(恩義)를 받은
Le estoy [quedo] muy *obligado*.
귀하께 무척 감사하고 있습니다.

obligar
오블리가르
타 …에게 강요[강권]하다, 강제하다; …에게 의무를 지우다
La ley *obliga* a todos los ciudadanos.
법률은 모든 시민을 구속한다.
obligarse 자신에게 강요하다; 의무를 지다

obligatorio, ria
오블리가또리오, 리아

형 의무의, 강제적인
enseñanza *obligatoria*
의무 교육
Es *obligatorio* llevar puesto el cinturón de seguridad.
안전 벨트를 매는 것이 의무로 되어 있습니다.

oboe
오보에

남 [악기] 오보에; 오보에 취주자

obra
오브라

여 작품; 저서, 저작; [주로 복] 공사; 공사 현장; (목조에 대한) 석조(石造); 일, 활동; 성과, 업적; (도덕적·종교적인) 행위; 자선 사업[단체]
obra literaria 문학 작품
obra maestra 걸작
obra pública 공공 사업, 공공 토목 공사
obras de arte 예술 작품, 미술품
obras elegidas 선집(選集)
gran *obra* 대작(大作)
Ministerio de *Obras* Públicas
건설부(建設部)
ministro de *Obras* Públicas
건설부 장관
Peligro: *obras*
[표시] 공사중 위험
Prohibido entrar en la *obra*.
공사 현장 출입 금지
Obra empezada, medio acabada.
(속담) 시작이 반.

obrador
오브라도르

남 (손일의) 일터, 작업장

obrar
오브라르

자 행동하다, 굴다; 작용하다, 듣다, 효과가 있다; 공사를 하다
타 (기적 등을) 행하다; 만들다
La fe *obra* milagros.
신앙은 기적을 행한다.

obrerismo
오브레리스모
- 남 노동 운동[이론]; 노동자 계급

obrerista
오브레리스따
- 형 노동 운동의
- 남 여 노동 운동자

obrero, ra
오브레로, 라
- 남 여 노동자, 공원(工員)
- 형 노동자의
- 여 일개미(hormiga *obrera*); 일벌

obscenidad
옵세니달
- 여 외설(猥褻), 난잡한 일

obsceno, na
옵세노, 나
- 형 외설의, 난잡한, 추잡한

obscurecer
옵스꾸레세르
- 타 자 =oscurecer

obscuridad
옵스꾸리닫
- 여 =oscuridad

obscuro, ra
옵스꾸로, 라
- 형 =oscuro

obsequiar
옵세끼아르
- 타 증정하다, 선물하다; 환대하다

obsequio
옵세끼오
- 남 선물; 환대

observación
옵세르바시온
- 여 관찰, 관측; 소견; 비평; 의견; (규칙 등의) 준수
- hacer *observaciones* astronómicas
- 천체 관측을 하다

observador, ra
옵세르바도르, 라
- 형 관찰하는; 관찰안(眼)이 있는
- 남 여 관찰[관측]자; (회의의) 옵서버

observancia
옵세르반시아
- 여 (규율 등의) 준수

observar
옵세르바르
- 타 관찰하다, 관측하다; 평하다, 지적하다; (규칙 등을) 지키다, 준수하다
- *observar* las estrellas 별을 관찰하다
- *observar* el código de la circulación
- 교통 규칙을 지키다

observatorio
옵세르바또리오
- 남 천문대; 관측소, 기상대; 전망대

obsesión
옵세시온
여 망상, 집념, 강박 관념, 편집 상태

obsesionar
옵세시오나르
자 (망상·강박 관념에) 사로잡히다
타 괴로움을 주다, 고통을 주다

obsesivo, va
옵세시보, 바
형 강박적인; 망상에 사로잡히기 쉬운

obseso, sa
옵세소, 사
형 망상[강박 관념]에 사로잡힌

obstaculizar
옵스따꿀리사르
타 방해하다, 장애물을 놓다

obstáculo
옵스따꿀로
남 장애물; 방해, 장애
poner *obstáculos* 방해하다
superar los *obtáculos* 장애를 극복하다

obstante
옵스딴떼
형 방해가 되는
no obstante
그렇지만, 그럼에도 불구하고, 그렇다고는 하나

obstar
옵스따르
자 방해가 되다

obstetricia
옵스떼뜨리시아
여 [의학] 산과학(産科學)

obstétrico, ca
옵스떼뜨리꼬, 까
형 산과(産科)의
남 여 산과의(産科醫)

obstinación
옵스띠나시온
여 고집, 집요함, 완고함

obstinadamente
옵스띠나다멘떼
부 완고하게; 집요하게

obstinado, da
옵스띠나도, 다
형 완고한, 집요한, 고집센

obstinarse
옵시띠나르세
((재귀)) 고집부리다, 억지를 쓰다

obstrucción
옵스뜨룩시온
여 방해, 장애; 의사 방해

obstructor, ra
옵스뜨룩또르, 라
형 방해하는
남 여 방해자

obstruir
옵스뜨루이르
타 막다, 가로막다; 방해하다
obstruir la calle con barricadas

바리케이드로 길을 봉쇄하다
obstruir el paso de la luz 빛을 차단하다
obstruirse 막히다
Se ha *obstruido* el desagüe.
배수관이 막혔다.

obtención
옵뗀시온
여 취득, 획득
obtención del carné de conducir
운전 면허 취득

obtenible
옵떼니블레
형 획득할 수 있는

obtener
옵떼네르
타 얻다, 획득[취득·입수]하다
obtener la independencia
독립을 획득하다
obtener un permiso 허가를 얻다
obtener fondos 자금 조달을 하다

obús
오부스
남 곡사포; 곡사포 포탄

obviamente
옵비아멘떼
부 명백히, 분명히

obviar
옵비아르
타 (장애 등을) 피하다, 회피하다

obvio, via
옵비오, 비아
형 자명(自明)한, 명백한, 분명한

ocasión
오까시온
여 경우; (특정한) 때; 기회, 호기; 동기, 원인; 계기; 위험(한 상황)
en todas las *ocasiones* 어떤 경우에도
aprovechar una *ocasión* 기회를 이용하다
perder una *ocasión* 기회를 잃다

ocasional
오까시오날
형 우연한, 우발적인; 임시의
encuentro *ocasional* 우연한 만남
ingreso *ocasional* 임시 수입
trabajo *ocasional* 임시 일

ocasionalmente
오까시오날멘떼
부 때때로, 이따금, 어쩌다가; 임시로; 우연히

ocasionar
오까시오나르
타 일으키다, 야기하다, …의 원인이 되다

ocaso
오까소
> 남 일몰, 해넘이; 쇠퇴(기), 말기
> en el *ocaso* de la vida 만년에

occidental
옥시덴딸
> 형 서쪽의; 서양의; 서구(西歐)의
> (반 oriental)
> 남 여 서양인

occidente
옥시덴떼
> 남 서쪽 (반 oriente)
> el Occidente 서양; 서구(西歐)

Oceanía
오세아니아
> 여 [지명] 오세아니아

oceánico, ca
오세아니꼬, 까
> 형 대양의, 해양의; 오세아니아의, 대양주의

océano
오세아노
> 남 대양(大洋), 대해; 해양
> *Océano* Atlántico 대서양

oceanografía
오세아노그라피아
> 여 해양학

oceanográfico, ca
오세아노그라피꼬, 까
> 형 해양학의

ochenta
오첸따
> 형 80의; 80번째의
> 남 80
> los *ochenta* 1980연대; 80대

ochentón, tona
오첸똔, 또나
> 형 80대의
> 남 여 80대 노인

ocho
오초
> 형 8의; 여덟 번째의
> 남 8; 8일
> 여 복 여덟 시, 8시
> Son las *ocho* de la mañana.
> 오전 여덟 시다.

ochocientos, tas
오초시엔또스, 따스
> 형 800의; 800번째의
> 남 800

ocio
오시오
> 남 여가, 레저; 나태, 태만
> ocupar [llenar] *su ocio* leyendo
> 독서를 하면서 여가를 보내다

ociosamente
오시오사멘떼
> 부 아무 것도 하지 않고, 게을리하여; 빈둥빈둥

ociosidad
오시오시닫

여 나태, 게으름, 안일
La *ociosidad* es la madre de todos los vicios.
(속담) 게으름은 모든 악의 근원이다.

ocioso, sa
오시오소, 사

형 아무 것도 하지 않은, 무위의, 한가한; 태만한, 나태한, 게으른
llevar una vida *ociosa*
무위 도식하다

octaédrico, ca
옥따에드리꼬, 까

형 [수학] 팔면체의

octaedro
옥따에드로

남 [수학] 팔면체

octagonal
옥따고날

형 [수학] 팔각형의

octágono, na
옥따고노, 나

형 남 [수학] 팔각형(의)

octanaje
옥따나헤

남 옥탄가(價)

octano
옥따노

남 [화학] 옥탄
número de *octanos* 옥탄가(價)

octava
옥따바

여 [음악] 옥타브; [시법] 8행시
elevar [bajar] una *octava*
1옥타브 올리다[내리다]

octavo, va
옥따보, 바

형 여덟 번째의; 8분의 1의
남 8분의 1
octavos de final
[운동] 16강, (준준결승 전의) 16팀(에 의한 여덟 시합)

octubre
옥뚜브레

남 10월

ocular
오꿀라르

형 눈의
infección *ocular* 눈병
남 [광학] 접안 렌즈

oculista
오꿀리스따

남 여 안과의(眼科醫)
médico *oculista* 안과의

ocultación
오꿀따시온
여 은폐 (행위), 은닉

ocultar
오꿀따르
타 감추다, 숨기다, 은닉하다
ocultar su nombre 이름을 숨기다
ocultarse
자신의 ...을 숨기다, 몸을 숨기다, 숨다

oculto, ta
오꿀또, 따
형 숨은, 보이지 않은; 비밀의
estar *oculto* debajo de la cama
침대 밑에 숨어 있다

ocupa
오꾸빠
남 여 (빈곳의) 불법 거주자

ocupación
오꾸빠시온
여 직업; 일, 활동; 점유; 점거, 점령;
nivel de *ocupación* 취업율
no tener *ocupación* 직업이 없다

ocupacional
오꾸빠시오날
형 직업(상)의; 직업에 의한

ocupado, da
오꾸빠도, 다
형 바쁜, 분주한 (반 libre); 사용중의; 점령된, 점거된
Estoy *ocupado* con el trabajo.
나는 일로 바쁘다.
Ocupado [표시] (화장실 등) 사용중
남 여 취업자(就業者)

ocupante
오꾸빤떼
형 거주[점유]하고 있는
tropa *ocupante* 점령군
남 여 거주자, 점유자; 승객

ocupar
오꾸빠르
타 (장소를) 차지하다, 점하다, 점유살다; 점령하다, 점거하다; 취임하다; (시간을) 쓰다, 낭비[허비] 하다; 전념시키다; 분주하게[바쁘게] 하다; (사람을) 고용하다
ocupar toda la pared
벽면 전부를 차지하다
ocupar la presidencia
대통령[의장]에 취임하다
Esta fábrica *ocupa* a cien personas.
이 공장은 사람을 백 명 쓰고 있다.

ocuparse de
...에 종사하다, 역할을 다하다[완수하다]

ocurrencia
오꾸렌시아
여 문득 생각남; 기지; 사건(suceso)

ocurrente
오꾸렌떼
형 (사람이) 기지가 풍부한

ocurrir
오꾸리르
자 (사건 등이) 일어나다; 문득 머리에 떠오르다 ((3인칭으로만 사용함))
¿Qué *ocurre*? 무슨 일입니까?
No *ocurrió* nada. 아무 일도 없었다.
ocurrirse 머리에 문득 떠오르다
Se me *ocurrió* una buena idea.
좋은 생각이 떠올랐다.

odiar
오디아르
타 미워하다, 증오하다, 혐오하다, 싫어하다
(반 amar)

odio
오디오
남 증오, 혐오 (반 amor)

odiosamente
오디오사멘떼
부 증오심을 가지고

odiosidad
오디오시닫
여 증오(심), 혐오감

odioso, sa
오디오소, 사
형 불쾌한; 미운, 싫어하는, 증오하는

odisea
오디세아
여 모험 여행, 일련의 모험

odontología
오돈똘로히아
여 구강 외과; 치과학(齒科學)

odontológico, ca
오돈똘로히꼬, 까
형 구강 외과의; 치과학의

odontólogo, ga
오돈똘로고, 가
남여 구강 외과의; 치과의(齒科醫)

odre
오드레
남 (술·올리브유 등을 넣는) 가죽자루[부대]

oeste
오에스떼
남 서쪽 (반 este); 서부; 서풍(西風)

ofender
오펜데르
  타 모욕하다; (…의 감정을) 상하게 하다; …에게 불쾌감을 주다
  ofenderse 기분이 상하다, 불쾌하다

ofensa
오펜사
  여 모욕, 무례; 범죄, 위법

ofensiva
오펜시바
  여 공세, 공격
  ofensiva de paz 평화 공세
  tomar la *ofensiva* 공세를 취하다, 공격하다

ofensivo, va
오펜시보, 바
  형 (상대방의) 감정을 상하게 하는, 모욕적인; 공격용의
  armas *ofensivas* 공격용 무기

ofensor, ra
오펜소르, 라
  형 남 여 모욕하는 (사람), 무례한 (사람)

oferta
오페르따
  여 신청, 제의; [경제] 공급; 오퍼 (가격); 부르는 값; 견적(서); 특별 가격; 바겐세일; 약속

ofertar
오페르따르
  타 특매하다, 바겐세일하다

offset
옵셋
  남 오프셋
  impreso en *offset* 오프셋 인쇄의

oficial¹
오피시알
  형 공식의, 정부 소식통의; 공정의, 공인의, 공적인; 공립의
  documento *oficial* 공문서
  escuela *oficial* 공립 학교
  lengua *oficial* 공용어
  pasaporte *oficial* 공용 여권
  남 여 장교; 관리, 공무원

oficial², la
오피시알, 라
  남 여 직인(職人), 장색(匠色), 공장(工匠)

oficializar
오피시알리사르
  타 공인(公認)하다

oficialmente
오피시알멘떼
  부 공식으로, 공적으로, 공무상

oficina
오피시나
  여 사무소; 작업장; 취급소; 관청; 연구실
  oficina de cambio 환전소
  oficina de colocación 직업소개소

empleado de *oficina*
(사무 계통의) 회사원, 셀러리맨
horas de *oficina* 영업[집무] 시간
ir a la *oficina* 출근하다, 일하러 가다

oficinista
오피시니스따
男女 사무원, 회사원

oficio
오피시오
男 일, 업무; (공식) 통고, 문서

oficioso, sa
오피시오소, 사
형 비공식의; 공적이 아닌; (신문이) 정부계(政府系)의

ofrecer
오프레세르
타 제공하다, 제출하다; 신청하다; (조건부로) 약속하다; (신에게) 바치다, 올리다; (가격을) 매기다; 보이다
ofrecer su casa 집을 제공해 주다
ofrecerse
몸을 바치다; 순간적으로 머리에 떠오르다
직·현재: ofrezco, ofreces, ofrece, ofrecemos, ofrecéis, ofrecen
접·현재: ofrezca, ofrezcas, ofrezca, ofrezcamos, ofrezcáis, ofrezcan

ofrecimiento
오프레시미엔또
男 제공, 신청

ofrenda
오프렌다
女 (신에게) 봉납(물); 기부, 선물

ofrendar
오프렌다르
타 봉납하다, 바치다, 올리다

oftalmia
옵딸미아
女 [의학] 안염(眼炎), 안질

oftalmía
옵딸미아
女 =oftalmia

ofuscación
오푸스까시온
女 눈을 아찔하게 함, 현혹

ofuscamiento
오푸스까미엔또
男 =ofuscación

ofuscar
오푸스까르
타 눈을 아찔하게 만들다
ofuscarse 눈이 아찔하다

¡oh!
오
감 저런!, 아아! ((놀람·칭찬·공포·고통·기쁨))

ohmio
오미오
남 [전기 저항의 단위] 옴

oí
오이
나는 들었다 ((oír의 직설법 현재 1인칭 단수))

oído
오이도
남 (듣는 기관[기능]으로서의) 귀; 청각; 음감(音感)
perder *oído* 귀가 멀다
tener mal *oído* 음치다

oiga
오이가
① oír의 접속법 현재 1·3인칭 단수
② 여보세요 ((전화 거는 사람이))

oigo
오이고
① 나는 듣는다 ((oír의 직설법 현재 1인칭 단수)).
② ((꾸빠)) [전화] 여보세요

oír
오이르
타 듣다, 들리다; (상대방의 말에) 귀를 기울이다, 이해하다; 들어주다; 청강(聽講)하다
oír una voz de mujer
여자의 목소리가 들리다
¿Me *oye* usted? – Sí, le *oigo* bien.
제 말이 들립니까? –예, 잘 들립니다.
¡Oiga!, ¡Oye! 여보세요.
oírse 들리다
oírse un tiro 총성이 들리다
No *se oye* bien.
(전화에서) 잘 들리지 않는다
직·현재: oigo, oyes, oye, oímos, oís, oyen
직·부정 과거: oí, oíste, oyó, oímos, oísteis, oyeron
접·현재: oiga, oigas, oiga, oigamos, oigáis, oigan

ojal
오할
남 단추 구멍; 갈라진 곳, 터진 곳

¡ojalá!
오할라
감 [강한 원망] 부디[아무쪼록] …하기를, 제발 …하기를

¡Ojalá vengas mañana!
부디[제발] 네가 내일 오기를!

ojeada
오헤아다

여 한 번 봄, 일견(一見), 한 번 언뜻봄, 일별(一瞥)

ojeriza
오헤리사

여 반감, 악의

ojo
오초

남 눈; 안구; 시선; 관찰안, 감식안; 주의력; (바늘 등의) 구멍; 열쇠 구멍; (그물의) 눈
hablar con los *ojos* 눈으로 말하다
mirar con *sus* propios *ojos*
자신의 눈으로 보다
Ojo por ojo, diente por diente.
(속담) 눈에는 눈, 이에는 이.
Ojos que no ven, corazón que no llora.
(속담) 안 보면 정도 멀어진다,
거자일소(去者日疎).
Los ojos son el espejo del alma.
(속담) 눈은 마음의 거울이다.
Más ven cuatro ojos que dos.
(속담) 두 사람이 한 사람보다 낫다.
감 주의!, 조심(하세요)!
¡Ojo con la curva! 커브 주의!
¡Ojo con la pintura! 페인트 주의!

ola
올라

여 파도, 커다란 물결
ola de gente 인파
ola de frío [기상] 한파
levantar *olas* 파도가 일다

ole
올레

남 올레 ((안달루시아의 춤·노래))
감 =olé

olé
올레

감 올레 ((투우·플라멩코에서 장단을 맞추거나 기운을 돋우기 위해 내는 소리)); 만세

oleada
올레아다

여 큰 파도; 군중, 인파; 유행

oleaje
올레아헤

남 파도, 물결

oleicultura 올레이꿀뚜라	여 올리브 재배; 올리브유 제조
óleo 올레오	남 [미술] 유화(油畵); [종교] [주로 복] 성유(聖油)
oleoducto 올레오둑또	남 석유 파이프라인
oler 올레르	타 ...의 냄새를 맡다; 남의 뒤를 캐다 *Huele* esta flor. 이 꽃의 향기를 맡아 보아라. 자 냄새가 나다 El jazmín *huele* bien. 자스민 냄새가 좋다. 직·현재: *hue*lo, *hue*les, *hue*le, olemos, oléis, *hue*len 접·현재: *hue*la, *hue*las, *hue*la, olamos, oláis, *hue*lan
olfatear 올파떼아르	타 (열심히) 냄새를 맡다; 냄새를 맡고 다니다
olfateo 올파떼오	남 냄새 맡고 다니기; 수색, 탐색
olfato 올파또	남 후각; 직관력
olimpiada 올림삐아다	여 (고대 그리스의) 올림피아 경기; 올림픽 (경기) 대회 *olimpiada* de invierno 동계 올림픽 las *Olimpiadas* de Seúl 서울 올림픽
olimpíada 올림삐아다	여 =**olimpiada**
olímpico, ca 올림삐꼬, 까	형 올림픽의; 올림픽에 출장하는; [신화] 올림포스 산[신들]의; 으시대는, 거만한 atleta *olímpico* 올림픽 선수 Comité *Olímpico* Coreano 한국 올림픽 위원회 Comité *Olímpico* Internacional 국제 올림픽 위원회 Juegos *Olímpicos* 올림픽 대회 récord *olímpico* 올림픽 신기록

villa *olímpica* 올림픽촌

olimpismo 올림삐스모
남 올림픽 정신

oliva 올리바
여 올리브 열매(aceituna)
aceite de *oliva* 올리브유
verde *oliva* 올리브색

oliváceo, a 올리바세오, 아
형 올리브색의

olivar 올리바르
남 올리브 밭

olivarero, ra 올리바레로, 라
형 올리브 (생산)의
남여 올리브 재배자; 올리브유 업자

olivícola 올리비꼴라
형 올리브 재배[생산]의

olivicultor, ra 올리비꿀또르, 라
남여 올리브 재배자

olivicultura 올리비꿀뚜라
여 올리브 재배

olivo 올리보
남 [식물] 올리브(나무)

olla 오야
여 냄비, 솥; (고기·야채 등의) 끓인 [수프] 요리, 스튜
olla a presión 압력솥
cocer en la *olla* 냄비에 끓이다[삶다]

olmo 올모
남 [식물] 느릅나무

olor 올로르
남 냄새, 향기, 좋은 냄새

oloroso, sa 올로로소, 사
형 냄새가 좋은, 향기로운

olvidadizo, za 올비다디소, 사
형 잊어버리기 잘하는, 건망증의

olvidado, da 올비다도, 다
형 잊혀진; 은둔의; 잘 잊는; 배은 망덕한

olvidar 올비다르
타 잊다; 가지고 오는 것을 잊다
olvidar su nombre 이름을 잊다

olvidar el dolor 고통을 잊다
No puedo *olvidarla*.
나는 그녀를 잊을 수 없다.
He olvidado el paraguas en el café.
나는 카페에 우산을 두고 왔다.
olvidarse 잊어 버리다
Jamás *me olvidaré de* ti.
나는 너를 결코 잊지 못할 것이다.

olvido
올비도
남 잊는 일, 망각; 깜박 잊음; 태만
olvido momentáneo 깜박 잊어버림

ombligo
옴블리고
남 [해부] 배꼽; 탯줄; 중심
ombligo del mundo financiero
금융계의 중심

omega
오메가
여 [그리스 문자] 오메가 ((Ω, ω))

omisible
오미시블레
형 생략할 수 있는

omisión
오미시온
여 생략; 탈락, 누락, 삭제; 태만
omisión de acento 악센트의 탈락

omitir
오미띠르
타 생략하다, 말을 빠뜨리다, 누락하다, 빠뜨리다

ómnibus
옴니부스
남 ((아르헨띠나)) 장거리 버스;
((칠레·우루구아이)) 시내 버스;
((스페인)) (역마다 정차하는) 보통 열차(tren ómnibus)

omnipotencia
옴니뽀뗀시아
여 전능(全能); 절대적인 권력

omnipotente
옴니뽀뗀떼
형 전능한; 절대적 권력을 가진
el *Omnipotente* 전능하신 하나님
Dios *omnipotente* 전능하신 하나님

omoplato
오모쁠라또
남 =**omóplato**

omóplato
오모쁠라또
남 [해부] 견갑골(肩胛骨)

onanismo
오나니스모
남 자위(自慰)

onanista
오나니스따
- 형 자위의, 자위하는
- 남 여 자위하는 사람

once
온세
- 형 11의; 열한 번째의
- 남 11; 11일
- 여 복 11시

onceavo, va
온세아보, 바
- 형 남 11분의 1(의)

oncología
옹꼴로히아
- 여 종양학(腫瘍學)

oncológico, ca
옹꼴로히꼬, 까
- 형 종양학의

onda
온다
- 여 (수면의) 파도(ola); [물리] 파(波), 파동; 머리카락의 물결 형태
  onda corta 단파(短波)
  onda larga 장파(長波)
  onda media 중파(中波)
  onda ultracorta 초단파

ondear
온데아르
- 자 물결이 일다, 물결치다, 파도치다

ondulación
온둘라시온
- 여 파동; 기복

ondulado, da
온둘라도, 다
- 형 파도 모양의; 파도치는

ondular
온둘라르
- 자 파도치다, 기복이 생기다
- 타 (주로 머리카락을) 물결 모양으로 하다

ondulatorio, ria
온둘라또리오, 리아
- 형 물결 모양의, 파동의

oneroso, sa
오네로소, 사
- 형 부담이 무거운; 귀찮은, 성가신; 비용이 드는; [법률] 유상(有償)의
  ayuda *onerosa* 유상 원조
  impuesto *oneroso* 중세(重稅)
  interés *oneroso* 높은 이자

onza
온사
- 여 [중량의 단위] 온스

opacar
오빠까르
- 타 불투명하게 하다, 흐리게 하다

opacidad 여 불투명(도); 불투과성
오빠시닫

opaco, ca 형 불투명한; 불투과성의
오빠꼬, 까

ópera 남 [광물] 오팔
오빨로

opción 여 선택(의 자유); [법률] 선택권, 자유 재량권; [상업] 옵션, 선택 매매
옵시온

opcional 형 선택할 수 있는
옵시오날
asignatura *opcional* 선택 과목

ópera 여 가극, 오페라; 오페라 극장
오뻬라

operable 형 수술 가능한; 실현 가능한
오뻬라블레

operación 여 수술; 조작, 활동, 작용; [군사] [주로 복] 작전, 작전 행동; [상업]거래, 매매; [수학] 연산(演算)
오뻬라시온
una grave *operación* 대수술
operación automática 자동 조작
operación bursátil 주식 거래
operación (de) limpieza 소탕 작전

operacional 형 작전 (행동)의; 연산(演算)의
오뻬라시오날

operador, ra 남여 (수술의) 집도자; [영화·텔레비전] 촬영 기사, 카메라맨; 영사 기사; (기계의) 조작자; 무선 통신사; 전화 교환원
오뻬라도르, 라
남 [수학] 연산자(演算子)

operar 타 수술하다; (어떤 결과를) 가져오다, 초래하다
오뻬라르
operar grandes cambios
큰 변화를 가져오다
operar una curación 치료를 하다
operar un milagro 기적을 가져오다
Lo *operaron* del corazón.
그는 심장 수술을 받았다.

opinión

자 수술을 하다; 작용하다; 행동하다; 작업하다, 일하다; 군사 행동을 하다; 상거래를 하다; [수학] 연산을 하다

operarse

수술을 받다; 일어나다, 발생하다; 나타나다

Mi madre *se operó* (de) las cataratas.
모친께서는 백내장 수술을 받으셨다.

operario, ria
오뻬라리오, 리아
남 여 공원(工員), 작업원

operativo, va
오뻬라띠보, 바
형 효과가 있는, 효과적인; 작업의, 조작의; 활동 중의, 행동 중의
velocidad *operativa* [컴퓨터] 처리 속도

operatorio, ria
오뻬라또리오, 리아
형 수술의
남 여 작업원

opereta
오뻬레따
여 경가극, 오페레타

operístico, ca
오뻬리스띠꼬, 까
형 오페라의

opinable
오삐나블레
형 의론의 여지가 있는

opinar
오삐나르
타 [+que+직설법] …라는 의견이다
Ella *opina que* se debe promover el plan.
그녀는 계획을 추진해야 한다는 의견이다.
¿*Qué opina* usted de este asunto?
이 건에 대해 어떻게 생각하십니까?
자 의견을 말하다, 의견을 가지다
Ella *opina* mal *de* tu hermana.
그녀는 네 누이를 나쁘게 말한다.

opinión
오삐니온
여 의견, 견해; 평판
opinión ajena 타인의 의견
opinión general 일반 견해
opinión pública 여론(輿論)
cambiar de *opinión* 의견을 바꾸다

opio
오삐오
남 아편
guerra del *opio* 아편 전쟁

oponente
오뽀넨떼
형 대항하는
남 여 대항자; 상대방, 적수

oponer
오뽀네르
타 (...에 대항해) 놓다, 대치하다
oponer obstáculos 방해하다
oponer resistencia 저항하다
oponerse
반대하다; 방해하다; (서로) 대립하다; 반대다
oponerse a la boda de *su* hija
딸의 결혼에 반대하다
Las dos fuerzas *se oponen*.
두 세력은 서로 대립하고 있다.
Tu opinión *se opone a* la mía.
네 의견은 나와 정반대다.

oportunamente
오뽀르뚜나멘떼
부 안성맞춤으로, 때를 맞추어

oportunidad
오뽀르뚜니닫
여 기회, 호기, 안성맞춤; [주로 복] 바겐세일
no tener *oportunidad* de visitarla
그녀를 방문할 기회가 없다
aprovechar la *oportunidad*
기회를 이용하다

oportunismo
오뽀르뚜니스모
남 기회주의, 편의주의

oportunista
오뽀르뚜니스따
형 기회주의의, 편의주의의
남 여 기회주의자

oportuno, na
오뽀르뚜노, 나
형 때에 알맞은, 시기 적절한, 적시(適時)의
lluvia muy *oportuna*
매우 시기 적절한 비
momento *oportuno* 알맞은 때
respuesta *oportuna* 적절한 대답

oposición
오뽀시시온
여 반대; 대립, 대항; [집합 명사] 야당 인사, 반대파; ((스페인)) [주로 복] 경쟁 시험; (공무원 채용 등의) 취직 시험
aprobar las *oposiciones* a notario
공증인 채용 시험에 합격하다

óptimo, ma

opositar
오뽀시따르
자 경쟁 시험을 보다
opositar a la cátedra de español
스페인어 교사 채용 시험을 보다

opositor, ra
오뽀시또르, 라
남 여 (경쟁 시험의) 지원자, 수험생; 대립자, 상대자
candidato *opositor* 상대 후보

opresión
오쁘레시온
여 억압, 압제; 압박감

opresivo, va
오쁘레시보, 바
형 억압의; 견디기 힘든, 찌무룩한
gobierno *opresivo* 억압적인 정부
régimen *opresivo* 압제(壓制)
tiempo *opresivo* 찌무룩한 날씨

opresor, ra
오쁘레소르, 라
형 억압하는
남 여 억압하는 사람, 압제자

oprimir
오쁘리미르
타 억누르다, 억압하다, 압박[압제]하다; [단추를] (내리)누르다
oprimir la libertad 자유를 억압하다
oprimir a los débiles
약자를 못살게 굴다[학대하다]

oprobio
오쁘로비오
남 치욕, 오명(汚名)

oprobioso, sa
오쁘로비오소, 사
형 치욕스런, 불명예스러운, 오명의

optar
옵따르
자 선택하다; 지망하다

óptica
옵띠까
여 광학(光學); 안경 제조 기술; 안경점; 시점(視點), 관점(punto de vista)

óptica, ca
옵띠꼬, 까
형 눈의, 시각의; 광학(용)의
nervio *óptico* [해부] 시신경

optimismo
옵띠미스모
남 낙천주의; 낙관(론)

optimista
옵띠미스따
형 낙천적인, 낙관론의
남 여 낙천가

óptimo, ma
옵띠모, 마
형 [bueno의 절대 최상급] 아주 좋은 (반 pésimo)

optoelectrónica 여 전자 광학(電子光學)
옵또엘렉뜨로니까

opuesto, ta 형 반대하는, 적대하는; 대조적인, 반대의;
오뿌에스또, 따 반대측의
ser *opuesto* a toda reforma
모든 개혁에 반대다

opulencia 여 (육체의) 풍만함; 풍부함, 부유함
오뿔렌시아

opulento, ta 형 풍만한; 풍족한, 풍부한; 부유한
오뿔렌또, 따 pecho *opulento* 풍만한 가슴
vida *opulenta* 호사스러운 생활

ora 접 때로는 …또 때로는, 혹은 …또 혹은
오라 *Ora* andando, *ora* descansando
때로는 걷기도 하고 또 때로는 쉬기도 하면서

oración 여 기원(의 문구), 기도; [문법] 문(文), 절(節);
오라시온 연설, 식사(式辭)(discurso)
oración compleja [compuesta]
복문(複文)
oración interrogativa 의문문
oración principal 주절(主節)
oración simple 단문(短文)
oración subordinada 종속절
parte de la *oración* 품사(品詞)
toque de *oraciones* 만종(晚鐘)
pronunciar una *oración* fúnebre
조사(弔辭)를 하다
rezar sus *oraciones* 기도를 하다

oracional 형 문(文)의, 절(節)의
오라시오날 complemento *oracional* 보어절

orador, ra 남 여 연설자, 변사(辯士); 웅변가
오라도르, 라 *orador* sagrado 설교가

oral 형 구두(口頭)의, 구전(口傳)의; 입의; 경구
오랄 (經口)의; [언어] (비음에 대해서) 구음(口音)의
anticonceptivo *oral* 경구 피임약
examen *oral* 구두[면접] 시험

lección *oral* (실기에 대해) 강의
literatura *oral* 구승 문학(口承文學)
promesa *oral* 구두 약속

oralmente
오랄멘떼
> 튀 구두로, 입으로

orangután
오랑우땅
> 남 [동물] 오랑우탄

orante
오란떼
> 형 기도하는 자세의
> 남 여 [미술] 기도상(祈禱像)

orar
오라르
> 자 기도하다, 기도를 올리다; 말하다
> *orar por* los muertos
> 죽은 사람들을 위해 기도하다

oratorio, ria
오라또리오, 리아
> 형 웅변술의; 변론의, 연설의; 웅변가의
> tono *oratorio* 연설투
> 남 기도실, 작은 예배당; [음악] 오라토리오
> 여 웅변술; 과장적 문체, 수사(修辭)
> concurso de *oratoria* 웅변 대회

órbita
오르비따
> 여 [천체] 궤도; (활동·영향 등의) 범위; [해부] 눈구멍; [물리] 전자 궤도

orbitador
오르비따도르
> 남 오비터 ((우주 연락선의 본체))

orbital
오르비딸
> 형 궤도의; 눈구멍의
> vuelo *orbital* 궤도 비행

orbitar
오르비따르
> 자 궤도에 오르다, 궤도를 그리다

orden
오르덴
> 남 순서, 순번; 질서, 정돈; (물건의) 성질; 분야, 영역; 서열; [군사] 대형(隊形); [생물] (분류상의) 목(目); [건축] (그리스·로마의) 기둥 구성 양식
> *orden* alfabético 알파벳순
> *orden* corintio [dórico]
> 고린도[도리아]식 양식
> *orden* de palabras 어순(語順)
> *orden* público 치안(治安)
> *orden* social 사회 질서

primer *orden* 일류(一流)

여 명령, 지령; 지시; 주문; [기독교] 수도회; 훈장; 훈위(勳位), 훈등(勳等); [역사] 기사단

orden de compra 주문서
orden de detención [de arresto] 체포장
orden de pago 지불 지시서
orden ministerial 부령(部令)

ordenación
오르데나시온

여 배치, 배열; (그림 등의) 구성; [종교] 서품식; [컴퓨터] 소트, 정렬

ordenado, da
오르데나도, 다

형 정돈된, 질서 있는
남여 (서품을 받은) 성직자
여 [수학] 종좌표(縱座標)

ordenador¹
오르데나도르

남 ((스페인)) 컴퓨터
ordenador de (sobre)mesa
탁상용 컴퓨터
ordenador personal
퍼스널 컴퓨터

ordenador², ra
오르데나도르, 라

형 남 여 질서 있는; 정리하기를 좋아하는 (사람); 명령하는 (사람)

ordenamiento
오르데나미엔또

남 법령; 배치, 배열
ordenamiento escolar 학교 교육법

ordenanza
오르데난사

여 [주로 복], 집합적으로] 법규, 법령(法令)
남여 [집합적으로] (회사의) 사환; 심부름꾼
남 [군사] 당번병(當番兵)

ordenar
오르데나르

타 정리하다, 질서[순서]를 지키다; 명령하다; 집중시키다, 지향하다; [천주교] 서품하다; ((중남미)) (식당 등에서) 주문하다
ordenar un armario 옷장을 정리하다
ordenar reposo completo
절대 안정을 명령하다
ordenar salir inmediatamente
즉시 나가라고 명령하다
ordenarse
정연히 늘어서다; 배치되다; 서품되다

ordeñador, ra
오르데냐도르, 라
형 남 여 젖을 짜는 (사람)
máquina ordeñadora 착유기(搾乳器)
여 착유기(搾乳器)

ordeñar
오르데냐르
타 …의 젖을 짜다; (열매·잎을 따기 위해 …의 가지를) 훑다
ordeñar (a) una vaca
소의 젖을 짜다
ordeñar los olivos
올리브의 열매를 훑어 따다

ordeño
오르데뇨
남 착유(搾乳), 젖짜기
hacer [realizar] el *ordeño*
착유를 하다, 젖을 짜다

ordinal
오르디날
형 순서의
adjetivo numeral *ordinal*
서수 형용사
남 서수(序數)(número *ordinal*)

ordinariamente
오르디나리아멘떼
부 보통으로, 예사로, 통상은; 버릇없이, 무례하게
La cena es *ordinariamente* a las siete. 저녁밥은 늘 일곱 시다.

ordinario, ria
오르디나리오, 리아
형 보통의, 통상의; 일상의, 언제나의; 평범한, 흔해 빠진; 등급이 낮은, 하등(下等)한; 버릇없는, 무례한; 하치의
coche *ordinario* 보통 승용차
correo *ordinario* 보통 우편
lenguas *ordinarias* 일상어
tarifa *ordinaria* 보통 요금

oreja
오레하
여 귀 ((oreja는 귀의 바깥쪽 부분, oído는 청각 기관 전체))

orejera
오레헤라
여 귀덮개; (추위를 막는) 귀걸이

orejón, jona
오레혼, 호나
형 귀가 큰

orejudo, da
오레후도, 다
형 귀가 큰, 귀가 긴

orfanato
오르파나또
남 고아원

orgánico, ca
오르가니꼬, 까
형 기관(器官)의; 유기체의, 유기적인
materia orgánica 유기물

organillero
오르가니예로
남 *organillo* 연주자

organillo
오르가니요
남 수동식 오르간

organismo
오르가니스모
남 [생물] 유기체, 생물; 인체; 기관, 기구
organismos de gobierno
정부 기관
organismos internacionales
국제 기관

organista
오르가니스따
남 여 (파이프) 오르간 연주자

organización
오르가니사시온
여 단체, 조직; 조직화, 편성, 구성
organización de los papeles
서류 준비
Organización Mundial de la Salud
세계 보건 기구, WHO
organización política 정치 단체
facultad de organización 조직력
gastos de organización 창업비

organizado, da
오르가니사도, 다
형 조직화된; 정연한
sociedad organizada
조직화된 사회

organizador, ra
오르가니사도르, 라
형 조직하는
comité organizador 조직 위원회
país organizador 주최국
남 여 조직자; 조정자; 주최자

organizar
오르가니사르
타 조직하다, 편성하다; 설립하다; 주최하다; 계획하다, 준비하다
organizar una manifestación
데모를 조직하다
organizar una empresa
회사를 설립하다

organizar una fiesta 파티를 준비하다
organizarse 조직되다, 편성되다; (조직을) 자발적으로 만들다; (소동 등이) 일어나다

órgano
오르가노

男 [해부] 기관(器官); (기계 일부의) 장치; 기관, 기구; (정당 등의) 기관지; [악기] 오르간, 파이프 오르간; 음경
órgano administrativo
행정 기관; 집행부
órgano de investigación 연구 기관
órgano electrónico 전자 오르간
trasplante de *órganos* 장기 이식

orgásmico, ca
오가스미꼬, 까

형 오르가슴의

orgasmo
오르가스모

男 [생리] 오르가슴, 절정감
llegar al *orgasmo* 오르가슴에 달하다
tener un *orgasmo* 오르가슴을 느끼다

orgullo
오르구요

男 자존심, 긍지, 자랑; 우쭐해 함, 오만(傲慢)
con *orgullo* 자랑스럽게, 만족해서
tener mucho *orgullo*
무척 자랑스럽게 생각하다, 우쭐해 하다
Tengo un gran *orgullo* por mi obra.
나는 내 작품을 대단히 자랑스럽게 생각하고 있다.

orgullosamente
오르구요사멘떼

부 긍지를 가지고, 자랑스럽게; 교만하게, 오만하게

orgulloso, sa
오르구요소, 사

형 (좋은 뜻으로) 자존심이 강한, 긍지가 대단한, 자랑이 대단한; 교만한, 오만한
estar *orgulloso de su* obra
자기의 작품을 자랑으로 여기다
sentirse *orgulloso de su* hija
딸을 자랑스레 생각하다
Ella está muy *orgullosa* con su coche nuevo.
그녀는 새 차를 타고 뻐겼다.

orientación
오리엔따시온

여 방위[위치]의 결정; (건물 등의) 방향; (진로 등의) 방향, 경향; 진로의 결정, 지도, 오리엔테이션
orientación profesional 취직 지도
tener sentido de la *orientación* 방향 감각이 예리하다

orientador, ra
오리엔따도르, 라

형 지도하는

oriental
오리엔딸

형 동쪽의; 동양의 (반) occidental); 근동의; ((남미)) 우루과이의
baile *oriental* 배꼽춤, 밸리 댄스
hemisferio *oriental* 동반구
historia *oriental* 동양사
남 여 동양인; ((남미)) 우루과이 사람

orientalismo
오리엔딸리스모

남 동양학; 동양 취미

orientalista
오리엔딸리스따

남 여 동양학자

orientar
오리엔따르

타 …의 방향을 정하다; 향하다; (진로·방침 등을) 지도하다, 조언하다; 길을 가르치다
orientarse
(자신의) 방향[위치]을 정하다; 향하다; 정세에 밝다

oriente
오리엔떼

남 동쪽, 동방(este) (반) occidente); 동풍; 진주의 광택
el *Oriente* 동양(東洋)
Cercano *Oriente*, *Oriente* Próximo 근동(近東)
Extremo [Lejano] *Oriente* 극동(極東)
Medio *Oriente*, *Oriente* Medio 중동(中東)

origen
오리헨

남 기원, 근원; 원인; 산지; 혈통, 집안, 태생, 가문, 문벌; 출신
origen de la vida 생명의 기원
origen del río 강의 수원(水源)
lugar de *origen* 원산지

país de *origen*
원산국
vino español de *origen*
스페인산 포도주
ser de *origen* noble
귀족 출신이다
ser de *origen* argentino
아르헨띠나 태생이다

original
오리히날

형 원초(原初)의, 맨처음이, 본원(木源)의; 본래의, 본디부터의; 독창적인, 독자(獨自)의; (문헌·작품이) 처음의, 원작(原作)의
autor *original* 원작자(原作者)
cuadro *original* 원작(原作)
forma *original* 원형(原形)
idea *original* 독창적인 생각
남|여 괴짜, 좀 색다른 사람
남 원문, 원서; 원화; 원작, 원전; (그림·사진의) 본인, 당사자, 모델, 실물; [법률] 원본 (documento *original*)

originalmente
오리히날멘떼

부 최초에는, 원래; 독창적으로

originalidad
오리히날리닫

여 독창성, 신선미; 기행(奇行)

originar
오리히나르

타 일으키다, 야기시키다, 가져오다, 초래하다
originarse 원인이 되다, 비롯되다

originariamente
오리히나리아멘떼

부 최초에는, 원래, 본디부터

originario, ria
오리히나리오, 리아

형 출신의; 원산(原産)의; 본디부터의, 원래의, 최초의
país *originario*
출신지; 원산국

orilla
오리야

여 (바다·강 등의) 물가, 연안 지역; 가장자리, 언저리, 가
pasar por la *orilla* del río
냇가[강가]를 산책하다

orín 오린	남 쇠의 녹; 복 오줌(orina) hacer *orines* 소변을 보다
orina 오리나	여 오줌, 소변
orinal 오리날	남 변기; 요강
orinar 오리나르	자 오줌을 누다, 배뇨하다 *orinarse* 실금(失禁)하다, 대소변을 참지 못하고 싸다
ornamentación 오르나멘따시온	여 장식(裝飾)
ornamental 오르나멘딸	형 장식(용)의 objetos *ornamentales* de Navidad 크리스마스 장식물
ornamentar 오르나멘따르	타 장식하다, …에 장식을 하다
ornamento 오르나멘또	남 장식, 장식품; [집합 명사] 미덕(美德); [종교] 제복(祭服)
oro 오로	남 금, 황금; 금화; 재력, 부; 금세공, 금 장식품; 금색(金色), 금빛; [문장] 황금색, 황색(黃色) *oro* bajo 순도가 낮은 금 *oro* nativo 자연금, 사금 *oro* negro 석유(石油) *oro* puro 순금(純金) reloj de *oro* 금시계 siglo(s) de *oro* (스페인 문학사상의) 황금 세기 ((16-17세기)) *No es oro todo lo que reluce.* (속담) 번쩍인다고 모두 금은 아니다.
orquesta 오르께스따	여 오케스트라, 관현악단; 악단
orquídea 오르끼데아	여 [식물] 난초, 난; (특히) 양란(洋蘭)
ortodoxia 오르또독시아	여 정통(성); (그리스·로마의) 정교

oscilador, ra

ortodoxo, xa 오르또독소, 사 | 형 정통적인; [종교] 정통의; (동방) 정교회의
| 남 여 정교회 신자

ortografía 오르또그라피아 | 여 철자(綴字); [문법] 정서법(正書法)

ortografiar 오르또그라피아르 | 타 (정서법에 의해) 철자를 쓰다

ortográfico, ca 오르또그라피꼬, 까 | 형 철자의; 정서법의

ortopedia 오르또뻬디아 | 여 정형외과(학)

ortopédico, ca 오르또뻬디꼬, 까 | 형 정형외과(整形外科)의
| 남 여 정형외과의(整形外科醫)

oruga 오루가 | 여 모충(毛蟲), 애벌레; 무한 궤도

os 오스 | 대 [인칭 대명사 2인칭 복수] [직접 목적어] 너희들을; [간접 목적어] 너희들에게; [재귀 대명사] 너희들 자신
Os invito a una copa.
너희들에게 한잔 내겠다.
Os doy las gracias.
너희들에게 감사한다.

osadamente 오사다멘떼 | 부 대담하게, 과감하게

osadía 오사디아 | 여 대담함, 과감함

osado, da 오사도, 다 | 형 대담한, 과감한

osario 오사리오 | 남 납골당(納骨堂)

óscar 오스까르 | 남 오스카상(賞)

oscilación 오실라시온 | 여 요동, 흔들림; 변동; [물리] 진동

oscilador, ra 오실라도르, 라 | 남 발진기; [물리] 진동자

oscilante
오실란떼
형 흔들리는, 진동하는; 동요하는

oscilar
오실라르
타 (흔들이 등이) 흔들리다, 요동하다, 진동하다; 변동하다; (물가 · 온도 등이) 오르락내리락하다; (마음 · 의견 등이) 동요하다, 흔들리다, 망설이다

oscilatorio, ria
오실라**또**리오, 리아
형 진동하는
movimiento *oscilatorio*
진동 운동

oscuramente
오스**꾸**라멘떼
부 어둡게; 애매 모호하게; 막연히

oscurecer
오스꾸레세르
타 어둡게 하다; (판단력 등을) 흐리게 하다; 애매 모호하게 하다; 못해 보이다
oscurecer la habitación
방을 어둡게 하다
자 해가 지다, 어두워지다; (하늘이) 흐려지다
oscurecerse
흐려지다, 어두워지다; (판단력 등이) 둔해지다

oscurecimiento
오스꾸레시미엔또
남 어둡게 하는 일, 어두어짐

oscuridad
오스꾸리닫
여 어두움; 난해함, 불명료함; 무명, 세상에 알려지지 않는 것; 우매함

oscuro, ra
오스**꾸**로, 라
형 어두운; 어두운 색의; 검으스레한, 검은; 신분이 낮은, 미천한; 무명의, 세상에 알려지지 않은; 불확실한; 흐린; 난해한
color *oscuro* 어두운 색
cuarto completamente *oscuro*
아주 컴컴한 방
noche *oscura* 어두운 밤
Entonces era [estaba] *oscuro*.
그때는 이미 어두워져 있었다.
El cielo está *oscuro*.
하늘이 잔뜩 찌푸려져 있다.

oso, sa
오소, 사
남 여 [동물] 곰
oso blanco 백곰

oso polar 북극곰

ostentación
오스뗀따시온
여 과시, 허식(虛飾); 뻐기기

ostentar
오스뗀따르
타 과시하다, 자랑하다
ostentar sus riquezas
부(富)를 과시하다

ostentoso, sa
오스뗀또소, 사
형 호화스러운, 화려한
fiesta *ostentosa* 호화스러운 파티

ostión
오스띠온
남 [조개] 큰 굴

ostra
오스뜨라
여 [조개] 굴
ostra perlífera 진주패(眞珠貝)

ostrero, ra
오스뜨레로, 라
형 굴의
남여 굴 파는 사람; 굴 따는 사람
남 굴[진주] 양식장
여 굴[진주] 양식장(ostrero)

ostricultor, ra
오스뜨리꿀또르, 라
남여 굴 양식자

ostricultura
오스뜨리꿀뚜라
여 굴양식

osuno, na
오수노, 나
형 곰의, 곰 같은

otoñal
오또냘
형 가을의, 가을 같은
temperatura *otoñal* 가을 같은 기온

otoñar
오또냐르
자 가을을 보내다

otoño
오또뇨
남 가을
en (el) *otoño* 가을에

otorgamiento
오또르가미엔또
남 허락; 수여; 증서(의 작성)

otorgar
오또르가르
타 허락하다; 주다, 수여하다; [법률] (증서를) 작성하다
otorgar el premio 상을 주다
otorgar testamento 유언장을 작성하다

otorrino, na 오또르리노, 나 — 남 여 =otorrinolaringólogo

otorrinolaringología 오또르리놀라링골로히아 — 여 이비인후과(학)

otorrinolaringólogo, ga 오또르리놀라링골로고, 가 — 남 여 이비인후과의(耳鼻咽喉科醫)

otro, tra 오뜨로, 뜨라 — 형 딴, 다른, 별개의; 제이의; 아주 다른
otra película 다른 영화
otra persona 다른 사람
otra taza de café 커피 한 잔 더
ser *otro* don Quijote 제이의 돈 끼호떼가 되다
대 다른 사람; 또 하나; 또 한 사람; 다른 것

oval 오발 — 형 달걀 모양의, 타원형의
cara *oval* 달걀형 얼굴

óvalo 오발로 — 남 타원형; (특히 얼굴의) 달걀형

ovárico, ca 오바리꼬, 까 — 형 난소의; 씨방의

ovario 오바리오 — 남 [해부] 난소; [식물] 씨방

ovaritis 오바리띠스 — 여 단 복 [의학] 난소염

oveja 오베하 — 여 [동물] 암양 (반 carnero); (일반적으로) 양 ((양고기·양가죽은 carnero))
Cada oveja con su pareja.
(속담) 유유상종(類類相從)

ovejero, ra 오베헤로, 라 — 형 양을 치는
남 여 양치기

ovillo 오비요 — 남 실꾸리, 얽힘

ovulación 오불라시온 — 여 배란(排卵)

ovular 오불라르 — 타 [생리] 배란하다
형 배란의

oxidación
옥시다시온
여 산화(酸化)

oxidar
오시다르
타 산화시키다, 녹슬게 하다

óxido
옥시도
남 산화물

oxigenación
옥시헤나시온
여 산소 처리; 환기; (혈액에) 산소 공급

oxigenar
옥시헤나르
타 산소를 첨가하다; 산소 처리하다; (머리카락을) 탈색하다; 환기시키다

oxígeno
옥시헤노
남 [화학] 산소
inhalación de *oxígeno* 산소 공급

oye
오예
oír의 직설법 현재 3인칭 단수; 여보, 여보세요 ((친칭에게))

oyente
오옌떼
형 듣는
남여 듣는 사람; 청강생; 견학자
복 청중; (라디오의) 청취자

oyó
오요
oír의 직설법 부정 과거 3인칭 단수

ozonizador
오소니사도르
형 오존 발생기

ozonizar
오소니사르
타 오존화하다; 오존으로 살균 처리하다

ozono
오소노
남 [화학] 오존
capa de *ozono* 오존층

ozonosfera
오소노스페라
여 [기상] 오존층

P

p
빼
여 뻬 ((스페인어 자모의 열아홉 번째 문자))

pabellón
빠베욘
남 (원추형의) 천막; (성단·침대 등의) 덮개, 뚜껑; (정원 등의) 작은 정자; 별동, 별채; 박람회장 등의) 전시관, 가설 전시장; 병동(病棟); 국기(國旗); 선적(船籍)
Pabellón de Corea 한국관
pabellón de infecciosos 격리 병동
barco de *pabellón* panameño 파나마 선적의 배

pabilo
빠빌로
남 =**pábilo**

pábilo
빠빌로
남 (초의) 심지

pacer
빠세르
자 (가축이) 풀을 먹다
타 (풀을) 먹다

paciencia
빠시엔시아
여 인내, 참음, 견딤; 인내력, 끈기
Estoy perdiendo la *paciencia*.
더 이상 참을 수 없다.
No pierda *paciencia*. 참으세요.
Con paciencia se gana el cielo.
(속담) 모든 것은 기다리는 자의 것이다.

paciente
빠시엔떼
형 인내심이 강한; [문법] 수동의
ser muy *paciente* con los niños
아이들에게 참을성이 많다
남 여 환자

pacientemente
빠시엔떼멘떼
부 참을성 있게, 끈기있게

pacificación
빠시피까시온
여 강화, 화해; 진정, 평정; 중재; 강화 조약

pacificador, ra
빠시피까도르, 라
- 형 평화를 가져오는, 중재하는
- 남여 중재자

pacificar
빠시피까르
- 타 ...에 평화를 가져오다, 평정하다; 중재[조정]하다; 화해시키다; (마음을) 가라앉히다
- 자 /*pacificarse* (바다·바람 등이) 가라앉다, 진정되다, 안정되다

Se ha pacificado el viento.
바람이 가라앉았다.

pacífico, ca
빠시피꼬, 까
- 형 평화스러운, 평온한; 평화를 사랑하는; 온화한

el (Océano) *Pacífico* 태평양
hombre *pacífico* 온화한 남자
revolución *pacífica* 무혈 혁명

pacifismo
빠시피스모
- 남 평화주의, 온건주의

pacifista
빠시피스따
- 형 평화주의의
- 남여 평화주의자

pactar
빡따르
- 타 결정하다, ...에 합의하다; (당국·권력측이) ...에 대해 양보하다
- 자 [+con] (...과) 협정하다; (권력자 등과) 타협하다

pactar con el enemigo
적과 협정을 맺다

pacto
빡또
- 남 협정, 계약; (주로 군사적인) 조약

firmar [hacer] un *pacto* con ...
...와 협정을 맺다

padecer
빠데세르
- 타 (정신적·육체적으로) ...에 괴로워하다, 번민하다, 걱정하다; 병이 나다; (병을) 앓다; 피해를 받다

padecer una enfermedad
병을 앓다

- 자 괴로워하다, 번민하다; 병을 앓다; 피해를 받다; 인내하다, 참다

padecimiento
빠데시미엔또
- 남 (심신의) 고통, 괴로움; 이병(罹病), 병에 걸림

tener un *padecimiento* de hígado
간장병을 앓고 있다

padrastro
빠드라스뜨로
남 계부(繼父), 의붓아버지

padrazo
빠드라소
남 (아이들에게) 여린[무른] 아버지

padre
빠드레
남 아버지, 부친; 창시자, 발명자, 발견자; [종교] 신부; 복 부모, 양친; 선조
padre de dos niños
두 아이의 아버지
padre de familia 가장(家長)
padre de la patria 국부(國父)
caballo *padre* 종마(種馬)
el *padre* Antonio 안또니오 신부
el *padre* de la tragedia 비극의 창시자

padrenuestro
빠드레누에스뜨로
남 [기독교] 주기도문

padrino
빠드리노
남 [천주교] 대부(代父); (결혼식 등의) 곁따르는 사람, 들러리, 입회인; 후원자; 복 대부모(代父母)

padrón
빠드론
남 주민 명부; 오점, 불명예
inscribirse en el *padrón*
주민 등록을 하다

paella
빠에야
여 [요리] 빠에야 ((쌀·야채·고기·해산물 등을 넣은 요리))
paella valenciana 발렌시아 빠에야

paellera
빠에예라
여 paella용 냄비

paga
빠가
여 급료; 지불; 벌, 보상
paga extra (주로 연 2회의) 보너스
paga de Navidad 크리스마스 수당
cobrar la *paga* de este mes
이달의 급료를 받다

pagado, da
빠가도, 다
형 지불을 끝낸; 만족한
Pagado [표시] 지불필

pagador, ra
빠가도르, 라
- 형 돈을 지불하는
- 남 여 지불인

pagano, na
빠가노, 나
- 형 남 여 이교도(의); 돈을 내는 (사람)

pagar
빠가르
- 타 (돈을) 지불하다; ...의 대가를 지불 하다; (...의) 요금을 내다; 보상하다, ...의 보상을 받다
- *pagar* de habitación cien mil wones al mes 방값으로 월 10만원을 내다
- *pagar* la universidad
  대학의 수업료를 내다
- Estoy *pagando* el ordenador a plazos.
  나는 컴퓨터 대금을 분할불하고 있다.
- 자 돈을 지불하다
- *pagarse* de ...을 자만하다, 뽐내다
- 직·부정 과거: *pagué*, pagaste, pagó, pagamos, pagasteis, pagaron
- 접·현재: *pague*, *pagues*, *pague*, *paguemos*, *pagués*, *paguen*

pagaré
빠가레
- 남 약속 어음
- *pagaré* bancario 은행 어음
- *pagaré* no pagado 부도 어음

página
빠히나
- 여 페이지, 쪽; [컴퓨터] 페이지
- leer la primera *página*
  첫 페이지를 읽다
- *página* de Internet, *página* web
  [컴퓨터] 홈페이지

paginación
빠히나시온
- 여 페이지 매기기; 페이지 수

paginar
빠히나르
- 타 (원고 등에) 페이지를 매기다

pago
빠고
- 남 지불(금); 환불; 보답, 보수
- días de *pago* 지불일, 월급날
- hacer un *pago* 지불하다

pagoda
빠고다
- 여 불탑(佛塔), 파고다

país
빠이스

남 나라, 국가; 지방; 국민; (지방의) 주민
복 **países**
país independiente 독립국
Países Bajos 네덜란드
¿De qué *país* es usted?
어느 나라 태생입니까?

paisaje
빠이사헤

남 경치, 경색, 풍경; 풍경화
paisaje natural 자연 풍경

paisajista
빠이사히스따

남 여 풍경 화가

paisajismo
빠이사히스모

남 풍경화; 조원술(造園術)

paisajístico, ca
빠이사히스띠꼬, 까

형 풍경의

paisano, na
빠이사노, 나

형 동향의, 같은 나라의
남 여 동향인, 동포; 시골 사람, 농민; (군인에 대해) 민간인, 일반 시민

paja
빠하

여 짚, 보리짚, 밀짚

pájara
빠하라

여 종이 비행기

pajarero, ra
빠하레로, 라

남 여 새를 키우는[파는] 사람

pajarita
빠하리따

여 종이로 접은 새; 나비 넥타이

pajarito
빠하리또

남 [pájaro의 축소사] 작은 새

pájaro
빠하로

남 새, 작은 새 ((ave 큰 새))
matar dos *pájaros* de un tiro
일석이조(一石二鳥)다
Más vale pájaro en mano que cien(to) volando.
(속담) 숲 속의 두 마리 새보다 수중의 새 한 마리가 실속이 있다, 남의 돈 천 냥보다 제 돈 한 냥.

pala
빨라

여 [연장] 삽; 라켓

palabra
빨라브라

여 단어; [주로 복] 말, 발언; 발언권; 약속; 웅변; 언어 능력
libertad de *palabra(s)* 언론의 자유
No entiendo ni una *palabra*.
나는 한 마디도 이해하지 못하겠다.
¿Cómo se escribe esa *palabra*?
그 단어는 어떻게 씁니까?
Carlos es hombre de *palabra*.
까를로스는 약속을 지키는 남자다.

palacio
빨라시오

남 궁전; 대저택
palacio de artes bellas 미술관
Palacio de Congreso(s) 국회 의사당
palacio presidencial 대통령 관저
palacio real 왕궁

paladar
빨라다르

남 [해부] 입천장, 구개(口蓋); 미각; (예술적인) 센스, 미적 감각

palanca
빨랑까

여 지레; 핸들; 레버

palatal
빨라딸

형 입천장의; [언어] 경구개음의
여 경구개음

palco
빨꼬

남 (극장 등의) 칸막이석(席)
palco de autoridades [de honor]
로열 박스

palestino, na
빨레스띠노, 나

형 팔레스타인(Palestina)의
남 여 팔레스타인 사람

paleta
빨레따

여 [미술] 팔레트; (미장이의) 흙손

paletilla
빨레띠야

여 견갑골(肩胛骨); [요리] (돼지의) 어깻살

palidecer
빨리데세르

자 (얼굴이) 창백해지다; (색이) 연해지다; (빛이) 약해지다; 생기를 잃다; (세력 등이) 약해지다

palidez
빨리데스

여 창백함; 어스름한 빛

pálido, da
빨리도, 다

형 (안색이) 창백한; (색이) 연한; (빛이) 약한; 생기를 잃은

ponerse *pálido* 창백해지다

palillo
빨리요
남 이쑤시개; (북의) 채; 복 [플라멩코] 캐스터네츠; 복 젓가락; (조상용의) 주걱; 가느다란 막대기

paliza
빨리사
여 세게 때림, 후려침; 소모; 완패
pegar [dar] a *uno* una *paliza*
…를 세게 치다, 후려치다

palma
빨마
여 손바닥; [식물] 종려, 야자; 영광, 승리; 복 박수; 손박자

palmada
빨마다
여 손바닥으로 때리기

palmo
빨모
남 [길이의 단위] 엄지손가락과 새끼손가락을 편 길이 ((약 21센티미터))

palmotear
빨모떼아르
자 박수를 치다, 손바닥을 치다
타 (친근의 표시로) …의 어깨를 툭툭치다

palo
빨로
남 (주로 목재의) 막대기, 몽둥이; 목재; 돛대; 몽둥이로 구타; 타격; [야구] 배트; 셰리주의 일종; ((남미)) 음주
De tal palo, tal astilla.
(속담) 부전자전(父傳子傳)

paloma
빨로마
여 [조류] (암)비둘기

palomar
빨로마르
남 비둘기집

palomita
빨로미따
여 [주로 복] 팝콘

palomo
빨로모
남 [조류] 수비둘기

palpable
빨빠블레
형 만질 수 있는; 실체가 있는; 명백한

palpación
빨빠시온
여 촉진(觸診); 만지는 일

palpar
빨빠르
타 만지다, 손으로 만져 보다; [의학] 촉진하다; 확실히[분명히] 하다

palpitación
빨삐따시온
여 고동(鼓動), 가슴이 두근거림; [의학] 동계(動悸), 심장이 두근거림

palpitante
빨삐딴떼
형 가슴이 두근거리는

palpitar
빨삐따르
자 (심장이) 고동 치다; (가슴이) 두근거리다

pálpito
빨삐또
남 예감(豫感)

pampa
빰빠
여 팜파 ((아르헨띠나의 대초원))

pan
빵
남 빵; [기독교] 성체의 빵; 얇은 조각; 식량, 생활의 양식; 덩어리, 단단한 것; 밀, 소맥(trigo)
pan de molde, *pan* inglés 식빵
pan de oro 금박(金箔)
pan de vida [del cielo] 성체(聖體)
comer *pan* con mermelada
빵에 잼을 발라 먹다

panacea
빠나세아
여 만병 통치약

panadería
빠나데리아
여 빵집; 제빵업

panadero, ra
빠나데로, 라
남 여 빵 제조자; 빵장수

panal
빠날
남 벌통, 벌집

panamá
빠나마
남 파나마 모자

Panamá
빠나마
남 [국명] 파나마; [지명] 파나마 ((파나마의 수도))
Canal de *Panamá* 파나마 운하

panameño, ña
빠나메뇨, 냐
형 파나마(인)의
남 여 파나마 사람

panamericano, na
빠나메리까노, 나
형 범아메리카의
la *Panamericana* 팬아메리컨 하이웨이

panamericanismo
빠나메리까니스모
남 범아메리카주의

pancarta
빵까르따
여 플래카드

panceta
빤세따
여 [요리] (돼지의) 삼겹살

pancho, cha
빤초, 차
형 온순한, 얌전한; 무기력한

páncreas
빵끄레아스
남 단 복 [해부] 췌장

pancreático, ca
빵끄레아띠꼬, 까
형 췌장의

pancreatitis
빵끄레아띠띠스
여 [의학] 췌장염

panda
빤다
여 (남) [동물] 팬더(oso *panda*)

Pandora
빤도라
여 [그리스 신화] 판도라
caja de *Pandora* 판도라 상자

pandorga
빤도르가
여 뚱뚱한 여자; 연(cometa)

panecillo
빠네시요
남 소형 빵

panel
빠넬
남 [건축] 패널; (문의) 경판(鏡板); (광고 등의) 표시판; 계기반(計器盤)

panelista
빠넬리스따
남 여 패널리스트; 시청율의 조사 대상자

panero, ra
빠네로, 라
형 빵을 좋아하는
남 대형 빵 광주리
여 (식탁에 놓는) 빵 광주리

panfleto
빤플레또
남 선전용 팸플릿, 소책자; 비방 문서

pánico, ca
빠니꼬, 까
남 공황

panificación
빠니피까시온
여 빵 제조

panificadora
빠니피까도라
여 제빵소, 빵 굽는 곳

panocha
빠노차
여 이삭

panoja
빠노하
여 =**panocha**

panorama
빠노라마
남 전경, 전망; (문제 등의) 개관; 파노라마, 회전화(回轉畵)
panorama de la economía 경제 전망

panorámico, ca
빠노라미꼬, 까
형 전경의, 전망의
coche *panorámico* 전망차
vista *panorámica* de una ciudad
도시의 건경(全景)
여 전경, 개관(槪觀)

panqueque
빵께께
남 ((중남미)) 전병, 부침개

pantalla
빤따야
여 영사막, 스크린; (텔레비전 등의) 화면; 영화계; (전등의) 갓; 차폐물(遮蔽物)

pantalón
빤딸론
남 [주로 복] 바지, 팬츠; 여성용 속 바지
pantalón corto 반바지
llevar *pantalones* 바지를 입고 있다
ponerse *pantalones* 바지를 입다
llevar [ponerse] los pantalones
(가정에서) 주도권을 쥐고 있다,
엄처시하(嚴妻侍下)다

pantanal
빤따날
남 늪지

pantano
빤따노
남 늪, 수렁, 진구렁; (댐의) 저수지

pantanoso, sa
빤따노소, 사
형 늪지의, 습지의; 수렁 같은

panteón
빤떼온
남 판테온 ((고대 그리스의 신전)); (가족을 합사하는) 영묘(靈廟); ((중남미)) 묘지

pantera
빤떼라
여 [동물] 검은 표범; ((중미)) 재규어

pantomima
빤또미마
여 판토마임, 무언극; 몸짓, 손짓; 과장된 동작

pantomimo, ma
빤또미모, 마
남 여 판토마임 배우

pantorilla
빤또리야
여 종아리, 장딴지

pantufla
빤뚜플라
여 ((주로 중남미)) 슬리퍼, 실내화

pantuflo
빤뚜플로
남 =**pantufla**

panty
빤띠
남 [주로 복] 팬티스타킹 (복) pantys)

panza
빤사
여 불룩한 배, 올챙이배, 똥배; (그릇 등의) 불룩한 부분; (반추 동물의) 첫 번째 위

panzudo, da
빤수도, 다
형 배가 나온, 올챙이배의, 똥배의

pañal
빠날
남 [주로 복] 기저귀
pañales desechables [descartables] 종이 기저귀
cubierta de *pañales* 기저귀 커버
cambiar el *pañal* 기저귀를 갈다
llevar *pañales* 기저귀를 차고 있다
poner el *pañal* [los *pañales*] 기저귀를 채우다

pañería
빠녜리아
여 옷감 가게; 옷감, 복지(服地)

pañero, ra
빠녜로, 라
남 여 옷감 가게 주인

paño
빠뇨
남 천, 포목; 타월; 행주; 걸레
paño de altar 제단포(祭壇布)
paño higiénico 생리용 냅킨
secar los platos con el *paño* 행주로 접시를 닦다
secarse con el *paño* 타월로 몸을 닦다

pañol
빠뇰
남 [선박] (식량·탄약용 등의) 선창(船倉)

pañoleta
빠뇰레따
여 (여성의 삼각형 방한·장식용의) 숄, 스카프; (투우사의) 넥타이

pañuelo
빠뉴엘로
남 손수건; (호주머니) 티슈 ((얇은 가제용 종이)); 스카프

pañuelo de bolsillo
호주머니 손수건
sonarse con el *pañuelo*
손수건으로 코를 풀다

papa
빠빠
여 ((주로 중남미)) 감자(patata); [주로 복] 죽(papilla); 수프
남 아빠(papá)

Papa
빠빠
남 [천주교] 교황(敎皇)

papá
빠빠
남 아빠; 복 엄마와 아빠

papable
빠빠블레
형 교황 후보의

papado
빠빠도
남 교황의 직위[재임 기간]; 교황제

papagayo
빠빠가요
남 [조류] 앵무새

papal
빠빨
형 교황의

papamóvil
빠빠모빌
남 교황 전용차

paparazzi
빠빠라치
남 복 파파라치 ((유명인을 쫓아다니는 카메라맨))

papaya
빠빠야
여 [과실] 파파야

papayo
빠빠요
남 [식물] 파파야(나무)

papel
빠뻴
남 종이; (쓰거나 인쇄된) 종이; 종이 모양의 것; 종이 조각; [주로 복] (신분 증명 등의) 서류; 복 신문; 지폐; [상업] 유가 증권; 어음; [연극] 역; 역할, 임무
un *papel*, una hoja de *papel*
종이 한 장
papel principal [연극] 주역(主役)
papel secundario [연극] 조연
papel sellado [timbrado]

인지가 첨부된 서류
envolver en *papel* 종이로 포장하다
escribir en un *papel* 종이에 쓰다
hacer [representar] el *papel* de malo 악역을 하다
salir en los *papeles* 신문에 게재하다

papelera
빠뻴레라

여 휴지통, 쓰레기통 ((옥내·옥외용)); 책상; 제지 공장

papelería
빠뻴레리아

여 지물포; 문방구점

papelero, ra
빠뻴레로, 라

형 종이의
industria *papelera* 제지업
남 여 제지 업자, 종이 판매 업자

papeleta
빠뻴레따

여 종이 조각; 용지; 투표 용지

papila
빠삘라

여 [해부] 젖꼭지, 유두(乳頭)

papilar
빠삘라르

형 젖꼭지의, 젖꼭지 같은

papilla
빠삐야

여 (어린아이 등에게 주는) 죽

paquete
빠께떼

남 소포; 소화물; 포장; (종이 등의) 뭉치, 다발, 단, 묶음; [인쇄] 조판
paquete postal 우편 소포
paquete bomba 소포 폭탄
enviar por *paquete* 소포로 보내다
hacer *paquetes* de …
…을 포장하다, 짐을 꾸리다

paquistaní
빠끼스따니

형 파키스탄(Pakistán)(인)의
남 여 파키스탄 사람

par
빠르

형 짝수의, 우수(偶數)의; 동등한; [해부] (기관이) 좌우 대칭의
día *par* 짝수 날
número *par* 짝수, 우수
남 (같은 종류의 것) 두 개; 한 쌍, 한벌 ((남

녀·암수 한 쌍은 pareja)); [골프] 파
un *par* de huevos 달걀 두 개
un *par* de euros 2유로
un *par* de zapatos 구두 한 켤레
tres golpes sobre [bajo] *par*
쓰리 오버[언더] 파
여 [경제] 평가, 비교 가격; 태반(胎盤)

para
빠라

전 ...을 위해서, ...을 위한; ...용(用)의; ...에게(는); ...에 대해; ...로 향해; [기한] ...까지; ...에 비해서; [결과] ...해서 ...하다
¿*Para* qué trabajas tanto?
무엇을 위해 그렇게 많이 일하느냐?
Esto es *para* usted.
이것은 당신 몫이다.
Para mí es un gran problema.
나한테는 큰 문제다.
Esta cama es *para* mi hija.
이 침대는 내 딸의 것이다.
Mañana parto *para* España.
나는 내일 스페인으로 출발한다.
Lo aplazaron *para* el sábado.
그것은 토요일까지 연기되었다.
José se detuvo *para* encender un cigarrillo.
호세는 멈추어 서서 담배에 불을 붙였다 (불을 붙이기 위해 멈추어 섰다).
***para* + 동사 원형** ...하기 위해, ...하도록
Vamos pronto *para* no llegar tarde.
지각하지 않도록 빨리 갑시다.
***para que* + 접속법** ...하도록, ...하기 위해
Lo traigo *para que* lo veas.
네가 보도록 그것을 가져왔다.

parabién
빠라비엔

남 [주로 복] (성공에 대한) 축사

parabrisas
빠라브리사스

남 단 복 (자동차 등의) 앞 유리; 바람막이

paracaídas
빨라까이다스
남 단 복 낙하산

paracaidismo
빠라까이디스모
남 낙하산 강하 기술; 스카이다이빙

paracaidista
빠라까이디스따
남 여 낙하산병; 스카이다이버
división de *paracaidistas*
공정 부대, 낙하산 부대

parachoques
빠라초께스
남 단 복 [자동차] 범퍼, 완충 장치; [철도·기계] 완충기

parada
빠라다
여 정지, 정차, 정거; (버스·시내 전차의) 정류소; 퍼레이드, 열병(식)
parada brusca 급정거
parada de taxis 택시 승강장
parada militar 군사 퍼레이드
Bajo en la próxima *parada*.
나는 다음 정류소에서 내립니다.

paradero
빠라데로
남 거소(居所), 거처, 주소

parado, da
빠라도, 다
형 멎은, 정지된; 실업(失業)의, 일자리를 잃은; 사업이 정지된; 활발하지 못한
El reloj está *parado*.
시계가 멈춰 있다.
La fábrica está *parada*.
공장이 조업을 중지하고 있다.
Ella tiene al marido *parado*.
그녀의 남편은 실업중이다.
남 여 ((스페인)) 실업자

paradoja
빠라도하
여 역설, 파라독스; 부조리

paradójico, ca
빠라도히꼬, 까
형 역설적인

parador
빠라도르
남 (스페인의) 국영 관광 호텔

paraestatal
빠라에스따딸
형 반관반민(半官半民)의
empresa *paraestatal*
공기업, 반국영 기업

parafina
빠라피나
여 [화학] 파라핀
aceite de *parafina* 파라핀유

parágrafo
빠라그라포
남 =**párrafo**

paraguas
빠라구아스
남 단 복 우산
paraguas plegable 접는 우산
abrir el *paraguas* 우산을 펴다
cerrar el *paraguas* 우산을 접다

Paraguay
빠라구아이
남 [국명] 빠라구아이, 파라과이
((수도: Asunción))

paraguayo, ya
빠라구아요, 야
형 빠라구아이(인)의
남 여 빠라구아이 사람

paragüero
빠라구에로
남 우산꽂이

paraíso
빠라이소
남 천국; (지상의) 낙원, 무릉도원
paraíso perdido 실락원
ir al *paraíso* 천국에 가다

paralela
빠랄렐라
여 평행선; 복 [체조] 평행봉

paralelamente
빠랄렐라멘떼
부 평행으로

paralelo, la
빠랄렐로, 라
형 평행한; 대응한; 유사한
남 대비; 조합(照合); [지리] 위선
paralelo 38 38도선
en *paralelo* 평행으로; [전기] 병렬의[로]

paralimpiada
빠랄림삐아다
여 [주로 복] 파랄림픽, 국제 신체 장애인 체육 대회

paralímpico, ca
빠랄림삐꼬, 까
형 파랄림픽의

parálisis
빠랄리시스
여 단 복 마비; 중풍; 마비 상태
parálisis completa 전신 불수
parálisis infantil 소아마비

paralítico, ca
빠랄리띠꼬, 까
형 남 여 신체가 마비된 (사람)

paralización
빠랄리사시온
여 마비; 기능 정지

paralizante
빠랄리산떼
형 마비 작용이 있는

paralizar
빨랄리사르
타 마비시키다
paralizarse 마비되다

paramilitar
빠라밀리따르
형 군대식의; 군용(軍用)의

paranieves
빠라니에베스
남 단 복 방설책(防雪柵), 방설림

paraolimpiada
빠라올림삐아다
여 =**paralimpiada**

paraolímpico, ca
빠라올림삐꼬, 까
형 =**paralímpico**

parar
빠라르
자 멈추다, 서다, 정지하다; 중단하다; 숙박하다; 결과가 …이 되다
Pare aquí.
(택시에서) 여기서 세워 주세요
¡Para! 정지!
타 세우다, 정지시키다; 저지하다, 막다; (상대의 검 등을) 막아내다, 받아내다; 받아넘기다
parar su coche 차를 세우다
parar el balón (골키퍼가) 공을 막아내다
pararse 서다, 멈추다, 정지하다
El reloj se ha parado.
시계가 멈추었다.

pararrayos
빠라르라요스
남 단 복 피뢰침

parasitar
빠라시따르
타 …에 기생하다
자 [+en] (…에) 기생하다

parasitario, ria
빠라시따리오, 리아
형 기생 생물의
enfermedad parasitaria 기생충병

parasiticida
빠라시띠시다
여 기생충약

parásito, ta
빠라시또, 따
형 기생하는
insecto parásito 기생충

planta *parásita* 기생 식물
남 기생 생물; 복 [방송] 잡음
남 여 군식구, 기식자, 식객

parasitosis
빠라시또시스
여 단 복 기생충증

parasol
빠라솔
남 파라솔, 양산

paratifus
빠라띠푸스
여 [의학] 파라티푸스

parcela
빠르셀라
여 (토지의) 구획; 분양지

parcelación
빠르셀라시온
여 구분(區分)

parcelar
빠르셀라르
타 구분하다, 분양하다

parcelario, ria
빠르셀라리오, 리아
형 구분의; 분양지의

parcelero, ra
빠르셀레로, 라
남 여 (소규모의) 자작농(自作農)

parche
빠르체
남 (의류 등의) 기움, 이음; 고약; 안대; (그림의) 수정

parcial
빠르시알
형 부분적인, 일부분의; 불완전한; 불공평한, 치우친
éxito *parcial* 부분적인 성공
negación *parcial* 부분 부정
남 중간 시험(examen *parcial*); [운동] 중간 스코어
여 [주로 복] 보궐 선거(elección *parcial*)

parcialidad
빠르시알리닫
여 불공평, 편애, 편파, 역성; 당파
parcialidad carlista 까를로스파

parcómetro
빠르꼬메뜨로
남 =**parquímetro**

pardo, da
빠르도, 다
형 갈색의; (하늘이) 어두운, 흐린
ojos *pardos* 갈색 눈
남 갈색; [동물] 표범

parecer
빠레세르

자 ...처럼 보이다, ... 같다; ... 닮다, 비슷하다
Esa película *parece* interesante.
그 영화는 재미있는 것 같다.
¿Qué te *parece*?
네 생각은 어떻느냐?
¿Qué le *parece* Seúl?
서울은 어떻습니까?
Parece que va a llover.
비가 내릴 것 같다.
No *parece que* llueva.
비가 내릴 것 같지 않다.
Me *parece que* ella ya no viene.
내 생각에는 그녀는 이제 안 온다.
parecerse (서로) 닮다
Ella *se parece* mucho a su madre.
그녀는 어머니를 많이 닮았다.
남 의견, 견해
Soy del mismo *parecer* que tí.
나는 너와 같은 의견이다.
직·현재: parezco, pareces, parece, parecemos, parecéis, parecen
접·현재: parezca, parezcas, parezca, parezcamos, parezcáis, parezcan

parecido, da
빠레시도, 다

형 닮은, 비슷한
niña muy *parecida* a su madre
어머니를 많이 닮은 여아
La madre y la hija son muy *parecidas* en los ojos.
어머니와 딸이 눈이 많이 닮았다.
남 닮은 점, 비슷한 점, 유사

pared
빠렏

여 벽, 담; (기관·그릇의) 내벽(內壁); (산의) 벽면(壁面)
pared abdominal 위벽(胃壁)
colgar un cuadro en la *pared*
벽에 그림을 걸다

Las paredes oyen.
(속담) 낮말은 새가 듣고 밤말은 쥐가 듣는다, 벽에 귀가 있다.

pareja
빠레하
여 한 쌍의 남녀; (특히) 부부, 약혼자; (동물의) 한 쌍; 짝진 것의 한 쪽; 연인, 파트너; (경찰관·치안 경비대의) 2인조, 콤비
Ellos hacen muy buena *pareja*.
그들은 아주 잘 어울리는 한 쌍이다.
He perdido la *pareja* del calcetín.
나는 양말 한 짝을 잃었다.

parentela
빠렌뗄라
여 [집합 명사] 혈족 관계, 인척 관계

parentesco
빠렌떼스꼬
남 혈연 관계, 친척 관계

paréntesis
빠렌떼시스
남 단 복 삽입구; 중단

parida
빠리다
형 산후(産後)의, 출산 직후의
여 산부(産婦), 임산부

paridad
빠리닫
여 동일성, 동등성; [경제] (외국 통화와의) 평가, 등가, 패리티
paridad de cambio 환 평가
paridad del poder adquisitivo 구매력 평가

pariente[1]
빠리엔떼
남 여 친척, 일가
pariente cercano 가까운 친척
pariente lejano 먼 친척
형 친척의; 유사한

pariente[2], **ta**
빠리엔떼, 따
남 여 ((스페인)) 남편, 아내

parihuela
빠리우엘라
여 [주로 복] 들것, 담가(camilla); 들것 모양의 운반 도구

parir
빠리르
자 타 (동물이 새끼를) 낳다; (사람이) 출산하다; (작품 등을) 새로 만들어내다; (심중을) 나타내다, 표현하다
parir cinco crías 새끼 다섯 마리를 낳다

parir una novela 소설을 쓰다

parisién
빠리시엥
형 남 여 =**parisiense**

parisiense
빠리시엔세
형 파리(París)의
남 여 파리 사람

parisino, na
빠리시노, 나
형 남 여 =**parisiense**

paritorio
빠리또리오
남 ((스페인)) 분만실

párkinson
빠르낀손
남 파킨슨병

Párkinson
빠르낀손
남 [인명] 파킨슨
enfermedad de *Párkinson* 파킨슨병

parkinsoniano, na
빠르낀소니아노, 나
형 파킨슨병의; 파킨슨 증후군의
síndrome *parkinsoniano*
파킨슨 증후군

parkinsonismo
빠르낀소니스모
남 파킨슨병, 파킨슨 증후군

parlamentar
빠를라멘따르
자 (휴전 등의) 교섭을 하다, 절충하다

parlamentario, ria
빠를라멘따리오, 리아
형 의회(제)의
debates *parlamentarios* 국회 토론
democracia *parlamentaria*
의회 민주주의
regimen *parlamentario* 의회 제도
남 여 국회 의원; 휴전 교섭 사절

parlamentarismo
빠를라멘따리스모
남 의회주의, 의회 제도[정치]

parlamento
빠를라멘또
남 의회, 국회; 국회 의사당; 교섭
Parlamento Europeo 유럽 의회

parlanchín, china
빠를란친, 치나
형 수다스러운, 말이 많은; 입이 가벼운
남 여 수다쟁이

parlar
빠를라르
자 타 (공연한 말을) 지껄이다

parlotear
빠를로떼아르
자 수다를 떨다

parloteo
빠를로떼오
남 수다, 잡담

paro
빠로
남 멈추는 일, 정지; 실업(失業); 실업 보험급부금; 조업 정지; 공장 폐쇄; ((주로 중남미)) 스트라이크, 파업
paro automático 자동 정지
paro cardíaco 심장 정지
paro estacional 계절적 실업
obrero en *paro* 실업자
estar en *paro* 실업중이다

parpadear
빠르빠데아르
자 눈을 깜박이다; 떨다

parpadeo
빠르빠데오
남 (눈을) 깜박임, 윙크

párpado
빠르빠도
남 눈꺼풀

parque
빠르께
남 공원; (성 등의) 정원
parque de atracciones
(탈것 등이 있는) 유원지
parque infantil 어린이 놀이터
parque nacional 국립 공원
parque provincial 도립 공원
pasear(se) por el *parque*
공원을 산책하다

parquímetro
빠르끼메뜨로
남 주차 미터기

parra
빠르라
여 포도 시렁; 시렁에 재배하는 포도

párrafo
빠르라포
남 단락, 절(節); [인쇄] 절[단락]의 기호((§)); [법률] 항

parral
빠르랄
남 포도 시렁; 포도원

parricidio
빠르리시디오
남 근친자(近親子) 살인 ((특히 부모, 배우자))

parrilla
빠르리야
여 [요리] 석쇠구이; 석쇠구이 식당
carne a la *parrilla* 석쇠구이 고기

parrillada
빠르리야다
여 석쇠구이

párroco
빠르로꼬
남 (작은 교구의) 주임 신부

parroquia
빠르로끼아
여 [천주교] (소)교구; (소)교구 교회; [집합 명사] 소교구 (교회)에 속하는 신자; [집합 명사] 고객, 단골 손님

parroquial
빠르로끼알
형 (소)교구의

parroquiano, na
빠르로끼아노, 나
형 소교구의
남여 소교구 신자; 고객, 단골 손님

parte
빠르떼
여 부분; 할당, 배당, 몫; 분담; 장소; (당파 등의) 측; (당사자의) 일방(一方); (가계의) ...계(系); [연극·음악] 역, 파트; 복 (주로 남성의) 생식기, 국소(局所)
una *parte* del edificio 건물의 일부
la *parte* obrera 노동자측
ambas *partes* 양자, 양측
la primera *parte* de una novela
소설의 제1부[전편]
primo por [de] *parte* de madre
이종 사촌
dividir en dos *partes*
두 부분으로 나누다
tomar parte en ... ...에 참가[참여]하다
tomar parte en una manifestación
데모에 참가하다
남 (공적인) 보고서; [방송] 뉴스 (프로그램)
parte de defunción
(의사가 쓰는) 사망 증명서
parte de médico 진단서

partero, ra
빠르떼로, 라
남여 ((주로 중남미)) 산파, 조산부

partición
빠르띠시온
여 (유산 등의) 분배; [수학] (집합의) 분할; [컴퓨터] 파티션

participación
빠르띠시빠시온
여 참가, 관여; (출자 등의) 분담; (결혼 등의) 통지, 청첩장; [경제] (시장의) 점유율; 자본 참가

participante
빠르띠시**빤**떼
형 참가하는
atletas *participante*s 참가 선수
país *participante* 참가국
남 여 참가자, 응모자

participar
빠르띠시**빠**르
자 참가하다, 관여하다; 공유하다
participar en la dirección
경영에 참가하다
participar en un congreso
학회에 참가하다
타 알리다, 통지[통보]하다

partícipe
빠르띠시뻬
형 참가하는
남 여 참가자

participio
빠르띠시삐오
남 [문법] 분사
participio (de) pasado 과거 분사
participio (de) presente 현재 분사

partícula
빠르띠**꿀**라
여 미립자; [물리] 입자
partícula elemental 소립자

particular
빠르띠꿀라르
형 독특한; 특유의; **특별한**; 개인적인, 사적인; 개개의, 개별의
carácter *particular* 독특한 개성
circunstancias *particulares*
특별한 사정
costumbre *particular* 독특한 습관
interés *particular* 개인의 이익
profesor *particular* 가정 교사
de particular 특별한
(No hay) Nada *de particular*.
특별히 변한 것이 없습니다.
en particular 특히, 유난히, 그중에서도
Este verano *en particular* ha llovido mucho.
금년 여름은 특히 비가 많이 내렸다.
남 여 일개인, 일반인

| | 남 문제, 사정, 사항, 일(의 형편) |

particularidad
빠르띠꿀라리닫
여 독자성, 특수성; 특징

particularismo
빠르띠꿀라리스모
남 개인주의

particularizar
빠르띠꿀라리사르
타 특징을 부여하다; 상세히 말하다
자 개개의 것을 언급하다

particularmente
빠르띠꿀라르멘떼
부 특히; 개별적으로

partida
빠르띠다
여 출발(salida); (발송·주문하는 상품의) 일정량; (사람의) 무리, 단체, 그룹; [등산] 일행; (교회·관공서의) 호적 (초본·등본); (골프 등의) 시합; (장부·예산의) 항목; 방법
una *partida* de turistas
관광단
partida de nacimiento
출생 증명서, 호적 등본
partida asignada a educación
교육비
fecha de *partida*
출발일
(contabilidad por) *partida* doble
복식 부기

partidario, ria
빠르띠다리오, 리아
형 지지하는, 신봉하는
남 여 지지자, 신봉자; 자기편
partidario de la medicina coreana
한방(韓方) 신봉자

partidismo
빠르띠디스모
남 당파주의

partidista
빠르띠디스따
형 당파심이 강한
남 여 당파주의자

partido
빠르띠도
남 정당; 당파; (특히 구기의) 시합; (대전하는) 팀; (지위·집안으로 택하는) 결혼 상대; 관할구
partido comunista 공산당
partido de la oposición 야당

partido del gobierno 여당
partido demócrata 민주당
partido republicano 공화당
partido socialista 사회당
partido único 일당 독재
formar *partido* 당파를 만들다
jugar en el *partido* 시합에 나가다
jugar un *partido* de tenis
테니스 시합을 하다
Hoy hay *partido* de béisbol.
오늘 야구 시합이 있다.

partir
빠르띠르

자 출발하다
partir para Seúl 서울로 출발하다
partir de Madrid 마드리드를 출발하다
타 분할하다, 나누다, 분배하다; 쪼개다
partir un papel en dos
종이를 둘로 자르다
partir un pastel entre los niños
케이크를 아이들에게 나누다
a partir de ... ...부터(desde)
A partir de hoy estamos en las vacaciones de invierno.
오늘부터 겨울 방학이다.

partisano, na
빠르띠사노, 나

남 여 유격대, 파르티잔, 빨치산

partitura
빠르띠뚜라

여 [음악] 총보, 악보

parto
빠르또

남 출산, 분만; 창작
parto normal 정상 분만
parto difícil [*laboroso*] 난산(難産)
parto sin dolor 무통 분만

paturienta
빠뚜리엔따

형 분만 중의
여 임산부

parvulario
빠르불라리오

남 유치원; [집합 명사] 유치원아

| **parvulista**
빠르불리스따 | 남 여 유치원 선생 |

párvulo, la
빠르불로, 라
- 형 어린; 유치(幼稚)한
- 남 여 유아(幼兒), 유치원아
- escuela [colegio] de *párvulos* 유치원

pasa
빠사
- 여 건포도

pasada
빠사다
- 여 통과; 작업, 처리; 마무리, 끝손질; [재봉] 시침질

pasadera
빠사데라
- 여 (냇물을 건너는) 징검돌; (배와 육지를 연결하는) 발판, 널판지

pasadero, ra
빠사데로, 라
- 형 건너기 쉬운

pasadizo
빠사디소
- 남 샛길

pasado¹
빠사도
- 남 과거, 옛날; 탈주병, 투항병; 선조(先祖); [문법] 과거

pasado², da
빠사도, 다
- 형 과거의, 지난
- año *pasado* 작년
- días *pasados* 지난 날들
- mes *pasado* 지난 달
- vida *pasada* 과거의 생활
- Olvidemos lo *pasado*.
  지난 일을 잊읍시다.

pasador
빠사도르
- 남 (여성의 장식용의) 핀, 비녀; 안전핀; 넥타이 핀; 커프스 단추; (문 등의) 고리, 빗장, 걸쇠

pasaje
빠사헤
- 남 (탈것의) 표; [집합 명사] (배·비행기의) 승객; 통로; (문학 등의) 일절(一 節)

pasajero, ra
빠사헤로, 라
- 남 여 승객, 여객
- avión de *pasajeros* 여객기
- tren de *pasajeros* 여객 열차
- ¡Señores *pasajeros*, al tren!
  승객 여러분, 승차해 주십시오.
- 형 잠깐 사이의, 일시적인; 사람의 왕래가 많

은; (새가) 이동하는
amor *pasajero* 한때의 사랑
ave *pasajera* 철새
dolor *pasajero* 일시적 고통

pasamanería
빠사마네리아

여 (의복·커튼 등의) 장식끈

pasamano
빠사마노

남 =**pasamanos**

pasamanos
빠사마노스

남 단 복 난간; (난간 대신의) 망; (탈것의) 가죽 손잡이; (의복·커튼 등의) 장식끈

pasaporte
빠사뽀르떼

남 여권, 패스포트
pasaporte coreano 대한 민국 여권
pasaporte diplomático 외교관 여권

pasar
빠사르

자 지나가다, 통과하다; 들르다, 옮기다, 이동하다; 변화하다; (일이) 일어나다; (때가) 지나다; 살아가다, 지내다; 쓸 만하다, 쓸 수 있다, 통용(通用)하다; 전하다
pasar por Daecheon 대전을 통과하다
Pase usted *por* aquí.
이쪽으로 지나가십시오.
Pasaré por su oficina esta tarde.
오늘 오후에 사무실에 들리겠습니다.
Pasemos al salón. 응접실로 옮깁시다.
¿Qué *pasa*? 무슨 일입니까?
¿Qué *pasó*? 무슨 일이었습니까?
¿Qué te *pasa*? 너 무슨 일이니?
No me *pasa* nada.
(나는) 아무 일도 아닙니다.
타 (높은 곳을) 넘다, 넘어가다, 통과하다; 침투하다; 합격하다; (시간을) 소비하다, 보내다; 옮기다, 움직이다; 건네다, 건네주다; 넣다, 집어넣다, 끼우다, 박다; 여과하다; 참다, 인내하다; 읽다; 통관시키다; 밀수하다; (병 등을) 전염시키다, 옮기다; 전시하다; 상연하다; (페이지를) 넘기다
pasar los Andes 안데스 산맥을 넘다

pasar el río 강을 건너다
pasar las vacaciones 휴가를 보내다
pasar un armario 옷장을 옮기다
pasarse 지나가다, 이동하다; 시간을 보내다; 삼키다; 참다; 적게 붙다; 잊어버리다; 변질되다, 상하다; (기회 등이) 지나가 버리다; (나사 등이) 느슨해지다, 풀어 지다
Se ha pasado el plazo. 기한이 지났다.
No puedo *pasarme* la pastilla.
나는 알약을 삼킬 수 없다.
Este pescado *se está pasando*.
이 생선은 상해 가고 있다.

pasarela
빠사렐라
여 육교; (패션쇼의) 앞에 돌출한 무대; 달아낸 무대 (높은 곳의) 작업용 통로

pasatiempo
빠사띠엠뽀
남 [때로 복] 기분 전환; 시간 보내기, 심심풀이, 취미; 복 (신문 등의) 퍼즐란
pintar como *pasatiempo*
취미로 그림을 그리다
hacer los *pasatiempos* 퍼즐을 풀다

pascal
빠스깔
남 [압력의 단위] 파스칼

pascua
빠스꾸아
여 부활절; 복 크리스마스, 부활절
¡Felices Pascuas y próspero Año Nuevo!
크리스마스와 새해 복 많이 받으세요!
Isla de *Pascua*
[지명] 빠스꾸아섬, 이스터섬

pascual
빠스꾸알
형 부활절의

pase
빠세
남 (통행·수송) 허가증, 패스; 무료 입장권 [승차권]; 정기권(定期券); 통과, 통행; (영화의) 상연; 패션쇼; [투우] 지나치게 하기

paseante
빠세안떼
남 여 산책하는 사람; 아무 것도 하는 것이 없는 사람; 빈둥빈둥 노는 사람

pasear
빠세아르
자 산책[산보]하다; 드라이브를 하다
pasear por el parque 공원을 산책하다

pasearse
산책하다; (생각 등이) 머리에 떠오르다
Se me *pasa* miles de ideas.
수많은 생각이 떠오른다.

paseíllo
빠세이요

남 투우사의 입장 행진

paseo
빠세오

남 산책, 산보; 산책로; 단거리, 짧은 거리; 간단한 것, 쉬운 것; 투우사의 입장 행진
dar un *paseo por* el parque
공원을 산책하다
ir de *paseo* 산책 나가다
dar un *paseo* en coche 드라이브하다

pasillo
빠시요

남 복도, 낭하, 통로

pasión
빠시온

여 정열, 열정, 정념, 격정; 열광, 열중(熱中)

Pasión
빠시온

여 그리스도의 수난
Pasión según San Mateo 마태 수난곡

pasional
빠시오날

형 (사랑의) 격정에 의한
crimen *pasional* 치정 범죄

pasividad
빠시비닫

여 수동성, 소극성

pasivo, va
빠시보, 바

형 수동적인, 소극적인; [문법] 수동의
oración *pasiva* [문법] 수동태
población *pasiva* 비노동력 인구
tomar una actitud *pasiva*
소극적인 태도를 취하다
남 부채, 채무 (반) activo 자산)
여 [문법] 수동태(voz *pasiva*)

pasmado, da
빠스마도, 다

형 몹시 놀란, 기겁을 한, 멍하니 있는; (중남미)) (과실이) 익기 전에 시든; 아픈

pasma
빠스마르

타 몹시 놀라게 하다, 아연케 하다
pasmarse de ...에 몹시 놀라다

pasmo
빠스모

남 놀람, 기겁을 함

pasmoso, sa
빠스모소, 사

형 놀랄 만한, 경악할 만한

paso
빠소

남 통과, 통행; 걸음, 보조; 발소리; 통로, 지나가는 길; 해협; 복 수단, 행동; 수속; 진보, 전진; 위기, 난국; (인생의) 중대한 난국[사건·에피소드]; (전화의) 한 통화

adelantarse un *paso*
한 걸음 앞으로 나아가다
Ceda el *paso*. [도로 표시] 양보
Prohibido el *paso* de los vehículos.
[도로 표시] 차량 통행 금지

부 작은 소리로, 다정스레

paso a paso
한걸음 한걸음, 조금씩 조금씩, 차츰 차츰, 천천히

pasta
빠스따

여 반죽, 반죽 가루; 쿠키; 펄프; 큰 돈; (책의) 종이 장정, 가죽 장정; 재능, 자질(資質)

pastel
빠스뗄

남 케이크; 파이; [미술] 파스텔, 파스텔화; 부정, 협잡, 사기; 음모

pastelería
빠스뗄레리아

여 제과점; 케이크 제조; 케이크류

pastelero, ra
빠스뗄레로, 라

남 여 케이크 제조자[장수]; 팔방미인

paste(u)rización
빠스떼(우)리사시온

여 (우유 등의) 저온 살균법

paste(u)rizar
빠스떼(우)리사르

타 저온 살균하다
leche *pasterizada* 저온 살균 우유

pastilla
빠스띠야

여 (약의) 정제(錠劑), 알약; [전기] 칩
pastilla de memoria 메모리 칩
pastilla de silicio 실리콘 칩

pastizal
빠스띠살

남 (말의) 목초지; 목장

pasto
빠스또

남 목초, 사료; 목초지; 양식, 먹거리

pastor, ra
빠스또르, 라

남 여 양치기, 목동
남 [기독교] 목사

pastoral 빠스또랄	형 사목의, 주교의, 목사의; 목가적인; 전원 생활[목가적 연애]을 묘사한 ministerio *pastoral* 목사직 poesía *pastoral* 전원시, 목가(牧歌) Sinfonía *pastoral* 전원 교향곡 여 (주로 연애를 묘사하는) 목가
pastorela 빠스또렐라	여 전원시, 목가
pastoril 빠스또릴	형 목동의, 양치기의 novela *pastoril* 목동 소설
pata 빠따	여 [사람·동물·잔 등의] 다리; [요리] (소 등의) 넓적다리 고기 *pata* delantera 앞다리 pata *trasera* 뒷다리 mesa de cuatro *patas* 네 발 테이블 tener unas *patas* muy largas (사람이) 다리가 무척 길다
patada 빠따다	여 발로 차기; (목표에의) 일보, 조치; (총의) 반동; (감전의) 쇼크 *patada* de inicio 킥오프 dar una *patada* al balón 공을 차다
patata 빠따따	여 [식물] 감자 ((중남미에서는 papa)); [단체 사진을 찍을 때 지르는 소리] 김치 *patata* dulce 고구마(batata) *patatas* fritas 튀긴 감자, 감자튀김
patatal 빠따딸	남 =patatar
patatar 빠따따르	남 감자 밭
patatero, ra 빠따떼로, 라	형 감자의; 감자를 주식으로 하는 남여 감자 재배자[장수]
patear 빠떼아르	타 발로 차다, 마구 걷어차다; (무엇을 얻기 위해) 여기저기 돌아다니다
patentar 빠뗀따르	타 …의 특허를 취득하다 artículo *patentado* 특허품

patentar una idea 신안 등록을 하다

patente
빠뗀떼
- 형 분명한, 뚜렷한
- 여 특허(권); 허가서; 명성, 평판; (자동차의) 번호판

derechos de *patente* 특허권 사용료
Patente presente [표시] 특허 출원중

paternal
빠떼르날
- 형 아버지의, 아버지 같은; 온정이 넘치는

cariño *paternal* 부성애(父性愛)

paterno, na
빠떼르노, 나
- 형 아버지의; 부모의

patético, ca
빠떼띠꼬, 까
- 형 비장한, 비통한

patilla
빠띠야
- 여 구레나룻, 귀밑털

patín
빠띤
- 남 [주로 복] (아이스) 스케이트화; (썰매의) 활주면

patinador, ra
빠띠나도르, 라
- 형 스케이트를 타는
- 남·여 스케이트 타는 사람

patinaje
빠띠나헤
- 남 스케이트

patinar
빠띠나르
- 타 스케이트를 타다

pista de *patinar* 스케이트장
patinar sobre hielo
아이스 스케이트를 타다
patinar sobre ruedas
롤러 스케이트를 타다

patinódromo
빠띠노드로모
- 남 스케이트 링크, 스케이트장

patio
빠띠오
- 남 빠띠오 ((스페인의 가옥의 안뜰)); ((스페인)) (극장의) 일층, (무대 정면의) 간막이 관람석

pato, ta
빠또, 따
- 남·여 [조류] 오리

patología
빠똘로히아
- 여 병리학

patológico, ca 형 병리학의; 병적인
빠똘로히꼬, 까

patólogo, ga 남 여 병리학자
빠똘로고, 가

patria 여 조국; 고향
빠뜨리아
la segunda *patria* 제이의 고향
padre de la *patria* 국부
volver a la *patria*
조국에 돌아오다[돌아가다]

patriarca 남 장로; 가장, 족장; 대주교
빠뜨리아르까

patrimonial 형 세습의, 선조 전래의
빠뜨리모니알
mar *patrimonial*
(200 해리의) 경제 수역

patrimonio 남 세습 재산; (사회적인) 유산
빠뜨리모니오
patrimonio cultural
문화 유산, 문화재
patrimonio histórico-artístico
국보(國寶)
patrimonio nacional 국유 재산
Patrimonio de la Humanidad
(유네스코의) 세계 유산

patrio, tria 형 조국의
빠뜨리오, 뜨리아

patriota 형 애국자의, 나라를 사랑하는
빠뜨리오따
남 여 애국자

patriótico, ca 형 애국의; 애국심에 의한
빠뜨리오띠꼬, 까

patriotismo 남 애국심, 조국애
빠뜨리오띠스모

patrocinador, ra 형 후원하는, 옹호하는
빠뜨로시나도르, 라
empresa *patrocinadora* 스폰서
남 여 후원자

patrocinar 타 후원하다, 옹호하다; (프로그램 등을) 제공하다
빠뜨로시나르

patrocinio 빠뜨로시니오	남 후원, 협찬
patrón¹ 빠뜨론	남 (옷의) 본; 형 (型); 원형; [경제] 본위제; (접목의) 접본(接本) *patrón* oro 금본위제
patrón², **trona** 빠뜨론, 뜨로나	남 여 경영자; [주로 여] (하숙집의) 주인; (어선 등의) 선장; 후원자; 수호 성인(守護聖人)
patronal 빠뜨로날	형 경영자의; 수호 성인의 여 [집합 명사] 경영진; 경영자 단체; 재계 *patronal* bancaria 은행가 협회
patronato 빠뜨로나또	남 경영자 단체; (문화·자선의) 재단 *patronato* deportivo 스포츠 진흥 재단
patrono, na 빠뜨로노, 나	남 여 경영자
patrulla 빠뜨루야	여 순찰대, 정찰대; [군사] 초계 (부대), 초계기, 초계정; 순찰, 순시 coche *patrulla* 순찰차
patrullar 빠뜨루야르	자 (타)순찰[초계]하다
patrullero, ra 빠뜨루예로, 라	형 순시의, 순찰의, 초계의 avión *patrullero* 초계기 여 (남) 순시정, 초계정
paulatinamente 빠울라띠나멘떼	부 천천히, 느리게
paulatino, na 빠울라띠노, 나	형 느린, 완만한, 점차적인, 점진적인 mejoría *paulatina* 느린 회복
pausa 빠우사	여 (일 등의) 중단; 휴게, 하던 일을 멈추고 쉼; [음악] 온쉼표
pavimentación 빠비멘따시온	여 포장(鋪裝)
pavimentar 빠비멘따르	타 포장하다 camino *pavimentado* 포장 도로
pavimento 빠비멘또	남 포장, 포장 도로

pavo, va
빠보, 바
남 여 [조류] 칠면조
pavo real [조류] 공작

pavón
빠본
남 [조류] 공작

payasada
빠야사다
여 익살스런 말이나 동작

payaso, sa
빠야소, 사
남 여 어릿광대, 피에로

paz
빠스
여 평화; 강화 조약; (가족 등의) 화합, 화해; (마음의) 평안, 평온
paz universal 세계 평화
firmar la *paz* 강화 조약을 체결하다
mantener la *paz* 평화를 유지하다
romper la *paz* 평화를 깨뜨리다

peaje
뻬아헤
남 (도로·다리 등의) 통행료; 통행료 징수소, 톨게이트
carretera [autopista] de *peaje*
유료 도로

peatón, tona
뻬아똔, 또나
남 여 보행자
isla de *peatones* 보행자 전용 안전 지대
Ceda el paso a *peatones* 보행자 우선

peatonal
뻬아또날
형 보행자의
calle *peatonal* 보행자 전용 도로
isla *peatonal* 보행자 전용 안전 지대
zona *peatonal* 보행자 전용 구역
남 ((남미)) 횡단 보도

peatonalizar
뻬아또날리사르
타 (도로를) 보행자 우선으로 하다

peca
뻬까
여 [주로 복] 주근깨
lleno de *pecas*
주근깨투성이의
tener *pecas* en las mejillas
뺨에 주근깨가 있다

pecado
뻬까도
남 (종교·도덕상의) 죄; 실수, 잘못, 과실, 과오; 결점; 악마

pecado original 원죄
confesar *sus pecados* 죄를 고백하다
pagar (por) *sus pecados* 속죄하다

pecador, ra
뻬까도르, 라
- 형 죄의
- 남 여 죄인
- 여 매춘부; 바람둥이 (여인)

pecar
뻬까르
- 자 [+de] (...의) 죄를 범하다; 실수하다; 도를 넘다

pechera
뻬체라
- 여 [복식] (와이셔츠 등의) 가슴 (부분); 가슴 장식, 주름 장식; (여성의 풍만한) 유방, 젖가슴
- tener una buena *pechera* 유방이 크다

pechero
뻬체로
- 남 흉갑, 가슴받이, 턱받이

pecho
뻬초
- 남 가슴, 흉부; (여성의) 젖가슴, 유방; 호흡기, 폐; [요리] 가슴살; 가파른 언덕; [역사] 재산세, 조세

pechuga
뻬추가
- 여 [요리] (닭의) 가슴살; (여인의) 젖가슴

pechugón, gona
뻬추곤, 고나
- 형 여 가슴이 큰; 파렴치한, 낯가죽이 두꺼운, 철면피한
- 남 철면피한[파렴치한] 사람
- 여 젖가슴이 큰 여자

pectoral
뻭또랄
- 형 가슴의; 흉부의; 호흡기 질환에 효험이 있는
- 남 [해부] 흉근, 가슴 근육; 기침약; (주교 등이) 차는 십자가

pecuario, ria
뻬꾸아리오, 리아
- 형 목축의
- industria *pecuaria* 목축업

peculiar
뻬꿀리아르
- 형 독특한, 특유의; 기묘한

peculiaridad
뻬꿀리아리닫
- 여 독자성; 특징

pedagogía
뻬다고히아
- 여 교육학, 교육법

pedagógico, ca 형 교육학의, 교육법의; 교육적인
뻬다고히꼬, 까

pedagogo, ga 남 여 교육가; 교육학자
뻬다고고, 가

pedal 남 페달, 발걸이, 발판; [음악] 페달; 페달음(音)
뻬달
pedal de bicicleta 자전거 페달

pedalear 자 페달을 밟다
뻬달레아르

pedazo 남 조각, 토막, 부스러기
뻬다소
hacer *pedazos*
산산조각으로 만들다, 부셔 버리다, 토막을 내다
romper en mil *pedazos*
산산조각으로 부수다, 찍찍 찢다

pedestal 남 (원주·조각 등의) 대석(臺石), 대좌(臺座); 기초
뻬데스딸

pediatra 남 여 소아과 의사
뻬디아뜨라

pediatría 여 소아과
뻬디아뜨리아

pediátrico, ca 형 소아과의
뻬디아뜨리꼬, 까

pedículo 남 [식물] 꽃꼭지
뻬디꿀로

pedicura 여 [화장] 페디큐어 ((발톱 미용술))
뻬디꾸라

pedicuro, ra 남 여 발 치료사
뻬디꾸로, 라

pedida 여 ((스페인)) 구혼(求婚)
뻬디다

pedido 남 주문; 부탁, 청
뻬디도
hoja de *pedido* 주문표
anular el *pedido* 주문을 취소하다
hacer [colocar] un *pedido*
주문하다, 발주하다
servir [cumplir] un *pedido*
주문을 처리하다

pedimento
뻬디멘또

남 신청(서); [법률] 청원(서)

pedir
뻬디르

타 부탁하다, 요구하다, 요청하다; 주문하다; 빌리다; (시간 등을) 예약하다; 값을 매기다; (연인의 부모에게) 결혼 승낙을 신청하다; 필요로 하다; [법률] 소송하다, 고소하다, 청구하다; [트럼프] (카드를) 요구하다
pedir más dinero
더 많은 돈을 요구하다
pedir un anillo de diamante
다이아몬드 반지를 갖고 싶어하다
pedir dos cafés al camarero
웨이터에게 커피 두 잔을 주문하다
pedir la cámara para el viaje
여행을 위해 카메라를 빌리다
직·현재: p*i*do, p*i*des, p*i*de, pedimos, ped*í*s, p*i*den
직·부정 과거: pedí, pediste, p*i*dió, pedimos, pedisteis, *pidieron*
접·현재: p*i*da, p*i*das, p*i*da, p*i*damos, p*i*dáis, p*i*dan
현재 분사: p*i*diendo

pedo
뻬도

남 방귀; (술·마약 등에) 만취, 고주망태

pedrada
뻬드라다

여 투석(投石); 돌팔매; 돌에 맞음

pedregal
뻬드레갈

남 자갈밭, 돌밭, 돌투성이의 토지

pedregoso, sa
뻬드레고소, 사

형 돌투성이의
camino *pedregoso* 돌투성이 길

pedrera
뻬드레라

여 채석장(採石場)

peerse
뻬에르세

((재귀)) 방귀를 뀌다

pega
뻬가

여 접착제, 풀(pegamento); 장애, 문제

pegadizo, za
뻬가디소, 사
혱 잘 붙는, 끈적끈적한(pegajoso); 이해하기 쉬운; 감염되기 쉬운

pegajoso, sa
뻬가호소, 사
혱 잘 붙는, 착 들러붙는, 끈적끈적한; 감염되기 쉬운

pegamento
뻬가멘또
남 =**pegamiento**

pegamiento
뻬가미엔또
남 접착제, 풀

pegar
뻬가르
타 붙이다, 바르다, 첨부하다; 감염시키다; 때리다; (타격을) 가하다; (행위를) 하다, 행하다; (불을) 붙이다
pegar un sello en un sobre
봉투에 우표를 붙이다
pegar la gripe 감기를 옮기다

자 (바싹) 들러붙다, 들러붙어 있다; 어울리다; 때리다; 효과가 있다; 유행하다; 아주 좋다
pegarse
(착) 들러붙다; 눌어붙다; 꾀다, 유혹하다; 감염되다; 이해가 쉽다; (시간을) 보내다; 열중하다, 심취하다, 전력하다; 서로 치고받다

pegatina
뻬가띠나
여 ((스페인)) 스티커

peinada
뻬이나다
여 머리를 빗는 일
darse una *peinada* 머리를 빗다

peinado¹
뻬이나도
남 머리 모양, 헤어 스타일; 빗질; (지역 내의) 일제 수사

peinado², da
뻬이나도, 다
혱 머리를 손질한, 곱게 빗은

peinador, ra
뻬이나도르, 라
남여 ((중남미)) 이발사, 미용사
남 (이발·면도할 때) 두르는 천; ((중남미)) 경대, 화장대

peinar
뻬이나르
타 빗질하다, 빗으로 빗다, 머리를빗기다; (양털을) 빗다; (지역 내의) 일제 수사를 하다
peinar a su hija el cabello

딸의 머리를 빗어 주다
peinarse 자신의 머리를 빗다

peine
뻬이네

남 빗; (양털 등을 빗는) 빗; 탄창
arreglarse el pelo con el *peine*
빗으로 머리를 빗다

peineta
뻬이네따

여 (여성의 머리 장식용) 빗

pelado, da
뻴라도, 다

형 초목이 없는; 드러낸, 노출된, 벗겨진; 따로 아무 것도 없는; 우수리없는; (학교 성적이) 빠듯이 급제한; 한푼 없는, 가난에 찌든
cabeza *pelada* 벗겨진 머리, 대머리
campo *pelado* 풀 한 포기 없는 밭
montaña *pelada* 민둥산
남 여 빈털털이; ((남미)) 대머리(calvo)

pelar
뻴라르

타 머리를 짧게 깎다, 머리를 빡빡 깎다; 이발하다; ((스페인)) 산발하다; (새의) 털을 뽑다; (동물의) 가죽을 벗기다; (야채 등의) 껍질을 벗기다; 빈털털이를 만들다; …의 악담을 하다
pelarse (자신의) 머리를 짧게 깎다; 털이 빠지다, 탈모되다; (햇볕에 타서) 피부가 벗겨지다

peldaño
뻴다뇨

남 (계단의) 단, 층계
escalera de *peldaños* altos [dóciles]
급경사[완만한] 계단

pelea
뻴레아

여 싸움, 다툼, 분쟁; (격투기의) 시합; 말다툼, 입씨름; 노력, 분투
pelea de gallos 닭싸움, 투계

pelear
뻴레아르

자 다투다, 언쟁하다, 말다툼하다, 싸우다; 노력하다, 분투하다; (격투기의) 시합을 하다
pelearse 서로 싸우다, 사이가 틀어지다

peletería
뻴레떼리아

여 모피 가공[거래]; 모피 가게; [집합 명사] 모피

peletero, ra
뻴레떼로, 라

형 모피 가공의
남 여 모피 가공공 업자; 피혁공

peliagudo, da 뻴리아구도, 다	형 (이해·해결이) 어려운, 곤란한; (동물이) 털이 가늘고 긴
pelicano 뻴리까노	남 =**pelícano**
pelícano 뻴리까노	남 [조류] 사다새, 펠리컨
pelicorto, ta 뻴리꼬르또, 따	형 머리카락이 짧은
película 뻴리꿀라	여 영화; 필름; 엷은 막[층] *película* española 스페인 영화 hacer una *película* 영화를 만들다, 영화에 출연하다 ver una *película* 영화를 보다
peliculero, ra 뻴리꿀레로, 라	형 남 여 영화를 좋아하는 (사람)
peliculón 뻴리꿀론	남 우수 영화, 명화
peligrar 뻴리그라르	자 위험한 상태에 있다
peligro 뻴리그로	남 위험; 위난(危難) zona de *peligro* 위험 지역 escapar de un *peligro* 위험을 면하다; 위험에서 도망치다 ponerse en *peligro* 위험에 빠지다
peligrosidad 뻴리그로시닫	여 위험성
peligroso, sa 뻴리그로소, 사	형 위험한, 위태로운 juguete *peligroso* 위험한 장난감 sujeto *peligroso* 위험 인물
pelirrojo, ja 뻴리르로호, 하	형 불그레한 머리털의 남 여 머리털이 불그레한 사람
pelleja 뻬예하	여 모피(pellejo); (털이 붙은) 양가죽; 생명; 매춘부
pellejería 뻬예헤리아	여 피혁업

pellejero, ra
뻬예헤로, 라

남 여 가죽 장인; 피혁상

pellejo
뻬예호

남 모피, 가죽, 피혁; (인간의) 피부; (포도 등의) 껍질; 생명; 포도주를 넣는 가죽 부대; 술주정꾼, 취한; 갈보

pellizcar
뻬이스까르

타 꼬집다, (손가락으로) 집다, 집어 먹다
pellizcarse 자신의 ...을 꼬집다[쥐다]
pellizcarse la nariz 코를 쥐다[당기다]

pellizco
뻬이스꼬

남 꼬집기; 꼬집은 자국; 한 번 집은 양; 적은 양

pelo
뻴로

남 털, 체모(體毛), 머리털, 머리카락; (식물·과실의) 털; (새의) 날개 털; (천의) 보풀; 아주 조금
pelo de la axila 겨드랑이 털
pelo fino 솜털
de *pelo* duro 털이 빳빳한
de *pelo* suave 털이 부드러운
cortar el pelo a *uno*
...의 머리털을 자르다
tener poco *pelo*
머리털이 별로 없다

pelón, lona
뻴론, 로나

형 남 여 대머리(의), 머리털이 별로 없는 사람); 빈털털이(의)

pelota
뻴로따

여 (작은) 공, 구슬; 공놀이; 구기(球技); 뻴로따 ((바스크 지방의 공놀이의 일종)); 복 고환 (testículos)
pelota de goma 고무공
jugar con una *pelota* 공놀이를 하다
lanzar una *pelota* 공을 던지다

형 남 여 아첨하는 (사람)

pelotazo
뻴로따소

남 공으로 때리기; (술의) 한 잔

pelotear
뻴로떼아르

자 (연습으로) 공을 차다[던지다]

pelotera
뻴로떼라

여 (심한) 언쟁, 말다툼

pelotero, ra 뻴로떼로, 라	남 여 ((중남미)) 축구 선수; 야구 선수
pelotilla 뻴로띠야	여 [주로 복] (실 등의) 엉클어진 작은 덩어리; 코딱지 형 남 여 아첨하는 (사람)
pelotillero, ra 뻴로띠예로, 라	형 남 여 아첨하는 (사람)
pelotón 뻴로똔	남 [군사] 분대, 반; 무리, 군중; [운동] (경주 중인) 선수의 일단(一團)[한 떼]; (털·실 등의) 엉클어진 덩어리
peluca 뻴루까	여 다리, 월자(月子); 가발 ponerse la *peluca* 다리를 드리우다; 가발을 쓰다 llevar *peluca* 다리를 드리우고 있다; 가발을 쓰고 있다
pelucón, cona 뻴루꼰, 꼬나	형 털이 많은; 장발의
peludo, da 뻴루도, 다	형 남 여 털이 많은 (사람)
peluquería 뻴루께리아	여 이발소; 미용원, 미장원; 이발업, 이용술 alta *peluquería* 고급 미용원 academia de *peluquería* 이용 학원 ir a la *peluquería* 이발소에 가다
peluquero, ra 뻴루께로, 라	남 여 이발사, 미용사
pelusa 뻴루사	여 (천의) 보푸라기; (식물의) 털
pelviano, na 뻴비아노, 나	형 골반(pelvis)의
pélvico, ca 뻴비꼬, 까	형 =**pelviano**
pelvis 뻴비스	여 단 복 [해부] 골반
pena 뻬나	여 고뇌, 비탄; 고생, 애씀, 노력; 곤란; [법률] 벌, 형벌; 수치; 주눅 *pena* capital [de muerte] 극형, 사형

condenar a una *pena* rigurosa
엄벌에 처하다
pronunciar una *pena* 형을 선고하다
Tuve mucha *pena* por la muerte de mi amigo íntimo
나는 내 친구의 죽음에 마음이 무척 아팠다.
¡Qué *pena*! 참 안됐습니다!
정말 가슴 아프시겠습니다!
¡Qué *pena* separarnos!
우리가 헤어져야 하다니 정말 슬프다!
valer la pena (de) + 동사 원형
...할 가치가 있다, ...할 만하다
Vale la pena (de) visitar España.
스페인은 가 볼 만하다.

penacho
뻬나초
남 (새의) 도가머리, 관모(冠毛); (머리·모자 등에 꽂는) 깃털 장식

penado, da
뻬나도, 다
남 여 죄수

penal
뻬날
형 형벌의; 형사법상의
derecho *penal* 형법
남 (중범죄용의) 교도소; ((주로 중남미)) [운동] 반칙(penalti)

penalidad
뻬날리닫
여 [주로 복] 노고, 수고, 고생, 애씀; 곤란; [법률] 형벌

penalista
뻬날리스따
형 형법 전문의
남 여 형법 학자

penalizar
뻬날리사르
남 ...에 벌칙을 과하다; [운동] 벌칙[페널티]을 주다

penalti
뻬날띠
남 [운동] 반칙, 페널티; 퍼널티 킥
área de *penalti* 페널티 에어리어
gol de *penalti* 페널티 골
tiro de *penalti* 페널티 킥

penar
뻬나르
타 ...에 괴로워하다; ...에게 형벌을 과하다
자 ***penarse*** 괴로워하다, 괴롭다

pender
뻰데르
자 매달리다; 늘어지다, 처지다; 미결 상태다, 계쟁 중이다

pendiente
뻰디엔떼
형 기다리는; (문제가) 미해결의; 주의를 기울이는; 경사진, 기운; 늘어진
남 귀고리, 이어링; 코걸이
여 고개, 비탈, 비탈길; 경사도

péndol
뻰돌라
여 [건축] (다리의) 달아맨 밧줄; 깃털 펜; 흔들이; 흔들이 시계

pendón
뻰돈
남 (군대 등의) 작은 기, 군기; 생활이 불규칙한 [난잡한] 사람; (특히 여성이) 몸가짐이 나쁜 사람, 놀기 좋아하는 사람; 매춘부

péndulo
뻰둘로
남 흔들이
reloj de *péndulo* 흔들이 시계

pene
뻬네
남 음경, 자지

penene
뻬네네
남 여 강사 ((profesor no numerario의 약어))

penetrable
뻬네뜨라블레
형 침입 가능한, 투과성이 있는; 이해할 수 있는, 파악할 수 있는

penetración
뻬네뜨라시온
여 침입; 침투, 투과; 이해; 통찰력; (성교의) 삽입

penetrante
뻬네뜨란떼
형 관통하는, 뚫고 들어가는 힘이 강한; 소리 등이) 날카로운; (감각 등이) 예민한; 신랄한; (상처가) 관통성의

penetrar
뻬네뜨라르
자 들어가다; 숨어 들어가다, 잠입(潛入)하다; 침입하다; 깊이 이해하다; (성교에서) 삽입하다
타 뚫다, 찌르다; 간파하다
penetrarse de ...을 잘 이해하다

penicilina
뻬니실리나
여 [약학] 페니실린

península
뻬닌술라
여 반도(半島)
Península Coreana 한반도

peninsular
뻬닌술라르
형 반도의; 스페인 본토의
hora *peninsular* 스페인 본토 시간

남 여 반도 사람; 본토 사람

penique
뻬니께
남 [영국의 화폐 단위] 페니, 펜스

penitencia
뻬니뗀시아
여 회개, 참회, 통회; 후회; 벌, 고행

penitencia
뻬니뗀시알
형 회개의, 참회의; [천주교] 고백[고해] 성사의

penitenciaría
뻬니뗀시아리아
여 교도소; 고해 신부의 직

penitenciario, ria
뻬니뗀시아리오, 리아
형 회개의, 회오의, 통회[후회]의; 교도소의
남 [천주교] 고해 신부

penitente
뻬니뗀떼
남 여 회개자; [천주교] 고해자, 통회자

penoso, sa
뻬노소, 사
형 괴로운, 가슴 아픈; 처참한, 슬픈

pensado, da
뻰사도, 다
형 생각된
de *pensado* 고의로, 일부러

pensador, ra
뻰사도르, 라
남 여 사상가; 사색하는 사람

pensamiento
뻰사미엔또
남 사고, 생각, 의도; 사고력; 사상; 잠언, 격언; (저자의) 생각, 작품 내용
pensamiento lateral 수평 사고
control del *pensamiento* 사상 통제
historia del *pensamiento* 사상사
tener malos *pensamientos*
나쁜 생각을 품다

pensante
뻰산떼
형 사고(思考)하는

pensar
뻰사르
자 생각하다; 고려하다, 머리에 떠오르다; 숙고하다; 소망하다, 바라다
Pienso, luego existo.
나는 생각한다, 고로 존재한다.
¿En qué *piensas* tú?
–*Pienso* en el examen.
무엇을 생각하고 있니?

―나는 시험을 생각하고 있다.

타 ...라 생각하다, 판단하다; 상상하다, 생각이 떠오르다; 숙고하다

Pienso que él no es colombiano.
그는 콜롬비아 사람이 아니라고 나는 생각한다

pensarse (사람들은) ...라 생각한다

Se *piensa* que es necesario la reforma política.
정치 개혁이 필요하다고 생각하고 있다.

직·현재: p*ie*nso, p*ie*nsas, p*ie*nsa, pensamos, pensáis, p*ie*nsan

접·현재: p*ie*nse, p*ie*nses, p*ie*nse, pensemos, penséis, p*ie*nsen

pensativo, va
쁜사띠보, 바

형 생각에 잠긴[골몰한]

pensión
쁜시온

여 연금; (식사 딸린) 하숙집; (학생의) 기숙사; (장기 숙박용의 가족적인 분위기의) 작은 호텔, 펜션; 민박; 식사 포함 숙박료; 장학금, 연구 보조금[조성금]

pensión de jubilación 퇴직 연금
pensión de vejez 노령 연금
cobrar una pensión 연금을 받다

pensionado, da
쁜시오나도, 다

형 연금[장학금] 수급자
남 ((스페인)) 기숙 학교; ((남미)) 기숙사

pensionar
쁜시오나르

타 연금[장학금]을 지급하다

pensionista
쁜시오니스따

남 **여** 연금 생활자; 기숙생; 하숙인

pentágono
쁜따고노

남 [수학] 오각형

Pentágono
쁜따고노

남 (미국의) 펜타곤, 국방부

pentatleta
쁜따뜰레따

남 **여** 오종 경기 선수

pentatlón
쁜따뜰론

남 [운동] 오종 경기
pentatlón moderno 근대 오종 (경기)

penúltimo, ma 뻬눌띠모, 마	형 남 여 끝에서 두 번째의 (사람)
penuria 뻬누리아	여 (생활 필수품 등의) 부족, 결핍; 빈궁(貧窮)
peña 뻬냐	여 바위; (작은) 암산(巖山); 모임, 회합, 서클
peñascal 뻬냐스깔	남 바위투성이의 토지
peñasco 뻬냐스꼬	남 큰 바위; 우뚝 솟은 바위
peñascoso, sa 뻬냐스꼬소, 사	형 큰 바위로 덮인; 암산으로 된 monte *peñascoso* 암산(巖山)
peñón 뻬논	남 암산(巖山), 암벽(巖壁)
peón 뻬온	남 (단순 작업의) 노무자, 작업원; 팽이; [투우] 투우사의 조수
peonada 뻬오나다	여 (농업 노동자 등의) 하루 분량의 일[노동]
peonaje 뻬오나헤	남 [집합 명사] 노무자
peonía 뻬오니아	여 [식물] 작약
peonza 뻬온사	여 팽이
peor 뻬오르	형 [malo·mal의 비교급; 반 mejor] 더 나쁜; [정관사+] 가장 나쁜 Este reloj es *peor que* el mío. 이 시계는 내 것보다 나쁘다. Ella es *la peor* de todos. 그녀는 모두 중에서 제일 나쁘다. 부 더 나쁘게 Hoy estoy *peor que* ayer. 나는 오늘이 어제보다 상태가 더 나쁘다.
pepinazo 뻬삐나소	남 강타; 작열; [운동] 강렬한 슛

pepinillo
뻬삐니요
남 [식물] 작은 오이

pepino
뻬삐노
남 [식물] 오이

pepita
뻬삐따
여 (과실의) 씨; (금속의) 천연 덩이

pepito
뻬삐또
남 [요리] 고기 샌드위치(bocadillo); 크림빵

pepsina
뻽시나
여 [생화학] 펩신

pequeñez
뻬께녜스
여 작음, 적음, 사소함; 협량(狹量)함

pequeño, ña
뻬께뇨, 냐
형 (크기가) 작은 (반 grande); (키가) 작은; (나이가) 적은, 어린; 사소한, 하찮은; 천한, 신분이 낮은
coche *pequeño* 소형차
habitación *pequeña* 작은 방
hombre *pequeño* 몸집이 작은 남자
남 여 어린이; 막내(동이)

pera
뻬라
여 [과실] (서양의) 배

perada
뻬라다
여 배(로 만든) 잼

peral
뻬랄
남 [식물] 배나무

per cápita
뻬르 까삐따
((라틴어)) 1인당
renta *per cápita* 1인당 소득
pagar cien dólares *per cápita*
1인당 100달러를 지불하다

percepción
뻬르셉시온
여 지각(知覺); 인식; [경제] 수령

perceptible
뻬르셉띠블레
형 지각[인식]할 수 있는

perceptivo, va
뻬르셉띠보, 바
형 지각(知覺)의

perceptor, ra
뻬르셉또르, 라
- 형 지각하는; 징수[수령]하는
- 남 여 징수자, 수령자

percha
뻬르차
- 여 옷걸이; 모자걸이

percibir
뻬르시비르
- 타 지각하다, 감지하다; 인식하다; 이해하다; (급료·연금 등을) 받다

percusión
뻬르꾸시온
- 여 타악기; [의학] 진찰(법); (반복의) 충격, 충돌

percusionista
뻬르꾸시오니스따
- 남 여 타악기 연주자

percutir
뻬르꾸띠르
- 타 진찰하다

perdedor, ra
뻬르데도르, 라
- 형 패한; 잃은
- 남 여 패자; 잃은 사람

perder
뻬르데르
- 타 잃다; 분실하다; (탈것을) 놓치다; 손해를 주다; 패하다; 쓸모없게 되다
  - *perder* un pendiente 귀고리를 잃다
  - *perder* toda la fortuna 전재산을 잃다
  - *perder* el apetito 식욕을 잃다
  - *perder* a *su* madre 어머니를 잃다[여의다]
  - *perder* la buena ocasión 호기를 놓치다
  - perder el avión 비행기를 놓치다
- 자 (상황 등이) 악화되다; 지다, 패하다; 색이 바래다; (그릇이) 새다

perderse
잃어버리다, 없어지다, 사라지다; 방향을 잃다, 길을 잘못 들다; 파멸되다; 쓸모가 없어지다

직·현재: p*ie*rdo, p*ie*rdes, p*ie*rde, perdemos, perdéis, p*ie*rden
접·현재: p*ie*rda, p*ie*rdas, p*ie*rda, perdamos, perdáis, p*ie*rdan

perdición
뻬르디시온
- 여 타락, 파멸

pérdida
뻬르디다
- 여 분실; 상실; 낭비; 누출, 샘; 손실, 손해 (반 ganancias)
  - *pérdida* de un reloj 시계의 분실

pérdida de la vista 실명(失明)
pérdida de la memoria 기억력 상실

perdido, da
뻬르디도, 다
형 잃은, 분실된; 길을 잃은, 행방 불명의; 동떨어진; 절망적인; 타락한
objeto *perdido*
유실물
montañero *perdido*
행방 불명된 등산자

perdigar
뻬르디가르
타 살짝 굽다

perdigón
뻬르디곤
남 산탄(散彈)

perdiz
뻬르디스
여 [조류] 자고새, 메추리
복 perdices

perdón
뻬르돈
남 용서; (감탄사적으로) 실례합니다, 미안합니다, 죄송합니다

perdonable
뻬르도나블레
형 용서할 수 있는

perdonar
뻬르도나르
타 용서하다; (의무 등을) 면제하다; (부정문에서, 기회 등을) 최대한 이용하다
Perdóneme. 용서하십시오, 실례합니다

perdurable
뻬르두라블레
형 영원의; 오래 계속하는

perdurar
뻬르두라르
자 오래 지속되다, 오래 기다

perecedero, ra
뻬레세데로, 라
형 오래 가지 못하는

perecer
뻬레세르
자 (사고 등으로) 죽다; 소멸되다; 파멸되다; 파괴되다, 깨지다
perecer de hambre 배고파 죽다

peregrinación
뻬레그리나시온
여 순례(巡禮)

peregrinaje
뻬레그리나헤
남 =**peregrinación**

peregrinar 뻬레그리나르	자 순례하다, 순례 가다; 여행하다; (어떤 목적을 위해) 동분서주하다
peregrino, na 뻬레그리노, 나	형 순례의; (외국을) 여행하는; (새가) 이동하는; 엉뚱한, 별난 남 여 순례자
perejil 뻬레힐	남 [식물] 미나리
perenne 뻬렌네	형 영원의, 영속하는 planta *perenne* 다년생 식물
pereza 뻬레사	여 게으름, 나태, 태만 *Pereza es llave de la pobreza.* (속담) 나태는 가난의 열쇠다.
perezosamente 뻬레소사멘떼	부 게을리
perezoso, sa 뻬레소소, 사	형 게으른, 나태한, 태만한 남 여 게으름뱅이, 나태한 사람
perfección 뻬르펙시온	여 완전, 완벽; 완성(도); [주로 복] 장점 a la *perfección* 완벽하게
perfeccionamiento 뻬르펙시오나미엔또	남 완성; 개량
perfeccionar 뻬르펙시오나르	타 완전[완벽]하게 하다; 완성시키다; 개량하다 ***perfeccionarse*** 완성되다, 완결되다
perfeccionismo 뻬르펙시오니스모	남 완벽주의, 완전주의
perfeccionista 뻬르펙시오니스따	형 완벽주의의 남 여 완벽주의자
perfectamente 뻬르펙따멘떼	부 완전히, 훌륭하게, 근사하게; [감탄사적] 좋습니다, 알았습니다 ¿Cómo estás? –*Perfectamente*, gracias. 어떻게 지내시오? –덕분에 잘 지냅니다.
perfecto, ta 뻬르펙또, 따	형 완전한, 완벽한, 나무랄 데 없는, 더할 나위 없는

crimen *perfecto* 완전 범죄
éxito *perfecto* 완전한 성공

perfil
뻬르필
남 (사람의) 옆얼굴, 옆모습; (물건의) 외형, 윤곽; 측면도, 종단면도

perfilado, da
뻬르필라도, 다
형 옆얼굴이 갸름한; 윤곽이 뚜렷한; 개성적인

perfilar
뻬르필라르
타 …의 윤곽을 잡다; 옆모습[측면도]을 그리다

perforación
뻬르포라시온
여 구멍을 뚫는 일, 천공; 시추 구멍

perforador, ra
뻬르포라도르, 라
형 구멍을 뚫는, 천공의
남여 키펀처
여 천공기; 착암기(鑿巖機)

perforar
뻬르포라르
타 …에 구멍을 뚫다; 바위를 뚫다

perfumador, ra
뻬르푸마도르, 라
형 향수 제조업의
남여 향수 제조 업자
남 향수 분무기

perfumar
뻬르푸마르
타 향기로 가득 채우다; 향수를 뿌리다[치다]
자 향기가 나다
perfumarse
(자신의 몸의) …에 향수를 뿌리다

perfume
뻬르푸메
남 향수; 방향(芳香), 향기

perfumería
뻬르푸메리아
여 화장품점; 향수 제조(소); 향수류

perfumista
뻬르푸미스따
남여 향수 장수; 향수 제조 업자; 조향사(調香士)

pericia
뻬리시아
여 숙달, 숙련, 능숙함
conductor con mucha *pericia*
매우 능숙한 운전사

pericial
뻬리시알
형 전문가의
prueba *pericial* 감정서

periferia
뻬리페리아
여 (원 · 타원 등의) 주위; (도시의) 근교; [컴퓨터] 주변 기기[장치]

periférico, ca
뻬리뻬리꼬, 까
형 주변의
nervio *periférico* 말초 신경
남 복 [컴퓨터] 주변 기기[장치]

perímetro
뻬리메뜨로
남 경계선; [수학] 주위(의 길이)

periódicamente
뻬리오디까멘떼
부 정기적으로, 주기적으로

periódico¹
뻬리오디꼬
남 신문, 일간지; 정기 간행물
periódico de la mañana 조간
periódico de la tarde 석간
leer el *periódico* 신문을 읽다

periódico², **ca**
뻬리오디꼬, 까
형 정기적인, 주기적인
línea *periódica* 정기 항로

periodismo
뻬리오디스모
남 저널리즘, 신문계, 신문업; (대학의) 신문학과

periodista
뻬리오디스따
남 여 저널리스트, 신문 기자
periodista deportivo 스포츠 기자

periodístico, ca
뻬리오디스띠꼬, 까
형 신문의; 신문 기자의
anuncio *periodístico* 신문 광고

periodo
뻬리오도
여 =**período**

período
뻬리오도
남 기간, 시기; 주기; 월경기; [지질] …기(紀); 복합문(複合文)
período de exámenes 시험 기간
período de celo 발정기
período electoral 선거 운동 기간
tener el *período* 생리 중이다

periscopio
뻬리스꼬삐오
남 잠망경

peritación
뻬리따시온
여 =**peritaje**

peritaje
뻬리따헤
남 (전문가에 의한) 사정, 감정; 사정[감정] 보고서

peritar
뻬리따르
타 사정하다, 사정 보고서를 내다

perito, ta
뻬리또, 따
- 형 남 여 정통한 (사람); 숙달된 (사람)
- 남 여 전문가; [법률] 감정인; 청산인

peritoneo
뻬리또네오
- 남 [해부] 복막(腹膜)

peritonitis
뻬리또니띠스
- 여 [의학] 복막염

perjudicado, da
뻬르후디까도, 다
- 형 손해를 입은
- 남 여 피해자

perjudicar
뻬르후디까르
- 타 …에게 손해를 끼치다, 해치다
- El tabaco *perjudica* la salud.
담배는 건강에 해롭다.

perjudicial
뻬르후디시알
- 형 해로운, 유해한

perjuicio
뻬르후이시오
- 남 손해

perjurar
뻬르후라르
- 자 선서를 어기다, 선서를 위반하다; [법률] 위증하다
- 타 거듭 선서하다

perjurioa
뻬르후리오
- 남 위증(죄), 거짓 선서, 선서 파기

perjuro, ra
뻬르후로, 라
- 형 위증하는, 선서를 파기하는
- 남 여 위증자, 선서 파기자

perla
뻬를라
- 여 진주; 보물
- *perla* cultivada [de cultivo] 양식 진주
- *perla* verdadera [natural] 천연 진주

perlado, da
뻬를라도, 다
- 형 진주 같은, 진주 빛의

permanecer
뻬르마네세르
- 자 체류하다, 머물다; 움직이지 않고 있다, 꼼짝하지 않고 있다
- *Permaneceré* en Madrid un mes.
나는 마드리드에서 1개월 머물겠다

permanencia
뻬르마넨시아
- 여 체재, 체류; 영구성, 영속성

permanente
뻬르마넨떼
- 형 영구적인, 영속적인; 상설[상임]의
- comisión *permanente* 상임 위원회

diente *permanente* 영구치
ejército *permanente* 상비군
miembro (no) *permanente*
(유엔의) (비)상임 이사국
nieve *permanente* 만년설
여 퍼머

permanentemente
뻬르마넨떼멘떼
부 영구적으로, 영속적으로

permisible
뻬르미시블레
형 허가할 수 있는

permiso
뻬르미소
남 허가; 휴가, 휴직
permiso de conducir 운전 면허(증)
sin *permiso* 허가 없이, 무단으로
dar *permiso* 허가하다
Con (su) permiso. 잠깐 실례합니다.

permitir
뻬르미띠르
타 허락하다, 허가하다; 용인하다; 가능하게 하다
permitir la exportación de armas
무기 수출을 허가하다
permitirse 허가[허락]되다; 용인되다

permuta
뻬르무따
여 (물물) 교환; 교대

permutación
뻬르무따시온
여 교환, 교대; [수학] 순열

permutar
뻬르무따르
타 교환하다; 교대하다
permutar las monedas 동전을 교환하다

pernicioso, sa
뻬르니시오소, 사
형 해로운, 유해한

pernoctar
뻬르녹따르
자 외박하다

pero
뻬로
접 그러나, …이지만
Le dije que vendría, *pero* no vino.
나는 그에게 오라고 했으나 안 왔다.
남 [주로 복] 결점, 난점; 반대

perpendicular
뻬르뻰디꿀라르
형 수직의, 직각으로 교차되는
여 [수학] 수직(línea *perpendicular*)

perpendicularidad 여 수직
뻬르뻰디꿀라리닫

perpendicularmente 부 수직으로; 직각으로
뻬르뻰디꿀라르멘떼

perpetuación 여 영속, 보존
뻬르뻬뚜아시온

perpetuamente 부 영구히, 영속적으로
뻬르뻬**뚜**아멘떼

perpetuar 타 영속시키다, 불멸하게 하다
뻬르뻬뚜아르 *perpetuarse* 오래 지속되다

perpetuidad 여 영속성
뻬르뻬뚜이닫

perpetuo, tua 형 영구의, 영속적인
뻬르**뻬**뚜오, 뚜아 paz *perpetua* 항구 평화

perplejidad 여 당혹, 당황, 곤혹
뻬르쁠레히닫

perplejo, ja 형 당혹한, 어찌할 바를 모르는
뻬르쁠레호, 하

perrera 여 개집
뻬르레라

perrillo 남 (총의) 격철
뻬르리요

perrito 남 새끼 개
뻬르리또 *perrito* caliente 핫도그
nadar estilo *perrito* 개헤엄을 치다

perro, rra 남여 [동물] 개; 충실한 부하
뻬로, 르라 *perro* corredor 엽견(獵犬), 사냥개
perro caliente 핫도그
Perro ladrador, poco mordedor.
짖는 개는 거의 물지 않는다, 말이 적은 사람을 경계해라, 말이 많은 사람은 실행이 따르지 않는다.

perruno, na 형 개(perro)의
뻬르루노, 나

persa 형 페르시아(Persia)(인)의
뻬르사 남여 페르시아 사람

|남| 페르시아어

persecución
뻬르세꾸시온
|여| 추적, 수사; 추구, 탐구; 박해

persecutorio, ria
뻬르세꾸또리오, 리아
|형| 추적의; 추구의; 박해의

perseguidor, ra
뻬르세기도르, 라
|남||여| 추적자; 박해자

perseguimiento
뻬르세기미엔또
|남| =persecución

perseguir
뻬르세기르
|타| 추적하다, 추격하다; 추구하다; 박해하다; [법률] 기소하다

perseverancia
뻬르세베란시아
|여| 끈기; 고집

perseverante
뻬르세베란떼
|형| 끈기있는, 참을성이 많은

perseverar
뻬르세베라르
|자| 끈기있게 버티다; 고집하다

persiana
뻬르시아나
|여| 미늘창, 블라인드; 셔터

pérsico, ca
뻬르시꼬, 까
|형| =persa
Golfo *Pérsico* 페르시아만

persistencia
뻬르시스뗀시아
|여| 완고(함), 고집; 지속

persistente
뻬르시스뗀떼
|형| 완고한, 고집센; 지속적인

persistir
뻬르시스띠르
|자| 고집하다; 지속하다; 오래 끌다

persona
뻬르소나
|여| 사람, 인물, 인간; (이름을 알지못하는) 어떤 사람; 주요 인물, 등장 인물; [문법] 인칭
ser buena *persona*
온후한[친절한] 사람이다
por persona 1인당(por cabeza)

personaje
뻬르소나헤
|남| (사회적으로 중요한) 인물, 요인; (소설 등의) 등장 인물, 작중 인물; (극의) 배역
personaje distinguido 명사(名士)

personaje influyente 유력자
personaje real 실제 인물
descripción de un *personaje* 인물 묘사

personal
뻬르소날
- 형 개인의, 사적인; 직접의, 제삼자를 끼지 않고; 주관적인; [문법] 인칭의
  carta *personal* 사신(私信)
  derecho *personal* 개인의 권리
  opinión *personal* 개인 의견
  pronombre *personal* 인칭 대명사
- 남 여 직원, 인원, 종업원; 인사(人事)

personalidad
뻬르소날리닫
- 여 인격; 개성; 중요 인물, 명사

personalista
뻬르소날리스따
- 형 개인적인, 이기적인; 인격주의의
- 남 여 인격주의자

personalizar
뻬르소날리사르
- 타 …의 개인 이름을 붙이다; 개인화하다, 인격화[인간화]하다

personalmente
뻬르소날멘떼
- 부 친히, 스스로, 직접; 개인적으로

personarse
뻬르소나르세
- (재귀)) 모습을 나타내다; 출두하다

personificación
뻬르소니피까시온
- 여 의인화; 전형(典型), 화신(化身)

personificar
뻬르소니피까르
- 타 의인화하다; 구현(具現)하다
  personificarse 의인화되다

perspectiva
뻬르스뻭띠바
- 여 전망, 조망; 시야, 관점; [미술] 원근법; 투시도, 투영도

perspicacia
뻬르스피까시아
- 여 예리한 통찰력; 형안(炯眼)

perspicaz
뻬르스삐까스
- 형 통찰력이 있는; 예민한

persuadir
뻬르수아디르
- 타 …에게 설득하다, 납득시키다
  persuadirse 확신하다

persuasión
뻬르수아시온
- 여 설득; 확신, 납득

persuasividad 뻬르수아시비닫	여 설득력
persuasivo, va 뻬르수아시보, 바	형 설득력 있는, 납득시키는
pertenecer 뻬르떼네세르	자 [+a] (...에) 속하다 Este terreno *pertenece a* la ciudad. 이 토지는 시의 소유다. 직·현재: pertenezco, perteneces, ... 접·현재: pertenezca, pertenezcas, pertenezca, pertenezcamos, pertenezcáis, pertenezcan
perteneciente 뻬르떼네시엔떼	형 속하는
pertenencia 뻬르떼넨시아	여 소속, 귀속; 복 소유물; 부속물
pértiga 뻬르띠가	여 장대; [운동] 장대높이뛰기의 장대
pertiguista 뻬르띠기스따	남 여 장대높이뛰기 선수
pertinacia 뻬르띠나시아	여 영속; 집요함
pertinaz 뻬르띠나스	형 오래 계속하는, 장기의; 집요한, 완고한
pertinente 뻬르띠넨떼	형 적절한, 타당한; 속하는, 관련된
perturbación 뻬르뚜르바시온	여 혼란, 교란, 방해; 착란, 광기
perturbado, da 뻬르뚜르바도, 다	형 정신적으로 동요된; 정신 착란의 남 여 정신 착란자
perturbador, ra 뻬르뚜르바도르, 라	형 인심[질서]을 어지럽히는 남 여 교란자, 방해자 남 [군사] 레이더 교란 장치
perturbar 뻬르뚜르바르	타 혼란시키다, 방해하다; 정신적으로 동요시키다; 착란시키다 ***perturbarse*** 혼란되다; 정신적으로 동요되다; 착란되다

Perú
뻬루
남 [국명] 뻬루, 페루

peruano, na
뻬루아노, 나
형 뻬루(인)의
남 여 뻬루 사람

perversidad
뻬르베르시닫
여 사악함, 악랄함

perversión
뻬르베르시온
여 퇴폐, 타락; [의학] 도착

perverso, sa
뻬르베르소, 사
형 남 여 사악한 (사람), 악랄한 (사람)

pervertido, da
뻬르베르띠도, 다
형 도착(倒錯)된
남 여 도착자(倒錯者)

pervertir
뻬르베르띠르
타 타락시키다, 퇴폐시키다
pervertirse 타락하다, 퇴폐하다

pesa
뻬사
여 (저울·시계의) 추; [운동] 바벨

pesabebés
뻬사베베스
남 단 복 유아용 체중계

pesada
뻬사다
여 계량; 무게; (한 번으로 재는) 분량

pesadamente
뻬사다멘떼
부 무겁게; 둔중히; 집요하게

pesadez
뻬사데스
여 무거운 것; 답답함; 불쾌함; 무거운 짐; (무거운) 부담

pesadilla
뻬사디야
여 악몽(惡夢)

pesado, da
뻬사도, 다
형 무거운 (반 ligero); 쓰라린, 고통스러운; 답답한; (잠이) 깊은; 무더운, 후덥지근한; 느린, 둔한
agua *pesada* [화학] 중수(重水)
industria *pesada* 중공업
paquete *pesado* 무거운 소포
남 [권투] 헤비급(peso pesado)
남 여 치근치근한[집요한] 사람

pesador, ra
뻬사도르, 라
형 남 여 계량하는 (사람)

pesadumbre
뻬사둠브레
여 슬픔, 괴로움

pésame
뻬사메
남 애도, 조의(弔意)
telegrama de *pésame* 조전(弔電)
dar el *pésame* a uno
...에게 조의를 표하다

pesar
뻬사르
자 무게가 있다, 무겁다; 중요성을 가지다, 영향력이 있다; 괴로워하다, 후회하다
pesar mucho 무겁다
pesar poco 가볍다
타 무게가 있다; 무게를 달다; (신중히) 검토하다
pesarse 자신의 무게를 달다
남 슬픔, 괴로움, 고뇌; 후회
a pesar de ...에도 불구하고
Me marché *a pesar de* la lluvia.
나는 비에도 불구하고 떠났다

pesario
뻬사리오
남 [의학] 페서리 ((피임용))

pesca
뻬스까
여 낚시; 어업; 어획고
barco de *pesca* 어선
convención de *pesca* 어업 조약

pescadería
뻬스까데리아
여 생선가게, 어물전

pescadero, ra
뻬스까데로, 라
남 여 생선 장수

pescado
뻬스까도
남 (식품으로서의) 생선, 어육(魚肉) ((물고기 pez))

pescador, ra
뻬스까도르, 라
남 여 낚시꾼; 어부, 어민

pescar
뻬스까르
타 (고기를) 잡다, 낚시질하다; (병에) 걸리다
자 고기를 잡다, 낚시질하다
pescar en el mar [el río]
바다[강] 낚시를 하다
ir a *pescar* 낚시하러 가다

pescuezo
뻬스꾸에소
남 (주로 동물의) 목, 목덜미

pese a
뻬세 아
((관용어)) …에도 불구하고(a pesar de)
pese a sus años 나이에도 불구하고

pesebre
뻬세브레
남 구유통; [기독교] 말의 구유

peseta
뻬세따
여 [스페인의 전 화폐 단위] 뻬세따

pesimismo
뻬시미스모
남 비관론, 비관주의 (반) optimismo)

pesimista
뻬시미스따
형 비관적인, 비관주의의, 염세적인
남 여 비관주의자, 염세가, 염세주의자

pésimamente
뻬시마멘떼
부 매우 나쁘게

pésimo, ma
뻬시모, 마
형 [malo의 절대 최상급] 매우 나쁜

peso
뻬소
남 무게, 중량; 체중; 중압, 무거운 짐; (몸의) 피로감; 중요성, 영향력; [화폐 단위] 뻬소, 페소; 저울; (정신적인) 부담, 피로; [운동] 포환·원반·해머의 총칭
¿Cuál es el *peso* de este paquete?
이 소포의 무게는 얼마나 됩니까?
Quiero perder *peso*.
몸무게를 빼고 싶다.

pespunto
뻬스뿐떼
남 박음질

pespuntear
뻬스뿐떼아르
타 박음질하다

pesquería
뻬스께리아
여 어업; 어장
problemas de *pesquería* 어업 문제

pesquero, ra
뻬스께로, 라
여 어업의
industria *pesquería* 어업
país *pesquero* 어업국
남 어선 (barco *pesquero*)
여 어장; 어획고

pesquisa
뻬스끼사
여 [주로 복] 수사(搜査)
hacer *pesquisas* 수사하다

pestaña
뻬스따냐
여 속눈썹 ((눈썹 ceja))
pestañas falsas [postizas] 인공 속눈썹

pestañear
뻬스따녜아르
자 (눈을) 깜빡이다; 깜빡거리다

pestañeo
뻬스따녜오
남 (눈을) 깜빡거림

peste
뻬스떼
남 [의학] 페스트, 흑사병; 역병; 악취

pesticida
뻬스띠시다
형 남 살충제(의), 농약(의)

pestilencia
뻬스띨렌시아
여 악취; 역병

pétalo
뻬딸로
남 [식물] 꽃잎, 화판(花瓣)

petición
뻬띠시온
여 원함, 소원; 신청, 탄원; 신청서, 탄원서; [법률] 청원서, 소장(訴狀)
petición de divorcio 이혼 청구

peticionar
뻬띠시오나르
타 신청하다

peticionario, ria
뻬띠시오나리오, 리아
형 신청의
남 신청서

petrodólar
뻬뜨로돌라르
남 오일 달러, 석유 달러

petróleo
뻬뜨롤레오
남 석유(石油)
petróleo lampante 등유(燈油)
campo de *petróleo* 유전
estufa de *petróleo* 석유 난로

petrolero, ra
뻬뜨롤레로, 라
형 석유의
compañía *petrolera* 석유 회사
남 여 석유 소매 업자
남 석유 탱커, 유조선

petrolífero, ra
뻬뜨롤리페로, 라
형 석유를 함유한[산출하는]
campo *petrolífero* 유전(油田)

petrología
뻬뜨롤로히아
여 암석학(巖石學)

petroquímico, ca
뻬뜨로끼미꼬, 까
형 석유 화학의
여 석유 화학

petulante
뻬뚤란떼
형 남 여 오만 불손한 (사람)

petulancia
뻬뚤란시아
여 오만 불손; 현학적 태도

petunia
뻬뚜니아
여 [식물] 페튜니아 ((가지과))

pez
뻬스
남 물고기; 복 어류; 사냥에서 잡은 짐승; 교활한 남자. 복 peces
pez gordo 거물, 중요 인물
여 송진, 역청

pezón
뻬손
여 (여성의) 젖꼭지, 유두; (식물의) 잎꼭지; 꽃자루, 꽃꼭지

pezuña
뻬수냐
여 [동물] 발굽

pi
삐
여 [그리스 문자] 피 ((Π, π)); [수학] (원주율의) 파이 ((π))

piadoso, sa
삐아도소, 사
형 신앙심이 깊은, 경건한; 자비심이 깊은, 정이 깊은

pianísimo
삐아니시모
부 [음악] 매우 여리게, 피아니시모

pianista
삐아니스따
남 여 피아니스트, 피아노 연주기

piano
삐아노
남 피아노
tocar el *piano* 피아노를 치다
부 [음악] 약하게; 작은 소리로

piar
삐아르
자 (새가) 삐악삐악 울다, 지저귀다

pica
삐까
여 창, 긴 창; [투우] (picador 가 사용하는) 창

picadillo
삐까디요
남 기계로 갈거나 저민 돼지고기; [요리] 삐까디요 ((저민 고기・베이컨・야채・물에 푼 달걀

을 볶아 끓인 것))

picado¹
삐까도
남 (비행기·새의) 급강하; [요리] 잘게 다진 고기 요리; [음악] 스타카토

picado², da
삐까도, 다
형 벌레 먹은; 성난; 다진, 새긴; 장식 구멍이 뚫린; 파도가 이는
carne *picada* 갈거나 저민 고기
diente *picado*, muela *picada* 충치

picador, ra
삐까도르, 라
남여 (말을) 사육하여 길들이는 사람
남 [투우] 삐까도르 ((말을 타고 창으로 소의 목덜미를 찌르는 투우사))

picadura
삐까두라
여 찌르기, 깨물기; 찔린[물린] 상처; 충치 구멍; 살담배

picante
삐깐떼
형 혀를 쏘는, 매운; 통렬한, 신랄한
comida *picante* 매운 요리
남 향신료; 매운 맛; 신랄함

picapedrero, ra
삐까뻬드레로, 라
남여 석공(石工)

picar
삐까르
타 (침 등으로) 찌르다, 쏘다; 물다; (새 등이 먹이를) 쪼다; 자극하다; 아리게 만들다, 툭툭 쏘게 만들다
Me *picó* un mosquito.
나는 모기에 물렸다.
Una culebra le *picó* en el pie.
뱀이 그의 다리를 물었다.
자 자극하다, 혀를 쏘다; 따끔따끔하다; (비행기가) 급강하하다; 나타나기 시작하다; 경향이 있다
picarse 자신을 찌르다; (의류가) 좀먹다; 충치가 생기다; 썩기 시작하다; 파도가 일다; 화내다; 흥분하다; 마약을 주사하다

picardía
삐까르디아
여 악의; 악행, 비행

picaresco, ca
삐까레스꼬, 까
형 악한의; 장난꾸러기의; 심술궂은
novela *picaresca* 악당 소설
여 악당들의 무리; 망나니 생활; 피카 레스크

(문학)

pícaro, ra
삐까로, 라
- 형 장난(꾸러기)의, 심술궂은; 망나니 같은, 돼먹지 못한; 악의가 있는; 요령이 좋은
- 남 여 악동, 망나니, 불량배

pico
삐꼬
- 남 (새의) 부리, 주둥이; (물건의) 주둥이; 산봉우리; 뾰족한 것; (사람의) 입; 능변; 마약 주사약; [조류] 딱따구리

pictórico, ca
삑또리꼬, 까
- 형 그림의, 회화적인
- habilidad *pictórica* 그림 재주
- vista *pictórica* 그림 같은 경치

pie
삐에
- 남 (주로 사람의) 발 ((pierna 다리)); (물건의) 다리, 대, 받침, 밑부분; 산기슭; (서류 등의) 밑부분 ((날짜나 서명 등을 쓰는 부분)); (사진·도판의) 설명문; [길이의 단위] 피트; 걸음, 걸음걸이
- *pie* de la columna 기둥의 밑부분
- al *pie* de la montaña 산기슭에
- al *pie* de la escalera 계단 아래에
- ser lento de *pies* 걸음이 느리다
- tener los *pies* rápidos
발[걸음]이 빠르다
- *a pie* 걸어서, 도보로
- ir *a pie* 걸어 가다
- Se tarda media hora *a pie* hasta la terminal de autobuses.
버스 터미널까지 걸어서 30분 걸린다.
- *de pie(s)* 서서; 자지 않고
- estar *de pie* 서 있다
- hablar *de pie* con *uno*...와 서서 말하다
- *volver pie atrás*
후퇴하다; 발길을 돌리다

piedad
삐에닫
- 여 불쌍히 여김, 동정; 신앙심, 경건함; [미술] 슬픔의 성모(상)

piedra
삐에드라
- 여 돌; 석재(石材); (보석의) 원석;우박; [의학] 결석(結石)
- *piedra* artificial 인조 보석

piedra de cumpleaños 탄생석
piedra de mechero 라이터돌
piedra preciosa 귀석(貴石)
((다이아몬드, 루비, 사파이어, 에메랄드))
camino de *piedra* 돌이 깔린 길
estatua de *piedra* 석상(石像)
primer *piedra* 초석(礎石)
lanzar una *piedra* 돌을 던지다

piel
삐엘

여 (사람의) 피부, 살(갗); (동물 등의) 가죽, 껍질, 피부; 다룬[무두질한] 가죽; 모피; (과실의) 껍질
piel de cocodrilo 악어 가죽
abrigo de *piel*(*es*) 가죽 오바
comer una manzana con *piel*
사과를 껍질채 먹다
quitar la *piel* de un melocotón
복숭아의 껍질을 벗기다
Ella tiene la *piel* bonita.
그녀는 피부가 아름답다.

pielitis
삐엘리띠스

여 단 복 [의학] 신우염(腎盂炎)

pienso¹
삐엔소

나는 생각한다
((pensar의 직설법 1인칭 단수))

pienso²
삐엔소

남 (가축의, 주로 건조한) 사료
pienso compuesto 배합 사료

pierna
삐에르나

여 (사람의) 다리; [요리] 넓적다리 살
piernas gordas 통통한 다리
piernas largas 긴 다리
pierna de pollo 닭의 넓적다리 살

pieza
삐에사

여 부품, 전체를 구성하는 하나; (단위로서의) 하나, 한 개; 방; ((중남미)) 침실; 동전, 화폐; 예술 작품; (특히 1막물의) 극작품, 희곡; 음악 작품, 곡; 사람; (장기의) 말
juego de 12 *piezas* 12개 세트
comprar tres *piezas* de pan

빵을 세 개 사다
vender el jabón por *piezas*
비누를 낱개로 팔다
Hay tres *piezas* en mi casa.
내 집은 방이 세 개다.

pigmentación
삐그멘따시온
여 색소 형성; 착색(着色)

pigmentar
삐그멘따르
타 (안료로) 착색하다

pigmento
삐그멘또
남 [생화학] 색소; 안료(顔料)

pigmeo, a
삐그메오, 아
형 남 여 피그미족(의)

pijama
삐하마
남 [복식] 파자마, 잠옷

pila
삘라
여 전지, 건전지(pila seca); 퇴적, 더미; 설거지통, 물통; [건축] 교각(橋脚); [종교] 성수반; (공원 등의) 분수반

pilar
삘라르
남 [건축] 지주, 기둥
pilar de hierro 쇠기둥

píldora
삘도라
여 알약, 환약(丸藥); 경구 피임약
tomar una *píldora* 약을 먹다[마시다]

pilila
삘릴라
여 ((스페인)) 음경 (pene)

pillaje
삐야헤
남 (주로 적병에 의한) 약탈

pillar
삐야르
타 잡다, 붙잡다; 얻다, 획득하다; (차가) 받다; (문이 손 등을) 끼우다; 이해하다; 훔치다, 약탈하다
pillar al ladrón 도둑을 잡다
자 위치하다
pillarse
(자신의 몸·옷의 일부를)끼다, 끼우다

pilotaje
삘로따헤
남 조종(술); 물길 안내, 도선(導船); 도선 요금; (차·오토바이의) 운전

pilotar 삘로따르	타 조종하다; (배의) 물길 안내를 하다; (차·오토바이를) 운전하다
piloto 삘로또	남 여 조종사, 파일럿; [선박] 항해사; 물길 안내인, 도선사; 레이서, 경주자 *piloto* automático 자동 조종 장치 남 파일럿램프; (자동차의) 미등(尾燈) 형 단 복 실험적인 programa *piloto* 실험 계획
pimental 삐멘딸	남 피망 밭; 고추 밭
pimentero 삐멘떼로	남 후추그릇; [식물] 후추(나무)
pimentón 삐멘똔	남 [향신료] 파프리카 ((일종의 고추로 만든 향미료)); [식물] 대형 피망, 파프리카
pimienta 삐미엔따	여 [향신료] 후추
pimetero 삐미엔또	남 [식물·향신료] 고추, 피망
pimpollo 삠뽀요	남 꽃봉오리; 새싹, 어린 가지; 어린 나무; 어리고 귀여운 아이
pimpón 삠뽄	남 탁구
pinacoteca 삐나꼬떼까	여 회화 전문 미술관; 화랑
pináculo 삐나꿀로	남 (건물의) 최상부; (고딕 건축의) 작은 첨탑; 전성기, 정점(頂點)
pinar 삐나르	남 송림(松林), 소나무 숲
pinariego, ga 삐나리에고, 가	형 소나무의
pinaza 삐나사	여 (지면을 덮고 있는) 솔잎
pincel 삔셀	남 붓, 화필(畵筆); 필치, 화법
pincelada 삔셀라다	여 붓 다루는 방법, 필법; 필치; 말씨

pinchadiscos
삔차디스꼬스
남 여 단 복 디스크자키

pinchar
삔차르
타 (뾰족한 것으로) 찌르다, 쏘다; 사주하다; 성나게[노하게] 하다; 레코드를 틀다; 주사를 놓다
자 타이어가 펑크나다; 실패하다; 찌르다, 꾹꾹 쑤시다, 따끔거리다; 패하다

pincharse
(자신의 몸에) 찌르다; (자신에게) 마약 주사를 놓다; (타이어가) 펑크나다; (풍선이) 터지다

pinchaúvas
삔차우바스
남 단 복 변변치 않는 사람, 녹녹한 사람, 쓸모 없는 사람

pinchazo
삔차소
남 찌르기; 찔린 상처; 찔린 흔적; 펑크; 날카로운 아픔; 1회 마약 주사(痲藥注射)
Tuvimos un *pinchazo*.
우리 차가 펑크났다.

pinchito
삔치또
남 ((스페인)) 꼬치구이, 적(炙)

pincho
삔초
남 바늘, 가시; (끝이 뾰족한) 가늘고 긴 막대; 간단한 입매[안주]; ((스페인)) 꼬치구이, 적(炙)
un *pincho* de tortilla
또르띠야 작은 것으로 한 접시

pineda
삐네다
여 송림(松林), 소나무 숲(pinar)

ping pong
삥뽕
남 탁구(tenis de mesa)

pingüino
삥구이노
남 [조류] 펭귄

pinitos
삐니또스
남 복 아장걸음; (환자의) 회복; (직업 등을 시작하는) 제일보, 첫걸음

pino
삐노
남 [식물] 소나무

pinocha
삐노차
여 솔잎

pinta¹
삔따
여 반점, 얼룩; 물방울 무늬; (특징을 나타내는) 외모, 모양; 낙서

pintada¹
삔따다

여 낙서

pintado, da²
삔따도, 다

형 색을 칠한, 채색한; 반점이 있는; 여러 가지 색깔의; 화장을 한; 많이 닮은
papel *pintado* 벽지
vaca *pintada* 얼룩소

pintalabios
삔따라비오스

남 단 복 입술 연지

pintamonas
삔따모나스

남 단 복 엉터리 화가

pintar
삔따르

타 (페인트로) 칠하다; (그림을) 그리다; (말·영상으로) 묘사하다; [요리] (빵 등에) 장식을 하다
pintar la pared de [en] blanco
벽을 하얗게 칠하다
pintar un retrato 초상화를 그리다
pintar una flor al óleo
유화(油畵)로 꽃을 그리다

자 칠하다; (과실이) 물들다; 써지다; 중요성을 가지다

pintarse
(페인트 등으로) 자신의 …을 더럽히다; 화장을 하다; (과실 등이) 물들다; (표정에) 나타나다
pintarse los labios 입술 연지를 칠하다
pintarse los ojos 눈썹을 그리다
La felicidad *se pinta* en su rostro.
그녀는 행복한 얼굴이다.

pintarrajear
삔따르라헤아르

타 더덕더덕 칠하다; 낙서하다

pintarrajar
삔따르라하르

타 =**pintarrajear**

pintauñas
삔따우냐스

남 단 복 매니큐어 액

pinto, ta²
삔또, 따

형 반점[얼룩]이 있는
caballo *pinto* 얼룩말, 반점이 있는 말
judía *pinta* 팥

pintor, ra 삔또르, 라	남 여 화가; 페인트 공
pintoresco, ca 삔또레스꼬, 까	형 그림 같은, 정취가 있는 paisaje *pintoresco* 그림 같은 경치
pintura 삔뚜라	여 그림, 회화(繪畵); 화법; 도장(塗裝); 페인트, 도료(塗料); (말에 의한) 묘사 *pintura* abstracta 추상화 *pintura* de aceite 유성(油性) 페인트 *pintura* de la casa 집의 도장 maestro de la *pintura* 그림의 대가
pinza 삔사	여 끼워서 집는 도구; 클립 ((서류용 집게)); 펜치, 못뽑이; 복 핀셋, 겸자 ((외과 수술용 기구))
pinzamiento 삔사미엔또	여 (끼워서) 집는 일
pinzar 삔사르	타 (핀셋·손가락 등으로) 집다, 끼워서 집다
piña 삐냐	여 솔방울; 파인애플(ananá)
piñón 삐뇬	남 소나무의 씨; 작은 톱니바퀴; (자전거의) 쇠 톱니바퀴; (총의) 공이치기
pío, a 삐오, 아	형 신앙심이 깊은, 경건한
piojo 삐오호	남 [곤충] 이
pionero, ra 삐오네로, 라	남 여 개척자; 선구자
pipa 삐빠	여 (담배용의) 파이프; (올리브유 등을 보존하는) 나무 통; 권총 fumar (en) *pipa* 파이프 담배를 피우다
pique 삐께	남 불화, 말다툼, 언쟁; 라이벌 의식, 경쟁심
piqueta 삐께따	여 (한쪽이 뾰족한) 석공용 해머; (짧은) 말뚝
piquete 삐께떼	남 (짧은) 말뚝; [군사] (특별 임무의) 작은 부대; (파업 등의) 피켓

piragua
삐라구아
여 카누

piragüismo
삐라구이스모
남 카누 경기

piragüista
삐라구이스따
남 여 카누 선수; 배 젓는 사람

piramidal
삐라미달
형 피라미드(형)의; 각뿔 모양의

pirámide
삐라미데
남 피라미드; 피라미드 모양의 것; [수학] 각뿔
pirámide de población 인구 피라미드
pirámide invertida 역 피라미드
pirámide truncada 각뿔대

piramidón
삐라미돈
남 [약학] 피라미돈

piraña
삐라냐
여 [어류] 피라냐

pirata
삐라따
형 해적의; 비합법적인
barco *pirata* 해적선
edición *pirata* 해적 출판
남 여 해적; 잔혹한 사람
pirata aéreo 공중 납치범
pirata informático [del ordenador]
[컴퓨터] 해커

piratear
삐라떼아르
자 해적질을 하다; 해적 행위를 하다; [컴퓨터]
(시스템에) 침입하다

piratería
삐라떼리아
여 해적 행위; (주거에) 불법 침입; [컴퓨터]
(시스템에) 침입
piratería aérea 공중 납치, 하이잭

pirenaico, ca
삐레나이꼬, 까
형 남 여 피레네 산맥(los Pirineos)의 (주민)

pirético, ca
삐레띠꼬, 까
형 [의학] 발열(發熱)의

pirexia
삐렉시아
여 [의학] 발열(發熱); 열병

pirógeno, na
삐로헤노, 나
형 열을 내는; [의학] 발열성의
남 발열 물질

pis 삐스
남 [유아어] 쉬, 오줌(orina)
hacer *pis* 쉬하다, 오줌을 누다
hacerse *pis* en la cama
자다가 오줌을 싸다

pisa 삐사
여 밟는 일, 밟기

pisada 삐사다
여 발소리; 발자취, 족적; 밟기

pisapapeles 삐사빠뻴레스
남 단복 문진(文鎭)

pisar 삐사르
타 밟다, 짓밟다; 밟아 단단하게 하다; (포도를) 발로 이기다[밟다]; 짓밟아 버리다, 밟아 뭉개다; (새가) 교미하다; (건반을) 누르다, 두들기다
pisar el freno 브레이크를 밟다
pisar las uvas 포도를 밟아 부수다

piscícola 삐시꼴라
형 양어(법)의

piscicultor, ra 삐시꿀또르, 라
형 양어가(養魚家)

piscicultura 삐시꿀뚜라
여 양어(법), 양식(養殖)

piscifactoría 삐시팍또리아
여 양식장

piscina 삐시나
여 풀, 수영장; 양식장
bañarse en la *piscina* 풀에서 수영하다

piso 삐소
남 (건물의) 층; (지면·물건 등의) 층; 맨션; ((주로 중남미)) 바닥, 마루; (구두의) 바닥
piso bajo 1층
piso principal, primer piso 2층
segundo *piso* 3층
tercer *piso* 4층
autobús de dos *pisos* 2층 버스
edificio de 63 *pisos* 63층 건물
tarta de tres *pisos* 3층 케이크
Vivo en cuarto *piso*. 나는 5층에서 산다.
Esta casa tiene seis *pisos*.

이 집은 6층이다.
Ella vive en un *piso* grande.
그녀는 넓은 맨션에서 산다.

pisón
삐손

남 (땅을 다지는) 달구

pisotear
삐소떼아르

타 밟다, 질근질근 밟다; 부당하게 취급하다, 짓밟다; (법률 등을) 무시하다, 어기다

pista
삐스따

여 (동물 등이 지나간) 흔적, 발자국, 족적; (범죄 수사 등의) 단서, 실마리; (해답의) 힌트; [운동] (경주의) 트랙; (주로 원형의) 경기장; (서커스의) 무대, 링; (댄스 등의) 플로어; [항공] 활주로; (가설의) 도로, 고속도로; [음향] 녹음대, 트랙

pista de hielo 스케이트 링
pista de hierba [테니스] 잔디 코트
seguir la *pista* del oso
곰의 발자국을 따라가다

pistola
삐스똘라

여 권총, 피스톨; 기다란 막대기 꼴의 식빵, 바게트(barra); 내뿜는 기구, 스프레이 건
pistola automática 자동 권총

pistolero, ra
삐스똘레로, 라

남여 권총 강도; 살인 청부 업자
여 홀스터 ((총을 넣는 휴대용 가죽 케이스))

pistoletazo
삐스똘레따소

남 (출발 신호 등의) 권총 발사

pistolón
삐스똘론

남 큰 권총

pistón
삐스똔

남 피스톤; (총의) 뇌관; (관악기의) 조음판(調音瓣)

pita
삐따

여 [식물] 용설란; 용설란 섬유; [닭을 부르는 소리] 구구구; 휘파람

pitada
삐따다

여 호루라기 소리; 휘파람

pitagórico, ca
삐따고리꼬, 까

형 피타고라스(Pitágoras)의
principios *pitagóricos* 피타고라스 정리
남여 피타고라스 학파의 사람

pizarra

pitagorismo
삐따고리스모
남 피타고라스 학설

pitar
삐따르
자 휘파람을 불다, 경적을 울리다; 휘슬을 불다; 영향력이 있다
타 ...에 대해 휘슬을 불다; (시합의) 심판을 하다

pitido
삐띠도
남 호루라기[기적·경적] 소리

pitillera
삐띠예라
여 궐련갑; 궐련 만드는 여자

pitillo
삐띠요
남 궐련(cigarrillo)

pito
삐또
남 호루라기, 휘슬; 기적, 경적; 경적 소리; (자동차의) 클랙슨; 궐련(cigarrillo); 음경(陰莖)
tocar el *pito* 호루라기를 불다
hacer sonar el *pito* 기적을 울리다

pitopausia
삐또빠우시아
여 남성 갱년기 (장애)

pituita
삐뚜이따
여 [의학] 점액

pituitario, ria
삐뚜이따리오, 리아
형 점액의, 점액을 분비하는

pivot
삐붓
남여 =**pívot**

pívot
삐봇
남여 [농구·핸드볼] 센터, 포스트 플레이어

pivot(e)ar
삐보떼아르
자 (축을 중심으로) 회전하다; [농구] 센터를 보다

pivote
삐보떼
남 선회축; (주차 등의 방지용) 기둥

piyama
삐야마
남(여) ((중남미)) 파자마, 잠옷

pizarra
삐사르라
여 흑판; 석판; 점판암, 슬레이트

pizarral 삐사르랄 　 男 슬레이트 채굴장

pizarrín 삐사르린 　 男 석필(石筆)

pizca 삐스까 　 女 작은 조각, 소량(少量)

pizza 삣사 　 女 [요리] 피자

pizzería 삣세리아 　 女 피자가게

pizzicato 삐치까또 　 男 [음악] 피치카토, 손톱으로 뜯는 곡

placa 쁠라까 　 女 (나무·금속 등의) 판, 판금(板金); (길의 이름·조각상의 설명 등의) 표시판; 명찰, 표찰; (자동차의) 번호판; (경찰 등의) 배지, 기장(記章); 훈장; 레코드, 디스크; [사진] 감광판; [전기] 양극

placaje 쁠라까헤 　 男 [럭비] 태클

placar 쁠라까르 　 他 [럭비] 태클하다

placé 쁠라세 　 男 [경마] 복승식

pláceme 쁠라세메 　 男 축하, 축사(felicitación)

placenta 쁠라센따 　 女 [해부] 태반(胎盤)

placentario, ria 쁠라센따리오, 리아 　 形 태반의

placentero, ra 쁠라센떼로, 라 　 形 즐거운, 유쾌한

placer 쁠라세르 　 男 기쁨, 즐거움, 만족; 오락; 쾌락; (귀금속을 함유한) 사광(砂鑛); [선박] 사주(砂洲); ((중남미)) 진주패 채취장
placeres de la vida 생의 기쁨
Es un *placer* trabajar contigo.
자네와 함께 일하게 되어 기쁘네.

자 기쁘다, 즐겁다
Me *place* escuchar la música.
나는 음악을 들으면 즐겁다.

placero, ra
쁠라세로, 라
남 여 노천상

plácet
쁠라셋
남 승인; 신임장, 아그레망

plácidamente
쁠라시다멘떼
부 온화하게; 즐겁게

placidez
쁠라시데스
여 온화함

plácido, da
쁠라시도, 다
형 온화한; 즐거운
carácter *plácido* 온화한 성격

plaga
쁠라가
여 재액, 재화; 역병; 해충; 대량

plagar
쁠라가르
타 (나쁜 것으로) 가득 채우다; 범람시키다
plagarse
가득해지다, ...투성이가 되다, 범람되다

plagiar
쁠라히아르
타 (문학 작품 등을) 표절하다, 도작(盜作)하다

plagiario, ria
쁠라히아리오, 리아
형 표절하는
남 여 표절자

plagio
쁠라히오
남 표절, 도작(盜作)

plan
쁠란
남 계획, 예정, 기획; 식이 요법, 다이어트; 줄거리, 각본
plan de acción 행동 계획
plan de estudios 연구 계획, 커리큘럼
plan de vuelos 비행 계획
plan estupendo 멋진 계획
plan maestro 기본 계획, 마스터플랜

plana
쁠라나
여 (신문의) ...면; (잡지 등의) 페이지; 습자(習字); 평원; 대패

plancha
쁠란차
여 다리미; (주로) 금속판; [요리] 철판; [인쇄] 판(版); 목판; 발판; [수영] 수평 (자세); 다리미

질한 세탁물[옷]
plancha de vapor 증기 다리미
plancha de hierro 철판
día de *plancha* 다리미질하는 날
habitación de la *plancha* 다리미질 방
a la plancha 철판구이의[로]
carne *a la plancha* 철판구이 고기

planchado, da
쁠란차도, 다
- 형 다리미질한; 일전 한 푼 없는
- 남 다리미질

dar un *planchado* a ...
...에 다리미질하다
- 여 다리미질

planchador, ra
쁠란차도르, 라
- 남 여 다리미질이 직업인 사람
- 남 다리미질 방

planchar
쁠란차르
- 타 ...에 다리미질하다; 아부하다

planchazo
쁠란차소
- 남 실수, 실패; 실언

cometer un *planchazo* 실수를 저지르다

plancton
쁠랑끄똔
- 남 [생물] 플랑크톤

planctónico, ca
쁠랑끄또니꼬, 까
- 형 플랑크톤의

planeador
쁠라네아도르
- 남 [항공] 글라이더, 활공기

planeadora
쁠라네아도라
- 여 [선박] 고속 모터보트

planeamiento
쁠라네아미엔또
- 남 입안(立案), 구상; 활공

planear
쁠라네아르
- 타 ...의 계획을 세우다
- 자 활공하다

planeo
쁠라네오
- 남 활공; 부상(浮上)

planeta
쁠라네따
- 남 [천문] 혹성

planeta pequeño 소혹성
nuestro *planeta* 지구

planetario, ria
쁠라네따리오, 리아
⑱ 혹성의; 전세계적인
sistema *planetario* 태양계 혹성군

planicie
쁠라니시에
⑭ 대평원, 평야

planificación
쁠라니피까시온
⑭ 계획(화)
planificación familiar 가족 계획
planificación urbana 도시 계획

planificador, ra
쁠라니피까도르, 라
⑱ 입안(立案)하는, 계획하는
⑲⑭ 입안자, 계획자

planificar
쁠라니피까르
⑲ 계획(화)하다, 입안하다
economía *planificada* 계획 경제

planilla
쁠라니야
⑭ 신청서; ((중남미)) 급료 지불 대장

plano¹
쁠라노
⑲ 평면, 면; 도면; (시가의) 지도; 측면; [미술·연극] 경(景); [영화] 숏, 샷 ((한 장면을 연속적으로 촬영함)); 높이; 지위, 신분

plano², na
쁠라노, 나
⑱ 평평한; 평면 모양의
espejo plano 평면경

planta
쁠란따
⑭ 식물, 초목 (반) animal); 풀; (건물 등의) 평면도, 배치도; 층(piso); 공장; 발바닥; 실행 계획[방법]; (사람의) 외모, 풍채
planta baja 1층
planta de la casa 집 설계도
planta productora 제조 공장
primera *planta* 2층

plantación
쁠란따시온
⑭ (단일 재배의) 큰 농장; 큰 농장의 작물; 식수(植樹)
plantación de café 커피 농장

plantado, da
쁠란따도, 다
⑱ 심어진; 세워진
arrozal *plantado* de arroz
벼가 심어진 논

plantador, ra
쁠란따도르, 라
⑲⑭ 큰 농장주

plantar
쁠란따르
⑲ (식물을) 심다, 식수하다; 세우다; 장치하다; (텐트 등을) 치다; 한곳에 서 있게 하다; (타

격 등을) 가하다
plantar un rosal *en* el jardín
정원에 장미를 심다
plantar el solar de árboles frutales
공터에 과수를 심다
plantarse 꼼짝 않고 서 있다; 저항하다; 고집하다; 도착하다; (의복 등을) 몸에 걸치다

plante
쁠란떼
남 (쟁의 전술로서의) 취업 거부

planteamiento
쁠란떼아미엔또
남 문제 제기; 입안(立案)

plantear
쁠란떼아르
타 (문제 등을) 제기하다; (문제 등을) 일으키다, 야기시키다; 계획하다, 착수하다; 현실화하다, 완수하다
plantear la discusión 의제를 제출하다
plantear de nuevo el negocio
사업 계획을 다시 세우다

plantel
쁠란뗄
남 (유능·우수한) 스탭, 멤버; [농업] 모판, 못자리, 모종판

planteo
쁠란떼오
남 =**planteamiento**

plantificar
쁠란띠피까르
타 (키스를) 하다; (구타·모욕 등을) 주다; 무리하게 넣다; (부적절한 장소에) 놓다, 두다
plantificarse
도착하다; (기묘한 의복 등을) 몸에 걸치다

plantilla
쁠란띠야
여 축소 모형, 원형; 축도(縮圖); (구두의) 안밑창, 깔창; (시험의) 정답표; 정직원, 정사원; 종업원 명부

plantillar
쁠란띠야르
타 (구두에) 가죽을 대다

plantío
쁠란띠오
남 밭, 모판, 모종판, 못자리

plantón
쁠란똔
남 모종, 묘목

plañir
쁠라니이르
자 (큰 소리로) 울다; 한탄[탄식]하다
타 슬퍼하다

plañirse de ...을 한탄하다
plañirse de su mala suerte
불운을 한탄하다.

plaqué
쁠라께
남 금[은]도금

plaqueta
쁠라께따
여 [해부] 혈소판; 작은 타일; (가슴에 다는) 명찰

plasma
쁠라스마
남 [생물] 혈장, 플라스마; [물리] 플라스마

plastia
쁠라스띠아
여 [의학] 형성술(形成術)

plástica¹
쁠라스띠까
여 조형(造形), 조형술

plasticidad
쁠라스띠시닫
여 가소성(可塑性), 유연성

plástico¹
쁠라스띠꼬
남 플라스틱, 합성 수지; 플라스틱 폭탄; ((스페인)) 레코드

plástico², ca²
쁠라스띠꼬, 까
형 플라스틱(제)의, 합성 수지의; 유연한; (기술이) 생생한, 구체적인; 조형(造形)의; [의학] 성형의
artes *plásticas* 조형 예술
cirugía *plástica* 성형 외과; 성형 (외과) 수술
materiales *plásticos* 플라스틱재(材)

plastificación
쁠라스띠피까시온
여 플라스틱 가공

plastificado
쁠라스띠피까도
남 플라스틱 가공

plastificar
쁠라스띠피까르
타 플라스틱 가공하다; 플라스틱으로 덮다; 플라스틱 막을 씌우다

plata
쁠라따
여 은(銀); 은화; 은그릇, 은제품; 은메달; ((주로 중남미)) 돈, 부(富)
anillo de *plata* 은반지
pagar en *plata* 은화로 지불하다
tener mucha *plata* 돈이 많다
형 은색의

platabanda　쁠라따반다	여 화단(花壇)
plataforma　쁠라따포르마	여 대(臺), 높은 곳; (열차·버스의) 출입구 부근; 화차; 플랫폼(andén); 대륙붕; (목적 달성을 위한) 발판; (정당·조직 등의) 강령, 기본 방침; 조직 모체 *plataforma* de lanzamiento 발사대 *plataforma* espacial 우주 정거장 *plataforma* electoral 선거 요강
platanal　쁠라따날	남 바나나 밭
platanar　쁠라따나르	남 바나나 밭
platanero, ra　쁠라따네로, 라	남여 바나나 재배자 남 [식물] 바나나나무 여 바나나 농장[회사]
plátano　쁠라따노	남 [식물·과실] 바나나; [식물] 플라타너스
plateado, da　쁠라떼아도, 다	형 은도금의; 은색의 남 은도금
platear　쁠라떼아르	타 …에 은도금을 하다
platería　쁠라떼리아	여 은세공술, 은세공업; 보석상
platero, ra　쁠라떼로, 라	남여 은세공사; 보석상
plática　쁠라띠까	여 ((중미)) 회화(conversación)
platillo　쁠라띠요	남 작은 접시; 받침 접시; (저울의) 접시; [악기] 심벌즈; 화제; ((중미)) 요리(plato) *platillo* volante 비행 접시
platinado　쁠라띠나도	남 백금 도금
platinar　쁠라띠나르	타 백금 도금을 하다

platino
쁠라띠노
남 [화학] 백금(白金)
anillo de *platino* 백금 반지

plato
쁠라또
남 접시; (접시에 수북이 담은) 요리; (저울의) 접시
plato de pescado 생선 요리
plato español 스페인 요리
plato llano 넓적하고 얕은 접시
plato hondo [sopero] 수프 접시

platónico, ca
쁠라또니꼬, 까
형 플라톤(Platón)의, 플라톤 학파 [철학]의; 순(純)정신적인, 무욕의; 이상적인
amor *platónico* 정신적인 사랑

platonismo
쁠라또니스모
남 플라톤 철학

playa
쁠라야
여 (해변의) 모래사장; 바닷가; 해안; 해수욕장
traje de *playa* 해수욕복
ir a la *playa* 해수욕 가다
pasar las vacaciones en la *playa*
휴가를 바다에서 보내다

plaza
쁠라사
여 광장; (식료품의) 시장; 자리, 좌석; 직, 지위; 투우장; [군사] 요새; [상업문] 지구, 시; ((주로 중남미)) 시장
plaza mayor 중앙 광장
Hay una *plaza* libre.
빈 자리가 하나 있다.

plazo
쁠라소
남 기한, 기간; (분할분의) 지불
Ha expirado el *plazo*. 기한이 끝났다.

plazoleta
쁠라솔레따
여 작은 광장

plazuela
쁠라수엘라
여 작은 광장

pleamar
쁠레아마르
남 만조(滿潮), 만조 때

plebeyo, ya
쁠레베요, 야
형 남 여 평민(의), 서민(의)

plebiscito
쁠레비시또
남 국민 투표, 주민 투표

plegable
쁠레가블레
형 접을 수 있는
silla *plegable* 접의자

plegadera
쁠레가데라
여 종이 자르는 칼

plegadizo, za
쁠레가디소, 사
형 =**plegable**

plegadora
쁠레가도라
여 접지기

plegamiento
쁠레가미엔또
남 [지질] 습곡(褶曲)

plegar
쁠레가르
타 (종이 등을) 접다; …에 주름을 넣다
plegar una servilleta 냅킨을 접다
plegarse 굴복하다; 양보하다

pleitear
쁘레이떼아르
자 소송을 걸다; (변호사가) 변론하다

pleitesía
쁠레이떼시아
여 존경, 경의

pleito
쁠레이또
남 소송; 싸움, 말다툼
ganar el *pleito* 승소하다
perder el *pleito* 패소하다

plenamar
쁠레나마르
남 =**pleamar**

plenario, ria
쁠레나리오, 리아
형 완전한, 전부의
sesión *plenaria* 총회

plenilunio
쁠레닐루니오
남 만월(滿月)

plenipotencia
쁠레니뽀뗀시아
여 전권(全權)

plenipotenciario, ria
쁠레니뽀뗀시아리오, 리아
형 전권을 가진
남여 전권 사절, 전권 위원

plenitud
쁠레니뚣
여 완전함; 절정기

plenamente
쁠레나멘떼
부 가득히; 완전히

pleno, na
쁠레노, 나
⟨형⟩ 완전한; 중심의; 가득찬, 충실한;
pleno empleo 완전 고용
plenos poderes 전권(全權)
⟨남⟩ 총회; [볼링] 스트라이크
pleno de accionistas 주주 총회

pleura
쁠레우라
⟨여⟩ [해부] 흉막(胸膜)

pliego
쁠리에고
⟨남⟩ (접은) 종이; 용지; 봉서(封書); (봉함된) 서류

pliegue
쁠리에게
⟨남⟩ 주름, 구김살; (수족의) 구부러지는 부분; [지질] 습곡(褶曲)
pliegues de una cortina 커튼의 주름

plomería
쁠로메리아
⟨여⟩ ((중남미)) (가스·수도의) 배관 (공사)

plomero, ra
쁠로메로, 라
⟨남⟩⟨여⟩ 배관공

plomo
쁠로모
⟨남⟩ 연(鉛); 퓨즈; 총탄
tubo de *plomo* 연관(鉛管)

pluma
쁠루마
⟨여⟩ 깃, 깃털; 펜, 펜촉; ((주로 중미)) 서체; 문체; 작풍; 작가; (기중기의) 돌출한 회전부
pluma estilográfica 만년필
pluma fuente ((중남미)) 만년필
almohada de *plumas* 깃털 베개
sombrero con *plumas* 깃털 장식 모자
escribir con una *pluma* 펜으로 쓰다
tomar la *pluma* 펜을 잡다, 쓰기 시작하다
⟨남⟩ [권투] 페더급(peso *pluma*)

plumafuente
쁠루마푸엔떼
⟨여⟩ ((중남미)) 만년필

plumaje
쁠루마헤
⟨남⟩ [집합 명사] 깃털; 깃털 장식

plumero
쁠루메로
⟨남⟩ 깃털 빗자루; 깃털 장식; 필통; 펜촉

plumón
쁠루몬
⟨남⟩ 솜털, 북슬북슬한 털; 깃털 이부자리; ((중남미)) 사인펜

plural 쁠루랄	형 [문법] 복수(형)의; 다양한 sustantivo *plural* 복수 명사 남 복수형
pluralidad 쁠루랄리닫	여 다양함; 다원성
pluralismo 쁠루랄리스모	남 다원론, 다원성
pluralista 쁠루랄리스따	형 다원론의, 다원성의
pluralizar 쁠루랄리사르	타 [문법] 복수형으로 만들다
pluriempleo 쁠루리엠쁠레오	남 겸임, 겸직
pluripartidismo 쁠루리빠르띠디스모	남 다당제
plus 쁠루스	남 (기본급 이외의) 수당; 할증 임금; 초과 요금
plusmarca 쁠루스마르까	여 [운동] (최고) 기록
plutocracia 쁠루또끄라시아	여 금권 정치, 금권 지배; 재벌
plutócrata 쁠루또끄라따	남 여 금권 정치가; 부호(富豪)
plutocrático, ca 쁠루또끄라띠꼬, 까	형 금권 정치의
Plutón 쁠루똔	남 [천문] 명왕성
plutonio 쁠루또니오	남 [화학] 플루토늄
pluvial 쁠루비알	형 비(lluvia)의 agua *pluvial* 빗물
pluviómetro 쁠루비오메뜨로	남 우량계(雨量計)
poblacho 뽀블라초	남 한촌(寒村), 빈촌(貧村)

población
뽀블라시온

여 거주 지역; 집락(集落); 읍, 촌; 주민; 인구; 식민, 입식(入植); ((칠레)) 슬럼가
población agrícola 농업 인구
crecimiento de la *población* 인구 증가

poblado, da
뽀블라도, 다

형 (사람이) 살고 있는
zona *poblada* 인구 밀집 지역
남 집락(集落), 촌락

poblador, ra
뽀블라도르, 라

남여 입식자(入植者); ((칠레)) 슬럼가 주민

poblamiento
뽀블라미엔또

남 입식(入植), 식민

poblar
뽀블라르

타 식민하다, 입식시키다, 마을을 세우다; (나무를) 심다; [동물을] 늘리다; 방류하다
poblar de pinos el monte
산에 소나무를 심다
poblar el río *de* peces
강에 물고기를 방류하다
자 마을을 만들다
poblarse (주민 등으로) 가득 차다
poblarse rápidamente
급속도로 인구가 증가하다

pobre
뽀브레

형 가난한, 빈곤한; [명사 앞에서] 가련한, 불쌍한, 가엾은
labrador *pobre* 가난한 농민
país *pobre* 가난한 나라
pobre hombre 가련한 남자
pobre mujer 가련한 여자
남여 가난한 사람; 걸인; 가련한[불쌍한] 사람

pobremente
뽀브레멘떼

부 가난하게; 가련하게, 불쌍하게

pobrería
뽀브레리아

여 =**pobretería**

pobrete, ta
뽀브레떼, 따

형남여 가련한 (사람)

pobretería
뽀브레떼리아
여 (한 지역의) 가난한 사람; 인색한 사람

pobretón, tona
뽀브레똔, 또나
남 여 매우 가난한 사람

pobreza
뽀브레사
여 가난, 빈곤, 빈핍; 결핍, 부족
pobreza de espíritu 정신의 빈곤
pobreza de inteligencia 지성의 부족
vivir en *pobreza* 가난하게 살다

pocilga
뽀실가
여 돼지 우리; 더러운 곳

poción
뽀시온
여 물약, 영약(靈藥)

poco, ca
뽀꼬, 까
형 [부정적으로] 많지 않은, 얼마 안되는, 극히 적은; 약간의 (반 mucho)
En la botella quedó *poco* vino.
병에 포도주가 얼마 남지 않았다.
Es de *poca* lluvia este mes.
이달에는 비가 별로 오지 않았다.
Tengo *pocos* amigos.
나는 친구가 별로 없다.
Unos *pocos* alumnos están ausentes.
결석한 학생들은 적다.
대 [부정적으로] 얼마 안 되는 사람[물건]
Pocos de los asistentes lo sabían.
출석자 중 소수만이 그것을 알았다.
부 조금, 거의 … 아니다
Come *poco*. 조금 먹어라.
Ella es *poco* amable.
그녀는 별로 친절하지 않다.
poco a poco 조금씩, 천천히
Tú hablarás español *poco a poco*.
너는 조금씩 스페인어를 말하게 될 것이다.
dentro de poco 곧, 얼마 안 있어
Dentro de poco llegará un autobús.
곧 버스가 올 것이다.
por poco 하마터면(casi)

Por poco me caigo.
하마터면 넘어질 뻔했다.
un poco 조금, 약간
¡Espera un poco! 잠깐 기다려라.
Ella está un poco enferma.
그녀는 조금 아프다.

poda
뽀다
여 전정(剪定)(의 시기)

podadera
뽀다데라
여 전정 가위

podar
뽀다르
타 ...의 가지를 치다, 전정하다

poder
뽀데르
타 ...할 수 있다; ...하는 일이 가능 하다; ...보다 힘이 있다
No puedo nadar. 나는 수영할 수 없다.
Ella puede no estar en casa.
그녀는 집에 없을 가능성이 있다.
Tú eres más alto que yo, pero yo te puedo.
네가 나보다 더 크지만 내가 너보다 힘이 세다.
no poder menos de + 동사원형
...하지 않을 수 없다
No pude menos de reír.
나는 웃지 않을 수 없었다.
poderse ...할 수 있다
No se puede entrar sin permiso.
무단 출입을 금함.
¿Se puede? (노크한 뒤) 들어가도 됩니까?
Querer es poder.
(속담) 뜻이 있는 곳에 길이 있다,
정신일도하사불성(精神一到何事不成).
남 힘, 능력, 역량; 영향력, 지배력; 권력, 권한; 소유, 소지; [주로 복] 위임(장), 대리권
poder adquisitivo 구매력
poder de reflexión 사고력
직·현재: *puedo*, *puedes*, *puede*,

podemos, podéis, pueden
직·부정 과거: pude, pudiste, pudo, pudimos, pudisteis, pudieron
직·미래: podré, podrás, podrá, podremos, podréis, podrán
가능법: podría, podrías, podría, podríamos, podríais, podrían
접·현재: pueda, puedas, pueda, podamos, podéis, puedan
현재 분사: pudiendo

poderío
뽀데리오
남 힘, 세력, 권력

poderoso, sa
뽀데로소, 사
형 권력이 있는, 유력한; 강대한, 효능이 있는; 재력이 있는, 부유한
남 여 권력자, 유력자

podómetro
뽀도메뜨로
남 만보계(萬步計).

podrido, da
뽀드리도, 다
형 부패한, 썩은
Los políticos están *podridos*.
정치인들은 부패되어 있다.

podrir
뽀드리르
타 =**pudrir**

poema
뽀에마
남 시(詩) ((주로 poema는 하나하나의 작품, poesía는 장르로서의 시)); 산문시
poema sinfónico [음악] 교양시
componer un *poema* 시를 짓다
recitar un *poema* 시를 낭송하다

poemario
뽀에마리오
남 시집(詩集)

poesía
뽀에시아
여 시(詩) ((☞poema)); 시풍(詩風); 시작(詩作); [집합 명사] (한 시대·나라·시인의) 시, 시집; (한 편의) 시; 시정(詩情)
poema épica 서사시
poema lírica 서정시
poema coreana contemporánea
현대 한국시

poeta 뽀에따	남 여 시인 ((여 는 주로 poetisa가 쓰임))
poetastro 뽀에따스뜨로	남 엉터리 시인
poético, ca 뽀에띠꼬, 까	형 시(詩)의; 시적인, 시정(詩情)이 풍부한 arte *poético* 시법(詩法) obra *poética* 시작품(詩作品) 여 시학, 시법(詩法)
poetisa 뽀에띠사	여 여류 시인
poetizar 뽀에띠사르	타 시로 만들다, 시적으로 표현하다 자 시작(詩作)하다
polaco, ca 뽈라꼬, 까	형 폴란드(Polonia)(인·어)의 남 여 폴란드 사람 남 폴란드어
polaina 뽈라이나	여 각반(脚絆)
polar 뽈라르	형 극지(極地)의
polca 뽈까	여 [무용·음악] 폴카
polea 뽈레아	여 도르래, 활차(滑車)
polémica[1] 뽈레미까	여 (잡지 등에 의한) 논쟁, 논전
polémico, ca[2] 뽈레미꼬, 까	형 논쟁의, 논쟁을 일으키는
polemista 뽈레미스따	남 여 논쟁자, 논객
polemizar 뽈레미사르	타 논쟁하다
polen 뽈렌	남 [식물] 꽃가루
policía 뽈리시아	여 경찰 *policía* de tráfico 교통 경찰 *policía* militar 헌병

policía secreta (사복의) 형사
llamar a la *policía* 경찰을 부르다
남 여 경찰관
buscar al *policía* 경찰관을 부르다

policiaco, ca
뽈리시아꼬, 까
형 =**policíaco**

policíaco, ca
뽈리시아꼬, 까
형 경찰의; 탐정의

policial
뽈리시알
형 ((주로 남미)) 경찰의

policlínica
뽈리끌리니까
여 종합 병원

poliéster
뽈리에스떼르
남 [화학] 폴리에스텔

polígono
뽈리고노
남 [수학] 다각형, 다변형; ((스페인)) (특정 용도의) 지구(地區)
polígono industrial 공업 단지

polilla
뽈리야
여 [곤충] 나방

polis
뽈리스
여 단 복 [역사] 도시 국가, 폴리스

politécnico, ca
뽈리떽니꼬, 까
형 공예의, 종합 기술의
universidad *politécnica* 공과 대학

política[1]
뽈리띠까
여 정치; 정치 활동; 정치학; 정책

politicastro
뽈리띠까스뜨로
남 사이비 정치가

político, ca[2]
뽈리띠꼬, 까
형 정치의; 정치적인; 타산적인, 냉정한; (가족 관계의) 의리(義理)의
asamblea *política* 정치 집회
hija *política* 며느리
hijo *político* 사위
madre *política* 장모, 시어머니
padre *político* 장인, 시아버지

politología
뽈리똘로히아
여 정치학

politólogo, ga
뽈리똘로고, 가
남 여 정치 학자

póliza
뽈리사
여 수입 인지; (보험 등의) 증서

polla
뽀야
여 암평아리; 계집아이

pollera[1]
뽀예라
여 양계장; (유아용의) 보행기

pollería
뽀예리아
여 닭집, 닭고기 파는 집

pollero, ra[2]
뽀예로, 라
남 여 닭고기 장수; 양계가

pollito, ta
뽀이또, 따
남 여 병아리; 풋내기, 햇병아리, 소년, 소녀

pollo
뽀요
남 병아리; 젊은이, 소년
pollo asado 통째로 굽는 병아리

polo
뽈로
남 (지구 등의) 극; 극지; 전극, 자극; 정반대; (관심 등의) 중심; [과자] 아이스크림 바, 아이스캔디; [운동] 폴로

polución
뽈루시온
여 오염, 공해; [의학] 유정(遺精)
polución atmosférica 대기 오염

polvo
뽈부
남 먼지; 미립자; 가루; 가루분
café en *polvo* 인스턴트 커피
oro en *polvo* 사금; 금가루
hacer polvo 가루로 만들다; 분쇄하다

pólvora
뽈보라
여 화약; 불꽃

polvoriento, ta
뽈보리엔또, 따
형 먼지투성이의

polvorín
뽈보린
남 화약고; 가루 화약

pomada
뽀마다
여 연골(軟骨)

pomar
뽀마르

📖 남 과수원; (특히) 사과 과수원

pomelo
뽀멜로

📖 남 [식물·과실] 뽀멜로 ((왕귤나무류))

pómulo
뽀물로

📖 남 광대뼈

poncho
뽄초

📖 남 폰초
((인디오들의 몸에 걸치고 다니는 모포))

poner
뽀네르

타 놓다, 넣다; 준비하다, 대비하다, 설치하다; (옷 등을) 입히다; 움직이다; 작동시키다; 조정하다; 쓰다, 써넣다; 상연하다, 상영하다; 공헌하다; (지위에) 앉히다, 종사하다
poner los libros en el estante
책을 책장에 놓다[넣다]

자 (닭 등이) 알을 낳다; (옷 등을) 입다, 쓰다, 끼다, 신다; (자세를) 취하다; …이 되다; (해·달이) 지다; 전화에 나오다
ponerse los zapatos 구두를 신다
El sol *se pone* por el oeste.
해가 서쪽으로 진다.

직·현재: *pongo*, pones, pone, ponemos, ponéis, ponen
직·부정 과거: *puse*, pusiste, *puso*, pusimos, pusisteis, pusieron
직·미래: pondré, pondrás, pondrá, pondremos, pondréis, pondrán
가능법: pondría, pondrías, pondría, pondríamos, pondríais, pondrían
접·현재: ponga, pongas, ponga, pongamos, pongáis, pongan

poney
뽀니

📖 남 =**poni**

poni
뽀니

📖 남 조랑말

poniente
뽀니엔떼

📖 남 서쪽(occidente); 서풍

pontazgo
쁜따스고
남 (다리의) 통행세, 통행 요금

pontífice
쁜띠피세
남 [천주교] 고위 성직자; 교황

pontón
쁜똔
남 방주·뗏목 등을 띄워서 만든 잔교(棧橋); 배다리, 부교(浮橋)

ponzoña
쁜소냐
여 독(毒); (정신·사회에) 유해한 것, 해악(害惡)

ponzoñoso, sa
쁜소뇨소, 사
형 유독한, 유해한; 악의가 있는

popa
뽀빠
여 선미(船尾) (반) proa

popelín
뽀뻴린
남 [섬유] 포플린

populacho
뽀뿔라초
남 서민, 하층민

popular
뽀뿔라르
형 민중의, 대중의; 인민의; 민간에 널리 보급된; 대중적인, 통속적인; 인기 있는
actor *popular* 인기 배우
canción *popular* 유행가; 민요
clase *popular* 서민 계급
cuento p*opular* 민간 설화
partido *popular* 국민당

popularidad
뽀뿔라리닫
여 인기, 평판

popularización
뽀뿔라리사시온
여 보급; 통속화

popularizar
뽀뿔라리사르
타 일반에게 보급시키다; 인기를 높이다; 통속적으로 만들다
popularizar un nuevo producto
신제품을 보급시키다
popularizarse 보급하다, 인기를 얻다

populoso, sa
뽀뿔로소, 사
형 인구가 많은, 인구가 조밀한

poquísimo, ma
뽀끼시모, 마
형 [poco의 절대 최상급] 매우 적은

poquito, ta 뽀끼또, 따   형 [poco의 축소사] 아주 적은

por 뽀르   전 …에 의해, …으로, …의 까닭으로; …을 가지러; …을 지나서; …를; …동안; … 대신에; …을 위해서

por la mañana 아침[오전]에
por la noche 밤에, 야간에
por la tarde 오후에
por teléfono 전화로
por un largo tiempo 오래동안
ir *por* el médico 의사를 부르러 가다
morir *por* la patria 조국을 위해 죽다
pasar *por* *su* casa …의 집에 들르다
Ellos riñen *por* poca cosa.
그들은 별 것 아닌 것으로 싸운다.
Doy un paseo *por* el parque.
나는 공원을 산책한다.

por escrito 문서로, 서면으로
por eso 그러므로, 그래서
por siempre 영원히
por tierra 지상을[에]; 기차[차]로

porcelana 뽀르셀라나   여 자기(磁器); 자기 제품; 청자색
porcelana coreana 한국 자기

porcentaje 뽀르센따헤   남 퍼센티지, 백분율; 이율

porcentual 뽀르센뚜알   형 백분율의
cálculo *porcentual* 백분율 계산

porcicultor, ra 뽀르시꿀또르, 라   남 여 양돈가

porcicultura 뽀르시꿀뚜라   여 양돈(養豚)

porcino, na 뽀르시노, 나   형 돼지의
남 새끼 돼지; 돼지

porción 뽀르시온   여 부분; (자기가 받을) 몫, 할당, 배당; 1인분의 식량; 상당한 수

porcuno, na 뽀르꾸노, 나
형 돼지의
crianza *porcuna* 양돈(養豚)

porfolio 뽈르폴리오
남 사진첩, 앨범

pormenor 뽀르메노르
남 [주로 복] 상세; 세목; 세부

pormenorizar 뽀르메노리사르
타 상술하다

porno 뽀르노
형 남 포르노(의)
((*pornográfico*·*pornografía*의 생략형))
cine *porno* 포르노 영화

pornografía 뽀르노그라피아
여 포르노, 외설

pornográfico, ca 뽀르노그라피꼬, 까
형 포르노의, 외설의

porque 뽀르께
접 … 때문에, …이므로
¿Por qué has llegado tarde?
−*Porque* dormí demasiado.
왜 늦었느냐? − 너무 잤기 때문입니다.
Voy a beber algo *porque* tengo mucha sed.
갈증이 심해 무얼 좀 마셔야겠다.

porqué 뽀르께
남 이유, 원인, 동기

porqueriza 뽀르께리사
여 양돈장

porquero, ra 뽀르께로, 라
남 여 양돈 업자; 양돈가

porra 뽀르라
여 막대기, 곤봉; 경찰봉; [요리] 막대기 모양의 도넛

porrazo 뽀르라소
남 (곤봉·경찰봉 등의) 일격; 강타

porta 뽀르따
여 현창(舷窓); 포문(砲門)

portaaviones 뽀르따아비오네스
남 단 복 항공 모함

portacontenedores 남 단 복 컨테이너선
뽀르따꼰떼네도레스

portada 여 현관, 건물의 정면; (책의) 속표지; (신문의)
뽀르따다 제일면; (잡지의) 표지, 제1페이지

portador, ra 형 운반하는
뽀르따도르, 라 남 여 운반하는 사람; 소지자; [상업] 지참인;
[의학] 보균자

portaequipaje 남 =**portaequipajes**
뽀르따에끼빠헤

portaequipajes 남 단 복 자동차 지붕 위 짐받이, 트렁크
뽀르따에끼빠헤스

portafolio 남 =**portafolios**
뽀르따폴리오

portafolios 남 단 복 서류 가방
뽀르따폴리오스

portal 남 현관(의 바깥쪽); (입구의) 아치
뽀르딸

portalámpara 남 =**portalámparas**
뽀르딸람빠라

portalámparas 남 단 복 [전기] 소켓
뽀르딸람빠라스

portaminas 남 단 복 샤프펜슬
뽀르따미나스

portamonedas 남 단 복 동전 지갑, 돈지갑
뽀르따모네다스

portaplumas 남 단 복 펜대
뽀르따쁠루마스

portar 타 휴대하다, 착용하다; (사냥개가 사냥감을)
뽀르따르 가지고 가다[오다]
portarse 굴다, 행동하다; 완전히 성공하다;
좋은 인상을 주다

portarretrato 남 =**portarretratos**
뽀르따르레뜨라또

portarretratos 남 단 복 사진 액자
뽀르따르레뜨라또스

portátil 형 휴대용의; 가지고 운반하기가 편리한; 운반
뽀르따띨 [이동]할 수 있는

televisión *portátil* 휴대용 텔레비전

portaviones
뽀르따비오네스
남단복 =**portaaviones**

portavoz
뽀르따보스
남여 대변인, 대변자
남 (정당 등의) 기관지; [선박] 전성관(傳聲管)

porte
뽀르떼
남 행실, 태도; 외모, 풍채; 종류, 부류; (건물·자동차 등의) 크기; [주로 복] 운반, 운송; 운임, 운송료

portear
뽀르떼아르
타 운반하다, 옮기다, 운송하다
portarse (새 등이) 이동하다

porteador, ra
뽀르떼아도르, 라
남여 운송 업자; 포터, 짐꾼

porteño, ña
뽀르떼뇨, 냐
형 부에노스 아이레스(Buenos Aires)(인)의; ((칠레)) 발빠라이소 (Valparaíso)의
남여 부에노스 아이레스 사람; 발빠라이소 사람

portería
뽀르떼리아
여 관리인실, 수위실; 관리인[수위] 직; (축구 등의) 골

portero, ra
뽀르떼로, 라
남여 (건물의) 관리인, 수위; [운동] 골키퍼, 문지기

portazuela
뽀르따수엘라
여 (탈것의) 승강구, 문

pórtico
뽀르띠꼬
남 주랑(柱廊) ((기둥만 있고 벽이 없는 복도))

portilla
뽀르띠야
여 현창(舷窓)

portillo
뽀르띠요
남 작은 출입구; 쪽문; (벽 등의) 갈라진 금, 구멍; 돌파구

portón
뽀르똔
남 (주로 시골풍의) 큰 문; 현관(의 문)

portorriqueño, ña
뽀르또르리께뇨, 냐
형 남여 =**puertorriqueño**

portuario, ria
뽀르뚜아리오, 리아
형 항구의

Portugal
뽀르뚜갈

남 [국명] 포르투갈

portugués, guesa
뽀르뚜게스, 게사

형 포르투갈(인·어)의
남 여 포르투갈 사람
남 포르투갈어

porvenir
뽀르베니르

남 장래, 미래
hombre de *porvenir*
장래성이 있는 사람
hacer planes para el *porvenir*
장래를 위한 계획을 세우다

posada
뽀사다

여 [고어] (도로변의) 작은 여관; 숙박; 숙박료

posaderas
뽀사데라스

여 복 궁둥이, 엉덩이(nalgas)
sentarse sobre las *posaderas* 털썩 앉다

posadero, ra
뽀사데로, 라

남 여 posada의 주인

posdata
뽀스다따

여 추신(追伸)

pose
뽀세

여 포즈, 자세

poseedor, ra
뽀세에도르, 라

형 소유하고 있는
남 여 소유자, 보유자

poseer
뽀세에르

타 소유하다, 가지고 있다

poseído, da
뽀세이도, 다

형 사로잡힌; 미친, 열중한
남 여 (악령 등에) 홀린 사람

posesión
뽀세시온

여 소유; [주로 복] 소유물; 대지, 땅; 복 속령; 점유; 악마에 홀림
derecho de *posesión* 소유권

posesional
뽀세시오날

형 소유[점유]의, 점유를 나타내는

posesionar
뽀세시오나르

타 …에게 양도하다
posesionarse de
…을 손에 넣다; 부당하게 입수하다; 취임하다

posesivo, va
뽀세시보, 바

형 독점욕이 강한; [문법] 소유의

posgrado
뽀스그라도

남 대학원 (과정)
curso de *posgrado* 대학원 과정
escuela (de) *posgrado* 대학원

posgraduado, da 형 대학원의
뽀스그라두아도, 다
남 여 대학원생

posguerra
뽀스게르라

여 전후(戰後); (특히) 제이차 세계 대전 후

posibilidad
뽀시빌리닫

여 가능성, 가망; 가능한 일; 복 수단

posibilitar
뽀시빌리따르

타 가능하게 하다

posible
뽀시블레

형 가능한, 할 수 있는; 있음직한, 일어날 수 있는; 가능한 한의
La obra es *posible*.
공사는 가능하다.
Quiero leer todos los libros *posibles*.
나는 가능한 한 모든 책을 다 읽고 싶다.
hacer lo mejor posible
최선을 다하다
hacer (todo) lo posible
전력을 다하다, 최선을 다하다
남 부, 재산

posiblemente
뽀시블레멘떼

부 가능하게; [때로는 접속법과 함께] 아마, 어쩌면, 필시
Posiblemente ella llegará [llegue] tarde. 아마 그녀는 늦게 도착할 것이다.

posición
뽀시시온

여 위치; 자세, 포즈; 입장, 상황; 견해; (주로 높은) 지위, 신분; 순위
posición de la Isla de Dokdo
독도의 위치
posición económica 경제 상태
abusar de su *posición* 지위를 악용하다

positivismo
뽀시띠비스모

남 실리주의, 실증주의, 현실주의

positivista 뽀시띠비스따	형 현실주의의, 실증주의의
positivamente 뽀시띠바멘떼	부 적극적으로; 명확히
positivo, va 뽀시띠보, 바	형 긍정적인; 유익한; 적극적인, 건설적인; 확실한, 명확한; [수학] 정(正)의; 양(陽)의, 양성의; [언어] (형용사가) 원급의 ley *positiva* 실정법 número *positivo* 정수(正數) saldo *positivo* 흑자 남 [사진] 양화; [언어] 원급
positrón 뽀시뜨론	남 [물리] 양전자
poso 뽀소	남 침전물, 앙금; (정신적인) 상흔
posparto 뽀스빠르또	남 산욕기(産褥期); 산후 쇠약
posponer 뽀스뽀네르	타 뒤로 돌리다; 연기하다; 뒤에 놓다
posposición 뽀스뽀시시온	여 뒤로 미룸, 연기; [언어] 후치(後置)
postal 뽀스딸	형 우편의 servicio *postal* 우편 업무 tarifa *postal* 우편 요금 tren *postal* 우편 열차 여 그림엽서(tarjeta *postal*)
postdata 뽀스다따	여 =**posdata**
poste 뽀스떼	남 기둥, 표지(標識); [운동] 골포스트, 골대
postergación 뽀스떼르가시온	여 연기; 경시(輕視)
postergar 뽀스떼르가르	타 뒤로 미루다, 연기하다; 경시하다
posteridad 뽀스떼리닫	여 후예, 자손; 후세대; 미래; 사후(死後)의 명성

posterior
뽀스떼리오르

형 뒤의, 후(後)의 (반 anterior); 뒷쪽의, 뒷부분의, 후부(後部)의
asiento *posterior* 뒷 자리
luz *posterior* (차 등의) 미등(尾燈)
vagón *posterior* 후부 차량

posterioridad
뽀스떼리오리닫

여 (시간적으로) 뒤임, 다음임

posteriormente
뽀스떼리오르멘떼

부 뒤에, 이후에

postgrado
뽀스그라도

남 =**posgrado**

postgraduado, da
뽀스그라두아도, 다

남|여 =**posgraduado**

postimpresionismo
뽀스띰쁘레시오니스모

남 [미술] 후기 인상파[주의]

postimpresionista
뽀스띰쁘레시오니스따

형 후기 인상파의
남|여 후기 인상파 화가

postizo, za
뽀스띠소, 사

형 인공의; 허위의
diente *postizo* 틀니, 의치

postre
뽀스뜨레

남 디저트, 후식(後食)

postrer
뽀스뜨레르

형 [postrero의 남성 단수 명사 앞에서 o 탈락형] ☞ **postrero**

postrero, ra
뽀스뜨레로, 라

형|남|여 [남성 단수 명사 앞에서는 postrer가 됨] 최후[마지막]의 (사람)
mi *postrer* deseo 내 마지막 소원

póstumo, ma
뽀스뚜모, 마

형 (아버지·작가의) 사후(死後)의
hijo *póstumo* 유복자
obra *póstuma* 유작(遺作)

postura
뽀스뚜라

여 자세; 포즈; 태도; 의견; (경매에서 손님이) 부르는 값

pos(t)venta
뽀스벤따

여 판매 직후
servicio [asistencia] *posventa*
사후 관리[봉사], 애프터서비스

potable 뽀따블레	형 (물이) 마실 수 있는, 마셔도 해가 없는
potaje 뽀따헤	남 [요리] (콩류를 주로 한) 스튜, 수프
potasio 뽀따시오	남 [화학] 칼륨
pote 뽀떼	남 항아리; (철제 삼발이) 냄비
potencia 뽀뗀시아	여 힘, 능력; 권세, 지배력; 강국, 대국; [물리] 출력; [수학] 제곱
potencial 뽀뗀시알	형 잠재적인; [문법] 가능법의 남 잠재력, 가능성; 힘; [문법] 가능법
potente 뽀뗀떼	형 힘센; 강대한; (남성이) 생식 능력이 있는
potestad 뽀떼스딸	여 권력, 권한
potro, tra 뽀뜨로, 뜨라	남여 (네 살 반 이하의) 망아지 남 [체조] 뜀틀
pozal 뽀살	남 두레박
pozo 뽀소	남 샘, 우물; (깊은) 굴
práctica 쁘락띠까	여 실행, 실천; 실시; [주로 복] 훈련, 연습, 실습; 경험, 숙련; 습관, 관행
practicable 쁘락띠까블레	형 실행 가능한, 실현할 수 있는; (도로가) 통행 가능한
prácticamente 쁘락띠까멘떼	부 실지로, 실제적으로
practicante 쁘락띠깐떼	남여 간호사; 교육 실습생
practicar 쁘락띠까르	타 행하다; 실시하다, 실행하다; 연습하다; (신앙 등을) 실천하다 자 훈련을 받다, 실습하다 *practicar* en un hospital 병원에서 실습하다

práctico, ca
쁘락띠꼬, 까

형 실천적인, 실용적인; 실제적인, 실리적인; 정통한, 경험이 많은
clase *práctica* 실습
남 물길 안내원, 도선사; 도선선(船)

pradera
쁘라데라

여 (광대한) 목장, 목초지; 초지(草地), 초원

prado
쁘라도

남 (작은) 목장, 목초지

preacuerdo
쁘레아꾸에르도

남 예비 협정

preámbulo
쁘레암불로

남 (책·연설 등의) 머리말, 서언(序言); (법률·조약 등의) 전문(前文)

preaviso
쁘레아비소

남 예고(豫告)

precaución
쁘레까우시온

여 조심, 주의, 경계, 예방; 복 피임
conducir con *precaución*
신중히 운전하다

precaver
쁘레까베르

타 예방하다, 주의[조심]하다
precaverse de [contra] ...
...을 예방하다, 경계하다

precavido, da
쁘레까비도, 다

형 신중한, 주의 깊은, 용의 주도한

precedencia
쁘레세덴시아

여 우선; 우위, 상위; (좌석 등의) 우선권; 상좌(上座)

precedente
쁘레세덴떼

형 앞의, 전(前)의(anterior)
el año *precedente* 전년
el día *precedente* 전날
남 여 전임자
남 선례, 전례; [법률] 전과(前科)

preceder
쁘레세데르

자 [+a] (...보다) 선행하다, ...의 앞에 있다; 상위(上位)다

precepto
쁘레셉또

남 (종교상의) 계율; 규칙; 명령, 지령

preceptor, ra
쁘레셉또르, 라

남 여 (주로 입주한) 가정 교사

precio
쁘레시오
남 값, 가격; 요금; 복 물가; 대가; 평가; 장점(長點)
alzar [aumentar] el *precio* 값을 올리다
rebajar [disminuir] el *precio* 값을 내리다
reducir el precio 값을 깎다
¿Cuál es el *precio* de este ordenador? 이 컴퓨터는 얼마입니까?

precioso, sa
쁘레시오소, 사
형 귀중한; 비싼; 아름다운, 고운

precipicio
쁘레시삐시오
남 벼랑, 절벽; 파멸

precipitación
쁘레시삐따시온
여 화급, 조급, 성급; [기상] 강수(降水); 강수량; [화학] 침전

precipitadamente
쁘레시삐따다멘떼
부 급히, 분주하게; 경솔히

precipitado, da
쁘레시삐따도, 다
형 성급한, 화급한
decisión *precipitada* 성급한 결정
남 [화학] 침전물

precipitar
쁘레시삐따르
타 (높은 곳에서) 던져 떨어뜨리다; 빨리하다, 재촉하다; [화학] 침전(沈澱)시키다
자 [화학] 침전하다
precipitarse 뛰어들다; 추락하다; (일이) 급속히 일어나다; 급히 가다, 돌진하다

precisamente
쁘레시사멘떼
부 명확히, 정확히; 바로, 틀림없이

precisar
쁘레시사르
타 명확히[정확히] 하다; 필요로 하다
자 [+de] (...을) 필요로 하다
Preciso de tu ayuda.
나는 네 도움이 필요하다

precisión
쁘레시시온
여 명확함, 정확함; 필요성
instrumentos de *precisión* 정밀 기계

preciso, sa
쁘레시소, 사
형 명확한, 정확한; 간결한, 적확한; 필요한
mapa *preciso* 정확한 지도
órdenes *precisas* 명확한 지시

predilección

Es *preciso* poseer más datos.
더 많은 자료가 필요하다.

precontrato
쁘레꼰뜨라또
남 선약(先約)

precoz
쁘레꼬스
형 (과실이) 조생한; (꽃이) 일찍 핀; 조숙한; (시기적으로) 이른
manzana *precoz* 조생 사과
matrimonio *precoz* 조혼(早婚)

precursor, ra
쁘레꾸르소르, 라
남 여 선구자

predecesor, ra
쁘레데세소르, 라
남 여 전임자, 선임자; [주로 복] 선인(先人); 선조

predecible
쁘레데시블레
형 예언[예지]할 수 있는

predecir
쁘레데시르
타 예언하다, 예지하다

prédica
쁘레디까
여 설교; 열변, 장광설

predicación
쁘레디까시온
여 설교, 전도

predicado
쁘레디까도
남 [문법] 술부, 술어

predicador, ra
쁘레디까도르, 라
여 설교하는
남 여 설교사

predicamento
쁘레디까멘또
남 권위, 영향력; 명성; [논리] 범주

predicar
쁘레디까르
타 설교하다; 공표하다, 명시하다; [문법] 서술하다
자 설교를 하다

predicativo, va
쁘레디까띠보, 바
형 [문법] 서술의, 술어의
adjetivo *predicativo* 서술 형용사
남 술어, 서술 보어

predicción
쁘레딕시온
여 예언, 예지

predilección
쁘레딜렉시온
여 편애(偏愛), 편[역성] 들어줌

predilecto, ta
쁘레딜렉또, 따
형 특히 좋아하는, 편[역성]을 들어 주는

predisponer
쁘레디스뽀네르
타 …에 영향을 끼치다; (사람을 병에) 걸리기 쉽게 하다
predisponerse 경향이 있다

predisposición
쁘레디스뽀시시온
여 경향, 소질; [의학] 질병 소질

predispuesto, ta
쁘레디스뿌에스또, 따
형 [+a · hacia] (…의) 경향이 있는
ser muy *predispuesto* a coger la gripe 감기 걸리기 쉬운 체질이다

predominante
쁘레도미난떼
형 우세한, 지배적인

predominantemente
쁘레도미난떼멘떼
부 우세하게

predominar
쁘레도미나르
자 지배적이다, 우위를 점하고 있다

predominio
쁘레도미니오
남 우위, 우월

preelectoral
쁘레엘렉또랄
형 선거 전의

preeminencia
쁘레에미넨시아
여 우위, 상위

preeminente
쁘레에미넨떼
형 탁월한, 상위의

preescolar
쁘레에스꼴라르
형 취학 전의
남 보육원, 유치원

preestreno
쁘레에스뜨레노
남 시사(회), 시연(試演)

prefacio
쁘레파시오
남 머리말, 서문, 서언

preferencia
쁘레페렌시아
여 편애, 역성[편]을 듦; 우선(권); 우위; [경제] 특혜

preferente
쁘레페렌떼
형 (지위 등이) 보다 나은; 우선적인
acción *preferente* [상업] 우선주
tratamiento *preferente* 특별 대우

preferentemente
쁘레페렌떼멘떼
튀 우선적으로, 특히

preferible
쁘레페리블레
형 [+a] (...보다) 좋은, 바람직한
El agua fría es *preferible a* la caliente para la salud.
찬물이 뜨거운 물보다 건강에 좋다.

preferir
쁘레페리르
타 [+a] (...보다) ...의 쪽을 좋아하다, 오히려 ...을 택하다
¿Qué *prefieres*, café o té?
커피와 차 중 어느것을 좋아하니?
Yo *prefiero* té *a*l café.
나는 커피보다 차를 좋아한다.
직·현재: prefiero, prefieres, prefiere, preferimos, preferís, prefieren
직·부정 과거: preferí, preferiste, prefirió, preferimos, preferisteis, prefirieron
접·현재: prefiera, prefieras, prefiera, prefiramos, prefiráis, prefieran
현재 분사: prefiriendo

prefijo¹
쁘레피호
남 [전화] 시외 국번; [문법] 접두사

prefijo², ja
쁘레피호, 하
형 접두사의

pregunta
쁘레꾼따
여 질문, 물음; 복 시험 문제; 질문서; 심문 취조
hacer una *pregunta* 질문을 하다

preguntar
쁘레군따르
자 타 묻다, 질문하다
preguntar la edad
나이를 묻다
preguntar sobre la lección de ayer
어제 공부한 것을 질문하다
preguntarse 자문하다

preguntón, tona
쁘레군똔, 또나
형 남 여 질문하기 좋아하는 (사람), 꼬치꼬치 캐묻는 (사람)

prehistoria
쁘레이스또리아
여 선사 (시대); 선사학; 기원, 초기 단계

prehistórico, ca
쁘레이스또리꼬, 까
형 유사 이전의; 시대에 뒤떨어진
tiempo *prehistórico* 선사 시대

prejuicio
쁘레후이시오
남 편견, 선입관; 예단(豫斷)

prelación
쁘렐라시온
여 우선 (순위)

preliminar
쁘렐리미나르
형 예비의, 예비적인; [운동] 예선의
negociación *preliminar* 예비 교섭
남 (여) ((중남미)) 예선
남 복 (주로 문서에 의한) 예비 교섭[절충]

preludio
쁘렐루디오
남 서막, 서장; [음악] 서곡, 전주곡

prematrimonial
쁘레마뜨리모니알
형 결혼 전의
relaciones *prematrimoniales* 혼전 관계

prematuro, ra
쁘레마뚜로, 라
형 시기 상조의; 조숙한
niño *prematuro* 조산아
parto *prematuro* 조산(早産)
vejez *prematura* 조로(早老)
남 여 조산아, 미숙아

premiado, da
쁘레미아도, 다
형 수상한, 입상한
남 여 수상자, 입상자

premiar
쁘레미아르
타 상을 수여하다, 표창하다

premio
쁘레미오
남 상, 상금; 수상자; (복권의) 당첨; [상업] 프리미엄
premio de honor 우등상
Premio Cervantes de literatura
세르반떼스 문학상
ganar [obtener] el primer *premio*
1등상을 받다

premisa
쁘레미사
여 [논리] 전제; 복 (교섭 등의) 전제 조건

prenatal
쁘레나딸
형 출생 전의

prenda 쁘렌다
여 의류, 의복; 저당; 증거; 장점

prender 쁘렌데르
타 잡다, 붙잡다, 체포하다; (핀 등으로) 꽂다, 끼우다, 걸다; (불 등을) 켜다, 점화하다
prender al ladrón 도둑을 잡다
prender fuego a …에 불을 붙이다
자 걸리다; 불이 붙다; 뿌리가 뻗다
prenderse
(자신의 것을) 단장하다; 불이 붙다

prendería 쁘렌데리아
여 헌옷 가게; 고물상

prendero, ra 쁘렌데로, 라
남 여 헌옷 장수; 고물 장수

prensa 쁘렌사
여 (일반적으로) 신문, 잡지; 보도 기관; [집합명사] 기자단, 보도 관계자; 인쇄기; 인쇄; 압착기, 압축기, 프레스
centro de *prensa* 프레스 센터
club de *prensa* 기자 클럽
libertad de *prensa* 보도[언론]의 자유
trabajar en la *prensa*
신문계에서 일하다

prensar 쁘렌사르
타 압축하다, 압착하다, 누르다, 조이다; 인쇄하다
prensar la aceituna 올리브를 짜다

preñado, da 쁘레냐도, 다
형 (주로 동물이) 새끼를 밴, 수태한, 임신한; 가득찬
estar *preñada* 새끼를 배다
남 임신 (기간); 태아

preñar 쁘레냐르
타 임신시키다; [+de] (…로) 채우다

preñez 쁘레녜스
여 임신, 수태; 임신 기간

preocupación 쁘레오꾸빠시온
여 걱정, 걱정거리; 편견
Mi única *preocupación* es la salud de mi mujer.
내 유일한 걱정거리는 내 아내의 건강이다.

preocupado, da 쁘레오꾸빠도, 다	형 걱정된; 사소한 일에도 고민하며 걱정하는 (사람) Estoy *preocupado* por lo del examen. 나는 시험 볼 일을 걱정하고 있다.
preocupante 쁘레오꾸빤떼	형 걱정하는
preocupar 쁘레오꾸빠르	타 걱정시키다; 마음을 사로잡다[빼앗다]; 마음에 걸리게 하다 Me *preocupa* mucho su enfermedad. 나는 그의 병환이 무척 걱정이다. ***preocuparse*** [de · por] (…을) 걱정하다; …에 열중하다 *preocuparse por* nada 아무 것도 아닌 일에 열중하다 *Preocúpate de* tus asuntos. 네 자신의 일을 걱정해라. No te *preocupes*. (너) 걱정하지 마라. No se *preocupe*. (당신) 걱정하지 마세요. No os *preocupéis*. (너희들) 걱정하지 마라. No *se preocupen*. (당신들) 걱정하지 마세요.
preolímpico 쁘레올림삐꼬	남 올림픽 예선
preoperatorio, ria 쁘레오뻬라또리오, 리아	형 수술 전의
preparación 쁘레빠라시온	여 준비; 예습; 학식, 지식; 조제(調劑)
preparado¹ 쁘레빠라도	남 조합약, 매약(賣藥); 제품
preparado², da 쁘레빠라도, 다	형 준비된; 정통한, 숙련된 Ya está *preparada* la comida. 이제 식사가 준비되었다.
preparar 쁘레빠라르	타 준비하다; 예습하다; 가르치다, 트레이닝시키다; (약 등을) 조제하다; (요리를) 만들다 *preparar* la comida 식사를 준비하다 ***prepararse*** [+para] (…의) 준비를 하다; 연습하다, 트레이닝하다; 마음의 준비를 하다;

징후가 있다

preparativo
쁘레빠라띠보
남 [주로 복] 준비
hacer los *preparativos* del viaje
여행 준비를 하다

preparatorio, ria
쁘레빠라또리오, 리아
형 준비의, 예비적인; 준비[예비] 교육의
conversaciones *preparatorias*
예비 회담
남 대학 준비 과정
여 ((중미)) 고등 학교

preposición
쁘레뽀시시온
여 [문법] 전치사

prepucio
쁘레뿌시오
남 포피(包皮)

presa
쁘레사
여 획득물, 노획물; 댐, 보, 봇둑

presagiar
쁘레사히아르
타 …의 징후를 보이다; 예언하다

presagio
쁘레사히오
남 전조(前兆), 징조, 조짐, 징후; 예감

presbicia
쁘레스비시아
여 [의학] 노안(老眼), 원시안

présbita
쁘레스비따
여 [의학] 노안의 (사람)
gafas de *présbita* 노안경

présbite
쁘레스비떼
형 남 여 = **présbita**

presbiteriano, na
쁘레스비떼리아노, 나
형 [개신교] 장로파의
iglesia *presbiteriana* 장로 교회
남 여 장로파 신도

prescribir
쁘레스끄리비르
타 지시하다; (의사가) 처방하다; [법률] 시효에 걸다
자 시효에 걸리다

prescripción
쁘레스끄립시온
여 지시; 처방; 시효

presencia
쁘레센시아
여 존재; 참가, 출석; 입회; 외모, 모습

presencial
쁘레센시알

형 (어떤 장소에) 있는
testigo *presencial* 목격자, 증인

presenciar
쁘레센시아르

타 마침 그 자리에 있다; 참가하다; ...에 입회하다; 출석하다

presentación
쁘레센따시온

여 소개, 자기 소개; 제시, 제출; 전시, 진열 (방법); (작품 등의) 발표, 공개; (프로그램의) 사회, 해설; 입후보자를 내는 일; 추천; [의학] 태위(胎位)

presentación del pasaporte
여권의 제시
carta de *presentación* 소개장

presentado, da
쁘레센따도, 다

형 응모된
obra *presentada* 응모 작품

presentador, ra
쁘레센따도르, 라

남 여 (프로그램의) 캐스터, 해설자, 사회자

presentar
쁘레센따르

타 소개하다; (후보자 등을) 내다; 추천하다; 내밀다, 권하다, 권유하다; 제시하다, 보이다; 전시하다, 진열하다; (작품 등을 처음으로) 발표하다, 공개하다; 상연하다, 공연하다, 방송하다; 제출하다; (양상을) 보이다, 나타내다; 표현하다

Yo les *presenté* a mi mujer a mis amigos.
나는 내 아내를 친구들에게 소개했다.

presentarse 자신을 소개하다; 지원하다, 응모하다, 입후보하다; 출두(出頭)하다

Permítame *presentarme* a ustedes.
여러분들에게 제 자신을 소개합니다.

presente
쁘레센떼

형 [+en] (...에) 있는, 출석한; 현재의, 지금의; 이, 본(本); [점호] 예.

el *presente* escrito [법률] 본서류
en las circunstancias *presentes*
현상(現狀)에서
Ella está *presente* en la reunión.
그녀는 회의에 출석하고 있다.
¿Señor Kim? – ¡Presente!
김 씨? – 예.

|남| |여| 출석자
|남| 현재, 지금; [문법] 현재(형)
|여| (주로 공문에서) 본장(本狀), 이 편지

presentimiento
쁘레센띠미엔또
|남| 예감, 예지(豫知)

presentir
쁘레센띠르
|타| 예감하다, 예지하다

preservación
쁘레세르바시온
|여| 예방, 보호

preservante
쁘레세르반떼
|남| 자연 환경 보호관

preservar
쁘레세르바르
|타| |자| 예방하다, 보호하다 (proteger)
preservar el medio ambiente
환경을 지키다
preservar contra el resfriado
감기의 예방이 되다

preservativo, va
쁘레세르바띠보, 바
|형| 예방의
medicina *preservativa* 예방약
|남| 예방; 피임 용구, 콘돔

presidencia
쁘레시덴시아
|여| 대통령[회장·의장·사장] 직[임기·사무소]; ((스페인)) 수상직[임기·사무소]; (회의 등의) 주재, 사회; 의장단
presidencia del gobierno
대통령[수상] 관저
candidato a la *presidencia*
대통령 후보

presidenciable
쁘레시덴시아블레
|형| |남| |여| ((중남미)) 대통령 후보(의)

presidencial
쁘레시덴시알
|형| 대통령[회장·의장·사장]의
avion *presidencial* 대통령 전용기
elecciones *presidenciales* 대통령 선거

presidencialismo
쁘레시덴시알리스모
|남| 대통령제

presidencialista
쁘레시덴시알리스따
|형| 대통령제의
|남| |여| 대통령제 지지자

president
쁘레시덴뜨

남 여 까딸루냐 자치주 정부 수상

presidente, ta
쁘레시뗀떼, 따

남 여 회장, 총재; 의장, 위원장; 대통령; (스페인 등의) 수상
presidente de empresa 회사 회장[사장]
presidente de la Cámara de Diputados 하원 의장
presidente de la república
공화국의 대통령

presidir
쁘레시디르

타 …의 사회를 보다, …의 의장을 맡다; 주재하다
presidir una asamblea
회의의 의장을 맡다

presión
쁘레시온

여 압력; 기압; 혈압; (정신적) 압박
presión del agua 수압(水壓)
altas *presiones* 고기압
bajas *presiones* 저기압

presionar
쁘레시오나르

타 누르다; (사람에게) 압력을 가하다; [운동] 집요하게 마크하다
presionar el timbre 벨을 누르다

preso, sa
쁘레소, 사

형 붙잡힌, 체포된
남 여 포로; 죄수
preso *político* 정치범

prestación
쁘레스따시온

여 봉사, 원조; [주로 복] (사회 봉사 등의) 급부(給付), 수당; (기계 등의) 특성; 성능, 기능

prestado, da
쁘레스따도, 다

형 빌려 준, 차용물의
pedir *prestado* 빌리다
dar *prestada* la residencia
주거를 대여하고 있다.
Vengo a pedirte dinero *prestado*.
나는 너에게 돈을 빌리러 왔다.

prestador, ra
쁘레스따도르, 라

남 여 빌려 주는 사람

prestamista
쁘레스따미스따

남 여 돈놀이꾼, 고리 대금 업자, 채권자

préstamo
쁘레스따모

남 대부, 대여, 차관; 대부금, 대여금; [언어] 차용어
casa de *préstamos* 전당포
devolver el *préstamo* 빌린 돈을 갚다
solicitar un *préstamo* al banco
은행에 대부를 신청하다

prestar
쁘레스따르

타 빌려 주다, 꾸어 주다; ((중남미)) 빌리다, 꾸다
¿Me *prestas* cien mil wones?
나에게 10만 원을 빌려 주겠니?
Quiero *prestar* de ti unos pesos.
((중남미)) 너한테 몇 푼 빌렸으면 한다.
자 도움이 되다; 늘어나다; 융통이 되다
prestarse
봉사하다; …의 경향이 있다; 하자는 대로 하다

prestigiar
쁘레스띠히아르

타 …의 명성[위신]을 높이다

prestigio
쁘레스띠히오

남 명성, 위신

prestigioso, sa
쁘레스띠히오소, 사

형 위신이 있는, 명성이 높은

presumible
쁘레수미블레

형 추측할 수 있는

presumido, da
쁘레수미도, 다

형 남 여 시건방진 (사람), 자랑하는 (사람), 우쭐대는 (사람)

presumir
쁘레수미르

타 추측하다, 추정하다; …라 생각하다
자 [+de] (…을) 자만하다, 우쭐대다

presunción
쁘레순시온

여 추측; [법률] 추정

presuntamente
쁘레순따멘떼

부 추정상

presunto, ta
쁘레순또, 따

형 추정의; …의 용의가 있는
presunto heredero 추정 상속인

presuponer
쁘레수뽀네르

타 미리 상정하다, 예상하다, 전제로하다

presuposición 여 상정(想定); 전제
쁘레수뽀시시온

presupuestar 타 …의 예산을 세우다; 견적하다
쁘레수뿌에스따르

presupuestario, ria 형 예산의
쁘레수뿌에스따리오, 리아
año *presupuestario*
회계 연도

presupuesto 남 예산; 견적; 이유; 상정(想定)
쁘레수뿌에스또
hacer un *presupuesto*
예산을 세우다; 견적서를 작성하다

pretender 타 바라다, 희구하다; 주장하다; 지망[지원]
쁘레뗀데르 하다
pretenderse
자신을 …라 생각하다, 자칭하다

pretendido, da 형 자칭의
쁘레뗀디도, 다
el *pretendido* genio 자칭 천재

pretendiente, ta 형 지망하는, 지원하는
쁘레뗀디엔떼, 따 남여 지망자, 지원자
남 구혼자

pretensión 여 목표, 표적; (권리 등의) 요구, 주장; 복 야
쁘레뗀시온 망; 복 자부, 자만심

pretérito, ta 형 [문법] 과거의
쁘레떼리또, 따 남 [문법] 과거(형)
pretérito anterior 직전 과거 (완료)
pretérito imperfecto 불완료 과거
pretérito indefinido [perfecto simple]
부정 과거
pretérito perfecto 완료 과거, 현재 완료
pretérito pluscuamperfecto 대과거

pretexto 남 구실, 변명, 핑계
쁘레떽스또

prevalecer 타 (보다 더) 낫다, 우수하다; 우위에 서다; 존
쁘레발레세르 속하다, 오래 가다; (식물이) 뿌리를 뻗치다

prevaleciente
쁘레발레시엔떼
⟨형⟩ 우세한, 지배적인; 일반적인

prevaricación
쁘레바리까시온
⟨여⟩ 부정, 배임

prevaricar
쁘레바리까르
⟨자⟩ 부정[배임] 행위를 하다

prevención
쁘레벤시온
⟨여⟩ 예방, 조심, 주의, 경계; (예방의) 수단, 준비; 불신감, 반감; 편견; (구치소가 있는) 경찰서; [군사] 위병소

prevenido, da
쁘레베니도, 다
⟨형⟩ 준비가 다 된; 가득해진

prevenir
쁘레베니르
⟨타⟩ 예방하다, 주의하다, 조심하다; 경고하다
prevenirse 조심[주의]하다; 준비하다

preventivo, va
쁘레벤띠보, 바
⟨형⟩ 예방의, 방지하는
inyección *preventiva* 예방 주사
medicina *preventiva* 예방 의학
medidas *preventivas* 예방책

preventorio
쁘레벤또리오
⟨남⟩ (결핵) 예방 진료소

prever
쁘레베르
⟨타⟩ 예견하다, 예지하다; 준비하다

previamente
쁘레비아멘떼
⟨형⟩ 미리, 사전에

previo, via
쁘레비오, 비아
⟨형⟩ 앞선, 사전의
conocimiento *previo* 예비 지식

previsible
쁘레비시블레
⟨형⟩ 예상[예측]할 수 있는

previsión
쁘레비시온
⟨여⟩ 예상, 예비; 예방 (대책)
previsión del tiempo 일기 예보

previsor, ra
쁘레비소르, 라
⟨형⟩⟨남⟩⟨여⟩ 선견지명이 있는 (사람), 용의 주도한 (사람)

previsto, ta
쁘레비스또, 따
⟨형⟩ 예상된, 예지된, 미리 준비된
fecha *prevista* 예정일

prima¹
쁘리마
⟨여⟩ 수당, 장려금; 상금; (주식의) 프리미엄; (보험의) 월부금; 보험료; [음악] (현악기의) 최고

현(弦)
prima de peligrosidad 위험 수당

prima ballerina
쁘리마 바예리나
여 프리마 발레리나

primacía
쁘리마시아
여 우위, 우월; 수위(首位)

prima donna
쁘리마 돈나
여 프리마 돈나

primario, ria
쁘리마리오, 리아
형 주요한, 제일의; 기본적인; 원시의, 미개의; [전기] 일차(一次)의
escuela *primaria* 초등 학교
necesidades *primarias*
기본적 욕구; 생활 필수품
남 초등 학교; (미국 등의) 예비 선거

primavera
쁘리마베라
여 봄; 청춘

primaveral
쁘리마베랄
형 봄의, 봄 같은

primer
쁘리메르
형 [primero의 남성 단수 명사 앞에서 o 탈락] ☞ primero

primera
쁘리메라
여 ☞ **primero**

primeramente
쁘리메라멘떼
부 처음으로, 최초로, 첫째로

primerizo, za
쁘리메리소, 사
형 초심자의; 초산(初産)의
esquiador *primerizo* 스키 초심자
남 여 초심자, 신출내기
여 초산부(初産婦)

primero, ra
쁘리메로, 라
형 [남성 단수 명사 앞에서 primer] 최초의, 제일의; 근본의, 기본적인; 대단히 중요한
primer amor 첫사랑
primer número de la revista
잡지의 창간호
primera película 첫 영화
남 여 최초의 사람; 수석; 전자(前者)
부 첫 번째로, 무엇보다도, 우선

남 1일, 초하루
primero de año 1월 1일
primero de diciembre 12월 1일

primicia
쁘리미시아

여 햇것, 맏물

primípara
쁘리미빠라

형 초산의
여 초산부

primitivo, va
쁘리미띠보, 바

형 원시의, 원시 시대의; 미개의; 최초의; 소박한
남 여 미개인, 원시인

primo, ma²
쁘리모, 마

남 여 사촌 (형제·자매)

primogénito, ta
쁘리모헤니또

형 남 복 장남(의), 장녀(의)

príncadeps

prínceps
쁘린셉스

형 단 여 초판의
edición *prínceps* 초판

princesa
쁘린세사

여 왕녀, 공주; 황태자비

principado
쁘린시빠도

남 공국(公國)
Principado de Mónaco 모나코 공국

principal
쁘린시빨

형 가장 중요한, 주요한; 정면의; 유명한, 고귀한
motivo *principal* 최대의 이유
Lo *principal* es tener la salud.
가장 중요한 것은 건강이다.
남 2층(의 방); (극장의) 2층 정면석; 책임자, 중심 인물; [상업] 원금

principalmente
쁘린시빨멘떼

부 주로, 우선

príncipe
쁘린시뻬

남 왕자, (특히) 황태자; 대공(大公); 제일인자, 왕
형 =**prínceps**

principianta
쁘린시뻬안따

형 여 초심자(의), 신참(의)

principiante
쁘린시삐안떼
형 남 여 초심자(의), 신참[풋내기](의)
conductor *principiante* 초보 운전자

principiar
쁘린시삐아르
타 개시하다, 시작하다
principiar la construcción de la presa
댐 공사를 시작하다
자 시작되다
Ha *principiado* a llover.
비가 내리기 시작했다.

principio
쁘린시삐오
남 시작, 개시, 처음(의 부분); 근원, 근본 원인; 원리, 원칙; [주로 복] 행동 원리, 주의(主義); [주로 복] 초보, 기초 지식; (물질의) 요소, 성분
principio de pulmonía 폐렴 초기
principio de Arquímedes
아르키메데스의 원리
Los *principios* son fáciles.
처음은 쉽다.

prioridad
쁘리오리닫
여 우선 (순위); 선행; [주로 복] 우선 사항, 급무(急務); [교통] 선행권
en orden de *prioridad* 선착순으로

prioritariamente
쁘리오리따리아멘떼
부 우선적으로

prioritario, ria
쁘리오리따리오, 리아
형 우선권을 가진

prisa
쁘리사
여 서두름, 조급함; 급속; 긴급성; [레슬링]기(技), 공격 방법
a prisa 급히, 서둘러
a toda prisa, con mucha prisa
황급히
darse prisa 서두르다
Date *prisa*. 서둘러라.
Dése *prisa*. 서두르십시오.

prisión
쁘리시온
여 교도소; [법률] 금고

prisionero, ra
쁘리시오네로, 라
남 여 포로; (사상범 등의) 죄수

prisma
쁘리스마
여 [광학] 프리즘; 시점(視點); [수학] 각주(角柱); [광물] (결정체의) 기둥

prismático, ca
쁘리스마띠꼬, 까
형 각주의, 프리즘의

privacidad
쁘리바시닫
여 프라이버시

privación
쁘리바시온
여 박탈; 상실; [주로 복] 결핍, 궁핍
privación de libertad 자유의 박탈
privación de oído 청력 상실

privadamente
쁘리바다멘떼
부 사적으로, 비공식적으로

privado, da
쁘리바도, 다
형 사적인; 비공식의; 사영(私營)의, 민간의; [+de] (...을) 잃은, 빼앗긴
bienes *privados* 사유 재산
carta *privada* 사신(私信)
empresa *privada* 사기업
escuela *privada* 사립 학교
reunión *privada* 비공식 회의
남 총신(寵臣), 측근

privanza
쁘리반사
여 총애

privar
쁘리바르
타 [+de] (...을) ...으로부터 빼앗다; 금지하다; 파면하다; 무척 좋아하다
Me *privan* colores.
나는 화려한 색을 무척 좋아한다.
자 [+con] (...의) 총애를 받다; 유행하고 있다, 인기가 있다; 무척 좋아하다; 술을 마시다
Me *privan* los dulces.
나는 과자를 무척 좋아한다.
privarse [+de] (좋아한 것을) 끊다
Me *privé de* fumar. 나는 담배를 끊었다.

privativo, va
쁘리바띠보, 바
형 고유의, 특유의; 박탈한, 금지하는

privatización
쁘리바띠사시온
여 사기업화, 민영화; (민간) 불하

privatizar
쁘리바띠사르
㉠ 민영화하다; 불하하다

privilegiado, da
쁘리빌레히아도, 다
휑甘回 특권을 받은 (사람); 특별 취급의; 특별한 혜택을 받은 (사람); 천부의 재능을 부여받은
acción *privilegiada* [상업] 우선주
clase *privilegiada* 특권 계급

privilegiar
쁘리빌레히아르
㉠ ...에게 특권[특전]을 부여하다; 우대하다

privilegio
쁘리빌레히오
㈘ (좋은 의미로) 특권, 특전
gozar [disfrutar] un *privilegio*
특권을 가지고 있다
otorgar [conceder] un *privilegio*
특권을 주다

pro¹
쁘로
㉤ ...을 위해(en favor de)
asociación pro América Latina
라틴 아메리카 우호 협회

pro²
쁘로
㈘ 이익, 이점(ventaja)

proa
쁘로아
㈖ 선수(船首), 뱃머리 (반) popa); 기수(機首)

probabilidad
쁘로바빌리닫
㈖ 있을 법함, 있음직함, 그럴듯함; 있음직한 일; 가망, 공산(公算); [수학] 확률; [철학] 개연성

probable
쁘로바블레
휑 있음직한, 그럴듯한; 공산이 큰; 입증할 수 있는

probablemente
쁘로바블레멘떼
㈜ 아마, 어쩌면, 필시
Probablemente ella no vendrá.
아마 그녀는 오지 않을 것이다.

probado, da
쁘로바도, 다
휑 증명 필의, 증명이 끝난; 증명된, 입증된

probador
쁘로바도르
㈘ 옷을 입어 보는 방

probar
쁘로바르
㉠ 시험하다, 테스트하다; 옷을 입어 보게 하다; 시식[시음]하다; 먹은[마신] 경험이 있다; 증명하다

procedimiento

자 시험삼아 해보다, 시험[시도]해 보다; [+de] (...을) 시식[시음]하다
probarse ...을 입어 보다
probarse varios abrigos
외투를 이것저것 입어 보다

probeta
쁘로베따
여 시험관
bebé *probeta*, niño *probeta*
시험관 아기

problema
쁘로블레마
남 문제, 과제; 고장
problema económico 경제 문제
problema del paro 실업 문제
problemas con el motor 엔진 고장
resolver un *problema*
문제를 해결하다[풀다]

problemático, ca
쁘로블레마띠꼬, 까
형 (해결 등이) 의심스러운, 미심쩍은; 문제가 있는
여 문제

procedencia
쁘로세덴시아
여 기원, 출신; 출처, 발송지, 출발지; 근거

procedente
쁘로세덴떼
형 [+de] (...에서) 나온, 발(發)의; 근거가 있는, 타당한, 적절한
tren *procedente de* Busan 부산발 열차

proceder
쁘로세데르
남 행동, 거동, 행동거지
자 [+de] (...에서) 비롯되다, 생기다, 나오다, 유래되다, 시작되다; 행동하다; 처치를 하다; 타당하다, 적절하다
El plástico *procede del* petróleo.
플라스틱은 석유에서 나온다.
procederse 행동하다

procedimiento
쁘로세디미엔또
남 방법, 수단; (일련의) 조치; 수속, 소송
procedimiento de producción
생산 공정
procedimiento civil [penal]
민사[형사] 소송

procesado, da
쁘로세사도, 다
- 형 고소된, 기소된; 처리된
- 남 여 피고

procesador
쁘로세사도르
- 남 [컴퓨터] 프로세서, 처리 장치; 워드 프로세서
- *procesador* de datos 데이터 처리 장치

procesal
쁘로세살
- 형 소송의, 소송에 관한
- costas *procesales* 소송 비용

procesamiento
쁘로세사미엔또
- 남 [법률] 기소; 고발, 고소; 가공, 처리; [컴퓨터] 처리
- *procesamiento* de la leche 우유 가공
- *procesamiento* de datos [컴퓨터] 데이터 처리
- *procesamiento* de textos, *procesamiento* de palabras [컴퓨터] 문서 작성

procesar
쁘로세사르
- 타 기소하다, 재판에 걸다; 처리하다

procesión
쁘로세시온
- 여 행렬(行列)

proceso
쁘로세소
- 남 과정, 경과; 진전; 처리; 재판, 소송; 재판[소송]의 일건 서류; [컴퓨터] 처리, 작성; [해부] 돌기
- *proceso* de fabricación 제조 공정
- *proceso* químico 화학 처리
- *proceso* de datos 데이터 처리
- *proceso* de textos 문서 작성

proclama
쁘로끌라마
- 여 포고, 공시; (대통령의) 취임 연설

proclamación
쁘로끌라마시온
- 여 선언, 성명; 공표
- *proclamación* de una ley 법률 공포

proclamar
쁘로끌라마르
- 타 선언하다, 공표[포고]하다; 명시하다; 환호하다
- *proclamar* el estado de emergencia 비상 사태를 선언하다
- ***proclamarse***
  자신이 …이라고 선언하다, 자칭하다

procuración
쁘로꾸라시온
여 (대리) 위임장

procurador, ra
쁘로꾸라도르, 라
남여 검사, 검찰관; [법률] 대리인
procurador general 검찰 총장

procuraduría
쁘로꾸라두리아
여 procurador의 임무[집무실]

procurar
쁘로꾸라르
타 [+동사 원형/+que+접속법] ...하려고 애쓰다, 노력하다
Procuraré terminarlo mañana.
그것을 내일 끝내도록 애쓰겠다.

prodigalidad
쁘로디갈리닫
여 낭비, 허비; 방탕; 풍부, 다량

prodigar
쁘로디가르
타 낭비하다, 허비하다; 탕진하다

prodigio
쁘로디히오
남 불가사의; 경이(로운 일); 비범한 사람, 기재 (奇才); 기적(milagro)
los *prodigios* de Moisés 모세의 기적
niño *prodigio* 신동, 천재아

prodigioso, sa
쁘로디히오소, 사
형 기적적인, 불가사의한; 경이적인

pródigo, ga
쁘로디고, 가
형 다작의; 다산의; 기질이 좋은, 풍부한; 방탕한; 낭비하는
poeta *pródigo* 다작 시인
남여 낭비가

producción
쁘로둑시온
여 생산, 제조; 생산고; 생산물, 제품; (영화 등의) 제작; 영화 작품; 텔레비전[라디오] 프로그램; [집합 명사] 작품; [법률] 제출, 제시
producción coreana 한국제, 한국산
producción de arroz 쌀 생산(고)
producción literaria 문학 작품

producir
쁘로두시르
타 생산하다, 산출하다; (결과 등을) 낳다, 만들어 내다; (이익을) 가져오다; (작품을) 창작하다; (영화 등을) 제작하다; [법률] 제출하다, 제시하다
producir mucho vino

많은 포도주를 생산하다
producir una novela 소설을 쓰다
producir una película 영화를 만들다
producirse (일이) 일어나다, 발생하다; 자신의 의견을 말하다, 소신을 표명하다
Se produjo la revolución.
혁명이 일어났다.

productividad
쁘로둑띠비닫

여 생산성, 생산력

productivo, va
쁘로둑띠보, 바

형 생산적인, 생산력이 있는
actividad *productiva* 생산 활동

producto
쁘로둑또

남 제품, 생산물; 수익, 이익; 생산고; (지식 활동으로서의) 산물, 소산
producto agrícola 농산물
producto interior bruto 국내 총생산
producto nacional bruto 국민 총생산
producto químico 화학 제품

productor, ra
쁘로둑또르, 라

형 생산하는
capacidad *productora* 생산 능력
compañía *productora*
[영화·텔레비전] 제작 회사
país *productor* de petróleo
석유 생산국
남여 생산자, 제조 업자; (영화 등의) 제작자, 프로듀서
여 [영화·텔레비전] 제작 회사

proeza
쁘로에사

여 위업, 공훈, 공적

profecía
쁘로페시아

여 예언 능력; 예언, 신탁

profesar
쁘로페사르

타 표명하다, 신봉하다; …을 (전문) 직업으로 하다

profesión
쁘로페시온

여 직업; (신청 서류 등의) 직업란; (종교 등의) 표명
profesión liberal 자유업

¿Qué *profesión* tiene usted?
직업이 무엇입니까?

profesional
쁘로페시오날
- 형 직업의; 본직의
  enseñanza *profesional* 직업 교육
  enfermedad *profesional* 직업병
- 남여 본직의 사람, 전문가, 숙련자; (의사·변호사 등) 전문직 사람; 상습자, 상습범

profesionalidad
쁘로페시오날리닫
- 여 직업성, 직업 의식; 프로 정신

profesionalismo
쁘로페시오날리스모
- 남 프로 정신[의식]

profesionalización
쁘로페시오날리사시온
- 여 프로화

profesionalizar
쁘로페시오날리사르
- 타 (활동·사람을) 프로화시키다
  profesionalizarse 프로화되다

profesionalmente
쁘로페시오날멘떼
- 부 직업적으로

profesor, ra
쁘로페소르, 라
- 남여 (중등 교육 이상의) 교사, 선생; 교수
  profesor de titular (대학의) 조교수
  profesor mercantil 공인 회계사
  hacerse *profesor* de español
  스페인어 선생이 되다

profesorado
쁘로페소라도
- 남 교수단, 선생들; 교수직, 교직

profeta
쁘로페따
- 남 예언자

profético, ca
쁘로페띠꼬, 까
- 형 예언(자)의
  texto *profético* 예언서

profetisa
쁘로페띠사
- 여 여자 예언자

profetizar
쁘로페띠사르
- 타 예언하다

prófugo, ga
쁘로푸고, 가
- 형 도망하는
- 남여 도망자
- 남 병역 기피자

profundamente
쁘로푼다멘떼
부 깊이, 깊게

profundidad
쁘로푼디닫
여 깊이; 깊은 곳; 심해(深海); 세로 길이; 안의 넓이; 심원함
diez metros de *profundidad*
깊이 10미터
El Han tiene poca *profundidad*.
한강은 얕다.

profundizar
쁘로푼디사르
타 깊게 하다; 깊이 파고 들다
profundizar el pozo 샘을 더 깊게 하다

profundo, da
쁘로푼도, 다
형 깊은; 마음으로부터의; [소리가] 깊이가 있는; 심원한, 난해한; (정도가) 강한, 큰
aguas *profundas* 심해
herida *profunda* 깊은 상처
pozo poco *profundo* 얕은 우물

progenitor, ra
쁘로헤니또르, 라
남 여 (직계의) 선조; 아버지, 어머니; 복 부모

programa
쁘로그라마
남 프로그램; (방송 등의) 프로그램; 상연[연주] 종목; 정책 강령; 커리큐럼, 수업 계획; 계획, 예정; [컴퓨터] 프로그램

programación
쁘로그라마시온
여 프로그램 편성; 계획 작성, 계획화; 강령 작성; (방송의) 프로그램 전체; [컴퓨터] 프로그래밍

programador, ra
쁘로그라마도르, 라
남 여 [컴퓨터] 프로그래머

programar
쁘로그라마르
타 프로그램을 작성하다; 계획을 세우다; [컴퓨터] 프로그램을 작성하다

progresar
쁘로그레사르
자 진보하다, 발전하다, 향상되다; [+hacia] (…을 향해) 전진하다
progresar en *sus* estudios
공부에 진전이 있다

progresión
쁘로그레시온
여 진전, 진행; [수학] 급수, 수열

progresismo
쁘로그레시스모
남 진보주의

progresista 쁘로그레시스따
- 형 진보주의의, 진보적인; 유행의 첨단을 걷는
- 남 여 진보주의자

progresivamente 쁘로그레시바멘떼
- 부 점차, 점진적으로

progresivo, va 쁘로그레시보, 바
- 형 점진적인, 진전의; [문법] 진행형의
- parálisis *progresiva* 진행성 마비

progreso 쁘로그레소
- 남 진보, 향상; 진전, 진행
- *progreso* de la industria 산업의 발전

prohibición 쁘로이비시온
- 여 금지, 금제; 금수(禁輸)

prohibido, da 쁘로이비도, 다
- 형 금지된
- *prohibido* el paso, circulación *prohibida* 통행 금지
- dirección *prohibida* 진입 금지
- *Prohibido* la entrada [표시] 출입 금지

prohibir 쁘로이비르
- 타 금지하다
- *prohibir* la droga 마약을 금지하다
- Se *prohíbe* la entrada. [표시] 출입 금지.

prohibitivo, va 쁘로이비띠보, 바
- 형 금지의
- ley *prohibitiva* 금지령

prohijar 쁘로이하르
- 타 양자로 삼다; (남의 의견을) 자기 것으로 만들다

prójimo, ma 쁘로히모, 마
- 남 여 누구인지 알지 못하는 사람
- 남 동포; 다른 사람

proletariado 쁘롤레따리아도
- 남 노동자 계급

proletario, ria 쁘롤레따리오, 리아
- 형 남 여 프롤레타리아(의); 천민; (고대 로마의) 최하층민

proliferación 쁘롤리페라시온
- 여 생물 증식, 번식; (일반적으로) 급증(急增)
- Tratado de No *Proliferación* Nuclear 핵확산 방지 조약

proliferar 쁘롤리페라르
- 자 증식[번식]하다; 급증하다

prolífico, ca 쁘롤리피꼬, 까	형 번식력이 있는, 다산의
prologar 쁘롤로가르	타 …의 서문을 쓰다
prólogo 쁘롤로고	남 머리말, 서문; 발단
proloquista 쁘롤로기스따	남 여 (남의 작품에) 서문을 쓰는 사람
prolongable 쁘롤롱가블레	형 연장 가능한
prolongación 쁘롤롱가시온	여 연장; 연장 부분 *prolongación* del contrato 계약 연장 *prolongación* del metro 지하철 연장
prolongamiento 쁘롤롱가미엔또	남 =**prolongación**
prolongar 쁘롤롱가르	타 늘이다, 연장하다, 끌다, 지연시키다 *prolongar* las negociaciones 교섭을 지연시키다 *prolongar* la carretera 도로를 연장하다 ***prolongarse*** 시간이 오래 걸리다; (공간적으로) 연장되다, 늘어지다
promediar 쁘로메디아르	타 …의 평균을 내다; 둘로 나누다 자 (시간적으로) 반에 달하다
promedio 쁘로메디오	남 평균 arriba [abajo] del *promedio* 평균 이상[이하]로
promesa 쁘로메사	여 약속; 예상, 가망; 유망한 사람; [종교] 서원 (誓願) *promesa* de cortesano 감언, 미사여구 *promesa* matrimonial 약혼 hacer una *promesa* 약속을 하다
prometedor, ra 쁘로메떼도르, 라	형 유망한, 가망이 있는 joven muy *prometedor* 전도 유망한 청년
prometer 쁘로메떼르	타 약속하다; 예고하다 *prometer* visitar 방문을 약속하다

Ella *prometió que* haría todo lo posible.
그녀는 최선을 다하겠다고 약속했다.

재 유망하다, (장래가) 촉망되다
joven que *promete* 전도 유망한 청년
prometerse (서로) 약혼하다; 기대를 가지다

prometido, da
쁘로메띠도, 다
형 약혼한; 약속된
남여 약혼자

prominencia
쁘로미넨시아
여 돌기, 높게 나와 있는 곳; 걸출

prominente
쁘로미넨떼
형 돌출되어 있는; 걸출한
nariz *prominente* 높은 코

promisión
쁘로미시온
여 약속(promesa)

promisorio, ria
쁘로미소리오, 리아
형 장래가 유망한; [상업] 지불을 약속한

promoción
쁘로모시온
여 판매 촉진; 촉진, 진흥; 승진, 진급; [집합명사] 동기 승진자[임관자], 동기생
promoción de las exportaciones
수출 촉진

promocionar
쁘로모시오나르
타 (판매 등을) 촉진하다; 승진시키다, 발탁하다
promocionarse
승진되다

promontorio
쁘로몬또리오
남 곶, 갑; 둔덕, 작은 언덕

promotor, ra
쁘로모또르, 라
형 촉진하는
남여 발기인, 발안자; 주창자; 촉진자; 프로모터, 흥행사
여 택지 개발 회사

promover
쁘로모베르
타 촉진하다, 진흥하다; 일으키다, 야기시키다; 승진[진급]시키다; (택지를) 개발하다; (소송을) 일으키다
promover el ahorro 저축을 장려하다
promover la venta 판매 촉진을 하다

promulgación
쁘로물가시온
여 공포(公布), 발포(發布)

promulgar
쁘로물가르
타 (법률을) 공포[발포]하다; (엄하게) 발표하다

pronombre
쁘로놈브레
남 [문법] 대명사
pronombre demostrativo 지시 대명사
pronombre posesivo 소유 대명사

pronosticar
쁘로노스띠까르
타 예상하다, 예측하다

pronóstico
쁘로노스띠꼬
남 예상, 예측; 조짐; [의학] 예후(豫後)
pronóstico del tiempo 일기 예보

prontito
쁘론띠또
부 즉시, 바로, 곧; 일찍(temprano)

prontitud
쁘론띠뚣
여 신속(迅速)

pronto, ta
쁘론또, 따
형 재빠른, 날랜, 민첩한, 즉시의; 준비가 되어 있는
desear una *pronta* mejoría
빠른 회복을 기원하다
La comida está *pronta*.
식사가 준비되어 있다.
남 (감정의) 격발, 충동
부 곧, 즉시, 머지않아, 얼마 안 있어; 일찍, 빨리
Ven *pronto*. 즉시 오너라.
Mi mujer volverá *pronto*.
집사람은 얼마 안 있으면 돌아올 것이다
de pronto
돌연, 갑자기, 느닷없이
lo más pronto posible
되도록 빨리, 가능한한 빨리
tan pronto como + 직설법
...하자마자 ((미래 표시는 접속법))
Tan *pronto* como llegue a Seúl, pasaré por tu despacho.
서울에 도착 하자마자 자네 사무소에 들리겠네.

pronunciación 쁘로눈시아시온 　여 발음; (찬성·반대의) 의사 표시; [법률] 언도

pronunciado, da 쁘로눈시아도, 다 　형 튀어나온, 돌출한
nariz *pronunciada* 높은 코

pronunciamiento 쁘로눈시아미엔또 　남 군부 봉기, 군사 쿠데타; [법률] 선고

pronunciar 쁘로눈시아르 　타 발음하다; 발언하다, 말하다, 술회하다; (판결을) 선고하다, 언도하다; 강조하다
Ella *pronuncia* bien el español.
그녀는 스페인어 발음을 잘 한다.
pronunciarse
의사 표시를 하다; 두드러지다, 눈에 띄다; (군대가) 봉기하다, 쿠데타를 일으키다

propagación 쁘로빠가시온 　여 전파, 보급

propagador, ra 쁘로빠가도르, 라 　형 선전하는; 전파하는
　남 여 선전자

propaganda 쁘로빠간다 　여 선전; (선전) 전단, 포스터
hacer la *propaganda* 선전을 하다

propagandista 쁘로빠간디스따 　남 여 (주로 정치적인) 선전자

propagandístico, ca 쁘로빠간디스띠꼬, 까 　형 선전의
campaña *propagandísca* 선전 캠페인

propagar 쁘로빠가르 　타 번식[증식]시키다, 보급시키다, 전파시키다
propagar la fe 신앙을 전파시키다
propagarse 번지다, 퍼지다

propano 쁘로빠노 　남 [화학] 프로판

propender 쁘로뻰데르 　자 [+a] (...에의) 경향이 있다

propensión 쁘로뻰시온 　여 경향, 성벽(性癖)
propensión al ahorro 저축 성향
propensión al consumo 소비 성향
tener *propensión* al vino

술을 좋아하다

propenso, sa
쁘로뼨소, 사
형 경향이 있는; 곧잘 ...하는

propiamente
쁘로삐아멘떼
부 적절히, 정확히는

propiedad
쁘로삐에닫
여 소유권; 소유물; (특히) 소유지, 부동산; 특성, 속성; (말의) 적확함; (진짜와 가짜와의) 유사성
propiedad industrial 공업 소유권
propiedad intelectual 지적 소유권
propiedad literaria 저작권, 판권
propiedad particular [privada] 사유 재산

propietario, ria
쁘로삐에따리오, 리아
형 소유하는, 소유자의
남 여 소유자; (특히) 집주인, 지주

propina
쁘로삐나
여 팁; 앙코르 곡
dar una *propina* 팁을 주다

propio, pia
쁘로삐오, 삐아
형 고유의, 본래의; 특유의; 자기 자신의; [+명사] ... 본인의, ... 자신의, ...자체의; 자연의; 적합한; 같은
propio sentido 본래의 의미
casa *propia* 자기 자신의 집
coche *propio* 자가용, 마이 카
defensa *propia* 자기 방어

proponer
쁘로뽀네르
타 제안하다, 신청하다; 추천하다; (문제를) 제출하다, 제기하다
proponerse
...하려고 하다, ...할 계획을 세우다

proporción
쁘로뽀르시온
여 균형, 조화; 비율; [수학] 비, 비례 (식); 복 크기, 규모; 중요도; 기회, 호기(好機)

proporcionado, da
쁘로뽀르시오나도, 다
형 균형이 잡힌; ...에 맞은, 적절한

proporcional
쁘로뽀르시오날
형 비례하는; 균형이 잡힌
expresión *proporcional*
[수학] 비례식

proporcionalidad 쁘로뽀르시오날리닫 　여 조화, 균형

proporcionalmente 쁘로뽀르시오날멘떼 　부 비례하여, 조화를 이루어

proporcionar 쁘로뽀르시오나르 　타 조화시키다; 비례시키다; 제공하다; (감정을) 일으키다
proporcionarse 손에 넣다, 입수하다

proposición 쁘로뽀시시온 　여 제안, 신청; 논제, 의제(議題); 추천, 제시; [논리·수학] 명제, 정리; [문법] 절(節)
proposición de matrimonio 결혼 신청

propósito 쁘로뽀시또 　남 목적, 의도
a propósito 적절한, 적합한; 고의적으로, 일부러; 그런데, 그건 그렇다치고

propuesta 쁘로뿌에스따 　여 신청; 견적(서); 추천; 제안; 논제
propuesta de matrimonio 결혼 신청

propulsar 쁘로뿔사르 　타 추진하다; 전진시키다
propulsar un cohete 로켓을 추진하다

propulsión 쁘로뿔시온 　여 추진
propulsión a chorro 제트 추진

propulsor, ra 쁘로뿔소르, 라 　형 추진하는
sistema *propulsor* 추진 장치
　남 여 추진자

prórroga 쁘로르로가 　여 연장, 연기; [운동] 연장전
dar *prórroga* 지불 기일을 연장하다

prorrogable 쁘로르로가블레 　형 연장[연기] 가능한

prorrogar 쁘로르로가르 　타 연장하다, 연기하다

prosa 쁘로사 　여 산문; 산문체(의 문장)
poema en *prosa* 산문시
escribir en *prosa* 산문으로 쓰다

prosaico, ca 쁘로사이꼬, 까 　형 산문적인, 산문의; 평범한
tema *prosaico* 평범한 테마

prosecución
쁘로세꾸시온
여 계속, 속행

proseguir
쁘로세기르
타 계속하다, 속행하다
proseguir sus estudios
공부를 계속하다
자 계속하다

prosista
쁘로시스따
남 여 산문 작가

prosístico, ca
쁘로시스띠꼬, 까
형 산문(체)의

prospección
쁘로스뻭시온
여 (지하의) 탐사; 채광; 조사
prospección geológica 지질 검사
prospección petrolífera 석유 탐사
prospección de mercado 시장 조사

prospectiva[1]
쁘로스뻭띠바
여 미래 연구, 미래학

prospectivo, va[2]
쁘로스뻭띠보, 바
형 미래의, 장래의

prospecto
쁘로스뻭또
남 (선전의) 전단; (주로 약 등의 사용법의) 설명서; 내용 견본; 취의서(趣意書)

prosperar
쁘로스뻬라르
자 번영하다, 번창하다

prosperidad
쁘로스뻬리닫
여 번영, 호황; (개인의) 번성

próspero, ra
쁘로스뻬로, 라
형 번영하는, 부유한; 번영하고 있는
industria *próspera* 성장 산업
¡*Próspero* Año Nuevo! 근하신년

prostíbulo
쁘로스띠불로
남 매춘굴, 매음굴

prostitución
쁘로스띠뚜시온
여 매춘; 변절, 타락

prostituir
쁘로스띠뚜이르
타 …에게 매춘을 시키다; (명예·재능 등을) 돈[나쁜 목적]을 위해 팔다
prostituirse
매춘을 하다, 몸을 팔다; 변절[타락]하다

prostituta
쁘로스띠뚜따
여 매춘부, 갈보

prostituto
쁘로스띠뚜또
남 남창(男娼)

protagonista
쁘로따고니스따
남 여 주인공; [연극·영화] 주연; 중심 인물

protagonizar
쁘로따고니사르
타 ...의 주연을 하다

protección
쁘로떽시온
여 보호, 비호; 방지, 방비
protección del medio ambiente
환경 보호

proteccionismo
쁘로떽시오니스모
남 보호 무역주의

proteccionista
쁘로떽시오니스따
형 보호 무역주의의
남 여 보호 무역주의자

protector, ra
쁘로떽또르, 라
형 보호하는
남 여 보호자, 옹호자, 비호자
남 [운동] 보호[안전] 장치, 가슴받이, 프로텍터; [권투] 마우스피스

protectorado
쁘로떽또라도
남 보호령, 보호국

proteger
쁘로떼헤르
타 보호하다, 옹호[비호]하다
proteger la producción nacional
국내 산업을 보호하다
protegerse 몸을 지키다

protegido, da
쁘로떼히도, 다
형 보호된
el ave *protegida* 보호조
comercio *protegido* 보호 무역

proteído
쁘로떼이도
남 [생화학] 복합 단백질

proteína
쁘로떼이나
여 [생화학] 단백질

proteínico, ca
쁘로떼이니꼬, 까
형 단백질의

protesta
쁘로떼스따
여 항의, 이의; 항의 데모[집회]; 항의문

protestante
쁘로떼스딴떼
형 신교(新教)의, 프로테스탄트의
religión *protestante* 신교
남 여 프로테스탄트, 신교도

protestantismo
쁘로떼스딴띠스모
남 신교(新教), 프로테스탄티즘

protestar
쁘로떼스따르
자 항의하다, 반대하다; 불평을 말하다
타 (어음 지불을) 거절하다; (신앙 등을) 선언하다; …에 항의하다

protesto
쁘로떼스또
남 [법률] 거절 증서

protocolario, ria
쁘로또꼴라리오, 리아
형 의례의, 공식 의례에 의한; 의례적인
carta *protocolaria* 인사장
visita *protocolaria* 예방(禮訪)

protocolo
쁘로또꼴로
남 (공식의) 의례; 의전서; 예의 범절법; [외교] 의정서; [법률] 등록부; 등기부; [컴퓨터] 프로토콜

protón
쁘로똔
남 [물리] 양자(陽子), 프로톤

protónico, ca
쁘로또니꼬, 까
형 양자의, 프로톤의

protoplasma
쁘로또쁠라스마
남 [생물] 원형질(原形質)

protoplasm tico, ca
쁘로또쁠라스마띠꼬, 까
형 원형질의

prototipo
쁘로또띠뽀
남 (공업 제품의) 시작품(試作品); 원형; 전형(典型); 모범

prototípico, ca
쁘로또띠삐꼬, 까
형 전형적인

provecho
쁘로베초
남 이익, 이윤; (정신적인) 진보
sacar *provecho* de ...
…에서 이익을 얻다; 이용하다
¡Buen *provecho*!
천천히 많이 드십시오.

provechosamente 🔹 유익하게
쁘로베초사멘떼

provechoso, sa 🔹 이익이 되는, 유익한, 이로운
쁘로베초소, 사

proveedor, ra 🔹 단골 가게 주인; 납입 업자; (군대의) 어용 상인
쁘로베에도르, 라

proveer 🔹 (필요한 물건을) 준비하다; …에 공급[지급]하다, 납입하다; (사건 등을) 처리하다, 취급하다; (관리직을) 제공하다, 구인(求人)하다
쁘로베에르
proveerse 준비하다, 갖추다
proveerse de ropa 옷을 준비하다

provenir 🔹 [+de] (…에서) 나오다, 비롯되다, 유래하다
쁘로베니르

proverbial 🔹 속담의, 격언의; 격언풍의; 주지의
쁘로베르비알

proverbio 🔹 속담, 격언
쁘로베르비오

Proverbios 🔹 [성경] 잠언(箴言)
쁘로베르비오스

providencia 🔹 [종교] 섭리; 신; [법률] 재정(裁定); [주로 복] (예방적인) 수단
쁘로비덴시아

providencial 🔹 섭리에 의한, 천우(天佑)의; 운이 좋은
쁘로비덴시알

provincia 🔹 도(道), 주(州); (중국 등의) 성(省); [때때로 복] (수도에 대해) 지방, 시골; (수도회의) 관구(管區)
쁘로빈시아

provincial 🔹 도의, 주의; 지방의
쁘로빈시알
acento *provincial* 지방 사투리

provincialismo 🔹 지방 제일주의; 방언
쁘로빈시알리스모

provinciano, na 🔹 지방의, 시골의; 편협한
쁘로빈시아노, 나
🔹 지방 사람, 시골 사람

provincialismo 🔹 (편협한) 지방 기질
쁘로빈시알리스모

provisión
쁘로비시온
여 저장, 비축; [주로 복] 식량(의 비축); 공급, 지급; 처리, 결재; 구인(求人)
provisión de fondos 준비금, 예비금
provisión de vino 포도주의 비축

provisional
쁘로비시오날
형 가(假)의; 임시의; 잠정적인, 일시적인
contrato *provisional* 가계약
gobierno *provisional* 임시 정부
presupuesto *provisional* 잠정 예산
trabajador *provisional* 임시 노동자

provisionalmente
쁘로비시오날멘떼
부 임시로, 일시적으로

provisto, ta
쁘로비스또, 따
형 준비된, 갖추어진
animal *provisto* de cuernos
뿔이 있는 동물

provocación
쁘로보까시온
여 도발, 선동

provocador, ra
쁘로보까도르, 라
형 도발하는, 선동하는
남 여 도발자, 선동자, 파괴 분자

provocar
쁘로보까르
타 도발하다, 꼬드기다, 부추기다; 교사(敎唆)하다, 선동하다; (주로 여자가) 정욕을 돋우다; 유발하다
provocar a las masas *a* sublevarse
대중을 선동해 반란을 일으키다

provocativo, va
쁘로보까띠보, 바
형 도발적인, 도전적인; 선정적인

próximamente
쁘록시마멘떼
부 대충, 대강, 대략; 가까이

proximidad
쁘록시미닫
여 가까움, 근접, 접근; 주변, 가까운 곳

próximo, ma
쁘록시모, 마
형 가까운; 다음의
futuro *próximo* 가까운 장래
El *hotel* está *próximo* a la playa.
그 호텔은 해변에 가깝다.
Bajamos en la *próxima* parada.
우리는 다음 정류소에서 내립니다.

proyección 빼뜨로엑씨온 명 투사; 운동(량), 방출(량); 영사(映寫); (지그의) 계획, 투영; 도영, 영상; 조정; 솟음

ángulo de proyección 발사각
cabina de proyección 영사실

proyeccionista 빼뜨로엑씨오니스따 명공 영사 기사

proyectar 빼뜨로엑따르 타 발사[사출하]다; 돌출하다; 반영하다; 투영하다; 계획하다; 예상하다; 영사[투사]하다; 돌출하다

proyectil 빼뜨로엑띨 명 발사체, 비사물, 탄환; 포탄
proyectil balístico 유도탄

proyectista 빼뜨로엑띠스따 명공 계획자, 설계가, 디자이너

proyecto 빼뜨로엑또 명 계획, 입안; 초안, 프로젝트; 초고(草稿);
proyecto de ley (정부 제출의) 법안
tener el proyecto de visitar los países latinoamericanos
라틴 아메리카의 여러 국가들을 방문할 예정이다

proyector 빼뜨로엑또르 명 영사기; 투광기, 탐조등

prudencia 쁘루덴씨아 명 신중(함), 조심(성); 현명
conducir con prudencia
안전 운전을 하다

prudencial 쁘루덴씨알 형 신중한

prudente 쁘루덴떼 형 신중한, 주의깊은
actitud prudente 신중한 태도
respuesta prudente 신중한 대답

prueba 쁘루에바 명 증거; 시용(試用); (채용[입학] 시험; 시식; 시음; 시비; 심사; (수학의) 검산, 증명; 시도, 기도, 시련[고통]; 시사[시쇄], 교정쇄, 교정지
prueba absoluta 확증

prueba de indicios 상황 증거
prueba nuclear 핵실험
prueba preliminar 예선
ofrecer [aportar] una *prueba* 증거를 제시하다

psicoanálisis 시꼬아날리시스
남 단복 정신 분석, 심리 분석

psicoanalisista 시꼬아날리시스따
남 여 정신 분석 의사

psicoanalítico, ca 시꼬아날리띠꼬, 까
형 정신 분석의

psicoanalizar 시꼬아날리사르
타 정신 분석을 하다
psicoanalizarse 정신 분석을 받다

psicodrama 시꼬드라마
남 심리극

psicolingüística 시꼴링구이스띠까
여 심리 언어학, 언어 심리학

psicología 시꼴로히아
여 심리학; 심리, 심리 상태
psicología infantil 아동 심리학

psicológicamente 시꼴로히까멘떼
부 심리(학)적으로

psicológico, ca 시꼴로히꼬, 까
형 심리학의; 심리적인
guerra *psicológica* 심리전

psicólogo, ga 시꼴로고, 가
남 여 심리학자

psicoterapia 시꼬떼라삐아
여 정신 요법, 심리 요법

púa 뿌아
여 가시, 바늘, 침; 작고 끝이 뾰족 한 물건; [축음기·성게·고슴도치 등의) 바늘; 빗살

púber 뿌베르
형 남 여 사춘기의 (소년·소녀)

pubertad 뿌베르딸
여 (성징이 시작되는) 사춘기
en la *pubertad* 사춘기에

pubiano, na 뿌비아노, 나
형 =**púbico**

púbico, ca
뿌비꼬, 까
형 음부의, 치골의, 두덩뼈의
vello *púbico* 음모(陰毛)

pubis
뿌비스
남 단복 불두덩, 음부(陰阜), 치골
vello del *pubis* 음모(陰毛)

publicable
뿌블리까블레
형 발표[출판]할 수 있는

publicación
뿌블리까시온
여 출판, 간행; 공표, 발표; 출판물
publicación de un diccionario
사전의 간행[출판]
publicación periódica 정기 간행물
catálogo de *publicaciones* 출판 목록
fecha de *publicacieón* 간행 연월일

públicamente
뿌블리까멘떼
부 공적으로, 공공연하게

publicar
뿌블리까르
타 출판하다, 간행하다; 공표하다, 발표하다; (신문에 전단 등을) 끼워 넣다
publicar novelas policíacas
추리 소설을 출판하다

publicidad
뿌블리시닫
여 광고, 선전; 전단; 공개(성)
medios de *publicidad* 선전 매체
sección de *publicidad*
(기업의) 선전부, 광고부

publicista
뿌블리시스따
남 여 광고 업자; 선전 부원; 정치 기자

publicitario, ria
뿌블리시따리오, 리아
형 선전의, 광고의
empresa *publicitaria* 광고 회사
tarifa *publicitaria* 광고료
남 여 광고 업자, 광고 부원

público, ca
뿌블리꼬, 까
형 공(公)의, 공공의, 공유(公有)의
(반 privado); 공개의; 공무(公務)의, 관공(官公)의; 공연의, 주지의
cursillo *público* 공개 강좌
enseñanza *pública* 공교육
escuela *pública* 공립 학교
hombre *público* 공인

poder *público* 공권력
vida *pública* 공적 생활
남 공중(公衆), 대중; 관객, 청중; (가게의) 손님; 독자

puchero
뿌체로
남 질냄비; 끓이는 데 쓰는 냄비; 끓인 요리

puches
뿌체스
남 복 =gachas

pudendo, da
뿌덴도, 다
형 수치스러운, 부끄러운
partes *pudendas* 음부, 치부
남 음경(陰莖)(pene)

pudin
뿌딩
남 =pudín

pudín
뿌딩
남 푸딩 ((밀가루에 달걀 등을 넣고 찐[구운] 식후에 먹는 과자))

pudor
뿌도르
남 수치심, 부끄러움; 절조, 조심성

pudoroso, sa
뿌도로소, 사
형 수치심이 있는; 지조가 있는

pudrición
뿌드리시온
여 부패

pudrir
뿌드리르
타 부패시키다, 썩히다; 조바심이 나게 만들다, 화나게 만들다
pudrir el pescado 생선을 부패시키다
pudrirse 썩다, 부패되다; 노하다, 화내다

pueblo
뿌에블로
남 민족; 국민; 인민; (하층의) 민중, 대중, 서민; 촌; (작은) 도시, 읍
pueblo coreano 대한 민국 국민
soberanía del *pueblo* 주권 재민

puente
뿌엔떼
남 다리, 교량; 징검다리 연휴; [선박] 선교(船橋), 배다리; 가공 의치; 안경의 코에 거는 부분
puente metálico 철교
puente peatonal 인도교
día *puente* 징검다리 연휴
construir un *puente* 다리를 놓다

cruzar [pasar] el *puente* 다리를 건너다

puentismo
뿌엔띠스모
남 [운동] 번지 점프

puerco, ca
뿌에르꼬, 까
남여 [동물] 돼지; 더러운 사람, 불결한 사람; 비열한 사람
형 더러운, 불결한; 비열한

puericia
뿌에리시아
여 소년기 ((7~14세))

puericultor, ra
뿌에리꿀또르, 라
남여 (보육 면허를 가진) 보모, 보부; 육아 전문가

puericultura
뿌에리꿀뚜라
여 육아학, 육아법

pueril
뿌에릴
형 어린애 같은, 철부지의, 유치한
dibujo *pueril* 치졸한 그림

puerilidad
뿌에릴리닫
여 어린애 같음, 유치함, 철부지짓

puérpera
뿌에르뻬라
여 (갓 출산한) 임산부(姙産婦)

puerperio
뿌에르뻬리오
남 산욕기(産褥期)

puerperal
뿌에르뻬랄
형 산욕(기)의
fiebre *puerperal* 산욕열

puerro
뿌에르로
남 [식물] 파의 일종

puerta
뿌에르따
여 문, 입구, 게이트; (도시·마을의) 입구; (중세 도시의) 성문, 문호, 가능성; 집(casa), 물건(edificio); [축구 등의] 골; [컴퓨터] 보드, 회로 기판; [주로 복] (도시에 들어가기 위한) 통행료; 관세
coche de cuatro *puertas*
네 문 차, 포 도어 카
abrir [cerrar] una *puerta*
문을 열다[닫다]
a la puerta 문간에서, 입구에서; 바로 가까이
Tocan *a la puerta*.

누군가가 문을 두드리고 있다.
Te espero *a la puerta*.
문간에서 너를 기다린다.
El invierno está *a la puerta*.
겨울이 바로 가까이 와 있다.

puerto
뿌에르또

남 항구; 항만 (지구); 피난소; 고개, 산마루; 고갯길; [컴퓨터] 보드, 회로기판
puerto aéreo 공항
puerto comercial 무역항
puerto de matrícula 선적항
puerto franco [libre] 자유항

puertorriqueño, ña
뿌에르또르리께뇨, 냐

형 뿌에르또 리꼬(Puerto Rico)의
남 여 뿌에르또 리꼬 사람

pues
뿌에스

접 …때문에; …이면; [문장 앞에서] 그래서; 그런데?, 왜?; [말을 꺼낼 때] 그런데, 저 … ; [감탄사적으로] 그래
No quiero ir a la escuela, *pues* no estoy bien.
몸이 좀 좋지 않아 나는 학교에 가고 싶지 않다.

puesta¹
뿌에스따

여 (기계 등의) 작동, 조정; (해·달의) 짐, 들어감; 산란; [집합 명사] (한번에) 낳는 알; (노름판의) 판돈
puesta de(l) sol 일몰
época de *puesta* 산란기

puesto¹
뿌에스또

남 장소; 부서(部署); 자리; (경찰 등의) 대기소; 순위; 이동식 포장마차, 노점; 직(職), 지위; [수렵] 매복하고 기다리는 장소
puesto de mando 사령부, 지휘소
puesto de periódicos 신문 판매대
puesto de policía 파출소
puesto de socorro 구호소
puesto del piloto 조종석
puesto fronterizo 국경 검문소

puesto², ta²
뿌에스또, 따

형 [poner의 과거 분사] 놓여진; (옷을) 잘 차려 입은; 내기를 건

La mesa está *puesta*.
식탁은 이미 차려져 있다.

púgil
뿌힐
〖남〗 복서, 권투 선수(boxeador)

pugilato
뿌힐라또
〖남〗 권투; 격렬한 싸움

pugilismo
뿌힐리스모
〖남〗 권투, 복싱

pugilista
뿌힐리스따
〖남〗 권투 선수, 복서

pugilístico, ca
뿌힐리스띠꼬, 까
〖형〗 권투의, 복싱의

pujante
뿌한떼
〖형〗 기세[세력]가 좋은
industria *pujante* 성장 산업

pujanza
뿌한사
〖여〗 기세, 세력, 활력

pujar
뿌하르
〖자〗 서로 다투어 값을 올리다; 노력하다; 말을 주저하다, 입속말을 하다; 울상을 하다

pulcritud
뿔끄리뚣
〖여〗 청결함

pulcro, cra
뿔끄로, 끄라
〖형〗 청결한, 깨끗한, 깔끔한

pulga
뿔가
〖여〗 [곤충] 벼룩; 작은 팽이; 둥그렇고 작은 샌드위치
mercado de (las) *pulga*s 벼룩 시장

pulgada
뿔가다
〖여〗 인치
televisor de treinta *pulgadas*
30인치 텔레비전

pulgar
뿔가르
〖남〗 엄지 손가락(dedo *pulgar*)

pulgoso, sa
뿔고소, 사
〖형〗 벼룩투성이의

pulido, da
뿔리도, 다
〖형〗 닦아 놓은, 윤을 낸, 고운, 맑은
〖남〗 윤을 냄, 연마

pulidor, ra
뿔리도르, 라
〖남·여〗 연마공
〖남〗 연마기; 연마분

pulimento
뿔리멘또

여 연마기
남 닦기; 연마; 광을 냄
dar *pulimento* a los muebles
가구를 광을 내다

pulimentado, da
뿔리멘**따**도, 다

형 =**pulido**

pulimentar
뿔리멘따르

타 ...에 광[윤]을 내다

pulir
뿔리르

타 (표면을) 닦다, 연마하다; (문장등을) 다듬다, 퇴고하다; (교양 등을) 연마하다, 세련되게 하다, (돈을) 다 써버리다; 슬쩍 훔치다
자 (돈을) 다 써버리다

pulmón
뿔몬

남 [해부] 폐, 폐장(肺臟); [때때로] 복 성량(聲量); 지구력; 녹지대
pulmón de acero, *pulmón* artificial
[의학] 인공 호흡기, 철폐(鐵肺)

pulmonar
뿔모나르

형 폐의
enfermedades *pulmonares* 폐질환

pulmonía
뿔모니아

여 [의학] 폐렴

pulpa
뿔빠

여 살이 연한 부분, 뼈가 없는 살; (과실의) 과육(果肉); (제지의) 펄프(pasta de papel)

pulpo
뿔뽀

남 문어; 낙지((calamar 오징어))

pulque
뿔께

남 ((멕시코)) 뿔께 ((용설란 술))

pulsación
뿔사시온

여 [생리] [주로 복] 맥박, 고동; (피아노·기타·타자기 등의) 터치

pulsador
뿔사도르

남 누름단추, 스위치
pulsador del timbre 초인종
dar al *pulsador*
누름단추[스위치]를 누르다

pulsar
뿔사르

타 손가락으로 누르다[켜다]; ...의 맥을 짚다; (의향 등을) 살피다
자 맥을 두드리다; 맥[심장]이 뛰다

pulsera
뿔세라
여 팔찌; (손목시계의) 밴드
pulsera de pedido 약혼 팔찌

pulsímetro
뿔시메뜨로
남 맥박계

pulso
뿔소
남 맥, 맥박; 신중함, 용의주도함; 대립
frecuencia del *pulso* 맥박수

pulsómetro
뿔소메뜨로
남 맥박계

pulverización
뿔베리사시온
여 가루로 만듦, 분무; 분쇄; 분무 가루, 분무 살포

pulverizador
뿔베리사도르
남 분무기, 스프레이; 약품 살포기; 가루 분쇄기

pulverizar
뿔베리사르
타 가루로 만들다, 분쇄하다; 살포하다; 분무기로 뿜다

¡pum!
뿜
감 꽝, 펑

puma
뿌마
남 [동물] 퓨마

pundonor
뿐도노르
남 자존심, 자랑, 긍지

pundonoroso, sa
뿐도노로소, 사
형 남 여 자존심이 있는 (사람)

punitivo, va
뿌니띠보, 바
형 처벌의

punta
뿐따
여 끝; (사각 물건의) 가장자리, 각; (코의) 끝;
복 머리카락 끝; 곶, 갑; 못(clavo); [미술] 조각 바늘
남 여 [축구] 전위, 포워드, 스트라이커

puntada
뿐따다
여 바늘땀, 재봉땀

puntapié
뿐따삐에
남 발로 걷어차기

punteado
뿐떼아도
남 점묘; 손톱 끝으로 타기; 점선

puntear
뿐떼아르
타 (...에) 점을 찍다; 체크하다; 점검하다; [미술] 점묘하다; [음악] 손톱 끝으로 타다

punteo
뿐떼오
남 점묘; 손톱 끝으로 타기; 점검

puntería
뿐떼리아
여 겨냥, 조준(법)

puntero, ra
뿐떼로, 라
형 수위(首位)의; 겨냥이 확실한
남 (흑판 등을 가리키는) 채찍, 막대기; 정, 끌; [운동] 수위팀

puntiagudo, da
뿐띠아구도, 다
형 끝이 뾰족한, 날카로운

puntilla
뿐띠야
여 갓단을 꿰맨 레이스; 작은 칼; (투우사의) 단검; 펜촉; 곶, 갑(岬)

puntillazo
뿐띠야소
남 [투우] (마지막) 숨통을 끊음; 마지막 일격, 결정타

puntillero, ra
뿐띠예로, 라
남 여 마지막 일격을 가하는 투우사

puntillismo
뿐띠이스모
남 [미술] 점묘 화법

puntillista
뿐띠이스따
형 점묘 화법의
남 여 점묘 화법 화가

punto
뿐또
남 점; 점선; 지점; 정도, 단계; 시점, 순간; (운동·시험·트럼프 등의) 득점, 점수; (택시의) 승강장; 방위; 솔기, 바느질자리, 땀; 편물, 니트; 레이스; (구두 등의) 사이즈; (활자의) 포인트; 사기꾼; 펜촉 끝; [인쇄] 피리어드, 종지부; [물리·화학] 한계점; [군사] 조준점, 표적; (총의) 가늠쇠
punto medio [central] 중심점
*punto*s y líneas 점과 선
letra de *puntos* 점자(點字)
línea de *puntos* 점선
victoria por *puntos* 판정승
obtener *puntos* 득점하다
perder *puntos* 실점하다

puntuación
뿐뚜아시온
여 구두점, 구두법; (시험 등의) 성적, 득점; [운동] 포인트, 득점

puntual 뿐뚜알	형 시간을 정확히 지키는; (임무에) 충실한; (설명 등이) 면밀한, 정확한; 적절한; 점(點)의, 점 같은 Ella es muy *puntual*. 그녀는 시간을 무척 잘 지킨다.
puntualidad 뿐뚜알리닫	여 시간 엄수; 면밀함 *puntualidad* inglesa 시간 엄수
puntualización 뿐뚜알리사시온	여 명확한 설명, 명확화
puntualizar 뿐뚜알리사르	타 명확히 하다; 상세히 말하다
puntualmente 뿐뚜알멘떼	부 시간을 지켜; 면밀히
puntuar 뿐뚜아르	타 …에 구두점을 찍다; (시험 등에서) 점수를 매기다, 채점하다 자 [운동] 득점하다; 성적을 매기다
punzada 뿐사다	여 찌르는 듯한 고통; 마음의 아픔; 날카로운 것으로 찌름, 자상(刺傷)
punzante 뿐산떼	형 (통증이) 찌르는 듯한; (칼 등이) 예리한 arma *punzante* 예리한 무기
punzar 뿐사르	타 따끔하게 찌르다[쏘다]; 찌르는 듯이 아프다; 마음을 아프게 하다; [의학] 천자(穿刺)하다
puñada 뿌냐다	여 =**puñetazo**
puñado 뿌냐도	남 한 줌; 한 움큼 *a puñados* 듬뿍, 많이 gastar dinero *a puñados* 물 쓰듯 돈을 쓰다 *un puñado de* 한 줌의 *un puñado de* arroz 한 줌의 쌀
puñal 뿌냘	남 단검(短劍)
puñalada 뿌냘라다	여 (단검 등에 의한) 찔림; 자상(刺傷)
puñetazo 뿌녜따소	남 구타, 주먹질

puño
뿌뇨
남 주먹; (칼의) 손잡이, 칼자루; (우산·핸들 등의) 손잡이; (그릇의) 손잡이; (와이셔츠 등의) 소맷부리; 힘, 체력
cerrar el *puño* 주먹을 쥐다

pupila
뿌삘라
여 [해부] 눈동자

pupitre
뿌삐뜨레
남 책상; (특히) 교실 책상

puramente
뿌라멘떼
부 순수하게

puré
뿌레
남 농후한 수프

pureza
뿌레사
여 순수함; 순결

purgatorio
뿌르가또리오
남 [천주교] 연옥

purificación
뿌리피까시온
여 정화, 순화; 정련

purificador, ra
뿌리피까도르, 라
형 맑게 하는; 정화하는; 정련하는
남 정화 장치, 정화조; 정수기
purificadora de agua 정수장

purificar
뿌리피까르
타 맑게 하다, 정화하다; 순화하다
purificar el aire 공기를 정화하다

purismo
뿌리스모
남 순수주의; [언어] 순정주의

purista
뿌리스따
형 순수[순정]주의의
남 여 순수[순정]주의자

puritanismo
뿌리따니스모
남 청교주의; 엄격주의

puritano, na
뿌리따노, 나
형 남 여 청교도(의)

puro[1]
뿌로
남 여송연; 벌, 제재
fumar un *puro* 여송연을 피우다

puro[2], ra
뿌로, 라
형 순수한, 티없는; 청정한, 오염이 안된; 순결한; 완벽한

blanco *puro* 순백(純白)

púrpura
뿌르뿌라
여 적자색(赤紫色), 자홍색(紫紅色); 추기경의 지위; 황제의 지위; 왕위; [의학] 자반병(紫斑病); [시] 인간의 피(sangre humana)

purpurado
뿌르뿌라도
남 추기령(cardenal)

purpúreo, a
뿌르뿌레오, 아
형 적자색의, 자홍색의

purulencia
뿌룰렌시아
여 화농(化膿), 종기가 곪아 고름이 생김

purulento, ta
뿌룰렌또, 따
형 화농된

pus
뿌스
남 [의학] 고름

puta
뿌따
여 매춘부; 성격이 나쁜 여자

putear
뿌떼아르
자 매춘하다, 몸을 팔다

puto
뿌또
남 남창(男娼)

putrefacción
뿌뜨레팍시온
여 부패

putrefacto, ta
뿌뜨레팍또, 따
형 부패된

Q

q
꾸

여 구 ((스페인어 자모의 스무 번째 문자))

que
께

대 [관계 대명사] [선행사는 사람·물건·일; 성·수의 변화 없음] ...하는
¿Conoce usted a la señora *que* está allí? 저기 있는 저 부인을 아십니까?
※ 선행사를 확실히 하기 위해 정관사와 함께 쓰인다. 선행사의 성과 수에 일치하여 el que, la que, los que, las que가 된다
El profesor nos contó *unas anécdotas*, *las que* nos divertieron mucho.
선생님이 우리에게 일화를 말씀하셨는데 그것은 무척 재미있었다.
※ 앞 문장 전체가 선행사일 때는 lo que로 받는다
Ella dijo que no lo sabía, *lo que* no es verdad.
그녀는 그 일을 모르고 있었다고 말했는데 그것은 사실이 아니다.
접 ① [동사의 바로 다음에서 직접 목적이나 주어] ...하는 것
Creo *que* ella volverá mañana.
그녀가 내일 돌아올 것이라 믿는다.
No conviene *que* se publique eso.
그것이 발표되는 것은 적절치 않다.
② [월등 비교, más ... que] ...보다
Ella es *más* alta *que* yo.
그녀는 나보다 더 크다.
③ [열등 비교, menos ... que] ...보다
Ella es *menos* alta *que* su prima.
그녀는 사촌보다 더 작다.

qué
께

대 [의문 대명사] 무엇
¿*Qué* es esto? 이것은 무엇이냐?

¿Qué buscas? 무엇을 찾고 있니?
¿Qué le pasa? 무슨 일입니까?
형 [의문 형용사] 무슨, 어떤
¿De *qué* color es? 무슨 색이냐?
부 [의문 부사] 정말, 얼마나
¡Qué lástima! 정말 안됐습니다!
¡Qué alegría! 정말 기쁘다.
¡Qué cansado estoy! 정말 피곤하구나.

quebradizo, za
께브라디소, 사
형 깨지기 쉬운, 부서지기 쉬운; (몸이나 의지가) 약한

quebrado, da
께브라도, 다
형 깨진, 부서진; 파산된; (선이) 꺾어진; (토지가) 울퉁불퉁한; (소리가) 떨리는
남 여 파산자
남 [수학] 분수; 파산

quebradura
께브라두라
여 갈라진 금[틈], 균열; 협곡; 헤르니아

quebramiento
께브라미엔또
남 침해, 위반

quebrantar
께브란따르
타 침해하다; 파괴하다; 약화 시키다
quebrantarse
침해되다; 파괴되다; 약화되다

quebranto
께브란또
남 손실, 손해; 쇠약; 침해, 위반

quebrar
께브라르
자 파산하다, 도산하다; 사이가 틀어지다, 절교하다
타 깨다, 부수다; 방해하다; (몸을) 구부리다; (법을) 어기다
quebrarse 부서지다; 구부러지다; 축 늘어지다, 기운이 빠지다; 핼쑥해지다

quechua
께추아
형 남 여 께추아족(의)
((뻬루 등지에 사는 인디오의 한 종족))
남 께추아어
((뻬루에서 스페인어와 함께 공용어))

queda
께다
여 (수도원 등의) 소등 시간; (계엄령 아래에서) 야간 외출 금지; 야간 외출 금지 신호(의 종·경보)

quedar 께다르	자 남다, 있다, 체류하다; (결과로) 남다; 되다 El azúcar todavía *queda* un poco. 설탕이 아직 조금 남아 있다. Ella *quedó* viuda siendo aún joven. 그녀는 아직 젊은데 미망인이 되었다. Barcelona *queda* cerca de Francia. 바르셀로나는 프랑스에서 가깝다. ***quedarse*** 머물다, (남아) 있다; 죽다; … 상태가 되다; [+con] (…을) 자신의 것으로 하다; 잃다 *quedarse en* casa 집에 있다 *quedarse* en el campo de batalla 전사(戰死)하다
quedo, da 께도, 다	형 조용한, 고요한 부 조용히, 작은 소리로 Habla *quedo*. 작은 소리로 말해라.
quehacer 께아세르	남 볼일, 용건; [때때로 복] 일; 가사(家事)
queja 께하	여 한탄[탄식](의 소리); 불평, 불만, 고충(苦衷)
quejarse 께하르세	((재귀)) [+de] (…을) 한탄하다; 불평하다, 불평을 말하다 *quejarse de* la corrupción 부패를 한탄하다 No *se queje*. 불평하지 마십시오. No *te quejes*. 불평하지 마라.
quema 께마	여 소각(燒却); 화재
quemadero 께마데로	남 소각장 *quemadero* de basuras 쓰레기 소각장
quemado, da 께마도, 다	형 탄, 타버린; 그을은 *quemado* por el sol 햇볕에 그을은
quemadura 께마두라	여 화상(火傷); 깜부기병균

quemar
께마르

타 태우다, 굽다, 불사르다; 애태우다; (매운 것이 입속을) 아리게 하다; 투매하다; 성나게 하다
quemar carbón mineral
석탄을 태우다
quemar las cartas 편지를 태우다
자 타는 듯이 뜨겁다[덥다]
quemarse 타다; 데다; 그을리다; 태워버리다, 전소되다; 애간장을 녹이다; 발끈하다, 화내다
Se me quemó el arroz. 나는 밥을 태웠다.
Se le quemó la casa. 그의 집이 불탔다.

quepis
께삐스

남 군모(軍帽)

querella
께레야

여 [법률] 고소(장), 고발(장); 불화(不和), 언쟁, 말다툼

querellado, da
께레야도, 다

남 여 피고(측)

querellante
께레얀떼

형 고소하는
남 여 고소인; 원고(측)

querellarse
께레야르세

((재귀)) 고소하다

querencia
께렌시아

여 (동물의) 귀소 본능; 집, 고향

querer
께레르

타 원하다, 바라다, 욕심내다; 사랑하다, 좋아하다; 필요로 하다
Quiero un ordenador.
나는 컴퓨터를 원한다[갖고 싶다]
¿Qué *quiere* usted?
무엇을 원하십니까?, 무얼 드릴까요?
Quiero saber la verdad.
진실을 알고 싶다.
Te *quiero.* 당신을 사랑하오.
querer que + 접속법
Quiero que me escribas.
quererse 서로 사랑하다
Nos queríamos mucho.
우리들은 서로(를) 무척 사랑했었다.

|남| 사랑, 애정(愛情)
cosas del *querer* 애정 문제
Querer es poder.
(속담) 뜻이 있는 곳에 길이 있다,
정신일도하사불성(精神一到何事不成).
직·현재: qu*i*ero, qu*i*eres, qu*i*ere, queremos, queréis, qu*i*eren
직·부정 과거: qu*i*se, qu*i*siste, qu*i*so, qu*i*simos, qu*i*sisteis, qu*i*sieron
접·현재: qu*i*era, qu*i*eras, qu*i*era, queramos, queráis, qu*i*eran

querido, da
께리도, 다

|형| 바라는; 친애하는, 사랑하는
Mi *querido* amigo 배계(拜啓)
Queridos padres 배계(拜啓), 부모님 전상서
|남||여| (남편·아내 이외의) 애인; [호격] 여보

quesería
께세리아

|여| 치즈 제조소[판매점]

quesero, ra
께세로, 라

|형| 치즈의, 치즈를 좋아하는
|남||여| 치즈 제조업자[상인]
|여| 치즈 그릇

quesito
께시또

|남| 삼각형 치즈

queso
께소

|남| 치즈
queso Gallego [총칭] 갈리시아 치즈

quetzal
껫살

|남| [조류] 껫살 ((열대 아메리카산의 꼬리가 긴 새)); 껫살 ((구아떼말라의 화폐 단위))

quichua
끼추아

|형||남||여| =**quechua**

quid
끼드

|남| 요점, 핵심; 난점(難點)
el *quid* de la cuestión 문제의 요점

quiebra
끼에브라

|여| 파산; 파탄, 실패
declararse en *quiebra*
파산하다, 파산 선고를 하다

quien
끼엔

|대| [관계 대명사] [한정적] …하는; [계속적] 그 사람, 그 일[물건];

[관사 없이] ...하는 사람
El hombre *con quien* bailabas es mi primo. 네가 춤춘 남자가 내 사촌이다.
Vi ayer a tu amigo, *quien* me lo avisó. 어제 네 친구를 만났더니 그 사람이 나에게 그것을 알려 주었다.
Quien sabe mucho, habla poco. 많이 아는 사람은 말수가 적다.

quién
끼엔

대 [의문 대명사] 누구
¿*Quién* es ella? 그녀는 누구냐?
¿A *quién* busca usted?
누구를 찾고 계십니까?
¿De *quién* es este lápiz?
이 연필은 누구의 것입니까?
¿Con *quién* hablo?
(전화에서) 누구십니까?
¿*Quién es Quién*? 신사록(紳士錄)

quienquiera
끼엔끼에라

대 누구든지, 누구나, 누구라도
(복 quienesquiera)

quieto, ta
끼에또, 따

형 움직이지 않는; 조용한, 평온한, 침착한; 진전이 없는

quietud
끼에뚣

여 움직이지 않음; 평온

quijada
끼하다

여 [해부] 턱뼈

quijote
끼호떼

남 돈 끼호떼(Don Quijote) 같은 사람; 비현실적인 사람, 이상주의적인 사람
El *Quijote* 엘 끼호떼 ((원제(原題)는 El Ingenioso Hidalgo Don Quijote de la Mancha; Miguel de Cervantes Saavedra의 소설; 전편은 1605년, 후편은 1615년 간행됨))

quijotesco, ca
끼호떼스꼬, 까

형 돈 끼호떼적인, 비현실적인

quijotismo
끼호띠스모

남 돈 끼호떼적인 성격[발상·언동]

quilate
낄라떼
남 [금의 순도 · 보석의 무게의 단위] 캐럿
oro de 24 *quilates* 24금
diamante de un *quilate*
1캐럿 다이아몬드

quilo¹
낄로
남 =**kilo**

quilo²
낄로
남 [생리] 유미(乳靡)

quilogramo
낄로그라모
남 =**kilogramo**

quilómetro
낄로메뜨로
남 =**kilómetro**

quilovatio
낄로바띠오
남 =**kilovatio**

quimera
끼메라
여 환상, 망상; 불화, 언쟁; 혼합 염색체; [신화] 키메라

quimérico, ca
끼메리꼬, 까
형 환상적인, 실존하지 않은

química¹
끼미까
여 화학
*quími*ca mineral [inorgánica]
무기 화학
química orgánica 유기 화학

químico, ca²
끼미꼬, 까
형 화학의, 화학적인
producto *químico* 화학 제품
남 여 화학자

quina
끼나
여 [식물] 키나, 기나수; [약학] 키니네; 키나 껍질

quince
낀세
여 15의; 15번째의
hace *quince* días 2주 전에
남 15; 15일

quinceañero, ra
낀세아녜로, 라
형 남 여 틴에이저(의); 15세(의)

quinceavo, va
낀세아보, 바
형 남 여 5분의 1(의)

quincena
낀세나
여 15일; 2주간; 2주간 분의 급료; 15일 간의 구류

quincuagenario, ria 형 50대의; 50을 단위로 하는
긴꾸아헤나리오, 리아 남 여 50대

quiniela 여 [때때로 복] 끼니엘라 ((축구 등 스포츠
끼니엘라 복권)); 끼니엘라 응모권

quinientos, tas 형 500의; 500번째의
끼니엔또스, 따스 *quinientos* libros 책 500권
quinientas casas 집 500채
남 500

quinina 여 [약학] 키니네
끼니나

quinquenal 형 5년(간·마다)의
낀께날

quinquenio 남 5년간
낀께니오

quinta 여 같은 나이의 사람; 별장; ((남미)) 농장;
낀따 [음악] 5도

quintal 남 낀딸 ((옛 중량의 단위; 까스띠야에서는 100
낀딸 파운드, 46kg.))

quinteto 남 [음악] 오중주, 오중창; 오중주곡, 오중창곡;
낀떼또 오중주단, 오중창단

quinto, ta 형 다섯 번째의; 5분의1의
낀또, 따 남 5분의1; ((스페인)) (현역 입대의) 신병(新兵)

quintuple 형 남 5배(의)
낀뚜쁠레

quintuplicar 타 5배하다
낀뚜쁠리까르

quíntuplo, pla 형 남 5배(의)
낀뚜쁠로, 라

quinzavo, va 형 남 15분의1(의)
낀사보, 바

quiosco 남 (길거리·역 등의) 매점; (공원의) 정자; 야
끼오스꼬 외 음악당

quiosquero, ra 남 여 quiosco의 주인[점원]
끼오스께로, 라

quiquiriquí 남 꼬끼요 ((수탉 우는 소리))
끼끼리끼

quiropráctica[1]
끼로쁘락띠까
여 [의학] 카이로 프랙틱, (척주) 지압요법, 척주 교정

quiropráctico, ca[2] 남 여 (척주) 지압사[지압 요법사]
끼로쁘락띠꼬, 까

quirúrgico, ca 형 외과(外科)의
끼루르히꼬, 까

quisicosa 여 수수께끼
끼시꼬사

quitanieves 남 단 복 제설기, 제설차(除雪車)
끼따니에베스

quitar 타 없애다, 제거하다; 빼앗다, 훔치다; 금하다; 방해하다
끼따르
quitar la piel *a* la manzana
사과의 껍질을 벗기다
quitar su bicicleta 자전거를 훔치다
quitarse (옷 등을) 벗다(반 ponerse) (자신에게서) 제거하다; 떠나다, 떠나가다, 물러나다, 그만두다
quitarse el sombrero 모자를 벗다
quitarse los zapatos 구두를 벗다
quitarse el abrigo 외투를 벗다
*quitarse de*l tabaco 금연하다

quitasol 남 양산, 파라솔(sombrilla)
끼따솔

quizá(s) 부 아마, 어쩌면
까사(스)
Quizá hará buen tiempo mañana.
아마 내일 날씨가 좋을 것이다.
Quizá no lo creas, pero es cierto
아마 너는 그것을 믿지 못하겠지만 사실이다
(접속법과 함께 쓰이면 의심이 강함)

quórum 남 단 복 (복 quorums) ((라틴어)) 정족수(定足數)
꿔룸
falta de *quórum* 정족수 미달
constituir el *quórum* 정족수에 달하다

R

r
에레
> 여 에레 ((스페인어 자모의 스물한 번째 문자))

rabanal
르라바날
> 남 (순)무 밭

rábano
르라바노
> 남 [식물] 무, 순무

rabia
르라비아
> 여 노함; 격노; 혐오, 반감; [의학] 광견병

rabiar
르라비아르
> 자 격노하다; 공수병에 걸리다; 고통을 겪다
> ***rabiar por*** + 동사 원형 ...하려고 안달하다, 몸부림치다; 열망하다, 갈망하다
> Ella *rabia por* casarse.
> 그녀는 결혼하고 싶어 안달이다.

rabicorto, ta
르라비꼬르또, 따
> 형 꼬리가 짧은

rabioso, sa
르라비오소, 사
> 형 격분한, 격노한; (감각·색·맛 등이) 심한, 강렬한, 야한, 야단스런; 광견병에 걸린
> color *rabioso* 야한 색
> Estoy *rabioso* con él.
> 나는 그에게 격분하고 있다.

rabo
르라보
> 남 (동물의) 꼬리; 꼬리 비슷한 것; [식물] 자루

rabón, bona
르라본, 보나
> 형 (동물이) 꼬리가 없는[짧은]

racha
르라차
> 여 돌풍(突風)

racial
르라시알
> 형 인종(人種)의
> orgullo *racial* 민족의 긍지
> problema *racial* 민족 문제

racimo
르라시모
> 남 [식물] 송이
> *racimo* de uvas 포도 송이

ración 르라시온	여 (각자에게) 배분된 양, 배급량; 1인분, 한사람 몫; 한 접시; [군사] (1일분의) 양식
racional 르라시오날	형 이성적인; 합리적인; 추론의, 이론적인; [수학] 유리(有理)의 método *racional* 합리적인 방법 pensamiento *racional* 이성적인 사고
racionalidad 르라시오날리닫	여 합리성 con *racionalidad* 합리적[이성적]으로
racionalmente 르라시오날멘떼	부 이성적으로; 합리적으로
racionalismo 르라시오날리스모	남 합리주의; [철학] 이성론(理性論)
racionalista 르라시오날리스따	형 합리주의적인 남 여 합리주의자
racionalización 르라시오날리사시온	여 합리화 *racionalización* de la industria 산업 합리화
racionalizar 르라시오날리사르	타 합리화하다; [수학] 유리화하다 *racionalizar* la administración 경영을 합리화하다
racionamiento 르라시오나미엔또	남 배급 (제도); (소비량의) 제한 cartilla de *racionamiento* 배급 수첩
racionar 르라시오나르	타 (각자에게) 배분하다, 배급하다; (소비량을) 제한하다
racionista 르라시오니스따	남 여 사이비 배우; 연기가 서툰 배우
racismo 르라시스모	남 인종주의; 인종 차별, 인종 우열설
racista 르라시스따	형 인종 차별의 남 여 인종 차별주의
radar 르라다르	남 레이더 red de *radar* 레이더 망
radiación 르라디아시온	여 [물리] 방사(선), 복사(輻射) *radiación* nuclear 핵방사선

radiactividad
르라디악띠비닫
여 방사능

radiactivo, va
르라디악띠보, 바
형 방사능의
contaminación *radiactiva* 방사능 오염
material *radiactivo* 방사능 물질

radiador
르라디아도르
남 (복사) 난방기, 방열기; 냉각기, 라디에이터

radial
르라디알
형 방사상(放射狀)의; 반경의

radiante
르라디안떼
형 방사의, 복사의; 빛나는, 반짝이는, 찬란한
calor *radiante* 복사열

radiar
르라디아르
타 방사하다; [의학] X선을 조사(照射)하다; (라디오로) 방송하다
radiar luz y calor 빛과 열을 방사하다
radiar un partido de fútbol
축구 시합을 방송하다

radicación
르라디까시온
여 정착, 정주(定住)

radical
르라디깔
형 근본적인; 급진적인, 과격한; [식물] 뿌리의, 근생(根生)의
idea *radical* 급진 사상
estudiante *radical* 과격파 학생
남여 급진주의자, 과격파
radical de izquierdas 좌익 과격파
남 [수학] 근호; [화학] 기(基)

radicalismo
르라디깔리스모
남 급진주의, 과격파

radicalización
르라디깔리사시온
여 급진화(急進化)

radicalizar
르라디깔리사르
타 급진적으로 만들다
자 과격하게 되다

radicalmente
르라디깔멘떼
부 근본적으로; 철저하게

radicar
르라디까르
자 존재하다; 유래하다; (식물이) 뿌리내리다

radio
르라디오

여 라디오 (수신기); 라디오 방송;라디오 방송국
apagar la *radio* 라디오를 끄다
escuchar [oír] la *radio* 라디오를 듣다
poner la *radio* 라디오를 틀다
남 [수학] 반경; (차륜의) 폭; [화학] 라듐; 무선 전보; ((중남미)) 라디오
radio de *acción* 행동 반경; 항속[사정] 거리
남 여 무선 통신사

radioactividad
르라디오악띠비닫

여 =**radiactividad**

radioactivo, va
르라디오악띠보, 바

형 =**radiactivo**

radioaficionado, da 남 여 아마추어 무선사
르라디오아피시오나도, 다

radiocas(s)et(t)e 남 라디오 카세트
르라디오까세떼

radiocomunicación
르라디오꼬무니까시온

여 라디오 통신

radiodiagnóstico 남 [의학] 방사선[X선] 진단
르라디오디아그노스띠꼬

radiodifundir
르라디오디푼디르

타 라디오 방송하다

radiodifusión
르라디오디푸시온

여 라디오 방송
estación de *radiodifusión* 라디오 방송국

radioemisora
르라디오에미소라

여 라디오국(局)

radioescucha
르라디오에스꾸차

남 여 (라디오) 청취자

radiofónico, ca
르라디오포니꼬, 까

형 라디오 방송의
novela *radiofónica* 라디오 연속극

radiofrecuencia
르라디오프레꾸엔시아

여 라디오 주파수

radiografía
르라디오그라피아

여 방사선[뢴트겐] 사진술; 뢴트겐사진, X선 사진

radiografiar
르라디오그라피아르

타 …의 뢴트겐 사진을 찍다

radiotelefónico, ca

radiográfico, ca 르라디오그라피꼬, 까 — 형 방사선 사진(술)의

radiograma 르라디오그라마 — 남 무선 전보

radioisótopo 르라디오이소또뽀 — 남 방사성 동위 원소

radiología 르라디올로히아 — 여 방사선 의학

radiológico, ca 르라디올로히꼬, 까 — 형 방사선 의학의

radiólogo, ga 르라디올로고, 가 — 남 여 방사선 학자; 뢴트겐 기사

radiometría 르라디오메뜨리아 — 여 [물리] 방사 측정

radiómetro 르라디오메뜨로 — 남 방사계(放射計)

radionovela 르라디오노벨라 — 여 연속 드라마 소설

radiorreceptor 르라디오르레셉또르 — 남 라디오 (수신기)

radioscopia 르라디오스꼬삐아 — 여 방사선[X선] 투시
hacer una *radioscopia* de los pulmones 폐의 X선 검사를 하다

radioscópico, ca 르라디오스꼬삐꼬, 까 — 형 방사선 투시의
examen *radioscópico* X선 검사

radiotaxi 르라디오딱시 — 남 무선 택시

radiotecnia 르라디오떽니아 — 여 무선 공학

radiotécnico, ca 르라디오떽니꼬, 까 — 형 무선 공학의

radiotelecomunicación 르라디오뗄레꼬무니까시온 — 여 무선[전파] 통신

radiotelefonía 르라디오뗄레포니아 — 여 무선 전화

radiotelefónico, ca 르라디오뗄레포니꼬, 까 — 형 무선 전화의

radiotélefono 남 무선 전화기
르라디오뗄레포노

radiotelegrafía 여 무선 통신
르라디오뗄레그라피아

radiotelegráfico, ca 형 무선 통신의
르라디오뗄레그라피꼬, 까

radiotelegrafista 남여 무선 통신사
르라디오뗄레그라피스따

radiotelégrafo 남 무선 전신기
르라디오뗄레그라포

radiotelegrama 남 무선 전보
르라디오뗄레그라마

radiotelescopio 남 전파 망원경
르라디오뗄레스꼬삐오

radiotelevisar 타 라디오 및 텔레비전으로 방송하다
르라디오뗄레비사르

radiotelevisión 여 텔레비전 및 라디오 방송
르라디오뗄레비시온

radioterapia 여 [의학] 방사선 요법
르라디오떼라삐아

radiotransmisor 남 무선 송신기
르라디오뜨란스미소르

radioyente 남여 (라디오) 청취자
르라디오옌떼

radón 남 [화학] 라돈 ((방사성 원소))
르라돈

raer 타 깎다, 문질러 닳게 하다; 다지다
르라에르

ráfaga 여 돌발, 돌풍; 섬광; 조각 구름
르라파가

raid 남 급습; ((중남미)) 자동차 여행
르라일

raído, da 형 써서 낡은, 닳은
르라이도, 다

raíl 남 레일, 선로(線路)(ríel)
르라일

raíz 르라이스	여 (초목 등의) 뿌리; 근원; 선조; 고향; [수학] 근(根); [언어] 어근 *raíz* de nabo 무의 뿌리 *raíz* del diente 이뿌리, 치근(齒根) *raíz* del pelo 모근(毛根)
raja 르라하	여 틈, (갈라진) 금, 균열; (세로로 자른) 조각 una *raja* de sandía 수박 한 조각
rajadura 르라하두라	여 균열, 갈라진 금
rajar 르라하르	타 빠개다, 쪼개다, 세로로 자르다; 금이 가게 하다 자 거짓말을 하다, 허풍을 떨다 ***rajarse*** 쪼개지다, 금이 가다
ralladura 르라야두라	여 강판으로 간 것 *ralladuras* de queso 치즈 가루
rallar 르라야르	타 갈아서 잘게 하다, 갈다 *rallar* zanahorias 당근을 갈다[갈아서 잘게 하다]
rama 르라마	여 (나무의) 가지; 지파, 분파, 분기; (회사 등의) 지점, 출장소 *rama* de pino 소나무 가지 *rama* de la familia 분가(分家)
ramadán 르라마단	남 라마단 ((90일간 단식을 하는 회교력의 아홉 번째 달))
ramal 르라말	남 분기선; [철도] 지선(支線); [지리] 지맥(支脈); 샛길, 지류
ramera 르라메라	여 [속어] 매춘부
ramificación 르라미피까시온	여 나뭇가지 자르기; 분기(分岐); 영향, 여파; (혈관 등의) 지맥, 지류
ramificarse 르라미피까르세	((재귀)) 가지로 갈라지다; 분기[분파]하다; (영향이) 각 방면에 미치다
ramilla 르라미야	여 작은 가지

ramillete 르라미예떼	남 작은 꽃다발; 선집; 아름다운 것 *ramillete* de rosas (작은) 장미 꽃다발 *ramillete* de máximas 격언집
ramilletero, ra 르라미예떼로, 라	남 여 꽃 파는 사람
ramito 르라미또	남 작은 꽃다발
ramo 르라모	남 꽃다발(*ramo* de flores); (주로 잘라 낸) 작은 가지; (양파·마늘의) 한 묶음(ristra); 분야, 부문(rama); (질병의) 증세 un *ramo* de rosas 장미 한 다발 *ramo* de laurel 월계수 가지 *ramo* de olivo 올리브 가지
rana 르라나	여 [동물] 개구리 *rana* toro 식용 개구리, 황소개구리
ranchero, ra 르란체로, 라	남 여 (군대 등의) 취사 담당; ((중남미)) 목장주; 목동 형 ((중남미)) 목장의 여 란체라 ((멕시코의 전원풍 민요)); [자동차] 밴, 왜건
rancho 르란초	남 (군대 등의) 식사, 급식; (집시·목동 등의) 캠프; ((중미)) 목장, 농장
rancio, cia 르란시오, 시아	형 (식품이) 오래되어 불쾌한 냄새[맛]가 나는; (술이) 숙성한; (전통 등이) 오래된; 오래된, 유행이 지난 vino *rancio* 오래 묵은 포도주 남 썩은 냄새
rango 르랑고	남 (주로 높은) 지위, 신분 de mucho [alto] *rango* 지위가 높은 de *rango* superior 자기보다 지위가 높은 familia de *rango* 상류 계급의 가문
ranking 르랑킹	남 [운동] 랭킹 el primer lugar en el *ranking* mundial 세계 랭킹 1위

ranura
르라누라
여 (목재·금속 등에 조각된) 홈; (자동 판매기 등의) 동전 투입구

rapacidad
르라빠시닫
여 도벽(盜癖); 탐욕

rapadura
르라빠두라
여 수염깎기; 중처럼 머리를 짧게 깎음; 짧게 깎은 머리

rapador, ra
르라빠도르, 라
형 남 여 (동물의 털을) 깎는 (사람)
남 이발사(barbero)

rapar
르라빠르
타 수염을 깎다; (머리카락을) 중처럼 깎다; (동물의 털을) 짧게 깎다; 잡아채다, 낚아채다, 탈취하다

rapaz¹
르라빠스
형 [조류] 맹금류의; 도벽이 있는; 욕심 많은 (복 rapaces)
ave *rapaz* 맹금(猛禽)
여 맹금류(猛禽類)

rapaz², za
르라빠스, 사
남 여 어린이; 소년, 소녀. (복 rapaces)

rape
르라뻬
남 [어류] 아귀; 중처럼 머리를 짧게 깎음
cortar el pelo al *rape*
중처럼 머리를 짧게 깎다

rapé
르라뻬
남 코담배(tabaco *rapé*)

rápidamente
르라삐다멘떼
부 빨리, 속히, 급히

rapidez
르라삐데스
여 신속(함), 빠름
tener *rapidez* mental
머리의 회전이 빠르다

rápido, da
르라삐도, 다
형 (동작 등이) **빠른**, 민첩한, 급속한; (시간이) 짧은, 시간이 걸리지 않는
crecimiento *rápido* 급성장
tener la cabeza *rápido*
머리 회전이 빠르다
La vida pasa *rápido*. 인생은 짧다.
부 빨리, 급히
correr muy *rápido* 무척 발이 빠르다

남 급행 열차(tren *rápido*); [야구] 직구; 복 급류(急流)

rapiña
르라삐냐
여 약탈, 강탈; 절도

rapiñar
르라삐냐르
타 훔치다, 약탈하다

rapsoda
르랍소다
여 (고대 희랍의) 음유 시인; [문학] 서사 시인

rapsodia
르랍소디아
여 [음악] 광시곡(狂詩曲), 랩소디; (주로 호메로스의) 시의 한 절

raptar
르랍따르
타 유괴하다; 강탈[약탈]하다

rapto
르랍또
남 (주로 성범죄가 목적인 여성·어린이의) 유괴; 충동, 발작; 황홀; [의학]실신(*rapto mental*); [역사·신화] 강탈, 약탈

raptor, ra
랍또르, 라
남여 유괴자, 유괴범

raqueta
르라께따
여 [운동] 라켓; [교통] (반원형 두 개의) 로터리
hacer una *raqueta* 로터리를 돌다

raquialgia
르라끼알히아
여 [의학] 척주통

raquídeo, a
르라끼데오, 아
형 척주의
bulbo *raquídeo* 연수(延髓)

raquis
르라끼스
남 척주(脊柱)(columna vertebral)

raquitis
르라끼띠스
여 단 복 =**raquitismo**

raquítico, ca
르라끼띠꼬, 까
형 [의학] 구루병[곱사병]의; 약골의, 나약한; 발육 부전의; 아주 작은, 불충분한
sueldo *raquítico* 얼마 안 되는 급료
남여 구루병 환자

raramente
르라라멘떼
부 드문드문, 드물게, 어쩌다가; 기묘하게
hombre *raramente* vestido
기묘한 옷을 입은 남자

rarefacción
르라레팍시온
여 희소화; 희박화

rareza
르라레사
여 희소성; 진품; 기행(奇行)

raro, ra
르라로, 라
형 드문, 좀처럼 없는; 진기한; 기묘한; [물리·화학] 희박한
hermosura *rara* 유례가 드문 아름다움
gas raro 희가스
남여 괴짜, 기인(奇人)

rascacielos
르라스까시엘로스
남 단 복 마천루, 초고층 빌딩

rascador
르라스까도르
남 효자손, 등긁이

rascadura
르라스까두라
여 긁기, 할퀴기; 할퀸 자국[상처]

rascar
르라스까르
타 긁다, 할퀴다
rascarse (자신의 몸을) 긁다, 할퀴다
Deja de *rascarte* la cabeza.
머리를 긁지 마라.

rasgado, da
르라스가도, 다
형 (눈·입 등이) 옆으로 긴
ojos *rasgados*
눈초리가 가늘고 길게 째진 눈

rasgadura
르라스가두라
여 찢기; 갈라진 곳[데], 금

rasgar
르라스가르
타 (종이·천 등을) 찢다, 찢어 발기다; (거문고 등을 손톱으로) 타다, 켜다; 쓰다(rasguear)
rasgarse 찢어지다
rasgarse con facilidad
쉽게 찢어지다, 찢어지기 쉽다

rasgo
르라스고
남 얼굴 모습, 얼굴 생김새, 용모, 이목구비 (*rasgos* físicos); 표정; (생각·감정의) 표출; 필적, 필치

rasgón
르라스곤
남 (천 등의) 터진 데[곳], 갈라진 곳

rasgueado
르라스게아도
남 =**rasgueo**

rasguear
르라스게아르
타 (기타 등을 손톱으로) 켜다, 타다; (문자를) 써 두다, 기록해 두다

rasgueo
르라스게오
남 (기타 등을 손톱으로) 켜기, 타기

rasguñar
르라스구냐르
타 (손톱 등으로) 긁다, 할퀴다; 할퀴어 상처를 내다(arañar); [미술] 밑그림을 그리다, 스케치하다
rasguñarse 할퀸 상처를 입다

rasguño
르라스구뇨
남 할퀸 상처, 찰과상; [미술] 밑그림, 소묘, 스케치

raso, sa
르라소, 사
형 매끈매끈한, 매끄러운; 반반한, 평탄한; (하늘이) 개인, 맑은; (의자가) 등받이가 없는; (지면에) 달락말락한, 스칠 정도의; 졸병의

raspado
르라스빠도
남 깎아내기, 갉아내기; 깎아낸[갉아낸] 흔적; [의학] 소파(搔爬)

raspadura
르라스빠두라
여 깎아내기; 찰과상

raspar
르라스빠르
타 깎아내다, 갉아내다; (술이 혀 등을) 톡 쏘다, (입안이) 얼얼하다; 스치다, 스쳐 가다; (피부에) 따끔따끔하다; 훔치다
자 따끔따끔하다

rastra
르라스뜨라
여 자국, 흔적; (수색 등을 위해) 물밑을 질질 끌기; (양파·건조 과실 등을) 매달기; (어떤 행위의 불유쾌한) 결과; [농업] (밭 고르는) 써래
pesca a la *rastra* 트롤 어업, 저인망 어업

rastreador, ra
르라스뜨레아도르, 라
형 추적하는, 수색하는
barco *rastreador* 트롤선, 저인망 어선
남 여 추적자, 수색자
rastreador de minas 소해정

rastrear
르라스뜨레아르
타 …의 뒤를 밟다; (수색 등을 위해) 물밑을 훑다, 소해(掃海)하다; 트롤 어업[저인망 어업]을 하다; (인공 위성을) 추적하다
rastrear el origen de la familia
가족의 뿌리를 찾다
rastrearse 탐문 수사를 하다; (새·비행기가) 지표(地表)를 스칠 듯 말 듯하게 날다; [농업] 갈퀴로 일하다

rastreo
르라스뜨레오
남 물밑 탐색, 소해(掃海); 트롤 어업, 저인망 어업; 수사, 수색

rastrero, ra
르라스뜨레로, 라
형 (동물이) 기는; (식물이) 붙어서 뻗어가는; 지면을 스칠 듯 말 듯하는; 옷자락을 질질 끄는; (연장자에게) 굽실거리는, 비굴한; 비열한
animal *rastrero* 기는 동물 ((뱀 등))
planta de tallos *rastreros* 덩굴풀
vuelo *rastrero* 초저공 비행

rastrillar
르라스뜨리야르
타 갈퀴로 긁어 모으다; (지면을) 고르다; (삼 등을) 빗다; ((남미)) 총의 안전 장치를 풀다, 발포하다

rastrillo
르라스뜨리요
남 갈퀴; (삼을 빗는) 참빗; (성문·하수구 등의) 철책; (작은) 시장

rastro
르라스뜨로
남 자국, 흔적; 갈퀴
recoger hierba con un *rastro*
갈퀴로 제초(除草)하다

Rastro (el)
르라스뜨로 (엘)
남 엘 라스뜨로 ((마드리드의 일요일 오전만 서는 벼룩 시장))

rasurador
르라수라도르
남 ((중남미)) =**rasuradora**

rasuradora
르라수라도라
여 ((멕시코)) 전기 면도기

rasurar
르라수라르
타 …의 수염을 깎다(afeitar)
rasurarse 자신의 수염을 깎다

rata
르라따
여 [동물] 쥐; 생쥐의 암컷
남 소매치기(ratero)
ser más pobre que la(s) rata(s)
똥구멍이 찢어지게 가난하다

ratero, ra
르라떼로, 라
남여 소매치기(rata, carterista)

raticida
르라띠시다
남 쥐약

ratificación
르라띠피까시온
여 비준(서), 인증(認證)
ratificación del tratado de paz

평화 조약의 비준
canje de *ratificación*
비준서의 교환

ratificar
르라띠피까르

타 비준하다, 인증하다; 추인하다
ratificarse [+en]
(…을) 유효로 인증하다 [확인하다]

ratio
르라띠오

남 비, 비율

rato
르라또

남 단시간, 짧은 시간, 잠깐
hace un *rato* 조금 전에
hace mucho *rato* 훨씬 전에
Quisiera hablar contigo un *rato*.
너하고 잠깐 이야기했으면 하는데.

ratón, tona
르라똔, 또나

남여 [동물] 생쥐; [컴퓨터] 마우스
ratón de biblioteca [de archivo]
책벌레

ratonera[1]
르라또네라

여 쥐덫, 덫; 쥐구멍; 쥐의 집

ratonero, ra[2]
르라또네로, 라

형 쥐(ratón)의

raudal
르라우달

남 급류, 분류(奔流); 대량(大量)

raya
르라야

여 선(線); 괘선(罫線); 대시 ((-)); 줄무늬; (머리카락의) 가르마; 경계선; 한계; [어류] 가오리
hacerse la *raya* 가르마를 타다
Hágame la *raya* a la izquierda.
가르마를 왼쪽으로 타주세요.

rayado, da
르라야도, 다

형 줄을 친, 선을 그은; 줄무늬의
papel *rayado* 괘지(罫紙)
남 선, 줄, 괘(罫); 선을 긋는 일

rayar
르라야르

타 …에 선[밑줄]을 긋다; 선으로 지우다
rayar el papel 종이에 선을 긋다
자 인접하다; 경계를 접하다; 종이 한 장 두께 정도의 아주 작은 간격이다; 많이 닮다; 날이 밝아오다

rayo
르라요
남 광선(光線); 복사선, 방사선; 벼락; 생각지도 않은 재앙, 뜻밖의 불행; 민첩한[활발한] 사람, 영리한 사람
rayos del sol 일광, 햇볕
rayos X 엑스선
caída de un *rayo* 낙뢰(落雷)

rayón
르라욘
남 레이온, 인견(人絹)

raza
르라사
여 인종, 민족; 혈통, 핏줄; [동물] 종(種), 유(類)
raza blanca 백인종
raza humana 인류

razón
르라손
여 이성, 분별; 도리; [주로 복] 논거; 이유, 동기; 정보, 설명; 전언; [수학] 비례; 비율
juzgar con la *razón* 이성적으로 판단하다
perder la *razón* 이성을 잃다
tener razón 옳다, 타당하다, 일리가 있다
Tiene usted *razón*. 당신의 말이 옳다.
Tengo razón, ¿verdad? 내 말이 옳지요?

razonable
르라소나블레
형 분별 있는; 도리에 맞는; 이치에 닿는; (납득할 정도로) 충분한, 타당한, 온당한; 적당한, 과하지 않은
excusa [pretensión] *razonable*
이치에 닿는 변명[주장]
precio *razonable* 적당한 값

razonablemente
르라소나블레멘떼
부 사리에 맞게, 합리적으로; 분별 있게, 이성을 가지고; 알맞게, 적당히, 무리 없게, 상당히, 꽤

razonamiento
르라소나미엔또
남 추론, 논법; 궁리; 도리, 이치
razonamiento fundado 근거 있는 추론

razonar
르라소나르
타 논리적으로 생각하다, 추론하다; 이유를 말하다; 도리를 설명하다
razonarse
(계산 등을) 맞추다; 옳게 설명하다; 설득하다

reabastecer
르레아바스떼세르
타 [+de] (...을) ...에 보급하다
reabastecerse 보급되다

reabrir
르레아브리르
타 재개(再開)하다
reabrirse 재개되다

reacción 르레악시온 — 여 반응; 반발, 반동(파); [물리·화학·생물] 반응; 반작용; (약의) 부작용
reacción alérgica 알레르기 반응
reacción de fusión 핵융합 반응
avión de [a] *reacción* 제트기
provocar una *reacción* 반발을 초래하다

reaccionar 르레악시오나르 — 자 반응하다, 반응을 보이다; 반작용을 미치게 하다; 반격하다

reaccionario, ria 르레악시오나리오, 리아 — 형 반동적인
gobierno *reaccionario* 반동 정부
남여 반동 분자

reacondicionar 르레아꼰디시오나르 — 타 수리하다, 개선하다

reactancia 르레악딴시아 — 여 [전기] 리액턴스, 유도 저항, 감응 저항

reactivación 르레악띠바시온 — 여 (경기 등의) 회복

reactivar 르레악띠바르 — 타 다시 활발하게 하다, 재활성화하다

reactivo, va 르레악띠보, 바 — 형 반응하는; 반작용적인
남 [화학] 반응체, 시약(試藥)

reactor 르레악또르 — 남 제트 엔진, 제트기; 반응 장치, 반응로; 원자로
reactor atómico [nuclear] 원자로
reactor (avanzado) de gas (개량형) 가스 냉각로
reactor de agua a presión 가압 수형 경수로(加壓水型輕水爐)
reactor de agua en ebullición 비등 수형 경수로(沸騰水型輕水爐)
reactor regenerador rápido 고속 증식로(高速增殖爐)

readaptación 레0 답따시온 — 여 재적응(再適應), 재훈련, 복귀
readaptación profesional 직업 재훈련
readaptación social 사회 복귀

readaptar 르레아답따르	타 다시 적응시키다 ***readaptarse*** 다시 적응하다 *readaptarse a* la sociedad 사회에 복귀하다
readmisión 르레아드미시온	여 재복귀, 재고용, 재입학, 복학
readmitir 르레아드미띠르	타 (이전에 소속된 단체 등에) 복귀시키다, 재입회시키다, 복학시키다, 재고용하다
readquirir 르레아드끼리르	타 되찾다, 재취득하다, 만회하다, 회복하다
reafirmar 르레아피르마르	타 재확인하다 *reafirmarse en* ...을 재확인하다
reagrupación 르레아그루빠시온	여 재편성(再編成)
reagrupar 르레아그루빠르	타 재편성하다
reajustar 르레아후스따르	타 (재)조정[수정]하다 *reajustar* el horario 시간표를 개정하다 *reajustar* los precios [los sueldos] 물가[급료]를 조정하다
reajuste 르레아후스떼	남 (재)조정, 개정, 개조, 수정, 조정 *reajuste* ministerial 내각 개편 *reajuste* salarial 임금 인상[개정]
real 르레알	형 국왕의, 왕립의; 현실의, 실제의; 실질적인; 거대한, 장엄한; 진실의, 진짜의 familia *real* 왕가, 왕실 persona *real* 왕족(의 한 사람); 실제 인물 poder *real* 왕권(王權) salario *real* 실질 임금 tasa *real* de crecimiento 실질 성장률 남 레알 ((스페인의 옛 화폐; 25센띠모)); [군사] 진영, 야영지
realce 르레알세	남 강조; 중요성; 부조(浮彫)[돋을새김] (세공)

realeza
르레알레사
여 왕권; 왕자의 품격; 호화스러움; [집합 명사] 왕가, 왕족

realidad
르레알리닫
여 진실(성); 현실
huir de la *realidad*
현실(의 세계)에서 도망하다
en realidad 실제로; 사실은, 진짜로; 현실적으로; 실질적으로
En realidad, no te comprendo.
실은 나는 네 말을 이해하지 못한다.
En realidad es imposible.
현실적으로 그것은 불가능하다.
en realidad de verdad
진실로, 진짜로, 정말로; 확실히
tomar realidad
현실로 되다, 현실성을 띠다

realismo
르레알리스모
남 현실주의; [예술] 사실주의, 리얼리즘; [철학] 실재론

realista
르레알리스따
형 현실주의의; 사실파의; 왕당파의
pintor *realista* 사실파 화가
남 여 현실주의자; 사실파; 왕당파

realizable
르레알리사블레
형 실현할 수 있는, 실제적인; 환금(換金)할 수 있는, 현금화할 수 있는
plan *realizable* 실현 가능한 계획

realización
르레알리사시온
여 실현, 현실화; 실행; 성과, 소산; 작품; 제작; [영화] 감독, 연출; [텔레비전] 제작; 환금(換金), 현금화; [철학] 실재성(實在性)
realización cinematográfica
영화 작품

realizador, ra
르레알리사도르, 라
남 여 [영화] 감독; [텔레비전] 프로듀서

realizar
르레알리사르
타 실행하다; 실현하다; 만들다; [연극] 감독하다; [텔레비전] 제작하다; 현금으로 바꾸다, 환금(換金)하다; [철학] 실제화하다
realizar un sueño 꿈을 실현하다
realizar un esfuerzo 노력하다

realizarse 실현되다; 실행되다; 자신의 목표를 달성하다; 자기를 실현하다

realmente
르레알멘떼
+ 부 + 진짜로, 사실로, 현실적으로; 실은, 실제로는

realquilado, da
르레알낄라도, 다
+ 형 + 남 + 여 + 다시 빌린 (사람)

realquilar
르레알끼라르
+ 타 + 전대(轉貸)하다, 빌린 것을 다시 빌려 주다

realzar
르레알사르
+ 타 + 두드러지게[뛰어나게] 하다, 강조하다; 부조세공을 하다

reanimación
르레아니마시온
+ 여 + 소생(蘇生)
reanimación respiratoria 인공 호흡

reanimar
르레아니마르
+ 타 + 활기를 주다, 원기를 돋우다; 격려하다, 북돋우다
reanimarse 기운이 나다, 기력을 회복하다

reanudación
르레아누다시온
+ 여 + 재개; [컴퓨터] 리셋

reanudar
르레아누다르
+ 타 + 재개(再開)하다; [컴퓨터] 리셋하다
reanudarse 재개되다

reaparecer
르레아빠레세르
+ 자 + 다시 나타나다, 재현하다; 재등장하다, 컴백하다

reaparición
르레아빠리시온
+ 여 + 재현, 재발

reapertura
르레아뻬르뚜라
+ 여 + 재개(再開)

rearmar
르레아르마르
+ 타 + 재군비[재무장]시키다; 군비를 강화시키다
rearmarse 재무장하다

rearme
르레아르메
+ 남 + 재군비, 재무장; 군비 강화

reasegurador, ra
르레아세구라도르
+ 남 + 여 + 재보험자

reasegurar
르레아세구라르
+ 타 + …에 재보험을 들다

reaseguro
르레아세구로
+ 남 + 재보험

reasumir 르레아수미르	타 (임무·책임 등을) 다시 떠맡다; (상급자가 하급자의 직무·권한 등을) 인수하다, 떠맡다
rebaja 르레바하	여 할인, 가격 인하, 에누리; 할인 판매, 바겐세일; 할인 판매 시기
rebajado, da 르레바하도, 다	형 할인된, 폄하된, 멸시받은; (임무가) 면제된 Mañana *estaré rebajado* de servicio. 나는 내일 비번이다. 남 여 비번 병사
rebajar 르레바하르	타 낮게 하다, 내리다, 낮추다; (값을) 내리다, 인하하다; (힘·세력을) 약화시키다; 얕보다, 멸시하다, 폄하다, 깎아 내리다, ...에게 굴욕을 주다; [주로 군사] [+de] (...을) 면제해 주다 *rebajar* el terreno 토지를 낮게 하다 *rebajar* el precio 값을 내리다[깎아 주다] **rebajarse** 의기 소침하다; 비하해서 ...하다, 굴복하다, 머리를 숙이다; 면제되다
rebañar 르레바냐르	타 (한 톨도) 남김없이 먹다; 전부 주워 모으다; 전부 마음대로 가지고 가다 *rebañar* la sopa 수프를 한 방울도 남김없이 먹다
rebaño 르레바뇨	남 (양 등의) 떼, 무리; [집합 명사] 신도(信徒)
rebasar 르레바사르	타 (한도 등을) 넘다, 초과하다; 추월하다, 앞지르다 Ya *rebaso* los sesenta. 나도 이제 예순을 넘었다.
rebatiña 르레바띠냐	여 (아이들이 물건을 서로 붙잡으려고 하는) 싸움, 쟁탈전
rebatible 르레바띠블레	형 반박[반론]할 수 있는; ((남미)) (의자가) 접는 식의
rebatimiento 르레바띠미엔또	남 반박(反駁), 반론(反論)
rebatir 르레바띠르	타 반박하다, 반론(反論)하다

rebato
르레바또
남 경종(警鐘), 경보(警報); 급송, 기습

rebeca
르레베까
여 ((스페인)) [복식] 카디건 ((주로 여성용))

rebeco
르레베꼬
남 [동물] 영양(gamuza)

rebelarse
르레벨라르세
((재귀)) (권위·습관 등에) 반란을 일으키다, 반역하다, 반항하다
rebelarse contra la mojigatería
위선에 반항하다

rebelde
르레벨데
형 반란의, 반역의; 반항적인; 다루기 어려운; [법률] (재판에) 궐석(闕席)한
actitud *rebelde* 반항적인 태도
espíritu *rebelde* 반항심
tropa [ejército] *rebelde* 반란 부대
gripe *rebelde* 끈질긴 감기
pelo *rebelde* 곱슬머리, 고수머리
남 여 반역자, 모반인(謀反人); [법률] 궐석자, 결석자

rebeldía
르레벨디아
여 반역, 반항(적인 태도); [법률] 궐석, 결석, 불출두(不出頭)
juicio en *rebeldía* 궐석[결석] 재판
condenar [declarar] en *rebeldía*
궐석[결석] 재판을 하다

rebelión
르레벨리온
여 반란, 반역, 모반(謀反)
rebelión militar 군부 반란

reblandecer
르레블란데세르
타 말랑말랑하게[부드럽게·연하게] 하다
reblandecerse 물러지다, 말랑말랑해지다, 연해지다, 부드러워지다

reblandecimiento
르레블란데시미엔또
남 연하게 하는[되는] 일, 연화(軟化)
reblandecimiento cerebral
[의학] 뇌연화증(腦軟化症)

reborde
르레보르데
남 가장자리; [재봉] 되접어 꺾음

rebosadero
르레보사데로
남 (넘치는 물의) 배수구

rebosante
르레보산떼

[형] (가득차서) 넘치는
rebosante de entusiasmo 열기로 넘치는
servir la copa *rebosante de* vino
잔에 포도주를 넘치도록[찰랑찰랑하게] 따르다

rebosar
르레보사르

[자] (액체 등이) 넘치다
La bañera *rebosa*. 욕조가 넘친다.
El vino *rebosa* de la copa.
포도주가 잔에서 넘친다.
Ella *rebosa* de alegría.
그녀는 기쁨으로 충만하다.
[타] 넘치게 하다, 충만하게 하다
Ella *rebosa* simpatía.
그녀는 애교가 넘친다.

rebotado, da
르레보따도, 다

[형][남][여] 환속한 (사람)

rebotar
르레보따르

[자] 튀겨 돌아오다, (반동으로) 튀다; 부딪치다, 충돌하다
rebotar en el suelo 땅에서 튀다
rebotar en el armario 옷장에 부딪치다
[타] 되튀기다, 반발하다; 성내다, 화내다, 노하다

rebote
르레보떼

[남] 되튀김, 튀겨 돌아옴; 성냄, 화냄; [농구] 리바운드 볼(을 잡음)

reboteador, ra
르레보떼아도르, 라

[남][여] 리바운드 볼을 능숙하게 다루는 선수

rebotear
르레보떼아르

[자] [농구] (점프로) 리바운드 볼을 잡다

rebozar
르레보사르

[타] [요리] 밀가루를 묻혀 기름에 튀기다; (의복 등으로) 얼굴을 가리다

rebozo
르레보소

[남] 구실, 핑계; ((중남미)) 숄

rebrincar
르레브링까르

[자] (기뻐서) 껑충껑충 뛰다; [투우] (소가 난폭하게) 이리저리 뛰어다니다

rebrotar
르레브로따르

[자] 다시 싹이 나오다

rebullir
르레부이르

[자] 움직이기 시작하다, 꿈틀거리다, 꿈실거리다

rebusca
르레부스까
여 수색, 탐색; (수확 후의) 부스러기, 이삭

rebuscar
르레부스**까**르
타 탐색하다, 찾아 다니다, 찾아 헤매다; 뒤지다, 찾다
rebuscar datos 자료를 찾다
rebuscar los montones de basura 쓰레기 더미를 뒤지다

rebusque
르레부스께
남 ((남미)) 아르바이트, 파트 타임

rebuznar
르레부스나르
자 (나귀가) 울다

rebuzno
르레부스노
남 나귀의 울음소리

recabar
르레까바르
타 구하다, 부탁하여 얻다, 획득하다; (당연한 권리로) 요구하다, 주장하다
recabar su ayuda monetaria
자금 원조를 얻다
recabar independencia
독립을 요구하다

recadero, ra
르레까데로, 라
남 여 심부름꾼, 사자(使者)

recado
르레까도
남 전언(傳言), 쪽지, 전갈 편지; 안부(recuerdos); [때때로 복] (외출하는) 일, 물건 사기, 쇼핑; [집합 명사] 용구(用具); ((중남미)) 안장과 마구
recado de escribir 필기 용구
chico de los *recados* 메신저 보이
¿Quiere usted dejarle algún *recado*?
그에게 남길 말이라도 있습니까?

recaer
르레까에르
자 다시 떨어지다[넘어지다]; (병 등에) 다시 걸리다, 재발하다; (은혜·좋은 운이) 손에 들어오다; (책임·효력 등이) 미치다
Las sospechas *recayeron sobre* él.
의심은 그에게 돌아갔다

recaída
르레까이다
여 (병 등의) 재발(再發)
tener una *recaída* 병이 도지다

recalcar 르레깔까르	타 조이다, 짓누르다; 밀어넣다; 강조하다, 강력하게 말하다 *recalcar* la importancia 중요성을 강조하다 자 (배가) 기울다 ***recalcarse*** 했던 말을 자꾸 되풀이하다
recalentador 르레깔렌따도르	남 과열기(過熱器) válvula de seguridad del *recalentador* 과열기의 안전 밸브
recalentamiento 르레깔렌따미엔또	남 과열; 다시 덥히는 일 *recalentamiento* global 지구 온난화
recalentar 르레깔렌따르	타 과열시키다; (음식 등을) 다시 덥히다 *recalentarse* 과열되다; 발정하다 Se *recalentó* el motor. 엔진이 과열되었다.
recamado 르레까마도	남 자수(刺繡)
recamar 르레까마르	타 (금실·은실·진주 등으로) 자수(刺繡)하다, 수놓다 vestido *recamado* en oro 금으로 수놓은 레이스
recámara 르레까마라	여 (총의) 약실(藥室); 주의, 조심, 경계, 삼가함; ((중미)) 침실; 침실의 가구; [고어] 의상실 (vestidor)
recambiar 르레깜비아르	타 바꾸다, 교환하다, 갈다 *recambiar* una pieza 부품을 교환하다
recambio 르레깜비오	남 교체, 대체, 교환; 교환 부품; (볼펜의) 교체 심 *recambios* de automóvil 자동차의 (예비) 부품 piezas de *recambio* 예비 (교환) 부품 rueda de *recambio* 예비 타이어
recapacitar 르레까뻬따르	타 자 숙고(熟考)하다
recapitulación 르레까삐뚤라시온	여 요점의 반복; 요약

recapitular 타 요점을 되풀이하다[반복하다]; 요약하다
르레까삐뚤라르

recarga 여 다시 짐싣기; 재장전(再裝塡), 재충전(再充電)
르레까르가
tiempo de *recarga* 충전 시간

recargable 형 재충전할 수 있는
르레까르가블레

recargado, da 형 더덕더덕 장식한
르레까르가도, 다

recargar 타 다시 짐을 싣다; 다시 채우다; 다시 채워넣
르레까르가르 다; 채워넣다; 짐을 만재(滿載)하다; (형·의무 등을) 무겁게 하다; 부담을 지우다; 더덕더덕 장식하다; …에게 과징금[추징금]을 과하다; [전기] 재충전하다
recargar un barco 배에 (다시) 짐을 싣다
recargar una pipa
파이프에 담배를 채워넣다
recargarse 부담을 지다; 자신을 꾸미다; [의학] (열 등이) 더욱 높아지다
Ella se *recargó* de fiebre.
그녀는 열이 더욱 올라갔다.

recargo 남 추가 짐싣기; 추가 요금, 과징금; 중가산세;
르레까르고 연체료, 추징금; [의학] 고열(高熱)
envío a domicilio sin *recargo*
배달 무료

recatado, da 형 신중한; (여성이) 조심성이 많은
르레까따도, 다

recatar 타 감추다, 숨기다, 은닉하다
르레까따르 ***recatarse*** 숨다, 피하다; (자신의) …을 숨기다; 신중해지다
sin *recatarse* 솔직히
recatarse de sus virtudes
자신의 미덕을 겉으로 나타내지 않다

recato 남 정숙함, 단아함; 신중함
르레까또

recauchar 타 =**recauchutar**
르레까우차르

recauchutado
르레까우추따도
남 타이어 재생

recauchutar
르레까우추따르
타 (타이어에) 고무를 씌워 재생하다
neumático *recauchutado* 재생 타이어

recaudación
르레까우다시온
여 수금(고), 징수(액); 수입(액); 수세국(收稅局), 수세 사무소
recaudación de impuestos 수세, 징세

recaudador, ra
르레까우다도르, 라
형 수세 (수금)의
남 여 수세관; 수금원

recaudar
르레까우다르
타 수금하다, 징수하다, 모금하다
recaudar fondos benéficos
자선 모금을 하다

recelar
르레셀라르
타 위험하게 생각하다, 의심하다
자 [+de] (...을) 의심하다, 신용하지 않다

recelo
르레셀로
남 의심, 의혹
mirar con *recelo* 의심의 눈으로 보다
Tengo *recelo* de él. 나는 그를 믿지 않고있다.

receloso, sa
르레셀로소, 사
형 의심이 많은
mirada *recelosa* 의혹의 눈(빛)
Ella es una mujer *recelosa*.
그녀는 시의심(猜疑心)이 강하다.

recensión
르레센시온
여 (문학·과학에 관한 신문·잡지의) 평론, 서평(書評)

recepción
르레셉시온
여 접수, 받음, 수령, 수취; 환영(회), 리셉션; 입회(식), 가입; (호텔·회사 등의) 접수처, 프런트; [방송] 수신
recepción de donativos 기부의 수령
dejar la llave en *recepción*
프런트에 열쇠를 두다
preguntar en *recepción*
접수처에서 문의하다

recepcionista
르레셉시오니스따
남 여 접수처[프런트] 담당자[직원]

receptáculo
르레셉따꿀로
남 용기(容器), 그릇(recipiente); 피난소; [식물] 화탁(花托)

receptividad
르레셉띠비닫
여 수용성(受容性), 이해력; 감수성

receptivo, va
르레셉띠보, 바
형 받아들이는 (능력이 있는); 감수성이 강한; 영향을 받기 쉬운
auditorio *receptivo* 반응이 빠른 청중

receptor, ra
르레셉또르, 라
형 받는
comerciante *receptor* de la mercancía robada 장물아비
남여 [의학] (혈액·장기를) 제공받는 사람; [언어] 수신자; [미식 축구] 레시버; [야구] 캐처, 포수
남 수신기, 레시버; 라디오

recesión
르레세시온
여 경기의 후퇴, 불경기; (생산·판매 등의) 갑작스런 부진; 후퇴; 하강

recesivo, va
르레세시보, 바
형 불황의, 경기를 후퇴시키는; [생물] 열성(劣性)의
carácter *recesivo* 열성 형질
herencia *recesiva* 열성 유전

receta
르레세따
여 (약의) 처방(전); 요리법, 조리법; (일반적으로) 방식, 요령, 비결

recetar
르레세따르
타 (약을) 처방하다

recetario
르레세따리오
남 [집합 명사] 처방, 방법
recetario de cocina 요리책

rechace
르레차세
남 [축구] 리바운드

rechazar
르레차사르
타 거절하다, 각하하다; 격퇴하다; [의학] ...에 거부 반응을 나타내다

rechazo
르레차소
남 거절; [의학] 거부 반응

rechifla
르레치플라
여 (항의·불만을 표시하는) 휘파람, 야유

rechiflar
르레치플라르
타 자 ....에게 휘파람을 불다, 야유하다
rechiflarse de ...를 조롱하다[놀리다]

rechinar
르레치나르
자 삐걱거리다; 불평을 말하다
rechinar los dientes 이를 갈다
La puerta *rechina* al abrirse.
그 문은 열릴 때 삐걱거린다.

rechoncho, cha
르레촌초, 차
형 땅딸막한

recibí
르레시비
남 영수필; (수취의) 사인

recibidor
르레시비도르
남 현관 홀, 로비, 대합실

recibimiento
르레시비미엔또
남 응접, 면접; 환영, 접대; 현관 홀, 로비, 대합실
un entusiasta *recibimiento* 열렬한 환영

recibir
르레시비르
타 받다; 영수하다; (손님을) 맞이 하다, 응접하다; 수락하다; 영접하러 가다; (공격 · 위험 등을) 기다리다, 대기하다; 수신(受信)하다; [건축] 고정하다; [배구] 리시브하다; [투우] (투우사가 결정타를 찌르기 위해 소를) 기다리다
recibir una carta 편지를 받다
recibir un regalo 선물을 받다
recibir un premio 상을 받다
자 응접하다, 접객하다
El médico no *recibe* hoy.
그 의사는 오늘 휴진이다.
recibirse ((중남미)) 졸업하다; [+de](...의 칭호 등을) 받다
recibirse de abogado 변호사 면허를 받다

recibo
르레시보
남 영수증; 수취, 수령
expedir el *recibo* 영수증을 발행하다

reciclable
르레시끌라블레
형 재생할 수 있는

reciclado
레시끌라도
남 =**reciclaje**

reciclaje
르레시끌라헤
남 [기술] 재생 처리; (기술자 등의) 재교육, 재훈련

reciclamiento
르레시끌라미엔또

남 =**reciclaje**

recién
르레시엔

부 [+과거 분사] 막.. 한 것, 갓 ...한, 방금... 한: ((중남미)) 조금 전에
los *recién* casados (갓 결혼한) 신혼 부부
edificio *recién* construido 신축 건물
pan *recién* sacado del horno
오븐에서 갓 꺼낸 따끈따끈한 빵
Recién llegamos de viaje.
우리들은 방금 여행에서 도착했다.

reciente
르레시엔떼

형 최근의; 금방[갓] 만들어진
noticia *reciente* 최신 뉴스
suceso *reciente* 최근에 발생한 사건
pan *reciente* 갓 구운 빵

recientemente
르레시엔떼멘떼

부 최근, 요즈음, 근자에, 조금 전에

recinto
르레신또

남 구내, 경내
recinto de un templo 사원의 경내

recio, cia
르레시오, 시아

형 옹골찬, 늠름한; 굵은, 두꺼운; 격심한; 엄한; (소리가) 큰
árbol *recio* 굵은 나무
cuerda *recia* 굵은 밧줄
hombre *recio* 늠름한 남자
pared *recia* 두꺼운 벽
부 세차게, 격심하게; 큰 소리로
hablar *recio* 큰 소리로 말하다
llover *recio* 세차게 비가 내리다
pegar *recio* 세게 때리다

recipiendario, ria
르레시삐엔다리오, 리아

남 여 신입 회원

recipiente
르레시삐엔떼

남 용기(容器), 그릇

reciprocidad
르레시쁘로시닫

여 상호성; [경제] 호혜주의

recíproco, ca
르레시쁘로꼬, 까

형 상호의; 역(逆)의, 상반하는; [수학] 역수(逆數)의

acción *recíproca* 상호 작용
amistad *recíproca* 서로의 우정
sentimientos *recíprocos* 상반하는 감정
남 [수학] 역수(逆數)

recirculación
르레시르꿀라시온
여 (자본·자금의) 리사이클, 순환사용, 환류(還流)

recitación
르레시따시온
여 암송; 낭송

recitado
르레시따도
남 =**recitación, recitativo**

recital
르레시딸
남 리사이틀, 독창회, 독주회; (주로 작시자에 의한 시의) 낭송
dar un *recital* de piano
피아노 리사이틀을 열다

recitar
르레시따르
타 암송하다; 낭송하다; [음악] (레치타티보를) 노래하다

recitativo
르레시따띠보
남 [음악] 레치타티보, 서창(敍唱)

reclamación
르레끌라마시온
여 (정당한 권리의) 요구, 청구; 주장; 이의 신청, 항의; 고정(苦情), 크레임
reclamación salarial 임금 인상 요구
reclamación de una indemnización
배상 청구
formular una *reclamación*
이의 신청을 하다

reclamar
르레끌라마르
타 (당연한 권리를) 요구하다, 청구하다; (권리 등을) 주장하다; [법률] (범죄자의) 인도를 요구하다, 소환하다; 필요로 하다
자 [+contra] (…에) 항의하다; 이의를 제기하다, 고정을 말하다
reclamar contra la injusticia
부정에 항의하다
reclamar contra una decisión
결정에 이의를 제기하다

reclame
르레끌라메
남 (여) 광고(廣告)

reclamo
르레끌라모
남 (다른 새를 부르는) 새 부르는 소리; 미끼새, 후림새; 광고, (자기) 선전; [상업] 크레임

reclinar
르레끌리나르
타 기대어 놓다
reclinarse 기대다

reclinatorio
르레끌리나또리오
남 기도대(祈禱臺); 침대 의자, 소파

recluir
르레끌루이르
타 가두다, 감금하다
recluirse 들어박히다

reclusión
르레끌루시온
여 감금, 유폐(幽閉); 은둔 (생활); 감금[은둔] 장소; [법률] (엄한) 징역
pena de *reclusión* perpetua
무기 징역형

recluso, sa
르레끌루소, 사
남 여 감금[유폐]된 사람; 죄수, 수형자

recluta
르레끌루따
남 여 소집병, 지원병; 신병(新兵)
recluta disponible 예비병
여 징병, 모병(募兵); 모집

reclutamiento
르레끌루따미엔또
남 징병, 모병; 모집
reclutamiento de técnicos 기술자 모집

reclutar
르레끌루따르
타 징병하다, 징모하다; 모집하다
reclutar aspirantes 지원자를 모집하다

recobrar
르레꼬브라르
타 (잃은 것을) 되찾다, 회수하다; 회복하다
recobrar el dinero 돈을 되찾다
recobrar el honor 명예를 회복하다
recobrar el sentido 의식을 회복하다
recobrar la salud 건강을 되찾다
recobrarse [+de] (잃은 것을) 되찾다, 회복하다; 건강을 회복하다; 제정신을 되찾다

recocer
르레꼬세르
타 [요리] 다시 삶다[끓이다]; 지나치게 굽다, 너무 많이 굽다, 너무 끓이다; (강철 등을) 다시 벼리다
recocerse (분노·질투 등에) 달아오르다, 발끈하다, 불끈 화내다
El está *recocido* por haber llegado el último. 그는 꼴찌로 도착해 발끈해 있다.

recodo
르레꼬도

남 (길 · 강의) 굽이, 굽어진 곳, 모퉁이
En un *recodo* del camino me crucé con él.
길 모퉁이에서 나는 그와 스치고 지나갔다.

recogebasuras
르레꼬헤바수라스

남 단 복 쓰레기 수거차[청소차]

recogedor
르레꼬헤도르

남 쓰레받기
amontonar la basura en el *recogedor*
쓰레기를 쓰레받기에 모으다

recogepelotas
르레꼬헤뻴로따스

남 여 [테니스] 공 줍는 소년[소녀]

recoger
르레꼬헤르

타 줍다, 주워 모으다; (여러 곳에서) 모으다; (주로 금을) 조금씩 모으다; (맡긴 물건 등을) 찾다; (약속한 장소에) 맞으러 가다; (과실을) 따다; (성과를) 올리다, 거두다; (결과를) 뒤집어쓰다; 둥글게 하다, 뭉치다, 말다; 접어 개다, 접어 작게 하다; (도구 등을) 치우다, 챙기다, 정리[정돈]하다; 숙박시키다, 묵게 하다, 돌보다; 수용(收容)하다, 넣다; (옷의) 단[자락]을 걷어 올리다; 고려에 넣다; (경찰이 간행물을) 압수하다
recoger basura 쓰레기를 줍다
자 정리하다, 정돈하다
recogerse (자신의 옷을) 걷어 올리다; (자신의 머리카락을) 짧게 올리다; (수면 · 기도를 위해) 침실에 틀어박히다, 침거하다, 집에 돌아오다[돌아가다]; 틀어박히다, 두문불출하다
recogerse los pantalones
바지를 걷어 올리다

recogida[1]
르레꼬히다

여 수집; 수확; 두문불출; 물러남
Ya es hora de *recogida*.
이제 취침 시간이다.

recogido, da[2]
르레꼬히도, 다

형 (장소가) 앞이 막힌; 어떤 자리에서 느끼는 기분이 좋은; 은퇴한, 은거한; 수도원에 들어간; 짧게 한, 줄인
falda *recogida* 짧은 스커트
pelo *recogido* 짧은 머리카락, 쇼트 컷

recompensa

남 (부드러운 물건의) 작은 더미
un *recogido* de tela 천 더미

recogimiento 르레꼬히미엔또
남 (정신적인) 집중; 은둔, 은거
vivir en *recogimiento* 은둔 생활을 하다

recolección 르레꼴렉시온
여 수확, 거두어들임; 수확물; 수확기; 수집
recolección de informaciones
정보 수집

recolectar 르레꼴렉따르
타 수확하다, 거두어들이다; (돈 등을) 모으다, 모금하다

recolecto, ta 르레꼴렉또, 따
형 외진; 인기가 없는; 은둔한

recolector, ra 르레꼴렉또르, 라
형 수확하는; 모으는, 모금하는
남 여 수확자; 모금자

recombinación 르레꼼비나시온
여 [생물] 유전자 재편성

recomendable 르레꼬멘다블레
형 추천할 만한, 권장할 만한, 추장(推獎)할 만한
hombre *recomendable*
추천할 만한 남자

recomendación 르레꼬멘다시온
여 추천, 장려; 권고, 충고
carta de *recomendación* 추천장, 소개장

recomendado, da 르레꼬멘다도, 다
형 남 여 추천된 (사람)

recomendar 르레꼬멘다르
타 추천하다, 추장(推獎)하다; 권고하다, 충고하다; (보호를) 의뢰하다; 추천하다; (언동이 사람의) 가치를 보증하다
recomendar una película española
스페인 영화를 추천하다[권하다]
Tu puntualidad te *recomienda*.
시간 엄수는 네 장점이다.

recomenzar 르레꼬멘사르
자 타 다시 시작하다, 재개하다

recompensa 르레꼼뻰사
여 포상, 상; 보수(報酬)
acciones dignas de *recompensa*

포상을 받을 만한 행위
recibir la *recompensa* 상을 받다

recompensar
르레꼼뻰사르
타 …에게 보답하다[갚다]; 포상[상]을 주다

recomponer
르레꼼뽀네르
타 조립해서 고치다, 고쳐 만들다, 다시 만들다; 수선하다, 수리하다; 화려하게 꾸미다, 성장(盛裝)하다

recompra
르레꼼쁘라
여 (일단 팔아넘긴 것을) 되삼

reconcentrar
르레꼰센뜨라르
타 집중시키다, 집결시키다; (안에) 넣다; 농축하다
reconcentrarse (정신을) 집중하다, 전념하다
reconcentrarse en la lectura
독서에 전념하다[몰두하다]

reconcentrado, da
르레꼰센뜨라도, 다
형 정신을 집중한; 내향적인

reconciliación
르레꼰실리아시온
여 화해; [종교] 복성(復聖); (이단자·파문당한 사람 등의) 교회 복귀, 사면
reconciliación nacional 국민 화해

reconciliar
르레꼰실리아르
타 화해시키다
reconciliar a la suegra con su nuera
시어머니와 며느리를 화해시키다
reconciliarse 화해하다
reconciliarse con los enemigos
적과 화해하다

reconcomer
르레꼰꼬메르
타 불쾌하게 하다
reconcomerse [+de] (갈망 등으로) 괴로워하다, 번민하다

reconcomio
르레꼰꼬미오
남 집요한 욕구, 열망

reconducción
르레꼰둑시온
여 갱신(更新)

reconducir
르레꼰두시르
타 (대차 계약을) 갱신하다, 연장하다

reconfirmación
르레꼰피르마시온
여 예약의 재확인

reconfirmar
르레꼰피르마르
타 (예약을) 재확인하다
Quiero *reconfirmar* el billete.
표의 예약을 재확인하고 싶습니다.

reconfortante
르레꼰포르딴떼
형 기운을 북돋우는

reconfortar
르레꼰포르따르
타 기운[힘]을 북돋우다; 북돋우다, 격려하다
Una taza de café me *reconforta*.
커피 한 잔으로 나는 기운이 난다.

reconocer
르레꼬노세르
타 인식하다; 보고 구별하다, 분간하다, 감별하다, 식별하다; 인정하다, 승인하다; 조사하다, 검사하다; [군사] 정찰하다; …감사하다, 사의를 표하다
¿Me *reconoce* usted?
나를 알아보시겠습니까?
Es difícil *reconocer* a los gemelos.
쌍둥이를 구별하기란 어렵다.
reconocerse
식별되다; 죄를 인정하다; 자신을 …로 인정하다, 자인하다; 자신의 모습을 인정하다

reconocible
르레꼬노시블레
형 식별할 수 있는

reconocido, da
르레꼬노시도, 다
형 고마워하는, 감사하고 있는
Te estoy muy *reconocido* por tu ayuda. 네 도움을 무척 고맙게 생각하고 있다.

reconocimiento
르레꼬노시미엔또
남 식별, 인식; 승인, 인지; 조사, 탐사; 정찰; (의학적인) 검사; 감사, 사의(謝意)
reconocimiento aéreo 공중 정찰
reconocimiento médico 진찰
avión de *reconocimiento* 정찰기

reconquista
르레꽁끼스따
여 재정복, 탈환

Reconquista (la)
르레꽁끼스따 (라)
여 레꽁끼스따 ((기독교도에 의한 아라비아인으로부터의 국토 회복 운동: 711-1492))

reconsiderar
르레꼰시데라르
타 다시 생각하다, 재고하다

reconstitución 르레꼰스띠뚜시온
여 재구성; [의학] 재생, 회복

reconstituir 르레꼰스띠뚜이르
타 재구성하다; [의학] 재생시키다, 회복시키다
reconstituir el partido 당을 재건하다
reconstituir los tejidos
조직을 재생시키다
reconstituirse 재구성되다; 재생되다

reconstituyente 르레꼰스띠뚜옌떼
남 강장제

reconstrucción 르레꼰스뜨룩시온
여 재건, 부흥

reconstruir 르레꼰스뜨루이르
타 재건하다, 부흥하다; 다시 만들다, 복원하다
reconstruir la escena del crimen
범행 현장을 재현하다

recontar 르레꼰따르
타 다시 세다, 계산을 다시 하다; 주의깊게 세다[계산하다]; 다시 말하다

reconvención 르레꼰벤시온
여 비난, 책망, 질책; [법률] 반소(反訴)

reconvenir 르레꼰베니르
타 비난하다; [법률] 반소(反訴)하다

reconversión 르레꼰베르시온
여 재전환(再轉換), 재편성
reconversión industrial 산업 재편성

reconvertir 르레꼰베르띠르
자 (산업·공장 등을) 재전환하다

recopa 르레꼬빠
여 챔피언 대회

recopilación 르레꼬삘라시온
여 수집, 집대성; 선집(選集); 법규집; 요약
recopilación de los datos 자료집
recopilación de poemas coreanas
한국 시선(집)

recopilar 르레꼬삘라르
타 (자료 등을) 수집하다; (한 책으로) 집대성하다

récord 르레꼬르
남 (신)기록
poseedor del *récord* mundial
세계 기록 보유자

recorrido

alcanzar [establecer] un *récord*
신기록을 작성하다
batir un *récord* 기록을 깨다
tener [poseer] un *récord*
기록을 보유하다

recordación
르레꼬르다시온
여 상기(想起)
digno de *recordación* 기억할 만한

recordar
르레꼬르다르
타 생각해 내다, 회상하다; 기억하고 있다, 기억해 두다; 생각해 내게 하다, 회상시키다, 잊지 않게 하다; 주의를 환기시키다; ((중남미)) 레코드에 취입하다, 녹음하다
¿Me *recuerda* usted?
저를 기억하십니까?
자 /*reconocerse* ((중남미)) 눈을 뜨다
직·현재: recu*e*rdo, recu*e*rdas, recu*e*rda, recordamos, recordáis, recu*e*rdan
접·현재: recu*e*rde, recu*e*rdes, recu*e*rde, recordemos, recordéis, recu*e*rden

recordatorio, ria
르레꼬르다또리오, 리아
형 생각해 내는, 주의를 환기시키는
남 통지, 통고

recorrer
르레꼬르레르
타 걸어 다니다, 쏘다니다; (거리를) 답파하다; 돌아다니다, 돌다; (전체를) 훑어보다; (책 등을) 훑어 읽어 보다
recorrer las calles 거리를 쏘다니다
recorrer España 스페인을 돌아다니다
La policía *recorrió* toda la casa.
경찰이 집안을 샅샅이 수색했다.

recorrido
르레꼬르리도
남 걸어 다니기, 답파(踏破); 행정(行程), 노정(路程), 지나가는 길, 코스; 힐책; [골프] 라운드; [스키] 코스
recorrido de un autobús 버스 노선
recorrido turístico 관광 루트
tren de largo *recorrido* 장거리 열차

recortable
르레꼬르따블레
　남 오려낸 그림

recortar
르레꼬르따르
　타 짧게 자르다; 베다, 깎다; 잘라내다, 끊어내다, 도려내다, 오려내다, 베어내다; 줄이다; [미술] ...의 윤곽을 그리다
　recortar del periódico un artículo 신문에서 기사를 오려내다
　recortar el presupuesto 예산을 줄이다
　recortarse 윤곽을 뚜렷이 나타내다

recorte
르레꼬르떼
　남 잘라내기; (신문 등의) 오려내기, 스크랩; 오려낸 그림(recortable); [경제] 삭감; 가윗밥, 베어낸 지스러기; (금속 등의) 깎아낸 지스러기[부스러기]; [투우] 소의 뿔에서 몸을 휙 돌려 피하기 [비키기]

recoser
르레꼬세르
　타 다시 꿰매다; 바느질을 다시 한 번 더하다

recostar
르레꼬스따르
　타 기대다, 기대어 놓다
　recostar la cabeza *en* la almohada
　머리를 베개[쿠션]에 기대다
　recostarse 기대다
　recostarse en un sillón
　안락의자에 기대 앉다

recoveco
르레꼬베꼬
　남 (길·강 등의) 굴곡, 휘어진 곳, 꺾어진 곳; 구석, 숨을 곳
　conocer todos los *recovecos* de la ciudad 도시의 구석구석까지 알다

recreación
르레끄레아시온
　여 =recreo

recrear
르레끄레아르
　타 재창조하다; 다시 만들다; 즐겁게 하다
　recrearse 즐기다, 기분 전환을 하다
　recrearse con la música clásica
　클래식 음악을 들으며 즐기다
　recrearse en leer
　독서하면서 기분 전환을 하다

recreativo, va
르레끄레아띠보, 바
　형 기분 전환의, 오락의, 레크레이션의
　función *recreativa* 연예회(演藝會)

salón *recreativo* 게임 센터
남 복 게임 센터

recreo
르레끄레오
남 기분 전환, 오락, 레크레이션; (학교의) 휴식 시간, 쉬는 시간; 행락지, 노는 장소, 놀이터
barco de *recreo* 유람선
lugar de *recreo* 행락지
viaje de *recreo* 관광 여행, 관광 유람

recría
르레끄리아
여 사육(飼育)

recriar
르레끄리아르
타 (새로운 목장 등에서) 사육하다

recriminación
르레끄리미나시온
여 비난(非難)

recriminar
르레끄리미나르
타 비난하다

recristalización
르레끄리스딸리사시온
여 재결정(再結晶)

recrudecer
르레끄루데세르
타 (악한 것을) 다시 격화시키다; 악화시키다
recrudecerse
(날씨 등이) 다시 악화되다; 악화되다

recrudecimiento
르레끄루데시미엔또
남 재격화, 재악화; 악화
recrudecimiento de la guerra
전쟁의 재연

recta[1]
르렉따
여 [수학] 직선(línea recta); [운동] 직선코스; 종반전

rectal
르렉딸
형 직장(直腸)의
temperatura *rectal* 항문 체온

rectamente
르렉따멘떼
부 똑바로, 곧장; 정확히

rectangular
르렉땅굴라르
형 직각의; (도형이) 직각을 한 개 이상 가진; 사각형의
mesa *rectangular* 사각형 탁자
triángulo *rectangular* 직각 삼각형

rectángulo, la
르렉땅굴로, 라
형 (도형이) 직각을 한 개 이상 가진
남 사각형, 장방형

rectificable
르렉띠피까블레
형 정정(訂正)할 수 있는

rectificación
르렉띠피까시온
여 정정(한 것); [화학] 정류(精溜); [전기] 정류(整流)

rectificador
르렉띠피까도르
남 [전기] 정류기(整流器)

rectificar
르렉띠피까르
타 똑바로 하다, 곧게 하다, 바르게 하다; 정정(訂正)하다; (행동 등을) 바르게 하다; 교정(矯正)하다; 반론하다; (기구를) 조정하다; [화학] 정류(精溜)하다; [전기] 정류(整流)하다
rectificar la fila 열을 바르게 하다
rectificar un cálculo 계산을 고치다
rectificar un plan 계획을 수정하다
rectificarse (자신이 말한 것을) 정정하다

rectilíneo, a
르렉띨리네오, 아
형 직선의, 직선으로 형성된; (성격이) 곧은, 직선적인

rectitud
르렉띠뚣
여 똑바름, 곧음; 방정함, 정직함, 품행방정

recto, ta[2]
르렉또, 따
형 곧은, 똑바른, 직선의; (성격이) 곧은, 정직한; (의도 등이) 정당한; (말뜻이) 본래의, 문자 그대로의; (해석·번역 등이) 정확한; (페이지·종이가) 오른쪽의, 겉의 (반 verso)
camino *recto* 곧은 길, 똑바른 길
funcionario *recto* 청렴한 공무원
juez *recto* 공정한 재판관
부 똑바로
Siga esta calle todo *recto*.
이 길을 똑바로 가십시오.
남 오른쪽[겉] 페이지; [해부] 직장(直腸), 곧은 창자; [권투] 스트레이트 펀치
recto de derecha
오른쪽 스트레이트 펀치

rector, ra
르렉또르, 라
형 지도적인, 지배적인; 주요한
principio *rector* 지도 원리
남 여 (대학의) 학장; (신학교의) 교장; 지도자; 최고 책임자

남 교구 사제(párroco); 주조(主潮)
rector del pensamiento 사상의 주조

rectorado
르렉또라도
남 학장직, 학장 임기; 학장실

rectoral
르렉또랄
형 학장의
여 사제관(司祭館)

rectoría
르렉또리아
여 사제관; 학장직, 학장 직무

recuadro
르레꾸아드로
남 사각 테두리; (신문 등의) 박스 기사(記事)

recubrimiento
르레꾸브리미엔또
남 덮기, 바르기; 피복(被覆)

recubrir
르레꾸브리르
타 (얇은 층으로) 전체를 덮다[바르다]
recubrir su cuerpo *con* un aceite bronceador 선텐용 기름을 몸에 바르다

recuento
르레꾸엔또
남 다시 세기; 다시 계산하기
recuento sanguíneo
[의학] 혈구수 (측정)
hacer el *recuento* de votos
표를 다시 세다, 표를 집계하다

recuerdo
르레꾸에르도
남 추억; 기억; 유품, 기념품; 토산품; 복 안부
Dale *recuerdos* a tu padre.
네 부친께 안부 전해라.
¡Adiós! *Recuerdos* a tu familia.
잘 가게. 가족한테 안부 전하게.

reculada
르레꿀라다
여 후퇴; 양보

recular
르레꿀라르
자 후퇴하다; 양보하다

recuperable
르레꾸뻬라블레
형 회복할 수 있는
envase no *recuperable*
재이용 불능의 용기(容器)

recuperación
르레꾸뻬라시온
여 회복; 재이용, 회수; [경제] 반등; 경기 회복
(*recuperación* econónica)
recuperación de la vista 시력 회복

recuperación de los desechos
폐품 재활용
examen de *recuperación*
((스페인)) 재시험, 추가 시험

recuperar
르레꾸뻬라르

타 회복하다; 되찾다, 만회하다; 재이용하다; 회수하다; 보충하다, 벌충하다; 재시험[추가 시험]을 보다
recuperar la salud 건강을 회복하다
recuperar las dos asignaturas
두 과목 재시험[추가 시험]을 보다
recuperarse 다시 일어서다, 몸을 가누다; 건강[원기·의식]을 회복하다

recurrente
르레꾸르렌떼

형 재귀하는, 재현하는; [의학] 반복해서[되풀이해서] 발생하는; [해부] (신경 등이) 반회성(反回性)의
남 여 [법률] 상소인

recurrir
르레꾸리르

자 도움을 요청하다, 의뢰하다; [법률] 상소[공소·상고]하다

recursivo, va
르레꾸르시보, 바

형 ((남미)) 재능이 있는

recurso
르레꾸르소

남 수단; 복 자력(資力); 자원(資源); [법률] 상소, 공소, 상고; 소장(訴狀)

recusación
르레꾸사시온

여 거부; [법률] 기피 (신청)

recusar
르레꾸사르

타 거부하다; [법률] (배심원 등을)기피하다

red
르렐

여 망(網); (교통·통신 등의) 망, 그물 선반; 헤어 네트; [운동] 그물, 네트; 망상 조직(網狀組織); (전기·가스등의) 본선, 간선; 소켓, 콘센트; 도표, 그래프; 함정, 술책, 계략; [광학] 격자
red aérea 항공망
red de alambre 철조망
red de carreteras 도로망
red de pesca 어망

red de supermercados 슈퍼마켓 체인
red ferroviaria 철도망
pescar con *red* 망으로 고기를 잡다
tender una *red* de pesquisas
수사망을 펴다

redacción
르레닥시온
여 (문서 등의) 작성, 기초; 편집, 편집부, 편집실; (학교의) 리포트, 작문
consejo de *redacción* 편집 회의
mandar un artículo a la *redacción*
편집부에 기사를 보내다

redactar
르레닥따르
타 (문서 등을) 작성하다, 쓰다; 편집하다, 편찬하다
redactar un artículo 기사를 쓰다
redactar un contrato 계약서를 작성하다
redactar un diccionario español
스페인어 사전을 편찬하다
자 문장을 쓰다, 작문하다

redactor, ra
르레닥또르, 라
남 여 쓰는 사람; 작성자; 편집자; 편집부원; 정리 부원
redactor jefe 편집장
redactor publicitario [de anuncios]
카피라이터, 문안 작성자, 광고 문안가

redada
르레다다
여 [어업] 그물치기, 그물 던지기; 일제 검거; 현장을 덮침, 일제 단속; 일망 타진(一網打盡)
hacer una *redada* 일망 타진하다

redaño
르레다뇨
남 [해부] 장간막(腸間膜) (mesenterio);
복 기력, 용기

redecilla
르레데시야
여 헤어 네트, 머리 그물; 그물 선반; (반추 동물의) 두 번째 위

redecir
르레데시르
타 다시 말하다; 다짐하다, 확인하다

redención
르레덴시온
여 (인질 등의 몸값 지불에 의한) 석방, 해방; 구제; (그리스도에 의한) 속죄(贖罪), 죄갚음

Redentor (el)
르레덴또르 (엘)
남 구세주, 예수 그리스도

redentor, ra
르레덴또르, 라
형 구제의; [기독교] 속죄의
남 여 [기독교] 속죄자

redescubrir
르레데스꾸브리르
타 재발견하다

redescuento
르레데스꾸엔또
남 [상업] 재할인

redil
르레딜
남 (가축의) 울타리를 친 곳

redimir
르레디미르
타 구출하다; (몸값을 지불하고) 석방[해방]시키다; [기독교] 구제하다; 돈을 갚고 전당 잡힌 것을 찾다; (판 것을) 되사다
redimirse (타락 등에서) 다시 일어서다

rediseñar
르레디세냐르
타 …의 디자인을 일신하다

redistribuir
르레디스뜨리부이르
타 재분배하다, 다시 분배하다

rédito
르레디또
남 이자, 이식; 수익

redituar
르레디뚜아르
타 (이자를) 낳다; (이익을) 올리다

redoblado, da
르레도블라도, 다
형 늠름한, 힘찬; 강화된

redoblamiento
르레도블라미엔또
남 강화; 격화

redoblar
르레도블라르
타 강화하다; 배가시키다; 여러 겹으로 접다[구부리다]
자 큰 북을 두드려 울리다

redoble
르레도블레
남 강화; 큰 북의 연타

redoma
르레도마
여 [화학] 증류기(蒸溜器)

*redonda*¹
르레돈다
여 [인쇄] 로마체; [음악] 전음부

redondamente
르레돈다멘떼
부 단호히, 딱 잘라(서)

redondeado, da 형 둥그런
르레돈데아도, 다

redondear 타 둥글게 하다; 완성하다; 사사오입하다
르레돈데아르
redondearse
둥글게 되다; 살찌다; 부자가 되다
redondearse especulando
투기로 재산을 모으다

redondel 남 원(圓), 원형; (투우장의) 모래밭
르레돈델
redondeles de humo
(담배의) 연기 고리[원형·동그라미]
hacer un *redondel* 원을 그리다

redondez 여 동그라미; 구면(球面); 완벽함
르레돈데스

redondilla 여 [시법] 4행시; 로마체
르레돈디야

redondo, da² 형 둥근, 원형의, 구형(球形)의; 완벽한; 우수리
르레돈도, 다 [끝수]가 없는; 명확한, 단정적인
남 둥그런 물건, 원형의 것; [요리] (골반의 우묵한 곳의) 넓적다리 살
en redondo
㉮ 원을 그리며, 한 바퀴 돌아서, 1회전하여
girar en *redondo*
유턴하다, 한 바퀴 빙 돌다
㉯ 단호히, 딱 잘라서
negarse *en redondo* a asistir a la reunión
회합에 출석하는 것을 딱잘라 거절하다
㉰ 주위에
tener cuatro metros *en redondo*
둘레가 4미터다
caer (en) redondo 의식을 잃고 쓰러지다

reducción 여 축소 (반 ampliación); 감소, 삭감; 할인; 제압, 평정, 진압; [의학] 정복(整復); [화학] 환원; [사진] 감력(減力); [자동차] 저속 기어에의 바퀴침; [역사] 선주민 지정지(先住民指定地)
르레둑시온
reducción de la jornada laboral

노동 시간 단축
reducción de los sublevados
반란 진압

reduccionismo
르레둑시오니스모
남 [생물·물리] 환원주의

reducido, da
르레두시도, 다
형 좁은, 작은; 한정된
espacio *reducido* 한정된 공간
precio *reducido* 염가, 할인 가격
vivir en una casa muy *reducida*
아주 작은 집에서 살다

reducir
르레두시르
타 축소하다; 감하다, 감소시키다, 경감[절감]시키다; 요약하다; 쫓아보내다; 설득하다; 변화시키다;귀착시키다; 단순화하다; 변환시키다; (작은 단위로) 환산하다; [수학] 약분[통분]하다; 제압하다, 평정하다; [의학] 정복(整復)하다; [화학] 환원하다; (물질을 구성 요소로) 분해하다; [사진] (음화를) 감력(減力)하다
reducir una fotografía
사진을 축소하다
reducir la velocidad 속도를 줄이다
자 [자동차] 기어를 낮추다; [요리] (소스 등이) 바짝 졸아들다
reducirse
생활비를 줄이다; 귀착하다; (상태가) ... 되다
직·현재: reduzco, reduces, reduce, reducimos, reducís, reducen
직·부정 과거: reduje, redujiste, redujo, redujimos, redujisteis, redujeron
접·현재: reduzca, reduzcas, reduzca, reduzcamos, reduzcáis, reduzcan

reductor, ra
르레둑또르, 라
형 [화학] 환원하는
남 환원제
reductor de velocidad
[자동차] 감속 장치

redundancia 르레둔단시아
여 장황(함), 췌언(贅言); (같은 표현의) 중복

redundante 르레둔단떼
형 장황한; 여분의
expresión *redundante* 장황한 표현

redundar 르레둔다르
자 [+en] (…라는) 결과가 되다; (그릇 등이) 넘치다

reduplicación 르레두쁠리까시온
여 강화; [문법] 중복(형); 가중 음절

reduplicar 르레두쁠리까르
타 강화하다; [언어] (문자·음절을) 겹치다

reedición 르레에디시온
여 재판(再版), 중판(重版)

reedificación 르레에디피까시온
여 재건; 재기(再起)

reedificar 르레에디피까르
타 재건하다; 회복하다
reedificar la confianza en sí mismo
자신을 되찾다

reeditar 레에디따르
타 재판하다, 중판하다

reeducación 르레에두까시온
여 재교육, 재훈련

reeducar 르레에두까르
타 재교육[재훈련]시키다

reelección 르레엘렉시온
여 재선(再選)

reelegir 르레엘레히르
타 재선(再選)하다

reembarcar 르레엠바르까르
타 옮겨 쌓다; 다시 승선시키다

reembarque 르레엠바르께
남 옮겨 쌓기; 재승선(再乘船)

reembolsable 르레엠볼사블레
형 반제(返濟)[상환] 가능한

reembolsar 르레엠볼사르
타 반제(返濟)하다, 환불하다, 되돌려주다, 상환하다

reembolso
르레엠볼소
남 반제(금); 환불(금); 상환
reembolso de obligación
사채(社債)의 환불

reempaquetear
르레엠빠께떼아르
타 재포장하다

reemplazable
르레엠쁠라사블레
형 교환[대체]할 수 있는

reemplazar
르레엠쁠라사르
형 대리하다, 대신하다; 교체하다, 바꾸다, 교환하다
reemplazar en el cargo de presidente
대신해 의장직을 맡다
reemplazar una bombilla
전구(電球)를 바꾸다
reemplazar la vieja lavadora
오래된 세탁기를 새것으로 교체하다

reemplazo
르레엠쁠라소
남 대리, 교체, 대체; ((스페인)) [집합 명사] 소집병

reemprender
르레엠쁘렌데르
타 다시 착수하다, 다시 시작하다

reencarnación
르레엥까르나시온
여 영혼의 재생, 환생; 윤회; 화신

reencarnarse
르레엥까르나르세
(재귀)) 환생하다, 다시 태어나다

reencontrar
르레엥꼰뜨라르
타 재발견하다; (잃었던 성격·습관 등을) 되찾다, 회복하다
reencontrarse 재회하다; 화해하다

reencuentro
르레엥꾸엔뜨로
남 재발견; 재회(再會)

reenganchar
르레엥간차르
타 ((스페인)) (병역을 마친 후) 재소집하다
reengancharse 재입대하다; 다시 행하다

reenganche
르레엥간체
남 재소집, 재입대; 다시 행함

reenviar
르레엠비아르
타 =**reexpedir**

reenvío
르레엠비오
남 =**reexpedición**

reestrenar
르레에스뜨레나르
타 재상영하다; 재연하다

reestreno
르레에스뜨레노
남 재상영, 재연, 리바이벌

restructuración
르레스뜨룩뚜라시온
여 재구성; 개편, 개조

reestructurar
르레에스뜨룩뚜라르
타 재구성[재편성]하다; 개조[개편]하다

reexaminación
르레엑사미나시온
여 재시험; 재조사

reexaminar
르레엑사미나르
타 재시험하다; 재조사[재검사·재검토]하다

reexpedición
르레엑스뻬디시온
여 반송(返送); 전송(轉送)

reexpedir
르레엑스뻬디르
타 되돌려 보내다, 반송하다; 전송(轉送)하다

reexportación
르레엑스뽀르따시온
여 재수출

reexportar
르레엑스뽀르따르
타 재수출하다

refacción
르레팍시온
여 가벼운 식사, 스낵; ((중남미)) (확충·개선을 위한) 개수(改修),개장(改裝); (농원 등의) 유지비; ((중미)) 교환 부품

refaccionar
르레팍시오나르
타 개수하다, 개장하다

referencia
르레페렌시아
여 언급; 보고; (책의) 참조, 대조; 참조문, 인용문; 참고 문헌[도서]; [상업] 신용[신원] 조회(처); (인물의 성격·재능 등에 관한) 정보, 보고; (취직에 필요한) 인물 소개장, 신원 보증서; (성능 등의) 보증; [언어] 지시, 지향
referencia bancaria
은행에 의한 신용 조사 (보고서)
referencia del consejo 심의회 보고
datos de *referencia* 참고 자료

referendo
르레페렌도
남 =**referédum**

referéndum
르레페렌둠

남 국민 투표, 국민 심사

referente
르레페렌떼

형 [+a] (...에) 관한
referente a la política exterior
외교 정책에 관한

referí
르레페리

남 여 ((중남미)) [축구] 심판

referir
르레페리르

타 말하다, 알리다, 전하다; (독자에게) 참조시키다; (동기·기원 등을) 돌리다; 억지로 갖다 붙이다; (다른 단위로) 변환시키다
referir anédotas 일화를 말하다
referir experiencias 경험담을 말하다
referirse [+a] (...에) 언급하다, ...에 관해 말하다[기술하다]
referirse a la sintaxis
구문론에 관해 언급하다
직·현재: ref*i*ero, ref*i*eres, ref*i*ere, referimos, referís, ref*i*eren
직·부정 과거: referí, referiste, refirió, referimos, referisteis, refirieron
접·현재: ref*i*era, ref*i*eras, ref*i*era, refiramos, refiráis, ref*i*eran
현재 분사: refiriendo

refinación
르레피나시온

여 =**refinamiento**

refinado, da
르레피나도, 다

형 세련된, 기품 있는; 정제된, 정련된
aceite *refinado* 정유(精油)
azúar *refinado* 정당(精糖)
남 정제(精製)

refinamiento
르레피나미엔또

남 세련, 기품[품위]이 있음; 빈틈없는 고안; 정제(精製)

refinanciación
르레피난시아시온

여 채무 갱신

refinanciar
르레피난시아르

타 채무를 갱신하다

refinar
르레피나르
타 정제(精製)하다; 세련시키다, 다듬다
refinar su lenguaje
고상한[품위 있는] 말을 사용하다

refinería
르레피네리아
여 정제소; 정유소(精油所)

refino
르레피노
남 정유(精油), 원유의 정제

reflaciión
르레플라시온
여 [경제] 통화 재팽창, 리플레이션

reflacionar
르레플라시오나르
타 재팽창시키다

reflectante
르레플렉딴떼
형 반사하는

reflectar
르레플렉따르
자 (빛·소리·열 등이) 반사하다

reflector, ra
르레플렉또르, 라
형 반사시키는
cuerpo *reflector* 반사체
남 반사 장치; 서치라이트, 스포트라이트; 반사경

reflejar
르레플레하르
타 반사하다; 반영하다
***reflejarse* [+en]** (...에) 반영하다, 비치다; (통증 등이) 전해지다

reflejo¹
르레플레호
남 반사광; 상(像), 그림자; 반영; [생리] 반사 운동, 반사 작용

reflejo², ja
르레플레호, 하
형 반사하는, 반사 작용의
onda *refleja* 반사파

reflexiión
르레플렉시온
여 숙고; [철학] 반성, 자성; [주로 복] 의견, 충고; [문법] 재귀; [물리] 반사
reflexión total 전반사

reflexionar
르레플렉시오나르
자 숙고하다, 반성[자성]하다

reflexivo, va
르레플렉시보, 바
형 사려 깊은; [문법] 재귀의
pronombre *reflexivo* 재귀 대명사
verbo *reflexivo* 재귀 동사

refluir
르레플루이르
자 역류하다; (조수가) 빠지다

reflujo
르레플루호
남 썰물, 간조(干潮); 퇴조, 쇠퇴

reforestaciión
르레포레스따시온
여 식림(植林)

reforestar
르레포레스따르
타 식림하다

reforma
르레포르마
여 개혁, 개선; 개수(改修), 개축
reforma agríola 농지 개혁
reforma política 정치 개혁

Reforma (la)
르레포르마 (라)
여 [역사] 종교 개혁

reformador, ra
르레포르마도르, 라
남 여 개혁자, 개혁파

reformar
르레포르마르
타 개혁하다, 고치다
reformar las instituciones políticas
정치 제도를 개혁하다
reformar las costumbres
습관을 고치다
reformarse 행동을 바르게 하다

reformatorio, ria
르레포르마또리오, 리아
형 개혁하는, 고치는
남 소년원

reformismo
르레포르미스모
남 개량주의

reformista
르레포르미스따
형 개량주의의
남 여 개량주의자

reforzar
르레포르사르
타 강화하다, 보강하다, 증강하다

refracción
르레프락시온
여 [물리] 굴절
refracción doble 복굴절

refractar
르레프락따르
타 굴절시키다
refractarse 굴절되다

refrán
르레프란
남 속담, 격언 (복 refranes)
diccionario de *refranes* 속담 사전

refranero
르레프라네로
남 속담집, 격언집

refregar
르레프레가르
⊞ 문지르다, 닦다; 비난하다

refreír
르레프레이르
⊞ (기름으로) 다시 튀기다, 두 번 튀기다

refrenable
르레프레나블레
⊞ 억제할 수 있는

refrenamiento
르레프레나미엔또
⊞ 억제

refrenar
르레프레나르
⊞ 억누르다, 억압하다, 억제하다
refrenarse 자신(의 감정)을 억제하다

refrescante
르레프레스깐떼
⊞ 시원한, 찬, 상쾌한
bebida *refrescante* 청량 음료

refrescar
르레프레스까르
⊞ 시원하게 하다, 차게 하다, 식히다; (기억을) 되살아나게 하다
refrescar la cerveza 맥주를 시원하게 하다
⊞ 차가워지다, 식다, 시원해지다; 시원한 것을 마시다; 기분이 상쾌해지다, 힘[기운]이 나다
refrescarse
시원한 바람을 쐬다, 납량하다; 몸을 차게 하다

refresco
르레프레스꼬
⊞ (알코올기가 없는) 찬 음료수; 청량 음료수; 탄산 음료; (가벼운 식사를 제공하는) 작은 파티; 작은 파티의 가벼운 식사, 스낵

refrigeración
르레프리헤라시온
⊞ 냉각, 냉방; 냉각[냉방] 장치

refrigerador, ra
르레프리헤라도르, 라
⊞ 냉각하는, 냉방의
aparato *refrigerador* 냉방 장치
⊞ ((주로 중남미)) 냉장고; (기계 등의) 냉각기, 냉각 장치

refrigerante
르레프리헤란떼
⊞ 냉각용의
⊞ 냉각제; 냉각기

refrigerar
르레프리헤라르
⊞ 냉각시키다; 냉장하다, 냉동하다; 냉방하다
refrigerar la oficina
사무실에 냉방이 들어오다

refrigerio
르레프리헤리오
⊞ 간식, 가벼운 식사

refrito, ta 르레프리또, 따	형 두 번 튀긴, 다시 튀긴; (작품을) 재탕한, 약간 손질해 신작인 것처럼 가장한 남 [요리] 한 접시에 여러 튀긴 음식을 차린 요리; (작품의) 재탕, 개작
refuerzo 르레푸에르소	남 강화, 보강, 증강; 보강재; [심리] 강화; 복 증원 (부대), 가세
refugiado, da 르레푸히아도, 다	형 피난한, 망명한 남 여 피난자, 피난민, 망명자, 망명객 *refugiado* político 정치 망명자 campo de *refugiados* 난민 캠프
refugiar 르레푸히아르	타 숨겨두다, 은닉하다 ***refugiarse*** 피난하다, 숨다, 망명하다
refugio 르레푸히오	남 피난소; 숨은 장소; (부랑자 등의) 보호 시설; (도로의) 안전 지대
refundición 르레푼디시온	여 재용해, 재주조; 개작(改作)
refundir 르레푼디르	타 (주물을) 다시 용해하다, 다시 녹이다; (화폐를) 주조하다; (작품을) 다시 쓰다, 개작하다
regadera 르레가데라	여 물뿌리개, 살수기; ((남미)) 샤워
regaladamente 르레갈라다멘떼	부 기분 좋게, 쾌적하게
regalado, da 르레갈라도, 다	형 기분이 좋은, 쾌적한; 값이 아주 저렴한[싼]
regalar 르레갈라르	타 선물하다, 기증하다; 즐겁게 하다, 기쁘게 하다
regalo 르레갈로	남 선물; 덤, 경품; 즐거움, 낙, 취미; (생활의) 안락, 쾌적 *regalo* de cumpleaños 생일 선물 *regalo* de Navidad 크리스마스 선물
regañar 르레가냐르	자 불평을 말하다; 입씨름하다, 언쟁하다, 말다툼 하다 타 힐난하다

regañina
르레가니이나
여 힐책; 언쟁, 말다툼

regar
르레가르
타 (...에) 물을 뿌리다, 살수하다; 관개(灌漑)하다

regatear
르레가떼아르
타 (상품을) 값을 깎다; 피하다
자 값을 깎다; 보트 경기를 하다

regateo
르레가떼오
남 값을 깎기, 흥정; 몸을 피하기

regatista
르레가띠스따
남 여 요트[보트] (시합) 경기자

regencia
르레헨시아
여 통치; 섭정 정치[기간]; 수렴청정; 섭정직

regeneración
르레헤네라시온
여 재생; 갱생

regenerar
르레헤네라르
타 재생하다; 갱생시키다
regenerarse
갱생하다; [생물] (기관 등이) 재생되다

regente
르레헨떼
형 지배하는, 통치하는; 섭정의
남 여 지배자, 통치자; 시장, 도지사

regidor, ra
르레히도르, 라
남 여 [연극·영화] 조감독

régimen
르레히멘
남 체제, 정체(政體); (관리상의) 제도, 규칙; 식이 요법, 다이어트; 양상(樣相); (하천[지리]의) 유량(流量); [기계] (모터의) 회전수
복 **regímenes**
régimen político 정치 체제
estar [ponerse] a *régimen*
다이어트[식이 요법] 중이다

regimiento
르레히미엔또
남 [군사] 연대
comandante de un *regimiento*
연대장

regio, gia
르레히오, 히아
형 왕(王)(rey)의

región
르레히온
여 지방, 지역; [군사] 군관구; [해부] 부위(部位); [철학·수학] 영역; ((칠레)) 레히온 ((도

(道)보다 큰 행정 단위))
región andina 안데스 지방
región industrial 공업 지역

regional
르레히오날

형 지방의; 지역적인
consejo *regional* 지방 의회
explotación *regional* 지방 개발

regionalismo
르레히오날리스모

남 지방 분권주의

regionalista
르레히오날리스따

형 지방 분권주의의
남 여 지방 분권주의자

regionalizar
르레히오날리사르

타 지역으로 나누다

regir
르레히르

타 지배하다, 통치하다; 제어하다
자 (법규 등이) 효력이 있다, 유효하다; 판단력이 있다

registrado, da
르레히스뜨라도, 다

형 등록된, 기록된
marca *registrada* 등록 상표

registrador, ra
르레히스뜨라도르, 라

형 기록하는, 검사하는
남 여 등기 담당자; 검사 담당자
남 기록계; 녹음기
여 금전 등록기(caja *registradora*)

registrar
르레히스뜨라르

타 등록하다, 등기하다; 기록하다, 기입하다; …의 신체[소지품]를 검사하다, 수색하다; 녹음하다; ((중미)) 등기하다
registrar un invento
발명품을 등록하다
registrar un disco
레코드에 취입하다
registrarse
(자신을) 등록하다; 학적 등록을 하다; 기록되다

registro
르레히스뜨로

남 등록, 기록; 등록부, 장부, 대장; (공적인) 기록 보관소, 등기소; (경찰 등의) 검사, 수색; 검사소; 맨홀; 기록 리스트; [음악] 음역, 성역(聲域); 측면, 양상
registro civil 호적부

registro de hotel 숙박부, 숙박 대장
registro de la propiedad
부동산 등기 (대장)
registro de matrimonio 혼인계
registro genealógico 혈통서

regla
르레글라
여 자; 규칙, 규율, 규정; 법칙; 월경, 생리; 절도, 중용
regla de cálculo 계산자
regla (en) T 티(T)자
regla de gramática 문법 규칙

reglamentación
르레글라멘따시온
여 규제; [집합 명사] 규칙

reglamentar
르레글라멘따르
타 규제하다, 통제하다

reglamentario, ria
르레글라멘따리오, 리아
형 규정에 관한; 규정에 맞는, 정규의
hora *reglamentaria* 규정 시간
uniforme *reglamentario*
규정에 맞는 제복

reglamentista
르레글라멘띠스따
형 규칙을 엄수하는

reglamento
르레글라멘또
남 [집합 명사] 규칙; 조례(條例)

reglar
르레글라르
타 규칙에 따르게 하다, 규제하다; (주로 자를 사용하여) ...에 선을 긋다

regocijar
르레고시하르
타 무척 기쁘게 하다
regocijarse 무척 기뻐하다

regocijo
르레고시호
남 환희

regordete, ta
르레고르데떼, 따
형 두툼한, 땅딸막한
manos *regordetas* 두툼한 손

regresar
르레그레사르
자 돌아오다, 돌아가다 (volver)
regresar a casa 귀가하다
regresar a *su* país 귀국하다

regresión
르레그레시온
여 후퇴; [역사] 퇴보; [생물] 퇴화; [심리] 퇴행; [수학] (곡선의) 회귀

regresivo, va
르레그레시보, 바
형 후퇴하는; 퇴화하는; 퇴행성의

regreso
르레그레소
남 돌아감, 돌아옴, 귀환, 귀착; [미식 축구] 리턴
viaje de *regreso* 귀로(歸路)

reguera
르레게라
여 관개용 수로(水路)

reguero
르레게로
남 길고 가느다란 흔적; 작은 시내; 관개용 수로

regulación
르레굴라시온
여 제어, 조절
regulación de natalidad 산아 제한
regulación de los precios 물가 통제

regulador, ra
르레굴라도르, 라
형 조정[조절]하는
남 조절기, 조정기
regulador de *tensión* 전압 조정기

regular
르레굴라르
형 규칙적인, 일정한; 정기의, 정기적인; 정규의, 정식의; 규칙 바른; 균형을 이룬; 보통의; 평범한; [문법] 규칙 변화를 하는; [종교] 수도회에 속한
asamblea general *regular* 정기 대회
línea *regular* 정기 항공로
tropas *regulares* 정규군
부 그저 그런 정도(로), 그다지 좋지 않게, 그럭저럭
¿Qué tal? – *Regular*.
어떻게 지내세요? – 그럭저럭 지냅니다.
남 여 수도회 소속 성직자
남 [평가] 보통; 복 (스페인 보호령 시대, 모로코의) 원주민 부대; (Ceuta · Melilla의) 보병대
타 조절하다, 조정하다; 규칙에 따르게 하다, 규제하다

regularidad
르레굴라리닫
여 규칙 바름, 규정 바름

regularización
르레굴라리사시온
여 정규화; 정상화

regularizar
르레굴라리사르
타 규칙적으로 하다; 정상화하다
regularizarse 정상적으로 되다

regularmente
르레굴라르멘떼
부 규칙적으로; 정기적으로

regusto
르레구스또
남 뒷맛; (일을 끝낸 다음의 불쾌한·슬픈) 느낌, 생각, 감상

rehabilitación
르레아빌리따시온
여 명예 회복, 복권; 사회 복귀; 개수(改修) 공사

rehabilitar
르레아빌리따르
타 …에 명예를 회복시키다, 복권시키다; 사회에 복귀시키다; 개축[개수]하다
rehabilitarse
명예를 회복하다; 사회에 복귀하다

rehacer
르레아세르
타 다시 (고쳐) 하다
rehacerse 회복하다

rehén
르레엔
남 인질; 보증[저당] 물건

rehervir
르레에르비르
타 다시 비등시키다
rehervirse (보존 식품 등이) 발효되다

rehuir
르레우이르
타 피하다

rehusar
르레우사르
타 거부하다, 거절하다

reimplantar
르레임쁠란따르
타 재도입하다; 재설치하다; [의학] 재이식하다

reimportación
르레임뽀르따시온
여 재수입

reimportar
르레임뽀르따르
타 재수입하다; 역수입하다

reimpresión
르레임쁘레시온
여 [인쇄] 중판(본)

reimprimir
르레임쁘리미르
타 [인쇄] 중판하다

reina
르레이나
여 여왕; 왕비; [형용사적] 최고의
prueba *reina* 메인 이벤트

reinado
르레이나도
남 군림; 치세(治世)

reinante
르레이난떼
형 통치하는; 지배적인

reinar
르레이나르
자 군림하다; 지배적이다

reincidencia
르레인시덴시아
여 [법률] 재범; 누범(累犯)

reincidente
르레인시덴떼
형 남 여 재범(의), 누범(의); 상습범(의)

reincidir
르레인시디르
자 (과오 등을) 되풀이하다; 재범하다

reincorporación
르레인꼬르뽀라시온
여 재통합, 재편입

reincorporar
르레인꼬르뽀라르
타 재통치[재합병·재편입]하다
incorporarse (휴가 뒤에 일에) 복귀하다
incorporarse a la oficina
직장에 복귀하다

reingresar
르레잉그레사르
자 복귀하다
reingresar en un partido 복당하다
타 재입원시키다

reingreso
르레잉그레소
남 복귀

reiniciar
르레이니시아르
타 [컴퓨터] 재기동하다

reino
르레이노
남 왕국; 분야, 계(界); 융성기
reino de Granada 그라나다 왕국
reino de los cielos 천국
reino animal [mineral · vegetal]
동물[광물·식물]계

reinserción
르레인세르시온
여 사회 복귀

reinsertar
르레인세르따르
타 사회 복귀시키다
reinsertarse 사회 복귀하다

reinstalar
르레인스딸라르
타 재임하다, 재설치하다

reintegración
르레인떼그라시온
여 복귀, 복직; 상환

reiterativo, va

reintegrar
르레인떼그라르
타 복귀시키다, 복직시키다; 반제하다, 빌린 것을 갚다; (서류 등에 인지를) 붙이다
reintegrar la solicitud *con* una póliza de mil wones
원서에 천원짜리 인지를 붙이다

reintegro
르레인떼그로
남 복귀, 복직; 반제(返濟), 상환; 애석상; 인지(印紙)

reinversión
르레임베르시온
여 재투자(再投資)

reinvertir
르레임베르띠르
타 재투자하다

reír
르레이르
자 웃다 (반 llorar)
hacer *reír* 웃기다, 웃게 하다
타 웃다
reírse 웃다
Las chicas *se ríen* por nada.
소녀들은 아무 것도 아닌 것에 웃는다.
reírse de
...을 비웃다, 조소하다; 얕보다, 무시하다
직·현재: río, ríste, ríe, reímos, reís, ríen
직·부정 과거: reí, reíste, rió, reímos, reíteis, rieron
접·현재: ría, rías, ría, riamos, riás, rían
현재 분사: riendo

reiteración
르레이떼라시온
여 되풀이, 반복

reiteradamente
르레이떼라다멘떼
부 되풀이해서, 반복해서

reiterado, da
레이떼라도, 다
형 반복된, 되풀이된

reiterar
르레이떼라르
타 되풀이하다, 반복하다(repetir)

reiterativo, va
르레이떼라띠보, 바
형 반복의
verbo *reiterativo* 반복 동사

reivindicación
르레이빈디까시온

여 (권리의) 요구; 복 요구 사항; (명예 등의) 회복, 복권; (테레 등의) 범행 성명(犯行聲明)

reivindicar
르레이빈디까르

타 (권리로서) 요구하다; (명예 등을) 되찾다, 회복하다; (테러 등의) 범행 성명을 내다
reivindicar la libertad de expresión
표현의 자유를 요구하다
reivindicar su herencia
자기의 상속분을 요구하다
reivindicar su buen nombre
명성을 회복하다

reja
르레하

여 철격자(鐵格子); 철책; 쟁기의 날
dar una *reja* 밭을 갈다, 경작하다

rejilla
르레히야

여 격자; 철망; (문의) 바깥 동정을 살피기 위한 창; 면회 창구; (열차·버스의) 그물 시렁; (난로의) 그물

rejuvenecer
르레후베네세르

타 젊어지게 하다; 젊어 보이게 하다; 현대적으로 하다
자 /**rejuvenecerse** (되)젊어지다, 젊음을 되찾다

relación
르렐라시온

여 관계, 교제, 교류; 복 연애 관계, 육체 관계; 복 지인(知人), 교제하고 있는 사람; 연고; (정식의) 보고(서); [법률] 진술; 표, 리스트; 비례, 비율
relaciones amistosas 우호 관계
relaciones comerciales 거래 관계
relaciones de parentescos 혈연 관계
relaciones diplomáticas 외교 관계
relaciones humanas 인간 관계

relacionado, da
르렐라시오나도, 다

형 관계가 있는, 연관되어 있는

relacionar
르렐라시오나르

타 관련시키다; (사람에게) 접촉을 가지게 하다; 표로 만들다; 보고하다
relacionarse 관계하다; 접촉[교제]하다; 거래가 있다, 지면이 넓다

relacionista
르렐라시오니스따

남 여 홍보 담당자

relativismo

relajación
르렐라하시온
여 느슨해짐, 해이함, 느긋함, 긴장을 풂; 타락; [의학] 이완법
relajación de los músculos
근육 이완

relajado, da
르렐라하도, 다
형 느슨해진, 해이해진, 긴장이 풀린; [언어] (발음이) 이완된

relajamiento
르렐라하미엔또
남 =**relajación**

relajante
르렐라한떼
형 긴장을 풀게 하는, 이완시키는
tónico *relajante* 신경 안정제

relajar
르렐라하르
타 늦추다, 느슨하게 하다, 풀다
relajar la tensión 긴장을 풀다
relajar los músculos 근육을 풀다
relajarse 느슨해지다, 풀어지다, 풀리다; (정신이) 해이해지다; 타락하다

relamer
르렐라메르
타 구석구석까지[두루] 핥다
relamer el plato 접시를 깨끗이 핥다
relamerse 입술을 핥다, 입맛을 다시다; 만족한 듯하다; 자만하다

relámpago
르렐람빠고
남 번개
rápido como un *relámpago*
번개처럼 빠른, 전광석화 같은

relampaguear
르렐람빠게아르
자 번개가 치다; 빛나다, 번쩍이다

relampagueo
르렐람빠게오
남 번개가 침; 빛남, 번쩍임

relapso, sa
르렐랍소, 사
형 재범의, 누범의; [종교] 다시 이단으로 전향한
남 여 재범자, 누범자; 다시 이단으로 전향한 자

relatar
르렐라따르
타 이야기하다; 보고하다
relatar un cuento 이야기를 하다

relatividad
르렐라띠비닫
여 상대성, 상관성; [물리] 상대성 이론
(teoría de la relatividad)

relativismo
르렐라띠비스모
남 [철학] 상대주의

relativista
르렐라띠비스따
형 상대주의의; 상대성 이론을 지지하는
남 여 상대주의자; 상대성 이론 지지자

relativizar
르렐라띠비사르
타 상대적으로 생각하다, 상대화하다

relativamente
르렐라띠바멘떼
부 상대적으로; 비교적(으로)

relativo, va
르렐라띠보, 바
형 관계 있는; 상대적인; 어느 정도의, 그다지 …하지 않은; [문법] 관계를 나타내는
pronombre *relativo* 관계 대명사
남 [문법] 관계사

relato
르렐라또
남 이야기; 보고
libro de *relatos* del viaje 여행기
hacer el *relato* de … 의 이야기를 하다

relator, ra
르렐라또르, 라
남 여 (의회의) 위원회 보고자; ((남미)) 해설자, 평론가(comentarista); 말하는 사람; [연극] 극이 진행 도중에 줄거리를 말하는 사람, 내레이터(narrador)

relax
르렐락스
남 단 복 =**relajación**

relé
르렐레
남 [전기] 계전기

releer
르렐레에르
타 다시 읽다

relevar
르렐레바르
타 …와 교대하다; (임무 등에서) 해방시키다, 방면하다; 칭찬하다

relevista
르렐레비스따
남 여 [운동] 릴레이 선수

relevo
르렐레보
남 교대; [군사] 교대 요원; [운동] 릴레이
relevos de cuatro por cien metros
400미터 릴레이

relicario
르렐리까리오
남 [종교] 성유물함(聖遺物函); 납골당

relieve
르렐리에베
남 (표면의) 요철(凹凸); [미술] 부조; (토지의) 기복; 지형(地形); 중요성; 복 먹고 남은 밥

religión
르렐리히온

여 종교; 신앙; [천주교] 수도 생활; 교단(教團); 신조(信條)
religión católica 천주교
religión reformada 개신교
guerras de *religión* 종교 전쟁

religiosamente
르렐리히오사멘떼

부 종교적으로, 경건하게; 고지식하게

religiosidad
르렐리히오시닫

여 신앙심; 종교적 감정; 경건; 절제

religioso, sa
르렐리히오소, 사

형 종교의; 신앙심이 깊은, 경건한; [천주교] 수도원의; 수도원에 속한; 꼼꼼하고 빈틈이 없는, 차근차근한
남 여 종교가; [천주교] 수도사, 수도녀(修道女)

reliquia
르렐리끼아

여 성유물(聖遺物); (성자 등의) 유품, 유골; 전 시대의 유물, 옛 자취; 전래의 가보, 기념물; (병·사고의) 후유증

rellenar
르레예나르

타 …에 다시 채우다; …에 가득 채우다; (공란을) 메우다(llenar)

relleno, na
르레예노, 나

형 내용물을 가득 채운, 터지도록 채워진; 조금 살이 찐, 통통한
cara *rellena* 통통한 얼굴
남 (요리·베개 등의) 속을 채운 물건, 짐을 꾸릴 때 내용물이 상하지 않도록 빈 공간에 메우는 물건, 통째 요리할 때 뱃속에 집어 넣는 소; [건축] 충전재; [복식] 양복의 어깨에 넣는 심

reloj
르렐로흐

남 시계
reloj automático 자동 시계
reloj de bolsillo 회중시계, 몸시계
reloj de pared 벽시계
reloj de pulsera 손목시계
reloj de sobremesa 탁상시계

relojería
르렐로헤리아

여 시계점, 시계 공장; 시계 제조[수리] 기술

relojero, ra
르렐로헤로, 라

남 여 시계점 주인, 시계 장수; 시계 기술자, 시계 수리공

여 회중시계 곽[케이스]

reluciente 르렐루시엔떼
형 번쩍번쩍 빛나는; 반짝이는; (사람이) 번들번들한, 윤기가 흐르는

relucir 르렐루시르
자 번쩍이다, (번쩍번쩍) 빛나다; 뛰어나다, 눈에 띄다

relumbrar 르렐룸브라르
자 번쩍번쩍 빛나다

relumbrón 르렐룸부론
남 섬광, 번뜩임, 번쩍임; 야함, 요란함, 허영

remanente 르레마넨떼
형 남은, 잔존한
género *remanente* 팔고 남은 물건[상품]
남 남은 물건; [경제] 잉여

remar 르레마르
자 (노로 배를) 젓다; 노력하다
remar en bote 보트를 젓다

remarcable 그레마르까블레
형 주목할 만한, 저명한(notable)

remarcar 르레마르까르
타 특히 지적하다, 강조하다

rematadamente 르레마따다멘떼
부 완전히

rematado, da 르레마따도, 다
형 (우둔함·광기가) 완전한, 구제 불능의, 손을 쓸 수 없는

rematador, ra 르레마따도로, 라
남 여 [축구] 스트라이커; ((남미)) 경매인(競賣人)

rematante 르레마딴떼
남 여 낙찰자

rematar 르레마따르
타 (끝)마치다, 종료하다, 결론짓다; …의 숨통을 끊다, 죽이다; 결정적인 타격을 주다; 다 써 버리다; …의 끝을 만들다; 꿰매어 풀어지지 않게 하다; [운동] (골 등을) 매듭지다, 끝내다; ((중남미)) (경매에서) 낙찰시키다; 경매에 붙이다; (남은 상품을) 싸게 팔다
자 (모양이) 끝나다; (골 등을) 매듭짓다, 끝내다
rematar de cabeza
헤딩슛으로 매듭짓다[끝내다]

reminiscencia

remate
르레마떼
남 종료; 결정타, 마지막 숨통을 끊음; 마지막 일격; (건물의) 뾰족한 끝, 꼭대기; [테니스] 스매시; [배구] 스파이크; [축구] 슛; [건물·가구 끝의] 장식; [재봉] 박음질; 싸게 팖; ((중남미)) 경매; 낙찰

remediable
르레메디아블레
형 치료할 수 있는, 구할 수 있는

remediar
르레메디아르
타 고치다, 치료하다, 교정하다; 구제하다, 개선하다, 타개하다
remediar el despilfarro
낭비벽을 고치다

remedio
르레메디오
남 대책, 구제 수단; 치료(법); ((주로 중남미)) 약(藥)
remedio casero 민간 요법

remembranza
르레멤브란사
여 추억, 기억

rememorar
르레메모라르
타 추억하다, 기억하다(recordar)

remendar
르레멘다르
타 수리하다; (특히 의복을) 수선하다; 천조각을 대어 옷을 깁다

remendón, dona
르레멘돈, 도나
형 수선을 하는
남 여 신기료장수, 구두 수선공

remero, ra
르레메로, 라
남 여 노 젓는 사람, 뱃사공

remesa
르레메사
여 (한 번의) 발송분(發送分); 송금

remesar
르레메사르
타 발송하다, 송금하다

remeter
르레메떼르
타 (꺼냈던 곳에) 반환하다, 되돌리다; 억지로 밀어넣다

remiendo
르레미엔도
남 기운 천, 바대; (응급의) 수리, 수선; 보충

reminiscencia
르레미니센시아
여 무의식적인 기억; 추억; 복 [문학] 무의식적인 차용, 영향

remirar 르레미라르	타 다시 보다, 잘 보다
remisión 르레미시온	여 참조; 송부; (병의) 일시적인 진정, 소강 상태; [종교·법률] 사면, 용서; 사면
remiso, sa 르레미소, 사	형 소극적인, 우유부단한
remite 르레미떼	남 발신인의 성명과 주소(의 표기) carta sin *remite* 발신인의 성명이 없는 편지
remitente 르레미뗀떼	형 발송인의, 하주(荷主)의 남 여 발신인, 발송인, 하주(荷主) 남 발신인의 성명과 주소(remite)
remitir 르레미띠르	타 발송하다, 보내다; (책의 다른 곳을) 참조시키다; 맡기다, 일임하다, 위임하다; (벌·의무 등을) 면제하다 Adjunto le *remito* los documentos. 귀하께 서류를 동봉합니다. 자 (발열 등이) 가라앉다, 진정되다; [+a] (...을) 참조하다 ***remitirse*** [+a](...을) 참조[인용]하다; 느슨해지다, 약해지다, 풀리다; 위임되다
remo 르레모	남 노; [운동] 보트 경기, 조정(漕艇); [주로 복] (동물의) 다리; (새의) 날개; (사람의) 다리 a(l) *remo* 노를 저어
remoción 르레모시온	여 해임, 파면
remodelación 르레모델라시온	여 개조, 개편; 외관[디자인]의 변경, 리모델링 하기 *remodelación* del gobierno 내각 개편
remodelar 르레모델라르	타 ...의 형(形)을 바꾸다; (조직을) 개조[개편]하다; [건축] 외관[디자인]을 바꾸다[변경하다], 리모델링하다
remojar 르레모하르	타 (주로 물에) 담그다, 잠그다, (흠뻑) 적시다; 축배를 들다, 마시며 축하하다

remojo
르레모호
남 물에 잠김[적심]; ((중남미)) 선물

remolcador, ra
르레몰까도르, 라
형 예항(曳航)하는; 견인하는
buque *remolcador* 예인선
남 예인선, 예항선; 견인차, 래커차

remolcar
르레몰까르
타 예항하다; 견인하다
remolcar el coche averiado
고장난 차를 견인하다

remolino
르레몰리노
남 소용돌이, 회오리바람; (머리의) 가마; 인파, 혼잡, 붐빔; 혼란, 무질서(無秩序)

remolque
르레몰께
남 예항; 견인; 트레일러; 후릿그물, 트롤망; 예항 밧줄

remontar
르레몬따르
타 (경사를) 오르다; (배로·헤엄쳐 강을) 거슬러 올라가다; (공중을) 올라가게 하다, 높이 올리다; (순위를) 올리다; (장애를) 극복하다
remontar las desgracias familiares
가정의 불행을 극복하다
remontarse (새·비행기 등이) 높이 오르다; [+a] (과거로) 거슬러 올라가다; [+a] (금액에) 달하다
Los gastos del viaje *se remontan* a cinco mil dólares.
여행 비용은 5천 달러에 달했다.

remonte
르레몬떼
남 (스키장의) 승강 장치; 상승, 높이 올라가기; 극복

remorder
르레모르데르
타 후회하게 하다
remorderse 괴로워하다, 번민하다

remordimiento
르레모르디미엔또
남 후회; 양심의 가책
(*remordimiento* de conciencia)
Siento [Tengo] *remordimiento*.
나는 후회하고 있다.

remotamente
르레모따멘떼
부 어렴풋이, 아련이, 막연히; 아득히 먼 옛날에

remoto, ta
르레모또, 따
형 (시간적·공간적으로) 먼, 아득한, 멀리 떨어진; 있을 것 같지 않은; 거의 기억에도 없는

remover
르레모베르

타 (전체의 일부를) 움직이다; 휘젓다; (사건 등을) 어지럽히다, 쥐고 놀다, 파고 들다, 탐색하다; (장애를) 없애다, 제거하다; ((주로 중남미))
자 [+de](…에서) 해임하다[+en] (…을) 탐색하다, 파고 들다
removerse 몸을 움직이다
removerse inquieto en el sillón
의자에서 불안하게 몸을 움직이다

remuneración
르레무네라시온

여 보수; 사례금

remunerar
르레무네라르

타 …에게 보수[사례금]를 주다; 보답하다, 갚다
trabajo mal *remunerado*
벌이가 되지 않은 일
remunerar la colaboración
협력에 대한 사례금을 주다

remunerativo, va
르레무네라띠보, 바

형 돈이 되는, 벌이가 되는, 이가 남은
trabajo muy *remunerativo*
큰 돈이 되는 일, 벌이가 좋은 일

renacentista
르레나센띠스따

형 르네상스의, 문예 부흥(기)의
남 여 르네상스[문예 부흥기]의 예술가
estilo *renacentista* 르네상스 양식
Italia *renacentista*
르네상스 시대의 이탈리아

renacer
르레나세르

자 다시 태어나다, 되살아나다, 소생하다
(volver a nacer)
Me siento *renacer*.
나는 되살아난 기분이다.
남 소생, 회생, 재생, 기사회생

renaciente
르레나시엔떼

형 소생하는, 재생[부활] 하는; 기운을 되찾는

renacimiento
르레나시미엔또

남 재생, 부활, 소생, 되살아남
renacimiento de la naturaleza
자연의 소생

Renacimiento
르레나시미엔또

남 [역사] 르네상스, 문예 부흥

renacuajo
르레나꾸아호

남 [동물] 올챙이
Cada renacuajo tiene su cuajo.
(속담) 지렁이도 밟으면 꿈틀한다.

renal
르레날

남 [해부] 신장(腎臟)의
insuficiencia *renal* 신부전(腎不全)
litiasis *renal* 신장 결석(腎臟結石)

rencilla
르렌시야

여 [주로 복] 말다툼, 언쟁, 실랑이; 분쟁, 내분, 다툼(질)
rencillas familiares
집안 싸움, 가정내의 분쟁

renco, ca
르렝꼬, 까

형 (허리의 장애로) 다리가 부자유스러운, 절름발이의
남 여 절름발이

rencor
르렝꼬르

남 원한, 앙심, 유한(遺恨)

rencoroso, sa
르렝꼬로소, 사

형 원한에 사무친, 앙심을 품은; 걸핏하면 화를 내는; 원망하는
carácter *rencoroso* 집념이 강한 성격

rendición
르렌디시온

여 항복, 투항
rendición incondicional 무조건 항복

rendidamente
르렌디다멘떼

부 녹초가 되어, 축 늘어져; 순종해; 친절히

rendido, da
르렌디도, 다

형 녹초가 된, 까라진, 피로로 축 늘어진, 지쳐버린; 숭배하는; 순종한; 친절한

rendija
르렌디하

여 (빈)틈
rendija de la puerta 문틈
rendijas de la persiana
(광선을 가리는) 차양의 틈

rendimiento
르렌디미엔또

남 수익; 효율; 생산성; 성적; 복종, 종속; 경의

rendir
르렌디르

타 정복하다, 종속시키다; 넘겨주다, 인계하다, 양도하다; 몹시 피곤하게 하다, 녹초가 되게 하다, 축 늘어지게 하다, 까라지게 하다; (인사 등을) 하다; (경의 등을) 표하다, 드리다; (보고 등

을) 제출하다, 설명하다; (배로 하는 여행 등을) 끝내다; (이익을) 올리다
재 이익을 올리다; 좋은 효과를 올리다; 항복하다, 굴하다, 따르다; 인정하다, 시인하다

renegado, da
르레네가도, 다
형 남 여 배교자(背敎者)(의)

renegar
르레네가르
타 강하게 부인하다
재 [+de] (신앙 등을) 버리다; 싫어하다; (가족으로) 인정하지 않다; 불평을 말하다

renegociación
르레네고시아시온
여 (조약·계약의) 재교섭, 개정 교섭

renegociar
르레네고시아르
타 재교섭하다, …의 개정 교섭을 하다

RENFE
르렌페
여 ((약어)) Red Nacional de Ferrocarriles Españoles
(스페인) 국철(國鐵)

renglón
르렝글론
남 (문장의) 행(行); 복 짧은 편지[인쇄물]; (지출 등의) 항목, 비목(費目); 품목
renglón de las importaciones
수입 품목

renombrado, da
르레놈브라도, 다
형 유명한, 이름난, 명성이 높은
renombrado bandolero 유명한 도적

renombre
르레놈브레
남 명성, 평판
adquirir gran *nombre* 명성을 얻다
de renombre 유명한, 고명한
médico *de renombre* 고명한 의사

renovable
르레노바블레
형 갱신할 수 있는

renovación
르레노바시온
여 새롭게 함, 갱신

renovar
르레노바르
타 새롭게 하다, 일신하다; 갱신하다, 다시 시작하다; 되풀이하다, 반복하다, 다시 (고쳐) 하다
renovar la serie de ejercicios
반복 연습하다
renovarse 새롭게 되다, 반복되다, 되풀이되다

renta 르렌따	여 정기적으로 들어오는 수입; 금리 수입, 연금; ((주로 중남미)) 임차료, 임대료; 지대(地代); 공채, 국채; [경제] (총) 소득 *renta* nacional 국민 소득 *renta* per cápita 1인당 국민 소득 política de *rentas* 소득 정책
rentabilidad 르렌따빌리닫	여 수익성 tasa de *rentabilidad* 수익율
rentabilizar 르렌따빌리사르	타 (투자의) 원금을 취하다
rentable 르렌따블레	형 수익성이 있는, 수입이 좋은; 유익한
rentado, da 르렌따도, 다	형 ((남미)) 유급(有給)의
rentar 르렌따르	타 (금리·수익을) 가져오다; ((중남미)) 임대[임차]하다
rentista 르렌띠스따	남여 금리[연금] 생활자
renuevo 르레누에보	남 새싹; 갱신, 재생
renuncia 르레눈시아	여 포기, 단념; 사직; 사표
renunciación 르레눈시아시온	여 =renuncia
renunciar 르레눈시아르	타 단념하다, 체념하다; (나쁜 것을) (아주) 끊다 *renunciar* al alcohol 금주하다 *renunciar* al tabaco 담배를 끊다 **renunciarse** [종교] 금욕하다
reñidero 르레니데로	남 투계장(鬪鷄場)
reñido, da 르레니도, 다	형 사이가 나쁜; (생각 등이) 반대의; 접전의, 호각(互角)의, 긴박한 partido *reñido* 백열전, 호각전
reñir 르레니르	자 싸우다, 언쟁을 하다, 말다툼을 하다; 사이가 좋지 않다

Ella *ha reñido* con su novio.
그녀는 연인과 사이가 나빴다.
타 나무라다, 꾸짖다, 힐책하다; (싸움 등을) 하다

reo
르레오
남 **여** 죄인; [법률] 피의자, 피고
남 차례(turno); 번, 회(回)(vez)

reojo (de)
르레오호 (데)
부 곁눈질로, 증오하는 눈길로
mirar *de reojo*
곁눈질로 보다, 증오의 눈길로 바라보다

reorganización
르레오르가니사시온
여 재조직, 재편성

reorganizar
르레오르가니사르
타 재조직[재편성]하다

reorientación
르레오리엔따시온
여 재교육, 방향 전환, 재조정

reorientar
르레오리엔따르
타 …에게 새로운 방향[방침]을 주다; 재교육시키다; 새로운 환경에 순응시키다; 전환하다, 재조정하다

reparación
르레빠라시온
여 [때때로 **복**] 수리, 수선; 보수 공사; 배상, 보상
reparación del daño 손해 배상

reparador, ra
르레빠라도르, 라
형 수리하는; 체력을 회복시키는
medicina *reparadora* 피로 회복제
남 **여** 수리공(mecáico *reparador*)

reparar
르레빠라르
타 수리하다, 수선하다; 보상하다, 변상하다; (체력을) 회복하다
자 [+en] (…에) 마음을 쓰다; (실행하기 전에) 생각하다

reparo
르레빠로
남 불찬성, 이의; 주저, 망설임; [펜싱] (상대방의 칼을 적당히) 받아넘김

repartición
르레빠르띠시온
여 분배, 배분, 할당; ((중남미)) (행정의) 부(部), 국(局)

repartidor, ra
르레빠르띠도르, 라
남 **여** 배달[배송]하는 사람, 배달원
repartidor del periódico 신문 배달원

repartimiento 르레빠르띠미엔또 남 분배, 배분; 분배 증명서

repartir 르레빠르띠르 타 분배하다; 할당하다; 배달하다; 넓히다, 흩뜨리다
repartir la crema por encima de un pastel 크림을 케이크 위에 바르다

reparto 르레빠르또 남 분배, 배분; 배달; 배역, 캐스트
reparto de la leche 우유 배달

repasar 르레빠사르 타 재조사하다; 복습하다; 다시 대충 훑어보다; 빨리 다시 읽다; [재봉] 수선하다
자 (같은 장소를) 다시 지나가다

repaso 르레빠소 남 재조사; 복습; (옷의) 수선; (기계의) 점검

repatriación 르레빠뜨리아시온 여 본국 송환, 귀국

repatriado, da 르레빠뜨리아도, 다 형 남 여 송환된 (사람), 귀환된 (사람)

repatriar 르레빠뜨리아르 타 본국에 송환하다, 귀국시키다
repatriarse 귀환하다

repelente 르레뻴렌떼 형 혐오감을 일으키는

repeler 르레뻴레르 타 되밀다, 물리치다, 격퇴하다; 거절하다, 각하하다; 혐오감을 주다, 불쾌하게 하다; [물리] 반발하다

repensar 르레뻰사르 타 재고하다, 다시 생각하다; 숙고하다
pensar y *repensar* 차분히[곰곰이] 생각하다; 여러 모로[이것 저것] 생각하다

repente 르레뻰떼 남 돌연한 동작[마음의 움직임]
de repente 갑자기, 돌연, 느닷없이
De repente ella se levantó de la silla y se marchó. 그녀는 갑자기 의자에서 일어나더니 나가 버렸다.

repentinamente 르레뻰띠나멘떼 부 돌연, 갑자기, 느닷없이

repentino, na 르레쁜띠노, 나	형 갑작스러운, 돌연한, 불의의 cambio *repentino* de tiempo 날씨의 급변 muerte *repentina* 급사(急死)
repercusión 르레뻬르꾸시온	여 반향; 영향
repercutir 르레뻬르꾸띠르	타 반향하다; 반영하다
repertorio 르레뻬르또리오	남 (문헌 등의) 목록, 일람표; 정보 수집; [음악·연극] 레퍼토리
repesca 르레뻬스까	여 ((스페인)) 추가 시험; [운동] 패자 부활전
repescar 르레뻬스까르	타 ((스페인)) (낙제생을) 구제하다; [운동] (패자를) 부활시키다; (추방된 사람을) 원래대로 복귀시키다
repetición 르레뻬띠시온	여 되풀이, 반복; 낙제, 유급; [미술] (제작자 자신에 의한) 복제
repetidamente 르레뻬띠다멘떼	부 되풀이해서, 반복해서, 몇번이나
repetido, da 르레뻬띠도, 다	형 (같은 것이) 두 개 (이상)의; 되풀이되는, 반복되는 *repetidas veces* 몇번이나, 되풀이해서
repetidor, ra 르레뻬띠도르, 라	남 여 낙제생, 유급생 남 [통신] 중계기(中繼器); [방송] 중계국(中繼局)
repetir 르레뻬띠르	타 되풀이하다, 반복하다; 되풀이해서 말하다; (학생이 낙제해서) 재수하다; (요리의) 같은 음식을 다시 더 먹다[청하다] ¿No quiere usted *repetir* el café? 커피 더 드시지 않겠습니까? 자 되풀이해서 일어나다; 낙제하다, 유급되다; (요리의) 뒷맛이 남다; 같은 음식이나 음료를 다시 더 청하다 *repetirse* 같은 것을 되풀이 하다; 되풀이 되다, 반복되다

La historia *se repite*. 역사는 반복된다.
직·현재: rep*i*to, rep*i*tes, rep*i*te, repetimos, repetís, rep*i*ten
직·부정 과거: repetí, repetiste, rep*i*tió, repetimos, repetisteis, rep*i*tieron
접·현재: rep*i*ta, rep*i*tas, rep*i*ta, rep*i*tamos, rep*i*táis, rep*i*tan
현재 분사: rep*i*tiendo

repintar
르레삔따르
타 다시 칠하다, (그림에) 가필하다; 덧칠하다
repintarse 화장을 짙게 하다; (인쇄된 글자가 반대 페이지에) 묻다

repisa
르레삐사
여 (벽에서 돌출한) 선반; [건축] 까치발

replantar
르레쁠란따르
타 바꾸어 심다; 다시 심다, 이식하다

replantear
르레쁠란떼아르
타 (재검토해서) 다시 제안하다; (계획 등을) 등을 다시[고쳐] 세우다
replantearse ...을 다시 생각하다

repleción
르레쁠레시온
여 충만; 만복(滿腹) 상태

replegar
르레쁠레가르
타 (날개를) 접어 개다; [항공] (차륜을) (제자리로) 당겨 들이다; [군사] 후퇴시키다
replegarse
(질서 정연히) 후퇴하다, 철수하다

repleto, ta
르레쁠레또, 따
형 가득 찬, 넘친, 만원의; 만복(滿腹)의, 배가 가득 찬, 배부른; 보동보동한
Estoy *repleto*. 나는 배부르다.

réplica
르레쁠리까
여 반박, 말대답; [미술] (주로 제작자 자신에 의한) 복제

replicar
르레쁠리까르
타 ...에 반박하다, 말대답하다
자 구두 대답하다

repliegue
르레쁠리에게
남 철수, 후퇴; (의복 등의) 주름; (피부의) 주름, 주름살; (토지의) 기복

repoblación
르레뽀블라시온
여 식림(植林); (치어의) 방류; 재입식(再入植)

repoblar
르레뽀블라르
타 식림하다; 방류하다; …에 (재)입하다
repoblarse 자리 잡고 살다, 정주하다

repollo
르레**뽀**요
남 [식물] 양배추, 캐비지
repollo colorado [morado]
((남미)) 붉은 양배추

reponer
르레뽀네르
타 다시 놓다, 제자리에 다시 놓다; 복직시키다; (원상태로) 되돌리다, 반환하다, 보충하다; 답하다, 대답하다, 대꾸하다; 재상연[상영·방송]하다
reponerse
(건강·체력을) 회복하다; 사라지다, 없어지다, 지워지다; 다시 일어서다, 회복되다
*reponerse de*l disgusto
불쾌감이 해소되다
reponerse de su enfermedad
병이 치료되다[낫다]

reportaje
르레뽀르**따**헤
남 보도 기사; 기록 영화, 다큐멘터리 영화[프로그램]; ((중남미)) 인터뷰

reportar
르레뽀르**따**르
타 (감정·충동을) 억제하다[누르다]; (이익·손해를) 가져오다; ((중남미)) 통보하다
자 보고를 하다
reportarse 자제하다, 삼가다; ((중남미)) 출두하다, 모습을 나타내다

reporte
르레**뽀**르떼
남 ((주로 중미)) 리포트, 보고서; 기사

reportear
르레뽀르떼아르
타 취재하다

reportero, ra
르레뽀르**떼**로, 라
남 여 보도 기자, 리포터
reportero gráfico 보도 카메라맨

reposabrazos
르레뽀사브**라**소스
남 단 복 (의자의) 팔걸이

reposacabezas
르레뽀사까**베**사스
남 단 복 (의자의) 머리 받침

represa

reposado, da 르레뽀사도, 다
형 안정된, 진정된, 평정한; 충분히 쉰, 피로가 풀린

reposapiés 르레뽀사삐에스
남단복 (이발용 의자 등의) 발판, 발걸이

reposar 르레뽀사르
자 쉬다, 휴식하다; (주로 점심 후에 잠깐) 자다, 낮잠을 자다; 매장되어 있다; (액체의) 부유물이 가라앉다
타 쉬다, 휴식하다
reposar la comida (소화를 돕기 위해 식후에 쉬다, 낮잠을 자다
reposarse 쉬다, 휴식을 취하다
reposarse un poco despué de comer
식후 잠깐 자다[쉬다]

reposición 르레뽀시시온
여 제자리로 도로 놓는 일; 복직; 재상연, 재상영, 재방송; 회답, 답장; [법률] 항변

repositorio 르레뽀시또리오
남 저장소

reposo 르레뽀소
남 휴식, 쉼; 평안, 평온함; 정지
La máquina está en *reposo*.
기계가 멈춰 있다.

repostar 르레뽀스따르
타 (식량·연료 등을) 보급하다

repostería 르레뽀스떼리아
여 과자 제조(의 기술); 케이크점, 과자점

repostero, ra 르레뽀스떼로, 라
남여 케이크 기술자, 과자 제조자
남 (문장으로 수놓아진) 벽걸이; ((남미)) 식당; 식료품 저장실

repreguntar 르레쁘레군따르
타 …에 반대 심문을 하다

reprender 르레쁘렌데르
타 꾸짖다, 나무라다, 책망하다

reprensión 르레쁘렌시온
여 힐책, 책망, 비난

represa 르레쁘레사
여 ((남미)) 댐(presa); 저수지

represalia
르레쁘레살리아
여 [주로 복] 보복, 복수
derechos de *represalias* 보복 관세
tomar *represalias*
보복 조치를 취하다

represaliar
르레쁘레살리아르
타 (보복 조치로서) 처분하다

represar
르레쁘레사르
타 (물의 흐름을) 막다

representación
르레쁘레센따시온
여 표현, 표상(表象), 표시; 도상(圖像); 상연; 흥행; 연기; [집합 명사] 대표, 대표단; 대리(代理); 판매 대리업[대리권]; 권위, 영향력; 등급; 탄원, 청원

representante
르레쁘레센딴떼
남 여 대표자; 대리인; 판매 대리인[대리점]; 배우, 여배우
형 대표하는

representar
르레쁘레센따르
타 나타내다, 표현하다; (사람·사물이) …로 보이다; 상연하다; 연기를 하다; …에게 의미하다; 대표하다, 대리를 하다; 생각해 내게 하다, 상기시키다, 상상하게 하다
El presidente *representa* al gobierno.
대통령이 정부를 대표한다.
representarse
상상하다, 마음속에 그리다, 회상하다

representativo, va
르레쁘레센따띠보, 바
형 대표적인; [+de] (…을) 나타내는; 대표하는; 대표자에 의한
fabricante *representativo* de Corea
한국의 대표적인 메이커

represión
르레쁘레시온
여 진압; 탄압, 억압; 억제; [심리] 억압
represión de la revuelta 폭동 진압

represivo, va
르레쁘레시보, 바
형 억압적인

***represor*, ra**
르레쁘레소르, 라
형 억압하는
남 여 억압자

reprimenda
르레쁘리멘다
여 나무람, 꾸지람, 힐책

reprimido, da 르레쁘리미도, 다
- 형 억압받은
- 남 여 억압받은 사람, 피억압자

reprimir 르레쁘리미르
- 타 (충동 등을) 누르다, 억제하다; 진압하다; 탄압하다, 억압하다; [심리] 억압하다

reprimirse 자신을 억제하다; [+de] (...을) 참다, 견디다

reprobable 르레쁘로바블레
- 형 비난할 만한

reprobación 르레쁘로바시온
- 여 비난

reprobado, da 르레쁘로바도, 다
- 형 불합격의
- 남 여 불합격자

reprobar 르레쁘로바르
- 타 비난하다, 반대하다; ((중남미)) 불합격시키다

réprobo, ba 르레쁘로보, 바
- 형 사악한, 비난할 만한; 공동체에서 추방된

reprocesar 르레쁘로세사르
- 타 재처리하다

reprocesar el combustible consumido 사용필 핵연료를 재처리하다

reprochable 르레쁘로차블레
- 형 비난할 만한

reprochar 르레쁘로차르
- 타 비난하다, 책망하다

reprocharse 자신을 책하다

reproche 르레쁘로체
- 남 비난, 책망, 힐책

reproducción 르레쁘로둑시온
- 여 재현; (소리 · 영상의) 재생; (주로 예술 작품의) 복제; [생물] 생식, 번식; [경제] 재생산

reproducir 르레쁘로두시르
- 타 재현하다; (소리 · 영상을) 재생하다; (말을) 되풀이하다, 반복하다, 한 번 더 말하다; [드믐] 모사하다; 복사하다, 복제하다; [경제] 재생산하다

reproducirse 재현되다; 생식[번식]되다

reproductivo, va 르레쁘로둑띠보, 바
- 형 생식(生殖)의; 재생산의

reproductor, ra 르레쁘로둑또르, 라	형 재생용의; 재현의; 생식[번식]용의 aparato *reproductor* 생식기 남 여 종축(種畜), 번식용 가축 남 재생용 기기(再生用機器)
reprografía 르레쁘로그라피아	여 (전자 장치 등에 의한) 복사
reprogramación 르레쁘로그라마시온	여 순연(順延)
reprogramar 르레쁘로그라마르	타 순연하다, 날짜나 시간을 차례로 미루다
reptar 르렙따르	자 (파충류가) 땅을 기다
reptil 르렙띨	형 남 파충류(의)

república 르레뿌블리까	여 공화국; 공화 정치, 공화 정체 *República* de Corea 대한 민국
republicano, na 르레뿌블리까노, 나	형 공화국의, 공화제의 partido *republicano* 공화당 남 여 공화주의자, 공화당원
repudiación 르레뿌디아시온	여 =repudio
repudiar 르레뿌디아르	타 거절하다; 비난하다
repudio 르레뿌디오	남 거절, 비난
repudrir 르레뿌드리르	타 많이 썩히다; 좀먹다, 침식하다; 괴롭히다 ***repudrirse*** 마음이 괴롭다, 탄식[한탄]으로 지내다
repuesto, ta 르레뿌에스또, 따	형 (병이) 회복된, 다시 일어선 남 (식량 등의) 비축; (예비·교환용의) 부품 ***de repuesto*** 예비의, 교환용의 rueda *de repuesto* 예비 타이어
repugnancia 르레뿌그난시아	여 구역질, 욕지기; 혐오(감), 반감
repugnante 르레뿌그난떼	형 혐오감을 일으키는, 불쾌한

requisitoria

repugnar
르레뿌그나르
자 혐오감을 일으키다
타 싫어하다
repugnarse 대립하다, 모순되다

repulsión
르레뿔시온
여 격퇴, 거절; 반감; [물리] 반발

repulsivo, va
르레뿔시보, 바
형 반감을 가지게 하는, 불쾌한

reputación
르레뿌따시온
여 평판, 세평; 명성, 호평
adquirir buena *reputación* 명성을 얻다
perder la *reputación* 명성을 잃다

reputado, da
르레뿌따도, 다
형 평판이 좋은; 유명한

reputar
르레뿌따르
타 (...로) 간주하다, 평가하다
reputarse ...로 간주되다, 평가되다

requemar
르레께마르
타 눌리다, 태우다, 지나치게 굽다; (혀를) 쏘다; (한여름의 더위가 식물을) 말리다; 욱하다, 앞뒤를 가리지 않고 불끈하다

requerimiento
르레께리미엔또
남 요청, 요구

requerir
르레께리르
타 요청하다, 강하게 요구하다; 필요로 하다; 설득하다; ...에게 구애하다; 검사하다
Este trabajo *requiere* paciencia.
이 일은 인내가 필요하다.

réuiem
르레끼엠
남 레퀴엠; 진혼곡

requisa
르레끼사
여 점검, 검사; (군대에 의한) 징발, 징용; ((남미)) 수색

requisar
르레끼사르
타 징발하다, 징용하다; ((남미)) 수색하다

requisición
르레끼시시온
여 (군대에 의한) 징발, 징용

requisito
르레끼시또
남 필요 조건; [철학] 요건
requisito previo 선행 (필요) 조건

requisitoria
르레끼시또리아
여 [법률] (재판관이 피고인에게 내는) 출정(出廷)명령, 출두 청구

resabio 르레사비오	남 (불쾌한) 뒷맛; 악습(惡習)
resaltar 르레살따르	자 눈에 띄다, 두드러지다, 뛰어나다
resbaladizo, za 르레스발라디소, 사	형 미끄러지기 쉬운; 다루기 어려운 carretera *resbaladiza* 미끄러지기 쉬운 도로 asunto *resbaladizo* 미묘한 문제
resbalar 르레스발라르	자 미끄러지다; 자동차가 미끄러지다; (마루 등이) 미끄러지기 쉽다; 아무렇든 상관없다[좋다], ...의 관심을 끌지 않다; 잘못[실수]을 범하다 *resbalar* sobre una superficie helada 얼음 위에서 미끄러지다 ***resbalarse*** 미끄러지다; 발을 미끄러지게 하다
rescatar 르레스까따르	타 되찾다, 회수하다; (판 것을) 되사다; (전당포에서) 돈을 갚고 저당 잡힌 것을 찾다; [+de] (위험·비참·억압 등에서) 구출하다
rescate 르레스까떼	남 회수, 되찾음; 구출; 수색; (인질 등의) 몸값 exigir [imponer] *rescate* 몸값을 요구하다
rescindible 르레신디블레	형 취소 가능한
rescindir 르레신디르	타 [법률] (계약을) 취소하다, 무효를 선언하다
rescisión 르레시시온	여 [법률] 취소, 해제
resecar 르레세까르	타 잘 말리다; [의학] ...의 일부를 절제하다 ***resecarse*** 바싹 마르다
resección 르레섹시온	여 [의학] 절제(술)
reseco, ca 르레세꼬, 까	형 말라 비틀어진; 잘 마른; 깡마른
resembrar 르레셈브라르	타 (싹이 트지 않아) 다시 씨앗을 뿌리다

resentido, da
르레센띠도, 다
형 원한을 가진, 앙심을 품은; (마음이) 아픈, 쓰린
남 여 원한[앙심]을 품은 사람, 성난 사람

resentimiento
르레센띠미엔또
남 원한, 한, 앙심; 노함, 성남

resentirse
르레센띠르세
((재귀)) 노하다, 분개하다, 원한을 품다; 약점이 생기다, 약해지다; (오래된 상처 등의) 영향이 남다, 아프다; 원망하다, 분하게 여기다; 성내다, 노하다
Ella *se resintió* por no haberla invitado.
그녀는 초대되지 않은 것을 분해 했다.

reseña
르레세냐
여 신체적 특징, 인상서; (신문·잡지의) 단평, 작은 뉴스; 신간 안내, 서평; 개요,개설(서)

reseñar
르레세냐르
타 …의 특징을 알리다[말하다]; 단평을 쓰다; 신간 안내를 하다

reserva
르레세르바
여 예약; 지정권; 비축, 예비; 매장량; 신중; 유보 (조건); [운동] 이군(二軍), 보결팀; [경제] 준비금, 예비금, 적립금; [군사] 예비군, 예비역; (동물의) 자연 [조수(鳥獸)] 보호구; 복 (체내 에너지원의) 저장 물질
남 여 [운동] 보결[대기] 선수
남 3년 이상 묵힌[발효시킨] 술[포도주]
absoluta reserva 극비(極秘)
sin reservas 무조건으로, 전면적으로; 솔직히

reservadamente
르레세르바다멘떼
부 내밀히

reservado, da
르레세르바도, 다
형 예약된; 신중한, 조심성이 많은; 과묵한, 말수가 적은; 내밀(內密)한
Reservados todos los derechos
[표시] 저작권 소유
남 전용석, 우선석, 노약자·장애인 보호석; (식당·차량의) 개실(個室); [표시] 예약석, 예약필

reservar
르레세르바르
타 예약하다; 소중히 간직하다, 비축하다, 저축하다; 유보(留保)하다, 보류하다, 대기시키다

Quiero *reservar* una habitación
방을 하나 예약하고 싶습니다.
reservarse (자신을 위해) ...을 소중히 간직하다; ... 을 자제하다, 유보하다
Me reservo mi opinión
나는 개인적인 의견을 유보한다.

reservista
르레세르비스따
형 예비역의
남여 예비역병

resfriado
르레스프리아도
남 ((주로 스페인)) 감기
resfriado grave [leve] 심한[가벼운] 감기
coger [atrapar · pillar] un *resfriado*
감기에 걸리다, 감기가 들다

resfriar
르레스프리아르
타 감기에 걸리게 하다; 차게 하다, 식히다
resfriar la sopa 국을 식히다
resfriarse
감기에 걸리다, 감기가 들다; (정열 등이) 식다
resfriarse la amistad 우정이 식다
Estoy muy [algo] *resfriado*.
나는 심한[가벼운] 감기에 걸려 있다.

resguardar
르레스구아르다르
타 보호하다; 방어하다
resguardarse 몸을 지키다
*resguardarse de*l frío
추위를 참고 견뎌내다

resguardo
르레스구아르도
남 보호(하는 것); 방어; 영수증, 수취증; 입장권의) 반을 찢어주는 표; (수하물의) 보관증, 상환권; 보증서
resguardo de la carta certificada
등기 우편 보관증

residencia
르레시덴시아
여 거주(지); 거주권; 거주 허가; (주로 고급의) 집, 저택; 관저, 공관 공저(公邸); 학생 기숙사; (노인 · 고아 등의) 수용 시설; (수도회 등의) 거주 시설; (공적인 저렴한) 숙박 시설; (입원 설비가 있는) 병원

residencial
르레시덴시알
형 (지역이 주로 고급스러운) 주택용의
zona *residencial* (고급) 주택지

남(여) ((주로 남미)) 숙박 시설, 싼 호텔, 여관, 여인숙

residenciar
르레시덴시아르
타 조사하다, 연구하다

residente
르레시덴떼
형 거주하는, 살고 있는, 주재하는
남여 살고 있는 사람, 거주자, 외국인 거류자; (전문 의학의) 레지던트, 실습의(實習醫), 전공의

residir
르레시디르
자 거주하다; …에 있다, 존재하다
residir en el extranjero
외국에 거주하다

residual
르레시두알
형 남은 찌꺼기의, 남아 있는, 잔류(殘留)하는
aguas *residuales* 하수, 오수(汚水), 폐수

residuo
르레시두오
남 앙금, 찌꺼기, 찌끼, 남은 것; [기술] [주로 복] 잔해, 잔유물; 폐기물
residuos nucleares 핵폐기물

resignación
르레시그나시온
여 단념, 체념; 감수; (긴급할 때, 권력·임무의) 이양

resignadamente
르레시그나다멘떼
부 단념하여, 체념하여

resignado, da
르레시그나도, 다
형 단념한, 체념한, 사임한

resignar
르레시그나르
타 (권력·임무 등을) 인계하다, 사직하다, 그만 두다
resignarse 감수하다, 단념[체념]하다
resignarse a + 동사 원형
체념[단념]하여 …하다
Me *resigné a* salir solo.
나는 체념하여 혼자 나갔다.

resina
르레시나
여 수지(樹脂); 송진

resinar
르레시나르
타 (나무에서) 수지를 채취하다

resistencia
르레시스뗀시아
여 저항, 반항; 저항력; 내구성; [물리] 저항; [전기] 전기 저항; 저항기; 전열선(電熱線)

Resistencia (la)
르레시스뗀시아 (라)

여 [역사] 레지스탕스, 지하 저항 운동

resistente
르레시스뗀떼

형 저항력이 있는, 내구성이 있는
resistente al agua 방수(防水)의
남 여 레지스탕스의 일원[멤버]

resistir
르레시스띠르

타 ...에 견디다, 버티다; 참다
자 저항하다; 참다, 견디다, 버티다, 계속 유지[지탱]하다
resistirse 저항하다

resolución
르레솔루시온

여 결심, 결의, 각오; 결정, 결의; 조치; 판단력; 해결, 해명; 해답; [법률] 재정(裁定)
en resolucón 요약하면, 간략히 말하면; 결국

resoluto, ta
르레솔루또, 따

형 판단력이 있는, 결의가 굳은, 과단성 있는

resolutorio, ria
르레솔루또리오, 리아

형 해결하는; 결단하는

resolver
르레솔베르

타 해결하다, 해소하다; 풀다, 매듭짓다; 결의(決意)[결심]하다; (종양·염증 등을) 사그라뜨리다; 용해시키다; (물질을) 분해하다
자 결정을 내리다
resolverse 해결되다, 해소되다; 결착되다; 결심하다; 각오하다; 수습되다
직·현재: res*ue*lvo, res*ue*lves, res*ue*lve, resolvemos, resolvéis, res*ue*lven
접·현재: res*ue*lva, res*ue*lvas, res*ue*lva, resolvamos, resolváis, res*ue*lvan

resonancia
르레소난시아

여 울림, 반향; [물리] 공명; [전기] 공진(共振)

resonante
르레소난떼

형 잘 울리는, 반향하는; 현저한
éxito *resonante* 대성공

resonar
르레소나르

자 울리다, 울려 퍼지다, 반향하다

resoplar
르레소쁠라르

자 헐떡거리다, 숨차다
llegar a la cima *resoplando*

헐떡거리며 정상에 도착하다

resoplido
르레소쁠리도
남 헐떡임, 숨이 참

resoplo
르레소쁠로
남 =**resoplido**

resorte
르레소르떼
남 용수철, 스프링, 태엽(muelle)

respaldar
르레스빨다르
타 보호하다, 원조하다; 보증하다
respaldarse (의자에) 등을 기대다
남 (의자의) 등(respaldo)

respaldo
르레스빨도
남 (의자의) 등, 등받이; 원조; (종이의) 뒷면, 이면; [상업] 이서(裏書), 보증

respectar
르레스뻭따르
자 관련되다

respectivamente
르레스뻭띠바멘떼
부 각기, 저마다

respectivo, va
르레스뻭띠보, 바
형 각각의, (제)각기의, 각자의

respecto
르레스뻭또
남 관계, 관련
al *respecto* 그 점에 관해서
(con) *respecto* a …에 관해서
respecto de …에 관해서

respetable
르레스뻬따블레
형 존경[존중]할 만한; 상당한, 꽤많은
respetable suma de dinero
꽤 많은 돈
남 [집합 명사] 관객, 관중

respetar
르레스뻬따르
타 존경하다, 공경하다; 존중하다
respetar a los ancianos
노인을 공경하다
respetar los derechos humanos
인권을 존중하다

respeto
르레스뻬또
남 존경, 경의; 존중, 중시; 두려움; 복 인사
Presente mis *respetos* a su familia.
가족에게 제 안부를 전하십시오.

respetuoso, sa
르레스뻬뚜오소, 사
형 존경심이 있는, 정중한
hablar en tono *respetuoso*

정중한 어조로 말하다

respiracIón
르레스삐라시온

여 호흡, 숨소리; (직접적인) 환기
respiración artificial 인공 호흡
respiración asistida
인공 호흡 장치에 의한 호흡

respirador, ra
르레스삐라도르, 라

형 [해부] 호흡기의
órgano *respirador* 호흡 기관
남 인공 호흡 장치

respirar
르레스삐라르

자 숨을 쉬다, 호흡하다; 후유하고 한숨 쉬다, 한숨 돌리다; 말하다; 연락[소식]이있다
타 (공기를) 들이마시다; (마음의 상태를) 나타내다

respiratorio, ria
르레스삐라또리오, 리아

형 호흡의
aparato *respiratorio* 호흡기
ejercicios *respiratorios* 심호흡

respiro
르레스삐로

남 휴식, 쉼; 평온함, 안도; 위로, 위안; 호흡 (respiración)

resplandecer
르레스쁠란데세르

자 번쩍이다, 반짝반짝 빛나다; (기뻐서) 얼굴을 빛내다

resplandeciente
르레스쁠란데시엔떼

형 아름답게 빛나는
sol *resplandeciente* 빛나는 태양

resplandor
르레스쁠란도르

남 (강한) 빛, 빛남; 광택

responder
르레스뽄데르

타 …에 답하다, 답장을 하다
자 답장[대답]을 하다; 응답하다; 책임을 가지다, 보증하다; (명령 등에) 따르지 않다, 반론하다; 보증인이 되다; …라 불리다, 일컬어지다, …라 하다
Responde rápido. 빨리 대답해라.

responsabilidad
르레스뽄사빌리닫

여 책임, 책무; 책임감
responsabilidad limitada 유한 책임
cargo de mucha *responsabilidad*
책임이 무거운 지위

responsabilizar
르레스뽄사빌리사르

타 책임을 …에게 전가시키다
responsabilizarse 책임을 지다, 책임이

있다

responsable
르레스뽄사블레

형 책임이 있는, 책임감 있는, 사려가 있는
actitud *responsable* 책임 있는 태도
persona *responsable* 책임자
남 여 책임자

respuesta
르레스뿌에스따

여 답, 대답, 회답; 응답; (편지의) 반신(返信);
[생리·심리] 반응
dar *respuesta* a la pregunta
질문에 답하다

resta
르레스따

여 뺄셈, 감법(減法); (뺄셈의 답으로서의) 차,
나머지
hacer *restas* 뺄셈을 하다

restablecer
르레스따블레세르

타 (원래의 상태로) 되돌리다, 회복시키다
restablecer el orden
질서를 회복시키다
restablecerse 회복되다
Ella se *restableció* pronto.
그녀는 빨리 건강을 되찾았다.

restablecimiento
르레스따블레시미엔또

남 회복; 부흥, 복귀, 부활
restablecimiento de la democracia
민주주의의 부활

restante
르레스딴떼

형 나머지의, 남아 있는
lo *restante* 나머지

restañar
르레스따냐르

타 (액체의) 유출[유입]을 막다; 지혈하다
restañar la herida 상처의 피를 막다
자 /*restañarse* 피가 멎다

restño
르레스따뇨

남 지혈(止血)

restar
르레스따르

타 (수를) 빼다; 없애다, 제거하다; [테니스 등]
(공을) 리턴하다
자 (뺄셈에서) 남다; 존속하다; 아직있다
Restan aún siete días para las
vacaciones
방학[휴가]까지는 아직 일주일이 남아 있다.

restauración
르레스따우라시온
여 복원, 수복(修復); 재흥(再興), 부활; (호텔·열차 등에서) 요리를 냄

Restauración (la)
르레스따우라시온 (라)
여 [역사] 알폰소 12세에 의한 왕정 복고 ((1875-1902년))

restaurador, ra
르레스따우라도르, 라
형 복원[수복·부활]시키는
남 여 미술품 복원가; 식당 주인

restaurante
르레스따우란떼
남 식당, 레스토랑
comer en un *restaurante*
식당에서 식사하다

restaurar
르레스따우라르
타 (고미술품 등을) 수복[복원]하다; 이전의 상태로 되돌리다; (정치 제도를) 부활시키다; (식사를 해서 체력을) 회복하다

restitución
르레스띠뚜시온
여 반환, 되돌려 줌

restituir
르레스띠뚜이르
타 (부당하게 얻은 것 등을) 되돌려 주다, 반환하다, 배상하다; 복원하다
restituirse
(출발점·원래의 자리로) 되돌아가다
restituirse a su trabajo
다시 일하기 시작하다

resto
르레스또
남 남은 것, 나머지; 잔액, 잔금; 먹다 남은 밥; 복 유체(遺體), 유해; 복 폐허, 잔해; [수학] (뺄셈의) 나머지; (나눗셈의) 나머지; [테니스 등] (공의) 리턴

restregar
르레스뜨레가르
타 문지르다, 문질러 닦다, 비비다
restregar el suelo 마루를 문질러 닦다
restregar la camisa
와이셔츠를 싹싹 비벼서 빨다
restregarse (자신의 몸을) 문지르다, 비비다
restregarse los ojos 눈을 비비다

restricción
르레스뜨릭시온
여 제한; 복 (식량 등의) 공급 제한; 제약, 유보(留保)
restricciones de agua 급수 제한
restricción de la producción
생산 제한

resurgimiento

restrictivo, va 르레스뜨릭**띠**보, 바
형 제한하는
medida *restrictiva* 제한 조치

restringir 르레스뜨링**히**르
타 제한하다, 제약하다, 억제하다; [생리] (근육을) 수축하다

restriñimiento 르레스뜨리니이미**엔**또
남 변비(estriñimiento)

resucitación 르레수시따시**온**
여 소생, 의식 회복

resucitar 르레수시**따**르
타 되살아나게 하다, 소생시키다, 부활시키다; 기운을 북돋우다; [의학] 소생시키다, 되살리다
자 되살아나다, 소생하다, 부활하다

resuelto, ta 르레수**엘**또, 따
형 단호한, 확고한, 과감한, 결의가 굳은, 결연한; 해결된
ademán *resuelto* 결연한 태도
mujer *resuelta* 과감한 여성

resulta 르레**술**따
여 [주로 복] 결원(缺員), 공석

resultado 르레**술**따도
남 결과, 성과; 성적
resultado de la operación 수술 결과
resultado de los esfuerzos 노력의 결과
resultado del examen 시험 결과

resultar 르레술**따**르
자 [+de] (…의) 결과다, …에서 생기다; …의 결과로 되다; (일반적으로) 결과가 좋다; [+동사 원형] 판명되다; [+a+금액] …가 들다, …이다; …라는 결과가 되다
Todos los esfuerzos *resultaron* vanos.
모든 노력은 허사였다.

resumen 르레수**멘**
남 요약, 개요
en resumen 요약하면, 요약해서

resumir 르레수**미**르
타 요약하다, 개괄하다
resumirse
요약되다; (예기치 않은) 결과로 끝나다
resumirse en un fracaso 실패로 끝나다

resurgimiento 르레수르히미**엔**또
남 원기 회복; 재기, 재생

resurgir
르레수르히르
困 출현하다, 새로 생기다; 부활되다; (육체적·정신적으로) 원기를 되찾다

resurrección
르레수르렉시온
여 부활, 되살아남, 소생
resurrección del Señor 그리스도의 부활
resurrección de la carne
(최후의 심판에서의) 사자(死者) 부활

Resurrección
르레수르렉시온
여 [기독교] 부활제

retaguardia
르레따구아르디아
여 [군사] 후위(後衛); (전선에 대해) 후방 지역; (일반적으로) 배후; 최후

retardado, da
르레따르다도, 다
형 늦은, 더딘, 뒤진; 연기된; 지능의 발달이 늦은, 머리가 나쁜

retardar
르레따르다르
타 (방해·장애가) 더디게 하다; 지연시키다; 연기하다
retardarse 더디다, 늦다, 뒤지다; 연기되다

retardo
르레따르도
남 지연, 연기

retención
르레뗀시온
여 [주로 복] 교통 정체; 보유; (돈의) 정산, 공제; 원천 징수; [의학] 정체(停滯); (테마의) 보존; [법률] 유치(留置)

retenedor
르레떼네도르
남 문 쇠사슬

retener
르레떼네르
타 만류하다, 말리다, 잡아 두다; (돈을) 정산하다, 공제하다, 원천 징수하다; (감정을) 억제하다; 기억에 남기다[두다]; 유치(留置)하다, 구류하다
retenerse (자신의 감정·충동을) 억제하다

retentiva[1]
르레뗀띠바
여 기억력

retentivo, va[2]
르레뗀띠보, 바
형 보유력이 있는; 기억력이 좋은

retina
르레띠나
여 [해부] 망막(網膜)

retirada
르레띠라다
여 [군사] 퇴각, 철수; 제거; (출자금에서) 회수; (제안·허가 등의) 취소; (결함 상품의) 리

콜; 물러남, 은퇴; (경주 등에서) 기권
toque de *retirada* 퇴각 나팔

retiradamente
르레띠라다멘떼

튀 들어박혀, 은둔해서, 가만히, 살그머니

retirado, da
르레띠라도, 다

혱 물러난, 은퇴한; 마을에서 멀리 떨어진, 아주 외진
casa *retirada* 아주 외진 집, 외딴집
oficial *retirado* 퇴역 장교
vivir una vida *retirada*
은둔 생활을 하다

retirar
르레띠라르

타 철수시키다, 퇴각시키다; 제거하다, 치우다; 퇴출시키다; 회수하다, 몰수하다, 빼앗다; 은퇴[퇴직]시키다; (앞에서 한 말을) 철회하다; (결함 상품을) 리콜하다; 멀리에 두다, 외딴[인적이 드문] 곳에 설치하다
retirar los platos de la mesa
테이블에서 식기를 치우다
retirarse 퇴출하다; 귀가하다; 잠자리에 들다; 은퇴하다, 정년 퇴직하다; 틀어박히다, 죽치다, 은둔하다; 후퇴하다, 퇴각하다, 철수하다; (경주 등에서) 기권하다; (전화를) 끊다
Retírate. 전화를 끊어라.
No te *retires*. 전화 끊지 마라.
No se *retire*. 전화 끊지 마세요

retiro
르레띠로

남 은퇴, 퇴직; 은거, 한거(閑居); 연금; 인적이 드문 곳, 외딴[외진] 곳; (예금의) 인출; [종교] 묵상

retocar
르레또까르

타 (그림 등을) 수정하다, 불완전한 곳을 고치다; 마무리[끝손질]을 하다
retocarse (자신의) 화장을 고치다

retomar
르레또마르

타 재개하다, 다시 시작하다

retoñar
르레또냐르

자 싹이 나오다; 재생되다, 다시 나타나다

retoño
르레또뇨

남 싹, 움, 새싹; (어린) 아이, 자식

retoque
르레또께
🅝 수정, 가필, 끝손질, 마무리; (옷의) 치수 고치기; (병의) 징후

retorcer
르레또르세르
🅣 (강하게) 비틀다, 쥐어짜다; (몇 가닥을) 합쳐서 꼬다; 반론하다; (진의를) 왜곡하다
retorcerse 서로 얽히다[엉키다], 뒤얽히다; 몸을 비틀어 구부리다, 몸을 비틀다[꼬다]
retorcerse de dolor
고통으로 몸을 꼬다[비틀다]
retorcerse de risa 뱃살을 잡고 웃다

retorcido, da
르레또르시도, 다
🅗 비틀린, 꼬인; (문체 등이) 매우 복잡한; 난해한; (사람이) 비뚤어진, 악의를 품은
carácter *retorcido* 비뚤어진 성격

retórica¹
르레또리까
🅔 수사학; 미사 여구; 그럴싸한 말, 궤변

retórico, ca²
르레또리꼬, 까
🅗 수사(학)의
🅝🅔 수사학자

retornable
르레또르나블레
🅗 반환할 수 있는; (빈병 등이) 반환금을 받는

retornar
르레또르나르
🅘 되돌아가다, 되돌아오다, 원점으로 돌아가다
🅣 되돌리다, 반환하다, 되돌려 주다

retorno
르레또르노
🅝 되돌림, 되돌아감, 복귀, 귀환; 반환, 환불; [컴퓨터] 리턴(retorno de(l) carro)

retorsión
르레또르시온
🅔 비틀림, 꼬임; 보복

retracción
르레뜨락시온
🅔 수축; 감소

retractable
르레뜨락따블레
🅗 취소 가능한

retracción
르레뜨락시온
🅔 철회, 취소; (자금의) 회수

retractar
르레뜨락따르
🅣 철회하다, 취소하다
retractarse de …을 취소[철회]하다

retracto
르레뜨락또
🅝 취소

retraer 르레뜨라에르
타 (몸의 일부를) 수축시키다; 단념시키다, 사퇴시키다
retraerse 은둔하다; 은퇴하다; (수요 등이) 감소되다, 갑자기 뚝 떨어지다; (정당 활동 등이) 활발하지 못하다

retransmisión 르레뜨란스미시온
여 (텔레비전·라디오의) 중계 방송; 재방송

retransmisor 르레뜨란스미소르
남 통신기, 발신기

retransmitir 르레뜨란스미띠르
타 ((스페인)) 중계 방송하다; 재방송하다

retrasado, da 르레뜨라사도, 다
형 (성장이) 느린, 더딘; (진행이) 늦은, 더딘, 느린; 지능 발달이 늦은, 저능한, 멍청한

retrasar 르레뜨라사르
타 미루다, 지연시키다, 늦추다; 연기하다
retrasar la fecha de la boda
결혼식 날짜를 늦추다
retrasar el reloj diez minutos
시계를 10분 늦추다
자 (시계가) 늦다
Mi reloj *retrasa* dos minutos.
내 시계는 2분 늦다.
retrasarse
지각하다, 늦다; 낙오되다, 꾸물거리다
Se ha retrasado el tren.
열차가 늦었다.
No *te retrases*. 꾸물거리지 마라.

retraso 르레뜨라소
남 지체, 지연, 지각
retraso(s) en el pago 체납
interés por *retraso* 연체 이자

retratar 르레뜨라따르
타 …의 초상화를 그리다; 사진을 찍다; 정확히 묘사하다; 모방하다, 흉내내다
retratarse 자화상을 그리다

retratista 르레뜨라띠스따
남 여 초상화가; 초상 사진가

retrato 르레뜨라또
남 초상화, 초상 사진; (말에 의한) 묘사; 꼭(빼 놓은 듯이) 닮음

Ella es el vivo *retrato* de su madre.
그녀는 어머니를 빼닮았다.

retrete 르레뜨레떼
남 변소(servicio); 변기(便器)

retribución 르레뜨리부시온
여 보수, 급료

retribuir 르레뜨리부이르
타 …에게 급료를 지불하다, 보수를 주다

retroacción 르레뜨로악시온
여 =**regresión, retroactividad**

retroactividad 르레뜨로악띠비닫
여 소급성(遡及性)

retroactivo, va 르레뜨로악띠보, 바
형 소급(遡及)의, 소급력이 있는
efectos *retroactivos* 소급 효과

retroceder 르레뜨로세데르
자 후퇴하다, 퇴각하다; 뒷걸음질하다; 주춤하다, 멈칫하다

retroceso 르레뜨로세소
남 후퇴; 퇴각, 패주; 퇴보; (총포의) 반동
cañón *retroceso* 무반동포

retrospección 르레뜨로스뻭시온
여 회고; 과거의 검토

retrospectivo, va 르레뜨로스뻭띠보, 바
형 회고적인; 옛날을 그리워하는

retrovisor 르레뜨로비소르
남 백미러(espejo retrovisor)

retumbar 르레뚬바르
타 울려 퍼지다, 사방에 울리다

retumbante 르레뚬반떼
형 울려 퍼지는

reubicar 르레우비까르
타 ((남미)) 재배치하다

reuma 르레우마
남(여) =**reumatismo**

reúma 르레우마
남(여) =**reumatismo**

reumático, ca 르레우마띠꼬, 까
형 류머티즘의
fiebre *reumática* 류머티즘 열

남 여 류머티즘 환자

reumatismo
르레우마띠스모
남 [의학] 류머티즘
reumatismo crónico 만성 류머티즘

reumatología
르레우마똘로히아
여 류머티즘(병)학

reumatólogo, ga
르레우마똘로고, 가
남 여 류머티즘 전문의

reunificación
르레우니피까시온
여 재통일

reunificar
르레우니피까르
타 재통일하다

reunión
르레우니온
여 모임, 집회, 회합; 회의; 미팅; [집합 명사] (집회의) 참가자; 결집, 재회(再會)
libertad de *reunión* 집회의 자유

reunir
르레우니르
타 모으다; 겸비하다, 둘 다 갖추다; (갈라진 것을) 다시 결합시키다
reunir los datos 자료를 모으다
reunir fondos 자금을 모으다
reunirse 모이다, 합동하다
reunirse con
...와 합류하다, ...와 약속한 곳에서 만나다
Me *reúno con* ella en Lima.
나는 리마에서 그녀와 합류한다.
직·현재: reúno, reúnes, reúne, reunimos, reunís, reúnen
접·현재: reúna, reúnas, reúna, reunamos, reunáis, reúnan

reutilizable
르레우띨리사블레
형 재이용할 수 있는

reutilización
르레우띨리사시온
여 재이용

reutilizar
르레우띨리사르
타 재이용하다

reválida
르레발리다
여 ((스페인)) (고등 학교 수료의) 검정 시험, 졸업 시험; 회복, 유효함을 다시 인정하는 일; ((남미)) 확인, 인정

revalidación 르레발리다시온	여 유효함을 다시 인정하는 일
revalidar 르레발리다르	타 (선수권을) 방위하다; 다시 우승 하다; 다시 유효하게 하다; 회복하다; 인정하다 *revalidarse* 검정[졸업] 시험을 보다
revaloración 르레발로라시온	여 =**revalorización**
revalorar 르레발로라르	타 =**revalorizar**
revalorización 르레발로리사시온	여 재평가; (평가) 절상(切上) *revalorización* de divisas 통화의 절상
revalorizar 르레발로리사르	타 (가치를) 재평가하다; 절상하다
revaluación 르레발루아시온	여 재평가; (통화의) 절상 *revaluación* patrimonial 자산 재평가
revaluar 르레발루아르	타 재평가하다
revancha 르레반차	여 보복, 복수; [운동] 설욕전, 리턴매치
revanchismo 르레반치스모	남 복수심
revelación 르레벨라시온	여 폭로; (진리 등의) 계시(啓示), 천계(天啓), 하늘의 계시; (신인의) 등장, 데뷔
revelado 르레벨라도	남 [사진] 현상(現像)
revelador, ra 르레벨라도르, 라	형 밝히는, 털어놓는, 폭로하는; (옷이) 피부가 노출된 남 [사진] 현상액
revelar 르레벨라르	타 밝히다, 털어놓다, 폭로하다; (숨겨진 사실을) 분명히 하다, 나타내다, 보이다; (신이) 계시하다; [사진] 현상하다 *revelar* un complot 음모를 폭로하다 *revelar* un plan 계획을 털어놓다 ***revelarse*** 자신을 드러내다[나타내다]; (결과가) 명확히 되다

revendedor, ra 남 여 소매상, 암표상
르레벤데도르, 라

revender 타 다시 팔다, 전매(轉賣)하다; (암표상이 표를)
르레벤데르 팔다

revenirse ((재귀)) (조금씩) 수축하다; (보존 식품이나 술
르레베니르세 이) 시어지다; (벽 등이) 물[수분]이 (새어) 나오
다; (빵 등이) 습기가 차다

reventa 여 되팖, 재판매, 재매각, 전매(轉賣)
르레벤따 Prohibida la *reventa* 전매 금지
남 여 암표상

reventador, ra 남 여 야유 등으로 방해하는 사람
르레벤따도르, 라

reventar 타 파열시키다, 터뜨리다, 때려부수다; 무척 불
르레벤따르 쾌 하게 하다; 큰 타격을 주다; (흥·집회를)
야유 등으로 방해하다; (말·사람을) 죽을 정도
로 혹사시키다, 죽도록 부려 먹다
자 파열[폭발]하다, 터지다; (파도가) 부서지다;
(옷·배가) 터지다; 가득하다; (감정이) 폭발하
다; 횡사하다, 폭사하다, 죽다
reventarse 터지다, 파열하다; (일로) 녹초가
되다, 몹시 피곤하다
Me reventé trabajando hasta
lograr lo que quería.
나는 원하는 것을 달성할 때까지 죽도록 일했다.

reventón[1] 남 파열; 펑크; 급경사; 궁지; 고생, 애씀, 비상
르레벤똔 한 노력

revetón[2]**, tona** 형 파열할 것 같은
르레벤똔, 또나 ojos *reventones* 퉁방울눈, 왕눈, 부리부리
한 눈

reverberar 타 반사하다; (반사되어) 빛나다, 반짝반짝 빛
르레베르베라르 나다

reverencia 여 존경, 경의; 인사, 경례
르레베렌시아 hacer una *reverencia* 인사하다, 절하다

reverenciar 타 우러러 받들다, 숭상하다, 공경하다, 존경하
르레베렌시아르 다

reverendo, da
르레베렌도, 다

형 (편지 등에서 성직자에게 붙이는)...사(師), ...님; 숭고한, 신중한
남 여 신부님, 목사님, ...님

reverente
르레베렌떼

형 경건한, 정중한

reversible
르레베르시블레

형 반대로 할 수 있는, 뒤집을 수 있는; [복식] 안팎으로 입을 수 있는, 양면용의; [화학·물리] 가역성(可逆性)의; (명령·판결 등이) 파기될 수 있는, 철회 가능한, 취소 가능한; [항공] (프로펠러가) 역추진 가능한

reversión
르레베르시온

여 전도, 반전, 역전; 전환; 되돌아감, 원래 상태로의) 복귀; (재산·권리 등의) 복귀, 반환; 계승권, 상속권, 복귀권; [생물] 격세 유전, 환원 유전

reverso
르레베르소

남 (종이·동전 등의) 뒷면; 뒤, 배면, 배후; (펼쳐진 책의) 왼쪽 페이지

revertir
르레베르띠르

자 (원래 상태로) 되돌리다, 제자리로 되돌아가다; (원소유자 등에게) 반환되다; (...의) 결과로 되다

revés
르레베스

남 뒤, 뒷면, 뒤쪽(reverso); 손등으로 때리기; [테니스·탁구] 백핸드; 불운, 역경
revés de la mano 손등
revés de la tapa 표지의 안쪽
al revés 반대로, 거꾸로

revestimiento
르레베스띠미엔또

남 외장(外裝), 포장, 피복(被覆), 가죽을 덮어 씌움
revestimiento de cerámica
타일 외장[포장]

revestir
르레베스띠르

타 ...의 겉을 덮다[바르다], 덧 입히다, 덧칠하다; (외관·성격 등을) 띠다, 머금다
revestirse
(상황에 따라) 태도를 취하다; 북 돋우다, 분발하게 하다; (성직자가) 사제복을 차려 입다

revirarse
르레비라르세

((재귀)) 방향 전환을 하다, 선회하다; (길이) 굽다, 구부러지다

revisable
르레비사블레
형 수정[개정]할 수 있는

revisación
르레비사시온
여 ((남미)) =**revisión**

revisada
르레비사다
여 ((중남미)) =**revisión**

revisar
르레비사르
타 다시 보다, 재검토하다; 점검 (수리)하다; 검표하다, 검찰하다; 교열(校閱)하다

revisión
르레비시온
여 재검토, 감사; 점검 (수리); 검표, 검찰(檢札); 검진; 교열; [인쇄] 교정; [법률] 재심
demanda de r*evisión* 재심 청구

revisionismo
르레비시오니스모
남 [정치] 수정주의

revisionista
르레비시오니스따
형 수정주의의
남여 수정주의자

revisor, ra
르레비소르, 라
남여 ((스페인)) 검표원; 교열자; 교정 담당자

revista
르레비스따
여 잡지; 점검, 검토; [연극] 레뷔, 시사 풍자극, 시사 풍자 익살극; [군대] 열병(식),관병식

revistar
르레비스따르
타 열병하다; 점검하다, 시찰하다

revistero
르레비스떼로
남 신문[잡지]꽂이

revitalización
르레비딸리사시온
여 생기 회복, 활성화

revitalizante
르레비딸리산떼
형 생기 회복의, 활성화의

revitalizar
르레비딸리사르
타 …의 생기를 회복시키다, 활성화하다

revival
르레비발
남 (예술·사회 운동 등의) 부활, 부흥; 재유행

revivificar
르레비비피까르
타 되살리다, 소생시키다; 활력을 되돌게 하다

revivir
르레비비르
자 되살아나다, 소생하다
타 회상(回想)하다, 생각해내다, 다시 체험하다

revocable
르레보까블레
형 취소 가능한, 취소될 수 있는

revocación
르레보까시온
여 취소, 폐지

revocar
르레보까르
타 (법적 행위를) 무효로 하다, 취소하다; (벽을) 다시 칠하다, 덧칠하다; (공기의 흐름 등을) 역류시키다

revocatoria
르레보까또리아
여 ((중남미)) (판결의) 취소; (법률의) 폐지

revoco
르레보꼬
남 =revoque

revolcar
르레볼까르
타 (사람을) 쓰러뜨리다, 넘어뜨리다; (특히 소가 투우사를) 들이받아 쓰러뜨리다; 뒤엎다; 뒤집다; (토론 등에서 상대를) 이기다, (말로 상대방을) 꼼짝 못 하게 해대다, 말로써 상대를 제압하다, 설복시키다; (시험에서) 낙제시키다
revolcarse 쓰러지다, 자빠지다

revolcón
르레볼꼰
남 전도(顚倒); 패배; 넘어짐, 쓰러짐

revolotear
르레볼로떼아르
자 (벌레·새 등이) 날아다니다, 훨훨 날다

revoloteo
르레볼로떼오
남 날아다니는 일; 훨훨 나는 일

revoltoso, sa
르레볼또소, 사
형 (아이 등이) 소동을 잘 피우는, 짓궂은, 장난이 심한; 반란[폭동]을 일으키는
남 여 짓궂은 아이, 장난이 심한 아이; 반란자, 폭도

revolución
르레볼루시온
여 혁명; 변혁; 동요; [기계] 회전(수); [수학] 회전; [천문] 공전(公轉)
revolución cultural 문화 혁명
revolución de palacio 무혈 쿠데타
revolución industrial 산업 혁명
revolución militar 군사 혁명
revolución verde 녹색 혁명
estallar una *revolución*
혁명이 일어나다

provocar una *revolución*
혁명을 일으키다

revolucionar 르레볼루시오나르
㉺ 동요시키다; 변혁시키다; …에 혁명을 일으키다; [기계] 회전시키다

revolucionario, ria 르레볼루시오나리오, 리아
㉾ 혁명의; 혁명적인, 혁신적인
descubrimiento *revolucionario*
혁명적인 발명
ideas *revolucionarias* 혁명 사상
tropa *revolucionaria* 혁명군 부대
㉻ ㉼ 혁명가(革命家)

revolver 르레볼베르
㉺ 휘젓다, 어지르다, (휘저어) 뒤섞다; 너저분하게 하다, 어수선하게 늘어 놓다; 성나게 하다; 불안하게 하다, 동요시키다; 숙고하다, 잘 생각하다
revolverse 움직이다, 작동되다; 벌렁 나가 자빠지다; 빙그르 돌다; (날씨가) 나빠지다, 사나워지다, 거칠어지다; (뒤를) 되돌아보다, 회고하다; 맞서다, 대항하다
revolverse contra la injusticia
부정(不正)과 맞서다[대항하다]

revólver 르레볼베르
㉻ (탄창 회전식) 연발 권총, 리볼버

revoque 르레보께
㉻ (벽의) 덧칠; 초벽용 석회[흙]

revuelco 르레부엘꼬
㉻ =**revolcón**

revuelo 르레부엘로
㉻ 새가 다시 날아감; 선회; 떼지어 날음; 동요(動搖)

revuelta[1] 르레부엘따
㉼ 반란, 폭동, 분쟁; 싸움, 난투; (방향의) 교환점; 방향 전환

revuelto, ta[2] 르레부엘또, 따
㉾ 뒤범벅이 된, 혼란된; 동요된; 복잡한, 얽혀 복잡 해진, 뒤얽힌; (바다가) 사나워진, 거칠어진; [날씨가] 불안정한, 변하기 쉬운; (아이가) 짓궂은, 장난이 심한, 장난스럽고 말을 듣지 않은(revoltoso); (액체가 휘저어져) 흐려진,

revulsión
르레불시온
탁하게 된, 혼탁한; (사람이) 구역질하는, 욕지기하는
남 [요리] 휘저어 부친 달걀, 스크램블드 에그
여 [의학] 유도 요법(誘導療法)

revulsivo, va
르레불시보, 바
형 [의학] (용변·구토를) 유도하는
남 (주로 좋은 반응을 일으키는 강한) 자극; [약학] 유도 자극약

rey
르레이
남 왕, 국왕 (여 reina 여왕); 복 국왕 부처(夫妻), 국왕과 왕비; [체스·트럼프] 킹, 왕; 왕자(王者)
rey de los animales 백수의 왕
rey del petróleo 석유왕
rey de *reyes* 왕중왕 ((그리스도 등))
los *Reyes* Católicos 카톨릭 두 왕 ((까스띠야의 이사벨 1세와 아라곤의 페르난도 2세))
los *reyes* de España 스페인 국왕 부처[부부]

reyerta
르레예르따
여 서로 치고 받음, 싸움, 난투

rezar
르레사르
자 기도하다, 빌다; (문서로) 기술하다; 관계가 있다
타 …에게 기도드리다
rezar a Dios 하나님께 기도드리다

rezo
르레소
남 기도, 기원(祈願)

rezumar
르레수마르
자 (액체가) 스며 나오다, 배어 나오다
타 스며[배어] 나오게 하다
rezumarse 스며[배어] 나오다
rezumarse el cántaro 항아리가 세다

ría
르리아
여 익곡(溺谷), 리아스; [운동] (장애물 경기의) 물웅덩이

riachuelo
르리아추엘로
남 작은 내

riada
르리아다
여 (강의) 증수(增水); 홍수

rial
르리알
남 리알 ((이란의 화폐 단위))

ribera
르리베라
여 강변, 강가, 냇가; 해안; 유역(의 경지)

ribereño, ña
르리베레뇨, 냐
형 남 여 연안(沿岸)의 (주민)

ricamente
르리까멘떼
부 풍부하게; 유복하게; 호화스레; 아주 잘
He dormido muy *ricamente*.
나는 푹 잤다.

ricino
르리시노
남 [식물] 아주까리, 피마자나무
aceite de *ricino* 아주까리 기름

rico, ca
르리꼬, 까
형 부유한, 부자의, 유복한; 풍부한; (토지가) 비옥한; 호화스러운, 고가(高價)의; 훌륭한; 맛있는, 맛좋은; (아이가) 귀여운, 사랑스러운
comerciante *rico* 돈 많은 상인
hacerse *rico* por [con] la herencia
유산으로 부자가 되다
남 여 부자(富者)
nuevo *rico* 벼락부자

ridiculez
르리디꿀레스
여 우스꽝스러움, 우스운 일, 얼토당토 않은 말

ridiculizar
르리디꿀리사르
타 우습게 만들다, 조롱하다, 놀리다

ridículo, la
르리디꿀로, 라
형 우스꽝스러운, 익살스러운
남 겸연쩍은 입장, 야유의 대상, 조롱거리

riego
르리에고
남 물을 뿌림, 살수(撒水); 관개, 관개 용수(灌漑用水)

riel
르리엘
남 [철도] 레일(raíl); [금속] 잉곳, 주괴(鑄塊)

rienda
르리엔다
여 고삐
tomar las *riendas*
고삐를 잡다; 실권을 잡다

riesgo
르리에스고

명 위험
capital (de) *riesgo*
위험 부담 자본, 벤처 자본
seguro contra [a] todo *riesgo*
전재해 보험(全災害保險)
seguro de *riesgo* de guerra
전쟁[전시] 보험
cubrir el *riesgo* de …
…의 리스크[위험]를 커버하다
ser un gran *riesgo* 무척 위험하다
tener mucho *riesgo* 위험이 많다

riesgoso, sa
르리에스고소, 사

형 ((중남미)) 위험한

rifa
르리파

여 제비뽑기

rifar
르리파르

타 …을 상품으로 제비뽑기를 하다
rifarse 서로 빼앗다, 쟁탈하다

rifle
르리플레

남 라이플총

riflero, ra
르리플레로, 라

남 여 라이플총 소지 병사

rigidez
르리히데스

여 굳어짐, 경직(硬直); 엄격함; 무표정

rígido, da
르리히도, 다

형 굳은, 딱딱한, 굳어 굽히지[휘어지지] 않은; 경직된; 엄격한; 유연성이 없는, 완고한; 무표정한, 표정이 없는

rigor
르리고르

남 엄격함; 엄정; (날씨 등이) 지독함; 엄밀함, 정확함; [의학] 경직(硬直)

rigurisidad
리구리시닫

여 =**rigor**

rigurosamente
르리구로사멘떼

부 엄격히; 절대로, 완전히

riguroso, sa
르리구로소, 사

형 엄격한, 용서 없는; (날씨 등이) 지독한; 엄밀한, 정확한

rima
르리마

여 [시법] 운(韻), 각운(脚韻); 복 운문(韻文)

rimar 르리마르	자 운을 달다; 운문을 쓰다 타 운을 달게 하다
rincón 르링꼰	남 코너, 모퉁이, 구석; 외진 곳, 벽지(僻地), 한쪽 구석; 좁은 토지[방]; 물건을 숨기는 장소; 의류 보관실[방]; [권투] 코너 *rincón* azul [rojo] 청[홍] 코너 *rincón* neutral 중립 코너
rinconera 르링꼬네라	여 구석[코너]용 가구
ring 링	남 [권투·레슬링] 링
rinitis 르리니띠스	여 [의학] 비염(鼻炎) *rinitis* alérgica 알레르기성 비염
rinoceronte 르리노세론떼	남 [동물] 코뿔소
rinofaringe 르리노파링헤	여 [해부] 비인후(鼻咽喉)
rinología 르리놀로히아	여 비과학(鼻科學)
rinoplastia 르리노쁠라스띠아	여 [의학] 코성형술
rinoplástico, ca 르리노쁠라스띠꼬, 까	형 코성형술의
riña 르리냐	여 말다툼, 입씨름, (서로 치고 받는) 싸움
riñón 르리뇬	남 [해부] 신장(腎臟); 중심; 요점; 복 허리 Me duelen los *riñones*. 나는 허리가 아프다.
riñonera 르리뇨네라	여 (허리를 보호하는) 코르셋, 허리 보호대
río 르리오	남 강, 하천 el *río* Han 한강
riqueza 르리께사	여 부(富) (반 pobreza); 재산; 풍요로움; 호화스러움; 훌륭함; [주로 복] 자원(資源) *riquezas* naturales 자연 자원

risa
르리사
여 웃음, 웃음소리; 웃음거리, 우스운 짓
ser la *risa* de todo el mundo
세간의 웃음거리가 되다

risotada
르리소따다
여 홍소(哄笑), 폭소(爆笑)

risueño, ña
르리수에뇨, 냐
형 생글거리는, 상냥하게 웃는; 흐뭇해 하는, 즐거운 듯한
cara *risueña*
소안(笑顔), 웃는 얼굴, 생글거리는 얼굴

rítmico, ca
르릿미꼬, 까
형 운율의, 운율적인, 리듬이 있는, 리드 미컬한

ritmo
르릿모
남 율동, 리듬; 박자; 속도, 페이스
trabajar a *ritmo* lento
한가로이 일하다

rito
르리또
남 (종교적인) 의식, 제의(祭儀), 제례(祭禮); 습관, 풍습, 관례; 관습

ritual
르리뚜알
형 의식의, 제의(祭儀)의; 습관의
남 제례(祭禮); [의학] (노이로제 등의) 전형적인 증상

rival
르리발
남 여 경쟁 상대, 호적수, 라이벌
형 경쟁하는, 대항하는

rivalidad
르리발리닫
여 경쟁[대항] 관계

rivalizar
르리발리사르
자 경쟁하다, 대항하다
rivalizar por el liderazgo
주도권을 다투다

rivera
르리베라
여 작은 내(arroyo)

riyal
르리얄
남 리얄 ((사우디아라비아·카타르의 화폐 단위))

rizador
르리사도르
남 머리털을 지져서 다듬는 가위 모양의 쇠기구

rizar
르리사르
타 (머리털을) 곱슬곱슬하게 지지다; 곱슬곱슬하게 말다; (바람이) 잔물결을 만들다

rizarse (머리가) 곱슬곱슬하게 말리다; 자신의 머리를 곱슬곱슬하게 지지다[말다]; (바다 등이) 잔물결을 만들다, 파도치다

rizo
르리소
남 머리털이 곱슬곱슬하게 말린 것; 공중 제비의 비행
rizar el *rizo*
공중 제비를 하다; 한층 복잡하게 하다

robar
로바르
타 훔치다, 빼앗다; 유괴하다
robar un coche 자동차를 훔치다
robar un niño 아이를 유괴하다
robar una cartera 지갑을 훔치다
Me *han robado* un ordenador.
나는 컴퓨터를 도둑맞았다.

roble
로블레
남 [식물] 오크 ((떡갈나무·졸참나무류의 총칭)); 강건한 사람, 우람하고 튼튼한 사람; 옹골찬 물건
más fuerte que un *roble*
아주 단단한[견고한]

robo
로보
남 도둑질; 강도; 장물, 도난품

robot
로봇
남 로봇
robot industrial 산업용 로봇

robótica
로보띠까
여 로봇 공학, 로봇학

robotización
로보띠사시온
여 로봇화(化)

robotizar
로보띠사르
타 (공정 등을) 로봇화하다

robustecer
로부스떼세르
타 강건하게 하다, 우람하고 튼튼하게 하다
robustecerse 강건해지다; 강화되다

robustecimiento
로부스떼시미엔또
남 강건함; 강화

robustez
로부스떼스
여 강건함, 건장함; 견고함, 탄탄함

robusto, ta
로부스또
형 강건한, 우람하고 씩씩한, 올찬, 딱 벌어진; 탄탄한

casa *robusta* 탄탄한 집
hombro *robusto* 딱 벌어진 어깨
niño *robusto* 건강한 아이

roca 르로까
여 바위, 암석; 암산(巖山), 바윗산; 아주 단단한 것; 경골한(硬骨漢); 의지가 굳은 사람

roce 르로세
남 문지르기, 쓸림, 마찰; 문지른 흔적; 교제(交際); 말다툼, 언쟁

rociada 르로시아다
여 이슬(rocío); 살수(撒水); 엄한 꾸지람[힐책]

rociadera 르로시아데라
여 (물 뿌리는 데 쓰는) 스프링쿨러

rociador 르로시아도르
남 (관개·소화용의) 스프링쿨러; 분무기, 스프레이

rociar 르로시아르
타 …에 물을 뿌리다[끼얹다]; [+con] (요리에 음료를) 곁들이다, 딸리다
rociar con un vino de la región
그 지방 술을 곁들여 마시다
자 이슬이 내리다; 가는 이슬비가 내리다

rocín, cina 르로신, 시나
남여 거칠고 무식한 사람
남 야윈 말; 짐말

rocinante 르로시난떼
남 야위고 늙어 빠진 말
((돈 끼호떼의 애마 Rocinante))

rocío 르로시오
남 이슬; (단시간의) 이슬비
rocío nocturno 밤이슬
punto de *rocío* [물리] 이슬점

rock 록
남 [음악·무용] 록 음악; 로큰롤

rockero, ra 로께로, 라
형 록의; 록 팬의
남여 록 가수, 록 연주가; 록 팬

rock and roll 로깐롤
남 [무용·음악] 로큰롤 ((열광적 몸을 흔들며 추는 춤[재즈곡]))

rococó 르로꼬꼬
형 남 로코코 양식(의)

rocoso, sa 르로꼬소, 사
형 바위(roca)투성이의

rodada¹
르로다다
여 바퀴 자국

rodado, da²
르로다도, 다
형 차량 (교통)의; (흐름이) 순조로운; (말이) 짙은 색 얼룩이 있는; (광석 파편이) 광맥에서 자연히 굴러 떨어지는

rodador, ra
르로다도르, 라
남 여 [자동차] 평지에 강한 선수

rodadura
르로다두라
여 (자동차의) 주행(走行)

rodaja
르로다하
여 원통형의 물건을 가로로 둥글게 자름[자른 물건]; (박차의) 톱니바퀴

rodaje
르로다헤
남 [영화] 촬영; (새 차 등의) 연습 운전; 연습 운전 기간; (정식 방송 전의) 조정(調整)

rodamiento
르로다미엔또
남 구르기; [기계] 베어링

rodar
르로다르
자 구르다, 굴러 떨어지다; (차가) 달리다; 회전하다; (정처 없이) 이동하다, 전전하다; 존재하다
타 빙빙 돌리다; (차를) 운전하다; (새 차의) 연습 운전을 하다; [영화] 촬영하다; (영화에) 출연하다

rodear
르로데아르
타 둘러싸다, 에워싸다, 포위하다; 일주하다; [+de] (...을) ...에게 주다
자 [+por] (...를) 일주하다; 우회하다
rodearse 둘러쌓이다, 포위되다

rodeo
르로데오
남 우회로(迂廻路), 돌아서 가는 길; [주로 복] 말을 이리저리 돌리는 일, 미꾸라지처럼 이리저리 피하는 말; (카우보이들의) 로데오 (경기)

rodilla
르로디야
여 무릎
operación en la *rodilla* 무릎 수술
plegar las *rodillas* 무릎을 구부리다
sentar a un niño en las *rodillas* 무릎에 아이를 앉히다
de rodillas 무릎을 꿇고
ponerse *de rodillas* 무릎을 꿇다

orar *de rodillas* 무릎을 꿇고 기도하다

rodillazo
르로디야소
남 무릎으로 일격; (격투기에서) 무릎으로 상대방을 침

rodillera
르로디예라
여 무릎받이; 무릎 보호대; (바지의) 무릎 부분이 늘어난 곳; (바지의) 무릎에 댄 천; 복 [음악] 억양

rodillo
르로디요
남 롤러; 굴림대; [요리] 밀방망이

rodrigón
르로드리곤
남 [농업] 지주, (수목의) 버팀나무

roedor, ra
르로에도르, 라
형 갉는, 갉아먹는
남 복 쥐무리 동물

roedura
르로에두라
여 (이로) 갉기; 갉은 흔적

roentgen
르뢴뜨헨
남 [물리] 뢴트겐

roer
르로에르
타 갉다, 갉아먹다; 침식하다, 삭제하다; 해치다, 좀먹다

rogar
르로가르
타 간원(懇願)하다, 기원하다, 부탁하다; (신의 은총·자비 등을) 기도하다
자 부탁하다, 청하다; 기도하다
직·현재: *rue*go, *rue*gas, *rue*ga, rogamos, rogáis, *rue*gan
직·부정 과거: rogue, rogaste, rogó, rogamos, rogasteis, rogaron
접·현재: *rue*gue, *rue*gues, *rue*gue, roguemos, roguéis, *rue*guen

rogativa
르로가띠바
여 [주로 복] (풍작 등의) 기원

rojizo, za
르로히소, 사
형 붉그스름한, 붉그스레한

rojo, ja
르로호, 하
형 붉은; (머리털이) 붉은 털의; 좌익(左翼)의; (스페인 내전에서) 공화국파(共和國派)의
남 붉은색, 적색(赤色)(color *rojo*)
남 여 좌익 (분자); 공산주의자; (스페인 내전에

서) 공화국파
ponerse rojo 얼굴이 붉어지다

rol
르롤
남 역할(papel); 기능; [연극] 역(役); 명부, 리스트; 목록; (선박의) 승무원 명부

rollizo, za
르로이소, 사
형 살이 통통하게 찐, 포동포동한
niña *rolliza* 포동포동한 여아

rollo
르로요
남 원통 모양으로[둥그렇게] 만 것, 롤; (영화 필름의) 한 권; (혹 따위) 군살; 일, 건(件), 용건; 정사(情事); 정사 상대; 분위기; (공허한) 장광설; 원통형의 도구; 밀방망이(*rollo* pastelero); (서화 등의) 두루마리, 두루마리로 된 족자
un *rollo* de papel higiénico 화장지 한 권[두루마리 하나]
tener buen *rollo* 분위기가 좋다
Ella tiene *rollos* en la cintura. 그녀는 허리에 군살이 있다.

rolo
르롤로
남 ((남미)) (인쇄기의) 롤러

ROM
르롬
여 [컴퓨터] 판독 전용 기억 장치

Roma
르로마
여 [지명] 로마; 로마 카톨릭 교회
Roma antigua 고대 로마

romance
르로망세
형 [언어] 로망스어의
남 로망스어; (단기간의) 연애, 로맨스; [시법] 로망세 ((중세 스페인에서 성행했던 8음절 시구의 서사시)); (장황한) 변명, 핑계

romancero, ra
르로만세로, 라
남 여 romance 시인[가수]

románico, ca
르로마니꼬, 까
형 [미술·건축] 로마네스크 양식의; [언어] 로망스 어의
남 로마네스크 양식

romanista
르로마니스따
형 로망스어학(語學)의
남 여 로망스어 학자; 로마법 학자

romanística
르로마니스띠까
여 로마법 연구; 로망스어 연구

romanización
르로마니사시온
여 로마화(化)

romanizar
르로마니사르
타 (언어·풍습·법률을) 로마화하다

romano, na
르로마노, 나
형 로마(Roma)의; [역사] 고대 로마의; 로마 카톨릭 교회의
남여 로마 사람

romanticismo
르로만띠시스모
남 낭만적임, 낭만적인 것[경향·기분]; [문예] 로맨티시즘, 낭만주의

romántico, ca
르로만띠꼬, 까
형 낭만주의의, 낭만파의; 낭만적인, 로맨틱한, 열렬한 사랑의, 정사적(情事的)인
literatura *romántica* 낭만주의 문학
música *romántica* 낭만파 음악
남여 낭만파 예술가; 로맨틱한 사람

romeo
르로메오
남 연인, 사랑하는 남자 ((셰익스피어의 Romeo y Julieta에서))

rompehielos
르롬뻬이엘로스
남 단복 쇄빙선(碎氷船)

rompehuelgas
르롬뻬우엘가스
남여 단복 구사 대원(求社隊員)

rompeolas
르롬뻬올라스
남 단복 방파제(防波堤)

romper
르롬뻬르
타 부수다, 파괴하다; 분해하다, 해체하다; 꺾다, 부러뜨리다; (의복 등을) 닳아 없애다, 닳리다, 찢다; (관계 등을) 끊다; 단절하다; 파기하다; [군사] (대열 등을) 어지럽히다, 혼란시키다, 풀다
¡*Rompan* filas! 해산!
자 인연을 끊다, 절교하다; (파도가) 부서지다; 시작되다; 길을 내다; (꽃이) 피다; 크게 성공하다; (그 결과) 눈에 띄다, 두드러지다
romper a + 동사 원형
갑자기 …하기 시작하다
La niña *rompió a* llorar.

여아가 갑자기 울기 시작했다.
***romper en** + 명사* 갑자기 ...하기 시작하다
Ella *rompió en* lágrimas.
그녀는 울기 시작했다.
romperse 자신의 ...을 부수다[자르다・끊다]; 부서지다, 잘리다, 끊기다; (관계가) 단절되다, 끊기다, 결렬되다
Se han roto las negociaciones.
교섭이 결렬되었다.

rompiente
르롬삐엔떼
남 (파도가 부서지는) 암초; 해안의 암초에 부딪쳐 흩어진 파도

rompimiento
르롬삐미엔또
남 파괴; 단절; 절교; 싸우고 (화해하지 않은 채) 헤어짐

ron
론
남 럼 술 ((당밀이나 사탕수수로 만듦))

roncar
르롱까르
자 코를 골다; 자다

ronco, ca
르롱꼬, 까
형 (목이) 쉰, 잠긴
voz *ronca* 쉰[잠긴] 목소리
quedarse *ronco* 목이 쉬다[잠기다]

ronda
르론다
여 (경비원・병사 등의 주로 밤의) 순찰, 순시, 야경; 큰 길, 환상선; (술 등의) 1회분의 주문; (새등의) 선회; 관세 일괄 인하 교섭
ronda Uruguay 우루과이 라운드

rondar
르론다르
타 순회하다, 순시하다; ...에 착 달라 붙다; (여성에게) 사랑을 구하다, 따라다니다, 붙어 다니다; 끈덕지게 붙어 떨어지지 않다

rondó
르론도
남 [음악] 론도, 회선곡(回旋曲)

ronquear
르롱께아르
자 쉰 목소리로 말하다

ronquera
르롱께라
여 목이 쉼
tener *ronquera* 쉰 목소리다

ronquido
르롱끼도
남 [주로 복] 코고는 소리
dar unos *ronquidos* 코를 골다

ropa
르로빠
여 의류, 옷

ropaje
르로빠헤
남 [때때로 복] (정장용의) 호화스런 의상; [집합 명사] 의복; 옷을 많이 껴 입음; 표현법, 어조

ropavejería
르로빠베헤리아
여 헌옷 가게

ropavejero, ra
르로빠베헤로, 라
남 여 헌옷 장수

ropería
르로뻬리아
여 (기성복의) 양복점; (극단 등의) 의상실

ropero, ra
르로뻬로
남 여 (극단 등의) 의상 담당
남 양복장; 의류 지급 자선 단체

roquero, ra
르로께로, 라
남 여 =**rockero**

rosa
르로사
여 [식물] 장미; 장미꽃, 장미화; (피부의) 붉은 혈반(血斑); 둥그런 튀긴 과자; [건축] 장미 모양 장식
형 남 장밋빛(의), 핑크빛(의)

rosáceo, a
르로사세오, 아
형 장밋빛의, 핑크빛의
여 복 장미과 식물

rosado, da
르로사도, 다
형 장밋빛의
남 장밋빛, 핑크빛; 로제 ((장밋빛깔의 포도주))
여 서리(escarcha)

rosal
르로살
남 [식물] 장미
rosal silvestre 야생 장미

rosario
르로사리오
남 [종교] 로사리오, 염주; 로사리오 기도; 등골

rosbif
르로스비프
남 구운 쇠고기, 불고기

roseta
르로세따
여 뺨의 붉은 기; 복 팝콘; (물뿌리개 등의) 살수구(撒水口)

rosetón
르로세똔
남 [건축] 장미창, 장미 모양 장식

rostro
르로스뜨로
남 얼굴, 표정; (새의) 부리, 주둥이; 철면피

rotundo, da

rotación
로따시온
여 회전, 선회; 자전; 교대; 순환

rotar
로따르
자 돌다, 회전하다; 교대하다, 윤번(輪番)하다
타 돌리다, 회전시키다; 교대로 ...을 하다

rotario, ria
로따리오, 리아
형 로터리 클럽(Club Rotario)의
남 여 로터리 클럽 회원

rotativo, va
로따띠보, 바
형 회전하는; 교대제의, 윤번제의; [인쇄] 윤전식의
남 신문(periódico)
여 윤전기(輪轉機)

rotatorio, ria
로따또리오, 리아
형 회전하는; 로터리 클럽의
남 여 로터리 클럽 회원

roto, ta
로또, 따
형 부서진, 파괴된; 깨진; 찢어진; 피로에 지친
남 갈라진 금[데], 균열

rotonda
로똔다
여 [교통] 로터리; 원형[반원형] 건물[방·광장]

rotor
로또르
남 [전기] 회전자; (헬리콥터의) 회전 날개

rótula
로뚤라
여 [해부] 슬개골

rotulador, ra
로뚤라도르, 라
형 라벨[상표]를 붙이는
남 여 문자 도안[레터링] 디자이너
남 펠트 펜; 라벨 부착기
여 라벨 부착기

rotular
로뚤라르
타 (병 등에) 라벨을 붙이다; ...에 간판을 붙이다[달다]; 문자 도안을 하다
형 슬개골의

rotulista
로뚤리스따
남 여 문자 도안[레터링] 디자이너

rótulo
로뚤로
남 (병 등의) 라벨, 상표; 간판, 안내판, 표시판; (기사의) 표제(어)

rotundo, da
로뚠도, 다
형 단호한, 단정적인; (말이) 명확한, 표현력이 풍부한; (인체가) 둥그스름한, 풍만한
de rotundo 단호히, 딱 잘라서, 단정적으로

rotura
르로뚜라
여 절단, 파괴; 균열; (추위에) 살갗이 튼 곳; 갈라진 데[틈]

roturación
르로뚜라시온
여 개간(開墾)

roturar
르로뚜라르
타 갈다, 경작하다; 개간하다

rozadura
르로사두라
여 찰상(擦傷); 생채기

rozamiento
르로사미엔또
남 문지르기, 비비기; 찰과상; (가벼운) 언쟁, 말다툼; [물리] 마찰

rozar
르로사르
타 스치다, 스쳐 가다; 문지르다, 비비다; 찰과상을 입다; …에 가깝다, 닮다; 베어 버리다, 잘라 버리다; 잡초를 제거하다; (가축이) 풀을 먹다
자 관계가 있다; 가깝다
rozarse 서로 스치다; 닳아서 떨어지다; 찰과상을 입다; 교제하다, 사귀다

rubí
르루비
남 [광물] 루비, 홍옥. (복 rubí(e)s)

rubio, bia
르루비오, 비아
형 금빛의, 금색의; 금발의; (담배의) 향(香)[맛]이 순한 (반 negro)
남여 금발을 가진 사람
남 금빛, 금색; 순한 담배

rubor
르루보르
남 (수치심에 의한 얼굴의) 홍조, 붉어짐; 수치, 창피스러움

ruborizar
르루보리사르
타 (수치스러워) 얼굴을 붉히게 하다
ruborizarse 얼굴을 붉히다

rúbrica
르루브리까
여 수결(手決), 사인, 서명; 표제, 제목; 최후

rubricar
르루브리까르
타 …에 사인[서명]을 하다; …에 동의[동조]하다

rudeza
르루데사
여 메부수수함, 거칠고 촌스러움, 투박함; 까칠까칠함, 거슬거슬함

rudimental
르루디멘딸
형 =**rudimentario**

rudimentario, ria 르디멘따리오, 리아 ⓗ 초보적인, 기초 정도의; (기관이) 발육 부진의, 미발달의

rudimento 르디멘또 ⓜ [생물] 원기(原基); ⓟ 초보, 기초

rudo, da 르도, 다 ⓗ 메부수수한, 거친, 투박한; 엄한, 가혹한, 심한, 모진; 까칠까칠한

rueca 르에까 ⓕ 실패, 실감개, 북

rueda 르에다 ⓕ (타이어 부분을 포함한) 바퀴, 차륜; 고리 모양으로 토막낸 것
rueda de prensa 기자 회견

ruedo 르에도 ⓜ (투우장의) 모래사장; (작은) 테두리를 댄 돗자리, 매트

ruego 르에고 ⓜ 간원, 간청; 기도
ruego por la paz 평화를 위한 기도

rufián 르피안 ⓜ 뚜쟁이, 매춘 알선자; 사기꾼

rugby 럭비 ⓜ [운동] 럭비

rugido 르히도 ⓜ 짖는 소리; 신음 소리; (공복으로) 뱃속에서 쪼르륵쪼르륵하는 소리

rugir 르히르 ⓘ (사자·호랑이 등이) 울부짖다, 으르렁거리다; (공복으로 배가) 쪼르륵쪼르륵 소리나다

rugosidad 르고시닫 ⓕ 주름, 구김살; 울퉁불퉁함
cara llena de rugosidades
주름투성이의 얼굴

rugoso, sa 르고소, 사 ⓗ 주름이 있는; 울퉁불퉁한, 거친

ruido 르이도 ⓜ 소음, 소리; 소동, 혼잡; 풍문, 뜬소문; 잡음
Hay mucho ruido en la calle.
바깥이 무척 시끄럽다.

ruidoso, sa 르이도소, 사 ⓗ 시끄러운, 소란스러운, 떠들썩한; 세간을 떠들썩하게 하는

ruin 루인	형 천박한, 추잡스러운; 자그마한 *mujer ruin* 천박스런 여인(puerca)
ruina 루이나	여 (건조물의) 붕괴; (나라 등의) 멸망, 파멸; 파산[파멸]의 원인; 복 폐허(지)
ruindad 루인닫	여 천박함, 추잡스러운 짓, 비열한 행위; 야비함, 치사함
ruinoso, sa 루이노소, 사	형 (건물 등이) 파괴된, 황폐한; 몰락한; 파멸을 초래하는
ruiseñor 루이세뇨르	남 [조류] 나이팅게일
rular 르룰라르	자 구르다, 회전하다; (기계가) 움직이다, 작동하다 타 굴리다, 돌리다, 회전시키다
ruleta 르룰레따	여 룰렛
rulo 르룰로	남 (대형의) 롤러; 곱슬곱슬한 머리카락
rumano, na 르루마노, 나	형 루마니아(Rumania)(인·어)의 남 여 루마니아 사람 남 루마니아어
rumba 르룸바	여 [무용·음악] 룸바
rumbo 르룸보	남 (배·비행기 등의) 방향, 침로(針路); (파티 등의) 호화스러움, 화사함
rumboso, sa 르룸보소, 사	형 호화로운, 화려한, 화사한 *boda rumbosa* 호화로운 결혼식
rumen 르루멘	남 (반추 동물의) 첫째 위
rumiante 르루미안떼	남 반추 동물
rumiar 르루미아르	타 되새김질하다, 반추하다; 숙고하다, 잘 생각하다, 이리저리 궁리하다; 투덜투덜 불평을 하다
rumor 르루모르	남 소문, 풍문, 평; 웅성거림, 술렁거림

rumorear
르루모레아르
자 소문이 나다, 소문이 알려지다

rupestre
르루뻬스뜨레
형 암벽에 그려진[새겨진]
pintura *rupestre* 동굴 벽화

rupia
르루삐아
여 루피아, 루피 ((인도·파키스탄·인도네시아의 화폐 단위))

ruptor
르룹또르
남 [전기] (자동) 접촉 차단기

ruptura
르룹뚜라
여 절단; 단절; 절교, 절연; 결렬

rural
르루랄
형 농촌의, 시골의
ciudad *rural* 전원 도시
vida *rural* 전원 생활

ruso, sa
르루소, 사
형 러시아(Rusia)(어·인)의
남여 러시아 사람
남 러시아어

rusticidad
르루스띠시닫
여 전원풍(田園風)

rústico, ca
르루스띠꼬, 까
형 시골의, 시골풍의; 거친
남여 시골 사람

ruta
르루따
여 길; 경로, 도정(道程), 루트; ((남미)) 간선 도로(carretera); ((꾸바)) 버스(autobús)
ruta aérea 항공로
ruta montañosa 산길
ruta nacional 국도(國道)

S

s
에세

여 에세 ((스페인어 자모의 스물두 번째 문자))

sábado
사바도

남 토요일
todos los *sábados* 매주 토요일

sabana
사바나

여 [지리] 사바나, 열대 초원

sábana
사바나

여 시트 ((요 위에 까는 천, 두 장으로 되어 있어 그 사이에서 잠)); [종교] 제단 덮개

sabanilla
사바니야

여 천 조각, 헝겊 ((타월, 손수건 등)); [종교] 제단의 덮개

sabañón
사바뇬

남 가벼운 동상(凍傷), 동창(凍瘡)

sabático, ca
사바띠꼬, 까

형 토요일의
año *sabático* (대학 교수 등의) 안식년; (고대 유대교의) 안식년

sabatino, na
사바띠노, 나

형 토요일의

sabedor, ra
사베도르, 라

형 [+de] (...을) 알고 있는

sabelotodo
사벨로또도

형 남 여 박식한 체하는 (사람)

saber[1]
사베르

타 알고 있다, 이해하고 있다; ...할 수 있다, 할 줄 알다(poder); 알다(enterarse)
saber la dirección de
...의 주소를 알고 있다
saber la noticia 그 소식을 알고 있다
saber latín 라틴어를 할 줄 알다
saber tocar la guitarra 기타 칠 줄 알다
No lo *sé*. 나는 그런 일을 모른다.
Ya lo *sabía* yo.

나는 그 일을 이미 알고 있었다.
Lo *supe* por el telediario de las ocho.
나는 여덟 시 뉴스로 그것을 알았다.
자 [+a+무관사 명사] (...의) 맛이 있다; [+de] (...에 대해) 알고 있다; 알다
Este helado *sabe a* mango.
이 아이스크림은 망고 맛이 난다.
Este vino no *sabe a* nada.
이 포도주는 감칠 맛이 없다[아무 맛이 없다]
No *sé de* ella desde hace mucho tiempo. 나는 오래 전부터 그녀의 소식을 듣지 못하고 있다.
직 · 현재: *sé*, sabes, sabe, sabemos, sabéis, saben
직 · 부정 과거: s*upe*, s*up*iste, s*up*o, s*up*imos, s*up*isteis, s*up*ieron
직 · 미래: s*a*b*ré*, s*a*b*rás*, s*a*b*rá*, s*a*b*remos*, s*a*b*réis*, s*a*b*rán*
가능법: s*a*b*ría*, s*a*b*rías*, s*a*b*ría*, s*a*b*ríamos*, s*a*b*ríais*, s*a*b*rían*
접 · 현재: s*epa*, s*epa*s, s*epa*,s*epa*mos, s*epá*is, s*epa*n

saber²
사베르

남 지식(知識), 학식(學識)

sabido, da
사비도, 다

형 (사정이) 잘 알려진, 잘 아는; 박식한; 기억력이 좋은
como es *sabido* 잘 알려진 것처럼

sabiduría
사비두리아

여 학식, 지식; 현명함, 사려

sabio, bia
사비오, 비아

형 학식[학문]이 있는; 현명한, 사려 있는
남 여 박식한 사람, 학자; 사려 깊은 사람, 현자(賢者)

sable
사블레

남 사벨, 사브르, 검(劍); [펜싱] 사브르; [문장(紋章)] 검은 색

sabor
사보르

남 맛; 풍미(風味); 운치, 재미, 흥미

saborear 사보레아르	타 맛보다; (천천히) 즐기다, 향수(享受)하다 *saborear* el vino 포도주를 음미하면서 마시다 *saborear* la belleza 미를 감상하다
sabotaje 사보따헤	남 사보타주, 태업(怠業); (기계·시설의) 파괴; (계획의) 방해
saboteador, ra 사보떼아도르, 라	형 남 여 사보타주하는 (사람)
sabotear 사보떼아르	타 사보타주하다, 파괴[방해]하다
sabroso, sa 사브로소, 사	형 고상한 맛이 있는, 풍미(風味)가 있는, 맛있는, 맛좋은(delicioso, rico, bueno); 상당한, 꽤 많은, 충분한, 넉넉한; (내용이) 충실한, 흥미 진진한; 악의가 있는, 빈정거리는; 기지가 풍부한
sacaclavos 사까끌라보스	남 단 복 못뽑이
sacacorchos 사까꼬르초스	남 단 복 (포도주 등의) (병)마개뽑이; 코르크뽑이
sacador, ra 사까도르, 라	남 여 [운동] (배구·테니스 등의) 서버 ((서브하는 쪽[사람]))
sacapuntas 사까뿐따스	남 단 복 연필깎이
sacar 사까르	타 꺼내다; 데리고 나가다; 얻다; 합격하다; 제비를 뽑아 맞히다; 튀어 나오게 하다, 밖으로 내다; (양을) 산출하다; 발표하다, 유포시키다; (문제 등을) 해결하다; 추론하다; (제비뽑기·투표로) 뽑다, 획득하다; 인용하다; (표를) 사다; (사진을) 찍다; 상회(上廻)하다; [운동] (공을) 차다, 때리다; (마스코트로 등장시키다; (별명을) 붙이다 *sacar* un libro de la cartera 가방에서 책을 꺼내다 *sacar* dinero del banco 은행에서 돈을 찾다[인출하다]

saciar

sacar una muela 어금니를 빼다
sacar la pistola 권총을 뽑다
sacar la entrada del cine
영화 입장권을 사다
sacar una foto 사진을 찍다
자 [축구] 차다; [테니스·배구·배드민턴] 서브하다
sacar de puerta 골킥을 하다
sacar de esquina 코너킥을 하다
sacarse (자신의 …에서) 꺼내다; 취득하다
sacarse el monedero *de*l bolsillo
호주머니에서 지갑을 꺼내다
sacarse el carné de conducir
운전 면허를 취득하다
직·부정 과거: *saque*, sacaste, sacó, sacamos, sacasteis, sacaron
접·현재: sa*que*, sa*que*s, sa*que*, sa*que*mos, sa*qué*is, sa*que*n

sacárido
사까리도
남 [화학] 당류(糖類)

sacarimetría
사까리메뜨리아
여 검당법(檢糖法)

sacarímetro
사까리메뜨로
남 검당계(檢糖計), 사카리미터

sacarina
사까리나
여 [화학] 사카린

sacerdocio
사세르도시오
남 사제직(司祭職); 성직(聖職)

sacerdotal
사세르도딸
형 사제(sacerdote)의
casa *sacerdotal* 사제관

sacerdote
사세르도떼
남 성직자, 승려; [천주교] 사제

sacerdotista
사세르도띠스따
형 여자 사제; 무녀(巫女), 무당

saciar
사시아르
타 (공복·갈증을) 채우다, 풀다; 충족시키다; (욕망 등을) 만족시키다

	saciarse 충분하다, 만족스럽다 comer hasta *saciarse* 마음껏[실컷] 먹다
saciedad 사시에닫	여 만족; 만복(滿腹), 배가 부름
saco 사꼬	남 자루, 푸대; 1자루[푸대]분; 침낭(*saco* de dormir); 침략; [해부·생물] 낭(囊); ((중남미)) 웃옷, 상의(上衣), 자켓; 카디건
sacramento 사끄라멘또	남 비적(秘跡) Santísimo *Sacramento* 성체(聖體)의 비적
sacrificador, ra 사끄리피까도르, 라	형 희생하는 남 여 희생자
sacrificar 사끄리피까르	타 (희생물로) 바치다, 올리다; 희생으로 하다; 도살(屠殺)하다 ***sacrificarse*** 희생이 되다; 헌신하다, 자신을 희생하다
sacrificio 사끄리피시오	남 희생; [천주교] 미사 espíritu de *sacrificio* 희생 정신
sacro, cra 사끄로, 끄라	형 거룩한; [해부] 선골(仙骨)의 남 선골(仙骨)(hueso *sacro*)
sacudida 사꾸디다	여 진동, 흔들림, 떨림; 지진; 전기 쇼크, 감전; (정신적인) 충격, 쇼크
sacudir 사꾸디르	타 흔들다, 흔들어 움직이다; 때리다, 타격을 주다 ***sacudirse*** (자신의) 몸을 흔들다; (파리·모기를) 뿌리치다; 피하다, 달아나다; (귀찮은 존재를) 내쫓다
sadismo 사디스모	남 [의학] 사디즘, 가학성 성애(性愛)
saeta 사에따	여 화살(flecha)
safari 사파리	남 (수렵 등의) 원정 여행, 수렵대, 탐험대
sagacidad 사가시닫	여 혜안(慧眼), 총명함, 명민함

sagaz
사가스
혱 혜안(慧眼)의, 총명한; (사냥개가) 직감력이 좋은

sagrado, da
사그라도, 다
혱 거룩한, 성스러운; 외경(畏敬)의, 신성 불가침의

sahariano, na
사아리아노, 나
혱 사하라 사막의
남여 사하라 사막 사람

sahumador
사우마도르
남 향로(香爐)

sahumar
사우마르
타 …에 향을 피우다
sahumar el altar 제단에 향을 피우다

sahumerio
사우메리오
남 향(의 연기)

sainete
사이네떼
남 [연극] 사이네떼 ((18세기 스페인의 1막물의 풍속 희극)); 희극, 익살스러운[우스꽝스러운] 상황

sal¹
살
여 소금; 재미, 흥미, 기지; (사람의) 생기(生氣), 걱정이나 염려할 일이 없음; [화학] 염(鹽)
echar *sal* a la ensalada
샐러드에 소금을 넣다[치다]
sazonar con *sal* 소금으로 맛을 내다

sal²
살
나가거라 ((salir의 2인칭 단수 명령))
Sal de casa. 집에서 나가거라.

sala
살라
여 거실(居室); (손님을 맞이하는) 큰방, 응접실; (공공 시설 등의) 홀, 라운지; (호텔·공항의) 로비, 라운지; (병원의) 병동, 큰 병실; 극장, 영화관; 법정(法廷); [집합 명사] 재판관
sala de conciertos 콘서트홀
sala de espera (역 등의) 대합실

salado, da
살라도, 다
혱 짠, 염분을 함유한, 소금기가 있는; 소금에 절인; 애교가 있는, 재치 있는

saladura
사라두라
여 소금 절임

salar
살라르
타 소금 절임으로 하다; 소금을 넣다

salariado
살라리아도
남 임금 제도

salarial
살라리알
형 봉급의, 급여의, 임금의
aumento *salarial* 임금 인상

salario
살라리오
남 봉급, 급여, 임금; (특히) 일급
cobrar el *salario* 봉급을 받다
pagar el *salario* 봉급을 주다

salchicha
살치차
여 소시지 ((주로 가열용))

salchichería
살치체리아
여 소시지 가게

salchichón
살치촌
남 소시지 ((주로 생식용))

saldar
살다르
타 결재하다; (재고를 싼 값으로) 팔아 치우다; 해소하다

saldista
살디스따
남 여 재고품을 싸게 파는 사람; 투매품 매매상; 도산 재품 판매상

saldo
살도
남 결재, 청산; (대차의) 잔고; [주로 복] 특매품, 투매품; 싸게 팜, 특매; (사고·시합 등의) 결과

salero
살레로
남 (식탁용 등의) 소금 그릇; 기지, 애교(愛嬌)

salida[1]
살리다
여 나가기, 외출; 출발; 발송; [운동] 출발, 스타트; 출구(出口); 여행; 원족; 산책; [때때로 복] (장래의) 가능성; 지출, 출금(出金); (곤란을 해결하는) 수단; 구실, 핑계, 변명; 재기(才氣), 기지가 풍부한 언동; [연극] 퇴장; [컴퓨터] 출력(出力)
hora de *salida* 출발[발차] 시간
precico de *salida*
(경매의) 시작[개시] 가격

salido, da[2]
살리도, 다
형 돌출한, 쑥 내민, 나온; (동물이) 발정한; (사람이) 성적으로 흥분한

saliente
살리엔떼
형 돌출한, 쑥 내민, 튀어나온
pómulos *salientes* 튀어나온 광대뼈

vientre *saliente* 나온 배
남 돌출부; 동쪽(levante)

salina
살리나
여 염전, 제염소

salinero, ra
살리네로, 라
형 소금의; 염전의, 제염(製鹽)의
여 염전(salina)

salinidad
살리니닫
여 염분, 소금기

salir
살리르
자 나가다, 나오다; (직무 등에) 관계가 없어지다; (상태를) 벗어나다; 나타나다, 출현하다; (해·달이) 뜨다; 표명되다; 출판되다; (레코드가) 발매되다; (사진·텔레비전에) 나오다; 게재되다; (싹 등이) 나오다; (더러움이) 없어지다, 지워지다; 돌출되어 있다(sobresalir); (결과로)...이 되다; 닮다; (기회 등이) (찾아)오다; (제비뽑기·투표로) 뽑히다; 보증하다; 변호하다; (길 등이) 통하다, 연결되다; 말을 꺼내다, 해 버리다, 저지르다; (장애 등을) 극복하다; [연극]퇴장하다, ...의 역으로 출연하다; (알이) 깨다, 부화하다

salir bien 성공하다
salir bien del [en el] examen
시험에 합격하다
salir mal 실패하다
salir mal del [en el] examen
시험에 떨어지다[낙방하다]
salirse 외출하다; 몰래 빠져 나가다, 살짝 도망치다; (액체가) 넘치다; (물 등이) 끓어 넘치다; (제한·상태 등을) 벗어나다, 빗나가다

El camión *se salió de* la calzada.
트럭이 차도에서 튀어나왔다.

Tu comportamiento *se sale* de lo normal.
네 행동은 정상에서 벗어나고 있다.

직·현재: salgo, sales, sale, salimos, salís, salen

직·미래: sal*dr*é, sal*dr*ás, sal*dr*á, sal*dr*emos, sal*dr*éis, sal*dr*án
가능법: sal*dr*ía, sal*dr*ías, sal*dr*ía, sal*dr*íamos, sal*dr*íais, sal*dr*ían
접·현재: sal*g*a, sal*g*as, sal*g*a, sal*g*amos, sal*g*áis, sal*g*an

saliva
살리바
여 침, 타액(唾液)

salivación
살리바시온
여 타액 분비

salival
살리발
형 침의, 타액의

salivar
살리바르
자 침을 흘리다, 타액을 분비하다

salmo
살모
남 (구약 성서의) 시편(詩篇); 성가 (聖歌), 찬미가

Salmos
살모스
남 복 (구약 성서의 전체의) 시편

salmón
살몬
남 [어류] 연어

salmonella
살모네야
여 살모넬라균(菌)

salmonelosis
살모넬로시스
여 단 복 [의학] 살모넬라 감염증

salón
살롱
남 큰 방, 홀; 회장(會場); (집의) 거실, 응접실; [집합 명사] 거실 가구, 응접 세트; (매년의) 미술; (신제품 등의) 전시회; …점(店), …가게, …방(房)
salón de té 다방, 끽다점(喫茶店)
salón de masaje 마사지방

saloncillo
살론시요
남 (다방의) 작은 방; (극장의) 휴게실(休憩室)

salpicadero
살삐까데로
남 ((스페인)) [자동차] 계기판

salpicado, da
살삐까도, 다
형 (물·흙탕물이) 튀긴

salpicadura
살삐까두라
여 (물 등이) 튀김; 튀긴 흙탕물; 복 (관계없는 일에) 말려들어 골탕먹음, 연좌됨,얽힘

salpicar
살삐까르
타 ...에 튀기도록 뿌리다, 뒤집어 씌우다, 끼얹다; ...에 흩뿌리다; 여기저기 점점이 흩어져 있다; (악평 등이)...에 미치다; (말에 ...을) 끼우다
salpicar la conversación con chistes, s*alpicar* chistes en la conversación
대화에 농담을 섞다

salsa
살사
여 [요리] 소스; 육즙(肉汁); 재미; [음악·무용] (카리브해의) 살사

salsera[1]
살세라
여 소스 그릇

salsero, ra[2]
살세로, 라
형 [음악·무용] 살사(salsa)의

saltador, ra
살따도르, 라
남 여 [운동] 점프 경기의 선수
saltador con esquí 스키 점프 선수
saltador de altura 높이뛰기 선수
saltador de longitud 멀리뛰기 선수
saltador de pértiga 장대높이뛰기 선수
saltador de triple 세단뛰기 선수

saltamontes
살따몬떼스
남 단 복 [곤충] 메뚜기

saltar
살따르
자 뛰다, (높이) 날아오르다; 뛰어내리다; 뛰어들다; 뛰어나가다, 뛰어나오다; 덤벼들다, 대들다; (액체가) 위쪽으로 뿜어 오르다; 갑자기 분노가 터지다; (그 자리에 어울리지 않는) 말을 꺼내다; 해임되다; (말·사고가) 비약하다; (급등이) (차례를) 건너뛰어 오르다; (장치가) 작동하다
saltar de alegreía 기뻐 뛰다
saltar del último lugar al segundo
하위에서 2위로 부상하다
Saltan las ranas. 개구리들이 뛴다.
타 뛰어넘다; 생략하다, 빠뜨리다
saltarse 뛰어넘다; 빠뜨리다; (규칙 등을) 무

시하다; (단추 등이) 빠지다, 벗겨지다; (도장(塗裝) 등이) 벗겨지다, 벗어져 떨어지다

salteador, ra 살떼아도르, 라
남 여 산적(山賊), 노상 강도

saltear 살떼아르
타 (산적·노상 강도가) 습격하다; (순번을) 건너뛰다, 거르다; 센불로 볶다[지지다]

salto 살또
남 뛰기, 도약, 점프; [운동] 뛰기; (도약의) 거리; 높이; [스키] 점프; 추락, 낙하; (갑작스레 격한) 심장의 두근거림; 큰 진전, 약진; 단절, 불연속; 빠뜨리고 읽음; 빠뜨리고 씀; 낙수, 폭포; [컴퓨터] 점프

saltón, tona 살똔, 또나
형 (눈·이가) 쑥 내민, 돌출한; (요리가) 설익은, 덜 삶은, 설구운; 신중한, 조심성이 많은

salubre 살루브레
형 건강에 좋은; 건강한 것 같은
clima *salubre* 건강에 좋은 기후

salubridad 살루브리닫
여 건강에 좋은 것; (통계적으로 나타낸) 위생

salud 살룯
여 건강; 건강 상태, 몸의 상태
salud mental 정신 건강
salud pública 공중 위생
hombre de mucha *salud* 매우 건강한 사람
conservar [mantener] la *salud* 건강을 유지하다
estar bien de *salud*, gozar de buena *salud* 건강하다
perder la *salud* 건강을 잃다
tener poca *salud*, tener una *salud* enfermiza 병약하다
감 건배!
¡A tu *salud!* 네 건강을 위해 건배!
¡*Salud*, amor y pesetas*!*
건강과 사랑과 번영을 위해 건배!

saludable 살루다블레
형 (심신이) 좋은, 건강한; 건강한 것 같은; 유익한

alimentación *saludable* 건강 식품

saludar 살루다르
타 ...에게 인사하다; [군사] 경례하다; 맞이하다, 환영하다
saludarse 인사를 교환하다

saludo 살루도
남 인사, (끄떡이며) 가볍게 하는 인사; 경례; 복 안부
Saludos a sus padres.
부모님께 안부 전하십시오.

salutación 살루따시온
여 인사

salva 살바
여 예포, 축포

salvable 살바블레
형 구할 수 있는, 구조할 수 있는

salvación 살바시온
여 구조; [종교] 구제(救濟)
Ejército de *Salvación* 구세군

Salvador (el) 살바도르 (엘)
남 구세주, 예수 그리스도

Salvador (El) 살바도르 (엘)
남 [국명] 엘살바도르

salvador, ra 살바도르, 라
형 구조하는
남여 구해준 사람

salvadoreño, ña 살바도레뇨, 냐
형 엘살바도르(El Salvador)의
남여 엘살바도르 사람

salvaguarda 살바구아르다
여 =**salvaguardia**

salvaguardar 살바구아르다르
타 보호하다, 비호하다

salvaguardia 살바구아르디아
여 통행 허가증; 보호, 비호

salvaje 살바헤
형 (동식물의) 야생의; (토지가) 개척이 안 된; 황량한; (사람이) 야성적인, 거친; 난폭한, 잔혹한; (민족이) 매개한, 원시적인; 불법의, 통제가 없는
남여 난폭자; 미개인, 원시인

salvamento
살바멘또
남 구조, 구출; 구제

salvar
살바르
타 구하다, 구출하다, 돕다; (위험 · 곤란 등을) 피하다; 제외하다; (장애를) (보통보다 짧은 시간에) 주파하다; [종교] 구제하다; ...의 위에 우뚝 솟다
salvarse 살아나다, 구제되다

salvavidas
살바비다스
남 단복 부낭, 튜브, 구명 장비

salvo[1]
살보
전 ...이외에(는), ...을 제외하고
salvo excepción 예외를 제외하고
salvo los domingos 일요일 이외에는

salvo[2]**, va**
살보, 바
형 무사한
a salvo 무사히
Los papeles están *a salvo*.
서류는 무사하다.

salvoconducto
살보꼰둑또
남 (군 등이 발행하는) 통행 허가증

samba
삼바
여 [무용 · 음악] (브라질의) 삼바

sampán
삼빤
남 삼판선(三板船)

san
산
형 성(聖)... ☞**santo**
San Francisco 성 프란시스코

sanamente
사나멘떼
부 건강히, 건전하게

sanar
사나르
자 (병이) 낫다, 치유되다
타 치료하다

sanatorio
사나또리오
남 (결핵 등의) 요양소, 병원

sanción
상시온
여 징계; 제재(制裁); (관행 등의) 승인, 인가; [법률] 비준, 재가(裁可)

sancionar
상시오나르
타 벌하다, 제재하다; 승인하다, 인가하다; 비준하다, 재가하다

sancocho 산꼬초	남 ((중남미)) 산꼬초 ((바나나·카사바·생선[닭]의 잡탕 요리))
sandalia 산달리아	여 샌들
sandía 산디아	여 [식물·과실] 수박
sandial 산디알	남 =**sandiar**
sandiar 산디아르	남 수박 밭
sandinismo 산디니스모	남 산디니즘, 산디노주의 ((니까라구아의 혁명가 Augusto César Sandino(1893-1934)의 사상))
sandinista 산디니스따	형 남 여 산디니스트 ((1979년 Somoza 정권을 타도한 니까라구아의 민족 해방 전선))(의)
sandwich 산드위치	남 샌드위치(bocadillo) día sandwich ((중남미)) 징검다리 휴일
saneamiento 사네아미엔또	남 위생 설비; 건전화; ((스페인)) 하수 설비
sanear 사네아르	타 위생적으로 하다; 건전화하다; (토지를) 간척(干拓)하다, 말리다
sangrar 상그라르	자 출혈하다, 피를 흘리다; (정신적으로 아프다, 괴롭다 타 사혈(瀉血)하다, 피를 뽑다; 후무리다, 살짝 훔치다; [인쇄] 행의 머리를 내리다
sangre 상그레	여 피, 혈액; (무척추 동물의) 체액; 핏줄, 혈통; 유혈, 살상(殺傷) donar *sangre* 헌혈하다 sacar [tomar] *sangre* 채혈하다
sangría 상그리아	여 [술] 상그리아 ((적포도주에 레몬 등의 과실·설탕·탄산수 등을 첨가한 것)); (대량의) 출혈, 유혈; 사혈(瀉血), 자락(刺絡); (계속적인) 지출, 손실
sangriento, ta 상그리엔또, 따	형 피를 흘리는; 피투성이의, 유혈의; 피비린내나는; 잔혹한

sanguíneo, a
상기네오, 아
형 혈액의; 다혈질의; 혈색의

sanidad
사니닫
여 건강함; 건전함; 위생 (상태); (행정 서비스로서의) 보건, 의료
carta de *sanidad* 건강 증명서[진단서]

sanitario, ria
사니따리오, 리아
형 건강의, 의료의; 공중[보건] 위생의
centro *sanitario* 의료 센터
남여 보건소 직원; [군사] 위생병
남 위생 기구[설비] ((변기, 욕조 등)); ((남미)) 공중 변소

sano, na
사노, 나
형 건강한, 튼튼한; 건강에 좋은; (정신적으로) 건전한; 정상(正常)의; (물건의 상태가) 양호한, 상하지 않은
belleza *sana* 건강미
ideas *sanas* 건전한 사상
taza *sana* 결함이 없는 잔

sánscrito, ta
산스끄리또, 따
형 남 산스크리트어(의)

santidad
산띠닫
여 신성함
vida de *santidad* 성인 같은 삶
Su *Santidad* 성하(聖下) ((교황의 존칭))

santo, ta
산또, 따
형 [남성 고유 명사의 앞에 오면 San; 그러나 To-나 Do- 앞에서는 그대로: *Santo Domingo, Santo Tomás*] 거룩한, 성스러운, 신성한; 성인 같은; 좋은 결과를 가져오는, 고마운
santo consejo 고마운 충고
남여 성인, 성자; 성상(聖像); 성인 군자(聖人君子)
남 [주로 복] (책의) 삽화(揷畵)
libro con *santos* 화집, 화첩

santonina
산또니나
여 [약학] 산토닌

santoral
산또랄
남 성인전; 순교록

santuario 산뚜아리오	남 성지, 순례지; 성역; (주로 고대 종교의) 신전(神殿)
sapo 사뽀	남 [동물] 두꺼비
saque 사께	남 [운동] 서브; [축구] 킥 *saque* de castigo 페널티 킥 *saque* de esquina 코너 킥 *saque* de puerta [de puntería] 골 킥 *saque* inicial 킥 오프 *saque* libre 프리 킥
saqueador, ra 사께아도르, 라	형 약탈하는 남 여 약탈자
saquear 사께아르	타 (병사가 점령지에서) 약탈하다; 남 대량으로 훔치다
saqueo 사께오	남 약탈; (미술관 등의) 습격
sarape 사라뻬	남 [복식] 사라뻬 ((멕시코 사람 등이 입는 폰초))
sardana 사르다나	여 사르다나 ((까딸루냐 지방의 민속 무용·음악))
sardina 사르디나	여 [어류] 정어리
sardinero, ra 사르디네로, 라	형 정어리의 남 여 정어리 장수
sargento, ta 사르헨또	남 여 하사관, 중사, 상사
sarna 사르나	여 [의학] 옴
sarro 사르로	남 이똥, 치석(齒石); 설태(舌苔)
sartén 사르뗀	여 프라이팬
sastre, tra 사스뜨레, 뜨라	남 여 (신사복의) 양복점 주인, 재단사

sastrería
사스뜨레리아
여 재단사직; 재단 공장

Satán
사딴
남 =**Satanás**

Satanás
사따나스
남 사탄, 마왕(魔王), 악마

satánico, ca
사따니꼬, 까
형 악마의, 악마 같은
tentaciones *satánicas* 악마의 유혹

satanismo
사따니스모
남 악마 숭배; 악마 같은 행동

satélite
사뗄리떼
남 [천문] 위성; 인공 위성; 식객; 위성국

sátira
사띠라
여 풍자; [문학] 풍자시

satírico, ca
사띠리꼬, 까
형 풍자의, 풍자적인
novela *satírica* 풍자 소설
남 여 풍자 시인[작가]

satirizar
사띠리사르
타 풍자하다

sátiro
사띠로
남 색마(色魔), 호색한(好色漢)

satisfacción
사띠스팍시온
여 만족, 만족감; (욕망 등을) 만족시키는 일, 충족; (모욕·손해 등의) 보상

satisfacer
사띠스파세르
타 만족시키다; (욕망·조건 등을) 채우다, 충족시키다; (모욕·손해 등의) 보상을 하다
satisfacer su culpa 죄를 보상하다
satisfacerse [+con] ...로 만족하다; [+de] (...의) 복수[보복]를 하다
직·현재: satis*fag*o, satis*fac*es, satis*fac*e, satis*fac*emos, satis*fac*éis, satis*fac*en
직·부정 과거: satis*fic*e, satis*fic*iste, satis*fiz*o, satis*fic*imos, satis*fic*isteis, satis*fic*ieron
직·미래: satis*far*é, satis*far*ás, satis*far*á, satis*far*emos, satis*far*éis, satis*far*án
가능법: satis*far*ía, satis*far*ías,

satisfar*ía*, satisfar*íamos*, satisfar*íais*, satisfar*ían*
접·현재: satisfa*ga*, satisfa*gas*, satisfa*ga*, satisfa*gamos*, satisfa*gáis*, satisfa*gan*

satisfactorio, ria 사띠스팍또리오, 리아
형 만족스러운, 나무랄 데 없는, 더할 나위 없는

satisfecho, cha 사띠스페초, 차
형 만족한; 가득찬, 만복한; 득의에 찬, 득의만면한; 보상받은
cantidad *satisfecha* 보상액
Estoy *satisfecho*. 잘[많이] 먹었습니다.

saturación 사뚜라시온
여 과잉, 포화; [화학] 포화

saturado, da 사뚜라도, 다
형 포화된, 가득한, 포화 상태의
남 [화학] 포화 용액

saturar 사뚜라르
타 포화시키다, 과잉으로 만들다

saturnal 사뚜르날
형 토성(土星)의

saturnino, na 사뚜르니노, 나
형 무뚝뚝한, 둔한, 음울한; 연(沿)의, 연중독의

saturnismo 사뚜르니스모
남 [의학] 연중독, 연독(鉛毒)

Saturno 사뚜르노
남 [신화] 농업의 신; [천문] 토성

sauce 사우세
남 [식물] 버드나무

sauceda 사우세다
여 =**saucedal**

saucedal 사우세달
남 버드나무 숲

saudade 사우다데
여 향수(鄕愁)

saudí 사우디
형 사우디 아라비아(Arabia Saudí)의
남 여 사우디아라비아 사람

saudita
사우디따
형 남 여 =saudí

sauna
사우나
여 사우나 ((목욕탕, 욕실))

saurio
사우리오
남 공룡; [동물] 도마뱀류

sauvástica
사우바스띠까
여 만자(卍字)

savia
사비아
여 수액(樹液); 정기(精氣), 활력(원)

saxofón
삭소폰
남 =saxofono

saxofonista
삭소포니스따
남 여 색스폰 연주가[연주자]

saxofono
삭소포노
남 [악기] 색스폰

sazón
사손
여 성숙(한 상태); 완전; 맛, 맛을 냄, 맛을 낸 상태; 시기(時機)
buena *sazón* 좋은 시기; 호기(好機)
a la *sazón* 그 때, 당시

sazonado, da
사소나도, 다
형 맛을 낸; (표현이) 감칠맛이 나는

sazonamiento
사소나미엔또
남 맛을 냄, 맛을 낸 것

sazonar
사소나르
타 맛을 내다

scooter
스꾸떼르
남 스쿠터(escúter)

se
세
대 ① [재귀 대명사 3인칭 단수·복수] 자기 자신, 그 자신; 자기 자신을; 서로; …되다; 사람들은 (…하다)
Ella *se* mira en el espejo.
그녀는 거울(에서 자신)을 본다.
Se respeta a los ancianos.
사람들은 노인을 공경한다.
② [간접 목적 대명사의 3인칭 단수·복수; 직

접 목적 대명사와 간접 목적 대명사를 함께 쓸 때 그것들이 3인칭의 경우] 그[그녀·당신·그들·그녀들·당신들]에게
Se lo doy (a él).
나는 그에게 그것을 준다.

sebo
세보
남 수지(獸脂), 비계, 고기의 비계가 많은 부분; (사람의) 지방(脂肪), 비만; 기름때; [생리] 피지(皮脂)

seboso, sa
세보소, 사
형 기름기가 있는, 비계의; 기름으로 더러워진

secadero
세까데로
남 건조실, 건조장

secado
세까도
남 말리기, 건조(乾燥)

secador
세까도르
남 헤어드라이어

secadora
세까도라
여 (의류 등의) 건조기

secamente
세까멘떼
부 냉담하게

secante
세깐떼
형 말리는
aceite *secante* 건성유(乾性油)
남 압지(押紙), 흡묵지(吸墨紙); (도료의) 건조제
여 [수학] 할선(割線); 시컨트, 정할(正割)

secar
세까르
타 말리다, 건조시키다; 훔치다, 닦다; (초목 등을) 말리다, 말라 죽게 하다
secarse 마르다; (자신의 몸을) 닦다; (강 등이) 바싹 마르다, 말라 붙다; (식물이) 시들다, 풀이죽다; (사람이) 무감동해지다, 마음이 마르다; (피부가) 거칠어지다

sección
섹시온
여 (회사 등의) 과(課); (백화점 등의) 매장(賣場); 부분, 구획; (버스 등의) 구간; (책 등의) 절, 단(段); (신문의) 난(欄); (오케스트라 등의) 악기부; (수술 등의) 절개, 절단; 단면(도); 절단면; 횡단면; [군사] 소대(小隊)

seccionar

seccionar
섹시오나르
- 타 절단하다

secesión
세세시온
- 여 (국가에서의) 이탈; (정치 조직·예술 운동 등에서의) 분리, 이반(離反)

secesionismo
세세시오니스모
- 남 분리주의

secesionista
세세시오니스따
- 형 분리주의의
- 남여 분리주의자

seco, ca
세꼬, 까
- 형 마른, 건조한; (과실·생선 등을) 말린, 볕에 말린; (기후가) 건조한; (피부·머리카락이) 기름기가 없는; (술이) 맛이 씁쌀한 (반 dulce); (타격·음이) 부드럽지 않은; 냉담한, 무뚝뚝한, 상냥하지 못한; 엄한; (사람이) 말라빠진, 홀쭉해진, 뼈가 앙상한, 깡마른; 불임(不姙)의; 부가(附加)가 없는
  cobrar el sueldo *seco* 본봉만 받다
  La ropa no está todavía *seca*.
  옷이 아직 마르지 않았다.

secreción
세끄레시온
- 여 [생리] 분비(물)

secretamente
세끄레따멘떼
- 부 가만히, 몰래, 살그머니, 은밀히

secretar
세끄레따르
- 타 분비(分泌)하다

secretaría
세끄레따리아
- 여 비서과, 사무국, 서기국; 사무실; [집합 명사] 비서, 서기; 비서직, 서기직, 간사직; (멕시코 등의) 부(部)
  secretaría de Estado
  ((스페인)) 부장관(副長官) 직

secretariado
세끄레따리아도
- 남 비서학; 비서과, 사무국, 서기국; [집합 명사] 비서, 서기; 비서직, 서기직, 간사직

secretario, ria
세끄레따리오, 리아
- 남여 비서; 비서관, 서기, 간사; (대사관의) 서기관; (멕시코 등의) 장관
  secretario de Estado
  (스페인의) 부장관(副長官) ((장관과 차관 사이

의 직책)); (미국의) 국무장관

secreto¹
세끄레또

남 비밀; 기밀; 비결, 비법; 신비
secretos del universo 우주의 신비
en secreto 비밀리에, 몰래, 가만히
hablar *en secreto* 가만히 말하다

secreto², ta
세끄레또, 따

형 비밀의, 내밀한; 기밀의
documento *secreto* 기밀 문서

secretor, ra
세끄레또르, 라

형 분비(分泌)의
glándula *secretora* 분비선

secta
섹따

여 (분리된 작은) 당파, 분파; 종파; 학파; 파별; (배타적인 주의·종파의) 일파

sectario, ria
섹따리오, 리아

형 당파의, 분파의, 종파의, 학파의; 배타적인, 파별적인
남 여 당파의 일원; 신도; 학도; 배타적인 사람

sectarismo
섹따리스모

남 파별 근성, 파벌심, 당파심, 종파심

sector
섹또르

남 부문, 분야; 지구, 지역; [기하] 선형(扇形)

sectorial
섹또리알

형 부문[분야]의, 부문으로 나누어진; [기하] 선형의

secuela
세꾸엘라

여 영향, 결과; [의학] 후유증

secuencia
세꾸엔시아

여 연속; [영화] 연속된 한 장면, 일련의 화면; [수학] 열, 수열; [컴퓨터] 시퀀스, 순서

secuencial
세꾸엔시알

형 연속의

secuenciar
세꾸엔시아르

타 연속시키다

secuestrador, ra
세꾸에스뜨라도르, 라

형 유괴하는; 납치하는
남 여 유괴범; (비행기 등의) 납치범

secuestrar
세꾸에스뜨라르

타 유괴하다; (비행기·배를) 납치하다; (인쇄물을) 발매 금지시키다; (재산을) 압수[접수]하다

secuestro
세꾸에스뜨로

남 유괴; 공중 납치; 압수

secular 세꿀라르	형 세속의; 재가(在家)의, 재속(在俗)의, 수도원에 속하지 않은; 수세기의; 백년 쯤의 ruinas *seculares* 오래된 유적
secularización 세꿀라리사시온	여 환속; 비종교화
secularizar 세꿀라리사르	타 환속시키다; 비종교화하다; (교회 재산을) 국유화하다 ***secularizarse*** 환속하다
secundar 세꾼다르	타 지지하다, 찬동하다; 보좌하다
secundario, ria 세꾼다리오, 리아	형 두 번째의; 부차적인, 부수적인 enseñanza *secundaria* 중등 교육
secundinas 세꾼디나스	여 복 [의학] 후산(後産)
sed 섿	여 갈증, 목마름; 갈망, 욕구 apagar la *sed* 갈증을 풀다, 해갈하다 ***tener sed*** 목마르다, 갈증이 나다 ¿*Tienes sed*? –Sí, *tengo* mucha *sed*. –No, no *tengo sed*. 너 갈증이 나니? –예, 갈증이 많이 납니다. –아닙니다, 갈증이 나지 않습니다.
seda 세다	여 명주, 비단, 실크; 견사(絹絲); 견직물(絹織物) *seda* artificial 인조 견사, 인견 *seda* cruda 생사(生絲) blusa de *seda* natural 진짜 실크 블라우스 ruta de la *seda* [역사] 실크 로드
sedal 세달	남 낚싯줄; (수술의) 제봉실
sedán 세단	남 [자동차] 세단
sedante 세단떼	형 [의학] 진정 작용이 있는, 마음을 진정시키는 남 진정제

sedar 세다르
타 (마음을) 진정시키다, 평온하게 하다

sedativo, va 세다띠보, 바
형 진정하는

sede 세데
여 (기관·단체 등의) 본부, 본거지; (경기·회의의) 개최지; [천주교] 주교좌(主教座), 주교구(主教區); 교황좌; 교황청, 바티칸(Santa *Sede*)

sedería 세데리아
여 양잠업, 제사업(製絲業), 견직물업; 견직물 제품점

sedero, ra 세데로, 라
형 비단의, 명주의
industria *sedera* 견직물업
남 여 견직물 제조자[판매자]

sedicente 세디센떼
형 =**sediciente**

sediciente 세디시엔떼
형 자칭(自稱)의
el *sediciente* genio 자칭 천재

sedición 세디시온
여 반란, 봉기, 폭동
sedición contra el gobierno

sedicioso, sa 세디시오소, 사
형 반란을 일으키는
남 여 반란자, 폭도

sediento, ta 세디엔또, 따
형 목마른, 갈증이 난; 물 부족의; 갈망하는

sedimentación 세디멘따시온
여 침전(沈澱), 퇴적(堆積)

sedimentar 세디멘따르
타 (앙금 등을) 가라앉히다, 침전시키다; (감정을) 가라앉히다, 진정시키다
자 앙금을 가라앉히다
sedimentarse
가라앉다, 침전하다; 마음이 가라앉다[진정되다] (지식이) 축적되다, 단단해지다, 굳어지다

sedimentario, ria 세디멘따리오, 리아
형 침전물의, 퇴적물의
roca *sedimentaria* 퇴적암

sedimento 세디멘또
남 침전물, 퇴적물; (심중의) 응어리

sedoso, sa
세도소, 사
형 비단 같은, 반지르르한, 윤기 나는
pelo *sedoso* 비단결 같은 머리카락

seducción
세둑시온
여 (이성의) 유혹; 매혹

seducir
세두시르
타 (성적으로) 유혹하다; (여자를) 꾀다, 설득으로 정복하다; 속이다; (생각 등이) 매료시키다

seductor, ra
세둑또르, 라
형 유혹하는
남 여 유혹자; 난봉꾼, 색마, 탕아

segador, ra
세가도르, 라
남 여 베어내는 사람, 수확하는 사람
여 자동 수확기, 풀 베는 기계
segadora-trilladora 콤바인

segar
세가르
타 베다; (돌출해 있는 부분을) 잘라내다; (성장 등을) 방해하다
segar la juventud a *uno*
…의 청춘을 빼앗다
segar las esperanzas 소망을 끊다

seglar
세글라르
형 비성직자의, 일반 신도의; 세속의
남 여 비성직자, 일반 신도

segmentación
세그멘따시온
여 분할, 분단화; [생물] 난할(卵割)

segmentar
세그멘따르
타 분할하다, 분열시키다

segmento
세그멘또
남 [수학] (선·도형 등의) 부분; 부문, 분야 (sector); [동물] 체절(體節); (환형 동물의) 환절(環節); [언어] 분절 (요소), 분절음; [기계] 피스톤 링; [컴퓨터] 세그먼트

segoviano, na
세고비아노, 나
형 세고비아(Segovia, 스페인 까스띠야 지방의 주·주도)의
남 여 세고비아 사람

segregación
세그레가시온
여 (인종적인) 차별, 격리, 분리; [생리] 분비(分泌) (secreción)

segregacionismo
세그레가시오니스모
남 인종 분리 정책, 아파르트헤이트

segregacionista
세그레가시오니스따
형 인종 분리주의의
남 여 인종 분리주의자

segregar
세그레가르
타 격리[분리]하다; 분비하다

seguida
세기다
여 연속, 열
en seguida 즉시(enseguida)
tomar la seguida 속행하다

seguidamente
세기다멘떼
부 계속해서, 잇달아, 곧 이어서

seguidilla
세기디야
여 [주로 복] 세기디야
((스페인의 경쾌한 3박자 무용·음악))

seguido, da
세기도, 다
형 계속된, 잇따른, 연이어지는; 직선의; 예상 이상으로 시간이 오래 걸리는, 질질 끄는
enfermedad *seguida*
오랜 병, 숙환, 장병(長病), 장질(長疾)
부 곧, 즉시, 직후에; 똑바로
Vaya todo *seguido*. 똑바로 가십시오.

seguidor, ra
세기도르, 라
형 따르는
남여 따르는 사람, 추종자, 신봉자, 애호가; (팀 등의) 팬, 서포터

seguimiento
세기미엔또
남 추종, 수행; 추적
estación de *seguimiento*
(인공 위성의) 추적 기지
radar para *seguimiento* de satélites
위성 추적 레이더

seguir
세기르
타 …의 뒤를 따라가다; 뒤를 따르다, 추적하다, 미행하다; (길·경로를) 나아가다, 전진하다, 다다르다; …를 견습하다; (규범·충고 등에) 따르다, 쭉 계속되다, 잇따르다, 속행하다; (변화 등을) 주시하다; (강좌 등을) 듣다, 배움을 계속하다
seguir el estudio 연구를 계속하다
Sígame, por favor. 저를 따라오세요.
자 계속하다, 잇따르다
La fila de árboles *sigue* hasta el río.
가로수는 강까지 계속되고 있다.
Siga (todo) derecho.
똑바로 가십시오.

***seguir* + 현재 분사** 계속해서 ...하다
Sigue lloviendo. 비가 계속 내린다.
seguir por (길을) 계속 가다
Siga por esta calle y a unos 500 metros encontrará el hotel.
이 길을 계속 가십시오. 그러면 500미터 거리에 호텔이 있습니다.
seguir con (직을) 계속하다
Ella *sigue con* la panadería.
그녀는 빵집을 계속하고 있다.
seguirse [+de] (...에서) 추론되다
직 · 현재 : s*i*go, s*i*gues, s*i*gue, seguimos, seguís, s*i*guen
직 · 부정 과거: seguí, seguiste, s*i*guió, seguimos, seguisteis, s*i*guieron
접 · 현재: s*i*ga, s*i*gas, s*i*ga, s*i*gamos, sigáis, s*i*gan

según
세군

전 ...에 따라서, ...에 의해; ...에 의하면; (누구의) 말에 의하면; ...하는 듯이; ...하고 있는 데서
según la ley 법에 따라[의해]
según el contrato 계약에 의해
según el pronóstico del tiempo
일기 예보에 의하면
según mis padres
내 부모님 말씀에 의하면

segunda¹
세군다

여 (기어의) 세컨드 (기어), 제2단; (탈것의) 2등; 복 속셈, 본심, 저의(底意)

segundar
세군다르

타 (종료 직후에) 반복[되풀이]하다

segundero
세군데로

남 (시계의) 초침

segundo¹
세군도

남 [시간·각도의 단위] 초(秒)
velocidad por *segundo* 초속

segundo², da²
세군도, 다

형 두 번째의, 제이의
doblar a la derecha en la *segunda*

esquina 두 번째 코너에서 오른쪽으로 돌다[꺾어지다]
남 여 두 번째 사람; 조수, 보좌역; (함선의) 부선장; [권투] 세컨드

seguramente 세구라멘떼
부 확실히, 분명히, 틀림없이

seguridad 세구리닫
여 안전(성); 안전 보장; 확실함, 틀림없음; 확신; 자신; 보장
seguridad individual 개인의 안전
seguridad social 사회 보장, 국가 의료
Tratado de *Seguridad* 안전 보장 조약

seguro, ra 세구로, 라
형 안전한; 확실한, 의심의 여지가 없는; 신뢰할 수 있는; 확신하는
inversión *segura* 안전한 투자
información *segura* 확실한 정보
prueba *segura* 확실한 증거
부 확실히, 꼭, 반드시
남 보험; (총 등의) 안전 장치; (공적인) 의료 부조 (제도·기관); 보장; 통행 허가, 특별 허가; (게임에서) 안전 지대; ((중미)) 안전핀

seis 세이스
형 6의; 여섯 번째의
남 6, 여섯; 6일
여 복 여섯 시
Son las *seis* de la tarde.
오후 여섯 시다

seisavo, va 세이사보, 바
형 남 6분의 1(의)

seiscientos, tas 세이스시엔또스, 따스
형 600의; 600번째의
남 600; 17세기; ((스페인)) 600cc의 소형 승용차

seísmo 세이스모
남 지진(terremoto)

seismología 세이스몰로히아
여 지진학(地震學)

selección 셀렉시온
여 선택; 선발; 선집; (주로 나라의) 대표 선수 선발팀

selección nacional 국가 (선발)팀
selección coreana de fútbol
한국 축구 대표팀

seleccionado
셀렉시오나도
남 ((남미)) 국가 (대표)팀

seleccionador, ra
셀렉시오나도르, 라
남여 [운동] 대표 선수 선발 위원; (선발팀의) 감독
seleccionador nacional 국가 대표팀 감독

seleccionar
셀렉시오나르
타 선택[선발·선별]하다

selectividad
셀렉띠비닫
여 [집합 명사] 선발 기준, 선발 시험; ((스페인)) (대학 준비 코스를 끝낸 사람을 대상으로 하는) 대학 입시 자격 시험; (음파·신호 등의) 선택도

selectivo, va
셀렉띠보, 바
형 선택의; 선택하는, 선발하는
남 예비 강좌, 최초의 강의

selecto, ta
셀렉또, 따
형 정선된, 선발된, 추려 낸, 뛰어난, 정예의; 회원제의; 선택안이 있는, 감식[감정]에 능한

selector
셀렉또르
남 선별기; [전기·컴퓨터] 셀렉터

self-service
셀(프)세르비스
남 셀프서비스 (가게)(autoservicio)

sellado
세야도
남 날인(捺印), 압인(押印); 봉인

sellar
세야르
타 …에 도장을 찍다; 봉함하다, 봉인하다; 확고히 하다, 끝내다; 단단히 닫다, 막다, 틀어막다

sello
세요
남 인(印), 도장; 인감; 스탬프; ((주로 스페인)) 우표(sello de correo); 증지; (편지 등의) 봉인; 봉함지; 실; 인장[인감] 부착 반지; (레코드의) 라벨
sello de caucho [de goma]
고무 도장, 고무인
álbum de *sellos* 우표첩
hoja de *sellos* 우표 시트

selva
셀바
여 (주로 열대의) 수풀, 삼림, 밀림, 정글; [지리] 열대 우림; 약육강식의 사회; 잡다한 더미

selva de libros 책 더미

selvático, ca
셀바띠꼬, 까
〖형〗 삼림의, 밀림의, 정글의; 미개의

selvicultura
셀비꿀뚜라
〖여〗 육림(育林), 식림(植林), 조림(造林)

semáforo
세마포로
〖남〗 교통 신호

semana
세마나
〖여〗 주(週); 1주간; 주간; 주급(週給)
esta *semana* 금주
la *semana* pasada 지난주
la *semana* próxima 다음 주
toda la *semana* 한 주 내내
todas las *semanas* 주마다, 매주
entre semana 주일에, 평일에
días *entre semana* 평일
ir al cine *entre semana*
평일에 극장에 가다

semanal
세마날
〖형〗 1주간의; 매주의
salario *semanal* 주급

semanalmente
세마날멘떼
〖부〗 주에 한 번

semanario, ria
세마나리오, 리아
〖형〗 =**semanal**
〖남〗 주간지

semblante
셈블란떼
〖남〗 용모, 얼굴 생김새, 표정; (물건의 좋은·나쁜) 국면, 양상

semblanza
셈블란사
〖여〗 (개인의) 약력

sembrado
셈브라도
〖남〗 (씨앗을 뿌린) 밭
sembrado de patatas 감자 밭

sembrador, ra
셈브라도르, 라
〖형〗〖남〗〖여〗 씨앗을 뿌리는 (사람)
〖여〗 파종기(播種機)

sembrar
셈브라르
〖타〗 (씨앗을) 뿌리다; 살포하다, 흩뿌리다; …의 씨를 뿌리다
sembrar la discordia en [entre] …
…에 불화의 씨를 뿌리다

semejante
세메한떼
형 닮은, 비슷한, 유사한; 그런, 그 정도 큰; [수학] 닮은
carácter *semejante* 닮은 성격
semejante hombre 그런 남자
남 [주로 복] 동포

semejanza
세메한사
여 유사성; [수학] 닮음; [수사] 직유(直喩)

semejarse
세메하르세
((재귀)) 닮다, 비슷하다
타 …에 비슷하다

semen
세멘
남 [생리] 정액(esperma)

semental
세멘딸
형 씨[종자]의; 종축(種畜)의
toro *semental* 종우(種牛)

sementera
세멘떼라
여 씨앗 뿌리기, 파종 (시기); (씨앗을 뿌린) 밭; (불쾌한 것의) 근원, 원인(原因)

semestral
세메스뜨랄
형 반년마다의; 반년간의

semestralmente
세메스뜨랄멘떼
부 반년마다, 6개월마다

semestre
세메스뜨레
남 반년, 6개월; (연 2학기제의) 학기; 반년마다의 지불[수급]; (신문·잡지 등의) 반년분

semi-
세미
((접두어)) 반(半)
*semi*círculo 반원(半圓)

semiautomático, ca
세미아우또마띠꼬, 까
형 반자동의

semicírculo
세미시르꿀로
남 반원(半圓)

semicircular
세미시르꿀라르
형 반원(형)의

semicircunferencia 여 [수학] 반원주
세미시르꾼페렌시아

semiconductor, ra 형 남 [전기] 반도체(의)
세미꼰둑또르, 라

semiconsonante 형 여 [언어] 반자음(의)
세미꼰소난떼

semifinal
세미피날
여 준결승

semifinalista
세미피날리스따
형 준결승 출전의
남여 준결승 출전 선수[팀]

semifondo
세미폰도
남 [운동] 중거리
carrera de *semifondo* 중거리 경주

semilla
세미야
여 종자, 씨앗; 원인, 불씨
semilla de la revolución 혁명의 불씨

semillero
세미예로
남 모판, 못자리, 모종판
planta de *semillero* 모종, 볏모

seminal
세미날
형 [생리] 정액의; [식물] 씨앗의

seminario
세미나리오
남 신학교; 세미나; 세미나 교실

seminarista
세미나리스따
남여 신학생

semipesado
세미뻬사도
남 [권투] 라이트 헤비급
peso *semipesado* 라이트 헤비급

semiproducto
세미쁘로둑또
남 반제품

semiprofesional
세미쁘로페시오날
형 반직업적인, 세미프로의, 반전문적인
남여 세미프로의 사람[선수]

semipúblico, ca
세미뿌블리꼬, 까
형 반관(半官)의, 반공영(半公營)의
empresa *semipública* 반공영 기업

semisótano
세미소따노
남 반지하실

semivocal
세미보깔
형 여 반모음(의)

senado
세나도
남 상원(上院) ((회의, 건물)); (고대 로마의) 원로원

senador, ra
세나도르, 라
남여 상원 의원; 원로원 의원

sencillamente
센시야멘떼
부 간단히; 단순히

sencillez
센시예스
여 간단함; 단순함; 간소; 소박

sencillo, lla
센시요, 야
형 간단한, 단순한, 간소한; (천 등이) 얄팍한; (사람이) 소박한; 우직한; 단일의; ((스페인·멕시코)) (표가) 편도(片道)의
billete *sencillo* 편도표
남 싱글 레코드(disco *sencillo*); ((스페인·멕시코)) 편도표; ((중남미)) 잔돈

senda
센다
여 (산·산림 등의) 샛길, 좁은 길; 수단, 방법

senderismo
센데리스모
남 하이킹, 트레킹, 산지(山地) 여행

sendero
센데로
남 =**senda**

sendos, das
센도스, 다스
형 각자 하나씩의; 수단[방도]이 없는

senectud
세넥뚣
여 노년기(老年期)

senescencia
세네센시아
여 노쇠, 노화 현상

senescente
세네센떼
형 노쇠의, 노화된

senil
세닐
형 노인의, 노년의; 노쇠한, 노망한

senilidad
세닐리닫
여 노쇠, 노화(老化)

sénior
세니오르
형 (부모 자식 등의 같은 이름의 사람들에 대해) 연상 쪽의 (반 jónior); [운동] 시니어의
남 여 시니어 선수 ((júnior 보다 위로, 주로 20·21세 이상의 최연장자 급))

seno
세노
남 (여성의) 유방(pecho); 자궁, 태내(matriz); 우묵한 곳, 패인 곳, 구덩이; 피난 장소; (정신 등의) 속 깊은 곳; [수학] 정현(正弦), 사인

sensación
센사시온
여 (감각 sentido에 의한) 느낌, 기분; 인상; 예감; 감각(sentido); 감동; 놀람

sensacional
센사시오날

형 선풍적 인기의, 세상을 깜짝 놀라게 하는, 크게 물의를 일으키는; 선정적인, 인기 끌기 위주의; 눈부신, 두드러진; 감각(상)의, 지각의; [철학] 감각론의
noticia *sensacional*
세상을 깜짝 놀라게 하는 소식

sensacionalismo
센사시오날리스모

남 (보도 등의) 선정주의

sensacionalista
센사시오날리스따

형 선정주의적인
남 여 선정주의자, 선정적인 사람

sensatez
센사떼스

여 양식(良識), 분별

sensato, ta
센사또, 따

형 양식[분별]이 있는

sensibilidad
센시빌리닫

여 (섬세한) 감수성, 감성; (자극에 대한) 감각 (능력); (계기 등의) 감도(感度); [사진] 감광도
Esta radio tiene gran *sensabilidad*.
이 라디오는 고감도다.

sensibilización
센시빌리사시온

여 민감하게 함; [의학] 감작(感作); [사진] 증감(增感)

sensibilizado, da
센시빌리사도, 다

형 (문제 등을) 의식한, 민감한

sensibilizar
센시빌리사르

타 민감하게 하다, 관심을 가지게 하다; 환기시키다; [사진] 증감 작용을 높이다; [의학] 감작하다, 항원에 대해 민감하게 하다

sensible
센시블레

형 감각 능력이 있는; 민감한, 느끼기 쉬운, 다감한; 감수성이 예민한, 정에 약한[여린]; 현저한; 고통스러운, 괴로운; 감각으로 포착할 수 있는
mundo *sensible* 감각계
ser *sensible* a la vista 눈에 보이다

sensiblemente
센시블레멘떼

부 똑똑히, 눈에 띄게, 확실히, 명확히; 쑥, 뚝, 훨씬
La temperatura ha bajado *sensiblemente*.
기온이 뚝 떨어졌다.

sensitivo, va
센시띠보, 바
형 감각의, 감각을 전하는; 감각 능력이 있는; 감수성을 자극하는; (사람이) 느끼기 쉬운, 섬세한

sensor
센소르
남 센서, 감지기(感知器)

sensorial
센소리알
형 [생리] 감각(기)의
órgano *sensorial* 감각 기관

sensorio, ria
센소리오, 리아
형 =**sensorial**

sensual
센수알
형 관능(官能)의; 관능적인; 향락적인; 음탕한

sensualidad
센수알리닫
여 관능적임; 호색(好色)

sensualismo
센수알리스모
남 향락주의

sentada[1]
센따다
여 주저앉아 움직이지 않음; 눌러앉음; 연좌(농성)
hacer una *sentada* 연좌 농성을 하다

sentado, da[2]
센따도, 다
형 앉은; 분별[양식] 있는
estar *sentado* en una silla
의자에 앉아 있다

sentar
센따르
타 앉히다; (이론·관계 등을) 구축하다, 쌓다, 기초를 단단히 하다
자 [+bien·mal] (음식물이) 소화되다·소화 안 되다; (몸에) 좋다·나쁘다; 잘맞다·잘 맞지 않다; 잘 어울리다·어울리지 않다; 안정되다; (보통 상태로) 돌아가다; 침전되다
Esta blusa te *sienta bien*.
이 블라우스는 너에게 잘 어울린다.
sentarse 앉다 (반 levantarse); 걸터 앉다; 안정되다, 가라앉다, 진정되다
sentarse a la mesa 식탁에 앉다
Siéntate aquí. 여기 앉아라.
Siéntese aquí. 여기 앉으십시오.
Sentémonos aquí. 여기 앉읍시다.
직·현재: siento, sientas, sienta,

sentamos, sentáis, s*ie*ntan
접 · 현재: s*ie*nte, s*ie*ntes, s*ie*nte, sentemos, sentéis, s*ie*nten

sentencia
센뗀시아

여 판결, 선고; 판정; 격언, 경구; (최종적인) 판단, 견해; [문법] 문(文)(oración)

sentenciar
센뗀시아르

타 (판결을) ...에게 언도하다; 격언을 말하다
자 의견을 말하다

sentencioso, sa
센뗀시오소, 사

형 거드름 피우는, (짐짓) 젠 체하는; 점잔빼는
voz *sentenciosa* 점잔빼는 목소리
con aire *sentencioso* 짐짓 점잔빼는 태도로

sentido[1]
센띠도

남 감각 (기능), 지각; 의식 능력, 센스; 분별, 판단력; 의미; 견해, 관점; 의의(意義), 존재 이유; 방향, 방면 (dirección)
calle de un solo *sentido* 일방 통행길
cambio de *sentido* 방향 변경, 유턴
circulación de *sentido* único
일방 통행 교통
en *sentido* horizontal 수평 방향으로
ir en *sentido* contrario
반대 방향으로 가다
Sígase el *sentido* de las flechas.
화살표 방향으로 나아가십시오.
sentido común 상식, 양식
juzgar según el *sentido común*
상식으로 판단하다
sin sentido 의식을 잃고; 분별 없이; 의미 없이

sentido[2]**, da**
센띠도, 다

형 감정이 어린[깃든]; 성을 잘 내는; 감정을 해친

sentimental
센띠멘딸

형 감상적인; 눈물을 잘 흘리는, 잘 감동하는; 연애의
남 여 눈물을 잘 흘리는 사람, 잘 감동하는 사람

sentimentalismo
센띠멘딸리스모

남 감상주의, 감상 과다

sentimiento
센띠미엔또

남 감정; 심리 상태, 기분, 마음가짐; 동정심; [주로 복] 호의, 애정; 근심, 걱정

sentir
센띠르

타 느끼다; 깨닫다, 알아차리다, 의식하다; 예감하다, 헤아려 알다; 유감으로 생각하다, 미안하게 생각하다, 섭섭하다; 생각하다; (예술 등을) 이해하다, 맛보다, 음미하다, 체험하다
Lo *siento*. 미안합니다, 유감입니다, 섭섭합니다, 안됐습니다.
Siento mucho haberle hecho esperar.
기다리게 해서 미안합니다.
¡Lo siento mucho!
정말 미안합니다, 정말 유감입니다, 정말 안됐습니다, 정말 섭섭합니다.
¡Cuánto lo siento!
[강조] =*¡Lo siento mucho!*
sentirse 자신이 …라고 느끼다; 몸의 일부에 통증[불쾌감]을 느끼다; ((중남미)) 노하다, 성내다; (…와) 불화가 있다
sentirse feliz 행복하다고 느끼다
직 · 현재: s*ie*nto, s*ie*ntes, s*ie*nte, sentimos, sentís, s*ie*nten
직 · 부정 과거: sentí, sentiste, s*i*ntió, sentimos, sentisteis, s*i*ntieron
접 · 현재: s*ie*nta, s*ie*ntas, s*ie*nta, s*i*ntamos, s*i*ntáis, s*ie*ntan
현재 분사: s*i*ntiendo
남 의견, 견해; 감정, 마음가짐

seña
세냐

여 신호 ((눈짓·몸짓·소리 등)); [주로 복] (판단하기 위한) 표, 표시, 표지, 특징; 복 주소 (dirección)
dar *sus* señas 주소를 주다

señal
세냘

여 표, 표시; 전조, 조짐; 신호; (야구 등의) 사인; [철도·도로] 신호, 표지(標識) 기호, 부호; 자취, 발자국, 흔적; 상흔(傷痕); [전화·통신] 신호음, 신호파(信號波); 보증금, 계약금, 착수금(着手金)

dar la *señal* de arrancar
출발 신호를 하다
hacer la *señal* de la victoria
V 사인을 보내다

señaladamente
세날라다멘떼
및 특히, 현저히, 몹시

señalado, da
세날라도, 다
형 표시된; 지시된; 눈부신, 놀라운; 저명한, 유명한

señalador
세날라도르
남 서표(書標)

señalar
세날라르
타 표(시)를 하다; 지적하다, 언급하다; 가리키다, 지시하다; (시간·장소 등을) 지정하다; ...의 표시[조짐]이다; (얼굴에) 상처를 남기다
señalarse 걸출하다, 두각을 나타내다
señalarse como un lingüista
언어학자로서 두각을 나타내다

señalización
세날리사시온
여 (도로 등에) 표지 설치; 표지, 신호 체계
señalización vertical 도로 표지

señalizar
세날리사르
타 (도로 등에) 표지[신호기]를 설치하다

Señor (el)
세뇨르 (엘)
남 주(主), 예수 그리스도, 신(神)
Nuestro *Señor* 우리 주 (예수 그리스도)

señor, ra
세뇨르, 라
남여 [señor는 남성, señora는 기혼 여성 (현대 스페인에서는 기혼이나 미혼을 불문하고 성인 여성)에 붙이는 경칭으로 성의 앞에 놓는다. 호격 이외에는 정관사가 필요하며 señora 의 뒤에는 de를 넣는 경우가 많다; 약어 Sr., Sra.] ...씨, ...부인; ...님; 복 ...씨 부처; (경의를 표해) 남자분, 여자분; 어른, 성인; (교양 있는) 신사, 숙녀; 소유자, 소유주, 임자, 주인, 고용주(雇用主)
Buenos días, *señor* García.
가르시아씨, 안녕하십니까.
Esta es la *señora* (de) Kim.
이분은 김 여사입니다.

señorear
세뇨레아르

señorío
세뇨리오

señorita
세뇨리따

separable
세빠라블레

separación
세빠라시온

separadamente
세빠라다멘떼

separado, da
세빠라도, 다

de señoras 여성용의 (반) de caballeros) ropa de *señoras* 부인복
Señoras [표시] 여성용
형 (사람이) 고귀한, 저명한; (물건이) 우아한, 고상한, 품위가 있는
남 [드뭄] 남편(marido)
여 기혼 부인; 처, 아내 ((주로 중남미에서 자기나 남의 아내))

타 (주인으로서) 지배하다; ...의 위에 높이 우뚝솟다; (감정을) 억제하다
señorearse 거만하게 굴다[행동하다]

남 (영주의) 지배; 영지; 우아함, 고상함; 위엄, 풍격; ((스페인)) 상류 인사

여 [미혼 여성 (현대 스페인에서는 성인이 되기 전의 여성)에게 붙이는 경칭; 약어 Srta.] ... 양; (영주·상류 계급의) 딸, 영양; [고어] (하인 등이 주인의 딸에게 사용한 경칭) 아가씨; (상대방이 기혼인지 아닌지 모를 때) 미스; (초등 학생이, 미혼이건 기혼이건 불문하고 여선생에 대한 경칭) 선생님; 가늘고 짧은 여송연
¿Conoces a aquella *señorita*?
저 아가씨 알고 있니?
Permítame presentarle a la *Srta*. Kim. 김 양을 소개하겠습니다.

형 분리 가능한, 분리할 수 있는

여 분리; 이별; (부부의) 별거; 간격, 격차, 거리, 차이; 파면, 해임(*separación* del cargo)
separación de poderes 삼권 분립
separación matrimonial 부부의 별거

부 따로따로(por separado)

형 떨어진, 갈라진; 따로따로의; 별거중인 (남편·아내)

por separado 따로따로; 별편으로

separador
세빠라도르
명 분리기; 선광기; [컴퓨터] (정보 단위의 개시·종료를 나타내는) 분리 기호, 분리 문자

separar
세빠라르
타 분리하다, 나누다; 따로 떼다; 떼어놓다, 갈라 놓다, 헤어지게 하다; 따로하다, 따로 간직해 두다; 따로 생각하다; 파면하다, 면직하다 (destituir)
*separar de*l servicio [군사] 제대시키다
separarse 나누어지다, 떨어지다, 갈라지다; 이별하다; (부부가) 별거하다; (조직·관계에서) 이탈하다; [정치] 분리하다, 독립하다
Ella se *separó de* su socio.
그녀는 회에서 탈퇴했다.

separatismo
세빠라띠스모
명 분리주의

separatista
세빠라띠스따
형 분리주의의
명 분리주의자

sepia
세삐아
여 [동물] 갑오징어, 뼈오징어

septentrión
셉뗀뜨리온
명 북쪽(norte); [천문] 큰곰자리, 대웅좌 (Osa Mayor), 북두칠성

septentrional
셉뗀뜨리오날
형 북쪽의 (반 meridional)
명 북부 주민

septeto
셉떼또
명 [음악] 칠중주(단·곡), 칠중창(단·곡)

septicemia
셉띠세미아
여 [의학] 패혈증

septicémico, ca
셉띠세미꼬, 까
형 [의학] 패혈증의

septiembre
셉띠엠브레
명 9월

séptimo, ma
셉띠모, 마
형 일곱 번째의; 7분의 1의
séptimo arte 제7예술, 영화
명 7분의 1
여 [음악] 7도 (음정)

septuagenario, ria 형 70대의
셉뚜아헤나리오, 리아 남 여 70대 노인

septuagésimo, ma 형 70번째의
셉뚜아헤시모, 마

séptuplo, pla 형 남 7배(의)
셉뚜쁠로, 쁠라

septuplicar 타 7배하다
셉뚜쁠리까르

sepulcral 형 묘의
세뿔끄랄 lápida *sepulcral* 묘비

sepulcro 남 묘, 분묘(墳墓)
세뿔끄로 Santo *Sepulcro* 성묘(聖墓)
((예루살렘에 있는 그리스도의 묘))

sepultar 타 (묘에) 매장하다; 감추다, 숨기다, 덮다, 가
세뿔따르 리다; 비탄에 빠지게 하다
sepultarse 비탄에 빠지다

sepultura 여 매장; 묘; 묘혈(墓穴), 무덤 구멍
세뿔뚜라

sepulturero, ra 남 여 무덤 파는 사람
세뿔뚜레로, 라

sequedad 여 건조; 냉담함, 무뚝뚝함
세께닫

sequía 여 가뭄, 한발(旱魃)
세끼아

ser 자 ...이다; ...이 되다; ...의 역을 하다; 존재
세르 하다; (특정한 행사·사건 등이) 있다, 일어나다
Somos coreanos.
우리들은 한국 사람이다.
Sé bueno. 착한 사람이 되어라.
Pienso, luego *soy*.
나는 생각한다. 고로 존재한다.
Dios *es*. 신은 존재한다.
ser de
㉮ [재료 등] ...로 되어 있다, ...로 만들어져 있
다
Esta casa *es de* piedra.

이 집은 돌집이다

㉯ [소유] ...의 것이다

Esta casa *es de* mi padre.

이 집은 내 아버지의 것이다.

㉰ [출신·출처] ...의 태생이다, ...의 산이다

Soy de Corea. 나는 한국 태생이다.

Estas peras *son de* Nachu.

이 배들은 나주산이다.

㉱ [가격·나이] ...이다

Es de mil wones. 그것은 천 원이다.

Ella *es de* dieciocho años.

그녀는 18세다.

㉲ [학년] ...학년이다

Soy de primero. 나는 일학년이다.

ser para

㉮ [편지 등이] ...의 앞이다, ...에게 온 것이다

Esta tarjeta postal *es para* mí.

이 우편 엽서는 내 앞으로 왔다.

Esta muñeca *es para* mi nieta.

이 인형은 내 손녀 몫이다.

㉯ [용도·적성 등] ...용이다

Este libro *es para* niños.

이 책은 어린이용이다.

Este cuchillo *es para* cortar pan.

이 칼은 빵 자르는 데 사용한다.

조 [수동태, +타동사의 과거 분사] ...되다, ...받다

Mi maestro *es* respetado de [por] todos.

내 스승은 모든 사람들로부터 존경받고 있다.

La noticia *fue* difundida por la televisión en todo el país.

그 소식은 텔레비전을 통해 전국에 전파되었다.

직·현재: *soy, eres, es, somos, sois, son*

직·부정 과거: *fui, fuiste, fue, fuimos, fuisteis, fueron*

직·불완료 과거: *era, eras, era, éramos,*

*er*ais, *er*an
접·현재: s*ea*, s*ea*s, s*ea*, s*ea*mos, s*eá*is, s*ea*n
<u>남</u> 존재; 존재물; 사람; 본질, 본성
ciencia de *ser* 존재론
el *ser* y la nada 존재와 무(無)
ser humano 인간

serbio, bia
세르비오, 비아
<u>형</u> 세르비아(Serbia)(인·어)의
<u>남</u> <u>여</u> 세르비아 사람
<u>남</u> 세르비아어

serbocroata
세르보끄로아따
<u>형</u> 세르비아크로아티아의
<u>남</u> <u>여</u> 세르비아코아티아 사람
<u>남</u> 세르비아크로아티아어

serenamente
세레나멘떼
<u>부</u> 조용히, 고요히

serenar
세레나르
<u>타</u> 가라앉히다, 진정시키다, 조용하게 하다, 완화시키다
serenarse
(조용히) 가라앉다, 진정되다, 안정되다

serenata
세레나따
<u>여</u> [음악] 세레나데, 소야곡

serenidad
세레니닫
<u>여</u> 평정, 냉정; 조용함, 고요함

sereno¹
세레노
<u>남</u> 밤이슬; 야경꾼

sereno², na
세레노, 나
<u>형</u> (하늘이) 맑은; 조용한, 고요한; 태연자약한, 매우 침착한, 평정한; (술에) 취하지 않은
cielo *sereno* 맑은 하늘

serial
세리알
<u>형</u> 연속의, 시리즈 물의; [음악] 12음기법의
<u>남</u> [방송] 연속극

serialización
세리알리사시온
<u>여</u> 시리즈화(化), 연속 방송[방영]

serializar
세리알리사르
<u>타</u> =**seriar**

seriamente
세리아멘떼
<u>부</u> 진지하게, 참말로, 성실하게

seriar
세리아르
타 연속 방송[방영]하다

sericicultura
세리시꿀뚜라
여 =**sericultura**

sérico, ca
세리꼬, 까
형 혈청(血淸)(suero)의

sericultor, ra
세리꿀또르, 라
남 여 양잠가(養蠶家)

sericultura
세리꿀뚜라
여 양잠, 양잠업

serie
세리에
여 일련, 연속; (제품의) 시리즈; (우표·동전의) 시리즈 물(의 한 조); [방송] 연속물, 연속극, 연속 프로그램; [운동] 예선; [야구] 시리즈; [수학] 급수(級數); [컴퓨터] 시리즈; [음] 12음의 음열; [화학] 계(系), 열(列); [언어] 계열(系列)
serie mundial 월드 시리즈
quedar (el segudo) clasificado en *la serie* 예선을 (2위로) 통과하다
en serie
㉮ 대량 생산의[으로]
fabricación en serie 대량 생산
㉯ 연속의
asesino *en serie* 연속 살인법
㉰ [전기] 직렬의 (반 **en paralelo**)
círculo *en serie* 직렬 회로

seriedad
세리에닫
여 진지함; 진심, 본마음; 중대함

serigrafía
세리그라피아
여 실크[스크린] 인쇄(물)

serio, ria
세리오, 리아
형 진지한; 무뚝뚝한; 신뢰할 만한, 견실한; 중대한, 심각한, 우려할 만한, 막대한; (색 등이) 수수한, 검소한; 위엄이 있는
asunto *serio* 중대한 사건
colocación *seria* 견실한 직업
enfermedad *seria* 중병(重病)
pérdida *seria* 막대한 피해

promesas *serias* 확실한 약속
situación *seria* 심각한 사태
en serio 진지하게
hablar *en serio* 진지하게 말하다

sermón
세르몬
남 [주로 천주교] 설교; 잔소리, 꾸중, 설교

sermonario
세르모나리오
남 설교집

sermoneador, ra
세르모네아도르, 라
형 잔소리하기 좋아하는
남 여 잔소리[설교]하는 사람

sermonear
세르모네아르
자 [주로 천주교] 설교를 하다
타 …에게 잔소리[설교]를 하다

sermoneo
세르모네오
남 잔소리, 설교

serología
세롤로히아
여 혈청학(血淸學)

seropositivo, va
세로뽀시띠보, 바
형 [의학] (혈청 진단, 특히 에이즈의 HIV 항체 검사에서) 양성 반응(陽性反應)의
남 여 양성 반응자

seroso, sa
세로소, 사
형 [생리] 장액(漿液)(성)의, 혈청의
여 [해부] 장막(漿膜)

seroterapia
세로떼라삐아
여 혈청 요법

serpentear
세르뻰떼아르
자 사행(蛇行)하다, 엔굽이치다, 꾸불꾸불 구부러지다

serpiente
세르삐엔떼
여 [동물] 뱀; 악마, 악에의 유혹자

serraduras
세르라두라스
여 복 톱밥(serrón)

serrano, na
세르라노, 나
형 산지(山地)의; (몸이) 싱싱하고 아름다운
남 여 산지 주민; ((아르헨띠나)) 집시

serrar
세르라르
타 톱(sierra)으로 켜다, 톱질하다

serrería
세르레리아
여 제재소

serrín
세르린
  남 톱밥

servible
세르비블레
  형 아직 사용할 수 있는
  Este coche aún es *servible*.
  이 자동차는 아직 탈 수 있다.

servicial
세르비시알
  형 (종업원 등이) 친절한; 남의 일을 잘 돌봐 주는, 남을 거들기 좋아하는
  vecina *servicial* 친절한 이웃집 여인

servicio
세르비시오
  남 봉사, 섬김, 모심, 서비스, 손님 대우; 영업; 식사 시중; 봉사료, 서비스 료; (주인에게) 시중 듦, 봉사함; [집합 명사] 머슴, 하인, 하녀, 파출부; 공적 업무, 공공 기관; (주로 공무원의) 근무; 당직; 병역(*servicio* militar); 군무(軍務); [종교] 예배; (탈것의) 운행, 편(便); (상품 등의) 배달, 배송; (병원의) ...료(料); [때때로 복] (무상의) 봉사, 돌봄; 공헌, 공로; (물건이) 쓸모가 있음, 유용함; (식기 등의) (한) 벌, 세트; [경제] 용역, 서비스; 공익 사업; [때때로 복] 화장실, 세면소; 변기, 요강; 관장기(灌腸器); [운동] 서브
  servicio de reparaciones 수리 서비스
  servicio de 24 horas 24시간 영업
  años de *servicio* 근속 연수
  tarifa de los *servicios* públicos
  공공 요금
  El *servicio* en este hotel es excelente.
  이 호텔의 서비스는 자상하다.
  fuera de servicio [표시] 고장중

servidor, ra
세르비도르, 라
  남 여 하인, 급사
  남 [컴퓨터] 서버

servidumbre
세르비둠브레
  여 [집합 명사] (한 집의) 종들, 하인들; 예속(상태); 속박; 종속; [법률] 지역권(地役權)

servil
세르빌
  형 노예의, 농노(農奴)의, 하인의, 하녀의; 비굴한, 예속적인

servilismo
세르빌리스모
  남 비굴함, 추종

servilleta
세르비예따

여 (식탁용의) 냅킨
servilleta de papel 종이 냅킨

servilletero
세르비예떼로

남 냅킨 링, 냅킨꽂이

servir
세르비르

자 시중 들다, 봉사하다, 섬기다; 돕다, 거들다; (점원이 손님의) 상대를 하다; 식사 시중을 들다, 음식을 내다; 유용하다, 쓸모가 있다, 도움이 되다; 병역 의무를 하다
¿En qué puedo *servir*le?
무얼 도와 드릴까요?
어떻게 오셨습니까?
(상점 등에서) 무얼 드릴까요?
타 (요리·음식물을) 내다, 제공하다; (상품을) 배달하다; [운동] 서브하다
servirse 사용하다, 이용하다; (요리를) 자기 스스로 먹다; (마실 것을) 자기 스스로 가져다 마시다; [경어] ...해 주십시오
Sírvase, por favor. 어서 드십시오.
Sírvase cerrar la ventana.
창문을 좀 닫아 주십시오.
직·현재: s*i*rvo, s*i*rves, s*i*rve, servimos, servís, s*i*rven
직·부정 과거: serví, serviste, s*i*rv*i*ó, servimos, servisteis, s*i*rvieron
접·현재: s*i*rva, s*i*rvas, s*i*rva, s*i*rvamos, s*i*rváis, s*i*rvan
현재 분사: s*i*rviendo

sésamo
세사모

남 [식물] 참깨; 참깨씨
aceite de *sésamo* 참깨 기름
¡Ábrete, *sésamo*! 열려라, 참깨!

sesenta
세센따

형 60의; 60번째의
남 60
남 복 60년대; 60대

sesentavo, va
세센따보, 바

형 남 60분의 1(의)

sesentón, tona
세센똔, 또나
형 남 여 60대의 (사람)

sesión
세시온
여 회의, 심의; 상영, 상연; 모임, 회합; (치료 등의) 1회 시간; (모텔 등의) 1회 휴식 시간
abrir [celebrar] la *sesión* 개회하다
levantar [cerrar] la *sesión* 폐회하다
estar en *sesión* 개회 중이다

seso
세소
남 뇌(腦)(cerebro); [요리] (식용 짐승의) 골; 두뇌, 지력(知力)

sestear
세스떼아르
자 낮잠을 자다, 휴식을 취하다

sesteo
세스떼오
남 =siesta

set
셋
남 [운동] 세트; [영화] 세트(plató); (기구의) 한 조, 일습

seta
세따
여 (주로 식용의) 버섯
seta venenosa 독버섯

setecientos, tas
세떼시엔또스, 따스
형 700의; 700번째의
남 700

setenta
세뗀따
형 70의; 70번째의
남 70
남 복 70년대; 70대

setentavo, va
세뗀따보, 바
형 남 70분의 1(의)

setentón, tona
세뗀똔, 또나
형 남 여 70대의 (사람)

setiembre
세띠엠브레
남 =septiembre

sétimo, ma
세띠모, 마
형 남 =séptimo

seto
세또
남 산울타리, 산울

seudo-
세우도
((접두어)) 가짜의, 사이비의, 모조의
*seudo*científico 사이비 과학자

seudónimo
세우도니모
남 필명, 펜네임; 예명(藝名)

severamente 세베라멘떼	튄 엄하게, 호되게
severidad 세베리닫	여 엄함, 호됨, 가혹함
severo, ra 세베로, 라	형 엄한, 엄격한; 꾸밈이 없는, 수수한; 심각한 castigo *severo* 엄벌 profesor *severo* 엄한 선생님 régimen *severo* 엄격한 식이 요법
sexagenario, ria 섹사헤나리오, 리아	형 남 여 60대의 (사람)
sexagésimo, ma 섹사헤시모, 마	형 60번째의; 60분의 1의 남 60분의 1
sex-appeal 섹사뻴	남 섹스어필, 성적 매력
sexenio 섹세니오	남 6년간
sexismo 섹시스모	남 (여성에 대한) 성차별(주의)

sexista 섹시스따	형 성차별주의의 남 여 성차별주의자
sexo 섹소	남 성(性), 섹스; 성별(性別); 성기; 성행위 (sexualidad) sin distinción de *sexo* 남녀를 불문하고
sexología 섹솔로히아	여 성과학(性科學)
sexológico, ca 섹솔로히꼬, 까	형 성과학의
sexólogo, ga 섹솔로고, 가	남 여 성과학자
sex-shop 섹숍	남 포르노 가게
sex-symbol 섹심볼	남 여 섹스 심벌
sexteto 세스떼또	남 [음악] 6중주단; 6중주곡, 6중창곡; 6행시

sexto, ta
세스또, 따
- 형 여섯 번째의; 6분의 1의
- 남 6분의 1

séxtuplo, pla
세스뚜쁠로, 쁠라
- 형 남 6배의

sextuplicar
세스뚜쁠리까르
- 타 6배하다

sexual
섹수알
- 형 성(性)의, 성적(性的)인
- conducta *sexual* 성행위
- relaciones *sexuales* 성관계

sexualidad
섹수알리닫
- 여 성; 성행위; 성욕

sexy
섹시
- 형 섹시한
- vestido *sexy* 섹시한 옷

sherpa
세르빠
- 형 세르파족의
- 남 여 세르파

shock
숔
- 남 =choque

short
쇼르뜨
- 남 (운동용·여름용) 반바지

shorts
쇼르스
- 남 복 =short

show
쇼우
- 남 쇼, 흥행; 과시

showman
쇼우맨
- 남 쇼맨; 연예인

si[1]
시
- 접 만일 …이라면; 설령 …할 지라도; …했는데도
- *Si* hace mal tiempo mañana, no saldré.
  만일 내일 날씨가 나쁘면 나는 외출하지 않겠다.
- Llámame *si* estás libre.
  시간이 있으면 나에게 전화해라.
- No lo haré *si* me matan.
  나를 죽일지라도 그 일을 하지 않겠다.

si²
시

📖 [음악] 시, 나음 ((장음계의 일곱 째음))

sí
시

대 [재귀 대명사 3인칭 se의 전치사격; con과 합해 consigo가 된다] 자신, 그것 자신
Ella nunca habla de *sí* misma.
그녀는 자신에 대해서는 절대 말하지 않는다.
Ella lleva (a) su perro *consigo*.
그녀는 자신의 개를 손수 데리고 간다

부 [응답] 예; [부정 의문에 대해] 아닙니다; [출석부를 때 대답] 예; [전화를 받을 때] 여보세요; [긍정의 강조] 물론, 확실히, 진짜는, 사실은
¿Lo quiere usted? −*Sí*, lo quiero.
그것을 원하십니까? −예, 원합니다.
¿No te gusta el té?
−*Sí*, me gusta mucho.
차를 좋아하지 않니?
−아닙니다. 무척 좋아합니다

📖 긍정[승락]의 답, 찬성. (복 síes)

sicología
시꼴로히아

여 =psicología

sida, Sida, SIDA
시다

📖 [의학] 에이즈 ((*s*índrome de *in*munodeficiencia *a*dquirida의 약어: 후천성 면역 부전 증후군))
sida declarado 말기 에이즈

sidecar
시데까르

📖 사이드카

siderurgi
시데루르히아

여 제철, 제철업

siderúrgico, ca
시데루르히꼬, 까

형 제철의

sidítico, ca
시디띠꼬

형 📖 여 =sidoso

sidoso, sa
시도소, 사

형 에이즈(sida)의
📖 여 에이즈 환자

sidra
시드라

여 사과술; 사이다; (발효된) 과실주

sidrería
시드레리아
여 사과주 판매점

siega
시에가
여 베어 들임; 풀베기; 수확기

siembra
시엠브라
여 파종, 씨뿌리기; 파종기
hacer la *siembra*
파종하다, 씨를 뿌리다

siempre
시엠쁘레
부 늘, 항상, 언제나; 하여간, 어쨌든, 여하튼, 그래도
Ella *siempre* sonríe.
그녀는 늘 웃는다.
Ceno *siempre* a las seis.
나는 언제나 여섯 시에 저녁을 먹는다.

sien
시엔
여 [해부] 관자놀이; 살쩍

sierra
시에르라
여 톱; 산맥, 연봉; (근처에 있는) 산, 고원(高原)

siervo, va
시에르보, 바
남 여 [역사] (봉건 시대의) 농노

siesta
시에스따
여 (점심 후의) 낮잠, 휴식; 식후의 수면; (가장 더운) 한낮의 시간
dormir la *siesta*, echar(se) una *siesta* 낮잠을 자다

siete
시에떼
형 7의; 일곱 번째의
남 7; (천 등이) 못 같은 것에 걸려 L 모양으로 찢어짐; ((중남미)) 항문

sífilis
시필리스
여 단 복 [의학] 매독

sifilítico, ca
시필리띠꼬, 까
형 매독의
남 여 매독 환자

sigilo
시힐로
남 비밀(secreto); 정숙, 은폐(隱蔽)

sigla
시글라
여 (머리글자에 의한) 약어, 약호

siglo
시글로

명 세기, 100년; 오랫동안; 속계(俗界)
a comienzos del *siglo* XXI
21세기 초에
Estamos en el *siglo* XXI.
지금은 21세기다.

sigma
시그마

여 시그마 ((Σ, σ: 그리스 문자))

signar
시그나르

타 서명하다(firmar); 오점을 남기다
signarse 십자를 긋다

signatario, ria
시그나따리오, 리아

형 남 여 서명자(의), 조인자(의)

signatura
시그나뚜라

여 (책·서류 등을 분류하는) 기호, 부호; 서명, 사인; [인쇄] (제본에서) 접장의 책이름과 순서를 나타내는 숫자, 접는 기호

significación
식니피까시온

여 의미(하는 것), 어의(語義); 의의, 중요성

significado, da
식니피까도, 다

형 중요한, 걸출한
남 의미; 의의, 중요성

significante
식니피깐떼

형 의미 있는, 의미 심장한; 중요한

significar
식니피까르

타 의미하다, 나타내다; 표명하다; 중요성을 가지다
significarse
뛰어나다, 눈에 띄다, 걸출하다; 표명하다

significativamente 부 의미 심장하게
식니피까띠바멘떼

significativo, va
식니피까띠보, 바

형 특별한 의미를 가진, 의미 심장한; 중요한, 의의가 있는
significativo cambio 중대한 변화

signo
시그노

남 표, 표시, 나타냄; 징후; 특징, 성격; 기호, 부호; 표장(標章); [언어] 기호
signo de admistad 우정의 표시

siguiente
시기엔떼

형 다음의, 다음에 계속하는
casa *siguiente* 다음 집, 옆집

estación *siguiente* 다음 역
la vez *siguiente* 다음 번
남 여 다음 사람
Haz pasar al *siguiente*.
다음 사람을 들어오게 해라.

sílaba
실라바
여 [언어] 음절

silabación
실라바시온
여 =**silabeo**

silabear
실라베아르
타 음절을 단락을 지어 발음하다

silabeo
실라베오
남 음절 분리, 분절법; 음절을 단락을 지어 발음함

silábico, ca
실라비꼬, 까
형 음절의

silba
실바
여 (야유의) 휘파람

silbante
실반떼
형 획획[씽씽] 울리는

silbar
실바르
자 휘파람을 불다, 호각[호루라기]을 불다; (바람이) 씽씽[획획] 불다
타 (곡을) 휘파람으로 불다; 휘파람을 불어 부르다; 휘파람을 불어 야유하다

silbato
실바또
남 호각, 호루라기; 기적(汽笛) (소리)
silbato de alarma 경적(警笛)

silbido
실비도
남 (휘파람 · 호각 · 기적 등의) 소리; (바람의) 획획[씽씽] 부는 소리; 이명(耳鳴), 귀울음

silbo
실보
남 =**silbido**

silenciador
실렌시아도르
남 (총의) 소음기, 소음 장치; (내연 기관의) 소음기, 머플러

silenciar
실렌시아르
타 침묵을 지키다, 언급이 없다; 침묵시키다; (총에) 소음 장치를 달다; (내연 기관에) 소음기[머플러]를 달다

silencio
실렌시오
남 조용함, 고요함, 정숙; 침묵, 무언(無言); 비밀(을 지키는 일); 언급을 하지 않음; 소식 불

통; [음악] 휴지(休止), 쉼
silencio de la noche 밤의 정막
romper el *silencio* 침묵을 깨뜨리다
El *silencio* es oro. 침묵은 금이다.

silenciosamente
실렌시오사멘떼
튀 잠자코, 조용히, 쥐죽은 듯이; 비밀리에, 살그머니

silencioso, sa
실렌시오소, 사
형 무언의, 말없는; 말하지 않는, 과묵한; 조용한, 고요한, 쥐죽은 듯이 조용한
calle *silenciosa* 쥐죽은 듯이 조용한 거리
남 =**silenciador**

silicio
실리시오
남 [화학] 규소, 실리콘

silicona
실리꼬나
여 [화학] 실리콘 수지(樹脂)

silicosis
실리꼬시스
여 [의학] 규폐(硅肺), 규폐증(硅肺症)

silla
시야
여 의자; 안장
sentarse en una *silla* 의자에 앉다

sillín
시인
남 (자전거·오토바이의) 안장

sillón
시욘
남 팔걸이의자

silo
실로
남 사일로 ((곡물·사료나 시멘트·자갈 등의 저장고; 지하 미사일 격납고·발사대))

silogismo
실로히스모
남 [논리] 삼단 논법

silogizar
실로히사르
타 삼단 논법으로 증명하다

silueta
실루에따
여 몸의 선(線), 윤곽; 그림자 그림, 실루엣

siluetar
실루에따르
타 =**siluetear**

siluetear
실루에떼아르
타 …에 실루엣[윤곽]을 그리다

silvestre
실베스뜨레
형 (식물이) 야생의; 미개의, 원시적

silvicultor, ra
실비꿀또르, 라
남 식림가, 육림가, 조림가

silvicultura
실비꿀뚜라
여 식림(植林), 식림한, 임학(林學), 조림(造林)

simbionte
심비온떼
형 [생물] 공생(共生)의
남 공생자(共生者)

simbiosis
심비오시스
여 단 복 [생물] 공생(共生)

simbiótico, ca
심비오띠꼬, 까
형 [생물] 공생의

simbólico, ca
심볼리꼬, 까
형 상징적인; 기호(記號)의; 형식적인, 실질적이 아닌

simbolismo
심볼리스모
남 상징성, 상징적인 의미; 상징[기호] 표시, 상징 체계; [예술] 상징주의, 심볼리즘

simbolista
심볼리스따
형 상징주의의, 상징파의
남 여 상징파, 상징주의자

simbolización
심볼리사시온
여 상징화(象徵化)

simbolizar
심볼리사르
타 상징으로 나타내다; 상징하다
La paloma *simboliza* la paz.
비둘기는 평화를 상징한다.

símbolo
심볼로
남 상징, 심벌; [화학·수학] 기호
símbolo de la fe [de los Apóstoles]
[기독교] 사도 신경

simbología
심볼로히아
여 상징학; 상징 체계; [집합 명사] 상징

simetría
시메뜨리아
여 대칭, 조화; [수학] 대칭

simétrico, ca
시메뜨리꼬, 까
형 좌우 대칭의; 대칭의

simiente
시미엔떼
여 씨, 씨앗, 종자(semilla)

simiesco, ca
시미에스꼬, 까
형 원숭이의, 원숭이 같은

símil
시밀
남 비교; 유사(類似); [수사] 직유(直喩)

similar
시밀라르

형 유사한
problema *similar* 유사한 문제

similtud
시밀뚣

여 유사성; [수학] 상사(相似)

simio, mia
시미오, 미아

남 여 [동물] 원숭이(mono); (특히) 유인원(類人猿)

simpatía
심빠띠아

여 호감, 호의; 느낌이 좋음, 매력; 공감, 동정; [생리] 교감, 공감; [물리] 공명, 공진(共振); [복 +por] (정책 등에의) 지지, 공명(共鳴)
sentir *simpatía* por [hacia] ...
...에 호감[공감]을 느끼다

simpático, ca
심빠띠꼬, 까

형 (사람이) 감이 좋은, 마음에 드는, 호감이 가는; 붙임성이 좋은; [음악] 공명하는; [해부] 교감 신경(계)의
남 여 느낌이 좋은 사람

simpatizante
심빠띠산떼

형 공명하는, 동조하는; 동정적인
남 여 공명자; 동조자

simpatizar
심빠띠사르

자 호감[친근감]을 가지다, 공감[공명]하다, 의기 투합하다, 사이가 좋아지다

simple
심쁠레

형 단순한, 간단한; 보통의, 예사의; 소박한, 겉꾸밈이 없는; 단일의; [화학] 단일 원소로 된; [문법] (복합어에 대해) 단순어의; (복합 시제에 대해) 단순 시제의; 단문(單文)의
idea *simple* 단순한 아이디어
instalación *simple* 단순한 장치
trabajo *simple* 간단한 일
남 여 단순한[소박한] 사람; 호인(好人); 어리숙한 사람
남 [테니스] 싱글즈, 단식 (경기); 약초(藥草), 생약(生藥)

simplemente
심쁠레멘떼

부 단순히, 간단히, 소박하게

simpleza
심쁠레사

여 단순함, 우직함; 하찮은 것, 시시한 것[물건]

simplicidad
심쁠리시닫
여 단순함; 간단함, 간소함; 소박함

simplificación
심쁠리피까시온
여 단순화, 간략화

simplificar
심쁠리피까르
타 단순하게 하다, 간단하게 하다

simposio
심뽀시오
남 심포지엄

simulación
시물라시온
여 짐짓 꾸미기, 가장, 흉내; 시뮬레이션, 모의 실험[훈련]; [컴퓨터] 시뮬레이션

simulacro
시물라끄로
남 [군사] 연습, 모의전; 외관, 겉보기

simulador
시물라도르
남 시뮬레이터, 모의 훈련[실험] 장치

simular
시물라르
타 흉내내다; 가장하다, 분장하다, …인 체하다; …의 모의 실험[훈련]을 하다; [생물] 의태(擬態)하다; [컴퓨터] 시뮬레이트하다

simultáneamente
시물따네아멘떼
부 동시에

simultanear
시물따네아르
타 (두 개를) 동시에 하다[행하다]
simultanear los dos cargos 겸직하다
simultanear el trabajo con el estudio 일과 공부를 동시에 하다

simultaneidad
시물따네이닫
여 동시성

simultáneo, a
시물따네오, 아
형 (두 개가) 동시의
La explosión fue casi *simultánea* con el despegue.
폭발은 이륙과 거의 동시였다.

sin
신
전 …없이, …없는; … 이외에, …을 계산에 넣지 않고
sin duda 의심없이
sin mucha gana 마지못해
los *sin* trabajo 실업자들
café *sin* leche 우유 타지 않은 커피
Estoy *sin* empleo. 나는 실업 중이다.

sin-
신

((접두어)) 무(無), 혼합(混合)
*sin*sabor 맛없음, 싱거움
*sín*tesis 종합

sinagoga
시나고가

여 유태 교회당

sinceramente
신세라멘떼

부 마음에서, 솔직히

sinceridad
신세리닫

여 성실함; 솔직함

sincero, ra
신세로, 라

형 성실한, 마음으로부터의, 솔직한
amistad *sincera* 마음에서 우러나온 우정
persona *sincera* 성실한 사람

síncope
싱꼬뻬

여 [의학] 실신(失神)

sincronía
싱끄로니아

여 동시성; [언어] 공시태(共時態)

sincrónico, ca
싱끄로니꼬, 까

형 동시에 일어나는; 같은 주기의, 같은 속도의; [언어] 공시태(共時態)의

sincronismo
싱끄로니스모

남 동시성; 동기(同期), 동조(同調)

sincronización
싱끄로니사시온

여 동기화(同期化), 동조(同調)

sincronizar
싱끄로니사르

타 동시에 일어나다[조작하다]; 동기화[동조] 시키다; (음성과 영상을) 동시 녹음하다, 싱크로나이즈하다
natación *sincronizada*
싱크로나이즈 스위밍, 수중 발레

sindicación
신디까시온

여 (노동자의) 조합 가입; 신드케이트의 조직화

sindical
신디깔

형 노동 조합의, 신디케이트의
movimiento *sindical* 노동 조합 운동

sindicalismo
신디깔리스모

남 노동 조합 운동[활동]; 노동 조합 주의

sindicalista
신디깔리스따

형 노동 조합(주의)의, 조합의
남 여 조합 활동가

sindicar 신디까르	타 (노동자를) 조합에 가입시키다; 조합을 조직하다; ((남미)) 고발하다, 고소하다 *sindicarse* 노동 조합에 가맹하다; 노동 조합을 조직하다
sindicato 신디까또	남 노동 조합, 신디케이트
síndrome 신드로메	남 [의학] 증후군(症候群) *síndrome* de Down 다운 증후군 *síndrome* de inmunodeficiencia adquirida 후천성 면역 부전 증후군, 에이즈
sinfín 심핀	남 무수(無數)
sinfonía 심포니아	여 [음악] 심포니, 교향곡; (색채 등의) 조화 la quinta *sinfonía* 교향곡 제5번
sinfónico, ca 심포니꼬, 까	형 심포니의, 교향곡의 orquesta *sinfónica* 교향 악단
sinfonista 심포니스따	남 여 심포니 작곡가; 교향악 단원
single 싱글	형 [음악] 싱글 음반의; [테니스] 싱글즈의, 단식 (경기)의; [철도] 싱글의 ((1등 침대의 2인용을 1인이 사용하는 것)); ((중남미)) (방이) 싱글의, 1인용의 남 [음악] 싱글 음반; [테니스] 싱글즈, 단식 (경기); 1인용 방
singular 싱굴라르	형 단 하나의, 유일한; [문법] 단수의; 특이한, 독특한; 기발한, 색다른; 뛰어난, 눈에 띈, 유별난, 보통 이상인 sustantivo *singular* 단수 명사 tercera persona *singular* 3인칭 단수 남 [문법] 단수
singularidad 싱굴라리닫	여 특이성; 독자성
singularizar 싱굴라리사르	타 구별하다, 눈에 띄게 하다, 두드러지게 하다; 특히 언급하다; [문법] (복수형을) 단수형으로

만들다
자 특별 취급하다
singularizarse 두드러지다, 눈에 띄다

singularmente 싱굴라르멘떼
부 별개로, 특별히; 특히, 유난히; 매우, 무척, 비상히

siniestro, tra 시니에스뜨로, 뜨라
형 불길한, 흉한, 불운의; 악의가 있는; 왼쪽의 (izquierdo) (**반** diestro)
남 사고; 재해, 재난
여 왼손(mano siniestra)

sinnúmero 신누메로
남 무수(無數)

sino[1] 시노
접 [+no] ...이 아니고 ...이다; ... 이외에는
Yo no lo hice, *sino* ella.
내가 그것을 한 것이 아니고 그녀가 했다.
Nadie lo sabe *sino* tú.
너 이외에는 아무도 그 일을 모른다

sino[2] 시노
남 (점성술 등에서) 운명, 숙명

sinología 시놀로히아
여 중국학, 중국 연구

sinólogo, ga 시놀로고, 가
남여 중국학 학자, 중국 연구가

sinónimo, ma 시노니모, 마
형 동의(同意)의
남 동의어, 유의어, 비슷한 말

sinrazón 신르라손
여 (권력의 남용에 의한) 부정, 부당한 행위

sintaxis 신딱시스
여 단 복 [언어] 구문론, 구문법, 통사론, 통사법, 통어론, 문장론, 신텍스

síntesis 신떼시스
여 단 복 종합; 총론, 개괄; 집대성; [화학·생물] 합성; [철학] 종합; [의학] 접골, 복위(復位)

sintético, ca 신떼띠꼬, 까
형 종합하는, 종합적인; 개괄적인; 합성(合成)의
goma *sintética* 합성 고무
piel *sintética* 인공 피혁

sintetizador 신떼띠사도르
- 남 신시사이저 ((음(音)의 합성 장치[악기]))

sintetizar 신떼띠사르
- 타 종합하다; 집대성하다; 요약하다, 개괄하다

síntoma 신또마
- 남 증상, 증후, 징후; 징조
- *síntoma* de cáncer 암의 징후

sintomático, ca 신또마띠꼬, 까
- 형 (병의) 징후를 나타내는, 증후성의; 암시적인

sintomatología 신또마똘로히아
- 여 징후학; (어떤 병의) 징후적 소견

sintonía 신또니아
- 여 [물리·전기] 동조(同調); [방송] (프로그램의) 테마 음악; (주로 사람과 사람과의) 조화

sintonizar 신또니사르
- 타 동조시키다, (주파수를) 맞추다
- *sintonizar* radio nacional
  국영 방송에 주파수를 맞추다
- 자 조화되다, 익숙해지다; 동조되다, 주파수를 맞추다

sinvergüenza 신베르구엔사
- 여 뻔뻔스러운, 철면피한, 낯가죽이 두꺼운
- 남여 뻔뻔스러운 사람, 철면피, 후안 무치한 사람

sionismo 시오니스모
- 남 시온주의, 유대주의, 시오니즘

sionista 시오니스따
- 형 시온주의의, 시오니즘의
- 남여 시온주의자

siquiera¹ 시끼에라
- 접 설령 …일지라도(aunque)
- *siquiera* sea las doce de la noche
  설령 밤 12시일지라도

siquiera² 시끼에라
- 부 하다못해, 적어도, 최소한; [부정문] …조차 (아니다)
- Lávate *siquiera* las manos.
  하다못해 손이라도 씻어라.
- Ella no dijo una palabra *siquiera*.
  그녀는 한마디도 하지 않았다.
- ***ni siquiera*** …조차 …아니다

No tengo tiempo *ni siquiera* para comer. 나는 밥 먹을 시간도 없다.

sirena
시레나
여 [그리스 신화] 사이렌; 인어(人魚); 경적, 사이렌

sirio, ria
시리오, 리아
형 시리아(Siria)(인)의
남 여 시리아 사람

sirope
시로뻬
남 시럽

sirviente, ta
시르비엔떼, 따
남 여 종, 하인, 하녀

sísmico, ca
시스미꼬, 까
형 지진의
zona *sísmica* 지진대(地震帶)

sismo
시스모
남 =**seísmo**

sismógrafo
시스모그라포
남 =**sismómetro**

sismología
시스몰로히아
여 지진학(地震學)

sismómetro
시스모메뜨로
남 지진계(地震計)

sistema
시스떼마
남 체계, 통일된 이론; 조직, 제도; 체제; 방식, 방법; 계(系), 계통; 장치, 기구; [컴퓨터] 시스템
sistema económico 경제 제도
sistema educativo 교육 제도
sistema filosófico 철학 체계

sistemáticamente
시스떼마띠까멘떼
부 체계적으로; 일괄해서

sistemático, ca
시스떼마띠꼬, 까
형 체계적인, 조직적인; 계획적인; 질서 정연한, 질서 있는, 규칙적인
여 분류학, 체계학; 분류법

sistematización
시스떼마띠사시온
여 체계화, 조직화

sistematizar
시스떼마띠사르
타 체계화하다

soberanamente

sitiador, ra
시띠아도르, 라
- 형 공격하는, 포위하는
- 남 여 공격자, 포위자; 공격군

sitiar
시띠아르
- 타 (성 등을) 포위하다, 공격하다; (사람을) 궁지에 몰아넣다

sitio
시띠오
- 남 장소, 곳; 위치, 지위; [군사] 포위, 포위군
- *sitio* precioso 아름다운 곳
- buen *sitio* 좋은 곳[장소]
- estado de *sitio* 계엄 상태

situación
시뚜아시온
- 여 입장, 경우; 상황, 상태; 정세; (사회적인) 지위, 직; (집·마을 등의) 위치, 장소
- *situación* anímica 정신 상태
- *situación* difícil 어려운 입장
- *situación* internacional 국제 정세

situado, da
시뚜아도, 다
- 형 위치한; 훌륭한 지위[직]에 오른

situar
시뚜아르
- 타 배치하다, 위치하게 하다; (자금을)...에 할당하다, 충당하다; 예금하다
- *situarse* 위치하다; 훌륭한 지위[직]에 오르다, 출세하다; (숫값이)...이다
- *situarse* a la derecha 오른쪽에 서다

slip
슬립
- 남 [복식] 슬립, 수영 팬츠

sobaco
소바꼬
- 남 겨드랑이, 겨드랑이 밑

sobaquera
소바께라
- 여 (여성의 속옷 겨드랑이 밑에 대는) 땀받이; (양복의) 진동 둘레; 암내

sobaquina
소바끼나
- 여 겨드랑이 밑의 땀; 암내, 액취(腋臭) (olor a *sobaquina*)
- oler a *sobaquina* 암내가 나다

soberanía
소베라니아
- 여 주권, 통치권

soberanamente
소베라나멘떼
- 부 극도로, 최고로

soberano, na 소베라노, 나	형 지상권이 있는; 주권을 가진; 지고(至高)의, 최고의; 극도의 남 여 군주, 국왕, 여왕
soberbia¹ 소베르비아	여 거만함, 건방짐, 오만; 훌륭함, 장대(壯大)함; 격노
soberbiamente 소베르비아멘떼	부 거만하게, 건방지게; 훌륭히
soberbio, bia² 소베르비오, 비아	형 거만한, 건방진, 오만한; 훌륭한, 근사한, 굉장한; 극도의; 큰, 거대한
sobornable 소보르나블레	형 매수할 수 있는
sobornar 소보르나르	타 매수하다, 증뢰(贈賂)하다, 뇌물을 주다
soborno 소보르노	남 매수, 증뢰, 뇌물 delito de *soborno* 증뢰죄 aceptar *soborno* 뇌물을 받다, 수뢰하다
sobra 소브라	여 과잉, 초과; 여분, 나머지; 먹다 남은 밥 (*sobras* de comida)
sobradamente 소브라다멘떼	부 충분히, 남아돌 만큼
sobrado, da 소브라도, 다	형 여분의, 남은, 남아돌 만큼의; 유복한 부 충분히 남 다락방(desván)
sobrante 소브란떼	형 남은, 여분의; 과잉의 남 나머지, 여분
sobrar 소브라르	자 남다, 남아 있다; 여분이다, 불필요하다 No me *sobra* dinero. 나는 돈이 남아돌 만큼 있지 않다 Tú *sobras* en esta fiesta. 너는 이 파티의 장애물이다.
sobre¹ 소브레	전 ...의 위에; ...에 면해; ...에 관해; 약(約)...; ...에 대항해서; [시간] ...후에; [상업·경제] ...앞으로, ...을 담보로; (과세 등의 평가에서) ...에 대한; ...에 의해, ...에 따라

sobre la mesa 탁자 위에
sobre el nivel del mar 해발
sobre comida 식후에
sobre política 정치에 대해
sobre esta casa 이 집을 담보로
girar la letra *sobre* usted
귀하 앞으로 어음을 발행하다

sobre²
소브레

남 봉투; 작은 자루[봉지]
sobre aéreo, *sobre* (de) vía aérea
항공 봉투
sobre de paga 월급 봉투
sobre monedero 현금 봉투
sobre verde 녹색 봉투
sobre de azúcar 설탕 봉지
sobre de sopa 봉지에 든 분말 수프

sobreabundancia
소브레아분단시아

여 과다, 과잉

sobreabundante
소브레아분단떼

형 남아돌 만큼의; 충분한, 푸짐한

sobreabundar
소브레아분다르

자 남아돌다; 남아돌 만큼 가지고 있다

sobrecalentar
소브레깔렌따르

타 과열시키다

sobrecama
소브레까마

여 ((주로 중남미)) 침대 커버(colcha)

sobrecapacidad
소브레까빠시닫

여 설비 과잉

sobrecarga
소브레까르가

여 과적(過積), 중량 초과; (사람에게) 과도한 부담[배려]; [전기] 과부하; 과충전; (우표의 가격 정정 등의) 중쇄(重刷); [상업] 추가 요금, 과징금, 추징금
sobrecarga de importación
수입 과징금

sobrecargar
소브레까르가르

타 ...에 과적(過積)하다, 짐을 너무 많이 싣다; (사람에게) 과도한 부담을 지우다; [전기] 과부하[과충전]시키다

sobrecargo 소브레까르고 — 남 여 [항공] 사무장, 객실 승무원 (의 장); [선박] 사무장

sobrecubierta 소브레꾸비에르따 — 여 (책 등의) 커버; [선박] 상갑판

sobredicho, cha 소브레디초, 차 — 형 전기(前記)의, 전술(前述)한
남 여 앞에서 쓴[말한] 사람

sobredorar 소브레도라르 — 타 ...에 금도금하다

sobredosis 소브레도시스 — 여 단 복 (약의) 복용 과다; 환각제 남용(濫用)

sobreentenderse 소브레엔뗀데르세 — ((재귀)) =sobrentenderse

sobreestimar 소브레에스띠마르 — 타 =sobrestimar

sobreestrés 소브레에스뜨레스 — 남 과도한 긴장[스트레스]

sobreexceder 소브레엑세데르 — 타 =sobrexceder

sobreexcitación 소브레엑시따시온 — 여 극도의 흥분

sobreexcitar 소브레엑시따르 — 타 극도로 흥분시키다; 열광시키다
sobreexcitarse 너무 흥분하다

sobreexponer 소브레엑스뽀네르 — 타 과다 노출시키다

sobreexposición 소브레엑스뽀시시온 — 여 [사진] 노출 과다

sobregirar 소브레히라르 — 타 (수표 등을) 초과 발행하다

sobregiro 소브레히로 — 남 (수표 등의) 초과 발행

sobrehumano, na 소브레우마노, 나 — 형 초인적인

sobrellevar 소브레예바르 — 타 (부담·불행 등에) 견디다, 참다

sobremesa 소브레메사 — 여 (대화나 차를 마시는 등의) 식후의 한동안 [한때]; 탁상보(mantel); 디저트(postre)

de *sobremesa* 탁상용의

sobrenadar 소브레나다르
자 표면에 뜨다

sobrenatural 소브레나뚜랄
초자연적인; 사후(死後)에 존재하는
mundo *sobrenatural* 초자연계
vida *sobrenatural* 사후의 세계, 내세(來世)

sobrentenderse 소브렌뗀데르세
((재귀)) 말없는 가운데 양해하다, 헤아리다, 살피다

sobrepaga 소브레빠가
여 상여(賞與), 특별 수당

sobreparto 소브레빠르또
남 산후(産後)(의 안정기)

sobrepasar 소브레빠사르
타 상회(上廻)하다; (보다 더) 낫다, 우수하다; [항공] (활주로를) 넘어가다

sobrepeso 소브레뻬소
남 ((주로 중남미)) 중량 초과; 체중 초과[오버]

sobrepoblación 소브레뽀블라시온
여 인구 과잉

sobrepoblado, da 소브레뽀블라도, 다
형 인구 과잉의

sobreponer 소브레뽀네르
타 포개다, 쌓아 올리다; 위에 놓다; [+a] (...보다) 상 위에 놓다, 우선하다
sobreponerse
자신을 제어하다; [+a] (...을) 극복하다

sobreprecio 소브레쁘레시오
남 할증 가격

sobreprima 소브레쁘리마
여 추징 보험료

sobreproducción 소브레쁘로둑시온
여 과잉 생산, 생산 과잉

sobreprotección 소브레쁘로떽시온
형 과잉보호, 과보호(過保護)

sobreprotector, ra 소브레쁘로떽또르, 라
타 과잉보호의, 과보호의

sobreproteger
소브레쁘로떼헤르
남 과잉보호하다

sobrepuesto
소브레뿌에스또
남 [수예] 아플리케

sobrepujar
소브레뿌하르
타 낫다, 우수하다, 능가하다

sobresaliente
소브레살리엔떼
형 걸출한, 현저한, 두드러진, 눈에 띈; [건축] 돌출한, 밖으로 튀어나오게 한, 달아낸
남 (성적의) 수(秀)
남여 [연극·투우] 대역(代役) (배우·투우사), 조수

sobresalir
소브레살리르
자 두드러지다, 뛰어나다, 걸출하다

sobresaltar
소브레살따르
타 깜짝 놀라게 하다; 두렵게 하다
sobresaltarse
깜짝 놀라다, 겁내다, 무서워하다

sobresalto
소브레살또
남 놀람; (갑작스런) 공포

sobresanar
소브레사나르
자 (상처가) 겉만 치료되다

sobreseer
소브레세에르
자 타 (예심에서·심리를) 기각하다

sobreseimiento
소브레세이미엔또
남 기각(棄却)

sobrestadía
소브레스따디아
여 [상업] 체선(滯船)(료); 유치(료)

sobrestante
소브레스딴떼
남 현장 감독

sobrestimar
소브레스띠마르
타 과대 평가하다

sobresueldo
소브레수엘도
남 (부업 등에 의한) 부수입

sobretasa
소브레따사
여 추가 요금, 과징금; 추징금

sobretensión
소브레뗀시온
여 [전기] 과전압(過電壓)

sobretodo 소브레또도 — 남 ((주로 중남미)) (얄팍한) 외투

sobrevaloración 소브레발로라시온 — 여 과대평가

sobrevalorar 소브레발로라르 — 타 과대평가하다

sobrevaluado, da 소브레발루아도, 다 — 형 과대평가된

sobrevenir 소브레베니르 — 자 (사고 등이) 갑자기 일어나다, 돌발하다

sobrevidriera 소브레비드리에라 — 여 (창의) 철망; 이중창

sobreviviente 소브레비비엔떼 — 형 =**superviviente**

sobrevivir 소브레비비르 — 자 살아남다, 목숨을 건지다; [+a] (…보다) 오래 살다

sobrevolar 소브레볼라르 — 타 …의 상공을 날다

sobrexceder 소브렉세데르 — 자 [+a] (…을) 상회하다, 뛰어넘다

sobrexcitar 소브렉시따르 — 타 =**sobreexcitar**

sobriedad 소브리에닫 — 여 (주로 음주의) 절제, 절도; 간소, 검소함, 수수함

sobrino, na 소브리노, 나 — 남여 조카; 생질, 질녀

sobrio, bria 소브리오, 브리아 — 형 (주로 음주를) 절제하는, 절도 있는; 간소한, 수수한, 검소한; 술 취하지 않은 (반 ebrio)
sobrio de palabras 말수가 적은
sobrio discurso 짧은 연설
desayuno *sobrio* 가벼운 아침밥
Soy *sobrio* en la bebida.
나는 술을 거의 마시지 않는다.

socavar 소까바르 — 타 …의 아래에 구멍을 뚫다; (육체적·정신적으로) 약화시키다, 저하시키다

socavón
소까본
男 지면의 침하, 함몰(陷沒); 구덩이, 동굴

sociabilidad
소시알리닫
女 사교성, 교제를 잘 함, 붙임성이 좋음

sociable
소시아블레
形 사교적인, 교제를 잘 하는, 붙임성이 좋은; (동물이) 사람에게 익숙해지기 쉬운

social
소시알
形 사회의, 사회적인; 회사의, 법인의; [동물] 군거(群居)하는; [식물] 군생(群生)하는
animal *social* 사회적 동물
vida social 사회 생활; 사교 생활
男 女 ((스페인)) 비밀 수사관
女 複 [교육] 사회 과학

socialcristiano, na
소시알끄리스띠아노, 나
形 기독교 사회주의의

socialdemocracia
소시알데모끄라시아
女 사회 민주주의

socialdemócrata
소시알데모끄라따
사회 민주주의의
partido *socialdemócrata*
사회 민주당
男 女 사회 민주주의자, 사회 민주 당원(黨員)

socialismo
소시알리스모
男 사회주의

socialista
소시알리스따
形 사회주의의
partido *socialista* 사회당
男 女 사회주의자; 사회당원

socialización
소시알리사시온
女 사회주의화

socializar
소시알리사르
他 사회주의화하다; 공유화[국유화]하다

sociedad
소시에닫
女 사회; 협회, 단체; 회사, 법인; 교제, 사교; 사교계
sociedad de consumo 소비 사회
sociedad moderna 현대 사회

socio, cia
소시오, 시아
男 女 (클럽 등의) 회원; (일의) 동료; [상업] 공동 출자자[경영자], 출자 사원; (놀이의) 친구

sofisticación

sociología
소시올로히아
여 사회학

sociológico, ca
소시올로히꼬, 까
형 사회학의, 사회학적인

sociólogo, ga
소시올로고, 가
남 여 사회학자

socorrer
소꼬르레르
타 (빈궁자 등을) 원조하다; (위험에서) 구출하다

socorrido, da
소꼬르리도, 다
형 (구실·수단으로서) 편리한, 안이한; 어디에나 있는, 흔한, 지천인

socorrismo
소꼬르리스모
남 (해안 등의) 해난(海難) 구조; 구급 의료 (행위), 구급 수당

socorrista
소꼬르리스따
남 여 인명 구조자; 해난 구조 대원; 구급 대원, 구호 반원

socorro
소꼬르로
남 구조, 구원; (물질적인) 원조; 구원대; 원군 (援軍)
감 사람 살려!

soda
소다
여 소다수; [화학] 가성 소다

sódico, ca
소디꼬, 까
형 나트륨(sodio)의

sodio
소디오
남 [화학] 나트륨

sodomía
소도미아
여 남색(男色), 수간(獸姦), 비역

sodomita
소도미따
형 남색의, 남색을 행하는
남 여 남색자, 비역질하는 사람

sofá
소파
남 소파 (복 sofás)

sofisma
소피스마
남 궤변

sofista
소피스따
남 여 궤변가; [철학] 소피스트

sofisticación
소피스띠까시온
여 (지적인) 세련, 소양; 정교화; 과도한 기교

sofisticado, da 소피스띠까도, 다	형 세련된; 정교한, 정밀한, 고성능의; 부자연스러운
sofisticar 소피스띠까르	타 세련시키다; (기계 등을) 복잡하게 하다; 정교하게 하다, 고성능으로 하다
sofocación 소포까시온	여 (불 등을) 끄기; 질식, 숨이 막힘, 답답함
sofocante 소포깐떼	형 질식시키는; 숨 막히게 하는, 후덥지근한 atmósfera *sofocante* 답답한[숨 막히게 하는] 분위기 calor *sofocante* 무더위
sofocar 소포까르	타 질식시키다; 숨이 막히게 하다, 답답하게 하다; (불 등을) 끄다; 진압시키다; 얼굴을 붉히게 하다; 진절머리나게[지긋지긋하게] 하다 ***sofocarse*** 질식하다, 숨이 막히다; 얼굴이 붉어지다; 노하다, 흥분하다
sofoco 소포꼬	남 숨이 막힘, 숨이 막힐 듯한 더위; 성냄, 노함, 불쾌; [생리] (폐경기의) 일과성 열기, 얼굴이 달아오름
sofocón 소포꼰	남 불쾌감, 격노
sofreír 소프레이르	타 [요리] 기름에 살짝 볶다[지지다]
sofrito, ta 소프리또, 따	형 기름에 살짝 볶은[지진]
sofrenar 소프레나르	타 (감정을) 억제하다
software 소프트웨어	남 소프트웨어
soga 소가	여 새끼, 줄, 포승, 굵은 새끼, 밧줄, 동앗줄
sol 솔	남 해, 태양; 햇빛, 일광, 일조(日照); 청천(晴天), 맑게 갠 하늘; 양지, 양달; [투우] 양달 좌석 *(반 sombra)*; [음악] 솔, 장음계의 제5음, 사음, G음; [화학] 솔 Hace mucho *sol*. 햇살이 따갑다[강하다]

El *sol* sale por el este y se pone por el oeste.
태양은 동쪽으로 떠서 서쪽으로 진다.
tomar el sol 일광욕을 하다
Cuando el sol sale, para todos sale
(속담) 태양은 만인을 위해 비친다, 모든 사람은 자신의 이익을 향수(享受)할 권리가 있다.

solamente
솔라멘떼

튀 ...만, 다만, 오직, ...뿐
vivir *solamente* para el trabajo
일을 위해서만 살다

solana
솔라나

여 양지, 양달, 양지 쪽; (강한) 햇살; 일광욕실

solanera
솔라네라

여 ((스페인)) 강한 햇살이 비치는 장소; 일광욕실; 피부가 햇볕에 타서 검어짐; 일사병

solar
솔라르

형 해의, 태양의; 태양 에너지로 움직이는; 햇빛을 막는; 태양력의 (반 lunar); 구가(舊家)의, 명문의
calor *solar* 태양열
lámapara *solar* 태양등

남 부지(敷地), 땅, 대지; 토지; 구가(舊家), 명가(名家)

타 ...에 벽돌[포석]을 깔다; 마루청을 깔다; (구두의) 밑창을 새로 갈다

solariego, ga
솔라리에고, 가

형 구가(舊家)의, 명문의
남여 명문가 사람

solárium
솔라리움

남 (풀장의 가장자리 부분 등의) 일광욕용 옥상[테라스]; (요양소 등의) 일광욕실

soldada
솔라다

여 (군인 등의) 봉급

soldado
솔다도

남여 군인, 병사, 병대; (주의 주장을 위해 싸우는) 전사, 투사
soldado cumplido 퇴역 군인
soldado voluntario 지원병

soldador, ra
솔다도르, 라

남여 용접공, 납땜공, 땜장이
남 용접[납땜] 인두

soldadura

soldadura
솔다두라
여 용접기

여 용접, 납땜; 접합; (용접·납땜의) 용접 부분, 이은 자리, 이음매; 접합 재료; 땜납; [의학] 골격의 모양새

soldar
솔다르
타 용접하다; 납땜하다; 접합시키다
soldarse 용접되다; 뼈가 들러붙다

soleado, da
솔레아도, 다
형 (하늘이) 활짝 갠, 구름 한 점 없는

soleamiento
솔레아미엔또
남 햇볕에 쬐임

solear
솔레아르
타 햇볕을 쬐다, 햇볕에 말리다

soledad
솔레닫
여 고독, 독거(獨居); [주로 복] 적적한[인적이 없는] 장소
sentir *soledad* 고독을 느끼다

solemne
솔렘네
형 성대한, 장엄한; 엄숙한; [법률] 정식(正式)의
funeral *solemne* 성대한 장례식

solemnemente
솔렘네멘떼
부 성대히, 장엄하게; 엄숙하게

solemnidad
솔렘니닫
여 성대함, 장엄함; 엄숙함; 복 (성대한·엄숙한) 의식, 제전(祭典); [법률] 정규[정식] 수속
con *solemnidad* 성대히; 엄숙하게

solemnizar
솔렘니사르
타 엄숙한 분위기를 주다; 성대히 축하하다, 장엄하게 행하다

soler
솔레르
타 [+동사 원형] 늘[언제나·습관적으로] ...하다
Ella *suele* salir a trabajar a las seis y media todos los días.
그녀는 매일 여섯시 반에 반드시 일하러 나간다.
직·현재: s*ue*lo, s*ue*les, s*ue*le, solemos, soléis, s*ue*len
접·현재: s*ue*la, s*ue*las, s*ue*la, solamos, soláis, s*ue*lan

solicitación
솔리시따시온
여 신청; 간원, 청원; 유혹

solicitado, da
솔리시따도, 다
형 인기가 있는, (인기가 있어) 사방에서 끄는

solicitador, ra
솔리시따도르, 라
형 남 여 =**solicitante**

solicitante
솔리시딴떼
형 신청하는; 간원하는
남 여 신청자; 간원자

solicitar
솔리시따르
타 신청하다; (열심히·끊임없이) 간원[청원]하다; 재촉하다, 촉구하다, 독촉하다, 자극하다, 환기시키다; 사랑을 구하다, 사방에서 끌다
solicitar un empleo 취직을 원하다

solicitud
솔리시뚣
여 신청(서); 간원, 청원(서); 배려, 마음을 씀
solicitud de exportación 수출 신청(서)
presentar una *solicitud*
신청서를 내다, 청구하다

sólidamente
솔리다멘떼
부 단단히, 튼튼히, 견고히; 확고히

solidaridad
솔리다리닫
여 연대, 단결; [법률] 연대 책임
conciencia de *solidaridad* 연대 의식

solidario, ria
솔리다리오, 리아
형 연대한; [법률] 연대 책임을 가진

solidarizar
솔리다리사르
타 연대시키다; 연대 책임을 지게 하다
solidarizarse 연대하다

solidez
솔리데스
여 견고함, 단단함, 튼튼함; 확고함

solidificación
솔리디피까시온
여 응고, 고체화
punto de *solidificación* 응고점

solidificar
솔리디피까르
타 응고시키다, 고체화하다
solidificarse 응고되다, 고체로 되다

sólido, da
솔리도, 다
형 견고한, 단단한, 튼튼한; 확고한, 확실한; 고체의, 고형(固形)의; (외형·해안선이) 요철(凹凸)이 없는
calzado *sólido* 오래 신는 구두
coche *sólido* 튼튼한 차
남 고체; 복 고형식(固形食); [수학] 입체(立體)

solista
솔리스따
남여 [음악] 독주자, 독창자, 솔리스트

solitario, ria
솔리따리오, 리아
형 고독한, 단독의; 고독을 좋아하는; 사람이 없는; 마을에서 멀리 떨어진;
calle *solitaria* 사람이 없는 거리
남여 고독한 생활을 좋아하는 사람, 혼자 있기를 좋아하는 사람; [기독교] 은자(隱者)
남 [트럼프] 혼자 패떼기; [동물] 소라게; (반지의) 한 알 다이아몬드
en solitario 혼자, 단독으로

sollozar
소요사르
자 흐느껴 울다, 훌쩍거리며 울다

sollozo
소요소
남 흐느껴 욺, 훌쩍이며 욺
decir entre *sollozos*
흐느껴 울면서 말하다

solo, la
솔로, 라
형 오직 하나의, 유일한(único); [부사적] ...만, ...뿐; 도움없이, 혼자, 고독한, 단독의; [음악] 독주의, 독창의, 솔로의; [커피가] 블랙의
hombre *solo* 고독한 남자
vuelo *solo* 단독 비행
sentirse *solo* 고독을 느끼다
vivir *solo* 혼자 살다
Ella come pan *solo*.
그녀는 빵만 먹는다.
a solas 혼자, 도움없이
남 [음악] 독주, 독창; [무용] 솔로; ((스페인)) 블랙 커피; [트럼프] 솔로

sólo
솔로
부 ...만, ...뿐, 오직 ...; 단지, 다만, 오로지
trabajar *sólo* por las mañanas
오전만 일하다
Sólo a ti te diré la verdad.
너에게만 진실을 말하겠다.
no sólo ... sino (también) ...
...뿐만 아니라 ...도
no sólo en Corea, *sino* en España
한국에서 뿐만 아니라 스페인에서도

solomillo
솔로미요

남 [요리] (소의) 등심살, 허리 윗부분의 살

solsticio
솔스띠시오

남 [천문] (태양의) 지점(至點)
solsticio de invierno 동지
solsticio de verano 하지

soltar
솔따르

타 (손에 들고 있던 것을) 놓다; 놓아 주다, 풀어 주다; 석방하다; (구타를) 하다; (소리·말 등을 조심성 없이) 내다, 지르다; 풀다, 늦추다; 끄르다; 방출하다, 내다
soltar la cuerda 줄을 놓다
soltar un pájaro 새를 놓아 주다
soltar una carcajada 큰 소리로 웃다
soltarse (자신의 ...을) 풀다; 늦추다, 느슨하게 하다; 놓다; 자제심을 잃다; 숙련되다; (저절로) 풀어지다
La cuerda se *soltó*. 줄이 풀어졌다.
soltarse a + 동사 원형
...하기 시작하다
soltarse a cantar 노래하기 시작하다
soltarse con ...갑자기 ...을 시작하다
soltarse con frases obscenas
갑자기 음란한 말을 토하다
직·현재: s*ue*lto, s*ue*ltas, s*ue*lta, soltamos, soltáis, s*ue*ltan
접·현재: s*ue*lte, s*ue*ltes, s*ue*lte, soltemos, soltéis, s*ue*lten

soltería
솔떼리아

여 미혼, 독신 생활

soltero, ra
솔떼로, 라

형 독신의, 미혼의
madre *soltera* 미혼모
Soy *soltero*. 나는 독신이다.
Ella está todavía *soltera*.
그녀는 아직 독신이다.
남 여 독신자

solterón, rona
솔떼론, 로나
- 형 나이 많은 독신의, 혼기를 놓친
- 남 여 노총각, 노처녀

soltura
솔뚜라
- 여 (동작 등이) 쉬움, 자유 자재, 유창함; ((주로 중미)) 설사

hablar español con *soltura*
스페인어를 유창하게 말하다

solubilidad
솔루빌리닫
- 여 가용성(可溶性); [화학] 용해도

soluble
솔루블레
- 형 녹는, 용해성의; (문제가) 해결될 수 있는

soluble en agua 물에 녹는
café *soluble* 인스턴트 커피

solución
솔루시온
- 여 (문제·사건의) 해결, 해답; (영화·소설 등의) 결말, 대단원; [화학] 용해; 용액(溶液); [수학] 해(解); 해법(解法)

llegar a una *solución*
해결이 되다, 해결점에 이르르다

solucionar
솔루시오나르
- 타 해결하다, 답을 얻다

solucionar el asunto
사건을 해결하다
solucionar el problema 문제를 풀다

solvencia
솔벤시아
- 여 (채무의) 지불 능력, 신용력; (직무를 수행하는) 능력; 신뢰성

solventar
솔벤따르
- 타 (곤란을) 해결하다; (채무를) 반제(返濟)하다, 갚다

solvente
솔벤떼
- 형 채무[부채]가 없는; (채무의) 지불 능력이 있는; (직무 수행에) 유능한; 신뢰할[믿을] 수 있는

director *solvente* 유능한 부장
según fuentes *solventes*
믿을 만한 소식통에 의하면

sombra
솜브라
- 여 그늘, 응달, 음지; 그림자; [주로 복] 어두운 곳, 어두움; [주로 복] 무지; 비밀; 불안, 걱정, 패념; 미량(微量); 환영, 망령; 결함; [미술] 음영(陰影), 그림자, 어두운 부분; 아이섀도 ((눈두

덩에 바르는 화장품)); [투우] 그늘진 자리 (반 sol); [천문] 본그림자; [통신] 전파가 닿지 않는 장소[지역]

hacer *sombra* 그늘을 만들다
sentarse a la *sombra* de un árbol
나무 그늘에 앉다
buena sombra
재기(才氣), 기지(機智); 행운
mala sombra
악운(惡運); 악의, 심술궂음, 짓궂음
a la sombra
그늘에, 그늘에서; 교도소에; 비호를 받아

sombrear 솜브레아르
타 그림자를 만들다; [미술] 그림자를 그리다
sombrearse 아이 새도를 하다

sombrerería 솜브레레리아
여 모자점; 모자 제조소

sombrerero, ra 솜브레레로, 라
남여 모자 장수; 모자 제조 업자
여 모자 상자; ((중남미)) 모자걸이

sombrero 솜브레로
남 모자; (멕시코의) 삿갓; (설교대의) 닫집
ponerse el *sombrero* 모자를 쓰다
quitarse el *sombrero* 모자를 벗다

sombrilla 솜브리야
여 양산; 비치 파라솔

sombrío, a 솜브리오, 아
형 어두운, 어스레한, 어둑어둑한; 음침한; 음울한, 우울한; 암담한
carácter *sombrío* 우울한 성격
provenir *sombrío* 암담한 미래
rostro *sombrío* 어두운 얼굴

someter 소메떼르
타 복종시키다; (판단 등을) 따르게 하다; [+a] (...을) ...에게 과하다, 경험하게 하다; (판단에) 맡기다, 일임하다, 위임하다
someterse
복종하다, 항복하다; 따르다; 자신을 맡기다
someterse a una operación
수술을 받다

sometimiento
소메띠미엔또
남 복종, 항복

somnífero, ra
솜니페로, 라
형 최면성(催眠性)의
남 수면제; 최면제

somnolencia
솜놀렌시아
여 꾸벅꾸벅 졸음; 잠시 졺; 졸음
Me entra *somnolencia*. 나는 졸린다.

somnoliento, ta
솜놀리엔또, 따
형 졸리는; 졸리는 듯한

son¹
손
당신들[그들·그녀들·그것들]은 …이다
((ser동사의 직설법 현재 3인칭 복수))

son²
손
남 (음악적인·쾌활한) 소리, 음(音); 허튼 소리, 풍문; 손 ((꾸바의 민속 무용))
sin son, sin ton ni son
이유도 없이, 까닭도 없이
ponerse a llorar *sin ton ni son*
이유도 없이 울기 시작하다
hablar *sin ton ni son*
두서 없이 말하다, 종잡을 수 없이 말하다

sonambulismo
소남불리스모
남 몽유병

sonámbulo, la
소남불로, 라
형 몽유병의
남 여 몽유병 환자

sonar
소나르
자 울리다, 울려 퍼지다; 소리를 내다; 언급되다; [+a] (…처럼) 생각되다; (막연하게) 기억에 남아 있다; [+que+직설법] 풍문이 돌고 있다; (문자가) 발음되다; ((남미)) 죽다, 불치병에 걸리다; 실패하다
타 (아름다운 소리로) 울리다; …의 코를 풀어 주다
sonarse 코를 풀다
Tengo un pañuelo para *sonarme*.
나는 코를 풀 손수건을 가지고 있다.
직·현재: s*ue*no, s*ue*nas, s*ue*na, sonamos, sonáis, s*ue*nan

접 · 현재: *suene, suenes, suene, sonemos, sonéis, suenen*

sónar
소나르
남 [군사] 소나, 수중 음파 탐지기, 잠수함 탐지기

sonata
소나따
여 [음악] 소나타, 주명곡(奏鳴曲)

sonatina
소나띠나
여 [음악] 소나티나, 소 주명곡

sonda
손다
여 [선박] 측심기(測深機), 측연(測鉛); [광산 등의] 천공기(穿孔機); (기상용 등의) 관측기, 탐사기; [의학] 존데, 소식자(消息子)

sondar
손다르
타 [선박] 깊이를 재다, 측심하다; (지하 · 바닷속을) 탐사하다; [의학] (존데 등으로) 조사하다, 점검하다

sondeador
손데아도르
남 측심기(測深機)
sondeador ultrasónico de profundidades 초음파 음향 측심기

sondear
손데아르
타 (지하 · 바닷속을) 탐사하다; (의도 · 의견 등을) 탐지하다, 살피다, 조사하다; 비밀리에 조사하다

sondeo
손데오
남 탐사; (의견 등의) 조사; [선박] 측심(測深)

sonetillo
소네띠요
남 [시법] 8행(行) 이하의 시

soneto
소네또
남 [시법] 소네트, 14행시(行詩)

sónico, ca
소니꼬, 까
형 음속(音速)의; 가청음(可聽音)의

sonido
소니도
남 소리, 음(音), 음향; [집합 명사] 음향 기기; [언어] 음(音)
sonido de las campanas 종소리

sonista
소니스따
남 여 음향[녹음] 기사(技師)

sonoramente
소노라멘떼
부 울림이 좋게[크게]

sonoro, ra 소노로, 라	형 소리의, 음(音)의; 소리를 내는; 크게 울리는, 울림이 좋은, 잘 울리는; [언어] 유성(有聲)의 (반 sordo) 여 [언어] 유성음, 유성 자음
sonreír 손르레이르	자 미소를 짓다 *sonreírse* 미소를 짓다
sonriente 손르리엔떼	형 미소를 띈, 생글거리는 semblante *sonriente* 생글거리는 표정
sonrisa 손르리사	여 미소(微笑) con una *sonrisa* 미소를 띠고, 웃는 얼굴로, 생글거리며 esbozar una *sonrisa* 미소를 띠우다 no perder la *sonrisa* 웃음을 잃지 않다
sonrojar 손르로하르	타 얼굴을 붉히게 하다 *sonrojarse* 얼굴이 붉어지다
sonrojo 손르로호	남 얼굴이 붉어짐, 얼굴을 붉힘; 창피, 부끄러움, 면목 없음
sonrosado, da 손르로사도, 다	형 (아이·건강한 사람의 피부가) 장밋빛의, 불그스레한
sonrosar 손르로사르	타 장밋빛으로 만들다 *sonrosarse* 장밋빛이 되다, 얼굴이 붉어지다
sonrosear 손르로세아르	타 =**sonrosar** *sonrosearse*=**sonrojarse**
soñador, ra 소냐도르, 라	형 꿈꾸는, 몽상에 잠기는 남 여 몽상가, 공상가
soñar 소냐르	자 꿈꾸다; 몽상에 잠기다, 꿈꾸다 Esta noche *he soñado* contigo. 어젯밤 네 꿈을 꾸었다. Ella *sueña con* el éxito. 그녀는 성공을 꿈꾸고 있다. 타 [+que+직설법 불완료 과거]

soplo

(...하는 것을) 꿈에서 보다
직·현재: sueño, sueñas, sueña, soñamos, soñáis, sueñan
접·현재: sueñe, sueñes, sueñe, soñemos, soñéis, sueñen

soñolencia
소뇰렌시아
여 =**somnolencia**

soñoliento, ta
소뇰리엔또, 따
형 =**somnoliento**

sopa
소빠
여 수프, 국
sopa con pasta
작은 빵조각을 넣은 수프
sopa de fideos
누들 수프, 국수를 넣은 수프
sopa de leche 포타주, 진한 수프
sopa juliana 야채 수프
tomar la *sopa* 수프를 마시다

sopar
소빠르
타 =**sopear**

sopear
소뻬아르
타 ((중남미)) (빵을 ...에) 적시다

sopero, ra
소뻬로, 라
형 수프용의; 수프를 좋아하는
남 수프 접시(plato sopero)
여 (수프를 각자에게 나누는 뚜껑 달린) 수프 그릇[사발]

soplar
소쁠라르
자 숨을 강하게 내뱉다; (바람이) 불다; 술을 대량으로 마시다
타 ...에 세차게 내뿜다; 불어 날려 버리다; 부풀리다, 볼록하게 하다, 부풀게 하다; 훔치다, 속여서 빼앗다; ...에게 착상을 주다, 암시하다, 넌지시 비추다; (시험의) 답을 몰래 가르쳐 주다; 고발하다, 밀고하다; (구타를) 하다
soplarse (자신의 몸에) 숨을 세차게 내뿜다; ...을 대량으로 먹다[마시다]

soplo
소쁠로
남 불기, 부는 일; 밀고; 일순, 단시간; [의학] 심잡음(心雜音)

soplón, plona
소쁠론, 쁠로나
형 고자질을 좋아하는, 밀고를 잘 하는
남 여 밀고꾼; 고자쟁이

soportable
소뽀르따블레
형 견딜 만한, 참을 수 있는

soportal
소뽀르딸
남 [건축] [주로 복] 아케이드; (본건물에서 달아 낸 지붕 딸린) 현관 (입구)

soportalibros
소뽀르딸리브로스
남 단 복 책꽂이(sujetalibros) ((책이 넘어가지 않도록 양쪽 가에 대는 것))

soportar
소뽀르따르
타 (중량을) 떠받치다; (고통·역경 등에) 견디다, 참다, 버티다, 참고 견디다;
soportar todo el edificio
전 건물을 떠받치다
soportar su enfermedad
병을 참고 견디다

soporte
소뽀르떼
남 대(臺), 받침, 지주, 기둥; [미술] (그 위에 그리는) 소재(素材), 재료; [컴퓨터] 기억 매체; [문장] 방패를 떠받치는 도안

soprano
소쁘라노
남 [음악] 소프라노
남 여 소프라노 가수

sor
소르
[수도녀의 이름 앞에 놓는 경칭] …수녀, 시스터
Sor Juana 후아나 수녀

sorber
소르베르
타 홀짝홀짝 마시다, 훌쩍거리다, 후루룩거리다; 빨아들이다, 흡입하다; 열심히 듣다, 경청하다
sorberse los mocos 코를 훌쩍거리다

sorbete
소르베떼
남 [과자] 셔벗, 과일 얼음 과자; ((중남미)) 빨대, 밀대; ((중미)) 중산모

sordamente
소르다멘떼
부 몰래, 가만히, 살그머니; 몽땅

sordera
소르데라
여 난청(難聽)

sordo, da
소르도, 다
형 귀가 들리지 않은, 귀가 부자유스러운, 귀머거리의; 들으려 하지 않은; 호젓한, 아무 소리도 들리지 않은; (소리·아픔 등이) 둔한, 무딘 (반 agudo); (감정이) 표면에 나타나지 않은; 숨

긴, 몰래 행한; [언어] 무성(無聲)의 (반 sonoro)
consonante *sorda* [언어] 무성 자음
귀머거리, 귀가 부자유스러운 사람

sordomudez
소르도무데스
여 농아(聾啞)

sordomudo, da
소르도무도, 다
형 농아의, 듣지 못하고 말하지 못하는
남 여 농아자(聾啞者)

sorocharse
소로차르세
((재귀)) ((남미)) 고산병에 걸리다

soroche
소로체
남 ((남미)) 고산병(高山病)

sorprendente
소르쁘렌덴떼
형 놀라운, 놀랄 만한; 드문, 특별한

sorprender
소르쁘렌데르
타 놀래다, 놀라게 하다, 의표를 찌르다; …의 불의의 공격을 하다; [군사] 기습하다; (비밀 등을) 간파하다, 알아채다
자 놀랄 만하다, 놀라다
sorperenderse [+de · con]
(…에) 놀라다
Me *sorprendí con* su éxito.
나는 그의 성공에 깜짝 놀랐다.

sorpresa
소르쁘레사
여 놀람; 생각지도 않은[의외의 · 뜻밖의] 선물; 기습, 불의의 습격, 복병
(ataque *sorpresa*)

sorteable
소르떼아블레
형 피할 수 있는

sortear
소르떼아르
타 추첨으로 정하다; [투우] (소와) 싸우다; (위험·장애 등을) 능숙히 피하다
sortear los coches 차를 피하다
sortear las preguntas
질문을 교묘히 피하다

sorteo
소르떼오
남 추첨, 제비뽑기
decidir por *sorteo* 추첨으로 정하다

sortija 소르띠하
여 (주로 보석이 박힌) 반지(anillo); 고수머리

SOS 에세 오 에세, 소스
남 단 복 조난 신호, 구조 요청, SOS
lanzar un *SOS* SOS를 발신하다

sosa¹ 소사
여 [화학] 소다
sosa cáustica 가성 소다

sosegado, da 소세가도, 다
형 온화한; 온순한, 얌전한

sosegar 소세가르
타 진정시키다, 가라앉히다; 평온하게 하다
자 쉬다; 잠잠해지다
sosegarse 가라앉다, 진정되다, 잠잠 해지다; 쉬다, 몸을 쉬(게 하)다

sosiego 소시에고
남 평온, 평정, 정숙
perder el *sosiego* 평정을 잃다

soslayar 소슬라야르
타 (곤란 등을) 피하다; 비스듬히 하다, 경사지게 하다

soslayo, ya 소슬라요, 야
형 비스듬한, 기운, 경사진(soslayado, oblicuo)
al soslayo 비스듬히(oblicuamente)
de soslayo 비스듬히(oblicuamente)

soso, sa² 소소, 사
형 맛없는; 소금 맛이 없는; 재미없는; 멋이 없는, 촌스러운; (여성이) 애교가 없는; 생기가 없는

sospecha 소스뻬차
여 의혹, 혐의

sospechar 소스뻬차르
타 추측하다, 예측하다; 의심하다
Sospecho que él miente.
나는 그가 거짓말을 하고 있다고 생각한다
Sospecho que él sea el autor.
나는 그가 범인이 아닐까 의심한다.
자 [+de] (...에게) 의심을 품다, 의심하다, 불신하다

sospechosamente 소스뻬초사멘떼
부 미심쩍어 하여, 의심을 가지고

sospechoso, sa 소스뻬초소, 사
형 의심스러운, 수상한, 혐의가 가는
남 여 용의자

sospechoso del asesinato
살인 사건의 용의자

sostén
소스뗀

남 받침, 지주(支柱); 먹을 것; 브래지어
sostén del muro 담의 받침
sostén mental 정신적 지주
ganarse el *sostén* 식비를 벌다

sostener
소스떼네르

타 받치다, 떠받치다; 부양하다; 지원하다, 지지하다; (생각 등을) 바꾸지 않다, 주장을 계속하다; (의견을) 가지다; (행위·상태를) 계속하다; …의 생명[건강]을 유지하다
sostenerse 자신을 유지하다, 서 있다; 생계를 일으키다[세우다]; 생존 하다; 계속하다

sostenido, da
소스떼니도, 다

형 떠받쳐진; 부양된; 지원된; [음악] 반음(半音)이 높은
남 [음악] 샤프 기호 ((#))

sostenimiento
소스떼니미엔또

남 떠받치는 일; 유지; 부양; 경영
sostenimiento de un chalé
별장의 유지
sostenimiento de una empresa
기업 경영
sostenimiento de la familia
가족 부양

sótano
소따노

남 지하실

souvenir
수베니르

남 (여행의) 기념품, 토산품

soviet
소비엩

남 소비에트, 노동자 평의회

soviético, ca
소비에띠꼬, 까

형 소련(인)의
남 여 소련 사람

soya
소야

여 ((중남미)) =**soja**

spaghetti
스빠게띠

남 스파게티(**espagueti**)

sponsor
스뽄소르
명 여 스폰서

sport
스뽀르
명 스포츠(deporte)

sprint
스쁘린
명 단거리 경주, 스프린트

sprinter
스프린떼르
명 여 단거리 선수, 스프린터

Sr.
((약어)) señor [남성] …씨

Sra.
((약어)) señora [기혼 여성] …부인

Sres.
((약어)) señores 귀중(貴中)

Srta.
((약어)) señorita [미혼 여성] …양

stock
스똑
명 재고(在庫)
un gran *stock* de mercancía
대량의 상품 재고

stop
스똡
명 (교통 표지의) 적신호; (자동차의) 브레이크 등; (전보문의) 단락
감 정지!

striptease
스뜨립띠스
명 단 복 스트립쇼

su
수
형 [소유 형용사 단축형] 그(들)의, 그녀(들)의, 당신(들)의, 그것(들)의; 자신의; 언제나의, 예(例)의; [편지] 귀사의, 귀 단체의
su padre 그[그녀·당신·그들·그녀들·당신들]의 아버지
con *sus* propios ojos
자신의 눈으로
su amable pedido
귀사의 (친절한) 주문

suástica
수아스띠까
여 갈고리 십자(十字) ((卍))

suave
수아베
형 감촉이 좋은, 부드러운, 매끈매끈한; (형상·움직임 등이) 부드러운, 온화한, 침착한, 차분한; (사람이) 온순한, 얌전한, 부드럽고 온화한; (포도주가) 입맛이 좋은, 순한; (화장품·의약품

등이) 효능이 느린, 자극성이 적은
cutis *suave* 매끈매끈한 살결
palabras *suaves* 부드러운 말
viento *suave* 기분이 상쾌한 바람

suavemente
수아베멘떼
(부) 부드럽게, 기분 좋게; 살짝, 가만히

suavidad
수아비닫
(여) (감촉이) 부드러움; 온화함

suavizador
수아비사도르
(남) 가죽숫돌, 혁지(革砥)

suavizante
수아비산떼
(남) (세탁물을) 부드럽게 헹구는 약제; 헤어 린스제(劑)

suavizar
수아비사르
(타) 부드럽게 하다, 매끄럽게 하다; 온화하게 하다
suavizarse 온화하게 되다

subalterno, na
수발떼르노
(형) (지위 등이) 낮은, 말단의, 하위의, 하급의; 이차적인, 부차적인
persona *subalterna* 하급 직원
(남)(여) 부하, 말단; [투우] 주 투우사 matador의 보좌 ((banderillero 등 cuadrilla의 일원))

subarrendador, ra (남)(여) 전대인(轉貸人)
수바르렌다도르, 라

subarrendar
수바르렌다르
(타) 전대(轉貸)하다, 전차(轉借)하다; 전임대(轉賃貸)하다

subarrendatario, ria
수바르렌다따리오, 리아
(남)(여) 전차인(轉借人)

subarriendo
수바르리엔도
(남) 전대차(轉貸借), 전대(轉貸), 전차(轉借)

subasta
수바스따
(여) 경매, 옥션; 입찰
sala de *subastas* 경매장

subastador, ra
수바스따도르, 라
(남) 경매인
(여) 경매장, 옥션 회사

subastar
수바스따르
(타) 경매하다; 입찰을 행하다

subcampeón, ona 숩깜뻬온, 오나 — 남 여 준우승자

subcomisión 숩꼬미시온 — 여 소위원회, 분과회

subcontratación 숩꼰뜨라따시온 — 여 =**subcontrato**

subcontratar 숩꼰뜨라따르 — 타 ...과 하청 계약을 하다

subcontratista 숩꼰뜨라띠스따 — 남 여 하청 업자

subcontrato 숩꼰뜨라또 — 남 하청(下請)

subcutáneo, a 숩꾸따네오, 아 — 형 [해부] 피하(皮下)의
inyección *subcutánea* 피하 주사

subdesarrollado, da 숩데사르로야도, 다 — 형 후진적인, 저개발의
país *subdesarrollado* 후진국

subdesarrollo 숩데사르로요 — 남 후진성, 저개발(성)

subdirector, ra 숩디렉또르, 라 — 남 여 부사장, 부이사, 부지배인, 차장(次長)

subdirectorio 숩디렉또리오 — 남 [컴퓨터] 섭디렉터리

súbdito, ta 숩디또, 따 — 형 지배를 받는, 종속되어 있는
남 여 (봉건제에서) 신하, 신민; (어떤 나라의) 소속민
súbdito norteamericano 미국인

subdividir 숩디비디르 — 타 다시 나누다, 재분할하다

subdivisión 숩디비시온 — 여 재구분, 재분할, 세분

subempleado, da 수벰쁠레아도, 다 — 형 불완전 취업의; 충분히 활용되지 않은

subempleo 수벰쁠레오 — 남 [경제] 불완전 취업; (자원 등의) 이용 부족

subestación 여 변전소
수베스따시온

subestimar 타 과소 평가하다
수베스띠마르

subida¹ 여 오르는 일; 상승; (값·양의) 상승, 증가; 비
수비다 탈길, 고개, 오르막길; (빵이) 부풀어오름
subida del [al] monte Baekdu
백두산 등정
subida del precio 물가 상승

subido, da² 형 높은; ((스페인)) 극상(極上)의, 최고급의;
수비도, 다 (색 등이) 강렬한
precio muy *subido* 매우 높은 가격

subinspector, ra 남여 부검사관
수빈스뻭또르, 라

subir 자 (...에) 오르다, 올라가다; 상승하다; (탈것에)
수비르 오르다, 타다, 탄 채 들어가다; (수위·온도가)
오르다, 올라가다; (가격 등이) 오르다; 향상되
다, 승진하다; (소리·리듬이) 높아지다
subir a un monte [un árbol]
산[나무]에 오르다
subir al noveno piso
10층까지 올라가다
subir al tren 승차하다
Ha *subido* el río. 강물이 불었다.
Sube la gasolina.
가솔린 값이 오른다.
타 오르다, 올라가다; 들어올리다, 쳐들다, 운
반해[날라] 올리다; (위치를) 올리다, 높게 하
다; (가격 등을) 올리다; (소리·리듬 등을) 올
리다, 강하게 하다
subir bien las cuestas 언덕을 잘 오르다
subir el equipaje al tren
짐을 열차에 올리다
subir el pan 빵값을 올리다
subirse = 자; (자신의 ...을) 올리다; (사람
을) 황홀하게 하다, 도취시키다; 우쭐하게 하다;

무례한 태도를 취하다; (빵이) 발효되어 부풀다
Súbete las medias. 스타킹을 올려라.

súbitamente
수비따멘떼

튀 갑자기, 돌연, 별안간, 급히

súbito, ta
수비또, 따

형 갑작스러운, 돌연한, 급격한; (성격적으로) 격한, 직정적(直情的)인, 직선적인
súbito cambio de tiempo 기후의 급변
튀 갑자기, 돌연, 별안간, 급히
marcharse *súbito* 급히 떠나다
de súbito 돌연, 갑자기, 별안간
de súbito romper a llorar
갑자기 울기 시작하다

subjefe, fa
숩헤페, 파

남 여 차장, 부주임

subjetividad
숩헤띠비닫

여 주관성, 주체성

subjetivismo
숩헤띠비스모

남 주관론, 주관주의

subjetivo, va
숩헤띠보, 바

형 주관의, 주관적인; 개인적인

subjuntivo, va
숩훈띠보, 바

형 [문법] 접속법의
남 접속법(modo *subjuntivo*)

sublevación
수블레바시온

여 반란, 봉기

sublevar
수블레바르

타 궐기시키다, 반란을 일으키게 하다, 선동하다; 격앙시키다, 분을 [노여움을] 느끼게 하다
sublevarse 반란을 일으키다, 봉기하다

sublimación
수블리마시온

여 [화학·예술] 승화; 순화, 정화; 이상화(理想化)

sublimado
수블리마도

남 승화물; 승홍(昇汞), 염화수은

sublimar
수블리마르

타 승화시키다, 순화하다; 이상화하다; [화학] 승화시키다

sublime
수블리메

형 (행위·작품 등이) 숭고한, 고상한; 탁월한
abnegación *sublime* 숭고한 자기 희생

escritor *sublime* 탁월한 작가
espíritu *sublime* 숭고한 정신

submarinismo
숩마리니스모

㈎ 잠수, 다이빙; 해저 개발

submarinista
숩마리니스따

㈐ 잠수의; 해저 개발의
㈎㈏ 다이버, 잠수부, 해녀; 잠수함 승무원

submarino, na
숩마리노, 나

㈐ 해저의, 바닷속의
cable *submarino* 해저 케이블
fotografía *submarina* 수중 촬영
túnel *submarino* 해저 터널
volcán *submarino* 해저 화산
yacimiento s*ubmarino* de petróleo
해저 유전
㈎ 잠수함
submarino atómico [nuclear]
원자력 잠수함

subocupación
수보꾸빠시온

㈏ =**subempleo**

suboficial
수보피시알

㈎ [군사] 하사관

subordinación
수보르디나시온

㈏ 종속 (관계), 복종; [문법] (문·절의) 종속

subordinado, da
수보르디나도, 다

㈐ 종속된; 하위의; [문법] 종속의
㈎㈏ 부하(部下)
㈎ [문법] 절(節), 종속절

subordinar
수보르디나르

㈑ 종속시키다; 아래[하위에] 놓다; [문법] 종속 관계로 놓다
subordinarse 종속되다, 딸리다

subproducto
숩쁘로둑또

㈎ 부산물, 이차 제품

subrayar
숩르라야르

㈑ ...에 밑줄을 긋다; 강조하다

subscribir
숩스끄리비르

㈑ =**suscribir**

subscripción 숩스끄립시온	여 =suscripción
subscriptor, ra 숩스끄립또르, 라	남 여 =suscriptor
subscritor, ra 숩스끄리또르, 라	남 여 =suscriptor
subsecretaría 숩세끄레따리아	여 차관의 직무
subsecretario, ria 숩세끄레따리오, 리아	남 여 서기국원 보좌, 비서관 보좌(관); (멕시코 등의) 차관
subsidiar 숩시디아르	타 보조금[조성금]을 지급하다
subsidiario, ria 숩시디아리오, 리아	형 보조적인, 보족(補足)의; 보조금의, 조성금의, 부조의 여 자회사(子會社)
subsidio 숩시디오	남 보조금, 조성금, 공적 부조, 급부 *subsidio* de desempleo [de paro] 실업 수당 *subsidio* de vejez 노령 연금 *subsidio* familiar 가족 수당
subsistencia 숩시스뗀시아	여 생존; [주로 복] 식량, 생활 물자[필수품]; 존속
subsistente 숩시스뗀떼	형 잔존하고 있는
subsistir 숩시스띠르	자 존속하다; 생존하다, 생계를 유지하다 *subsistir* con la ayuda de *uno* …의 원조로 살아가다
substancia 숩스딴시아	여 =sustancia
substancial 숩스딴시알	형 =sustancial
substancioso, sa 숩스딴시오소, 사	형 =sustancioso
substantivo, va 숩스딴띠보, 바	형 =sustantivo

suburbano, na

substitución
숩스띠뚜시온
여 =sustitución

substituir
숩스띠뚜이르
타 =sustituir

substitutivo, va
숩스띠뚜띠보, 바
형 남 =sustitutivo

substituto, ta
숩스띠뚜또, 따
남 여 =sustituto

substracción
숩스뜨락시온
여 =sustracción

substraer
숩스뜨라에르
타 =sustraer

substrato
숩스뜨라또
남 =sustrato

subte
숩떼
남 ((남미)) 지하철(metro)

subteniente
숩떼니엔떼
남 [군사] 준위

subterráneo, a
숩떼라네오, 아
형 지하(地下)의
aguas *subterráneas* 지하수
paso *subterráneo* 지하도
recursos *subterráneos* 지하 자원
tallo *subterráneo* [식물] 땅속줄기
남 지하실, 지하 창고; 지하도; ((중남미)) 지하철

subtitular
숩띠뚤라르
타 …에 부제(副題)를 붙이다; 자막을 넣다

subtítulo
숩띠뚤로
남 부제(副題); [영화] [주로 복] 자막(字幕)

subtotal
숩또딸
남 소계(小計)

subtropical
숩뜨로삐깔
형 아열대(성)의

suburbano, na
수부르바노, 나
형 (대도시의) 교외의, 근교의; (변두리의) 슬럼의
남 교외 전차(tren *suburbano*)

suburbial
수부르비알
형 교외의; 슬럼의

suburbio
수부르비오
남 교외; [특히 복] (변두리의) 슬럼

subvención
숩벤시온
여 보조(금), 조성(금)

subvencionar
숩벤시오나르
타 ...에 보조금[조성금]을 내다

subvenir
숩베니르
자 비용을 부담하다, 원조를 하다

subversión
숩베르시온
여 전복(顚覆)

subversivo, va
숩베르시보, 바
형 반체제적인, 파괴적인

subvertir
숩베르띠르
타 (체제·질서를) 뒤집다, 뒤집어엎다

subyugación
숩유가시온
여 정복, 지배

subyugar
숩유가르
타 정복하다, 지배하다; 매료시키다

succión
숙시온
여 빨기, 빠는 일; 흡입

succionar
숙시오나르
타 빨다, 흡입하다

sucedáneo, a
수세다네오, 아
형 대용(代用)의
남 대용품; (질이 나쁜) 모조품

suceder
수세데르
자 (자연 발생적으로 사건 등이) 일어나다; (시간적·공간적으로) 잇따르다, 계속하다; 후계자[후임자]가 되다; ...의 뒤를 잇다, 계승하다, 상속받다
suceder un accidente 사고가 일어나다
¿Qué *sucede*? −Nada.
무슨 일입니까? −아무 일도 아닙니다.
Al verano *sucede* el otoño.
여름 다음에는 가을이 온다.

sucedido
수세디도
남 (실제로 일어난) 사건, 사고

sucesión 수세시온
여 후계, 계승; [법률] 상속; 상속 재산; 대를 이음(descendencia); 연속; [식물] 변이(變移)
morir sin *sucesión*
대를 잇지 못하고 죽다

sucesivamente 수세시바멘떼
부 연달아, 잇따라, 연이어, 계속

sucesivo, va 수세시보, 바
형 연달은, 잇따른, 계속[연이어] 일어나는
acontecimientos *sucesivos*
잇따른 사건

suceso 수세소
남 (주로 중대한) 일, 사고; (범죄·사고 등의) 사건
Ha ocurrido un *suceco* muy grave.
엄청난 사고가 났다.

sucesor, ra 수세소르, 라
형 (직무의) 후계의, 후임의
남 여 후계자, 후임자; 상속자

sucesorio, ria 수세소리오, 리아
형 상속(相續)의
derecho *sucesorio* 상속권
derechos *sucesorios* 상속세
impuesto *sucesorio* 상속세
ley *sucesoria* 상속법

suciedad 수시에닫
여 더러움, 불결; 더러운 것; 상스러움, 인품이 천함; 비열함

sucinto, ta 수신또, 따
형 간결한; 요약한; (비키니 수영복 등이) 작은

sucio, cia 수시오, 시아
형 더러운, 더러워진; 불결한 (반 limpio); 더러워지기 쉬운; (색이) 흐린; 조잡한, 성긴; (혀에) 설태(舌苔)가 낀; 추잡한, 천한; 비열한
manos *sucias* 더러운 손
부 비열하게, 부정하게, 위반하여
jugar *sucio* 공평하지 못한 경기를 하다

suculento, ta 수꿀렌또, 따
형 맛좋은, 깊은 맛이 있는, 자양분이 풍부한
suculenta comida 맛있는 음식

sucumbir 수꿈비르
자 항복하다, 지다; (사고 등으로) 죽다; 없어지다, 사라지다

sucursal 수꾸르살	형 지점의, 지사(支社)의 여 지점, 지사 tener *sucursale*s en muchos países 많은 나라에 지사를 가지고 있다
sudación 수다시온	여 발한(發汗) (sudoración)
sudadera 수다데라	여 땀받이 셔츠; 땀 닦는 수건; 안장 깔개
sudadero 수다데로	남 땀 닦는 천; 안장 깔개; (욕실에서) 땀 내는 곳
Sudáfrica 수다프리까	여 [지명] 남아프리카 República de *Sudáfrica* 남아공화국
sudafricano, na 수다프리까노, 나	형 남아공화국의 남 여 남아공화국 사람
Sudamérica 수다메리까	여 [지명] 남아메리카, 남미(南美)
sudamericano, na 수다메리까노, 나	형 남아메리카의, 남미의 남 여 남아메리카 사람
sudar 수다르	자 땀을 흘리다; (식물이) 수액을 내다; 열심히 일하다; 고생하다, 애쓰다 Ella está *sudando*. 그녀는 땀을 흘리고 있다. Me *sudaron* las manos. 나는 손에서 땀이 났다. 타 땀으로 적시다; 고생해서[노력해서] 손에 넣다
Sudcorea 숟꼬레아	여 [지명] 남한(南韓)
sudcoreano, na 숟꼬레아노, 나	형 남한의 남 여 남한 사람
sudeste 수데스떼	남 남동(南東); 남동풍 *Sudeste* asiático 동남 아시아
sudoeste 수도에스떼	남 남서(南西); 남서풍

sudor
수도르
남 땀; [주로 복] 노력, 수고, 고생; 불안(不安)
limpiar el *sudor* 땀을 닦다
tener *sudores* fríos 식은땀을 흘리다

sudoración
수도라시온
여 (주로 대량의) 발한(發汗)
sudoración fría 식은땀

sudoriento, ta
수도리엔또, 따
형 땀으로 흠뻑 젖은

sudorífero, ra
수도리페로, 라
형 =**sudorífico**

sudorífico, ca
수도리피꼬, 까
형 발한을 촉진하는
남 발한제(發汗劑)

sudoríparo, ra
수도리빠로, 라
형 땀을 내는, 땀이 나는
glándula *sudorípara* [해부] 땀샘

sudoroso, sa
수도로소, 사
형 땀에 젖은, 땀투성이의; 땀을 흘리는, 땀이 많이 나는
cara *sudorosa*
땀에 젖은 얼굴, 땀투성이 얼굴

sudsudeste
숟수데스떼
남 남남동(南南東); 남남동풍

sudsudoeste
숟수도에스떼
남 남남서(南南西); 남남서풍

Suecia
수에시아
여 [지명] 스웨덴

sueco, ca
수에꼬, 까
형 스웨덴(인·어)의
남 여 스웨덴 사람
남 스웨덴어

suegro, gra
수에그로, 그라
남 여 장인, 장모; 시아버지, 시어머니

suela
수엘라
여 (구두 등의) 밑바닥, 밑창; (밑창 등에 사용하는) 가죽; (양말의) 바닥; (수도꼭지의) 똬리쇠, 좌금(座金)

sueldo
수엘도
남 급여, 임금, 봉급, 급료(salario)
sueldo base 기본급
sueldo mensual 월급

aumento de *sueldo* 임금 인상
matrimonio con dos *sueldos*
맞벌이 부부
vacaciones con *sueldo* 유급 휴가
cobrar un buen *sueldo*
높은 급료를 받다
pagar el *sueldo* 급료를 지불하다

suelo
수엘로

남 땅바닥; 지면; 방바닥; 토양, 토질; 토지 (tierra); 지방, 나라; (냄비·그릇의) 바닥, 안쪽; [체조] 마루 운동
suelo natal 고향, 모국
en *suelo* extranjero 타향에서
caerse al *suelo* 바닥에 넘어지다
esparcirse por el *suelo*
바닥에 뿌리다

suelta¹
수엘따

여 놓아주는 일, 석방, 해방, 자유

sueltamente
수엘따멘떼

부 유창하게, 훌륭히

suelto, ta²
수엘또, 따

형 해방된, 풀린, 자유롭게 된; 느슨한, 헐거운; 유창한; (문체 등이) 매끄러운; 자유 분방한, 속박받지 않은; 잔돈의; 설사를 하고 있는
mujer *suelta* 자유 분방한 여인
pelo *suelto* 늘어뜨린 머리카락
Ella está muy *suelta* en español.
그녀는 스페인어가 아주 유창하다.
남 잔돈(dinero *suelto*)

sueño
수에뇨

남 잠, 수면; 졸음; 꿈; [주로 복] 공상, 환상; 동경, 이상(理想); 굉장한[훌륭한·멋진] 것, 꿈 같은 것
sueño ligero 얕은 잠
sueño profundo 깊은 잠, 숙면
falta de *sueño* 수면 부족
horas de *sueños* 수면 시간
palacio que es un *sueño*
꿈 같은 궁전, 어마어마한 궁전
tener *sueño* 졸리다

tener un mal *sueño* 악몽을 꾸다
tener muchos *sueños* 꿈이 많다
La vida es *sueño*. 인생은 꿈이다.

suero
수에로

남 [의학] 혈청(血淸); 장액(漿液); (영양 보급용 등의) 소금물, 염수(鹽水); 유장(乳漿)

sueroterapia
수에로떼라삐아

여 혈청 요법

suerte
수에르떼

여 운명, 천명(天命); 운, 행운: 우연, 되어 가는 형편[과정]; 경우, 신상; 추첨, 제비(뽑기); 종류, 부류; (경지의) 한 구획; [투우] (투우사들이 반데리야 banderilla나 물레따 muleta 등을 사용하는) 솜씨, 기술, 연기
tener (buena) *suerte* 운이 좋다
tener mala *suerte* 운이 나쁘다
¡Buena *suerte*! 행운을 빕니다!
¡Mucha *suerte*! 운이 좋으십니다!

suéter
수에떼르

남 [복식] 스웨터

suficiencia
수피시엔시아

여 적성, 능력; 독선, 자기 만족; 충분(함)
prueba [examen] de *suficiencia*
적성 검사

suficiente
수피시엔떼

형 충분한, 족한; 능력[적성]이 있는; 독선적인
dinero *suficiente* 충분한 돈
explicación *suficiente* 충분한 설명

suficientemente
수피시엔떼멘떼

부 충분히

sufijo, ja
수피호, 하

형 남 [언어] 접미어(의)

sufragio
수프라히오

남 선거 (방법); 투표, 표(voto); 원조, 후원
sufragio directo [indirecto]
직접[간접] 선거

sufrido, da
수프리도, 다

형 (괴로움 등을) 받은; 참을성[견딜성·인내심]이 강한; (색이) 더러움이 잘 타지 않은; (천이) 질긴, 오래가는[쓰는]

ser muy *sufrido* en adversidad
역경에 무척 강하다

sufrimiento
수프리미엔또
남 (심신의) 고통, 고뇌; 인내, 참음, 참고 견딤

sufrir
수프리르
자 괴로워하다, 번민하다; (...에서) 해를 받다, ...에 시달리다, ...로 들볶이다; ...가 아프다
sufrir del corazón 심장이 나쁘다
타 (좋지 않은 것을) 경험하다; 인내하다, 참다, 견디다, 참고 견디다; 용인하다
sufrir una operación 수술을 받다
sufrir un accidente 사고를 당하다
sufrir los insultos 모욕을 참고 견디다

sugerencia
수헤렌시아
여 제안, 권유; 암시

sugerente
수헤렌떼
형 암시적인; 연상시키는

sugeridor, ra
수헤리도르, 라
형 =sugerente

sugerir
수헤리르
타 상기시키다, 연상시키다; 시사하다, 넌지시 권유하다, 암시하다

sugestión
수헤스띠온
여 [심리] 암시; 시사, 완곡한 권유

sugestionable
수헤스띠오나블레
형 암시 받기 쉬운, 영향을 받기 쉬운, 감화되기 쉬운

sugestionar
수헤스띠오나르
타 암시를 주다; ...의 생각[판단]에 영향을 주다, 감화시키다
sugestionarse 자기 암시에 걸리다; 고정 관념에 얽매이다[사로잡히다]

sugestivo, va
수헤스띠보, 바
형 암시적인, 시사적인, 넌지시 비추는; 생각나게 하는, 연상시키는; 매력적인; (책·생각 등이) 자극적인, 시사하는 바가 많은; (복장 등이) 음란한, 외설스러운

suicida
수이시다
남 여 자살자
형 자살하는, 자살 행위의, 무모한

comando *suicida* 특공대, 결사대

suicidarse 수이시다르세
((재귀)) 자살하다
suicidarse por amor
실연으로 자살하다

suicidio 수이시디오
남 자살

suite 쉬트
남 (호텔의) 스위트 룸, 붙은 방 ((호텔의 침실·욕실·거실 등이 이어진 한 벌의 방)); [음악] 조곡(組曲)

Suiza 수이사
여 [국명] 스위스

suizo, za 수이소, 사
형 스위스의
남 여 스위스 사람
남 수이소 ((달콤한 작고 둥근 빵))

sujeción 수헤시온
여 예속, 복종; 속박; 죄는 것, 매는 것, 잠그는 것, 채우는 것

sujetador, ra 수헤따도르, 라
형 죄는, 매는, 잠그는, 채우는
남 잠그는[채우는] 것; 브래지어
sujetador con [sin] aro
링 있는[없는] 브래지어

sujetalibros 수헤딸리브로스
남 단 복 책버팀, 북앤드

sujetapapeles 수헤따빠뻴레스
남 단 복 (종이를 끼우는) 클립

sujetar 수헤따르
타 지배하다, 복종시키다; 억누르다, 움쭉 못하게 잡다; 고정시키다, 죄다, 매다, 채우다; 적합하게 하다
sujetarse 자신의 ...을 죄다[매다]; 매어지다, 고정되다, 죄어지다; (의무 등에) 따르다, 준수하다; 적합하다
sujetarse a la constitución
헌법을 준수하다

sujeto, ta 수헤또, 따
형 고정되어 있는, 묶여진, 매어진; 구속된, 얽매인; ...에 준하는, ...에따르는
Los muebles están bien *sujetos*.

가구들은 잘 고정되어 있다.
남 인간, 놈, 인물; [고어] 주제, 테마; [문법] 주어, 주부(主部); [철학]주체, 주관; [논리] 주어(主語), 주사(主辭)

sultán
술딴
남 술탄
((이슬람 국가의 군주, 터키의 황제))

suma
수마
여 금액, 총액; 합계; 극치; 진수; 전서(全書), 대전(大典)
en suma 결국; 요약해서

sumar
수마르
타 합계하다, 더하다; 총계 …에 달하다, …의 금액이 되다
sumar dos números 두 수를 더하다
sumarse
가해지다, 더해지다; (의견 등에) 찬성하다

sumariamente
수마리아멘떼
부 간결하게; 약식으로

sumario, ria
수마리오, 리아
형 간결한, 짧은; [법률] 간략한, 약식(略式)의
juicio sumario 약식[즉결] 재판
남 개요, 요약; 목차; [법률] 예심

sumergible
수메르히블레
형 잠수할 수 있는; 수중용(水中用)의, 방수(防水)의
reloj sumergible 방수 시계
남 잠수함(*buque sumergible*)

sumergir
수메르히르
타 담그다, 잠그다, 잠수시키다
sumergirse
담기다, 잠기다, 잠수하다; 몰두하다, 몰입하다

sumersión
수메르시온
여 수몰(水沒); 잠수

sumidero
수미데로
남 하수구; 하수도

sumi*nistrable*
수미니스뜨라블레
형 공급할 수 있는

suministrador, ra
수미니스뜨라도르, 라
형 공급하는
남 여 공급자

suministrar
수미스뜨라르
타 공급하다, 지급하다

suministro
수미니스뜨로
남 공급, 지급; 공급품, 필수품; [군사] 양식, 군량(軍糧)

sumir
수미르
타 (물에) 가라앉히다; (흙에) 묻다, 매장하다; (...의 상태에) 빠뜨리다
sumirse
가라앉다; 묻히다, 매장되다; 몰두하다

sumisión
수미시온
여 복종; 항복; 순종(함), 순종

sumiso, sa
수미소, 사
형 순종하는, 온순한, 얌전한

sumamente
수마멘떼
부 극히, 더없이, 지극히
Le estoy *sumamente* agradecido.
대단히 고맙습니다, 당신에게 무척 고맙게 생각하고 있습니다.

sumo, ma
수모, 마
형 최고의; 지상(至上)의, 극도의
la *suma* felicidad 지복(至福)

suntuario, ria
순뚜아리오, 리아
형 사치에 관한
gasto *suntuario* 분에 넘치는 비용
impuestos *suntuarios* 사치세

suntuosamente
순뚜오사멘떼
부 호화롭게, 호사스레

suntuosidad
순뚜오시닫
여 호화로움, 호사스러움

suntuoso, sa
순뚜오소, 사
형 호화로운, 호사(豪奢)스러운; 품위가 있어 위엄이 있는

súper¹
수뻬르
형 (가솔린이) 규정보다 옥탄가가 높은, 보다 좋은, 상위의, 훌륭한
gasolina *súper*
수퍼 가솔린, 옥탄가가 높은 휘발유
bolígrafo *súper* 멋진 볼펜
부 매우, 극히, 몹시, 대단히
여 옥탄가가 높은 휘발유

súper²
수뻬르
남 슈퍼마켓, 슈퍼

super-
수뻬르
((접두어)) 이상, 과도, 극도, 초월

superable
수뻬라블레
형 극복할 수 있는, 이겨낼 수 있는

superabundancia
수뻬라분단시아
여 과잉, 과다

superabundante
수뻬라분단떼
형 너무 많은, 남아도는, 과잉의, 과다의

superabundar
수뻬라분다르
자 너무 많다, 남아 돌다

superación
수뻬라시온
여 극복

superar
수뻬라르
자 [+a] (…보다) 낫다, 능가하다
타 (장애 등을) 극복하다; 상회하다, 웃돌다; (시험에) 합격하다

superávit
수뻬라빋
남 흑자, 잉여(금); 과잉, 초과

supercarburante
수뻬르까르부란떼
남 [자동차] 옥탄가가 높은 휘발유

superestrella
수뻬레스뜨레야
여 슈퍼 스타

superficial
수뻬르피시알
형 표면의, 표층의; 얕은; 표면적인, 겉치레에 불과한, 피상적인, 천박한
conversación *superficial*
내용이 없는 회화
persona *superficial* 얄팍한 사람
Su amabilidad es *superficial*.
그의 친절은 겉치레에 불과하다.

superficialidad
수뻬르피시알리닫
여 표면적인 일; 천박함

*superficial*mente
수뻬르피시알멘떼
부 표면적으로, 겉치레로; 수박 겉 핥기식으로; 천박하게

superficie
수뻬르피시에
여 표면; 지면; 면적; 외견, 겉모양; [수학] 면(面); [군사] 지(地)…

misil *superficie*-aire 지대공 미사일
misil *superficie-superficie* 지대지 미사일

superfino, na 수뻬르피노, 나
형 아주 가는, 극세(極細)의

superfluidad 수뻬르플루이닫
여 여분, 불필요한 것

superfluo, flua 수뻬르플루오, 플루아
형 여분의, 불필요한

superhombre 수뻬르옴브레
남 [철학] 초인간, 초인(超人)

superintendencia 수뻬린뗀덴시아
여 superintendente의 직

superintendente 수뻬린뗀덴떼
남 여 (행정 기관의) 본부장, 감독

superior¹ 수뻬리오르
형 (위치가) 위의, 상부의, 상층의; (질이) 우수한, 상질의, 상등의; 큰, 많은; 상회하는; 상급(上級)의, 고위의; 고등(高等)의
curso *superior* 상급반, 상급 코스
enseñanza *superior* 고등 교육
남 여 상관, 상사(上司); 선배, 연장자

superior², ra 수뻬리오르, 라
남 여 수도원장

superioridad 수뻬리오리닫
여 우월, 우위; 위엄; 당국, 관헌

superlativo, va 수뻬를라띠보, 바
형 최고의, 최상의; 최상급의
남 [문법] 최상급

supermercado 수뻬르메르까도
남 슈퍼마켓

supernumerario, ria 수뻬르누메라리오, 리아
형 정원[정수] 외의, 여분의; 휴가 중의
남 여 정원외 직원; 평회원

superpesado 수뻬르뻬사도
남 [권투] 슈퍼 헤비급

superpoblación 수뻬르뽀블라시온
여 과잉 인구, 인구 과잉

superpoblado, da 형 인구 과잉의
수뻬르뽀블라도

superpoblar 타 인구 과잉으로 만들다
수뻬르뽀블라르
superpoblarse 인구 과잉이 되다

superponer 타 포개다, 쌓아 올리다; 우선시키다
수뻬르뽀네르
superponerse
포개지다, 겹쳐지다; 우선되다

superpotencia 여 초강대국
수뻬르뽀뗀시아

superproducción 여 생산 과잉, 과잉 생산; [영화] 초대작(超大作)
수뻬르쁘로둑시온

superventas 형 남 단 복 베스트 셀러(의)
수뻬르벤따스

supervisar 타 (일을) 감독하다
수뻬르비사르

supervisión 여 감독
수뻬르비시온

supervisor, ra 형 감독하는
수뻬르비소르, 라 남 여 감독자

supervivencia 여 살아 남음; 잔존
수뻬르비벤시아
supervivencia del fuerte [del apto]
적자 생존
lucha por la *supervivencia*
생존 경쟁

superviviente 형 (사고 등에서) 생존한; (사별해) 뒤에 남은,
수뻬르비비엔떼 먼저 여읜
남 여 생존자; (사별해) 뒤에 남은 사람

suplementario, ria 형 추가의, 보족(補足)의
수쁠레멘따리오, 리아 empleo *suplementario* 부업

suplemento 남 추가, 보족(補足); 할증금, 추가 요금; 부록,
수쁠레멘또 보유(補遺); (신문의) 특집판; [수학] 보각

suplencia 여 대리, 대행; 대리[대행] 기간
수쁠렌시아

suplente 형 대리의, 대행의
수쁠렌떼 남 여 대리자, 대행자; [운동] 후보

선수, 보결(jugador *suplente*)

súplica 수쁠리까
여 간청, 간원, 애원; 청원(서), 진정(서); [법률] (말미의) 신청 조항

suplicante 수쁠리깐떼
형 간청[애원]하는
남 여 간청자, 애원자, 진정자

suplicar 수쁠리까르
타 간청하다, 간원하다, 애원하다; 강력히 부탁하다[당부하다]; [법률] 상소[공소]하다

suplicatorio, ria 수쁠리까또리오, 리아
형 간청하는, 간원하는, 애원하는

suplir 수쁠리르
타 보충하다, 채우다, 대용하다; …의 대리를 맡다, 대행하다; 입체하다, 대신 치르다

suponer 수뽀네르
타 가정하다; 상상하다, 추측하다, 추정하다; 전제로 하다; 의미하다
자 [+en] (…에서) 중요하게 되다
El Sr. Kim *supone* mucho en el mundo financiero.
김 씨는 재계의 거물이다.
suponerse 상상하다
남 추측, 상상(想像)

suposición 수뽀시시온
여 추측, 억측; 가정

supranacional 수쁘라나시오날
형 초국가의, 초국가적인

supremacía 수쁘레마시아
여 지고(至高), 최고위; 주권, 대권; 패권

supremo, ma 수쁘레모, 마
형 최고위의, 최고 권위의; 지상(至上)의, 최고도의; 최후의, (무엇보다도) 가장 중요한
hora *suprema* [시어] 임종(臨終)

supresión 수쁘레시온
여 폐지; 삭제; [전기] 억제

suprimir 수쁘리미르
타 폐지하다; 소멸시키다; 삭제하다, 생략하다, 없애다; [전기] 억제하다

supuesto[1] 수뿌에스또
남 추측; 가정, 전제(前提)
por supuesto 물론(입니다)

supuestamente
수뿌에스따멘떼
│ 부 추정상; 아마, 어쩌면

supuesto², ta
수뿌에스또, 따
│ 형 가짜의, 모조의; 상상되는; 자칭 ...
supuesto caballero 자칭 신사

supuración
수뿌라시온
│ 여 화농(化膿)

supurar
수뿌라르
│ 자 고름이 나오다, 화농하다, 곪다

sur
수르
│ 남 남쪽; 남부; 남풍(viento del sur)
estar orientado al *sur* 남향이다

surafricano, na
수라프리까노, 나
│ 형 =**sudafricano**

suramericano, na
수라메리까노, 나
│ 형 =**sudamericano**

surcar
수르까르
│ 타 (파도·바람을 헤치고) 나가다; ...에 고랑[도랑]을 파다, 이랑을 내다; 주름살지게 하다

surco
수르꼬
│ 남 (밭의) 고랑, 이랑; (레코드의) 줄; (피부의) 주름(arruga)

surcoreano, na
수르꼬레아노, 나
│ 형 남한(Corea del Sur)(인)의
│ 남 여 남한 사람

sureño, ña
수레뇨, 냐
│ 형 남쪽의, 남부의
│ 남 여 남쪽 사람, 남부 사람

sureste
수레스떼
│ 남 =**sudeste**

surf
수르프
│ 남 서핑, 파도타기

surfista
수르피스따
│ 남 여 서퍼, 파도타기꾼

surgir
수르히르
│ 자 (물 등이) 솟다, 솟아 나오다; 우뚝 솟다; (갑자기) 나타나다, 출현하다, 생기다

Surinam
수리남
│ 남 [국명] 수리남

surinamita
수리나미따
│ 형 수리남의
│ 남 여 수리남 사람

suroeste
수로에스떼
- 남 =**sudoeste**

surrealismo
수르레알리스모
- 남 초현실주의

surrealista
수르레알리스따
- 형 초현실주의의
- 남여 초현실주의자

surtidero
수르띠데로
- 남 (연못 등의) 배수관; 분수

surtido, da
수르띠도, 다
- 형 상품이 풍부한; 이것저것 그러모은, 구색을 맞춘
- 남 (같은 종류의 것을) 골고루[모두] 갖춤, 빠짐없이 한데 모음; 여러 가지를 한데 섞어 담음[넣음]; 매입, 구입

surtidor, ra
수르띠도르, 라
- 남여 납입자; 어용 상인
- 남 분수; 가솔린 펌프; 주유소

surtir
수르띠르
- 타 [+de] (…을) …에(게) 공급[납입]하다; (효과를) 가져오다
- 자 솟다, 솟아 나오다
- *surtirse* [+de] (…을) 매입[구입]하다

susceptibilidad
수셉띠빌리닫
- 여 의심이 많음

susceptible
수셉띠블레
- 형 마음이 상하기 쉬운, 끙끙 앓은; 여지가 있는, 가능한

suscitar
수시따르
- 타 (감정·생각을) 환기시키다, 불러 일으키다, 부채질하다

suscribir
수스끄리비르
- 타 (입회 등을) …을 위해 신청하다; …에 출자하다; (문서의 끝에) 서명하다; …에 동조[동의]하다
- *suscribirse* 신청하다, 응모하다; 입회하다

suscripción
수스끄립시온
- 여 (출판물의) 예약, 정기 구독; 응모, 신청; 출자; 정기 구독료; 서명; 동의

suscri(p)to, ta
수스끄리(ㅂ)또, 따
- 남여 서명자

suscri(p)tor, ra
수스끄리(ㅂ)또르, 라
- 남여 정기 구독자; 신청자; 출자자

susodicho, cha
수소디초, 차

형 전기(前記)의, 전술(前述)의

suspender
수스뻰데르

타 달아매다, 매달다, 축 늘어뜨리다; (예정되어 있는 것을) 그만두다, 중지하다; (일단 시작한 것을) 중도에서 그만두다, 중단하다; 정직[정지] 처분시키다; ((스페인)) 낙제시키다; (학생이) …의 과목을 낙제하다
자 ((스페인)) 낙제하다
suspenderse 중지[중단]되다; 일시 정지되다
Se ha suspendido la reunión.
회의는 중지되었다[도중에서 끝났다].

suspense
수스뻰세

남 서스펜스

suspensión
수스뻰시온

여 중지, 중단, 일시 정지; (차량의) 매달아 지탱함, 매달아 지탱하는 장치; [물리] 부유(浮遊) (상태)

suspenso, sa
수스뻰소, 사

형 ((스페인)) 낙제된; 공중에 매단[매달린]
남 [평점] 낙제; ((중남미)) 서스펜스
en suspenso
연기된, 중단된; 현안의, 미결정의

suspensores
수스뻰소레스

남 복 멜빵

suspicacia
수스삐까시아

여 의심이 많음, 시의심(猜疑心); 의심; 경계심

suspicaz
수스삐까스

형 시의심이 강한, 사람을 믿지 않은

suspirado, da
수스삐라도, 다

형 열망된, 갈망된

suspirar
수스삐라르

자 한숨을 내쉬다; [+por] (…을) 열망하다, 갈망하다

suspiro
수스삐로

남 한숨, 탄식; 깡마른 사람; 일순(一瞬); 수스삐로 ((밀가루·설탕·달걀로 만든 과자)); [음악] 4분쉼표
dar [exhalar] el último suspiro

죽다(morir)

sustancia 수스**딴**시아
여 물질; 실질, 요점; 자양분; [철학] 실체, 본질

sustancial 수스딴시**알**
형 실질적인; 본질적인, 중요한

sustancialmente 수스딴시**알**멘떼
부 실질적으로; 제법, 꽤, 상당히

sustanciar 수스딴시**아**르
타 요약하다; [법률] 심리하다

sustancioso, sa 수스딴시**오**소, 사
형 자양분이 풍부한; 내용이 충실한

sustantivación 수스딴띠바시온
여 명사화(名詞化)

sustantivar 수스딴띠**바**르
타 명사화하다

sustantivo, va 수스딴**띠**보, 바
형 본질적인, 실질적인; [문법] 명사의
남 [문법] 명사

sustentable 수스뗀**따**블레
형 지지할 수 있는, 변호할 수 있는

sustentación 수스뗀따시온
여 받치는 일; 부양; [항공] 양력(揚力)

sustentador, ra 수스뗀따도르, 라
형 받치는, 지지하는
남 여 지지자

sustentar 수스뗀**따**르
타 받치다, 지탱하다; 부양하다, 먹여 살리다; (의견·사상을) 지지하다, 옹호하다; 유지하다, 지속시키다.
sustentarse [+con · de]
(...을) 양식으로 삼다, 섭취하다

sustento 수스**뗀**또
남 식량, 양식; 지주, 기둥
El hijo era su único *sustento*.
아들이 그의 유일한 기둥이었다.

sustitución 수스띠뚜시온
여 바꿔 놓음, 치환; 교체, 갈아 넣음; 대용, 대체; [법률] 대습상속(代襲相續); [화학] 치환; [수학] 대입(代入)

sustituible 수스띠뚜이블레	형 바꿀 수 있는, 대체할 수 있는
sustituir 수스띠뚜이르	타 대신하다; 바꾸다, 대체하다; 교환하다
sustitutivo, va 수스띠뚜띠보, 바	형 대용품의, 대체의 남 대용품, 대체품
sustituto, ta 수스띠뚜또, 따	남여 대리인, 대행
susto 수스또	남 놀람; 두려움
sustracción 수스뜨락시온	여 소매치기, 도둑질; [수학] 뺄셈
sustraendo 수스뜨라엔도	남 [수학] 감수(減數)
sustraer 수스뜨라에르	타 소매치기하다, 훔치다; 빼다, 뺄셈을 하다 *sustraerse* [+a] (의무 등에서) 피하다, 달아나다, 도망치다 *sustraerse a* la tentación 유혹을 피하다
sustrato 수스뜨라또	남 [철학] 실체; [지질] 하층토, 심토(心土); [언어] 기층(基層) (언어); [생물] 기저(基底)
susurrante 수수르란떼	형 속삭이는, 소곤거리는; 졸졸거리는
susurrar 수수르라르	타 속삭이다, 소곤거리다 자 속삭이다; 가벼운 소리를 내다; (시냇물이) 졸졸거리다; (바람이) 살랑거리다
susurro 수수르로	남 속삭임, 소곤거림; 살랑거림; 졸졸거림
sutil 수띨	형 엷은, 가는; (맛·빛깔이) 진하지 않은; 섬세한, 미묘한; 재기(才氣)가 있는, 명민(明敏)한
sutileza 수띨레사	여 엷음, 섬세함; 정교하고 치밀함; 찌르는 듯한 말
sutilidad 수띨리닫	여 =**sutileza**
sutura 수뚜라	여 [의학] 봉합(縫合); [해부] (두개골 등의) 봉합선

suturar
수뚜라르

타 봉합하다

suyo, ya
수요, 야

형 [소유 형용사 완전형] 그(들)의, 그녀(들)의, 당신(들)의, 그것(들)의
el coche *suyo*
그[그녀·당신·그들·그녀들·당신들]의 자동차
Esta maleta es *suya*.
이 가방은 그[그녀·당신]의 것이다.
대 [정관사+] 그(들)[그녀(들)·당신(들)]의 것
Mi casa es más pequeña que *la suya*.
내 집은 그[그녀·당신]의 것보다 작다.

swahili
스와일리

남 스와힐리어(語)

T

t
떼
여 떼 ((스페인어 자모의 스물세 번째 문자))

taba
따바
여 [해부] 복사뼈

tabacal
따바깔
남 담배 밭

tabaco
따바꼬
남 [식물] 담배; ((주로 스페인)) (흡연용의) 담배

tabaquero, ra
따바께로, 라
형 담배 재배의; 담배를 제조하는; 담배를 판매하는
남 여 담배 재배자[제조자·판매자]
여 잘게 썬 담배쌈지

tabaquismo
따바끼스모
남 [의학] 담배[니코틴] 중독(증)

taberna
따베르나
여 (요리도 내는) 선술집, 대폿집, 목로 주점

tabernero, ra
따베르네로, 라
남 여 taberna의 주인[심부름꾼]

tabla
따블라
여 (주로 나무의) 판(板), 판자; 표, 일람표; (폭이 넓은) 주름; (한 구획의) 밭; (직사각형의) 야채밭, 화단; [수영·수상 스키·서핑 등의) 판, 보드; 서킷 트레이닝; 양식 변기의 앉는 자리; [미술] (제단) 판화; 복 [투우장의] 나무 울타리; 나무 울타리 부근의 모래사장; 복 무대; (배우·가수가) 관객 앞에서 공연하는 담력; 복 [성경] 율법의 석판, 모세의 십계
tabla de dibujo 판화
tabla de planchar 다리미대
tabla de materias 목차
tabla de precios 가격표

taco

tablero
따블레로
남 판(板); 흑판; 게임판; 장기판; [농구] 백보드
tablero de anuncios 게시판
tablero de dibujo 화판

tableta
따블레따
여 알약, 정제(錠劑)

tablilla
따블리야
여 작은 판; [의학] 부목(副木), 덧대는 나무

tabloide
따블로이데
남 타블로이드판 신문

tablón
따블론
남 두꺼운 판; 게시판; 술기운, 취기

tabú
따부
형 터부의, 금기(禁忌)의
남 터부, 금기(禁忌)

tabulador
따불라도르
남 (타자기의) 도표 작성 장치

tabuladora
따불라도라
여 [컴퓨터] 도표 작성용 컴퓨터

taburete
따부레떼
남 (등이 없는) 걸상; 발받침

tacañería
따까녜리아
여 인색함, 노랑이 짓; 탐욕

tacaño, ña
따까뇨, 냐
형 인색한, 다라운, 쩨쩨한; 욕심많은
남 여 인색한 사람, 노랑이; 욕심꾸러기

tacha
따차
여 오점, 결점; 대갈못, 압정

tachar
따차르
타 (말 등에 선을 긋고) 지우다; 비난하다; [법률] (증인의) 신빙성에 이의를 신청하다

tácito, ta
따시또, 따
형 암묵(暗默)의

taciturnidad
따시뚜르니닫
여 말수가 적음, 과묵함

taciturno, na
따시뚜르노, 나
형 말수가 적은, 과묵한; 입을 꼭 다문; 슬픈, 우울한

taco
따꼬
남 마개; 쐐기; (떼어내는 식의) 달력; (매일 한 장씩 떼는) 일력; 회수권; ((스페인)) 혼란, 혼잡; 욕지거리; 야비한 말; 복 나이, 연령; [당

구] 큐; ((중미)) [요리] 따꼬 ((또르띠야에 온갖 종류의 먹거리를 넣어 먹는 쌈)); [운동] (구두의) 스파이크

tacómetro
따꼬메뜨로
남 운행 기록계, 회전 속도계

tacón
따꼰
남 (구두의) 뒤축, 굽; [플라멩꼬] 구두 굽으로 바닥을 치는 기술

táctica
딱띠까
여 전술; 책략, 임기 응변술

táctico, ca
딱띠꼬, 까
형 전술(戰術)의
arma nuclear *táctica* 전술 핵무기
남 여 전술가

tactil
딱띨
형 촉각의
sensación *tactil* 촉감

tacto
딱또
남 촉각; 만지는 일; 감촉; 기지, 임기 응변; [의학] 내진(內診)

taekwondo
따에꿘도
남 태권도

taekwondoca
따에꿘도까
남 여 =**taekwondoteca**

taekwondoísta
따에꿘도이스따
남 여 =**taekwondoteca**

taekwondoteca
따에꿘도떼까
남 여 태권도 선수; 태권도를 배우는 사람

tagalo, la
따갈로, 라
형 남 여 타갈로그 사람(의)
남 타갈로그어

tailandés, desa
따일란데스, 데사
형 태국(Tailandia)(인·어)의
남 여 태국 사람
남 태국어

taimado, da
따이마도, 다
형 교활한, 의뭉스러운, 못된 꾀가 많은, 뱃속이 검은

taiwanés, nesa
따이와네스, 네사
형 대만(Taiwan)의
남 여 대만 사람

tajada
따하다
여 생선 토막, 살조각; 칼로 베인 상처; ((스페인)) [속어] 술에 취함

tajar
따하르
타 자르다, 베다, 절단하다

tajo
따호
남 칼로 베인 (깊은) 상처; 작업이 끝난 지점; 작업장; 일, 작업; 고기도마; 단두대; 협곡

tal
딸
형 그런, 이런; 전술(前述)한 그런, 앞에서 말한 그런, 이상(以上)의 그런; 그런 정도의; …라고 하는 사람
tal cosa 그런[이런] 일
a *tal* felicidad 그런 행복
en el *sitio tal* 그런 장소에서
대 그런 일[것·사람]
부 그렇게, 그런 식으로
Tal estaba ella.
그녀는 그런 상태였다.
tal como …하는 그대로, …했던 그대로
Déjalo *tal como* estaba.
그것을 원래[본래] 대로 두어라.
Tal como me lo contaron te lo cuento. 나는 들은 대로 너에게 말한다.
¿Qué tal?
㉮ [친한 사이에서] 어떻게 지내십니까?, 안녕하세요?
㉯ 어떻게(=*¿cómo?*)
¿*Qué tal* resultó el asunto?
그 건은 어땠습니까?
㉰ [+주어 명사] …은 어떻습니까?
¿*Qué tal* (fue) el viaje?
여행은 어땠습니까?
¿*Qué tal* (está) ese tabaco?
— Muy bien [bueno].
그 담배는 어떻습니까? — 아주 좋습니다.

talador, ra
딸라도르, 라
남 여 나무꾼, 벌목꾼

taladradora
딸라드라도라
여 드릴, 천공기; 공기 드릴

taladrar
딸라드라르
타 ...에 구멍을 파다

taladro
딸라드로
남 송곳; 드릴, 천공기

talar
딸라르
타 (나무를 뿌리에서) 자르다, 베어 넘어뜨리다; (밭·집·도시 등을) 황폐시키다
형 (주로 성직자의 옷이) 긴, 발뒤꿈치까지 닿는

talco
딸꼬
남 [광물] 활석(滑石)

talega
딸레가
여 자루, 주머니; [주로 복] 큰돈, 거금

talego
딸레고
남 (저장·운반용의) 자루, 포대

talento
딸렌또
남 (지적인) 재능; (일을 하는) 능력, 적성; 유능한 사람
mostrar [probar] *su talento*
재능을 발휘하다, 소질을 보이다

talentoso, sa
딸렌또소, 사
형 재능이 있는

talentudo, da
딸렌뚜도, 다
형 =**talentoso**

talismán
딸리스만
남 부적(符籍)

talla
따야
여 조각(彫刻); 나무 조각품; (주로 지적인) 능력, 수준; 신장, 키; 신장 측정; 신장계(身長計); (옷의) 크기, 사이즈; ((중남미)) 거짓말; ((남미)) 잡담, 수다(스러움)

tallado
따야도
남 조각, 새기는 일

tallador, ra
따야도르, 라
남 여 (메달 등의) 조각사, 세공사; (신병의) 신장 측정 담당자

tallar
따야르
타 (석재·목재 등을) 자르다, 조각하다:...의 신장을 재다; (톱니바퀴의) 톱니를 자르다
자 ((남미)) 지껄이다, 수다를 떨다

tallarín
따야린
남 따야린 ((국수의 일종))

talle
따예
남 몸통, 허리; 몸통[허리] 둘레; 몸매; ((남미)) (의복의) 크기, 사이즈

taller
따예르
남 [자동차] 수리 공장; (손일의) 작업장, 공장; (공장 안의 같은 직종의) 작업장; [집합 명사] (예술가·과학자의) 문하(門下), 일파; 제작진; 아트리에, 공방(工房); 공동 작업장[제작소]; (학교의) 실습실

tallista
따이스따
남 여 나무 조각가; (보석) 세공사

tallo
따요
남 [식물] 줄기

talmud
딸뭍
남 탈무드 ((유대교의 율법과 그 해설집))

talón
딸론
남 발뒤꿈치; (구두·양말 등의) 뒤꿈치; (말의) 뒷발의 뒤꿈치; ((스페인)) (talonario의) 뜯어낸 한쪽 장; 영수증; 수표; (총의) 개머리판; (바이올린 활 등의) 잡는 부분; (타이어의) 바퀴테(두리)

talonario
딸로나리오
남 (떼어내는 식의) 철한 것
talonario de cheques 수표장
billete *talonario* 쿠폰권

talonera
딸로네라
여 (구두의) 뒤꿈치 가죽; (양말의) 뒤꿈치 대는 천

tamaño
따마뇨
남 크기, 사이즈; 중요성
tamaño natural
실물 크기, 등신대(等身大)
fotografía (de) *tamaño* postal
엽서 크기의 사진

tambaleante
땀발레안떼
형 허든거리는, 비틀거리는; 흔들리는

tambalearse
땀발레아르세
((재귀)) 허든거리다, 비틀거리다; 흔들리다

tambaleo
땀발레오
남 허든거림, 비틀거림; 흔들림

también
땀비엔
부 ...도, 또한, 역시
Tengo hambre. –Yo *también*.
나는 배가 고프다. –나도.

tambor
땀보르
남 큰 북; 고수(鼓手), 북을 치는 사람; [해부] 고막; (각종 부품의) 원통, 둥근 통

tamboril
땀보릴
남 작은 북, 장고

tamiz
따미스
남 체; 선별(選別)

tamizar
따미사르
타 체(tamiz)로 치다, 체질하다; 선별하다; 정화(淨化)하다

tampoco
땀뽀꼬
부 [부정 부사] ...도 (...아니다)
Si tú no vas de compras, yo *tampoco*.
네가 쇼핑 가지 않으면 나도 안 가겠다.

tan
딴
부 그렇게, 이렇게, 저렇게
No es una casa *tan* grande.
그렇게 큰 집은 아니다
tan ... como [동등 비교] ...만큼 그렇게 ...
Ella no es *tan* hermosa *como* su hermana.
그녀는 언니만큼 (그렇게) 미녀는 아니다.
tan ... que + 직설법 너무 ...해서 ...하다
Es *tan* caro *que* no puedo comprarlo.
그것은 너무 비싸 나는 살 수 없다.

tanda
딴다
여 (나누어진) 떼, 무리, 조(組); 일련(一連); ((스페인)) (순번의) 차례
¿Me da *tanda*?
(열의) 마지막은 누구입니까?

tangente
땅헨떼
형 접하는
여 [수학] 접선, 탄젠트

tango
땅고
남 [무용·음악] 탱고

tanguista
땅기스따
- 남 여 탱고 가수[무용가]

tanino
따니노
- 남 [화학] 탄닌

tanque
땅께
- 남 [군사] 전차, 탱크; 탱크로리; 탱크, 저수조(貯水槽); 석유 탱크; (손잡이가 달린) 큰 맥주잔

tanqueta
땅께따
- 여 소형 전차

tanteador, ra
딴떼아도르, 라
- 남 여 (경기의) 득점[점수] 기록원
- 남 득점 표시판, 스코어보드

tantear
딴떼아르
- 타 견적하다, 눈대중[눈어림]으로 재다; 조사하다, 확인하다, 시험해 보다; [운동] 득점[점수]을 기록하다; [미술] 소묘하다; [투우] (정식 경기 전에 소의)상태나 용맹함 등을 조사하다; (의향 등을) 타진하다

tantear el tamaño
크기를 눈대중으로 재다
- 자 손으로 더듬어 나아가다; [운동] 득점을 세다

tanteo
딴떼오
- 남 견적, 눈대중; 탐색, 탐지, 속[의중]을 떠봄; [운동] 득점, 스코어; [미술] 소묘, 밑그림, 초벌 그림; [법률](판 것을) 되삼

tanto, ta
딴또, 따
- 형 그렇게 많은; [수사의 대용] 약간의, 얼마간의, 다소의

tanto dinero 그렇게 많은 돈
tanta agua 그렇게 많은 물
tantas flores 그렇게 많은 꽃
tantos libros 그렇게 많은 책
tantos dólares 얼마간의 달러

tanto … como …
[동등 비교] …만큼 그렇게 많은 …
No tengo *tanto* dinero como tú.
나는 너만큼 그렇게 많은 돈을 가지고 있지 않다.

tanto … que + 직설법
너무 (많이) …하여 …하다

Hay *tanto* ruido *que* no puedo oírle bien.
너무 시끄러워 당신 말을 잘 들을 수 없다.
때 그 정도의 것[물건·사람]
뷔 그렇게 (많이)
No creía que la corbata costara *tanto*.
넥타이가 그렇게 비싸리라고는 생각하지 않았다.

tanto como ...
...만큼 그렇게 (많이), ...과 마찬가지로
Te quiero *tanto como* a ella.
나는 너를 그녀만큼[와 똑같이] 사랑한다.

tanto que + 직설법
너무 (많이) ...해서 ...하다
He estudiado *tanto que* quiero descansar.
나는 너무 공부해서 쉬고 싶다.
낼 약간(의 금액), 얼마간, 다소; 득점, 점수
por (lo) tanto 그래서, 그 때문에
Yo llegué tarde; *por lo tanto*, no pude verla.
나는 늦게 도착했다. 그래서 그녀를 만날 수 없었다.

tañer
따녜르
타 (타악기·현악기를) 켜다[치다·불다], 연주하다
자 손가락으로 탁탁 두드리다

tañido
따니이도
남 (종 등의) 소리

taoísmo
따오이스모
남 도교(道敎), 노장(老莊) 철학

taoísta
따오이스따
형 도교의, 노장 철학의
남 여 도교 신자, 도학자

tapa
따빠
여 뚜껑, (책·잡지의) 표지; [요리] ((스페인)) (술의) 간단한 마른 안주; (소의) 넓적다리 살[고기]; (웃옷·오바의) 윗동정; (구두의) 뒤축의 바닥 ((땅바닥과 접하는 부분))

tapaboca
따빠보까
여 (폭이 넓은) 머플러

tapabocas
따빠보까스
남단복 =**tapabocas**

tapadera
따빠데라
여 (주로 냄비의) 뚜껑

tapar
따빠르
타 (보이지 않도록) 덮다; 가리다, 막다; 틀어막다; …에 뚜껑[마개]을 닫다[하다]; 싸서 안 보이게 하다, 싸 감추다, 숨기다, 은닉하다, 몰래 숨겨[감춰] 두다
tapar una falta 실패를 숨기다
tapar a un criminal
범인을 몰래 숨겨 두다
taparse 몸을 감싸다; 자신의 …을 덮다[가리다]; (…의 귀·코 등이) 막히다, 메다, 닫히다
Se me *tapan* los oídos. 귀가 멍멍하다.

tapete
따뻬떼
남 책상보, 상보, 테이블보; (소파 등의) 등 씌우개; 작은 깔개; 트럼프용 테이블; ((중남미)) 융단

tapia
따삐아
여 담, 토담

tapiar
따삐아르
타 벽으로 막다; 담으로 칸막이 치다[둘러싸다]

tapicería
따삐세리아
여 [집합 명사] 벽걸이 융단; 실내 장식점; 실내 장식용 천

tapicero, ra
따삐세로, 라
남여 융단 짜는 사람[직공]; 실내 장식 업자

tapilla
따삐야
여 구두의 뒤축 가죽

tapioca
따삐오까
여 타피오카
((casabe 뿌리로 만든 식용 전분))

tapir
따삐르
남 [동물] 맥(貊) ((말레이·중남미산))

tapiz
따삐스
남 (벽걸이용의) 태피스트리, 융단; [레슬링] 매트

tapizar
따삐사르
타 (벽·바닥 등을 tapiz로) 장식하다; (소파 등에 천을) 붙이다[바르다]

tapón
따뽕
남 (병 등의) 마개, 뚜껑; 귀마개; [의학] 지혈전(止血栓); 땅딸보; 귀지

taponar
따뽀나르
타 …에 마개를 하다, 막다
taponarse 자신의 …을 막다; (…의 귀·코가) 막히다, 메어지다
Se me ha taponado la nariz.
나는 코가 막혔다.

taquigrafía
따끼그라피아
여 속기술

taquigrafiar
따끼그라피아르
타 속기하다

taquígrafo, fa
따끼그라포, 파
남 여 속기자, 속기사

taquilla
따끼야
여 표 파는 곳, 매표구, 매표 창구; 매표구의 매상금; 서류 정리용 선반, 파일 캐비닛

taquillero, ra
따끼예로, 라
남 여 표 파는 사람, 매표원; 창구 담당자

taquimecanografía
따끼메까노그라피아
여 타자와 속기술

taquimecanógrafo, fa
따끼메까노그라포, 파
형 타이피스트 겸 속기사

taquímetro
따끼메뜨로
남 시거의(視距儀); 운행 기록계, 속도계

tardanza
따르단사
여 지연, 지체
sin *tardanza* 지체 없이, 꾸물거리지 않고

tardar
따르다르
자 늦다, 더디다, 시간이 걸리다, 품이 들다, 꾸물거리다
No tardes en venir. 빨리 오너라.
tardar en + 동사 원형
(…하는데) 시간이 걸리다
He tardado diez minutos en llegar al hospital.

나는 병원에 도착하는데 10분 걸렸다.
tardarse 시간이 걸리다
¿Cuánto tiempo *se tarda* de aquí al aeropuerto?
여기서 공항까지는 얼마나 걸립니까?
Se tarda veinte minutos en metro de mi casa a la universidad.
내 집에서 대학교까지는 지하철로 20분 걸린다.

tarde
따르데

여 오후; 저녁때
((스페인에서는 오후 3시부터 9시까지))
(반 mañana)
toda la *tarde* 오후 내내
todas las *tardes* 매일 오후
por la *tarde* 오후에
de la tarde (시각이) 오후의
a las cinco *de la tarde* 오후 다섯 시에
부 늦게, 늦은 시간에 (반 temprano); 늦어서, 지각해서 (반 a tiempo)
Siempre me acuesto *tarde*.
나는 늘 늦게 잔다.
Llegué tarde a la clase.
나는 학교에 지각했다.
más tarde 나중에, 조금 지나서
Más tarde te telefonearé.
나중에 전화 걸겠다.
tarde o temprano, más tarde o más temprano 조만간(에)

tardíamente
따르디아멘떼

부 뒤늦게나마; 늦은 시간[시기]에

tardío, a
따르디오, 아

형 늦은 (반 temprano); 시기를 놓친, 때늦은; (과실의 성숙이) 늦은; 만년(晩年)의
llegada *tardía* 연착
남 [주로 복] (식물의) 만생(晩生)

tardo, da
따르도, 다

형 (행동 등이) 느린, 둔한
con paso *tardo* 느린 걸음으로

tarea
따레아
남 (부과된) 일, 임무; (일정한 시간 안에 끝낼 수 있는) 일; 숙제; ((도미니까 공화국)) 따레아 ((넓이의 단위: 약 180평))

tarifa
따리파
여 정가(표), 요금(표)
tarifa de los taxis 택시 요금

tarifar
따리파르
타 …의 가격[요금]을 정하다
자 [+con] (…와) 언쟁하다

tarjeta
따르헤따
여 카드; 그림엽서; 명찰
tarjeta bancaria 은행 카드, 신용 카드
tarjeta de crédito
크레디트 카드, 신용 카드
tarjeta telefónica 전화 카드
pago con *tarjeta* 카드(로) 지불
sacar dinero con *tarjeta*
카드로 돈을 찾다[인출하다]

tarjetera
따르헤떼라
여 ((중남미)) =**tarjetero**

tarjetero
따르헤떼로
남 카드 넣는 것, 명함곽

tarro
따로
남 (주로 유리 제품으로 뚜껑이 있는) 항아리, 단지, 주둥이가 넓은 병; 깡통

tarso
따르소
남 [해부] 발목(뼈)

tarta
따르따
여 [과자] 케이크 ((tarta는 주로 큰 케이크, 장식이 있는 케이크; pastel은 작은 케이크, 총칭)); 파이(torta)
tarta de cumpleaños 생일 케이크
tarta de Reyes 크리스마스 케이크
tarta nupcial 결혼 케이크

tartamudear
따르따무데아르
자 말을 더듬다

tartamudeo
따르따무데오
남 말을 더듬음

tartamudez
따르따무데스
여 말을 더듬음

tartamudo, da
따르따무도, 다
- 형 말을 더듬는
- 남여 말더듬이

tasa
따사
- 여 공정 가격, 시세, 시가; 율, 퍼센트, 퍼센티지; (공공의) 요금, 세금; (가격의) 결정; 제한
- *tasa de interés* 이율(利率)
- *tasa de crecimiento económico* 경제 성장율
- *tasas académicas* 수업료

tasación
따사시온
- 여 (가격의) 결정; 사정(査定), 평가

tasador, ra
따사도르, 라
- 형 사정하는, 평가하는
- 남여 평가자, 사정관, 감정관

tasar
따사르
- 타 …의 공정 가격을 정하다; (세액 등을) 사정하다; (가치를) 평가하다; 제한하다

tatarabuelo, la
따따라부엘로, 라
- 남 고조할아버지, 고조부; 고조할머니, 고조모

tataranieto, ta
따따라니에또, 따
- 남여 현손, 고손; 현손녀

tatuaje
따뚜아헤
- 남 입묵(入墨), 먹물뜨기, 문신(文身)

tatuar
따뚜아르
- 타 …에 입묵[먹물뜨기·문신]을 하다

taumaturgia
따우마뚜르히아
- 여 기적을 일으키는 힘

taumaturgo, ga
따우마뚜르고, 가
- 남여 기적을 행하는 사람

taurino, na
따우리노, 나
- 형 투우의

Tauro
따우로
- 남 [천문] 황소자리

tauromaquia
따우로마끼아
- 여 투우술(鬪牛術)

taxi
딱시
- 남 택시
- coger [tomar] un *taxi* 택시를 잡다[타다]
- llamar un *taxi* 택시를 부르다
- ir en *taxi* 택시로 가다

taxidermia 딱시데르미아	여 박제술(剝製術)
taxidermista 딱시데르미스따	남 여 박제사(剝製師)
taxímetro 딱시메뜨로	남 택시 미터, 자동 요금 표시기; 택시(taxi)
taza 따사	여 (손잡이 달린) 찻잔; 찻잔 한잔(의 양); 변기; 분수 물받이 *taza* de café 커피 잔 *taza* de desayuno 모닝 커피 *taza* de té 찻잔 una *taza* de café 커피 한 잔
tazón 따손	남 (손잡이가 달린 원통형의) 컵; (음식물을 담는) 공기; 주발, 사발 un *tazón* de caldo 수프 한 사발
te¹ 떼	대 [인칭 대명사 2인칭 단수] 너[자네·당신]를; 너[자네·당신]에게; [재귀 대명사] 너 자신을 Yo *te* quiero. 당신을 사랑하오. Ella *te* lo envió. 그녀가 너에게 그것을 보냈다. *Siéntate* aquí. 여기 앉아라.
te² 떼	여 떼 ((문자 t의 명칭))
té 떼	남 [식물] 차나무; 찻잎; (가공한) 차; (음료로서의) 차, 홍차; (오후의) 차, 다과회
teatral 떼아뜨랄	형 연극의, 연극적인; 부자연스러운, 꾸며낸 티가 나는, 고의적인 듯한
teatralmente 떼아뜨랄멘떼	부 연극적으로; 부자연스레
teatro 떼아뜨로	남 극장; 연극; 연극계; [집합 명사] 극(작품), 희곡; (사건 등의) 무대
techado 떼차도	남 지붕(techo)

techar
떼차르
타 (건물의) 지붕을 이다

techo
떼초
남 천장; 지붕(tejado); [자동차] 지붕; [항공] 상승 한도, 최고 고도; (최대) 한도; 정점; [경제] 최고 한도; 피난소

techumbre
떼춤브레
남 지붕

tecla
떼끌라
여 (피아노 등의) 키, 건(鍵); [컴퓨터] 키; 수단

teclado
떼끌라도
남 [음악] 건반; [컴퓨터] 키보드

teclear
떼끌레아르
타 ...의 키를 치다[누르다]; [컴퓨터] 데이터를 (키보드로) 입력하다
자 피아노를 치다, 키를 치다; 손으로 톡톡 두들기다

tecleo
떼끌레오
남 키를 침

teclista
떼끌리스따
남 여 [컴퓨터] 키펀처, 키 오퍼레이터, 키 조작자; [음악] 건반 연주자

técnica¹
떼끄니까
여 기술; 기법, 수법(手法); [격투기] 기(技); [농구] 테크니컬 파울

técnicamente
떼끄니까멘떼
부 기술적으로, 전문적으로

tecnicismo
떼끄니시스모
남 전문성; 전문 용어, 술어

técnico, ca²
떼끄니꼬, 까
형 기술의, 기술적인; 전문적인
남 여 기술자; (특수기술의) 전문가; [운동] (선수에 대한) 감독, 코치; 기교파

tecnicolor
떼끄니꼴로르
남 [영화] 테크니컬러

tecnología
떽놀로히아
여 공학, 과학 기술; [집합 명사] (과학·예술의) 전문어

tecnológico, ca
떽놀로히꼬, 까
형 과학 기술의

tecnólogo, ga
떽놀로고, 가
남 여 과학 기술자

tedio
떼디오
남 지루함, 심심하고 따분함, 무료함; 권태(倦怠)

tedioso, sa
떼디오소, 사
형 지루한, 심심하고 따분한, 무료한, 권태로운

tee
띠
남 [골프] 티

teísmo
떼이스모
남 유신론(有神論)

teísta
떼이스따
형 유신론의
남 여 유신론자

teja
떼하
여 기와; 사제(司祭)의 모자; 적갈색

tejado
떼하도
남 ((주로 스페인)) 지붕; (특히) 기와 지붕

tejano
떼하노
남 [복식] [주로 복] 진바지 ((운동·작업용))

tejar
떼하르
타 (지붕에) 기와를 이다
남 기와[벽돌] 제조 공장

tejedor, ra
떼헤도르, 라
형 짜는, 엮는, 엮어 짜는
남 여 직공(織工), 옷감을 짜는 사람; 직물공
여 직기(織機), 베틀

tejer
떼헤르
타 짜다; 엮다; 만들다; (계획 등을) 세우다, 만들다, 작성하다, 구성하다, 설계하다
máquina de *tejer* 직기(織機), 베틀
tejer con [de] seda 비단으로 짜다
자 직물을 짜다, 편물을 짜다

tejera
떼헤라
여 기와[벽돌] 제조 공장

tejido
떼히도
남 직물, 천(tela); 베 짜는 법; (직물의) 발, 직물의 올과 올 사이; [생물] 조직; (일의) 연속
un *tejido* de aventuras 일련의 모험

tejón
떼혼
남 [동물] 오소리

tejonera
떼호네라
여 오소리굴

tela
뗄라
여 천, 직물; 화포(畵布), 캔버스; 유화(油畵); 화제, 의제(議題); 제재(題材); 얇은 껍질; [해부]막(膜); ((스페인)) 돈(dinero)
tela de araña 거미줄, 거미집

telar
뗄라르
남 베틀, 직기(織機); 직물 공장; (창·문 등의) 겉테; [연극] (무대위 의) 안쪽 천장

telaraña
뗄라라냐
여 거미줄, 거미집

tele
뗄레
여 텔레비전, 텔레비전 세트
((televisión, televisor의 약어))

tele-
뗄레
((접두어)) 먼, 원거리(遠距離)의
*tele*comunicación 원거리 통신

telebanco
뗄레방꼬
남 (은행의) 현금 자동 예금 지불기

telecomedia
뗄레꼬메디아
여 (텔레비전의) 코미디 프로그램

telecompra
뗄레꼼쁘라
여 텔레비전 쇼핑

telecomunicación
뗄레꼬무니까시온
여 (전화·전신·라디오·텔레비전에 의한) 원거리 통신

teleconferencia
뗄레꼰페렌시아
여 텔레비전 회담; (텔레비전·전화를 통한) 원격 (화상) 회의

telecontrol
뗄레꼰뜨롤
남 원격 조작, 리모컨 컨트롤

telediario
뗄레디아리오
남 ((스페인)) 텔레비전 뉴스

teledifusión
뗄레디푸시온
여 텔레비전 방송

teledirección
뗄레디렉시온
여 원격 조종, 무선 유도

teledirigir
뗄레디리히르
타 원격 조정하다, 무선 유도하다

telefax
뗄레팍스
남 단 복 전화 팩스

teleférico
뗄레페리꼬
남 공중 케이블

telefilme
뗄레필메
남 텔레비전용 영화

telefonear
뗄레포네아르
자 전화하다, 전화를 걸다
타 전화로 알리다

telefonema
뗄레포네마
남 전화 전보

telefonía
뗄레포니아
여 전화 통화법[통화술]; 전화 통신

telefónico, ca
뗄레포니꼬, 까
형 전화(teléfono)의

telefonillo
뗄레포니요
남 인터폰(interfono)

telefonista
뗄레포니스따
남 여 전화 접수 담당자; 전화 교환원

teléfono
뗄레포노
남 전화; 전화기; 전화 번호
(número de *teléfono*)
teléfono celular ((중남미)) 휴대 전화
teléfono móvil 휴대 전화
teléfono público 공중 전화
colgar el *teléfono* 수화기를 놓다
descolgar el *teléfono* 수화기를 들다
llamar por *teléfono* 전화를 걸다
ponerse al *teléfono*
전화에 나오다, 전화를 받다

telefotografía
뗄레포또그라피아
여 전송 사진, 망원 사진

telegrafía
뗄레그라피아
여 전신(電信)
telegrafía sin hilos 무선 전신

telegrafiar
뗄레그라피아르
타 전신으로 보내다, 전보로 알리다
자 전보를 치다, 타전하다

telegráfico, ca
뗄레그라피꼬, 까
형 전신의, 전보에 의한; 간결한

telegrafista 남여 전신 기사
뗄레그라피스따

telégrafo 남 전신; 전신기; 복 전신 전화국
뗄레그라포

telegrama 남 전보, 전문(電文)
뗄레그라마
enviar [mandar] un *telegrama*
전보를 보내다

telemando 남 원격 조정; 리모컨 장치
뗄레만도

telenovela 여 (멜로드라마의) 텔레비전 소설
뗄레노벨라

teleobjetivo 남 (카메라의) 망원 렌즈
뗄레옵헤띠보

telépata 남여 텔레파시 능력자
뗄레빠따

telepatía 여 텔레파시, (원격) 정신 감응; 이심전심
뗄레빠띠아

telepático, ca 형 telepatía의
뗄레빠띠꼬, 까

telescópico, ca 형 망원경의, 망원경에 의한; 망원경으로 본; 신축(伸縮)[늘었다 줄었다] 할 수 있는
뗄레스꼬삐꼬, 까

telescopio 남 (주로 천체용의) 망원경
뗄레스꼬삐오

telespectador, ra 남여 텔레비전 시청자
뗄레스뻭따도르, 라

teletexto 남 문자 방송
뗄레떽스또

televendedor, ra 남여 전화 판매자
뗄레벤데도르, 라

televentas 여 복 전화 판매
뗄레벤따스

televidente 남여 텔레비전 시청자
뗄레비덴떼

televisar 타 텔레비전으로 방영하다
뗄레비사르

televisión
뗄레비시온
여 텔레비전 ((방송, 프로그램)); 텔레비전 수상기(televisor)
emisión de *televisión* 텔레비전 방송
estación [emisora] de *televisión* 텔레비전 방송국
ver la *televisión* 텔레비전을 보다
ver un partido en (la) *televisión* 텔레비전으로 시합을 보다

televisivo, va
뗄레비시보, 바
형 텔레비전의; 텔레비전에 적합한

televisor
뗄레비소르
남 텔레비전 수상기

télex
뗄렉스
남 단 복 텔렉스

telón
뗄론
남 (무대의) 막(幕); (극장의) 말아서 오르내리게 하는 막
telón de acero 철의 장막
alzar el *telón* 막을 올리다, 개막하다
alzarse [levantarse] el *telón* 막이 오르다
caer [bajarse] el *telón* 막이 내리다

tema
떼마
남 주제, 테마; (공부·시험의) 테마, 문제; [음악] 주제, 주선율; 노래, 곡; [언어] 주제, 어간; 고정 관념, 편집

temario
떼마리오
남 [집합 명사] (연구·토의 등의) 테마, 프로그램; (시험의) 과목

temático, ca
떼마띠꼬, 까
형 테마의, 주제에 관한
여 [집합 명사] (하나의 작품·작가 등의) 주제, 테마

temblar
뗌블라르
자 흔들리다, 진동하다, 떨리다; 걱정하다, 근심하다, 우려하다

temblón, blona
뗌블론, 블로나
형 흔들리는, 떨리는

temblor
뗌블로르
남 떨림, 진동; 지진(地震)

temperancia

tembloroso, sa
뗌블로로소, 사
형 떨리는, 흔들리는
con voz *temblorosa* 떨리는 목소리로

temer
떼메르
타 두려워하다, 무서워하다, 겁을 먹다, 외경하다; 걱정하다, 의심하다
temer a su padre 아버지를 무서워하다
temer a Dios 신을 외경하다
Temo que ella caiga enferma.
나는 그녀가 아픈 게 아닐까 걱정한다
자 [+por · de] (...을) 걱정하다
temer por su hijo 자식의 일을 걱정하다
temerse 걱정하다, 의심하다

temerario, ria
떼메라리오, 리아
형 무모한; 경솔한

temeridad
떼메리닫
여 무모(한 행위); 경솔함

temerosamente
떼메로사멘떼
부 겁내면서, 두려워하면서, 몹시 조심스럽게, 주뼛주뼛, 머뭇머뭇

temeroso, sa
떼메로소, 사
형 무서워하는, 겁내는; 겁이 많은; 걱정스러운, 염려스러운

temible
떼미블레
형 무서운, 가공스러운, 위험한

temor
떼모르
남 무서움, 공포, 불안, 걱정, 근심
temor a [de] la muerte
죽음에 대한 공포

témpano
뗌빠노
남 얼음의 덩이; (단단한 것의) 파편

témpera
뗌뻬라
여 [미술] 템페라화(畵)

temperamental
뗌뻬라멘딸
형 기질(氣質)의; 신경질적인, 변덕스러운, 성미가 까다로운

temperamento
뗌뻬라멘또
남 기질, 천성; 체질; 생기, 활력; 적극성; (예술가의) 표현력; [음악] 평균율; ((중남미)) 기온, 기후

temperancia
뗌뻬란시아
여 =**templanza**

temperar
뗌뻬라르
㉣ 부드럽게 하다, 진정시키다, 완화시키다; (진정제로 흥분을) 가라앉히다, 진정시키다; [음악] 조율하다; ((중남미)) 전지 요양하다

temperatura
뗌뻬라뚜라
㉠ 온도; 기온; 체온
temperatura de la habitación 실온
tomar la *tempearatura* a *uno*
...의 체온을 재다

tempestad
뗌뻬스딸
㉠ 폭풍, 폭풍우; 소란, 동란; (감정의) 격발, 격정
tempestad de arena 모래 폭풍
tempestad de nieve 눈보라

tempestuoso, sa
뗌뻬스뚜오소, 사
㉢ 폭풍(우)의; 폭풍우가 몰아칠 것 같은; 소란의

templado, da
뗌쁠라도, 다
㉢ 안정된, 가라앉은; 따뜻한, 온난한; 절도 있는; 정답에 약간 가까운; 술에 많이 취한 (기분의); ((중남미)) 사랑에 빠진; (성격적으로) 강한
invierno *templado*
난동(暖冬), 따뜻한 겨울

templanza
뗌쁠란사
㉠ 절도, 온건; 절제; 따뜻함, 온난

templar
뗌쁠라르
㉣ 부드럽게 하다, 완화시키다, 가라앉히다, 진정시키다; 따뜻하게 하다; (나사 등을) 늦추다; [음악] 조율하다; [미술] (색을) (뒤)섞다; [투우] (capote나 muleta의 움직임과 소의 속도나 격렬함을) 조화시키다
㉤ (기후가) 따뜻해지다, 서늘해지다
templarse 절제하다, (감정을) 억제하다; 따뜻하다; ((중남미)) 사랑하다, 반하다

temple
뗌쁠레
㉢ 강인함, 용기; 기분; 기온, 날씨; [투우] (capote나 muleta와 소와의) 조화(調和)

templete
뗌쁠레떼
㉢ (성화 등을 넣어 두는) 작은 사원 [사당]; 야외 음악당

templista
뗌쁠리스따
㉢ ㉠ 템페라화(tempera) 화가

templo
뗌쁠로
남 신전, 사원; 성당; 전당(殿堂)
templo budista 불교 사원
templo de la música 음악의 전당
templo del saber 지식의 전당

tempo
뗌뽀
남 [음악] 템포

temporada
뗌뽀라다
여 (여러 날이 아닌 여러 달의) 시기(時期), 시즌
temporada alta 성수기(盛需期)
temporada baja 비수기(非需期)
temporada teatral 연극 시즌

temporal
뗌뽀랄
형 일시적인, 임시의; 세속의, 속계(俗界)의
empleo *temporal* 임시 고용
남 태풍, 악천후; 우기(雨期)

temporalmente
뗌뽀랄멘떼
부 일시적으로, 임시로

temporario, ria
뗌뽀라리오, 리아
형 ((남미)) 일시적인(temporal)

temporizador
뗌뽀리사도르
남 (전기 기구 등의) 타이머

temporizar
뗌뽀리사르
자 시의(時宜)[시세(時勢)·시류(時流)]에 영합하다[편승하다]

tempranero, ra
뗌쁘라네로, 라
형 (시기적으로 통상보다) 이른; 조생(早生)의; 언제나 일찍 일어나는;성급한

temprano, na
뗌쁘라노, 나
형 (시기적으로·시간이) 이른 (반 tardío)
a una hora *temprana* 이른 시간에
부 (아침·밤의) 이른 시간에; (언제나 보다) 일찍, 빠르게
desde *temprano* 일찍부터
cerrar *temprano* la tienda
가게를 일찍 닫다
levantarse [acostarse] *temprano*
일찍 일어나다[잠자리에 들다]

ten
뗀
가져라 ((tener 동사의 2인칭 단수 명령형))
Ten cuidado. 조심해라.

tenacidad
떼나시닽

여 끈질김; 완강함; (금속 등의) 인성(靭性), 질긴 성질

tenacillas
떼나시야스

여 복 헤어 아이언; 설탕 집게; (과자용의) 집게; 작은 집게, 핀셋

tenaz
떼나스

형 끈질긴, 완강한; 강인한, 집요한

tenaza
떼나사

여 [주로 복] 집게; 펜치; 못뽑이; 부젓가락; (과자용의) 젓가락; (새우·게의) 집게발

tendencia
뗀덴시아

여 경향; [주로 복] (정치·예술 등의) 풍조, 추세; 성향, 성벽(性癖)
tendencias económicas 경제 동향

tendenciosidad
뗀덴시오시닽

여 편향(偏向)

tendencioso, sa
뗀덴시오소, 사

형 편향적인, 객관성을 잃은

tendente
뗀덴떼

형 지향하는

tender
뗀데르

타 (밧줄 따위를) 치다, 이쪽에서 저 쪽으로 당기어 건네다; 펼치다; 가로 놓다, 가로 누이다; (세탁물을) 말리다; 내밀다, 내뻗(치)다
tender la ropa 세탁물을 말리다
자 ...하는 경향이 있다; (...의 성질에) 비슷하다, 닮다, 가깝다; [수학] 수치에 가깝다
tenderse (침대 등에) 드러눕다
tenderse de espaldas en el suelo
방바닥에 벌렁 드러눕다
직·현재: t*ie*ndo, t*ie*ndes, t*ie*nde, tendemos, tendéis, t*ie*nden
접·현재: t*ie*nda, t*ie*ndas, t*ie*nda, tendamos, tendáis, t*ie*ndan

tenderete
뗀데레떼

남 (노천의) 노점

tendero, ra
뗀데로, 라

남 여 (주로 식품 관계 가게의) 주인, 점원

tendido
뗀디도

남 (전선·다리·노선 등의) 부설; [집합 명사] (부설된) 전선(電線); [집합 명사] (말린) 세탁

물; (투우장의) 세 번째 열 아래의 지붕이 없는 관람석; [집합 명사] ((중남미)) 시트 커버 (ropa de cama)

tendón
뗀돈

남 [해부] 힘줄
tendón de Aquiles 아킬레스 건

tenebrosidad
떼네브로시닫

여 어두움

tenebroso, sa
떼네브로소, 사

형 어두운, 깜깜한; 의심스러운, 수상쩍은; 음험한, 속이 검은, 엉큼한

tenedor¹
떼네도르

남 포크
comer con un *tenedor* 포크로 먹다

tenedor², ra
떼네도르, 라

남 여 (어음 등의) 소지자, 지참인

teneduría
떼네두리아

여 부기; 부기[회계] 담당자의 직무; 회계 사무소

tenencia
떼넨시아

여 소유, 소지(所持); [군사] 중위 직

tener
떼네르

타 가지다, 소유하다, 소지하다, 보관하다; (자식을) 낳다; (약속 등을) 지키다; (감정을) 품다, 가지다; (회합 등을) 열다; (날짜·시간을) 보내다; (업무·수업 등이) 있다
tener calor (몸이) 덥다
tener frío (몸이) 춥다
tener dolor de ...가 아프다
Tengo dolor de cabeza.
나는 머리가 아프다.

tener que + 동사 원형
...해야 한다, ...하지 않으면 안된다,...할 필요가 있다
Tengo que estudiar mucho.
나는 공부를 많이 해야 한다.

자 부자다
Ella *tiene*. 그녀는 부자다.

tenerse
서다, 정지하다; 자제하다; 버티다, 서 있다
tenerse de pie 서 있다

¡Tente! 멈춰라, 서라.
tenerse por ...라 생각하다
Ella *se tiene por* inteligente.
그녀는 자신은 머리가 좋다고 생각하고 있다.
직·현재: t*e*ngo, t*ie*nes, t*ie*ne, tenemos, tenéis, t*ie*nen
직·부정 과거: t*uve*, t*uv*iste, t*uvo*, t*uv*imos, t*uv*isteis, t*uv*ieron
직·미래: ten*d*ré, ten*d*rás, ten*d*rá, ten*d*remos, ten*d*réis, ten*d*rán
가능법: ten*d*ría, ten*d*rías, ten*d*ría, ten*d*ríamos, ten*d*ríais, ten*d*rían
접·현재: ten*g*a, ten*g*as, ten*g*a, tengamos, tengáis, tengan

tenería
떼네리아
여 다룬[무두질한] 가죽 공장

teniente
떼니엔떼
남 여 [육군·공군] 중위
teniente coronel 중령
teniente de navío [해군] 대위
teniente general 중장

tenis
떼니스
남 단 복 테니스
tenis de mesa 탁구
jugar al *tenis* 테니스를 치다
남 복 [복식] 고무창 운동화; 운동용 신발, 스포츠 슈즈

tenista
떼니스따
남 여 테니스 선수

tenístico, ca
떼니스띠꼬, 까
형 테니스의
mundo *tenístico* 테니스계(界)

tenor
떼노르
남 (문서의) 내용, 문장의 대강의 내용; [음악] 터너; 터너 가수

tenorio
떼노리오
남 바람둥이, 난봉꾼, 돈 후안

tensar
뗀사르
타 팽팽히 당기다
tensar el arco 활을 팽팽히 당기다

tensímetro 뗀시메뜨로	남 장력계(張力計)
tensiómetro 뗀시오메뜨로	남 =**tensímetro**
tensión 뗀시온	여 당김, 긴장; [물리] 장력, 응력; 압력; 전압(電壓); [의학] 혈압; 스트레스; [언어] (발성 기관의) 긴장
tensionar 뗀시오나르	타 ((남미)) (사람을) 긴장시키다
tenso, sa 뗀소, 사	형 팽팽히 당겨진; 긴장된
tentación 뗀따시온	여 유혹(誘惑)
tentacular 뗀따꿀라르	형 촉수의
tentáculo 뗀따꿀로	남 (동물의) 촉수(觸手); (낙지·오징어 등의) 발
tentado, da 뗀따도, 다	형 유혹에 사로잡힌
tentador, ra 뗀따도르, 라	형 유혹하는, 악의 길로 꾀는 남여 유혹하는 사람; 악마; 송아지 시험 평가자
tentar 뗀따르	타 유혹하다; 악의 길로 꾀다; 만지다, 손을 대다, 손으로 더듬다; [투우] (송아지의) 용맹을 시험하다 *tentar* la pared 벽을 손으로 더듬다
tentativa[1] 뗀따띠바	여 시도, 기도; [법률] 미수(죄); [운동] 시기(試技)
tentativo, va[2] 뗀따띠보, 바	형 시험적인
tenue 떼누에	형 얇은, 가는; 미세한, 약한; (색조가) 부드러운
tenuidad 떼누이닫	여 얇음, 가늘음
teñido, da 떼니이도, 다	형 물들인, 염색한 pelo *teñido* de [en] negro

검게 물들인 머리카락
남 염색

teñir
떼니이르

타 물들이다, 염색하다; 뉘앙스를 띄우다; [미술] (보다 어두운 색을 사용해) 색조를 떨어뜨리다

teñirse 물이 들다; 뉘앙스를 띠다; 자신의 …을 물들이다[염색하다]

Ella *se ha teñido de* rubia.
그녀는 금발로 물들였다.

직·현재: t*i*ño, t*i*ñes, t*i*ñe, teñimos, teñís, t*i*ñen

직·부정 과거: teñí, teñiste, t*i*ñó, teñimos, teñisteis, t*i*ñeron

접·현재: t*i*ña, t*i*ñas, t*i*ña, t*i*ñamos, t*i*ñáis, t*i*ñan

현재 분사: t*i*ñendo

teocracia
떼오끄라시아

여 신권 정치(神權政治)

teocrático, ca
떼오끄라띠꼬, 까

형 신권 정치의

teologal
떼올로갈

형 =**teológico**

teología
떼올로히아

여 신학(神學)
teología de la liberación 해방 신학
facultad de *teología* 신학 대학, 신학부

teológico, ca
떼올로히꼬, 까

형 신학(teología)의

teologizar
떼올로히사르

자 신학적으로 연구하다, 신학을 논하다

teólogo, ga
떼올로고, 가

남 여 신학자

teorema
떼오레마

남 [수학] 정리(定理)
teorema de Pitágoras 피타고라스 정리

teorético, ca
떼오레띠꼬, 까

형 논리적인

teoría
떼오리아
여 이론; 학설; 의견, 지론
teoría de la música 음악 이론

teóricamente
떼오리까멘떼
부 이론적으로(는), 이론상(은)

teórico, ca
떼오리꼬, 까
형 이론의, 이론적인, 이론상의
física *teórica* 이론 물리학
남 여 이론가
여 이론(teoría)

teorizar
떼오리사르
자 이론을 세우다

tequila
떼낄라
여 [술] 떼낄라
((멕시코산 용설란으로 빚은 소주의 일종))

terapeuta
떼라뻬우따
남 여 요법사(療法士), 치료사; 임상의

terapéutico, ca
떼라뻬우띠꼬, 까
형 치료의, 치료에 관한
método *terapéutico* 치료법
여 치료학, 치료법

terapia
떼라삐아
여 치료(법)

tercer
떼르세르
형 세 번째의. ☞ tercero

tercermundista
떼르세르문디스따
형 제3세계의

tercero, ra
떼르세로, 라
형 [남성 단수 명사 앞에서는 **tercer**]
세 번째의; 3분의 1의
tercer mundo 제삼 세계
남 여 [주로 복] 제삼자
여 (열차 등의) 삼등; [음악] 3도 (음정)
남 3분의 1; 제삼국

terceto
떼르세또
남 [음악] 삼중주곡, 삼중창곡; 삼중주단, 삼중창단; [시법] 삼행시, 삼행 연구(三行聯句)

terciana
떼르시아나
여 [의학] [주로 복] 삼일열(三日熱)

terciar
떼르시아르
타 (의복 등을) 비스듬히 걸다[놓다]; 셋으로 나누다; (밭을) 세 번 갈다; (말에 지우는 짐을)

양쪽으로 갈라 얹다; ((중남미)) 등에 지다; (술 등에) 물을 타다

자 [+entre] (...의 사이를) 중개[중재·조정]하다; (제삼자로서 토론 등에) 참가하다, 발언하다

terciarse (자신의 몸에) ...을 비스듬히 걸다[놓다]; ((스페인)) (좋은 기회 등이) 우연히 생기다

Si *se tercia*, quiero ir a España.
기회가 오면 스페인에 가고 싶다.

terciario, ria
떼르시아리오, 리아

형 3차 산업의; [지질] 제3기의
남 [지질] 제삼기(紀)

tercio, cia
떼르시오, 시아

형 세 번째의(tercero)
남 3분의 1; [역사] (16-17세기 스페인의) 보병 연대; (까를로스 당 등의) 의용군; (치안 경비대 등의) 부대; (투우장의) 중앙과 나무 울타리 부근의 중간 부분; (1회의 투우를 구성하는) 3단계 ((varas, banderillas, muerte)); (맥주의) 3분의 1 리터 병

terciopelo
떼르시오뻴로

남 [섬유] 우단(羽緞)

terco, ca
떼르꼬, 까

형 완고한, 고집 센; (동물·물건이) 다루기 어려운[힘든]

tergiversación
떼르히베르사시온

여 왜곡(歪曲)

tergiversar
떼르히베르사르

타 (사실을) 왜곡하다

termal
떼르말

형 온천(溫泉)의

térmico, ca
떼르미꼬, 까

형 열의, 온도의
fiebre *térmica* [의학] 열사병

terminación
떼르미나시온

여 끝, 종료, 종말, 완료; 말단; [문법] 어미(語尾)

terminal
떼르미날

형 (병·환자가) 말기 (증상)의; 최종의, 최후의
남 [전기] 단자(端子); [컴퓨터] 단말 장치

termómetro

(unidad *terminal*)
여 터미널 역, 종착역; 공항 터미널

terminante
떼르미난떼
형 단정적인, 결정적인

terminantemente
떼르미난떼멘떼
부 결정적으로, 단호히

terminar
떼르미나르
타 끝내다, 종료하다, 완료하다
자 끝나다; (불화로) 헤어지다
Ya *ha terminado* la huelga.
이제 파업이 끝났다.
terminarse 없어지다, 다하다, 다 떨어지다; (기한·행동이) 끝나다; ...을 재빨리 끝내다
Me *terminé* el desayuno.
나는 아침을 재빨리 해치웠다.

término
떼르미노
남 끝(남), 마지막, 임종, 최종 단계; 끝, 말단; 한계; 기한, 기일; 위치, 순위;((스페인)) (시읍면의) 행정 구역; 용어, 술어; 복 말씨, 표현; 복 상태, 조건; 상정(想定), 추정; 관점; 부분, 구성 요소; [수학] 항(項); [연극·미술] 경(景)
término técnico 학술 용어
primer *término* [연극] 제일경

terminología
떼르미놀로히아
여 전문 용어, 술어

terminológico, ca
떼르미놀로히꼬, 까
형 전문 용어의
diccionario *terminológico* 전문어 사전

termo
떼르모
남 보온병

termología
떼르몰로히아
여 열학(熱學)

termometría
떼르모메뜨리아
여 온도 측정(학), 검온(檢溫)

termométrico, ca
떼르모메뜨리꼬, 까
형 온도계의, 온도 측정의

termómetro
떼르모메뜨로
남 온도계, 체온계

termonuclear 떼르모누끌레아르
형 열핵(熱核) (반응)의
bomba *termonuclear* 열핵 폭탄

ternera¹ 떼르네라
여 [요리] 쇠고기; (특히) 송아지고기

ternero, ra² 떼르네로, 라
남여 (한 살까지의) 송아지

ternilla 떼르니야
여 연골(軟骨)(cartílago)

ternura 떼르누라
여 부드러움, 상냥스러움, 다정함; 애정 표현, 달콤한 말

terquedad 떼르께닫
여 완고함, 완고한 표현

terramicina 떼르라미시나
여 [약학] 테라마이신

terraplén 떼르라쁠렌
남 성토(盛土); 급경사, 낭떠러지, 벼랑, 절벽

terraplenar 떼르라쁘레나르
타 성토(盛土)를 하다

terraza 떼르라사
여 테라스, 대형 발코니; (카페 등의) 테라스; 옥상(azotea); [지리] 단구(段丘); 복 계단식밭

terremoto 떼르레모또
남 지진(地震)

terrenal 떼르레날
형 현세의, 세속의
paraíso *terrenal* 에덴 동산, 지상의 낙원

terreno¹ 떼르레노
남 (집을 짓기 위한) 토지, 땅, 대지; 지형, 지표; (활동의) 장, 분야; [운동] 코트, 그라운드; [지질] 지층

terreno², na 떼르레노, 나
형 땅의, 토지의; 세속의, 현세의
mundo *terreno* 이 세상, 현세(現世)
vida *terrena* 현세의 생활

terrestre 떼르레스뜨레
형 육상(陸上)의; 육생(陸生)의; 지구의; 현세의, 속세의
남여 지구인(terrícola)

terrible 떼르리블레
형 무서운, 가공할, 소름끼치는, 굉장한, 대단한, 무서운

tesoro

terriblemente
떼르리블레멘떼
- 튀 무섭게; 굉장히, 지독히

terrícola
떼르리꼴라
- 형 지구인의; [식물] 육생(陸生)의
- 남 여 지구인(terrestre)

territorial
떼르리또리알
- 형 영토(領土)(territorio)의
- extensión *territorial* 영토 확장
- mar *territorial* 영해(領海)

territorialidad
떼르리또리알리닫
- 여 영토권

territorio
떼르리또리오
- 남 영토; 국토; 관할 구역, 지구

terrón
떼르론
- 남 흙덩이; 경지(耕地), 밭; 덩이; (특히) 각설탕

terror
떼르로르
- 남 공포, 두려움; 공포의 대상, 가공할 만한 일; 공포 정치; (영화·소설 등의) 공포물
- película de *terror* 공포 영화

terrorismo
떼르로리스모
- 남 테러, 테러리즘, 테러 행위; 공포 정치

terrorista
떼르로리스따
- 형 테러의, 공포 정치의
- 남 여 테러리스트, 테러 분자

terruño
떼르루뇨
- 남 (태어난) 고향, 탄생지, 향토; (주로 생활 수단으로서의) 사유지, 토지

terso, sa
떼르소, 사
- 형 매끄러운, 번질번질한; 투명한; (말·문체 등이) 세련된, 유려한

tertulia
떼르뚤리아
- 여 (늘 함께 어울리는 사람들의) 모임, 서클; 잡담
- *tertulia* literaria 문학 서클

tesis
떼시스
- 여 단 복 학위 논문, 박사 논문; 주장, 설(說); [철학] 테제, 정립(定立)

tesorería
떼소레리아
- 여 재무국(財務局); 재무 행정; (주로 기업의) 유동 자산, 자금

tesorero, ra
떼소레로, 라
- 남 여 재무관; 경리[회계] 담당자

tesoro
떼소로
- 남 보배, 보물; 부(富), 큰돈; 국고; (사전 등의 책이름이 붙은) 보전(寶典)

test 떼스	남 테스트, 시험, 검사; (다항 선택식·간단한 문제의) 테스트 *test* de inteligencia 지능 테스트
testado, da 떼스따도, 다	형 유언을 남기고 죽은; 유증된
testador, ra 떼스따도르, 라	남 여 유언자
testaforro 떼스따포르로	남 명의인(名義人)
testamentaría 떼스따멘따리아	여 [집합 명사] 유언 집행(에 관한 서류)
testamentario, ria 떼스따멘따리오, 리아	형 유언의 documento *testamentario* 유언장 남 여 유언 집행자
testamento 떼스따멘또	남 유언(장); 유작(遺作); (권력자가 퇴진 직전에) 개인의 이익을 목적으로 발하는 명령[결정]; 매우 긴 문서 Antiguo [Viejo] *Testamento* 구약 성서 Nuevo *Testamento* 신약 성서
testar 떼스따르	자 유언하다, 유언장을 작성하다; 유증(遺贈)하다
testarudo, da 떼스따루도, 다	형 고집 센, 완고한 남 여 고집장이, 완고한 사람
testicular 떼스띠꿀라르	형 testículo의
testículo 떼스띠꿀로	남 [해부] 불알, 고환; 정소(精巢), 정집
testificación 떼스띠피까시온	여 증언; 증거
testifical 떼스띠피깔	형 증인의
testificar 떼스띠피까르	타 증언하다; (물건이) 증거가 되다
testificativo, va 떼스띠피까띠보, 바	형 증거가 되는

testigo 떼스띠꼬	남 여 증인; 목격자; 입회인 남 증거; (릴레이의) 바통, 배턴; (실험의) 대조 표준; 표지(標識)
testimonial 떼스띠모니알	형 증거가 되는 documento *testimonial* 증거 서류 여 복 증명서
testimoniar 떼스띠모니아르	자 타 증언하다
testimonio 떼스띠모니오	남 증언; 증거; 증거 서류; 증서 falso *testimonio* 위증, 거짓 증언
teta 떼따	여 (여성·젖소 등의) 유방, 젖꼭지 *de teta* 수유기의 niño *de teta* 유아(乳兒)
tetera 떼떼라	여 홍차 포트, 주전자; ((중미)) (젖병의) 젖꼭지 (tetilla)
tetero 떼떼로	남 ((중남미)) 젖병
tetilla 떼띠야	여 (남성·동물 수컷의) 젖꼭지; (젖병의) 고무 젖꼭지
tetina 떼띠나	여 (젖병의) 고무 젖꼭지(tetilla)
tetona 떼또나	형 여 유방이 큰 (여자)
tetraedro 떼뜨라에드로	남 [수학] 4면체
tetragonal 떼뜨라고날	형 [수학] 4각형의, 4변형의
tetrágono 떼뜨라고노	형 남 [수학] 4각형(의), 4변형(의)
tetrasílabo, ba 떼뜨라실라보, 바	형 [언어] 4음절의 남 [언어] 4음절어
textil 떼스띨	형 직물의, 섬유의 industria *textil* 섬유 산업 producto *textil* 섬유 제품 남 섬유(纖維)(fibra textil)

texto
떼스또

남 원문(原文), 텍스트; 본문(本文); 인쇄물, 책; (문학 작품의) 발췌, 인용; 교과서; [음악] 가사(歌詞)

textual
떼스뚜알

형 원문의, 본문의; 원문대로의
traducción *textual* 축어역(逐語譯)
Son palabras *textuales* del autor.
그것은 저자의 말 그대로다.

textualmente
떼스뚜알멘떼

부 원문 그대로; 한 자도 틀리지 않고
traducir *textualmente*
축어역(逐語譯)하다

textura
떼스뚜라

여 피륙 짜는 법; (직물의) 발, 직물의 올과 올 사이; 방직 (상태); (피부·목재 등의) 거죽, 껍질; 손에 닿는 감촉; (작품 등의 기본적·전체적인) 구조, 구성

tez
떼스

여 (얼굴의) 살갗, 피부
de *tez* blanca 살갗이 하얀

ti
띠

대 [전치사격의 인칭 대명사 2인칭 단수; con 다음에 오면 contigo] 너, 자네, 당신
Esta tarjeta postal es para *ti*.
이 우편 엽서는 너한테 온 것이다.
A *ti* te quiero.
(강조) 나는 당신(만)을 사랑하오.
Quiero ir al cine *contigo*.
너와 극장에 가고 싶다.

tibetano, na
띠베따노, 나

형 티베트(el Tibet)(인·어)의
남여 티베트 사람
남 티베트어

tibia¹
띠비아

여 [해부] 정강이뼈, 경골(脛骨)

tibial
띠비알

형 정강이뼈의, 경골의

tibio, bia²
띠비오, 비아

형 따뜻한, 미지근한; 열의가 없는, 분명치 않은, 미적지근한; 미온적인
agua *tibia* 따뜻한 물, 미지근한 물
carácter *tibio* 미적지근한 성격

tienda

tiburón
띠부론
남 [어류] 상어; 야심가; (기업의) 지배권을 탈취한 사람

tiburoneo
띠부로네오
남 (기업의) 지배권 탈취

tic
띡
남 [의학] 안면 경련

tico, ca
띠꼬, 까
형 ((중남미)) 꼬스따리까의
남 여 ((중남미)) 꼬스따리까 사람

tictac
띡딱
남 재깍재깍, 똑딱똑딱 ((시계 등의 소리))

tiempo
띠엠뽀
남 시간; (개인적인) 시간, 여유; 시기, 시대; 호기(好機); [문법] 시(時), 시제; (체조·무용 등의) 한동작; (엔진의) 사이클; (체조 등의) 단계; [운동] 타임; 하프 타임; [종교] 계절, 절(節); [천문] 시(時); [음악] 속도, 템포; …박자; 악장(樂章); 날씨, 기후
Hace buen *tiempo*. 날씨가 좋다.
Hace mal *tiempo*. 날씨가 나쁘다.
a tiempo 시간에 맞게, 때 맞추어
a su tiempo
좋은 시기에, 필요한 때에, 때가 오면
al mismo tiempo 동시에, 같은 시간에
Salí *al mismo tiempo* que ella.
나는 그녀와 동시에 출발했다.
fuera de tiempo
때 아닌 때에, 철도 아닌 때에
ganar tiempo 시간을 절약하다
gastar el tiempo 시간을 낭비하다
matar el tiempo 시간을 허비하다

tienda
띠엔다
여 가게, 점포, 상점; 천막, 텐트; ((중남미)) 포목점, 양복점.

tienta
띠엔따
여 넌지시 떠보기, 시도; 예상 적중; [투우] 송아지의 용맹함을 시험하는 검사[테스트]
a tientas 손으로 더듬어; 위태위태하게
buscar *a tientas* 손으로 더듬어 찾다

tiento
띠엔또
남 기지, 임기 응변; 감촉; 구타; ((스페인)) (음식의) 한 모금, 한 입; 애무; 맹인용 지팡이
con tiento 주의깊게

tierno, na
띠에르노, 나
형 부드러운, 연한; 어린; 온순한, 상냥한, 애정이 깊은
carne *tierna* 연한 고기
brote *tierno* 어린 순[싹]
niño *tierno* 유아
carácter *tierno* 온순한 성격

tierra
띠에라
여 지구; 뭍, 육지; 지면, 대지; 토지; 토양; 복 (집을 짓기 위한) 땅, 토지, 대지, 경지(耕地); 흙; 나라, 지방; 고향(tierra natal); (천국에 대해) 지상, 현세; 지상의 사람들; [전기] 어스
misil *tierra-aire* 지대공 미사일
misil *tierra-tierra* 지대지 미사일
transporte por *tierra* 육상 수송

tieso, sa
띠에소, 사
형 경직된, 굳어진, 딱딱해진; 팽팽해진, 긴장된, 꼿꼿이 선; 오만한; (태도가) 너무 엄격한[딱딱한], 냉담한; 건강한, 건장한; 죽은
perro con las orejas *tiesas*
귀를 쫑긋 세운 개
부 강하게.; 기세 좋게; 건강하게

tiesto
띠에스또
남 화분(maceta); 화분에 심어진 식물; ((남미)) 그릇, 용기(容器)

tífico, ca
띠피꼬, 까
형 티푸스의
남 여 티푸스 환자

tifoideo, a
띠포이데오, 아
형 티푸스성(性)의, 장티푸스의
fiebre *tifoidea* 장티푸스
여 [주로 복] 장티푸스

tifón
띠폰
남 [기상] 태풍; (해상의) 맹렬한 회오리

tifus
띠푸스
남 단 복 [의학] 티푸스
tifus exantemático 발진 티푸스

tigra
띠그라
여 [동물] ((남미)) 암재규어

tigre
띠그레
남 [동물] 호랑이, 범; ((중남미)) 재규어; 잔인한 사람; 변소; (특히) 공중 변소

tigresa
띠그레사
여 [동물] 암호랑이, 암범; 요부(妖婦)

tijera
띠헤라
여 [주로 복] 가위
tijeras de podar 전정(剪定) 가위
cortar un papel con *tijeras*
가위로 종이를 자르다

tildar
띨다르
타 (결점을) 지적하다; 파형 부호(~)[악센트 부호(´)]를 달다

tilde
띨데
여 파형 부호 ((ñ의 ~의 기호)); 악센트 기호 ((´)); 결점, 결함

timador, ra
띠마도르, 라
남 여 사기꾼

timar
띠마르
타 사취하다, 속여서 손에 넣다; (매매에서·약속을 위반하여) 속이다
timarse ((스페인)) [+con] (...에게) 추파를 던지다, 곁눈을 주다

timbal
띰발
남 [악기] 팀파니; (축제 등에서 치는) 큰 북

timbalero, ra
띰발레로, 라
남 여 팀파니 연주가; 고수(鼓手)

timbrar
띰바르
타 (서류 등에) 증인(證印)을 찍다

timbre
띰브레
남 초인종, 벨; 음색, 음감; 증지, 인지(印紙); 증인(證印), 스탬프; 위업, 훈; ((멕시코)) 우표 (sello)
timbre de alarma 비상벨
tocar [sonar] el *timbre*, llamar al *timbre* 초인종을 울리다[누르다]

tímidamente
띠미다멘떼
부 머뭇머뭇, 주뼛주뼛, 조심스레, 겁을 먹고

timidez
띠미데스
여 암띰, 겁먹은 모양, 소심함

tímido, da 띠미도, 다	형 암띤, 내성적인, 겁먹은, 소심한; 겁이 많은; 약한, 미미한, 미약한 남 여 암띤[내성적인] 사람; 겁이 많은 사람
timo 띠모	남 사기, 편취(騙取), 협잡질; [해부] 흉선(胸腺)
timón 띠몬	남 (배의) 키, 조타기; 키의 손잡이; (비행기의) 방향타 manejar el *timón* 키를 잡다
timonear 띠모네아르	자 키를 잡다 타 ((중남미)) 지휘하다
timonel 띠모넬	남 조타수(操舵手)
timonera 띠모네라	여 (새의) 꽁지깃
timpanitis 띰빠니띠스	여 단 복 [의학] 고창(鼓脹)
tímpano 띰빠노	남 [해부] 고막; 고실(鼓室); [악기] 팀파니, 작은 북
tinieblas 띠니에블라스	여 복 어둠, 암흑; 무지, 몽매
tinta¹ 띤따	여 잉크; (오징어·낙지·문어의) 먹물; 색조 (色調) *tinta* china 먹 *tinta* de imprenta 인쇄 잉크 escribir con *tinta* 잉크로 쓰다 soltar su *tinta* 먹물을 토하다
tintar 띤따르	타 물들이다(teñir)
tinte 띤떼	남 염색; 염료; ((스페인)) 세탁소, 염색소 (tintorería); 뉘앙스(matiz); 외관, 겉모양, 표면, 겉
tíntero 띤떼로	남 잉크병
tintín 띤띤	남 따르릉, 찌르릉 ((벨 등의 소리))

tiple

tintinar 띤띠나르
남 따르릉[찌르릉] 울리다

tintinear 띤띠네아르
자 =**tintinar**

tintineo 띤띠네오
자 =**tintín**

tinto, ta[2] 띤또, 따
형 암적색(暗赤色)의, 검붉은 빛의
남 적포도주(vino tinto); ((남미))블랙 커피

tintóreo, a 띤또레오, 아
형 염색용의; (식물이) 염료의 원료가 되는

tintorería 띤또레리아
여 ((스페인)) 세탁소, 염색집; 염색, 염색물

tintorero, ra 띤또레로, 라
남 여 세탁 업자; 세탁소 점원; 염색공; [어류] 상어

tintorro 띤또르로
남 (주로 싼) 적포도주

tintura 띤뚜라
여 염색; 염료액; [약학] 팅크(제)

tiña 띠냐
여 [의학] 백선(白癬); 불결, 더러움

tiñoso, sa 띠뇨소, 사
형 백선(tiña)에 걸린
남 여 백선에 걸린 사람

tío, a 띠오, 아
남 여 삼촌, 큰아버지, 작은아버지, 백부, 이모부, 고모부; 숙모, 큰어머니, 작은어머니, 백모, 고모, 이모; (기혼자·연상의 사람에 대해) …아저씨, …아주머니; ((주로 스페인)) 놈, 녀석, 자식

tiovivo 띠오비보
남 회전목마, 메리고라운드

típicamente 띠삐까멘떼
부 전형적으로

típico, ca 띠삐꼬, 까
형 전형적인, 대표적인; 특유의
ejemplo *típico* 전형적인 예
plato *típico* de la región 향토 요리

tiple 띠쁠레
남 [음악] 소프라노; 최고 음부 악기; 12현의 고음부 악기

| | 남 여 소프라노 가수 |

tipo¹
띠뽀

남 형(型), 유형, 타입; 형식(型式); 몸매, 스타일; (작품의) 등장 인물; [인쇄] 활자, 자체(字體); [생물] 형(型), 종(種); (화폐·메달의) 도안, 무늬, 의장(意匠); [경제] 율, 비율
tipo de cambio 외국 환율
tipo de interés 이율(利率)
tipo de seguridad 보험료율

tipo², pa
띠뽀, 빠

남 여 놈, 녀석, 자식
tipo sospechoso 수상한 놈
Kildong es un buen *tipo*.
길동이는 좋은 녀석이다.

tipografía
띠뽀그라**피**아

여 활판 인쇄; 인쇄소

tipográfico, ca
띠뽀그라**피**꼬, 까

형 활판 인쇄의

tipógrafo, fa
띠**뽀**그라포, 파

남 여 활판 인쇄공, 식자공

tique
띠께

남 영수증; 증서; 채권; 표, 입장권(billete)

tiquete
띠**께**떼

남 ((중미·콜롬비아)) =**tique**

tira
띠라

여 가늘고 긴 천[종이]; 끈, 띠; 연재 만화 (*tira* cómica); 복 (철하는 식의) 회수권; ((중남미)) 경찰
남 여 ((남미)) (사복의) 형사

tirachinas
띠라**치**나스

남 단 복 고무줄 새총

tirada¹
띠**라**다

여 인쇄; 인쇄 부수; 상당한[꽤 많은] 시간[거리];연속; 던지는[끄는]일; (도박 등의) 개시; ((중남미)) 장광설

tirado, da²
띠**라**도, 다

형 내팽개쳐 둔, 팽개쳐 돌아보지 않은, 난잡한; 잡아당긴, 팽팽히 당겨진; 흘러 넘치는, 넘쳐 나오는, 지천의, 아주 싼; 손쉬운, 간단한
남 여 타락한 사람

tirador, ra
띠라도르, 라
남|여 (총·활에 능한) 사수, 궁수; [운동] 키커, 슈터; 철사 제조 업자
남 종[벨]의 당김 줄; (문·상자 등의) 손잡이; 고무줄 새총(tirachinas)

tiranía
띠라니아
여 압정, 폭정; 횡포; (감정 등의) 압도적인 지배; [역사] 참주(僭主) 정치

tiránico, ca
띠라니꼬, 까
형 폭군의, 전제적(專制的)인; 횡포한
poder *tiránico* 독재 권력

tiranizar
띠라니사르
타 압정을 행하다; 횡포하게 행동하다

tirano, na
띠라노, 나
형 폭군의
남|여 폭군, 전제 군주

tirante
띠란떼
형 팽팽히 당긴; 긴박한; 잡아 당기는
relaciones *tirantes* 긴장 관계
situación *tirante* 긴박한 상황
남 [복식] 양복 바지의 멜빵; 물건을 달아매는 끈; (마차의) 끄는 줄; 지주를 끌어당겨 받치는 줄

tirar
띠라르
타 던지다; 내던지다, 집어 던지다, 던져 버리다; 넘어뜨리다; [수학] (선을) 긋다(trazar); [+타격 동사의 명사] ...을 하다; 인쇄하다; 쏘다, 발사하다; (사진을) 찍다, 촬영하다; (시험에서) 불합격시키다
자 [+de] (...을) 끌다, 끌어 당기다; 리드하다, 추진하다, 견인하다; 꺼내다, 손에 넣다, 손에 가지다; [+a] 마음을 끌다, 매혹하다; (공기 등이) 잘통하다; ((주로 스페인)) [+a·hacia] (...의 방향으로) 계속 나아가다; [+a] (...의) 경향이 있다; 닮아 있다; [+a·para] (...의) 도중에 있다; 꼭 끼다, 꽉죄다, 너무 작다; (차 등이) 힘이 있다; 아직 사용할 수 있다; 발사하다, 사격하다; (게임에서) 차례다
tirarse 몸을 던지다; 몸을 날려 뛰쳐 나가다; 날려 덮치다; (시간이) 지나다, (시간을) 보내다
Se ha tirado el día lloviendo.

온종일 비가 내렸다.
Ella *se tiró* la tarde durmiendo.
그녀는 오후 내내 잤다.

tirita
띠리따
여 ((스페인)) 구급 반창고

tiritar
띠리따르
자 (추위·발열로) 와들와들[후들후들] 떨다
tiritar de frío 추워서 와들와들 떨다

tiro
띠로
남 발사, 발포; 탄환 흔적[상처]; 사격 연습; 사정(射程) 거리; [농구·축구] 슛; [골프] 샷, 타구; [운동] 사격, 양궁 경기; (마차를 끄는)말; (마차 등의) 끄는 줄[가죽]; 연속 계단; (난로등의) 통풍, 흡입, 빨아들임; [복식] (바지 등의) 품, 너비, 바지통
Estos pantalones son demasiado largos de *tiro*. 이 바지는 통이 너무 넓다

tiroideo, a
띠로이데오, 아
형 [해부] 갑상선의
glándula *tiroidea* 갑상선
hormona *tiroidea* 갑상선 호르몬

tiroides
띠로이데스
남 단 복 [해부] 갑상선; 갑상 연골

tiroidina
띠로이디나
여 갑상선 제재(製劑)

tirón
띠론
남 세게 잡아당김; (근육의) 경련, 쥐; 낚아챔, 날치기; 매력, 인기; [운동] 스퍼트
dar un *tirón* 스퍼트하다

tísico, ca
띠시꼬, 까
형 폐결핵에 걸린
남 여 폐결핵 환자, 폐병 환자

tisis
띠시스
여 단 복 [의학] 폐결핵, 폐병

tisú
띠수
남 (금실·은실로 짠) 얇은 비단; 티슈 페이퍼 ((포장용 박엽지, 화장지))

tisular
띠술라르
형 [생물] 생체 조직의

titán
띠딴
남 거인, 초인(超人); 대형 크레인

Titán 띠딴
남 [신화] 타이탄

titánico, ca 띠따니꼬, 까
형 초인적인
esfuerzo *titánico* 초인적인 노력

títere 띠떼레
남 꼭두각시; 복 인형극, 꼭두각시 놀음, 곡예; 괴뢰, 허수아비; 기묘한 모습[몸매]을 하고 있는 사람

titiritero, ra 띠띠리떼로, 라
남 여 (인형극에서) 인형 조종자: 떠돌이[지방 순회] 곡예사

titubeante 띠뚜베안떼
형 입안의 소리를 하는; 말이 막혀 우물거리는; 주저하는, 망설이는
contestación *titubeante*
횡설수설 종잡을 수 없는 대답
con voz *titubeante* 작은 소리로

titubear 띠뚜베아르
자 입안의 소리를 하다; 말이 막혀 우물거리다; (말하기가 거북하여) 멈칫[머뭇]거리다; 주저하다, 망설이다; 허든거리다, 비슬거리다, 쓰러질 듯하다, 비틀거리다
contestar sin *titubear*
술술[막힘없이] 대답하다

titubeo 띠뚜베오
남 주저, 망설임
sin *titubeo* 주저없이, 망설임 없이

titulación 띠뚤라시온
여 학력; 대학 졸업 자격; 제목 붙이기; (부동산의) 권리 증서; [화학] 적정(滴定)

titulado, da 띠뚤라도, 다
형 학사(學士)의, 자격이 있는
남 여 학사(學士)(licenciado)
titulado en ingeniería 공학사
titulado medio
(대학 3년간의) 기초 과정 졸업자
titulado superior [universitario]
대학 졸업자

titular 띠뚤라르
형 직함[자격]을 가진
남 여 직함[자격] 소지자; [법률] 명의인(名義人); [운동] 정(正)선수
남 [신문] [주로 복] 표제(어); [라디오·텔레비

전] 톱 뉴스
타 ...에 제목을 붙이다
자 작위[귀족 칭호]를 얻다; [화학] 적정(滴定)하다
titularse [+en · de]
(...의) 학사 학위를 받다; ...이라는 제목이다

titularidad
띠뚤라리닫
여 명의(名義)

titulatura
띠뚤라뚜라
여 권리 증서, 증권; 자격, 직함

título
띠뚤로
남 제목, 제명(題名), 표제; 직함, 자격, 자격증; 칭호, 작위; (재산에 관한) 증서, 허가장; 증권; (법전의) 편(編); [+de · para] (...에 대한) 자격, 권리; [운동] 선수권, 타이틀

tiza
띠사
여 분필, 백묵(白墨); [당구] 초크

tizne
띠스네
남 (여) 검댕, 철매, 매연

toalla
또아야
여 타월, 수건; [섬유] 타월 지(地)
toalla de baño 목욕 타월
toalla de papel 종이 타월
toalla higiénica 생리용 냅킨
toalla refrescante (주로 종이 제품의) 손수건, (손님에게 내놓는) 물수건

toallero
또아예로
남 타월걸이, 수건걸이

toallita
또아이따
여 얼굴 수건; (손님에게 내놓는) 물수건

tobillo
또비요
남 [해부] 복사뼈; 발목

tobogán
또보간
남 (유원지·풀·긴급 탈출용의) 미끄럼대; [운동] 터보건 ((썰매)); 터보건 코스

toca
또까
여 [복식] (각 지방 특유의) 부인들의 뒤집어[덮어] 쓰는 것; (차양이 좁은) 부인용 모자; [천주교] (수도녀의) 두건(*toca* monjil)

tocar

tocable
또까블레
형 (음악을) 연주할 수 있는

tocadiscos
또까디스꼬스
남 단 복 전축, 레코드 플레이어
poner un *tocadiscos* 전축을 틀다

tocado¹
또까도
남 뒤집어[덮어] 쓰는 것; 머리 모양[형]; [레슬링] 폴; [고어] 화장(化粧)

tocado², da
또까도, 다
형 머리가 약간 이상한, 기분이 상한; [운동] (권투 선수가 펀치를 맞아) 비틀비틀거리는, 휘청휘청하는; [+de] 머리에 쓴; (과실이) 상한, 썩은; [+de] (…의) 영향을 받은

tocador
또까도르
남 화장대, 경대; 화장품 그릇; [고어] 화장실, 세면소, 변소

tocamiento
또까미엔또
남 만지는 일, 접촉, 터치

tocar
또까르
타 만지다, 접촉하다, 닿다; (악기·작품을) 연주하다; (어떤 화제에) 언급하다, 문제로 삼다; (초인종·신호 등을) 울리다; (결과를) 뒤집어 쓰다; 뒤집어 쓰다; ((스페인)) …와 혈연 관계에 있다; [선박·항공] 기항하다; (금·은의 순도를) 시금석으로 조사하다

No *toque* las obras.
작품에 손대지 마세요

El Sr. C *toca* muy bien la guitarra.
C씨는 기타를 아주 잘 친다.

El reloj *toca* las doce.
시계가 12시를 친다.

자 [+a] (…에) 해당하다; (순번·차례·역할이) 돌아오다, 되다; 당첨되다; (몫이) 들어가다; 관계가 있다; 우연히 …하다; 울리다; 서로 같다, 다름없다; [야구] 번트하다; [+en] (…에) 기항하다, 들르다

Ahora me *toca*. 이제 내 차례다.
Le *ha tocado* el lotto.
그는 로또에 당첨되었다.
El avión *tocá en* Barcelona.

비행기는 바르셀로나에 들린다.
tocarse
(자신의 몸에) 접촉하다, 닿다; 만지다; 서로 닿다, 이웃하다: [+con] (뒤집어쓰는 것을) 뒤집어쓰다, 덮어 쓰다; 몸가짐을 단정히 하다
tocarse la barba
자기의 수염을 만지다
Nuestras casas *se tocan*.
우리들의 집은 이웃하고 있다.
직 · 부정 과거: toqué, tocaste, tocó, tocamos, tocasteis, tocaron
접 · 현재: toque, toques, toque, toquemos, toquéis, toquen

tocayo, ya
또까요, 야
남 여 동명이인(同名異人), 같은 이름을 가진 사람
Los dos son *tocayos*: se llaman Mansu. 그들은 동명이인으로 만수다.

tocinería
또시네리아
여 돼지고기 · 햄 · 소시지 가게

tocino[1]
또시노
남 (주로 소금에 절인) 돼지 비계; 절인 돼지 고기; 베이컨

tocino[2], **na**
또시노, 나
남 여 머리 회전이 둔한 사람

tocoginecología
또꼬히네꼴로히아
여 산부인과학

tocoginecólogo, ga
또꼬히네꼴로고, 가
남 여 산부인과 의사

tocología
또꼴로히아
여 산과학(産科學)

tocológico, ca
또꼴로히꼬, 까
형 산과학(tocología)의[에 관한]

tocólogo, ga
또꼴로고, 가
남 여 산과 의사(産科醫師)

todavía
또다비아
부 아직 (...아니다); 그래도, 그러나, 그런데도; 좀더, 한층
Todavía no he tomado la cena.

나는 아직 저녁을 먹지 않았다.
Este coche cuesta *todavía* más.
이 차가 좀더 비싸다.

todo, da
또도, 따

형 모든, 전(全), 온; 꼭 닮은, 그대로의; 어떤 ...도; 완전한
todo el cuerpo 온몸
todo el día 온종일
toda mi vida 내 전생애
todos los pasajeros 승객 전원
todas sus obras 그의 전 작품
toda Corea 전 한국, 전국
Todo hombre es mortal.
어떤 사람이고 반드시 죽는다.

대 모든 것, 모든 물건, 모두, 전부; **복** 모든 사람들, 전원(全員)
Todo va bien. 다 좋습니다.
¿Cuánto es *todo*?
모두[전부해서] 얼마입니까?
Todos somos compañeros de clase.
우리 모두 급우입니다.
Han llegado *todos*.
전원 도착했습니다.

남 [단수로만 쓰임] 전체(全體)
El *todo* es mayor que sus partes.
전체는 그 부분보다 크다.

부 모두, 전부, 모조리, 죄다, 몽땅, 완전히, 아주
Este jersey es *todo* lana.
이 스웨터는 순모(純毛)다.
Llegamos *todo* borrachos.
우리들은 완전히 취해 도착했다.

ante todo
무엇보다도 먼저, 우선 첫째로
Ante todo, debo pensar en mi familia.
나는 우선 내 가족을 생각해야 한다.
sobre todo 더욱이, 게다가, 하물며, (많은 것

중에서도) 특히
Me gustan los deportes, *sobre todo* el béisbol.
나는 운동을 좋아하지만 특히 야구를 좋아한다.

todopoderoso, sa 형 전능(全能)의
또도뽀데로소, 사
Dios *Todopoderoso* 전능하신 하나님
남 하나님, 신, 전능자

todoterreno 형 험한 길로도 다닐 수 있는
또도떼르레노
남 [자동차] 지프, 지프차

toga 여 (고대 로마의) 긴 도포
또가

toldo 남 (테라스·가게 앞 등의) 천막, 차일
똘도

tolerable 형 참을 수 있는, 허용할 수 있는
똘레라블레

tolerancia 여 관용, 관대, 용인(容認); 아량, 포용력; 공평함; [의학] 내성(耐性); [기술] 허용차, 공차(公差); 오차; (화폐 주조의) 공차(公差)
똘레란시아
tolerancia religiosa 신앙의 자유

tolerante 형 관대한, 관용의, 아량이 있는
똘레란떼

tolerantismo 남 [종교] 관용주의
똘레란띠스모

tolerar 타 관대하게[너그럽게] 보아주다, 허용[용인]하다; (다른 사상·의견을) 받아들이다; [의학] (약에 대해) 내성(耐性)이 있다
똘레라르

tolteca 형 남 여 똘떼까족(族)(의)
똘떼까
((azteca 전의 멕시코 선주(先住) 민족))

toma 여 잡음, 취(取)함; 점령, 탈취; 섭취; (약 등의) 복용, 복용량; (전기의) 꽂는 구멍, 콘센트; (물·공기 등의) 취수구(取水口), 전(栓); ((레슬링 등)) 기(技), 공격 방법[수단]; 촬영; ((남미)) 용수로(用水路), 개천, 내
또마
toma de posición 취임식
toma de sangre 채혈(採血)

toma de sonido 녹음(錄音)
toma de tierra 착륙; [전기] 어스(선)
tres *tomas* diarias 1일 3회 복용

tomacorriente
또마꼬르리엔떼

남 ((주로 중남미)) [전기] 콘센트, 꽂는 구멍

tomado, da
또마도, 다

형 녹슨; (목소리가) 쉰, 잠긴; ((중남미)) 술에 취한

tomador, ra
또마도르, 라

남 여 (어음·수표의) 수취인; 피보험자, 보험계약자; ((중남미)) 술꾼, 술고래, 술주정뱅이

tomar
또마르

타 (손에) 쥐다, 잡다, 붙잡다; 꺾다, 채취하다; 꺼내다, 인출하다; 얻다, 입수하다; 사다; 빌리다, 꾸다; (식사 등을) 하다, 먹다, 마시다; (공기 등을) 들이마시다; (물 등을) 뒤집어쓰다; ((주로 중남미)) (탈것을) 타다; (길을) 가다, 나아가다; (장소를) 점하다; (자리에) 앉다; 점령하다; (기록·사진등을) 하다, 찍다; 재다, 계측하다; (일을) 받아들이다, 해석하다; (사람을) 받아들이다; 고용하다; (행동·태도를) 취보다; (생리적 욕구 등이) …에게 일어나다[생기다]; (수컷이) 교미하다

tomar un dulce de la bandeja
쟁반에서 과자를 집다
tomar una entrada 입장권을 사다
tomar el desayuno 아침밥을 먹다
tomar el almuerzo 점심을 먹다
tomar la cena 저녁밥을 먹다
tomar un pastel 케이크를 먹다
tomar un café 커피를 마시다
tomar un taxi 택시를 타다
tomar el avión 비행기를 타다
tomar el autobús 버스를 타다
Sírvase *tomar*. 어서 드십시오.
Vamos a *tomar* algo en un café.
카페에서 무얼 좀 듭시다.

자 [+a·hacia·por] (…의 쪽으로) 돌

다, 꺾어지다; 나아가다, 전진하다, 가다; ((주로 중남미)) 술을 마시다; (식물이) 뿌리내리다
Tome a [por] la derecha.
오른쪽으로 도십시오.
tomarse 잡다, 쥐다; 먹다, 마시다; 타다; 녹이 슬다; [의학] 재다; ((주로 중남미)) (사진을) 찍어 받다; 쉰목소리가 되다
Vamos a *tomarnos* un café.
커피 한 잔 마십시다.

tomatal
또마딸
男 토마토 밭

tomate
또마떼
男 [식물·과실] 토마토; ((중남미)) (작은) 녹색 토마토; (옷의) 구멍, 찢어진 데; ((스페인)) 복잡, 곤란; 혼란, 분규
salsa de *tomate* 토마토 소스

tomatero, ra
또마떼로, 라
男 女 토마토 재배자[장수]
女 [식물] 토마토

tomavistas
또마비스따스
男 單 複 (8밀리 등 소형의) 촬영기

tomo
또모
男 (책의) 권(卷); (대형의) 책
obra en veinte *tomos*
20권 짜리 작품
el primer *tomo* 제1권
el último *tomo* 마지막 권

tomografía
또모그라피아
女 [의학] 단층 촬영

tonel
또넬
男 (술·간장 등을 넣어 두는 크고 둥글며 뚜껑이 있는) 나무통; 나무통 하나의 분량; 맥주통 같이 뚱뚱한 여자

tonelada
또넬라다
女 [중량의 단위] 톤, 미터 톤; (배의) 배수톤

tonelaje
또넬라헤
男 (배·차량의) 톤 수, 적재량

tonelero, ra
또넬레로, 라
男 女 tonel 목수

tónica¹
또니까
여 전체적인 경향; [음악] 주음(主音); [음료] 탄산 음료

tónico, ca²
또니꼬, 까
형 활력을 내게 하는, 원기를 돋우는, 강장의; 음조(音調)의; [언어] 악센트[강세]가 있는
forma *tónica* 강세형(强勢形)
sílaba *tónica* 악센트가 있는 음절
남 강장제; 토닉 로션
tónico capilar 헤어 토닉
tónico cardíaco [의학] 강심제

tonificación
또니피까시온
여 활력을 주는 일

tonificante
또니피깐떼
형 활력을 주는

tonificar
또니피까르
타 (기관·신경 조직에) 활력을 주다

tono
또노
남 (목소리·음의) 리듬, 가락, 음조, 어조; (문장의) 리듬, 문체; 색조; 경향, 모양; 정력, 활력; [음악] 음높이; 주조(主調); 품격, 기품, 풍격; (전화 등의) 통신음; (라디오·텔레비전의) 음량; (근육 등의) 긴장
tono duro 엄한 어조

tonsura
똔수라
여 [천주교] (머리 꼭대기의) 삭발; 삭발식 ((성직자가 되는 의식)); 삭발된 머리 꼭대기 부분

tonsurar
똔수라르
타 삭발하다; (양모 등을) 깎다

tontamente
똔따멘떼
부 멍청하게, 바보처럼

tontear
똔떼아르
자 바보 같은 소리를 하다; [+con] (이성을) 놀리다, 구애하다

tontera
똔떼라
여 =**tontería**

tontería
똔떼리아
여 어리석음, 바보 같음; 복 바보 같은[어리석은] 행동; 공연한 일; 달콤한 말
No digas *tonterías*. 바보 같은 소리 마라.

tonto, ta
똔또, 따

형 어리석은, 바보 같은, 얼간이 같은, 멍청이 짓을 하는; 쉽게 감동하는; 쓸데없는, 의미가 없는, 무익한; 귀찮은, 성가신, 번거로운; 고만(高慢)한, 오만한, 무례한
pregunta *tonta* 바보 같은 질문
viaje *tonto* 무익한 여행
남여 바보, 멍청이, 어리석은 사람
tonto útil 무슨 말을 해도 듣는 바보

topacio
또빠시오

남 [광물] 황옥(黃玉)

toparse
또빠르세

((재귀)) 부딪치다, 충돌하다; (가끔) 찾아내다, 발견하다, 우연히 만나다; (동물이) 뿔로 받다 [찌르다]

tope
또뻬

남 (최대) 한도; (문을 열거나 닫을 때 멈추도록 테두리나 끝 부분에) 덧댄 쇠장식; (선로의) 궤도 이탈 방지 장치; (차량의) 완충기; 장애; [선박] 장루(檣樓) ((돛대 위의 망루)); ((아르헨띠나・멕시코)) 과속방지턱 (guardia tumbado)
fecha *tope* 기한(期限)
precio *tope* 최고 가격

topera
또뻬라

여 두더지 굴

topetazo
또뻬따소

남 충돌; 뿔로 받기[찌르기]; 박치기

tópico, ca
또삐꼬, 까

형 (의견 등이) 진부한, 흔히 있는, 평범한
남 일반 원칙, 일반적 진리; 진부한 화제[일]; 상투어; 화제, 토픽스; [언어] 화제 ((담화 중의 중심 부분))

topo
또뽀

남 [동물] 두더지; 잠입 스파이

topografía
또뽀그라피아

여 지형도, 지형 측량(법); 지세(地勢)

topográfico, ca
또뽀그라피꼬, 까

형 지형 (측량)의

topógrafo, fa
또뽀그라포, 파

남 여 지형 학자, 지지(地誌) 학자

toque
또께

남 손을 댐, 만지기, 접촉; (종·악기 등의) 음(音); 신호, 경보; [군사] 나팔(신호); [플라멩꼬] 기타 연주; 느낌, 감각, 정취, 아취; 미묘한 점, 중요 포인트; (그림 등의) 터치, 필법, 필치; 불완전한 곳을 고침; (목구멍 등에 약을) 바름, 칠함; [야구] 번트
toque a muerte 조종(弔鐘)
toque de asamblea 집합 나팔
toque de diana [de alborada] 기상 나팔
toque de incendio 화재 경보
toque de silencio 취침[소등] 나팔

torácico, ca
또라시꼬, 까

형 흉부(胸部)의

tórax
또락스

남 단 복 [해부] 흉곽; 흉부

torbellino
또르베이노

남 맹렬한 회오리; 회오리바람, 선풍(旋風); 급선회; 덜렁이, 덜렁쇠

torcedor
또르세도르

남 방추(紡錘), 물레의 가락

torcedura
또르세두라

여 꼬는 일, 뒤틀림, 꼬임; [의학] 염좌(捻挫), 관절을 뼘

torcer
또르세르

타 비틀다, 뒤틀다, 꼬다, 쥐어짜다; 굽히다, 비틀어지게 하다, 일그러뜨리다; (방향 등을) 바꾸다; 타락시키다
자 [+a] (…로) 구부러지다, 꺾어지다, 방향을 바꾸다, 돌다
Tuerza a la izquierda.
왼쪽으로 구부러지십시오.
torcerse 염좌하다, 관절을 뼈다; 기울다, 비틀어지다, 뒤틀리다; 좌절하다; 타락하다
torcerse un pie 발의 관절을 뼈다
직·현재: *tuerzo*, *tuerces*, *tuerce*, *torcemos*, *torcéis*, *tuercen*

접 · 현재: t*ue*rza, t*ue*rzas, t*ue*rza, torzamos, torzáis, t*ue*rzan

torcido, da
또르시도, 다
형 비틀린, 뒤틀린, 구부러진; (사람이) 비뚤어진, 뒤둥그러진
cabeza *torcida* 위선자
piernas *torcidas* 구부러진 다리

torcimiento
또르시미엔또
남 =**torcedura**

tórculo
또르꿀로
남 각인기(刻印機)

toreador, ra
또레아도르, 라
남 여 [고어] 투우사

torear
또레아르
타 (소를) 다루다; (사람 · 곤란 등을) 피하다, 몸을 (휙) 돌려 비키다; 속이다; ((스페인)) 조롱하다, 놀리다; ((남미)) 도발하다, 노하다; (개가 사람에게) 짖다, 으르렁거리다
자 투우를 하다

toreo
또레오
남 투우, 투우술
toreo a pie (마상의 투우에 대해) 도보 투우
toreo de salón
(소를 사용하지 않는) 투우 연습[흉내]

torera
또레라
여 (투우사가 입는) 짧은 웃옷

torería
또레리아
여 투우사의 용맹 과감함; ((중남미)) (아이들의) (짓궂은) 장난, 못된 장난

torero, ra
또레로, 라
형 투우(사)의
남 여 투우사 ((특히 matador을 말함))

torete
또레떼
남 어린 수소; 용감하지 않은 소; 건강이 좋은 아이

tormenta
또르멘따
여 (천둥 · 강풍 · 비 등을 동반한) 비바람이 치는 거친 날씨; 광풍, 폭풍; (감정의) 폭발; (갑작스런) 혼란, 파란; 불운, 역경

tormento
또르멘또
남 고문(拷問)(tortura); (육체적 · 정신적으로 심한) 고통, 고뇌, 괴로움; 괴롭히는 것[사람]
Esta niña es un *tormento.*

이 여아는 정나미가 떨어질 정도로 괴롭힌다.

tormentoso, sa 또르멘**또**소, 사
형 비바람이 몰아치는; 파란만장한, 험한, 격렬한
tormentoso sueño 파란만장한 꿈
borrasca *tormentosa*
뇌우(雷雨)를 동반한 폭풍
El tiempo está *tormentoso*.
날씨가 거칠어질 모양이다.
Se respira un ambiente *tormentoso*.
험악한 분위기다, 사태의 추이가 나쁜 쪽으로 기운다.

tornar 또르나르
자 돌아가다, 돌아오다; [+a+동사 원형] 다시 …하다
타 돌려 주다, 반환하다
tornarse 변하다, …으로 되다

tornasol 또르나솔
남 [식물] 해바라기(girasol)

tornavoz 또르나보스
남 반향판, 반향 장치

torneado, da 또르네아도, 다
형 (주로 몸이) 매끈매끈한 곡선의
남 선반에 가공하기

tornear 또르네아르
타 선반으로 가공하다; [요리] (야채를) 일정한 형태로 자르다
자 뱅글뱅글 돌다, 선회하다

torneo 또르네오
남 [운동] 토너먼트; (중세의) 마상 창 시합(馬上槍試合)

tornero, ra 또르네로, 라
남 여 선반공(旋盤工)

tornillo 또르니요
남 나사; 나사못; ((남미)) 혹독한 추위

torniquete 또르니께떼
남 (한 사람씩 통과하는) 회전식 출입구[매표 창구]; [의학] 지혈대, 지혈기

torno 또르노
남 권양기(捲揚機), 윈치; 선반(旋盤); 녹로(轆轤), 고패; (치과의) 드릴; 회전식 창; 회전식 접수처

toro
또로

남 수소, 황소 (여 vaca); 늠름한[건장한] 남자; [건축] 아름다운 테두리; 복 투우 (corrida de *toros*)
ir a los *toros* 투우를 보러 가다

toronja
또롱하

여 ((주로 중남미)) [과실] 그레이프 프루트 (pomelo)

toronjo
또롱호

남 [식물] 그레이프프루트

torpe
또르뻬

형 동작이 둔한[느린], 잘 움직이지 않은(반 ágil); 서투른, 손재주가 없는; 머리의 회전이 늦은, 멍청한; (생활 방식이) 서툰, 교제가 서툰; 기품이 없는

torpemente
또르뻬멘떼

부 둔하게, 멍청하게; 서툴게

torpedear
또르뻬데아르

타 어뢰 공격하다; [정치] (계획 등을) 분쇄하다

torpedero, ra
또르뻬데로, 라

형 (배·비행기가) 어뢰 공격용의
남 어뢰정(lancha *torpedera*); 어뢰기 (avión *torpedero*); 어뢰 사수(射 手)
남여 [야구] 유격수

torpedo
또르뻬도

남 [군사] 어뢰; [어류] 시끈가오리

torpeza
또르뻬사

여 우둔함, 어리석음; 쓸모없음; 바보 짓, 얼빠진 짓, 얼간

torre
또르레

여 탑; 망루, 망대; (송전용의) 철탑; (군함의) 포탑; (까딸루냐 지방 등의) 별장(villa); 높게 쌓아 올려 놓은 것; 키다리, 껑충이
torre de control 관제탑
torre de farol 등대
torre de mando (잠수함의) 사령탑

torrencial
또르렌시알

형 급류(急流)의, 급류 같은

torrencialmente
또르렌시알멘떼

부 급류처럼

torrente
또르렌떼

남 급류, 여울; 내뿜음, 용솟음침, 많음, 풍부함; (육체의) 혈류(血流)

un *torrente* de gente 군중(群衆)
ganar un *torrente* de dinero
넘칠 정도로 많은 돈을 벌다

torreón
또르레온
남 (성의 방비용) 큰 탑

torrero, ra
또르레로, 라
남 여 등대지기; (감시탑의) 감시원

torreta
또르레따
여 (잠수함의) 사령탑; (전차의) 포탑; (폭격기의) 총좌(銃座); (통신용의) 철탑

tórrido, da
또르리도, 다
형 혹서(酷暑)의, 삼복 더위 같은, 찌는 듯한, 타는 듯한
zona *tórrida* 열대

torsión
또르시온
여 비틀어짐, 꼬임, 뒤틀어짐

torso
또르소
남 상반신; [미술] 토르소 ((목과 팔다리가 없이 몸통만으로 된 조각상))

torta
또르따
여 또르따 ((둥근 케이크, 파이)); ((스페인)) (질이 나쁜) 스폰지 케이크; 손바닥으로 때리기; 술에 취함

tortada
또르따다
여 (큰) 파이

tortera
또르떼라
여 torta 그릇

tortilla
또르띠야
여 또르띠야 ((옥수수 부침개))

tortillero, ra
또르띠예로, 라
남 여 tortilla 제조 업자[장수]

tortita
또르띠따
여 [요리] 또르띠따 ((조류·생선 등을 통째로 요리할 때 내장을 넣는 요리))

tortuga
또르뚜가
여 [동물] 거북; 아둔패기, 바보; 느려빠진 탈것
a paso de *tortuga* 느릿느릿, 천천히

tortura
또르뚜라
여 고문(拷問); (육체적·정신적으로 극심하고 긴) 고통, 고뇌, 괴로움; 학대(虐待)

torturar
또르뚜라르
타 고문하다; 몹시 괴롭히다, 못살게 굴다; 학대하다

torturarse 몹시 괴로워하다

tos
또스

여 기침
tos agarrada 끈질긴 기침
tos convulsa [convulsiva · ferina]
[의학] 백일해
tos perruna [de perro] 심한 기침
tos seca 마른 기침, 헛기침
ataque [golpe] de *tos*
기침의 발작, 계속 나오는 심한 기침
No se me quita la *tos*.
나는 기침이 멎지 않는다.

tosco, ca
또스꼬, 까

형 세련되지 못한, 엉성한, 조잡한; 거친, 교양이 없는

toser
또세르

자 기침을 하다(tener tos)
fingir *tos* (주의를 끌기 위해) 헛기침을 하다

tosquedad
또스께닫

여 거침, 엉성함, 조잡함; 교양이 없음

tostada¹
또스따다

여 [요리] 토스트 (빵)

tostadero
또스따데로

남 (커피 원두를) 볶는 곳; 지독히 더운 곳

tostado, da²
또스따도, 다

형 볶는, 구운; 엷은 갈색의
남 볶은 것, 토스트; 찻잎이나 커피 원두를 볶는 일

tostador
또스따도르

남 토스터 ((식빵을 토스트로 만드는 기구)); 커피 볶는 기구

tostadora
또스따도라

여 =**tostador**

tostar
또스따르

타 (엷은 갈색이 될 때까지) 굽다, 볶다; (커피 원두를) 볶다; (피부를) 햇볕에 태우다; ((중남미)) 때리다, 벌하다
tostar el pan 빵을 토스트로 하다
tostar las castañas 밤을 굽다
tostarse 타다, 구워지다; 햇볕에 타다
(tostarse al sol)

toxicología

total
또딸
- 형 전체의, 전부의, 총계의; 완전한; 완벽한
  peso *total* 전체 중량
  suma *total* 총액
- 남 총계, 합계; 전체, 전부
  en total 결국; 총계로

totalidad
또딸리닫
- 여 전체, 전부; [철학] 총체성

totalitario, ria
또딸리따리오, 리아
- 형 포괄적인, 총괄적인; 전체주의의

totalitarismo
또딸리따리스모
- 남 전체주의

totalizar
또딸리사르
- 타 총계하다, 총계 …에 달하다

totalmente
또딸멘떼
- 부 완전히, 아주, 전면적으로

tótem
또뗌
- 남 [민속] 토템, 토템상(像)

totémico, ca
또떼미꼬, 까
- 형 토템의

totemismo
또떼미스모
- 남 토템 제도

tour
뚜르
- 남 (관광) 여행; (극단·음악가 등의) 순회 (공연), 투어

tournée
뚜르네
- 여 주유(周遊) 여행; 순회 (공연), 투어

toxemia
똑세미아
- 여 [의학] 독혈증, 독소 혈증

toxicidad
똑시시닫
- 여 독성(毒性)

tóxico, ca
똑시꼬, 까
- 형 독이 있는, 유독(有毒)의, 독성의
  gas *tóxico* 유독 가스
  sustancia *tóxica* 유독 물질, 독물
- 남 독물, 독소(毒素)

toxicología
똑시꼴로히아
- 여 독물학(毒物學)

toxicológico, ca
똑시꼴로히꼬, 까
형 독물학의

toxicomanía
똑시꼬마니아
여 [의학] 마약 중독

toxicómano, na
똑시꼬마노, 나
형 마약 중독의
남 여 마약 중독자

toxina
똑시나
여 [의학] 독소(毒素)

tozudez
또수데스
여 완고함, 고집이 셈

tozudo, da
또수도, 다
형 완고한, 고집 센

trabajado, da
뜨라바하도, 다
형 공을 들인, 정성을 들인, 꼼꼼한; (일 등으로) 피로에 지친

trabajador, ra
뜨라바하도르, 라
형 근면한; 노동자의, 일꾼의
남 여 노동자

trabajar
뜨라바하르
자 일하다, 근무하다; 공부하다; 작업하다; 활동하다
trabajar día y noche sin descanso
쉬지 않고 밤낮으로 일하다
타 가공하다, 세공하다; 공부하다; 처리하다; (상대방이 응하도록 적극적으로) 작용하다; 장사하다, 취급하다

trabajo
뜨라바호
남 일, 노동; 직, 직업; 복 작업, 활동; 공부, 연구; 논문, 리포트; 업적; 직장, 일터; 조작, 세공; 작품; 복 고생, 애씀, 곤궁; 기능, 작용
contrato de *trabajo* 노동 계약
horas de *trabajo* 노동[근무] 시간
Ministerio del *Trabajo* 노동부
ministro del *Trabajo* 노동부 장관

trabamiento
뜨라바미엔또
남 접합(接合)

trabar
뜨라바르
타 접합하다; 묶다, 얽다, 매다; 얽히게 하다; 붙잡다, 잡다; (회화 등을) 시작하다; 진하게 하다, 차지게 하다; 장애로 만들다, 저해하다

trabazón
뜨라바손
남 접합, 연결; 관련, 관계

tracción
뜨락시온
여 끌기, 견인; [자동차] 구동(驅動); [의학] 견인(牽引)

tracoma
뜨라꼬마
남 [의학] 트라코마, 트라홈, 과립성 결막염

tracto
뜨락또
남 [해부] 관(管); (신경의) 속(束); [천주교] 영송(詠誦)

tractor
뜨락또르
남 트랙터

tradición
뜨라디시온
여 전통, 관습, 인습, 관례; 전승, 구전(口傳), 전설; [법률] 이전, 양도
tradición popular 민간 전승
mantener la *tradición* 전통을 지키다
romper con la *tradición* 전통을 깨다

tradicional
뜨라디시오날
형 전통적인; 전승에 기초한; 항례(恒例)의; 인습적인
fiesta *tradicional* 전통적인 축제

tradicionalmente
뜨라디시오날멘떼
부 전통적으로

tradicionalismo
뜨라디시오날리스모
남 전통주의

tradicionalista
뜨라디시오날리스따
형 전통주의의
남 여 전통주의자

traducción
뜨라둑시온
여 번역; 역서(譯書), 역문(譯文); 통역; [컴퓨터] 변환(變換)
traducción automática 자동 번역
traducción coreana 한글 번역
traducción directa
외국어에서 자국어로 (직접) 번역
traducción doble 중역(重譯)
traducción interlineal
행간에 써 넣는 번역
traducción inversa
자국어에서 외국어로 (직접) 번역

traducción libre 의역(意譯)
traducción literal 축어역, 직역
traducción simultánea 동시 통역
traducción yuxtalineal 대역 번역

traducible
뜨라두시블레

형 번역 가능한

traducir
뜨라두시르

타 번역하다; 통역하다; 표현하다; [+en] (…로) 변하다; [컴퓨터] 변환하다
traducir el Quijote al coreano
돈 끼호떼를 한글로 번역하다
traducir literalmente [al pie de la letra] 축어역하다, 직역하다
traducir simultáneamente [de corrida · directamente]
동시 통역하다
estar mal *traducido*
오역되(어 있)다, 잘못 번역되어 있다
traducirse 변하다
Su alegría *se tradujo en* lloros.
그의 기쁨은 슬픔으로 변했다.
직 · 현재: traduzco, traduces, traduce, traducimos, traducís, traducen
직 · 부정 과거: traduje, tradujiste, tradujo, tradujimos, tradujisteis, tradujeron
접 · 현재: traduzca, traduzcas, traduzca, traduzcamos, traduzcáis, traduzcan

traductor, ra
뜨라둑또르, 라

남 여 번역자, 번역가; 통역
남 [컴퓨터] 번역기, 트렌스레이터
여 번역기

traer
뜨라에르

타 가지고 오다 (반 llevar); 데려오다; 가까이 다가오게 하다, 가까이 (끌어)당기다; 초래하다, 가져가다, 가져오다; …의 상태가 되다; 몸에 지니고 있다, 입고 있다; (신문 등에) 실려 있다

traer un regalo 선물을 가지고 오다
*Tráe*me una taza de café.
커피 한 잔 가져다 주세요.
직·현재: tra*igo*, traes, trae, traemos, traéis, traen
직·부정 과거: tra*j*e, tra*j*iste, tra*j*o, tra*j*imos, tra*j*isteis, tra*j*eron
접·현재: tra*ig*a, tra*ig*as, tra*ig*a, tra*ig*amos, tra*ig*áis, tra*ig*an

traficante
뜨라피깐떼
남여 거래 업자, 상인; (특히 마약의) 밀매자, 밀거래자
traficante de armas 무기 상인

traficar
뜨라피까르
자 (특히 부정한) 거래를 하다
traficar con [en] drogas
마약 밀매를 하다

tráfico
뜨라피꼬
남 (차·배 등의) 교통, 왕래; (부정한) 거래, 밀매
tráfico de drogas 마약 밀매
luz de *tráfico* 교통 신호등

tragamonedas
뜨라가모네다스
남(여)단복 슬롯머신
máquina *tragamonedas* 슬롯머신

tragaperras
뜨라가뻬르라스
남(여)단복 게임 기계; 슬롯머신
máquina *perras* 슬롯머신

tragar
뜨라가르
타 삼키다; 걸신들린 듯이 먹다[마시다]; 참고 받아들이다, 감수하다; 감추다, 숨기다; 믿어 버리다, 그대로 믿다; 소비하다; ((스페인)) [+사람] (…에게) 홀딱 반하다
tragarse 삼켜 버리다, 마셔 버리다
tragarse la carne sin masticarla
고기를 씹지도 않고 삼켜 버리다

tragedia
뜨라헤디아
여 비극; 비극 작품; 비극적 사건, 참사; 비극성

trágicamente
뜨라히까멘떼
부 비극적으로, 비참하게

trágico, ca 뜨라히꼬, 까	형 비극의; 비극적인, 비참한 accidente *trágica* 비참한 사고 남 여 비극 작가(autor *trágico*); 비극 배우 (actor *trágico*)
tragicomedia 뜨라히꼬메디아	여 희비극(喜悲劇)
tragicómico, ca 뜨라히꼬미꼬, 까	형 희비극의
trago 뜨라고	남 한 번에 마시는 분량, 한모금; ((주로 중남미)) 술; 음주; 불쾌함 un *trago* de vino 포도주 한모금
tragón, gona 뜨라곤, 고나	형 많이 먹는, 식성이 좋은; 걸신 들린 남 여 대식가, 먹보, 걸귀, 걸신[게걸] 들린 사람
traición 뜨라이시온	여 배반, 배신; 부정(不貞); 반역죄
traicionar 뜨라이시오나르	타 배반하다, 배신하다; …의 실패의 원인이 되다; (무의식적으로) 폭로해 버리다 *traicionar* a su mujer (남편이) 불륜을 저지르다
traicionero, ra 뜨라이시오네로, 라	형 남 여 =**traidor**
traído, da 뜨라이도, 다	형 사용해서 닳아진[해진](gastado) 여 가지고 오는 일, 나르기, 운반 *traída* de aguas 송수(送水), 수리(水利) canal de *traída* 도수로(導水路)
traidor, ra 뜨라이도르, 라	형 배반하는, 배신하는; 부실(不實)한; (동물이) 말을 듣지 않는, 성질이 나쁜; 유해한 남 여 배반자, 배신자, 변절자, 매국노
tráiler 뜨라일레르	남 (대형의) 트레일러; ((스페인)) [영화] 예고편
traje 뜨라헤	남 옷, 복장, 의복; (남녀의) 상하 한 벌의 양복;(여성용의) 드레스; 민족 의상(*traje* regional)

trama 뜨라마	여 [집합 명사] 씨실, 횡사(橫絲); (소설 등의) 골조, 대강(의 줄거리), 요점; 음모; [생물] 망상 조직; [인쇄] 망판(網版), 사진 동판
tramar 뜨라마르	타 (못된 일을) 꾸미다, 꾀하다, 계획하다, 시도 하다; (복잡한·어려운 것을) 조립하다, 조직하 다; 씨실을 넣다; (옷감 등을) 짜다 ***tramarse*** ...을 꾸미다
tramitación 뜨라미따시온	여 수속(을 밟는 일); 수속 절차
tramitar 뜨라미따르	타 ...의 수속을 하다, 처리하다 Ella está *tramitando* su divorcio. 그녀는 이혼 수속 중이다.
trámite 뜨라미떼	남 수속; 복 [법률] 소송 수속 patente en *trámite* 특허 출원중
tramo 뜨라모	남 (도로 등의) 구간; (층계참과 층계참 간의) 계단; (내용 등을 나눈) 한 단락
trampa 뜨람빠	여 [수렵] 올가미, 덫, 올무; (바닥·천장의) 위 로 밀어 올려 여는 문; (카운터의) 널판지 뚜껑; 책략, 함정; (도박의) 사기, 협잡; 꾼 돈, 빚
trampolín 뜨람뽈린	남 [체조] 도약판, 스프링보드; [수영] 도약판, 뜀판, 스프링보드; [스키] 점프대; (목적 달성 의) 발판, 발돋음
trance 뜨란세	남 위기, 결정적인 시점
tranco 뜨랑꼬	남 넓은 보폭(步幅); (건물 출입구의) 문턱, 문 지방
tranquilamente 뜨랑낄라멘떼	부 조용히, 천천히, 서서히
tranquilidad 뜨랑낄리닫	여 평온, 고요함; 안정; 평정; 안녕, 질서; 침착 con *tranquilidad* 평온하게, 침착하게
tranquilizador, ra 뜨랑낄리사도르, 라	형 안심[진정]시키는
tranquilizante 뜨랑낄리산떼	형 신경 안정제의, 진정제의 남 신경 안정제, 진정제

tranquilizar
뜨랑낄리사르

타 안정시키다, 마음을 진정시키다
tranquilizarse 안심하다, 안정되다
¡Tranquilízate! 안심해라, 침착해라.

tranquillo¹
뜨랑끼요

남 요령(要領)

tranquilo², la
뜨랑낄로, 라

형 조용한, 고요한; (사람이) 조용한, 차분한, 온순한, 얌전한, 태평한, 느긋한, 유유자적한, 너글너글한; 침착한; 평온한; 안심되는
zona tranquila 조용한 지역

transacción
뜨란삭시온

여 상거래, 매매 (계약); [법률] 화해

transatlántico, ca
뜨란사뜨란띠꼬, 까

형 대서양 횡단의, 대서양 건너편의
남 대서양 횡단 정기선; 대형 선박

transbordador
뜨란스보르다도르

남 [선박] 페리보트; 케이블카; 우주 연락선
(*transbordador* espacial)

transbordar
뜨란스보르다르

타 짐을 옮겨 싣다; 바꾸어 타게 하다
자 바꾸어 타다

transbordo
뜨란스보르도

남 옮겨쌓음; 환승, 바꿔 탐
hacer dos *transbordos* en el metro
지하철을 두 번 바꿔 타다

transcendencia
뜨란센덴시아

여 중요성; 심각함; 파급; [철학] 초월성

transcendental
뜨란센덴딸

형 지극히 중요한[중대한]; 큰 의의가 있는; (스콜라 철학에서) 초월적인
problema *transcendental*
지극히 중요한 문제

transcendentalismo
뜨란센덴딸리스모

남 [철학] 선험론(先驗論)

transcendente
뜨란센덴떼

형 =**transcendental**

transcender
뜨란센데르

자 누설되다, 널리 알려지다; (영향 등이) 확대되다, 퍼지다, 파급되다; (한계·범위를) 넘다; (강렬한) 냄새를 발하다, 냄새가 미치다

transcontinental
뜨란스꼰띠넨딸

형 대륙 횡단의

transcribir
뜨란스끄리비르
타 베끼다, 옮겨 쓰다, 전사(轉寫)하다; 고쳐 쓰다, 개서(改書)하다; 문자화하다; (인상기 등을) 쓰다; (다른 악기용으로) 편곡하다
transcribir un discurso
연설을 구술 필기하다

transcripción
뜨란스끄립시온
여 전사(轉寫), 필사; 전사된 것; 문자화; 편곡

transcurrir
뜨란스꾸르리르
자 (시간이) 경과하다, 흐르다

transcurso
뜨란스꾸르소
남 경과, 추이(推移)

transeúnte
뜨란세운떼
형 통행인의; (도시·나라를) 통과하고 싶은; 일시 기항하는
viajero *transeúnte* 통과 승객
남 여 통행인; 기항 여객

transexual
뜨란섹수알
형 [의학] 성전환의
남 여 성전환자

transexualidad
뜨란섹수알리닫
여 성전환

transexualismo
뜨란섹수알리스모
남 =transexualidad

transferencia
뜨란스페렌시아
여 양도, 명의 변경; 이동; 환, 환어음; 대체(對替); [심리] (감정의) 전이
transferencia bancaria 은행 대체
transferencia de tecnología 기술 이전

transferible
뜨란스페리블레
형 양도 가능한

transferir
뜨란스페리르
타 양도하다; 이동시키다; (말뜻을) 확대[변화]시키다

transfiguración
뜨란스피구라시온
여 변모(變貌)

transfigurar
뜨란스피구라르
타 변모시키다
transfigurarse 변모되다

transformable
뜨란스포르마블레
형 변형할 수 있는

transformación 여 변형; 가공; (큰·구조적인) 변화; [럭비] 컨
뜨란스포르마시온　버트; [언어] 변형

transformacional 형 변형(變形)의
뜨란스포르마시오날

transformador, ra 형 형하는, 바꾸는
뜨란스포르마도르, 라　estación *transformadora* 변전소
industria *transformadora* 가공 산업
남 [전기] 변압기(變壓器)

transformar 타 (형·성질 등을) 바꾸다, 변형시키다; 가공
뜨란스포르마르　하다; 개선하다; 원기 왕성하게 하다
자 [럭비] 컨버트하다
transformarse 변하다

transformativo, va 형 변형시키는
뜨란스포르마띠보, 바

tránsfuga 남 여 전향자, 변절자
뜨란스푸가

transfundir 타 (액체를) 다른 그릇으로 옮기다, 바꾸어 넣
뜨란스푼디르　다; 수혈(輸血)하다; (뉴스를 입에서 입으로) 전
하다, 널리 퍼지게 하다

transfusión 여 [의학] 수혈; (액체를) 바꿔 넣음
뜨란스푸시온　hacer una *transfusión* a un herido
부상자에게 수혈하다

transfusor, ra 형 수혈을 행하는
뜨란스푸소르, 라

transgredir 타 위반하다, 어기다
뜨란스그레디르　*transgredir* las ordenanzas
법령을 위반하다

transgresión 여 위반(違反)
뜨란스그레시온

transgresor, ra 형 위반하는
뜨란스그레소르, 라　남 여 위반자

transícíon 여 추이(推移), 바꿔 놓음
뜨란시시온　*transición* del invierno a la primavera
겨울에서 봄으로 바뀔 때
gobierno de *transición* 임시 정부

período de *transición* 과도기

transigencia 뜨란시헨시아
여 양보, 타협; 관용

transigente 뜨란시헨떼
형 관용의, 타협적인

transigir 뜨란시히르
자 화해하다, 타협하다; [+con] (...을) 참다, 견디다

transistor 뜨란시스또르
남 [전기] 트랜지스터; 트랜지스터 라디오 (radio a [de] *transistor*)

transistorizado, da 뜨란시스또리사도, 다
형 트랜지스터식(式)의

transitable 뜨란시따블레
형 통행 가능한, 통행할 수 있는

transitar 뜨란시따르
자 [+por] (...를) 통행하다
calle *transitada* 교통량이 많은 거리
transitar por las calles 거리를 통행하다

transitivo, va 뜨란시띠보, 바
형 남 [문법] 타동사(의)

tránsito 뜨란시또
남 통행, 교통; 통과; 단기 체재(滯在)
mercancías de *tránsito* 통과 화물
pasajero de [en] *tránsito* 통과 승객
tarjeta de *tránsito* 통과 승객용 카드

transitorio, ria 뜨란시또리오, 리아
형 과도적인; 일시적인, 임시의
instalación *transitoria* 임시 시설
período *transitorio* 과도기

translación 뜨란슬라시온
여 이동; (지구의) 공전; [문법] 품사 전환; [수학] 평행 이동

translúcido, da 뜨란슬루시도, 다
형 반투명한
cristal *translúcida* 반투명 유리

translucir 뜨란슬루시르
자 /*translucirse* 투명하게 보이다; (징후 등을 통해서) 감지하다
타 감지시키다

transmediterráneo, a 뜨란스메디떼라네오, 아
형 지중해 횡단의

transmigración
뜨란스미그라시온
여 이주(移住); [종교] 전생(轉生), 윤회(輪廻)

transmigrar
뜨란스미그라르
자 (특히 한 민족이) 이주하다; [종교] 전생(轉生)하다, 다른 것으로 다시 태어나다

transmisible
뜨란스미시블레
형 전달[전염·유전]할 수 있는; 양도 가능한

transmisión
뜨란스미시온
여 전달; 이전; 양도; 방송; [기계] 전동 (장치); [컴퓨터] 통신; 복 [군사] 통신대
transmisón en directo 생방송
transmisión en diferido 녹화 중계
derechos de *transmisión* 방송권료

transmisor, ra
뜨란스미소르, 라
형 전하는
남 송신기, 송화기, 발신기

transmitir
뜨란스미띠르
타 전하다, 전달하다; [라디오·텔레비전으로) 방송하다; [물리] (운동·열 등이) 전도하다, 전하다; (병을) 전염시키다; 양도하다
transmitirse
전염되다; 유전되다; 전해지다; 전도되다

transmutable
뜨란스무따블레
형 변질[변환]될 수 있는

transmutación
뜨란스무따시온
여 변질; 변환; [생물] (종의) 변이

transmutar
뜨란스무따르
타 (연금술로, 금 등을) 변질시키다; [물리] 변환하다
transmutarse 변질되다; 변환되다

transnacional
뜨란스나시오날
형 초국가적인; 국가의 범위를 초월한
empresa *transnacional* 다국적 기업
여 다국적 기업

transpacífico, ca
뜨란스빠시피꼬, 까
형 태평양 횡단의, 태평양 건너의

transparencia
뜨란스빠렌시아
여 투명(도); [사진] 슬라이드; [영화] (배경을 합성하는) 스크린 프로세스; [미술] 투명화

transparentar
뜨란스빠렌따르
타 (투명하게) 보이다
transparentarse 투명하게 보이다
vestido que se *transparenta*

훤히 비쳐 보이는 드레스

transparente 뜨란스빠렌떼
형 투명한 (반 opaco); 명백한, 속이 훤히 들여다 보이는
intención transparente 속이 훤히 들여다 보이는 의도

transpiración 뜨란스삐라시온
여 발한(發汗); 증산(蒸散)

transpirar 뜨란스삐라르
자 땀을 흘리다(sudar); [식물] 증산하다; (의복 등이) 땀을 빨아들이다

transplantador 뜨란스쁠란따도르
남 옮겨 심는 흙손, 삽

transplantar 뜨란스쁠란따르
타 옮겨 심다; [의학] 이식하다; (사람을) 이주시키다

transplante 뜨란스쁠란떼
남 옮겨 심음; [의학] 이식
transplante de córnea 각막 이식

transportable 뜨란스뽀르따블레
형 운송[운반] 가능한, 들어 나를 수 있는

transportación 뜨란스뽀르따시온
여 운반, 운송, 수송, 운수
transportación aérea 공수(空輸)
transportación marítima 해상 운송
transportación terrestre 육상 운송

transportador, ra 뜨란스뽀르따도르, 라
형 운반하는, 나르는, 운송하는
cinta [banda] transportadora 컨베이어 벨트
compañía transportadora 운송 회사
남 [수학] 분도기; 컨베이어, 운반 장치

transportar 뜨란스뽀르따르
타 나르다, 운반[운송]하다; [음악] 이조(移調)하다; 넋을 잃게 하다, 황홀하게 하다
transportarse 넋을 잃다, 황홀해지다

transporte 뜨란스뽀르떼
남 운송, 수송; 운송료, 운임; 수송 기관; [군사] 수송선, 수송기, 수송 열차, 수송 트럭

transportista 뜨란스뽀르띠스따
남 여 운송[운수] 업자; 트럭 운전수

transversal 뜨란스베르살
형 가로 지른, 횡단의; (보다 넓은 도로와) 교차하다; (가계가) 방계(傍系)의

transversalmente

여 교차하는 길 (calle *transversal*)
[수학] 횡단선 (línea *transversal*)

transversalmente
뜨란스베르살멘떼
부 옆으로 비스듬히; 횡단해서; 교차해서

transverso, sa
뜨란스베르소, 사
형 =**transversal**

tranvía
뜨람비아
남 노면 전차, 시영 전차; ((스페인)) (한량 뿐인) 교외 전차 ((두 량 이상은 tren de cercanías))

tranviario, ria
뜨란비아리오, 리아
형 노면 전차의
남 여 시영 전차의 종업원

trapecio
뜨라뻬시오
남 [수학] 사다리꼴; (서커스의) 공중그네; [해부] 승모근(僧帽筋)

trapecista
뜨라뻬시스따
남 여 (서커스의) 공중 그네 곡예사

trapería
뜨라뻬리아
여 [집합 명사] 부스러기, 넝마, 누더기; 중고품 가게, 중고 의류 가게

trapero, ra
뜨라뻬로, 라
남 여 고물 장수; 폐품 회수 업자; 넝마주이; 옷 치레를 즐기는 사람

trapezoidal
뜨라뻬소이달
형 [수학] 사다리꼴의

trapezoide
뜨라뻬소이데
남 [수학] 사다리꼴, 부등변 사변형

trapo
뜨라뽀
남 넝마 조각; 조각난 천, 자투리; 행주(trapo de cocina); 걸레; 복 (여성용의) 옷, 드레스; [투우] 까빠(capa), 물레따(muleta); [집합 명사] (배 한 척의) 돛

tráquea
뜨라께아
형 [해부] 기관(氣管); [식물] 도관(導管)

traqueal
뜨라께알
여 [해부] 기관의; 기관으로 호흡하는

traquítis
뜨라끼띠스
여 [의학] 기관염(氣管炎)

traqueotomía
뜨라께오또미아
여 [의학] 기관 절개

tras
뜨라스

    튄 … 이후, …의 뒤에; …의 배후[뒤]에, …의 뒤를 쫓아; …의 저쪽에
    tras este tiempo 이 시기가 지나면
    tras los años 해가 지나면
    tras descansar un rato 잠깐 쉰 뒤에
    tras el ratero 소매치기를 쫓아

trasatlántico, ca 뜨라스아뜰란띠꼬, 까
    형 =**transatlántico**

trasbordador 뜨란스보르다도르
    남 =**transbordador**

trasbordar 뜨라스보르다르
    타 =**transbordar**

trasbordo 뜨라스보르도
    남 =**transbordo**

trascendencia 뜨라센덴시아
    여 =**transcendencia**

trascendental 뜨라센덴딸
    형 =**transcendental**

trascendente 뜨라센덴떼
    형 =**transcedente**

trascender 뜨라센데르
    자 =**transcender**

trascribir 뜨라스끄리비르
    타 =**transcribir**

trascripción 뜨라스끄립시온
    여 =**transcripción**

trascurrir 뜨라스꾸르리르
    타 =**transcurrir**

trasera[1] 뜨라세라
    여 (자동차·집의) 뒤, 뒤쪽, 뒷부분
    tomar asiento en la *trasera* del autobús 버스의 뒷좌석에 앉다

trasero, ra[2] 뜨라세로, 라
    형 뒤의, 뒤쪽의 (반 delantero)
    puerta *trasera* 뒷문
    rueda *trasera* 뒷바퀴

trasferencia 뜨라스페렌시아
    여 =**transferencia**

trasferir
뜨라스페리르
타 =transferir

trasformar
뜨라스포르마르
타 =transformar

trásfuga
뜨라스푸가
여 =tránsfuga

trasfundir
뜨라스푼디르
타 =transfundir

trasfusión
뜨라스푸시온
여 =transfusión

trasgredir
뜨라스그레디르
타 =transgredir

traslación
뜨라슬라시온
여 =translación

trasladable
뜨라슬라다블레
형 이동 가능한

trasladar
뜨라슬라다르
타 옮기다, 이동시키다; 이체하다; 전환하다; 번역하다; 표현하다; 베끼다, 전사(轉寫)하다
trasladarse 옮기다, 이사하다
Nos trasladamos de casa.
우리는 이사했다.

traslado
뜨라슬라도
남 이동, 이전(移轉); 베낌, 복사
traslado de casa 이사

traslúcido, da
뜨라슬루시도, 다
형 =translúcido

traslucir
뜨라슬루시르
자 타 =translucir

trasmigrar
뜨라스미그라르
자 =transmigrar

trasmisión
뜨라스미시온
여 =transmisión

trasmitir
뜨라스미띠르
타 =transmitir

trasmutar
뜨라스무따르
타 =transmutar

trasnochado, da
뜨라스노차도, 다
형 신선하지 않은; 시든; 맥이 빠진것 같은; 철야한, 밤을 샌
chiste *trasnochado* 진부한 농담
lechuga *trasnochada* 시든 상추
noticia *trasnochada* 신선미가 없는 뉴스
여 밤 늦게까지 자지 않음; 철야

trasnochador, ra
뜨라스노차도르, 라
형 남 여 밤 늦게까지 자지 않고 일어나 있는 (사람); 밤에 놀러 다니는 (사람)

trasnochar
뜨라스노차르
자 밤 늦게까지 자지 않다; 철야하다

trasnoche
뜨라스노체
남 밤 늦게까지 자지 않음; 철야
programa de *trasnoche* 심야 프로그램

trasparencia
뜨라스빠렌시아
여 =transparencia

trasparentar
뜨라스빠렌따르
타 =transparentar

trasparente
뜨라스빠렌떼
형 =transparente

traspasar
뜨라스빠사르
타 옮기다, 운반하다, 나르다; (영업권 등을) 팔다, 양도하다; (탄환 등이) 관통하다, 뚫다; (감각·감정에) 깊이 영향을 주다; 건너다, 가로지르다, 횡단하다(atravesar); (범위 등을) 넘다; (법률 등에) 위반하다; 재차 통과하다

traspaso
뜨라스빠소
남 매도, 양도; 트레이드; 양도료, 선수 이적료; 이동

traspirar
뜨라스삐라르
자 =transpirar

trasplantar
뜨라스쁠란따르
타 =transplantar

trasplante
뜨라스쁠란떼
남 =transplante

trasportador, ra
뜨라스뽀르따도르, 라
형 남 =transportador

trasportar
뜨라스뽀르따르
타 =transportar

trasporte
뜨라스뽀르떼
남 =transporte

trasquilador, ra
뜨라스낄라도르, 라
남 여 털 깎는 사람

trasquiladura
뜨라스낄라두라
여 면양 등의 털을 깎음; (머리카락을) 쥐가 뜯어 먹은 것처럼 깎음

trasquilar
뜨라스낄라르
타 (양 등의) 털을 깎다; (사람의 머리카락을) 쥐 뜯어 먹은 것처럼 깎다

trasto
뜨라스또
남 (주로 부서지거나 오래된) 쓰지않는 [불필요한] 가구[기구]; 쓸모없는 인간, 멍청이 같은 남자; 복 도구, 용구; 복 ((스페인)) 소유물, 소지품; [연극] 무대 장치

trastornar
뜨라스또르나르
타 너저분하게[어수선하게] 하다; (질서 등을) 어지럽히다, 혼란시키다, 뒤흔들다; (정신적으로) 동요시키다, 당황하게 하다, 허둥지둥하게 하다; 착란시키다
trastornarse 마음이 흐트러지다

trastorno
뜨라스또르노
남 혼란, 동요; 몸의 부조

trasudar
뜨라수다르
자 땀이 나다, 땀이 배다

trasudor
뜨라수도르
남 (가벼운) 발한(發汗)

trasversal
뜨라스베르살
형 =transversal

trasverso, sa
뜨라스베르소, 사
형 =transverso

trata
뜨라따
여 인신 매매

tratable
뜨라따블레
형 치료할 수 있는; 붙임성이 좋은

tratadísta
뜨라따디스따
남 여 (전문 서적 등의) 저술가, 저자

tratado
뜨라따도
남 조약; 전문 서적, 논문, 연구서

tratamiento
뜨라따미엔또

남 대우, 취급; 경칭; 처리, 가공; 치료 (*tratamiento* médico)
malos *tratamientos* 학대; 냉대

tratante
뜨라딴떼

남 여 (주로 가축의) 상인

tratar
뜨라따르

타 취급하다, 다루다; 교섭하다, 담판하다; 처리하다, 가공하다; 치료하다; [컴퓨터] 처리하다
자 [+sobre · de] (...에 관해서) 논하다, 다루다, 취급하다; [+en] (...을) 장사하다, 매매하다; [+con] (...을) 조작하다, 사용하다; [+con] (...와) 교제하다, 사귀다, 어울리다, 친교가 있다

tratar de + 동사 원형
...하려고 하다, ...하려고 애쓰다
Trato de hacer todo lo posible.
나는 최선을 다하려 한다.
tratarse 교제하다, 사귀다, 친교가 있다; [3인칭으로만 사용] 일[문제·이야기]은 ...이다
¿De qué *se trata*? 무슨 일[말]이냐?

trato
뜨라또

남 대우, 취급; 경칭; 교우 관계; [때때로 복] 협정, 계약(acuerdo)

travelín
뜨라벨링

남 [영화] 이동 촬영

través
뜨라베스

남 기울기; 불행, 비운
a través de ...
...을 통해서, ... 너머로, ...사이에
a través de la ventana 창문을 통해서

travesaño
뜨라베사뇨

남 횡목, 가로목, 가로대; (사다리의) 단(段); (축구 등의) 골대, 골 포스트

travesía
뜨라베시아

여 횡단, 도항(渡航); ((스페인)) (간선 도로를 연결하는) 샛길; 간선 도로의 중심 부분

travesura
뜨라베수라

여 짓궂은 장난, (못된) 장난

traviesa[1]
뜨라비에사

여 [철도] 침목(枕木); [건축] 도리, 서까래

travieso, sa²
뜨라비에소, 사
형 장난이 심한, 짓궂은, 가만히 있지 않은; 교활한, 간교한, 빈틈이 없는
niño *travieso* 짓궂은[장난이 심한] 아이

trayecto
뜨라옉또
남 도정(道程), 행정(行程), 거리; 여정(旅程); (도로·철도·버스의) 구간

trayectoria
뜨라옉또리아
여 궤도(軌道)
trayectoria de una bala 탄도(彈道)
trayectoria del misil 미사일 궤도

traza
뜨라사
여 외관, 외견; 복 징후, 흔적; 설계도(trazado); 솜씨, 역량, 기량

trazado¹
뜨라사도
남 (건축의) 도면, 설계도; 노선, 코스, 지나가는 길; 강줄기; 선 긋기, 도면 그리기

trazado², da
뜨라사도, 다
형 [+bien·mal] 외모[용모·풍채]가 좋은·나쁜

trazador, ra
뜨라사도르, 라
형 흔적[광적(光跡)]이 남은
bala *trazadora* 예광탄(曳光彈)
남여 입안자, 작도자(作圖者), 모사자(模寫者)
남 [화학·생리] 트레이서, 추적자(追跡子), 추적 표지; [컴퓨터] 추적기

trazar
뜨라사르
타 (선을) 긋다; (특히 도형 등을) 그리다; (간결히) 묘사하다, 소묘하다; (계획을) 수립하다, 입안하다; [건축] 선을 긋다

trébol
뜨레볼
남 [식물] 클로버, 토끼풀; (네 잎 클로버 모양의) 입체 교차로

trece
뜨레세
형 13의; 13번째의, 열세 번째의
남 13

treceañero, ra
뜨레세아녜로, 라
형 13세의, 열세 살의
남여 13세 소년·소녀

treceavo, va
뜨레세아보, 바
형 남 13분의 1(의)

trecho
뜨레초
남 (정해지지 않은) 거리, 시간
Te esperé largo *trecho*.
나는 너를 오래[장시간] 기다렸다.

tregua
뜨레구아
여 휴전, 정전; 휴지(休止), 휴식, 휴계(休憩)

treinta
뜨레인따
형 30의; 30번째의
treinta y nueve 39
남 30, 서른; [los+] 1930년대; 30대

tremendo, da
뜨레멘도, 다
형 두려운, 무서운, 가공할, 가혹한, 참혹한, 호된; 놀라운, 놀랄 만한; 지독한, 엄청난
frío *tremendo* 지독한 추위, 혹한
incendio *tremendo* 엄청난 화재

trémulo, la
뜨레물로, 라
형 떠는, 흔들리는
estar *trémulo* de ira 분노로 떨고 있다

tren
뜨렌
남 열차, 기차; 전차; 걸음걸이의 속도, 보폭의 정도; (운전하는 기계의) 한 조(組), 라인, 장치; 사치스러움, 호화로움
tren tranvía
(단거리에서 역마다 정차하는) 보통 열차
subir al *tren* 승차하다
tomar el *tren* para Busan
부산행 열차를 타다
viajar en *tren* 기차로 여행하다

trencilla
뜨렌시야
여 장식 끈

trenza
뜨렌사
여 세 가닥으로 꼰 머리카락; 세 가닥으로 꼰 끈[끈목]; ((남미)) 파벌

trenzado
뜨렌사도
남 세 가닥으로 꼼[땀], 꼰 끈, 끈목

trenzar
뜨렌사르
타 세 가닥으로 꼬다[따다]; 짜다
trenzar sus cabellos
(…의) 머리카락을 세 가닥으로 땋다[꼬다]
trenzar los juncos 골풀을 짜다

trepa
뜨레빠
여 기어오르기
형 입신 출세주의의
남여 입신 출세주의자

trepador, ra
뜨레빠도르, 라
형 기어오르는
planta *trepadora* 덩굴식물

남 기어오르는 장소, 등반 장소
여 복 덩굴식물; [조류] 반금류(攀禽類)

trepar
뜨레빠르
자 기어오르다; 입신 출세하다

tres
뜨레스
형 3의; 세 번째의
남 3; 3일
여 복 세 시(時)
Son las *tres* de la tarde. 오후 세 시다.

trescientos, tas
뜨레스시엔또스, 따스
형 300의; 300번째의
남 300

tresillo
뜨레시요
남 3점 응접 세트 ((소파와 의자 두 개)); 3인용 소파; 돌이 3개 박힌 반지; [음악] 삼연음부

treta
뜨레따
여 책략, 계략

triangulación
뜨리앙굴라시온
여 삼각 측량

triangular
뜨리앙굴라르
형 삼각형의
comercio *triangular* 삼각 무역
vela *triangular* 삼각돛
남 [운동] 3개국[3게임] 대항 시합
타 [건축] 삼각(三角)으로 배치하다; 삼각 측량을 하다; [운동] 삼각 패스를 하다

triángulo
뜨리앙굴로
남 삼각형; 삼각 관계; [악기] 트라이 앵글

tribal
뜨리발
형 부족(tribu)의

tribalismo
뜨리발리스모
남 부족제, 부족 조직

tribu
뜨리부
여 부족, 종족; 대가족

tribulación
뜨리불라시온
여 [주로 복] 고뇌, 고난

tribuna
뜨리부나
여 (의회 등의) 연단; 석(席), 자리, 좌석; (교회의, 유리가 낀 출창식의) 정면 회랑; (신문·잡지 등의) 의견 발표 장소; (주로 정치적인) 웅변술

tribunal
뜨리부날
남 재판소, 법원, 법정; 복 재판; [집합 명사] 심사원, 시험관

tributación
뜨리부따시온
여 납세

tributar
뜨리부따르
타 (세금·공물 등을) 내다, 바치다; (찬사 등을) 보내다; (경의를) 표하다
자 납세하다

tributario, ria
뜨리부따리오, 리아
형 조세(租稅)의, 공물의; 납세하는, 납세 의무가 있는; (냇물이, 본류·호수로) 흘러 들어가는, 지류(支流)의; [+de] (...에) 기인하는
administración *tributaria* 세무서
derecho *tributario* 세법(稅法)
reforma *tributaria* 세제 개혁
남 여 납세자

tributo
뜨리부또
남 세금, 연공(年貢), 공물(貢物); (감사·칭찬·존경·애정의) 표현, 말; 대가, 희생

triciclo
뜨리시끌로
남 삼륜차

tricolor
뜨리꼴로르
형 삼색(三色)의
남 (여) 삼색기(bandera *tricolor*)

tridimensional
뜨리디멘시오날
형 삼차원의; 입체적인

trigal
뜨리갈
남 밀밭

trigésimo, ma
뜨리헤시모, 마
형 30번째의; 30분의 1의
남 30분의 1

trigo
뜨리고
남 [식물] 밀; [주로 복] 밀밭(trigal)

trilla
뜨리야
여 탈곡; 탈곡기(脫穀期)

trilladora
뜨리야도라
여 탈곡기(脫穀機)
trilladora segadora 콤바인

trillar
뜨리야르
타 탈곡하다

trillizo, za
뜨리이소, 사
형 세 쌍둥이의
남 여 세 쌍둥이 중의 한 사람

trillo
뜨리요
남 탈곡기(脫穀器)

trimestral
뜨리메스뜨랄
형 3개월간의; 3개월마다의
nota *trimestral* 학기(말) 성적
revista *trimestral* 계간 잡지

trimestralmente
뜨리메스뜨랄멘떼
부 3개월마다

trimestre
뜨리메스뜨레
남 3개월간; (3학기제 학교의) 1학기; (집세·연금 등의) 3개월분
el segundo *trimestre* 2학기, 제2사분기

trimotor
뜨리모또르
남 [항공] 삼발기(三發機)

trinchera
뜨린체라
여 [군사] 참호(塹壕); [교통] (산이나 언덕 등을) 절개해서 낸 길

trineo
뜨리네오
남 썰매
ir en *trineo* 썰매로 가다
subir en el *trineo* 썰매에 오르다

trinidad
뜨리니닫
여 [기독교] 삼위일체; 삼인조

trinitario, ria
뜨리니따리오, 리아
형 남 여 삼위일체회의 (회원)

trío
뜨리오
남 [음악] 삼중주, 삼중주곡, 삼중주단; 삼중창, 삼중창곡, 삼중창단; 삼인조, 트리오, 삼총사

tripa
뜨리빠
여 [주로 복] (주로 동물의) 창자; 내장; ((스페인)) (사람의) 배; (특히) 큰 배, 올챙이배, 똥배; 임신; (항아리 등의) 불룩한 부분

tripartición
뜨리빠르띠시온
여 3분할

tripartito, ta
뜨리빠르띠또, 따
형 셋으로 나눈; 삼자간(三者間)의
acuerdo *tripartito* 삼자 협정

tripería
뜨리뻬리아
여 내장(內臟) 가게

triplano
뜨리쁠라노
남 [항공] 삼엽(三葉) 비행기

triple
뜨리쁠레
- 형 3배의; 삼중의; 삼자(三者) 간의
- 남 3배; [농구] 3점; [야구] 삼루타; [전기] 세 꽂이 콘센트

triplicación
뜨리쁠리까시온
- 여 3배 하기

triplicar
뜨리쁠리까르
- 타 3배로 하다; (같은 것을) 세 번 반복하다
- ***triplicarse*** 3배가 되다

triplo, pla
뜨리쁠로, 쁠라
- 형 남 3배(의)(triple)

trípode
뜨리뽀데
- 남 (카메라 등의) 삼각(三脚), 삼각대; 세 발 책상[의자]

tripulación
뜨리뿔라시온
- 여 [집합 명사] 승무원, 탑승원

tripulado, da
뜨리뿔라도, 다
- 형 유인(有人)의
- astronave *tripulada* 유인 우주선
- satélite *tripulado* 유인 위성

tripulante
뜨리뿔란떼
- 남 여 (배·비행기의) 승무원, 탑승원

tripular
뜨리뿔라르
- 타 (배·비행기에) 타다, 승무원으로서 여러 사람이 함께 타다; 승무원을 고용하다; (차를) 운전하다

trisemanal
뜨리세마날
- 형 주 3회의

trisilábico, ca
뜨리실라비꼬, 까
- 형 [언어] 3음절의

trisílabo, ba
뜨리실라보, 바
- 형 [언어] 3음절의
- 남 [언어] 3음절어

triste
뜨리스떼
- 형 슬픈 (반 alegre); 슬퍼하고 있는; 슬퍼하는 듯한, 슬퍼하는 것 같은; 비참한; [ser+] 쓸쓸한, 적적한, (슬프고) 외로운; 음침한 기운이 도는, 음기(陰氣)한; [+명사] 보잘것없는, 하찮은, 초라한; 쥐꼬리만한
- un *triste* sueldo 쥐꼬리만한 봉급
- *triste* empleado 보잘것없는 월급쟁이

tristemente
뜨리스떼멘떼
튀 슬피, 슬픈 듯이, 슬픔에 잠겨; 쓸쓸히; 가엾게, 가슴 아프게

tristeza
뜨리스떼사
여 슬픔 (반 *alegría*), 비탄; 비애; 쓸쓸함, 적적함
contar *sus tristezas*
자신의 슬픔을 이야기하다
estar sumido en la *tristeza*
슬픔에 빠져 있다

triunfador, ra
뜨리운파도르, 라
형 전승(戰勝)한, 개선(凱旋)한
남 여 승자, 승리자, 개선자, 성공자

triunfal
뜨리운팔
형 승리의, 개선의; 이겨서 뽐내는
arco *triunfal* 개선문
marcha *triunfal* 개선 행진

triunfalmente
뜨리운팔멘떼
튀 이겨서 뽐내며, 승리에 도취하여, 의기양양하여; 열광적으로

triunfalismo
뜨리운팔리스모
남 자신만만한 태도

triunfalista
뜨리운팔리스따
형 남 여 자신만만한 (사람)

triunfante
뜨리운판떼
형 승리[성공]를 거둔, 이긴, 개선의
salir *triunfante* en el concurso
쿵쿠르에서 우승하다

triunfar
뜨리운파르
자 승리[성공]를 거두다, 우승하다, 이기다, 이겨 내다; [+de] (…을) 극복하다
triunfar de las dificultades
곤란을 극복하다

triunfo
뜨리운포
남 승리, 대승; 대성공; 트로피
ganar un *triunfo* 승리[성공]를 거두다

trivial
뜨리비알
형 사소한, 하찮은, 시시한; 평범한

trivialidad
뜨리비알리닫
여 하찮은 일[것], 사소한 일[것]; 평범함

triza
뜨리사
여 쪼가리, 단편(斷片)
hacer *trizas* 갈기갈기 찢다

trizar
뜨리사르
타 갈기갈기 찢다

trocar
뜨로까르
타 [+por] (…와) 물물교환하다; (정반대의 것으로) 바꾸다, 변화시키다: 잘못 알다
trocarse 변하다, 바뀌다
La risa *se trocó en llanto*.
미소는 눈물로 바뀌었다.
직·현재: *trueco, truecas, trueca, trocamos, trocáis, truecan*
직·부정 과거: *troque, tocaste, trocó, trocamos, trocasteis, trocaron*
접·현재: *trueque, trueques, trueque, troquemos, troquéis, truequen*

trofeo
뜨로페오
남 (승리 등의) 기념품, 트로피; 전리품; 전승 기념비; (벽 등을 장식하는) 장식 무기; (사냥감의) 박제 머리

troica
뜨로이까
여 트로이카; 삼두 지배, 트로이카 체제; 삼거두(三巨頭)

troika
뜨로이까
여 =**troica**

trombo
뜨롬보
남 [의학] 혈전(血栓)

trombocito
뜨롬보시또
남 혈소판(血小板)

tromboflebitis
뜨롬보플레비띠스
여 단 복 [의학] 혈전(성) 정맥염

trombón
뜨롬봉
남 ((악기)) 트롬본
남 여 트롬본 연주자

trombosis
뜨롬보시스
여 [의학] 혈전증

trompa
뜨롬빠
여 [악기] 호른; (코끼리·맥 등의) 코; (곤충의) 흡입관; [해부] 관(管); (큰) 팽이; ((스페인)) 술에 취함
남 여 호른 연주자
형 ((스페인)) 취해 있는
estar *trompa* 술에 취해 있다

tompeta
뜨롬뻬따
여 [악기] 트럼펫; [군대] 나팔
남 여 트럼펫 연주자; 나팔수

trompetero, ra
뜨롬뻬떼로, 라
남 여 트럼펫 연주자; 나팔수; 트럼펫[나팔] 제조자

trompetista
뜨롬뻬띠스따
남 여 트럼펫 연주자

trompo
뜨롬뽀
남 팽이; [자동차] 스핀; [조개] 소라

tronada
뜨로나다
여 (격심한) 뇌우(雷雨)

tronar
뜨로나르
자 천둥[우레]이 울리다, 천둥이 치다; [+contra] (…를) 욕을 퍼붓다, 호통을 치다; 굉음을 내다; (소리가) 울려 퍼지다
Truena lejos. 멀리서 천둥이 울린다.
타 ((중미)) 총살하다; (학생이 과목을) 빠뜨리다; (선생이 학생을) 낙제시키다

tronco[1]
뜨롱꼬
남 (나무의) 줄기, 몸체; (껍질만 벗긴) 통나무; (사람·동물의) 몸통, 몸체; 조(先祖); 본류, 본선(本線); (마차 말의) 두 마리

tronco[2]**, ca**
뜨롱꼬, 까
남 여 ((스페인)) [속어] 친구

trono
뜨로노
남 옥좌, 왕좌; 왕위; [종교] (제단 위의) 성궤(聖櫃); 성상을 놓는 제단; 변소

tropa
뜨로빠
여 (사관에 대해 계급으로서) 병사, 병졸; 하사관병; (민간인에 대해) 군대, 군부; 복 부대, 군대; (사람의) 집단, 한 떼

tropel
뜨로뻴
남 (시끄러운) 군중, 혼잡, 붐빔; (난잡한) 산적(山積), 더미
un *tropel* de libros 책 더미

tropezar
뜨로뻬사르
자 [+en·con] (…에) 발이 걸려 넘어지다, 발이 무엇에 채이다; [+contra] (…에) 충돌하다; [+con] (…와) 우연히 만나다; 잘못을 범하다; 언쟁하다, 말다툼하다
tropezarse 우연히 만나다
Nos tropezamos en la calle.

우리들은 우연히 길에서 만났다.

tropezón
뜨로뻬손
남 발이 걸려 넘어짐, 충돌; 잘못, 실수; [요리] 건더기 ((잘게 썰어 국 등에 넣는 어육·야채 등 재료))

tropical
뜨로삐깔
형 열대(성)의
clima *tropical* 열대성 기후
frutas *tropicales* 열대 과실
planta *tropical* 열대 식물
región [zona] *tropical* 열대 지방

trópico
뜨로삐꼬
남 [천문] 회귀선; 복 열대 지방

tropiezo
뜨로삐에소
남 장애, 곤란; (성적 관계 등에서의) 잘못, 실수, 실패; 발이 걸려 넘어짐; (의견의) 충돌; [요리] 건더기

trotamundos
뜨로따문도스
남 여 단 복 세계 여행자; 세계를 돌아 다니는 사람

trotar
뜨로따르
자 (말이) 빨리 뛰다; (기수가) 말을 빨리 뛰게 하다; (급히) 여기저기 돌아다니다

trote
뜨로떼
남 [마술] 속보(速步); 바쁜 일[활동]; 성가신 일, 귀찮은 일; 혹사, 심한 사용, 계속적인 사용

trova
뜨로바
여 시(詩)(verso); (trovador가 읊는) 연애시; 가사(歌詞)

trovador, ra
뜨로바도르, 라
남 여 시인(poeta)
남 (중세의) 음유(吟遊) 시인

trovadoresco, ca
뜨로바도레스꼬, 까
형 음유 시인 풍의

trovar
뜨로바르
자 rova를 짓다
타 (유명한 옛 시 등을) 어조를 흉내내다; 가사를 바꾸어 노래하게 하다

trovero, ra
뜨로베로, 라
남 여 (즉흥적으로) 연애시를 노래하는 사람

trovo
뜨로보
남 (대중적인) 애송시

troyano, na
뜨로야노, 나
형 트로이(Troya)의
남 여 트로이 사람

trozar
뜨로사르
타 갈갈이 찢다

trozo
뜨로소
남 자투리, 끄트러기, 조각, 토막
trozo de papel 종이 조각
trozo de tela 천 조각
leer un *trozo* del texto 교과서의 일부를 읽다

trucaje
뜨루까헤
남 [집합 명사] 계략, 계교, 책략; (도박 등의) 속임수, 부정; [영화] 특수 효과[촬영]

trucar
뜨루까르
타 속임수를 쓰다, 속이다

trucha
뜨루차
여 [어류] 송어

truchero, ra
뜨루체로, 라
형 송어의

truchuela
뜨루추엘라
여 소금에 절인 대구

truco
뜨루꼬
남 속임수, 계략, 책략; 비결, 요령
como si dijera truco 마이동풍으로

trueno
뜨루에노
남 천둥 소리; (천둥 소리 같은) 굉음, 크게 울리는 소리

trueque
뜨루에께
남 물물교환; 교환

truncamiento
뜨룽까미엔또
남 잘라냄; 좌절

truncar
뜨룽까르
타 (문장 등의) 일부를 삭제하다; 좌절시키다; 일부를 잘라내다

trust
뜨루스뜨
남 단 복 [경제] 트러스트, 기업 합동

tu
뚜
형 [소유 형용사 2인칭 단수 단축형] 너의, 자네의, 당신의; (하나님에 대해) 당신의, 하나님의
tu padre 네 아버지
tus padres 네 부모님

tú
뚜
대 [주격 인칭 대명사 2인칭 단수; usted과 달리 가족·친구 등 친한 사이나 아이들에게 사용

함] 너, 자네, 당신; (일반적인) 사람
¿Cuántos años tienes *tú*?
너는 몇 살이냐?

tuberculina
뚜베르꿀리나
여 [의학] 투베르쿨린

tubérculo
뚜베르꿀로
남 [식물] 덩이줄기, 덩이뿌리; [해부] 융기; [의학] 결절

tuberculosis
뚜베르꿀로시스
여 단 복 [의학] 결핵; (특히) 폐결핵

tuberculoso, sa
뚜베르꿀로소, 사
형 결핵(성)의; 결절이 있는; 덩이줄기의
bacilo *tuberculoso* 결핵균
남 결핵 환자

tubería
뚜베리아
여 배관(配管)

tuberosidad
뚜베로시닫
여 덩이뿌리 상태; 결절 모양; 융기

tuberoso, sa
뚜베로소, 사
형 덩이뿌리 (모양)의, 덩이줄기의; 결절이 있는

tubo
뚜보
남 관, 파이프; (연고·치약 등을 넣는) 용기(容器); [해부] 관(管); 지하철(metro); ((남미)) 수화기
tubo de acero 강철관, 강관(鋼管)
tubo de ensayo 시험관
tubo de goma 고무관
tubo de vidrio 유리관

tubular
뚜불라르
형 관(tubo)의, 관 모양의

tuerca
뚜에르까
여 너트, 볼트용 암나사

tuerto, ta
뚜에르또, 따
형 외눈의, 애꾸눈의
남 여 애꾸눈이, 외눈박이

tuétano
뚜에따노
남 골수(骨髓)(médula); 진수, 본질

tulipán
뚤리빤
남 [식물] 튤립, 울금향

tumba
뚬바

여 묘, 묘소

tumbar
뚬바르

타 넘어뜨리다, 쓰러뜨리다; ((스페인)) 낙제시키다, 불합격시키다; (정신적·감각적으로) 어리둥절하게 하다, 멍하게 하다, 난감[난처]하게 하다; 죽이다; ((남미)) 베어 넘어뜨리다; 정지(整地)하다
tumbarse (자기 위해) 눕다, 엎드려 눕다; 쓰러지다, 넘어지다; 방심하다, 부주의하다, 노력을 게을리하다

tumbo
뚬보

남 심한 동요; (교회 등의) 기록부
dar un *tumbo* 하게 떨다[흔들리다]

tumor
뚜모르

남 [의학] 종양(腫瘍), 종기, 혹
tumor benigno 양성 종양
tumor maligno 악성 종양

tumoración
뚜모라시온

여 (종양에 의한) 부증(浮症)

tumoral
뚜모랄

형 종양의

tumulto
뚜물또

남 소동, 폭동; 혼란, 떠들썩함

tumultuario, ria
뚜물뚜아리오, 리아

형 =**tumultuoso**

tumultuosamente
뚜물뚜오사멘떼

부 소란스레, 시끄럽게

tumultuoso, sa
뚜물뚜오소, 사

형 폭동의, 소란스러운, 혼란한, 소란[혼란]을 일으키는

tuna
뚜나

여 [식물] 뚜나 ((선인장의 일종; 서양배 비슷한 모양을 함)); 뚜나 열매 ((과실)); 뚜나 ((학생이 손님을 찾아 돌아다니는 소악단))

tundra
뚠드라

여 [지리] 툰드라, (영구) 동토대

túnel
뚜넬

남 터널, 지하도

tungsteno
뚱스떼노

남 [화학] 텅스텐

túnica
뚜니까
여 (고대 로마·그리스인의 가운 같은) 겉옷; (승려의) 긴 도포; [해부] 막(膜), 피막(皮膜); [식물] 겉껍질, 씨껍질; [생물] 피낭(被囊)

turbación
뚜르바시온
여 혼란, 동요; 난처함, 당혹, 당황

turbante
뚜르반떼
남 터번

turbar
뚜르바르
타 난처하게 하다, 당황하게 하다, 허둥지둥[갈팡질팡]하게 만들다; 혼란시키다; 동요시키다
turbarse
난처하다, 당황하다; 혼란되다, 동요하다

turbina
뚜르비나
여 터빈
turbina de vapor 증기 터빈

turbinar
뚜르비나르
타 …을 이용해 터빈을 돌리다

turbio, bia
뚜르비오, 비아
형 (액체가) 흐린, 탁한, 불투명한; 모호한, 애매한, 막연한, 선명하지 못한
agua *turbia* 흐린 물
vino *turbio*
(발효가 충분하지 못한) 탁한 포도주

turbo
뚜르보
형 남 배기 터빈 과급 장치(가 부착된), 터보 차저(가 부착된); [자동차] 터보 엔진 탑재차

turbogenerador
뚜르보헤네라도르
남 터보 발전기

turbulencia
뚜르불렌시아
여 혼탁, 흐림; 선명하지 못함; 혼란, 소란, 소동; [물리] 난류(亂流); [항공] 난기류(亂氣流)

turbulento, ta
뚜르불렌또, 따
형 파란이 큰; 소란스러운; 소동을 일으키는, 소란을 좋아하는, 불온한

turco, ca
뚜르꼬, 까
형 터키(Turquía)(인·어)의
남 여 터키 사람
남 터키어

turismo
뚜리스모
남 관광, 관광 여행; 관광 사업; [집합 명사] 관광객; 장거리 여행용 승용차, 투어링 카; 자가용차
turismo verde 자연을 즐기는 관광

oficina de *turismo* 관광 안내소

turista
뚜리스따
남 여 관광객

turístico, ca
뚜리스띠고, 까
형 관광의
ciudad *turística* 관광 도시
mapa *turístico* 관광 지도
viaje *turístico* 관광 여행
visa *turística* 관광 비자

turnar
뚜르나르
자 교체하다, 바꾸다
타 ((멕시코)) (다른 법정·관청 등에 서류를) 제출하다, 수속을 밟다
turnarse 서로 바꾸다[교체하다]

turno
뚜르노
남 순번, 번호, 차례, 순서; 당번
turno de día 낮 근무
turno de noche 야간 근무
turno de preguntas 질의응답
turno rotativo 교대제, 윤번제
trabajar por *turnos*
윤번제로 일하다[근무하다]

turón
뚜론
남 [동물] 스컹크

turquesa
뚜르께사
여 터키 석(石)

turrón
뚜르론
남 [과자] 뚜론 ((편도 등을 꿀로 굳힌 것; 특히 크리스마스에 먹음)); 즐거운[기쁜] 일

turronero, ra
뚜르로네로, 라
남 여 turrón 제조 업자[판매 업자]

tutear
뚜떼아르
타 …에게 tú를 사용해 말하게 하다; 너[자네·군·당신]라고 말하다; 친하게 지내다
tutearse 서로 tú를 사용해 말하다; 서로 말을 놓다, 친하게 지내다
Vamos a *tutearnos*. 우리 서로 말을 놓자

tutela
뚜뗄라
여 [법률] 후견(後見); 보호, 감독; 지휘 교관직, 가정 교사 직; (유엔의) 신탁 통치

tutelado, da
뚜뗄라도, 다
남 여 피후견인

tutelar
뚜뗄라르

형 후견의; 수호하는
gestión *tutelar* 후견
dios *tutelar* 수호신
타 후견하다, 보호 감독하다

tuteo
뚜떼오

남 tú를 사용해 말함

tutor, ra
뚜또르, 라

남 여 후견인; 보호자, 수호자; (전과목의) 가정교사; 지도 교관
남 (심은 나무 등의) 받침대, 버팀대, 지주(支柱)

tutoría
뚜또리아

여 후견인 직; 가정 교사 직; 지도 교관 직(무)

tuyo, ya
뚜요, 야

형 [소유 형용사 2인칭 단수 완전형] 너의, 군의, 자네의, 당신의
un amigo *tuyo* 네 한 남자 친구
una amiga *tuya* 네 한 여자 친구
Este ordenador es *tuyo*.
이 컴퓨터는 네 것이다.
대 [정관사+] 네 것, 군의 것, 자네의 것, 당신의 것
El *tuyo* es más grande.
네 것이 더 크다.

TVE
떼베에

((약어)) Televisión Española
스페인 국영 텔레비전

U

u¹
우

여 우 ((스페인어 자모의 스물네 번째 문자))

u²
우

접 [접속사 o가 o- 나 ho- 로 시작 되는 단어 앞에서 u가 됨] 혹은, 또는,...(이)나. ☞ **o²**
siete *u* ocho 칠팔, 일곱이나 여덟
rama *u* hoja 가지나 잎

ubicación
우비까시온

여 놓음, 둠, 설치; 위치

ubicar
우비까르

타 ((중남미)) 두다, 놓다, 설치하다, 배치하다
자 /*ubicarse* 있다, 위치하다

ucraniano, na
우끄라니아노, 나

형 우크라이나 (Ucrania)의
남 여 우크라이나 사람
남 우크라이나어

ucranio, nia
우끄라니오, 니아

형 남 여 =**ucraniano**

úlcera
울세라

여 [의학] 궤양
úlcera de estómago 위궤양
úlcera duodenal 십이지장 궤양

ulceración
울세라시온

여 궤양화, 궤양 형성; (주로 표층부의) 궤양

ulcerar
울세라르

타 궤양을 생기게 하다
ulcerarse 궤양이 생기다

ulceroso, sa
울세로소, 사

형 궤양성의
남 여 궤양 환자

ultimación
울띠마시온

여 완료, 완성

últimamente
울띠마멘떼

부 최후에; 최근, 요사이

ultimar
울띠마르

타 (공사 등을) 끝내다, 완성하다

ultimátum
울띠마뚬
남 단 복 [주로 단] 최후 통첩; 최종적인 요구 [제안]

último, ma
울띠모, 마
형 최후의, 최종의; 궁극의; 가장 먼 (벽촌의); 최근의, 최신의; 최저의, 최악의
último día del mes (달의) 말일
última carta 최근 편지
Ultima Cena 최후의 만찬
último esfuerzo 최후의 노력
último metro 마지막 지하철
última moda 최신 유행
última noticia 최근 뉴스
último piso 최상층
남 여 최후의[제일 뒤에 있는] 사람
a la última 최신 유행의
ir *a la última* 유행의 첨단을 가다
por último 최후에; 결국
Por último te hablaré sobre el tema.
최후에 너에게 주제에 관해 말하겠다.

ultra-
울뜨라
((접두어)) 초(超), 과(過), 극단적으로, 저쪽
*ultra*moderno 초현대적인

ultraderecha
울뜨라데레차
여 극우(極右)

ultraderechista
울뜨라데레치스따
형 극우의
남 여 극우주의자, 극우파

ultraizquierda
울뜨라이스끼에르다
여 극좌(極左)

ultraizquierdista
울뜨라이스끼에르디스따
형 극좌의
남 여 극좌주의자, 극좌파

ultrajante
울뜨라한떼
형 모욕적인

ultrajar
울뜨라하르
타 욕보이다, 창피를 주다, 모욕하다

ultraje
울뜨라헤
남 욕보이기, 모욕

ultramar
울뜨라마르
남 해외; 해외 영토; 군청색(群靑色)

ultramarino, na 형 해외의
울뜨라마리노, 나

ultramoderno, na 형 초현대적인
울뜨라모데르노, 나

ultrarrápido, da 형 초고속(超高速)의
울뜨라르라삐도, 다

ultrarrojo, ja 형 적외선의(infrarrojo)
울뜨라르로호, 하

ultrasofisticado, da 형 초고성능의
울뜨라소피스띠까도, 다

ultrasónico, ca 형 초음파의; 초음속의
울뜨라소니꼬, 까

ultrasonido 남 초음파(超音波)
울뜨라소니도 여 초음파학(超音波學)

ultravioleta 형 자외선(紫外線)의
울뜨라비올레따
rayos *ultravioletas* 자외선

úlula 여 [조류] 부엉이
울룰라

umbilical 형 [해부] 배꼽(ombligo)의
움빌리깔
cordón *umbilical* 탯줄

umbral 남 문턱, 문지방; (건물의) 출입구, 입구; 발단,
움브랄 단서; 한계
umbral de rentabilidad
[경제] 손익 분기점

umbrío, a 형 응달의, 그늘의
움브리오, 아 여 늘 그늘이 지는 곳

umbroso, sa 형 응달의, 그늘의
움브로소, 사

un, una¹ 관 [부정 관사 단수형; 복 unos, unas]
운, 우나 단 하나의, 어떤; 복 몇 개의, 약간의; 약(約) ...
un hermano 한 형제
una hermana 한 자매
un periódico 어떤 신문
una revista 어떤 잡지
unos diez minutos 약 10분

unas quince tiendas
약 15개의 가게

unánime 우나니메
〖형〗 (의견이) 전원 일치의, 만장 일치의; 이구 동성의

unánimemente 우나니메멘떼
〖부〗 만장 일치로, 이구 동성으로

unanimidad 우나니미닫
〖여〗 만장 일치; 일체감
por unanimidad 만장 일치로

unción 운시온
〖여〗 성유(聖油) 전수; 성별(聖別); (임종의)도유(塗油)(식); 신심(信心), 경건; 열중, 열심

uncir 운시르
〖타〗 멍에를 씌우다

undécimo, ma 운데시모, 마
〖형〗 11번째의; 11분의 1의
〖남〗 11분의 1

UNESCO 우네스꼬
〖여〗 유네스코, 유엔 교육 과학 문화 기구
((Organización de las Naciones Unidas para Educación, Ciencia y Cultura))

ungimiento 웅히미엔또
〖남〗 도유(塗油)

ungir 웅히르
〖타〗 성유(聖油)를 바르다; (방향유 등을) …에 바르다, 도포(塗布)하다

ungüento 웅구엔또
〖남〗 고약, 바르는 약

uni- 우니
((접두어)) 하나, 일(一), 단(單)
*uni*color 단색(單色)의

únicamente 우니까멘떼
〖부〗 오직, 단지, 애오라지

unicameral 우니까메랄
〖형〗 (의회의) 단원제의

unicameralismo 우니까메랄리스모
〖남〗 단원제 (의회)

unicelular 우니셀룰라르
〖형〗 [생물] 단세포의

único, ca
우니꼬, 까

형 유일한, 단 하나의, 단 한 사람의; [명사+] 특이한, 독특한
única esperanza 유일한 희망
mi hijo *único* 내 단 하나 뿐인 아들

unicolor
우니꼴로르

형 단색(單色)의

unidad
우니닫

여 단위; 통일성, 일체성; 단일성; 설비[기구] 일습, 장치; [군사] 전투 단위; [컴퓨터] 장치
unidad de almacenamiento 기억 장치
unidad de procesamiento central, *unidad* central de proceso
중앙 처리 장치

unidimensional
우니디멘시오날

형 일차원의

unido, da
우니도, 다

형 뭉친, 단결된, 연합된, 결합된; 긴밀한 사이의

unifamiliar
우니파밀리아르

형 한 가족으로 구성된; 한 가족용의; 핵가족의
empresa *unifamiliar* 가족 기업

unificación
우니피까시온

여 통일, 통합

unificador, ra
우니피까도르, 라

형 통일의, 단일화하는

unificar
우니피까르

타 하나로 만들다, 통일하다; 통합하다; 단일화하다
unificarse 하나가 되다, 통일되다

uniforme
우니포르메

형 같은 모양의, 똑같은, 한결같은; 단조로운
vida *uniforme* 변화가 없는 생활
남 제복, 유니폼; 군복

uniformidad
우니포르미닫

여 획일성, 유사성; 단조로움

Unigénito (el)
우니헤니또 (엘)

남 예수 그리스도, 독생자

unigénito, ta
우니헤니또, 따

형 남 여 외아들(의), 외동딸(의)
hijo *unigénito* 외아들

unilateral
우닐라떼랄

⟨형⟩ 한편(만)의, 일방적인; 편무(片務)의
tráfico *unilateral* 일방 통행

unilateralmente
우닐라데랄멘떼

⟨부⟩ 일방적으로

unión
우니온

⟨여⟩ 결합, 단결; 결혼; 연합, 동맹; 조합; 접합부, 결합부
Unión Europea 유럽 연합, EU
Unión Postal Universal
만국 우편 연합

unipersonal
우니뻬르소날

⟨형⟩ 개인의; 1인의; 1인용의
sociedad *unipersonal* 개인 회사
vivienda *unipersonal* 독신자용 주택

unir
우니르

⟨타⟩ 결합시키다, 합병시키다, 연결시키다; 결혼시키다; [의학] (상처 자리를) 아물게 하다
unirse 서로 연결하다; 단결하다; 가담하다 참여하다; (한 점에) 모이다, 만나다; 결혼하다

unisex
우니섹스

⟨형⟩ (복장 등이) 남녀의 구별이 없는, 남녀를 구별할 수 없는; 남녀 공용의

unisexual
우니섹수알

⟨형⟩ [동물·식물] 단성(單性)의

unitario, ria
우니따리오, 리아

⟨형⟩ 통일적인; 단위의; 단일의; 단일 정부의, 중앙 집권의
estado *unitario* 단일 국가
⟨남⟩⟨여⟩ 단일 정부[중앙 집권] 지지자

unitarismo
우니따리스모

⟨남⟩ 단일 정부주의, 중앙 집권주의

universal
우니베르살

⟨형⟩ 전세계적인; 전체의; 보편적인, 어디에도 있는
fama *universal* 세계적인 명성
historia *universal* 세계사
paz *universal* 세계 평화
⟨남⟩⟨복⟩ 일반 개념

universalidad
우니베르살리닫

⟨여⟩ 보편성

universalizar
우니베르살리사르

⟨타⟩ 보편화하다

universalmente
우니베르살멘떼
🄫 전세계적으로; 보편적으로

universiada
우니베르시아다
🄦 [운동] 유니버시아드, 국제 학생 경기 대회

universidad
우니베르시달
🄦 대학교, 종합 대학교 ((스페인에는 단과 대학은 없음))
universidad a distancia
개방 대학, 통신 대학
estudiar en una *universidad*
대학교에서 공부하다
Universidad Hankuk de Estudios Extranjeros 한국외국어대학교

universitario, ria
우니베르시따리오, 리아
🄗 대학의, 대학생의; 대학을 졸업한
curso de orientación *universitaria*
대학 준비 코스 ((스페인에서는 중등 교육을 마친 후 1년간의 대학 준비 과정을 거치고 대학에 진학함))
educacón *universitaria* 대학 교육
escuela *universitaria* 대학 부설 교육 기관
profesor *universitario* 대학 교수
🄧🄦 대학생; 대학 졸업자

universo[1]
우니베르소
🄧 우주, 만물; 세계; [통계] 모집단(母集團)
ley del *universo* 만유의 법칙

universo[2], **sa**
우니베르소, 사
🄗 =**universal**

uno, una[2]
우노, 우나
🄗 [남성 명사 직전에서 un] 하나의; [주격 보어로] 하나의, 일체(一體)의, 동일(同一)의
un euro 1유로
una taza de café 커피 한 잔
treinta *y un* días 31일(간)
🄧 하나, 한 개; ((스페인)) 1일
el *uno* de enero 1월 1일
Uno y dos son tres. 1+2=3.
🄓 [부정 대명사] (일반적으로) 사람; (불특정의) 어떤 사람; (복수 중의) 한사람, 한 개
Uno me lo dijo. 어떤 사람이 나에게 그것

을 말했다.
uno a otro, ***el uno al otro*** 서로
Nos ayudamos *uno a otro*.
우리들은 서로 도왔다.
uno a uno 한 사람씩, 한 개씩
Responderé las preguntas *una a una*.
질문에 하나씩 답하겠다.

untadura
운따두라
여 도포(塗布), 약이나 고약 등을 겉에 바름; 윤활유

untar
운따르
타 …에 바르다; 더럽히다; 매수하다
untarse 더럽혀지다; 자신의 …을 더럽히다; (공금 등을) 속이다

unto
운또
남 연고, 바르는 약; (피혁에 바르는) 유지(油脂); 비계; ((남미)) 구두약

untuosidad
운뚜오시닫
여 미끈미끈함, 끈적끈적함

untuoso, sa
운뚜오소, 사
형 미끈미끈한, 끈적끈적한

untura
운뚜라
여 연고(軟膏); 윤활유; (피혁에 바르는) 유지(油脂)

uña
우냐
여 손톱; 발톱; (기구의) 갈고랑이, 보습; [선박] 닻의 갈고랑이; (전갈의) 독침; (식물의) 가시
cortarse las *uñas* 손톱을 깎다
tener las *uñas* largas 손톱이 길다
ser uña y carne 매우 친하다

uñada
우냐다
여 손톱 자국; 할퀸[긁힌] 상처

uñeta
우녜따
여 (석공용의) 끌, 정

uperización
우뻬리사시온
여 (우유의 장기 보존용의) 초고온 처리

uperizar
우뻬리사르
타 초고온 처리하다

ural(o)altaico, ca
우랄(로)알따이꼬, 까
형 남 [언어] 우랄알타이 어족(의)

uranio 우라니오	남 [화학] 우라늄
urbanidad 우르바니닫	여 정중함; 우아, 품위
urbanismo 우르바니스모	남 도시 계획; 도시 공학
urbanista 우르바니스따	형 도시 계획의 남 여 도시 계획 전문가
urbanístico, ca 우르바니스띠꼬, 까	형 도시 계획의; 도시화의
urbanita 우르바니따	형 남 여 도회지 사람(의)
urbanización 우르바니사시온	여 도시화; 신흥 주택지, 분양지, 단지
urbanizar 우르바니사르	타 도시화하다; 세련시키다 *urbanizarse* 세련되다
urbano, na 우르바노, 나	형 도시의, 도회지의; 도회지 풍의; 세련된 población *urbana* 도시 인구 남 여 (도시의, 주로 교통 정리를 하는) 경찰관 (guardia *urbano*)
urbe 우르베	여 도회지; (특히) 대도회지
urdimbre 우르딤브레	여 [섬유] 날실 (반 trama); (못된) 계획, 음모, 흉계
urdir 우르디르	타 (못된 일·음모를) 꾸미다, 계획하다; 날실을 가지런히 정리하다
urgencia 우르헨시아	여 긴급, 절박함, 긴박함; 구급(의 치료); 복 (병원의) 구급 센터 con *urgencia* 긴급히, 몹시 서둘러 clínica de *urgencia* 구급 병원 servicio de *urgencia* 구급 의료 서비스 llamar a *urgencias* 구급차를 부르다
urgente 우르헨떼	형 긴급의, 절박한, 긴박한; 속달의; 긴급을 요하는; 지급 전보의 carta *urgente* 속달 편지, 빠른 우편

urgentemente
우르헨떼멘떼

🔲튀 긴급히, 몹시 서둘러

urgir
우르히르

🔲자 긴급하다, 절박하다, 임박하다; [+동사 원형·que+접속법] …하는 것이 필요하다, …할 필요가 있다
El tiempo *urge*. 시간이 없다.

urna
우르나

🔲여 투표함; 추첨함; (전시물의) 유리 상자; 납골함

urraca
우르라까

🔲여 [조류] 까치

Uruguay
우루구아이

🔲남 [국명] 우루구아이

uruguayo, ya
우루구아요, 야

🔲형 우루구아이(인)의
🔲남🔲여 우루구아이 사람

usado, da
우사도, 다

🔲형 사용한, 사용해서 닳은, 낡은, 손때 묻은; 중고의
coche *usado* 중고차
palabra poco *usada*
별로 사용하지 않는 말

usanza
우산사

🔲여 관습, 관례, 풍습
a la antigua *usanza* 옛날 식의

usar
우사르

🔲타 사용하다, 쓰다; (습관적으로)몸에 붙이다; [+동사 원형] (…하는) 버릇이 있다
usar el coche 차를 사용하다
usar el español en el trabajo
직장에서 스페인어를 사용하다
🔲자 (최대한으로 …을) 이용하다; [+de] (…하는) 버릇이 있다
usarse (습관·유행으로) 사용되다
Esta palabra ya no *se usa*.
이 단어는 이제 사용되지 않는다.

uso
우소

🔲남 사용; 용도; 사용법; 관례, 관습; [법률] 사용권
de *uso* personal 개인용의
uso de las armas 무력 행사

uso pacífico de la energía nuclear
원자력의 평화적 이용

usted
우스떼(ㄷ)

대 [인칭 대명사 3인칭 단수; 어원이 vuestra merced(귀하, 각하) 이므로 3인칭 취급] 당신, 귀하
Es *usted* muy amable.
친절에 감사드립니다.
¿Quiere *usted* cerrrar la puerta?
문을 닫아 주시겠습니까?

ustedes
우스떼데스

대 [인칭 대명사 3인칭 복수] 당신들, 여러분들; 귀사(貴社), 귀단체; ((중남미)) 너희들(vosotros)
Ustedes los españoles son muy amables.
당신들 스페인 사람들은 무척 친절하다.

usual
우수알

형 일상의, 상용(常用)의
términos *usuales* 일상어

usualmente
우수알멘떼

부 보통, 늘, 통상적으로

usuario, ria
우수아리오, 리아

형 사용권을 가진
남 여 이용자; [법률] 사용권자
usuarios del metro 지하철 이용자

usura
우수라

여 고리채, (터무니없는) 고리(高利); 폭리, 부당하게 많은 이익
dar a *usura* 고리로 빌려 주다

usurario, ria
우수라리오, 리아

형 고리의, 높은 이자의; 폭리의

usurero, ra
우수레로, 라

남 여 고리 대금 업자; 폭리를 취하는 사람

usurpación
우수르빠시온

여 부당 취득, 횡령; 찬탈(簒奪); [법률] 침해

usurpador, ra
우수르빠도르, 라

형 횡령하는; 찬탈하는
남 여 횡령자; 찬탈자

usurpar
우수르빠르

타 (지위 등을) 부당하게 손에 넣다, 찬탈하다; [법률] (권리 등을) 침해 하다

ut

男 [주로 복] 가정 용품, 집기; 도구
utensilios de cocina 주방 용품
utensilios de pesca 낚시 도구

男 [해부] 자궁
alquiler de *úteros* 대리모(행위)

, na
-, 나
형 자궁의

...al
우띨
형 쓸모 있는, 도움[소용]이 되는, 유용한; [기술] 유효한; [법률] 유효한
libro *útil* para los niños
어린이에게 유용한 책
男 [주로 복] 도구, 공구(工具)
útiles de piedra 석기(石器)
útiles de labranza 농기구

utilidad
우띨리닫
여 유용성; 이득, 성과

utilitario, ria
우띨리따리오, 리아
형 공리주의의; 실용 본위의
男 경자동차(輕自動車); [컴퓨터] 유틸리티

utilitarismo
우띨리따리스모
男 공리주의, 실리주의

utilitarista
우띨리따리스따
형 공리주의의, 실리주의의
男여 공리주의자, 실리주의자

utilizable
우띨리사블레
형 사용할 수 있는

utilización
우띨리사시온
여 이용, 사용

utilizar
우띨리사르
타 이용하다, 사용하다; 유용하게 하다, 도움이 되게 하다
utilizar el ascensor
승강기[엘리베이터]를 이용하다

utillaje
우띠야헤
男 [집합 명사] 용구, 도구(道具)

útilmente
우띨멘떼
부 유익하게; 유효하게

utopia
우또뻬아
여 =**utopía**

utopía
우또**뻬**아
여 이상향, 유토피아

utópico, ca
우또**뻬**꼬, 까
형 공상적인, 유토피아의
socialismo *utópico*
공상적 사회주의

utopista
우또**뻬**스따
남 여 이상가, 몽상가

uva
우바
여 [과실] 포도

uve
우베
여 ((스페인)) 우베 ((문자 v의 명칭))
uve doble ((스페인)) 문자 w의 명칭

úvea
우베아
여 [해부] 포도막

uvero, ra
우베로, 라
형 포도의
남 여 포도 판매 업자, 포도 장수

úvula
우불라
여 [해부] 목젖

uvular
우불라르
형 목젖의; [언어] 연구개의

v
우베

여 우베 ((스페인어 자모의 스물다섯 번째 문자; 중남미에서는 「베」라 부르고 b와 구별할 때는 b를 be alta, v를 be baja라 함))

va
바

그[그녀·당신]는 간다 ((ir 동사의 직설법 현재 3인칭 단수))

vaca
바까

여 암소; [요리] 쇠고기(carne de *vaca*) ((성우(成牛)의 질긴 고기; 보통 쇠고기는 ternera))
vaca lechera [de leche] 젖소
vaca sagrada (인도의) 성우(聖牛)
mal de las *vacas* locas 광우병

vacación
바까시온

여 [주로 복] 휴가, 방학; 휴식
vacaciones invernal [de invierno]
겨울 방학, 겨울 휴가
vacaciones veraniegas [de verano]
여름 방학, 여름 휴가
estar de *vacaciones*
휴가[방학] 중이다
ir de *vacaciones* a Méjico
방학[휴가]으로 멕시코에 가다

vacacional
바까시오날

형 휴가의, 방학의

vacada
바까다

여 소 떼

vacante
바깐떼

형 결원(缺員)의; (방 등이) 비어 있는
asiento *vacante* 공석, 빈자리
여 결원(puesto·plaza *vacante*)
cubrir la *vacante* 결원을 보충하다

vacar
바까르

자 결원이 되다; (방 등이) 비다

vaciado
바시아도

남 비어 있는 것; 배수(排水); 주조; 주조물, 상(像); 발굴 조사; (칼 등을) 갈아서 닦음

vaciar
바시아르

타 (그릇을) 비우다; [+en] (…에) 쏟다; [+de] (…을) 치우다, 제거하다; 구멍을 뚫다, 속을 비게 만들다; (책 등에서) 정보를 꺼내다; (칼 등을) 날을 세우다, 갈다; 틀에 넣어서 만들다, 주조하다, 부어 넣다
vaciar la botella 병을 비우다
vaciarse
(비밀 등을) 털어놓다; 정력을 쏟아 넣다

vaciedad
바시에닫

여 하찮은[시시한] 것, 터무니없는 말

vacilación
바실라시온

여 주저, 망설임, 우유부단; 흔들림, 동요(動搖)
sin *vacilación* 주저하지 않고

vacilante
바실란떼

형 망설이는, 주저하는, 우유부단한; 비틀거리는

vacilar
바실라르

자 주저하다, 망설이다; 갈피를 못 잡다; 흔들리다, 흔들거리다, 출렁이다; (상황 등이) 동요하다, 흔들리다, 불안정하다; ((스페인)) [+de] (…을) 자만하다
sin vacilar 주저하지 않고
타 조롱하다, 놀리다

vacío, a
바시오, 아

형 빈, 속이 빈, 텅 빈 (반 lleno); 내용이 없는, 공허한; ((중남미)) (음식물에 대해서) …만
botella *vacía*
빈 병
habitación *vacía*
가구가 딸리지 않은방, 빈 방
남 진공; 공백, (빈) 틈; 공석, 결원
vacío *político* 정치적 공백
bomba de *vacío* 진공 펌프

vacuna¹
바꾸나

여 [의학] 백신; 우두창(瘡), 종두

vacunación
바꾸나시온

여 예방[백신] 접종[주사], 백신 투여

vagar

vacunar
바꾸나르
㉠ 예방[백신] 접종을 하다; 백신을 투여하다; 면역이 되다, 익숙해지다, 길들다
vacunar contra las adversidades
역경에 면역이 되다

vacunatorio
바꾸나또리오
㉡ 예방 접종 기관[장소]

vacuno, na²
바꾸노, 나
㉢ 소의; 쇠가죽의
㉡ 소; 쇠가죽

vade
바데
㉡ 서류 가방(cartera); 종이 오릴 때 쓰는 가위

vadeable
바데아블레
㉢ 걸어서 건널 수 있는

vadear
바데아르
㉠ (냇물 등을) 걸어서 건너다; (곤란을) 극복하다

vado
바도
㉡ 여울; (건물의 앞 등에, 차량이 들어가기 쉽도록) 턱을 낮게 한 인도[보도(步道)]
vado permanente
[표시] 출입구 주차 금지

vagabundear
바가분데아르
㉣ 방랑하다, 떠돌아다니다, 정처없이 걷다; (목적도 없이) 어슬렁어슬렁 걷다; 목표 없이 여행을 하다

vagabundeo
바가분데오
㉡ 방랑; 어슬렁어슬렁 걸음

vagabundo, da
바가분도, 다
㉢ 방랑의, 유랑의
vida *vagabunda* 방랑 생활
㉡㉥ 방랑자, 부랑자, 나그네

vagamente
바가멘떼
㉤ 멀거니, 멍청히, 멍하니, 막연히

vagancia
바간시아
㉥ 게으른 버릇, 게으름, 태만; 무직; 방랑

vagar
바가르
㉣ [+por] (…을) 방랑하다, 어슬렁어슬렁 돌아다니다
㉡ 겨를, 짬, 틈, 여가; 유장(悠長)함
no tener *vagar* 겨를[짬]이 없다

vagido
바히도
남 (갓난아이의) 울음 소리
el primer *vagido*
갓난아이의 첫 울음 소리 고고(呱呱)의 소리

vagina
바히나
여 [해부] 질(膣)

vaginal
바히날
형 **vagina**의

vaginismo
바히니스모
남 [의학] 질경련(膣痙攣)

vaginitis
바히니띠스
여 단 복 [의학] 질염(膣炎)

vaginoscopio
바히노스꼬삐오
남 질경(膣鏡)

vago, ga
바고, 가
형 모호한, 막연한; 게으름뱅이의; 방랑하는, 일정한 직업이 없는
남 여 게으름뱅이; 부랑자

vagón
바곤
남 (철도의) 차량; 화차(貨車)
vagón comedor 식당차
vagón de pasajeros 객차
vagón de primera (clase) 일등차
vagón de segunda (clase) 이등차
vagón restaurante 식당차

vagoneta
바고네따
여 (토목 공사용의) 소형 무개 화차

vaguedad
바게닫
여 모호함, 애매함; 무위(無爲)

vahído
바이도
남 현기증

vaho
바오
남 (눈에 보이는) 김, 수증기; 복 [의학] 흡입(법)

vaina
바이나
여 [도검 등의] 칼집

vainilla
바이니야
여 [식물·향료] 바닐라

vaivén
바이벤
남 왕복 운동; 진동(振動); 부침
puerta de *vaivén*

(안팎으로 저절로 여닫히는) 자동식 문

vajilla
바히야
여 [집합 명사] 식기(食器)

vale
발레
남 인환권; 수령증, 영수증; 무료 입장권, 우대권; 약속 어음(pagaré)
vale-regalo 선물권, 상품권
감 좋아!, 됐어!, 오케이!; 안녕!

valenciano, na
발렌시아노, 나
형 발렌시아(Valencia)의
arroz a la *valenciana* 빠에야 (paella)
남여 발렌시아 사람
남 발렌시아 방언

valentía
발렌띠아
여 용감함, 용기; 대담함, 담력, 배짱; 용감한 행위

valentón, tona
발렌똔, 또나
형 남 여 허세 부리는 (사람)

valentonada
발렌또나다
여 허세, 허장성세(虛張聲勢)

valer
발레르
자 쓸모 있다, 소용이 되다, 도움이 되다, 이용 가치가 있다; 유효하다, 효력을 가지다; [주로+부] 뛰어나다, 두드러지다, 가치가 있다; …에 상당하다, …와 같은 효과가 있다; [+a] (…의) 값이다
Estos zapatos me *valen* todavía.
이 구두는 아직 신을 만하다.
Este billete no *vale*.
이 표는 무효입니다.
Las naranjas *valen* a mil wones el kilo. 귤은 킬로에 천 원이다.
타 …의 값이다; …에 상당하다, …과 같은 가치가 있다; (계산의 답·미지수가) …이다, …로 되다; 결과로 …을 가져오다; (신 등이) 돕다, 가호(加護)를 주다
¿Cuánto *vale* este ordenador?
이 컴퓨터 얼마입니까?
La suma *vale* quinientos.
합계는 500이다.

valerse [+de] (…을) 이용하다, 잘 쓰다 [사용하다]
직·현재: val*go*, vales, vale, valemos, valéis, valen
직·미래: val*dré*, val*drás*, val*drá*, val*dremos*, val*dréis*, val*drán*
가능법: val*dría*, val*drías*, val*dría*, val*dríamos*, val*dríais*, val*drían*
접·현재: val*ga*, val*gas*, val*ga*, val*gamos*, val*gáis*, val*gan*

valeroso, sa
발레로소, 사
형 용기 있는, 용감한

valía
발리아
여 (사람의) 진가, 평가; (사물의) 평가, 가치, 값어치

validación
발리다시온
여 유효하게 함

validar
발리다르
타 법률적으로 유효하게 하다

validez
발리데스
여 (법적인) 유효성, 효력
plazo de *validez* 유효 기간

válido, da
발리도, 다
형 (법적으로) 유효한, 통용하는
Mi pasaporte es *válido* hasta 2007.
내 여권은 2007년까지 유효하다.
No fue *válida* esa elección.
그 선거는 무효다.

valiente
발리엔떼
형 용감한, 용기 있는; 허세 부리는; 강한, 늠름한, 씩씩한, 옹골찬; [+명사] 훌륭한, 근사한, 굉장한, 지독한, 대단한
valiente *guerrero* 용감한 전사
joven *valiente* 용기 있는 청년
남 여 용감한 사람; 허세 부리는 사람

valientemente
발리엔떼멘떼
부 용감히; 대담하게

valija
발리하
여 ((주로 중남미)) 여행 가방; (우편집배원의) 우편 배낭; ((중남미)) (차의) 트렁크

valijero, ra
발리헤로, 라
남 여 외교 문서 전달관

valimiento
발리미엔또
남 총애, 특별히 돌봐줌, 후원; 비호

valioso, sa
발리오소, 사
형 귀중한, 유익한
joya *valiosa* 고가의 보석

valla
바야
여 (판자·철망 등의) 울타리, 담(장); 장애; [운동] 파울; (도로 옆·건물 옥상 등의) 광고판, 표시판, 간판

valladar
바야다르
남 울타리, 담장; 장애물

vallado
바야도
남 울타리, 담장; 산울타리, 토담

vallar
바야르
타 …에 울타리를 하다, 목책을 하다

valle
바예
남 계곡; 유역; 분지(盆地)
Valle de los Caídos 전사자의 계곡

valor
발로르
남 가치, 값, 값어치; 액, 가격; [주로 복] 유효성, 효력; [주로 단] 중요성, 의의(意義); 유명인, 스타; [주로 단] 용기, 용감함; (불쾌한 것에 대한) 인내심; 뻔뻔스러움, 넉살 좋음; 재능이 있는 사람; 복 가치관, 가치 규준; 유가 증권; [수학] 수치, 값; [미술] 색[빛]이 강함, 명암의 정도
valor adquisitivo 화폐 가치, 구매력
valor añadido 부가 가치
valor de uso 사용 가치
valor unitario 단가(單價)
estimar el *valor* de un cuadro
그림의 가치를 감정하다

valoración
발로라시온
여 평가, 견적; 사정(査定); 고려; 가치의 상승

valorar
발로라르
타 (가격으로) 평가하다, 견적하다; 사정하다; 높게 평가하다, 존중하다; 고려하다; …의 가치를 높이다; [화학] 적정(滴定)하다
valorse 평가되다

Ese autor *se valora* en mucho.
그 작가는 높이 평가되고 있다.

valorización
발로리사시온
여 =**valoración**

valorizar
발로리사르
타 ((주로 중남미)) =**valorar**

vals
발스
남 [무용·음악] 왈츠
bailar el *vals* 왈츠를 추다

valsar
발사르
자 왈츠를 추다

valse
발세
남 ((중남미)) =**vals**

valuar
발루아르
타 ((주로 중남미)) =**valorar**

valva
발바
여 (쌍각류 조개의) 패각(貝殼)

válvula
발불라
여 판(瓣), 밸브; (심장 등의) 판(瓣); [전기] 전자관
válvula de seguridad 안전판, 안전밸브
enfermedad de la *válvula* cardiaca
심장 판막증

valvular
발불라르
형 válvula의

vamos
바모스
우리는 간다
((ir 동사의 직설법 현재 1인칭 복수))

vampiresa
밤삐레사
여 요부(妖婦); 요부의 역을 연기하는 여배우

vampiro
밤삐로
남 흡혈귀; 고혈을 빨아먹는 사람, 착취자; [동물] 흡혈박쥐

vanagloria
바나글로리아
여 허영, 허영심

vanagloriarse
바나글로리아르세
((재귀)) [+de·por] (…을) 자만하다, 자부하다, 우쭐해 하다

vanaglorioso, sa
바나글로리오소, 사
형 남 여 자만하는 (사람); 허영심이 강한 (사람); 허세를 부리는 (사람)

vanamente
바나멘떼
🔲 헛되이, 보람없이, 무익하게, 아무 쓸모없이

vandalaje
반달라헤
🔲 ((남미)) 산적 행위

vandálico, ca
반달리꼬, 까
🔲 =**vándalo**

vandalismo
반달리스모
🔲 예술·문화재·공공 건물 등의 고의적 파괴

vándalo, la
반달로, 라
🔲 [역사] 반달 사람의; 파괴를 좋아하는, 난폭한
🔲 🔲 반달 사람; 예술품·문화재 등의 고의적 파괴자

vanguardia
방구아르디아
🔲 [군사·예술] 전위(前衛); 선봉
literatura de *vanguardia* 전위 문학

vanguardismo
방구아르디스모
🔲 전위파(前衛派)

vanguardista
방구아르디스따
🔲 전위파의
🔲 🔲 전위파 예술가

vanidad
바니닫
🔲 허영심, 겉치레; 🔲 공허(함), 허무함, 덧없음

vanidoso, sa
바니도소, 사
🔲 🔲 🔲 허영심이 강한 (사람)

vano, na
바노, 나
🔲 허무한, 헛된, 덧없는, 공허한, 근거가 없는; 표면적인, 내용이 없는; 허영심이 강한
vanas esperanzas 헛된 기대
esfuerzo *vano* 헛된 노력
gloria *vana* 허무한 영광
palabra vana 공허한 말

vapor
바뽀르
🔲 증기, 김, 수증기; 기선(汽船); [의학] 현기증; 🔲 흡입제; 🔲 트림
calefacción de *vapor* 스팀 난방

vaporar
바뽀라르
🔲 =**evaporar**

vaporera
바뽀레라
🔲 [요리] 찜통, 시루

vaporización
바뽀리사시온
여 증발, 기화(氣化); [의학] 증발 요법

vaporizador
바뽀리사도르
남 증발기, 기화기; 분무기

vaporizar
바뽀리사르
타 증발시키다, 기화(氣化)시키다
vaporizarse 증발하다

vaquería
바께리아
여 [고어] 착유소, 낙농장; 우유 판매소

vaqueriza
바께리사
여 (월동용의) 우사(牛舍), 외양간, 목장

vaquero, ra
바께로, 라
형 소를 치는; [복식] 진 바지의
남 여 소를 치는 사람, 목동, 카우보이
남 [복식] 진 바지, 청바지

vara
바라
여 (잎이 아닌) 가늘고 긴 가지; 가늘고 긴 막대기[작대기], 회초리, 권표, 권위의 지팡이; 권위; [식물] 꽃대, 꽃줄기; [옛날의 길이의 단위] 바라((83.59 cm)); (마차의) 채; [투우] 창
poner *varas* (말에게) 창을 푹 찌르다

varadura
바라두라
여 좌초; (배를) 해변의 모래밭에 끌어 올림

varar
바라르
자 좌초되다
vararse 좌초되다; 암초에 얹히다
타 (배를) 해변의 모래밭에 끌어 올리다

variabilidad
바리아빌리닫
여 변하기 쉬움, 가변성

variable
바리아블레
형 변하기 쉬운, 변덕스러운; 변화하는, 가변(可變)의
capital *variable* 가변 자본
여 [수학] 변수; 지표

variación
바리아시온
여 변화, 변동; [음악] 변주(곡); [수학] 변분(變分); [지학] 자기 편차[편각]

variado, da
바리아도, 다
형 변화가 풍부한; 갖가지의, 여러 가지의

variamente
바리아멘떼
형 여러 가지로, 갖가지로

variante 바리안떼	여 변형, 변종; (문헌의) 이본(異本), 이문(異文); ((스페인)) (간선 도로 등의) 우회로; [언어] 이형(異形), 변이체(變異體)
variar 바리아르	타 변화를 주다, 다채롭게 하다; 바꾸다, 변경하다 *variar* el menú 정식(定食)에 변화를 주다 *variar* la *colocación* de los muebles 가구의 배치를 바꾸다 자 바뀌다, 변하다; 다르다
variedad 바리에닫	여 변화(가 풍부함), 다양성; 품종; [생물] 변종 복 버라이어티 연예
varilla 바리야	여 (주로 금속제의) 가늘고 긴 막대기, 회초리; (우산·부채의) 살; (코르셋 등의) 심
vario, ria 바리오, 리아	형 가지각색의, 여러 가지의; 잡다한; [+명사] 몇몇의, 여럿의 productos *varios* 다양한 제품 *varios* amigos 여러 명의 친구 *varios* años 수년(數年)
varita 바리따	여 (마법사 등의) 가늘고 긴 막대기
varón 바론	남 남성; 성인 남자; 신사
varonil 바로닐	형 남자의, 남자다운 semblante *varonil* 남자다운 얼굴
vasallo, lla 바사요, 야	형 신하의; 예속된 남 여 [역사] 신하
vasar 바사르	남 (간단한) 식기 선반
vasco, ca 바스꼬, 까	형 바스크(País Vasco, 스페인 북부의 자치주)(인·어)의 남 여 바스크 사람 남 바스크어(vascuence)
vascófilo, la 바스꼬필로, 라	남 여 바스크(어) 연구자

vascoparlante
바스꼬빠를란떼
형 바스크어를 말하는

vascuence
바스꾸엔세
남 바스크어

vascular
바스꿀라르
형 혈관의; 맥관(脈管)의

vasectomía
바섹또미아
여 [의학] 정관 절제(술)

vaselina
바셀리나
여 [화학] 바셀린

vasija
바시하
여 (요리용의) 그릇, 용기(容器)

vaso
바소
남 컵, (다리가 없는) 유리잔; 용기(容器), 그릇; [고고학] 단지, 항아리; [해부·생물] 관(管); 도관(導管); (말의) 말굽

vasoconstricción
바소꼰스뜨릭시온
여 [의학] 혈관 수축

vasconstrictor, ra
바스꼰스뜨릭또르, 라
형 [의학] 혈관 수축(성)의
남 혈관 수축약

vasodilatación
바소딜라따시온
여 [의학] 혈관 확장

vasodilatador, ra
바소딜라따도르, 라
형 혈관 확장(성)의
남 혈관 확장약

vasomotor, ra
바소모또르, 라
형 혈관 운동의
nervios *vasomotores* 혈관 운동 신경

vástago
바스따고
남 (식물의) 새싹, 어린 가지; 자식, 자손; (포도주 잔 등의) 다리; [기계] 축, 봉(棒); ((중남미)) 바나나의 대

vastedad
바스떼닫
여 광대함

vasto, ta
바스또, 따
형 매우 넓은, 광범한, 광대한
vasta llanura 대평원
vastos conocimientos 광범한 지식

váter
바떼르
남 (수세식의) 변소; (특히) 변기

Vaticano (el)
바띠까노 (엘)

남 바티칸 (궁전), 교황청
Ciudad del *Vaticano* 바티칸 시국

vaticano, na
바띠까노, 나

형 바티칸의, 바티칸 시국[궁전]의; 교황청의
sede *vaticana* 교황청

vatímetro
바띠메뜨로

남 전력계(電力計)

vatio
바띠오

남 [전력의 단위] 왓트
bombilla de cien *vatios*
100 왓트의 전구

Vd.
우스떼(ㄷ)

대 ((약어)) =**usted**

Vds.
우스떼데스

대 ((약어)) =**ustedes**

ve¹
베

여 ((중남미)) 베 ((문자 v의 명칭))

ve²
베

가거라 ((ir 동사의 2인칭 단수 명령))

ve³
베

그[그녀·당신]는 본다 ((ver 동사의 직설법 현재 3인칭 단수))

vecinal
베시날

형 이웃의, 인근의

vecindad
베신닫

여 [집합 명사] 이웃 사람들; 인접, 가까운 이웃, 근린(近隣)
carta de *vecindad* 거주 허가장

vecindario
베신다리오

남 [집합 명사] (같은 건물·시읍면의) 주민; 주민 명부

vecino, na
베시노, 나

형 이웃의; 근처의
casa *vecina* 이웃집
país *vecino* 이웃 나라, 인접국
pueblo *vecino* 이웃 마을
남 여 이웃사람; 근처의 사람; (같은 건물·어떤 지역의) 주민

Más vale vecino cercano que hermano lejano.
(속담) 가까운 이웃이 멀리 있는 형제보다 낫다

vector
벡또르
남 [수학] 벡터; [천문] 동경(動徑); 병원균을 매개하는 곤충; [군사] 핵운반 수단, 미사일

vectorial
벡또리알
형 벡터의

veda
베다
여 (법률 등에 의한) 금지; 금어(禁漁)[금렵(禁獵)] 기간

vedado, da
베다도, 다
형 금지된
남 출입 금지 구역
vedado de caza 조수 보호 구역, 금렵구

vedar
베다르
타 (법률·명령으로) 금지하다

vega
베가
여 (주로 하천 유역의) 옥야(沃野); ((중미)) 담배 농원; ((남미)) 습지

Vega
베가
여 [천문] 직녀성

vegetación
베헤따시온
여 (한 지역의) 식물; 발아; 성장; 복 [의학] (피부·점막의) 증식 비대(增殖肥大)
vegetaciones adenoideas
편도선 비대, 아데노이드

vegetal
베헤딸
형 식물(성)의 (반) *animal*
aceite *vegetal* 식물성 기름
남 식물(planta); 식물 인간; 복 야채(verduras)

vegetar
베헤따르
자 (식물이) 성장하다; (사람이) 무위한 생활을 보내다; (활동이) 침체되다; 식물 인간이 되다

vegetarianismo
베헤따리아니스모
남 채식주의

vegetariano, na
베헤따리아노, 나
형 채식주의의
남 여 채식주의자

vegetativo, va
베헤따띠보, 바
형 식물성의; 영양성의
aparato *vegetativo* 영양 기관
sistema nervioso *vegetativo*
식물성[자율] 신경계

vehemente
베에멘떼
형 (감정·표현이) 격한, 열렬한, 신중히 생각하지 않고 행동하는, 충동적인

vehemente admirador 열렬한 숭배자
discurso *vehemente* 열변(熱辯)
mujer *vehemente* 성질이 격한 여자

vehementemente
베에멘떼멘떼
男 결렬하게; 열렬하게

vehicular
베이꿀라르
형 교통의

vehículo
베이꿀로
남 탈것; 교통[운반] 수단; 차, 차량; 전달 수단, 매개물, 매개자; [의학] 보균자

veinte
베인떼
형 20의; 20번째의, 스무 번째의
남 20, 스물; 1920년대; 20대

veintavo, va
베인따보, 바
형 남 ＝**veinteavo**

veinteavo, va
베인떼아보, 바
형 남 20분의 1(의)

veinticinco
베인띠싱꼬
형 남 25(의)

veinticuatro
베인띠꾸아뜨로
형 남 24(의)

veintidós
베인띠도스
형 남 22(의)

veintinueve
베인띠누에베
형 남 29(의)

veintiocho
베인띠오초
형 남 28(의)

veintiséis
베인띠세이스
형 남 26(의)

veintisiete
베인띠시에떼
형 남 27(의)

veintitrés
베인띠뜨레스
형 남 23(의)

veintiún
베인띠운
형 ☞ **veintiuno**

veintiuno, na
베인띠우노, 나
형 남 [남성 명사 앞에서는 veintiún] 21(의)
veintiún libros 21권의 책
veintiuna casas 21채의 집

vejación
베하시온
예 따돌림, 왕따, 학대

vejamen
베하멘
남 =*vejación*

vejar
베하르
타 (자존심이 상할 정도로) 괴롭히다, 들볶다, 학대[구박]하다, 못살게 굴다, 따돌리다, 왕따시키다; 모욕하다
vejar constantemente
끊임없이[빈번히] 괴롭히다

vejatorio, ria
베하또리오, 리아
형 괴롭히는, 들볶는, 구박하는, 못살게 구는, 왕따시키는, 따돌리는; 굴욕적인

vejez
베헤스
여 노년(기), 노령, 늙음
pasatiempo de la *vejez*
노후의 낙[즐거움 · 취미]
entrar en la *vejez* 노년기에 접어들다
morir de *vejez* 노쇠로 죽다

vejiga
베히가
여 [해부] 방광; (피부의) 물집

vela
벨라
여 [선박] 돛; 요트; 범선; 요트 경기; 초, 양초; 각성; 철야, 불면(不眠); 밤샘 간병; 밤샘; 복 콧물
encender [apagar] una *vela*
초를 켜다 [끄다]

velación
벨라시온
여 [주로 복] (옛날 천주교 결혼식에서) 신랑 신부가 베일을 쓰는 의식; 밤샘(velatorio)

velada
벨라다
여 야회(夜會), 야간 파티; 야간 모임, 야간 회합; 야간 공연, 야간 영업

velador
벨라도르
남 (다리가 하나인) 소형 둥근 탁자

velamen
벨라멘
남 [집합 명사] (배 한 척의) 돛

velar
벨라르
자 밤샘하다, 철야하다; [+por · sobre] (…에) 주의하다, 기를 쓰다

velatorio
벨라또리오
남 밤샘, 철야; 밤샘하는 사람들; (병원 등의) 영안실

velero, ra
벨레로, 라
- 형 (범선이) 쾌속의, 빠른
- 남 범선(buque *velero*); [항공] 글라이더, 활공기

veleta
벨레따
- 여 바람개비, 풍향계; (낚시의) 찌
- 남여 변덕이 심한 사람, 변덕쟁이

vélico, ca
벨리꼬, 까
- 형 돛의

velista
벨리스따
- 남여 요트 조종자[소유자·애호가]

vello
베요
- 남 [때때로 복] (사람의 머리카락·수염 이외의) 체모(體毛), 몸털; (식물·직물 등의) 솜털

vellocino, na
베요시노, 나
- 남 (양 등 한 마리 분의) 털, 양모; (양의) 모피(毛皮)

vellón
베욘
- 남 [집합 명사] (양 등 한 마리 분의) 털, 양모; 은과 동의 합금 ((옛날 동전의 재료)); 은과 동의 합금 동전

vellosidad
베요시닫
- 여 몸털이 남; 털이 많음

velloso, sa
베요소, 사
- 형 체모[몸털]가 난

velludo, da
베유도, 다
- 형 털이 많은

velo
벨로
- 남 (신부·수도녀·이슬람교도의 여성 등이 쓰는) 베일, 면사포
- *velo* de la noche 밤의 장막, 어두움
- quitar el *velo* del misterio 신비의 베일을 벗기다
- llevar un *velo* en la cabeza 머리에 면사포[베일]를 쓰고 있다

velocidad
벨로시닫
- 여 빠르기, 속도, 속력; (차 등의) 변속 장치; [운동] 스프린트
- a gran *velocidad* 고속으로
- a poca *velocidad* 저속으로
- a toda *velocidad* 전속력으로

velocímetro
벨로시메뜨로
남 속도계(速度計)

velocista
벨로시스따
남 여 [운동] 단거리 주자, 스프린터

velódromo
벨로드로모
남 자전거 경기장, 경륜장(競輪場)

veloz
벨로스
형 빠른(rápido)
movimiento *veloz* 빠른 움직임
huir *veloz* 빨리 도망치다
El corazón late *veloz*. 맥박이 빠르다.

velozmente
벨로스멘떼
부 빨리, 속히

ven[1]
벵, 벤
오너라 ((venir 동사의 2인칭 단수 명령형))
Ven acá. 이리 오너라.

ven[2]
벵, 벤
그들[그녀들·당신들]은 본다 ((ver 동사의 직설법 현재 3인칭 복수))

vena
베나
여 [해부] 정맥 (반 arteria 동맥); 돌결, 나뭇결; 엽맥(葉脈), 잎맥; 광맥(鑛脈), 수맥(水脈); (예술적인) 감흥; 재능

venablo
베나블로
남 투창(投槍)

venado, da
베나도, 다
형 미친, 기가 상한
남 [동물] 사슴(ciervo)
여 광기(狂氣)의 발작

vencedero, ra
벤세데로, 라
형 기한이 오는
letra *vencedera* mañana
내일 기한이 끝나는 어음

vencedor, ra
벤세도르, 라
형 승리의, 전승(戰勝)의
país *vencedor* 전승국(戰勝國)
남 여 승리자, 승자(勝者)

vencer
벤세르
타 타파하다, 격파하다, 쳐부수다, 이기다; 극하다, 정복하다; (무게로) 기울게 하다; 파괴하다, 부수다
vencer al enemigo 적을 쳐부수다
vencer un obstáculo 장애를 극복하다

자 (기한이) 오다, 마감되다; 이기다, 승리하다
vencerse 자신을 이겨 내다; (무게로) 기울다, 휘다, 젖혀지다, 뒤다; 부서지다, 파괴되다; 기한이 오다[마감되다]
직·현재: venzo, vences, vence, vencemos, vencéis, vencen
접·현재: venza, venzas, venza, venzamos, venzáis, venzan

vencible
벤시블레
형 이겨 낼 수 있는, 극복할 수 있는

vencido, da
벤시도, 다
형 기한이 끝난[마감된·온]; 진, 패배한
letra *vencida* 기한이 끝난 어음
país *vencido* 패전국(敗戰國)
darse por *vencido* 패배를 인정하다
남**여** 패자(敗者)

vencimiento
벤시미엔또
남 (지불 등의) 기한, 만기(滿期); [주로 **단**] (판자가) 휨, 구부러짐; 승리(victoria); 패배 (derrota); 극복(克服)

venda
벤다
여 붕대

vendaje
벤다헤
남 [집합 명사] (상처 자리의) 붕대; 붕대를 함

vendar
벤다르
타 (몸의 일부에) 붕대를 감다
vendarse (자신의 …에) 붕대를 감다

vendaval
벤다발
남 (특히 남쪽·남서쪽에서 계절 외에 불어오는) 강풍, 폭풍

vendedor, ra
벤데도르, 라
형 판매하는, 파는
남**여** 매주(賣主); (상점의) 점원; 판매원, 외판원
vendedor de periódicos 신문팔이

vendepatria
벤데빠뜨리아
남**여** 매국노(賣國奴)

vendepatrias
벤데빠뜨리아스
남**여****단****복** =**vendepatria**

vender 벤데르	타 팔다, 판매하다 (반 comprar); (양심 등을) 매도하다, 팔아 넘기다; 배반하다; (…의 비밀 등을) 폭로하다 *vender* frutas en el mercado 시장에서 과실을 팔다 ***venderse*** 팔리다; 배반하다; 무심코 본성[비밀]을 드러내다; [+por] (자기 자신이) …인 척[체]하다
vendible 벤디블레	형 팔 수 있는; 팔 물건의
vendimia 벤디미아	여 포도 따기[수확]; 포도 수확기
vendimiador, ra 벤디미아도르, 라	남 여 포도 따는 사람
vendimiar 벤디미아르	자 타 (포도를) 따다, 수확하다
veneno 베네노	남 독(毒), 독물(毒物) veneno *violento* 맹독(猛毒) El tabaco es un *veneno*. 담배는 독이다.
venenosidad 베네노시닫	여 독성(毒性)
venenoso, sa 베네노소, 사	형 독이 있는, 유독(有毒)의; 심술궂은, 짖궂은 gas *venenoso* 독가스 libro *venenoso* 해로운 책 serpiente *venenosa* 독사(毒蛇)
venerable 베네라블레	형 (고령으로) 존경할 만한; 공경해야 할
veneración 베네라시온	여 숭배; 존경, 경애(敬愛)
venerar 베네라르	타 존경하다, 공경하다, 존중하다; (신 등을) 우러러 받들다, 숭상하다, 숭배하다
venéreo, a 베네레오, 아	형 성병(性病)의; 성애(性愛)의
venereología 베네레올로히아	여 성병학(性病學)

venero
베네로
남 광맥; 샘

venezolano, na
베네솔라노, 나
형 베네수엘라(인)의
남 여 베네수엘라 사람

Venezuela
베네수엘라
여 [국명] 베네수엘라

venga
벵가
오십시오
((venir의 접속법 현재 1·3인칭 단수))

vengador, ra
벵가도르, 라
형 복수의, 보복의
남 여 복수자

venganza
벵간사
여 복수, 보복
sed [espíritu] de *venganza*
복수심
tomar *venganza* en uno
...에게 복수를 하다

vengar
벵가르
타 ...의 복수를 하다
vengarse [+de · por · en]
(...의) 복수를 하다; ...에게 복수를 하다
vengarse de su padre
아버지의 복수를 하다

vengativo, va
벵가띠보, 바
형 복수심이 강한, 한이 많은

vengo
벵고
나는 온다 ((venir의 직설법 현재 1인칭 단수))

venida
베니다
여 오는 일, 내방 (반 ida); 돌아옴, 귀환, 귀대(vuelta)

venidero, ra
베니데로, 라
형 오는, 장래의
los *venideros* 후손, 후대
el mundo *venidero* 내세(來世)
los tiempos *venideros* 미래, 장래

venir
베니르
자 오다, (이리로) 다가오다; 일어나다, 생기다; (식물이) 자라다, 나다, 장하다; 타협하다, 동의하다; 결정하다; [+bien · mal] 적합하다, 잘 맞다; 적합하지 않다, 잘 맞지 않다
Ella *viene* en coche. 그녀는 차로 온다

Mis padres todavía no *han venido*.
내 부모님은 아직 오지 않으셨다.
Estos zapatos te *vienen* bien.
이 구두는 너한테 잘 맞는다.
Esa corbata te *viene* mal.
그 넥타이는 너한테 안 어울린다.
직·현재: vengo, vienes, viene, venimos, venís, vienen
직·부정 과거: vine, viniste, vino, vinimos, vinisteis, vinieron
직·미래: vendré, vendrás, vendrá, vendremos, vendréis, vendrán
가능법: vendría, vendrías, vendría, vendríamos, vendríais, vendrían
접·현재: venga, vengas, venga, vengamos, vengáis, vengan

venoso, sa
베노소, 사
형 정맥의; 엽맥의, 잎맥의
inyección *venosa* 정맥 주사

venta
벤따
여 판매, 매각; 매상(고)
venta a bajo precio 싸게 팖
venta al por mayor 도매
venta al por menor 소매
precio de *venta* 판매 가격
punto de *venta* 판로, 소매점
red de *ventas* 판매망
en venta 발매중의, 팔려고 내놓은
poner algo *en venta*
…을 발매하다, 팔기 시작하다
Tengo la casa *en venta*.
나는 집을 팔려고 내놓고 있다.
Este artículo no está *en venta*.
이 상품은 비매품이다, 이 상품은 시판되지 않고 있다.

ventada
벤따다
여 돌풍(突風)

ventaja
벤따하
여 우위, 유리; 이점, 장점; (운동 등에서) 상위; 핸디캡; [테니스] 어드밴티지; 할증 수당; ((남

미)) (장사에 의한) 이익

ventajear
벤따헤아르
자 ((중남미)) 은혜를 입다; 부당한 이익을 얻다

ventajero, ra
벤따헤로, 라
형 남 여 =**ventajista**

ventajista
벤따히스따
형 남 여 (장사 등에서) 약랄한 (사람)

ventajosamente
벤따호사멘떼
부 유리하게, 이롭게

ventajoso, sa
벤따호소, 사
형 유리한, 이득이 되는
contrato *ventajoso* 유리한 계약
situación *ventajosa* 유리한 상황

ventana
벤따나
여 창(窓), 창문; 콧구멍; [컴퓨터] 윈도, 창(窓)
ventana frailera
셔터[철제 덧문] 부착 창(문)
abrir [cerrar] la *ventana*
창문을 열다[닫다]
asomarse a la *ventana* 창문 있는 곳에
모습을 보이다, 창문으로 얼굴을 내밀다
mirar por la *ventana*
창문으로 바라보다[전망하다]

ventanal
벤따날
남 큰 창(문)

ventanilla
벤따니야
여 (열차 · 비행기 등 탈것의) 창; (은행 · 표파는 곳 등의) 창구; [컴퓨터] 윈도, 창(窓)

ventarrón
벤따르론
남 강풍(强風)

ventear
벤떼아르
자 바람이 불다

ventero, ra
벤떼로, 라
남 여 여관(venta)의 주인

ventilación
벤띨라시온
여 통풍, 환기(換氣)

ventilador
벤띨라도르
남 선풍기; 통풍 설비, 환기 장치; 환기 구멍, 통풍구

ventilar 벤띨라르	타 환기시키다; (바람에) 맞게 하다, 쐬게 하다; (문제를) 해결하다; (사적인 것을) 공표하다 *ventilar* la habitación 방을 환기시키다 *ventilar* las mantas 모포를 말리다 ***ventilarse*** 환기되다, 마르다
ventisca 벤띠스까	여 눈보라; 강풍
ventiscar 벤띠스까르	자 눈보라가 치다; [눈이 주어] 강풍으로 날아 올라가다
ventisquear 벤띠스께아르	자 =**ventiscar**
ventisquero 벤띠스께로	남 눈보라; 강풍; 눈보라가 치는 곳; 바람에 날려 눈이나 나뭇잎 등이 쌓이는 곳; 설원(雪原), 빙원(氷原)
ventosa 벤또사	여 환기 구멍, 통풍 구멍; (난로 등의) 공기 구멍; [동물] 흡반(吸盤)
ventosear 벤또세아르	자 방귀를 뀌다
ventosidad 벤또시닫	여 (뱃속의) 가스, 방귀
ventoso, sa 벤또소, 사	형 바람이 강한; [의학] 고창(鼓脹)의
ventral 벤뜨랄	형 배(vientre)의, 복부의
ventrecha 벤뜨레차	여 (물고기의) 배, 복부
ventresa 벤뜨레사	여 [요리] (생선의) 배 부분
ventricular 벤뜨리꿀라르	형 [해부] 실(室)의, 심실(心室)의; 뇌실(腦室)의
ventrículo 벤뜨리꿀로	남 [해부] 실(室); 심실; 뇌실(腦室) *ventrículo* derecho 우심실 *ventrículo* izquierdo 좌심실
ventrisca 벤뜨리스까	여 [요리] (생선의) 배 부분

ventrudo, da 벤뜨루도, 다 — 형 올챙이배의, 배불뚝이의, 배가 큰

ventura 벤뚜라 — 여 행운; 운; 우연

venturoso, sa 벤뚜로소, 사 — 형 행운의, 행복한

venus 베누스 — 여 절세 미인

Venus 베누스 — 여 [신화] 비너스
남 [천문] 금성(金星)

venusiano, na 베누시아노, 나 — 형 [천문] 금성(Venus)의

veo 베오 — 나는 본다 ((ver 동사의 직설법 현재 1인칭 단수))

ver 베르 — 타 보다; 알다, 발견하다, 찾아 내다; 예견하다; 체험하다; 이해하다; (사람을) 만나다, 면회하다
ver la televisión 텔레비전을 보다
Hace mucho tiempo que no te *veo*.
오랜만이다, 너를 만나지 못한 지 오래되었다.
자 보이다; 조사하다; 만나다; [+de] 해보다, 시험하다
No *veo* bien. 눈이 잘 안 보인다.
Ver es creer. 백문이 불여일견.
verse 보이다; 자신의 모습을 보다, 자신의 ...을 보다; 서로 만나다; ...의 상태에 있다; ((주로 중남미)) ...처럼 보이다 (parecer)
a ver ㉮ [호기심] 어디 (좀 보자)
¿Te gusta mi reloj nuevo?
— *A ver*(, *a ver*).
내 새 시계 마음에 드니?
— 어디 (좀 보자).
㉯ 주목!
¡A ver! Póngase todos en fila.
주목, 전원 정렬!
직·현재: **veo**, ves, ve, vemos, veis, ven

직·부정 과거: vi, viste, vio, vimos, visteis, vieron
직·불완료 과거: veía, veías, veía, veíamos, veíais, veían
접·현재: vea, veas, vea, veamos, veáis, vean
🔲남 시각(視覺); 외관(外觀), 모양
de buen *ver* 미남의, 미녀의

veranda
베란다
🔲여 베란다, 노대(露臺), 유리를 친, 발코니

veraneante
베라네안떼
🔲남🔲여 피서객

veranear
베라네아르
🔲자 여름을 보내다, 여름 휴가를 보내다, 피서하다

veraneo
베라네오
🔲남 피서
lugar de *veraneo* 피서지
estar de *veraneo* 피서 중이다
ir de *veraneo* 피서 가다

veraniego, ga
베라니에고, 가
🔲형 여름의, 여름 같은
calor *veraniego* 여름의[같은] 혹서

veranillo
베라니요
🔲남 잔서(殘暑), 가을의 더운 한 시기

verano
베라노
🔲남 여름; (중남미의 열대 지방의) (더운) 건기(乾期)
en (el) *verano* 여름에
horario de *verano* 서머타임
vestido de *verano* 하복, 여름옷
vestirse de *verano* 하복을 입다

veras
베라스
🔲여🔲복 (말의) 진실성
de veras ㉮ 정말로, 진실로, 진짜로; 마음에서, 진심으로
¿De veras?
정말입니까?
Lo siento *de veras*.
정말로 미안합니다.

⑭ 매우, 굉장히, 대단히
Ella ha llegado cansada *de veras*.
그녀는 피로에 지쳐 돌아왔다.

veraz
베라스
형 (사람이) 진실을 말하는, 정직한; (말·보고 등이) 진실한, 정확한

verbal
베르발
형 말에 의한, 구두의; 말의, 언어의; [문법] 동사의, 동사에서 파생한

verbo
베르보
남 [문법] 동사
verbo intransitivo 자동사
verbo transitivo 타동사

verdad
베르닫
여 진리; 진실; 사실; [부가 의문] 그렇죠?
verdad científica 과학적 진리
decir la *verdad*
진실을 말하다, 사실을 말하다
Ella viene mañana, ¿*verdad*?
그녀는 내일 오죠, 그렇죠?
a decir verdad, a la verdad
실은, 사실은, 사실을 말하면
de verdad
정말로, 진짜로, 분명히, 틀림없이; 진짜의
Te ofrezco *de verdad* mi domicilio.
정말로 네가 내 집에 묵어도 좋다.

verdaderamente
베르다데라멘떼
부 정말로, 진짜로, 분명히, 확실히

verdadero, ra
베르다데로, 라
형 진실한, 사실의, 정말의; 성실한, 마음으로부터의; 거짓 없는, 진짜의
verdadera causa 진짜 이유
verdadero amigo 진실한 친구
verdadero responsable 실제 책임자
caridad *verdadera*
마음에서 우러나온 애정
diamante *verdadero* 진짜 다이아몬드

verde
베르데
형 푸른, 녹색의; (신호가) 푸른; 익지 않은; (계획 등이) 완성되지 않은; (땔나무 등이) 덜 마른; 외설의, 음탕한; 환경 보호파의, 녹색당의
espacio [zona · cordón] *verde*

녹지대
hoja *verde* 푸른 잎
sobre *verde* 녹색 봉투
冏 녹색; 푸른 풀, 잔디; 푸른 잎; 녹색당(los *verdes*); (신호의) 푸른 불(luz *verde*); ((남미)) 마떼 차(mate)

verdear
베르데아르
冏 녹색으로 되다; (초목이) 푸릇푸릇해지다; ((남미)) 마떼 차를 마시다

verdecer
베르데세르
冏 =**verdear**

verdor
베르도르
冏 (초목의) 녹색; 생기; 싱싱함

verdoso, sa
베르도소, 사
冏 녹색을 띤

verdugo
베르두고
冏 사형 집행인; 냉혈한, 피도 눈물도 없는 잔인한 사람

verdulería
베르둘레리아
冏 야채 가게, 청과물점

verdulero, ra
베르둘레로, 라
冏 야채 가게 주인[점원], 청과물상

verdura
베르두라
冏 [주로 복] (주로 녹색의) 야채
ensalada de *verduras* 야채 샐러드

vereda
베레다
冏 오솔길, 좁은 길

veredicto
베레딕또
冏 [법률] (배심원의) 평결; (권위자의) 판정, 판단; 답신(答申)

vergonzante
베르곤산떼
冏 부끄러워하는, 암띤
pobre *vergonzante*
가난을 숨기고 있는 사람
tomar una actitud *vergonzante*
겁먹은 태도를 취하다

vergonzoso, sa
베르곤소소, 사
冏 부끄러운, 수치스러운; 부끄럼을 잘 타는, 부끄러워하는
actitud *vergonzosa* 부끄러운 행위
niña *vergonzosa* 부끄럼을 잘 타는 여아

vergüenza 베르구엔사	여 부끄러움, 수치, 치욕, 불명예; 수치심; 복 치부(恥部), 음부(陰部) hombre de *vergüenza* 신의가 두터운 사람 hombre sin *vergüenza* 파렴치한
verificable 베리피까블레	형 실증할 수 있는
verificación 베리피까시온	여 확인; 점검, 검사; [수학] 검산
verificador, ra 베리피까도르, 라	형 검사의; 입증하는 (계기의) 남여 검사관, 검사원; 점검원 남 검사용 기구
verificar 베리피까르	타 확인하다; 검사하다, 점검하다; 검산하다; (...의 옳음을) 실증하다; 실행하다 ***verificarse*** 확실해지다; 실증되다
verja 베르하	여 철책, 쇠울타리
vermú 베르무	남 베르무트 ((리큐어의 일종)); 야간 흥행 (matineé)
vermut 베르뭇	남 =**vermú**
vernal 베르날	형 봄(primavera)의
verosímil 베로시밀	형 진실[진짜] 같은, 진실미가 있는; 있을 법한
verosímilmente 베로시밀멘떼	부 진실[진짜] 같이
verruga 베르루가	여 [의학] 사마귀; [식물] 혹
verrugoso, sa 베르루고소, 사	형 사마귀가 많은
versación 베르사시온	여 ((중남미)) 전문 지식
versado, da 베르사도, 다	형 정통한, 밝은, 조예가 깊은 Ella es *versada en* latín. 그녀는 라틴어를 잘 한다.

versar
베르사르
자 [+sobre] (...을) 주제로 하다
La conferencia *versa sobre* la educación. 강연은 교육에 관한 것이다.

versátil
베르사띨
형 의견이 변하기 쉬운, 변덕스러운; 용도가 넓은, 만능의; (사람이) 다재 다능한
sentimiento *versátil* 변덕, 들뜬 마음

versatilidad
베르사띨리닫
여 변하기 쉬움, 변덕스러움

versificación
베르시피까시온
여 시작(詩作), 운문으로 쓰기

versificador, ra
베르시피까도르, 라
남 여 시작가(詩作家)

versificar
베르시피까르
자 시를 쓰다, 시작(詩作)하다
타 시로 만들다, 운문으로 쓰다

versión
베르시온
여 번역(traducción); 역독(譯讀); 이본(異本); [영화] ...판(版); [음악] 버전; 해석, 설명; [컴퓨터] 판, 버전
versión coreana del Quijote
돈 끼호떼의 한글 번역

verso¹
베르소
남 시구(詩句); (시의) 한 행; 운문; 시(詩); ((남미)) 거짓말, 과장
versio libre 자유시
escribir *versos* 시를 쓰다

verso², sa
베르소, 사
형 (페이지·종이의) 뒤의, 뒷면의
plana *versa* 이면(裏面)

vértebra
베르떼브라
여 [해부] 추골(椎骨), 척추(골)
vértebra cervical 경추(頸椎)
vértebra dorsal 흉추(胸椎)
vértebra lumbar 요추(腰椎)

vertebrado, da
베르떼브라도, 다
형 척추가 있는
남 복 척추 동물문(脊椎動物門)

vertebral
베르떼브랄
형 척추의
columna *vertebral* 척추, 등뼈

vertebrar
베르떼브라르
타 ...의 골격[중핵]을 만들다

vesical

vertedero
베르떼데로
- 남 쓰레기 버리는 곳; 배출구, 배수구
- *vertedero* de un canal 운하의 수문(水門)

vertedor
베르떼도르
- 남 방수로(放水路); (댐의) 수문

verter
베르떼르
- 타 (액체를) 붓다, 따르다, 부어 넣다; 흘리다, 엎지르다; 투기(投棄)하다, 내던지다, 내던져 버리다, 내버리다; 번역하다; (문자 그대로) 표현하다; (의견 등을) 표명하다
- *verter* agua *en* un vaso 잔에 물을 붓다
- *verter* aceite *de* la botella 병에서 기름을 따르다
- 자 (냇물이) 흘러 들어가다
- *verterse* 넘치다, 넘쳐 흐르다

vertical
베르띠깔
- 형 수직의, 연직(鉛直)의; 종(縱)의, 세로의; (글자 맞추기 놀이의) 세로줄의, 종열(縱列)의
- 남 [천문] 수직권, 연직권; [운동] (높이뛰기의) 지주(支柱)
- 여 [수학] 수직선, 연직선; [운동] 물구나무서기

verticalidad
베르띠깔리닫
- 여 수직, 수직성

verticalmente
베르띠깔멘떼
- 부 수직으로, 세로로, 종으로

vértice
베르띠세
- 남 [수학] 정점(頂點); (두 변의) 교차; 정수리, 머리 꼭대기

vertiente
베르띠엔떼
- 여 사면(斜面), 경사면; (문제를 생각하는) 측면; ((중남미)) 샘

vertiginoso, sa
베르띠히노소, 사
- 형 어지러운, 현기증이 나는, 눈이 핑핑 도는 듯한

vértigo
베르띠고
- 남 현기증; 눈이 어두어짐, 눈이 멈; 눈이 핑핑 도는 듯함, 어지러움, 변화가 빨라 따라갈 수 없음
- tener *vértigo* 현기증이 나다, 아찔하다

vesical
베시깔
- 형 방광(vejiga)의

vesícula

vesícula
베시꿀라

여 [해부] 소낭(小囊), 소포(小胞); [의학] 소수포(小水疱); [식물] 액포(液胞)

vesicular
베시꿀라르

형 소낭의, 소포의

véspero
베스뻬로

남 [시어] 샛별, 금성; 저녁때, 해질녘, 황혼 때

vespertino, na
베스뻬르띠노, 나

형 저녁때의, 해질녘의 (반 matutino)

남 석간(夕刊)(diario *vespertino*)

vestíbulo
베스띠불로

남 현관; (입구의) 홀; (호텔·극장의) 로비; (역 등의) 중앙 홀

vestido
베스띠도

남 의복, 의류; (특히) 드레스, 원피스

vestido de fiesta 파티용 드레스

vestido largo 긴 드레스

vestido², da
베스띠도, 다

형 (옷을) 입은

Ella está muy bien *vestida*.

그녀는 옷을 아주 잘 입고 있다.

vestidor
베스띠도르

남 옷을 갈아입는 방

vestidura
베스띠두라

여 [주로 복] [고어] 의복; [종교] 제복(祭服)

vestigio
베스띠히오

남 족적, 발자취; 잔존물, 자취; [주로 복] 유적 (ruinas, restos)

vestimenta
베스띠멘따

여 [집합 명사] 의복, 의류

vestir
베스띠르

타 …에게 옷을 입히다; 의복을 지급하다; 입다, 차림을 하다; …의 옷을 만들다; 덮다, 대다, 장식하다; 싸 감추다, 감추다

vestir a un paciente

환자에게 옷을 입히다

자 옷을 입다; (천·옷이) 품(品)이 좋다, 정장용이다; 볼품이 좋다

vestirse (옷을) 입다; (어떤) 옷차림을 하고 있다; 옷을 만들어 받다; (뒤)덮이다; 짐짓 …척하다; 환자가 자리에서 일어나다

vestirse solo 혼자 옷을 입다

vestirse de etiqueta 정장(正裝)하다
직·현재: visto, vistes, viste, vestimos, vestís, visten
직·부정 과거: vestí, vestiste, vistió, vestimos, vestisteis, vistieron
접·현재: vista, vistas, vista, vistamos, vistáis, vistan

vestuario
베스뚜아리오
남 [집합 명사] (개인이) 가지고 있는 의상; 경의실(更衣室); [집합 명사] (상연에 필요한) 무대 의상; 분장실; 군복

veta
베따
여 광맥, 광층(鑛層); 나뭇결; 돌결; 성벽(性癖), 경향

vetar
베따르
타 ...에 거부권을 행사하다

veteranía
베떼라니아
여 노련(함), 노련미

veterano, na
베떼라노, 나
형 노련한, 경험이 풍부한
남 여 노련한 사람, 베테랑; 고참병, 귀환병; 노병(老兵)

veterinario, ria
베떼리나리오, 리아
형 수의학(獸醫學)의
남 여 수의사(獸醫師)
여 수의학(獸醫學)

veto
베또
남 거부권; 금지
usar el *veto* 거부권을 행사하다

vez
베스
여 번, 차례; ((스페인)) 순번; 배 (倍)
una *vez* 한 번, 한 차례
dos *veces* 두 번, 두 차례; 두 배
muchas *veces* 여러 번, 여러 차례
unas *veces* 몇 번, 두세 번
primera *vez* 첫 번(째)
segunda *vez* 두 번째
la *vez* de cantar 노래 부를 차례
a veces 때때로, 가끔, 이따금
A *veces* duermo demasiado.
가끔 나는 잠을 너무 잔다.

otra vez 또 한 번, 재차, 다시 한 번
¡Otra vez! 앙코르!
Dígamelo *otra vez*.
다시 한 번 말씀해 주십시오

vía
비아

여 [도로·철도·항로 등의 총칭] 교통로; (시내의) 넓은 길, 큰 거리; 가도(街道); 선로(線路); 수단, 방법; [법률] 조치; [해부] 관(管), 도(道)
vía aérea 공로(公路), 항공편
vía marítima 해로(海路), 선편
vía terrestre 육로(陸路)
Gran *Vía* 대로(大路), 큰 길
전 ... 경유로
Salimos para Madrid *vía* París.
우리는 파리 경유 마드리드로 출발한다.

viaducto
비아둑또

남 육교, 고가교(高架橋), 구름다리

viajante
비아한떼

남 여 방문 판매원, 세일즈맨

viajar
비아하르

자 여행하다; (탈것으로) 가다, 다니다; [화물이] 운송되다; (교통 기관이) 운행하다
viajar en tren 기차로 여행하다
viajar en coche
차로 여행하다, 드라이브하다
viajar por negocios
상용으로 여행하다, 출장하다
타 (세일즈맨이 담당 지역을) 돌다

viaje
비아헤

남 여행; (1회의) 운반량
viaje organizado
패키지여행, 패키지 투어
gastos de *viaje* 여비; 교통비
estar de *viaje* 여행 중이다
leer un *viaje* 여행기를 읽다
salir de *viaje* 여행 떠나다
¡Buen viaje!
잘 다녀 오십시오, 좋은 여행이 되길 빕니다.

vicepresidencia

¡Feliz viaje! = *¡Buen viaje!*

viajero, ra
비아헤로, 라
남 여 여행자, 여행객; 여행가; 승객, 여객(旅客)
viajeros en grupo 단체 여행객
형 여행을 하는
aves *viajeras* 철새, 후조(候鳥)

vial
비알
형 교통로의, 도로의
seguridad *vial* 교통 안전

vianda
비안다
여 [주로 복] 음식물; 요리 ((특히 생선, 육류))

viandante
비안단떼
남 여 통행인; 보행자(peatón)

víbora
비보라
여 (일반적으로) 독사, 살모사; 독설(가), 중상(가); 음험(한 사람)

vibración
비브라시온
여 진동, 요동, 흔들림

vibrador
비브라도르
남 [전기] 진동자, 진동기

vibrante
비브란떼
형 진동하는, 흔들리는; 잘 울리는; 활기가 있는

vibrar
비브라르
자 진동하다, 흔들리다; (소리·몸 등이) 떨리다

vibrión
비브리온
남 [생물] 비브리오

vice-
비세
((접두어)) 부(副)
*vice*cónsul 부영사

vicealcalde, desa
비세알깔데, 데사
남 여 부시장

vicealmirante
비세알미란떼
남 [군사] 해군 중장

vicecampeón, ona
비세깜뻬온, 오나
남 여 준우승자

vicecónsul
비세꼰술
남 여 부영사

vicepresidencia
비세쁘레시덴시아
여 vicepresidente의 직

vicepresidente, ta 비세쁘레시덴떼, 따 | 남 여 부통령, 부회장, 부사장, 부의장(副議長)

vicerrector, ra 비세르렉또르, 라 | 남 여 부학장

viceversa 비세베르사 | 부 역으로, 반대로

viciar 비시아르 | 타 타락시키다; 위조하다; [법률] 무효로 하다; (대기·혈액 등을) 오염시키다; 변형시키다, 일그러지게 하다
aire viciado 오염된 공기
viciar el *aire* 공기를 오염시키다
타 타락하다, 악습에 물들다; 일그러지다, 변형되다

vicio 비시오 | 남 악덕, 악습; (나쁜) 벽(癖); 변형, 일그러짐, 비뚤어짐; 결함; [법률] (서식 등의) 불비(不備), 하자; (식물의) 무성함

vicioso, sa 비시오소, 사 | 형 악덕의; 방탕한, 주색에 빠진, 악덕이 있는; 결함이 있는; (식물이) 번성한, 무성한
남 여 방탕자; 나쁜 버릇이 있는 사람

vicisitud 비시시뚣 | 여 [주로 복] 부침, 성쇠; 변천; 역경, 곤란
vicisitudes de la *historia*
역사의 영고 성쇠(榮枯盛衰)

víctima 빅띠마 | 여 [종교] 희생(犧牲), 산 제물; 희생자, 피해자, 재해자(災害者)

victoria 빅또리아 | 여 승리 (반 derrota)
conseguir la *victoria* 승리를 획득하다

victorioso, sa 빅또리오소, 사 | 형 승리의, 승리를 거둔
ejército *victorioso* 개선군
nación *victoriosa* 승전국
남 여 승리자

vicuña 비꾸냐 | 여 [동물] 비꾸냐 ((남미 안데스 산맥에서 사는 야마 llama 비슷한 동물)); 비꾸냐 털

vid 빋 | 여 [식물] 포도나무, 포도 덩굴

vidriera

vida
비다
여 생명; 생기, 활기; 일생, 생애; 수명; 인생; 생활, 생활 방식; 생계, 살림; 활동; [종교] 세(世)
vida escolar 학교 생활
vida feliz 행복한 인생
calidad de *vida* 생활의 질
hora de *vida* (제품의) 수명
modo de *vida* 생활 양식
toda la *vida* 일생, 평생
Le debo la *vida*. 그는 내 생명의 은인이다.

videncia
비덴시아
여 예견[투시] 능력

vidente
비덴떼
형 남 여 눈에 보이는 (사람); 예견[투시] 능력이 있는 (사람)

video
비데오
남 ((중남미)) = **vídeo**; ((아르헨띠나 · 우루구아이))=videoclub
여 ((아르헨띠나 · 꾸바))=vídeo

vídeo
비데오
남 비디오 ((기술, 시스템)); 비디오(텍 · 카세트 · 테이프)
ver el *vídeo* 비디오를 보다

videocasete
비데오까세떼
여 비디오 카세트

videoclub
디디오끌룹
남 비디오 가게

videograbación
비데오그라바시온
여 비디오 촬영, 녹화

videograbar
비데오그라바르
타 비디오로 촬영하다, 녹화하다

vídeopiratería
비데오삐라떼리아
여 비디오 게임 해적판

vidriado
비드리아도
남 유약을 바른 것; 유약을 바른 도기(陶器); (금속용의) 니스

vidriar
비드리아르
타 ...에 유약을 바르다
vidriarse 유리 모양으로 되다, 광택을 잃다

vidriera[1]
비드리에라
여 유리창, 유리문; ((중남미)) 쇼윈우(escaparate)

vidriería
비드리에리아
여 유리 공장; 유리 가게

vidriero, ra[2]
비드리에로, 라
남 여 유리 직공; 유리 제조인[상인]

vidrio
비드리오
남 유리; ((주로 중남미)) 창유리
vidrio plano [en hojas · laminado] 판유리
botella de *vidrio* 유리병

viejo, ja
비에호, 하
형 늙은 (반 joven); 오래된; 오래 사용해서 낡은; 옛날의, 예로부터의
viejo árbol 고목(古木)
vieja fotografía 옛날 사진
hombre *viejo* 노인
hacerse *viejo* 늙다, 노쇠하다
parecer *viejo* 늙어 보이다
남 여 노인, 늙은이

viento
비엔또
남 바람, 공기; (장내의) 가스, 방귀

vientre
비엔뜨레
남 배, 복부; 공복; 위장(胃腸)
dolor de *vientre* 복통

viernes
비에르네스
남 단복 금요일
un *viernes* y trece
(스페인어권 이 외에서) 13일의 금요일

vietnamita
비엗나미따
형 베트남(Vietnam)(인 · 어)의
남 여 베트남 사람
남 베트남어

viga
비가
여 [건축] 대들보

vigencia
비헨시아
여 [법률] 효력
estar en *vigencia* 효력이 있다
entrar en *vigencia* 발효하다

vigente
비헨떼
형 [법률] 효력 있는; 현행의
ley *vigente* 현행법

vigésimo, ma
비헤시모, 마
형 20번째의; 20분의 1의
남 20분의 1

vigía
비히아
- 여 감시탑, 망루; (해면에서 돌출된) 암초
- 남 여 파수꾼, 감시원

vigilancia
비힐란시아
- 여 감시; 경비, 경계, 조심, 주의; 경비진; 경계 시스템

vigilante
비힐란떼
- 형 경계하는, 주의 깊은
- 남 여 감시원, 경비원

vigilar
비힐라르
- 타 감시하다; 경비[경계]하다, 주의하다
- 자 [+por·sobre] (…을) 감시하다, 경계하다, 주의하다, 조심하다
vigilar por su salud 건강에 주의하다

vigilia
비힐리아
- 여 철야, 불면(不眠); (종교적인 제전의) 전날, 전야(víspera)

vigor
비고르
- 남 힘참; 활력, 정력; 생기; 효력
con mucho *vigor* 정력적으로
ley en *vigor* 현행법
carecer de *vigor* 효력이 없다
entrar [ponerse] en *vigor* 발효하다

vigorizar
비고리사르
- 타 …에게 힘을 주다; 기운이 나게 하다; 정력이 넘치게 하다

vigoroso, sa
비고로소, 사
- 형 정력적인, 강인한, 억센; 힘찬
hombre *vigoroso* 정력적인 남자
prosa *vigorosa* 힘찬 문장

vil
빌
- 형 비열한; 천한, 비천한; 불명예스러운, 부끄럽게 여겨야 할
acción *vil* 부끄럽게 여겨야 할 행동

vileza
빌레사
- 여 비열함, 부끄럽게 여겨야 할 언동

villa
비야
- 여 별장; (작은) 마을, 촌
villa olímpica 올림픽촌

villancico
비얀시꼬
- 남 크리스마스 캐럴

vinagre
비나그레
- 남 식초

vinagrera
비나그레라
여 (식탁용의) 식초병; 복 (식탁용의) 조미료 그릇

vinculable
빙꿀라블레
형 결합[연결]시킬 수 있는

vinculación
빙꿀라시**온**
여 결합[연결]시키는 일; 관계; [법률] 후사한정 (後嗣限定)
vinculación comercial 무역 관계

vinculante
빙꿀란떼
형 [+para](…을) 구속하는

vincular
빙꿀라르
타 연결[결합]시키다; 구속하다; (소유자를 한정해서 재산을) 양도하다
vincularse 서로 결합[연결]하다

vínculo
빙꿀로
남 유대, 기반(羈絆); 관련성; [법률] 후사 한정 (後嗣限定)

vindicación
빈디까시온
여 복수; 옹호

vindicar
빈디**까**르
타 복수하다; (중상 등에 대해 문서로) 옹호하다

vindicta
빈딕따
여 복수(venganza)

vínico, ca
비니꼬, 까
형 포도주(vino)의

vinícola
비니꼴라
형 포도주 양조의; 포도 재배의

vinicultor, ra
비니꿀**또**르, 라
남 여 포도주 양조가

vinicultura
비니꿀**뚜**라
여 포도주 양조

vinílico, ca
비닐리꼬, 까
형 비닐(기)의
resinas *vinílicas* 비닐 수지

vinilo
비닐로
남 [화학] 비닐(기)

vino[1]
비노
남 포도주; 술; 환영
vino blanco 백포도주
vino tinto 적포도주

Dos *vinos*, por favor.
포도주 두 잔 부탁합니다.

vino²
비노
그[그녀 · 당신]는 왔다
((venir 동사의 직설법 부정 과거 3인칭 단수))

vinoso, sa
비노소, 사
형 포도주 같은
color *vinoso* 포도주 색

viña
비냐
여 포도밭, 포도 농장

viñador, ra
비냐도르, 라
남여 포도 농장의 노동자

viñatero, ra
비냐떼로, 라
남여 포도 농장 소유자[노동자]; 포도주 양조자

viñedo
비녜도
남 큰 포도 농장

viñeta
비녜따
여 (책의 첫 머리에 넣는) 그림, 권두의 그림; (페이지 여백의) 장식 모양; (만화의) 1회분; 1회분의 만화; (주로 희화 풍의) 삽화, 컷; (단체 등의) 상징 마크

viola
비올라
여 [악기] 비올라
남여 비올라 연주자

violación
비올라시온
형 부녀 폭행, 강간; (법률 · 계약 등의) 위반; (권리의) 침해; 모독

violado, da
비올라도, 다
형 남 보랏빛(의)

violador, ra
비올라도르, 라
여 부녀 폭행의, 강간의; 위반하는
남여 폭행범; 위반자

violar
비올라르
타 (법률 등에) 위반하다; (권리를) 침해하다; (여성을) 폭행하다, 강간하다; (성지를) 모독하다; (국경을) 침범하다

violencia
비올렌시아
여 폭력; 세참, 격심함; 강간; (정신적인) 고통, 괴로움
por la *violencia* 폭력에 의해
recurrir a la *violencia*
폭력에 호소하다
usar la *violencia* 폭력을 사용하다

violentamente
비올렌따멘떼
튀 난폭하게, 격하게, 심하게

violentar
비올렌따르
타 ...에게 폭행[폭력]을 가하다; (불법으로) 침입하다; 곡해하다
violentarse 참다, 이겨내다

violento, ta
비올렌또, 따
형 (매우) 난폭한, 몹시 거친; 격한, 맹렬한; 부자연스러운; (정신적으로) 고통스러운, 괴로운
hombre *violento* 난폭자
palabras *violentas* 난폭한[격한] 말
pasión *violenta* 격정(激情)
revolución *violenta* 폭력 혁명

violeta
비올레따
여 [식물] 오랑캐꽃; 제비꽃
형 남 짙은 보랏빛(의)

violón
비올린
남 [악기] 바이올린
tocar el *violón* 바이올린을 켜다
남 여 바이올린 연주자

violinista
비올리니스따
남 여 바이올린 연주자

violón
비올론
남 [악기] 콘트라베이스
남 여 콘트라베이스 연주자

violoncelista
비올론셀리스따
남 여 =violonchelista

violoncelo
비올론셀로
남 =violonchelo

violonchelista
비올론첼리스따
남 여 첼로 연주자

violonchelo
비올론첼로
남 [악기] 첼로
남 여 첼로 연주자

vip
빕
남 여 귀중한 인물, 요인, 귀빈

virada
비라다
여 =viraje

viraje
비라헤
남 (배 등의) 방향 전환, 선회; [수영] 턴; [사진] 조색(調色)

virar
비라르
자 (배·차가) 방향 전환하다, 선회하다; (생각·방침 등이) 변하다, 바뀌다; [수영] 턴하다
타 (탈것을) 방향 전환시키다, 선회시키다; [사진] 조색하다

virgen
비르헨
형 처녀의, 동정(童貞)의; 순결한; 미사용의; 미개척의
cinta *virgen* 공 테이프
tierra *virgen* 처녀지
남 여 처녀, 동정녀; 동정남, 숫총각
(복)vírgenes)

Virgen (la)
비르헨 (라)
여 성모(聖母); 성모상, 성모도

virginal
비르히날
형 처녀의; 순결한; 성모 마리아의

virginidad
비르히니닫
여 처녀성, 동정; 순결

virgo
비르고
남 처녀성; 처녀막

vírico, ca
비리꼬,
형 바이러스의
hepatitis *vírica* 바이러스성 간염

viril
비릴
형 남자의; 남성적인, 남자다운

virilidad
비릴리닫
여 남자다움; 장년기(壯年期)

virreinato
비르레이나또
남 부왕의 직[통치 기간]; 부왕령; 총독부

virrey
비르레이
남 [역사] 부왕(副王), 총독

virtud
비르뚣
여 덕(德), 미덕; 정절; 능력, 효력; 장점

virtuoso, sa
비르뚜오소, 사
형 덕이 있는, 고결한; 정숙한
남 여 덕망이 있는 사람; [음악] 명장, 악장, 고수, 명수

viruela
비루엘라
여 [의학] 천연두

virulencia 비룰렌시아	여 신랄함; 악성(惡性)
virulento, ta 비룰렌또, 따	형 신랄한, 적의에 찬; (병이) 악성(惡性)의; (상처가) 곪은
virus 비루스	남 단 복 [의학] 바이러스; [컴퓨터] 컴퓨터 바이러스
visa 비사	여 ((중남미)) 비자, 사증(visado)
visado 비사도	남 ((스페인)) (여권의) 비자, 사증 *visado* de turismo 관광 비자 *visado* de trabajo 노동 비자 *visado* permanente 영주 비자 *visado* temporal (일시) 체류 비자 solicitar el *visado* 비자를 신청하다
visar 비사르	타 (서류 등을) 승인하다, 확인하다; (여권 등에) 사증하다; 증명하다
víscera 비세라	여 [해부] [주로 복] 내장(內臟)
visceral 비세랄	형 내장의; 감정적인
visera 비세라	여 (모자의) 챙; (투구의) 앞 챙
visibilidad 비시빌리닫	여 가시성(可視性); 시계(視界)
visible 비시블레	형 보이는, 가시의; 명백한, 뚜렷한, 눈에 띄는; 면회할 수 있는
visiblemente 비시블레멘떼	부 눈에 띄게; 명백히
visión 비시온	여 관점; 견해; 시각, 시력; 통찰력, 선견지명; 광경; 환영, 환각; 추악한 사람, 기묘한 사람 *visión* del mundo 세계관 *visión* del porvenir 비전
visita 비시따	여 방문, 내방; 방문자; 견학; (병원 등의) 면회; 시찰, 순시; 임검; 검진, 회진(回診); 월경(月經) *visita* de amistad 친선 방문

visita oficial 공식 방문
libro de *visitas* 방명록
Gracias por su *visita*.
방문해 주셔서 고맙습니다.
Se prohíben las *visitas*. 면회 사절

visitador, ra
비시따도르, 라
- 형 방문하는, 방문하기 좋아하는
- 남 여 견학자; 방문자; 구경꾼; 시찰원, 순찰관
- 여 ((중남미)) 관장, 관장기, 관장제

visitante
비시딴떼
- 형 방문하는
- 남 여 방문자, 손님; 구경꾼

visitar
비시따르
- 타 방문하다, 만나러 가다; 견학하다, 구경하다; 위문하다, 병문안하다; 시찰하다; 왕진하다, 회진하다; (교회에) 기도하러 가다

vislumbrar
비슬룸브라르
- 타 (어두워서·멀어서) 어렴풋이 보이다; 추측하다

vislumbre
비슬룸브레
- 여 어렴풋함; 어슴프레한 불빛; 미미한 징후; 약간의 정보

visón
비손
- 남 [동물] 밍크; 밍크 모피

víspera
비스뻬라
- 여 전날; (축제 등의) 전야(前夜)
víspera de (la) Navidad
크리스마스 이브
la *víspera* del viaje 여행 전날(에)
fiesta de víspera 전야제

vista[1]
비스따
- 여 시각, 시력; 시선; 전망; 풍경화, 풍경 사진; 외견, 모양; 통찰력, 선견지명; [법률] 심리, 구두 변론
perder *vista* 시력이 나빠지다
perder la *vista* 시력을 잃다
tener buena *vista* 시력이 좋다
tener mala *vista* 시력이 나쁘다
- 남 여 세관 검사관

visto, ta[2]
비스또, 따
- 형 보인; 흔한, 어디에나 있는; 유행에 뒤진; [bien·mal+] (좋게·나쁘게) 보인[해석된]; [법률] 심리된; (벽돌·대들보가) 드러난,

노출된

vistoso, sa
비스또소, 사
형 화려한, 사람의 시선을 끄는
atuendo *vistoso* 화려한 의상

visual
비수알
형 시각의, 시각에 의한
여 시선(視線)

visualidad
비수알리닫
여 시각 효과

visualmente
비수알멘떼
부 시각적으로, 눈으로 보아서

vital
비딸
형 생명의, 생의; 가장 중요한, 불가결한; 활력이 있는

vitalicio, cia
비딸리시오, 시아
형 종신(終身)의
miembro *vitalicio* 종신 회원
남 종신 연금; 생명 보험

vitalidad
비딸리닫
여 생기, 활력; 중요성

vitalizar
비딸리사르
타 …에 활력을 주다; 힘이 솟다

vitamina
비따미나
여 비타민
vitamina A 비타민 에이

vitaminado, da
비따미나도, 다
형 비타민이 첨가된

vitamínico, ca
비따미니꼬, 까
형 비타민을 함유한

vitícola
비띠꼴라
형 포도 재배의

viticultor, ra
비띠꿀또르, 라
남 여 포도 재배자

viticultura
비띠꿀뚜라
여 포도 재배(법)

vítor
비또르
남 환호, 박수갈채

vitorear
비또레아르
타 …에 환호하다

vítreo, a
비뜨레오, 아
형 유리(vidrio)의; 유리 같은

vitrina
비뜨리나
여 유리 선반, 진열창; ((중남미)) 쇼윈도 (escaparate)

vituperación
비뚜뻬라시온
여 비난; 매도(罵倒)

vituperar
비뚜뻬라르
타 격렬히 비난하다, 매도하다

viudedad
비우데닫
여 과부[홀아비] 생활; 과부 연금

viudez
비우데스
여 과부[홀아비] 생활

viudita
비우디따
여 청상 과부

viudo, da
비우도, 다
형 과부[홀아비]의; 배우자를 잃은; 단신의; (요리가 콩이나 감자 뿐으로) 육류나 생선이 없는

¡viva!
비바
감 만세!

vivac
비박
남 [등산] 비박; [군사] 야영

vivacidad
비바시닫
여 활발함, 생기

vivamente
비바멘떼
부 활발히, 격하게; 생생하게

vivaque
비바께
남 =**vivac**

vivaquear
비바께아르
자 비박하다, 야영하다

víveres
비베레스
남 복 (저장된) 식량

vivero
비베로
남 모판, 못자리, 모종판, 묘판(苗板); 양어장; 원인, 온상(溫床)

viveza
비베사
여 활발함, 생기; 민첩함; (감정 등이) 격함, 신랄함; (색채 등이) 선명함

vivienda
비비엔다
여 주거, 주소
problema de la *vivienda* 주택 문제

viviente
비비엔떼
형 살아 있는
남 여 살아 있는 사람, 산 사람

vivir
비비르

자 살다, 살아 있다; 존속하다; 살아가다, 지내다, 생활하다; 생을 보내다
vivir todavía 아직 살아 있다
vivir hasta los cien años
백 살까지 살다

타 경험[체험]하다; 살다; 살아가다
vivir la guerra 전쟁을 체험하다
vivir noventa años 아흔 살까지 살다

남 생활 방식, 삶의 태도; 생활; 생활 수단
ganarse el *vivir* 생활비를 벌다

vivo, va
비보, 바

형 살아 있는; 생생한, 싱싱한, 생기가 도는, 활기 있는, 활발한; 격한, 강렬한; (색이) 선명한; 예민한, 머리 회전이 빠른, 빈틈없는; 예리한, 날카로운

남 여 생자(生者), 살아 있는 사람; 예민한 사람, 빈틈없는 사람

vizconde
비스꼰데

남 자작(子爵); [역사] 백작의 대리

vizcondesa
비스꼰데사

여 여자 자작, 자작 부인

vocablo
보까블로

남 말, 단어(palabra)

vocabulario
보까불라리오

남 [집합 명사] 어휘, 용어; 어휘집; (주로 기본어·전문 용어의) 사전
vocabulario de la medicina
의학 용어 사전

vocación
보까시온

여 천직(天職); 천성, 자질; [종교] 소명(召命); [주로 복] 성직 지원자

vocacional
보까시오날

형 천직의; ((중남미)) 직업 교육의
여 ((중미)) 직업 학교

vocal
보깔

형 목소리의; 발성의
música vocal 성악(곡)
남 여 (협회·위원회 등의) 발언권[의결권]이 있는 이사[위원]
여 [언어] 모음; 모음자

volar

vocalista
보깔리스따
남 여 보컬리스트, 가수

vocear
보세아르
자 큰 소리를 내다, 절규하다
타 소리쳐 팔다; (사람을) 큰 소리로 부르다, 환호하다; (비밀 등을) 퍼뜨리다, 공표하다; (자신의 선행을) 자랑하다

vocería
보세리아
여 ((주로 중남미)) 대변인의 지위

vocero, ra
보세로, 라
남 여 ((주로 중남미)) 대변인

vodca
보드까
남 (여) [술] 보드카

voladizo, za
볼라디소, 사
형 (수직면에서) 돌출한
viga *voladiza* 달아낸 대들보
남 [건축] 돌출부, 쑥 내민 곳

volador, ra
볼라도르, 라
형 나는, 날아가는
남 꽃불(cohete); [어류] 날치; ((멕시코)) 볼라도르 ((높은 기둥에 매달려 회전하는 민속 놀이))

voladura
볼라두라
여 폭파

volante
볼란떼
형 나는, 날아가는; 이동하는, 고정되지 않은
남 (자전거 등의) 핸들; [배트민턴] 셔틀콕, 깃털 공; (스커트·커튼 등 의) 옷단[옷자락] 장식; 메모; ((남미)) 전단, 포스터

volar
볼라르
자 (새·화살·비행기 등이) 날다; 갑자기 보이지 않다, 급속히 소비되다; (아이들이) 부모로부터 자립하다, 혼자 일어서다
volar de árbol en árbol
이 나무(에서) 저 나무로 날다
타 (연 등을) 날리다; 폭파하다; (사냥에서) 날아 오르게 하다
volarse 날아가 버리다; ((중남미)) 격노하다
직·현재: *vue*lo, *vue*las, *vue*la, volamos, voláis, *vue*lan
접·현재: *vue*le, *vue*les, *vue*le, volemos,

voléis, vuelen

volátil
볼라띨
형 나는; 가볍게[공중을] 움직이는; 변하기 쉬운, 불안정한; [화학] 휘발성의
aceite *volátil* 휘발유

volatilidad
볼라띨리닫
여 휘발성

volatín
볼라띤
남 곡예: 곡예사

volatinero, ra
볼라띠네로, 라
남 여 곡예사

volcán
볼깐
남 화산; (감정 등의) 격발; 격하기 쉬운 사람, 정열적인 사람; ((중남미)) 대량, 산적(山積); ((남미)) 절벽, 낭떠러지; 낙반(落盤)

volcánico, ca
볼까니꼬, 까
형 화산의; 격하기 쉬운, 열렬한

volcar
볼까르
타 뒤집어 버리다, 엎어 버리다
자 (차량이) 뒤집히다, 전복하다
volcarse 뒤집어지다, 엎어지다; [+en] (...에) 전심하다, 전력을 쏟다; [+para +동사 원형] (...을 얻기 위해) 일을 열심히 하다; [+con] (...를 위해) 무척 친절하게 하다, 힘껏 도와 주다
volcarse con *su* amigo
친구를 힘껏 도와 주다

voleibol
볼레이볼
남 [운동] 배구

voltaico, ca
볼따이꼬, 까
형 볼타 식의, 유전기(流電氣)의

voltaje
볼따헤
남 [전기] 전압

voltámetro
볼따메뜨로
남 [전기] 전량계, 볼트미터

voltear
볼떼아르
타 (위치가 반대가 될 정도로) 돌리다, 회전시키다; (종을) 흔들다; (사람을) 냅다 던지다, 획 내던지다, 공중에서 한 회전시키다

volver

voltímetro
볼띠메뜨로
남 전압계(電壓計)

voltio
볼띠오
남 [전압의 단위] 볼트; 산책(paseo)

volumen
볼루멘
남 체적, 용량; 크기; [미술] 양감(量感); 음량, 성량(聲量); (거래 등의) 양(量); (책의) 권(卷), 책(冊). (복 volúmenes)
volumen de una caja 상자의 용량
volumen de un avión 항공기의 크기
volumen de ventas 매상고

voluminoso, sa
볼루미노소, 사
형 부피가 큰; [미술] 양감이 있는

voluntad
볼룬딸
여 의지, 의욕; 의사, 의향; 노력; 용기; 호의; 애정
voluntad fuerte 강한 의지
voluntad débil 약한 의지
voluntad férrea 강철 같은 의지
última *voluntad* 유언(遺言)

voluntariado
볼룬따리아도
남 ((스페인)) 지원 병역; [집합 명사] 지원병(志願兵)

voluntariedad
볼룬따리에닫
여 자발성; [법률] 고의(故意)

voluntario, ria
볼룬따리오, 리아
형 자발적인, 자유 의지에 의한
남 여 지원자; (특히) 지원병

voluptuosidad
볼룹뚜오시닫
여 호색(好色); 쾌락

voluptuoso, sa
볼룹뚜오소, 사
형 관능적인, 쾌감을 주는; 요염한, 선정적(煽情的)인; 향락적인, 호색(好色)의

volver
볼베르
타 뒤집다, 뒤엎다; [+a · hacia] (…의 방향으로) 돌리다, 방향을 바꾸다; (문·창문을) 닫다, 방긋이 열다; [+a] 돌려주다, 되돌려 주다; …으로 변하다; 변의시키다; 토하다
volver la tierra 땅을 뒤엎다
자 돌아가다, 돌아오다, 제자리로 가다; 구부러지다, 방향을 바꾸다; [+por] (…을) 지키다;

[＋a＋동사 원형] 다시 …하다
volver a casa 귀가하다
volver de Busan 부산에서 돌아오다
volver a casarse 재혼하다
volverse 뒤집히다, 뒤엎히다; 뒤돌아[돌이켜] 보다; …이 되다, 변하다; 번의(翻意)하다; 돌아가다, 돌아오다
직·현재: v*ue*lvo, v*ue*lves, v*ue*lve, volvemos, volvéis, v*ue*lven
접·현재: v*ue*lva, v*ue*lvas, v*ue*lva, volvamos, volváis, v*ue*lvan

vomitar
보미따르

타 토하다, 구토하다; 구토물로 더럽히다; 자백하다; (욕설 등을) 내뱉다
vomitar sangre 피를 토하다

vómito
보미또

남 토한 것, 구토; 구토물

voracidad
보라시닫

여 탐식, 대식; 탐욕

voraz
보라스

형 걸신들린 듯이 먹는; 탐욕스러운; 권력욕이 강한

vos
보스

대 [주격 인칭 대명사 2인칭 복수][고어] 당신 (usted); ((중남미)) 너, 자네(tú)

vosotros, tras
보소뜨로스, 뜨라스

대 [인칭 대명사 2인칭 복수; 중남미 많은 나라에서는 vosotros 대신 ustedes를 사용함]
너희들, 자네들
Voy al cine con *vosotros*.
나는 너희들과 함께 극장에 간다.

votación
보따시온

여 투표; 표결
votación nominal 기명 투표
votación secreta 무기명 투표
elegir por *votacón* 투표로 선출하다

votante
보딴떼

남 여 투표자; 유권자

votar
보따르

자 투표하다; 의결(議決)하다; (신 등에게) 서원[맹세]하다
타 …에게 투표하다; 의결하다

votivo, va
보띠보, 바
형 기원[서원]하는
lámpara *votiva*
기원하는 등불, 신불(神佛)에게 올리는 등불

voto
보또
남 표; 투표; 투표권, 의결권; (신에게) 맹세, 서약; (수도원에 들어갈 때의) 수도 서원; 기원(함); 의견, 견해

voz
보스
여 목소리; 발언, 의견; 풍문, 소문, 유언비어; (투표·의결권이 없는) 발언권; 단어, 말; [언어]태(態). (복 *voces*)
voz natural 육성(肉聲)
voz del viento 바람소리
en *voz* alta [baja] 큰[작은] 소리로
tener buena *voz* 목소리가 좋다

vuelco
부엘꼬
남 전복; 전환, 변화; 파멸

vuelo
부엘로
남 비행, 날기; (비행기의) 편(便); (새 등의) 비상(飛翔); 비상 거리; (의복의) 여유; 소맷부리(장식); [건축] 돌출부
vuelo directo 직항편
vuelo nocturno 야간 비행
veulo regular 정기편
duración [velocidad] de *vuelo*
비행 시간[속도]

vuelta[1]
부엘따
여 회전, 선회, 일주; (나라·지역의) 일주 레이스; [경주] 일주; [수영] 왕복; [골프] 라운드; 플라멩꼬 회전; 방향 전환; 귀환; (급격한) 변화; (길·강의) 커브, 구부러짐; 안(쪽); (순번 등의) 일순(一巡); (토너먼트 등의)... 회전; 복습, 되풀이 읽음; 되돌려줌; ((스페인)) 거스름돈, 잔돈; 구타; [음악] 가곡의 전주(前奏)·간주(間奏)·후주(後奏)의 기악 부분
dar una *vuelta* 한 바퀴 돌다
dar una *vuelta por* toda España
전 스페인을 한 바퀴 돌다

vuelto, ta[2]
부엘또, 따
형 뒤집힌; 통상의 위치와 틀린
cuadro *vuelto* 뒤집힌 그림

vuestro, tra
부에스뜨로, 뜨라

남 ((중남미)) 거스름돈, 잔돈

형 [소유 형용사 2인칭 복수] 너희들의, 자네들의, 당신들의
vuestros padres 너희들의 부모
la casa *vuestra* 너희들의 집
대 [정관사+] 너희들의 것
nuestra opinión y *la vuestra*
우리의 의견과 너희들의 것

vulgar
불가르

형 세속의, 비천한, 저속한; 보통의, 일반의
literatura *vulgar* 통속 문학
nombre *vulgar* 속칭(俗稱)
opinión *vulgar* 속설(俗說)

vulgaridad
불가리닫

여 속됨, 천함, 천박함; 평범함

vulgarismo
불가리스모

남 속어(俗語)

vulgarmente
불가르멘떼

부 세속적으로; 일반적으로

vulva
불바

여 [해부] 음부(陰部), (여자의) 외음부(外陰部), 생식기

vulvitis
불비띠스

여 단 복 [의학] 외음염(外陰炎)

W

w
우베 도블레
여 우베 도블레 ((스페인어 자모의 스물여섯 번째 문자))

waterpolista
바떼르뽈리스따
남여 수구(水球) 선수

waterpolo
바떼르뽈로
남 [운동] 수구(水球)

watt
왓
남 =**vatio**

web
웹
여 [컴퓨터] 월드 와이드 웹 ((인터넷에 존재하는 광범위한 정보 공간))

whisky
위스끼
남 위스키(güisqui)

windsurf, wind surf
윈드수르프
남 [운동] 윈드서핑

windsufing
윈드수르핑
남 윈드서핑

windsurfista
윈드수르피스따
남여 윈드서핑을 하는 사람

x
에끼스

여 에끼스 ((스페인어 자모의 스물 일곱 번째 문자))

xeromamografía
세로마모그라**피**아

여 유방 건식 촬영법(乳房乾式撮影法)

xilofón
실로폰

남 [악기] =**xilofono**

xilofonista
실로포니스따

남 여 실로폰 연주가[연주자]

xilofono
실로포노

남 [악기] 실로폰

Y

y¹
이 그리에가

여 이 그리에가 ((스페인어 자모의 스물 여덟 번째 문자))

y²
이

접 [i-·hi-의 앞에서는 e가 됨; 그러나 의문문이나 감탄문의 문장 앞과 hie-의 앞에서는 y 그대로임] 와, 과, 그리고, 또; 그러면, 그런데, 그래서
Corea *y* España 한국과 스페인
China *e* India 중국과 인도
madre *e* hija 어머니와 딸
padre *e* hijo 아버지와 아들

ya
야

부 [완료] 이미, 벌써; [현재] 지금, 이제, 현재는; [미래] 곧, 즉시
Ya son las doce. 벌써 12시다.
Ya he comido. 벌써 식사했다.
Ya entiendo. 이제 알았다.
Ya me voy. 곧 갑니다.

yacente
야쎈떼

형 누워 있는

yacer
야쎄르

자 누워 있다; (시체가) 매장되어 있다; (어떤 장소에) 존재하다; 성교하다, 동거하다
Aquí *yace* el Sr. Kim.
여기 김 씨가 잠들어 있다.

yacimiento
야시미엔또

남 [지질] 광상(鑛床); 광맥; (고고학상의) 유적
(*yacimiento* arqueológico)
yacimiento petrolífero [de petróleo]
유전(油田)

yaguar
야구아르

남 [동물] =**jaguar**

yegua
예구아

여 [동물] 암말 (남 caballo)

yelmo
옐모
남 투구

yema
예마
여 (달걀의) 노른자위; [식물] 싹; (손톱의 반대편의) 손가락 끝부분

yendo
옌도
ir 동사의 현재 분사

yerba
예르바
여 =**hierba**

yermo, ma
예르모, 마
형 사람이 살지 않는; 불모의
남 불모지

yerno
예르노
남 사위 (hijo político) (여 nuera)

yerro
예르로
남 실수, 과오, 잘못

yeso
예소
남 석고(石膏)

yo
요
대 [주격 인칭 대명사 1인칭 단수] 나, 저, 본인
Yo soy *profesor*. 나는 선생이다.

yodo
요도
남 [화학] 요오드, 옥소(沃素)

yoga
요가
남 [힌두교] 요가

yogui
요기
남 여 요가 수행자, 요가를 하는 사람

yogur
요구르
남 요구르트

yoyó
요요
남 요요 ((장난감의 일종))

yuca
유까
여 [식물] 유까, 실난초; 만디오까

yudo
유도
남 [운동] 유도(judo)

yudoca
유도까
남 여 유도 선수, 유도를 하는 사람

yugo
유고
남 (소 등의) 멍에, 굴레; 속박, 구속

yugo(e)slavo, va 형 유고슬라비아(Yugoslavia)의
유고(에)슬라보, 바 남 여 유고슬라비아 사람

yuxtalineal 형 원문 대조의
유스딸리네알 traducción *yuxtalineal* 대역(對譯)

Z

z
세따
    여 세따
    ((스페인어 자모의 스물 아홉 번째 문자))

zafiro
사피로
    남 [광물] 사파이어(zafiro oriental)

zaga
사가
    여 뒤, 뒷부분, 꽁무니; [운동] 디펜스진(영)

zagal, la
사갈, 라
    남 여 (사춘기에 접어든) 소년, 소녀; 남자, 여자

zaguán
사구안
    남 현관(의 홀)

zambo, ba
삼보, 바
    형 안짱다리의
    남 여 안짱다리

zanahoria
사나오리아
    여 [식물] 당근(의 뿌리)
    zumo de *zanahoria* 당근 주스[즙]

zanja
상하
    여 고랑, 도랑; 해자(垓子)

zapa
사빠
    여 호, 참호; 괭이, 호미

zapapico
사빠삐꼬
    여 곡괭이; [등산] 피켈

zapatería
사빠떼리아
    여 구두 수선소; 제화점; 제화업; 제화 공장

zapatero, ra
사빠떼로, 라
    남 여 제화 업자; 제화 기술자; 양화점 주인; 구두 장수

zapatilla
사빠띠야
    여 슬리퍼, 실내화; 운동화; 발레화

zapato
사빠또
    남 [주로 복] 구두, 단화(短靴)
    zapato de golf 골프화
    zapato femenino 부인화

ponerse los *zapatos* 구두를 신다
quitarse los *zapatos* 구두를 벗다

zarcillo
사르시요
남 (바퀴 모양의) 귀고리, 이어링

zarpa
사르빠
여 (사자 등의) 굽은 발톱이 있는 발; (사람의) 손; 출항(出航)

zarza
사르사
여 [식물] 가시나무, 찔레나무

zarzuela
사르수엘라
여 [음악] 사르수엘라 ((스페인의 가극))

zarzuelista
사르수엘리스따
남여 zarzuela 작가

¡zas!
사스
감 철썩!, 탁!, 푹!, 펑!

zeta
세따
여 세따 ((문자 Z의 명칭))

Zeus
세우스
남 [그리스 신화] 제우스

zigzag
식삭
남 지그재그, Z자형

zigzaguear
식사게아르
자 지그재그로 나아가다; (도로가) 구불텅하다

zinc
싱끄
남 =**cinc**

zócalo
소깔로
남 [건축] 기단(基壇); (벽의) 아랫부분; 대석(臺石), 대좌(臺座); 대좌[대석] 아랫부분; (멕시코 시의) 중앙 광장

zodiacal
소디아깔
형 황도(zodíaco)의

zodiaco
소디아꼬
남 =**zodíaco**

zodíaco
소디아꼬
남 [천문·점성] 황도(黃道)

zona
소나
여 지대, 지역; 구역, 영역
zona de seguridad 안전 지대
zona desmilitarizada 비무장 지대

zona industrial 공업 단지

zonación
소나시온
여 (도시 계획의) 지역 설정

zonal
소날
형 지역(zona)의
defensa *zonal* [운동] 지역 방어

zoo
소오
남 동물원((parque *zoológico*의 약어)

zoología
소올로히아
여 동물학(動物學)

zoológico, ca
소올로히고, 까
형 동물학의
남 동물원(parque · jardín *zoológico*)

zoólogo, ga
소올로고, 가
남 여 동물학자

zoom
숨
남 [사진·영화] 줌, 줌 렌즈

zorra[1]
소르라
여 [동물] 암여우; 매춘부; 술에 취함; (무거운 짐의) 운반차

zorrillo
소르리요
남 [동물] ((중남미)) 스컹크(mofeta)

zorro[1]
소르로
남 [동물] 여우; 여우 모피; 복 총채; 먼지털이

zorro[2], **rra**[2]
소르로, 르라
형 남 여 교활한 (사람), 간사한 (사람); 빈틈없는 (사람)

zorruno, na
소르루노, 나
형 여우의, 여우 같은

zozobra
소소브라
여 불안; 침몰

zozobrar
소소브라르
자 (배가) 침몰하다, 난파하다; (계획 등이) 파탄되다; 불안해지다

zueco
수에꼬
남 나막신; (바닥이 나무로 된) 가죽신; (간호사가 신는) 샌들

zumbar
숨바르
자 (곤충 등이) 낮은 진동음을 내다; 붕붕[웅웅] 소리를 내다. 타 때리다
zumbarse 조롱하다, 놀리다

zumbando 황급히, 서둘러
Yo salí *zumbando* de la oficina.
나는 황급히 사무실에서 나갔다.

zumbido
숨비도

남 윙윙[붕붕]하는 소리; 귀울음, 이명(耳鳴)
zumbido del motor
엔진의 붕붕거리는 소리
zumbido del mosquito
모기의 윙윙거리는 소리

zumo
수모

남 ((주로 스페인)) 즙, 주스; 이익
zumo de naranja 오렌지 주스

zurcido
수르시도

남 잇거나 붙여 기움, 짜깁기.

zurcidor, ra
수르시도르, 라

형 남 여 짜깁기하는 (사람)
zurcidor de voluntades 뚜쟁이

zurcir
수르시르

타 고치다, 수선하다, 수리하다
zurcir calcetines 양말을 꿰매다
zurcir voluntades 정사(情事)를 알선하다

zurda¹
수르다

여 왼손; 왼발
escribir con la *zurda* 왼손으로 쓰다
a zurdas 왼손으로, 왼발로
dar a la pelota *a zurdas*
왼손으로 공을 던지다

zurdazo
수르다소

남 [축구] 왼발 킥; ((중남미)) 왼쪽 펀치

zurdear
수르데아르

자 ((중남미)) 일부러 왼손을 쓰다

zurdo, da²
수르도, 다

형 왼손잡이의 (반 diestro); 왼쪽의 (izquierdo) (반 derecho); 왼손의
ojo *zurdo* 왼쪽 눈
남 여 왼손잡이
tijeras para *zurdos* 왼손잡이용 가위

zurear
수레아르

자 (비둘기가) 구구 울다

zurito, ta
수리또, 따

형 (비둘기가) 야생의

zurra
수르라

여 구타; 매질; (가죽의) 무두질
darse una zurra 중노동을 하다

zurrar
수르라르

타 구타하다; 엄하게 벌하다; (가죽을) 무두질하다, 가공하다

¡zuzo!
수소

감 쉬이 ((닭 등을 쫓을 때 내는 소리))

¡zzz!
스

감 쿨쿨, 드르렁드르렁 ((코고는 소리)); 윙윙 ((벌이 나는 소리))